Terapia cognitiva para os transtornos de ansiedade

A Artmed é a editora oficial da FBTC

AUTORES

David A. Clark, Ph. D., é professor de psicologia na Universidade de New Brunswick, Canadá. É membro da Associação Canadense de Psicologia, membro Fundador da Academia de Terapia Cognitiva e beneficiário do Prêmio Aaron T. Beck da Academia por contribuições significativas e continuadas à terapia cognitiva. Ele é Editor Associado do *International Journal of Cognitive Therapy*.

Aaron T. Beck, M.D., é professor Universitário Emérito de Psiquiatria, Escola de Medicina, Universidade da Pensilvânia, e criador da terapia cognitiva. É autor de 21 livros publicados e mais de 540 artigos em revistas profissionais e científicas. Pela Artmed tem os seguintes títulos: *Terapia cognitiva da depressão, Terapia cognitiva dos transtornos de personalidade, Terapia cognitiva da esquizofrenia, Terapia cognitivo-comportamental para pacientes suicidas, O poder integrador da terapia comportamental, Terapia cognitiva na prática clínica e Depressão: causas e tratamento*. O Dr. Beck é beneficiário de inúmeros prêmios, incluindo o Prêmio de Pesquisa Médica Clínica Albert Lasker em 2006, o Prêmio de Realização em Vida da Associação Americana de Psicologia em 2007, o Prêmio por Serviços Notáveis da Associação Americana de Psiquiatria em 2008 e o Prêmio por Pesquisa em Neuropsiquiatria da Fundação Robert J. e Claire Pasarow em 2008. É presidente do Instituto Beck para Terapia Cognitiva e Pesquisa e Presidente Honorário da Academia de Terapia Cognitiva.

AVISO AO LEITOR

A capa original deste livro foi substituída por esta nova versão. Alertamos para o fato de que o conteúdo é o mesmo e que a nova versão da capa decorre da adequação da mesma à série "TRATAMENTOS QUE FUNCIONAM".

David A. Clark
Aaron T. Beck

Terapia cognitiva para os transtornos de ansiedade

Tradução:
Maria Cristina Monteiro

Consultoria, supervisão e revisão técnica desta edição:
Elisabeth Meyer
Terapeuta cognitivo-comportamental com treinamento no Instituto Beck, Filadélfia-Pensilvânia
Mestre e doutora em Psiquiatria pela Faculdade de Medicina da UFRGS.

Reimpressão 2018

2012

Obra originalmente publicada sob o título *Cognitive Therapy of Anxiety Disorders: Science and Practice*
ISBN 978-1-60623-434-1

© 2010 The Guilford Press, a Division of Guilford Publications, Inc.

Capa
Gustavo Macri

Preparação do original
Lara Frichenbruder Kengeriski
Cristine Henderson Severo

Editora Sênior – Ciências Humanas
Mônica Ballejo Canto

Projeto e editoração
Armazém Digital® Editoração Eletrônica – Roberto Carlos Moreira Vieira

C592t   Clark, David A.
        Terapia cognitiva para os transtornos de ansiedade / David A. Clark, Aaron T. Beck ; tradução: Maria Cristina Monteiro ; revisão técnica: Elisabeth Meyer. – Porto Alegre : Artmed, 2012.
        640 p. ; 25 cm.

        ISBN 978-85-363-2589-7

        1. Terapia cognitivo-comportamental – Ansiedade. I. Beck, Aaron T. II. Título.

CDU 616.89-008.441

Catalogação na publicação: Ana Paula M. Magnus – CRB 10/2052

Reservados todos os direitos de publicação, em língua portuguesa, à
ARTMED® EDITORA S.A.
Av. Jerônimo de Ornelas, 670 – Santana
90040-340 Porto Alegre RS
Fone: (51) 3027-7000 Fax: (51) 3027-7070

É proibida a duplicação ou reprodução deste volume, no todo ou em parte, sob quaisquer formas ou por quaisquer meios (eletrônico, mecânico, gravação, fotocópia, distribuição na Web e outros), sem permissão expressa da Editora.

SÃO PAULO
Av. Embaixador Macedo Soares, 10.735 – Pavilhão 5
Cond. Espace Center – Vila Anastácio
05095-035 – São Paulo – SP
Fone: (11) 3665-1100 Fax: (11) 3667-1333

SAC 0800 703-3444 – www.grupoa.com.br

IMPRESSO NO BRASIL
PRINTED IN BRAZIL

À minha esposa, Nancy, e às nossas filhas,
Natascha e Christina, com amor sincero por
seu constante interesse, apoio e compreensão
D. A. C.

À minha esposa, Phyllis,
nossos filhos, Roy, Judy, Daniel e Alice,
e nossos netos, Jodi, Sarah, Andy, Debbie,
Eric, Ben, Sam e Becky, com amor
A. T. B.

Prefácio

As complexidades da ansiedade continuam a atrair a atenção de alguns dos maiores cientistas, acadêmicos e pensadores do mundo. Em 1953 Rollo May declarou em *Man's search for himself (O homem a procura de si mesmo)* que os "meados do século XX estão mais dominados pela ansiedade do que qualquer período desde o colapso da Idade Média" (p. 30). Se essa declaração caracterizava o século passado, ela não poderia ser mais aplicável ao princípio do século XXI com todas as ameaças sociais, políticas e econômicas que nos assediam? Apesar do fim da Guerra Fria, de uma era de relativa estabilidade e cooperação global e de um aumento sem precedentes na prosperidade econômica e nos avanços tecnológicos, muitos no mundo ocidental vivem em um estado de perpétua ameaça e incerteza. De acordo com o Instituto Nacional de Saúde Mental (2003) aproximadamente 40 milhões de adultos norte-americanos (18%) sofrem de um transtorno de ansiedade, com doença mental grave, incluindo os transtornos de ansiedade, custando estimados 193 bilhões de dólares em rendimentos pessoais perdidos (Kessler et al., 2008). Não é de surpreender que a busca por tratamentos altamente efetivos e acessíveis para os transtornos de ansiedade tenha se tornado uma importante iniciativa na área da saúde na maioria dos países desenvolvidos.

Em 1985, Aaron T. Beck publicou *Anxiety disorders and phobias: a cognitive pers-* *pective* em coautoria com Gary Emery e Ruth Greenberg. Na primeira parte do livro, Beck introduziu um modelo cognitivo de transtornos de ansiedade e fobias que representava uma nova conceituação significativa da etiologia, da natureza e do tratamento da ansiedade (Beck, Emery e Greenberg, 1985). Naquela época, a pesquisa sobre os aspectos cognitivos da ansiedade era escassa, e grande parte da estrutura teórica era, por necessidade, baseada em observação e experiência clínicas. Visto que os aspectos chave do modelo cognitivo de ansiedade ainda não tinham sido investigados, algumas das recomendações de tratamento descritas na segunda metade do livro não resistiram à prova do tempo. Entretanto, os últimos 20 anos testemunharam uma virtual explosão na pesquisa básica do processamento de informação sobre o modelo cognitivo de ansiedade, o desenvolvimento de modelos cognitivos específicos para cada transtorno e protocolos de tratamento para os transtornos de ansiedade, e dezenas de estudos de resultado de tratamento demonstrando a eficácia da terapia cognitiva para a ansiedade. À luz dos avanços sem precedentes em nosso entendimento e tratamento da base cognitiva para a ansiedade, uma apresentação abrangente, atualizada e reformulada do modelo cognitivo para ansiedade foi necessária para que o modelo pudesse ser entendido dentro do contexto de achados de pesquisa contemporâneos. Este livro, então, nasceu dessa necessidade. Além disso, acreditamos que um único livro contendo um manual de tratamento abrangente detalhado para terapia cognitiva é oportuno a fim de encorajar maior uso pelos profissionais da psicoterapia baseada em evidências para os transtornos de ansiedade.

O livro é dividido em três partes. A Parte I consiste em quatro capítulos sobre o modelo cognitivo para ansiedade reformulado e sua situação clínica. O Capítulo 1 discute as diferenças entre medo e ansiedade e fornece uma justificativa lógica para uma perspectiva cognitiva sobre ansiedade. O Capítulo 2 apresenta uma reformulação do modelo cognitivo genérico para ansiedade baseado no modelo original (Beck et al., 1985) que foi posteriormente refinado por Beck e Clark (1997). Doze hipóteses chave do modelo são apresentadas no Capítulo 2, e a vasta pesquisa clínica relevante a essas hipóteses é revista criticamente nos Capítulos 3 e 4. A revisão da literatura abrange centenas de estudos conduzidos em centros de referência em pesquisa na Europa Ocidental e América do Norte, confirmando nossa percepção de que os princípios essenciais do modelo cognitivo para ansiedade obtiveram uma ampla base de apoio empírico.

A abordagem da terapia cognitiva foi aplicada a uma ampla variedade de condições psiquiátricas e de personalidade. Portanto, a Parte II consiste em três capítulos que explicam como os elementos básicos da terapia cognitiva são usados para aliviar a ansiedade. O Capítulo 5 revisa diversas escalas padronizadas de sintomas de ansiedade e cognição que são úteis para a avaliação do tratamento e fornece uma explicação detalhada para produzir uma formulação cognitiva de caso de ansiedade. Os Capítulos 6 e 7 apresentam uma descrição passo a passo para o desenvolvimento de várias estratégias de intervenção cognitiva e comportamental para redução de sintomas de ansiedade. Ilustrações de caso, narrativas de terapia sugeridas e material clínico são fornecidos em todos os três capítulos como ferramentas de treinamento em terapia cognitiva.

A seção final, Parte III, consiste em cinco capítulos que apresentam adaptações da terapia cognitiva, específicas para cada transtorno, dos transtornos de pânico, fobia social, transtorno de ansiedade generalizada, transtorno obsessivo-compulsivo, e transtorno de estresse pós-traumático. Excluímos fobias específicas porque houve menos desenvolvimentos sobre os aspectos cognitivos da fobia desde sua apresentação em Beck e colaboradores (1985), e o tratamento baseado na exposição ainda é considerado a principal abordagem para a redução de respostas fóbicas. Cada um dos capítulos de transtorno específico apresenta um modelo cognitivo sob medida para aquele transtorno e uma revisão da pesquisa clínica que trata das hipóteses chave de cada modelo. Além disso, os capítulos oferecem conceitualizações de caso e estratégias de terapia cognitiva específicas para cada transtorno que visam aspectos sintomáticos únicos de cada transtorno. Essencialmente, a Parte III consiste em cinco minimanuais de tratamento para transtornos de ansiedade.

Para ajudar os terapeutas a explicar conceitos e estratégias cognitivas a seus pacientes, estamos no processo de desenvolvimento de um manual de instruções para o paciente que corresponderá à organização e temas do presente livro e oferecerá explicações para aspectos chave da terapia, exercícios para fazer em casa, e formulários de manutenção de registros.

Somos gratos a um grande contingente de especialistas renomados nos transtornos de ansiedade cujas contribuições teóricas, pesquisa inovadora e rigorosa e *insights* de tratamento clinicamente perspicazes são responsáveis pelos significativos avanços que apresentamos neste livro. Em particular, agradecemos as notáveis contribuições à teoria cognitiva e a terapia cognitiva da ansiedade dos Drs. Martin Antony, Jonathan Abramowitz, David Barlow, Thomas Borkovec, Brendan Bradley, Michelle Craske, David M. Clark, Meredith Coles, Michel Dugas, Edna Foa, Mark Freeston, Randy Frost, Richard Heimberg, Stefan Hofmann, Robert

Leahy, Colin MacLeod, Andrew Mathews, Richard McNally, Karen Mogg, Christine Purdon, Stanley Rachman, Ronald Rapee, John Riskind, Paul Salkovskis, Norman Schmidt, Robert Steer, Gail Steketee, Steven Taylor e Adrian Wells. Além disso, queremos reconhecer com gratidão a tenacidade e meticulosidade de Michelle Valley, que diligentemente revisou e validou todas as referências, e aos ex e atuais estudantes de graduação Mujgan Altin, Anna Campbell, Gemma Garcia-Soriano, Brendan Guyitt, Nicola McHale, Adriana del Palacio Gonzalez e Adrienne Wang por suas pesquisa e discussões ponderadas sobre os aspectos cognitivos da ansiedade. Também reconhecemos o apoio financeiro parcial para os custos de publicação do Fundo de Publicação Busteed da Universidade de New Brunswick. Finalmente, somos gratos pelo encorajamento, orientação, conselho e apoio do pessoal da The Guilford Press, especialmente a Jim Nageotte, Editor Sênior, e Jane Keislar, Editora Assistente.

Sumário

Prefácio vii

PARTE I
Teoria e pesquisa cognitiva da ansiedade

1 Ansiedade: uma condição comum mas multifacetada 15

2 O modelo cognitivo da ansiedade 42

3 Situação empírica do modelo cognitivo de ansiedade 67

4 Vulnerabilidade à ansiedade 109

PARTE II
Terapia cognitiva da ansiedade: estratégias de avaliação e intervenção

5 Avaliação cognitiva e formulação de caso 135

6 Intervenções cognitivas para ansiedade 187

7 Intervenções comportamentais: uma perspectiva cognitiva 239

PARTE III
Teoria cognitiva e tratamento dos transtornos de ansiedade específicos

8 Terapia cognitiva para o transtorno de pânico 279

9 Terapia cognitiva para a fobia social 335

10 Terapia cognitiva para o transtorno de ansiedade generalizada 389

11 Terapia cognitiva para o transtorno obsessivo-compulsivo 446

12 Terapia cognitiva para o transtorno de estresse pós-traumático 490

Referências 553

Índice 622

Parte I
Teoria e pesquisa cognitiva da ansiedade

A terapia cognitiva é uma psicoterapia fundamentada em teoria com um forte comprometimento com a abordagem clínica científica. Suas características definidoras não são encontradas em um conjunto de estratégias de intervenção únicas, mas, mais exatamente, em sua conceitualização cognitiva da psicopatologia e do processo de mudança terapêutica. Portanto, a articulação do modelo cognitivo, bem como a derivação de hipóteses testáveis e sua avaliação clínica são fundamentais para determinar sua validade de construto. Semelhante à organização dos manuais de tratamento primário de terapia cognitiva anteriores, este livro começa com um foco no fundamento teórico e clínica da terapia cognitiva para ansiedade. O Capítulo 1 discute fenomenologia, aspectos diagnósticos e a perspectiva cognitiva sobre medo e ansiedade. O Capítulo 2 apresenta o modelo cognitivo de ansiedade genérico ou transdiagnóstico reformulado e suas hipóteses, enquanto o Capítulo 3 fornece uma avaliação crítica da enorme literatura experimental relacionada aos aspectos chave do modelo cognitivo. Esta seção conclui com o Capítulo 4, que focaliza na evidência clínica da vulnerabilidade cognitiva a experimentar estados elevados de ansiedade intensa e persistente.

1

Ansiedade: uma condição comum mas multifacetada

O amor olha para frente, o ódio olha para trás,
a ansiedade tem olhos por toda a cabeça.
Mignon McLaughlin (Jornalista norte-americano, 1915-)

A ansiedade é ubíqua à condição humana. Desde o início dos registros históricos, filósofos, líderes religiosos, acadêmicos e, mais recentemente, profissionais da saúde, bem como cientistas sociais e cientistas das áreas da saúde têm tentado desenredar os mistérios da ansiedade e desenvolver intervenções que efetivamente tratem dessa condição disseminada e perturbadora da humanidade. Hoje, como nunca antes, eventos calamitosos provocados por desastres naturais ou atos desumanos de crime, violência ou terrorismo criaram um clima social de medo e ansiedade em muitos países ao redor do mundo. Desastres naturais como terremotos, furacões, *tsunamis*, e assim por diante, têm um impacto negativo significativo sobre a saúde mental de populações afetadas com sintomas de ansiedade e de estresse pós-traumático apresentando aumentos substanciais nas semanas imediatamente após o desastre tanto em países em desenvolvimento como em países desenvolvidos (Norris, 2005).

Níveis elevados de ansiedade e de outros sintomas pós-traumáticos aparecem nas primeiras semanas após atos de terrorismo, guerra ou outros atos de violência de larga escala. Em 5 a 8 semanas após o 11 de setembro de 2001, ataques terroristas

às Torres do World Trade Center na cidade de Nova York, os sintomas de transtorno de estresse pós-traumático (TEPT) duplicaram (Galea et al., 2002). Um levantamento feito na internet (N = 2.729) revelou que 17% dos indivíduos fora da cidade de Nova York relataram sintomas de TEPT 2 meses após o 11/9 (Silver, Holman, McIntosh, Poulin e Gil-Rivas, 2002). O National Tragedy Study, uma pesquisa telefônica com 2.126 norte-americanos, revelou que 5 meses após os ataques terroristas de 11/9, 30% dos norte-americanos relataram dificuldade para dormir, 27% sentiam-se nervosos ou tensos e 17% indicaram que se preocupavam muito com futuros ataques terroristas (Rasinski, Berktold, Smith e Albertson, 2002). O Gallup Youth Survey de adolescentes norte-americanos conduzido 2 anos e meio após 11/9 revelou que 39% dos adolescentes estavam "muito" ou "um pouco" preocupados que eles ou alguém de suas famílias se tornassem vítima de terrorismo (Lyons, 2004). Embora ameaças em larga escala tenham seu maior impacto sobre a morbidade psicológica de indivíduos diretamente afetados pelo desastre nas semanas imediatamente após o evento traumático, seus efeitos mais amplos são evidentes meses e anos mais tarde nas angústias e preocupações aumentadas em uma parcela significativa da população em geral.

Medo, ansiedade e preocupação, entretanto, não são domínio exclusivo de desastre e de outras experiências potencialmente fatais. Na maioria dos casos, a ansiedade se desenvolve dentro do contexto das pressões, demandas e estresses flutuantes da vida diária. De fato, os transtornos de ansiedade representam o maior problema de saúde mental isolado nos Estados Unidos (Barlow, 2002), com mais de 19 milhões de adultos norte-americanos apresentando um transtorno de ansiedade em um determinado ano (National Institute of Mental Health, 2001). Aproximadamente 12 a 19% dos pacientes em cuidados primários satisfazem os critérios diagnósticos para um transtorno de ansiedade (Ansseau et al., 2004; Olfson et al., 1997). Além disso, antidepressivos e estabilizadores do humor são a terceira classe de farmacoterapia mais prescrita, tendo vendas globais em 2003 de 19,5 bilhões de dólares (IMS, 2004). Portanto, milhões de pessoas no mundo inteiro travam uma batalha diária contra a ansiedade clínica e seus sintomas. Esses transtornos provocam uma carga econômica, social e de tratamento de saúde significativa para todos os países, especialmente em países em desenvolvimento que enfrentam frequentes convulsões sociais e políticas e altas taxas de desastres naturais.

Este capítulo fornece uma visão geral do diagnóstico, aspectos clínicos e perspectivas teóricas sobre os transtornos de ansiedade. Começamos examinando questões de definição e a diferença entre medo e ansiedade. O diagnóstico de transtornos de ansiedade é então considerado com particular atenção ao problema de comorbidade, especialmente com depressão e transtornos de abuso de substância. É apresentada uma breve revisão da epidemiologia, curso e consequência da ansiedade, e são consideradas explicações biológicas e comportamentais contemporâneas para a ansiedade. O capítulo conclui com argumentos a favor da validade de uma perspectiva cognitiva para o entendimento dos transtornos de ansiedade e seu tratamento.

ANSIEDADE E MEDO

A psicologia da emoção é rica de visões diferentes e opostas sobre a natureza e a função das emoções humanas. Todos os teóricos das emoções que aceitam a existência de emoções básicas, entretanto, consideram o medo uma delas (Öhman e Wiens, 2004). Como parte de nossa natureza emocional, o medo ocorre como uma resposta adaptativa saudável a uma ameaça ou perigo percebido à própria segurança e integridade física. Ele alerta os indivíduos de uma ameaça iminente e da necessidade de uma ação defensiva (Beck e Greenberg, 1988; Craske, 2003). Contudo, o medo pode ser maladaptativo quando ocorre em uma situação não ameaçadora ou neutra que é interpretada erroneamente como representando um perigo ou ameaça potencial. Portanto, duas questões são fundamentais a qualquer teoria da ansiedade: como diferenciar medo e ansiedade e como determinar o que é uma reação normal *versus* uma reação anormal.

Definindo medo e ansiedade

Muitas palavras diferentes estão relacionadas à experiência subjetiva de ansiedade tais como "medo", "pavor", "pânico", "apreensão", "nervoso", "preocupação", "temor", "horror", e "terror" (Barlow, 2002). Isso levou a considerável confusão e imprecisão no uso comum do termo "ansioso". Entretanto, "medo" e "ansiedade" devem ser claramente diferenciados em qualquer teoria da ansiedade que espera oferecer orientação para pesquisa e tratamento da ansiedade.

Em seu influente livro sobre os transtornos de ansiedade, Barlow (2002) declarou que "o medo é um alarme primitivo em resposta a perigo presente, caracterizado por forte excitação e tendências a ação" (p. 104). Ansiedade, por outro lado, foi definida como "uma emoção orientada ao futuro, caracterizada por percepções de incontrolabilidade e imprevisibilidade sobre eventos potencialmente aversivos e um desvio rápido na atenção para o foco de eventos potencialmente perigosos ou para a própria resposta afetiva do indivíduo a esses eventos" (p. 104)."

Beck, Emery e Greenberg (1985) ofereceram uma perspectiva um pouco diferente sobre a diferenciação de medo e ansiedade. Eles definiram medo como um processo cognitivo envolvendo "a *avaliação* de que há perigo real ou potencial em uma determinada situação" (1985, p. 8, ênfase no original). A ansiedade é uma resposta emocional provocada por medo. Portanto, medo "é a avaliação de perigo; ansiedade é o estado de sentimento desagradável evocado quando o medo é estimulado" (Beck et al., 1985, p. 9). Barlow e Beck ambos consideram o medo um construto distinto, fundamental enquanto ansiedade é uma resposta subjetiva mais geral. Beck e colaboradores (1985) enfatizam a natureza cognitiva do medo e Barlow (2002) se focaliza nos aspectos neurobiológicos e comportamentais mais automáticos do construto. Com base nessas considerações, oferecemos as seguintes definições de medo e ansiedade como um guia para terapia cognitiva.

DIRETRIZ PARA O TERAPEUTA 1.1

O medo é um estado neurofisiológico automático primitivo de alarme envolvendo a **avaliação cognitiva** de ameaça ou perigo iminente à segurança e integridade de um indivíduo.

DIRETRIZ PARA O TERAPEUTA 1.2

Ansiedade é um sistema de resposta cognitiva, afetiva, fisiológica e comportamental complexo (isto é, **modo de ameaça**) que é ativado quando eventos ou circunstâncias antecipadas são consideradas altamente aversivas porque são percebidas como eventos imprevisíveis, incontroláveis que poderiam potencialmente ameaçar os interesses vitais de um indivíduo.

Algumas observações podem ser inferidas dessas definições. O medo como avaliação automática básica de perigo é o processo central em todos os transtornos de ansiedade. Ele é evidente nos ataques de pânico e nos aumentos agudos de inquietude que as pessoas relatam em situações específicas. Ansiedade, por outro lado, descreve um estado mais permanente de ameaça ou "apreensão ansiosa" que inclui outros fatores cognitivos além do medo, tais como aversão percebida, incontrolabilidade, incerteza, vulnerabilidade (desamparo) e incapacidade de obter resultados desejados (ver Barlow, 2002). Tanto medo como ansiedade envolvem uma orientação ao futuro de modo que questões de "e se?" predominam (p. ex., "E se eu 'levar bomba' nessa entrevista de emprego?", "E se me der um branco durante o discurso?", "E se as palpitações do meu coração provocarem um ataque cardíaco?").

A diferença entre medo e ansiedade pode ser ilustrada por Bill, que sofre de transtorno obsessivo-compulsivo (TOC) devido ao medo de contaminação e, portanto, realiza lavagens compulsivas. Bill é hipervigilante sobre a possibilidade de encontrar contaminantes "perigosos", e ele evita muitas coisas que percebe como possível contaminação. Ele fica em um estado contínuo de alta excitação e se sente subjetivamente nervoso e apreensivo devido a dúvidas repetitivas de contaminação (p. ex., "E se eu ficar contaminado?"). Esse estado cognitivo-comportamental-fisiológico, então, descreve ansiedade. Se Bill toca em um objeto sujo (p. ex., a maçaneta de um prédio público) ele rapidamente sente medo, que é a percepção de perigo iminente (p. ex., "Eu toquei nessa maçaneta suja. Um paciente de câncer pode ter tocado nela recentemente. Eu poderia contrair câncer e morrer."). Portanto, descrevemos a resposta imediata de Bill à maçaneta como "medo" mas seu estado afetivo negativo quase contínuo como "ansiedade". A ansiedade, então, é da maior preocupação para aqueles indivíduos que buscam tratamento para um estado aumentado de "nervosismo" ou agitação que causa considerável sofrimento e interferência na vida diária. Consequentemente, a ansiedade e seu tratamento é que é o foco deste livro.

Normal *versus* anormal

Seria difícil encontrar alguém que não experimentou medo ou se sentiu ansioso em relação a um evento iminente. O medo tem uma função adaptativa que é crítica à sobrevivência da espécie humana alertando e preparando o organismo para resposta contra perigos e emergências potencialmente fatais (Barlow, 2002; Beck et al., 1985). Além disso, medos são muito comuns na infância, e sintomas leves de ansiedade (p. ex., ataques de pânico, preocupação e ansiedade social ocasionais) são frequentemente relatados em populações adultas (ver Craske, 2003, para revisão). Portanto, como podemos diferenciar medo anormal de normal? Em que ponto a ansiedade se torna excessiva, tão maladaptativa que a intervenção clínica é justificada?

Sugerimos cinco critérios que podem ser usados para diferenciar estados anormais de medo e ansiedade. É necessário que todos esses critérios estejam presentes em um caso em particular, mas seria esperado que muitas dessas características estivessem presentes em estados de ansiedade clínica.

1. *Cognição disfuncional.* Um princípio central da teoria cognitiva da ansiedade é que medo e ansiedade anormais derivam de uma falsa suposição envolvendo uma avaliação errônea de perigo de uma situação que não é confirmada por observação direta (Beck et al., 1985). A ativação de crenças disfuncionais (esquemas) sobre ameaça e erros de processamento cognitivo associado levam a medo acentuado e excessivo que é inconsistente com a realidade objetiva da situação.

Por exemplo, a visão de um Rotweiller solto investindo na sua direção com os dentes expostos e pelo eriçado em uma estrada rural deserta provavelmente evocaria o pensamento "Estou em grave perigo de ser atacado; é melhor eu sair daqui rápido". O medo experimentado nessa situação é perfeitamente normal, porque envolve uma dedução razoável baseada em uma observação precisa da situação.

Por outro lado, a ansiedade evocada pela visão de um cão Poodle Toy levado pela coleira por seu dono é anormal: o modo de ameaça é ativado (p. ex., "Estou em perigo") ainda que a observação direta indique que essa é uma situação "não ameaçadora." Neste último caso, suspeitaríamos que a pessoa tem uma fobia específica de animal.

2. *Funcionamento prejudicado.* A ansiedade clínica interferirá diretamente no enfrentamento efetivo e adaptativo em face de uma ameaça percebida e, de modo mais geral, no funcionamento social e ocupacional diário do indivíduo. Há casos nos quais a ativação de medo resulta em uma pessoa congelando, sentindo-se paralisada frente ao perigo (Beck et al., 1985). Barlow (2002) observa que sobreviventes de estupro frequentemente relatam paralisia física em algum momento durante o ataque. Em outros casos o medo e a ansiedade podem levar a uma resposta contraproducente que na verdade aumenta o risco de dano ou perigo. Por exemplo, uma mulher ansiosa em relação a dirigir após ter se envolvido em uma colisão traseira verificaria constantemente seu espelho retrovisor e portanto prestaria menos atenção ao tráfego à sua frente, aumentando a chance de provocar exatamente o acidente temido.

Também é reconhecido que medo e ansiedade clínicos geralmente interferem na capacidade de uma pessoa levar uma vida produtiva e satisfatória. Consequentemente, no *Manual diagnóstico e estatístico de transtornos mentais* (DSM-IV-TR; American Psychiatric Association [APA], 2000), sofrimento acentuado ou "interferência significativa na rotina, funcionamento ocupacional (ou acadêmico), ou atividades ou relacionamentos sociais normais do indivíduo" (p. 449) é um dos critérios diagnósticos centrais para a maioria dos transtornos de ansiedade.

3. *Manutenção.* Em condições clínicas a ansiedade persiste muito mais tempo do que seria esperado sob condições normais. Lembre que a ansiedade estimula

uma perspectiva orientada ao futuro que envolve a antecipação de ameaça ou perigo (Barlow, 2002). Como resultado, a pessoa com ansiedade clínica pode sentir uma sensação aumentada de apreensão subjetiva apenas por pensar em uma possível ameaça iminente, independente de se ela eventualmente se materializa. Portanto não é incomum que indivíduos propensos à ansiedade experimentem ansiedade elevada diariamente durante muitos anos.

4. *Alarmes falsos.* Nos transtornos de ansiedade encontramos frequentemente a ocorrência de alarmes falsos, que Barlow (2002, p. 220) define como "medo ou pânico acentuado [que] ocorre na ausência de qualquer estímulo ameaçador da vida, aprendido ou não". Um ataque de pânico espontâneo ou inesperado é um dos melhores exemplos de um "alarme falso". A presença de ataques de pânico ou medo intenso na ausência de sinais de ameaça ou ao menor estímulo de ameaça sugeriria um estado clínico.

5. *Hipersensibilidade a estímulo.* Medo é uma "resposta aversiva induzida por estímulo" (Öhman e Wiens, 2004, p. 72) a um sinal externo ou interno que é percebido como uma ameaça potencial. Entretanto, em condições clínicas o medo é evocado por uma variedade mais ampla de estímulos ou situações de intensidade relativamente leve de ameaça que seriam percebidos como inócuos ao indivíduo não temeroso (Beck e Greenberg, 1988). Por exemplo, a maioria das pessoas ficaria bastante receosa de se aproximar de uma teia da aranha Sydney, que tem o veneno mais letal do mundo para os seres humanos. Por outro lado, foi encaminhado ao nosso consultório um paciente com fobia de aranha que exibia ansiedade intensa, mesmo ataques de pânico, à simples visão de uma teia de aranha produzida pela menor e mais inofensiva aranha doméstica canadense. Evidentemente o número de estímulos relacionados à aranha que evocam uma resposta ao medo no indivíduo fóbico é muito maior do que os estímulos relacionados à aranha que evocariam medo no indivíduo não fóbico. Da mesma maneira, indivíduos com um transtorno de ansiedade interpretariam uma variedade mais ampla de situações como ameaçadoras comparado a indivíduos sem um transtorno de ansiedade. A Diretriz para o Terapeuta 1.3 apresenta cinco questões para determinar se a experiência de medo ou ansiedade de uma pessoa é suficientemente exagerada e invasiva a ponto de justificar avaliação, diagnóstico e possível tratamento.

DIRETRIZ PARA O TERAPEUTA 1.3

1. O medo ou ansiedade é baseado em uma suposição falsa ou raciocínio falho sobre o potencial para ameaça ou perigo em situações relevantes?
2. O medo ou ansiedade realmente interfere na capacidade do indivíduo de enfrentar circunstâncias aversivas ou difíceis?
3. A ansiedade está presente durante um período de tempo prolongado?
4. O indivíduo vivencia alarmes falsos ou ataques de pânico?
5. O medo ou ansiedade é ativado por uma variedade razoavelmente ampla de situações envolvendo perigo potencial relativamente leve?

ANSIEDADE E O PROBLEMA DE COMORBIDADE

Durante as últimas décadas, a pesquisa clínica sobre ansiedade reconheceu que o termo mais antigo "neurose de ansiedade" tinha valor heurístico limitado. A maioria das teorias e da pesquisa sobre ansiedade agora reconhece que há inúmeros subtipos específicos de ansiedade que se agrupam sob a rubrica "transtornos de ansiedade". Ainda que esses transtornos de ansiedade mais específicos compartilhem alguns aspectos comuns como a ativação do medo a fim de detectar e evitar ameaça (Craske, 2003), há diferenças importantes com implicações para o tratamento. Portanto, o presente livro, como a maioria das perspectivas contemporâneas, se focalizará nos transtornos de ansiedade específicos em vez de tratar ansiedade clínica como uma entidade homogênea única. A Tabela 1.1 lista a ameaça central e a avaliação cognitiva associada com os cinco transtornos de ansiedade do DSM-IV-TR discutidos neste livro (para um resumo semelhante, ver Dozois e Westra, 2004).

Os sistemas de classificação psiquiátrica como o DSM-IV supõem que transtornos mentais como a ansiedade consistem em subtipos de transtorno mais específicos com fronteiras diagnósticas que diferenciam nitidamente um tipo de transtorno de outro. Entretanto, uma grande quantidade de pesquisa epidemiológica, diagnóstica e baseada no sintoma tem contestado essa abordagem categórica à nosologia psiquiátrica, oferecendo evidência muito mais forte da natureza dimensional dos transtornos psiquiátricos como ansiedade e depressão (p. ex., Melzer, Tom, Brugha, Fryers e Meltzer, 2002; Ruscio, Borkovec e Ruscio, 2001; Ruscio, Ruscio e Keane, 2002).

Um dos maiores desafios à perspectiva categórica é a evidência que tanto os sintomas como as comorbidades são comuns no transtorno de ansiedade como na depressão – ou seja, a co-ocorrência transversal de um ou mais transtornos no mesmo indivíduo (Clark, Beck e Alford, 1999). Apenas 21% dos entrevistados com um transtorno durante a vida tinham apenas um transtorno no National Comorbidity Survey ([Levantamento Nacional de Comorbidade] [NCS; Kessler et al., 1994]), um estudo epidemiológico do National Institute of Mental Health ([Instituto Nacional de Saúde Mental] NIMH) de transtornos mentais envolvendo uma amostra nacionalmente representativa randomizada de 8.098 norte-americanos, aos quais foi administrada a Entrevista Clínica Estruturada para o DSM-III-R. Baseado em uma amostra de 1.694 pacientes ambulatoriais do Centro para Terapia Cognitiva da Filadélfia avaliados entre janeiro de 1986 e outubro de 1992, apenas 10,5% daqueles com um transtorno de humor primário e 17,8% com transtorno de pânico (com ou sem evitação agorafobia) tinham

TABELA 1.1 Aspectos centrais de cinco transtornos de ansiedade do DSM-IV-TR

Transtorno de ansiedade	Estímulo ameaçador	Avaliação central
Transtorno de pânico (com ou sem agorafobia)	Sensações físicas, corporais	Medo de morrer ("ataque cardíaco"), de perder o controle ("ficar louco") ou perder a consciência (desmaiar), de ter novos ataques de pânico
Transtorno de ansiedade generalizada (TAG)	Eventos de vida estressantes ou outras preocupações pessoais	Medo de possíveis futuros desfechos de vida adversos ou ameaçadores
Fobia social	Situações sociais, públicas	Medo da avaliação negativa dos outros (p. ex., constrangimento, humilhação)
Transtorno obsessivo-compulsivo (TOC)	Pensamentos, imagens ou impulsos intrusivos inaceitáveis	Medo de perder o controle mental ou comportamental ou de algum modo ser responsável por um desfecho negativo para si ou para os outros
Transtorno de estresse pós-traumático (TEPT)	Lembranças, sensações, estímulos externos associados com experiências traumáticas passadas	Medo de pensamentos, lembranças, sintomas ou estímulos associados com o evento traumático

um "diagnóstico puro" sem comorbidade dos Eixos I ou II (Somoza, Steer, Beck e Clark, 1994). Evidentemente, a comorbidade diagnóstica é mais a regra do que a exceção, com a *comorbidade prognóstica*, na qual um transtorno predispõe um indivíduo ao desenvolvimento de outros transtornos (Maser e Cloninger, 1990) também sendo uma consideração importante na patogênese de condições psiquiátricas.

Inúmeras condições clínicas relataram uma alta taxa de comorbidade de diagnóstico dentro dos transtornos de ansiedade. Por exemplo, um extenso estudo de pacientes ambulatoriais (N= 1.127) revelou que dois terços dos pacientes com transtorno de ansiedade tinham outro transtorno do Eixo I concomitante, e mais de três quartos tinham um diagnóstico comórbido durante a vida (Brown, Campbell, Lehman, Grisham e Mancill, 2001). Indivíduos com um transtorno de ansiedade, então, têm muito mais probabilidade de ter pelo menos um ou mais transtornos adicionais do que seria esperado por probabilidade (Brown et al., 2001).

Depressão comórbida

Os transtornos de ansiedade têm maior probabilidade de ocorrer junto com alguns transtornos do que com outros. Grande parte da pesquisa sobre comorbidade tem se focalizado na relação entre ansiedade e depressão. Aproximadamente 55% dos pacientes com um transtorno de ansiedade ou transtorno depressivo terão pelo menos um transtorno de ansiedade ou transtorno depressivo adicional, e essa taxa salta para 76% quando se considera diagnósticos durante a vida (Brown e Barlow, 2002). No estudo Epidemiologic Catchment Area (ECA), indivíduos com uma depressão maior tinham 9 a 19 vezes mais probabilidade de ter um transtorno de ansiedade coexistente do que indivíduos sem depressão maior (Regier, Burke e Burke, 1990). Dos casos de transtorno de ansiedade no NCS, 51% tinham transtorno depressivo maior, e isso aumentou para 58%

quando diagnosticado durante a vida (Kessler et al., 1996). Além disso, os transtornos de ansiedade têm maior probabilidade de preceder os transtornos depressivos do que o inverso, embora a força dessa associação sequencial varie entre transtornos de ansiedade específicos (Alloy, Kelly, Mineka e Clements, 1990; Mineka, Watson e Clark, 1998; Schatzberg, Samson, Rothschild, Bond e Regier, 1998). Os resultados do levantamento ECA indicaram que fobia simples, transtorno obsessivo-compulsivo (TOC), agorafobia e ataques de pânico estavam associados com risco aumentado para depressão maior 12 meses mais tarde (Goodwin, 2002).

A pesquisa de comorbidade tem importantes implicações clínicas para o tratamento de todos os transtornos psicológicos. Depressão clínica comórbida com um transtorno de ansiedade está associada a um curso mais persistente do transtorno, maior gravidade do sintoma e maior prejuízo ou incapacidade funcional (Hunt, Slade e Andrews, 2004; Kessler e Frank, 1997; Kessler et al., 1996; Olfson et al., 1997; Roy-Byrne et al., 2000). Além disso, transtornos de ansiedade com uma depressão comórbida apresentam uma resposta de tratamento mais insatisfatória, taxas de recaída e recorrência mais altas e maior utilização de serviços do que casos de ansiedade pura (Mineka et al., 1998; Roy-Byrne et al., 2000; Tylee, 2000).

Uso de substância comórbido

Os transtornos de uso de substância, especialmente uso de álcool, são outra categoria de condições frequentemente vistas nos transtornos de ansiedade. Em sua revisão, Kushner, Abrams e Borchardt (2000) concluíram que a presença de um transtorno de ansiedade (exceto fobia simples) duplica a quadruplica o risco de dependência de álcool ou drogas, com a ansiedade frequentemente precedendo o transtorno de uso de álcool e contribuindo para sua manutenção, embora o abuso de álcool também possa levar a ansiedade. Mesmo em níveis diagnósticos subliminares, indivíduos com uma condição de ansiedade têm significativamente maior probabilidade de usar drogas e álcool do que controles não clínicos (Sbrana et al., 2005).

É evidente que existe uma relação especial entre transtornos de uso de álcool e ansiedade. Comparado a transtornos do humor, os transtornos de ansiedade mais frequentemente precedem os transtornos de uso de substância (Merikangas et al., 1998), levando à suposição de que indivíduos ansiosos devem estar se "automedicando" com álcool. Entretanto, essa suposição de "automedicação" não foi apoiada em um estudo prospectivo de 7 anos no qual a dependência de álcool tinha tanta probabilidade de aumentar o risco de desenvolver um transtorno de ansiedade subsequente quanto a relação temporal inversa (Kushner, Sher e Erikson, 1999). Kushner e colaboradores concluíram que ansiedade e problemas alcoólicos provavelmente têm influências recíprocas e interativas que levarão a um aumento tanto da ansiedade como do problema da bebida (Kushner, Sher e Beitman, 1990; Kushner et al., 2000). O resultado final pode ser uma "espiral autodestrutiva descendente" levando ao desamparo, depressão e risco aumentado de suicídio (Barlow, 2002).

Comorbidade dentro dos transtornos de ansiedade

A presença de um transtorno de ansiedade aumenta significativamente a probabilidade de ter um ou mais transtornos de ansiedade adicionais. De fato, os transtornos de ansiedade pura são menos frequentes do que ansiedade comórbida. Em seu extenso estudo clínico, Brown, DiNardo, Lehmann e Campbell (2001) verificaram que a comorbidade para outro transtorno de ansiedade variava de 27% para fobia específica a 62% para transtorno de estresse pós-traumático (TEPT). O Transtorno de Ansiedade Generalizada (TAG) foi o transtorno de ansiedade secundário mais comum, seguido por fobia social. Para TEPT, que tinha a taxa comór-

bida mais alta para outro transtorno de ansiedade, transtorno de pânico e TAG foram as condições de ansiedade secundárias mais comuns. Fobia social e TAG tendiam a preceder muitos dos outros transtornos de ansiedade. As análises de diagnósticos durante a vida revelaram taxas ainda mais altas para ocorrência de um transtorno de ansiedade secundário.

> **DIRETRIZ PARA O TERAPEUTA 1.4**
> Uma conceitualização de caso de ansiedade deve incluir uma ampla avaliação diagnóstica que englobe a investigação de condições comórbidas, especialmente depressão maior, abuso de álcool e outros transtornos de ansiedade.

PREVALÊNCIA, CURSO E RESULTADO DA ANSIEDADE

Prevalência

Os transtornos de ansiedade são a forma mais prevalente de distúrbio psicológico (Kessler, Chiu, Demler e Walters, 2005). Estudos epidemiológicos de amostras de adultos da comunidade têm sido notavelmente consistentes em documentar uma taxa de prevalência durante a vida de 25 a 30% para pelo menos um transtorno de ansiedade. Por exemplo, a prevalência de 1 ano para qualquer transtorno de ansiedade no NCS foi de 17,2%, comparado com 11,3% para abuso/dependência de qualquer substância e 11,3% para qualquer transtorno do humor (Kessler et al., 1994). A prevalência durante a vida do NCS, que inclui todos os indivíduos que alguma vez experimentaram um transtorno de ansiedade, foi de 24,9%, mas isso pode ser uma subestimativa porque TOC não foi avaliado. Em uma recente replicação do NCS (NCS-R), envolvendo uma amostra nacionalmente representativa de entrevistados (N = 9.282) entre 2001 e 2003, a prevalência de 12 meses para qualquer transtorno de ansiedade foi de 18,1% e a prevalência estimada durante a vida foi de

28,8%, achados que são notavelmente semelhantes ao primeiro NCS (Kessler et al., 2005; Kessler, Berglund, Demler, Robertson e Walters, 2005).

Levantamentos nacionais conduzidos em outros países ocidentais como Austrália, Grã-Bretanha e Canadá também relataram altas taxas de transtornos de ansiedade na população em geral, embora as taxas de prevalência reais variem ligeiramente entre os estudos devido a metodologias de entrevista, regras de decisão diagnóstica e outros fatores de planejamento diferentes (Andrews, Henderson e Hall, 2001; Jenkins et al., 1997; Canadian Community Health Survey, 2003). A World Mental Health Survey Initiative (Iniciativa Mundial de Levantamento de Saúde Mental) da Organização Mundial da Saúde (OMS) revelou que a ansiedade é o transtorno mais comum em todos os países exceto a Ucrânia (7,1%), com a prevalência de 1 ano variando desde 2,4% em Xangai, China, a 18,2% nos Estados Unidos (WHO – World Mental Health Survey Consortium, 2004).

Os transtornos de ansiedade também são comuns na infância e adolescência, com as taxas de prevalência de 6 meses variando de 6 a 17% (Breton et al., 1999; Romano, Tremblay, Vitaro, Zoccolillo e Pagani, 2001). Os transtornos mais frequentes são fobia específica, TAG e ansiedade de separação (Breton et al., 1999; Whitaker et al., 1990). Alguns transtornos como fobia social, pânico e ansiedade generalizada aumentam significativamente durante a adolescência, enquanto outros como ansiedade de separação apresentam uma diminuição (Costello, Mustillo, Erkanli, Keeler e Angold, 2003; Kashani e Orvaschel, 1990). As meninas apresentam taxas mais altas de transtornos de ansiedade do que os meninos (Breton et al., 1999; Costello et al., 2003; Romano et al., 2001), a comorbidade entre ansiedade e depressão é alta (Costello et al., 2003) e os transtornos de ansiedade que surgem durante a infância e a adolescência frequentemente persistem até o início da idade adulta (Newman et al., 1996).

Indivíduos que sofrem de transtornos de ansiedade frequentemente são vistos pela primeira vez por médicos de família em situações de cuidados primários devido a sintomas físicos inexplicados como dor torácica não cardíaca, palpitações, desmaio, síndrome do intestino irritável, vertigem e tontura. Essas queixas podem refletir uma condição de ansiedade como transtorno de pânico (ver discussão por Barlow, 2002). Além disso, pacientes com transtornos de ansiedade procuram conselho médico em números desproporcionais. Estudos de pacientes de cuidados primários revelam que 10 a 20% têm um transtorno de ansiedade diagnosticável (Ansseau et al., 2004; Olfson et al., 1997, 2000; Sartorius, Ustun, Lecrubier e Wittchen, 1996; Vazquez-Barquero et al., 1997). Sleath e Rubin (2002) verificaram que ansiedade era mencionada em 30% das visitas ao consultório de medicina de família de uma universidade. Os transtornos de ansiedade, então, impõem uma carga considerável aos recursos de serviços de saúde.

Uma grande porcentagem da população adulta em geral experimenta sintomas de ansiedade ocasionais ou leves. Há alguma evidência de que os indivíduos têm um risco aumentado de desenvolver um transtorno de ansiedade franco se eles experimentarem ataques de pânico, transtornos do sono ou tiverem preocupações obsessivas que não são suficientemente frequentes ou intensas para satisfazer critérios diagnósticos (isto é, formas subclínicas) ou tiverem alta sensibilidade à ansiedade (ver Craske, 2003). Preocupação, o aspecto fundamental do TAG, é relatada por uma maioria de indivíduos não clínicos que expressam preocupações com trabalho (ou escola), finanças, família e assim por diante (p. ex., Borkovec, Shadick e Hopkins, 1991; Dupuy, Beaudoin, Rhéaume, Ladouceur e Dugas, 2001; Tallis, Eysenck e Mathews, 1992; Wells e Morrison, 1994). Problemas com o sono são relatados por 27% de mulheres britânicas e 20% de homens britânicos (Jenkins et al., 1997). No U.S. 1991 National Sleep Foundation Survey (Levantamento Nacional da Fundação Norte-Americana do Sono de 1991), 36% dos participantes tinham insônia ocasional ou crônica (Ancoli-Israel e Roth, 1999). Outros estudos indicam que 11 a 33% de estudantes e adultos da comunidade sem diagnóstico clínico experimentaram pelo menos um ataque de pânico no ano anterior (Malan, Norton e Cox, 1990; Salge, J. G. Beck e Logan, 1988; Wilson et al., 1992). Portanto, os sintomas de ansiedade e seus transtornos são problemas prevalentes que ameaçam o bem-estar físico e emocional de um número significativo de pessoas na população em geral.

> **DIRETRIZ PARA O TERAPEUTA 1.5**
>
> Dada a alta taxa de transtornos e sintomas de ansiedade na população em geral, a avaliação clínica deve incluir especificação da frequência e intensidade do sintoma, bem como escalas que permitam o diagnóstico diferencial entre transtornos.

Diferenças de gênero

As mulheres têm uma incidência significativamente mais alta da maioria dos transtornos de ansiedade do que os homens (Craske, 2003), com a possível exceção de TOC, onde as taxas são aproximadamente iguais (ver Clark, 2004). No NCS as mulheres tinham uma prevalência durante a vida de 30,5% para qualquer transtorno de ansiedade, comparado com 19,5% para homens (Kessler et al., 1994). Outros estudos epidemiológicos em comunidades confirmaram, de forma geral, uma razão de 2:1 de mulheres para homens na prevalência de transtornos de ansiedade (p. ex., Andrews et al., 2001; Jenkins et al., 1997; Olfson et al., 2000; Vazquez-Barquero et al., 1997). Visto que essas diferenças de gênero foram encontradas em levantamentos baseados na comunidade, a preponderância de transtornos de ansiedade em mulheres não pode ser atribuída a maior utilização de serviços. Em uma revisão crítica da pesquisa sobre diferenças de gênero nos transtornos de ansiedade, Craske (2003) concluiu que as mulheres podem ter taxas mais altas de transtornos de ansiedade devido a uma vulnerabilidade aumentada causada por:

1. afetividade negativa mais alta;
2. padrões de socialização diferenciados nos quais as meninas são encorajadas a ser mais dependentes, pró-sociais e empáticas, mas menos assertivas e controladoras de desafios diários;
3. ansiedade mais difusa conforme evidenciado por resposta ansiosa menos discriminativa e mais supergeneralizada;
4. sensibilidade aumentada a lembretes de ameaça e sugestões de ameaça contextuais; e/ou
5. tendência a mais evitação, preocupação e ruminação sobre ameaças potenciais.

Diferenças culturais

Medo e ansiedade existem em todas as culturas, mas sua experiência subjetiva é moldada por fatores específicos da cultura (Barlow, 2002). A comparação da prevalência de ansiedade em diferentes culturas é complicada pelo fato de que nosso sistema de classificação diagnóstica padrão, o DSM-IV-TR (APA, 2000), é baseado em conceitualizações e experiências norte-americanas de ansiedade que podem não ter elevada validade diagnóstica em outras culturas (van Ommeren, 2002). A capacidade de generalização entre culturas não é necessariamente melhorada pelo uso da classificação de transtornos de ansiedade da OMS, a Classificação Internacional de Doenças – Décima Revisão (CID-10), devido à dominância da experiência ocidental de influência europeia (Organização Mundial da Saúde, 1992). Portanto, nossas abordagens diagnósticas e de avaliação padrão à ansiedade podem enfatizar excessivamente aspectos da ansiedade que são proeminentes na experiência europeia ocidental e omitir expressões significativas de ansiedade que são mais específicas da cultura.

Barlow (2002) concluiu em sua revisão que apreensão, preocupação, medo e excitação somática são comuns em todas as culturas. Por exemplo, um extenso levantamento comunitário de 35.014 iranianos adultos revelou que 20,8% tinham sintomas de ansiedade (Noorbala, Baheri-Yazdi, Yasami e Mohammad, 2004). Mesmo em regiões rurais ou montanhosas remotas de países em desenvolvimento onde as comodidades e pressões da indústria moderna são mínimas, a ocorrência de transtornos de ansiedade e pânico é semelhante às taxas relatadas em levantamentos de comunidades ocidentais (Mumford, Nazir, Jilani e Yar Baig, 1996). Contudo, países parecem ter taxas populacionais diferentes dos transtornos de ansiedade. O World Mental Health Surveys da OMS revelou que a prevalência de 1 ano de transtornos de ansiedade do DSM-IV variavam de um mínimo de 2,4%, 3,2%, e 3,3% em Xangai, Beijing e Nigéria, respectivamente, a 11,2%, 12%, e 18,2% no Líbano, França e Estados Unidos, respectivamente (WHO – World Mental Health Survey Consortium, 2004). Essa ampla variabilidade nas taxas de prevalência levanta a possibilidade de que a cultura pode influenciar a taxa real de transtornos de ansiedade entre países, embora diferenças metodológicas entre os centros não possam ser excluídas como uma explicação alternativa para as diferenças.

Há evidência substancial de que a cultura desempenha um papel significativo na expressão de sintomas ansiosos. Barlow (2002) observou que sintomas somáticos parecem mais proeminentes em transtornos emocionais na maioria dos países que não os de influência europeia ocidental. A Tabela 1.2 apresenta um número selecionado de síndromes ligadas à cultura com um componente de ansiedade significativo.

> **DIRETRIZ PARA O TERAPEUTA 1.6**
>
> A avaliação para ansiedade deve levar em conta a cultura e ambiente social/familiar do indivíduo e a influência destes sobre o desenvolvimento e experiência subjetiva de ansiedade.

Duração e curso

Em comparação com depressão maior, os transtornos de ansiedade são frequentemente crônicos durante muitos anos com remissão relativamente baixa, mas taxas de recaída mais variáveis após a recuperação completa (Barlow, 2002). O Programa de Pesquisa de Transtorno de Ansiedade

TABELA 1.2 Síndromes ligadas à cultura nas quais sintomas ansiosos desempenham um papel proeminente

Nome da síndrome	Descrição	País
dhat	Ansiedade grave sobre a perda de sêmen por meio de poluções noturnas, micção ou masturbação. (Sumathipala, Siribaddana e Bhugra, 2004)	Homens na Índia, Sri Lanka, China
koro	Medo súbito e intenso de que os órgãos sexuais do indivíduo se retrairão para dentro do abdômen eventualmente causando a morte. (APA, 2000)	Ocorre principalmente em homens no sul e oeste asiático
pa-leng	Medo mórbido do frio e do vento no qual o indivíduo se preocupa com perda de calor corporal que poderia eventualmente levar à morte. A pessoa veste várias camadas de roupas mesmo em dias quentes para afastar frio e vento. (Barlow, 2002)	Culturas chinesas
taijin kyofusho	Um medo intenso de que as partes ou funções corporais do indivíduo são desagradáveis, ofensivas ou constrangedoras às outras pessoas por sua aparência, odor, expressões faciais ou movimentos (APA, 2000).	Japão

Harvard-Brown (HARP), um estudo prospectivo de 8 anos, revelou que apenas um terço a metade de pacientes com fobia social, TAG ou transtorno de pânico alcançaram total remissão (Yonkers, Bruce, Dyck e Keller, 2003).[1] O Estudo de Coorte de Zurique verificou que quase 50% de indivíduos com um transtorno de ansiedade inicial posteriormente desenvolveram depressão isolada ou depressão comórbida com ansiedade em um seguimento de 15 anos (Merikangas et al., 2003). Um estudo longitudinal holandês de 3.107 indivíduos mais velhos revelou que 23% de indivíduos com um transtorno de ansiedade do DSM-III inicial continuavam a satisfazer os critérios 6 anos mais tarde, enquanto outros 47% sofriam de ansiedade subclínica (Schuurmans et al., 2005). É evidente que os transtornos de ansiedade persistem por muitos anos quando não tratados (Craske, 2003). Visto que a maioria desses transtornos tem seu início na infância e adolescência (Newman et al., 1996), a natureza crônica da ansiedade é um componente significativo de sua carga de doença global.

DIRETRIZ PARA O TERAPEUTA 1.7

Considere a cronicidade da ansiedade e sua influência sobre o desenvolvimento de outras condições ao realizar uma avaliação cognitiva. Podemos esperar que início precoce e um curso mais prolongado seriam mais desafiadores para o tratamento.

Consequências e resultado

A presença de um transtorno de ansiedade, ou mesmo apenas de sintomas ansiosos,

está associada a uma redução significativa na qualidade de vida, bem como no funcionamento social e ocupacional (Mendlowicz e Stein, 2000). Em uma revisão metanalítica de 23 estudos, Olatunji, Cisler e Tolin (2007) verificaram que todos os indivíduos com transtornos de ansiedade experimentaram resultados de qualidade de vida significativamente mais insatisfatórios comparado com controles, e o prejuízo global da qualidade de vida foi equivalente entre os transtornos de ansiedade. Indivíduos com um transtorno de ansiedade têm um aumento no número de dias de trabalho perdidos (Kessler e Frank, 1997; Olfson et al., 2000), mais dias de incapacitação (Andrews et al., 2001; Marcus, Olfson, Pincus, Shear e Zarin, 1997; Weiller, Biserbe, Maier e LeCrubier, 1998) e taxas elevadas de dependência financeira na forma de seguro-incapacidade, desemprego crônico, ou pagamentos da previdência (Leon, Portera e Weissman, 1995). A ansiedade também tende a reduzir a qualidade de vida e o funcionamento social em pacientes com uma doença médica crônica comórbida (Sherbourne, Wells, Meredith, Jackson e Camp, 1996). Olfson e colaboradores (1996) verificaram que pacientes de cuidados primários que não satisfaziam os critérios diagnóstico para TAG, pânico ou TOC, mas tinham sintomas desses transtornos relatavam significativamente mais dias de trabalho perdidos, perturbação conjugal e visitas a profissionais da saúde mental. O impacto negativo dos transtornos de ansiedade em termos de sofrimento, incapacidade e utilização de serviços pode ser ainda maior do que para indivíduos cujo principal problema é um transtorno da personalidade ou abuso de substância (Andrews, Slade e Issakidis, 2002). De fato, indivíduos com transtorno de pânico demonstram funcionamento social e de papéis significativamente mais baixo nas atividades diárias do que pacientes com uma doença médica crônica como hipertensão (Sherbourne, Wells e Judd, 1996).

Indivíduos com um transtorno de ansiedade diagnosticável consultam mais profissionais da saúde mental e têm mais

---

[1] Embora essas taxas de remissão sejam muito baixas, especialmente para fobia social e transtorno de pânico, elas provavelmente superestimam as verdadeiras taxas de remissão para os transtornos de ansiedade, já que 80% recebiam algum tipo de tratamento farmacológico no *follow-up* (acompanhamento) de oito anos.

probabilidade de consultar seus clínicos gerais por problemas psicológicos comparados com controles não clínicos (Marciniak, Lage, Landbloom, Dunayevich e Bowman, 2004; Weiller et al., 1998). Um estudo amplo com empregados norte-americanos revelou que indivíduos com transtornos de ansiedade tinham significativamente maior probabilidade que o grupo controle não clínico de consultar médicos especialistas, maior probabilidade de usar serviços de internação e maior probabilidade de procurar prontos-socorros (Marciniak et al., 2004; ver também Leon et al., 1995, para resultados semelhantes). Entretanto, a maioria dos indivíduos com um transtorno de ansiedade nunca recebe tratamento profissional, e menos ainda buscam profissionais da saúde mental (Coleman, Brod, Potter, Buesching e Rowland, 2004; Kessler et al., 1994; Olfson et al., 2000). Médicos de família, por exemplo, são particularmente ineficientes em reconhecer ansiedade, com pelo menos 50% de transtornos de ansiedade não reconhecidos em pacientes de cuidados primários (Wittchen e Boyer, 1998).

Dados os efeitos pessoais e sociais adversos dos transtornos de ansiedade, os custos econômicos da ansiedade são substanciais tanto nos custos diretos dos serviços como nos custos indiretos da perda de produtividade. Ansiedade autorrelatada em um estudo norte-americano respondeu por estimados 60,4 milhões de dias por ano em produtividade perdida, que é equivalente ao nível de produtividade perdida associada ao resfriado comum ou a pneumonia (Marcus et al., 1997). Greenberg e colaboradores (1999) estimaram o custo anual dos transtornos de ansiedade em 42,3 bilhões de dó-

lares norte-americanos em 1990, enquanto Rice e Miller (1998) verificaram que os custos econômicos da ansiedade eram maiores que os da esquizofrenia ou os transtornos afetivos.[2]

ASPECTOS BIOLÓGICOS DA ANSIEDADE

A ansiedade é multifacetada, envolvendo diferentes elementos nas esferas fisiológica, cognitiva, comportamental e afetiva do funcionamento humano. A Tabela 1.3 lista os sintomas de ansiedade divididos nos quatro sistemas funcionais envolvidos em uma resposta adaptativa a ameaça e perigo (Beck et al., 1985, 2005).

As respostas fisiológicas automáticas que ocorrem na presença de ameaça ou perigo são consideradas *respostas defensivas*. Essas respostas, vistas nos contextos evocadores de medo tanto de animais como de seres humanos, envolvem excitação autonômica que prepara o organismo para lidar com o perigo evitando (isto é, fuga) ou confrontando diretamente o perigo (isto é, luta), um processo conhecido como a resposta "luta ou fuga" (Canon, 1927). Os aspectos comportamentais envolvem primariamente

---

DIRETRIZ PARA O TERAPEUTA 1.8

Dada a significativa morbidade associada à ansiedade, o impacto negativo do transtorno sobre produtividade profissional/escolar, relações sociais, finanças pessoais e funcionamento diário deve ser incluído na avaliação clínica.

---

[2] Há evidências de que uma compensação significativa dos custos da ansiedade pode ser alcançada pelo diagnóstico e tratamento precoces (Salvador-Carulla, Segui, Fernández-Cano e Canet, 1995). Estudos econômicos sobre saúde mostraram de maneira consistente que a terapia cognitivo-comportamental (TCC) para transtornos de ansiedade é mais barata que medicação e produz redução significativa nos custos com cuidado da saúde (Myhr e Payne, 2006). Sendo o transtorno mental mais comum, a ansiedade inflinge um custo humano e social significativo em nossa sociedade, mas o amplo fornecimento de tratamento cognitivo e cognitivo-comportamental poderia reduzir os custos pessoais e econômicos desses transtornos.

fuga ou evitação, bem como respostas de busca de segurança. As variáveis cognitivas fornecem a interpretação significativa de nosso estado interno como ansiedade. Finalmente, a esfera afetiva é derivada da ativação cognitiva e fisiológica, e constitui a experiência subjetiva de se sentir ansioso. Nas próximas seções, discutiremos brevemente os aspectos fisiológicos, comportamentais e emocionais da ansiedade. Os aspectos cognitivos da ansiedade são o foco de capítulos subsequentes.

Psicofisiologia

Como é evidente na Tabela 1.3, muitos dos sintomas de ansiedade são de natureza fisiológica, refletindo ativação dos sistemas nervoso simpático (SNS) e parassimpático (SNP). A ativação do SNS é a resposta fisiológica mais proeminente na ansiedade e leva a sintomas de hiperexcitação como constrição dos vasos sanguíneos periféricos, tônus aumentado dos músculos esqueléticos, frequência e força de contração cardíaca aumentadas, dilatação dos pulmões para aumentar o aporte de oxigênio, dilatação das pupilas para possível melhora da visão, cessação da atividade digestiva, aumento no metabolismo basal e secreção aumentada de epinefrina e norepinefrina na medula adrenal (Bradley, 2000). Todas essas respostas fisiológicas periféricas estão associadas a excitação, mas causam vários sintomas perceptíveis como tremor, agitação, ondas de calor e frio, palpitações cardíacas, boca seca, sudorese, falta de ar, dor ou pressão no peito e tensão muscular (ver Barlow, 2002).

O papel da excitação do SNP, que causa uma conservação de certas respostas fisiológicas, não foi bem pesquisado na ansiedade. O SNP está envolvido em sintomas como imobilidade tônica, queda na pressão sanguínea e desmaio, que são um tipo de estratégia de resposta de "preservação-retirada" (Friedman e Thayer, 1998). Os efeitos da estimulação do SNP incluem frequência e força de contração cardíaca diminuídas, pupilas contraídas, músculos abdominais relaxados e constrição dos pulmões (Bradley, 2000). Além disso, a pesquisa sobre variabilidade da frequência cardíaca em ataques

TABELA 1.3 Aspectos comuns da ansiedade

Sintomas fisiológicos

1. Aumento da frequência cardíaca, palpitações;
2. falta de ar, respiração rápida;
3. dor ou pressão no peito;
4. sensação de sufocação;
5. tontura, sensação de "cabeça vazia";
6. sudorese, ondas de calor, calafrios;
7. náusea, dor de estômago, diarreia;
8. tremor, agitação;
9. formigamento ou dormência nos braços, nas pernas;
10. fraqueza, sem equilíbrio, desmaio;
11. tensão muscular, rigidez;
12. boca seca.

Sintomas cognitivos

1. medo de perder o controle, de ser incapaz de enfrentar;
2. medo de ferimento físico ou morte;
3. medo de "ficar louco";
4. medo da avaliação negativa pelos outros;
5. pensamentos, imagens ou recordações aterrorizantes;
6. percepções de irrealidade ou afastamento;
7. concentração deficiente, confusão, distração;
8. estreitamento da atenção, hipervigilância para ameaça;
9. memória deficiente;
10. dificuldade de raciocínio, perda de objetividade.

Sintomas comportamentais

1. evitação de sinais ou situações de ameaça;
2. esquiva, fuga;
3. busca de segurança, reasseguramento;
4. inquietação, agitação, movimentos rítmicos;
5. hiperventilação;
6. congelamento, imobilidade;
7. dificuldade para falar.

Sintomas afetivos

1. nervoso, tenso, excitado;
2. assustado, temeroso, aterrorizado;
3. irritável, nervoso, irriquieto;
4. impaciente, frustrado

de pânico indica que a atividade cardiovascular associada a ansiedade não deve ser vista simplesmente em termos de ativação excessiva do SNS, mas também de excitação compensatória reduzida do SNP. Portanto, o SNP provavelmente desempenha um papel maior na ansiedade do que previamente considerado.

Barlow (2002) concluiu que um dos achados mais robustos e permanentes nos últimos 50 anos de pesquisa psicofisiológica é que indivíduos cronicamente ansiosos exibem um nível de excitação autonômica persistentemente elevado com frequência na ausência de uma situação geradora de ansiedade. Por exemplo, Cuthbert e colaboradores (2003) relatou níveis basais de frequência cardíaca significativamente elevados para grupos de pânico e de fobias específicas, mas não para grupos de fobia social ou de transtorno de estresse pós-traumático (TEPT). Outros pesquisadores, entretanto, ligaram ansiedade (ou neuroticismo) à labilidade autonômica excessiva e a reatividade mais do que a níveis de ativação tônica persistentes (Costello, 1971; Eysenck, 1979). Craske (2003) propôs que a reatividade cardiovascular aumentada poderia ser um fator predisponente para transtorno de pânico de modo que uma tendência a experimentar ativação autonômica intensa e aguda poderia aumentar a ênfase e, portanto, a ameaça atribuída a sensações corporais.

Não foi obtido de forma consistente embasamento clínico para diferenças autonômicas em estudos entre controles ansiosos e não ansiosos em resposta a estímulos estressantes ou ameaçadores (Barlow, 2002). Freidman e Thayer (1998) também notaram que os achados psicofisiológicos de frequência cardíaca *reduzida* e variabilidade eletrodérmica contestam a visão de que a ansiedade é caracterizada por labilidade e reatividade autonômica excessivas. Contudo, indivíduos ansiosos apresentam um declínio mais lento em sua resposta fisiológica a estressores (isto é, habituação lenta), mas isso provavelmente se deve a seus níveis de excitação basal inicial mais altos (Barlow, 2002). Além disso, Lang e colaboradores

encontraram maior excitação fisiológica a imagens causadoras de medo em indivíduos com fobia de cobra, mas a reatividade foi menos evidente naqueles com pânico (Cuthbert et al., 2003; Lang, 1979; Lang, Levin, Miller e Kozak, 1983). Juntos esses resultados sugerem que a reatividade fisiológica aumentada a estímulos de medo pode ser maior em condições fóbicas específicas, mas menos evidente em outros estados de ansiedade como transtorno de pânico ou TEPT. Entretanto, um nível de excitação basal aumentado e taxa de habituação mais lenta poderiam ser vistos mais consistentemente entre vários transtornos de ansiedade, desse modo fornecendo a base fisiológica para que indivíduos cronicamente ansiosos interpretem seu estado persistente de hiperexcitação como evidência de uma ameaça ou perigo antecipado.

A pesquisa psicofisiológica recente sugere que indivíduos com ansiedade crônica exibem *flexibilidade autonômica diminuída* em resposta a estressores (Noyes e Hoehn-Saric, 1998). Isso é caracterizado por uma resposta fraca, mas constante a estressores, indicando uma trajetória de habituação deficiente. Em um estudo de reatividade da frequência cardíaca sob condições basais de relaxamento e de preocupação, Thayer, Friedman e Borkovec (1996) verificaram que indivíduos com TAG ou aqueles ativamente envolvidos com preocupação tinham controle vagal cardíaco diminuído, o que apoia a visão de que o TAG é caracterizado por inflexibilidade autonômica.

Em resumo, parece que aspectos psicofisiológicos importantes da ansiedade tais como nível de excitação basal elevado, habituação mais lenta e flexibilidade autonômica diminuída poderiam contribuir para a interpretação errônea de ameaça que é o aspecto cognitivo central da ansiedade. Entretanto, um padrão de resposta fisiológica diferente pode diferenciar fobia, transtorno de pânico e TAG, o que previne a generalização de achados de pesquisa dos transtornos de ansiedade. Além disso, não está claro se o estado de ansiedade é primariamente um excesso de ativação do SNS e um retraimento de atividade vagal ou se a atividade do SNS está diminuída e a atividade do SNP permanece normal sob as condições da vida diária (ver Mussgay e Rüddel, 2004, para discussão).

DIRETRIZ PARA O TERAPEUTA 1.9

A avaliação de transtornos de ansiedade deve incluir uma avaliação completa do tipo, frequência e gravidade dos sintomas fisiológicos vivenciados durante episódios de ansiedade aguda, bem como a interpretação do paciente desses sintomas. O nível basal, bem como padrões de reatividade fisiológica devem ser avaliados usando registros e escalas de avaliação diária.

Fatores genéticos

Há considerável evidência empírica de que a ansiedade tem um componente familiar (ver Barlow, 2002, para revisão). Em uma metanálise de estudos de famílias e de gêmeos para transtorno de pânico, TAG, fobias e TOC, Hettema, Neale e Kendler (2001) concluíram que há significativa agregação familiar para todos os quatro transtornos, com a evidência mais forte para transtorno de pânico. Entre todos os transtornos, as estimativas de hereditariedade variaram de 30 a 40%, sendo a proporção maior da variação devido a fatores ambientais individuais. Mesmo no nível sintomático, a hereditariedade responde por apenas 27% da variabilidade por predispor os indivíduos a sofrimento geral, com fatores ambientais determinando o desenvolvimento de sintomas específicos de ansiedade ou depressão (Kendler, Heath, Martin e Eaves, 1987).

Barlow (2002) levantou a possibilidade de que uma transmissão genética isolada poderia ser evidente para ansiedade e pânico. Em um modelo de equação estrutural de dados de diagnóstico coletados em uma extensa amostra de mulheres gêmeas, Kendler e colaboradores (1995) encontraram fatores de risco genético isolados para depressão maior e TAG (isto é, ansiedade), por um lado, e para ansiedade aguda, de curta duração como fobias e pânico, por outro. Um estudo anterior também encontrou uma diátese genética comum para depressão maior e TAG com a especificidade do transtorno determinada por exposição a diferentes eventos de vida (Kendler, Neale, Kessler, Heath e Eaves, 1992a).

Há menos evidência de que indivíduos herdam transtornos de ansiedade específicos e consistente sustentação clínica para herança de uma vulnerabilidade geral para desenvolver um transtorno de ansiedade (Barlow, 2002). Essa vulnerabilidade não específica para ansiedade poderia ser neuroticismo, alta ansiedade-traço, afetividade negativa ou o que Barlow, Allen e Choate (2004) chamaram de uma "síndrome de afeto negativo". Indivíduos vulneráveis poderiam apresentar uma resposta emocional mais forte (ou pelo menos mais constante) a situações aversivas ou estressantes. Entretanto, fatores ambientais e cognitivos interagiriam com esta predisposição genética para determinar qual dos transtornos de ansiedade específicos é vivenciado por um determinado indivíduo.

DIRETRIZ PARA O TERAPEUTA 1.10

Uma entrevista diagnóstica deve incluir perguntas sobre a prevalência de transtornos de ansiedade em familiares de primeiro grau.

Neurofisiologia

Na última década, avanços rápidos ocorreram em nosso entendimento da base neurobiológica do medo e da ansiedade. Um achado importante que surgiu é o papel central da amígdala no processamento emocional e na memória (ver discussão por Canli et al., 2001). A pesquisa humana e não humana indica que a amígdala está envolvida na modulação emocional da memória, na avaliação de estímulos com significado afetivo e na avaliação de sinais sociais relacionados a perigo (ver Anderson e Phelps, 2000). A pesquisa sobre condicionamento auditivo do medo por LeDoux (1989, 1996, 2000) contribuiu muito para implicar a amígdala como o substrato neutro para a aquisição de respostas ao medo condicionadas. LeDoux (1996) concluiu que a amígdala é o "eixo na roda do medo" (p. 170), que ela está "em essência, envolvida na avaliação do significado emocional" (p. 169).

LeDoux (1989) sustenta que uma das tarefas mais importantes do cérebro emocional é avaliar o significado afetivo (p. ex., ameaça *vs.* não ameaça) de estímulos mentais (pensamentos, recordações), físicos ou externos. Ele propôs dois caminhos neurais paralelos no processamento da amígdala de estímulos do medo. O primeiro caminho envolve a transmissão direta de um estímulo condicionado do medo através do tálamo sensitivo para o núcleo lateral da amígdala, sem passar pelo córtex. O segundo caminho envolve a transmissão de informação do estímulo do medo do tálamo sensitivo através do córtex sensitivo para o núcleo lateral. Dentro da região da amígdala o núcleo lateral, que recebe estímulos no condicionamento do medo, inerva o núcleo central que é responsável pela expressão da resposta condicionada de medo (ver também Davis, 1998). A Figura 1.1 ilustra os dois caminhos paralelos do sistema de reação condicionada de medo de LeDoux.

LeDoux (1996) estabelece uma série de implicações do seu caminho duplo do medo. O caminho tálamo-amígdala mais direto (denominado "a via inferior") é mais rápido, mais rudimentar e ocorre sem pensamento, raciocínio e consciência. O caminho tálamo-córtex-amígdala (denominado "a via superior") é mais lento, mas envolve processamento mais elaborado do estímulo de medo devido ao envolvimento amplo de regiões corticais superiores do cérebro. Embora LeDoux (1996) discuta a vantagem evolutiva óbvia de uma base neural automática, pré-consciente para processamento de informação de estímulos de medo, sua pesquisa demonstrou que o caminho cortical é necessário para o condicionamento do medo a estímulos mais complexos (isto é, quando o animal deve discriminar entre dois tons similares nos quais apenas um combina com o estímulo não condicionado [ENC]),

O papel central da amígdala no medo é consistente com suas conexões neuranatômicas. Ela tem múltiplas projeções eferentes através do núcleo central para o hipotálamo, hipocampo e acima para várias regiões do córtex, bem como abaixo para várias estruturas do tronco cerebral envolvidas na excitação autonômica e em respostas neuroendócrinas associadas com estresse e ansiedade como a região cinzenta peria-

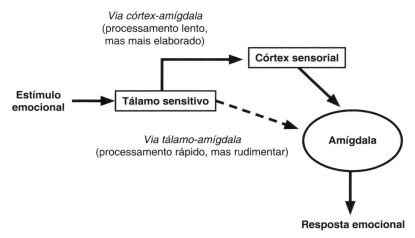

FIGURA 1.1

Vias neurais paralelas de LeDoux no condicionamento do medo auditivo.

quedutal (PAG), a área tegmental ventral, o locus ceruleus e os núcleos da rafe (Barlow, 2002). Todas essas estruturas neurais foram implicadas na vivência da ansiedade, incluindo o núcleo leito da estria terminal (BNST; Davis, 1998), que pode ser o substrato neural mais importante da ansiedade (Grillon, 2002).

O papel do processamento cognitivo consciente no medo é uma questão muito debatida à luz da pesquisa de LeDoux sugerindo uma via tálamo-amígdala não cortical rápido e rudimentar no processamento do medo condicionado. De fato, LeDoux (1996) verificou que estímulos relevantes de medo podem ser implicitamente processados pela amígdala através da via subcortical tálamo--amígdala sem representação consciente. Estudos de neuroimagem revelaram que estímulos temíveis ou de valência negativa estão associados a aumentos relativos no fluxo sanguíneo cerebral regional (rCBF) no córtex visual secundário ou associativo e com reduções relativas no rCBF no hipocampo, córtex pré-frontal, órbito-frontal, têmporo-polar e cingulado posterior (p. ex., ver Coplan e Lydiard, 1998; Rauch, Savage, Alpert, Fishman e Jenike, 1997; Simpson et al., 2000). Esses achados foram interpretados como evidência de que o medo pode ser pré-consciente sem a ocorrência de processamento cognitivo superior.

A evidência de uma via subcortical, de ordem inferior para o processamento do medo condicionado imediato não deve desviar a atenção do papel crítico que a atenção, o raciocínio, a memória e a avaliação ou julgamentos subjetivos desempenham no medo e ansiedade humanos. LeDoux (1996) verificou que a via tálamo-córtico-amígdala era ativada no condicionamento do medo mais complexo. Além disso, a amígdala tem amplas conexões com regiões hipocampais e corticais, onde recebe estímulo de áreas de processamento cortical sensitivo, da área cortical de transição e do córtex pré-frontal medial (LeDoux, 1996, 2000). LeDoux enfatiza que o sistema hipocampal envolvendo memória explícita e o sistema amigdalar envolvendo a memória emocional serão ativados simultaneamente pelos mesmos estímulos e funcionarão ao mesmo tempo. Portanto, as estruturas cerebrais corticais envolvidas na *memória de trabalho*, tais como o córtex pré-frontal e o cingulado anterior e regiões corticais orbitais, e estruturas envolvidas na *memória declarativa* de longo prazo, como o hipocampo e o lobo temporal, estão envolvidas na excitação emocional que depende da amígdala para fornecer a base neural à vivência subjetiva (consciente) de medo (LeDoux, 2000). Pode-se esperar, então, que os substratos neurais da cognição desempenham um papel crítico no tipo de aquisição e manutenção do medo que caracteriza medos humanos complexos e transtornos de ansiedade. Isso é apoiado por vários estudos de neuroimagem que encontraram ativação diferencial de várias regiões mediais pré--frontais e fronto-têmporo-orbitais do córtex (p. ex., Connor e Davidson, 1998; Coplan e Lyiard, 1998; Lang, Bradley e Cuthbert, 1998; McNally, 2007; van den Heuvel et al., 2004; Whiteside, Port e Abramowitz, 2004).

Em sua revisão Luu, Tucker e Derryberry (1998) afirmaram que representações mentais do córtex relacionadas ao medo influenciam o funcionamento emocional não apenas no estágio posterior de expressão de medo e reatividade a ele, mas a influência cortical também pode exercer uma função antecipatória mesmo antes de a informação sensorial estar fisicamente disponível. Os autores concluíram que "com nossas redes frontais altamente evoluídas, nós humanos somos capazes de mediar cognitivamente nossas ações, e de inibir as respostas mais reflexivas desencadeadas por circuitos límbicos e subcorticais" (Luu et al., 1998, p. 588). Esse sentimento foi recentemente repetido em um artigo de revisão por McNally (2007a) no qual ele conclui que a ativação no córtex pré-frontal medial pode suprimir a aquisição de medo condicionado que é mediada pela amígdala. Portanto, as funções executivas pré-frontais (isto é, processos cognitivos conscientes) podem ter efeitos de inibição do medo que envolvem a aprendizagem de novas associações inibitórias ou "sinais de segurança" que suprimem a expressão de medo (McNally, 2007a). Frewen, Dozois e Lanius (2008) concluíram em sua revisão de 11 estudos de neuroimagem de intervenções psicológicas para ansiedade e depressão que a TCC altera o funcionamento em regiões cerebrais como os córtices dorsolateral, ventrolateral e pré-frontal medial; cingulado anterior; cingulado posterior/precuneus; e os córtices insulares que estão associados com resolução de problema, processamento autorreferencial e relacional, e regulação de afeto negativo. Evidentemente, então, o amplo envolvimento de regiões corticais superiores em vivências emocionais é consistente com nossa afirmação de que a cognição desempenha um papel importante na produção de ansiedade e que intervenções como terapia cognitiva podem inibir efetivamente a ansiedade envolvendo regiões corticais responsáveis por raciocínio de ordem superior e função executiva.

Sistemas de neurotransmissores

Os sistemas de neurotransmissores como o ácido gama-aminobutírico (GABA), noradrenérgico e serotonérgico, bem como a via hormonal de liberação da corticotropina, são importantes para a biologia da ansiedade (Noyes e Hoehn-Saric, 1998). O sistema neurotransmissor serotonérgico se tornou cada vez mais de interesse na pesquisa sobre ansiedade e pânico. A serotonina atua como um freio neuroquímico sobre o comportamento, com o bloqueio de receptores de serotonérgicos em seres humanos associado com ansiedade (Noyes e Hoehn-Saric, 1998). Embora níveis baixos de serotonina tenham sido implicados como uma contribuição chave para a ansiedade, a evidência neurofisiológica direta é mista sobre se anormalidades na serotonina podem ser encontradas nos transtornos de ansiedade como TAG comparado a controles (Sinhá,

Mohlman e Gorman, 2004). O sistema serotonérgico se projeta para diferentes áreas do cérebro que regulam a ansiedade como a amígdala, o septo-hipocampal e as regiões corticais pré-frontais e, portanto, podem ter influência direta sobre a ansiedade ou influência indireta por alterar a função de outros neurotransmissores (Noyes e Hoehn-Saric, 1998; Sinhá et al., 2004).

Um subgrupo do transmissor inibitório GABA contém receptores benzodiazepínicos que aumentam os efeitos inibitórios do GABA quando moléculas de benzodiazepínico se ligam a esses receptores (Gardner, Tully e Hedgecock, 1993). A evidência de que a ansiedade generalizada pode se dever a um sistema de benzodiazepínico-GABA suprimido vem dos efeitos ansiolíticos de medicamentos benzodiazepínicos (p. ex., lorazepam, alprazolam), que parecem ter sua efetividade clínica pelo aumento da inibição do complexo benzodiazepínico-GABA (Barlow, 2002).

O hormônio liberador de corticotropina (RCH) é um neurotransmissor primariamente armazenado nos núcleos paraventriculares hipotalâmicos (PVN). Estímulos estressantes ou ameaçadores podem ativar certas regiões do cérebro como o locus ceruleus, a amígdala, o hipocampo e o córtex pré-frontal, que então liberam RCH. O RCH então estimula a secreção de hormônio adrenocorticotrópico (TACH) da glândula pituitária anterior e outra atividade pituitária-adrenal que resulta em produção e liberação aumentadas de cortisol (Barlow, 2002; Noyes e Hoehn-Saric, 1998). O RCH, então, não apenas é um mediador das respostas endócrinas ao estresse, mas também de outras respostas cerebrais e comportamentais amplas que desempenham um papel na expressão do estresse, ansiedade e depressão (Barlow, 2002). De modo geral, então, as anormalidades no nível de neurotransmissor parecem ter efeitos ansiogênicos ou ansiolíticos que desempenham um importante papel de contribuição nos estados fisiológicos aumentados que caracterizam medo e ansiedade. Entretanto, a natureza exata dessas anormalidades ainda é desconhecida. A Tabela 1.4 fornece um resumo dos aspectos biológicos da ansiedade que poderiam estar por baixo dos aspectos cognitivos desses transtornos discutidos posteriormente neste livro.

DIRETRIZ PARA O TERAPEUTA 1.11

Discuta a base neural da ansiedade ao instruir o paciente sobre o modelo cognitivo de ansiedade. A justificativa lógica para a terapia cognitiva deve incluir uma discussão de como os centros corticais de ordem superior do cérebro envolvidos na memória, no raciocínio e no julgamento podem "suprimir" ou inibir estruturas cerebrais emocionais subcorticais, desse modo reduzindo a vivência subjetiva da ansiedade.

TEORIAS COMPORTAMENTAIS

Durante várias décadas os psicólogos experimentais baseados na teoria da aprendizagem demonstraram que respostas ao medo podem ser adquiridas através de um processo de aprendizagem associativo. O trabalho teórico e experimental desse ponto de vista tem se focalizado nas respostas fisiológicas e comportamentais que caracterizam um estado ansioso ou medo. A teoria da aprendizagem anterior se focalizava na aquisição de medos ou reações fóbicas por meio do condicionamento clássico.

Teorias do condicionamento

De acordo com o condicionamento clássico, um estimulo neutro, quando repetidamente associado com uma experiência aversiva (estimulo não condicionado [ENC]) que leva à vivência de ansiedade (resposta não condicionada [RNC]), se torna associado com a vivência aversiva, adquire a capacidade de evocar uma resposta de ansiedade semelhante (resposta condicionada [RC]) (Edelmann, 1992). A ênfase no condicionamento clássico é que os medos humanos são adquiridos como resultado de algum estímulo neutro (p. ex., consulta com um dentista) associados com alguma experiência provocadora de ansiedade anterior (p. ex., uma experiência altamente dolorosa e aterrorizante no consultório do dentista quando criança). Embora inúmeros estudos experimentais durante os últimos 80 anos tenham demonstrado que medos podem ser adquiridos no laboratório pela combinação repetida de um estímulo neutro (p. ex., um som) com um estímulo não condicionado (p. ex., choque elétrico levemente aversivo), o modelo poderia não fornecer uma explicação plausível para a notável manutenção dos medos humanos na ausência de combinações ENC-EC repetidas (Barlow, 2002).

Mowrer (1939, 1953, 1960) introduziu uma revisão importante à teoria do condicionamento a fim de melhor explicar o comportamento de evitação e a manutenção dos medos humanos. Referida como

---

TABELA 1.4 Concomitantes biológicos da cognição na ansiedade

Fatores biológicos	Sequelas cognitivas
• Ativação autonômica tônica elevada	• Ênfase aumentada de estímulos relacionados a ameaça
• Taxa de habituação lenta	• Atenção constante a ameaça
• Flexibilidade autonômica diminuída	• Capacidade reduzida de desviar a atenção
• Predisposição genética para emotividade negativa	• Esquemas hipervalentes de ameaça e perigo
• Potencialização subcortical do medo	• Identificação de estímulo de medo pré-consciente e ativação fisiológica imediata
• Vias corticais aferentes e eferentes amplas para circuitos neuronais subcorticais emocionalmente relevantes	• Avaliação cognitiva e memória influenciam a percepção de medo e modulam a expressão de medo e a ação

"teoria dos dois fatores", ela se tornou um relato comportamental amplamente aceito da etiologia e manutenção de medos clínicos e estados de ansiedade durante toda a década de 1960 e início da década de 1970 (p. ex., Eysenck e Rachman, 1965). Embora não seja mais considerada uma teoria de ansiedade convincente, a teoria dos dois fatores é importante por duas razões. Primeiro, muitas das intervenções comportamentais que se revelaram tão efetivas no tratamento de transtornos de ansiedade tiveram suas origens no modelo dos dois fatores. Segundo, nossos atuais modelos cognitivos de ansiedade se originaram em grande parte das críticas e inadequações da teoria dos dois fatores.

A Figura 1.2 fornece uma ilustração de como a teoria dos dois fatores poderia ser usada para explicar o estudo de caso de Freud do Pequeno Hans (Freud, 1909/1955). O Pequeno Hans era um menino austríaco de 5 anos que desenvolveu um medo de que um cavalo o mordesse, e portanto vivenciava considerável ansiedade sempre que se aventurava a sair de casa por medo de ver um cavalo. O início da "fobia de cavalo" ocorreu após ele testemunhar um grande cavalo de tração cair e chutar violentamente as patas em uma tentativa de se levantar. O pequeno Hans então ficou aterrorizado com a hipótese de que cavalos, particularmente aqueles que puxavam carruagens, caíssem e o mordessem. (Naturalmente, Freud interpretou a fonte real da fobia do Pequeno Hans como sua afeição sexual reprimida por sua mãe e hostilidade em relação ao seu pai que se tornou transposta [deslocada] para cavalos.)

No modelo de dois fatores, o primeiro estágio de aquisição do medo é baseado no condicionamento clássico. O Pequeno Hans vivencia um evento traumático: ver um grande cavalo cair na rua e se debater violentamente (ENC). Isso evoca uma forte resposta ao medo (RNC), de modo que a visão de cavalos (EC) através de associação com o ENC é agora capaz de evocar uma RC (resposta ao medo). Entretanto, a manutenção do medo é explicada no segundo estágio devido a evitação prolongada do EC. Em outras palavras, o Pequeno Hans permanece dentro de casa e portanto evita a visão de cavalos (o EC). Porque a evitação de cavalos garante que o Pequeno Hans não vivenciará medo ou ansiedade, o comportamento de evitação é negativamente reforçado. A evitação é mantida porque a redução do medo é um reforçador secundário poderoso (Edelmann, 1992). Além disso, porque ele perma-

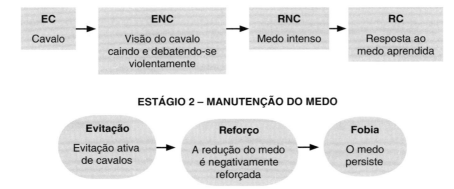

FIGURA 1.2

Uma explicação da teoria de dois fatores para aquisição do medo no caso de Freud do Pequeno Hans.

nece dentro de casa, o Pequeno Hans deixa de tomar conhecimento de que cavalos não caem regularmente (isto é, ele não vivencia repetidas EC - apenas apresentações que levariam a extinção).

No final da década de 1970, sérios problemas foram levantados com a explicação do modelo dos dois fatores para fobias em humanos (Rachman, 1976, 1977; ver também Davey, 1997; Eysenck, 1979). Primeiro, o condicionamento clássico supõe que qualquer estímulo neutro pode adquirir propriedades evocadoras de medo se associado com um ENC. Entretanto, essa suposição não foi fundamentada em experimentos de condicionamento aversivo, nos quais alguns estímulos (p. ex., figuras de aranhas e cobras) produziram uma resposta condicionada de medo com maior facilidade que outros estímulos (p. ex., figuras de flores ou cogumelos; para revisão, ver Öhman e Mineka, 2001). Segundo, muitos indivíduos que desenvolvem fobias clínicas podem não lembrar um evento de condicionamento traumático. Terceiro, há considerável evidência experimental e clínica de aprendizagem de medos não associativas por meio de observação vicariante (isto é, testemunhar o trauma de outra pessoa) ou transmissão informativa (isto é, quando a informação ameaçadora sobre objetos ou situações específicas é transmitida ao indivíduo). Quarto, as pessoas frequentemente vivenciam eventos traumáticos sem desenvolver uma resposta condicionada de medo (Rachman, 1977). Novamente, o modelo dos dois fatores requer considerável refinamento para explicar porque apenas uma minoria de indivíduos desenvolve fobias em resposta a uma experiência traumática (p. ex., tratamento odontológico doloroso). E finalmente, a teoria dos dois fatores tem dificuldade para explicar a epidemiologia das fobias (Rachman, 1977). Por exemplo, medo de cobras é muito mais comum do que fobias dentárias, e contudo muito mais pessoas experimentam a dor do tratamento odontológico do que são mordidas por cobras.

Embora vários refinamentos tenham sido propostos, tornou-se evidente que a teoria do condicionamento dos dois fatores foi incapaz de explicar o desenvolvimento e manutenção de medos e transtornos de ansiedade em humanos. Muitos psicólogos comportamentais concluíram que construtos cognitivos eram necessários para fornecer uma explicação adequada do desenvolvimento e manutenção da ansiedade, mesmo de condições fóbicas (p. ex., Brewin, 1988; Davey, 1997). Uma variedade de conceitos cognitivos foram propostos (p. ex., expectativas, autoeficácia, viés atencional ou esquemas relacionados a ameaça) como mediadores entre a ocorrência de um estímulo evocador de medo e a resposta ansiosa (ver Edelmann, 1992). Nem todos os psicólogos comportamentais, contudo, consideram a mediação cognitiva um mecanismo causal no desenvolvimento de ansiedade. Um exemplo de uma perspectiva mais "não cognitiva" é o módulo do medo apresentado por Öhman e Mineka (2001).

O módulo do medo

Öhman e Mineka (2001) afirmam que visto que o medo evoluiu como uma defesa contra predadores e outras ameaças à sobrevivência, ele envolve um *módulo de medo* formado por componentes comportamentais, psicofisiológicos e verbal-cognitivos. Um módulo do medo é definido como "um sistema comportamental, mental e neural relativamente independente que é especificamente talhado para ajudar a resolver problemas adaptativos encontrados por situações potencialmente ameaçadoras da vida na ecologia de nossos antepassados distantes" (Öhman e Mineka, 2001, p. 484).

Eles discutem quatro características do módulo do medo. Primeiro, ele é *seletivamente sintetizado* para responder a estímulos que são evolutivamente prepotentes porque impõem ameaças particulares à sobrevivência de nossos ancestrais. Öhman e Mineka revisaram uma vasta literatura experimental que demonstrava associação seletiva no condicionamento aversivo humano no qual indivíduos demonstram melhor condicionamento e maior resistência à extinção para estímulos filogenéticos (p. ex., *slides* de cobras ou aranhas) do que para materiais ontogenéticos (p. ex., *slides* de casas, flores ou cogumelos). Öhman e Mineka (2001) concluíram que

1. estímulos relevantes de medo evolutivamente preparados têm acesso preferencial ao módulo de medo humano e
2. a associação seletiva desses estímulos preparados é amplamente dependente de cognição consciente.

Uma segunda característica do módulo do medo é sua *automaticidade*. Öhman e Mineka (2001) afirmam que visto que o módulo do medo evoluiu para lidar com ameaças filogenéticas à sobrevivência, ele pode ser automaticamente ativado sem conhecimento consciente do estímulo ativador. A evidência de ativação pré-consciente automática do medo inclui resposta fisiológica ao medo (p. ex., REC) a estímulos de medo que não são reconhecidos conscientemente, resposta ao medo condicionado contínua a estímulos não relatáveis, e a aquisição de uma resposta condicionada de medo a estímulos relevantes de medo que não eram acessíveis ao conhecimento consciente.

Um terceiro aspecto é a *encapsulação*. Supõe-se que o módulo do medo seja "relativamente impenetrável para outros módulos com os quais ele não tem ligações diretas" (Öhman e Mineka, 2001, p. 485) e portanto tende a seguir seu curso uma vez ativado com poucas possibilidades de que outros processos possam interrompê-lo (Öhman e Wiens, 2004). Ainda que o módulo do medo seja relativamente impenetrável a influências conscientes, Öhman e Mineka afirmam que o próprio módulo do medo pode ter uma profunda influência por enviesar e distorcer a cognição consciente do estímulo de ameaça. Em apoio a sua afirmação da independência do módulo do medo da influência da cognição consciente, Öhman e Weins (2004) citam a evidência de que

1. mascarar o estímulo afeta avaliações conscientes, mas não respostas condicionadas (RECs),
2. instruções que alteram expectativas de ENC-EC explícitas não afetam a resposta condicionada a estímulos biológicos relacionados ao medo,
3. os indivíduos podem adquirir respostas ao medo condicionadas a estímulos mascarados fora da consciência e
4. respostas ao medo condicionadas a estímulos mascarados podem afetar a cognição consciente na forma de julgamentos de expectativa.

Uma característica final é seu *circuito neural específico*. Öhman e Mineka (2001) consideram a amígdala a estrutura neural central envolvida no controle do medo e na aprendizagem do medo e afirmam que a ativação do medo (isto é, aprendizagem emocional) ocorre através da via subcortical não cognitiva tálamo-amígdala de LeDoux (1996), enquanto a aprendizagem cognitiva ocorre através do hipocampo e de regiões corticais superiores. Os autores afirmam que a amígdala tem mais ligações aferentes que eferentes ao córtex e, portanto, tem mais influência sobre o córtex do que o inverso. Baseado nessa visão da estrutura neural do módulo do medo, eles concluíram que

1. a ativação não consciente da amígdala ocorre através de uma via neural que não envolve o córtex,
2. esse circuito neural é específico do medo, e
3. quaisquer processos cognitivos conscientes associados ao medo são uma consequência do módulo do medo ativado (isto é, amígdala) e, portanto, não desempenham um papel causal na ativação do medo. Portanto, crenças e avaliações tendenciosas são produto de ativação automática do medo e da produção de respostas de defesa psicofisiológicas e reflexas (Öhman e Weins, 2004). Crenças exageradas no perigo podem desempenhar um papel na manutenção da ansiedade com o passar do tempo, mas elas são mais a consequência do que a causa do medo.

> **DIRETRIZ PARA O TERAPEUTA 1.12**
>
> Dada a evidência substancial relacionada à importância da aprendizagem no desenvolvimento da ansiedade, o profissional deve explorar com os pacientes vivências de aprendizagem passadas relacionadas a ansiedade (p. ex., trauma, eventos de vida, exposição a informação relacionada a ameaça).

A HIPÓTESE DA COGNIÇÃO

A perspectiva sobre medo e ansiedade de Öhman e Mineka (2001) diverge da perspectiva cognitiva defendida por Beck e colegas (Beck et al., 1985, 2005; Beck e Clark, 1997; D. M. Clark, 1999). Embora eles reconheçam que fenômenos cognitivos devem ser o alvo no tratamento porque eles desempenham um papel chave na manutenção de longo prazo da ansiedade, eles ainda consideram pensamentos, crenças e erros de processamento ansiosos como consequência da ativação do medo. Öhman e Mineka (2001) não consideram a cognição consciente crítica na patogênese do próprio medo, o que contraria a conceitualização de medo que oferecemos anteriormente neste capítulo. Essa visão do medo não cognitiva é evidente em outros teóricos da aprendizagem como Bouton, Mineka e Barlow (2001), que afirmam que o condicionamento interoceptivo no transtorno de pânico ocorre sem conhecimento consciente e é bastante independente de sistemas de conhecimento declarativo. Não obstante, consideramos a avaliação cognitiva um elemento central do medo e crítico para a compreensão da etiologia, manutenção, e tratamento dos transtornos de ansiedade. Essa visão é baseada em diversos argumentos.

Existência de cognição pré-consciente

Os críticos dos modelos cognitivos tendem a enfatizar excessivamente o conhecimento consciente quando discutem cognição, argumentando que a vasta evidência experimental de respostas ao medo condicionado sem conhecimento consciente é insuficiente para apoiar princípios básicos da perspectiva cognitiva (p. ex., Öhman e Mineka, 2001). Entretanto, há pesquisa experimental igualmente robusta que demonstra que o processamento cognitivo e atencional automático pré-consciente de estímulos de medo (ver MacLeod, 1999; Wells e Matthews, 1994; Williams, Watts, MacLeod e Mathews, 1997). Portanto, a visão cognitiva sobre ansiedade é desvirtuada quando a cognição é caracterizada apenas em termos de avaliação consciente.

Processos cognitivos na aquisição de medo (isto é, condicionamento)

Öhman e Mineka (2001) afirmam que os processos cognitivos são uma consequência de ativação do medo e, portanto, desempenham um papel pequeno em sua aquisição. Entretanto, durante as últimas três décadas muitos teóricos da aprendizagem argumentaram que conceitos cognitivos devem ser incorporados a modelos de condicionamento para explicar a manutenção de respostas ao medo. Davey (1997), por exemplo, revisa a evidência de que expectativas de resultado, bem como nossa própria representação cognitiva do ENC, influenciarão a força da RC de medo em resposta a EC. Em outras palavras, a força das RCs aumenta ou diminui dependendo de como a pessoa avalia o significado do ENC ou trauma (ver também van den Hout e Merckelbach, 1991). De acordo com Davey (1997), então, a avaliação cognitiva é um elemento chave no condicionamento do medo pavloviano.

Há muito se reconhece que expectativas de resultado (isto é, expectativas de que, em uma situação particular, determinada resposta levará a um determinado resultado) desempenham um papel crítico no condicionamento aversivo (p. ex., Seligman e Johnston, 1973; de Jong e Merckelbach, 2000; ver também experimentos sobre vieses de covariação por de Jong, Merckelback e Arntz, 1995; McNally e Heatherton, 1993). Em seu influente artigo de revisão Rescorla (1988) afirmou que a teoria da aprendizagem moderna considera o condicionamento pavloviano em termos de aprendizagem das relações entre eventos (ou seja, associações) que devem ser percebidas e que são representadas complexamente (ou seja, recordação) pelo organismo. Para a maioria dos pesquisadores clínicos de orientação comportamental, então, a aquisição e evocação de estados de medo e ansiedade envolverão contingências de aprendizagem que reconhecem a influência e importância de vários mediadores cognitivos (para mais discussão, ver van den Hout e Merckelbach, 1991).

Processos cognitivos conscientes podem alterar respostas ao medo

Öhman e Mineka (2001) afirmam que o módulo do medo é impenetrável ao controle cognitivo consciente. Entretanto, essa visão é difícil de conciliar com a evidência empírica de que fatores cognitivos ou informativos podem levar a uma redução no medo (ver discussão em Brewin, 1988). Mesmo com intervenções baseadas em exposição, que são derivadas diretamente da teoria do condicionamento, há evidência de que a habituação de longo prazo de respostas ao medo requer atenção dirigida e processamento conscientes da informação relacionada ao medo (Foa e Kozak, 1986). Brewin (1988) justifica sucintamente a influência da cognição sobre respostas ao medo, declarando que "uma teoria que atribua um papel a processos de pensamento consciente é necessária para explicar como as pessoas podem alternadamente se aterrorizar e se tranquilizar por meio de diferentes pensamentos, experimentar uma variedade de diferentes respostas de enfrentamento, estabelecer

metas e se recompensar-se ou se punir dependendo do resultado, etc." (p. 46).

A amígdala não é específica ao medo

Um argumento central de Öhman e Mineka (2001) é que uma ligação direta tálamo-amígdala na ativação do medo e na aprendizagem emocional responde pela automaticidade do módulo do medo e, portanto, é dissociável da aquisição de informação declarativa por meio do hipocampo. Portanto, a ativação da amígdala inicia uma resposta ao medo que então leva a cognição e processos de memória mais complexos por meio de projeções para o hipocampo e regiões cerebrais corticais superiores (ver também Morris, Öhman e Dolan, 1998).

Embora a pesquisa experimental tenha sido bastante consistente em mostrar ativação amigdaloide no processamento de estímulos temíveis, há evidência de que a amígdala também pode estar envolvida em outras funções emocionais, tais como a avaliação da importância social e emocional de emoções faciais (Adolphs, Tranel e Damásio, 1998; Anderson e Phelps, 2000). Estudos de neuroimagem sugerem que maior ativação ocorre no córtex pré-frontal, amígdala, outras estruturas mesencefálicas e no tronco cerebral durante o processamento de quaisquer estímulos emocionais ativadores, geralmente negativos, que sugere que a amígdala e outras estruturas envolvidas no processamento emocional podem não ser específicas ao medo, mas, antes, à valência dos estímulos emocionais (p. ex., Hare, Tottenham, Davidson, Glover e Casey, 2005; Simpson et al., 2000; ver também ativação da amígdala durante processamento de trechos de filme triste, Lévesque et al., 2003). Além disso, a amígdala é reativa a estímulos de valência positiva, embora essa resposta pareça ser de natureza mais variável e elaborada do que a resposta fixa, automática vista em relação a expressões de medo (Somerville, Kim, Johnstone, Alexander e Whalen, 2004; ver também Canli et al., 2002). Portanto, há evidência experimental de que a amígdala pode não ser o sítio específico da ansiedade, mas uma estrutura neural importante do processamento da emoção de modo mais geral (ver também Gray e McNaughton, 1996).

Outra pesquisa de neuroimagem sugere que a amígdala pode ser influenciada por processos cognitivos mediados por regiões corticais superiores do cérebro. McNally (2007a) revisou a evidência de que o córtex pré-frontal medial pode suprimir o medo condicionado adquirido por meio da ativação da amígdala. Por exemplo, em um estudo o processamento perceptual de cenas pictóricas ameaçadoras estava associado com uma forte resposta amigdalar bilateral que era atenuada pela avaliação cognitiva dos estímulos de medo (Hariri, Mattay, Tessitore, Fera e Weinberger, 2003). Juntos, esses achados sugerem que processos cognitivos conscientes mediados por outras regiões corticais e subcorticais do cérebro têm uma influência importante sobre a amígdala e juntos fornecem uma explicação neural integrada da experiência de medo.

O papel das regiões corticais de ordem superior no medo

A questão crítica para uma perspectiva cognitiva sobre ansiedade é se processos cognitivos conscientes desempenham um papel suficientemente importante na propagação e diminuição da ansiedade para justificar uma ênfase no nível cognitivo. Conforme discutido anteriormente, há considerável evidência neurofisiológica de que regiões corticais superiores do cérebro estão envolvidas no tipo de respostas humanas de medo e ansiedade que são o alvo de intervenções clínicas. LeDoux (1996) demonstrou que o hipocampo e áreas relacionadas do córtex envolvidas na formação e recuperação de recordações estão implicadas no condicionamento do medo contextual mais complexo. É esse tipo de condicionamento

que é particularmente relevante à formação e manutenção dos transtornos de ansiedade. Além disso, LeDoux (1996, 2000) observa que o sentimento subjetivo associado ao medo envolverá conexões entre a amígdala e o córtex pré-frontal, cingulado anterior, e regiões corticais orbitais, bem como o hipocampo. De um ponto de vista clínico, é a experiência subjetiva da ansiedade que traz os indivíduos à atenção dos profissionais da saúde, e é a eliminação desse estado subjetivo aversivo que é o principal critério para julgar o sucesso do tratamento. Em resumo, é evidente que o circuito neural do medo é consistente com um importante papel da cognição na patogênese da ansiedade.

RESUMO E CONCLUSÃO

Em muitos aspectos a ansiedade é um elemento definidor da sociedade contemporânea e a tenacidade de suas manifestações clínicas representam um dos maiores desafios enfrentados pela pesquisa e tratamento da saúde mental. A difusão, manutenção e impacto nocivo dos transtornos de ansiedade foram bem documentados em inúmeros estudos epidemiológicos. Neste capítulo, foram identificadas uma série de questões na psicologia dos transtornos de ansiedade. Uma das confusões mais básicas surge da definição de ansiedade e sua relação com medo. Adotando uma perspectiva cognitiva, definimos medo como a avaliação automática de ameaça ou perigo iminente, enquanto ansiedade é a resposta subjetiva mais resistente a ativação do medo. A última é um padrão de resposta cognitiva, afetiva, fisiológica e comportamental mais complexa que ocorre quando eventos ou circunstâncias são interpretados como representando ameaças altamente aversivas, incertas e incontroláveis a nossos interesses vitais. O medo, então, é o processo cognitivo básico por baixo de todos os transtornos de ansiedade. Entretanto, a ansiedade é o estado mais duradouro associado com avaliações de ameaça e, portanto, o tratamento da ansiedade se tornou um foco importante na saúde mental.

Outra questão fundamental associada a ansiedade é a diferenciação entre estados normais e anormais. Embora o medo seja necessário para a sobrevivência porque é essencial preparar o organismo para resposta a perigos potencialmente fatais, o medo é claramente maladaptativo quando presente nos transtornos de ansiedade. Uma vez mais uma perspectiva cognitiva pode ser útil na identificação das fronteiras entre ansiedade ou medo normal, e suas manifestações clínicas. O medo é maladaptativo e está mais provavelmente associado com um transtorno de ansiedade quando uma avaliação de perigo errônea ou exagerada prejudica o funcionamento, mostra notável manutenção, envolve um alarme falso, e/ou cria hipersensibilidade a uma ampla variedade de estímulos relacionados a ameaça. O desafio para os profissionais é oferecer intervenções que "abafem" ou normalizem a ansiedade clínica de modo que ela se torne menos aflitiva e interferente na vida diária. A eliminação de toda ansiedade não é nem desejável nem possível, mas sua redução para dentro da variação normal da vivência humana é a meta comum dos tratamentos dos transtornos de ansiedade.

Os estados de ansiedade são multifacetados, envolvendo todos os níveis do funcionamento humano. Há um aspecto biológico significativo à ansiedade, com estruturas neurais corticais e subcorticais particulares desempenhando um papel crítico na experiência emocional. Esse forte elemento neurofisiológico confere aos estados de ansiedade uma sensação de urgência e força que torna difícil a modificação. Ao mesmo tempo, a ansiedade é frequentemente adquirida por meio da interação do organismo com o ambiente ainda que esse processo de aprendizagem possa ocorrer fora da consciência e além da razão. Contudo, a mediação cognitiva na forma de expectativas, interpretações, crenças e recordações desempenha um papel fundamental no desenvolvimento e manutenção da ansiedade. Como experiência subjetiva, a ansiedade pode parecer uma tempestade que cresce e recua durante todo o dia. O alívio desse estado de tumulto pessoal pode ser um potente motivador mesmo quando evoca padrões de resposta, tais como fuga e evitação, que são em última análise contraprodutivos aos interesses vitais do indivíduo.

Apesar de sua complexidade, discutimos neste capítulo que a cognição desempenha um papel chave no entendimento de estados de ansiedade tanto normais como anormais. A essência da ansiedade maladaptativa é uma interpretação de ameaça errônea ou exagerada a uma situação ou circunstância antecipada que é percebida como significativa aos recursos vitais do indivíduo. Nas duas últimas décadas, um progresso substancial foi feito no esclarecimento das estruturas e processos cognitivos da ansiedade. Baseado no modelo cognitivo da ansiedade proposto primeiro por Beck e colaboradores (1985), este livro apresenta uma formulação cognitiva mais refinada, elaborada e estendida que incorpora avanços importantes feitos dentro da pesquisa clínico-cognitiva da ansiedade. Uma avaliação sistemática do estado empírico dessa reformulação é apresentada juntamente com estratégias teoricamente embasadas para avaliação e tratamento cognitivo. Nos capítulos subsequentes, teorias cognitivas, pesquisa e tratamento específicos para o transtorno são apresentadas para as principais formas de transtornos de ansiedade: transtorno de pânico, fobia social, TAG, TOC e TEPT. Temos a certeza que o ponto de vista cognitivo continua a assegurar o avanço de nosso entendimento da ansiedade e a provisão de abordagens de tratamento inovadoras.

2
O modelo cognitivo da ansiedade

Na terapia cognitiva para ansiedade e depressão é ensinado aos pacientes uma linguagem muito básica: "A forma de você pensar afeta a forma de você sentir". Essa afirmação simples é o fundamento da teoria cognitiva e da terapia dos transtornos emocionais, contudo, os indivíduos frequentemente não reconhecem como seus pensamentos afetam seu estado de humor. Dada a experiência de intensa e incontrolável excitação emocional frequentemente presente durante a ansiedade aguda, é compreensível por que aqueles que sofrem com ela podem não reconhecer sua base cognitiva. Não obstante essa falha no reconhecimento, a cognição desempenha uma importante função mediadora entre a situação e o afeto, conforme indicado nesse diagrama:

Situação gatilho → Pensamento/avaliação ansiosos → Sentimento ansioso

Os indivíduos geralmente supõem que situações e não cognições (ou seja, avaliações) são responsáveis por sua ansiedade. Considere, por exemplo, como você se sente no período anterior a um exame importante. A ansiedade será alta se você espera que o exame seja difícil e você duvida de seu nível de preparação. Por outro lado, se você espera que o exame seja bastante fácil ou você está confiante em sua preparação, a ansiedade será baixa. O mesmo é verdadeiro para falar em público. Se você avaliar

sua audiência como amigável e receptiva a seu discurso, sua ansiedade será mais baixa do que se você avaliar a audiência como crítica, entediada ou rejeitadora. Em cada exemplo não é a situação (p. ex., fazer um exame escrito, fazer um discurso ou manter uma conversa casual) que determina o nível de ansiedade, mas, antes, como a situação é avaliada. É a forma como pensamos que tem uma influência poderosa sobre se nos sentiremos ansiosos ou calmos.

A perspectiva cognitiva pode nos ajudar a entender algumas contraindicações aparentes nos transtornos de ansiedade. Como é possível que uma pessoa seja tão ansiosa em relação a uma ameaça irracional e altamente improvável (p. ex., que eu poderia subitamente parar de respirar), e contudo reagir com calma e sem ansiedade aparente frente a perigos mais reais (p. ex., desenvolver câncer de pulmão por um vício de nicotina crônico)? O que explica a natureza altamente seletiva e circunstancialmente específica da ansiedade? Por que a ansiedade é tão persistente apesar de não ocorrências repetidas do perigo antecipado?

Neste capítulo examinamos a natureza e manutenção da ansiedade. Apresentamos o modelo cognitivo da ansiedade como uma explicação para uma das questões mais importantes e desconcertantes enfrentada por pesquisadores e profissionais da saúde mental: *Por que a ansiedade é mantida apesar da ausência de perigo e dos efeitos maladaptati-*

vos óbvios desse estado emocional altamente aversivo? O capítulo começa com uma visão geral do modelo cognitivo (Figura 2.1) seguida por uma discussão de seus princípios gerais, uma descrição do modelo, análise da base cognitiva de ansiedade normal e anormal, e um balanço das hipóteses cognitivas fundamentais.

VISÃO GERAL DO MODELO COGNITIVO DE ANSIEDADE

Ansiedade: um estado de vulnerabilidade aumentada

A perspectiva cognitiva sobre ansiedade se centraliza na noção de *vulnerabilidade*. Beck, Emery e Greenberg (1985) definiram *vulnerabilidade* como "a percepção de uma pessoa de si mesma como sujeita a perigos internos e externos sobre os quais ela não tem controle ou ele é insuficiente para permitir-lhe um senso de segurança. Nas síndromes clínicas, o senso de vulnerabilidade é ampliado por certos processos cognitivos disfuncionais" (p. 67-68).

Na ansiedade, esse senso aumentado de vulnerabilidade é evidente nas avaliações tendenciosas e exageradas do indivíduo de possível dano pessoal em resposta a sinais que são neutros ou inócuos. Essa *avaliação primária da ameaça* envolve uma perspectiva errônea na qual a probabilidade de que o dano ocorra e a gravidade percebida do dano são enormemente superestimadas. Rachman (2004) observou que indivíduos medrosos têm muito mais probabilidade de superestimar a intensidade da ameaça, que então leva a comportamento de evitação. Ao mesmo tempo, indivíduos ansiosos não conseguem perceber os aspectos de segurança de situações avaliadas como ameaça e tendem a subestimar sua capacidade de enfrentar dano ou perigo antecipado (Beck et al., 1985, 2005). Essa *reavaliação elaborada secundária*, entretanto, ocorre imediatamente como resultado da avaliação primária de ameaça, e nos estados de ansiedade ela amplifica a percepção inicial da ameaça. Portanto, a intensi-

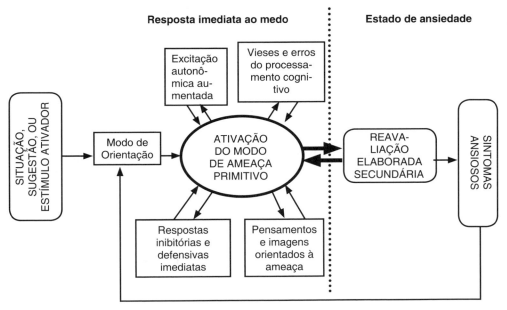

FIGURA 2.1

Modelo cognitivo de ansiedade.

dade de um estado de ansiedade depende do equilíbrio entre a avaliação da ameaça inicial do indivíduo e a avaliação secundária da capacidade de enfrentamento e da segurança. O nível de intensidade da ansiedade pode ser expresso da seguinte maneira:

Alta ansiedade = ↑ probabilidade/gravidade da ameaça + ↓ enfrentamento e segurança

Baixa ansiedade = ↓ probabilidade/gravidade da ameaça + ↑ enfrentamento e segurança

Ansiedade moderada = ↔ probabilidade/gravidade da ameaça + ↔ enfrentamento e segurança

Beck e Greenberg (1988) observaram que a percepção de perigo dispara um "sistema de alarme" envolvendo processos comportamentais, fisiológicos e cognitivos primitivos que se desenvolveram para proteger nossa espécie de dano e perigo físicos (ver também Beck, 1985). A mobilização comportamental para lidar com o perigo poderia envolver uma resposta de luta ou fuga (escape ou evitação), mas também poderia consistir de outros comportamentos como pedir ajuda, adotar uma postura defensiva ou negociar para minimizar o perigo (Beck et al., 1985, 2005). A excitação autonômica e outras respostas fisiológicas que ocorrem durante a vulnerabilidade à ameaça são aspectos importantes desse primeiro sistema reflexo de defesa. A presença de ansiedade ativa mobilização comportamental para lidar com ameaça percebida. Embora essa mobilização comportamental primitiva tenha se desenvolvido como uma resposta rápida e eficiente a perigo físico, ela pode prejudicar o desempenho real quando ativada em situações benignas ou nas circunstâncias complexas, difusamente estressantes da sociedade contemporânea. A mobilização do sistema de defesa primitivo também pode ter efeitos adversos quando é interpretada como sinalizando um transtorno sério como quando a pessoa com transtorno de pânico interpreta erroneamente uma frequência cardíaca elevada como um possível infarto do miocárdio (Beck et al., 1985; D. M. Clark e Beck, 1988).

Um segundo tipo de resposta comportamental frequentemente visto em estados de ansiedade como resultado de uma percepção de ameaça é imobilidade em situações onde o enfrentamento ativo poderia aumentar o perigo real ou imaginado (Beck et al., 1985). Sinais dessa resposta de imobilidade podem ser evidentes, como congelamento, sensação de desmaio, sensação de "embriaguez". Ela está associada à perspectiva cognitiva de ser totalmente impotente. A resposta de imobilidade é evidente na ansiedade social, tal como quando uma pessoa altamente ansiosa sente que vai desmaiar ao tentar fazer um discurso em público.

Apesar da importância da mobilização comportamental e excitação fisiológica, é a avaliação primária inicial de ameaça combinada com uma avaliação secundária de inadequação pessoal e segurança diminuída que são responsáveis por instigar a ansiedade. Neste sentido a cognição errônea é necessária, mas não suficiente, para gerar um estado de ansiedade. O modelo cognitivo de ansiedade está estabelecido dentro de uma perspectiva de processamento de informação, na qual ocorre um distúrbio emocional devido a um excesso de funcionamento deficiente no mecanismo cognitivo. Anteriormente definimos *processamento de informação* como "as estruturas, processos e produtos envolvidos na representação e transformação de significado baseado em dados sensoriais derivados do ambiente externo e interno" (D. A. Clark et al., 1999, p. 77).

Ansiedade, então, é o produto de um sistema de processamento de informação que interpreta uma situação como ameaçadora aos interesses vitais e bem-estar do indivíduo. Neste caso, um significado "ameaçador" é gerado e aplicado à situação. O papel central da atribuição de significado de ameaça (isto é, o processamento de informação) é primorosamente ilustrado em um exemplo fornecido por Beck e colaboradores (1985, 2005). A maioria dos indivíduos poderia facilmente caminhar sobre de uma prancha de 15 cm de largura sem medo, se ela estivesse colocada a uma altura de 30 cm do chão. Entretanto, eleve a prancha a 30 m acima do chão, e a maioria dos indivíduos se tornará intensamente apavorado e se recusará a caminhar na prancha. O que explica as diferentes vivências emocionais nessas duas situações é que os indivíduos avaliam que caminhar sobre uma prancha a 30 m do chão como altamente perigoso. Eles também duvidam se seu equilíbrio poderia ser mantido e poderiam na verdade sentir tontura e instabilidade caso se aventurassem a andar poucos centímetros sobre a prancha. Embora a prancha esteja em alturas diferentes, sua capacidade de evocar medo ou ansiedade depende da percepção de perigo. Da mesma forma, percepções de perigo são centrais a condições clínicas de ansiedade. O modelo cognitivo considera a ansiedade clínica uma reação a avaliação inadequada e exagerada de vulnerabilidade pessoal derivada de um sistema de processamento de informação defeituoso que interpreta erroneamente situações ou sinais neutros como ameaçadoras. Isso é inteiramente consistente com as definições de medo e ansiedade propostas no Capítulo 1. Baseado no conceito de vulnerabilidade, a Figura 2.1 ilustra as estruturas, processos e produtos do sistema de processamento de informação que estão envolvidos na vivência de ansiedade.

> **DIRETRIZ PARA O TERAPEUTA 2.1**
>
> Corrigir avaliações de ameaça e avaliações secundárias de vulnerabilidade errôneas é uma abordagem fundamental na terapia cognitiva considerada necessária para a redução da ansiedade.

Processamento automático e estratégico

O modelo cognitivo reconhece prontamente que processos automáticos, bem como estratégicos, estão envolvidos na ansiedade (ver Beck e Clark, 1997). A Tabela 2.1 apresenta as características definidoras do processamento automático e do processamento estratégico ou controlado esboçadas pela primeira vez em Beck e Clark (1997).

No nível cognitivo, o processamento automático da ansiedade foi mais claramente demonstrado no viés atencional pré-consciente para estímulos relacionados a ameaça evidenciado nas tarefas de Stroop emocional e *dot-probe* (Macleod, 1999). Achados de testes de memória implícitos sugerem a presença de uma viés de memória automática para a informação negativa nos transtornos de ansiedade (Coles e Heimberg, 2002; Williams et al., 1997). A pesquisa do condicionamento clássico demonstrou a aquisição de respostas condicionadas ao medo (p. ex., uma resposta galvânica da pele) a estímulos relacionados ao medo mascarados apresentados sem o conhecimento consciente, indicando que a aprendizagem do medo pode ocorrer como um processo automático, pré-consciente (Öhman e Wiens, 2004). A pesquisa de LeDoux (1996) documentou a aquisição de respostas ao medo auditivo em roedores por meio da via subcortical tálamo-amígdala que não passa pelos centros corticais superiores para pen-

TABELA 2.1 Características do processamento automático e estratégico

Processamento automático	Processamento estratégico (controlado)
• Sem esforço	• Envolve esforço
• Involuntário	• Voluntário
• Não intencional	• Intencional
• Primariamente pré-consciente	• Totalmente consciente
• Rápido, difícil de parar ou regular	• Lento, mais receptivo a regulação
• Capacidade de processamento atencional mínima	• Requer muito processamento atencional
• Capaz de processamento paralelo	• Baseia-se em processamento serial
• Estereotipado, envolvendo tarefas conhecidas e muito praticadas	• Pode lidar com tarefas novas, difíceis e não praticadas
• Nível baixo de processamento cognitivo com análise mínima	• Níveis mais altos de processamento cognitivo envolvendo análise semântica e síntese

samento, raciocínio e consciência. Evidentemente, então, certos processos cognitivos, neurofisiológicos e de aprendizagem que são fundamentais para a experiência de ansiedade ocorrem no nível de processamento automático.

Embora os processos automáticos sejam importantes para a ansiedade, não se deve ignorar o papel central desempenhado pelos processos mais lentos, mais elaborativos e estratégicos na manutenção da ansiedade. Julgamentos, raciocínio, memória e pensamento preconcebidos de ameaça são partes fundamentais da experiência subjetiva de ansiedade que motivam os indivíduos a procurar tratamento. Não devemos esquecer a importância da preocupação, da ruminação ansiosa, de imagens de ameaça e de memórias traumáticas se quisermos entender os transtornos de ansiedade. De fato, o processamento estratégico ou controlado nos permite interpretar informação nova e complexa. McNally (1995) concluiu que, devido a sua capacidade de atribuição de significado, o processamento estratégico elaborativo é necessário para a pessoa ansiosa interpretar erroneamente situações inócuas como ameaçadoras. Além disso, qualquer tarefa cognitiva em particular envolve uma mistura de processamento automático e estratégico, portanto um aspecto específico do processamento de informação não deve ser rigidamente dicotomizado como automático ou estratégico, mas, antes como refletindo mais de um tipo de processamento do que outro (ver McNally, 1995). Além disso, ser involuntário mais do que ser pré-consciente (isto é, sem conhecimento consciente) é o aspecto chave da automaticidade nos estados de ansiedade (McNally, 1995; Wells e Matthews, 1994).

No modelo cognitivo (Figura 2.1) a orientação inicial à ameaça envolve um processo predominantemente automático, pré-consciente. A ativação do *modo de ameaça primitivo* (ou seja, a avaliação primária de ameaça) será grandemente automática devido à necessidade de avaliação rápida e eficiente de uma ameaça potencial para a sobrevivência do organismo. (O termo *modo* se refere a um agrupamento de esquemas interrelacionados organizados para lidar com demandas particulares que dizem respeito aos interesses vitais, sobrevivência e adaptação do indivíduo [Beck, 1996; Beck et al., 1985, 2005; Clark et al., 1999].) Entretanto, algum processamento estratégico, controlado deve ocorrer mesmo nesse estágio da resposta de ameaça imediata devido a nossa experiência consciente, subjetiva de sofrimento associado com a avaliação de ameaça. Quando nos ocupamos da avaliação secundária de recursos de enfrentamento, da presença ou ausência de segurança e da reavaliação da ameaça inicial, esse aspecto do processamento de informação será muito mais controlado, estratégico e elaborativo. Mesmo nesse estágio secundário responsável por uma resposta de ansiedade contínua, o processamento não será inteiramente estratégico como é evidente em processos como preocupação e ruminação ansiosa.

DIRETRIZ PARA O TERAPEUTA 2.2

A terapia cognitiva ensina os indivíduos a serem mais conscientes de suas avaliações de ameaça imediatas e a corrigirem processos cognitivos secundários maladaptativos.

PRINCÍPIOS CENTRAIS DO MODELO COGNITIVO DE ANSIEDADE

Inúmeras proposições derivadas da perspectiva cognitiva orientaram o desenvolvimento do modelo cognitivo (ver Figura 2.1). Essas proposições foram articuladas pela primeira vez no modelo cognitivo original de ansiedade (Beck et al., 1985, 2005) e são elaboradas nas seções abaixo (ver Tabela 2.2 para uma definição dos princípios básicos).

Avaliações de ameaça exageradas

Introduzimos anteriormente o conceito de avaliação de ameaça exagerada como um aspecto primário e central da ansiedade. O processo de avaliar sinais externos ou internos como possível ameaça, perigo ou dano a recursos vitais ou ao bem-estar pessoal envolve um sistema defensivo cognitivo, fisiológico, comportamental e afetivo rápido, automático e altamente eficiente que se desenvolveu para proteger e assegurar a sobrevivência do organismo. Muitos escritores observaram a importância evolucionária óbvia de um sistema cognitivo preparado para esquadrinhar o ambiente rápida e seletivamente em busca de qualquer coisa que pudesse constituir um perigo físico a nossos ancestrais primordiais (Beck, 1985; D. M. Clark e Beck, 1988; Craske, 2003; Öhman e Mineka, 2001). A ameaça é rapidamente avaliada em termos de sua proximidade temporal/física ou natureza intensificadora (ou seja, "iminência da ameaça" [Craske, 2003] ou "vulnerabilidade iminente" [Riskind e Williams, 2006]), probabilidade de ocorrên-

TABELA 2.2 Princípios centrais do modelo cognitivo de ansiedade

Avaliações de ameaça exageradas

A ansiedade é caracterizada por uma atenção aumentada e altamente seletiva a risco, ameaça ou perigo pessoal que é percebido como tendo um impacto negativo sério sobre interesses vitais e bem-estar.

Impotência aumentada

A ansiedade envolve uma avaliação incorreta de recursos pessoais de enfrentamento, resultando em uma subestimativa da própria capacidade de enfrentar uma ameaça percebida.

Processamento inibitório de informação de segurança

Estados de ansiedade são caracterizados por processamento inibido e altamente restrito de sinais e informações de segurança que transmitem probabilidade e gravidade diminuídas de uma ameaça ou perigo percebido.

Pensamento construtivo ou reflexivo prejudicado

Durante a ansiedade o pensamento e o raciocínio mais construtivo lógico, e realístico são de difícil acesso e portanto são ineficientemente utilizados para redução da ansiedade.

Processamento automático e estratégico

A ansiedade envolve uma mistura de processos cognitivos automáticos e estratégicos que são responsáveis pela qualidade involuntária e incontrolável da ansiedade.

Processos autoperpetuadores

A ansiedade envolve um ciclo vicioso no qual o aumento da atenção autocentrada aos sinais e sintomas de ansiedade contribuirá para uma intensificação do sofrimento subjetivo.

Primazia cognitiva

A avaliação cognitiva primária de ameaça e a avaliação secundária de vulnerabilidade pessoal pode se generalizar de tal modo que uma série mais ampla de situações ou estímulos são percebidos erroneamente como ameaçadores e várias respostas defensivas fisiológicas ou comportamentais são inadequadamente mobilizadas para lidar com a ameaça.

Vulnerabilidade cognitiva à ansiedade

Suscetibilidade aumentada à ansiedade é resultado de crenças centrais (esquemas) persistentes sobre vulnerabilidade ou impotência pessoal e de proeminência da ameaça.

cia e gravidade do desfecho. Juntas, essas características avaliadas do estímulo resultarão na atribuição inicial de um *valor da ameaça*.

Essa atribuição primária de valor da ameaça é inerente a todas as vivências de ansiedade. No modelo cognitivo essa avaliação de ameaça inicial, relativamente automática se deve à ativação do modo primitivo de ameaça (ver Figura 2.1). A avaliação da ameaça envolverá vários processos e estruturas cognitivas incluindo atenção, memória, julgamento, raciocínio e pensamento consciente. Isso é ilustrado no seguinte exemplo: imagine um indivíduo correndo por uma estrada rural razoavelmente isolada. Ele subitamente ouve o latir de um cão no quintal de uma casa da qual ele está se aproximando. Instantaneamente seus músculos se contraem, seu ritmo de corrida aumenta, sua respiração e frequência cardíaca aceleram. Essas respostas ao latir do cão são provocadas por uma avaliação de ameaça inicial muito rápida que mal é registrada na consciência do corredor: "Corro perigo de um ataque?". A situação terá um valor de ameaça alto se o corredor estiver próximo da casa em questão, pensar que há alta probabilidade de que o cão não esteja preso e supor que o cão é grande e feroz (alta gravidade). Por outro lado, o corredor poderia atribuir um valor de ameaça baixo com maior distância do cão, se ele concluir que o cão provavelmente está preso ou é simplesmente um amistoso cão de estimação. Uma avaliação de ameaça imediata, então, será evidente em todas as vivências de estados de ansiedade tanto normais como anormais. Na ansiedade clínica, a avaliação de ameaça primária é exagerada e desproporcional ao valor de ameaça real de um evento.

DIRETRIZ PARA O TERAPEUTA 2.3

A terapia cognitiva se focaliza em ajudar os pacientes a recalibrar avaliações de ameaça exageradas e aumentar sua tolerância para risco e incerteza relacionados a suas preocupações ansiosas.

Impotência aumentada

Uma avaliação secundária de recursos pessoais e capacidade de enfrentamento envolve uma avaliação mais consciente, estratégica da capacidade do indivíduo de responder a ameaça percebida. Essa avaliação ocorre na fase elaborada secundária do modelo cognitivo (ver Figura 2.1). Essa avaliação secundária envolverá os conceitos de Bandura (1977, 1989) de autoeficácia ("Eu tenho a capacidade de lidar com essa ameaça?") e expectativa de resultado ("Qual é a probabilidade de que meus esforços reduzam ou eliminem a ameaça?"). Autoeficácia e expectativa de resultado positivas poderiam levar a uma redução na ansiedade, especialmente se os esforços iniciais do indivíduo em lidar com a ameaça parecerem bem-sucedidos. Por outro lado, autoeficácia percebida baixa e uma expectativa de resultado negativa levariam a um estado aumentado de impotência e maiores sentimentos de ansiedade.

Embora a avaliação secundária de recursos de enfrentamento seja provocada pela avaliação de ameaça primária, ambas ocorrerão quase simultaneamente como uma avaliação cognitiva altamente recíproca e interativa (Beck et al., 1985, 2005). Conforme observado anteriormente, a intensidade da ansiedade dependerá do grau de ameaça em relação a capacidade percebida do indivíduo de enfrentar o perigo. No nosso caso do corredor que ouve um cão latindo, a ansiedade seria minimizada se ele lembrasse experiências positivas anteriores de enfrentar um cão, ou se ele lembrasse que estava carregando uma lata de *spray* de pimenta. Na ansiedade clínica, os indivíduos têm um senso de impotência aumentado em face de certas ameaças percebidas e portanto concluem que são incapazes de enfrentar o perigo antecipado.

DIRETRIZ PARA O TERAPEUTA 2.4

Aumentar a autoconfiança para enfrentar ameaça e incerteza é um objetivo importante da terapia cognitiva da ansiedade.

Processamento inibitório da segurança

Beck (1985) observou que a ansiedade não é apenas caracterizada por um processamento seletivo de perigo aumentado, mas também por uma supressão seletiva de informação que é incongruente com o perigo percebido. D. M. Clark e Beck (1988) incluíram fatores de socorro subestimados (o que os outros podem fazer para ajudar) como um erro cognitivo que contribuirá para uma avaliação exagerada de ameaça na ansiedade. É sugerido que nos transtornos de ansiedade a formação imediata e automática de uma avaliação da ameaça baseada na ativação de esquemas de ameaça influenciará de tal forma o sistema de processamento de informação com respeito a detecção e avaliação da ameaça, que qualquer informação incongruente com esquemas de ameaça será filtrada e excluída, até mesmo ignorada. Como resultado, qualquer informação corretiva que poderia levar a uma redução no valor de ameaça atribuído à situação, é perdida e a ansiedade persiste. Portanto, em nosso exemplo, um corredor intensamente ansioso em relação ao latido do cão pode não perceber uma cerca em torno da propriedade, desse modo reduzindo a chance de que o cão corra para a estrada. Essa aparente incapacidade de processar os aspectos de segurança de uma situação é vista claramente nos transtornos de ansiedade tal como a pessoa com ansiedade de falar em público que não consegue processar os sinais de uma plateia receptiva, ou o estudante com ansiedade de exame que respondeu com sucesso à maioria das questões difíceis.

Outra consequência do processamento inibido de sinais de segurança é que a pessoa pode buscar formas inadequadas de garantir segurança e evitar perigo. A pessoa com agorafobia pode apenas se aventurar a sair de casa com certos membros da família porque isso parece reduzir a chance de um ataque de pânico, ou o indivíduo com obsessões de contaminação pode desenvolver certos rituais compulsivos para reduzir a ansiedade e garantir um senso de segurança da perspectiva de contaminação. Salkovskis (1996b) observou que comportamento de busca de segurança e evitação podem contribuir para a manutenção da ansiedade, porque ambos impedem a desconfirmação de que a ameaça percebida é benigna ou não ocorrerá. Portanto, na ansiedade saudável a pessoa pode passar muitas horas procurando na internet informações que confirmem que uma erupção cutânea é benigna e não um sinal de melanoma. Entretanto, nesse caso o comportamento de busca de segurança (ou seja, busca de tranquilização) pode ser particularmente maladaptativo e uma contribuição potente para ansiedade porque o indivíduo não consegue encontrar evidência conclusiva para desconfirmar a ameaça atribuída à erupção cutânea. Outra forma de tendência de desconfirmação ocorre quando a pessoa com transtorno de pânico, por exemplo, inicia uma respiração controlada (comportamento de busca de segurança) sempre que sente um aperto na garganta e teme sufocação. Nesse caso, a respiração controlada impede que a pessoa descubra que a sensação na garganta não levará ao desfecho catastrófico de sufocação.

> **DIRETRIZ PARA O TERAPEUTA 2.5**
>
> O processamento melhorado de sinais de segurança que desconfirmem ameaças percebidas é um elemento importante na terapia cognitiva dos transtornos de ansiedade.

Pensamento construtivo ou reflexivo prejudicado

Durante estados ansiosos modos de pensamento construtivos são menos acessíveis. Isso significa que um raciocínio dedutivo mais lento, mais lógico e trabalhoso envolvendo um processamento mais completo e equilibrado do potencial de ameaça de uma situação é mais difícil de alcançar. Essa abordagem mais construtiva e reflexiva à ameaça está sob controle consciente e portanto exige mais tempo e esforço porque envolve não apenas uma avaliação mais completa dos aspectos de ameaça e segurança de uma situação, mas também requer a seleção de comportamentos instrumentais para lidar com a ansiedade. Beck e colaboradores (1985, 2005) observaram que esse modo de pensamento construtivo pode ser um *sistema de redução de ansiedade* alternativo ao processo primitivo de ameaça automático, potencializador da ansiedade. Entretanto, essa orientação cognitiva racional, elaborada parece perdida para indivíduos que são intensamente ansiosos. A predominância do modo de ameaça primitivo parece inibir o acesso ao modo de pensamento construtivo. Beck (1996) declarou que uma vez que um modo de pensamento automático ou primitivo é ativado, ele tende a dominar o processamento de informação até que a circunstância ativadora desapareça.

A relativa inacessibilidade do pensamento construtivo contribui para a manutenção da ansiedade. Beck (1987) afirmou que um fator fundamental na experiência de pânico é a incapacidade de avaliar realisticamente (isto é, aplicar testes, basear-se em experiências passadas, gerar explicações alternativas) uma sensação física específica (p. ex., dor no peito) de qualquer outra forma que não de uma perspectiva catastrófica. A existência de pensamento reflexivo prejudicado é um ponto de entrada fundamental para terapia cognitiva da ansiedade. Os pacientes aprendem habilidades de reestruturação cognitiva como um meio de desenvolver uma perspectiva cognitiva mais construtiva sobre a ameaça percebida.

DIRETRIZ PARA O TERAPEUTA 2.6

A terapia cognitiva busca melhorar o acesso ao pensamento reflexivo e a efetividade desse para neutralizar avaliações de ameaça errôneas imediatas.

Processamento automático e estratégico

Já consideramos como processos automáticos e estratégicos são evidentes em várias facetas da base cognitiva da ansiedade. O processamento automático será mais evidente na avaliação primária inicial da ameaça envolvendo ativação do modo de ameaça primitivo, enquanto o processamento estratégico controlado será mais evidente na fase de reavaliação elaborada secundária da ameaça, recursos de enfrentamento e busca de segurança. Dada essa mistura de processamento automático e controlado, uma questão que surge é se a reflexão mais trabalhosa e voluntária realmente pode ter um efeito significativo na redução da ansiedade.

Conforme observado anteriormente, há evidência empírica considerável de experiências de condicionamento de que respostas ao medo adquiridas podem ser reduzidas por meio da transmissão social de informação (p. ex., ver discussão por Brewin, 1988). Além disso, a informação sobre previsibilidade e controlabilidade de futura ameaça, perigo ou outros eventos negativos determina em grande parte a presença ou ausência de apreensão ansiosa (Barlow, 2002). Além disso, a experiência pessoal e clínica apoia a afirmação de que cognição controlada consciente pode ter um efeito de redução da ansiedade significativo. Em nossas vidas diárias, todos tivemos experiências de corrigir um sentimento inicial de ansiedade por meio de uma nova análise controlada, trabalhosa e lógica da ameaça percebida. Portanto a evidência experimental e anedótica é consistente com a afirmação na terapia cognitiva de que intervenções terapêuticas, como a reestruturação cognitiva, que se baseiam em processos de pensamento trabalhosos controlados podem contribuir significativamente para a redução da ansiedade.

A presença de processamento cognitivo reflexivo, automático na ansiedade não significa que intervenções experienciais ou comportamentais, tais como exposição direta ao estímulo de medo, serão necessárias além de intervenções cognitivas controladas para reduzir a ansiedade. As estratégias de tratamento baseadas em exposição são importantes porque permitem uma ativação mais profunda, mais generalizada e mais forte de esquemas de ameaça e fornecem oportunidades para obter evidência desconfirmatória direta contra o alto valor de ameaça inicialmente atribuído pelo paciente ansioso (para uma discussão relacionada, ver Foa e Kozak, 1986). Esses tipos de experiências comportamentais também se tornam instrumentos poderosos para construir a confiança na própria capacidade de lidar com a ameaça antecipada. O Capítulo 6 discute intervenções cognitivas no nível de processamento estratégico, e o Capítulo 7 apresenta vários exercícios comportamentais usados para fornecer evidência desconfirmatória para a ameaça.

> **DIRETRIZ PARA O TERAPEUTA 2.7**
>
> Intervenções de processamento cognitivo estratégico e mais exercícios comportamentais experienciais são usados para modificar avaliações de ameaça imediatas e reduzir estados de ansiedade aumentados.

Processos autoperpetuadores

Um episódio de ansiedade pode durar de alguns minutos a muitas horas. De fato, alguns pacientes com TAG se queixam de que nunca estão realmente livres da ansiedade. Portanto, a manutenção da ansiedade deve ser vista como um ciclo vicioso ou um processo autoperpetuador. Uma vez que o programa de ansiedade seja ativado, ele tende a se perpetuar por meio de inúmeros processos. Primeiro, a atenção autocentrada é aumentada durante estados de ansiedade de modo que os indivíduos se tornam agudamente conscientes de seus próprios pensamentos e comportamentos relacionados à ansiedade. Essa atenção aumentada aos sintomas de ansiedade intensificará a apreensão subjetiva do indivíduo. Segundo, a presença de ansiedade pode prejudicar o desempenho em certas situação ameaçadoras, tais como quando a pessoa com ansiedade de discurso tem um branco ou começa a transpirar profusamente. A atenção a esses sintomas poderia facilmente interferir na capacidade do indivíduo de fazer o discurso.

Em última análise, a pessoa ansiosa interpreta a presença da própria ansiedade como um desenvolvimento altamente ameaçador que deve ser reduzido o mais rapidamente possível a fim de minimizar ou evitar seus "efeitos catastróficos." Nesse caso, a pessoa literalmente se torna "ansiosa por estar ansiosa". D. M. Clark e colaboradores desenvolveram modelos e intervenções cognitivos para pânico, fobia social, e TEPT que enfatizam os efeitos deletérios da interpretação errônea da presença de sintomas ansiosos de uma maneira catastrófica (ou pelo menos altamente negativa) (D. M. Clark, 1996, 2001; D. M. Clark e Ehlers, 2004). Essa característica autoperpetuadora da ansiedade, então, indica que qualquer intervenção visando interromper o ciclo deve lidar com quaisquer avaliações relacionadas a ameaça dos próprios sintomas ansiosos.

> **DIRETRIZ PARA O TERAPEUTA 2.8**
>
> Corrigir interpretações errôneas de sintomas ansiosos é outro componente importante da terapia cognitiva para transtornos de ansiedade.

Primazia cognitiva

O modelo cognitivo determina que o problema central nos transtornos de ansiedade é a ativação de esquemas de ameaça hipervalentes que apresentam uma perspectiva excessivamente perigosa sobre a realidade e o *self* como fraco, impotente e vulnerável (Beck et al., 1985, 2005). De um ponto de vista cognitivo, uma avaliação de ameaça rápida e de estímulo involuntário inicial ocorre na primeira fase da ansiedade. É dentro dessa estrutura que vemos a cognição como primária na aquisição e manutenção de respostas ao medo. Além disso, devido à primazia ou importância da cognição, propomos que alguma mudança na conceitualização cognitiva da ameaça é necessária antes que se possa esperar qualquer redução na ansiedade. Sem tratamento, a avaliação e reavaliação repetidas de ameaça e vulnerabilidade levarão a uma generalização do programa de ansiedade de modo a incluir uma série mais ampla de situações evocativas.

> **DIRETRIZ PARA O TERAPEUTA 2.9**
> Mudança na avaliação cognitiva de ameaça e vulnerabilidade é necessária para reverter a generalização e manutenção da ansiedade.

Vulnerabilidade cognitiva à ansiedade

Há diferenças individuais na suscetibilidade ou risco para transtornos de ansiedade. Os indivíduos têm um risco aumentado para ansiedade devido a certas histórias genéticas, neurofisiológicas e de aprendizagem que são fatores causais nos transtornos de ansiedade (ver Capítulo 1). Entretanto, o modelo cognitivo também determina que determinados esquemas resistentes envolvendo regras e suposições sobre perigo e impotência podem predispor um indivíduo à ansiedade. Ver o Capítulo 4 para discussão de fatores cognitivos, de personalidade e emocionais que podem contribuir para a etiologia da ansiedade.

DESCRIÇÃO DO MODELO COGNITIVO

O modelo cognitivo descrito na Figura 2.1 é dividido em uma fase inicial, imediata de resposta ao medo, seguida por uma fase de processamento mais lento, mais elaborativo que determina a manutenção ou término do estado ansioso. Nossa discussão do modelo cognitivo prosseguirá da extrema esquerda do diagrama para o produto final na extrema direita. Embora isso nos permita fornecer uma apresentação sistemática do modelo cognitivo, na realidade todas as estruturas e processos envolvidos na ansiedade são ativados quase simultaneamente, e todos estão tão inter-relacionados que circuitos de pré-alimentação e realimentação são claramente evidentes durante todo o programa de ansiedade.

Situações, eventos e estímulos ativadores

Os fatores ambientais são importantes no modelo cognitivo porque a ansiedade é uma resposta a um estímulo interno ou externo que ativa uma avaliação de ameaça. Nesse sentido, o modelo é mais consistente com uma perspectiva de *diátese-estresse* na qual situações ou sugestões particulares (o estresse) ativam o programa de ansiedade em indivíduos com uma propensão resistente a gerar avaliações primárias de ameaça (a diátese). Embora seja possível que a ansiedade ocorra espontaneamente, como em ataques de pânico que ocorrem "inesperadamente", o padrão mais usual é ansiedade ativada por situação ou sugestão.

Os tipos de situações que podem provocar ansiedade não são distribuídos aleatoriamente. As situações ou estímulos ativadores diferirão de acordo com o tipo de transtorno de ansiedade com, por exemplo situações sociais como gatilhos relevantes na fobia social, estímulos que ativam recordações de um trauma passado relacionadas ao TEPT e circunstâncias percebidas como elevando o risco de ataques de pânico relacionados ao transtorno de pânico. Embora as situações que provocam ansiedade sejam pessoalmente idiossincrásicas e altamente diversas mesmo dentro de transtornos de ansiedade específicos, um estímulo apenas ativará o programa de ansiedade se ele for percebido como uma ameaça aos interesses vitais do indivíduo (Beck et al., 1985, 2005). Essa ameaça pode ser simbólica ou hipotética, conforme evidente no TAG, ou poderia ser percebida como real, tal como quando a pessoa com agorafobia acredita que ir a uma loja provocará pânico tão intenso que um ataque cardíaco ou morte poderia decorrer.

Beck e colaboradores (1985, 2005) conceituaram interesses vitais em termos de metas ou esforços pessoais altamente valo-

TERAPIA COGNITIVA PARA OS TRANSTORNOS DE ANSIEDADE

rizados dentro das esferas social ou individual. "Socialidade" (mais tarde denominada "sociotropia") se refere a metas que envolvem o estabelecimento e manutenção de relacionamentos íntimos, satisfatórios e autoafirmadores com outras pessoas, enquanto "individualidade" (isto é, "autonomia") se refere a metas relevantes para obter um senso pessoal de domínio, identidade, e independência. Além disso, essas metas podem ser expressas na esfera pública ou na esfera privada. A partir disso, uma classificação de interesses vitais pode ser construída para permitir um melhor entendimento de como as situações poderiam ser interpretadas de uma maneira ameaçadora (ver Tabela 2.3).

Os esforços ou metas pessoais de natureza social (sociotropia) dentro da esfera pública se focalizam em nossos relacionamentos dentro de contextos sociais mais amplos (p. ex., uma plateia, estar na escola ou no trabalho, comparecer a uma festa) que fornecem um senso de pertencimento, aceitação, aprovação, e afirmação, enquanto os mesmos esforços sociais no setor privado se referem a nossas relações sociais duais mais íntimas (p. ex., companheiros de vida, filhos, pais) que fornecem sustentação, amor, empatia e compreensão. As metas pessoais individuais dentro da esfera privada dizem respeito a alcançar autossuficiência, domínio, independência e competência, enquanto individualidade (autonomia) dentro do domínio público trata de competição e comparação onde outras pessoas se tornam

instrumentos para alcançar metas e padrões pessoais. Sociotropia e autonomia são entendidas do ponto de vista do indivíduo, portanto é a percepção de aceitação, aprovação, independência, ou competência que é importante, não algum padrão "objetivo" de se uma pessoa alcançou ou não suas metas. Também os indivíduos serão diferentes no valor ou importância de certos esforços por sua própria autovalia (para mais discussão de sociotropia e autonomia, ver Beck, 1983; D. A. Clark et al., 1999).

É evidente como uma situação poderia ser percebida como altamente ameaçadora se ela fosse julgada não apenas como interferindo ou impedindo a satisfação de esforços pessoais valorizados mas, ainda pior, como resultando em um estado de coisas negativo pessoalmente doloroso (p. ex., isolamento, rejeição, derrota, mesmo a morte). Por exemplo, indivíduos preocupados com a aprovação dos outros poderiam se sentir particularmente ansiosos se percebessem sinais sociais de possível desaprovação ou crítica em um determinado contexto social. Por outro lado, indivíduos que valorizam altamente boa saúde e ótimo funcionamento de sua mente e corpo (esforços autônomos na esfera privada) poderiam considerar qualquer indicação de possível doença ou morte uma ameaça séria a sua própria sobrevivência. Qualquer uma das ameaças percebidas comuns aos transtornos de ansiedade, como perda de controle ou morte no transtorno de pânico e avaliação negativa dos outros

TABELA 2.3 Classificação de ameaças a preocupações pessoais

Esfera	Sociotropia	Autonomia
Preocupações públicas	Desaprovação Desconsideração Separação Isolamento	Derrota Deserção Depreciação Frustração
Preocupações privadas	Abandono Privação Desaprovação Rejeição	Incapacidade Disfunção Doença Morte

Nota: Baseada em Beck, Emery e Greenberg (1985).

na fobia social, podem ser entendidas em termos de ameaça aos próprios interesses vitais nas esferas pública ou privada de socialidade e autonomia.

DIRETRIZ PARA O TERAPEUTA 2.10

Determinar os interesses vitais de cada indivíduo nas esferas social e autônoma é importante para entender o desenvolvimento das avaliações de ameaça pessoal exageradas que estão por baixo da condição ansiosa.

Modo de orientação

Beck (1996) propôs pela primeira vez um agrupamento de esquemas denominado *modo de orientação* que fornece uma percepção inicial muito rápida de uma situação ou estímulo. O modo de orientação opera em uma base de combinação de tal forma que esses esquemas são ativados se os aspectos de uma situação combinarem com o padrão de orientação. O padrão para o modo de orientação pode ser bastante global, simplesmente refletindo a valência e possível relevância pessoal de um estímulo. Ou seja, o modo de orientação pode ser predisposto a detectar estímulos negativos e pessoalmente relevantes. Também esperaríamos que depressão e ansiedade pudessem não ser diferenciadas no nível do modo de orientação, com uma tendência de orientação a negatividade evidente em ambos os transtornos.

O modo de orientação opera no nível pré-consciente, automático e fornece uma percepção quase instantânea de estímulos negativos que poderiam representar uma possível ameaça à sobrevivência do organismo. Além disso, o modo de orientação é guiado mais por percepção do que por conceito. Ele é "um sistema de detecção de advertência precoce" que identifica estímulos e atribui uma prioridade de processamento inicial. Ademais, recursos atencionais serão desviados para situações ou estímulos de-

tectados pelo modo de orientação. Visto que a função do modo de orientação é a sobrevivência básica do organismo, ele é um processo de registro guiado por estímulo muito rápido, involuntário e pré-consciente. Nesse estágio a detecção de estímulo é global e indiferenciada, identificando primariamente a valência dos estímulos (negativos, positivos, neutros) e sua potencial relevância pessoal. Além disso, o modo de orientação pode ser predisposto a detectar estímulos emocionais mais geralmente (MacLeod, 1999). Portanto, nos transtornos de ansiedade, o modo de orientação é excessivamente sintonizado à detecção de informação emocional negativa que subsequentemente será interpretada como ameaçadora uma vez que o modo primitivo de ameaça seja ativado. Esse viés atencional pré-consciente significa que a pessoa ansiosa tem uma tendência automática a prestar atenção seletivamente a material emocional negativo, desse modo tornando mais difícil a desativação do programa de ansiedade.

Ativação do modo primitivo de ameaça

A detecção de possível informação emocional negativa relevante à ameaça pelos esquemas de orientação resultará em uma ativação automática simultânea de esquemas relacionados a ameaça denominados *modo primitivo de ameaça*. A ativação desses esquemas resultará na produção de uma avaliação de ameaça primária. Usamos o termo "primitivo" nesse contexto porque esse agrupamento de esquemas inter-relacionados diz respeito aos objetivos evolutivos básicos do organismo: *maximizar a segurança e minimizar o perigo*. Por essa razão os esquemas relevantes à ameaça primitivos tendem a ser rígidos, inflexíveis e reflexivos. Eles são um sistema de "resposta rápida" que permite a detecção imediata de ameaça a fim de que o organismo possa começar a maximizar a segurança e minimizar o perigo. Uma vez ativado, o modo primitivo de ameaça tende a capturar a maior parte de nossos recursos atencionais e a dominar o sistema de processamento de informação a fim de que modos de pensamento mais lentos, mais elaborativos, e reflexivos sejam bloqueados. Ou seja, uma vez ativados, os esquemas de ameaça se tornam hipervalentes e dominantes, tornando difícil para a pessoa ansiosa processar a ameaça. A ativação simultânea e imediata do esquema de orientação e do esquema primitivo de ameaça é evidente em nosso exemplo anterior do corredor. Subjetivamente o corredor sente uma súbita tensão e ansiedade ao ouvir o latido do cão. O que aconteceu entre o latido do cão e a tensão é uma orientação ao som do cão e a avaliação primitiva automática "Isso pode significar perigo?", devido à ativação de esquemas primitivos de ameaça.

O modo primitivo de ameaça consiste em diferentes tipos de esquemas todos visando à maximização da segurança e minimização do perigo. A Tabela 2.4 lista os diferentes esquemas do modo de ameaça e sua função.

Esquemas cognitivos-conceituais

Esses esquemas representam crenças, regras e suposições que são relevantes para fazer inferências e interpretações de ameaça. A ativação de esquemas cognitivos-conceituais do modo primitivo de ameaça resulta nas avaliações primárias de ameaça. Eles permitem a seleção, armazenagem, recuperação e interpretação de informação em termos de grau de ameaça aos recursos vitais do indivíduo. Eles também representam informação sobre o *self* em termos de vulnerabilidade à ameaça, bem como crenças sobre a periculosidade de certas experiências ou situações nos ambientes externo ou interno.

Esquemas comportamentais

Os esquemas comportamentais consistem em códigos de disposição de resposta e programas de prontidão para a ação que permitem uma resposta defensiva inicial muito rápida e automática à ameaça. Mais frequentemente, isso envolverá mobilização comportamental como a resposta de luta ou fuga vista regularmente em estados de ansiedade. Entretanto, os esquemas comportamentais do modo primitivo de ameaça também permitem que as pessoas percebam e avaliem sua resposta comportamental inicial. Respostas comportamentais consideradas afetivas para reduzir imediatamente a ameaça serão reforçadas e utilizadas em ocasiões futuras, enquanto respostas comportamentais que não levam a redução imediata da ansiedade ou da ameaça tenderão a ser descartadas.

Esquemas fisiológicos

Esses esquemas representam informação pertinente a excitação autonômica e a ou-

TABELA 2.4 Esquemas do modo primitivo de ameaça

Tipo de esquema	Função
Cognitivo-conceitual	Representa avaliação de ameaça e perigo ao bem-estar pessoal e ausência ou probabilidade reduzida de segurança
Comportamental	Representa os comportamentos defensivos iniciais (mobilização, imobilidade, fuga, evitação)
Fisiológico	Representa excitação autonômica, sensações físicas percebidas
Motivacional	Representa objetivos de afastamento; um desejo de minimizar imprevisibilidade, falta de controle e desprazer
Afetivo	Representa sentimentos subjetivos de nervosismo, agitação

tras sensações físicas. Esquemas fisiológicos estão envolvidos no processamento de estímulos proprioceptivos e permitem que o indivíduo perceba e avalie suas respostas fisiológicas (D. A. Clark et al., 1999). Estados de ansiedade frequentemente estão associados a percepções aumentadas de excitação fisiológica, que podem fazer a situação parecer ainda mais ameaçadora. No transtorno de pânico, a interpretação de certas sensações físicas (p. ex., frequência cardíaca elevada, dor no peito, falta de ar) pode na verdade constituir a avaliação primária de ameaça. Em outros transtornos de ansiedade, como fobia social, TEPT ou TOC, a elevação percebida da excitação autonômica e os sintomas físicos de ansiedade podem ser interpretados como confirmação da ameaça. São os esquemas fisiológicos do modo de ameaça que são responsáveis pelas avaliações de ameaça das pessoas ansiosas de seu estado físico exaltado.

Esquemas motivacionais

Esses esquemas estão estreitamente relacionados à esfera comportamental e envolvem representações de nossas metas e intenções relevantes à ameaça. Portanto, os esquemas motivacionais envolvem crenças e regras sobre a importância de se afastar de ameaça ou perigo e de reduzir a imprevisibilidade e a aversão de situações. Além disso, a perda de controle é um estado que a pessoa está altamente motivada a evitar sob condições de ameaça. A ativação dos esquemas motivacionais do modo primitivo de ameaça, então, é responsável pelo senso de urgência que indivíduos ansiosos sentem ao tentar escapar ou evitar uma ameaça percebida ou reduzir sua ansiedade.

Esquemas afetivos

Esses esquemas estão envolvidos na percepção de estados de sentimento e, portanto, são integrais à experiência subjetiva de emoção. Os esquemas afetivos desempe-

nham um importante papel funcional na sobrevivência do organismo assegurando que a atenção seja desviada para uma ameaça potencial e que alguma forma de ação corretiva seja adotada (Beck, 1996). A ativação dos esquemas de afeto do modo de ameaça, então, produz a experiência emocional que os indivíduos relatam quando em estados de ansiedade: nervosismo aumentado, tensão, agitação, sentir-se "no limite".

> **DIRETRIZ PARA O TERAPEUTA 2.11**
> Utilize intervenções cognitivas e comportamentais na terapia cognitiva para reduzir a acessibilidade e a dominância de esquemas primitivos de ameaça, que são considerados centrais à vivência de ansiedade.

Consequências da ativação do modo de ameaça

Conforme descrito na Figura 2.1, a ativação relativamente automática do modo primitivo de ameaça coloca em movimento um processo psicológico complexo que não termina simplesmente com uma avaliação primária da ameaça. Quatro processos adicionais podem ser identificados que ajudam a definir a resposta ao medo imediata: excitação autonômica aumentada, respostas defensivas e inibitórias imediatas, tendências e erros de processamento cognitivo e pensamentos e imagens automáticos orientados à ameaça. Cada um desses quatro processos é bidirecional com a ativação do modo primitivo sendo responsável por sua ocorrência inicial, mas uma vez ativos esses processos se realimentam de uma maneira que fortalece a avaliação primária da ameaça.

Excitação autonômica aumentada

A ativação do modo de ameaça envolve uma avaliação da excitação autonômica aumentada que caracteriza estados de ansiedade. Beck e colaboradores (1985, 2005) afirmaram que a ansiedade subjetiva é proporcional à estimativa de perigo percebida. Portanto quanto maior o perigo avaliado, mais probabilidade de que a excitação autonômica aumentada seja interpretada como ameaçadora. Indivíduos altamente ansiosos frequentemente experimentam excitação fisiológica aumentada como um estado aversivo que confirma a avaliação inicial da ameaça. Portanto, a redução da excitação pode ser uma primeira motivação para indivíduos ansiosos. Dessa forma, uma interpretação negativa, ameaçadora do próprio estado fisiológico elevado pode intensificar o modo de ameaça já aumentado.

Respostas inibitórias defensivas

A ativação do modo primitivo de ameaça levará a respostas autoprotetoras reflexivas, muito rápidas envolvendo escape, evitação (luta ou fuga), congelamento, desmaio, e assim por diante. Beck e colaboradores (1985, 2005) observaram que essas respostas tendem a ser relativamente fixas, pré-programadas e automáticas. Elas são "primitivas" no sentido de serem mais inatas do que as respostas adquiridas complexas associadas com processos mais elaborados. Nos transtornos de ansiedade, essas respostas defensivas e inibitórias muito imediatas são evidentes como uma resposta quase instantânea a uma avaliação de ameaça. Por exemplo, indivíduos com TOC de longa duração frequentemente relatam que seu desempenho de um ritual compulsivo em resposta a uma obsessão provocadora de ansiedade pode ser tão automático que eles raramente se dão conta do que estão fazendo até estarem bem envolvidos no ritual. Beck e colaboradores (1985, 2005) também reconheceram que a ocorrência desses comportamentos protetores e defensivos também podem reforçar a ativação do modo primitivo. Eles observaram que esses comportamentos frequentemente prejudicam o desempenho, desse modo elevando a natureza ameaçadora da situação. Portanto, o indivíduo socialmente ansioso poderia automaticamente olhar ao longe quando falando com outra pessoa, o que torna mais difícil ter uma conversa envolvente.

Erros de processamento cognitivo

A ativação do modo de ameaça é "primitiva" no sentido de que ela é um sistema relativamente automático, não volitivo e reflexivo para lidar com questões básicas de sobrevência. Portanto, um dos subprodutos desse tipo de ativação é um estreitamento da atenção aos aspectos ameaçadores de uma situação. O processamento cognitivo, então, se torna altamente seletivo, envolvendo a amplificação da ameaça e o processamento diminuído de sinais de segurança. Certos erros cognitivos são evidentes como a *minimização* (subestima os aspectos positivos de recursos pessoais), *abstração seletiva* (foco primário na fraqueza), *amplificação* (considera falhas um defeito sério) e *catastrofização* (erros ou ameaça têm consequências desastrosas). Na ansiedade, esses erros cognitivos são manifestados primariamente como estimativas exageradas da proximidade, probabilidade e gravidade da ameaça potencial. Obviamente com esse tipo de processamento cognitivo dominante, o indivíduo ansioso acha extremamente difícil gerar modos de pensamento alternativos sobre a situação, mais construtivos.

Pensamentos automáticos relevantes à ameaça

Finalmente, a ativação do modo primitivo de ameaça produzirá pensamentos e imagens automáticos de ameaça e perigo. Esses pensamentos e imagens têm uma qualidade automática própria porque tendem a ser não volitivos e a se intrometer no fluxo da consciência. Eles são caracterizados como

1. transitórios ou dependentes de estado,
2. altamente específicos e distintos,
3. espontâneos e involuntários,
4. plausíveis,

5. consistentes com o estado emocional atual do indivíduo, e

6. uma representação tendenciosa da realidade (Beck, 1967, 1970, 1976).

Visto que os pensamentos automáticos refletem as preocupações atuais do indivíduo, nos transtornos de ansiedade eles refletem temas de ameaça, perigo e vulnerabilidade social e, portanto, postula-se que sejam específicos ao conteúdo para cada um dos transtornos de ansiedade. Nos estados de ansiedade a ocorrência de pensamentos e imagens automáticos relevantes à ameaça capturará a atenção e dessa forma reforçará a ativação do modo primitivo de ameaça.

DIRETRIZ PARA O TERAPEUTA 2.12

Os efeitos cognitivos, comportamentais e fisiológicos adversos da ativação do modo de ameaça são um foco de intervenção primário na terapia cognitiva dos transtornos de ansiedade. Ensine aos pacientes estratégias alternativas para reduzir o impacto negativo do modo de ameaça.

Elaboração e reavaliação secundárias

A produção automática rápida de uma resposta imediata ao medo por meio da ativação do modo primitivo de ameaça dispara um processo compensatório, secundário envolvendo processamento de informação muito mais lento, mais elaborado e mais trabalhoso. Essa fase de reavaliação secundária sempre ocorre com ativação da ameaça. Se esse processamento elaborativo secundário leva a um aumento ou a uma redução na ansiedade depende de inúmeros fatores. O processamento de informação que ocorre nesse nível mais consciente e controlado se realimentará no modo de ameaça para aumentar ou reduzir sua força de ativação. Nos transtornos de ansiedade, esse pensamento mais construtivo, reflexivo e equilibrado raramente adquire plausibilidade suficiente para apresentar uma alternativa à ativação do modo primitivo de ameaça.

Abaixo, discutimos cinco fenômenos cognitivos associados ao processamento elaborativo secundário.

Avaliação de recursos de enfrentamento

Um aspecto fundamental da reavaliação secundária envolve a avaliação trabalhosa da capacidade do indivíduo de enfrentar a ameaça percebida. Esse é um modo de pensar estratégico que está predominantemente sob controle voluntário e intencional. Entretanto, nos transtornos de ansiedade a ativação do modo primitivo de ameaça enviesa de tal forma os processos de pensamento elaborativo do indivíduo que qualquer consideração de recursos de enfrentamento leva a um senso de vulnerabilidade aumentado.

Beck e colaboradores (1985, 2005) discutiram uma série de aspectos de avaliação de enfrentamento relevantes à ansiedade. O primeiro é uma autoavaliação mais global que produz autoconfiança ou um senso aumentado de vulnerabilidade pessoal. *Autoconfiança* é "a avaliação positiva de um indivíduo de suas habilidades e recursos a fim de dominar problemas e lidar com a ameaça" (Beck et al., 1985, p. 68). A autoconfiança estará associada à autoeficácia elevada e uma expectativa de sucesso (Bandura, 1977). Em estados de ansiedade, entretanto, os indivíduos consideram seus recursos de enfrentamento insuficientes. Uma disposição cognitiva à vulnerabilidade é reforçada, o que propicia que os indivíduos interpretem a informação que chega mais em termos de suas fraquezas do que de suas forças. Um segundo aspecto da avaliação do enfrentamento diz respeito a se os indivíduos acreditam que não possuem habilidades importantes para lidar com a situação. O indivíduo em nosso exemplo da corrida experimentaria uma redução imediata na ansiedade se ele lembrasse o treinamento realizado para lidar com ataques de cães. Além disso, a falta de autoconfiança, presença de incerteza e contextos novos ou ambíguos podem intensificar um senso de vulnerabilidade. A presença desses fatores contextuais pode significar que uma disposição cognitiva de "autoconfiança" é substituída por uma disposição de "vulnerabilidade" (Beck et al., 1985, 2005).

Uma consequência de uma avaliação negativa da própria capacidade de enfrentamento é que a percepção de falta de competência pode fazer uma pessoa agir de modo hesitante ou se afastar de uma situação ameaçadora (Beck et al., 1985, 2005). Essa hesitação pode prejudicar o desempenho do indivíduo na situação, que apenas exacerba sua natureza ameaçadora (p. ex., a pessoa socialmente ansiosa tentando iniciar uma conversa). A antecipação de possível incompetência e o dano subsequente pode inibir comportamentos de abordagem e induzir o afastamento. Essa inibição automática reflete uma alteração contínua entre "mobilidade confiante e imobilidade temerosa" (Beck et al., 1985, p. 73). O dilema resultante pode ser descrito da seguinte maneira: "A ansiedade nesse caso é um sinal desagradável para parar de avançar. Se a pessoa para ou recua, sua ansiedade diminui. Se ela avança, ela aumenta. Se ela tomar uma decisão consciente de prosseguir, pode ser capaz de neutralizar a reação inibitória primitiva" (Beck et al., 1985, p. 72).

de medo). Rachman propôs que na agorafobia, por exemplo, a intensidade da ameaça é principalmente em função do acesso percebido à segurança e rapidez de retorno à segurança. Portanto, a ausência de sinais de segurança confiáveis pode deixar o indivíduo em um estado crônico de ansiedade, com a presença de ansiedade induzindo busca mais vigorosa por sinais de segurança. O resultado final, entretanto, é que as tentativas do indivíduo ansioso são frequentemente ineficazes, especialmente no longo prazo. Isso porque segurança é rigorosamente definida mais como uma redução imediata na ansiedade do que como uma estratégia de enfrentamento de longo prazo. Portanto, o indivíduo com transtorno de pânico e evitação agorafóbica poderia se sentar perto da saída de um teatro, buscar a companhia de amigos íntimos para sair ou carregar tranquilizantes como um meio de obter um senso imediato de segurança. Entretanto, todas essas estratégias são baseadas em uma crença disfuncional de que "há grande perigo lá fora e eu não posso lidar com ele sozinho". Finalmente, a ansiedade é caracterizada por uma preocupação com segurança imediata, mas um apoio infeliz em estratégias inadequadas de busca de segurança.

> **DIRETRIZ PARA O TERAPEUTA 2.13**
>
> Corrigir avaliações e crenças maladaptativas sobre vulnerabilidade pessoal, risco e recursos de enfrentamento associadas a preocupações ansiosas é um foco importante na terapia cognitiva da ansiedade.

> **DIRETRIZ PARA O TERAPEUTA 2.14**
>
> Enfatize a eliminação de comportamento de busca de segurança na terapia cognitiva dos transtornos de ansiedade.

A busca por sinais de segurança

Beck e Clark (1997) demonstraram que a busca por sinais de segurança é outro processo importante que ocorre na fase de reavaliação elaborada secundária. Rachman (1984a, 1984b) introduziu o conceito de "sinais de segurança" para explicar a discordância que pode ser encontrada entre medo e evitação (ou seja, medo sem evitação e comportamento evitativo na ausência

Modo de pensamento construtivo

A presença de pensamento elaborativo estratégico fornece uma oportunidade para reavaliação da ameaça percebida mais construtiva, baseada na realidade. É possível que estratégias de solução de problema pudessem ser consideradas durante a elaboração secundária em vez de respostas reflexivas mais imediatas visando a autoproteção ou o escape. O acesso a recursos de enfrentamento mais realistas é representado por esquemas do *modo construtivo*. Os esquemas de modo construtivo são adquiridos principalmente por meio de experiências de vida e promovem atividades produtivas visando aumentar (não proteger) os recursos vitais do indivíduo (D. A. Clark et al., 1999). Nossa capacidade de iniciar um pensamento reflexivo, de ser autoconsciente e avaliativo de nossos próprios pensamentos (isto é, metacognição), de resolver problemas e de reavaliar uma perspectiva baseada em evidência contraditória é atribuível à ativação dos esquemas construtivos.

Beck e colaboradores (1985, 2005) propuseram que a ansiedade é caracterizada por dois sistemas, um dos quais é o *sistema inibitório* primitivo automático que ocorre em resposta a ativação do modo primitivo de ameaça. Esse sistema tende a ser imediato e reflexivo, e visa autoproteção e defesa. Um segundo sistema, denominado *sistema de redução da ansiedade*, é mais lento, mais elaborado e processa informação mais completa sobre uma situação. A presença de ansiedade pode motivar uma pessoa a mobilizar os processos mais estratégicos de redução da ansiedade.

O problema nos transtornos de ansiedade, entretanto, é que o sistema reflexivo (inibitório) automático inicial ativado pelo modo primitivo de ameaça tende a dominar o processamento de informação e a bloquear o acesso a estratégias de redução da ansiedade mais elaboradas representadas nos esquemas construtivos. Uma vez que o sistema inibitório visando autoproteção e redução da ameaça imediata seja ativado, é muito difícil para o indivíduo altamente ansioso mudar para um pensamento construtivo, mais reflexivo. Um dos objetivos da terapia cognitiva é ajudar o paciente ansioso a empregar mais modo de pensamento construtivo como um meio de alcançar uma redução da ansiedade a mais longo prazo.

Início da preocupação

Beck e Clark (1997) propuseram que a preocupação é um produto do processo de reavaliação secundária, elaborada pela ativação do modo primitivo de ameaça (ver p. 395 para uma definição de preocupação). Em estados não ansiosos a preocupação pode ser um processo adaptativo que leva a solução efetiva de problema. Ela é fundamentada no modo de pensamento construtivo no qual o indivíduo chega a soluções realistas baseado em uma análise cuidadosa de evidência contraditória. Uma quantidade mínima de ansiedade pode ser vivenciada enquanto o indivíduo considera a possibilidade de desfechos negativos e as consequências de enfrentamento ineficaz. Entretanto, a ansiedade não está baseada na ativação do modo primitivo de ameaça e, portanto, no mínimo, ela serve para motivar o indivíduo a agir.

Para o indivíduo altamente ansioso a preocupação assume aspectos patológicos que não levam a solução de problema efetiva, mas, antes, a um aumento progressivo da avaliação de ameaça inicial. Aqui a preocupação se torna incontrolável e quase exclusivamente focada em desfechos negativos, catastróficos, e ameaçadores. Devido ao domínio do modo de pensamento de ameaça nos transtornos de ansiedade, quaisquer aspectos construtivos da preocupação são bloqueados e o foco nos desfechos negativos potencializa a avaliação da ameaça. Portanto, a preocupação nos transtornos de ansiedade, especialmente TAG, pode se tornar um ciclo elaborativo autoperpetuador que intensifica o estado ansioso e é percebido como confirmação da avaliação inicial de ameaça o indivíduo.

DIRETRIZ PARA O TERAPEUTA 2.15

Encoraje o desenvolvimento do modo de pensamento construtivo em pacientes ansiosos para alcançar uma redução mais duradoura da ansiedade.

DIRETRIZ PARA O TERAPEUTA 2.16

Visto que a preocupação é um aspecto comum de todos os transtornos de ansiedade, intervenções que se focalizam diretamente na redução da preocupação são um aspecto importante da terapia cognitiva da ansiedade.

Reavaliação da ameaça

Um resultado do pensamento elaborativo secundário é uma reavaliação mais consciente, trabalhosa da situação ameaçadora. Em estados não ansiosos isso pode resultar em um estado de ansiedade diminuído à medida que a pessoa desvaloriza a probabilidade e gravidade da ameaça antecipada à luz de evidência contraditória. Além disso, o reconhecimento de aspectos de segurança no ambiente e uma reavaliação de estratégias de enfrentamento podem levar a um senso de vulnerabilidade reduzido. Neste caso o processamento elaborativo pode resultar em uma redução da ansiedade.

Nos transtornos de ansiedade o pensamento elaborativo secundário é dominado pelo modo de ameaça e, portanto, é predisposto a confirmar a periculosidade das situações. Um senso aumentado de vulnerabilidade pessoal é reforçado por esse pensamento elaborativo e os aspectos de segurança realísticos da situação são ignorados. Preocupação e ruminação ansiosa apoiam a avaliação automática inicial da ameaça o indivíduo ansioso. Desse modo, os processos cognitivos elaborativos secundários são responsáveis pela manutenção da ansiedade, enquanto a ativação do modo primitivo de ameaça é responsável pela resposta imediata ao medo do programa de ansiedade.

DIRETRIZ PARA O TERAPEUTA 2.17

A terapia cognitiva busca ajudar os pacientes a processar evidência desconfirmatória que levará a uma reavaliação da ameaça como menos provável, grave ou iminente.

ANSIEDADE NORMAL E ANORMAL: UMA PERSPECTIVA COGNITIVA

Em nossa descrição do modelo cognitivo, nos focamos primeiramente na ansiedade patológica. Conforme observado anteriormente, o medo pode ser adaptativo e a ansiedade é uma experiência comum na vida diária. Portanto, como o modelo cognitivo explica a diferença entre ansiedade normal e anormal? Essa é uma consideração importante para os clínicos, bem como para os pesquisadores. Afinal de contas, nosso objetivo como terapeutas é normalizar a experiência de ansiedade. Portanto, qual é a natureza do processamento cognitivo normal da ansiedade? A Tabela 2.5 resume algumas diferenças fundamentais nas fases automática e elaborada do processamento de informação que caracterizam ansiedade não clínica e clínica.

Processos cognitivos automáticos na ansiedade normal

Dada a natureza automática e involuntária das respostas ao medo imediatas, é óbvio que indivíduos que não sofrem de um transtorno de ansiedade têm uma clara vantagem sobre amostras clínicas. Na ansiedade normal, o modo de orientação não é tão condicionado para a detecção de estímulos autorreferentes negativos quanto nos transtornos de ansiedade. Em estados não clínicos, a detecção de estímulos negativos ainda receberá atenção prioritária, mas a variedade de estímulos que seriam identificados como negativos e potencialmente autorrelevantes seria mais limitada. De fato, Mogg e Bradley (1999a) revisaram a evidência de que indivíduos menos ansiosos apresentam evitação atencional de estímulos de ameaça leve enquanto indivíduos altamente ansiosos apresentam atenção aumentada a estímulos de ameaça leve e, em especial, aos moderados (ver também Wilson e MacLeod, 2003). Visto que o modo de orientação em indivíduos não clínicos não apresenta a sensibilidade aumentada a estímulos negativos, o programa de ansiedade é ativado menos frequentemente em indivíduos não clínicos do que em indivíduos clínicos.

Quando o programa de ansiedade é ativado em indivíduos não clínicos, propomos diferenças qualitativas na ativação do

TABELA 2.5 Diferenças cognitivas entre ansiedade normal e anormal segundo o modelo cognitivo

Fase de processamento	Ansiedade anormal	Ansiedade normal
Modo de orientação	• Sensibilidade aumentada a estímulos negativos	• Sensibilidade mais equilibrada à detecção de estímulos positivos e negativos
Ativação de ameaça primitiva	• Avaliação primária exagerada de ameaça • Avaliação negativa de excitação autonômica • Presença de tendências e erros de processamento relacionados à ameaça • Pensamentos e imagens automáticos de ameaça frequentes e evidentes • Iniciação de comportamentos autoprotetores inibitórios, automáticos	• Avaliação da ameaça mais adequada, baseada na realidade • Considera a excitação um estado desconfortável, mas não ameaçador • Atenção não tão estreitamente focalizada na ameaça; menos erros cognitivos • Pensamentos e imagens ansiosos em menor quantidade e menos evidentes • Considera o adiamento de comportamentos autoprotetores inibitórios tal como respostas de enfrentamento mais elaboradas
Reavaliação elaborada secundária	• Foco nos pontos fracos; autoeficácia baixa e expectativa de resultado negativa • Processamento pobre de sinais de segurança • Inacessibilidade do modo de pensamento construtivo • Preocupação orientada à ameaça, incontrolável • A estimativa inicial da ameaça é exagerada	• Foco nos pontos fortes; autoeficácia alta e expectativa de resultado positiva • Melhor processamento de sinais de segurança • Capacidade de acessar e utilizar o modo de pensamento construtivo • Preocupação orientada ao problema mais controlada e reflexiva • A estimativa inicial da ameaça é diminuída

modo primitivo de ameaça comparado com pacientes ansiosos. Indivíduos não clínicos têm menos probabilidade de exibir um viés atencional pré-consciente para ameaça, e portanto suas avaliações iniciais da ameaça são menos exageradas e mais adequadas à situação prestes a acontecer. Na ansiedade normal, as avaliações da ameaça refletirão mais precisamente o valor da ameaça consensualmente reconhecido associado com situações internas ou externas. Por exemplo, o paciente com transtorno de pânico interpreta erroneamente uma dor no peito como um ataque cardíaco, enquanto o indivíduo não clínico poderia interpretar a dor no peito como apenas remotamente indicativa de doença cardíaca e, em vez disso, mais pro-

vavelmente devido a atividade física vigorosa recente.

Em estados de ansiedade normais, a ativação do modo de ameaça não tem os mesmos efeitos de processamento negativos que são evidentes nos transtornos de ansiedade. Por exemplo, a excitação autonômica será percebida como desconfortável, mas não perigosa. Portanto, indivíduos não clínicos têm mais probabilidade de considerar seu estado alterado como tolerável e que não exige alívio imediato. Além disso, os processos atencionais automáticos, bem como os mais estratégicos, não são tão focados na ameaça, portanto indivíduos ansiosos não clínicos cometem menos erros cognitivos enquanto processam os aspectos tanto ameaçadores como não ameaçadores de uma situação. Os comportamentos inibitórios reflexivos automáticos visando à autoproteção (luta e fuga, evasão) que são tão predominantes nos transtornos de ansiedade são adiados em indivíduos não clínicos. Isso dá oportunidade aos processos cognitivos mais elaborativos e estratégicos para reconsiderar a situação e executar uma resposta mais adaptativa e controlada. O resultado final é que mesmo durante períodos de ansiedade, indivíduos não clínicos terão pensamentos e imagens automáticos intrusivos e incontroláveis da ameaça em menor quantidade e menos evidentes.

Processamento cognitivo elaborativo secundário na ansiedade normal

As maiores diferenças entre ansiedade clínica e não clínica são evidentes nos processos controlados secundários, estratégicos responsáveis pela manutenção da ansiedade. Para o indivíduo clínico uma nova elaboração resulta em na manutenção e mesmo aumento da ansiedade, enquanto os mesmos processos resultam em redução e possível término do programa de ansiedade para os indivíduos não clínicos.

Uma das diferenças mais importantes na fase elaborada é que indivíduos não clínicos têm um entendimento mais equilibrado de suas capacidades pessoais e recursos de enfrentamento enquanto indivíduos clínicos tendem a se focalizar em suas fraquezas e deficiências. Em indivíduos não clínicos isso conduz à autoeficácia elevada e expectativa de um desfecho bem-sucedido ou positivo. Para indivíduos com transtornos de ansiedade, a avaliação negativa de seus recursos de enfrentamento intensifica um senso de vulnerabilidade pessoal e impotência.

Segundo, esperamos que indivíduos não clínicos sejam mais capazes de reconhecer e compreender os sinais de segurança em uma situação comparados àqueles com transtornos de ansiedade. Isso lhes permitirá chegar a um entendimento mais completo de suas circunstâncias e a uma avaliação mais realista do potencial de ameaça. Terceiro, o indivíduo não clínico terá maior acesso ao modo de pensamento construtivo, de modo que a avaliação inicial da ameaça possa ser reavaliada à luz de uma argumentação baseada em evidências, mais racional. Nos transtornos de ansiedade, esse tipo de pensamento racional, reflexivo é bloqueado pelos esquemas de ameaça hipervalentes.

Uma quarta consideração é a qualidade da preocupação que ocorre na fase elaborada. A ansiedade normal é caracterizada por um tipo de preocupação mais controlada, reflexiva e orientada ao problema. A preocupação de um indivíduo não clínico pode levar à geração de possíveis soluções para um problema em particular. A preocupação patológica nos transtornos de ansiedade é menos controlável, mais persistente e mais focalizada na ameaça imediata da situação. A preocupação nos transtornos de ansiedade parece intensificar a ansiedade, enquanto a preocupação em indivíduos não clínicos pode motivar a tomar uma atitude construtiva. O resultado final é que processos na fase elaborada podem levar a estimativa de ameaça diminuída na ansiedade normal, mas a uma intensificação da avaliação inicial de ameaça nos transtornos de ansiedade. Dessa forma, os processos cognitivos elaborativos secundários são responsáveis pela manutenção da ansiedade em estados anormais, mas por um gerenciamento controlado e eventual redução do programa de ansiedade em condições normais.

A perspectiva cognitiva sobre ansiedade normal e anormal tem implicações diretas para o tratamento de transtornos de ansiedade. Como terapeutas cognitivos, nosso foco deve estar nos processos estratégicos elaborativos envolvidos na reavaliação secundária. Teachman e Woody (2004) concluíram que a evidências clínicas apoiam a visão de que o processamento elaborativo estratégico pode suprimir processos cognitivos implícitos ou automáticos e comportamento. Esse é o desafio para terapeutas cognitivos.

> **DIRETRIZ PARA O TERAPEUTA 2.18**
>
> Mude do aumento da ameaça para redução da ameaça do processamento e reavaliação elaborativos secundários nos transtornos de ansiedade, conforme visto em estados não clínicos.

HIPÓTESES DO MODELO COGNITIVO

A Tabela 2.6 apresenta 12 hipóteses primárias derivadas do modelo cognitivo de ansiedade. Embora muitas outras hipóteses possam ser formuladas do ponto de vista cognitivo, acreditamos que essas 12 hipóteses representam aspectos críticos do modelo que estabelecem um teste empírico de sua

validade. Essas hipóteses foram derivadas dos princípios centrais do modelo (ver Tabela 2.2), bem como da estrutura de duas fases descrita na Figura 2.1. Os Capítulos 3 e 4 fornecem uma revisão abrangente da base empírica para cada uma das hipóteses.

RESUMO E CONCLUSÃO

Vinte e cinco anos se passaram desde que o modelo cognitivo de ansiedade foi introduzido por Beck e colegas (Beck et al., 1985). Neste capítulo apresentamos uma reformulação daquele modelo, que incorpora o considerável progresso feito em nosso entendimento dos contribuintes cognitivos à patogênese da ansiedade. As duas últimas décadas representaram um período

TABELA 2.6 Hipóteses do modelo cognitivo de ansiedade

Hipótese 1: viés atencional para ameaça

Indivíduos altamente ansiosos exibirão um viés atencional seletivo para estímulos negativos que são relacionadas a ameaças de preocupações vitais particulares. Esse viés atencional seletivo automático para ameaça não estará presente em estados não ansiosos.

Hipótese 2: processamento atencional de segurança diminuído

Indivíduos ansiosos exibirão um afastamento atencional automático de sinais de segurança que são incongruentes com suas preocupações de ameaça dominantes, enquanto indivíduos não ansiosos demonstrarão uma mudança atencional automática para sinais de segurança.

Hipótese 3: avaliações de ameaça exageradas

A ansiedade é caracterizada por um processo avaliativo automático que exagera a valência ameaçadora de estímulos relevantes em comparação com a valência da importância real dos estímulos. Indivíduos não ansiosos automaticamente avaliarão estímulos relevantes de uma maneira menos ameaçadora que se aproxima da importância de ameaça real da situação.

Hipótese 4: erros cognitivos baseados na ameaça

Indivíduos altamente ansiosos cometerão mais erros cognitivos enquanto processam estímulos ameaçadores particulares conforme expresso em estimativas tendenciosas da proximidade, probabilidade e gravidade da ameaça potencial. O padrão inverso será evidente em estados não ansiosos onde um viés de processamento cognitivo para não ameaça ou sinais de segurança está presente.

Hipótese 5: interpretação negativa da ansiedade

Indivíduos altamente ansiosos gerarão interpretações mais negativas e ameaçadoras de seus sentimentos e sintomas ansiosos subjetivos do que indivíduos que experimentam baixos níveis de ansiedade.

(continua)

TERAPIA COGNITIVA PARA OS TRANSTORNOS DE ANSIEDADE **65**

excepcionalmente produtivo da pesquisa cognitivo-clínica sobre os transtornos de ansiedade e seu tratamento. À luz desses desenvolvimentos uma série de modificações, elaborações e esclarecimentos foram feitos ao modelo cognitivo.

A presente formulação coloca maior ênfase nos processos cognitivos automáti-

TABELA 2.6 Hipóteses do modelo cognitivo de ansiedade (continuação)

Hipótese 6: cognições de ameaça específicas do transtorno elevadas

A ansiedade será caracterizada por uma frequência, intensidade e duração elevadas de pensamentos e imagens automáticos negativos e perigo seletivo de ameaça em comparação a estados não ansiosos ou outros tipos de afeto negativo. Além disso, cada um dos transtornos de ansiedade é caracterizado por um conteúdo de pensamento particular relevante a sua ameaça específica.

Hipótese 7: estratégias defensivas ineficazes

Indivíduos altamente ansiosos exibirão estratégias defensivas imediatas menos eficazes para diminuir a ansiedade e garantir um senso de segurança em relação a indivíduos experimentando níveis baixos de ansiedade. Além disso, indivíduos altamente ansiosos avaliarão suas capacidades defensivas em situações ameaçadoras como menos eficazes do que indivíduos não ansiosos.

Hipótese 8: elaboração da ameaça facilitada

Um viés de ameaça seletivo será evidente em processos cognitivos explícitos e elaborados de modo que a recuperação de recordações de ansiedade, as expectativas de resultado e as inferências a estímulos ambíguos apresentarão uma preponderância de temas relacionados a ameaça em comparação a indivíduos não ansiosos.

Hipótese 9: elaboração de segurança inibida

Os processos cognitivos explícitos e controlados na ansiedade serão caracterizados por um viés inibitório de informação de segurança relevante a ameaças seletivas de modo que a recuperação de recordações, expectativas de resultado e julgamentos de estímulos ambíguos evidenciarão menos temas de segurança em comparação a indivíduos não ansiosos.

Hipótese 10: estratégias cognitivas compensatórias prejudiciais

Na ansiedade elevada a preocupação tem um efeito adverso maior por aumentar a ênfase da ameaça, enquanto a preocupação em estados de baixa ansiedade tem mais probabilidade de estar associada a efeitos positivos como a iniciação de solução efetiva de problema. Além disso, outras estratégias cognitivas visando reduzir pensamentos ameaçadores, tais como supressão de pensamento, distração e substituição de pensamento, têm mais probabilidade de exibir efeitos paradoxais (ou seja, rebote, efeito negativo aumentado, menos percepção de controle) em estados de ansiedade elevada do que de baixa ansiedade.

Hipótese 11: vulnerabilidade pessoal elevada

Indivíduos altamente ansiosos exibirão autoconfiança mais baixa e maior percepção de impotência em situações relacionadas a suas ameaças seletivas comparados a indivíduos não ansiosos.

Hipótese 12: crenças relacionadas a ameaça resistentes

Indivíduos vulneráveis a ansiedade podem ser diferenciados de pessoas não vulneráveis por seus esquemas (isto é, crenças) maladaptativos preexistentes sobre ameaças e perigos particulares e vulnerabilidade pessoal associada que permanece inativa até ser disparada por experiências ou estressores de vida relevantes.

cos, involuntários envolvidos na resposta ao medo inicial. Embora o modelo cognitivo original reconhecesse que alguns dos mecanismos da ansiedade eram mais inatos e automáticos, o modelo atual fornece uma descrição mais elaborada e refinada dos processos cognitivos automáticos na ansiedade. Como a resposta ao medo inicial, esses processos automáticos, tais como viés atencional para ameaça pré-consciente, avaliação imediata da ameaça e processamento inibitório de sinais de segurança, são o catalisador para o estado de ansiedade mais demorado que se segue. A ativação de esquemas relacionados à ansiedade permanece um aspecto central do modelo cognitivo de ansiedade, mas é considerada agora a responsável pela manutenção de um viés de processamento da ameaça automático e suas consequências negativas. Portanto, a mudança de esquema é ainda considerada crucial para a efetividade terapêutica da terapia cognitiva para os transtornos de ansiedade.

Beck e colaboradores (1985) focalizaram muito de sua discussão original nos processos e estruturas cognitivos elaborados e conscientes da ansiedade. O presente modelo oferece novos esclarecimentos do papel desses processos elaborativos, estratégicos na manutenção da ansiedade. A ativação de processos elaborativos de reavaliação secundários, tais como uma avaliação consciente dos próprios recursos de enfrentamento, busca por sinais de segurança, tentativas de pensamento mais construtivo ou reflexivo e preocupação com a ameaça e reavaliação deliberada da ameaça, determina a manutenção de um estado ansioso. Se uma pessoa conclui a partir desse processamento elaborativo que uma ameaça ou perigo pessoal significativo é altamente provável e sua capacidade de estabelecer um senso de segurança por meio de enfren-

tamento efetivo é mínima, então decorrerá um estado de ansiedade persistente. Por outro lado, a ansiedade será reduzida ou eliminada se a probabilidade e/ou gravidade percebidas da ameaça forem mais baixas, uma confiança aumentada no enfrentamento adaptativo for estabelecida e um senso de segurança pessoal for restaurado. Baseado nesse modelo, a terapia cognitiva se focaliza primariamente na modificação desses processos elaborativos cognitivos secundários por meio de intervenções cognitivas e comportamentais que mudam a perspectiva do paciente de possível ameaça iminente para provável segurança pessoal. Uma mudança no processamento elaborativo secundário reduzirá a propensão a processamento automático da ameaça e diminuirá o limiar de ativação para esquemas relacionados à ameaça.

A estratégia terapêutica descrita neste livro é baseada na teoria. Em capítulos subsequentes discutiremos várias intervenções de reestruturação cognitiva e outras baseadas na exposição derivadas do modelo cognitivo que podem ser usadas para modificar os processos cognitivos e comportamentais falhos que mantêm a ansiedade. A premissa básica é que a redução da ansiedade depende de uma mudança nos processos e estruturas falhas da ansiedade. Na última parte do livro, é proposto um modelo cognitivo e protocolo de tratamento específico ao transtorno para cada um dos transtornos de ansiedade maiores, que se baseia nas proposições básicas do modelo genérico ou "transdiagnóstico" descrito neste capítulo. Entretanto, antes de considerar essas aplicações terapêuticas, os próximos dois capítulos discutem a base empírica e as questões não resolvidas associadas a nossa formulação cognitiva para vulnerabilidade e manutenção da ansiedade clínica.

3

Situação empírica do modelo cognitivo de ansiedade

Desde o surgimento do modelo cognitivo no início da década de 1960 (Beck, 1963, 1964, 1967), uma ênfase na verificação empírica foi importante para seu desenvolvimento e elaboração. A base científica do modelo repousa em construtos e hipóteses que são suficientemente precisos para permitir seu apoio ou desconfirmação no laboratório (D. A. Clark et al., 1999). Neste capítulo e no próximo, apresentamos uma revisão da situação empírica do modelo cognitivo de ansiedade baseado nas 12 hipóteses apresentadas na Tabela 2.6. Começamos neste capítulo com as três hipóteses iniciais que se referem a atributos cognitivos centrais da ativação do modo primitivo de ameaça. A seção seguinte discute o apoio empírico para os aspectos cognitivos, fisiológicos e comportamentais envolvidos na resposta ao medo imediata (isto é, Hipóteses 4 a 7). A seção final deste capítulo revisa achados empíricos que são relevantes para a manutenção da ansiedade (isto é, Hipóteses 8 a 10), ou seja, a fase de elaboração e reavaliação secundárias do modelo. As Hipóteses 11 e 12 serão discutidas no próximo capítulo sobre vulnerabilidade cognitiva à ansiedade porque tratam da etiologia da ansiedade.

RESPOSTA AO MEDO IMEDIATA: ATIVAÇÃO DO MODO DE AMEAÇA

Hipótese 1

Viés atencional para ameaça

Indivíduos altamente ansiosos exibirão um viés atencional seletivo para estímulos negativos que são relacionadas a ameaças de determinadas preocupações vitais. Esse viés atencional para ameaça seletivo automático não estará presente em estados não ansiosos.

Após 20 anos de pesquisa experimental está claro agora que os transtornos de ansiedade são caracterizados por um viés atencional seletivo automático pré-consciente para informação emocionalmente ameaçadora (para revisões, ver D. M. Clark, 1999; Macleod, 1999; Mogg e Bradley, 1999a, 2004; Wells e Matthews, 1994; Williams et al., 1997). Visto que a capacidade atencional é limitada, alguns estímulos capturarão recursos atencionais e outros serão ignorados. Espera-se que a presença de um viés atencional para ameaça cause um aumento na propensão a vivenciar ansiedade (McNally, 1999). Abaixo, organizamos nossa revisão da pesquisa atencional em torno de três tipos de experimentação: Stroop emocional, detecção *dot probe* e identificação do estímulo.

Stroop emocional

A fim de investigar experimentalmente o viés atencional na ansiedade, pesquisadores clínicos tomaram emprestado e então modificaram várias tarefas de processamento de informação da psicologia cognitiva experimental. Um dos mais populares desses paradigmas experimentais foi a tarefa de Stroop emocional. Baseado no paradigma clássico de nomeação de cores de Stroop (Stroop, 1935), os participantes são instruídos a nomear o mais rapidamente possível a cor de palavras ameaçadoras (p. ex., "doença", "câncer", "envergonhado", "desastre", "sujo", "inferior") e não-ameaçadoras (p. ex., "ascendente", "rede", "lazer", "seguro") impressas em azul, amarelo, verde ou vermelho e desconsiderar o significado da palavra. De maneira característica, indivíduos ansiosos, mas não indivíduos não ansiosos, levam mais tempo para nomear a cor impressa das palavras de ameaça comparado com palavras não ameaçadoras (p. ex., Bradley, Mogg, White e Millar, 1995; Mathews e Klug, 1993; Mathews e MacLeod, 1985; Mogg, Mathews e Weinman, 1989; Mogg, Bradley, Williams e Mathews, 1993). Esta latência de nomeação de cores mais longa sugere que indivíduos ansiosos exibem alocação de atenção preferencial ao significado de ameaça da palavra (Mogg e Bradley, 2004). Portanto, supõe-se que o grau de interferência na resposta de nomeação de cores pelo significado da palavra reflita viés atencional para ameaça.

O efeito de interferência da ameaça do Stroop emocional foi encontrado em todos os cinco transtornos de ansiedade discutidos neste livro: transtorno de pânico (p. ex., Buckley, Blanchard e Hickling, 2002; Lim e Kim, 2005; Lundh, Wikström, Westerlund e Öst, 1999; McNally, Riemann e Kim, 1990);

TOC (p. ex., Kyrios e Iob, 1998; Lavy, van Oppen e van den Hout, 1994); fobia social (p. ex., Becker, Rinck, Margraf e Roth, 2001; Hope, Rapee, Heimberg e Dombeck, 1990); TEPT (p. ex., J. G. Beck, Freeman, Shipherd, Hamblen e Lackner, 2001; Bryant e Harvey, 1995); e TAG (p. ex., Bradley et al., 1995; Mogg, Bradley, Millar e White, 1995). Além disso, os efeitos de interferência da ameaça se correlacionam significativamente na variação baixa a moderada com escalas de estado e sintoma de ansiedade (p. ex., MacLeod e Hagan, 1992; Mathews, Mogg, Kentish e Eysenck, 1995; Spector, Pecknold e Libman, 2003) e se tornam mais aparentes quando a intensidade do estímulo de ameaça aumenta de intensidade de leve para grave (Mogg e Bradley, 1998). Além disso, a melhor discriminação de viés atencional em indivíduos com alto traço e não clinicamente ansiosos *versus* indivíduos de baixa ansiedade poderia ser com sinais fracos a moderadamente ameaçadores nos quais o indivíduo não apresentaria viés preferencial para ameaça (Mathews e Mackintosh, 1998).

Os efeitos de interferência mais consistentes e robustos são encontrados com palavras semanticamente relacionadas às preocupações emocionais atuais do indivíduo ansioso (Mathews e Klug, 1993); esta especificidade de conteúdo parece particularmente pronunciada no TOC, na fobia social e no TEPT (J. G. Beck et al., 2001; Becker et al., 2001; Buckley et al., 2002; Foa, Ilai, McCarthy, Shoyer e Murdock, 1993; Hope et al., 1990; Kyrios e Iob, 1998; Lavy et al., 1994; Mattia, Heimberg e Hope, 1993; Spector et al., 2003). Entretanto, o viés atencional no TAG e, em menor grau, no transtorno de pânico pode ser mais emocionalmente orientado e, portanto, induzido por qualquer estímulo emocional negativo, e em alguns casos, mesmo informação positiva (p. ex., Becker et al., 2001; Bradley, Mogg, White e Millar, 1995; Buckley et al., 2002; Lim e Kim, 2005; Lundh et al., 1999; Martin, Williams e Clark, 1991; McNally et al., 1994; Mogg et al., 1993; Mogg, Bradley, Millar e White, 1995).

Para investigar a característica automática do viés atencional para ameaça, os pesquisadores modificaram a tarefa de Stroop emocional para incluir condições subliminares (abaixo da percepção consciente) e supraliminares (acima da percepção consciente). Nesses estudos, palavras individuais de ameaça e não ameaça são apresentadas muito brevemente (20 milésimos de segundos ou menos) seguido por uma máscara, que geralmente envolve uma cadeia de letras aleatórias apresentadas no mesmo local que a palavra. Em alguns estudos os participantes são instruídos a nomear a cor de fundo da palavra. Na condição supraliminar a condição das palavras permanece mascarada na tela até uma resposta de nomeação de cor ser dada. A Figura 3.1 fornece uma ilustração da tarefa de Stroop emocional modificada.

Em inúmeros estudos pacientes ansiosos exibiram latências de nomeação de cores significativamente mais lentas a palavras de ameaça subliminares, sugerindo que a atenção seletiva à ameaça ocorre ao nível pré-consciente automático (p. ex., Bradley et al., 1995; Kyrios e Iob, 1998; Lundh et al., 1999; Mogg et al., 1993). Visto que esse efeito de interferência da ameaça foi encontrado em tentativas tanto subliminares como supraliminares dentro do mesmo estudo, ele sugere que o viés atencional para ameaça envolve processos cognitivos tanto automáticos como elaborativos (p. ex., Bradley et al., 1995; Lundh et al., 1999; Mogg et al., 1993).

Outra questão importante tratada na pesquisa de Stroop emocional é a relação de viés atencional para ameaça com ansiedade estado e ansiedade traço. MacLeod e Rutherford (1992) relataram que viés atencional para ameaça automático é mais influenciado por uma interação entre ansiedade estado e ansiedade traço. Eles compararam estudantes de alta e baixa ansiedade traço não clínicos em uma tarefa de Stroop emocional modificada e verificaram que os estudantes de alta ansiedade traço sob estresse (testados uma semana antes de provas) apresentaram maior interferência da ameaça no Stroop subliminar, enquanto o estresse não aumentou a interferência da ameaça para os estudantes com baixa ansiedade traço. Na condição supraliminar ambos os grupos de estudantes, de alta e baixa ansiedade traço, demonstraram evitação intencional de palavras de ameaça. Outros estudos também constataram que estresse e excitação aumentados estão associados com maior viés atencional, especialmente em indivíduos de alto traço ou medrosos (Chen, Lewin e Carske, 1996; Mogg, Mathews, BIRD e MacGregor-Morris, 1990; Richards, French, Johnson, Naparstek e Williams, 1992; ver McNally, Riemann, Louro, Lukach e Kim, 1992, para achados contrários). Entretanto, os efeitos de ansiedade estado ou ansiedade traço sobre o viés atencional podem ser mais complicados do que a princípio se pensava. Indivíduos com alta ansiedade traço exibem um viés atencional automático para ameaça, mas ao contrario de amostras clínicas, esse viés atencional pode ser sensível a valência negativa mais geralmente do que a conteúdo de ameaça específico (p. ex., Fox, 1993; Mogg e Marden, 1990). Além disso, ansiedade estado elevada pode levar a maior viés para ameaça automática em indivíduos com alta ansiedade traço (efeito de interação), mas no nível mais elaborativo, estratégico, o estresse pode ter efeitos independentes sobre o viés atencional para ameaça. MacLeod e Hagan (1992) sugeriram que indivíduos não clínicos podem ser capazes de modificar estrategicamente seus vieses para ameaça automática, desse modo eliminando quaisquer efeitos de interferência diferenciais na condição supraliminar. Pacientes ansiosos, por outro lado, podem não conseguir modificar estrategicamente seu viés atencional para ameaça pré-consciente de modo que diferenças de ameaça continuam a surgir no estágio elaborativo do processamento de informação. Finalmente, os resultados de um experimento de Stroop emocional no TEPT levou à conclusão de que uma elevação no estresse ou na excitação poderia aumentar o viés para ameaça automática enquanto a antecipação de uma ameaça mais potente poderia suprimir o viés atencional (Constans, McCloskey, Vasterling, Brailey e Mathews, 2004).

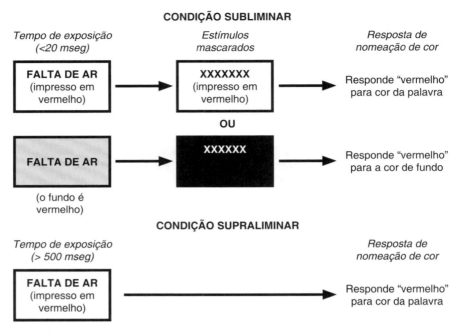

FIGURA 3.1

Ilustração das condições subliminar e supraliminar em uma tarefa de Stroop emocional modificada.

Há alguma evidência de que indivíduos que respondem a tratamento apresentam um declínio significativo nos efeitos de interferência de palavras de ameaça específicas ao transtorno enquanto indivíduos que não respondem a tratamento não apresentam mudança na interferência do Stroop (Mathews et al., 1995; Mattia, Heimberg e Hope, 1993; Mogg, Bradley, Millar e White, 1995). Em resumo, há evidências consistentes de que a alocação preferencial para sinais ameaçadores ocorre em um nível automático, pré-consciente de processamento de informação tanto em indivíduos clinicamente ansiosos como em indivíduos com alta ansiedade traço. Os achados do Stroop emocional são menos consistentes quando se trata de demonstrar vieses atencionais no nível elaborativo, mais lento de processamento de informação.

Infelizmente, a interpretação dos achados do Stroop é dificultada por limitações em sua metodologia. É possível que a nomeação de cores mais lenta pudesse ser devida a desvio da atenção das palavras ameaçadoras mais do que devido a atenção aumentada ao significado da palavra (MacLeod, 1999). Além disso, tempos de reação mais longos a palavras ameaçadoras poderiam ser devido aos efeitos de interferência de uma reação emocional à palavra (p. ex., resposta de sobressalto), ou devido a preocupação mental com temas relacionados à palavra (Bögels e Mansell, 2004). Devido a esses vieses de resposta potenciais (ver Mogg e Bradley, 1999a), testes de detecção *probe* superaram a tarefa de Stroop emocional como o paradigma experimental preferido para investigar viés atencional na ansiedade.

Detecção *dot probe* (sondagem)

O experimento de detecção *dot probe* (sondagem) é capaz de avaliar hipervigilância para ameaça em termos tanto de facilitação como de interferência com a detecção de pontos sem os efeitos de viés de resposta (MacLeod, Mathews e Tatá, 1986). Nessa tarefa, uma série de pares de palavras é apresentada de modo que uma palavra está na metade superior e a outra palavra na metade inferior de uma tela de computador. A experiência começa com uma cruz de fixação central apresentada por aproximadamente 500 milésimos de segundos, seguida por uma breve apresentação (500 milésimos de segundos) de um par de palavras. Em testes críticos um par de palavras, sendo uma de ameaça e outra neutra, é apresentada, seguido pelo aparecimento de um ponto no local anteriormente ocupado por uma das palavras. Os indivíduos são instruídos a pressionar um botão o mais rapidamente possível quando virem o ponto. Centenas de testes de pares de palavras são geralmente apresentadas com muitas envolvendo pares de palavras neutra-neutra intercaladas.

Uma série de experimentos *dot probe* demonstraram um viés atencional para ameaça em pacientes ansiosos clínicos, mas não em controles não ansiosos. Pacientes ansiosos principalmente com um diagnóstico primário de TAG exibem detecção *dot probe* significativamente mais rápida após palavras física e socialmente ameaçadoras (MacLeod et al., 1986; Mogg, Bradley e Williams, 1995; Mogg, Mathews e Eysenck, 1992). Vigilância atencional para ameaça também foi encontrada no transtorno de pânico para detecção de palavras fisicamente ameaçadoras (Mathews, Ridgeway e Williamson, 1996), no TOC para palavras de contaminação (Tatá, Leibowitz, Prunty, Cameron e Pickering, 1996), e na fobia social para sinais de avaliação social negativa (Asmundson e Stein, 1994). Vassilopoulos (2005), entretanto, verificou que estudantes socialmente ansiosos apresentaram vigilância para todas as palavras emocionais (positivas e negativas) em intervalos de exposição curtos (200 milésimos de segundos), mas evitação das mesmas palavras de estímulo em intervalos mais longos (500 milésimos de segundos). Além disso, achados negati-

vos também foram relatados, com pacientes com TAG não apresentando vigilância atencional para palavras ameaçadoras ou rostos irritados (Gotlib, Krasnoperova, Joormann e Yue, 2004; Mogg et al., 1991; ver também Lees, Mogg e Bradley, 2005, para resultados negativos com estudantes saudáveis muito ansiosos).

Os pesquisadores empregaram uma *tarefa dot probe visual* na qual a detecção de *dot probe* é medida para pares de estímulos pictóricos envolvendo expressões faciais irritadas *versus* neutras como uma representação mais válida de ameaça de avaliação social (Mogg e Bradley, 1998). Entretanto, o *dot probe* visual produziu resultados inconsistentes. Embora alguns pesquisadores tenham relatado uma vigilância seletiva inicial (detecção *probe* mais rápida) a expressões faciais irritadas ou hostis apenas em intervalos curtos (p. ex., Mogg, Philippot e Bradley, 2004), outros pesquisadores não encontraram vigilância para rostos ameaçadores ou irritados em grupos de ansiedade social análoga ou mesmo clínica (Gotlib, Kasch, et al., 2004; Pineles e Mineka, 2005), e outros relataram até um achado oposto, com alta ansiedade social caracterizada por uma evitação significativa de expressões faciais emocionais (Chen, Ehlers, Clark e Mansell, 2002; Mansell, Clark, Ehlers e Chen, 1999). Uma possibilidade é que fobia social envolve uma vigilância atencional inicial para avaliação social acompanhada por uma evitação de estímulos de ameaça social uma vez que o processamento mais elaborativo ocorra (Chen et al., 2002; ver achados por Mogg et al., 2004).

Experimentos *dot probe* foram usados para investigar vulnerabilidade cognitiva à ansiedade determinando se alta ansiedade traço é caracterizada por detecção acelerada de estímulos de ameaça. O achado mais consistente é que indivíduos com alta ansiedade traço exibem detecção *probe* mais rápida para palavras ou rostos ameaçadores comparado a indivíduos com baixa ansiedade traço, especialmente em intervalos de exposição mais curtos (Bradley, Mogg, Falla e Hamilton, 1998; Mogg e Bradley, 1999b;

Mogg, Bradley, Miles e Dixon, 2004; Mogg et al., 2000, Experimento 2). Outros estudos, entretanto, relataram achados inteiramente negativos para ansiedade traço, concluindo que a hipervigilância para ameaça era devido a ansiedade estado (ou estresse imediato) sozinha ou em interação com ansiedade traço (p. ex., Bradley, Mogg e Millar, 2000; Mogg et al., 1990).

É provável que esses achados inconsistentes ocorram porque o viés atencional na ansiedade envolve tanto hipervigilância como evitação de estímulos de ameaça (Mathews e Mackintosh, 1998; Mogg e Bradley, 1998). Geralmente, a hipervigilância para ameaça tem sido mais evidente durante exposições breves quando processos automáticos pré-conscientes predominam e em níveis mais altos de intensidade da ameaça. A evitação de estímulos de ameaça mais provavelmente ocorre em intervalos de exposição mais longos quando processamento mais elaborativo entra em ação e com estímulos levemente ameaçadores. Esse padrão de vigilância-evitação pode ser particularmente evidente em medos específicos, com alta ansiedade traço caracterizada por vigilância inicial para ameaça sem subsequente evitação (Mogg et al., 2004; ver Rohner, 2002, para achados opostos). Entretanto, Rohner (2002) não confirmou essa distinção entre ansiedade e medo.

Em um estudo que examinou diretamente os efeitos de níveis variáveis de intensidade da ameaça, Wilson e MacLeod (2003) compararam tempos de detecção *probe* de estudantes com ansiedade traço alta e baixa com expressões faciais de raiva muito baixa, baixa, moderada, alta, e muito alta pareadas com uma face neutra. Todos os participantes foram incapazes de demonstrar viés atencional aos estímulos de ameaça muito baixos, evitação atencional de rostos levemente ameaçadores e vigilância atencional aos estímulos mais intensamente ameaçadores. Curiosamente, diferenças de grupo no posicionamento atencional eram evidentes apenas com as faces moderadamente ameaçadoras onde apenas o grupo de alta ansiedade traço apresentou detecção

mais rápida de faces ameaçadoras do que de faces neutras. Outros também verificaram que o viés atencional para ameaça aumenta com o valor de ameaça do estímulo (Mogg et al., 2004; Mogg et al., 2000). Em um estudo mais recente indivíduos com alta ansiedade traço mostraram evidência clara de atenção facilitada e afastamento prejudicado de ameaça alta em 100 milésimos de segundos, mas evitação atencional em 200 ou 500 milésimos de segundos (Koster, Crombez, Verschuere, Van Damme e Wiersema, 2006). Finalmente, em um experimento de treinamento atencional por MacLeod, Rutheford, Campbell, Ebsworthy e Holker (2002), estudantes que receberam treinamento para não prestar atenção a palavras negativas tiveram resposta emocional reduzida a uma indução de estresse comparados com estudantes treinados para prestar atenção a palavras negativas. Isso indica que o viés atencional pode ter um impacto causal sobre a resposta emocional.

Em resumo, a pesquisa de detecção *dot probe* tanto semântica (palavras) como visual (faces) fornece a evidência experimental mais forte de uma hipervigilância para ameaça automática pré-consciente. A hipervigilância para ameaça é mais provável quando o processamento elaborativo consciente é restrito (exposições mais curtas com consciência reduzida), quando os estímulos de ameaça combinam com as preocupações atuais do paciente e quando a intensidade da ameaça é de moderada a grave. Além disso a atenção facilitada à ameaça pode ser intensificada por um afastamento prejudicado de estímulos altamente ameaçadores em indivíduos ansiosos (p. ex., Koster et al., 2006). A evitação atencional da ameaça evidentemente desempenha um papel importante na definição de viés perceptual na ansiedade, mas pode ser menos proeminente na ansiedade traço alta (Mogg et al., 2004). Finalmente, o viés atencional provavelmente não é exclusivo da ansiedade, com a depressão, por exemplo, caracterizada por viés atencional para informação negativa (p. ex., Gotlib, Krasnoperova, et al., 2004; Mathews et al., 1996).

Tarefas de identificação de estímulo

Os paradigmas de identificação de estímulo envolvem uma busca por palavras ameaçadoras ou não ameaçadoras dentro de uma matriz de palavras aleatórias ou medição de latência para identificar palavras apresentadas no limiar de consciência dos participantes. Em inúmeros estudos pacientes com pânico tiveram identificação aumentada de estímulos de ameaça (Lundh et al., 1999; Pauli et al., 1997; ver Lim e Kim, 2005, para achados negativos) e indivíduos com fobia social tiveram identificação facilitada de faces irritadas (Gilboa-Schechtman, Foa e Amir, 1999). Entretanto, estudos de ansiedade generalizada foram mais complicados, com alguns mostrando detecção de ameaça facilitada (Mathews e MacLeod, 1986; Foa e McNally, 1986) e outros indicando que o problema poderia ser distração aumentada por estímulos ameaçadores (Mathews, May, Mogg e Eysenck, 1990; Rinck, Becker, Kellerman e Roth, 2003).

Resumo

Há forte apoio empírico para a primeira hipótese do modelo cognitivo. Apesar de algumas inconsistências entre estudos, ainda há evidência substancial de uma variedade de metodologias experimentais de que a ansiedade é caracterizada por uma hipervigilância para estímulos ameaçadores e que esse viés atencional é ausente em estados de baixa ansiedade. Entretanto, também é claro que uma série de qualificações devem ser acrescentadas a essa afirmação. Viés atencional para ameaça é mais evidente nos estágios imediatos ou iniciais de processamento quando o conhecimento consciente é reduzido, quando estímulos de ameaça combinam com as preocupações relevantes à ansiedade específicas do indivíduo, e quando a intensidade da ameaça alcançou um nível de moderado a alto. A Figura 3.2 fornece uma ilustração esquemática de como a duração, o significado, e o valor de ameaça da exposição determinam o papel do processamento atencional seletivo para ameaça na ansiedade (ver Mogg e Bradley, 1998, 2004, para elaboração adicional).

A hipervigilância para ameaça estará ausente quando estímulos levemente ameaçadores e impessoais (p. ex., palavras de ameaça geral) são apresentados em intervalos de exposição longos. No outro extremo, todos os indivíduos exibirão vigilância aumentada quando os estímulos são extremamente ameaçadores, altamente pessoais e pré-conscientes ou automáticos. Ou seja, qualquer pessoa prestará atenção a estímulos avaliados como constituindo uma ameaça significativa. Entretanto, são os estímulos moderadamente ameaçadores, pessoalmente específicos apresentados em intervalos de exposição breves, pré-conscientes que resultarão no viés atencional exagerado que caracteriza os transtornos de ansiedade. Estímulos moderadamente ameaçadores são considerados ameaçadores por indivíduos vulneráveis, mas não ameaçadores por indivíduos com baixa ansiedade (Mogg e Bradley, 1998). Entretanto, a atenção seletiva à ameaça (isto é, efeitos de facilitação) deve ser entendida como uma interação com processos atencionais evitativos (isto é, inibitórios), que por sua vez depende de uma avaliação do valor de ameaça do estímulo (Mathews e Mackintosh, 1998). Uma aparente hipervigilância para ameaça pode se dever a qualquer combinação de detecção de ameaça facilitada, afastamento da ameaça prejudicado ou subsequente evitação de sinais de ameaça com exposição prolongada. A seguinte implicação clínica pode ser deduzida dessa pesquisa.

DIRETRIZ PARA O TERAPEUTA 3.1

Indivíduos clinicamente ansiosos e vulneráveis automaticamente se orientam na direção da ameaça sem conhecimento consciente dessa tendência. Alguma forma de treinamento atencional poderia ajudar a contrariar esse viés de orientação.

Hipótese 2

Processamento atencional de segurança diminuído

Indivíduos ansiosos exibirão um afastamento atencional automático de sinais de segurança que são incongruentes com suas preocupações de ameaça dominantes, enquanto indivíduos não ansiosos demonstrarão uma mudança atencional automática para sinais de segurança.

O viés atencional seletivo para ameaça reflete um estreitamento da atenção que acompanha a excitação emocional (Barlow, 2002). O "estreitamento da atenção" é baseado na proposição de Easterbrook (1959) de que a excitação emocional aumentada causará uma redução na variedade de sinais utilizados (processados) por um organismo. Do ponto de vista do processamento de informação, isso significa que quanto mais alto o nível de ansiedade, mais a atenção do indivíduo se tornará estreitamente focalizada em uma variedade restrita de estímulos congruentes ao humor, desse modo causando uma redução no âmbito de processamento do estímulo (Barlow, 2002; Well e Matthews, 1994; ver também Mathews e Mackintosh, 1998). No presente contexto, isso significa que indivíduos altamente ansiosos devem exibir a maior quantidade de estreitamento atencional para estímulos relevantes de ameaça, restando poucos recursos atencionais para processar informação que seja incongruente ao humor, tal como sinais de não ameaça ou segurança. Prevemos que informação significando segurança ou ausência de ameaça seria uma categoria de estímulo com muita probabilidade de ser ignorada em estados de ansiedade porque ela é altamente incongruente com esse foco intenso em uma faixa estreita de informação ameaçadora.

Duas questões são relevantes para essa segunda hipótese. Primeiro, indivíduos altamente ansiosos exibem processamento de informação de segurança relevante significativamente reduzido? Segundo, indivíduos não ansiosos apresentam um viés de processamento aumentado para sinais de segurança? Duas outras questões relacionadas, mas menos centrais a essa hipótese são se indivíduos não ansiosos automaticamente desviam sua atenção da ameaça e se indivíduos altamente ansiosos eventualmente evitam sinais ameaçadores na tentativa de intencionalmente compensar ou suprimir a hipervi-

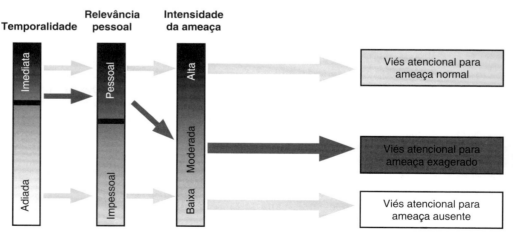

FIGURA 3.2

Representação esquemática do gradiente de ameaça para viés atencional.

gilância automática precoce para ameaça e perigo (Mathews e Mackintosh, 1998; Mogg e Bradley, 2004; Wells e Matthews, 1994).

Alta ansiedade: processamento de sinal de segurança reduzido

Conforme observado no Capítulo 2, o processamento inibido de informação de segurança é uma importante característica do processamento de informação defeituoso da ansiedade. O processamento de segurança diminuído poderia ser um fator cognitivo subjacente à propensão de indivíduos ansiosos a adotar comportamento de busca de segurança, um fator importante na manutenção da ansiedade (ver Rachman, 1984a; Salkovskis, 1996a, 1996b; Salkovskis, Clark, Hackmann, Wells e Gelder, 1999). Isso ocorre porque a evitação e outros comportamentos de segurança (p. ex., apegar-se a objetos, aventurar-se fora de casa apenas quando acompanhado, ter acesso imediato a medicamento, buscar reafirmação, checar) privam os indivíduos de oportunidades para desconfirmar suas crenças catastróficas. Por exemplo, uma pessoa com transtorno de pânico que apenas irá a uma loja com um familiar próximo deixa de verificar que não terá um ataque cardíaco por sentir dor no peito (isto é, a crença catastrófica de medo) ainda que ela possa sentir intensa ansiedade quando sozinha na loja. A crença catastrófica, então, persiste, apesar da não ocorrência de ataques cardíacos porque a pessoa adota o comportamento de busca de segurança (evita lojas ou leva um amigo) que previne o desfecho temido e reduz a ansiedade, mas também impede que a pessoa aprenda que a crença não tem fundamento (Salkoviskis, Clark e Gelder, 1996).

A pesquisa tem mostrado uma ligação entre comportamento de busca de segurança, crenças catastróficas e ansiedade persistente. Um estudo de transtorno de pânico na forma de questionário (Salkoviskis et al., 1996) encontrou evidência das associações previstas entre crenças de ameaça e comportamento de busca de segurança real quando

os indivíduos foram questionados sobre suas respostas durante seus episódios de maior terror ou ansiedade. Além disso, estudos análogos de tratamento breve mostraram que diminuições no comportamento de busca de segurança leva a maiores reduções nas crenças catastróficas e na ansiedade (Salkovskis et al., 1999; Sloan e Tech, 2002; Wells et al., 1995). Se indivíduos ansiosos exibem processamento menos rápido e eficiente de informação de segurança, isso os deixaria com um foco intenso nos aspectos ameaçadores de uma situação. Essa hipervigilância para ameaça combinada com processamento diminuído de sinais de segurança incongruentes ao humor poderia promover tentativas mais extremas e trabalhosas de restabelecer um senso de segurança por meio do comportamento de busca de segurança (ver Figura 3.3 para relações propostas).

Apenas alguns poucos estudos investigaram o processamento de informação de sinais de segurança na ansiedade. Mansell e D. M. Clark (1999) verificaram que indivíduos socialmente ansiosos expostos a uma manipulação de ameaça social (fazer um discurso curto) lembravam significativamente menos adjetivos de traço autorreferencial públicos positivos e Amir, Beard e Prezeworski (2005) relataram que indivíduos com fobia social generalizada tinham dificuldade para aprender interpretações de não ameaça de informação social ambígua. Além disso, um estudo psicofisiológico verificou que veteranos de guerra com TEPT eram menos expressivos a estímulos pictóricos padronizados emocionalmente positivos (ou seja, resposta de EMG facial zigomático mais baixa) após assistir a um vídeo de trauma de 10 minutos (Litz, Orsillo, Kaloupek e Weathers, 2000; ver Miller e Litz, 2004, para insucesso na replicação do estudo). Esses achados sugerem que o processamento diminuído de informação de não-ameaça ou de segurança pode ser evidente na ansiedade, mas isso pode ocorrer apenas no estágio mais tardio do processamento estratégico (ver Derryberry e Reed, 2002). Além disso, o fornecimento de sinais de segurança pode ter dificuldade em suprimir o forte

	Processamento inicial		**Processamento posterior**
ALTA ANSIEDADE	Atenção aumentada à ameaça	x	Desengajamento à ameaça adiado
	Atenção diminuída à segurança		Processamento de sinais de segurança inadequado

⇩

Comportamento de busca de segurança aumentado

BAIXA ANSIEDADE	Atenção reduzida à ameaça	x	Engajamento à ameaça baixo
	Atenção intensificada à segurança		Processamento de sinais de segurança adequado

⇩

Comportamento de busca de segurança ausente

FIGURA 3.3

Relação proposta de vieses de processamento de ameaça e segurança na ansiedade alta e baixa.

viés de processamento de informação para ameaça (ver Hayward, Ahmad e Wardle, 1994) e há mesmo evidência de que indivíduos com pânico podem apresentar um viés de reconhecimento para expressões faciais "seguras" (Lundh, Thulin, Czyzykow e Öst, 1998).

Até agora poucos estudos investigaram o processamento de sinais de segurança na ansiedade e portanto a condição empírica da Hipótese 2 não pode ser determinada. Evidentemente, são necessários estudos que comparem diretamente o processamento automático e estratégico de informação relevante à ameaça e relevante à segurança em controles clinicamente ansiosos e não ansiosos. Além disso, seria importante estabelecer uma relação entre processamento de sinal de segurança diminuído como mediador de comportamento de busca de segurança.

Baixa ansiedade: processamento de sinal de segurança aumentado

Dois resultados são possíveis quando se investiga o processamento de sinal de segurança na ausência de ansiedade. É possível que a atenção seja atraída a estímulos positivos ou a sinais de segurança de modo que um viés de positividade é evidente em estados não ansiosos. Um resultado alternativo é que não ocorre viés atencional na baixa ansiedade de modo que um processamento imparcial de sinais de ameaça e segurança prevalece.

Até o momento, sabemos muito pouco sobre o processamento de informação relevante à segurança em estados de baixa ansiedade. No experimento *dot probe* original McLeod e colaboradores (1986) verificaram que o grupo controle não ansioso tendia a desviar sua atenção de palavras de ameaça (ver também Mogg e Bradley, 2002). Entretanto, esse efeito não foi replicado na maioria dos estudos subsequentes (p. ex., Mogg, Mathews e Eysenck, 1992; Mogg, Bradley et al., 2004; Mogg et al., 2000). Por outro lado, MacLeod e Rutherford (1992) verificaram que estudantes com baixa ansiedade traço manifestavam uma redução significativa na interferência de nomeação de cores para palavras ameaçadoras à medida que seu nível de ansiedade estado aumentava em uma condição de alto estresse. Baseados em um teste de percepção de cores, Mogg e colaboradores (1992, Experimento 3) verificaram que indivíduos com baixa ansiedade estado prestam atenção mais frequentemente a palavras maníacas do que a palavras neutras. Entretanto, na maioria dos estudos o grupo não ansioso mostra pouco resultado diferencial entre estímulos, sugerindo uma atenção imparcial a sinais de ameaça e não ameaça. Embora a pesquisa básica esteja faltando, a Figura 3.3 ilustra uma possível interação entre processamento atencional de ameaça e segurança na alta e na baixa ansiedade, e como esses efeitos combinados poderiam contribuir para o comportamento de busca de segurança em indivíduos altamente ansiosos.

Evitação de ameaça: uma perspectiva empírica

Conforme mencionado anteriormente, estão surgindo evidências de que medos específicos podem ser caracterizados por uma vigilância inicial para ameaça (em exposições breves), seguida por uma evitação atencional da ameaça em intervalos mais longos, enquanto alta ansiedade traço simplesmente mostra a orientação inicial à ameaça (Amir, Foa e Coles, 1998a; Mogg, Bradley, et al., 2004; Vassilopoulos, 2005). Entretanto, outros relataram um padrão vigilância--evitação de viés atencional para alta ansiedade traço (Rohner, 2002) e distração aumentada para ameaça (Fox, 1994; Rinck et al., 2003). Portanto, dúvidas permanecem sobre a relação entre uma orientação inicial à ameaça e subsequente afastamento seguido por atenção contínua para longe de sinais ameaçadores. É evidente que hipervigilância para a ameaça pode ser impedida por meio de intervenções de tratamento, por esforços de supressão intencional, ou pela criação de um estado de baixa ansiedade (Mogg e Bradley, 2004). Entretanto, não se sabe como esse afastamento da ameaça poderia influenciar o processamento de sinais de segurança.

Resumo

O apoio empírico para a Hipótese 2 é escasso neste momento devido a carência de estudos relevantes. Há alguma evidência preliminar de que indivíduos altamente ansiosos possam ter processamento diminuído de informação de não ameaça ou de segurança, mas esse viés de processamento pode ser evidente apenas no nível de processamento estratégico e não no nível de processamento automático. A relação entre processamento de sinal de segurança reduzido e a ocorrência de comportamento de busca de segurança não foi investigada e pouco se sabe sobre processamento de sinal de segurança na baixa ansiedade. Finalmente, achados mistos foram relatados em estudos sobre afastamento ou evitação de ameaça, e não foram feitas pesquisas sobre sua relação com processamento de sinal de segurança.

DIRETRIZ PARA O TERAPEUTA 3.2

Processamento de sinal de segurança diminuído sugere que o treinamento atencional deliberado para sinais de segurança pode ser um componente útil do tratamento da ansiedade.

Hipótese 3

Avaliações de ameaça exageradas

A ansiedade é caracterizada por um processo avaliativo automático que exagera a valência ameaçadora de estímulos relevantes em comparação com a valência de ameaça real dos estímulos. Indivíduos não ansiosos automaticamente avaliarão estímulos relevantes de uma maneira menos ameaçadora que se aproxima do valor de ameaça real da situação.

Há agora evidência considerável de que um processo de avaliação da ameaça automático está envolvido no viés de ameaça pré-atentiva na ansiedade. Mathews e Mackintosh (1998) propuseram que a representação de ameaça potencial depende da ativação de um *sistema de avaliação da ameaça* (SAA). O SAA representa o valor de ameaça de um estímulo previamente encontrado e é computado automaticamente em um estágio inicial do processamento de informação. Durante a ansiedade aumentada, a produção do SAA aumenta de modo que um limiar mais baixo de intensidade do estímulo é necessário para a avaliação da ameaça. Portanto, Mathews e Mackintosh afirmam que um viés de ameaça atencional hipervigilante ocorre em resposta a uma avaliação da ameaça automática pré-consciente anterior. Mogg e Bradley (1998, 1999a, 2004) também propuseram que a avaliação do estímulo de ameaça é uma parte crítica do processamento de informação automático que ocorre na ansiedade (ver também o modelo de função executiva autorreguladora proposto por Wells, 2000). Relatos teóricos recentes de medo e ansiedade derivados de uma perspectiva de condicionamento propõem que a informação é analisada primeiro por detectores de características e por um "sistema de avaliação de significância" pré-consciente que resulta em um julgamento rápido da relevância do medo dos estímulos (Öhman, 2000). Portanto nosso argumento de que a avaliação da ameaça automática é um componente crítico da ativação do modo primitivo de ameaça é inteiramente consistente com outros modelos cognitivos e comportamentais do medo e ansiedade.

Tarefas de memória implícita oferecem um excelente paradigma experimental para investigar a presença de avaliação de ameaça automática na ansiedade. Essas tarefas envolvem recuperação da memória na qual alguma informação anteriormente codificada provoca desempenho aumentado em uma tarefa subsequente ainda que o indivíduo não tenha consciência ou lembrança da relação entre a experiência anterior e a tarefa realizada (Schacter, 1990; Sternberg, 1996). Em outras palavras, a exposição prévia a um estímulo passivamente facilita o processamento subsequente dos mesmos estímulos e se acredita que esse "efeito *priming*" (efeito de pré-ativação) reflete o grau de processamento integrador que ocorre durante a codificação do estímulo (MacLeod e McLaughlin, 1995). A memória implícita mais provavelmente reflete processamento de informação automático, enquanto a memória explícita, uma recuperação deliberada e trabalhosa de informação armazenada, retrata mais estreitamente processos controlados estratégicos (Williams et al., 1997).

Completar o radical da palavra

A memória implícita foi investigada primeiro com a tarefa de completar a palavra. Nessa tarefa é apresentada aos indivíduos uma lista de palavras relevantes à ansiedade (p. ex., *doença, ataque, fatal*) e neutras (p. ex., *inflacionado, diário, armazenamento*). Após uma tarefa de preenchimento, os indivíduos recebem um conjunto de fragmentos de palavras, tais como as primeiras três letras de uma palavra, e são instruídos a completar o fragmento com a primeira palavra que vier à mente. Uma tendência a completar o fragmento da palavra com uma palavra menos comum que foi incluída em uma lista de palavras apresentada anteriormente seria um exemplo de memória implícita. No seguinte exemplo um efeito de *priming* de ameaça seria evidente quando o indivíduo completa o fragmento de palavra com uma palavra de ameaça apresentada anteriormente em vez de com uma palavra neutra mais comum.

Lista Codificada	Fragmento da Palavra	Possível Resposta
coronária	cor –	cor*onária* vs. cor*tina*
ataque	at –	at*aque* v. at*enção*
fatal	fat –	fat*al* v. fat*o*

Estudos de completar o radical da palavra produziram resultados mistos que apenas podem ser interpretados como evidência fraca de memória implícita na ansiedade. Em alguns estudos, pacientes clinicamente ansiosos ou indivíduos com alta ansiedade traço completaram mais palavras de ameaça, o que sugere uma memória implícita para ameaça (p. ex., Cloitre, Shear, Cancienne e Zeitlin, 1994; Eysenck e Byrne, 1994; Mathews, Mogg, May e Eysenck, 1989; Richards e French, 1991). Entretanto, outros estudos não conseguiram encontrar um viés de ameaça implícito (p. ex., Baños, Medina e Pascual, 2001; Lundh e Öst, 1997; Rapee, McCallum, Melville, Ravenscroft e Rodney, 1994). McNally (1995) considera que o teste de completar o radical da palavra um teste pobre de memória implícita na ansiedade porque ele é fortemente afetado mais pelos atributos físicos das palavras do que por seu significado.

Tarefas de decisão lexical

Nas tarefas de decisão lexical é apresentada aos indivíduos uma lista de palavras de valência mista na qual algumas podem ser relacionadas à ansiedade, algumas relacionadas à depressão, e outras neutras. Após a tarefa de preenchimento, é mostrada aos indivíduos uma segunda lista de palavras que conterá algumas das palavras "antigas", algumas palavras "novas" e também alguns distratores que são pseudopalavras (p. ex., adale, faco, corlita). Os participantes são instruídos a indicar o mais rapidamente possível se o estímulo é uma "palavra" ou uma "pseudopalavra." Uma decisão lexical mais rápida para palavras apresentadas anteriormente sugere um efeito de *priming* de memória implícita. Na ansiedade prediríamos decisão lexical mais rápida para palavras de ameaça do que para palavras de não ameaça previamente apresentadas. Nesse paradigma experimental os efeitos de *priming* podem ser investigados subliminarmente ou supraliminarmente dependendo de se a primeira exposição ocorrer acima ou abaixo do limiar de consciência.

Em dois experimentos de decisão lexical, Bradley e colaboradores (Bradley, Mogg e Williams, 1994, 1995) não encontraram evidência de um viés de memória implícita congruente à ansiedade em condições de pré-ativação subliminar ou supraliminar (ver também Foa, Amir, Gershuny, Molnar e Kozak, 1997, para resultados negativos). Amir e colaboradores utilizaram uma escala mais sensível de codificação automática do significado da informação requerendo julgamentos perceptuais mais do que julgamentos de palavras para estímulos mais complexos. Em dois estudos indivíduos socialmente ansiosos exibiram uma classificação preferencial auditiva ou visual significativa para estímulos de ameaça previamente apresentados que foi interpretada como indicando um efeito de pré-ativação da memória implí-

cita para estímulos de ameaça social (Amir, Bower, Briks e Freshman, 2003; Amir, Foa e Coles, 2000). Entretanto, Rinck e Becker (2005) não conseguiram encontrar um viés de memória implícita para palavras socialmente ameaçadoras em uma tarefa de anagrama (isto é, identificar a palavras a partir de letras misturadas). Portanto, achados de experimentos de decisão lexical padronizadas ou estudos de pré-ativação de orientação perceptual mais recentes não apoiaram particularmente a avaliação de ameaça implícita (automática) na ansiedade.

Tarefas de identificação de estímulo com *priming*

Inúmeros estudos investigaram o viés de memória implícita determinando se indivíduos ansiosos apresentam detecção mais precisa de palavras ameaçadoras (estímulos) apresentadas brevemente como resultado de exposição anterior a estímulos de ameaça e não ameaça. MacLeod e McLaughlin (1995) encontraram um viés de memória implícita para ameaça em pacientes com TAG comparados com controles não ansiosos baseado em uma tarefa de identificação de palavra taquistoscópica. O grupo com TAG exibiu melhor detecção de palavras antigas de ameaça do que de não ameaça, enquanto controles não ansiosos tiveram melhor identificação em estímulos de não ameaça do que de ameaça. Entretanto, outros não encontraram detecção acelerada de palavras de ameaça *versus* palavras de não ameaça previamente apresentadas no transtorno de pânico ou no TEPT (Lim e Kim, 2005; Lundh et al., 1999; McNally e Amir, 1996). Há pouca evidência, então, de um viés de memória implícita para ameaça de estudos de *priming* de identificação de estímulo.

Outros testes de avaliação de ameaça automática

Amir e colaboradores (1998a) empregaram um paradigma homógrafo para investigar ativação e inibição de informação relacionada à ameaça em indivíduos com fobia social generalizada (FSG) e controles saudáveis. Os indivíduos liam frases curtas que eram acompanhadas por uma única palavra que se ajustava ou não ao significado da sentença. Os indivíduos tinham que decidir se a palavra sinal combinava ou não com o significado da sentença. Conforme previsto, apenas o grupo de FSG apresentou uma resposta mais lenta às palavras sinais que acompanhavam homógrafos com um possível significado de ameaça social. Esse efeito estava presente apenas em intervalos de *priming* com sentenças curtas, que sugere que indivíduos com FSG foram capazes de suprimir ou inibir uma avaliação automática do significado de ameaça da sentença quando o processamento mais trabalhoso foi permitido.

Empregando uma tarefa de memória chamada *liberação de interferência proativa* (LIP) que diz respeito a organização semântica da memória, Heinrichs e Hofmann (2004) não encontraram os efeitos de memória previstos da informação socialmente ameaçadora para estudantes com alta ansiedade social. De fato, o efeito oposto foi encontrado com o grupo de baixa ansiedade social demonstrando um efeito de LIP para palavras socialmente ameaçadoras. Em um estudo envolvendo a análise de movimentos oculares para rostos irritados, felizes, e neutros, Rohner (2004) foi capaz de demonstrar que os indivíduos aprendiam a desviar sua atenção de rostos irritados. Nesse experimento, então, a ansiedade estava relacionada a uma memória implícita para evitação de ameaça.

Finalmente, um paradigma experimental chamado de Teste de Associação Implícita (TAI) foi usado para examinar associações baseadas na memória automática entre dois conceitos (Greenwald, McGhee e Schwartz, 1998). Este é considerado um índice de atitudes implícitas porque é relativamente não influenciado por processos controlados conscientes (Teachman e Woody, 2004). Em um estudo envolvendo indivíduos altamente temerosos de cobras ou aranhas, Teach-man, Gregg e Woody (2001) encontraram diferenças significativas em associações negativas implícitas para atitudes de cobra *versus* aranha entre diversas categorias semânticas que combinavam com preocupações de medo dos indivíduos (Teachman e Woody, 2003; ver de Jong, van den Hout, Rietbrock e Huijding, 2003, para achados negativos de associações implícitas para sinais de aranha em um grupo com alto medo de aranhas). Além disso, foi demonstrado que associações implícitas relacionadas a medo mudam no decorrer de um tratamento de exposição de grupo de três sessões para fobias (Teachman e Woody, 2003).

Dois estudos compararam indivíduos com alta e baixa ansiedade social no TAI. Tanner, Stopa e de Houwer (2006) verificaram que grupos de ansiedade social tanto alta como baixa tinham autoestima implícita positiva conforme indicado por seus tempos de reação a classificação de palavras do TAI. Entretanto, a autoestima implícita era significativamente menos positiva no grupo de ansiedade social alta, sugerindo que um efeito autofavorecedor era mais fraco naqueles com alta ansiedade social autorrelatada. De Jong (2002) também concluiu que indivíduos com alta ansiedade social têm um viés de autofavorecimento mais fraco, mas seus resultados sugeriram que isso se devia a associações de estima significativamente mais altas para os outros. Embora apenas poucos estudos usando o TAI tenham sido publicados até o momento, eles fornecem algum apoio experimental para a associação de ameaça automática na ansiedade. Entretanto, a maioria dos estudos se baseou em amostras análogas e portanto é possível que resultados mais robustos sejam encontrados em amostras clínicas (Tanner et al., 2006).

Resumo

Apesar do consenso entre vários modelos de ansiedade de que algum nível de avaliação automática da ameaça deve estar presente em estados ansiosos, tem sido difícil demonstrar esse efeito experimentalmente. Os poucos estudos relevantes à Hipótese 3 produziram achados inconsistentes. Coles e Heimberg (2002) concluíram a partir de sua revisão que há apoio modesto para vieses de memória implícita em todos os transtornos de ansiedade. Pode ser que os resultados fossem mais sustentadores se as manipulações do *priming* fossem mais sensíveis ao significado semântico dos estímulos em oposição a suas propriedades perceptuais. Também é evidente que o viés de ameaça automática variará dependendo da tarefa cognitiva experimental empregada. Alguns dos resultados anteriores usando TAI sugerem que as associações implícitas para ameaça podem caracterizar a ansiedade, mas os resultados ainda são muito preliminares.

DIRETRIZ PARA O TERAPEUTA 3.3

A presença de avaliação de ameaça automática na ansiedade indica que identificação deliberada, rastreamento e questionamento da avaliação de ameaça inicial poderia ser útil para diminuir o impacto de avaliações de ameaça automáticas.

CONSEQUÊNCIA DA ATIVAÇÃO DO MÓDULO DE AMEAÇA

Hipótese 4

Erros cognitivos com viés na ameaça

Indivíduos altamente ansiosos cometerão mais erros cognitivos enquanto processam estímulos ameaçadores particulares o que vai aumentar a importância da informação de ameaça e diminuir a importância da informação de segurança incongruente. O padrão inverso será evidente em estados não ansiosos, onde um viés de processamento cognitivo para não ameaça ou sinais de segurança está presente.

A Hipótese 4 se refere aos efeitos cognitivos da ativação do medo que envolve hipervigilância pré-consciente da ameaça, geração automática de significado da ameaça e acesso diminuído a sinais de segurança.

Essa seletividade automática para ameaça levará a mais predisposição no processamento trabalhoso (que requer esforço) ou estratégico. Predizemos que a ativação do modo de ameaça levará a:

1. Superestimativa da probabilidade, gravidade e proximidade de sinais de ameaça relevantes.
2. Subestimativa da presença e efetividade de sinais de segurança relevantes.
3. A realização de erros de processamento cognitivo tais como minimização, magnificação, abstração seletiva e catastrofização.

Estimativas de ameaça tendenciosas

Um dos achados mais consistentes na pesquisa cognitiva sobre ansiedade é que indivíduos ansiosos tendem a superestimar a probabilidade de que encontrarão situações que provocam seu estado de ansiedade específico. Em um estudo anterior Butler e Mathews (1983) apresentaram a indivíduos clinicamente ansiosos, a indivíduos deprimidos e a controles não-clínicos 10 situações ambíguas. O grupo ansioso gerou significativamente mais interpretações ameaçadoras e classificou esses eventos ameaçadores negativos como significativamente mais prováveis e graves (ou seja, custo subjetivo) do que controles não-clínicos, mas não que o grupo deprimido. Esse achado foi replicado posteriormente com estudantes com alta ansiedade traço (Butler e Mathews, 1987). Estimativas tendenciosas de probabilidade de ameaça foram encontradas na pesquisa subsequente na qual fóbicos sociais superestimam a probabilidade de vivenciar eventos sociais negativos (Foa, Franklin, Perry e Herbert, 1996; Lucock e Salkovskis, 1988), claustrofóbicos exageram a probabilidade de que encontrarão espaços fechados (Öst e Csatlos, 2000), indivíduos com transtorno de pânico interpretam cenários relacionados a excitação e desfechos físicos negativos mais prováveis e custosos (Mc-

Nally e Foa, 1987; Uren, Szabó e Lovibond, 2004), e os preocupados geram probabilidades subjetivas mais altas para futuros eventos negativos (p. ex., MacLeod, Williams e Bekerian, 1991). Neste último estudo o acesso aumentado a razões por que o evento negativo aconteceria e o acesso reduzido a por que ele não aconteceria (ou seja, aspectos de segurança) previram julgamentos de probabilidade.

O viés cognitivo deve ser mais evidente durante a ativação do medo. A correlação positiva entre estimativas de probabilidade ou gravidade aumentada (ou seja, custo) da ameaça e intensidade de sintomas ansiosos é consistente com essa predição (p. ex., Foa et al., 1996; Lucock e Salkovskis, 1988; Muris e van der Heiden, 2006; Öst e Csatlos, 2000; Woods, Frost e Steketee, 2002). Além disso, relações causais entre ansiedade e percepção de ameaça foram encontradas em experimentos de provocação de medo. Em vários estudos, indivíduos ansiosos e fóbicos predizem que experimentarão mais ataques de medo e pânico do que na realidade acontece quando expostos à situação de medo (p. ex., Rachman, Levitt e Lopatka, 1988b; Rachman e Lopatka, 1986; Rachman, Lopatka e Levitt, 1988). Essa tendência a superestimar a probabilidade de ameaça também foi encontrada nas apreensões de preocupados crônicos (Vasey e Borkovec, 1992) e nas avaliações negativas exageradas de desempenho social geradas por indivíduos socialmente ansiosos (Mellings e Alden, 2000; Stopa e Clark, 1993). Entretanto, com a vivência repetida, os indivíduos mostram uma diminuição em suas predições exageradas de medo de modo que suas estimativas se aproximam mais do seu nível de medo real.

Efeito iminente maladaptativo

Juntamente com estimativas exageradas de probabilidade e gravidade da ameaça, avaliações incorretas da proximidade de perigo também são um aspecto de processamento cognitivo tendencioso na ansiedade. Riskind

e Williams (2006, p. 178-179) enfatizam que "representações mentais de intensificação dinâmica do perigo e aumento rápido do risco", denominadas *estilo iminente maladaptativo*, são um componente chave da avaliação da ameaça na ansiedade. De acordo com Riskind e colaboradores, um aspecto crítico de qualquer estímulo ameaçador é a percepção da ameaça como se movendo e se intensificando em relação ao indivíduo em termos de proximidade física ou temporal de eventos reais, mas também em termos do ensaio mental do possível curso de tempo de eventos futuros (Riskind, 1997; Riskind, Williams, Gessner, Chrosniak e Cortina, 2000). A ameaça exagerada na ansiedade deve ser entendida em termos desse conteúdo de perigo dinâmico envolvendo qualidades como a velocidade (velocidade direcional), força de aceleração (taxa de aumento) e sentido (vindo em direção do indivíduo) da ameaça (Riskind, 1997; Riskind e Williams, 1999, 2005, 2006). O modelo de vulnerabilidade iminente, então, sustenta que a ansiedade ocorre quando a ameaça é avaliada como se aproximando ou acontecendo rapidamente como uma cobra, um prazo, uma doença ou um fracasso social que se aproxima (Riskind, 1997). Ele é considerado um aspecto fundamental do esquema de perigo ativado na ansiedade e portanto é um construto específico aplicável a todos os estados de ansiedade de fobias simples a fenômenos mais abstratos como preocupação e TAG (Riskind e Williams, 1999).

Riskind e Williams (2006) revisaram pesquisas recentes que apoiam o papel da intensificação do perigo e do aumento rápido do risco (isto é, iminente) percebidos na predição de outros aspectos da fenomenologia ansiosa. Estudos experimentais indicam que estímulos de medo móveis (p. ex., filmes de tarântulas) induzem mais medo e cognições relacionadas a ameaça do que estímulos de medo estáticos ou neutros (Dorfan e Woody, 2006; Riskind, Kelly, Harman, Moore e Gaines, 1992) e ansiedade fóbica está associada a uma maior tendência de perceber um estímulo de medo (p.

ex., aranha) como mudando ou se movendo rapidamente na direção do indivíduo (p. ex., Riskind et al., 1992; Riskind, Moore e Bowley, 1995; Riskind e Maddux, 1993). Além disso, o *Looming Maladaptative Style Questionnaire* (LMSQ), que avalia a tendência a gerar cenários mentais que envolvem movimento na direção de algum desfecho temido, está singularmente associado com diversos aspectos da fenomenologia ansiosa (Riskind et al., 2000) e pode ser um fator latente comum subjacente a TOC, TEPT, TAG, fobia social e fobias específicas (Williams, Shahar, Riskind e Joiner, 2005). De modo geral, esses achados são consistentes com a observação de que indivíduos ansiosos julgam incorretamente a natureza iminente de estímulos ameaçadores, levando-os à conclusão errônea de que o perigo está mais próximo ou é mais imediato do que realmente é. A pesquisa de Riskind indica que essa sensibilidade aumentada às qualidades cinéticas do perigo é um aspecto importante de avaliações de ameaça tendenciosas na ansiedade.

Erros cognitivos

Surpreendentemente poucas pesquisas investigaram a relevância de erros cognitivos depressivos (p. ex., pensamento dicotômico, supergeneralização, abstração seletiva) para a ansiedade. Em um estudo de conteúdo do pensamento os indivíduos com TAG geraram mais imperativos ("ter de/dever") e palavras catastróficas do que estudantes disfóricos e não ansiosos, e todos os participantes produziram mais erros cognitivos durante a condição de preocupação do que durante uma condição neutra (Molina, Borkovec, Peasley e Person, 1998). Apesar da escassez de pesquisas, é provável que indivíduos ansiosos exibam muitos dos mesmos erros cognitivos encontrados na depressão, especialmente quando lidam com informação relacionada a suas preocupações de medo. Entretanto, é necessária a pesquisa para determinar o papel dos erros cognitivos inferenciais nos transtornos de ansiedade.

Resumo

Começamos nossa revisão da Hipótese 4 com três previsões relativas ao papel de erros cognitivos na ativação do medo. Infelizmente, apenas uma dessas previsões foi testada empiricamente. A evidência empírica é consistente em mostrar que indivíduos ansiosos exageram a probabilidade e presumivelmente a gravidade de situações negativas relacionadas a suas preocupações ansiosas. Esse viés cognitivo para estimativa da ameaça parece relevante à maioria dos transtornos de ansiedade, embora ainda seja discutível se ele é específico apenas da ansiedade. A pesquisa sobre estilo cognitivo iminente indica claramente que superestimar a proximidade ou natureza iminente do perigo é um aspecto crítico de avaliação tendenciosa da ameaça que potencializa o estado ansioso.

É provável que indivíduos altamente ansiosos produzam os mesmos tipos de erros cognitivos que vemos na depressão. A catastrofização é bem conhecida no transtorno de pânico, mas é provável que pensamento dicotômico, abstração seletiva, maximização/minimização, supergeneralização e outras formas de pensamento rígido e absolutista sejam proeminentes em todos os transtornos de ansiedade. São necessárias pesquisas para determinar se alguns desses erros cognitivos são específicos de preocupações referentes à ansiedade e que papel eles desempenham na manutenção da ativação do medo. Também seria útil passar de avaliações estáticas com papel e lápis dos erros cognitivos para "avaliação *online*" do conteúdo do pensamento durante a provocação de medo.

Neste momento não temos informação sobre o papel dos erros cognitivos no processamento diminuído de sinais de segurança que é considerado um aspecto importante da ativação do medo. Presumimos que se erros de processamento cognitivo podem levar a uma superestimativa de ameaça, então esse mesmo estilo de processamento cognitivo poderia levar a uma subestimativa de segurança. Esta última hipótese, entretanto, deve aguardar investigação empírica.

DIRETRIZ PARA O TERAPEUTA 3.4

Experiências repetidas com situações envolvendo níveis variados de ameaça iminente que desconfirmam as expectativas de ameaça exageradas dos indivíduos são fundamentais para modificar o estilo de pensamento errôneo que contribui para a manutenção do estado ansioso.

Hipótese 5

Interpretação negativa da ansiedade

Indivíduos altamente ansiosos gerarão interpretações mais negativas e ameaçadoras de seus sentimentos e sintomas ansiosos subjetivos do que indivíduos que experimentam baixos níveis de ansiedade.

No modelo cognitivo (ver Figura 2.1) excitação autonômica ou fisiológica aumentada é outro aspecto proeminente da ativação do modo de ameaça. A Hipótese 5, entretanto, se refere a processos cognitivos associados a excitação fisiológica. É proposto que indivíduos altamente ansiosos perceberão sua excitação aumentada, sentimentos ansiosos e outros sintomas somáticos de ansiedade como mais ameaçadores e inaceitáveis do que indivíduos com baixa ansiedade. Também é esperado que esse "medo do medo" (Chambless e Gracely, 1989) seja mais evidente durante estados altamente ansiosos e motive os indivíduos a terminar o programa do medo.

Beck e colaboradores (1985, 2005) identificaram outro aspecto dessa interpretação negativa de ansiedade, o *"raciocínio emocional"*, no qual o estado de se sentir ansioso é ele próprio interpretado como evidência de que o perigo deve estar presente. Posteriormente, Arntz, Rauer e van den Hout (1995) se referiram a isso como *"raciocínio ex-consequentia"* que envolve a falácia "Se eu me sinto ansioso, deve haver perigo" (p. 917). Eles verificaram que pacientes com fobia de aranha, com pânico, com fobia social e com outros transtornos de ansiedade, mas não os controles não clínicos eram significativamente influenciados em suas avaliações de perigo de roteiros de ansiedade hipotéticos pela presença de informação de resposta de ansiedade.

É proposto que diferentes aspectos da experiência subjetiva de ansiedade serão percebidos como ameaçadores dependendo da natureza do transtorno de ansiedade. Em alguns casos os sintomas fisiológicos é que serão considerados mais inaceitáveis, enquanto em outros transtornos são os fenômenos cognitivos (isto é, preocupações ou pensamentos intrusivos indesejados) ou mesmo o senso aumentado de ansiedade geral que é percebido como mais perturbador. Seja qual for o foco real, é o estado de estar ansioso que é considerado ameaçador e intolerável para a pessoa. A Tabela 3.1 apresenta as interpretações negativas específicas da ansiedade associadas com cada um dos transtornos de ansiedade neste livro.

Evidência empírica

A interpretação negativa da excitação fisiológica é um processo central no modelo cognitivo do transtorno de pânico (ver Capítulo 8 para discussão adicional). Estudos na forma de questionário indicam que indivíduos com transtorno de pânico têm maior probabilidade de interpretar negativamente (e até catastroficamente) sensações corporais associadas com ansiedade e de relatar mais sofrimento quando vivenciam esses sintomas do que indivíduos não clínicos ou aqueles com outros tipos de transtorno de ansiedade (p. ex., D. M. Clark et al., 1997; Harvey, Richards, Dziadosz e Swindell, 1993; Hochn-Saric, McLeod, Funderburk e Kowalski, 2004; Kamieniecki, Wade e Tsourtos, 1997; McNally e Foa, 1987; Rapee, Ancis e Barlow, 1988). Além disso, a pesquisa experimental indica que pacientes com pânico têm maior probabilidade de se sentirem ansiosos ou mesmo entrarem em pânico quando se focam em sensações corporais induzidas ou de ocorrência natural (Antony, Ledley, Liss e Swinson, 2006; Pauli, Marquardt, Hartl,

Nutzinger, Hölzl e Strain, 1991; Rachman, Lopatka e Levitt, 1988; Rachman, Levitt e Lopatka, 1988; Hochn-Saric et al., 2004). Juntos, esses estudos fornecem uma base empírica robusta de que uma interpretação altamente errônea de excitação fisiológica é um processo chave no pânico.

Para indivíduos com TAG o foco nos sintomas mais cognitivos da ansiedade caracterizará interpretação negativa da ansiedade. Adrian Wells foi o primeiro a observar que a "preocupação a respeito da preocupação" (ou seja, metapreocupação) é um aspecto proeminente do TAG que diferencia pessoas altamente preocupadas daquelas que não são preocupadas (Wells, 1997; Wells e Butler, 1997; Wells e Mathews, 1994). A metapreocupação envolve uma avaliação negativa subjetiva da significância, incidência aumentada e dificuldades percebidas associadas à incontrolabilidade da preocupação (Wells e Mathews, 1994). A evidência de que o TAG está associado a metapreocupação aumentada apoiaria a Hipótese 5 e indicaria que na ansiedade generalizada uma interpretação negativa do ato de se preocupar (p. ex., "Se eu não parar de me preocupar, acabarei tendo um colapso emocional") contribui para uma intensificação e manutenção do estado ansioso. De fato, vários estudos demonstraram que pacientes com TAG foram diferenciados de pacientes com outros transtornos de ansiedade (especialmente fobia social) por escores aumentados de metapreocupação (Wells e Carter, 2001) e há uma forte relação entre metapreocupação e tendência aumentada a vivenciar preocupação patológica (Wells e Carter, 1999; Wells e Papageorgiou, 1998a; ver também Rassin, Merchelback, Muris e Spaan, 1999). Um estudo anterior realizado por Ingram (1990) verificou que ansiedade generalizada e depressão foram caracterizadas por um foco aumentado nos próprios pensamentos, sensações e sentimentos conforme indicado pela Escala de Autoconsciência (EAC) de Fenigstein, Scheier e Buss (1975). Esses estudos são consistentes com a Hipótese 5, indicando que um foco aumentado nas características negativas da preocupação exacerbará o estado de ansiedade geral.

Na fobia social, a interpretação negativa de sintomas de ansiedade em situações sociais devido a uma preocupação de que a ansiedade será percebida negativamente pelos outros é um aspecto central do transtorno (ver D. M. Clark e Wells, 1995; Wells e Clark, 1997). Vários estudos verificaram que a fobia social é caracterizada pela avaliação negativa de sinais interoceptivos relacionados à ansiedade que leva a inferências errôneas sobre como a pessoa parece para os outros e subsequentemente à ansiedade

TABELA 3.1 Interpretações negativas específicas da ansiedade associadas com cada um dos transtornos de ansiedade

Transtorno de ansiedade	Foco da interpretação negativa da ansiedade
Transtorno de pânico	Excitação fisiológica, sensações corporais específicas
Transtorno de ansiedade generalizada	Experiência subjetiva de preocupação ("preocupação a respeito da preocupação")
Fobia social	Indicadores somáticos e comportamentais de estar ansioso em contextos sociais
Transtorno obsessivo-compulsivo	Sentimentos ansiosos associados a certos pensamentos, imagens ou impulsos intrusivos indesejados
Transtorno de estresse pós-traumático	Sintomas de excitação fisiológica e emocional específicos associados a intrusões mentais relacionadas a trauma

subjetiva aumentada (para revisão, ver D. M. Clark, 1999; Bögels e Mansell, 2004). Atenção autocentrada elevada foi encontrada na ansiedade social (p. ex., Daly, Vangelisti e Lawrence, 1989; Hackman, Surawy e Clark, 1998; Mellings e Alden, 2000). Além disso, um foco específico nos sintomas de ansiedade (p. ex., rubor) intensifica a ansiedade na ansiedade social elevada, mas não na ansiedade social baixa (Bögels e Lamers, 2002; ver Bögels, Rijsemus e De Jong, 2002 para achados contrários).

A pesquisa experimental também apoiou o modelo cognitivo. Mansell e D. M. Clark (1999) encontraram uma associação significativa na ansiedade social elevada, mas não na ansiedade social baixa entre percepção de sensações corporais e avaliações de como os indivíduos ansiosos pensavam que pareciam aos outros. Mauss, Wilhelm e Gross (2004) compararam estudantes com ansiedade social elevada e baixa antes, durante e após um discurso de improviso de 3 minutos e verificaram que o grupo com elevada ansiedade social percebeu um nível maior de excitação fisiológica, se sentiu mais ansioso e demostrou mais comportamento ansioso do que o grupo de ansiedade baixa, embora não houvesse diferenças significativas entre os grupos na ativação fisiológica real. Além disso, a ansiedade autorrelatada estava correlacionada a ativação fisiológica percebida, mas não real para toda a amostra. Esses achados são consistente com a Hipótese 5. A fobia social é caracterizada por um foco aumentado em sintomas ansiosos que evidentemente intensifica o estado ansioso.

Em relatos cognitivos de TOC o problema central é a avaliação equivocada de pensamentos, imagens ou impulsos intrusivos indesejados de sujeira, contaminação, dúvida, sexo, causar dano a outros, e assim por diante (D. A. Clark, 2004; Salkovskis, 1989, 1999; Rachman, 1997, 1998, 2003). Portanto, o pensamento obsessivo se desenvolve quando um pensamento, imagem ou impulso intrusivo indesejado é erroneamente interpretado como representando uma significativa ameaça potencial à própria pessoa ou a outros e a pessoa percebe um senso aumentado de responsabilidade pessoal de evitar essa ameaça antecipada. Rachman (1998) sugeriu que o "raciocínio emocional" poderia desempenhar um papel importante na avaliação equivocada de intrusões obsessivas. Qualquer ansiedade associada a uma intrusão poderia ser interpretada como confirmando a significância e o potencial de periculosidade do pensamento. Isso seria um exemplo de "raciocínio *ex-consequentia*" (Arntz et al., 1995) contribuindo para a avaliação equivocada e o aumento da intrusão (p. ex., "Se me sinto ansioso pelo pensamento de estar sujo e de potencialmente contaminar os outros, então devo estar em perigo de infectar os outros.")

Há uma forte associação entre a ansiedade subjetiva ou sofrimento emocional de um pensamento intrusivo, e sua frequência, incontrolabilidade e natureza obsessiva (p. ex., Freeston, Ladouceur, Thibodeau e Gagnon, 1992; Parkinson e Rachman, 1981a; Purdon e Clark, 1993, 1994b; Salkovskis e Harrison, 1984). Além disso, indivíduos com TOC avaliam suas obsessões e suas intrusões indesejadas como mais provocadoras de ansiedade do que controles não obsessivos (Calamari e Janeck, 1997; Janeck e Calamari, 1999; Rachman e de Silva, 1978). Em um estudo na forma de registro diário envolvendo 28 pacientes com TOC, a obsessão mais perturbadora do indivíduo foi avaliada como mais frequente e mais significativa em termos de importância e controle do pensamento do que as obsessões menos perturbadoras (Rowa, Purdon, Summerfeldt e Antony, 2005). Esses achados são consistentes com a visão de que o TOC é caracterizado por uma sensibilidade aumentada a certas intrusões mentais relacionadas ao TOC que pode em parte se dever às propriedades evocativas de ansiedade da obsessão. Entretanto, é necessário que se faça pesquisa investigando especificamente se o TOC é caracterizado por uma interpretação errônea de sentimentos ansiosos associados a intrusões obsessivas e que isso, por sua vez, contribui para um estado aumentado de ansiedade geral.

A interpretação negativa de sintomas ansiosos associados a intrusões relacionadas a trauma é um processo fundamental enfatizado nas teorias cognitivas de TEPT (Brewin e Holmes, 2003; Ehlers e Clark, 2000; Wells, 2000). Muitos estudos agora demonstram que a interpretação negativa de sintomas iniciais de TEPT desempenha um papel causal na manutenção do TEPT (ver revisão por Brewin e Holmes, 2003). Além disso, a avaliação negativa de pensamentos ou imagens intrusivas indesejadas relacionadas ao trauma é preditiva da gravidade e manutenção do TEPT (Halligan, Michael, Clark e Ehlers, 2003; Steil e Ehlers, 2000; Mayou, Bryant e Ehlers, 2001). Esses achados, então, são inteiramente consistentes com a Hipótese 5, indicando que interpretações negativas e ameaçadoras de sintomas ansiosos relacionados ao trauma contribuem significativamente para a manutenção do TEPT.

Resumo

Essa breve revisão da pesquisa clínica sobre viés de negatividade aumentado na interpretação de sintomas ansiosos indica forte apoio empírico para a Hipótese 5. A pesquisa abrangendo todos os cinco transtornos de ansiedade encontrou evidência de que a interpretação negativa aumentada da ansiedade ou o "medo do medo" era um fator contribuinte para a manutenção da ansiedade (ver também capítulo 4 sobre o conceito relacionado de sensibilidade à ansiedade). O transtorno de pânico é caracterizado por interpretações errôneas de ameaça dos sintomas físicos de ansiedade, o TAG por metapreocupação, a fobia social por atenção autocentrada aumentada em estados internos de ansiedade, o TOC pelas propriedades excitatórias de ansiedade das intrusões mentais e o TEPT por excitação fisiológica evocada por gatilhos internos e externos relacionados ao trauma. Em cada caso uma tendência a perceber a própria ansiedade de uma maneira ameaçadora contribuiu para a manutenção do estado emocional indesejado.

DIRETRIZ PARA O TERAPEUTA 3.5

O significado idiossincrático de sintomas ansiosos (isto é, o significado da ansiedade aumentada) deve ser avaliado e tratado com reestruturação cognitiva como parte da intervenção para reduzir a ativação do modo primitivo de ameaça.

Hipótese 6

Cognições de ameaça específicas ao transtorno elevadas

A ansiedade será caracterizada por uma frequência, intensidade e duração elevadas de pensamentos e imagens automáticos negativos de ameaça e perigo seletivo em comparação a estados não ansiosos ou outros tipos de afeto negativo. Além disso, cada um dos transtornos de ansiedade é caracterizado por um conteúdo de pensamento particular relevante a sua ameaça específica.

Uma das manifestações fenomenológicas conscientes da ativação do modo primitivo de ameaça é a intrusão frequente e repetida na consciência de pensamentos e imagens automáticos relacionados às preocupações de medo específicas do indivíduo. Há, de fato, uma extensa literatura empírica que demonstrou uma preponderância de cognições e imagens de dano, ameaça e perigo no transtorno de pânico (Argyle, 1988; McNally, Horning e Donnell, 1995; Ottaviani e Beck, 1987); no TAG (Beck, Laude e Bohnert, 1974; Hibbert, 1984); na fobia social (Beidel, Turner e Dancu, 1985; Hackmann et al., 1998; Turner, Beidel e Larkin, 1986); e no TOC (Calamari e Janeck, 1997; Janeck e Calamari, 1999; Rachman e de Silva, 1978; Rowa et al., 2005); bem como intrusões ameaçadoras pós-traumáticas no TEPT (Dunmore, Clark, e Ehlers, 1999; Mayou et al., 2001; Qin et al., 2003; Steil e Ehlers, 2000). Essa "versão mais suave" da Hipótese 6, então, foi bem documentada na literatura empírica.

O aspecto mais controverso da Hipótese 6 é a "versão forte" prevendo que cada um dos transtornos de ansiedade apresentará um perfil cognitivo específico, e que esse perfil diferenciará a ansiedade de outros estados emocionais negativos. A Tabela 3.2 apresenta o conteúdo de pensamento automático que caracteriza cada um dos transtornos de ansiedade.

Há dois aspectos relevantes à questão de "especificidade" nessa hipótese. Primeiro, em que grau a ansiedade é distinguível de depressão, com a primeira caracterizada por pensamentos de dano e perigo enquanto a última é distinguida por pensamentos de perda e fracasso? E segundo, há um perfil cognitivo específico que caracteriza cada um dos subtipos de transtorno de ansiedade?

Especificidade cognitiva: diferenciando ansiedade de depressão

A hipótese de especificidade do conteúdo estabelece que "todo transtorno psicológico tem um perfil cognitivo distinto que é evidente no conteúdo e orientação das cognições negativas e no viés de processamento associado ao transtorno" (Clark et al., 1999, p. 115). O conteúdo ou orientação dos pensamentos automáticos e do viés de processamento que caracteriza os estados de ansiedade se focaliza na possibilidade de ameaça/perigo físico ou psicológico futuro e o senso de vulnerabilidade pessoal aumentada ou falta de segurança. Na depressão, o tema cognitivo predominante diz respeito a perda ou privação pessoal ocorrida. De fato, a desesperança global, bem como a desesperança em relação a problemas existenciais específicos, é significativamente maior na depressão maior do que no TAG (Beck, Wenzel, Riskind, Brown e Steer, 2006). O modelo cognitivo, então, afirma que ansiedade e depressão podem ser diferenciadas pelo conteúdo (e orientação temporal) dos pensamentos e interpretações automáticos negativos gerados pelo indivíduo.

Em nossos próprios estudos, cognições relacionadas a ameaça orientadas ao futuro diferenciaram pânico e TAG de depressão maior/distimia (Clark, Beck e Beck, 1994) e cognições relacionadas a ameaça mostraram uma relação mais estreita, mais específica com uma dimensão de sintoma de ansiedade do que com uma dimensão de sintoma de depressão (Clark, Beck e Stewart, 1990; Clark, Steer, Beck e Snow,

TABELA 3.2 Tipos de pensamentos e imagens automáticos que caracterizam transtornos de ansiedade específicos

Transtorno de ansiedade	Conteúdo temático do pensamento/imagem automático
Pânico com/sem evitação agorafóbica	... de catástrofe física (p. ex., desmaio, ataque cardíaco, morrer, ficar louco)
Transtorno de ansiedade generalizada	... de possível perda ou fracasso futuro em esferas de vida valorizadas, bem como medo de perder o controle ou incapacidade de enfrentamento
Fobia social	... de avaliação negativa pelos outros, humilhação, desempenho social pobre
Transtorno obsessivo-compulsivo	... de perder o controle mental ou comportamental que resulta em sério dano a si mesmo ou aos outros
Transtorno de estresse pós-traumático	... de trauma passado e suas sequelas

1996). Esses achados foram apoiados em outros estudos, embora cognições ansiosas pareçam ter um maior grau de inespecificidade do que cognições depressivas (p. ex., Beck, Brown, Steer, Eidelson e Riskind, 1987; Ingram, Kendall, Smith, Donnell e Ronan, 1987; Jolly e Dykman, 1994; Jolly e Kramer, 1994; Jolly, Dyck, Kramer e Wherry, 1994; Schniering e Rapee, 2004). Em uma metanálise de 13 estudos, R. Beck e Perkins (2001) encontraram apoio apenas parcial para a hipótese de especificidade do conteúdo. As escalas de cognição ansiosa e depressiva estavam significativamente relacionadas a suas escalas de humor/sintoma tanto correspondentes como não correspondentes e as escalas de cognição mostravam uma correlação média entre elas de 0,66. Contudo, comparações quantitativas revelaram que as escalas de cognição depressiva tinham correlações significativamente mais altas com depressão do que com sintomas ansiosos, mas as cognições ansiosas estavam igualmente correlacionadas com depressão e ansiedade. Os autores concluíram que cognições relacionadas a ameaça podem não ter o mesmo grau de especificidade que as cognições depressivas (R. Beck e Perkins, 2001; ver conclusão semelhante encontrada em uma revisão de Clark et al., 1999), embora certas populações clínicas ou níveis de gravidade do sintoma possam apresentar maior ou menos especificidade (Clark et al., 1996; Ambrose e Rholes, 1993).

A aparente falta de especificidade para cognições ansiosas pode refletir um maior grau de heterogeneidade para cognições ansiosas do que para cognições depressivas. R. Beck e Perkins (2001) sugerem duas possibilidades para a falta de especificidade das cognições ansiosas. É possível que possa ser identificado um subgrupo de pensamento ansioso que seja específico a determinados transtornos de ansiedade, enquanto outros tipos de pensamento ansioso podem estar mais genericamente relacionados a ansiedade e depressão? Ou, as cognições depressivas podem apresentar maior especificidade porque estão relacionadas a afeto positivo baixo, que é um construto de depressão de humor-personalidade específico, e a cognição ansiosa ser menos específica por que é a face cognitiva do afeto negativo elevado, que é uma dimensão de humor-personalidade comum a todos os transtornos emocionais.

Há evidências de que a especificidade pode se aplicar apenas a um subgrupo de cognições ansiosas. Jolly e Dykman (1994) relataram que algumas cognições de ameaça estavam mais relacionadas a um fator de negatividade geral, enquanto outras cognições relacionadas à ameaça física ou à saúde eram mais específicas da ansiedade. Em outra pesquisa, a preocupação ansiosa exagerada surgiu como um aspecto comum de todos os transtornos de ansiedade, enquanto a avaliação negativa dos outros ou ameaça social podem demonstrar mais especificidade de subtipo (Becker, Namour, Zayfert e Hegel, 2001; Mizes, Landolf-Fritsche e Grossman-McKee, 1987). Finalmente, Riskind (1997) afirmou que a vulnerabilidade iminente, a percepção de movimento da ameaça, pode oferecer melhor precisão na diferenciação entre ansiedade e depressão porque ela incorpora tempo e grau de mudança em sua conceitualização da avaliação da ameaça. Embora ainda experimental, parece que apenas certos tipos de cognições relacionadas a ameaça, tais como preocupações com sintomas físicos, saúde, avaliação social e perigo iminente são específicas da ansiedade, enquanto apreensão ou preocupação ansiosa pode ser mais evidente tanto na ansiedade como na depressão.

Especificidade cognitiva em subtipos de transtorno de ansiedade

Poucas pesquisas investigaram se um conteúdo cognitivo específico está associado aos subtipos de transtorno de ansiedade.

Em dois estudos R. Beck e colaboradores verificaram que a preocupação era comum à ansiedade e à depressão e um forte preditor de afeto negativo, enquanto a desesperança era preditora de afeto positivo baixo e cognições relacionadas a pânico eram claramente específicas a estados de ansiedade (R. Beck, Benedict e Winkler, 2003; R. Beck et al., 2001). Em uma análise fatorial confirmatória de autoafirmações ansiosas e depressivas autorrelatadas, autoafirmações refletindo depressão/desesperança e autoafirmações refletindo ansiedade/incerteza sobre o futuro tinham pesos grandes e significativos sobre um fator de negatividade geral (Safren et al., 2000).

Um dos testes de especificidade do conteúdo cognitivo mais diretos entre subtipos de transtorno de ansiedade foi relatado por Woody, Taylor, McLean e Koch (1998). Eles verificaram que pacientes com transtorno de pânico tinham escores significativamente mais altos em uma escala de cognições relacionada a ameaça que eram únicas ao pânico (isto é, o Inventário de Cognições UBC–Subescala de Pânico) comparados a pacientes com depressão maior. Entretanto, os dois grupos não diferiram na Lista de Verificação de Cognições–Subescala de Ansiedade, que os autores afirmam avaliar concepções mais gerais de cognições ansiosas.

Resumo

Com o passar dos anos, inúmeros estudos demonstraram que pensamentos e imagens automáticos de ameaça, perigo e dano ocorrem com maior frequência e intensidade nos transtornos de ansiedade quando o medo é ativado. Consequentemente, há ampla evidência apoiando a afirmação básica da Hipótese 6. Se pensamentos de ameaça e perigo são um marcador específico de ansiedade tem sido uma questão mais duvidosa, e se cada transtorno de ansiedade tem seu próprio conteúdo cognitivo único que o diferencia de outros estados emocionais é uma matéria que ainda não foi submetida a investigação empírica adequada. Entretanto,

inúmeras conclusões experimentais podem ser tiradas sobre a especificidade do conteúdo cognitivo na ansiedade. É provável que apenas algumas formas de pensamento ansioso apresentarão o nível de especificidade previsto pela Hipótese 6. A especificidade é mais provável quando os pesquisadores se focam mais no conteúdo do pensamento que caracteriza cada um dos subtipos do transtorno (ver Tabela 3.2) do que em formas mais gerais de pensamento apreensivo. Além disso, a especificidade do conteúdo cognitivo pode ser mais evidente em níveis mais altos de gravidade do sintoma ou em grupos clínicos que apresentam maior homogeneidade diagnóstica (p. ex., grupos de transtorno de ansiedade puro). A falha em encontrar especificidade nos transtornos de ansiedade poderia refletir as inadequações dos instrumentos utilizados, especialmente se são usados questionários autoaplicados que representem inadequadamente as formas mais específicas de cognição associadas com os subtipos de ansiedade. Também, a alta taxa de comorbidade entre ansiedade e depressão complicou as tentativas de investigar o nível de especificidade em processos patognomônicos. A pesquisa da especificidade cognitiva estaria avançada se os investigadores comparassem grupos de ansiedade e depressão "puros" (diagnostico único) usando instrumentos especializados de conteúdo de pensamento negativo. Até então, muito permanece desconhecido sobre os parâmetros de especificidade do conteúdo cognitivo na ansiedade.

DIRETRIZ PARA O TERAPEUTA 3.6

Os profissionais da saúde devem usar registros, diários e outras formas de automonitoramento do pensamento para obter uma avaliação "em tempo real" do conteúdo de pensamento e imagem automáticos que surge na consciência durante a ativação do medo. Temas específicos de ameaça e perigo fornecerão informações diagnósticas e de avaliação valiosas para construir uma formulação de caso do transtorno de ansiedade.

Hipótese 7

Estratégias defensivas ineficazes

Indivíduos altamente ansiosos exibirão estratégias defensivas imediatas menos eficazes para diminuir a ansiedade e garantir um senso de segurança em relação a indivíduos com níveis baixos de ansiedade. Além disso, indivíduos altamente ansiosos avaliarão suas capacidades defensivas em situações ameaçadoras como menos eficazes do que indivíduos não ansiosos.

A hipótese 7 se focaliza nas consequências finais da ativação do modo de ameaça (ver Figura 2.1). É proposto que a ativação do medo envolve uma resposta defensiva automática que visa a redução ou evitação imediata do medo e o restabelecimento da segurança. Esse sistema de resposta rápido não é uma resposta de enfrentamento intencional que requer esforço, mas, antes, um sistema adaptativo de base biológica fundamental que é ativado quando o organismo encontra uma situação potencialmente fatal (Öhman e Mineka, 2001). O valor adaptativo do medo se deve em parte a sua capacidade de ativar uma resposta defensiva imediata.

O medo se desenvolveu para lidar com situações que envolvem perigo físico que são potencialmente fatais e, portanto, reações primitivas de alarme podem ser efetivas para perigos externos. Entretanto, elas são menos úteis, mesmo contraproducentes, para as ameaças mais abstratas, proteladas e orientadas internamente que caracterizam os transtornos de ansiedade. Beck e colaboradores (1985, 2005) propuseram que dois sistemas defensivos comportamentais automáticos podem ser ativados pela ameaça. O primeiro é um sistema ativo, enérgico que envolve mobilização (p. ex., luta ou fuga) em resposta ao perigo. O segundo é um sistema mais passivo e anérgico que envolve uma resposta de imobilidade estereotípica (p. ex., desmaio). Craske (2003) apresentou um modelo de iminência da ameaça no qual a proximidade aumentada e a detecção de uma ameaça está associado a um estado correspondente de excitação autonômica em preparação para luta ou fuga.

A Figura 3.4 resume os processos comportamentais, cognitivos e de busca de segurança envolvidos na reação defensiva automática induzida pela ativação do modo de ameaça.

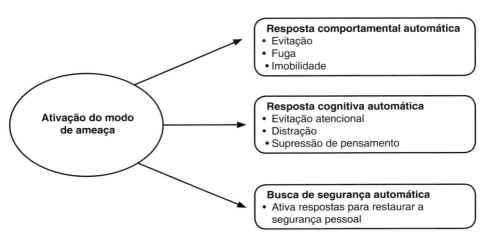

FIGURA 3.4

O sistema de resposta defensiva automática associado a ativação do modo de ameaça.

Fuga e evitação comportamental

O comportamento de fuga e evitação é tão proeminente em estados de ansiedade que é incluído como um dos aspectos diagnósticos principais da fobia social, TEPT, fobia específica e transtorno de pânico do DSM-IV (APA, 2000). Além disso, as tentativas de ignorar, suprimir ou neutralizar as obsessões no TOC e o controle ineficaz da preocupação no TAG podem ser consideradas exemplos de respostas de fuga nesses transtornos. As respostas de fuga e evitação estão tão estreitamente associadas a medo subjetivo que sua ocorrência é considerada um marcador importante de expressão de medo (Barlow, 2002).

As teorias comportamentais, biológicas e emocionais do medo são quase universais em sua concordância de que uma resposta de fuga e evitação automática é parte da ativação do medo (Barlow, 2002). Várias reações defensivas como afastamento (fuga, escape, evitação), imobilidade atentiva (congelamento) ou tônica (ausência de resposta), defesa agressiva e desvio do ataque (conciliação ou submissão) estão associadas a provocação de medo em todos os animais incluindo os seres humanos como um meio de proteção contra perigo (Marks, 1987). A evitação ativa de estímulos de medo, que foi demonstrada em inúmeros experimentos de condicionamento aversivo em animais e em seres humanos, é conhecida por ter efeitos reforçadores porque está associada com a evitação de punição (Gray, 1987; Seligman e Johnston, 1973). A aprendizagem da evitação, então, é resistente à extinção porque acaba com a exposição à punição (o estímulo aversivo) e produz um senso de controle sobre a situação, e este aumenta a redução do medo (para revisão e discussão, ver Mineka, 1979, 2004). Não é surpresa que a resposta de fuga e evitação tenha desempenhado um papel proeminente nas teorias da aprendizagem de aquisição e manutenção do medo (para discussão adicional, ver Barlow, 2002; Craske, 2003; Öhman e Mineka, 2001; LeDoux, 1996; Marks, 1987).

Estudos fenomenológicos dos transtornos de ansiedade revelaram que alguma forma de fuga e evitação imediatos é evidente na maioria dos estados de ansiedade. Fuga e evitação é mais prevalente em altos níveis de ansiedade estado e ansiedade traço (Genest, Bowen, Dudley e Keegan, 1990). A maioria dos indivíduos com transtorno de pânico (90%) manifestam pelo menos níveis leves a moderados de evitação agorafóbica (Brown e Barlow, 2002; Craske e Barlow, 1988). Na fobia social os indivíduos têm maior probabilidade de realizar comportamentos de evitação sutis, tais como não fazer contato visual ou olhar para longe quando em situações de avaliação social (Beidel et al., 1985; Bögels e Mansell, 2004; Wells et al., 1995), enquanto entorpecimento emocional, evitação de sinais relacionados ao trauma ou desesperança no futuro são respostas de evitação ativas e passivas no TEPT que refletem tentativas de reduzir a qualidade aversiva da reexperiência do trauma (p. ex., Feeny e Foa, 2006; Wilson, 2004). Entre 75 e 91% de indivíduos com TOC têm tanto obsessões como compulsões, as últimas sendo uma resposta de evitação ou fuga ativa (Akhtar, Wig, Varma, Peershad e Verma, 1975; Foa e Kozak, 1995). Para a grande maioria dos pacientes ansiosos, a evitação comportamental desempenha um papel importante em suas vivências diárias desse estado emocional negativo.

Evitação cognitiva: uma reação defensiva automática

Vários processos cognitivos foram identificados como parte da resposta de evitação automática de ameaça. Desvio atencional de estímulos de ameaça, distração, supressão de pensamento e a iniciação de preocupação são todos processos cognitivos protetores que visam terminar ou evitar a exposição à ameaça (Carske, 2003). Ironicamente, essas respostas imediatas podem na verdade aumentar a acessibilidade aos próprios esquemas que representam ameaça (Wells e Matthews, 2006). Além disso, todos esses processos envolvem uma mistura de processamento forçado automático e mais consciente. Nesta seção, consideramos a evidência de uma evitação cognitiva automática, enquanto os aspectos mais elaborativos de distração, preocupação e supressão de pensamento serão discutidos como estratégias de enfrentamento evitativo deliberado na Hipótese 10.

Uma evitação automática de ameaça foi mais consistentemente demonstrada em fobias específicas e sociais do que no TAG e nos outros transtornos de ansiedade (ver revisões por Bögels e Mansell, 2004; Mogg e Bradley, 2004; também., experimentos por Mogg, Bradley, Miles e Dixon, 2004). Como resultado ainda não sabemos se uma evitação atencional automática de ameaça é um aspecto universal de todos os estados de ansiedade.

Se uma evitação atencional automática de ameaça atrasada surge mais consistentemente entre os transtornos de ansiedade, então esse processo poderia ser um elemento fundamental na ativação das respostas de evitação cognitiva estratégica mais consciente como distração, supressão de pensamento, e preocupação (ver também Mathews e Mackintosh, 1998, para visão semelhante). Borkovec e colegas apresentaram evidência instigante de que a preocupação funciona como uma reação de evitação cognitiva à informação de ameaça (Borkovec, 1994; Borkovec, Alcaine e Behar, 2004; ver também Mathews, 1990) que é instigada pelos vieses atencionais automáticos para ameaça. Embora a preocupação seja predominantemente uma estratégia de enfrentamento consciente forçado com uma função de evitação, a iniciação do processo de preocupação pode ser produto de vigilância automática para ameaça.

Busca de segurança automática

O comportamento de busca de segurança é uma classe importante de comportamento de fuga e evitação que é evidente na manutenção da agorafobia (Rachman, 1984a), transtorno de pânico (D. M. Clark, 1997; Salkovskis, 1996a), fobia social (Rapee e Heimberg, 1997; Wells e Clark, 1997) e

TEPT (Ehlers e Clark, 2000). Vários estudos demonstraram que o aumento do uso de comportamentos de busca de segurança está relacionado à manutenção de ansiedade e evitação (p. ex., Dunmore et al., 1999; Dunmore, Clark e Ehlers, 2001; Salkovskis et al., 1999; Sloan e Telch, 2002; Wells et al., 1995). White e Barlow (2002) relataram que 74% de seus pacientes com transtorno de pânico com agorafobia utilizavam um ou mais comportamentos de segurança como carregar um vidro de medicamento, comida/bebida, sacos, braceletes ou outros objetos. Em outro estudo indivíduos com fobia social exibiam mais comportamento de segurança que estava associado à ansiedade aumentada e que mediavam déficits reais no desempenho social (Sangier, Heindenreich e Schermelleh-Engel, 2006).

Os modelos cognitivos de transtornos de ansiedade específicos e os poucos estudos que foram conduzidos sobre busca de segurança sugerem que essa forma de resposta pode ser importante na patogênese da ansiedade. Entretanto, essa pesquisa é de relevância limitada à Hipótese 7 porque se foca na busca de segurança como uma estratégia de enfrentamento evitativo deliberado. Até agora não se sabe se há aspectos automáticos mais imediatos de busca de segurança que a tornariam parte da resposta de defesa imediata.

Resumo

Há evidências clínicas e laboratoriais esmagadoras de uma resposta de fuga e evitação razoavelmente automática na alta ansiedade, e essa resposta é parte de um padrão defensivo automático característico visando proteger o organismo contra ameaça e perigo. O que é menos conhecido é se a eliminação de respostas de fuga e evitação é necessária para o tratamento bem-sucedido de estados de ansiedade. Muito menos se sabe sobre os aspectos mais automáticos dos comportamentos de evitação cognitiva e de busca de segurança. A pesquisa que foi publicada examinou esses temas em termos de estratégias de enfrentamento deliberado consciente visando a redução da ansiedade. Portanto mais pesquisa é necessária para comparar diretamente a resposta defensiva automática de indivíduos com alta e baixa ansiedade em termos do seu impacto imediato sobre o nível de ansiedade e a efetividade percebida como um teste direto da Hipótese 7. Até que essa pesquisa tenha sido conduzida, a condição empírica dos aspectos cognitivos e de busca de segurança da Hipótese 7 é desconhecida.

DIRETRIZ PARA O TERAPEUTA 3.7

Respostas defensivas cognitivas, comportamentais e de busca de segurança relativamente automáticas e idiossincráticas devem ser identificadas e visadas para mudança. É essencial uma perspectiva ampla sobre evitação, que reconheça suas características cognitivas e de busca de segurança como parte de um sistema de resposta rápida automática à ameaça.

REAVALIAÇÃO ELABORADA SECUNDÁRIA: O ESTADO DE ANSIEDADE

Hipótese 8

Elaboração da ameaça facilitada

Um viés de ameaça seletiva será evidente em processos cognitivos explícitos e elaborados de modo que a recuperação de recordações de ansiedade, as expectativas de resultado e as inferências a estímulos ambíguos apresentarão uma preponderância de temas relacionados a ameaça em comparação a indivíduos não ansiosos.

Conforme discutido no Capítulo 2, o modelo cognitivo de ansiedade postula que um estágio secundário, compensatório de processamento de informação ocorre em resposta a ativação do modo de ameaça (isto é, a resposta ao medo imediata). Enquanto os primeiros momentos de ansiedade são dominados por processos automáticos que caracterizam a ativação do modo primitivo de ameaça, a fase secundária posterior envolve primariamente processamento deliberado e forçado que reflete uma abordagem estratégica consciente à redução da ansiedade.

A fase elaborada secundária desempenha um papel primário na manutenção da ansiedade. De fato, a maioria das intervenções cognitivo-comportamentais da ansiedade se focam na mudança nessa fase de elaboração. A modificação do processamento cognitivo forçado pode levar a uma redução significativa mesmo nos aspectos mais automáticos da ativação do medo. Nessa revisão, Mansell (2000) apresentou evidências clínicas e experimentais de que as interpretações conscientes podem ter um impacto positivo ou negativo significativo sobre processos automáticos envolvidos na ansiedade. Foi demonstrado que a intervenção psicológica que efetivamente reduz sintomas ansiosos também diminui o viés atencional automático para a ameaça (ver MacLeod, Campbell, Rutherford e Wilson, 2004). Contudo, consideramos o processamento de informação forçado consciente que envolve fazer julgamentos, gerar expectativas, avaliar ou apreciar informação, raciocinar e tomar decisões e recuperar memória explícita um aspecto importante da arquitetura cognitiva com viés de ameaça da ansiedade. Como é evidente pela revisão abaixo, tem havido muita discussão na literatura de pesquisa sobre o papel do processamento elaborativo, estratégico na ansiedade.

Interpretações tendenciosas da ameaça

Uma variedade de tarefas experimentais foram empregadas para determinar se indivíduos ansiosos exibem uma maior tendência a fazer julgamentos relacionados à ameaça pré-concebidos do que indivíduos não ansiosos. Em alguns estudos, palavras ameaçadoras e não ameaçadoras foram apresentadas, mas a evidência de uma preferência clara por ameaça foi mista (p. ex., Gotlib et al., 2004; Greenberg e Alloy, 1989). Achados mais consistentes surgiram de experimentos de *priming* emocional nos quais é mostrado aos participantes adjetivos de traços positivos e negativos precedidos por uma frase de *prime* positiva ou negativa. Nesses estudos pacientes com TAG e pânico exibiram uma resposta preferencial a estímulos de ameaça que sofreram *prime* (p. ex., D. M. Clark et al., 1988; Dalgleish, Cameron, Power e Bond, 1995).

O julgamento tendencioso é mais exatamente investigado com paradigmas experimentais que apresentam estímulos ameaçadores e não ameaçadores ambíguos, com a previsão de que indivíduos ansiosos confirmarão a interpretação mais ameaçadora. Tarefas ambíguas são mais sensíveis a vieses de avaliação porque permitem a possibilidade de gerar interpretações alternativas que variam em sua qualidade aversiva (MacLeod, 1999). Um paradigma experimental usado para investigar viés de interpretação envolve a apresentação auditiva de homófonos, que são palavras com pronúncia idêntica mas ortografia distinta, e significado ameaçador ou não ameaçador (p. ex., die/dye [morrer/corante]; weak/week [fraco/semana]; flu/flew [influenza/voar]). Os indivíduos são instruídos a escrever as palavras que ouviram. Em um estudo anterior, Mathews, Richards e Eysenck (1989) verificaram que pacientes ansiosos escreviam significativamente mais as palavras ameaçadoras do que pacientes não-ansiosos. Esse achado foi replicado em outros estudos (p. ex., Mogg, Bradley, Miller, et al., 1994, Experimento 2 e 3).

Alguém poderia argumentar que a apresentação de frases ambíguas e outras formas de compreensão de texto poderiam fornecer uma representação mais precisa das preocupações complexas que encontramos nos transtornos de ansiedade do que estímulos de uma única palavra. Nesses estudos, pacientes com transtorno de ansiedade têm maior probabilidade de gerar ou confirmar interpretações das frases mais ameaçadoras do que não ameaçadoras (p. ex., Amir, Foa e Coles, 1998b; D. M. Clark et al., 1997; Eysenck, Mogg, May, Richards e Mathews, 1991; Harvey et al., 1993; Stopa e Clark, 2000; Voncken, Bögels e de Vries, 2003). Por outro lado, Constans, Penn, Ilen e Hope (1999) verificaram que indivíduos sem ansiedade social tinham um viés de interpretação positiva para informação social ambígua enquanto indivíduos socialmente ansiosos eram mais imparciais em suas interpretações (ver também Hirsch e Mathews, 1997). Brendle e Wenzel (2004) verificaram que estudantes socialmente ansiosos tinham viés de interpretação negativa particularmente pronunciado a trechos não ambíguos positivos autorrelevantes e interpretação positiva reduzida dos mesmos trechos após 48 horas. Portanto, pode ser que tanto interpretação de ameaça aumentada ou viés de positividade reduzido operam diferentemente, especialmente na fobia social, mas ambos são importantes na caracterização do viés de interpretação na ansiedade.

Um problema com homófonos e trechos ambíguos (ou não ambíguos) é que as produções ameaçadoras do indivíduo ansioso podem refletir um viés de resposta (isto é, tendência a emitir uma determinada resposta) mais do que um viés de interpretação (isto é, tendência a codificar ou interpretar estímulos de certa maneira ameaçadora; ver MacLeod, 1999). MacLeod e Cohen (1993) usaram uma tarefa de compreensão de texto para demonstrar que apenas os estudantes com alta ansiedade traço tinham latência de compreensão mais rápida para frases ambíguas que eram seguidas por um frase de continuação ameaçadora. Esse efeito de *priming* indica que os estudantes com alta ansiedade traço, mas não estudantes com baixa ansiedade traço, eram mais propensos a atribuir um significado ameaçador às frases ambíguas. Um estudo mais recente de pares homógrafos (ou seja, uma palavra com dois significados diferentes; p. ex., *banco* poderia significar uma instituição financeira ou um objeto para sentar) sugere que quando significados de ameaça sofrem *prime* na fobia social generalizada, esse viés interpretativo ativado pode persistir por mais tempo do que em indivíduos sem ansiedade social (Amir et al., 2005). Além disso, estudos recentes que empregam treinamento de viés interpretativo sugerem uma possível relação causal entre interpretações de ameaça e ansiedade. Indivíduos não ansiosos treinados para fazer interpretações negativas ou de ameaça a frases ambíguas vivenciaram aumentos subsequentes na ansiedade estado e na reatividade a ansiedade (Mathews e Mackintosh, 2000; Salemink, van den Hout e Kindt, 2007a; Wilson, MacLeod, Mathews e Rutherford, 2006). O efeito de treinamento, entretanto, pode ser mais pronunciado para interpretações positivas (p. ex., Mathews, Ridgeway, Cook e Yiend, 2007; Salemink et al., 2007a), com alguns estudos encontrando mesmo efeitos fracos ou insignificantes de treinamento interpretativo negativo sobre os níveis de ansiedade (Salemink, van den Hout e Kindt, 2007b).

Em resumo, há considerável evidência de que os transtornos de ansiedade são caracterizados por um viés de interpretação consciente, estratégico para a ameaça que é particularmente evidente no processamento de informação ambígua que é relacionado às preocupações de ansiedade específicas do indivíduo. O fato de que esse efeito foi encontrado em estudos de *priming* indica que ele não pode simplesmente ser descartado como viés de resposta. Vieses interpretativos foram demonstrados no transtorno de pânico para a informação de sensação corporal na fobia social em cenários sociais ambíguos (ver Hirsch e Clark, 2004). Além disso, os estudos de treinamento de viés interpretativo fornecem evidência de um possível papel causal na ansiedade (ver também Capítulo 4). Embora muito ainda tenha que ser entendido sobre a especificidade do viés interpretativo, acreditamos que os achados são suficientemente bem avançados para concluir que ele desempenha um papel contribuinte na ansiedade e, portanto, justifica uma designação de "fortemente apoiado".

Expectativas relacionadas à ameaça

Se a ansiedade é caracterizada por um viés para ameaça no processamento elaborativo, então indivíduos ansiosos devem ter maior probabilidade de manter expectativas aumentadas para ameaça ou perigo futuro que são relacionadas a suas preocupações ansiosas. MacLeod e Byrne (1996) relataram que estudantes ansiosos anteciparam significativamente mais experiências futuras pessoais negativas do que controles não ansiosos. Em um acompanhamento de 6 meses de trabalhadores da cidade de Nova York após os ataques terroristas de 11/9, indivíduos que relataram mais sintomas de TEPT também avaliaram como mais provável a ameaça de futuros ataques terroristas (Piotrkowiski e Brannen, 2002).

A pesquisa sobre viés de covariação indica que expectativas aumentadas de experiências negativas podem predispor a percepções de contingências no ambiente (MacLeod, 1999). Nesse paradigma experimental, são apresentados aos indivíduos *slides* que provoquem medo ou neutros que estão aleatoriamente associados a um choque leve (resposta aversiva), a um som (resposta neutra) ou a nada. Os participantes são instruídos a prestar atenção às associações de estímulo-resposta e determinar se houve ou não uma relação particular entre o tipo de estímulo e a resposta. Tomarken, Mineka e Cook (1989) verificaram que mulheres altamente medrosas superestimaram consistentemente a porcentagem de tempo que os *slides* de medo estavam associados a choque elétrico, que reflete um viés de processamento para ameaça. Essa superestimativa de ameaça indicada por julgamentos exagerados de estímulos de medo e associações com choque foi reproduzida em indivíduos com fobia de aranha (de Jong et al., 1995), embora medo prévio possa ter um efeito maior sobre expectativas de covariação futura do que sobre estimativas *a posteriori* de covariação (de Jong e Merchelbach, 2000). O viés de covariação para ameaça também foi demonstrado em indivíduos propensos a pânico expostos a *slides* de situações de emergência (Pauli, Montoya e Martz, 1996) e, mais recentemente, na fobia social generalizada ao estimar a contingência entre desfechos negativos e eventos sociais ambíguos (Hermann, Ofer e Flor, 2004; ver Garner, Mogg e Bradley, 2006, para resultados contrários). Embora não seja claro se o viés de covariação é tão proeminente nos transtornos de ansiedade quanto em estados de fobia específica, é evidente que expectativas negativas podem influenciar os julgamentos de contingências que caracterizam situações relacionadas à ansiedade.

Viés de memória explícita

A pesquisa do processamento de informação também investigou se a ansiedade é caracterizada por um viés de lembrança de informação congruente com a ameaça. Se esquemas relacionados à ameaça são ativados na ansiedade, seria esperado um acesso aumentado a recordações congruentes com o esquema. Entretanto, a evidência de que indivíduos ansiosos exibem uma vantagem mnemônica para informação relevante à ameaça não foi convincente (Mathews e MacLeod, 1994; MacLeod, 1999). Williams e colaboradores (1997) concluíram que viés de memória implícita para ameaça é mais frequentemente encontrado na ansiedade, enquanto um viés negativo na memória explícita é mais provavelmente encontrado na depressão. Além disso, MacLeod (1999) concluiu que a vulnerabilidade a ansiedade é caracterizada por viés de memória implícita, mas não de memória explícita para ameaça.

A presença de um viés de memória explícita para ameaça é indicativa de viés na fase de processamento de informação elaborada, estratégica. Contrário à afirmações anteriores, Coles e Heimberg (2002) concluíram em sua revisão que vieses de memória explícita para informação relevante à ameaça é evidente no transtorno de pânico e, em menor grau, no TEPT e TOC. Entretanto, o viés de memória explícita é menos aparente na fobia social e no TAG.

A tarefa de codificação autorreferencial (TCA) tem sido usada com maior frequência para avaliar viés de memória explícita na ansiedade e depressão. É mostrada aos indivíduos uma lista de palavras autorrelevantes positivas, negativas (ou ameaçadoras) e neutras e é pedido que indiquem que palavras são autodescritivas. Após a tarefa de endosso, os indivíduos recebem um exercício de lembrança incidental no qual eles escrevem o máximo de palavras que puderem lembrar. Baseado nesse paradigma experimental ou em várias modificações, um viés de lembrança negativa ou de ameaça foi encontrado para fobia social (Gotlib et al., 2004); transtorno de pânico (Becker, Rinck e Margraf, 1994; Cloitre et al., 1994; Lim e Kim, 2005; Nunn, Stevenson e Whalan, 1984); TEPT (Vrana, Roodman e Beckham, 1995); e TAG ou alta ansiedade traço (Mogg e Mathews, 1990). Entretanto, outros estudos não conseguiram encontrar um viés de lembrança (ou de reconhecimento) negativa sugerida ou livre para TAG ou alta ansiedade traço (Bradley, Mogg e Williams, 1995; MacLeod e McLaughlin, 1995; Mathews, Mogg, et al., 1989; Mogg et al., 1987, 1989; Richards e French, 1991); fobia social (Cloitre, Cancienne, Heimberg, Holt e Liebowitz, 1995; Lundh e Öst, 1997; Rapee et al., 1994, Experimentos 1 e 2; Rinck e Becker, 2005); TOC (Foa, Amir, Gershuny, et al., 1997); e mesmo transtorno de pânico (Baños et al., 2001).

Coles e Heimberg (2002) observaram que viés de memória explícita para ameaça era mais aparente quando o processamento de informação conceitual ou "profundo" era requerido no estágio de codificação, quando os indivíduos não tinham de produzir os estímulos que temiam no estágio de recuperação, quando é testado mais a recordação do que o reconhecimento e quando são usadas experiências externamente válidas que têm relação direta com as preocupações de medo do indivíduo. Para essa finalidade, alguns pesquisadores investigaram a memória para vivências ameaçadoras expondo indivíduos a situações imaginadas ou da vida real. A maioria desses estudos envolveu indivíduos socialmente ansiosos que foram expostos a encontros sociais hipotéticos ou reais e então avaliados para codificação e recuperação de vários elementos da experiência. Na maioria dos casos o grupo com alta ansiedade social não demonstrou um viés de recordação de ameaça explícita (p. ex., Brendle e Wenzel, 2004; Rapee et al., 1994, Experimento 3; Stopa e Clark, 1993; Wenzel, Finstrom, Jordan e Brendle, 2005; Wenzel e Holt, 2002). Radomsky e Rachman (1999) encontraram evidências de recordação aumentada de contato prévio com objetos de contaminação percebidos (ver também Radomsky, Racham e Hammond, 2001), mas esse efeito não foi reproduzido em um estudo posterior de pacientes com TOC com compulsões de lavagem (Ceschi, van der Linden, Dunker, Perroud e Brédart, 2003).

Um número razoável de estudos encontrou evidências de um viés de memória explícita para ameaça, especialmente quando foi avaliada recordação em vez de reconhecimento, para concluir que esse agregado de pesquisa fornece um nível modesto de apoio empírico para a Hipótese 8. Parece que o processamento elaborativo consciente envolvido na codificação e recuperação de informação pode ter um viés para ameaça na ansiedade. Entretanto, um viés de memória explícita para ameaça foi mais evidente no transtorno de pânico e menos evidente no TAG e na fobia social. De fato, a maioria dos estudos não foi capaz de encontrar evidências de um viés de memória explícita para ameaça na fobia social mesmo com manipulações do processamento de informação que se assemelham rigorosamente a experiências sociais da vida real. Muito poucos estudos da memória foram conduzidos no TOC ou no TEPT para permitir que sejam tiradas quaisquer conclusões, embora Muller e Roberts (2005) tenham concluído recentemente em sua revisão que o TOC é caracterizado por um viés de memória positivo para estímulos ameaçadores. De modo geral, a pesquisa sobre viés de memória explícita fornece apoio apenas modesto para a Hipótese 8.

Memória autobiográfica

Se a ansiedade é caracterizada por processamento elaborativo com viés para ameaça, então esperaríamos que indivíduos ansiosos exibissem uma tendência elevada a recordar vivências pessoais passadas de ameaça ou perigo. A recuperação seletiva de recordações autobiográficas foi demonstrada mais claramente na depressão onde um efeito de congruência com o humor negativo foi encontrado entre inúmeros estudos (para revisão, ver D. A. Clark et al., 1999; Williams et al., 1997). No estudo autobiográfico típico, os indivíduos são instruídos a relatar a primeira recordação que vier à mente em resposta a palavras de sugestão neutras ou com valência. A tarefa da memória autobiográfica tem boa validade ecológica porque avalia as recordações e experiências pessoais dos indivíduos, embora o viés de lembrança pudesse ser causado por um maior número de experiências ameaçadoras passadas nas vidas de indivíduos ansiosos (MacLeod, 1999). Portanto, diferenças de recuperação podem não refletir diferenças de memória tanto quanto diferenças nas experiências de vida.

Apenas alguns poucos estudos investigaram a memória autobiográfica na ansiedade. Rapee e colaboradores (1994, Experimento 4) não conseguiram encontrar nenhuma diferença entre grupos socialmente ansiosos ou não ansiosos em número de recordações positivas ou negativas lembradas para palavras de estímulo sociais ou neutras, embora Burke e Mathews (1992) tenham produzido mais resultados positivos indicativos de um viés de memória autobiográfica no TAG. Mayo (1989) constatou que alta ansiedade traço estava associada a lembrança de menos recordações pessoais felizes e mais infelizes. Wenzel, Jackson e Holt (2002) relataram que indivíduos com fobia social lembravam mais recordações pessoais que envolviam afeto negativo em resposta a sinais de ameaça social, mas esse efeito foi fraco, respondendo por apenas 10% de suas recordações sinalizadas como ameaça social. Embora apenas alguns poucos estudos de memória autobiográfica na ansiedade tenham sido publicados, pode vir a ser que esse viés da memória possa ser específico de certos transtornos de ansiedade como TAG, mas não de outros como fobia social.

Resumo

De modo geral há considerável apoio empírico para a Hipótese 8, que a ansiedade é caracterizada por facilitação da ameaça no estágio elaborativo, estratégico do processamento de informação. O apoio de pesquisa mais forte é da pesquisa do viés interpretativo. O achado mais frequente é de julgamentos relacionados a ameaças pré-concebidas na alta ansiedade. Isso é mais evidente quando é apresentada uma informação ambígua que é específica às preocupações de medo do indivíduo (p. ex., sensações corporais para transtorno de pânico e avaliação social negativa para fobia social). Há alguma indicação de que o viés de interpretação na ansiedade é persistente, focaliza-se principalmente na gravidade da ameaça e tem um impacto causal sobre a ansiedade. Ainda há dúvidas sobre se o viés de interpretação envolve primeiramente o exagero da ameaça ou a diminuição de um viés de positividade que caracteriza estados não ansiosos.

Há alguma evidência de que um processamento estratégico consciente da ameaça é evidente na forma de expectativas negativas aumentadas. Indivíduos ansiosos podem ter maior probabilidade de esperar que eventos futuros negativos ou ameaçadores aconteçam a eles, embora mais pesquisa seja necessária para estabelecer esse achado. Experimentos sobre o viés de covariação indicam que expectativas relacionadas a medo em estados fóbicos podem resultar em percepções tendenciosas de contingências do ambiente (MacLeod, 1999). Se os vieses de covariação também operam nos transtornos de ansiedade é uma questão que requer mais pesquisa. Entretanto, nesse estágio há pelo menos algum apoio experimental para a visão de que a ansiedade envolve uma expectativa tendenciosa para futuros eventos pessoais negativos ou ameaçadores.

Finalmente, considerável literatura de pesquisa sobre viés de memória explícita na ansiedade estabeleceu que um viés de recuperação de informação relevante a ameaça é evidente no transtorno de pânico, mas não na fobia social ou no TAG. Muito poucos estudos de memória foram conduzidos sobre indivíduos com TOC ou TEPT para permitir conclusões seguras. Além disso, indivíduos ansiosos podem apresentar tendência a evocar recordações pessoalmente ameaçadoras, e isso poderia contribuir para outros processos elaborativos, tais como ruminação ansiosa e processamento pós-evento (ver Hirsch e Clark, 2004). Entretanto, a evidência de memória autobiográfica seletiva para ameaça é no momento muito especulativa.

DIRETRIZ PARA O TERAPEUTA 3.8

Evidência empírica considerável apoia as intervenções terapêuticas que buscam mudar o processamento de informação estratégico consciente que é a base de uma reavaliação exagerada da ameaça. Modifique avaliações, expectativas e recuperação de memória de ameaça intencionais para estabelecer uma reavaliação mais equilibrada da ameaça imediata que pode ter um impacto positivo sobre os processos automáticos de ativação do medo.

Hipótese 9

Elaboração de segurança inibida

Os processos cognitivos explícitos e controlados na ansiedade serão caracterizados por um viés inibitório de informação de segurança relacionado à ameaças seletivas de modo que a evocação de recordações, expectativas de resultado e julgamentos de estímulos ambíguos evidenciarão menos temas de segurança em comparação a indivíduos não ansiosos.

Se indivíduos ansiosos têm um viés para processar consciente e trabalhosamente informação relevante à ameaça, não é possível que esses mesmos processos estratégicos possam ser tendenciosos em relação a sinais relacionados a segurança? Infelizmente, pouca pesquisa experimental tratou dessa possibilidade. Ainda que uma série de estudos de desvio atencional tenham demonstrado que indivíduos ansiosos exibem evitação atencional de estímulos de ameaça em intervalos de apresentação mais longos (ver discussão sobre as Hipóteses 1 e 2), praticamente não há pesquisa sobre se pessoas ansiosas apresentam uma inibição mais deliberada de processamento de informação de segurança. Outros pesquisadores, como D. M. Clark (1999), enfatizaram que os comportamentos de segurança desempenham um papel importante na manutenção da ansiedade, mas eles não avaliam se indivíduos altamente ansiosos poderiam inibir ativamente o processamento de material de segurança.

Em uma série de experimentos, Hirsch e Mathews (1997) investigaram as inferências emocionais que indivíduos com ansiedade alta e baixa fizeram quando pré-ativados (*primed*) com frases ambíguas após lerem sobre entrevistas e se imaginarem sendo entrevistados. A principal diferença entre os grupos ocorreu com o grupo não ansioso, que mostrou uma latência mais rápida para fazer inferências positivas após um *prime* positivo. O grupo com alta ansiedade não conseguiu demonstrar esse viés de positividade em suas inferências *online*. Os autores concluíram que julgamentos pré-concebidos na ansiedade podem ser mais bem caracterizados em termos de uma ausência de um viés positivo protetor que caracteriza indivíduos saudáveis (ver também Hirsch e Mathews, 2000). Se ampliarmos esse processamento inferencial de déficit de informação positiva para incluir material de segurança, então esses resultados poderiam sugerir que indivíduos não ansiosos têm tendência a elaborar informação relevante a segurança, enquanto indivíduos com ansiedade social podem não possuir tal viés de processamento deliberado, estratégico.

Escalas autoaplicadas também podem ser usadas para avaliar se indivíduos ansiosos têm menor probabilidade de processar deliberadamente informação de segurança ou corretiva. Pesquisadores no Center for Cognitive Therapy, na Filadélfia, desenvolveram um questionário de 16 itens chamado Attentional Fixation Questionnaire (AFQ – Questionário de Fixação Atencional) para avaliar se indivíduos com transtorno de pânico se fixam em sintomas físicos inquietantes e ignoram informação corretiva durante ataques de pânico (Beck, 1988; Wenzel, Sharp, Sokol e Beck, 2005). Uma série de itens do AFQ trata de questões de segurança, como "Eu sou capaz de me focalizar nos fatos", "Eu posso distrair a mim mesmo", "Eu posso pensar em uma variedade de soluções", ou "Eu me lembro dos conselhos dos outros e os aplico". Cinquenta e cinco pacientes com transtorno de pânico completaram o questionário em quatro intervalos de tempo: pré-tratamento, 4 semanas, 8 semanas e término. Pacientes que continuaram a ter problemas com ataques de pânico tiveram escores mais altos no AFQ do que indivíduos com transtorno de pânico que não tiveram mais ataques de pânico, e a melhora do tratamento estava associada a grandes diferenças pré e pós-tratamento no AFQ. Embora apenas sugestivos, esses resultados são consistentes com a afirmação de Beck (1988) de que durante um ataque de pânico os indivíduos são menos capazes de processar conscientemente informação de segurança ou corretiva.

Resumo

Nesse momento não se sabe se o viés de interpretação de ameaça na ansiedade também afeta o processamento de sinais de segurança. Poderíamos esperar que a informação de segurança não fosse codificada tão profundamente se o aparato de processamento de informação fosse orientado à ameaça. Entretanto, até agora há apenas evidências sugestivas de processamento elaborativo inibido ou diminuído de informação de segurança na ansiedade, com uma atual falta de pesquisa crítica sobre esse assunto.

> **DIRETRIZ PARA O TERAPEUTA 3.9**
>
> O tratamento da ansiedade poderia se beneficiar de treinamento que melhore o processamento deliberado e forçado de informação de segurança e corretiva durante períodos de ansiedade antecipatória e aguda.

Hipótese 10

Estratégias cognitivas compensatórias prejudiciais

Na alta ansiedade, a preocupação tem um efeito adverso maior por aumentar a ênfase da ameaça, enquanto a preocupação em estados de baixa ansiedade tem maior probabilidade de estar associada a efeitos positivos como a iniciação de solução efetiva de problema. Além disso, outras estratégias cognitivas visando reduzir pensamentos ameaçadores, tais como supressão, distração e substituição de pensamento, têm maior probabilidade de exibir efeitos paradoxais (ou seja, rebote, efeito negativo aumentado, menos percepção de controle) em estados de alta ansiedade do que de baixa ansiedade.

Preocupação: uma estratégia de enfrentamento maladaptativa

Como produto da ativação do modo de ameaça, a preocupação tem um impacto nocivo sobre a manutenção da ansiedade por aumentar a probabilidade e gravidade percebidas da ameaça, bem como o senso pessoal de vulnerabilidade ou capacidade de enfrentamento do indivíduo. A preocupação, então, tem uma função dupla tanto como uma consequência "a jusante" de processos de ameaça automáticos como um *feedback* que contribui para a manutenção da ansiedade. Isso leva a três previsões específicas sobre a preocupação nos transtornos de ansiedade:

* Indivíduos altamente ansiosos terão mais preocupação excessiva, exagerada e incontrolável do que aqueles com baixa ansiedade.
* A preocupação na alta ansiedade terá uma consequência mais negativa, resultando em maior reavaliação da ameaça e ansiedade subjetiva aumentada.
* O processo de preocupação na baixa ansiedade é caracterizado por solução de problema mais adaptativa e efetiva, enquanto a preocupação na alta ansiedade é contraproducente.

Preocupação excessiva, incontrolável

Evidências consideráveis indicam que a preocupação é um aspecto proeminente de todos os transtornos de ansiedade e, quando ocorre nesses condições clínicas, ela é muito mais excessiva, exagerada e incontrolável do que a preocupação relatada por indivíduos não-clínicos. Em uma recente revisão da especificidade cognitiva dos transtornos de ansiedade, foi concluído que preocupação patológica não é apenas evidente no TAG, mas também em outros transtornos de ansiedade, tais como transtorno de pânico e TOC (Starcevic e Berle, 2006). A preocupação é um aspecto proeminente de construtos de sintomas considerados comuns entre os transtornos de ansiedade, tais como apreensão ansiosa (Barlow, 2002), afeto negativo (Barlow, 2000; Watson e Clark, 1984) e ansiedade traço (Spielberger, 1985). Embora a maioria dos estudos considerem que a preocupação é significativamente mais frequente, grave, e incontrolável no TAG (Chelminski e Zimmerman, 2003; Dupuy et al., 2001; Hoyer, Becker e Roth, 2001), não obstante níveis elevados também estão presentes no transtorno de pânico, no TOC, na fobia social, no TEPT e mesmo na depressão, bem como em estados subsindrômicos de alta ansiedade (Chelminski e Zimmerman, 2003; Gladstone et al., 2005. Wetherell, Roux e Gatz, 2003). Naturalmente, o conteúdo real da preocupação variará, com fobia social associada a preocupações de avaliação social, pânico com a ocorrência de ataques de pânico ou de alguma consequência física temida, TEPT com trauma passado ou com o impacto negativo do transtorno e TOC com uma variedade de medos obsessivos. Além disso, a preocupação no TAG pode ser diferenciada por preocupações com fatos cotidianos menores, eventos futuros remotos ou doença/saúde/ferimento (Craske, Rapee, Jackel e Barlow, 1989; Dugas, Freeston, et al., 1998; Hoyer et al., 2001). De modo geral, contudo, a pesquisa indica claramente que preocupação excessiva e maladaptativa está comumente associada a estados de alta ansiedade.

Efeitos negativos da preocupação patológica

Indivíduos ansiosos se preocupam a fim de evitar ansiedade somática desagradável ou outras emoções negativas, bem como uma estratégia de solução de problema que busque evitar ou pelo menos preparar para eventos negativos futuros antecipados (Borkovec et al., 2004; Wells, 2004). Em seu modelo cognitivo de TAG, Wells (1999, 2004) enfatizou que crenças positivas sobre os benefícios percebidos da preocupação são um fator importante na manutenção da preocupação e do estado ansioso. Entretanto, a preocupação é uma estratégia de enfrentamento problemática que basicamente contribui para uma escalada da ansiedade pela intensificação da ameaça percebida. Para indivíduos clinicamente ansiosos, a preocupação excessiva contribuirá para uma reavaliação da ameaça como mesmo mais perigosa e iminente, e seus recursos de enfrentamento como insuficientemente adequados para o evento antecipado. A preocupação, então, causa uma intensificação da ansiedade por meio de seu efeito negativo sobre resposta emocional, cognição e solução de problema ineficaz.

Wells (1999) afirmou que o processo de preocupação é problemático por que:

1. envolve a geração de inúmeros cenários negativos que causam uma maior percepção de ameaça e vulnerabilidade pessoal;
2. aumenta a sensibilidade à informação relacionada a ameaça;
3. aumenta a ocorrência de pensamentos intrusivos indesejados;
4. leva a atribuição errônea da causa para a não ocorrência de uma catástrofe, desse modo fortalecendo crenças positivas sobre preocupação (p. ex., "Eu não vou sair bem em uma prova a menos que eu me preocupe").

Há evidências consideráveis de que a preocupação leva a um aumento na ansiedade subjetiva. Estudos tanto transversais como longitudinais indicam que a preocupação aumentada está associada ao aumento tanto na ansiedade como na depressão (Constans, 2001; Segerstrom, Tsao, Alden e Craske, 2000). A estreita associação entre pensamento ou preocupação ansiosa repetida e emoção negativa subjetiva foi encontrada em estudos de registro diário (Papageorgiou e Wells, 1999), bem como na pesquisa laboratorial na qual indivíduos não clínicos são alocados para uma condição induzida de preocupação (p. ex., Andrews e Borkovec, 1988; Borkovec e Hu, 1990; York, Borkovec, Vasey e Stern, 1987).

Outra consequência negativa da preocupação é um aumento nos pensamentos intrusivos negativos indesejados. Em uma série de estudos, indivíduos propensos à preocupação que se envolveram em uma condição induzida de preocupação posteriormente relataram um aumento nos pensamentos intrusivos ansiosos e depressivos indesejados (Borkovec, Robinson, et al., 1983; York et al., 1987). Pruzinski e Borkovec (1990) verificaram que indivíduos que se diziam preocupados tinham intrusões de pensamento significativamente mais negativas do que os não preocupados mesmo sem uma manobra de indução de preocupação, e Ruscio e Borkovec (2004) relataram que indivíduos preocupados com TAG tinham maior dificuldade para controlar intrusões de pensamento negativo após uma indução de preocupação do que indivíduos preocupados sem TAG, embora as intrusões negativas causadas por preocupação fossem de curta duração. Uma relação causal entre preocupação e pensamentos intrusivos indesejados também foi demonstrada após exposição a um estímulo estressante no qual induções à preocupação após assistir a um filme resultaram em um maior número de intrusões indesejadas do filme (ver Butler, Wells e Dewick, 1995; Wells e Papageorgiou, 1995).

Preocupação patológica, evitação e solução de problema

A manutenção da preocupação é um paradoxo. Por um lado, ela é um estado aversivo associado a ansiedade e sofrimento elevados, e contudo somos induzidos a ela em tempos de ansiedade. Uma explicação é que a preocupação persiste devido a não ocorrência daquilo que tememos (Borkovec, 1994; Borkovec et al., 2004). Além disso, ela é mantida pela crença de que ajuda na preparação para desfechos negativos futuros antecipados (Borkovec e Roemer, 1995). Wells (1994b, 1997) afirmou persuasivamente que crenças positivas sobre a efetividade da preocupação na redução da ameaça contribuem para sua manutenção. Entretanto, a efetividade da preocupação é imediatamente prejudicada pelo fato de que a maioria das coisas com as quais as pessoas se preocupam nunca acontece (Borkovec et al., 2004). Sob essas condições, um plano de reforço negativo poderoso é estabelecido no qual crenças positivas sobre a efetividade da preocupação para evitar ou prevenir eventos ruins se tornam fortalecidas pela não ocorrência de eventos adversos. Portanto, nos preocupamos não para obter qualquer vantagem em particular, mas, antes, para prevenir ou evitar alguma adversidade antecipada.

Ainda que a preocupação possa ser uma atividade cognitiva supérflua, seu efeito negativo é multiplicado pela evidência de que sua própria ocorrência impede a solução efetiva de problemas. Resultados de escalas de preocupação estão negativamente correlacionadas com certos aspectos de resultados de escalas de solução de problemas sociais tanto em amostras clínicas como em amostras não clínicas (Dugas, Letarte, Rhéaume, Freeston e Ladouceur, 1995; Dugas, Merchand e Ladouceur, 2005). A preocupação crônica não está relacionada à capacidade de solucionar problemas sociais, mas mais diretamente associada a baixa confiança em solucionar problemas, menos percepção de controle e motivação reduzida de se ocupar com a solução de problemas (Davey, 1994; Davey, Hampton, Farrell e Davidson, 1992; Dugas et al., 1995). Em resumo, essa pesquisa sugere que embora a preocupação patológica possa não ser caracterizada por déficits de solução de problemas sociais, ela provavelmente interfere na capacidade do indivíduo de desenvolver soluções efetivas (Davey, 1994). Em contraste, fenômenos de preocupação em populações não-clínicas podem estar associados ao desenvolvimento mais efetivo de respostas de solução de problemas (Davey et al., 1992; Langlois, Freeston e Ladouceur, 2000b).

Preocupação excessiva e o viés de interpretação da ameaça

Uma última consequência negativa da preocupação é que ela faz o indivíduo reavaliar um estímulo de medo de uma maneira mais ameaçadora. Em um estudo com crianças do ensino fundamental que se declaravam preocupadas e não preocupadas, Suarez e Bell-Dolan (2001) constataram que as preocupadas geravam mais interpretações ameaçadoras às situações ambíguas e ameaçadoras hipotéticas do que crianças não propensas à preocupação. Constans (2001) também verificou que a propensão à preocupação 6 semanas antes de uma prova estava associada a um aumento do risco estimado de rodar na prova. Esses achados, então, são consistentes com nossa proposição de que a preocupação contribuirá para uma reavaliação da ameaça como uma ocorrência mais grave e provável.

Impacto negativo da busca de segurança

Embora vários aspectos da busca de segurança tenham sido discutidos anteriormente, ela também pode ser vista como uma estratégia de enfrentamento compensatória maladaptativa. O apoio mais extensivo no comportamento de busca de segurança foi associado à manutenção da ansiedade e de crenças relacionadas à ameaça (ver seção na Hipótese 2). Além disso, há alguma evidência de um processamento automático mais fraco de informação de segurança e uma posterior evitação atencional de ameaça. Se a experimentação mais direta sustentar a noção de que o processamento automático de informação de segurança é menos eficiente em estados de alta ansiedade, então isso poderia ajudar a explicar por que a pessoa ansiosa tem de despender recursos mais elaborados na busca de segurança.

Indivíduos ansiosos têm maior probabilidade de utilizar comportamentos de busca de segurança como um meio de enfrentar a ansiedade do que indivíduos não ansiosos (ver seção na Hipótese 2). Em curto prazo, o enfrentamento orientado à segurança pode resultar em algum alívio imediato da ansiedade, mas no longo prazo ele na verdade a confirma interpretações ameaçadoras impedindo sua desconfirmação (Salkovskis, 1996b). Dessa forma, a crença generalizada na busca de segurança contribuirá para a manutenção da ansiedade. A importância da busca de segurança como uma resposta de enfrentamento estratégico maladaptativo que contribui para a patogênese da ansiedade foi reconhecida como um processo importante na maioria dos transtornos de ansiedade específicos como TAG (Woody e Rachman, 1994), transtorno de pânico (D. M. Clark, 1999), fobia social (D. M. Clark e Wells, 1995) e TEPT (Ehlers e Clark, 2000). Como a preocupação, então, o uso generalizado de busca de segurança é uma estratégia de enfrentamento prejudicial que contribui para a manutenção da ansiedade.

Supressão do pensamento e da emoção

A supressão deliberada de pensamentos e emoções indesejados são duas outras estratégias de enfrentamento que podem contribuir para a manutenção da ansiedade. Wegner e colaboradores foram os primeiros a demonstrar que a supressão deliberada mesmo de cognições neutras, tais como o pensamento sobre um urso branco, causará um rebote paradoxal na frequência do pensamento alvo uma vez que os esforços de supressão cessem (Wegner, Schneider, Carter e White, 1987). No experimento típico de supressão de pensamento, os indivíduos são distribuídos aleatoriamente para uma de três condições: um intervalo curto (p. ex., 5 minutos) no qual eles podem pensar qualquer coisa exceto um pensamento alvo (condição de supressão), uma condição expressa (pensar intencionalmente o pensamento alvo) ou uma condição apenas de monitoramento (pensar quaisquer pensamentos incluindo o pensamento alvo). Isso é seguido por um segundo intervalo de igual duração no qual todos os participantes recebem uma condição expressa ou apenas de monitoramento. Em ambos os intervalos os participantes indicam sempre que o pensamento alvo se intromete na consciência. A evidência de rebote pós-supressão é aparente quando o grupo de supressão relata uma taxa mais alta de intrusões do alvo durante o período expresso ou apenas de monitoramento subsequente do que o grupo que inicialmente expressou ou monitorou seus pensamentos. O fenômeno de rebote é atribuído aos efeitos procrastinadores da supressão de pensamento intencional que se tornam mais aparentes quando o controle mental é relaxado (Wenzlaff e Wegner, 2000). A relevância dessa pesquisa para os transtornos emocionais é óbvia (para revisões críticas, ver Abramowitz, Tolin e Street, 2001; D. A. Clark, 2004; Purdon, 1999; Purdon e Clark, 2000; Rassin, Merckelbach e Muris, 2000; Wegner, 1994; Wenzlaff e Wegner, 2000). Se os pensamentos indesejados realmente se aceleram como resultado de tentativas anteriores de supressão intencional, então o controle mental deliberado de pensamentos inquietantes seria uma estratégia de enfrentamento cognitivo maladaptativo que contribui para as taxas mais altas de cognição ameaçadora e perturbadora vistas em estados de ansiedade. Neste caso, a supressão de pensamento seria uma importante contribuição para a manutenção da ansiedade. Entretanto, duas questões devem ser tratadas. Primeiro, com que frequência indivíduos ansiosos apelam para a supressão de pensamento deliberada como estratégia de enfrentamento? E segundo, quando indivíduos ansiosos suprimem seus pensamentos ameaçadores e inquietantes indesejados, há um ressurgimento no pensamento e emoção ansiosos?

Prevalência da supressão de pensamento

A tendência a utilizar supressão do pensamento foi medida por questionários autoaplicados como o *White Bear Suppression Inventory* ([WBSI] Inventário de Supressão do Urso Branco; Wegner e Zanakos, 1994). O WBSI é um questionário de 15 itens que avalia diferenças individuais na tendência a se envolver no controle mental deliberado de pensamentos indesejados. Correlações positivas foram relatadas entre o WBSI e várias escalas autoaplicadas de ansiedade, bem como escalas de obsessividade (p. ex., Rassin e Diepstraten, 2003; Wegner e Zanakos, 1994). Além disso, os escores no WBSI são significativamente elevados em todos os transtornos de ansiedade, mas então diminuem em resposta ao tratamento efetivo (Rassin, Diepstraten, Merckelbach e Muris, 2001). Um estudo de análise fatorial do WBSI, entretanto, verificou que um fator de supressão de pensamentos intrusivos indesejados mais do que um fator de supressão de pensamento estava correlacionado a sintomas de ansiedade e TOC (Höping e de Jong-Meyer, 2003). Contudo, outros estudos clínicos indicaram que a supressão de pensamento é evidente nos transtornos de ansiedade. Harvey e Bryant (1998a) verifi-

caram que sobreviventes de acidentes com veículos automotores com transtorno de estresse agudo (TEA) tinham taxas mais altas de supressão do pensamento natural do que os sobreviventes sem TEA. Um estudo com mulheres que sofreram aborto espontâneo revelou que uma tendência a se envolver em supressão de pensamento foi preditora de sintomas de TEPT em 1 mês e 4 meses após a perda (Engelhard, van den Hout, Kindt, Arntz e Schouten, 2003). De modo geral, esses achados indicam que a supressão do pensamento é uma estratégia de enfrentamento muito frequentemente empregada por aqueles que estão sofrendo de ansiedade.

Efeitos negativos da supressão do pensamento

Parece que indivíduos com um transtorno de ansiedade são tão efetivos quanto indivíduos não clínicos ou com baixa ansiedade em suprimir pensamentos alvo ansiosos, pelo menos em curto prazo (Harvey e Bryant, 1999; Purdon, Rowa e Antony, 2005; Shipherd e Beck, 1999), embora outros estudos indiquem supressão menos eficiente por indivíduos com diagnóstico de ansiedade (Harvey e Bryant, 1998a; Janeck e Calamari, 1999; Tolin, Abramowitz, Przeworski e Foa, 2002a). Além disso, a evidência experimental é inconsistente quanto a se a supressão de pensamentos ansiosos, tais como preocupações, pensamentos intrusivos obsessivos ou intrusões relacionadas a trauma, tem maior probabilidade de resultar em rebote pós-supressão. Alguns estudos relataram efeitos de rebote com pensamentos alvo ansiosos e obsessivos (Davies e Clark, 1998a; Harvey e Bryant, 1998a, 1999; Koster, Rassin, Crombez e Näring, 2003; Shipherd e Beck, 1999), enquanto outros em geral não conseguiram encontrar nenhum efeito de supressão de rebote (Belloch, Morillo e Giménez, 2004a; Gaskell, Wells e Calam, 2001; Hardy e Brewin, 2005; Janeck e Calamari, 1999; Kelly e Kahn, 1994; Muris, Merckelbach, van den Hout e de Jong, 1992; Purdon, 2001; Purdon e Clark, 2001; Purdon et al., 2005; Roemer e Borkovec, 1994; Rutledge, Hollenberg, e Hancock, 1993, Experimento 1). Em geral, parece que o rebote pós-supressão de pensamentos ansiosos não é mais nem menos provável em amostras clinicamente ansiosas do que em indivíduos não clínicos (ver Shipherd e Beck, 1999, para achados contrários).

Ainda que um ressurgimento pós-supressão imediato de intrusões de pensamento indesejado não tenha sido consistentemente apoiado, há evidências de que a supressão de pensamentos ansiosos pode ter outros efeitos negativos que são importantes para a manutenção da ansiedade. Primeiro, parece que durante um período de tempo mais longo, tal como um intervalo de 4 ou 7 dias, a supressão anterior de alvos ansiosos resultará em um ressurgimento significativo dos pensamentos indesejados (Geraerts, Merckelbach, Jelicic e Smeets, 2006; Trinder e Salkovskis, 1994). Abramowitz e colaboradores (2001) sugeriram que os indivíduos podem suprimir com sucesso pensamentos indesejados durante períodos de tempo curtos, mas à medida que o tempo passa e os indivíduos relaxam suas tentativas de controle, um ressurgimento de frequência do pensamento alvo é mais provável. Segundo, a supressão parece ter um efeito negativo direto sobre o humor, fazendo com que os sintomas ansiosos e depressivos se intensifiquem (Gaskell et al., 2001; Koster et al., 2003; Purdon e Clark, 2001; Roemer e Borkovec, 1994; Markowitz e Borton, 2002; Trinder e Salkovskis, 1994). Terceiro, estudos mais recentes constataram que a supressão de intrusões ansiosas ou obsessivas pode confirmar ou mesmo alterar a avaliação negativa do indivíduo de suas intrusões alvo recorrentes e dessa forma contribuir para uma escalada no humor ansioso (Kelly e Kahn, 1994; Purdon, 2001; Purdon et al., 2005; Tolin, Abramowitz, Hamlin, Foa e Synodi, 2002b). Finalmente, é evidente que certos parâmetros podem acelerar os efeitos negativos da supressão e/ou reduzir sua efetividade imediata, tal como a imposição de uma carga cognitiva (ver Wenzlaff e Wegner, 2000, para revisão) ou a presença de um es-

tado de humor disfórico (Conway, Howell, e Giannopoulos, 1991; Howell e Conway, 1992; Wenzlaff, Wegner e Roper, 1988). Além disso, alguns pesquisadores sugeriram que variáveis de diferença individual poderiam influenciar os efeitos de supressão (Geraerts et al., 2006; Renaud e McConnell, 2002). Por exemplo, indivíduos altamente obsessivos podem ter maior probabilidade de vivenciar efeitos negativos persistentes da supressão do que indivíduos de baixa obsessividade (Hardy e Brewin, 2005; Smári, Birgisdóttir e Brynjólfsdóttir, 1995; para achados contrários, ver Rutledge, 1998; Rutledge, Hancock e Rutledge, 1996).

A natureza da supressão do pensamento intencional e seu papel na psicopatologia é atualmente objeto de intensa investigação empírica. É óbvio que o processo é complexo e a visão inicial de que a supressão causa um rebote pós-supressão na frequência de pensamento indesejado que reforça a manutenção do transtorno emocional é excessivamente simplificada. Ao mesmo tempo, a pesquisa é suficientemente clara no sentido de que a supressão dos pensamentos ansiosos, especialmente preocupação, intrusões relacionadas a trauma e obsessões não é uma estratégia de enfrentamento saudável para reduzir os pensamentos inquietantes e a ansiedade. Por exemplo, em um estudo, indivíduos com transtorno de pânico que foram submetidos a uma exposição a 15 minutos de CO_2 foram distribuídos aleatoriamente a aceitar ou suprimir quaisquer emoções ou pensamentos durante o teste de exposição (Levitt, Brown, Orsillo e Barlow, 2004). As análises revelaram que o grupo de aceitação relatou menos ansiedade subjetiva e menos evitação em resposta à exposição de CO_2 a 5,5% do que o grupo de supressão, embora não tenham sido evidenciadas diferenças sobre os sintomas subjetivos de pânico ou sobre a excitação fisiológica. Neste momento, provavelmente é seguro concluir que a supressão intencional e forçada dos pensamentos ansiosos não é uma estratégia de enfrentamento que deva ser encorajada no tratamento da ansiedade. Antes, a expressão e aceitação dos pensamentos e imagens inquietantes sem dúvida tem benefícios terapêuticos que estamos apenas começando a entender.

Supressão da emoção

Tem havido cada vez mais interesse no papel que a regulação da emoção ou a reatividade a estresse poderia desempenhar em tipos específicos de psicopatologia, bem como no bem-estar psicológico de modo mais geral (p. ex., S. J. Bradley, 2000). Um tipo de regulação da emoção que é de particular relevância aos transtornos de ansiedade é a *inibição da emoção*. Gross e Levenson (1997) definiram inibição da emoção como um recrutamento ativo, forçado de processos inibitórios que servem para suprimir ou prevenir o comportamento expressivo de emoção positiva ou negativa contínuo. Em seu estudo de 180 estudantes universitárias que assistiram a clipes de filmes divertidos, neutros e tristes a supressão da emoção positiva ou negativa estava associada a ativação simpática aumentada do sistema cardiovascular, reatividade somática reduzida e um declínio modesto na emoção positiva autoavaliada.

Os pesquisadores começaram a investigar a inibição da emoção e seu construto relacionado de *evitação experiencial* nos transtornos de ansiedade. Este se refere a uma avaliação excessivamente negativa dos pensamentos, sentimentos e sensações indesejados, bem como a uma relutância em vivenciar esses eventos privados, desse modo resultando em esforços deliberados de controlá-los ou de fugir deles (Hayes, Strosahl, Wilson, et al., 2004b). Em um estudo comparando veteranos da guerra do Vietnã com e sem TEPT, aqueles com TEPT relataram refreamento de emoções positivas e negativas mais frequente e intenso e essa tendência a suprimir emoções estava especificamente associada com a sintomatologia de TEPT (Roemer, Litz, Orsillo e Wagner, 2001; ver também Levitt et al., 2004, para transtorno de pânico). A evitação experiencial está significativamente relacionada com uma série de aspectos relacionados à ansiedade como sensibilidade à ansiedade,

medo de sensações corporais e sufocação e ansiedade traço, e predisse prospectivamente ansiedade social e sofrimento emocional diários durante um período de 3 semanas (Kashdan, Barrios, Forsyth e Steger, 2006). Embora esses achados sejam preliminares, parece que a supressão da emoção pode se unir à supressão dos pensamentos indesejados como uma estratégia de enfrentamento maladaptativo que inadvertidamente alimenta estados emocionais inquietantes como a ansiedade.

DIRETRIZ PARA O TERAPEUTA 3.10

Indivíduos ansiosos apelam para certas estratégias de enfrentamento deliberadas e forçadas como uma compensação imediata para seus estados subjetivos altamente aversivos. Infelizmente, qualquer alívio imediato da ansiedade devido a preocupação, evitação, comportamentos de busca de segurança ou supressão cognitiva/experiencial é temporário. De fato, essas estratégias desempenham um papel proeminente na manutenção de mais longo prazo de estados de ansiedade. Portanto, a intervenção efetiva deve corrigir o impacto prejudicial que essas estratégias de enfretamento forçado maladaptativo têm sobre a ansiedade.

RESUMO E CONCLUSÃO

Uma revisão da literatura de pesquisa relacionada ao modelo cognitivo de ansiedade (ver Figura 2.1) indica que há cada vez mais apoio empírico para o papel dos processos cognitivos automáticos na imediata ativação do medo. Isso é mais evidente para a Hipótese 1, onde há dados experimentais consistentes de que o medo é caracterizado por um viés de ameaça atencional automático e pré-consciente para estímulos de ameaça pessoal moderadamente intensos apresentados em intervalos de exposição muito breves. Poucas pesquisas foram conduzidas sobre a possibilidade de um processamento atencional automático contra informação de segurança (ou seja, a Hipótese 2), embora haja moderado apoio de pesquisa para um processo de avaliação da ameaça automático em estados de alta ansiedade (ou seja, a Hipótese 3).

As hipóteses 4 a 7 se focam nas várias consequências cognitivas, comportamentais e emocionais evocadas pela imediata ativação do modo de ameaça. Há considerável evidência de que indivíduos ansiosos superestimam a probabilidade, proximidade e, em menor grau, a gravidade da informação relevante à ameaça (ou seja, a Hipótese 4). Há consistentes evidências empíricas de que indivíduos altamente ansiosos interpretam erroneamente seus sintomas ansiosos de maneira negativa ou ameaçadora (ou seja, a Hipótese 5) e que pensamentos e imagens negativos automáticos de ameaça, perigo e vulnerabilidade ou impotência pessoal caracterizam estados de ansiedade (ou seja, a Hipótese 6). Entretanto, a pesquisa sobre a especificidade do conteúdo cognitivo foi muito menos consistente em demonstrar que o conteúdo de pensamento ameaçador é específico da ansiedade. Pode ser que a especificidade cognitiva fosse mais evidente se os pesquisadores se focassem em cognições específicas do transtorno em vez de em formas gerais de pensamento apreensivo.

A Hipótese 7, que propõe que uma resposta defensiva automática é evocada pela imediata ativação do modo de ameaça, tem apoio misto. Embora haja uma literatura comportamental bem estabelecida demonstrando a proeminência do comportamento de fuga como uma resposta defensiva automática na ansiedade, houve pouca pesquisa sobre uma resposta defensiva cognitiva automática de evitação e busca de segurança.

As três últimas hipóteses revistas neste capítulo tratam da fase secundária, elaborada da ansiedade. Esse componente do programa de ansiedade será de maior interesse aos profissionais porque os processos envolvidos na elaboração da ansiedade têm um impacto direto sobre sua manutenção. Essa também é a fase que é especificamente visada na terapia cognitiva da ansiedade. O apoio empírico para a Hipótese 8 foi forte, com inúmeros estudos demonstrando que indivíduos ansiosos exibem um viés de interpretação de ameaça deliberado para estímulos ambíguos, que é indicativo de um viés de processamento de ameaça consciente e estratégico. Entretanto, não se sabe se o processamento elaborativo diminuído de informação de segurança ocorre na ansiedade (ou seja, a Hipótese 9) porque praticamente não há pesquisa sobre o tema. A evidência empírica de estratégias de enfrentamento cognitivo maladaptativo é muito forte (ou seja, a Hipótese 10), com inúmeros estudos demonstrando os efeitos prejudiciais da preocupação, comportamento de busca de segurança excessivo, supressão do pensamento e, mais recentemente, evitação experiencial. Essa pesquisa ressalta claramente a importância de visar essas respostas estratégicas ao oferecer a terapia cognitiva para ansiedade.

Nossa ampla revisão da pesquisa clínica existente apoia claramente uma base cognitiva para a ansiedade. Estruturas, processos e produtos cognitivos específicos são fundamentais para a ativação e manutenção da ansiedade. Embora essa pesquisa forneça uma base em defesa da abordagem cognitiva ao tratamento da ansiedade, ela não trata da questão da etiologia. No próximo capítulo, consideramos se poderia haver um papel causal para a cognição na etiologia da ansiedade.

4

Vulnerabilidade à ansiedade

Caminhamos em círculos tão limitados por nossas
próprias ansiedades que não podemos mais distinguir entre
verdadeiro e falso, entre a fantasia do bandido e o ideal mais puro.
Ingrid Bergman (atriz sueca, 1915-1982)

Pessoas que sofreram por anos com um transtorno de ansiedade frequentemente ficam perplexas em relação às origens de seu transtorno. Os pacientes frequentemente perguntam "Por que eu?", "Como eu desenvolvi esse problema com ansiedade?", "Será que eu herdei essa condição, eu tenho algum tipo de desequilíbrio químico no cérebro?", "Eu fiz alguma coisa para provocar isso?", "Eu tenho alguma falha de personalidade ou alguma fraqueza em minha constituição psicológica?". Infelizmente, os profissionais que se deparam com perguntas sobre a etiologia da ansiedade têm grande dificuldade em fornecer respostas satisfatórias, visto que nosso conhecimento da vulnerabilidade à ansiedade é relativamente limitado (McNally, 2001).

Ainda que a pesquisa sobre vulnerabilidade não tenha avançado tanto quanto o conhecimento da psicopatologia e do tratamento da ansiedade, a maioria concordaria que a suscetibilidade ao desenvolvimento de um transtorno de ansiedade varia enormemente dentro da população geral. Isso é bem ilustrado nos seguintes exemplos de caso. Cynthia, uma operária de fábrica de 29 anos, que se descreveu como altamente ansiosa, preocupada e sem autoconfiança desde a infância, desenvolveu dúvidas e

compulsões de checagem moderadamente graves após abandonar o ensino médio e assumir as responsabilidades cada vez maiores de trabalhar e viver independentemente. Andy, um contador de 41 anos, apresentou um primeiro episódio de transtorno de pânico e evitação agorafóbica grave após uma promoção para uma posição administrativa altamente estressante e exigente que levou ao início de vários sintomas físicos, tais como pressão e dor no peito, palpitações cardíacas, dormência, sudorese, sensação de cabeça vazia e tensão no estômago. Ele tinha uma ansiedade de saúde comórbida que se intensificou após receber tratamento para hérnia de hiato, colesterol alto e refluxo ácido. Ann Marie, uma funcionária pública de 35 anos, sofria de fobia social de longa duração que permaneceu sem tratamento até que ela vivenciou seu primeiro ataque de pânico após uma promoção que causou um aumento significativo em seu estresse profissional. Ann Marie declarou que sempre tinha sido uma pessoa ansiosa e preocupada desde o ensino médio, mas atualmente considerava as interações sociais o mais ameaçador para ela.

Em cada uma dessas ilustrações de caso o surgimento de um transtorno de ansiedade ocorreu dentro do contexto de fatores predisponentes e circunstâncias precipitantes. Frequentemente indivíduos com transtornos de ansiedade relatam uma predisposição a alta ansiedade, nervosismo ou preocupação, bem como eventos precipitantes que aumentam seu estresse diário. Visto que características biológicas e psicológicas e fatores ambientais predisponentes estão ambos envolvidos na etiologia da ansiedade clínica, os modelos de diátese-estresse são frequentemente propostos para explicar diferenças individuais no risco para ansiedade (Story, Zucker e Craske, 2004). Em muitos casos, eventos importantes na vida, traumas ou adversidades contínuas estão envolvidos na ansiedade; em outros, os precipitantes não são tão drásticos, e se enquadram dentro da esfera de eventos normais de vida (p. ex., estresse profissional aumentado, um exame médico incerto, uma vivência embaraçosa). Essas diferenças nas apresentações clínicas levou os pesquisadores a buscar fatores de vulnerabilidade e risco que poderiam predizer se uma pessoa desenvolve um transtorno de ansiedade.

Neste capítulo apresentamos o modelo cognitivo de *vulnerabilidade* à ansiedade. Começamos definindo alguns dos conceitos chave empregados em modelos etiológicos do transtorno. Isso é seguido por um resumo do papel que a hereditariedade, neurofisiologia, personalidade e eventos de vida podem desempenhar nas origens dos transtornos de ansiedade. Apresentamos então o modelo de vulnerabilidade cognitiva da ansiedade que foi articulado pela primeira vez em Beck e colaboradores (1985). O capítulo termina com uma discussão do apoio empírico para as duas últimas hipóteses do modelo cognitivo, vulnerabilidade pessoal elevada e crenças persistentes relacionadas à ameaça, que diz respeito diretamente à questão da etiologia.

VULNERABILIDADE: DEFINIÇÕES E ASPECTOS FUNDAMENTAIS

Embora muitas vezes sejam usados de forma intercambiável, os termos "vulnerabilidade" e "risco" têm significados muito diferentes (ver Ingram, Miranda e Segal, 1998; Ingram e Price, 2001). *Risco* é um termo descritivo ou estatístico se referindo a qualquer variável cuja associação com um transtorno aumenta sua probabilidade de ocorrência (p. ex., gênero, pobreza, condição do relacionamento) sem informar sobre os mecanismos causais reais. *Vulnerabilidade*, por outro lado, é um fator de risco que tem condição causal com o transtorno em questão. Vulnerabilidade pode ser definida como uma característica endógena, estável, que permanece latente até ser ativada por um evento precipitante. Essa ativação pode levar à ocorrência dos sintomas definidores de um transtorno (Ingram e Price, 2001). O conhecimento de fatores de vulnerabilidade tem implicações no tratamento porque esclarecerá os mecanismos reais da etiologia (Ingram et al., 1998). Entretanto, a vulnerabilidade não leva diretamente ao início do transtorno, mas, antes, é mediada pela ocorrência de eventos precipitantes.

Os fatores de vulnerabilidade são internos, estáveis e latentes ou não observáveis até serem ativados por um evento precipitante (Ingram et al., 1998; Ingram e Price, 2001). Essa natureza privada, não observável da vulnerabilidade em indivíduos assintomáticos apresentou desafios especiais aos pesquisadores na busca de métodos confiáveis e válidos para detectar a vulnerabilidade (Ingram e Price, 2001). Além disso, os construtos de vulnerabilidade devem ter alta sensibilidade (ou seja, devem estar presentes em indivíduos com o transtorno), um nível moderado de especificidade (ou seja, mais prevalentes no transtorno alvo do que em controles), e ser diferentes do evento de vida precipitante (Ingram et al., 1998). No modelo cognitivo de Beck, os construtos de vulnerabilidade não são nem necessários nem suficientes, mas, antes, são causas contribuintes da psicopatologia que podem interagir ou se combinar com outros caminhos etiológicos que estão presentes nos níveis genético, biológico e do desenvolvimento (ver Abramson, Alloy e Metalsky, 1988; D. A. Clark et al., 1999).

O modelo cognitivo de ansiedade apresentado no Capítulo 2 (ver Figura 2.1) descreve as estruturas e processos cognitivos proximais envolvidos na manutenção da ansiedade, enquanto este capítulo se foca nas variáveis distais que são predisposições para ansiedade. Esses fatores de vulnerabilidade cognitiva distais são *moderadores* (isto é, afetam a direção e/ou força de associação entre estresse e início do sintoma), enquanto variáveis cognitivas mais proximais são *mediadores* (isto é, respondem pela relação entre vulnerabilidade, estresse e início do transtorno) (ver Baron e Kenny, 1986; Riskind e Alloy, 2006). No modelo cognitivo, vulnerabilidades distais múltiplas estão presentes nos níveis biológico, cognitivo e de desenvolvimento de modo que alguns indivíduos podem ter múltiplas vulnerabilidades. Essas *vulnerabilidades compostas* poderiam estar associadas a risco ainda mais alto para início do transtorno, uma apresentação sintomática mais grave ou condições emocionais comórbidas (Riskind e Alloy, 2006).

DETERMINANTES BIOLÓGICOS

Diferenças individuais na genética, neurofisiologia e temperamento interagirão com uma vulnerabilidade cognitiva predisponente para intensificar ou reduzir a propensão à ansiedade do indivíduo em resposta à adversidade de vida ou à ameaça. Barlow (2002) argumentou convincentemente em favor de uma vulnerabilidade biológica generalizada nos transtornos de ansiedade, na qual a hereditariedade, um fator de vulnerabilidade não específico, responde por 30 a 40% da variabilidade entre todos os transtornos de ansiedade. Essa vulnerabilidade genética é provavelmente mais bem expressada por meio de exacerbações em traços de personalidade ou em características de temperamento como neuroticismo, ansiedade de traço ou afetividade negativa. Excitação crônica, estruturas neuranatômicas preponderantes (p. ex., amígdala, locus ceruleus, NLET [núcleo do leito da estria terminal], córtex pré-frontal direito) e anormalidades

nos neurotransmissores serotonina, GABA e HLC (hormônio liberador de corticotropina) são outras vulnerabilidades biológicas à ansiedade que têm significância etiológica, em parte por interagirem de uma forma sinérgica com a vulnerabilidade cognitiva (ver Capítulo 1 para mais discussão).

VULNERABILIDADE DA PERSONALIDADE

Neuroticismo e afetividade negativa

Eysenck e Eysenck (1975) descreveram neuroticismo (N) como uma predisposição a emocionalidade na qual o indivíduo altamente neurótico é excessivamente emocional, ansioso, preocupado, mal-humorado e tem uma tendência a reagir fortemente a uma variedade de estímulos. Indivíduos com N alto e E (extroversão) baixa – ou indivíduos introvertidos – foram considerados com maior probabilidade de desenvolver ansiedade porque têm um sistema límbico excessivamente reativo que propicia que adquiram mais facilmente respostas emocionais condicionadas a estímulos excitatórios. Embora haja forte apoio empírico para N alto na patogênese da ansiedade (p. ex., ver revisão por Watson e Clark, 1984), evidências empíricas de outras características de N, tais como sua base neurofisiológica, não foram bem apoiadas (Eysenck, 1992).

Watson e Clark (1984) propuseram uma dimensão de disposição de humor denominada *afetividade negativa* (AN). AN reflete uma "diferença individual difusa em emocionalidade e autoconceito negativos" (p. 465), com indivíduos de AN alta tendo maior probabilidade de vivenciar níveis elevados de emoções negativas incluindo sentimentos subjetivos de nervosismo, tensão e preocupação, bem como uma tendência a ter autoestima baixa e a remoer erros, frustrações e ameaças passadas (Watson e Clark, 1984). A pesquisa dentro da tradição da personalidade dos *Big Five* resumiu a noção de N e AN sob o construto da personalidade superordenada, ou de ordem superior, de "emocionalidade negativa" (p. ex., Watson, Clark e Harkness, 1994).

Há uma abrangente pesquisa de correlação e análise fatorial mostrando uma associação entre emocionalidade negativa e ansiedade em amostras clínicas e não clínicas (ver Longley, Watson, Noyes e Yoder, 2006). Emocionalidade mais alta é evidente em todos os transtornos de ansiedade, bem como na depressão (p. ex., Bienvenu et al., 2004; Cox, Enns, Walker, Kjernisted e Pidlubny, 2001; Trull e Sher, 1994; Watson, Clark e Carey, 1988) e prediz futuros sintomas ansiosos (Gershuny e Sher, 1998; Levenson, Aldwin, Bossé e Spiro, 1988). Portanto, AN ou emocionalidade alta é um fator de vulnerabilidade distal não específico, amplo para ansiedade e seus transtornos que constitui uma característica de temperamento de propensão a nervosismo, tensão e preocupação com raízes na genética e em vivências da primeira infância (ver Barlow, 2002).

Ansiedade traço

A *ansiedade traço* é outro construto da personalidade tão estreitamente relacionado à emocionalidade negativa (N ou AN) que os dois são considerados quase sinônimos (Eysenck, 1992). Spielberger, o mais forte proponente da diferenciação entre ansiedade estado e ansiedade traço, definiu *ansiedade estado* como "um estado ou condição emocional transitória do organismo humano que é caracterizado por sentimentos subjetivos, conscientemente percebidos de tensão, apreensão e atividade do sistema nervoso autônomo aumentada. Os estados-A variam de intensidade e flutuam com o passar do tempo" (Spielberger, Gorsuch e Lushene, 1970, p. 3).

Ansiedade traço, por outro lado, são "diferenças individuais relativamente estáveis na propensão à ansiedade" (Spielberger et al., 1970, p. 3). Indivíduos com alta ansiedade traço têm maior probabilidade de responder a situações de ameaça percebida com elevações na ansiedade estado e a avaliar uma maior variedade de estímulos como ameaçadores, a ter um limiar de ativação da ansiedade mais baixo e a sentir estados ansiosos mais intensos (Rachman, 2004; Spielberger, 1985). Embora haja evidência substancial de que o Inventário de Ansiedade Traço-Estado de Spielberger é altamente relevante para estresse e ansiedade (Roemer, 2001), alta ansiedade traço é um construto de vulnerabilidade problemático porque

1. sua estabilidade temporal não foi consistentemente confirmada;
2. sua estrutura unidimensional foi contestada;
3. está altamente correlacionada à ansiedade estado;
4. pode não ter especificidade para ansiedade;
5. incorpora uma ideia vaga de vulnerabilidade que está estreitamente alinhada com o conceito de ansiedade neurótica de Freud (Eysenck, 1992; Rachman, 2004; Reiss, 1997; Roemer, 2001).

Por essas razões os pesquisadores têm procurado em outro lugar preditores de personalidade mais específicos de transtornos de ansiedade.

Sensibilidade à ansiedade

Nos últimos anos a sensibilidade à ansiedade, o medo da ansiedade ou a sensibilidade a vivenciar ansiedade, tem surgido como um construto de vulnerabilidade da personalidade mais promissor que adota uma perspectiva mais cognitiva com maior especificidade à ansiedade e seus transtornos. *Sensibilidade à ansiedade* (SA) é o medo de sensações corporais relacionadas à ansiedade baseado em crenças persistentes de que consequências físicas, sociais ou psicológicas negativas poderiam resultar desses sintomas ansiosos (Reiss, 1991; Reiss e McNally, 1985; Taylor, 1995a; Taylor e Cox, 1998). Por exemplo, uma pessoa com SA alta poderia interpretar dor no peito como um sinal de um ataque cardíaco iminente e, portanto, se sentir altamente ansiosa ao experimentar essa sensação corporal, enquanto uma pessoa com SA baixa poderia interpretar a dor no peito como tensão muscular devido a exercício físico e não vivenciar ansiedade com a sensação corporal.

Uma tendência a se sentir ansioso em relação a certos sintomas corporais está presente na SA alta porque os indivíduos acreditam que a ansiedade e seus sintomas físicos podem levar a consequências sérias como ataque cardíaco, doença mental ou ansiedade intolerável (Reiss, 1991). Portanto, SA é uma variável da personalidade que amplifica o medo quando sensações e comportamentos de ansiedade são vivenciados (Reiss, 1997). Dessa forma, acredita-se que ela desempenhe um papel tanto etiológico como de manutenção em todos os transtornos de ansiedade, mas particularmente no transtorno de pânico e agorafobia (Reiss, 1991; Taylor e Cox, 1998).

Validação psicométrica

O *Anxiety Sensitivity Index* (Escala de Sensibilidade à Ansiedade; ESA) de 16 itens é a escala primária para avaliar diferenças individuais na SA (Reiss, Peterson, Gursky e McNally, 1986; Reiss e McNally, 1985). Apesar do considerável debate sobre sua estrutura fatorial, parece agora que o ESA é um construto multidimensional hierárquico com dois ou três fatores de ordem inferior correlatos (isto é, Medo de Catástrofe Mental *vs.* Medo de Sensações Cardiopulmonares ou Preocupações Físicas, Incapacitação Mental e Preocupações Sociais sobre Ser Ansioso) ligados a um fator geral de ordem superior de SA (Mohlman e Zinbarg, 2000; Schmidt e Joiner, 2002; Zinbarg, Barlow e Brown, 1997). Também há controvérsia sobre quais dimensões melhor descrevem SA. Baseado em um ESA-R de 36 itens, apenas dois fatores correlatos foram replicados entre conjuntos de dados derivados de seis países: Medo de Sintomas Somáticos e Preocupações Sociocognitivas (Zvolensky et al., 2003).

A revisão mais recente do ESA, o ESA-3 de 18 itens, pode fornecer a melhor avaliação das três dimensões de SA: preocupações físicas, cognitivas e sociais (Taylor, Zvolensky, et al., 2007). As subescalas do ESA -3 melhoraram a consistência interna e a boa validade de critério, embora as três subescalas estivessem altamente correlacionados (*r*'s >0,83). Contudo, os achados entre as várias versões do ESA indicam que as subescalas mais do que um escore total deve ser utilizadas para indicar o nível de SA.

As escalas do ESA têm boa consistência interna, confiabilidade teste-reteste e forte validade convergente com outras escalas de ansiedade (Mohlman e Zinbarg, 2000; Reiss et al., 1986; Taylor e Cox, 1998; Zvolensky et al., 2003). Além disso, as dimensões de ordem inferior de SA são geralmente consistentes entre vários países (Bernstein et al., 2006; Zvolensky et al., 2003), embora haja alguma evidência de que escores de SA altos podem diminuir com o passar do tempo mesmo na ausência de uma intervenção específica (Gardenswartz e Craske, 2001; Maltby, 2001; Maltby, Mayers, Allen e Tolin, 2005). Tem havido considerável debate sobre se SA é distinta de ansiedade traço (para discussão, ver Lilienfeld, 1996; Lilienfeld, Jacob e Turner, 1989; McNally, 1994). A visão atual é que SA é um construto de ordem inferior distinto hierarquicamente ligado à disposição da personalidade mais ampla de ansiedade traço (Reiss, 1997; Taylor, 1995a).

Validação experimental

Se a SA amplifica reações de medo, então SA alta deve levar a ansiedade mais intensa em resposta a uma variedade de estímulos mais ampla (Reiss e McNally, 1985; ver Taylor, 2000). Isso deve ser particularmente evidente em estímulos biológicos que provocam ataques de pânico sob condições laboratoriais controladas ou outras manobras experimentais que evocam os sintomas físicos de ansiedade (McNally, 1996). De fato, há agora considerável evidência empírica de que SA basal prediz sintomas de ansiedade e ataques de pânico pós-estímulo em pessoas com ou sem transtorno de pânico diagnosticável (para revisões, ver McNally, 2002; Zvolensky, Schmidt, Bernstein e Keough, 2006). SA alta prediz resposta ao medo e sintomas de pânico à inalação de dióxido de carbono (CO_2) (p. ex., Rapee, Brown, Antony e Barlow, 1992; Rassovsky, Kushner, Schwarze e Wangensteen, 2000; Schmidt e Mallott, 2006), hiperventilação (Carter, Suchday e Gore, 2001; Holloway e McNally, 1987; McNally e Eke, 1996; Rapee e Medoro, 1994) e ingestão de cafeína (Telch, Silverman e Schmidt, 1996). Embora a dimensão de preocupações físicas do ESA possa ser a única dimensão de SA que prediz resposta ao medo a um estímulo físico (Brown, Smits, Powers e Telch, 2003; Carter et al., 2001; Zvolensky, Feldner, Eifert e Stewart, 2001), esses achados experimentais apoiam a validade preditiva do ESA e sua especial relevância a psicopatologia do espectro de pânico (Zvolensky et al., 2006).

Especificidade diagnóstica

Se SA é um fator de vulnerabilidade cognitivo da personalidade específico para ansiedade, então ela deve ser significativamente mais elevada na ansiedade, em especial no transtorno de pânico, do que em outras amostras clínicas e não clínicas (McNally, 1994, 1996). Indivíduos com transtorno de pânico ou agorafobia têm escores em média dois desvios padrões acima da média normativa no ESA (McNally, 1994, 1996; Reiss, 1991; Taylor, 1995a, 2000) e amostras de transtorno de ansiedade (exceto fobia simples) têm escores significativamente mais altos do que a depressão ou amostras não clínicas (Taylor e Cox, 1998; Taylor, Koch e McNally, 1992). Dentro dos transtornos de ansiedade, pessoas com transtorno de pânico e agorafobia têm escores significativamente mais altos do que os outros transtornos de ansiedade, com grupos de TEPT, TAG, TOC e fobia social tendo escores significativamente mais altos do que grupos não clínicos (Deacon e Abramowitz, 2006a; Taylor, Koch e McNally, 1992a). No nível sintomático, o ESA tem uma associação específica com au-

torrelato de ataques de pânico em populações não clínicas de crianças e adultos (p. ex., Calamari et al., 2001; Cox, Endler, Norton e Swinson, 1991; Longley et al., 2006), embora alguns estudos tenham constatado que SA está relacionada também a sintomas depressivos (Reardon e Williams, 2007).

As subescalas do ESA parecem ter especificidade diferencial para ansiedade e pânico. A dimensão de Preocupações Físicas do ESA é a única dimensão específica ao transtorno de pânico enquanto a dimensão de Preocupações Sociais pode ser mais relevante a fobia social (p. ex., Deacon e Abramowitz, 2006a; Zinbarg et al., 1997) e a dimensão de Descontrole Cognitivo possa estar relacionada à depressão (Cox et al., 2001; Rector, Szacun-Shimizu e Leybman, 2007). Entretanto, deve-se ter cautela ao usar o ESA para avaliar ansiedade ou pânico. Hoyer e colaboradores examinaram a acurácia preditiv do ESA, BAI (Inventário de Ansiedade de Beck) e diversas outras escalas de ansiedade em uma grande amostra epidemiológica de 1.877 mulheres jovens em Dresden, Alemanha (Hoyer, Becker, Neumer, Soeder e Margraf, 2002). Nenhuma das escalas isoladamente foi capaz de avaliar corretamente os transtornos de ansiedade, embora a melhor acurácia preditiva tenha ocorrido quando um transtorno de ansiedade específico foi o alvo dos questionários de sintoma mais específicos (p. ex., avaliação de agorafobia com o Inventário de Mobilidade). Evidentemente, então, seria incorreto supor a presença ou ausência de pânico somente com base no escore do ESA de um indivíduo.

Estudos prospectivos

A melhor evidência empírica de que SA é um fator de vulnerabilidade cognitiva da personalidade para transtorno de pânico vem de estudos longitudinais. Maller e Reiss (1992) relataram que escores do ESA foram preditores de frequência e intensidade de ataques de pânico 3 anos depois. Em duas amostras separadas de cadetes da Força Aérea dos EUA avaliados antes e após 5 semanas estressantes de treinamento básico, o ESA previu ataques de pânico espontâneos que ocorreram em 6% dos cadetes durante o período de 5 semanas (Schmidt, Lerew e Jackson, 1997, 1999). Análises adicionais revelaram que a SA foi preditora unicamente das alterações nos sintomas ansiosos (ou seja, escores do BAI) quando houve controle para a estreita associação entre ansiedade e depressão. Surpreendentemente, análises dos subfatores do ESA revelaram que foi a dimensão Mental mais do que a dimensão de Preocupações Físicas do ESA que foi preditora dos ataques de pânico espontâneos e as alterações nos escores do BAI.

Em um estudo longitudinal de 4 anos baseado na comunidade, adolescentes classificados como tendo escores do ESA estáveis altos ou progressivamente crescentes tinham significativamente mais probabilidade de vivenciar um ataque de pânico do que aqueles com escores estáveis baixos (Weens, Hayward, Killen e Taylor, 2002). Entretanto, houve pouca evidência de que a vivência de pânico levou a aumentos subsequentes na SA (ver Schmidt, Lerew e Joiner, 2000, para achados contrários). Plehn e Peterson (2002) conduziram um seguimento por correspondência de 11 anos com calouros universitários inicialmente avaliados para SA e ansiedade traço. Após controlar o histórico de sintomas de pânico, apenas o ESA de Tempo 1 foi um preditor significativo de sintomas e ataques de pânico durante o intervalo de tempo de 11 anos. Surpreendentemente, ansiedade traço, não SA, foi o único preditor significativo de transtorno de pânico. Em um estudo transversal retrospectivo a dimensão de Preocupações Físicas do ESA e exposição a circunstâncias de vida aversivas foram preditoras de ataques de pânico e evitação agorafóbica na semana anterior (Zvolensky, Kotov, Antipova e Schmidt, 2005). Juntos, esses achados indicam que SA alta constitui uma predisposição da personalidade cognitiva significativa para ataques de pânico. Entretanto, não é claro qual dos subfatores do ESA é o preditor mais potente de pânico e se ter pânico causa um

"efeito de cicatriz" na SA (isto é, leva a subsequente aumento na SA). McNally (2002) também nos lembra de que a quantidade de variância explicada pela SA é modesta, sugerindo que outros fatores são claramente importantes na etiologia do pânico.

Efeitos do tratamento

Há considerável evidência de que a SA responde a intervenções (para revisões, ver McNally, 2002; Zvolensky et al., 2006). Por exemplo, um programa preventivo primário que visou a SA produziu reduções significativas na SA que se traduziram em resposta ao medo subjetivo mais baixa a um estímulo biológico e uma diminuição significativa na psicopatologia do Eixo I durante um período de seguimento de 2 anos (Schmidt, Eggleston, et al., 2007). Portanto, visar a SA na terapia cognitiva deve produzir benefícios imediatos e de longo prazo na redução da ansiedade.

Sensibilidade à ansiedade e o modelo cognitivo

A evidência empírica de que SA é um fator predisponente específico para ansiedade, especialmente pânico, se ajusta ao modelo de vulnerabilidade cognitiva da ansiedade. SA é um construto cognitivo que descreve diferenças individuais na propensão a interpretar erroneamente sensações corporais de ansiedade de uma maneira ameaçadora. Ele é um construto de vulnerabilidade cognitiva específico que pode ter relevância para além do pânico na medida em que a interpretação negativa de ansiedade subjetiva e seus sintomas é uma consequência da ativação do modo de ameaça automático (ver Capítulo 2). No Capítulo 3, discutimos a evidência empírica de que raciocínio emocional ou uma tendência a interpretar sintomas ansiosos de uma maneira negativa ou ameaçadora é um fenômeno cognitivo importante na ansiedade. Esperamos que indivíduos com SA alta tenham mais probabilidade de utilizar raciocínio emocional e outras formas de viés de interpretação de seus sintomas ansiosos do que indivíduos com SA baixa.

Baseado em parte em análises correlacionais entre o ESA e o Programa de Levantamento do Medo (Fear Survey Schedule) (ver Taylor, 1995a), Rachman (2004) concluiu que SA juntamente com sensibilidade à doença/ferimento e medo de avaliação negativa são traços de ordem inferior distintos que estão alinhados hierarquicamente no construto mais amplo de ansiedade traço. Todos esses três construtos são de natureza cognitiva na medida em que se focam em uma tendência a interpretar erroneamente informação física ou social de maneira negativa ou ameaçadora. Eles descrevem vulnerabilidades cognitivas da personalidade específicas para estados de pânico e de ansiedade de avaliação social. E, contudo, ainda que haja forte apoio empírico de que SA é um fator de vulnerabilidade na ansiedade, sua capacidade de explicar apenas variância modesta indica que outros fatores cognitivos da personalidade devem estar envolvidos na patogênese do transtorno de ansiedade.

DIRETRIZ PARA O TERAPEUTA 4.1

Inclua o ESA ou o ESA -3 na bateria de avaliação pré-tratamento para avaliar a propensão do paciente a interpretar erroneamente sintomas físicos, cognitivos e sociais de uma maneira ansiosa ou temerosa.

Controle pessoal diminuído

Foi sugerido que o maior medo do ser humano é de perder o controle, levando muitos pesquisadores a considerar o controle prejudicado um aspecto fundamental de estresse, ansiedade, depressão e de outros aspectos de sofrimento psicológico (Mineka e Kihlstrom, 1978; Shapiro, Schwartz e Astin, 1996). Em seu relato das origens da apreensão ansiosa, Barlow (2002) postulou que uma vulnerabilidade psicológica gene-

ralizada interage com uma vulnerabilidade biológica generalizada e com experiências de aprendizagem particulares no desenvolvimento de transtornos de ansiedade específicos. *Vulnerabilidade psicológica* foi definida como "uma incapacidade crônica de lidar com eventos negativos incontroláveis imprevisíveis, e esse senso de incontrolabilidade está associado com resposta emocional de valência negativa" (Barlow, 2002, p. 254). Anteriormente Chorpita e Barlow (1998) definiram *controle* como "a capacidade de influenciar pessoalmente eventos e desfechos no próprio ambiente, principalmente aqueles relacionados a reforço positivo ou negativo" (p. 5).

Na ansiedade a incerteza do indivíduo de possuir o nível de controle necessário sobre um desfecho aversivo antecipado é uma característica duradoura (Alloy et al., 1990). Esse senso diminuído de controle pessoal é uma variável de diferença individual que pode ser adquirida por meio de vivências infantis de independência sufocada, exploração limitada e alta proteção parental. Como resultado de repetidas vivências de eventos incontroláveis ou imprevisíveis durante toda a primeira infância e a infância intermediária, o indivíduo desenvolve baixa percepção de controle sobre circunstâncias da vida e talvez atividade neurobiológica aumentada no sistema de inibição comportamental (Barlow, 2002; Chorpita e Barlow, 1998). De acordo com Barlow, essas crenças de controle pessoal baixo constituem uma diátese da personalidade que interage com eventos de vida negativos ou aversivos para desencadear ansiedade ou depressão.

Há muito é reconhecido que uma diminuição na percepção de controle está associada com ansiedade e que controle mais baixo sobre um evento ameaçador pode aumentar a estimativa da probabilidade de perigo e vulnerabilidade pessoal (Chorpita e Barlow, 1998). Beck e colaboradores (1985, 2005) reconheceram que o medo de perder o controle é um aspecto cognitivo proeminente encontrado em muitos estados de ansiedade. Barlow e colaboradores (Barlow, 2002; Chorpita e Barlow, 1998) observaram que a percepção de que eventos ameaçadores ocorrem de uma forma inesperada, imprevisível é parte de um senso diminuído de controle pessoal sobre eventos aversivos. Entretanto, há uma falta de evidências diretas para uma associação específica entre controle diminuído crônico e ansiedade (ver Barlow, 2002; Chorpita e Barlow, 1998). De fato, tem havido uma longa tradição de pesquisa sobre local de controle, impotência aprendida, avaliações de eventos de vida e estilo de atribuição que reconhece um papel da percepção de controle na depressão (p. ex., Abramson, Metalsky e Alloy, 1989; Alloy, Abramson, Safford e Gibb, 2006; Hammen, 1988). Alloy e colaboradores (1990), por exemplo, afirmaram que uma tendência generalizada a perceber eventos negativos como incontroláveis é uma causa contribuinte distal de depressão.

Alloy e colaboradores (1990) propuseram também uma teoria de impotência-desesperança que identifica certos processos cognitivos chave que estão por baixo da alta comorbidade entre ansiedade e depressão (Alloy et al., 1990). De acordo com a teoria, a ansiedade é experimentada quando os indivíduos esperam ser impotentes para controlar eventos futuros importantes, mas não têm certeza de sua impotência, ao passo que essa ansiedade se transforma em desesperança e depressão quando os desfechos negativos futuros se confirmam. Infelizmente, a pesquisa sobre o papel de um estilo cognitivo de controle diminuído para desfechos negativos na ansiedade, e sua provável associação com depressão, é limitada (Chorpita e Barlow, 1998). Essa situação ocorre em parte devido à falta de instrumentos sensíveis de percepção de incontrolabilidade da ameaça. Para retificar essa situação, o Questionário de Controle da Ansiedade (QCA) de 30 itens foi desenvolvido para avaliar percepção de controle sobre sintomas relacionados a ansiedade, reações emocionais e problemas e ameaças externos (Rapee, Craske, Brown e Barlow, 1996). O QCA tem boa consistência interna, confiabilidade teste-reteste de 1 mês e correlações moderadas com escalas de sintoma

de ansiedade e depressão (ver também Zebb e Moore, 1999).

Há evidência empírica razoavelmente consistente de uma estreita associação entre ansiedade e senso de controle diminuído sobre desfechos. Em um estudo de transtorno de pânico, a evitação agorafóbica foi maior naqueles que tinham sensibilidade à ansiedade alta e baixa percepção de controle no QCA (White, Brown, Somers e Barlow, 2006). Igualmente, Hofman (2005) constatou que a ansiedade na fobia social persiste porque os indivíduos têm baixa percepção de controle sobre as emoções e as sensações corporais quando expostos a ameaça social (ver também McLaren e Crowe, 2003; Rapee, 1997, para achados semelhantes).

Apesar da evidência de uma associação entre senso de controle diminuído sobre desfechos potencialmente ameaçadores e ansiedade, há uma quantidade significativa de pesquisa da literatura sobre estilo de atribuição mostrando que percepção de controle reduzida sobre eventos negativos passados pode ter uma relação mesmo mais forte com depressão do que com ansiedade. Um estilo de atribuição negativo ou pessimista se refere à crença de que a causa de perda ou fracasso passado pode ser atribuída a deficiências pessoais internas, globais, e estáveis ou resistentes (Abramson, Seligman e Teasdale, 1978). Um estilo de atribuição negativa pode ser visto como um senso diminuído de controle passado. Há agora considerável evidência de que o estilo de atribuição negativa é uma vulnerabilidade cognitiva da personalidade para depressão (para revisões, ver Alloy et al., 2006; Sweeney, Anderson, e Bailey, 1986; p. ex., Hankin, Abramson e Siler, 2001; Metalsky, Halberstadt e Abramson, 1987). Entretanto, estudos que examinaram a especificidade do estilo de atribuição negativa revelam que este também é evidente na ansiedade, embora em um grau menor (p. ex., Heimberg et al., 1989; Johnson e Miller, 1990; Luten, Ralph e Mineka, 1997).

Redução percebida no controle sobre desfechos potencialmente ameaçadores parece ser um fator importante nos transtornos de ansiedade, especialmente se houver incerteza elevada em relação à ameaça (Alloy et al., 1990; Moulding e Kyrios, 2006). Entretanto, até agora não foi conduzida uma pesquisa longitudinal necessária para determinar se há uma crença duradoura no controle pessoal diminuído sobre a ameaça que é um fator contribuinte distal para ansiedade. Contudo, há evidências suficientes para concluir que baixa percepção de controle é um contribuinte para ansiedade, embora ele provavelmente seja um fator cognitivo da personalidade não específico encontrado tanto na depressão como na ansiedade.

DIRETRIZ PARA O TERAPEUTA 4.2

Inclua avaliação de percepção de controle sobre ameaça na formulação de caso. Dois aspectos do controle são importantes de avaliar na ansiedade:

1. a percepção de controle dos pacientes sobre respostas emocionais, especialmente sintomas de ansiedade;
2. as avaliações dos pacientes de sua capacidade de lidar com ameaças antecipadas relacionadas a suas preocupações de ameaça primárias. O QCA pode ser útil quando se avalia percepção de controle da ansiedade.

EVENTOS DE VIDA PRECIPITANTES DE ANSIEDADE

Modelos de diátese-estresse foram propostos para ansiedade que explicam o início do transtorno em termos de uma interação entre eventos de vida negativos e uma diátese de vulnerabilidade preexistente (p. ex., Barlow, 2002; Chorpita e Barlow, 1998). Um evento, situação ou circunstância de vida que é avaliada como uma ameaça potencial à sobrevivência ou interesses vitais do indivíduo pode ativar uma vulnerabilidade subjacente que levará a um estado de ansiedade. Essa diátese subjacente pode envolver predisposições de personalidade como emocionalidade negativa alta, ansiedade traço, sensibilidade à ansiedade e um senso crôni-

co de controle diminuído, bem como vulnerabilidades cognitivas mais específicas como esquemas de ameaça hipervalentes e senso aumentado de fraqueza e ineficácia pessoal (ver discussão abaixo).

Há evidência de um excesso de eventos de vida negativos associados aos transtornos de ansiedade. Em um extenso estudo de gêmeos de base populacional, a ocorrência de eventos de vida de ameaça alta estava associada a um aumento significativo no risco de desenvolver um episódio puro de ansiedade generalizada (p. ex., Kendler, Hettema, Butera, Gardner e Prescott, 2003). Em um estudo retrospectivo de base populacional de adversidade de vida e início de transtornos psiquiátricos em mais de 1.800 adultos jovens, indivíduos que tinham em média mais de seis eventos de vida traumáticos importantes ou experiências potencialmente traumáticas e um acúmulo de exposição à adversidade durante a vida tinham risco aumentado de episódios depressivos ou ansiosos (Turner e Lloyd, 2004). Foi demonstrado que experiências de vida estressantes ou adversas frequentemente precedem e/ou exacerbam o início de TOC (ver Cromer, Schmidt e Murphy, 2007), fobia social, transtorno de pânico, TAG e, com certeza, TEPT (para revisões, ver Clark, 2004; Craske, 2003; Ledley, Fresco e Heimberg, 2006; Taylor, 2000, 2006). Entretanto, deve-se ter em mente que muitos indivíduos desenvolvem um transtorno de ansiedade sem vivenciar um evento de vida negativo importante e a maioria das pessoas que vivenciam adversidades de vida nunca desenvolvem um transtorno de ansiedade (McNally, Malcarne e Hansdottir, 2001).

Embora haja evidências consistentes de que eventos de vida desempenham um papel etiológico na ansiedade, também é evidente que a contribuição deles pode ser menos proeminente na ansiedade do que na depressão. Por exemplo, Kendler, Myers e Prescott (2002) não encontraram evidência em apoio ao modelo de diátese-estresse para a aquisição de fobias (ver também Brown, Harris e Eales, 1996). Portanto, eventos de vida ameaçadores e outras experiências de trauma e adversidade são contribuintes significativos na patogênese da ansiedade, mas muito ainda precisa ser aprendido sobre a natureza exata dessas contribuições proximais e como eles interagem com os fatores de vulnerabilidade cognitiva da personalidade para ansiedade.

DIRETRIZ PARA O TERAPEUTA 4.3

Devido à proeminência de eventos estressantes, adversidade e experiências traumáticas orientadas à ameaça nos transtornos de ansiedade, inclua uma história de vida na avaliação. A formulação cognitiva de caso deve incluir avaliações de controle, percepção de vulnerabilidade e resultados esperados associados a essas vivências.

O MODELO DE VULNERABILIDADE COGNITIVA

Em sua original discrição do modelo cognitivo de ansiedade, Beck e colaboradores (1985, 2005) definiram *vulnerabilidade* como "a percepção de uma pessoa de si mesma como sujeita a perigos internos ou externos sobre os quais seu controle é deficiente ou insuficiente para lhe proporcionar um senso de segurança. Nas síndromes clínicas, o senso de vulnerabilidade é ampliado por certos processos cognitivos disfuncionais" (Beck et al., 1985, p. 67-68). Nessa formulação a vulnerabilidade à ansiedade é conceitualizada como uma predisposição a interpretar erroneamente situações potencialmente ameaçadoras ou novas como perigosas ou destituídas de segurança, deixando o indivíduo em um estado de impotência percebida. Nos transtornos de ansiedade apenas certos tipos de ameaça ativarão essa vulnerabilidade cognitiva subjacente. Uma vez ativada em uma determinada situação, o programa cognitivo-afetivo descrito no Capítulo 2 (ver Figura 2.1) mantém o indivíduo em um estado de ansiedade aumentada.

Beck e colaboradores (1985, 2005) se focaram em duas características principais de vulnerabilidade cognitiva. A primeira é uma tendência douradora a interpretar erroneamente certos tipos de situações ameaçadoras ou novas como perigosas. A segunda é uma predisposição a perceber a si mesmo como incompetente, fraco ou sem recursos pessoais para lidar com certos tipos de situações ameaçadoras ou estressantes. Na atual formulação do modelo cognitivo, o primeiro aspecto de vulnerabilidade cognitiva é capturado pela Hipótese 12, crenças douradoras relacionadas à ameaça, e o segundo se enquadra na Hipótese 11, vulnerabilidade pessoal elevada. Ambos os aspectos da vulnerabilidade devem estar presentes para um indivíduo ser cognitivamente predisposto à ansiedade. Além disso, esperaríamos que a vulnerabilidade cognitiva exibisse um alto grau de seletividade dentro de uma estrutura de diátese-estresse, a fim de que ele apenas aparecesse quando a pessoa vulnerável antecipasse encontrar tipos específicos de situações potencialmente ameaçadoras. Portanto, uma tendência douradora a interpretar erroneamente certos tipos de ameaça potencial e a capacidade do indivíduo de lidar com essa ameaça permaneceriam latentes até serem ativadas por trauma relevante ou outras formas de estresse percebido. Uma vez ativados, os esquemas de ameaça dominariam o sistema de processamento de informação sempre que um sinal relacionado à ameaça relevante fosse encontrado.

Como outros pesquisadores da ansiedade, acreditamos que uma vulnerabilidade cognitiva para ansiedade se desenvolve por meio de vivências repetidas de negligência, abandono, humilhação e mesmo trauma que podem ocorrer durante a infância e a adolescência (ver Barlow, 2002; Chorpita e Barlow, 1998; Craske, 2003). Certas práticas parentais como superproteção, restrição de independência e autonomia, preocupação com possível perigo e encorajamento de fuga e evitação em resposta à ansiedade poderiam todas contribuir para o desenvolvimento de uma vulnerabilidade cognitiva à ansiedade. Embora haja alguma evidência empírica que apoie essa suposição, muito dela é baseada na avaliação retrospectiva de vivências na infância (McNally et al., 2001). Estudos abrangentes longitudinais com base na comunidade que comecem na infância são necessários a fim de determinar os antecedentes desenvolvimentais de vulnerabilidade cognitiva à ansiedade.

O presente relato de vulnerabilidade cognitiva é consistente com as proposições de outros pesquisadores cognitivo-comportamentais. M. W. Eysenck (1992), por exemplo, propôs uma teoria de hipervigilância da ansiedade, na qual indivíduos com alta ansiedade traço têm um sistema atencional orientado à detecção de ameaça quando estão em situações potencialmente ameaçadoras ou em um estado de alta ansiedade. Craske (2003) sugeriu que tanto afetividade negativa como um estilo de regulação emocional baseado na ameaça (isto é, uma resposta a excitação e sofrimento caracterizada por evitação e expectativas carregadas de perigo) são fatores de vulnerabilidade para ansiedade. Rachman (2004) observou que as pessoas podem sofrer *prime* ao detectar sinais de ameaça e a ignorar ou minimizar informação de segurança. Mathews e MacLeod (2002) afirmaram que vieses atencionais e interpretativos para ameaça constituem uma vulnerabilidade à ansiedade. E Wells (2000) propôs que crenças metacognitivas douradora (isto é, crenças sobre os próprios pensamentos) sobre preocupação, julgamentos de confiança cognitiva e a importância de monitorar os próprios processos de pensamento constitui uma vulnerabilidade para transtornos emocionais.

Nosso foco na base cognitiva da vulnerabilidade à ansiedade deve ser entendido dentro do contexto de outros fatores etiológicos, tais como determinantes do desenvolvimento, AN, ansiedade traço, sensibilidade à ansiedade, controle pessoal diminuído, etc. Essa visão mais ampla da vulnerabilidade é representada na Figura 4.1.

Esquemas de ameaça predominantes e percepção de vulnerabilidade ou fraqueza pessoal são construtos cognitivos mais específicos que refletem diretamente os construtos ligeiramente mais amplos de alta sensibilidade a ansiedade, controle pessoal diminuído e sensibilidade a avaliação negativa, que por sua vez estão relacionados a traços amplos de emocionalidade negativa e alta ansiedade traço. Dessa forma, a vulnerabilidade a transtornos de ansiedade envolve a interação de múltiplas vias originadas das esferas constitucional, desenvolvimental, ambiental, da personalidade e do processamento de informação. Com base nessa estrutura para vulnerabilidade, passamos a considerar a evidência empírica para os dois principais componentes do modelo: um senso douradora de vulnerabilidade pessoal e a presença de esquemas hipervalentes de ameaça.

Hipótese 11

Senso de vulnerabilidade pessoal aumentado

Indivíduos altamente ansiosos exibirão autoconfiança mais baixa e maior percepção de impotência em situações relacionadas a suas ameaças seletivas comparados a indivíduos não ansiosos.

Beck e colaboradores (1985, 2005) consideravam a autoconfiança diminuída e a incerteza um aspecto importante da vulnerabilidade cognitiva à ansiedade. Para a pessoa que sofre de ansiedade, uma disposição de autoconfiança é substituída por uma perspectiva de vulnerabilidade. Quando em um modo de vulnerabilidade, os indivíduos avaliam suas próprias capacidades e competências como inadequadas para lidar com uma ameaça percebida. Como resultado, eles se tornam hesitantes ou se afastam de uma situação de maneira autoprotetora. Quando uma atitude confiante é adotada, o indivíduo se foca nos pontos positivos em uma situação, minimiza os perigos e pode mesmo assumir um maior senso de controle pessoal do que quando a autoconfiança baixa prevalece (Beck et al., 1985, 2005). Adotar um modo confiante aumenta a probabilidade de sucesso em uma situação ameaçadora, enquanto a dominância do modo de vulnerabilidade tem maior probabilidade de levar ao fracasso e reforçar a crença dos indivíduos em sua incompetência porque ela está associada a autoquestionamento, incerteza e uma resposta fraca ou hesitante em uma situação desafiadora. O conceito de Bandura (1991) de percepção de baixa eficácia, bem como de incontrolabilidade e imprevisibilidade, são fatores de vulnerabilidade distais na ansiedade propostos por outros pesquisadores (p. ex., Chorpita e Barlow, 1998; Schmidt e Woolaway-Bickel, 2006) que são consistentes com o conceito de vulnerabilidade cognitiva de autoconfiança diminuída para tipos seletivos de ameaças percebidas.

Há três suposições sobre a natureza da autoestima baixa na ansiedade. Primeiro, a falta de autoconfiança é altamente específica às preocupações ansiosas do indivíduo. Ao contrário da depressão, onde encontramos uma visão negativa generalizada do *self*, a autoestima mais baixa na ansiedade é apenas evidente em situações relevantes às preocupações ansiosas do indivíduo. Por

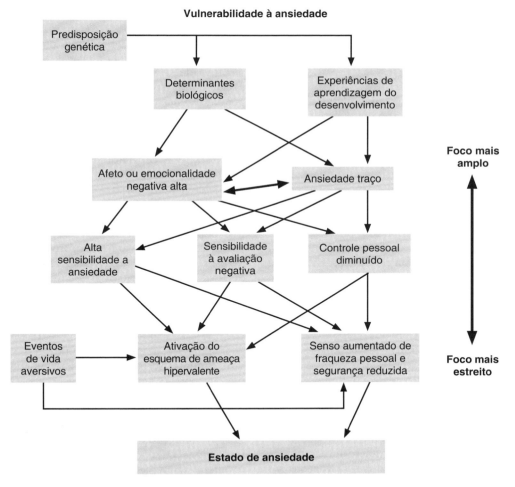

FIGURA 4.1

Modelo cognitivo de vulnerabilidade à ansiedade.

exemplo, um paciente com uma fobia específica sobre deglutição não tinha coragem de comer na presença de outros e, contudo, se sentia muito competente quando atuava na frente de centenas de pessoas como comediante amador. Segundo, a falta de autoconfiança será um determinante significativo de respostas autoprotetoras em situações ansiosas, tais como fuga e evitação, e de desempenho deficiente para lidar com a situação. E terceiro, a falta de autoconfiança para responder a certos tipos de ameaça percebida se origina da primeira infância e de outras experiências de aprendizagem e portanto atua como um fator de vulnerabilidade para o posterior desenvolvimento de um transtorno de ansiedade.

Evidência empírica

O primeiro critério de vulnerabilidade é sensibilidade ao transtorno em questão. Indivíduos ansiosos devem exibir menos autoconfiança ao lidar com situações ameaçadoras relacionadas a seu estado de ansiedade do que indivíduos não ansiosos. Como a depressão, a presença de transtornos de ansiedade é caracterizada por uma diminuição significativa da autoestima (p. ex., Ingham, Kreitman, Miller, Sashidharan e Surtees, 1986). De fato, uma associação entre autoestima baixa e ansiedade surgiu proeminentemente nas teorias psicológicas e na pesquisa sobre ansiedade social, em particular. Vários estudos demonstraram que autoestima baixa ou crenças disfuncionais sobre si mesmo estão relacionadas a ansiedade social ou timidez aumentada (de Jong, 2002; Jones, Briggs e Smith, 1986; Kocovski e Endler, 2000; Tanner et al., 2006; Wilson e Rapee, 2006). Entretanto, há inúmeras qualificações que devem ser feitas sobre a natureza da autoestima baixa na ansiedade social.

Primeiro, a maioria das evidências de pesquisa indica que a falta de autoconfiança na fobia social é específica a situações sociais envolvendo a percepção de avaliação dos outros em vez de uma autoestima baixa global. De fato, ameaça social é frequente-

mente necessária para ocasionar *prime* de baixa autoestima em amostras socialmente ansiosas (p. ex., O'Banion e Arkowitz, 1977; Rapee e Lim, 1992; Stopa e Clark, 1993). Segundo, não é claro se a falta de autoconfiança na ansiedade social reflete uma elevação na autoavaliação negativa ou uma redução na autoavaliação positiva. Mansell e Clark (1999) constataram que um grupo de ansiedade social alta lembrava menos adjetivos de traço positivo, mas não mais adjetivos negativos do que um grupo de ansiedade social baixa após fazer um discurso de 2 minutos gravado em vídeo (ver de Jong, 2002; Tanner et al., 2006, para achados semelhantes). Portanto, o problema principal na ansiedade social pode ser mais uma redução na autoavaliação positiva em situações sociais do que uma elevação da visão negativa de si mesmo. Terceiro, ainda não é claro que aspectos da autoestima baixa podem ser mais importantes na fobia social. Wilson e Rapee (2006), por exemplo, verificaram que a certeza do autoconceito era reduzida na fobia social, enquanto Mansell e Clark (1999) constataram que indivíduos socialmente ansiosos tinham recordação de positividade reduzida para adjetivos de traço autorreferente públicos, mas não privados. Finalmente, as diferenças na autoestima podem depender se são processos automáticos (ou seja, implícitos) ou mais forçados (ou seja, explícitos) que são avaliados. Estudos do Teste de Associação Implícita (TAI) sugerem que o problema de autoestima baixa na ansiedade pode estar refletido em processos mais controlados, forçados do que em um viés avaliativo automático, subjacente (ver de Jong, 2002; Tanner et al., 2006).

Embora se saiba consideravelmente menos sobre o papel da autoestima baixa em outros transtornos de ansiedade, há alguma pesquisa preliminar que merece ser mencionada. Ehntholt, Salkovskis e Rimes (1999) verificaram que grupos ansiosos tanto com TOC como sem TOC tinham autovalia e autoestima generalizada significativamente mais baixos do que um grupo de controle não clínico, mas concluíram que a baixa autoestima generalizada pode ser mais uma consequência da ansiedade do que um fator predisponente. Wu, Clark e Watson (2006) verificaram que pacientes com TOC eram diferenciados por uma autoimagem muito baixa com base na análise de perfil do SNAP-2 e a autoestima baixa foi implicada no desenvolvimento de sintomas de TEPT (Piotrkowski e Brannen, 2002). Doron e Kyrios (2005) propuseram que um autoconceito restrito pode constituir uma vulnerabilidade subjacente para TOC. Portanto, há cada vez mais interesse entre os pesquisadores no papel que a autoestima baixa e outros conceitos da personalidade poderiam desempenhar na patogênese de transtornos de ansiedade.

Resumo

Embora haja evidência empírica de que a autoestima baixa caracteriza os transtornos de ansiedade, não é claro se isso é uma causa ou uma consequência do transtorno. A pesquisa sobre vulnerabilidade da autoestima na ansiedade está muito atrasada em relação a literatura empírica sobre autoestima na depressão. Dois tipos de estudos são fundamentais para irmos além da especulação. Primeiro, estudos longitudinais são necessários para determinar se a baixa autoestima é na verdade um contribuinte predisponente para um transtorno de ansiedade. Esses tipos de estudos praticamente inexistem na literatura da ansiedade. Segundo, é necessária pesquisa experimental para determinar se variações na autoestima têm um efeito causal correspondente sobre sintomas ansiosos. Precisam ser demonstrados efeitos causais se a baixa autoconfiança para lidar com a ameaça for uma vulnerabilidade cognitiva genuína para ansiedade.

Se a baixa autoestima é uma vulnerabilidade cognitiva para ansiedade, os achados preliminares sugerem que ela é altamente específica à percepção de conteúdo ameaçador relevante às preocupações ansiosas primárias de um indivíduo. Além disso, a falta de autoconfiança é mais provavelmente evidente na fase secundária da ansiedade

onde processos forçados, controlados são predominantes (ver Figura 2.1). Entretanto, uma conclusão sobre o apoio empírico para a Hipótese 11 deve aguardar até que mais pesquisas sejam completadas.

DIRETRIZ PARA O TERAPEUTA 4.4
Ao avaliar questões de autoestima na ansiedade, o profissional deve avaliar o nível de autoconfiança do paciente para lidar com situações que exemplifiquem as preocupações ansiosas primárias do indivíduo.

Hipótese 12

Crenças douradoras relacionadas à ameaça
Indivíduos vulneráveis a ansiedade podem ser diferenciados de pessoas não vulneráveis por seus esquemas (isto é, crenças) maladaptativos preexistentes sobre ameaças e perigos particulares e vulnerabilidade pessoal associada que permanece inativa até ser disparada por experiência ou estressores de vida relevantes.

O modelo cognitivo de ansiedade (ver Capítulo 2) considera a ativação automática do modo primitivo de ameaça um processo central na vivência de ansiedade. A ativação do modo de ameaça põe em funcionamento os sintomas que constituem o estado de ansiedade. Além disso, as crenças ou esquemas disfuncionais que contêm o modelo primitivo de ameaça são pessoais e bastante idiossincrásicos para cada indivíduo. Eles são aprendidos primariamente por meio de várias experiências positivas ou negativas de ameaça ou perigo que ocorreram com o indivíduo ou pessoas significativas. Como tais, eles são representações douradoras de ameaça, que nos transtornos de ansiedade são frequentemente excessivas, preconcebidas e maladaptativas. Esses esquemas relacionados à ameaça disfuncionais resultarão em avaliações exageradas da probabilidade e gravidade da ameaça, subestimam a capacidade de enfrentamento pessoal e minimizam a presença de segurança (Beck et al., 1985, 2005).

No modelo cognitivo os esquemas relevantes à ameaça constituem a vulnerabilidade cognitiva central para ansiedade. Os esquemas de ameaça do indivíduo vulnerável à ansiedade não são apenas qualitativamente diferentes daqueles do indivíduo não vulnerável em termos de conter informação errônea e viés sobre ameaças particulares, mas são também "preponderantes" na medida em que uma variedade mais ampla de estímulos menos intensos ativará os esquemas. Por exemplo, a maioria das pessoas sente alguma ansiedade antes de discursar em público que reflete ativação de crenças como "é importante que eu faça um bom trabalho" e "Eu espero que a plateia seja receptiva". Entretanto, o indivíduo vulnerável à ansiedade social poderia sentir ansiedade intensa quando indagado sobre um assunto em uma reunião de trabalho devido a ativação de esquemas como "Eu não posso falar, as pessoas perceberão que minha voz está tremendo", "Elas pensarão que há algo errado comigo", "Elas pensarão que eu devo ter um problema de ansiedade – uma doença mental". Em comparação com o indivíduo não vulnerável, o indivíduo com ansiedade social tem esquemas mais extremos, exagerados que levam a uma avaliação exagerada do perigo. Observe também que uma situação muito menos ameaçadora ativa os esquemas de ameaça do indivíduo socialmente ansiosa. Dessa forma, as representações esquemáticas de ameaça no indivíduo vulnerável são preponderantes ou hipervalentes, levando a ativação mais frequente e intensa. Ao contrário do indivíduo não vulnerável, a ativação de certos esquemas na indivíduo vulnerável tenderá a capturar muitos dos recursos de processamento de informação a fim de que os esquemas mais construtivos se tornem relativamente inacessíveis ao indivíduo.

Evidência empírica

Há alguma evidência de que crenças ou esquemas relevantes à ameaça constituem uma predisposição cognitiva douradora para estados de ansiedade clínica? Já revisamos uma quantidade considerável de evidências empíricas consistentes com uma vulnerabilidade cognitiva à ansiedade baseada no esquema. No capítulo anterior, inúmeros estudos por MacLeod, Mogg, Bradley, Mathews, e outros verificaram que indivíduos não clínicos com alta ansiedade traço tinham um viés de processamento atencional para ameaça, especialmente sob condições de estresse (ver revisões por Mathews e MacLeod, 1994, 2002, 2005; Mogg e Bradley, 1998). A conclusão a que Mathews e MacLeod (2002) chegaram é que indivíduos com alta ansiedade traço têm uma vulnerabilidade cognitiva à ansiedade na forma de um limiar mais baixo para mudar de um modo de evitação para um modo de processamento de informação vigilante.

Uma segunda fonte de evidência de apoio a um esquema de vulnerabilidade à ansiedade vem de estudos de sensibilidade à ansiedade e controle diminuído revistos neste capítulo. Embora não fosse exato descrever o ESA como uma escala de crenças, ele avalia julgamentos que são baseados em uma variedade de crenças preexistentes sobre sensações físicas e ansiedade. Por exemplo, o item do ESA "Eu me apavoro quando sinto falta de ar" seria baseado em uma crença preexistente como "Estou me colocando em grave risco de ser incapaz de respirar quando sinto falta de ar". Se escores altos no ESA predizem probabilidade elevada de ansiedade subsequente, podemos generalizar a partir desses achados para as crenças subjacentes às avaliações do ESA como evidência de apoio de que essas crenças constituem vulnerabilidade para ansiedade. A mesma generalização pode ser feita da pesquisa sobre controle diminuído e estilo de atribuição negativo na ansiedade. Certas crenças preexistentes de falta de controle sobre ameaças antecipadas fundamentarão as percepções de controle, tornando essas crenças um elemento importante na proposição de que senso diminuído de controle pessoal é um fator de vulnerabilidade na ansiedade. Para resumir, a noção de crenças disfuncionais preexistentes que predispõem à ansiedade é um aspecto comum de muitas teorias cognitivas dos transtornos de ansiedade (p. ex., D. A. Clark, 2004; Ehlers e Clark, 2000; Wells, 2000; Wells e Clark, 1997).

Crenças disfuncionais na ansiedade

A fim de investigar o papel de crenças disfuncionais na etiologia da ansiedade, são necessárias escalas específicas de crenças que avaliem diretamente o conteúdo do esquema de ameaça. Infelizmente, a pesquisa nessa área não é tão bem desenvolvida quanto os estudos experimentais sobre viés atencional ou os estudos diátese-estresse prospectivos breves encontrados na depressão. Não obstante, estamos começando a ver mais pesquisas sobre o papel dos esquemas e crenças relevantes à ameaça na ansiedade clínica.

Nos últimos anos, houve considerável pesquisa sobre a estrutura da crença no TOC. Um grupo internacional de pesquisadores denominado Obsessive Compulsive Cognitions Working Group (OCCWG) propôs seis domínios de crença como constituindo uma vulnerabilidade cognitiva ao TOC: excesso de responsabilidade, preocupação excessiva com o controle dos pensamentos, exagerar a importância dos pensamentos, superestimar o risco, perfeccionismo e intolerância à incerteza (OCCWG, 1997). As definições desses domínios de crença podem ser encontradas na Tabela 11.3.

Um questionário autoaplicado de 87 itens, o Questionário de Crenças Obsessivas (OBQ), foi desenvolvido para avaliar os seis domínios de crença do TOC. Análise fatorial posterior indicou que ele podia ser reduzido a 44 itens que avaliavam três dimensões de crença: responsabilidade/estimativa de ameaça, perfeccionismo/intolerância à incerteza e importância/controle de pensamentos (OCCWG, 2005). Dois extensos estudos clínicos multicêntricos OBQ de 87 itens revelaram que pacientes com TOC tinham escores significativamente mais altos

que outros grupos ansiosos não obsessivos e não clínicos nas subescalas de Controle de Pensamentos, Importância dos Pensamentos e Responsabilidade do OBQ em particular, e que as seis escalas de crença do OBQ se correlacionavam melhor com escalas autoaplicadas de TOC do que com o BAI (Inventário de Ansiedade de Beck) ou o BDI (Inventário de Depressão de Beck) (OCCWG, 2001, 2003; ver Steketee, Frost e Cohen, 1998, para resultados semelhantes). Entretanto, as seis subescalas do OBQ são altamente intercorrelacionadas e têm fortes correlações com outras instrumentos que não avaliam TOC como o Questionário de Preocupação do Estado da Pensilvânia. Atualmente, o OBQ é provavelmente a melhor escala de crenças do TOC, embora certos pontos fracos sejam aparentes em sua validade de construto.

Também está se tornando cada vez mais claro que apenas certos domínios de crença como responsabilidade, importância e controle de pensamentos podem ser específicos do TOC enquanto outros domínios como superestimativa da ameaça e perfeccionismo são comuns nos transtornos de ansiedade. Embora tenha havido alguma inconsistência entre os estudos, as crenças sobre a importância dos pensamentos e a necessidade de controlar os pensamentos tenderam a diferenciar pacientes com TOC de outros grupos de ansiedade, com responsabilidade e superestimativa da ameaça às vezes apresentando especificidade, mas perfeccionismo e intolerância à incerteza surgindo com mais frequência como não específicos entre os transtornos de ansiedade (p. ex., Anholt et al., 2006; Clark, Purdon e Wang, 2003; Sica et al., 2004; Tolin, Worhunsky e Maltby, 2006; ver Emmelkamp e Aardema, 1999, para resultados contrários). Além disso, algumas crenças podem ser particularmente relevantes para certos subtipos de TOC como importância/controle de pensamentos para obsessões puras ou perfeccionismo/intolerância à incerteza para verificações do TOC (Calamari et al., 2006; Julien, O'Connor, Aardema e Todorov, 2006). Além disso, estudos analíticos de *cluster* com o OBQ sugerem que nem todos os pacientes com TOC necessariamente confirmarão essas crenças de TOC, levando alguns pesquisadores a questionar se as crenças disfuncionais desempenham um papel em todos os casos de TOC (Calamari et al., 2006; Taylor et al., 2006).

Recentemente houve uma tentativa de determinar se as crenças disfuncionais preexistentes poderiam prever prospectivamente um aumento nos sintomas de TOC. Oitenta e cinco genitores que estavam esperando seu primeiro filho responderam ao OBQ-44 e outros questionários de sintomas ansiosos e obsessivos no período pré-natal e 3 meses após o parto (Abramowitz, Khandker, Nelson, Deacon e Rygwall, 2006). A maioria das mães e pais relataram pensamentos intrusivos inquietantes sobre seus recém-nascidos na avaliação de seguimento, e análises de regressão revelaram que os Escores Totais do OBQ foram preditores do aumento nos sintomas OC pós-parto conforme determinado pela Escala de Transtorno Obsessivo-Compulsivo de Yale e o Inventário Obsessivo-Compulsivo-Revisado. Em um estudo prospectivo de 6 semanas envolvendo 377 estudantes universitários, Coles e Horng (2006) verificaram que os Escores Totais do OBQ-44 foram preditores do aumento nos sintomas OC conforme medido pelo Escore Total do Inventário Obsessivo-Compulsivo, mas a interação entre crenças e eventos de vida negativos não alcançou significância. Entretanto, em um segundo estudo Coles e colaboradores não conseguiram reproduzir inteiramente esse achado (Coles, Pietrefesa, Schofield e Cook, 2007), com o OBQ-44 mostrando apenas uma tendência em direção a um resultado significativo e nenhuma interação com eventos de vida negativos.

Pesquisadores examinaram os tipos de crenças disfuncionais encontradas em outros transtornos de ansiedade. Crenças maladaptativas preexistentes sobre preocupação e suas consequências são evidentes na preocupação crônica e no TAG (Cartwright-Hatton e Wells, 1997; Dugas et al., 2005; Dugas, Gagnon, Ladouceur e Freeston, 1998; Wells e Cartwright-Hatton, 2004; Ruscio e Borko-

vec, 2004; Wells e Papageorgiou, 1998a). Wenzel, Sharp, Brown, Greenberg e Beck (2006) verificaram que crenças relacionadas ao pânico, tais como a antecipação de ansiedade, preocupação sobre catástrofes físicas e emocionais, e autorreprovação estavam mais estreitamente associadas a sintomas de ansiedade e pânico do que a depressão autorrelatada. Indivíduos com ansiedade social podem confirmar inúmeros esquemas maladaptativos precoces conforme indicado por escores elevados nas subescalas de Privação Emocional, Culpa/Fracasso, Indesejabilidade/Deficiência Social, Dependência, etc., do Questionário de Esquemas de Young (Pinto-Gouveia, Castilho, Galhardo e Cunha, 2006). De modo geral, há alguma indicação de que crenças maladaptativas resistentes sobre ameaça e vulnerabilidade caracterizam os transtornos de ansiedade, mas essa pesquisa ainda está em seu começo e muitas questões fundamentais sobre a natureza dos esquemas de vulnerabilidade na ansiedade não foram tratadas.

Viés de interpretação de ameaça induzido

Agora está bem estabelecido que uma tendência a confirmar interpretações ameaçadoras de informação ambígua é um aspecto importante do viés de processamento seletivo para ameaça que caracteriza a ansiedade (Mathews, 2006). Entretanto, a demonstração de que o viés de processamento da ameaça, e, por extensão, a ativação de seu esquema de ameaça subjacente, têm influência causal é mais difícil porque a maior parte da pesquisa foi correlacional ou envolveu pesquisas de delineamento transversal. Mathews e MacLeod (2002) observam que a evidência de viés diferencial em grupos ansiosos e não ansiosos, redução de viés de ameaça com tratamento, ou ativação diferencial de viés em indivíduos com alta e baixa ansiedade traço após um evento estressante não pode excluir uma explicação não causal como a influência de uma terceira variável não identificada. Portanto, a pesquisa mostrando que a manipulação experimental de viés interpretativo por meio de condições de treinamento deliberado tem um impacto considerável sobre a emoção é uma forte evidência empírica da causalidade no processamento avaliativo da ameaça. Além disso, essa pesquisa é importante para a vulnerabilidade cognitiva porque fornece evidência de uma precondição básica de vulnerabilidade: que processamento de informação tendencioso tem um efeito causal sobre a emoção.

O objetivo básico de procedimentos de indução é treinar voluntários a se ocuparem do processamento seletivo de nova informação relevante à ansiedade e a avaliar mudanças na ansiedade subsequente. Dois efeitos precisam ser demonstrados. Primeiro, que o treinamento no viés de processamento diferencial tem sido bem-sucedido e se generaliza para o processamento de informação nova. Segundo, um aumento ou diminuição no viés de processamento da ameaça resulta em alterações no nível de ansiedade. Uma terceira questão frequentemente tratada é se há diferenças individuais na suscetibilidade a treinamento do viés de ameaça que poderiam sugerir vulnerabilidade aumentada à ansiedade.

MacLeod e colaboradores conduziram uma série de estudos sobre viés atencional induzido para ameaça em estudantes voluntários. No estudo padrão, os indivíduos foram aleatoriamente alocados para uma condição de treinamento de ameaça atencional ou para a evitação de ameaça em favor de sinais emocionalmente neutros (Mathews e MacLeod, 2002). Em uma série de estudos piloto não publicados (ver discussão em Mathews e MacLeod, 2002), MacLeod e colaboradores adaptaram o paradigma de detecção *dot probe* de modo que os participantes fossem aleatoriamente alocados para 576 testes de treinamento, nas quais o ponto (*dot*) sempre aparecia na posição de palavras de ameaça ou neutras. A análise de 128 testes revelaram um efeito de treinamento significativo no qual os participantes treinados para detectar palavras de ameaça foram significativamente mais rápidos na detec-

ção da *probe* após uma palavra de ameaça e mais lentos para detectar *probes* após uma palavra neutra. Esse efeito de treinamento foi reproduzido em outro estudo piloto usando rostos felizes e irritados.

Em seu primeiro grande estudo publicado, MacLeod e colaboradores (2002) relataram dois estudos envolvendo manobras experimentais de viés atencional. No primeiro estudo 64 estudantes não vulneráveis (escores de ansiedade traço na faixa média) foram alocados aleatoriamente para uma condição de treinamento de "atenção negativa" ou uma condição de "atenção neutra". O treinamento envolveu 576 testes nas quais 50% das apresentações do par de palavras foram em um intervalo de exposição curto (isto é, 20 milésimos de segundo) e as outras 50% foram de uma duração de exposição mais longa (isto é, 480 milésimos de segundo). Noventa e seis testes foram distribuídos durante todo o treinamento. Portanto, metade dos participantes foram treinados a prestar atenção à informação negativa e a outra metade foi treinada para desviar a atenção de estímulos negativos (prestar atenção a palavras neutras). Após o treinamento do *dot probe* todos os participantes completaram uma tarefa de anagrama estressante. A análise revelou que os estudantes na condição de treinamento negativo exibiram detecção de *dot probe* mais rápida a palavras negativas nos testes, enquanto os participantes treinados para desviar a atenção de palavras negativas exibiram um efeito de aceleração a *dot probes* após as palavras neutras. Entretanto, esse efeito de treinamento foi evidente apenas nos testes de exposição mais longa, indicando que o viés diferencial não era pré-consciente. Além disso, o treinamento atencional não teve efeito imediato sobre o humor, embora após o estresse com anagrama os estudantes treinados para desviar a atenção da informação negativa apresentaram elevações significativamente mais baixas no humor negativo. Os autores concluíram que o *treinamento de evitação de ameaça atencional* pode reduzir a vulnerabilidade para resposta emocional negativa ao estresse.

Em um segundo estudo de replicação todas as tentativas de treinamento foram conduzidas com um intervalo de exposição mais longo e a reatividade emocional ao estresse foi avaliada antes e após o treinamento atencional (MacLeod et al., 2002). A análise revelou que um efeito de treinamento diferencial foi novamente alcançado e que o treinamento de atenção para afastar os estímulos negativos não resultou em resposta emocional negativa ao anagrama estressor, enquanto o grupo que teve treinamento emocional negativo apresentou uma resposta emocional negativa pronunciada ao estressor. Esses efeitos diferenciais ocorreram em função do treinamento, porque no início do estudo os grupos não diferiram na demonstração de elevações no humor negativo a uma tarefa pré-indução do anagrama. Os autores concluíram que o treinamento atencional modificou o grau de resposta emocional a um estressor subsequente. Portanto, o treinamento teve seu maior impacto não sobre o humor diretamente, mas sobre a vulnerabilidade emocional ao estresse.

De maior relevância à Hipótese 12 há uma série de estudos publicados sobre treinamento de viés interpretativo. Grey e Mathews (2000) investigaram primeiro se o viés interpretativo para ameaça poderia ser treinado em voluntários com escores de ansiedade traço normais. Indivíduos foram alocados aleatoriamente para uma condição de treinamento de homógrafo ameaçador ou não ameaçador, nas quais os voluntários foram treinados para completar um fragmento de palavra com um homógrafo ameaçador ou não ameaçador. No primeiro estudo, Grey e Mathews (2000) verificaram que o treinamento da ameaça resultou em resposta mais rápida para geração de soluções de ameaça em 20 itens críticos, e foi verificado que o efeito de viés do treinamento da ameaça se generalizou para uma tarefa de decisão lexical em dois outros estudos. Em um estudo final que incluiu um grupo de controle não treinado, os indivíduos que foram expostos ao treinamento de homógrafo de ameaça apresentaram decisão lexical mais rápida para ameaça do que o grupo

basal. Esses estudos, então, demonstraram que um viés interpretativo de ameaça para estímulos ambíguos pode ser treinado em indivíduos não vulneráveis.

Mathews e Mackintosh (2000) conduziram cinco estudos nos quais o treinamento de viés interpretativo envolveu fazer uma interpretação negativa (ameaçadora) ou positiva (não ameaçadora) a uma descrição curta de uma situação social ambígua. Sessenta e quatro descrições foram apresentadas, cada uma delas seguida por um fragmento de palavra que combinava com uma interpretação ameaçadora ou não ameaçadora. No primeiro estudo, voluntários alocados aleatoriamente para treinamento de interpretação de ameaça foram mais rápidos para completar fragmentos de palavra negativa e deram avaliações de reconhecimento mais altas a interpretações ameaçadoras das descrições ambíguas. Além disso, houve um efeito direto sobre o humor, com o grupo de ameaça relatando um aumento na ansiedade após o treinamento, embora esse efeito de humor não tenha sido reproduzido no segundo estudo. No quarto estudo, o treinamento de interpretação de ameaça resultou em um aumento na ansiedade estado, mas foi demonstrado que seus efeitos se dissiparam muito rapidamente. O estudo final demonstrou que viés induzido para ameaça levará a um aumento na ansiedade apenas quando ele for ativado pela geração de significados pessoalmente ameaçadores. Os autores concluíram que seus resultados fornecem evidência experimental direta de que a ativação do viés de interpretação de ameaça desempenha um papel causal na ansiedade.

Em um estudo mais recente Wilson e colaboradores (2006) usaram a indução de viés interpretativo de homógrafo de Grey e Mathews (2000) e alocaram aleatoriamente 48 estudantes não ansiosos para uma condição de treinamento de ameaça ou não ameaça. A análise revelou o viés de interpretação diferencial esperado com treinamento, mas nenhum efeito direto sobre humor deprimido ou ansioso. Entretanto, o viés de interpretação teve um impacto significativo sobre a reatividade emocional a quatro clipes de vídeo estressantes com o grupo treinado para ameaça apresentando uma elevação na ansiedade estado em resposta ao estressor. Os autores concluíram que o viés de interpretação de ameaça pode dar "uma contribuição causal para a reatividade à ansiedade" (Wilson et al., 2006, p. 109).

Yiend, Mackintosh e Mathews (2005) usaram os cenários sociais ambíguos baseados em texto de Mathews e Mackintosh (2000) para demonstrar que a indução de um viés de interpretação de ameaça pode manter-se durante pelo menos 24 horas, mas, como em estudos anteriores, não houve efeitos diretos significativos sobre a ansiedade estado. Em outro estudo Mackintosh, Mathews, Yiend, Ridgeway e Cook (2006) mais uma vez verificaram que o viés de interpretação induzido foi mantido durante um período de tempo de 24 horas e sobreviveu a mudanças no contexto ambiental entre treinamento e teste. Esse efeito de permanência do treinamento de indução foi reproduzido em um segundo estudo usando cenários baseados em texto envolvendo ameaça física potencial. Além disso, indivíduos com treinamento de interpretação negativa apresentaram os maiores aumentos na ansiedade estado após assistir a clipes de vídeo de acidentes estressantes um dia após o treinamento. Entretanto, um estudo de replicação de Mathews e Mackintosh (2000) não conseguiu constatar que os efeitos de treinamento do viés interpretativo se generalizassem para índices de processamento interpretativo que diferiam da tarefa do treinamento, embora eles não tenham constatado que indivíduos treinados negativamente tivessem aumentos significativos na ansiedade estado (Salemink et al., 2007a). Um segundo estudo, entretanto, produziu resultados negativos, com o treinamento de viés interpretativo positivo e negativo não tendo efeito significativo sobre a ansiedade estado ou a reatividade emocional ao estresse (Salemink et al., 2007b). Juntos esses resultados indicam que os efeitos do treinamento interpretativo podem resistir com o passar do tempo, entre ambientes e possivelmente

em contextos de estímulo diferentes, e que mudanças na reatividade emocional devido ao treinamento também podem ter algum grau de durabilidade.

Em uma edição especial do *Journal of Abnormal Psychology* uma série de estudos baseados no treinamento do viés cognitivo demonstrou que benefícios terapêuticos significativos podiam ser obtidos do treinamento direto de indivíduos ansiosos para gerar interpretações benignas ou positivas a material emocionalmente ambíguo, ou para prestar atenção seletiva a estímulos não ameaçadores; os procedimentos foram denominados *modificação do viés cognitivo* (para uma discussão ver MacLeod, Koster e Fox, 2009). Quatro estudos são de particular importância na demonstração da situação causal do viés de ameaça. No primeiro estudo, estudantes não clínicos que foram treinados durante vários dias para evitar seletivamente palavras emocionalmente negativas ou ameaçadoras usando um programa de *dot probe* em casa tiveram escores de ansiedade traço significativamente mais baixos e reatividade de estresse mais fraca a um estressor naturalístico encontrado 48 horas após o treinamento do que um grupo controle não treinado (MacLeod e Bridle, 2009).

Em um segundo estudo um grupo de indivíduos altamente preocupados treinados para acessar significados benignos a homógrafos relacionados à ameaça e cenários emocionalmente ambíguos tiveram significativamente menos intrusões de pensamento negativo e menos ansiedade durante uma tarefa de respiração focalizada do que o grupo de controle sem treinamento (Hirsch, Hayes e Mathews, 2009). Nos dois estudos finais envolvendo treinamento atencional usando uma tarefa de *dot probe*, indivíduos com TAG treinados para prestar atenção seletiva a palavras neutras tiveram uma diminuição significativa no viés atencional para ameaça e nos sintomas de ansiedade (Amir, Beard, Burns e Bomyea, 2009), e em um segundo estudo semelhante participantes socialmente ansiosos treinados para se livrar de sinais sociais negativos também relataram reduções significativamente maiores na ansiedade social e na ansiedade traço do que o grupo controle sem treinamento (Schmidt, Richey, Buckner e Tímpano, 2009). Juntos esses estudos indicam que o treinamento do viés cognitivo pode ser efetivo na redução da ansiedade, o que fornece apoio adicional para uma base causal para viés de ameaça na ansiedade.

Resumo

Há relativamente pouca pesquisa sobre vulnerabilidade cognitiva à ansiedade que tenha empregado questionários autoaplicados de crenças disfuncionais sobre ameaça, exceto alguns estudos relatando achados inconsistentes sobre crenças duradouras no TOC. Entretanto, estudos experimentais mais recentes empregando diferentes protocolos de treinamento demonstraram que um viés de interpretação de ameaça pode ser criado em indivíduos não ansiosos que pode ser semelhante ao viés de processamento seletivo para ameaça que caracteriza a ansiedade. A evidência de alguma durabilidade com o passar do tempo e transferência de estilo de processamento induzido a estímulos novos e mudanças no contexto ambiental sugere que esses efeitos de treinamento podem ser bastante robustos. Entretanto, os efeitos causais do viés de interpretação da ameaça induzido sobre a ansiedade não são simples. Aparentemente, os efeitos do treinamento sobre a ansiedade são mais prováveis se o viés induzido é ativado quando os indivíduos precisam gerar significados pessoalmente ameaçadores (Mathews e Mackintosh, 2000) ou, possivelmente quando o viés de interpretação ativa imagens pessoalmente ameaçadoras (Hirsch, Clark e Mathews, 2006). Além disso, os efeitos de congruência com o humor do viés de interpretação induzido são mais notáveis com exposição a um estressor. Portanto, a evidência até agora indica que o viés de interpretação de ameaça desempenha um papel causal na modificação da vulnerabilidade à reatividade emocional. Entretanto, essa pesquisa ainda está em seu começo e muitas questões fundamentais permanecem sem resposta.

O treinamento no viés de interpretação positiva pode se revelar um tratamento efetivo para estados de ansiedade clínica. Estudos sobre modificação do viés cognitivo demonstraram reduções significativas nos sintomas de ansiedade. Mathews e colaboradores (2007) verificaram que o treinamento no viés de interpretação positiva reduziu os escores de ansiedade traço. Além disso, o uso de imagens durante o treinamento de interpretação poderia melhorar os efeitos do treinamento conforme indicado por reduções na ansiedade estado e aumentos no afeto positivo (Holmes, Mathews, Dalgleish e Mackintosh, 2006; ver também Holmes, Arntz e Smucker, 2007). Os achados atuais, então, são mais promissores e são nossa evidência experimental mais forte até agora de que a ativação do esquema de ameaça na forma de viés de interpretação de ameaça desempenha um papel contribuinte significativo na reatividade ansiosa ao estresse. Além disso, pode haver benefícios terapêuticos significativos em reverter o viés cognitivo preexistente treinando indivíduos vulneráveis a fazer interpretações positivas de estímulos de ameaça ambíguos.

DIRETRIZ PARA O TERAPEUTA 4.5

O treinamento deliberado e contínuo na geração de interpretações positivas, não ameaçadoras de situações pessoalmente significativas relevantes às preocupações ansiosas primárias do paciente pode neutralizar a ativação do esquema de ameaça hipervalente que caracteriza a vulnerabilidade à ansiedade.

RESUMO E CONCLUSÕES

Neste capítulo discutimos uma série de construtos que foram propostos na etiologia dos transtornos de ansiedade. Embora vários fatores genéticos, biológicos, do desenvolvimento e ambientais tenham sido implicados no início da ansiedade, afirmamos que os indivíduos também podem possuir vulnerabilidade cognitiva para ansiedade. Conforme representado na Figura 4.1, o modelo cognitivo reconhece que predisposição genética, determinantes biológicos, experiências da infância, e eventos de vida aversivos desempenham todos um papel significativo na etiologia de um transtorno de ansiedade. Ao mesmo tempo, entretanto, fatores de personalidade cognitivos gerais interagem com estruturas cognitivas duradouras mais específicas como vias que contribuem para a expressão da ansiedade.

Em um nível mais geral, o modelo cognitivo reconhece que certas características da personalidade, tais como alta emocionalidade negativa ou ansiedade traço elevada não são fatores de vulnerabilidade específicos na ansiedade. Há agora considerável evidência empírica de que indivíduos não clínicos com alta ansiedade traço exibem uma propensão para um viés de processamento de informação relacionado à ameaça que é semelhante àquele visto nos transtornos de ansiedade, especialmente quando induzido por treinamento ou ativado por um estressor (p. ex., ver revisão por MacLeod et al., 2004). AN alta foi implicada na etiologia tanto de ansiedade como de depressão. Entretanto, é no nível mais específico que vemos fatores contribuintes que têm mesmo mais relevância para ansiedade. Existe agora uma vasta literatura sobre o papel etiológico da sensibilidade à ansiedade e embora a percepção de incontrolabilidade esteja claramente envolvida na patogênese da ansiedade, é duvidoso que sua influência seja limitada aos transtornos de ansiedade.

O restante do capítulo discutiu a evidência para as duas últimas hipóteses do modelo cognitivo. Há cada vez mais evidências de que crenças ou esquemas duradouros sobre ameaça e vulnerabilidade pessoal são fatores predisponentes à ansiedade. Embora a pesquisa sobre um modelo de vulnerabilidade cognitiva da ansiedade ainda esteja em seu começo, progresso considerável foi feito nos últimos anos na demonstração da situação causal de um viés de processamento de informação para ameaça na ansiedade. Estamos apenas começando a ver como essa pesquisa de vulnerabilidade cognitiva poderia levar a melhores tratamentos para os transtornos de ansiedade.

Parte II

Terapia cognitiva da ansiedade: estratégias de avaliação e intervenção

O modelo cognitivo genérico reformulado de ansiedade apresentado na Parte I fornece uma estrutura para avaliação e formulação de caso bem como para abordagens cognitivas e comportamentais à intervenção que são comuns entre os transtornos de ansiedade. Neste sentido a terapia cognitiva é transdiagnóstica, visando estruturas e processos cognitivos maladaptativos que são comuns entre os vários subtipos de ansiedade. Os capítulos nesta parte do livro fornecem instruções detalhadas, passo a passo para abordagens cognitivas de avaliação e tratamento que são relacionadas a todas as formas de apresentação dos sintomas de ansiedade. O Capítulo 5 discute instrumentos padronizados para avaliar ansiedade geral bem como uma estrutura acompanhada de vinheta clínica para desenvolver uma formulação cognitiva de caso para ansiedade. O Capítulo 6 explica como desenvolver estratégias de intervenção cognitivas como educação, automonitoramento, reestruturação cognitiva, e geração de alternativas para modificar as avaliações e crenças de ameaça e vulnerabilidade exageradas nos transtornos de ansiedade. O Capítulo 7 focaliza-se no papel crítico desempenhado por intervenções comportamentais como exposição, prevenção de resposta, e mudança comportamental dirigida na terapia cognitiva para os transtornos de ansiedade. Juntos esses capítulos fornecem instrução básica sobre como desenvolver estratégias de intervenção cognitivas e comportamentais centrais que fornecem a estrutura teórica para a terapia cognitiva específica ao transtorno discutida na Parte III.

5

Avaliação cognitiva e formulação de caso

Nossa Era da Ansiedade é, em grande parte, resultado de
tentarmos fazer o trabalho de hoje com ferramentas de ontem.
Marshall Mcluhan (Acadêmico e escritor canadense, 1911-1980)

Sharon é uma mulher solteira de 52 anos que trabalhava como consultora de tecnologia da informação para uma grande agência de publicidade. Ela estava empregada nessa firma há 10 anos, e seu trabalho envolvia contato diário com um grande número de funcionários que solicitavam sua assistência sempre que tinham problemas com seus computadores. Portanto, seu trabalho requeria muitas interações pessoais diárias com indivíduos em suas estações de trabalho resolvendo seus problemas de computador e rede, bem como reuniões com gerentes sênior sempre que houvesse questões sobre tecnologia da informação.

Sharon decidiu finalmente buscar tratamento para o que descrevia como uma "luta perpétua com a ansiedade". Ela indicou que seu principal problema era ansiedade aumentada sempre que se envolvia em interação social com colegas de trabalho. Ela relatou apenas ansiedade leve fora do local de trabalho e portanto nunca antes considerara tratamento até 6 meses atrás quando sentiu um aumento significativo em seu nível de ansiedade no trabalho. Ela recusou farmacoterapia sugerida por seu médico de família e em vez

disso concordou em ver um psicólogo para psicoterapia. Antes de oferecer a Sharon a terapia cognitiva propriamente dita havia uma série de questões sobre sua ansiedade que precisavam ser abordadas. Qual era a natureza de seu transtorno de ansiedade e quais eram seus principais sintomas de ansiedade? Que sinais externos ou internos desencadearam sua ansiedade? Quais eram seus pensamentos ansiosos automáticos e avaliações exageradas de ameaça e vulnerabilidade pessoal? Ela era altamente intolerante à ansiedade e hipervigil com certos sintomas de ansiedade? Como tentou lidar com seu aumento da ansiedade? Preocupação e evitação eram respostas importantes à ansiedade? Como ela interpretou seu fracasso em controlar a ansiedade? Estas são algumas das questões que foram abordadas durante as sessões de avaliação de Sharon que levaram a uma formulação cognitiva de caso individualizada que é apresentada no final deste capítulo.

A avaliação e a formulação de caso representam uma ponte entre teoria cognitiva e tratamento. Desde seu princípio mais remoto, a terapia cognitiva tem enfatizado a importância da avaliação orientada pela teoria como fundamento para a psicoterapia efetiva. No primeiro manual de terapia cognitiva publicado, Beck, Rush, Shaw e Emery (1979) enfatizaram que formulação diagnóstica, estabelecimento de metas de tratamento, educação do paciente no modelo cognitivo e seleção de sintomas alvo eram elementos críticos no tratamento para depressão.

Os instrumentos de avaliação e formulação de caso que estão disponíveis agora para o terapeuta cognitivo são muito mais precisos do que aqueles disponíveis nos primeiros anos da terapia cognitiva. Por exemplo, J. S. Beck (1995, 2005) desenvolveu um esquema de conceitualização de caso mais detalhado e refinado que pode ser aplicado aos transtornos de ansiedade. Ela defende a importância da conceitualização como um guia para focar a terapia nos problemas e processos críticos subjacentes a um transtorno psicológico. Frequentemente o fracasso do tratamento em casos difíceis pode remontar a uma conceitualização de caso mal orientada ou incompleta (J. S. Beck, 2005). Persons e colaboradores (Persons, 1989; Persons e Davidson, 2001) forneceram um dos modelos mais abrangentes para formulação de caso, enfatizando sua natureza individualizada, orientada pela teoria e geradora de hipótese. Protocolos de tratamento cognitivo-comportamental para transtornos de ansiedade específicos como pânico (S. Taylor, 2000), fobia social (Elting e Hope, 1995), TAG (Turk, Heimberg e Mennin, 2004; Wells, 1997) e TOC (D. A. Clark, 2004) novamente enfatizam o papel importante desempenhado pela avaliação cognitiva e pela formulação de caso.

Neste capítulo apresentamos um esquema de formulação de caso para ansiedade baseado no modelo cognitivo (ver Figura 2.1). É descrita uma estrutura geral para conceitualização cognitiva de caso que pode ser aplicada a todos os transtornos de ansiedade. A aplicação precisa desse esquema de conceitualização de caso será considerada dentro dos capítulos do transtorno específico. A primeira seção do capítulo revisa instrumentos diagnósticos e escalas gerais dos sintomas de ansiedade que são uma importante ferramenta de avaliação na terapia cognitiva da ansiedade. Isso será seguido por uma discussão da avaliação da ativação do medo imediata (Fase I) e suas sequelas. Uma terceira seção se foca na avaliação de processos secundários, elaborativos que levam a uma reavaliação da ameaça e da vulnerabilidade pessoal. O capítulo conclui com uma vinheta clínica de formulação cognitiva de ansiedade e uma consideração das dificuldades que surgem neste estágio do tratamento.

DIAGNÓSTICO E AVALIAÇÃO DO SINTOMA

As primeiras duas ou três sessões devem se focar na avaliação que leva a uma formulação de caso preliminar. A Figura 5.1 ilustra uma abordagem de três aspectos da avaliação que estará presente durante a fase inicial da terapia cognitiva para ansiedade.

Entrevistas diagnósticas

A entrevista diagnóstica sempre teve um papel importante na terapia cognitiva. Beck e colaboradores (1979) sustentaram que uma avaliação diagnóstica completa é essencial para estabelecer sintomas alvo e planejamento do tratamento. Embora os profissionais estejam divididos sobre a importância do diagnóstico diferencial na psicoterapia, não há discussão de que informação clínica crítica é obtida no curso de uma entrevista diagnóstica. Uma entrevista diagnóstica é importante para a conceitualização do caso e para o planejamento do tratamento porque:

• Fornece informação detalhada sobre a tipologia, frequência e gravidade do sintoma apresentado.

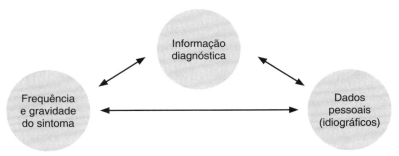

FIGURA 5.1

Três aspectos da avaliação para ansiedade.

- São frequentemente avaliados os processos cognitivos chaves nos transtornos de ansiedade.
- São avaliados gatilhos situacionais e estratégias de enfrentamento, especialmente respostas de evitação.
- É determinado o nível de sofrimento e impacto sobre o funcionamento diário.
- São delineados fatores precipitantes, desenvolvimento de sintoma e curso.
- São identificados sintomas concorrentes e outros processos psicológicos que poderiam complicar o tratamento.

Duas questões fundamentais devem ser estabelecidas antes de conduzir uma avaliação diagnóstica na terapia cognitiva. É realmente necessário usar o tempo extra realizando uma entrevista clínica estruturada ou semiestruturada ou uma entrevista não estruturada tradicional seria suficiente? Qual é a entrevista diagnóstica mais bem estruturada para os transtornos de ansiedade? Os especialistas concordam que entrevistas estruturadas e semiestruturadas devem ser usadas para estabelecer a situação diagnóstica na pesquisa clínica (Antony e Rowa, 2005). Isto porque as entrevistas estruturadas são significativamente mais precisas para determinar um diagnóstico válido do que entrevistas clínicas não-estruturadas (Miller, Dasher, Collins, Griffiths e Brown, 2001), e elas têm maior confiabilidade entre avaliadores (Miller, 2001). Miller (2002) determinou que a imprecisão diagnóstica de entrevistas clínicas não estruturadas tradicionais era em grande parte devido a coleta de dados incompleta. Visto que as entrevistas semiestruturadas forçam o profissional a avaliar todos os sintomas diagnósticos essenciais, esse erro na coleta de dados é superado.

Apesar da superioridade diagnóstica das entrevistas semiestruturadas, elas raramente são usadas na prática clínica (Antony e Rowa, 2005). Isto porque as entrevistas semiestruturadas podem levar mais de 2 horas para serem administradas, requerem algum grau de treinamento e os manuais publicados podem ser muito caros. Não obstante, acreditamos que a riqueza de informação obtida de uma entrevista como o Entrevista Estruturada para Transtornos de Ansiedade para o DSM-IV (ADIS-IV) ou a Entrevista Clínica Estruturada para transtornos do Eixo I do DSM-IV (SCID-IV) justifica o investimento em recursos clínicos (ver Miller, 2002, para análise de custo-benefício).

Embora uma seleção de entrevistas razoavelmente ampla esteja disponível para o profissional, o ADIS-IV (Brown, Di Nardo e Barlow, 1994) e a SCID-IV (First, Spitzer, Gibbon, e Williams, 1997) se tornaram as entrevistas mais amplamente usadas na América do Norte. Ambas são entrevistas semiestruturadas, administradas pelo profissional que visam fazer um diagnóstico diferencial baseado nos critérios do DSM-IV-TR (APA, 2000). O SCID para o Eixo I tem uma versão publicada para profissionais (SCID-CV) que cobre os diagnósticos do DSM-IV-TR vistos mais comumente na prática clínica, enquanto a versão de pesquisa não publicada (SCID--RV) é muito mais longa e inclui inúmeros subtipos de diagnóstico e especificadores de curso de tratamento (First et al., 1997). Summerfeldt e Antony (2002) concluíram que o SCID é superior na sua amplitude de cobertura de diagnósticos e há evidências de boa confiabilidade entre avaliadores para muitos dos transtornos mais comuns (Williams et al., 1992; Riskind, Beck, Berchick, Brown e Steer, 1987). Entretanto, o SCID--CV fornece apenas um breve verificador de sintoma para certos transtornos de ansiedade como fobia específica, TAG, fobia social e agorafobia sem histórico de transtorno de pânico, enquanto deixa de avaliar o histórico passado de outros transtornos. A fim de obter um diagnóstico preciso de transtornos de ansiedade específicos, o SCID-CV deve ser suplementado com questões adicionais de sintoma do SCID-RV. A adição de avaliações dimensionais de gravidade sobre gatilhos situacionais também é recomendada a fim de fornecer dados clínicos importantes sobre os transtornos de ansiedade específicos (Summerfeldt e Antony, 2002).

A melhor entrevista diagnóstica para os transtornos de ansiedade é o ADIS-IV. Embora o ADIS-IV tenha versões para diagnóstico atual e ao longo da vida disponíveis para adultos, a versão atual será de maior relevância na prática clínica. Ela inclui seções sobre cada um dos transtornos de ansiedade, bem como sobre condições altamente comórbidas (p. ex., transtornos do humor, hipocondria, abuso ou dependência de álcool/droga). Em cada uma das seções de transtornos de ansiedade, avaliações de gravidade e sofrimento são obtidas acerca de sintomas específicos, e a Escala de Avaliação de Ansiedade de Hamilton (HAM-A; Hamilton, 1959) e a Escala de Avaliação de Depressão de Hamilton (HRSD; Hamilton, 1960) são incluídas a fim de que as escalas possam ser administradas durante a entrevista. Embora o ADIS-IV cubra todos os critérios diagnósticos essenciais para os transtornos de ansiedade, ele vai muito além do DSM-IV-TR fornecendo informação sobre fenômenos psicopatológicos que são visados em intervenções para ansiedade (p.

ex., expressão parcial de sintoma, evitação, gatilhos situacionais, e apreensão).

O ADIS-IV tem alta confiabilidade entre avaliadores para os transtornos de ansiedade e humor do DSM-IV-TR (ver revisão por Summerfeldt e Antony, 2002). Brown e Barlow (2002) relataram que as versões atuais ou ao longo da vida do ADIS-IV têm concordância entre avaliadores boa a excelente para diagnósticos principais baseado em uma amostra clínica de 362 pacientes ambulatoriais (ver também Brown, Di Nardo, Lehman e Campbell, 2001). Os valores de kappa para duas entrevistas independentes conduzidas dentro de um intervalo de 2 semanas variaram de 0,67 para TAG a 0,86 para fobia específica. A fonte de divergência mais comum entre os entrevistadores envolveu se um caso satisfazia critérios limiares para um transtorno de ansiedade em particular, bem como variância de informação entre as entrevistas (ou seja, pacientes dando informação diferente aos entrevistadores). Summerfeldt e Antony (2002) observaram que embora o ADIS-IV forneça informação e avaliações dimensionais mais detalhadas de sintomas ansiosos, é mais demorado e avalia uma gama mais limitada de transtornos. O ADIS-IV pode ser comprado da Oxford University Press/Graywind Publications.

DIRETRIZ PARA O TERAPEUTA 5.1

Aplique a versão atual do ADIS-IV antes de desenvolver um programa de terapia cognitiva para ansiedade. O ADIS-IV fornece um diagnóstico preciso e dados de sintomas cruciais para os cinco transtornos de ansiedade discutidos neste livro.

Escalas de sintomas

Uma série de questionários autoaplicados e escalas de avaliação preenchidas pelo profissional padronizadas estão disponíveis para estimar a frequência e gravidade dos sintomas ansiosos. Aqui nos focalizamos nas escalas gerais de ansiedade, amplamente fundamentadas com escalas específicas ao transtorno tratadas nos capítulos posteriores. As escalas padronizadas de sintomas de ansiedade geral são úteis porque fornecem:

- Uma visão geral ou triagem ampla de vários sintomas ansiosos.
- Uma escala de gravidade do sintoma que é importante para avaliar a efetividade do tratamento.
- Acesso a dados normativos a fim de que a gravidade relativa de um estado de ansiedade possa ser determinada.
- Oportunidade para administração repetida no decorrer do tratamento a fim de que o progresso possa ser mapeado e agrupamentos de sintomas que não tenham respondido ao tratamento sejam identificados.

Com o passar dos anos uma variedade de escalas de ansiedade geral foram desenvolvidas. A próxima seção apresenta algumas escalas que acreditamos serem mais relevantes para a terapia cognitiva da ansiedade. Uma revisão mais abrangente de escalas de ansiedade é fornecida em um livro editado por Antony, Orsillo, e Roemer (2001).

Inventário de Ansiedade de Beck

O Inventário de Ansiedade de Beck (BAI; Beck e Steer, 1990) é um questionário de 21 itens que avalia a gravidade dos sintomas ansiosos em uma escala de 0 ("ausente") a 3 ("severo, quase não consigo suportar"). De acordo com o manual (Beck e Steer, 1990), a faixa de normalidade para o Escore Total do BAI é 0-9, ansiedade leve é 10-18, severidade moderada é 19-29 e ansiedade grave varia de 30-63. Estudos psicométricos indicam que o BAI tem alta consistência interna (alfa = 0,92) e uma confiabilidade teste-reteste de 1 semana de 0,75 (Beck, Epstein, Brown e Steer, 1988; Steer, Ranieri, Beck e Clark, 1993). O Escore Total do BAI se correlaciona moderadamente com outras escalas de sintoma ansioso como a Escala de Avaliação de Ansiedade de Hamilton-Revisada, Inventário de Ansiedade Traço-Estado, e avaliações semanais de ansiedade por registro diário, e pacientes com transtornos de ansiedade têm escores significativamente mais altos do que aqueles com outros diagnósticos psiquiátricos (Beck et al., 1988; Creamer, Foran e Bell, 1995; Fydrich, Dowdall e Chambless,1992; Steer et al., 1993). Conforme relatado no manual (Beck e Steer, 1990), as médias e desvios padrões do Escore Total do BAI para vários grupos diagnósticos são os seguintes: transtorno de pânico com agorafobia ($M = 27,27$, $DP = 13,11$), fobia social ($M = 17,77$, $DP = 11,64$), TOC ($M = 21,69$, $DP = 12,42$), TAG ($M = 18,83$, $DP = 9,08$) e transtorno depressivo ($M = 17,80$, $DP = 12,20$).[1] Análises fatoriais indicam que o questionário é multidimensional com uma estrutura de dois ou quatro fatores (p. ex., Creamer et al., 1995; Hewitt e Norton, 1993; Steer et al., 1993). Entretanto, apenas um quarto dos itens avalia os aspectos subjetivos ou mais cognitivos da ansiedade (p. ex., temer o pior, incapaz de relaxar, aterrorizado, nervoso, apavorado) com o restante avaliando os sintomas de hiperexcitação fisiológica da ansiedade. Portanto, o BAI é uma boa escala dos aspectos físicos da ansiedade (especialmente transtorno de pânico) e é sensível a efeitos do tratamento, embora como a maioria das outras escalas de ansiedade seja altamente correlacionado a instrumentos autoaplicados de depressão (p. ex., D. A. Clark, Steer e Beck, 1994). O BAI está disponível pela Pearson Assessment em *pearsonassess.com*.

---

[1] A média do Escore Total do BAI para o grupo de transtorno depressivo primário (depressão maior, distimia e transtorno de ajustamento com humor deprimido) foi derivada de um conjunto de dados na entrada do estudo (N = 293) do Center for Cognitive Therapy, University of Pennsylvania Medical School, que estava disponível para o primeiro autor.

Escala de avaliação de Ansiedade de Hamilton

A Escala de Avaliação de Ansiedade de Hamilton (HAM-A; Guy, 1976; Hamilton, 1959) é uma escala de avaliação aplicado pelo profissional de 14 itens que avalia a gravidade dos sintomas de ansiedade predominantemente biológicos e comportamentais. Cada sintoma é avaliado em uma escala de gravidade de 0 ("não presente") a 4 ("muito grave/incapacitante") com descrições sintomáticas para cada item. Um ponto de corte de 14 na Escala Total da HAM-A diferencia indivíduos com um transtorno de ansiedade daqueles sem diagnóstico atual (Kobak, Reynolds e Greist, 1993). O Escore Total da HAM-A tem consistência interna, confiabilidade entre avaliadores, e confiabilidade teste-reteste de 1 semana boas, e tem forte validade convergente e discriminante, bem como sensibilidade a tratamento (Maier, Buller, Philipp e Heuser, 1988; Moras, Di Nardo e Barlow, 1992; ver revisão por Roemer, 2001). Entretanto, a maioria dos indivíduos com depressão maior tem escores acima do ponto de corte, de modo que o instrumento não discrimina com precisão ansiedade de depressão (Kobak et al., 1993). Visto que algum treinamento é necessário para a HAM-A, a escala deve ser reservada para casos onde uma autoavaliação de ansiedade poderia ser altamente imprecisa (ou seja, indivíduos que minimizam ou exageram sua ansiedade). Uma cópia da HAM-A pode ser encontrada no Apêndice B de Antony e colaboradores (2001) ou no Apêndice do ADIS-IV.

Escala de Depressão, Ansiedade e Estresse

A Escala de Depressão, Ansiedade e Estresse (DASS; Lovibond e Lovibond, 1995a, 1995b) é um questionário de 42 itens com 14 itens cada avaliando a gravidade de ansiedade, depressão e estresse. A subescala de ansiedade avalia aspectos de excitação autonômica, musculatura esquelética, situa-cionais e subjetivos da ansiedade. Para a Escala de Ansiedade da DASS, 0-7 representa a variação normal, 8-9 é ansiedade leve, 10-14 é moderada, 15-19 é grave e acima de 20 é extremamente grave (ver Lovibond e Lovibond, 1995b). A subescala tem consistência interna, confiabilidade temporal e validade convergente boas (Antony, Bieling, Cox, Enns e Swinson, 1998a; Brown, Chorpita, Korotitsch e Barlow, 1997; Lovibond e Lovibond, 1995a). Por exemplo, a correlação da Ansiedade da DASS em relação ao BAI é de 0,81 e a correlação da Depressão da DASS em relação ao BDI é de 0,74 em amostras de estudantes (Lovibond e Lovibond, 1995b). Além disso, indivíduos com transtorno de pânico têm escores significativamente mais altos na Ansiedade da DASS do que pacientes com depressão maior, mas aqueles com TOC, fobia social, TAG e fobia simples não têm escores mais altos do que o grupo de depressão maior (Antony, Bieling, et al., 1998; Brown et al., 1997). Uma versão de 21 itens mais curta da DASS foi desenvolvida por Antony, Bieling e colaboradores (1998) e tem características psicométricas comparáveis à DASS original de 42 itens. Embora Ansiedade e Depressão da DASS apresentem moderada correlação (r's ~0,45) em amostras clínicas e Ansiedade da DASS tenham uma ênfase predominante em excitação autonômica e medo (Antony, Bieling, et al., 1998; Brown et al., 1997), ela é uma escala promissora. A DASS-42 está disponível no Apêndice B de Antony e colaboradores (2001) ou pode ser baixada diretamente de *www.psy.unsw.edu.au/dass*. O manual e o gabarito de pontuação podem ser requisitados no mesmo *site*.

Inventário de Ansiedade Traço-Estado

O Inventário de Ansiedade Traço-Estado (STAI-Forma Y; Spielberger, Gorsuch, Lushene, Vagg e Jacobs, 1983) consiste em duas escalas de 20 itens com uma escala avaliando ansiedade estado ("como você se sente *agora*, ou seja, *neste momento*") e a outra medindo ansiedade traço ("como você se sente *geralmente"*). Com sua ênfase no estado atual, a escala de Estado do STAI tem maior relevância clínica para medir a efetividade da terapia cognitiva. Embora o STAI tenha boa confiabilidade e validade convergente com outras escalas de ansiedade, sua capacidade de diferenciar ansiedade de depressão tem sido questionada (Roemer, 2001). Por essa razão acreditamos que há outras escalas de sintoma de ansiedade que fornecem uma avaliação mais clara para o terapeuta cognitivo. O STAI-Forma Y pode ser adquirido de Consulting Psychologists Press, Inc.

Lista de verificação de cognições

A Lista de Verificação de Cognições (CCL; Beck, Brown, Steer, Eidelson e Riskind, 1987) inclui uma subescala de ansiedade de 12 itens (CCL-A) e uma subescala de depressão de 14 itens (CCL-D) que avalia a frequência de pensamentos ansiosos e depressivos autorreferidos negativos ao longo de uma escala de 5 pontos variando de 0 ("nunca") a 4 ("sempre"). O conteúdo da CCL-A gira em torno de temas de incerteza e de uma orientação ao futuro (Beck et al., 1987), com a maioria dos itens (71%) focalizada no pensamento ansioso sobre preocupações físicas ou relacionadas à saúde. Ambas as escalas têm boa consistência interna, e análises fatoriais revelam as taxas esperadas dos itens da CCL sobre dimensões de ansiedade e depressão separadas, especialmente em amostras clínicas (Beck et al., 1987; Steer, Beck, Clark e Beck, 1994). Embora a CCL-A e a CCL-B sejam moderadamente correlacionadas, cada subescala é mais altamente correlacionada com seu estado de sintoma congruente do que com o incongruente (Beck et al., 1987; D. A. Clark et al., 1996; Steer et al., 1994). Na prática clínica a CCL-A fornece uma estimativa da frequência de pensamentos ansiosos, especialmente as preocupações físicas ou de saúde de mais relevância ao transtorno de pânico. Indivíduos com transtornos de an-

siedade costumam ter escores entre 13 e 19 ou mais altos na CCL-A (Steer et al., 1994). Uma cópia da CCL pode ser obtida no Centro para Terapia Cognitiva, Departamento de Psiquiatria, Faculdade de Medicina da Universidade da Pensilvânia, Filadélfia, PA.

Questionário de Preocupação do Estado da Pensilvânia

O Questionário de Preocupação do Estado da Pensilvânia (PSWQ; Meyer, Miller, Metzger e Borkovec, 1990) é uma escala de traço de 16 itens que avalia a propensão a preocupação, bem como a intensidade das vivências de preocupação sem referência a temas de preocupação específicos (Molina e Borkovec, 1994). Os itens são avaliados em uma escala de Likert de 5 pontos de 1 ("nada típico") a 5 ("muito típico"), com os itens 1, 3, 8, 10, e 11 com escores invertidos. Embora haja alguma discussão sobre a estrutura fatorial do PSWQ (Brown, 2003; Fresco, Heimberg, Mennin e Turk, 2002), apenas o Escore Total é normalmente interpretado. O PSWQ tem alta consistência interna, confiabilidade teste-reteste e se correlaciona com outras escalas autoaplicadas de preocupação, mas tem convergência mais baixa com escalas de ansiedade geral (Brown, Antony e Barlow, 1992; Davey, 1993; Meyer et al., 1990; Molina e Borkovec, 1994). Comparações entre grupos indicam que indivíduos com TAG têm escores mais altos no PSWQ, seguidos por outros grupos de transtorno de ansiedade e depressão maior que têm escores elevados semelhantes que são significativamente mais altos do que controles não clínicos (Brown et al., 1992; Chelminski e Zimmerman, 2003). Um ponto de corte do PSWQ de 45 pode ser usado para identificar preocupação patológica ou TAG em uma população que busca tratamento (Behar, Alcaine, Zuellig e Borkovec, 2003), embora um ponto de corte mais alto (62 ou mesmo 65) seja necessário para diferenciar TAG de outros transtornos de ansiedade e possivelmente mesmo de depressão (p. ex., Fresco,

Mennin, Heimberg e Turk, 2003). Visto que a preocupação é proeminente na maioria dos transtornos de ansiedade (e depressão), sugerimos que o PSWQ seja incluído na avaliação de ansiedade geral. Uma cópia do PSWQ pode ser encontrada em Molina e Borkovec (1994) ou no Apêndice B de Antony e colaboradores (2001).

Avaliação Diária do Humor

Na prática clínica avaliações idiográficas diárias do nível de ansiedade geral podem ser uma escala muito útil para acompanhar as flutuações na ansiedade subjetiva. Por exemplo, Craske e Barlow (2006) sugerem que os indivíduos completem um Registro de Humor Diário no qual ansiedade geral, ansiedade máxima, tensão física geral e preocupação sejam avaliadas em uma escala de 0 (nenhuma) a 100 (extrema) ao final de cada dia. Isto pode ser acrescido de avaliações únicas sobre dimensões de sintoma mais específicas que podem ser mais indicativas do transtorno de ansiedade particular do indivíduo, tais como avaliações da preocupação média sobre ter um ataque de pânico no transtorno de pânico ou ansiedade de avaliação social diária média na fobia social. É importante que o terapeuta cognitivo também avalie mudanças na ansiedade geral como parte de uma avaliação da efetividade do tratamento e para identificar situações que desencadeiam ansiedade. Esses dados podem ser úteis para sugerir temas que precisam ser tratados na terapia. Consideramos uma escala única de 0 a 100 mais útil para capturar as mudanças dia a dia na ansiedade geral (ver Figura 5.2).

Essa escala de avaliação foi incorporada ao formulário de registro da situação diária (ver Apêndice 5.1) que pode ser usado para avaliar flutuações diárias na ansiedade geral.

Inventário de Depressão de Beck-II

O Inventário de Depressão de Beck-II (BDI-II; Beck, Steer e Brown, 1996) é um questionário de 21 itens que avalia a gravidade dos sintomas cognitivo-afetivo, comportamental e somático da depressão durante um intervalo de 2 semanas. O BDI-II é a terceira e mais recente revisão do BDI original que foi publicado por Beck, Ward, Mendelson, Mock e Erbaugh (1961). A segunda revisão do BDI (Beck e Steer, 1993) foi amplamente usada na pesquisa da depressão e portanto a maior parte das informações psicométricas foram geradas sobre aquela escala. Entretanto, o BDI e o BDI-II são altamente correlacionados ($r = 0,93$; Dozois, Dobson e Ahnberg, 1998), portanto os achados psicométricos do BDI são relevantes para o BDI-II. Embora o BDI pareça ser multifatorial, o Escore Total é mais frequentemente usado na prática clínica e na pesquisa (Beck, Steer e Garbin, 1988). Há uma vasta pesquisa demonstrando a confiabilidade interna e a validade convergente e discriminante do BDI (ver Beck et al., 1988, para revisão; Tanaka-Matsumi e Kameoka, 1986). Indivíduos com depressão maior têm escores significativamente mais altos ($M = 26,52$, $DP = 12,15$) do que aqueles com transtornos de ansiedade ($M = 19,38$; $DP = 11,46$; ver Beck et al., 1996). Os pontos de corte para o BDI-II são de 0-13

0	50	100
"Absolutamente nenhuma ansiedade, totalmente relaxado"	"Nível de ansiedade moderado ou usual sentido quando no estado ansioso"	"Estado extremo de pânico que é intolerável e parece potencialmente fatal"

FIGURA 5.2

Escala de avaliação diária do humor.

não deprimido, 14-19 levemente deprimido ou disfórico, 20-28 moderadamente deprimido, e 29-63 gravemente deprimido (Beck et al., 1996; ver também Dozois et al., 1998). Dada a alta co-ocorrência de sintomas e transtorno depressivos naqueles indivíduos com alta ansiedade, é recomendado que o BDI-II seja incluído na bateria de avaliação padrão para ansiedade. O BDI-II está disponível pela Pearson Assessment em *pearsonsassess.com.*

DIRETRIZ PARA O TERAPEUTA 5.2

Para avaliar a gravidade dos sintomas de ansiedade geral, administre o BAI, a CCL, o PSWQ e avaliações diárias do nível médio de ansiedade. Se desejado, a Ansiedade da DASS pode ser incluída e a HAM-A pode ser usada quando os pacientes relatam para mais ou para menos os seus níveis de ansiedade. O BDI-II deve ser acrescentado para avaliar o nível de sintomas depressivos comórbidos. Uma avaliação completa também incluirá escalas de transtornos de ansiedade específicos que são revistos em capítulos subsequentes.

ATIVAÇÃO DO MEDO: AVALIAÇÃO E FORMULAÇÃO

Baseado no modelo cognitivo (ver Figura 2.1) nesta seção nos focamos em instrumentos de avaliação que fornecem informação crítica necessária para desenvolver uma formulação de caso da resposta ao medo imediata e suas consequências. A pesquisa experimental sobre a resposta ao medo imediata usa tarefas de processamento de informação e escalas psicofisiológicas que não são facilmente acessíveis ao terapeuta. Entretanto, o profissional pode usar métodos autoaplicados de entrevista e de observação comportamental que se baseiam no processamento consciente, forçado de uma maneira que ofereça informação valiosa sobre a resposta ao medo imediata de um indivíduo.

Uma das proposições mais básicas da terapia cognitiva é que o conteúdo esquemático, que é inacessível à observação ou detecção direta, pode ser deduzido do relato verbal, consciente dos pensamentos, imagens, devaneios, ruminações, avaliações, etc., do indivíduo. Beck (1967, p. 283) declarou: "Os esquemas moldam o fluxo de associações e ruminações, bem como as respostas cognitivas a estímulos externos. Consequentemente, a noção de esquemas é utilizada para explicar os temas repetitivos nas associações livres, devaneios, ruminações e sonhos, bem como nas reações imediatas a eventos ambientais". Se os esquemas direcionam o pensamento consciente, então a ativação diferencial e o conteúdo dos esquemas podem ser deduzidos do conteúdo verbal (ver também Kendall e Ingram, 1989). Além disso, há uma ligação direta entre processos automáticos e elaborativos conforme indicado pela evidência de que mudanças na avaliação consciente ou no significado podem modificar os vieses de ameaça automáticos (ver Mansell, 2000) e que um viés atencional automático pode ser induzido por meio de um programa de treinamento atencional que envolve intervalos de processamento tanto breves como longos (p. ex., Matthews e MacLeod, 2002; MacLeod et al., 2002). Juntas essas considerações levam à seguinte proposição: *que a natureza e a função da ativação do esquema de ameaça automático durante a resposta ao medo inicial podem ser determinadas pelos produtos cognitivos, comportamentais e fisiológicos dessa ativação.*

Três questões principais devem ser tratadas em qualquer formulação de caso da resposta ao medo imediata (Fase I).

- Que situações, sinais ou vivências desencadeiam a resposta ao medo imediata?
- Qual é o esquema de ameaça ou perigo central ao indivíduo?
- Qual é a resposta inibitória ou defensiva imediata a essa ameaça?

Embora o questionário padronizado e dados de entrevista possam ser úteis para construir uma formulação de caso, a informação mais crítica será obtida de escalas idiográficas. Estas são formulários de automonitoramento, escalas de avaliação e registros diários que permitem que a pessoa colete informação crítica quando experimenta ansiedade. Elas são talhadas para as necessidades e circunstâncias particulares de cada paciente de modo que a obtenção de dados *online*, orientada ao processo esteja disponível e contribua para uma conceitualização de caso mais precisa.

A observação comportamental é outra abordagem de avaliação que pode fornecer informação clínica importante sobre a resposta ao medo imediata. Alguns estados de ansiedade como fobia social, TOC e TEPT podem ser muito facilmente induzidos na sessão pela introdução de gatilhos de ansiedade relevantes. Outros transtornos de ansiedade como pânico e TAG requerem mais engenhosidade a fim de desencadear uma resposta ao medo imediata. Frequentemente o terapeuta acompanha o paciente em determinadas situações externas a fim de observar um estado ansioso. Em qualquer caso, a observação direta de uma resposta ao medo fornece a oportunidade de obter informação detalhada sobre a natureza, gravidade e características funcionais da resposta ao medo imediata. Acreditamos que é importante para o terapeuta ter pelo menos uma oportunidade de observar o estado de ansiedade aguda de um paciente a fim de desenvolver uma formulação de caso precisa e um plano de tratamento sensível talhado para o indivíduo.

DIRETRIZ PARA O TERAPEUTA 5.3

O automonitoramento diário e a observação comportamental direta são estratégias de avaliação importantes que devem ser um aspecto regular de qualquer avaliação e formulação de caso de ansiedade. As duas estratégias são fundamentais para determinar a natureza da ativação do medo imediata.

Análise situacional

Uma conceitualização cognitiva de caso de ansiedade deve começar com uma avaliação completa da situação, vivências e sinais que desencadeiam a ansiedade. O terapeuta cognitivo poderia começar no nível mais geral indagando sobre problemas ou dificuldades que levaram à decisão de procurar tratamento. Nos transtornos de ansiedade, o desenvolvimento de uma Lista de Problemas (ver Persons e Davidson, 2001) inevitavelmente levará à discussão das situações que desencadeiam a ansiedade. Três tipos de situações devem ser avaliadas (ver também Antony e Rowa, 2005). A Tabela 5.1 apresenta uma série de perguntas clínicas que podem ser feitas na entrevista de avaliação.

Gatilhos ambientais

A informação sobre os sinais externos ou internos, situações ou vivências que desencadeiam um estado de medo ou ansiedade é uma parte crítica de uma estratégia de avaliação baseada na evidência para os transtornos de ansiedade (Antony e Rowa, 2005). É importante que o terapeuta cognitivo obtenha uma lista abrangente de situações provocadoras de ansiedade com detalhes suficientes para entender totalmente os sinais específicos que ativam uma resposta ansiosa. Em praticamente todos os casos, podem ser identificados no ambiente externo objetos, eventos ou situações que desencadeiam ansiedade. Exemplos de situações que evocam ansiedade incluem uma variedade de contextos ou interações sociais na fobia social, no TAG eventos diários envolvendo alguma escala de incerteza ou possibilidade de desfecho negativo (p. ex., fazer uma viagem, marcar uma consulta, pagar contas) ou no TOC situações que evocam medo de contaminação ou dúvida seriam proeminentes (p. ex., banheiro, sentar-se em um banco do parque). Visto que um conhecimento abrangente das situações que evocam ansiedade é fundamental para a formulação de caso, o planejamento do tratamento e posteriores intervenções de exposição, o terapeuta deve completar uma ampla lista de situações que variam dos gatilhos ativadores de ansiedade mais leves aos mais graves.

TERAPIA COGNITIVA PARA OS TRANSTORNOS DE ANSIEDADE **145**

TABELA 5.1 Questões da entrevista para avaliar diferentes tipos de gatilhos situacionais na ansiedade

Tipo de gatilhos situacionais	Questões clínicas
Situações externas, ambientes, objetos	• Você percebeu se há certas situações ou experiências que têm mais probabilidade de fazê-lo ficar ansioso? • Há algumas situações que causam apenas ansiedade leve ou ocasionalmente o fazem ficar ansioso e outras situações que causam níveis mais extremos de ansiedade? • Você pode me contar sobre a última vez em que esteve em cada uma dessas situações e se sentiu ansioso? [O terapeuta sonda para um relato completo de situações provocadoras de ansiedade obtendo exemplos do passado imediato do paciente.] • Você percebeu se há qualquer coisa a respeito de uma situação que poderia tornar a ansiedade pior? • Há alguma coisa a respeito de uma situação que poderia acalmar sua ansiedade? • Com que frequência você vivencia essas situações em sua vida diária? • Você tenta evitar a situação? O quanto isto interfere em sua vida diária?
Sinais interoceptivos (físicos)	• Quando você está em uma situação ansiosa, você percebe quaisquer mudanças em como você se sente fisicamente? [O terapeuta poderia mencionar alguns dos sinais mais comuns de hiperexcitação se o paciente necessitar de estímulo.] • Você percebeu se qualquer uma dessas situações físicas ocorrem antes de você começar a se sentir ansioso? • Com que frequência você tem essas sensações físicas quando está ansioso? Algumas estão sempre presentes enquanto outras estão presentes apenas ocasionalmente? • Quais das sensações físicas é sentida mais fortemente quando você está ansioso? Quais das sensações você percebe primeiro quando está ansioso? • Você percebeu se você se sente mais ansioso quando está consciente de uma sensação física? [p. ex., o paciente poderia se sentir mais ansioso por causa do aumento súbito nos batimentos cardíacos.] • Alguma vez a sensação física (p. ex., dor no peito) ocorreu inesperadamente quando você não estava ansioso? Você pode lembrar um exemplo de quando isso aconteceu? Como você se sentiu após perceber a sensação? • Você toma precauções especiais para garantir que não vai experimentar uma sensação física em particular? [p. ex., o paciente poderia evitar pressões de tempo porque quer manter um estado de calma e evitar se sentir tenso.]
Sinais cognitivos	• Alguma vez um pensamento, imagem ou impulso acerca de alguma coisa bastante esquisita, inesperada, mesmo perturbadora, subitamente lhe veio à mente? [O terapeuta poderia ter que dar exemplos ou fornecer ao paciente uma lista de intrusões indesejadas comuns para estimular o autorrelato de intrusões.] • Quando você está entrando em uma situação ansiosa [o terapeuta enuncia situações específicas], você lembra de lhe ter vindo subitamente à mente pensamentos ou imagens? • Algum desses pensamentos intrusivos inesperados envolvem coisas que são totalmente alheias ao seu caráter ou que lhe causariam considerável constrangimento ou consequências temidas? • O quanto esses pensamentos o perturbam? • Alguma vez você ficou preocupado de que alguma coisa poderia estar errada com você ou que alguma coisa ruim poderia acontecer devido ao pensamento, imagem ou impulso intrusivo?

O terapeuta cognitivo pode obter as primeiras informações sobre gatilhos ambientais na entrevista clínica fazendo perguntas específicas sobre os tipos de situações que evocam ansiedade (ver Tabela 5.1). Entretanto, pacientes mais ansiosos têm lembrança seletiva e imprecisa de suas situações provocadoras de ansiedade de modo que os formulários de autorregistro diário devem ser desenvolvidos na fase inicial do tratamento. O Apêndice 5.2 fornece um Formulário de Análise Situacional que pode ser usado para coletar informações-chave sobre situações provocadoras. Em alguns casos onde houve uma longa história de evitação ou onde o autorrelato do paciente pode não ser confiável, pode ser necessário entrevistar um cônjuge, um amigo próximo ou um familiar para obter informação mais completa sobre situações provocadoras. O terapeuta poderia acompanhar o paciente em determinadas situações ou prescrever uma tarefa para casa que envolvesse exposição a uma situação em questão a fim de avaliar suas propriedades evocadoras de ansiedade. Entretanto, isso poderia constituir uma grande ameaça para muitos indivíduos ansiosos, especialmente na fase inicial do tratamento.

Gatilhos interoceptivos

A maioria dos indivíduos ansiosos tem uma consciência e responsividade aumentadas às sensações corporais que caracterizam hiperexcitação fisiológica na ansiedade. Sensações fisiológicas como batimentos cardíacos aumentados, sentir calor, vertigem, fraqueza, tensão, etc., podem elas próprias se tornar gatilhos para ansiedade elevada. Portanto, é importante determinar se há sensações corporais particulares que fazem os pacientes se sentirem mais ansiosos. Embora os sinais interoceptivos para ansiedade sejam particularmente evidentes no pânico, eles estarão presentes em todos os transtornos de ansiedade (Antony e Rowa, 2005). Por exemplo, uma pessoa com fobia social poderia se tornar ainda mais ansiosa em uma situação social se começasse a sentir calor porque isso é interpretado como um sinal de ansiedade aumentada que poderia ser percebido pelos outros.

O terapeuta deve incluir perguntas na entrevista clínica sobre sinais interoceptivos (ver Tabela 5.1), mas muitos pacientes têm até menos *insight* da presença de gatilhos físicos para ansiedade do que têm para sinais externos. Uma lista de automonitoramento de sensações físicas, tal como o formulário no Apêndice 5.3, pode ser prescrita como tarefa de casa a fim de obter informação mais precisa sobre gatilhos interoceptivos. Um teste de exposição interoceptivo é outra estratégia útil para avaliar os gatilhos físicos de ansiedade. Taylor (2000) descreve uma série de exercícios que podem ser usados na sessão para induzir sensações físicas. Por exemplo, o paciente pode ser instruído a respirar por meio de um canudo ou correr sem sair do lugar para induzir aperto no peito, retesar os músculos para induzir tremor/estremecimento ou ficar com o rosto perto de um aquecedor para ter sensações corporais de calor. Embora a indução intencional dessas sensações não possa ser comparada com a ocorrência espontânea delas *in vivo*, elas dão ao terapeuta uma oportunidade de observar diretamente a reação do paciente às sensações.

Gatilhos cognitivos

Pensamentos, imagens ou impulsos intrusivos indesejados e perturbadores são um exemplo de uma cognição que pode desencadear ansiedade. Praticamente todo mundo experimenta intrusões mentais indesejadas e elas são comumente encontradas em todos os transtornos de ansiedade. Descritos pela primeira vez por Rachman (1981) dentro do contexto de TOC, pensamentos, imagens ou impulsos intrusivos indesejados são "qualquer evento cognitivo distinto, identificável que é indesejado, involuntário e recorrente. Ele interrompe o fluxo de pensamento, interfere no desempenho de tarefas, está associado com afeto negativo e é difícil de controlar" (Clark e Rhyno, 2005, p. 4). Alguns exemplos de intrusões comuns são "dúvida não provocada sobre ter fechado a porta quando eu sei que fechei", "tocar alguma coisa grosseira e suja que está caída na calçada", "proferir um insulto ou fazer uma observação constrangedora sem razão aparente", "falar uma obscenidade em um encontro público", "desviar seu carro na direção do tráfego contrário", e assim por diante. Intrusões indesejadas são muito comuns no TOC como obsessões e no TEPT como lembranças súbitas de um trauma passado. Entretanto, elas também podem ocorrer no TAG como uma consequência negativa de preocupação excessiva (Wells, 2005a) ou como cognições indesejadas na fase pré-sono de indivíduos que apresentam de insônia (Harvey, 2005). As intrusões indesejadas frequentemente envolvem o tema de perder o controle que leva a uma consequência negativa temida.

É importante que o terapeuta cognitivo indague sobre pensamentos intrusivos indesejados. A Tabela 5.1 lista algumas possíveis perguntas para avaliar esse fenômeno clínico. Com exceção do TOC ou TEPT, os indivíduos frequentemente não estão muito conscientes de seus pensamentos intrusivos. Uma lista de intrusões indesejadas comuns pode ser usada e os pacientes indagados sobre se eles alguma vez tiveram esses pensamentos, imagens ou impulsos (listas podem ser encontradas em D. A. Clark, 2004; Rachman e de Silva, 1978; Steketee e Barlow, 2002). Visto que a maioria das intrusões são provocadas por sinais externos, os pacientes podem ser instruídos a ficar especialmente vigilantes para intrusões mentais quando em situações que tipificam suas preocupações ansiosas.

Elementos de uma análise situacional completa

Uma análise situacional completa deve consistir dos seguintes elementos:

- descrição detalhada de situações ou gatilhos múltiplos;
- intensidade da ansiedade associada;

- frequência e duração da exposição à situação/gatilho;
- presença de respostas de fuga, evitação;
- sinais evocativos específicos.

Uma *descrição detalhada* de cada situação ou gatilho é necessária. Mudanças sutis no contexto podem alterar a intensidade da ansiedade. Por exemplo, um paciente com transtorno de pânico poderia relatar ansiedade ao dirigir para o trabalho em uma rota muito familiar. Entretanto, varie a rota em uma nova rua, e o nível de ansiedade poderia mudar drasticamente. A proximidade de um sinal de segurança também influenciará a ansiedade (p. ex., presença de um amigo de confiança ou distância de um recurso médico). Pode ser que uma situação em particular (p. ex., interagir com colegas de trabalho) precise ser dividida em gradientes mais sutis a fim de entender suas propriedades evocativas de ansiedade. O terapeuta cognitivo deve ter detalhes suficientes sobre cada situação ou gatilho provocador de ansiedade de modo que prescrições de exposição precisas possam ser construídas.

É importante saber a *intensidade da ansiedade* sentida em cada situação, visto que o terapeuta deve ter uma variedade de situações ou gatilhos que evocam estados de ansiedade leve a grave. Alguns pacientes requerem considerável prática no uso da escala de avaliação de 0-100 para estimar seu nível de ansiedade, especialmente se eles tendem a ter pensamentos dicotômicos (p. ex., sentem-se intensamente ansiosos ou absolutamente sem ansiedade). Essas avaliações, entretanto, são necessárias para desenvolver um plano de tratamento efetivo.

O terapeuta deve determinar *com que frequência* a pessoa experimenta uma situação provocadora de ansiedade e *a duração* de sua exposição à situação. Situações provocadoras de ansiedade que ocorrem regularmente na vida cotidiana serão mais úteis para o tratamento do que ocasiões raras ou excepcionais. Por exemplo, interações sociais diárias com colegas de trabalho que desencadeiam ansiedade em alguém com fobia social serão muito mais importantes para o tratamento do que uma situação como fazer um discurso que pode ocorrer raramente na vida do indivíduo. Além disso, a situação provocadora envolve exposição breve ou prolongada quando a pessoa se depara com a circunstância? Novamente, situações provocadoras de ansiedade que envolvem intervalos de exposição mais longos (p. ex., usar um banheiro público) serão mais úteis no planejamento do tratamento do que gatilhos envolvendo exposição breve (p. ex., tocar um telefone público ao passar por ele).

O terapeuta cognitivo também deve obter informação sobre a proporção com que cada situação está associada com *fuga ou evitação*. Os pacientes devem ser indagados sobre se eles sempre tentam evitar ou escapar da situação o mais rapidamente possível. Neste estágio da avaliação o terapeuta deve ter um bom entendimento de quão bem o paciente tolera a ansiedade em cada situação provocadora. Se a situação é evitada em algumas ocasiões, mas não em outras, o que determina a presença ou ausência de evitação? Isso depende do estado de humor ou de alguma característica sutil da situação? A informação sobre fuga e evitação será fundamental no planejamento de uma hierarquia de exposição.

Finalmente, o terapeuta cognitivo deve determinar se há *sinais específicos ou estímulos em uma situação* que são percebidos primeiro pelo indivíduo ansioso. Por exemplo, quando um indivíduo com medo de contaminação entra em uma área pública pela primeira vez, o que é percebido primeiro que evoca alguma preocupação, a mancha de sujeira no chão ou o fato de que um estranho apenas roçou seu braço ao passar por ela? Para um indivíduo socialmente ansioso, ele percebe primeiro que sua garganta parece estar seca ou que sua mão parece estar tremendo? Uma pessoa com TEPT poderia evitar uma rota particular para o trabalho devido a ansiedade, mas na verdade é o fato de que passar por uma determinada loja ao longo do caminho que dispara *flashbacks* que é o ponto crucial do problema. Além disso é importante determinar se a pessoa é hipervigilante para esses sinais provocadores de ansiedade sutis e específicos. É provável que uma tarefa de casa de automonitoramento seja necessário a fim de identificar os aspectos atencionais proeminentes de situações provocadoras de ansiedade.

> **DIRETRIZ PARA O TERAPEUTA 5.4**
>
> Uma análise situacional completa deve incluir informação detalhada sobre uma ampla variedade de situações ou estímulos externos e internos provocadores de ansiedade, com um foco específico na intensidade da ansiedade, frequência e duração da exposição situacional, grau de fuga/evitação, e presença de sinais evocativos.

Os primeiros pensamentos ou imagens apreensivos

Uma das principais consequências da ativação do esquema de ameaça durante a fase de resposta ao medo imediata é a produção de pensamentos e imagens automáticos orientados à ameaça (ver Figura 2.1). Esses pensamentos e imagens automáticos orientados à ameaça ocorrem no ponto mais inicial na geração de ansiedade e fornecem uma janela para o conteúdo esquemático que é a base do transtorno de ansiedade.

No contexto da avaliação, o terapeuta cognitivo pode se referir a esses pensamentos automáticos iniciais orientados à ameaça como *os primeiros pensamentos apreensivos*. Eles são definidos como *pensamentos ou imagens breves, súbitos e completamente automáticos de que alguma coisa ruim ou desagradável está para acontecer, ou pelo menos poderia acontecer, às pessoas ou a seus recursos valorizados.* No transtorno de pânico esses primeiros pensamentos apreensivos poderiam se referir aos perigos impostos por uma sensação física percebida, na fobia social poderia ser o pensamento de atrair a atenção dos outros, no TOC poderia ser de alguma catástrofe para os outros como resultado da ação ou inação do indivíduo, no TEPT poderia ser um senso de perda de controle e vulnerabilidade pessoal aumentada e no TAG poderia ser a ocorrência de algum evento de vida negativo sério. Perceba que os primeiros pensamentos apreensivos sempre refletem algum aspecto importante das preocupações ansiosas primárias do indivíduo. De fato a análise situacional fornecerá ao terapeuta alguns sinais quanto aos primeiros pensamentos apreensivos devido aos tipos de situações que provocam ansiedade.

Descobrir os primeiros pensamentos apreensivos do paciente apresenta desafios especiais para a avaliação. Frequentemente esses pensamentos são tão rápidos e transitórios que o indivíduo apenas os vivencia como um súbito sentimento de medo ou apreensão. O conteúdo real do pensamento automático é perdido porque ele é rapidamente substituído por reavaliação racional, mais elaborada da situação. Portanto, quando o terapeuta questiona os pacientes sobre seus primeiros pensamentos apreensivos, o que é lembrado e relatado são os pensamentos de reavaliação mais deliberados que ocorrem na segunda fase da ansiedade. Os pacientes entrevistados quando não estão se sentindo ansiosos podem repudiar os primeiros pensamentos apreensivos como muito exagerados ou irreais e, portanto, negar que tenham ocorrido durante um episódio ansioso.

Portanto, como o terapeuta cognitivo pode ter acesso a esse conteúdo cognitivo fugaz? É importante introduzir o tema de primeiros pensamentos apreensivos de uma maneira colaborativa, exploratória. Uma descrição dos primeiros pensamentos apreensivos deve ser fornecida e o paciente deve ser alertado de que frequentemente é difícil identificar esses pensamentos no ciclo de ansiedade. Explique que ao entrar em uma situação ansiosa, a maioria das pessoas ficam tão focadas em como se sentem e nos detalhes da situação, que seus primeiros pensamentos apreensivos frequentemente se perdem. O seguinte exemplo pode ser usado para introduzir os pacientes ao conceito de *primeiros pensamentos apreensivos*.

Imagine por um momento que você está caminhando por uma rua ou estrada deserta sozinho e está ficando escuro. Subitamente você ouve um ruído atrás de você. Você imediatamente se enrijece, seu coração bate rapidamente e você acelera seu passo. Por que essa súbita onda de adrenalina? Sem dúvida, você instantaneamente interpreta o ruído como uma possibilidade de perigo: "Alguém poderia estar se aproximando por trás para me causar algum mal?" Você se vira e não há ninguém lá. Rapidamente você pensa "Não há ninguém aqui, deve ter sido o vento, um esquilo ou minha imaginação." É esse pensamento secundário, essa reavaliação da situação, que fica em sua mente. Se mais tarde eu lhe perguntasse sobre sua caminhada, você se lembraria de um pico momentâneo de medo e da posterior percepção de que "não tinha nada lá". Aquele primeiro pensamento apreensivo que disparou o medo "Há algum agressor atrás de mim?" é perdido da lembrança e substituído por sua resposta racional à situação.

Nas duas últimas sessões você descreveu uma série de situações que lhe causam considerável ansiedade. Nessas situações você teria tido alguns pensamentos ou imagens apreensivos iniciais que abasteceram seu medo ou ansiedade. Pode ser que agora você não possa lembrar quais são eles porque você não se sente ameaçado no momento e não está em uma situação provocadora de ansiedade. Entretanto, é importante para o nosso tratamento descobrir os primeiros pensamentos apreensivos. Queremos saber o que "dispara" a ansiedade. Juntos, examinando cuidadosamente cada situação e coletando alguma informação adicional, podemos descobrir os tipos de pensamentos ou imagens apreensivas que definem suas experiências ansiosas.

A primeira estratégia de avaliação para identificar os pensamentos apreensivos iniciais é a *entrevista clínica*. Embora os indivíduos frequentemente não lembrem seus pensamentos ansiosos automáticos iniciais, algumas perguntas específicas bem formuladas fornecem alguns indícios iniciais desses pensamentos. Aqui estão alguns exemplos de perguntas clínicas:

- Você indicou que na situação X se sentiu intensamente ansioso. Para você, qual seria a pior coisa que poderia acontecer nessa situação? Qual seria o pior desfecho possível? Tente pensar sobre a pior consequência sem considerar se você pensa ou não que é provável que ela aconteça.
- Há alguma coisa específica sobre a situação ou sobre como você está se sentindo que o preocupa? O que não está muito certo para você? O que é diferente do seu estado normal?
- O que poderia mudar na situação para que você se sentisse menos preocupado, menos inquieto?
- O que você diz para si mesmo para acalmar sua ansiedade, para se reassegurar de que tudo ficará bem?

É importante que o primeiro pensamento apreensivo seja registrado nas próprias palavras do indivíduo e não reflitam as próprias sugestões do terapeuta. O terapeuta poderia procurar por certo tipo de conteúdo de pensamento, mas sua expressão real deve refletir as preocupações próprias do paciente. Isso garantirá que o conteúdo de pensamento apreensivo seja altamente relevante às preocupações ansiosas específicas do paciente.

Também é importante lembrar que mesmo na mesma situação provocadora de ansiedade, os indivíduos diferirão no foco de sua apreensão e, portanto, é importante para o terapeuta descobrir a apreensão ansiosa única de cada paciente. Como exemplo, um paciente relata intensa ansiedade sobre ir a um encontro com colegas de trabalho. O primeiro pensamento apreensivo poderia ser qualquer uma das seguintes possibilidades:

- E se me fizerem uma pergunta no encontro que eu não possa responder? Todos pensarão que eu sou incompetente. (cognição de avaliação de desempenho)
- E se eu tiver que dizer alguma coisa e todos olharem para mim? Isso me deixa muito nervoso. (cognição de avaliação social)
- E se minha voz tremer quando eu falar? Todos saberão que eu estou nervoso e se perguntarão o que há de errado comigo. (cognição de fobia social)
- E seu eu tiver um ataque de pânico no encontro? (cognição de transtorno de pânico)
- E se eu acidentalmente fizer uma observação insultante? (cognição de TOC)
- E se não for para eu estar nesse encontro e todos se perguntarem porque eu estou lá? (cognição de aceitação interpessoal)
- E se eu me sentir nauseado no encontro e tiver que correr e vomitar? (cognição sobre medo específico de vomitar)
- Eu realmente nunca sei o que dizer nesses encontros e como bater papo com os outros; eu realmente odeio isso. (cognição de déficit de habilidades sociais)

Como pode ser visto nesse exemplo, há um grande número de possíveis pensamentos apreensivos desencadeados por qualquer situação provocadora de ansiedade. O propósito da avaliação cognitiva é identificar o conteúdo de pensamento ansioso que é único a cada paciente.

Tarefas para casa de automonitoramento devem ser prescritas a fim de obter uma avaliação mais imediata e precisa dos primeiros pensamentos e imagens apreensivos. A coluna "pensamentos ansiosos imediatos" do Formulário de Análise Situacional (Apêndice 5.2) pode ser usada como uma tentativa inicial de coletar dados de automonitoramento sobre o primeiro pensamento apreensivo. Os pacientes devem ser encorajados a se focalizar em "qual é a pior coisa que poderia acontecer nessa situação" sem considerar se ela é provável, realista ou racional. Eles devem ser encorajados a escrever os pensamentos de ameaça automáticos enquanto estão na situação ansiosa. Eles podem se perguntar "O que há de tão ruim nessa situação?", "O que estou pensando que poderia acontecer de pior?" ou "O que poderia me prejudicar nessa situação?". Se um formulário de automonitoramento mais detalhado for necessário, o Formulário de Automonitoramento de Pensamentos Apreensivos pode ser usado (ver Apêndice 5.4).

Imagens ou dramatização podem ser usadas na sessão para determinar cognições apreensivas dos indivíduos em situações ansiosas. De fato, pacientes ansiosos frequentemente têm fantasias ou imagens conscientes de dano físico ou psicossocial que podem evocar intensos sentimentos subjetivos de ansiedade (Beck et al., 1974). É importante, então, que o terapeuta determine se a apreensão inicial pode tomar a forma de uma imagem intrusiva tal como reviver um evento traumático. Seja qual for o caso, o paciente pode ser instruído a imaginar uma situação provocadora de ansiedade recente ou o terapeuta e o paciente poderiam dramatizar a situação a fim de induzir pensamentos ou imagens ansiosos automáticos. Durante todo o tempo, o terapeuta sonda o paciente para avaliações ansiosas da situação e sua capacidade de enfrentamento. Naturalmente, a efetividade dessa abordagem de avaliação depende da capacidade imaginativa do paciente ou capacidade de se envolver na dramatização.

Exercícios de indução também podem ser usados para evocar pensamentos apreensivos. Por exemplo, vários sintomas de hiperexcitação fisiológica podem ser induzidos e os pacientes encorajados a verbalizar seu "fluxo de pensamentos" enquanto vivenciam esses sintomas. Uma situação poderia ser criada na sessão ou estímulos poderiam ser introduzidos para induzir ansiedade e os pacientes poderiam novamente ser instruídos a verbalizar seus pensamentos emergentes. Por exemplo, alguém com medo de contaminação poderia receber uma roupa suja para tocar e então relatar seus pensamentos ansiosos.

Finalmente, o procedimento mais efetivo para induzir os primeiros pensamentos apreensivos é acompanhar o paciente em uma *situação provocadora de ansiedade naturalística*. Embora a presença do terapeuta pudesse ter um efeito de sinal de segurança, a sondagem cuidadosa do fluxo de consciência dos pacientes deve revelar seus primeiros pensamentos apreensivos. Mesmo gerar uma expectativa de exposição a uma situação provocadora de ansiedade poderia ser suficiente para induzir esses pensamentos ansiosos automáticos primários.

DIRETRIZ PARA O TERAPEUTA 5.5

Obtenha uma avaliação precisa dos primeiros pensamentos apreensivos do paciente em uma variedade de situações provocadoras de ansiedade para determinar o esquema de ameaça subjacente responsável pelo estado ansioso.

Excitação autonômica percebida

Os indivíduos geralmente estão muito conscientes dos sintomas físicos de ansiedade e, portanto, podem relatar com muita rapidez esses sintomas na entrevista clínica. Devem ser solicitados exemplos de episódios de ansiedade recentes e os sintomas físicos experimentados nessas ocasiões. Em vez de pedir que os pacientes relatem o ataque de ansiedade típico, é melhor que eles relatem incidentes específicos de ansiedade e os sintomas físicos exatos vivenciados durante esses episódios. Alguma variação nos sintomas físicos de ansiedade pode ser esperada entre diferentes episódios de ansiedade.

O profissional estará contando principalmente com o autorrelato dos pacientes de suas respostas fisiológicas visto que o uso de equipamento psicofisiológico laboratorial ou ambulatorial para fins de monitoramento é raramente possível na situação clínica. Formas de automonitoramento devem ser usadas para os pacientes coletarem dados online de suas respostas fisiológicas quando ansiosos. Na maioria dos casos o Formulário de Automonitoramento de Sensações Físicas (Apêndice 5.3) pode ser prescrito como uma tarefa de casa e fornecerá a informação necessária sobre o perfil de excitação autonômica do paciente. Em certos casos onde a excitação fisiológica tem um papel particularmente importante na manutenção da ansiedade (isto é, transtorno de pânico, hipocondria), uma lista de verificação ampliada de sensações corporais pode ser utilizada (ver Apêndice 5.5).

Três questões devem ser tratadas na avaliação de hiperexcitação fisiológica subjetiva na fase de resposta ao medo imediata. Primeiro, qual é o perfil de resposta fisiológica típico quando a pessoa está em um estado de ansiedade aumentada? É importante determinar se o paciente costuma vivenciar os mesmos sintomas fisiológicos em uma variedade de situações provocadoras de ansiedade. Quais sensações corporais são mais intensas? Quais sintomas de excitação são vivenciados primeiro? Por quanto tempo eles persistem? A pessoa faz alguma coisa para obter alívio da hiperexcitação?

Uma segunda questão diz respeito a como o estado de hiperexcitação fisiológica é interpretado. Há certas sensações corporais que são o foco primário de atenção? Qual é a preocupação ou medo do paciente sobre aquela sensação? Identificar a avaliação de ameaça exagerada de uma sensação corporal em particular é outra fonte importante de informação sobre os esquemas centrais de ameaça que estão levando à ansiedade? A Tabela 5.2 apresenta as avaliações e esquemas de ameaça exagerados que podem estar associados com uma série de sintomas de hiperexcitação fisiológica.

Uma questão final na avaliação de excitação fisiológica é seu papel na manutenção da ansiedade. Interpretações catastróficas errôneas de sintomas físicos desempenham um papel fundamental no transtorno de pânico (D. M. Clark, 1986a) e na hipocondria (Salkovskis e Bass, 1997), mas podem ser menos proeminentes no TOC ou TAG. Nos transtornos de ansiedade onde interpretações errôneas de sintomas físicos são uma preocupação proeminente, o tratamento se focalizará em "descatastrofizar" essas avaliações exageradas. Portanto, as formulações de caso para ansiedade devem levar

TABELA 5.2 Avaliações e esquemas de ameaça exagerados que podem estar associados com sintomas físicos comuns de ansiedade

Sensação física	Avaliação errônea exagerada	Esquema orientado à ameaça
Dificuldade de respirar, falta de ar	Eu não consigo respirar direito, sinto como se não tivesse ar suficiente.	Risco de morte lenta, agonizante por sufocação
Aperto, dor no peito, palpitações cardíacas	Talvez eu esteja tendo um ataque cardíaco.	Morte por parada cardíaca súbita
Inquieto, agitado	Eu estou perdendo o controle; não posso suportar este sentimento de ansiedade.	Risco de ficar louco, constranger-me, ser dominado por uma ansiedade interminável, etc.
Confuso, sensação de cabeça vazia, desmaio	Eu devo estar perdendo a consciência.	Poderia nunca recuperar a consciência; causar constrangimento por desmaiar em público
Náusea	Eu estou enjoado e posso vomitar.	Sufocar-se com vômito; constrangimento por ficar doente em local público

Nota: Baseado em Taylor (2000).

em consideração a natureza, interpretação e função da hiperexcitação fisiológica durante a fase de medo imediato.

DIRETRIZ PARA O TERAPEUTA 5.6

A natureza, função e interpretação da hiperexcitação fisiológica e de outras sensações corporais devem ser determinadas como parte de qualquer formulação de caso para ansiedade.

Respostas inibitórias imediatas

Respostas defensivas, imediatas como fuga, evitação, congelamento ou desmaio (Beck et al., 1985, 2005) são parte de uma estratégia inibitória automática para reduzir o medo. Uma parte importante da avaliação cognitiva da ansiedade é identificar essas respostas inibidoras do medo, contudo sua detecção pode ser difícil porque elas são automáticas, com o indivíduo tendo pouco conhecimento consciente da presença delas. Entretanto, é importante determinar a presença dessas respostas porque elas devem ser visadas para mudança dada sua capacidade de reforçar o estado ansioso e prejudicar a efetividade do tratamento. Como exemplo, há alguns anos um de nós tratou uma mulher com medo de dirigir após ter se envolvido em um acidente de automóvel onde seu carro foi atingido por trás. Na avaliação foi descoberto que quando no tráfego ela mantinha ansiosamente seus olhos no espelho retrovisor, checando para ter certeza de que o carro atrás dela não estava muito perto. Esse comportamento de checagem era feito bastante automaticamente como uma resposta defensiva. Entretanto, ele significava que ela não estava prestando a atenção devida ao tráfego à sua frente, portanto aumentando a probabilidade de outro acidente.

Mais uma vez uma entrevista clínica detalhada, automonitoramento, e observação comportamental durante ansiedade aumentada são as principais abordagens de avaliação para identificar comportamentos defensivos imediatos. Há inúmeras reações defensivas sutis das quais o profissional deve estar ciente que poderiam ocorrer como uma resposta inibitória imediata.

- *Evita contato visual* com estímulo ameaçador (p. ex., indivíduo socialmente ansiosa não faz contato visual quando conversa com os outros).
- *Evitação cognitiva* na qual a atenção é desviada de um pensamento ou imagem perturbadora (p. ex., no TEPT uma intrusão relacionada ao trauma poderia disparar um estado de dissociação).
- *Comportamento de escape (fuga) imediato* (p. ex., um indivíduo com medo de contaminação acelera o passo ao passar por um banco de parque onde mendigos sentam).
- *Evitação comportamental* (p. ex., um indivíduo com agorafobia leve automaticamente escolhe um corredor de loja com menos pessoas).
- *Busca de reafirmação* (p. ex., um indivíduo fica recitando a frase "Não há nada a temer").
- *Resposta compulsiva* (p. ex., um indivíduo automaticamente puxa a maçaneta da porta do carro repetidamente para se assegurar de que ela está fechada).
- *Resposta reflexa fisiológica defensiva* (p. ex., um indivíduo ansioso sobre engolir alimentos começa a ter náusea ao tentar engolir; um indivíduo com medo de dirigir enrijece o corpo ou geralmente fica tenso sempre que é passageiro em um carro).
- *Imobilidade tônica (congelamento)* (p. ex., durante uma agressão brutal um indivíduo pode ficar paralisado, sentindo como se fosse incapaz de se mover [ver Barlow, 2002])
- *Desmaio* (p. ex., um indivíduo experimenta uma súbita queda na frequência cardíaca e pressão arterial à visão de sangue humano ou de corpos mutilados).
- *Comportamentos de segurança automáticos* (p. ex., um indivíduo automaticamente se agarra a um objeto para evitar cair ou perder o equilíbrio).

Dada a natureza automática e rápida dessas respostas defensivas, é provável que alguma forma de observação comportamental seja necessária para avaliar corretamente sua presença. Seria preferível se o terapeuta cognitivo acompanhasse o paciente na situação ansiosa e então observasse quaisquer respostas inibitórias. Alternativamente, um amigo, um familiar ou o cônjuge poderia receber a lista acima de respostas defensivas e ser instruído a anotar se qualquer uma dessas respostas fosse observada quando acompanhando o paciente em situações ansiosas.

DIRETRIZ PARA O TERAPEUTA 5.7

Descubra respostas inibitórias cognitivas e comportamentais automáticas por meio de observação comportamental para identificar reações que poderiam posteriormente prejudicar a efetividade da exposição.

Erros de processamento cognitivo

O processamento cognitivo durante a resposta ao medo imediata tende a ser altamente seletivo, com a atenção estreitamente focada na fonte de ameaça e na própria capacidade (ou incapacidade) de lidar com essa ameaça. Como resultado, certos erros involuntários serão evidentes na avaliação do paciente da ameaça que não serão prontamente aparentes para ele. Esses erros cognitivos podem ser determinados a partir dos pensamentos e comportamentos ansiosos automáticos que são evocados em situações provocadoras de ansiedade. O Apêndice 5.6 fornece uma lista dos erros cognitivos comuns vistos nos transtornos de ansiedade, acompanhada por um formulário de automonitoramento que os pacientes podem usar para se tornar mais conscientes de seus vieses de processamento ansioso. Isso deve ser introduzido após o paciente ter sido ensinado a identificar o primeiro pensamento apreensivo. Ensinar os pacientes a identificar seus erros cognitivos não apenas fornece-

cerá informação para a formulação de caso, mas é uma estratégia de intervenção cognitiva útil (ver Capítulo 6).

Muitos pacientes ansiosos têm dificuldade para identificar os erros cognitivos em seu pensamento ansioso. Podem ser necessárias inúmeras sessões antes que o paciente possa captar exemplos de seus próprios vieses de pensamento. Enquanto isso, o terapeuta pode usar o formulário no Apêndice 5.6 para identificar alguns dos erros de pensamento que ficam evidentes na entrevista clínica e no automonitoramento de pensamentos ansiosos. Isso pode ser incorporado na formulação de caso até que dados mais precisos estejam disponíveis do próprio registro do paciente de seus erros de pensamento.

DIRETRIZ PARA O TERAPEUTA 5.8

Use o Apêndice 5.6, Erros e Vieses Comuns na Ansiedade, para treinar os pacientes a identificar os erros cognitivos automáticos que ocorrem sempre que a ansiedade deles é provocada por certos gatilhos internos ou externos.

REAVALIAÇÃO SECUNDÁRIA: AVALIAÇÃO E FORMULAÇÃO

A ansiedade é sempre o resultado de um processo de dois estágios envolvendo a ativação inicial da ameaça seguida por um processamento mais lento, mais reflexivo da ameaça à luz dos recursos de enfrentamento do indivíduo. Por essa razão, o terapeuta cognitivo também avalia o processamento elaborativo secundário, se focando em duas questões que devem ser tratadas na conceitualização de caso.

1. Como a reavaliação mais elaborada da situação pelo indivíduo leva a um aumento na ansiedade?
2. O quanto a reavaliação reflexiva do indivíduo é efetiva para reduzir ou terminar o programa de ansiedade?

A estimativa da reavaliação secundária não é tão difícil quando a estimativa da resposta ao medo imediata porque esses processos são menos automáticos e muito mais receptivos ao conhecimento consciente. Os indivíduos tendem a ter mais *insight* desses processos mais lentos, mais deliberados que são responsáveis pela manutenção da ansiedade. Visto que a terapia cognitiva tende a se focar nesse nível secundário, uma avaliação precisa dos processos elaborativos é fundamental para o sucesso da intervenção. Nessa seção, examinamos cinco domínios de processamento secundário que devem ser incluídos na avaliação.

Avaliação das capacidades de enfrentamento

A confiança em estratégias de enfrentamento maladaptativas e o fracasso em adotar respostas mais saudáveis à ameaça são considerados fatores fundamentais na falha do processamento emocional em geral e na manutenção da ansiedade em particular (p. ex., Beck et al., 1985, 2005; Wells, 2000). Uma das distinções mais comuns na literatura sobre o enfrentamento é entre estratégias que se focam na regulação da emoção *versus* aquelas que se focam diretamente nos problemas da vida. Lazarus e Folkman (1984, p. 150) definiram originalmente enfrentamento focado na emoção como "dirigido à regulação da resposta emocional ao problema" e enfrentamento focado no problema como "dirigido a controlar ou alterar o problema que está causando o sofrimento". Atualmente existe uma vasta quantidade de pesquisa indicando que certos aspectos do enfrentamento focado na emoção (p. ex., ruminação) estão relacionados à manutenção de estados emocionais negativos, enquanto o enfrentamento focado no problema está associado com redução no afeto negativo e promoção de emoção positiva e bem-estar (p. ex., Carver, Scheier e Weintraub, 1989; ver revisões por Fields e Prinz, 1997; Folkman e Moskowitz, 2004; para discussão de aspectos positivos da expressão de emoção, ver Austenfeld e Stanton, 2004).

No presente contexto, essa distinção entre uma abordagem focada na emoção e uma focada no problema é útil para o entendimento da manutenção da ansiedade. Respostas de enfrentamento que se focam em "o que posso fazer para me sentir menos ansioso" são mais autoderrotistas (isto é, levam a manutenção da ansiedade indesejada), enquanto o enfrentamento que é mais orientado ao problema (isto é, "tenho um problema real que devo resolver") tem maior probabilidade de levar a uma redução na ansiedade.

O terapeuta cognitivo deve ter em mente essa distinção ao avaliar as respostas de enfrentamento de pacientes ansiosos. Em que medida o repertório de enfrentamento do paciente é dominado por estratégias focadas na emoção *versus* estratégias dirigidas ao problema? Além disso, três outras questões sobre enfrentamento devem ser tratadas na avaliação:

1. Com que frequência um indivíduo usa várias respostas de enfrentamento maladaptativas e adaptativas quando se sente ansioso?
2. Qual é a percepção do paciente sobre a efetividade das estratégias de enfrentamento na redução da ansiedade?
3. O paciente percebe que um aumento ou manutenção da ansiedade está associado à resposta de enfrentamento?

O Apêndice 5.7 fornece uma lista de verificação de 34 respostas de enfrentamento comportamentais e emocionais que dizem respeito à ansiedade. Sugerimos que o terapeuta examine detalhadamente a lista de verificação como parte da entrevista clínica, visto que a maioria dos pacientes deve ter muita consciência de suas respostas de enfrentamento quando ansiosos. Além disso, a maioria dos indivíduos ansiosos provavelmente não considerou a efetividade de seu enfrentamento e seus efeitos sobre a intensidade e duração da ansiedade. Portanto, alguma sondagem e questionamento podem ser necessários a fim de obter essa informação.

A partir dessa avaliação, o terapeuta deve ser capaz de especificar na formulação de caso quais estratégias de enfrentamento maladaptativas estão frequentemente associadas com ansiedade e com sua efetividade percebida, com a efetividade relativa de quaisquer estratégias adaptativas que o paciente já emprega, e com o nível geral de confiança ou impotência sentido ao lidar com a ansiedade. Isso também dará ao terapeuta indícios sobre mudanças comportamentais que podem ser visadas no tratamento. Entretanto, também é provável que essa avaliação da lista de verificação deva ser complementada com questões sobre respostas de enfrentamento que podem ser únicas aos transtornos de ansiedade específicos. Além disso, muitas das estratégias listadas no Apêndice 5.7 poderiam ser respostas de manejo do estresse. Portanto, é importante que os pacientes sejam instruídos a se focar em atividades empregadas diretamente em resposta a sua ansiedade e não em atividades que usam para aliviar o estresse geral, melhorar o estado de humor, ou aumentar seu senso geral de bem-estar.

DIRETRIZ PARA O TERAPEUTA 5.9

Use o Apêndice 5.7, Lista de Verificação de Respostas Comportamentais à Ansiedade, para avaliar com que frequência várias estratégias de enfrentamento comportamentais e emocionais são usadas para controlar a ansiedade. Esclareça o papel dessas estratégias na manutenção da ansiedade na conceitualização de caso.

Comportamento deliberado de busca de segurança

White e Barlow (2002, p. 343) definem comportamentos de segurança como "aquelas ações que um paciente adota para ajudá-lo a se sentir mais seguro ou protegido" (p. 343). O foco do comportamento de segurança é se sentir seguro, protegido e tem o benefício óbvio de reduzir sentimentos de ansiedade (ver Capítulo 3, Hipóteses 2 e 7, para mais discussão).

É importante identificar claramente na formulação de caso as principais respostas de busca de segurança sejam elas de natureza mais automática e habitual ou respostas de enfrentamento deliberado, mais mediadas pela consciência. Nesse ponto da avaliação muito dessa informação já foi coletada pelo automonitoramento dos indivíduos de suas respostas em situações ansiosas (isto é, Formulário de Análise Situacional, Formulário de Automonitoramento de Pensamentos Apreensivos) ou pela avaliação prévia de estratégias de enfrentamento (isto é, Lista de Verificação de Respostas Comportamentais à Ansiedade). O terapeuta cognitivo pode voltar a revisar esses formulários e selecionar respostas que frequentemente ocorrem quando a pessoa está ansiosa. Para cada resposta as seguintes perguntas devem ser feitas para avaliar a função de busca de segurança da resposta:

*   Eu percebo pelo seu formulário que você com frequência faz X [resposta real de estado] quando se sente ansioso. Em que medida você se sente mais seguro ou mais protegido após ter feito isso? [p. ex., O quanto você se sente mais seguro indo ao supermercado com um amigo *versus* indo sozinho?]
*   O que aconteceria a sua ansiedade se você não iniciasse essa atividade de segurança? [p. ex., O que aconteceria a sua ansiedade se você não carregasse sua medicação consigo?]
*   O quanto essa atividade é importante para a sua forma de lidar ou de enfrentar sua ansiedade? É algo que você faz deliberadamente ou ela é mais automática, como um hábito do qual você não tem muita consciência?

Uma vez que as respostas de busca de segurança primária do paciente tenham sido identificadas, é importante também especificar as cognições e as sensações físicas associadas com busca de segurança (isto é,

Salkovskis, Clark, et al., 1999). Isso poderia ser bastante óbvio pelas respostas cognitivo-comportamentais registradas nos formulários de automonitoramento ou ocasionalmente o terapeuta poderia ter que avaliar mais especificamente. A seguinte vinheta clínica fictícia ilustra o tipo de indagação que poderia ser usada para identificar cognições de busca de segurança.

Terapeuta: Eu percebo pela lista de verificação que você indicou que sempre carrega seu lorazepam (Ativan) consigo em todos os momentos. Poderia me dizer porque isso é tão importante para você?

Paciente: Bem, eu apenas me sinto melhor sabendo que tenho o medicamento se precisar dele. Eu não uso o lorazepam há meses, mas saber que ele está ali me faz sentir melhor.

Terapeuta: O que aconteceria se você esquecesse de levar o medicamento consigo?

Paciente: Eu sei que me sentiria muito mais ansioso se percebesse que não tenho o medicamento comigo. O lorazepam é muito efetivo para aliviar minha ansiedade. Se o tenho comigo, sei que sempre posso tomar um comprimido se a ansiedade ficar muito séria. Ainda que esteja sem usar o medicamento há meses, apenas saber que a ansiedade não vai sair de controle porque sempre posso tomar um lorazepam parece ajudar.

Terapeuta: Você sente ou experimenta alguma coisa quando está em uma situação ansiosa que seja um pouco melhor do que saber que você tem o medicamento?

Paciente: Bem, como você sabe, realmente tenho medo de ter outro ataque de pânico quando percebo que estou ficando mais ansioso. A pior coisa é sentir que estou perdendo o controle. Saber que posso tomar um lorazepam e ficar mais calmo e controlado dentro de poucos minutos me faz sentir muito melhor; me faz sentir mais confiante.

Uma série de cognições evidentemente estão associadas ao comportamento de busca de segurança relacionada ao medicamento da paciente. Ela acredita que apenas ter acesso ao medicamento lhe dá mais confiança e a faz se sentir mais segura, mais protegida. Mais importante, há uma relação funcional direta entre o pensamento catastrófico "de perder o controle" e ser capaz de tomar o medicamento. Essa crença de que o medicamento é uma fonte importante para recuperar o controle e impedir que a ansiedade esmagadora se tornará um alvo no tratamento. Se a base cognitiva da busca de segurança não puder ser determinada por entrevista ou revisão dos formulários de automonitoramento, poderá ser necessária a observação direta da ansiedade do paciente acompanhando a pessoa em uma situação ansiosa ou conduzindo um exercício de indução de ansiedade na sessão. Em todos os casos de ansiedade a identificação dos comportamentos de busca de segurança primários e sua base cognitiva é uma parte importante da formulação de caso para ansiedade.

DIRETRIZ PARA O TERAPEUTA 5.10

Identifique os comportamentos de busca de segurança intencionais primários revisando a Lista de Verificação de Respostas Comportamentais à Ansiedade (Apêndice 5.7) e determine o significado funcional e a base cognitiva das respostas. Também reconsidere a função da busca de segurança que pode estar associada com as reações inibitórias, mais automáticas observadas na Diretriz 5.7. Isso deve resultar em uma clara especificação dos comportamentos sutis de busca de segurança deliberados, mais automáticos e mais conscientes que caracterizam a ansiedade do paciente.

Modo construtivo

Uma parte importante da fase secundária da ansiedade é a ativação de uma abordagem orientada ao problema, mais construtiva à situação ameaçadora. Deve ser reconhecido que todos os indivíduos que buscam tratamento terão alguma capacidade de responder a sua ansiedade de uma maneira mais construtiva. É importante identificar esses pontos fortes na formulação de caso de modo que isso possa ser incorporado ao plano de tratamento. Que respostas comportamentais à ansiedade o paciente já exibe que indicam uma abordagem mais construtiva? A pessoa é capaz de se engajar em uma solução de problema adaptativa? Há alguma estratégia cognitiva que leve a uma redução no nível de ameaça percebido? É útil avaliar o modo construtivo quando o indivíduo está em um estado não ansioso. Como eles percebem a ameaça e sua vulnerabilidade pessoal quando não ansiosos? Quão bem eles podem empregar essa perspectiva adaptativa, mais realista quando estão ansiosos? O quanto é difícil acreditar na perspectiva construtiva quando ansiosos?

Muitas vezes os indivíduos que buscam terapia cognitiva para ansiedade tiveram tratamentos anteriores ou leram livros de orientação cognitiva de autoajuda sobre ansiedade. Portanto é muito provável que alguma resposta construtiva à sua ansiedade já esteja presente. A Tabela 5.3 apresenta vários tipos de respostas construtivas à ansiedade e exemplos de perguntas clínicas que podem ser usadas para avaliar a ativação do modo construtivo quando ansioso.

A avaliação do uso "espontâneo" dos pacientes de várias abordagens construtivas à ansiedade é importante por duas razões. Primeiro, fornece alguma indicação dos recursos dos pacientes em torno das quais um plano de tratamento pode ser formulado. Segundo, pode ser que uma determinada abordagem construtiva não tenha sido empregada efetivamente e, portanto, o paciente tenha expectativas negativas sobre seu suces-

so. Seria importante que o terapeuta soubesse disso antes de prescrever sua estratégia como tarefa de casa. Em resumo, a avaliação da ativação do modo construtivo é uma parte importante da formulação de caso.

DIRETRIZ PARA O TERAPEUTA 5.11

Identifique estratégias de enfrentamento adaptativas que estão presentes no repertório do paciente e em que proporção essas respostas são utilizadas durante períodos de ansiedade. A avaliação do modo construtivo também deve incluir uma estimativa da capacidade do paciente de realizar uma avaliação mais realista de suas preocupações ansiosas quando não ansioso e se essa perspectiva mais realista está disponível durante episódios ansiosos.

Enfrentamento cognitivo e o papel da preocupação

Preocupação excessiva

Afirmamos anteriormente que a preocupação em indivíduos altamente ansiosos é uma contribuição importante para a manutenção da ansiedade devido ao domínio da ativação do modo de ameaça (Beck e Clark, 1997; ver Capítulo 2). Ela é uma estratégia cognitiva de enfrentamento prejudicial (ver Capítulo 3, Hipótese 10) que é evidente na maioria dos transtornos de ansiedade, especialmente no TAG. Portanto, é importante que a natureza, proporção e função da preocupação sejam avaliadas ao desenvolver uma formulação de caso para ansiedade.

A primeira questão a tratar é se o paciente se preocupa quando ansioso e, nesse caso, qual é o conteúdo da preocupação, sua frequência e sua manutenção. O terapeuta pode esperar que o conteúdo da preocupação se ajuste amplamente dentro das preocupações ansiosas principais do paciente. Por exemplo, no transtorno de pânico a preocupação é sobre sensações corporais perturba-

TERAPIA COGNITIVA PARA OS TRANSTORNOS DE ANSIEDADE **159**

TABELA 5.3 Exemplos de respostas construtivas à ansiedade que devem ser avaliadas como parte da conceitualização de caso

Resposta construtiva	Perguntas clínicas
Exposição espontânea	• Com que frequência o paciente deliberadamente se expõe a situações provocadoras de ansiedade? • Com que intensidade e por quanto tempo a ansiedade é tolerada antes que ocorra a fuga? • A exposição ocorre regularmente? Sinais de segurança estão presentes ou ausentes? • Qual é a avaliação do paciente da experiência de exposição? Ela é vista como reduzindo ou exacerbando sua ansiedade?
Prevenção de resposta autoiniciada	• Com que frequência o paciente inibe respostas que visam reduzir a ansiedade (p. ex., um ritual compulsivo no TOC)? • O quanto é difícil resistir ao impulso de iniciar a atividade de redução da ansiedade? • A resistência ocorre regularmente? • Como é avaliada a tentativa de resistir à atividade redutora da ansiedade? A resistência é vista como tornando a ansiedade pior ou melhor?
Resposta de relaxamento	• Com que frequência o paciente realiza relaxamento muscular progressivo, controle da respiração ou meditação em resposta à ansiedade? • Qual é a avaliação do paciente da efetividade dessas estratégias no controle da ansiedade? • Há alguma evidência de que o paciente está usando relaxamento como uma estratégia de fuga devido a um medo de ficar ansioso? Em que medida o relaxamento é uma estratégia de resposta adaptativa ou maladaptativa para ansiedade?
Capacidade de solucionar problema	• O paciente utiliza uma abordagem de solução de problema à fonte de ansiedade? (p. ex., um estudante preocupado em rodar em uma prova tenta melhorar as habilidades de estudo) • Qual é o efeito percebido dessas tentativas de solucionar o problema sobre o nível de ansiedade? • Há algum ponto fraco na estratégia de solução do problema que possa prejudicar seu efeito positivo sobre a ansiedade?
Reavaliação da ameaça realista	• O paciente realiza algum questionamento ou reavaliação de sua avaliação da ameaça inicial e, nesse caso, o quanto esse questionamento é efetivo? • Ele consegue reunir evidência enquanto busca informação contrária de que a ameaça não é tão grande quanto inicialmente pensado? • Ele apela para alguma forma de teste empírico da hipótese enquanto busca experiências para determinar se seus medos são realistas ou exagerados?
Reavaliação de vulnerabilidade pessoal	• O paciente realiza alguma forma de coleta de evidência sobre sua capacidade de enfrentar a ameaça? • Ele pode lembrar vivências passadas de enfrentamento bem-sucedido como um meio de reajustar seu senso inicial de vulnerabilidade pessoal? • Ele realiza deliberadamente atividades provocadoras de ansiedade para testar sua vulnerabilidade?

doras, enquanto na fobia social a preocupação com desempenho em situações sociais e a avaliação dos outros são dominantes.

O Apêndice 5.8 apresenta o Formulário A de Automonitoramento da Preocupação que pode ser usado para avaliar qualquer conteúdo de preocupação associado a episódios ansiosos. Este pode ser dado como tarefa de casa ou o terapeuta cognitivo poderia completar o formulário na sessão baseado em situações ansiosas identificadas no Formulário de Análise Situacional ou no Formulário de Automonitoramento de Pensamentos Apreensivos. O objetivo do Formulário A de Automonitoramento da Preocupação é coletar informação qualitativa sobre quaisquer temas que possam desempenhar um papel importante na manutenção da preocupação. Esse conteúdo de preocupação fornecerá informação útil para intervenções cognitivas que o terapeuta empregará posteriormente no tratamento. Também é importante determinar com que frequência o paciente se preocupa quando ansioso e a duração do episódio de preocupação. Preocupação frequente e que dura de 1 a 2 horas tem uma implicação de tratamento muito diferente do acesso ocasional de preocupação que se dissolve em poucos minutos.

No Capítulo 3 discutimos uma série de consequências negativas associadas com preocupação que podem responder por seus efeitos patológicos na ansiedade (p. ex., sensibilidade aumentada à informação de ameaça, senso de vulnerabilidade pessoal aumentado, um aumento nos pensamentos intrusivos indesejados, uma escalada de emoções negativas, evitação cognitiva/emocional e solução de problema ineficaz). Entretanto, a maioria dos indivíduos não terá *insight* suficiente dos efeitos negativos da preocupação para permitir coleta dessa informação a partir de uma prescrição de tarefa de casa. Em vez disso, o terapeuta poderia usar os episódios de preocupação registrados no Formulário A de Automonitoramento da Preocupação como base para um questionamento que explore as consequências negativas da preocupação. Segue uma vinheta de um paciente com fobia social que ficou ansioso quando precisou interromper seu supervisor para fazer uma pergunta importante:

Terapeuta: John, percebi pelo Formulário de Automonitoramento da Preocupação que você ficou particularmente ansioso sexta-feira por ter de ir ao escritório de seu supervisor para fazer uma pergunta importante sobre um projeto que você estava tentando terminar. Você avaliou sua ansiedade como 80/100 e o primeiro pensamento apreensivo foi "ele vai ficar muito irritado por interrompê-lo com uma pergunta tão idiota".

John: É, fiquei realmente aborrecido com essa situação. Esse tipo de coisa realmente me incomoda. Eu acho que fico muito ansioso.

Terapeuta: Parece que você ficou quase meia hora preocupado com isso antes de ir e então você ficou preocupado o resto do dia de que seu supervisor estivesse irritado com você por interrompê-lo. Você escreveu isso antes de fazer a pergunta que você achou que ia irritá-lo (isto é, ele pode ser grosseiro comigo), se você seria capaz de se fazer claramente entendido e se você entenderia a resposta de seu supervisor. Depois você ficou relembrando a conversa em sua mente para determinar se você pareceu idiota ou não. Além disso, você se preocupou com a opinião de seu supervisor sobre você e se isso refletiria negativamente em sua avaliação anual de desempenho. Você também escreveu que estava preocupado de que os outros tivessem ouvido a conversa no escritório do supervisor e estivessem pensando que você era "tão patético" (usando sua expressão).

John: Eu acho que me preocupo muito sobre como pareço para as outras pessoas e os efeitos negativos de minhas conversas "tolas" com os outros.

Terapeuta: John, nessa situação você percebeu alguma mudança em seu nível de ansiedade enquanto estava se preocupando antes e depois da interação com seu chefe?

John: Não entendi bem o que você quis dizer.

Terapeuta: Você percebeu algum aumento ou diminuição em seus sentimentos de ansiedade enquanto estava preocupado?

John: Oh, definitivamente me senti mais ansioso. Antes da interação eu tentei me convencer de que tudo ficaria bem, mas tudo o que eu podia pensar era sobre a raiva dele, e depois novamente tentei me tranquilizar de que tudo ficaria bem, mas quanto mais eu pensava mais ficava convencido de que ele me acha incompetente.

Terapeuta: Então um dos efeitos negativos da preocupação é que ela lhe deixa mais ansioso em vez de menos ansioso. Você acha que se preocupar em falar com seu chefe o tornou mais efetivo quando você realmente foi e fez a pergunta?

John: Não, não acho que me preocupar com isso me deu mais confiança ou melhorou a conversa. Eu só conseguia pensar em terminar com aquilo e lidar com as consequências negativas mais tarde.

Terapeuta: Você mencionou algumas outras maneiras que a preocupação pode ter um efeito negativo. Parece que isso faz você pensar em evitar ou escapar o mais rápido possível. Também não parece que a preocupação o ajuda a lidar com situações ou problemas mais efetivamente. Você percebeu alguma outra coisa em relação ao seu pensamento quando você estava preocupado?

John: Não entendi bem o que você quis dizer.

Terapeuta: Você percebeu se muitos pensamentos inquietantes ficaram passando pela sua cabeça mesmo sem você querer?

John: Oh, sim. Eu fiquei vendo uma imagem do rosto irritado do meu supervisor, eu podia ouvi-lo gritando comigo e fiquei tendo o pensamento "Ele acha que eu sou um idiota".

Terapeuta: Pela sua descrição, John, parece que a preocupação tem uma série de efeitos negativos sobre sua ansiedade. Ela está associada a um aumento nos sentimentos ansiosos; ela pode interferir em sua capacidade de lidar com situações; ela intensifica o impulso de escapar ou evitar a ansiedade; e aumenta pensamentos e imagens inquietantes indesejados. Isso não é incomum na ansiedade. Nossa pesquisa sobre preocupação indica que ela tem efeitos negativos de longo alcance que podem contribuir para a manutenção da ansiedade. Você gostaria que a redução da preocupação fosse uma meta importante em seu plano de tratamento da ansiedade?

John: Sim, definitivamente eu acho que preciso aprender a controlar minha preocupação.

Outras estratégias cognitivas de enfrentamento

No Capítulo 3 (ver Hipótese 10), tentativas de suprimir deliberadamente pensamentos e sentimentos indesejados eram considdradas estratégias de enfrentamento compensatórias que podem contribuir para a manutenção da ansiedade. Além disso, a supressão intencional da expressão emocional pode ter efeitos adversos sobre a emoção negativa, embora muito poucos estudos tenham investigado essa possibilidade. Uma avaliação da supressão de pensamento e inibição emocional intencionais deve ser incluída na formulação de caso. O Apêndice 5.9 apresenta uma lista de verificação de enfrentamento cognitivo que inclui inibição da emoção juntamente com inúmeras outras estratégias de controle do pensamento intencional que podem exacerbar o estado ansioso.

A Lista de Verificação de Respostas Cognitivas à Ansiedade (Apêndice 5.9) pode ser prescrita como uma tarefa de casa. Entretanto, a maioria dos pacientes ansiosos provavelmente não tem consciência de suas estratégias de controle do pensamento porque essas respostas podem se tornar bastante habituais com o passar do tempo. Portanto, algum treinamento e educação serão necessários para ensinar os pacientes a como podem utilizar estratégias de controle do pensamento maladaptativo que apenas torne os pensamentos ansiosos mais evidentes. O indivíduo poderia ser capaz de revisar um episódio ansioso recente e usar a lista de verificação para determinar quais das 10 estratégias ocorreram e em que medida elas contribuíram para a redução da ansiedade. Alternativamente, um estado de ansiedade poderia ser induzido na sessão (ou observado em uma situação natural) e os pacientes poderiam ser indagados se usaram algumas das estratégias da lista de verificação para controlar seus pensamentos ou preocupações ansiosas.

Outra forma de esclarecer a natureza do controle do pensamento na vivência de ansiedade do paciente é conduzir um experimento de supressão de pensamento modificado. Isso é ilustrado no exemplo a seguir.

Terapeuta: Lorraine, eu gostaria de examinar mais detalhadamente sua ansiedade sobre ter um ataque de pânico. Você indicou que frequentemente sente seu peito apertar e seus primeiros pensamentos apreensivos são "Eu devo estar ficando ansiosa, eu realmente preciso me acalmar. Não posso ter outro daqueles terríveis ataques de pânico".

Lorraine: Sim, é exatamente assim que me sinto. Eu realmente odeio aqueles sentimentos e faria qualquer coisa para me livrar deles.

Terapeuta: Certo, o que eu gostaria de fazer é um pouco de exercício com você aqui no consultório. Primeiro, eu gostaria de ver se você pode se focar em seus pensamentos ansiosos agora. Talvez você pudesse trazer esses pensamentos à sua mente contraindo os músculos do seu peito ou imaginando estar em uma situação ansiosa recente. Não importa como você vai fazer isso, mas eu gostaria que você pensasse sobre se sentir ansiosa e na possibilidade de ter um ataque de pânico.

Lorraine: Não tenho certeza se quero fazer isso. Tenho medo de desencadear um ataque de pânico. Já estou começando a me sentir ansiosa.

Terapeuta: Eu entendo sua preocupação. Podemos interromper o exercício a qualquer momento. Eu simplesmente quero que você traga os pensamentos ansiosos à sua mente. Se você está começando a se sentir ansiosa, então talvez você possa se focar nesses pensamentos ansiosos agora mesmo sem contrair os músculos do seu peito.

Lorraine: Oh, eu não tenho problema em pensar sobre minha ansiedade agora e na possibilidade de um ataque de pânico.

Terapeuta: Certo, Lorraine, por favor feche seus olhos e focalize sua atenção nos pensamentos de ficar ansiosa agora. Pense sobre como você está se sentindo e na última vez que você teve um ataque de pânico. Vou lhe pedir que segure aquele pensamento por 30 segundos... [pausa]. Agora pare de pensar sobre sua ansiedade. Vou lhe dar outros 30 segundos para parar de pensar sobre sua ansiedade e na possibilidade de pânico. Você pode fazer isso do jeito que preferir... Certo, pare [pausa]. Você foi capaz de parar de pensar sobre sua ansiedade e na possibilidade de um ataque de pânico?

Lorraine: Isso é realmente difícil. Eu tentei não ter os pensamentos, mas foi quase impossível. Eu acho que não deu tempo. Eu precisaria de mais tempo para me livrar de meus pensamentos ansiosos.

Terapeuta: É verdade, eu lhe dei apenas meio minuto. Entretanto, muitas pessoas acham o exercício ainda mais frustrante se eu prolongá-lo. O ponto importante é se você foi capaz de interromper ou não o pensamento ansioso.

Lorraine: Na verdade não. Parecia que eu ficava cada vez mais ansiosa quanto mais eu tentava tirar os pensamentos da minha mente.

Terapeuta: Você acabou de levantar uma questão importante. Quanto mais você tenta "não pensar na ansiedade, mais você pensa nela". Eu tenho aqui uma lista de verificação de várias estratégias cognitivas que as pessoas usam para mudar seu pensamento ansioso. [Terapeuta passa a Lorraine uma cópia da Lista de Verificação de Respostas Cognitivas à Ansiedade.] Você poderia examinar essa lista e me dizer se você usou qualquer uma dessas estratégias em sua tentativa de não pensar na ansiedade.

Lorraine: Bem, eu tentei deliberadamente não pensar na ansiedade (item #1), e fiquei dizendo para mim mesma que é estúpido ficar ansiosa porque estou sentada aqui em seu consultório (#6) e tentei me convencer de que eu poderia possivelmente ter um ataque de pânico bem agora (item #3). Contudo, nenhuma dessas pareceu funcionar muito bem.

Terapeuta: Por esse exercício descobrimos algumas coisas. Primeiro, você relatou que quanto mais você tenta controlar seus pensamentos ansiosos, pior eles ficam. Segundo, você relatou uma série de diferentes estratégias de controle mental que você usou para tentar se livrar dos pensamentos ansiosos. Eu percebo que você acabou de fazer uma "simulação" porque na vida real seus pensamentos e sentimentos ansiosos seriam muito mais intensos do que eram enquanto você estava sentada nesse consultório. Eu me pergunto com que frequência você poderia automaticamente tentar controlar seus pensamentos ansiosos sempre que você se sente ansiosa usando as mesmas estratégias que você acabou de relatar. E me pergunto que efeito isso poderia ter sobre sua ansiedade. Será que sua ansiedade fica pior ou melhor? Você gostaria de descobrir?

Lorraine: Claro, eu acho que seria uma boa ideia.

Terapeuta: Certo, antes da nossa próxima sessão, você poderia tirar uma cópia da Lista de Verificação de Respostas Cognitivas à Ansiedade que acabamos de usar e ver se você poderia lembrar algumas vezes em que você ficou ansiosa. Tente manter o foco em suas tentativas de controlar seus pensamentos ansiosos. Quais dessas estratégias de controle do pensamento você usou e o quanto elas foram efetivas? Sob a categoria "com que frequência", apenas verifique se você usou a estratégia ou não. Você não tem de lembrar todos os seus momentos ansiosos, apenas um ou dois por dia. Você levará apenas alguns minutos por dia para preencher o formulário. Você acha que pode fazer isso?

Lorraine: Claro, eu posso fazer isso na semana que vem. Ainda estou tendo muita ansiedade.

DIRETRIZ PARA O TERAPEUTA 5.12

A avaliação da natureza, frequência e função da preocupação e de outras respostas de controle cognitivo é um aspecto importante da formulação de caso da manutenção da ansiedade. O Formulário A de Automonitoramento da Preocupação (Apêndice 5.8) pode ser usado para obter informação clínica sobre a preocupação e a Lista de Verificação de Respostas Cognitivas à Ansiedade (Apêndice 5.9) está disponível para avaliar estratégias de controle deliberado do pensamento.

Reavaliação da ameaça

Esse aspecto final da conceitualização de caso é a conclusão de todas as atividades de avaliação que foram descritas anteriormente. À medida que o paciente consciente e deliberadamente reflete sobre sua ansiedade quando em um contexto seguro e relaxado, qual é a avaliação dele da ameaça

e de sua capacidade de enfrentamento? O Apêndice 5.10, o Formulário de Reavaliação do Estado Ansioso, pode ser usado para explorar com os pacientes suas cognições de ameaça e vulnerabilidade quando se sentem ansiosos e depois sua avaliação da ameaça e vulnerabilidade pessoal quando estão calmos, não ansiosos. Se esperaria que quando ansiosos o pensamento deve tender a ameaça exagerada e a subestimativa da capacidade de enfrentamento, enquanto durante períodos sem ansiedade a avaliação do indivíduo seria mais realista e a autoconfiança elevada.

O Formulário de Avaliação da Ansiedade deve ser usado como um recurso clínico na sessão para ajudar o terapeuta a explorar e então registrar as avaliações ansiosas e não ansiosas, em vez de como uma tarefa de casa. O terapeuta cognitivo deve salientar as diferenças entre o pensamento do paciente quando ansioso e não ansioso. Ele deve enfatizar que o paciente é capaz de pensar de uma forma mais realista sobre suas preocupações ansiosas quando em um estado calmo e relaxado. Isso significa que a meta da terapia é ajudar os pacientes a aprender a generalizar seu pensamento mais realista sobre a ameaça e sobre sua capacidade de enfrentar seus momentos ansiosos mais difíceis. Dessa forma, a informação obtida no Formulário de Reavaliação do Estado Ansioso pode ser usada para definir uma das metas de tratamento primárias da terapia cognitiva para ansiedade.

DIRETRIZ PARA O TERAPEUTA 5.13

Use o Formulário de Reavaliação do Estado Ansioso (Apêndice 5.10) para avaliar a capacidade do paciente de gerar uma reavaliação mais realista da ameaça e da vulnerabilidade pessoal durante períodos sem ansiedade. Isso pode ser usado para esclarecer a natureza tendenciosa e exagerada do pensamento deles quando ansiosos. A mudança para uma avaliação mais realista que é evidente na baixa ansiedade deve ser uma meta de tratamento estabelecida.

FORMULAÇÃO DE CASO DE ANSIEDADE: UMA ILUSTRAÇÃO DE CASO

Formulação cognitiva de caso

Concluímos este capítulo com uma ilustração de caso para demonstrar como o profissional pode utilizar a perspectiva de avaliação teoricamente orientada descrita neste capítulo para chegar a uma conceitualização cognitiva global de caso de ansiedade. Embora tenhamos descrito uma abordagem cognitiva detalhada à avaliação e formulação de caso, deve ser óbvio pela seguinte apresentação de caso que muito da informação crítica pode ser obtida da entrevista clínica, de formulários de automonitoramento, da observação de ansiedade dentro da sessão, e de entrevista diagnóstica padronizada e questionários. Portanto, é razoável esperar que uma conceitualização cognitiva inicial de caso possa ser desenvolvida dentro das primeiras duas ou três sessões, que então será frequentemente revisada e elaborada durante todo o processo de tratamento. Na verdade é essa natureza variável, evolutiva que está no âmago da conceitualização de caso (Persons, 1989).

Um diagrama da conceitualização cognitiva de caso da ansiedade que está disponível no Apêndice 5.11 pode ser usado para resumir a informação de avaliação e obter uma formulação de caso individualizada. Embora haja muitos componentes à formulação de caso, nunca se espera que o profissional tenha uma "formulação final" antes de iniciar o tratamento. Certos elementos centrais da conceitualização devem ser aparentes após a avaliação inicial e antes do tratamento tais como os gatilhos situacionais, primeiros pensamentos apreensivos (ansiosos automáticos), hiperexcitação fisiológica, respostas defensivas (isto é, busca de segurança), conteúdo de preocupação primária (se relevante) e estratégias de enfrentamento. Esses aspectos da formulação serão revisados e outros componentes acrescentados durante as sessões subsequentes. Uma formulação de caso individualizada, então, desenvolve-se no decorrer da terapia.

Conceitualização cognitiva de caso

Voltamos ao caso clínico apresentado no início deste capítulo. Sharon procurou tratamento para um problema de ansiedade existente há muito tempo que se manifestava principalmente quando interagia com colegas de trabalho em seu escritório.

Diagnóstico e avaliação do sintoma

Foi administrado à Sharon o ADIS-IV, bem como as escalas de ansiedade geral discutidas neste capítulo. Baseado no ADIS-IV seu principal transtorno do Eixo I era fobia social. Transtorno de pânico sem evitação agorafóbica era um diagnóstico secundário do Eixo I. Ela também satisfazia os critérios para uma depressão maior passada, episódio único. A depressão se resolveu espontaneamente após 2 meses e ocorreu em resposta à morte de um animal de estimação. Ela também relatou um medo subclínico de alturas e preocupações, mas esta última estava claramente relacionada a suas ansiedades sociais no trabalho. Ela obteve os seguintes escores na bateria de questionário; Inventário de Ansiedade de Beck Total = 6, Inventário de Depressão de Beck-II Total = 12, Escala de Avaliação de Ansiedade de Hamilton = 10, Lista de Verificação de Cognições-Depressão = 15 e Lista de Verificação de Cognições-Ansiedade = 7 e Preocupação do Estado da Pensilvânia Total = 64. Sharon também completou o Inventário de Fobia Social e Ansiedade (SPAI; Turner, Beidel e Dancu, 1996) e obteve um Escore Diferencial de 105,9, que é consistente com fobia social generalizada não tratada. Portanto, os dados psicométricos sugerem apenas sintomas de ansiedade leves que são de natureza mais cognitiva do que fisiológica. O escore de Preocupação do Estado da Pensilvânia é elevado, mas isso se deve à preocupação da paciente sobre suas interações sociais no trabalho. O BDI-II e a CCL-D sugerem a presença de alguns sintomas depressivos. Um nível médio de ansiedade diária pré-tratamento de 21/100 novamente confirmou um nível de ansiedade bastante baixo.

A avaliação diagnóstica indicou claramente que a fobia social deve ser o foco principal do tratamento. Embora ela satisfizesse critérios diagnósticos para transtorno de pânico, o episódio inicial ocorreu 15 meses antes, com o último ataque completo ocorrendo 1 ano atrás. No total ela teve quatro ataques de pânico completos e uma série de ataques de sintoma limitado, com muitos desses últimos ocorrendo em contextos sociais no trabalho. Entretanto, Sharon relatou apenas períodos breves e mínimos de preocupação com os ataques de pânico que duraram apenas 3 a 4 dias após um episódio completo. Sharon também indicou que os ataques de pânico tiveram interferência limitada em seu funcionamento diário. Portanto foi concluído que o tratamento de ataques de pânico que não estavam relacionados a sua ansiedade social não era justificado no momento.

Avaliação da resposta ao medo imediata

Sharon listou uma série de situações que desencadeiam sua ansiedade no trabalho. Estas incluem falar ou interagir em uma reunião com poucas pessoas, falar com figuras de autoridade como seu supervisor, interação pessoal com colegas de trabalho sobre seus problemas de informática e fazer ligações telefônicas no trabalho. Essas atividades estavam associadas com ansiedade moderada a grave e com um nível moderado de evitação. Visto que seu trabalho envolve principalmente consultorias, Sharon era confrontada com essas situações provocadoras de ansiedade diariamente. Outras atividades sociais que provocavam considerável ansiedade e evitação eram ir a festas e

ser assertiva, especialmente recusar pedidos exorbitantes. Sharon completou um Formulário de Análise Situacional como parte de um tarefa de casa e relatou inúmeros episódios ansiosos focalizados em reuniões com poucas pessoas e na interação pessoal no trabalho. O único gatilho cognitivo para ansiedade era o pensamento antecipatório "preciso conversar com meu supervisor sobre esse problema". Foi decidido visar sua ansiedade em reuniões com poucos participantes e em interações pessoais com colegas de trabalho visto que estas representavam os gatilhos principais para sua ansiedade.

Dois pensamentos apreensivos automáticos se tornaram evidentes pela tarefa de casa de automonitoramento de Sharon e nas sessões subsequentes. Ao antecipar ou se deparar pela primeira vez com uma situação social no trabalho, Sharon pensava "Espero ser capaz de me sair bem" e "Espero que meu rosto não fique vermelho". As únicas sensações fisiológicas que ela relatava quando ansiosa era sentir calor e sentir seu rosto ficando vermelho (ou seja, rubor). O rubor era uma preocupação maior para Sharon. Ela interpretava isso como um sinal de que estava ansiosa, perdendo a concentração e que seria menos capaz de falar claramente e de forma sensata com os outros. Ela também se preocupava que as pessoas percebessem que seu rosto estava vermelho e perguntassem o que estava errado com ela.

Como resultado dessas cognições ansiosas e da interpretação negativa do rubor, Sharon exibia uma série de respostas defensivas automáticas. No aspecto comportamental, ela falava o menos possível em reuniões (evitação) e falava muito rapidamente quando era forçada a interagir com os outros (resposta de fuga). Ela evitava contato visual em suas interações sociais. Ela também era hipervigilante em relação a sentir calor e frequentemente tocava seu rosto ou olhava em um espelho para determinar se estava visivelmente vermelha. Sua principal defesa cognitiva automática era reassegurar-se de que tudo estava bem e tentar relaxar. Em resumo, sua resposta defensiva automática primária para garantir segurança era falar o menos possível em situações sociais, evitar contato visual e se posicionar em um determinado local a fim de chamar menos atenção possível.

Uma série de erros cognitivos eram evidentes no pensamento ansioso de Sharon sobre situações sociais. Catastrofização era evidente em sua crença de que ficar com o rosto vermelho era altamente anormal e algo que os outros interpretariam como um sinal de anormalidade. Ela também estava convencida de que quando seu rosto ficava vermelho, significava que ela estava ansiosa e perderia sua concentração. Isso resultaria em desempenho medíocre, que os outros avaliariam como incompetência social. A visão em túnel era outro erro cognitivo visto que Sharon frequentemente ficava preocupada com seu rosto e se estava sentindo calor em situações sociais. Ela também utilizava o raciocínio emocional na medida em que se sentir desconfortável em situações sociais significava que ela estava em maior perigo de não funcionar bem e muito provavelmente de chamar a atenção dos outros. Finalmente, ela tendia a pensar na ansiedade de um ponto de vista de tudo-ou-nada com certas situações associadas com ameaça social e, portanto, intoleráveis, enquanto outras situações eram inteiramente seguras (trabalhar sozinha em seu escritório).

Avaliando a reavaliação secundária

Sharon exibia uma série de estratégias de enfrentamento deliberado em resposta a sua ansiedade social. Ela tentava relaxar fisicamente em situações sociais iniciando respiração profunda e controlada, tentava responder perguntas por *e-mail* a fim de evitar interação face a face com colegas de trabalho, procrastinava sobre coisas como pedir um esclarecimento a seu supervisor sobre um assunto e era bastante calada e retraída nas reuniões, falando o mínimo possível. Ela também tentava reprimir seus sentimentos para esconder qualquer sensação de desconforto. O uso intencional de meios de

comunicação alternativos com os outros (p. ex., *e-mail*) tinha uma importante função de busca de segurança. Todas essas estratégias eram pouco efetivas para reduzir sua ansiedade social. Sharon estava preocupada com o fato de que se ela mudasse sua abordagem à ansiedade social isso poderia tornar sua vida profissional mais estressante.

A preocupação desempenhava um papel secundário na ansiedade social de Sharon. Ela se preocupava diariamente com as possíveis interações sociais que poderia encontrar, se experimentaria muita ansiedade durante todo o dia e se seria socialmente incompetente como resultado. Ela também se preocupava fora da situação de trabalho que o estresse e a ansiedade extra que estava tendo no trabalho poderiam ter um efeito negativo sobre sua saúde e bem-estar. As estratégias de enfrentamento cognitivas para controlar sua ansiedade eram bastante limitadas a não ser o uso de reasseguramento e racionalização de que tudo ficará bem e autoinstruções para controlar sua ansiedade. Ela concluiu que era geralmente ineficaz em controlar a ansiedade e que a melhor estratégia era minimizar o contato social o mais possível. Curiosamente, essa perspectiva sobre ameaça e vulnerabilidade sociais era evidente mesmo quando ela não estava ansiosa e estava sozinha.

Metas do tratamento

Baseado em nossa conceitualização cognitiva de caso, as seguintes metas foram desenvolvidas no plano de tratamento de Sharon:

- Descatastrofizar suas interpretações errôneas e crenças maladaptativas sobre rubor e a consequente avaliação negativa dos outros.
- Modificar a crença de que a ansiedade em situações sociais deve ser controlada porque levará a desfechos negativos aterrorizantes como incompetência social (ou seja, reavaliar a probabilidade e gravidade da ameaça).

- Reduzir a evitação e aumentar a exposição a situações socialmente ansiosas.
- Eliminar estratégias defensivas e de enfrentamento maladaptativas como falar muito rapidamente quando ansiosa, confiança na respiração profunda e autorracionalização focalizada em se convencer de que não há ameaça.
- Reduzir os efeitos negativos da preocupação sobre ficar ansiosa sempre que uma interação social é antecipada.
- Melhorar a assertividade e outras habilidades de comunicação verbal ao interagir com figuras de autoridade como um supervisor.

RESUMO E CONCLUSÕES

Neste capítulo apresentamos uma perspectiva cognitiva da conceitualização de caso baseada no modelo cognitivo de ansiedade (ver Capítulo 2). Embora essa estrutura seja aplicável a todos os casos de ansiedade, será necessária alguma modificação para cada um dos transtornos de ansiedade específicos. A formulação de caso desempenha um papel importante na terapia cognitiva para todos os problemas psicológicos. Para os transtornos de ansiedade a avaliação começa com

o diagnóstico clínico e a administração de questionários padronizados. É importante que a presença de sintomas ansiosos e depressivos seja avaliada. Utilizando metodologia de entrevista, formulários de automonitoramento, e observação direta, o profissional obtém informação sobre as respostas cognitivas, fisiológicas e comportamentais imediatas ou automáticas que caracterizam o programa de medo inicial. Isso é seguido por avaliação de estratégias de enfrentamento cognitivas e comportamentais mais deliberadas que visam terminar o episódio ansioso, mas em vez disso inadvertidamente contribuem para sua manutenção em longo prazo. Particular atenção é dada a respostas automáticas e intencionais que têm uma função de busca de segurança. A avaliação será concluída com uma especificação das avaliações de ameaça e vulnerabilidade pessoal geradas quando o indivíduo está em um estado ansioso e em um estado não ansioso. Essa formulação cognitiva detalhada deve levar ao desenvolvimento de metas específicas de tratamento que guiarão o processo da intervenção. Um Resumo de Referência Rápida é fornecido no Apêndice 5.12 para ajudar o profissional na aplicação de nossa perspectiva cognitiva sobre avaliação e formulação de caso na prática clínica.

APÊNDICE 5.1

AVALIAÇÕES DE ANSIEDADE E REGISTRO DE SITUAÇÕES DIÁRIAS

Nome: _____ Data: _____

Instruções: Use a escala de avaliação abaixo para registrar um número de 0 a 100 que indica o nível médio de ansiedade que você experimentou durante o dia. Na coluna da extrema direita descreva brevemente qualquer situação que você considerou particularmente desencadeadora de ansiedade em um determinado dia.

0	50	100
"Absolutamente sem ansiedade, totalmente relaxado"	"Nível moderado ou usual de ansiedade sentido quando no estado ansioso"	"Extrema, estado de pânico que é intolerável e parece potencialmente fatal"

Dia da semana/data	Avaliação do nível médio de ansiedade (0-100)	Situações desencadeadoras (Anote qualquer situação que aumentou sua ansiedade durante o dia)
1. Domingo		
2. Segunda-feira		
3. Terça-feira		
4. Quarta-feira		
5. Quinta-feira		
6. Sexta-feira		
7. Sábado		

170 CLARK & BECK

APÊNDICE 5.2

FORMULÁRIO DE ANÁLISE SITUACIONAL

Nome: _____ Data: _____

Orientações: Por favor escreva quaisquer situações que desencadearam uma resposta de ansiedade. Descreva muito resumidamente a situação na coluna dois e na terceira coluna avalie a intensidade da ansiedade (0-100) e sua duração (número de minutos). Na quarta coluna anote os sintomas ansiosos mais proeminentes que você experimentou e na quinta coluna registre quaisquer pensamentos imediatos na situação. Na última coluna comente sobre sua resposta imediata à ansiedade.

Data/Hora	Situação	Intensidade da ansiedade (0-100) e duração (min)	Sintomas ansiosos primários	Pensamentos ansiosos imediatos	Resposta imediata ao sentir-se ansioso
1.					
2.					
3.					
4.					

APÊNDICE 5.3

FORMULÁRIO DE AUTOMONITORAMENTO DE SENSAÇÕES FÍSICAS

Nome: ———————————————————————— Data: ——————————

Orientações: Por favor escreva quaisquer situações ou experiências que causaram um aumento na sua ansiedade. Dê particular atenção a se você experimentou alguma das sensações corporais listadas neste formulário enquanto estava naquela situação. Use as escalas de avaliação ao lado de cada sensação para indicar como você se sentiu em relação à reação corporal.

1. Descreva brevemente a situação ansiosa: —————————————————————

Registre o nível de ansiedade na situação (escala de 0-100): ——————————————

Lista de Verificação de sensações físicas experimentadas na situação:

Sensação física	Intensidade da sensação física (Use a escala de 0-100 definida abaixo)	Ansiedade em relação à sensação física (Use a escala de 0-100 definida abaixo)
Aperto no peito		
Frequência cardíaca elevada		
Tremores, abalos		
Dificuldade para respirar		
Tensão muscular		
Náusea		
Sensação de cabeça vazia, tonto, desmaio		
Fraco, oscilante		
Sente calor, suado		
Boca seca		

(continua)

APÊNDICE 5.3 (continuação)

2. Descreva brevemente a situação ansiosa: _____

Registre o nível de ansiedade na situação (escala de 0-100): _____

Lista de Verificação de sensações físicas experimentadas na situação:

Sensação física	Intensidade da sensação física (Use a escala de 0-100 definida abaixo)	Ansiedade em relação à sensação física (Use a escala de 0-100 definida abaixo)
Aperto no peito		
Taxa cardíaca elevada		
Tremor, estremecimento		
Dificuldade para respirar		
Tensão muscular		
Náusea		
Confuso, tonto, desmaio		
Fraco, oscilante		
Sente calor, suado		
Boca seca		

Instruções da escala de avaliação: *Escala de Intensidade de Sensações Físicas,* 0 = quase não sentiu a sensação; 50 = sensação forte; 100 = sentimento dominante, esmagador.

Escala de ansiedade em relação a sensações físicas, 0 = absolutamente nenhuma ansiedade por ter a sensação; 50 = considerável preocupação de que estou tendo a sensação; 100 = sinto-me intensamente ansioso, em pânico de que estou tendo a sensação.

TERAPIA COGNITIVA PARA OS TRANSTORNOS DE ANSIEDADE **173**

APÊNDICE 5.4

FORMULÁRIO DE AUTOMONITORAMENTO DE PENSAMENTOS APREENSIVOS

Nome: _____ Data: _____

Orientações: Por favor escreva quaisquer situações ou experiências que causaram um aumento na sua ansiedade. Após avaliar o nível de ansiedade experimentado na situação na segunda coluna, escreva sua resposta às perguntas feitas nas colunas seguintes baseado no que você estava pensando e sentindo na situação. Tente preencher este formulário enquanto você está na situação ansiosa ou o mais cedo possível após a situação.

Situação desencadeadora de ansiedade (Descreva brevemente em poucas palavras e inclua data e hora do dia)	Nível médio de ansiedade (Escala de 0-100)	Pior desfecho possível (Qual é a pior coisa que poderia acontecer independente do quanto a situação é improvável ou irreal?)	O que não está certo em relação à situação? (O que é desconcertante acerca da situação e de como você se sente ou poderia se comportar? Ou como os outros poderiam se comportar em relação a você que seria perturbador?)	Como você acalmaria sua ansiedade? (Como a situação poderia mudar para acalmar sua ansiedade? Como você poderia mudar ou os outros poderiam mudar para acalmar sua ansiedade?)
1.				
2.				

APÊNDICE 5.5

LISTA DE VERIFICAÇÃO DE SENSAÇÕES FÍSICAS ESTENDIDA

Nome: —————————————————————— Data: ——————————

Instruções: Abaixo você encontrará uma lista de sensações físicas que podem ser experimentadas durante períodos de alta ansiedade e durante ataques de pânico. Por favor indique a intensidade da sensação física durante um episódio de ansiedade ou ataque de pânico típico. A lista de verificação deve ser completada durante o episódio de ansiedade ou o mais cedo possível após o episódio. *Por favor, também circule a reação ou sensação corporal que você percebeu primeiro durante o episódio de ansiedade.*

Sensação física	Ausente	Leve	Moderada	Grave	Muito grave
Músculos tensos					
Dor muscular					
Fraqueza					
Cãibras, espasmos musculares					
Dormência nas mãos, pés (ou sensação de alfinetes e agulhas)					
Formigamento nas mãos, pés					
Náusea					
Cãibras estomacais					
Indigestão					
Sensação de urgência para urinar					
Diarreia					
Formação de muco na garganta ou nariz congestionado					
Boca seca					

(continua)

APÊNDICE 5.5 (continuação)

Sensação física	Ausente	Leve	Moderada	Grave	Muito grave
Dificuldade para inspirar o ar, respiração curta					
A garganta parece contraída, (como se você fosse sufocar)					
Aperto no peito					
Coração martelando, palpitações					
Coração falha um batimento					
Tremor, estremecimento					
Sente-se inquieto, nervoso					
Sensações de irrealidade					
Contrações musculares					
Tontura					
Sensação de cabeça vazia					
Sensação de desmaio					
Instável, perda de equilíbrio					
Ondas de calor ou calafrios					
Sudorese					
Outras sensações (estado):					

APÊNDICE 5.6

ERROS E VIESES COMUNS NA ANSIEDADE

A seguinte lista é de erros de pensamento que são comuns quando as pessoas se sentem assustadas ou ansiosas. Você pode achar que comete alguns desses erros quando se sente ansioso, mas é improvável que você cometa todos os erros toda vez que está ansioso. Leia a lista de erros com suas definições e exemplos. Assinale ao lado daquelas que são particularmente relevantes para você. Você perceberá que os erros se sobrepõem porque todos tratam de diferentes aspectos de superestimação de ameaça e subestimação de segurança durante situações ansiosas. Após ler toda a lista, vá para a página seguinte onde você encontrará um formulário que pode usar para tomar consciência de seus próprios erros de pensamento quando ansioso.

Erro de pensamento	Definição	Exemplos
Catastrofização	Focaliza-se no pior desfecho possível em uma situação ansiosa.	• pensar que aperto no peito é sinal de um ataque cardíaco; • supor que amigos acham que seu comentário é estúpido; • pensar que será despedido(a) por cometer um erro em seu relatório;
Conclusões precipitadas	Espera que um desfecho temido seja extremamente provável.	• esperar rodar na prova quando não tem certeza de uma resposta; • prever que terá um "branco" durante o discurso; • prever que ficará extremamente ansioso(a) se fizer uma viagem;
Visão em túnel	Focaliza-se apenas em possível informação relevante à ameaça enquanto ignora evidência de segurança.	• perceber que uma pessoa parece entediada enquanto você está falando em uma reunião; • perceber uma mancha de urina no chão de um banheiro público por outro lado muito limpo; • pessoa com TEPT de guerra experimentar *flashback* quando assiste a noticiário sobre um conflito regional distante;
Miopia	Tendência a supor que a ameaça é iminente (está muito próxima).	• pessoa com TOC convencer-se de possível contaminação mesmo passando a vários metros de um morador de rua; • indivíduo propenso à preocupação convencer-se de que será despedido algum dia; • pessoa com medo de vomitar ficar preocupado de estar ficando enjoada porque tem uma "sensação de desarranjo";
Raciocínio emocional	Supõe que quanto mais intensa a ansiedade, maior a ameaça real.	• voar deve ser perigoso porque eu fico muito ansioso(a) quando ando de avião; • pessoa com pânico supor que a probabilidade de "perder o controle" é maior quando sente ansiedade intensa; • indivíduo com tendência à preocupação ficar ainda mais convencido de que alguma coisa ruim acontecerá porque ele(a) se sente ansioso(a);
Pensamento tudo-ou-nada	Ameaça e segurança são vistas em termos rígidos, absolutos como presente ou ausente.	• pessoa com dúvidas obsessivas estar sempre preocupada de que o interruptor não está completamente desligado; • pessoa com ansiedade social estar convencida de que seus colegas de trabalho pensarão que ela é incompetente se falar; • pessoa que sofreu um trauma passado estar convencida de que deve evitar qualquer coisa que lembre seu incidente passado.

(continua)

TERAPIA COGNITIVA PARA OS TRANSTORNOS DE ANSIEDADE **177**

APÊNDICE 5.6 (continuação)

IDENTIFICAÇÃO DE ERROS DE PENSAMENTO ANSIOSOS

Nome: _____ Data: _____

Instruções: Com a lista intitulada "Erros e Vieses Comuns na Ansiedade" como referência, use o formulário abaixo para escrever exemplos de seus próprios erros de pensamento que ocorrem quando você se sente ansioso. Focalize-se em como você pensa quando está em situações ansiosas ou antecipando a situação. Também focalize em seus pensamentos apreensivos mais imediatos em vez de em qualquer reconsideração secundária da situação.

Erro de pensamento	Exemplos de meus próprios erros de pensamento ansiosos
Catastrofização	
Conclusões precipitadas	
Visão em túnel	
Miopia	
Raciocínio emocional	
Pensamento tudo-ou-nada	

APÊNDICE 5.7

LISTA DE VERIFICAÇÃO DE RESPOSTAS COMPORTAMENTAIS À ANSIEDADE

Nome: ———————————————————— Data: ——————————

Instruções: Você encontrará abaixo uma lista de verificação das várias formas que as pessoas tendem a responder à ansiedade. Por favor indique com que frequência você utiliza cada resposta *quando você está ansioso(a)*, qual a efetividade da estratégia para reduzir ou eliminar sentimentos ansiosos, e se você acha que a estratégia involuntariamente leva à manutenção de sua ansiedade.

Descrições da Escala: Com que frequência você utiliza essa resposta quando se sente ansioso(a) [0 = nunca, 50 = metade do tempo, 100 = todo o tempo]. Quando você utiliza essa resposta, com que efetividade ela reduz sua ansiedade? [0 = não reduz, 50 = moderadamente efetiva na redução da ansiedade, 100 = elimina completamente minha ansiedade]. Baseado em sua experiência, em que medida você acha que essa resposta contribui para a manutenção de sua ansiedade? [0 = não contribui absolutamente, 50 = dá uma contribuição moderada, 100 = é um fator importante na manutenção de minha ansiedade].

Respostas comportamentais e emocionais	Com que frequência (Escala de 0-100)	Efetivo para reduzir a ansiedade (Escala de 0-100)	Aumenta a manutenção de ansiedade (Escala de 0-100)
1. Tento relaxar fisicamente (p. ex., relaxamento muscular, controle da respiração, etc.)			
2. Evito situações que provocam ansiedade			
3. Abandono a situação sempre que me sinto ansioso(a)			
4. Tomo medicamento prescrito			
5. Busco tranquilização, apoio de cônjuge, família ou amigos			
6. Realizo um ritual compulsivo (p. ex., checa, lava, conta)			
7. Me distraio com atividades			
8. Reprimo meus sentimentos (isto é, contenho meus sentimentos)			
9. Uso álcool, maconha ou outras drogas ilícitas			
10. Fico muito emotivo(a), choroso(a)			
11. Tenho um acesso de raiva			
12. Me torno fisicamente agressivo(a)			
13. Falo ou ajo mais rapidamente de maneira apressada			
14. Fico quieto(a), me afasto dos outros			

(continua)

TERAPIA COGNITIVA PARA OS TRANSTORNOS DE ANSIEDADE **179**

APÊNDICE 5.7 (continuação)

Respostas comportamentais e emocionais	Com que frequência (Escala de 0-100)	Efetivo para reduzir a ansiedade (Escala de 0-100)	Aumenta a manutenção de ansiedade (Escala de 0-100)
15. Busco ajuda médica/profissional (p. ex., liga para o terapeuta ou clínico; vai a uma emergência)			
16. Uso a internet para bater papo com amigo e obter informação			
17. Reduzo o nível de atividade física			
18. Descanso, tiro um cochilo			
19. Tento encontrar solução para o problema que está me provocando ansiedade			
20. Rezo, medito na tentativa de reduzir os sentimentos ansiosos			
21. Fumo um cigarro			
22. Tomo uma xícara de café			
23. Jogo			
24. Inicio atividade prazerosa			
25. Como comida reconfortante (p. ex., lanche calórico favorito)			
26. Procuro algum lugar que me faça sentir seguro(a), não ansioso(a)			
27. Ouço música relaxante			
28. Assisto TV ou vídeos (DVDs)			
29. Faço alguma coisa relaxante (p. ex., tomo um banho morno de banheira ou chuveiro, faço uma massagem)			
30. Procuro uma pessoa que me faça sentir seguro(a), não ansioso(a)			
31. Não faço nada, apenas deixo a ansiedade "se extinguir"			
32. Faço exercício físico (p. ex., vai à academia, corre)			
33. Leio material espiritual, religioso ou meditativo (p. ex., Bíblia, poesia, livros inspiradores)			
34. Vou fazer compras			

APÊNDICE 5.8

FORMULÁRIO A DE AUTOMONITORAMENTO DA PREOCUPAÇÃO

Nome: _____ Data: _____

Instruções: Usando o formulário abaixo, registre se você tem ou não tem quaisquer preocupações associadas com sua ansiedade. Na primeira coluna escreva algumas ocasiões em que você se sente ansioso(a), então avalie a intensidade da ansiedade na escala de 0-100, e então tente lembrar seu primeiro pensamento apreensivo (ansioso) na situação. Você pode voltar ao Formulário de Automonitoramento de Pensamentos Apreensivos se necessitar de ajuda para identificar o pensamento apreensivo. Na última coluna escreva qualquer coisa que o(a) preocupou acerca da situação, bem como quanto tempo a preocupação durou (número de minutos ou horas).

Situação ansiosa (Descreva brevemente e inclua data e hora)	Intensidade da ansiedade (Escala de 0-100)	Primeiro pensamento apreensivo (ansioso)	Conteúdo da preocupação (Há alguma coisa que o(a) preocupa acerca da situação ou dos efeitos da ansiedade? Há alguma consequência negativa que o(a) preocupa? Quanto tempo você ficou preocupado(a)?)
1.			
2.			
3.			
4.			
5.			

APÊNDICE 5.9

LISTA DE VERIFICAÇÃO DE RESPOSTAS COGNITIVAS À ANSIEDADE

Nome: _____ Data: _____

Instruções: Você encontrará abaixo uma lista de verificação das várias maneiras que as pessoas tentam controlar seus pensamentos ansiosos e inquietantes. Por favor indique com que frequência você utiliza cada resposta *quando você está ansioso(a)* e qual a efetividade da estratégia para reduzir ou eliminar pensamentos ansiosos.

Descrições da escala: Com que frequência você utiliza essa resposta quando se sente ansioso(a)? [0 = nunca, 50 = metade do tempo, 100 = todo o tempo]. Quando você utiliza essa estratégia cognitiva, com que efetividade ela reduz ou elimina seus pensamentos ansiosos? [0 = não reduz, 50 = moderadamente efetiva na redução da ansiedade, 100 = elimina completamente minha ansiedade].

Resposta de controle cognitivo ao pensamento ansioso	Com que frequência a estratégia é usada? (Escala de 0-100)	Efetividade na redução de pensamento ansioso (Escala de 0-100)
1. Tento deliberadamente não pensar sobre o que está me deixando ansioso(a) ou preocupado(a).		
2. Digo a mim mesmo(a) que tudo ficará bem e acabará bem.		
3. Tento racionalizar a ansiedade: procuro razões por que minhas preocupações ansiosas poderiam não ser realistas.		
4. Tento me distrair pensando sobre outra coisa qualquer.		
5. Tento substituir o pensamento ansioso por um pensamento mais positivo e animador.		
6. Faço observações críticas ou negativas para mim mesmo(a) sobre ser ansioso(a).		
7. Digo a mim mesmo(a) para simplesmente "parar de pensar" assim.		
8. Penso em uma frase ou oração confortadora.		
9. Rumino sobre o pensamento ansioso ou a preocupação; fico repassando na minha cabeça o que aconteceu no passado ou o que poderia acontecer no futuro.		
10. Quando começo a me sentir ansioso(a) tento reprimir os sentimentos para não parecer nervoso(a) ou perturbado(a).		

FORMULÁRIO DE REAVALIAÇÃO DO ESTADO ANSIOSO

Nome: _____ Data: _____

Instruções: Por favor complete o formulário abaixo para registrar seu ponto de vista quando está se sentindo ansioso(a) e quando não está se sentindo ansioso(a). Quando você estiver ansioso(a), descreva o pior desfecho que você mais teme e avalie sua probabilidade de 0 (nem um pouco provável de acontecer) a 100 (espero absolutamente que ele aconteça). Então, registre quão bem você acha que poderia lidar com a ansiedade e avalie seu nível de confiança em você mesmo(a) de 0 (nenhuma confiança) a 100 (confiança absoluta). Em seguida repita o formulário quando você não estiver se sentindo ansioso(a). Quando você relembra aquelas situações ansiosas, qual é o desfecho esperado e qual é sua capacidade percebida de lidar com sua ansiedade?

Quando ansioso(a)		Quando não ansioso(a)	
Desfecho temido (Descreva o pior desfecho e avalie sua probabilidade de 0-100)	**Capacidade de lidar com a ansiedade** (Descreva a capacidade de enfrentamento e a confiança de 0-100)	**Desfecho esperado** (Descreva o desfecho mais provável e avalie sua probabilidade de 0-100)	**Capacidade de lidar com a ansiedade** (Descreva a capacidade de enfrentamento e a confiança de 0-100)

APÊNDICE 5.11

DIAGRAMA DE CONCEITUALIZAÇÃO COGNITIVA DO CASO DE ANSIEDADE

Nome: ——————————————————————— Data: ——————————

A. INFORMAÇÃO DIAGNÓSTICA ATUAL
[Baseado na ADIS ou no SCID; a duração se refere ao tempo do transtorno atual]
Diagnóstico do Eixo I primário: ————————————— Duração: —————
Diagnóstico do Eixo I secundário: ————————————— Duração: —————
Diagnóstico do Eixo I terciário: ————————————— Duração: —————
Diagnósticos subclínicos adicionais: —————————————————
Número de episódios do diagnóstico primário: —————————————

B. PERFIL DE SINTOMA
Inventário de Ansiedade de Beck, Total: ————— Inventário de Ansiedade de Beck-II, Total: —————
Lista de Verificação de Cognições-Ansiedade: ————— Lista de Verificação de Cognições-Depressão: —————
Escore Total da Escala de Avaliação de Ansiedade de Hamilton *(opcional)*: —————————
Questionário de Preocupação do Estado da Pensilvânia, Total: —————————————
Ansiedade Diária Média Pré-Tratamento *(soma de avaliações durante a semana/7)*: ——————

C. PERFIL DE RESPOSTA AO MEDO IMEDIATA

Análise situacional

Listar gatilhos externos primários   *Listar gatilhos internos/cognitivos primários*

1. —————————————   1. —————————————
2. —————————————   2. —————————————
3. —————————————   3. —————————————
4. —————————————   4. —————————————
5. —————————————   5. —————————————

Primeiros pensamentos/imagens apreensivos

Listar pensamentos/imagens ansiosos automáticos principais
(presentes durante episódios de ansiedade)

1. —————————————————————————————
2. —————————————————————————————
3. —————————————————————————————
4. —————————————————————————————

(continua)

APÊNDICE 5.11 (continuação)

Hiperexcitação fisiológica percebida

Listar sensações/sintomas físicos primários

1.
2.
3.
4.
5.

Interpretações errôneas de sensação/sintoma

1.
2.
3.
4.
5.

↓

Respostas inibitórias/defensivas automáticas

Listar defesas comportamentais primárias

1.
2.
3.
4.

Listar defesas cognitivas primárias

1.
2.
3.
4.

*Marcar com asterisco as defesas com função de busca de segurança.

↓

Erros cognitivos primários
[evidentes durante episódios ansiosos]

Tipo de erro cognitivo

1.
2.
3.
4.
5.

Exemplo real de erro por avaliação do paciente

1.
2.
3.
4.
5.

D. PERFIL DE REAVALIAÇÃO SECUNDÁRIA

Estratégias de enfrentamento comportamentais e emocionais primárias

Descreva brevemente a estratégia de enfrentamento

1.
2.
3.
4.
5.

Efeito percebido na redução da ansiedade

1.
2.
3.
4.
5.

*Marque com asterisco as estratégias de enfrentamento com função de busca de segurança.

↓

(continua)

APÊNDICE 5.11 (continuação)

Sintomas de preocupação primários
Descreva brevemente o conteúdo de preocupação principal durante episódios ansiosos

1. _____
2. _____
3. _____
4. _____
5. _____

Principais estratégias de controle do pensamento

Descreva brevemente a estratégia de controle | Efeito percebido na redução da ansiedade

1. _____ 1. _____
2. _____ 2. _____
3. _____ 3. _____
4. _____ 4. _____
5. _____ 5. _____

Avaliação de ameaça e vulnerabilidade quando ansioso
[resuma brevemente a perspectiva do paciente sobre ameaça e vulnerabilidade quando ansioso]

_____
_____
_____
_____
_____
_____

Reavaliação de ameaça e vulnerabilidade quando não ansioso
[resuma brevemente a perspectiva do paciente sobre ameaça e vulnerabilidade quando ansioso]

_____
_____
_____
_____
_____
_____

APÊNDICE 5.12

RESUMO DE REFERÊNCIA RÁPIDA DO CAPÍTULO 5: AVALIAÇÃO COGNITIVA DA ANSIEDADE

I. **Entrevista diagnóstica** (ADIS-IV ou SCID-IV)

II. **Avaliação do perfil de sintoma Mônica**, estes são pontos de corte da população americana e não da brasileira; talvez fosse interessante mencionar isso
Inventário de Ansiedade de Beck (ponte de corte 10+), Lista de Verificação de Cognições-Subescala de Ansiedade (M = 18,13, DP = 10,06 para diagnóstico primário de transtorno de ansiedade)2, Questionário de Preocupação do Estado da Pensilvânia (ponte de corte 45+), Escala de Sensibilidade à Ansiedade (M = 19,1, DP = 9,11 para não clínico; M = 36,4, DP = 10,3 para transtorno de pânico)3, BDI-II (ponte de corte 14+), Avaliação Diária do Humor (Apêndice 6.1 – Avaliações Diárias de Ansiedade e Registro de Situação); escalas opcionais (HAM-A, DASS, STAI)

III. **Perfil de ativação do medo imediato**
   1. **Análise situacional** (avalie gatilhos ambientais, interoceptivos e cognitivos; use o Apêndice 5.2 – Formulário de Análise Situacional; descrição detalhada, avalie intensidade e duração da ansiedade, respostas de fuga/evitação, sinais ativadores específicos; comece na sessão e então prossiga como automonitoramento).
   2. **Primeiros pensamentos apreensivos** (dê explicação ilustrativa na página 142; pergunte "O que de pior poderia acontecer?", "O que o(a) preocupa acerca da situação?"; use o Apêndice 5.4 – Formulário de Automonitoramento de Pensamentos Apreensivos; começar na sessão).
   3. **Excitação autonômica percebida** (respostas fisiológicas típicas e sua interpretação; use o Apêndice 5.3 – Formulário de Automonitoramento de Sensações Físicas ou o Apêndice 5.5 – Lista de Verificação de Sensações Físicas Estendida para automonitoramento; na sessão e automonitoramento).
   4. **Respostas defensivas automáticas** (sonde para evitação cognitiva automática, busca de reasseguramento, compulsões, luta e fuga imediata, evita contato visual, desmaio, busca de segurança automática, congelamento, etc.; completar na sessão e observação).
   5. **Erros de processamento cognitivo** (dê ao paciente uma lista de erros comuns – Apêndice 5.6, e use Identificação de Erros de Pensamento Ansiosos para descobrir os erros típicos do paciente; completar na sessão).

IV. **Perfil de resposta elaborada secundária**
   1. **Avalie respostas de enfrentamento** (avalie respostas de enfrentamento comportamental e emocional quando ansioso(a); use o Apêndice 5.7 – Lista de Verificação de Respostas Comportamentais à Ansiedade na sessão).
   2. **Avalie a função de busca de segurança de respostas de enfrentamento** (identifique respostas usadas para sugerir um senso de segurança e seus efeitos sobre a ansiedade; completar na sessão).
   3. **Identifique abordagens construtivas, adaptativas à ansiedade** (qualquer evidência de que o paciente tem formas saudáveis de lidar com a ansiedade em outras situações; completar na sessão).
   4. **Avalie o papel da preocupação** (use o Apêndice 5.8 – Formulário A de Automonitoramento da Preocupação para avaliar o conteúdo da preocupação; determine seus efeitos sobre a ansiedade; completar na sessão).
   5. **Identifique estratégias cognitivas de enfrentamento** (use o Apêndice 5.9 – Lista de Verificação de Respostas Cognitivas à Ansiedade para identificar o uso e a efetividade percebida de respostas cognitivas maladaptativas, como supressão do pensamento, busca de reasseguramento, interrupção do pensamento, etc.; completar na sessão).
   6. **Obtenha descrição de reavaliação da ameaça** (use o Apêndice 5.10 – Formulário de Reavaliação do Estado Ansioso para obter avaliações ansiosas e não ansiosas; posteriormente se torna meta do tratamento; completar na sessão)

V. **Formulação Completa de Caso** (use o Apêndice 5.11 – Diagrama de Conceitualização Cognitiva do Caso de Ansiedade)

---

[2] Steer, R. A., Beck, A. T., Clark, D. A., e Beck, J. S. (1994). Psychometric properties of the cognitions checklist with psychiatric out patients and university students. *Psychological Assessment, 6*, 67-70.

[3] Antony, M. M. (2001). Measures for panic disorder and agoraphobia. Em: M. M. Antony, S. M. Orsillo, & L. Roemer (Eds.), *Practitioner's guide to empirically based measures of anxiety* (pp.95-125). New York: Kluwer Academic/Plenum.

6

Intervenções cognitivas para ansiedade

> Coragem não é a ausência de medo,
> mas a capacidade de enfrentá-lo.
> Lt. John B. Putnam Jr. (aviador norte-americano
> de 23 anos morto na Segunda Guerra Mundial)

Pierre é um homem casado de 33 anos com dois filhos em idade pré--escolar que tinha uma história de 15 anos de transtorno de pânico e um único episódio de depressão maior em remissão. O tratamento anterior foi principalmente farmacoterapia que se revelou bastante efetivo na redução de sua depressão, mas teve menos impacto sobre seus sintomas de ansiedade. Pierre estava agora interessado em realizar TCC para ansiedade e sintomas de pânico.

Na primeira consulta, Pierre satisfazia os critérios diagnósticos para transtorno de pânico. Ele relatou pelo menos cinco ataques de pânico completos no mês anterior que incluíram palpitações, sudorese, náusea, falta de ar, ondas de calor, tontura e sensação de cabeça vazia. Náusea era a sensação física inicial que frequentemente precipitava um ataque de pânico. Pierre temia que a náusea o levasse a vomitar. Seu maior medo era perder o controle e vomitar em público. Como resultado ele era hipervigilante para quaisquer sinais de náusea ou desconforto abdominal. Ele descobriu que situações sociais tinham maior probabilidade

de disparar náusea e níveis aumentados de ansiedade e, portanto, tendia a evitar essas situações ou a sair delas tão logo sentisse desconforto abdominal. Devido a sua apreensão acerca de ansiedade e pânico aumentados, Pierre desenvolveu sintomas agorafóbicos limitados a fim de evitar o risco de pânico.

A principal base cognitiva para a ansiedade de Pierre era sua crença de que "sentir náusea ou desconforto abdominal em um local público poderia causar vômito, ou pelo menos intensa ansiedade ou pânico". Sua interpretação catastrófica errônea da náusea não estava relacionada a um medo de vomitar *per se* (ou seja, ele não tinha medo de ficar constrangido por vomitar em público), mas sim que tivesse um ataque de pânico que pudesse causar intenso constrangimento por vomitar em público. Ele podia apenas lembrar um incidente no qual vomitou em resposta a um ataque de pânico grave. Parece que esse incidente pode ter sido causado por um aumento recente em sua medicação. Mais recentemente, havia evidências de que a ansiedade pudesse ser generalizada para outras situações como andar de avião, viajar para longe de casa e dormir.

Pierre desenvolveu uma série de estratégias de enfrentamento para minimizar sua ansiedade. Embora fuga e evitação fossem seu estilo de resposta de busca de segurança dominante, ele monitorava cuidadosamente o que comia e bebia, em um local apinhado sentava-se ao fundo e próximo a uma saída, e sempre carregava seu clonazepam consigo quando saía de casa. A avaliação exagerada da ameaça de Pierre associada a náusea não era aparente em outras áreas de sua vida. Ele foi um jogador de hóquei no gelo ávido que continuou a jogar como goleiro em um time masculino sênior. Portanto, regularmente se colocava na frente do perigo, parando discos e frequentemente causando ferimento ou dor significativa a si mesmo. Isso não o tornava nem um pouco menos ansioso. Em vez disso, era a sensação de náusea ou desconforto abdominal que estava associada a avaliações de ameaça e perigo inaceitáveis.

O foco da terapia de Pierre foi a interpretação catastrófica errônea da náusea. A exposição *in vivo* foi de valor limitado porque Pierre já estava se forçando a situações ansiosas, embora frequentemente saísse delas sempre que ficasse preocupado com a náusea. A exposição interoceptiva não foi utilizada devido à dificuldade em produzir sensações de náusea em um contexto controlado. Em vez disso, a terapia utilizou principalmente estratégias de intervenção cognitivas que visavam à avaliação errônea da náusea de Pierre, sua crença disfuncional de que a náusea levará a pânico e vômito e a crença de que a fuga era o meio mais efetivo de garantir segurança. A educação no modelo de terapia cognitiva do pânico, busca de evidências, geração de interpretações alternativas e teste empírico da hipótese foram as estratégias de intervenção cognitivas

primárias empregadas. Após oito sessões, Pierre relatou uma redução significativa no pânico mesmo com exposição aumentada a situações provocadoras de ansiedade. Os sintomas de ansiedade geral apresentaram alguma melhora, embora em grau menor. A terapia continuou com o foco em outras questões relativas a seu nível geral de ansiedade e sintomas depressivos tais como baixa autoconfiança e pessimismo.

Neste capítulo descrevemos a terapia cognitiva para as avaliações e crenças maladaptativas que contribuem para a manutenção da ansiedade. Começamos com o propósito e objetivos principais subjacentes às intervenções cognitivas. Isso é seguido por uma discussão de como educar o paciente no modelo cognitivo e ensinar habilidades na identificação de pensamentos e avaliações ansiosas automáticas. Então descrevemos o uso da reestruturação cognitiva para modificar avaliações de ameaça e vulnerabilidade exageradas, bem como a necessidade de eliminar respostas de controle de pensamento intencionais. O teste empírico da hipótese é descrito em seguida como a estratégia de intervenção cognitiva mais potente para modificar a cognição ansiosa. O capítulo conclui com uma breve consideração de algumas intervenções cognitivas mais recentes como treinamento atencional, intervenção metacognitiva, reprocessamento em imaginação, *mindfulness* (meditação com atenção plena) e difusão cognitiva que parecem adjuvantes promissores na terapia cognitiva da ansiedade.

OBJETIVOS PRINCIPAIS DAS INTERVENÇÕES COGNITIVAS

As estratégias cognitivas de tratamento resumidas neste capítulo são baseadas no modelo cognitivo de ansiedade descrito no Capítulo 2 (ver Figura 2.1). Elas visam tratar os pensamentos, avaliações e crenças ansiosas ressaltadas na avaliação e conceitualização de caso (ver Capítulo 5). As intervenções cognitivas

TERAPIA COGNITIVA PARA OS TRANSTORNOS DE ANSIEDADE **189**

buscam mudar a perspectiva do paciente de perigo e vulnerabilidade pessoal exagerados para uma perspectiva de mínima ameaça aceitável e capacidade de enfrentamento percebida. As intervenções cognitivas para ansiedade têm seis objetivos principais.

Desviar o foco da ameaça

Um dos primeiros objetivos das intervenções cognitivas é desviar o foco do paciente de uma situação ou estímulo interno ou estímulo interno ou externo como causa de medo e ansiedade. A maioria dos indivíduos com um transtorno de ansiedade entra em terapia acreditando que a causa de sua ansiedade é a situação que desencadeia seus episódios ansiosos. Por exemplo, indivíduos com transtorno de pânico acreditam que ficam ansiosos porque têm uma dor no peito que poderia resultar em um ataque cardíaco, enquanto indivíduos com TAG acreditam que a causa de sua ansiedade é a possibilidade real de vivências de vida negativas no futuro próximo. Como resultado dessa crença, indivíduos ansiosos buscam intervenções que aliviem o que eles consideram ser a fonte da ansiedade. O indivíduo com transtorno de pânico busca eliminar a dor no peito, desse modo removendo a possibilidade de um ataque cardíaco, enquanto o indivíduo com fobia social pode procurar sinais de que não está sendo avaliado negativamente. Uma das primeiras tarefas na terapia cognitiva é guiar os pacientes para um reconhecimento de que os gatilhos situacionais e as possibilidades percebidas de desfechos terríveis não são a causa de sua ansiedade. Isso é realizado por meio de intervenções de reestruturação cognitiva e teste empírico da hipótese que são discutidos abaixo.

É fundamental que o terapeuta cognitivo evite qualquer tentativa de persuadir verbalmente pacientes ansiosos contra a ameaça ansiosa. Essa advertência contra tentar modificar verbalmente o conteúdo da ameaça foi enfatizada por Salkovskis (1985, 1989) para o tratamento de obsessões. Portanto, o terapeuta não deve se envolver em argumentações sobre a possibilidade de ter um ataque cardíaco, sufocar, contaminar os outros com um germe mortal, cometer um erro, ser negativamente avaliado em uma situação social, ser vítima de outra agressão ou experimentar algum desfecho negativo no futuro. Afinal, quaisquer argumentos inteligentes que possam ser planejados pelo terapeuta serão imediatamente rejeitados pelo paciente porque erros acontecem, indivíduo podem se tornar vítimas de doença por contaminação, e mesmo jovens ocasionalmente morrem devido a um ataque cardíaco. A realidade é que a ameaça nunca pode ser eliminada inteiramente. Na melhor das hipóteses, essa argumentação persuasiva apenas significará um reasseguramento que fornece alívio temporário da ansiedade e na pior, o repúdio direto do paciente da efetividade da terapia cognitiva. Portanto, é fundamental para o sucesso da terapia cognitiva que a terapia evite um foco direto no conteúdo da ameaça do paciente.

> **DIRETRIZ PARA O TERAPEUTA 6.1**
> Evite qualquer tentativa de usar persuasão lógica para tratar diretamente o conteúdo da ameaça primário. Tais tentativas prejudicarão a efetividade da terapia cognitiva e resultarão na manutenção do estado ansioso.

Focalizar as avaliações e crenças

A perspectiva cognitiva vê a ansiedade em termos de um sistema de processamento de informação que exagera a probabilidade e gravidade da ameaça, minimiza a capacidade pessoal de enfrentamento e falha em reconhecer aspectos de segurança (ver Rachman, 2006). Um objetivo importante na terapia cognitiva, então, é desviar o foco do paciente do conteúdo da ameaça para como ele avalia a ameaça. Para a terapia cognitiva ser efetiva, o paciente deve aceitar o modelo cognitivo (isto é, a justificativa lógica do tratamento) e que sua ansiedade se origina de seus pensamentos, crenças e avaliações errôneos da ameaça e não do próprio conteúdo da ameaça.

Essa abordagem à ansiedade reconhece que indivíduos com um transtorno de ansiedade frequentemente falham em adotar uma avaliação racional e realista dos perigos relacionados a suas preocupações ansiosas, especialmente durante estados ansiosos. De fato, indivíduos ansiosos frequentemente reconhecem que um perigo é altamente improvável, ou mesmo impossível. Entretanto, o problema é que eles avaliarão mesmo um perigo remoto (1/1.000.000.000) como um risco inaceitável. Portanto, o terapeuta cognitivo deve se focar nos pensamentos, avaliações e crenças sobre a ameaça (p. ex., sensações de náusea) e vulnerabilidade em vez de no conteúdo da ameaça *per se*. A seguir temos uma vinheta clínica que ilustra como essa mudança na orientação terapêutica pode ser conseguida com um indivíduo que apresenta fobia social.

Terapeuta: Examinando seu diário, vejo que você ficou especialmente ansioso em uma reunião que teve com colegas de trabalho na semana passada.

Paciente: Sim, a ansiedade foi realmente intensa. Eu estava muito apavorado que alguém me fizesse uma pergunta.

Terapeuta: O que isso teria de tão ruim?

Paciente: Tenho medo de dizer alguma coisa estúpida e todos pensem que sou um idiota.

Terapeuta: O que você acha que estava lhe deixando tão ansioso em relação à reunião?

Paciente: Bem, eu estava ansioso porque alguém poderia me fazer uma pergunta e então diria alguma coisa estúpida e todos pensariam mal de mim. [foco no conteúdo da ameaça]

Terapeuta: Parece que você certamente teve pensamentos ansiosos como "e se me fizerem uma pergunta" e "e se eu dizer alguma coisa estúpida". Você supõe que outras pessoas que não têm ansiedade social também têm esses mesmos pensamentos de vez em quando?

Paciente: Bem, suponho que elas tenham, mas eu fico muito ansioso e elas não.

Terapeuta: É verdade, essa é uma diferença importante. Mas me pergunto se essa diferença é causada por como você avalia esses pensamentos quando você os tem e como uma pessoa não ansiosa avalia os pensamentos quando ela os tem em relação a uma reunião de trabalho.

Paciente: Não tenho certeza se entendi o que você quer dizer.

Terapeuta: Quando você pensa "alguém poderia me fazer uma pergunta" e "eu poderia dizer alguma coisa estúpida", o quanto você acha que isso é provável e qual você acha que poderia ser a consequência ou desfecho?

Paciente: Quando estou ansioso eu tendo a ficar inteiramente convencido de que vou dizer alguma coisa estúpida e que todos pensarão que eu sou um idiota.

Terapeuta: Então quando tem esses pensamentos ansiosos, você avalia que a probabilidade de que isso aconteça é muito alta ("você dirá alguma coisa estúpida") e que consequências terríveis resultarão ("todos pensarão que eu sou um idiota"). Você supõe que isso poderia ser a fonte de sua ansiedade, que são essas avaliações de alta probabilidade e sérias consequências que estão lhe deixando ansioso? [foco nas avaliações da ameaça]

Paciente: Bem, eu realmente não sei. Eu sempre acho que o que me deixa ansioso é que eu tendo a dizer coisas estúpidas quando estou com outras pessoas.

Terapeuta: Vejamos se podemos descobrir mais sobre isso. Como tarefa de casa, você tem algum amigo íntimo ou familiar a quem você pudesse perguntar se eles já tiveram preocupações sobre dizer alguma coisa estúpida em uma situação pública? Seria interessante descobrir como eles avaliam ou pensam sobre essas situações que resultam em não se sentir ansioso.

Paciente: Sim, posso fazer isso.

Terapeuta: Ótimo! Então vejamos se a forma como avaliamos ou pensamos sobre as situações (p. ex., "provavelmente eu vou dizer alguma coisa estúpida e todos pensarão que eu sou um idiota") é uma causa importante de ansiedade ou não. Se essas avaliações forem importantes, então vamos querer mudá-las como parte de nosso tratamento para ansiedade social.

> **DIRETRIZ PARA O TERAPEUTA 6.2**
> Um elemento fundamental da terapia cognitiva da ansiedade é ensinar os pacientes que a fonte de ansiedade duradoura é suas avaliações tendenciosas da ameaça. O sucesso de outras intervenções cognitivas depende da aceitação do paciente dessa formulação cognitiva ou de processamento de informação da ansiedade.

Modificar o viés de ameaça, de vulnerabilidade e de avaliações e crenças de segurança

Na terapia cognitiva da ansiedade o objetivo principal das intervenções cognitivas é modificar as avaliações de ameaça e vulnerabilidade pessoal superestimadas relacionadas à preocupação ansiosa primária, bem como mudar a perspectiva do paciente sobre os aspectos de segurança da situação. As intervenções cognitivas tendem a se focalizar em quatro elementos fundamentais de cognição errônea.

- *Estimativas de probabilidade*: Qual é a ameaça ou perigo percebido? O paciente está gerando uma estimativa de probabilidade exagerada da ameaça ou perigo?
- *Estimativas de gravidade*: Há uma avaliação tendenciosa da gravidade do desfecho ou consequência percebida da ameaça?
- *Estimativas de vulnerabilidade*: Qual é o nível de vulnerabilidade pessoal percebida quando na situação ansiosa? Em que medida as fraquezas percebidas do paciente são exageradas quando ansioso?
- *Estimativas de segurança*: Que informação de segurança está sendo ignorada ou subvalorizada, resultando em uma estimativa diminuída da segurança percebida na situação ansiosa?

As avaliações de ameaça e vulnerabilidade errôneas são evidentes nos pensamentos ou imagens apreensivos automáticos, nas interpretações errôneas da excitação fisiológica, nos erros cognitivos, nas defesas e estratégias de enfrentamento disfuncionais e nos sintomas de preocupação primários identificados na conceitualização de caso (ver Apêndice 5.11). A Tabela 6.1 ilustra as avaliações típicas que estão associadas aos transtornos de ansiedade.

Uma vez que as avaliações tendenciosas tenham sido bem articuladas na terapia, a meta das intervenções cognitivas é chegar a uma avaliação mais equilibrada e realista da probabilidade e gravidade da ameaça, da capacidade real do indivíduo de lidar com a situação e se é mais realista presumir segurança em vez de perigo. Esta última perspectiva pode apenas ser alcançada ajudando os pacientes a abandonar suas práticas de busca de segurança maladaptativas e a se focalizar nos aspectos da situação ansiosa que denotam segurança. Interpretações como reestruturação cognitiva e teste empírico da hipótese são usados para conseguir essa modificação nos pensamentos, crenças e avaliações ansiosos.

Um foco na modificação de avaliações da ameaça sempre esteve no centro da terapia cognitiva para ansiedade (p. ex., D. M.

TABELA 6.1 Exemplos ilustrativos de avaliações de ameaça, vulnerabilidade, e segurança associadas aos transtornos de ansiedade

Transtornos de ansiedade	Avaliações da probabilidade da ameaça	Avaliações da gravidade da ameaça	Estimativas de vulnerabilidade percebida	Estimativas de segurança tendenciosas
Transtorno de pânico	"Estou tendo dificuldade para respirar; não consigo inspirar ar suficiente."	"E se eu não puder respirar e sufocar até a morte?"	"Eu não posso lidar com esse sentimento de não ser capaz de respirar; é uma experiência aterrorizante."	"Não há ninguém para me ajudar. Eu estou muito longe de um hospital. Eu preciso de mais oxigênio."
Transtorno de ansiedade generalizada	"Eu simplesmente sei que vou me sair mal na entrevista de trabalho."	"Eu vou fazer papel de bobo; os entrevistadores se perguntarão por que eu me candidatei para esse emprego. Eu nunca encontrarei um bom emprego."	"Eu nunca vou bem em entrevistas. Eu fico tão ansioso que perco a concentração e acabo falando um monte de besteiras."	"Os entrevistadores estão apenas procurando uma desculpa para me rejeitar. Além disso eles já decidiram não me contratar antes de começar a entrevista."
Fobia social	"As pessoas estão olhando para mim e percebem que estou tremendo."	"Eles se perguntarão o que está errado comigo; será que ela tem uma doença mental?"	"Eu não posso enfrentar essas situações sociais; fico muito ansioso."	"Eu não consigo esconder minha ansiedade dos outros; como alguém não poderia ver que estou ansioso."
Transtorno obsessivo-compulsivo	"Eu tenho uma sensação terrível de que não desliguei o forno."	"Se eu deixei o forno ligado, isso pode iniciar um incêndio."	"Eu tenho tendência a cometer erros, a ser esquecido, e portanto eu poderia facilmente deixar o forno ligado."	"Eu não tenho uma recordação precisa de tê-lo desligado completamente. Preciso checar e me concentrar muito sobre se o botão está completamente desligado."
Transtorno de estresse pós-traumático	"Tenho que evitar situações que me lembrem do trauma porque terei lembranças intrusivas do que aconteceu comigo."	"Eu me sinto tão impotente, sozinho e apavorado quando tenho esses pensamentos e recordações intrusivas da emboscada. É quase tão ruim como quando eu estava sob o tiroteio."	"Eu tenho que parar de ter esses pensamentos e *flashbacks* intrusivos da emboscada, mas não consigo controlá-los; eles tomaram conta da minha vida."	"O único momento em que consigo esquecer é quando estou bebendo. Não consigo escapar das recordações mesmo quando estou dormindo."

Clark, 1986b; Wells, 1997). Beck e colaboradores (1985, 2005) afirmam que a reestruturação cognitiva ensina os pacientes a substituir perguntas sobre "por que" eles estão se sentindo ansiosos por "como" eles próprios estão provocando o sentimento ansioso (ou seja, avaliações da ameaça). Manuais de tratamento cognitivo-comportamental recentes para os transtornos de ansiedade também têm enfatizado o uso de intervenções cognitivas para modificar as avaliações de ameaça (p. ex., Craske e Barlow, 2006; D. A. Clark, 2004; D. M. Clark, 1997; Rachman, 2003; Rygh e Sanderson, 2004; Taylor, 2006). Além disso, a evidência da literatura experimental social sobre regulação da emoção indica que a reavaliação cognitiva como uma estratégia de enfrentamento está associada com maior emoção positiva, menos emoção negativa e melhor saúde psicológica (John e Gross, 2004). Portanto nossa ênfase na reavaliação de ameaça e vulnerabilidade tem amplo apoio na literatura psicoterapêutica e experimental.

> **DIRETRIZ PARA O TERAPEUTA 6.3**
> O foco principal das intervenções cognitivas é a modificação de estimativas (avaliações) exageradas da probabilidade e gravidade da ameaça bem como de avaliações de vulnerabilidade pessoal e falta de segurança.

Normalizar o medo e a ansiedade

A normalização da ansiedade foi discutida pela primeira vez por Beck e colaboradores (1985) em seu capítulo sobre modificação do componente afetivo da ansiedade. Naquela época a normalização da ansiedade era ressaltada como uma forma de ajudar os pacientes a se tornarem menos absortos em seus sintomas de ansiedade. Há três aspectos da normalização da ansiedade que devem ser considerados.

1. *Normalizar em relação aos outros.* As situações, pensamentos e sensações reais que estão associadas à ansiedade devem ser normalizadas. Indivíduos ansiosos estão frequentemente tão focados em suas próprias experiências de ansiedade que não conseguem reconhecer que esses fenômenos são quase universais. Por exemplo, com que frequência as pessoas experimentam dor no peito ou falta de ar, uma preocupação de que elas deram uma má impressão aos outros, dúvida sobre suas ações ou decisões, incerteza sobre a possibilidade de algum acidente ou futura calamidade ou recordações sobre alguma experiência assustadora? O terapeuta pode pedir que os pacientes considerem a "normalidade da ameaça" e possivelmente mesmo coletem dados sobre se indivíduos não ansiosos alguma vez vivenciaram a ameaça ansiosa. O propósito desse exercício é desviar o foco dos indivíduos do conteúdo da ameaça como fonte de sua ansiedade para sua avaliação da ameaça como o principal contribuinte para seu estado ansioso.

2. *Normalizar em relação a experiências passadas.* O terapeuta deve explorar a experiência passada dos pacientes com as situações, pensamentos ou sensações que agora disparam sua ansiedade. "Houve um tempo em que ter um aperto no peito realmente não o incomodava?", "Você sempre foi tão preocupado com o que os outros pensam de você?", "Houve um tempo em que a preocupação com germes não era uma coisa tão importante na sua vida?". Ao indagar sobre seu passado, os pacientes lembrarão de um tempo em que eles lidavam muito melhor com a ameaça percebida. Mais uma vez isto desvia o foco de "Eu sou uma pessoa ansiosa" para "O que estou fazendo agora que tornou minha ansiedade tão pior?".

3. *Normalizar em relação a situações.* Ao avaliar as situações que disparam a ansiedade, o terapeuta cognitivo também pode identificar outras situações que disparam os mesmos pensamentos ou sensações, mas que não levam a um episódio ansioso. Por exemplo, ao trabalhar com transtorno de pânico muitas vezes é útil indagar se o paciente experimenta

sensações físicas ao se exercitar ou realizar atividade vigorosa, mas não se sente ansioso. Na verdade, os pacientes poderiam ser instruídos a se exercitar como um experimento comportamental para ressaltar suas diferentes avaliações de sensações físicas (ver discussão no próximo capítulo). Este tipo de normalização ressalta a natureza situacional da ansiedade e mais uma vez enfatiza a capacidade do paciente de lidar com gatilhos relacionados à ansiedade quando eles ocorrem em situações não ansiosas. Ele também reforça a perspectiva cognitiva de que a ansiedade origina-se mais das avaliações do que dos estímulos reais que disparam a ansiedade. (p. ex., Quando você está se exercitando e sente um aperto no peito, você atribui isso ao esforço físico. Você espera ficar tenso enquanto se exercita. Mas quando você sente um aperto no peito espontâneo, você atribui isso a um possível ataque cardíaco iminente. Você diz a si mesmo que alguma coisa está errada, que isso não deveria estar acontecendo. Então quando você se exercita, interpreta o aperto no peito de uma forma que não resulta em ansiedade, enquanto quando o aperto no peito surge inesperadamente, você interpreta as sensações de outra forma que leva a ansiedade, mesmo a pânico.)

A normalização do medo e da ansiedade é um objetivo importante na terapia cognitiva da ansiedade. Ela não apenas reforça o foco sobre avaliações da ameaça como a fonte de ansiedade, mas produz uma atitude mais otimista em relação a superar a ansiedade. Os pacientes são lembrados de que com muita frequência reagem à ameaça de uma maneira não-ansiosa, mesmo corajosa. Como Rachman (2006, p. 7) observou recentemente, "Em determinadas circunstâncias virtualmente todo mundo, incluindo pacientes sofrendo de transtornos de ansiedade, podem comportar-se corajosamente". Na terapia cognitiva lembramos os pacientes de que eles frequentemente "desligam o programa do medo" em uma variedade de situações não relacionadas a seu transtorno de ansiedade. O objetivo do tratamento, então, é construir suas próprias capacidades naturais de superar o medo e aplicar esses recursos ao transtorno de ansiedade.

DIRETRIZ PARA O TERAPEUTA 6.4

A normalização do medo e da ansiedade, um elemento importante da terapia cognitiva, é alcançada enfatizando a universalidade da ameaça, as experiências passadas do paciente com sinais ansiosos e a natureza situacional ou variável dos gatilhos ansiosos.

Fortalecer a eficácia pessoal

Na terapia cognitiva, as intervenções terapêuticas não se focam apenas em modificar avaliações de ameaça errôneas, mas também em corrigir crenças errôneas sobre vulnerabilidade pessoal e incapacidade percebida de lidar com as próprias preocupações ansiosas. O terapeuta cognitivo pode construir a perspectiva de vulnerabilidade do paciente a partir dos primeiros pensamentos apreensivos, respostas defensivas automáticas, estratégias de enfrentamento e preocupações identificadas na conceitualização cognitiva de caso. Um tema importante que ocorre durante todo o curso do tratamento é "Você é mais forte do que pensa" quando se trata de lidar com as preocupações ansiosas. Construir um maior senso de autoeficácia (ver Bandura, 1977, 1989) estruturando as vivências e enfatizando a informação que reforça o controle e domínio percebidos da ameaça relacionada a ansiedade são elementos críticos na terapia cognitiva da ansiedade que ajudarão os pacientes a anular a ativação do esquema de ameaça.

Durante os exercícios de reestruturação cognitiva e teste empírico da hipótese o terapeuta cognitivo enfatiza a diferença entre uma estimativa de vulnerabilidade inicial e o desfecho real relacionado a uma situação ansiosa. O objetivo é ensinar os pacientes como seus pensamentos e crenças iniciais sobre vulnerabilidade são uma representação falha da realidade que os tornam mais ansiosos e contribui para respostas de evitação e enfrentamento ineficaz. A seguinte vinheta clínica ilustra como a vulnerabilidade percebida pode ser contestada com um paciente que apresenta ansiedade generalizada.

Paciente: Estou preocupada há alguns dias com a visita da minha filha. Estou tão preocupada com que tudo saia bem. Você sabe que eu não a vejo há muito tempo. Quando ela saiu de casa, alguns anos atrás, tivemos uma grande discussão. Naquela época ela jurou que nunca mais voltaria para casa.

Terapeuta: O que de pior poderia acontecer na visita dela?

Paciente: Bem, ela poderia trazer o passado à baila e então teríamos uma tremenda discussão. Ela poderia então ir embora com raiva e nunca mais voltar.

Terapeuta: Isso certamente seria um desfecho terrível para você. Eu sei o quanto você realmente ama sua filha.

Paciente: É, tenho tentado pensar em como posso evitar uma discussão.

Terapeuta: E a que conclusão você chegou?

Paciente: Basicamente nenhuma. Toda vez que tento visualizar como será e o que farei se ela trouxer o passado à baila, tudo que posso ver é raiva, gritaria, e ela batendo a porta e saindo de casa. [avaliações e crenças de autoeficácia baixas]

Terapeuta: Parece que você se sente muito impotente. Quando você pensa dessa maneira o que acontece com sua ansiedade e preocupação?

Paciente: Eu simplesmente acabo me sentindo mais ansiosa e preocupada com a visita.

Terapeuta: Então um efeito de pensar que você é incapaz de lidar com a situação é que sua ansiedade e preocupação aumentam. Como você acha que tudo isso afetará suas interações com sua filha?

Paciente: Eu não acho que isso esteja me ajudando de maneira positiva. Eu acabo me sentindo tão apavorada e confusa, provavelmente terminarei deixando escapar algum comentário estúpido quando ela estiver comigo que apenas tornarei as coisas piores.

Terapeuta: Certo, deixe-me resumir. Você descreveu preocupações sobre a visita de sua filha no próximo fim de semana. Um dos temas em sua preocupação é "Sou incapaz de evitar um conflito" e essa incapacidade faz você se sentir mais ansiosa e menos preparada para a visita de sua filha. Mas me pergunto se você é tão incapaz quanto pensa. Se você é tão fraca para lidar com confrontação ou com a raiva de sua filha quanto você pensa. Eu gostaria de sugerir algumas coisas. Primeiro, vamos revisar algumas de suas experiências passadas com pessoas que são irritadas ou confrontativas e ver como você lidou com elas. Você é tão incapaz de lidar com essas situações quanto pensa? Segundo, vamos adotar uma abordagem de solução de problema e escrever, talvez mesmo dramatizar, algumas estratégias que você poderia usar com sua filha quando ela visitar. [A intervenção terapêutica busca comparar a autoeficácia prevista do paciente com desfechos reais no passado a fim de ressaltar a discrepância e o exagero da baixa percepção de autoeficácia.]

Paciente: Parece uma boa ideia. Estou realmente preocupada com essa visita.

DIRETRIZ PARA O TERAPEUTA 6.5

O terapeuta foca em corrigir a baixa autoeficácia percebida para ansiedade salientando como uma discrepância entre capacidade prevista e desfechos passados reais contribui para a ansiedade. Além disso, o terapeuta adota uma abordagem de solução de problema para expandir o repertório clínico do paciente de recursos de enfrentamento adaptativos e para promover experiências positivas para aumentar a autoeficácia.

Abordagem adaptativa à segurança

No Capítulo 3 revisamos a pesquisa clínica indicando que pensamentos, crenças e comportamentos de busca de segurança são contribuintes importantes para a ansiedade. Consequentemente, lidar com questões de busca de segurança é um tema importante na TC para ansiedade. Três aspectos da busca de segurança devem ser considerados no tratamento.

Avaliações de risco errôneas

Salkovskis (1996a) observou que a avaliação da ameaça que leva à busca de segurança é um equilíbrio entre a probabilidade e gravidade percebidas da ameaça, por um lado, e capacidade de enfrentamento e fatores de resgate percebidos, por outro. Kozak, Foa e McCarthy (1988) comentaram que no TOC o perigo é pressuposto a menos que haja evidência de completa segurança enquanto o ponto de vista oposto prevalece em estados não ansiosos nos quais a segurança é pressuposta a menos que haja evidência válida de perigo. O indivíduo com transtorno de pânico pode achar o aumento nos batimentos cardíacos muito perigoso ou o indivíduo com TOC poderia estar convencido de que qualquer sujeira observável é um prenún-

cio de doença e destruição. Essa estratégia confirmará o medo do paciente enquanto a desconfirmação da evidência de segurança é ignorada.

Um objetivo importante da terapia cognitiva é investigar com os pacientes se eles mantêm avaliações e suposições errôneas sobre risco. O que, então, "constitui um nível aceitável de risco?", "Podemos eliminar toda possibilidade de risco?", "Que efeitos isso tem sobre a vida de uma pessoa?", "Pessoas não ansiosas vivem com risco?", "Você teve sucesso em eliminar todos os riscos e o que isso lhe custou?". Essas são perguntas que o terapeuta cognitivo explora com os pacientes ao revisar seus diários de automonitoramento na tentativa de corrigir avaliações de risco maladaptativas.

Aumentar o processamento de busca de segurança

Há muitos aspectos de situações ansiosas que sinalizam mais segurança do que ameaça, mas o indivíduo ansioso frequentemente ignora essa informação. Ao revisar as prescrições de tarefa de casa, pode-se perceber elementos de segurança que o paciente pode ter ignorado ou minimizado. Além disso, pacientes ansiosos podem ser instruídos a registrar intencionalmente qualquer informação de segurança transmitida em uma situação ansiosa. Essa informação de segurança pode ser comparada com a informação de ameaça a fim de gerar uma reavaliação mais realista da magnitude do risco associado com uma situação em particular. Durante todo o tratamento o terapeuta cognitivo deve estar vigilante para vieses que minimizam a segurança e maximizam a ameaça, desse modo resultando em um viés de processamento de informação orientado à ameaça.

Comportamento disfuncional de evitação e busca de segurança

Um objetivo importante na terapia cognitiva para ansiedade é a identificação e subsequente correção do comportamento maladaptativo de evitação e busca de segurança que contribui para a manutenção da ansiedade. Conforme observado na conceitualização cognitiva de caso, essas estratégias de busca de segurança podem ser de natureza cognitiva ou comportamental. Por exemplo, pacientes com transtorno de pânico poderiam usar o controle da respiração sempre que sentirem falta de ar, a fim de evitar um ataque de pânico, ou o indivíduo com ansiedade social pode evitar contato visual em interações sociais.

Frequentemente, as respostas de busca de segurança foram construídas durante muitos anos e podem ocorrer de modo bastante automático. Nesses casos não se pode esperar que o paciente cesse imediatamente o comportamento de busca de segurança. Em vez disso, o terapeuta cognitivo deve contestar a busca de segurança gradualmente, primeiro trabalhando com o paciente para entender o papel desse comportamento na manutenção da ansiedade. Uma vez que o paciente reconheça seus efeitos prejudiciais, então o enfrentamento maladaptativo pode ser gradualmente interrompido e substituído por estratégias adaptativas mais positivas. É provável que esse processo precise ser repetido inúmeras vezes para pacientes ansiosos com respostas múltiplas de evitação e busca de segurança.

DIRETRIZ PARA O TERAPEUTA 6.6

O profissional deve abordar as avaliações de risco errôneas, o processamento inibido de sinais de segurança e as respostas maladaptativas de evitação e busca de segurança durante todo o curso da terapia cognitiva dos transtornos de ansiedade. Interrompa gradualmente as respostas maladaptativas de busca de segurança e as substitua por estratégias alternativas, mais adaptativas durante um período de tempo prolongado.

ESTRATÉGIAS DE INTERVENÇÃO COGNITIVA

Nesta seção apresentamos as estratégias terapêuticas atuais que podem ser usadas para alcançar os principais objetivos da terapia cognitiva para ansiedade. Naturalmente, essas estratégias de intervenção serão modificadas quando usadas com os transtornos de ansiedade específicos discutidos na terceira parte deste livro.

Educando o paciente

A educação dos pacientes sempre desempenhou um papel central na terapia cognitiva (Beck et al., 1979, 1985, 2005). Hoje ela continua a ser enfatizada em praticamente toda terapia cognitiva e todo manual de tratamento cognitivo-comportamental (p. ex., J. S. Beck, 1995; D. A. Clark, 2004; D. M. Clark, 1997; Craske e Barlow, 2006; Rygh e Sanderson, 2004; Rachman, 1998, 2003, 2006; Taylor, 2006; Wells, 1997). O componente didático do tratamento pode não apenas melhorar a adesão ao tratamento, mas também pode contribuir diretamente para a correção de crenças errôneas sobre medo e ansiedade (Rachman, 2006).

Há três aspectos da educação do paciente que são importantes na terapia cognitiva para ansiedade. Primeiro, os indivíduos frequentemente têm concepções errôneas sobre ansiedade e, portanto, uma discussão sobre o medo e a ansiedade deve acontecer com relação às vivências pessoais do paciente. Segundo, uma explicação cognitiva para a manutenção da ansiedade deve ser fornecida de maneira que os pacientes possam facilmente entender e aplicar à própria situação. Terceiro, a justificativa lógica do tratamento cognitivo deve ser esclarecida a fim de que os pacientes colaborem totalmente no processo de tratamento. Em nossa experiência, pacientes que interrompem a terapia dentro das primeiras três a quatro sessões frequentemente o fazem porque não foram educados no modelo cognitivo ou não aceitaram essa explicação para sua ansiedade. De qualquer maneira, a educação do paciente começa na primeira sessão e será um ingrediente terapêutico importante nas sessões iniciais.

A Tabela 6.2 apresenta os temas principais que devem ser tratados ao educar o

TABELA 6.2 Elementos principais da educação do paciente sobre o modelo cognitivo e o tratamento da ansiedade

Temas enfatizados ao educar o paciente

- Definição de ansiedade e o papel do medo
- A natureza universal e adaptativa do medo
- Explicação cognitiva para ativação inadequada do programa de ansiedade
- Consequências da ativação inadequada da ansiedade
- Fuga, evitação e outras tentativas de controlar a ansiedade
- Meta do tratamento: desligar o programa de ansiedade
- Estratégias de tratamento usadas para desativar o programa de ansiedade
- O papel de outras abordagens à redução da ansiedade (p. ex., medicamentos, relaxamento, fitoterápicos)

paciente sobre a abordagem cognitiva à ansiedade. Discutimos brevemente como o terapeuta pode comunicar essa informação aos pacientes de uma maneira compreensível.

Definindo ansiedade e medo

Deve ser fornecida aos pacientes uma definição operacional do que quer dizer medo e ansiedade de um ponto de vista cognitivo. Baseado nas definições do Capítulo 1, *medo pode ser descrito como ameaça ou perigo percebido a nossa segurança ou estabilidade.* Pode-se pedir que os pacientes forneçam exemplos de quando eles sentiram medo e qual foi o perigo percebido que caracterizou o medo (p. ex., acidente próximo, espera por resultados de exames médicos, ameaça de violência ou agressão). Deve ser salientado que mesmo pensar sobre ou imaginar o cenário mais negro pode induzir medo. Mais uma vez, exemplos de medos imaginados poderiam ser discutidos. Da mesma maneira ansiedade pode ser descrita *como um sentimento prolongado, mais complexo de inquietação ou apreensão envolvendo sentimentos, pensamentos e comportamentos que*

ocorrem quando nossos interesses vitais são ameaçados. Enquanto o medo é geralmente momentâneo, a ansiedade pode durar horas, talvez dias. Dada a natureza ubíqua de computadores e tecnologia da informação na sociedade moderna, a maioria das pessoas entenderá facilmente se a ansiedade for descrita como análoga a *"um programa de computador que liga sozinho, toma conta do sistema operacional e não parará até que seja desativado ou desligado".* Durante todo o tratamento, achamos útil nos referirmos a "ativação e desativação do programa de medo" e a importância de "desligar o programa de medo" a fim de eliminar a ansiedade. O terapeuta deve pedir ao paciente exemplos pessoais de medo e ansiedade a fim de reforçar um total entendimento dos conceitos. Isso garantirá que paciente e terapeuta tenham uma linguagem comum ao conversar sobre experiências de ansiedade.

Valor adaptativo do medo

A maioria dos indivíduos que apresentam um transtorno de ansiedade esqueceu o papel importante que o medo desempenha em nossa sobrevivência. O terapeuta deve discutir a natureza universal do medo e sua função de sobrevivência. Os pacientes podem ser indagados sobre ocasiões em que ter medo "salvou suas vidas" mobilizando-os para lidar com uma ameaça ou perigo potencial. Beck e colaboradores (1985, 2005) observaram que frequentemente é útil discutir com os pacientes a resposta de "luta ou fuga" que caracteriza o medo.

Da mesma forma, níveis leves a moderados de ansiedade subjetiva (nervosismo) podem ser adaptativos se não forem muito intensos ou prolongados. Ficar nervoso sobre uma prova ou entrevista de trabalho iminente poderia motivar uma pessoa a se preparar melhor. Os atores reconhecem que algum grau de nervosismo é tanto esperado quanto benéfico antes de subir ao palco. Mais uma vez, o terapeuta pode solicitar vivências passadas do paciente quando a ansiedade foi na verdade funcional.

A razão para incluir uma discussão da função positiva e valor adaptativo do medo e da ansiedade é enfatizar que esses estados não são anormais. O problema nos transtornos de ansiedade não é a experiência de medo ou ansiedade, mas o fato de que o programa de medo é inadequadamente ativado ou ligado. Portanto, o objetivo da terapia não é eliminar toda ansiedade, mas, antes, reduzir a ansiedade que é inadequada ou maladaptativa. Outra razão para enfatizar o valor de sobrevivência do medo é normalizar a ansiedade do paciente para que ele possa vê-la como um exagero ou aplicação errônea de emoções normais. Isso deve favorecer um grande senso de esperança e otimismo no tratamento uma vez que eles não são tão diferentes das "pessoas normais" quanto podem ter pensado.

Explicação cognitiva para ativação inadequada da ansiedade

A discussão precedente sobre a normalidade do medo e da ansiedade naturalmente levará à questão de por que a ansiedade do paciente é tão mais intensa, duradoura e disparada por coisas que não incomodam a maioria das pessoas. Esse é o ponto crucial da fase educacional porque é criticamente importante para o sucesso da terapia que os pacientes percebam que suas avaliações da ameaça são os principais determinantes de sua ansiedade clínica. Uma cópia da Figura 6.1 pode ser dada aos pacientes a fim de facilitar uma explicação do modelo cognitivo de ansiedade.

A educação no modelo cognitivo ocorrerá após a avaliação para que o terapeuta possa recorrer à conceituação cognitiva de caso para obter exemplos das respostas típicas do paciente quando ansioso. O terapeuta deve repassar cada passo da Figura 6.1 e obter do paciente exemplos de situações típicas, pensamentos automáticos, sintomas ansiosos, busca por segurança e evitação, preocupação com ansiedade e impotência e tentativas fracassadas de controlar a ansiedade. Essas experiências poderiam ser escritas na Figura 6.1 como um registro para o paciente sobre como o modelo cognitivo explica a ativação do medo inadequada e a manutenção de sua ansiedade clínica. Quaisquer questões ou dúvidas relativas à aplicabilidade da explicação cognitiva para a ansiedade do paciente devem ser abordadas usando a descoberta guiada na qual o terapeuta questiona o paciente de maneira a encorajá-lo(a) a reavaliar suas dúvidas sobre a explicação cognitiva (Beck et al., 1979). Na maioria dos casos, é útil prescrever uma tarefa de casa, tal como pedir para a pessoa preencher a Figura 6.1 imediatamente após um episódio de ansiedade. Isso ajudará a consolidar um melhor entendimento e aceitação de uma explicação cognitiva para o estado de ansiedade clínica.

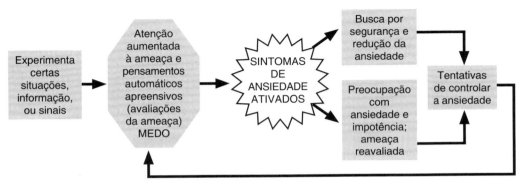

FIGURA 6.1

Diagrama do modelo cognitivo de ansiedade para uso com os pacientes.

Consequências da ansiedade inadequada

A maioria dos indivíduos com um transtorno de ansiedade está bem familiarizada com as consequências negativas de sua ansiedade. Entretanto, é importante discutir as consequências porque ter "medo da ansiedade" é um aspecto proeminente da ansiedade clínica (Beck et al., 1985, 2005; D. M. Clark, 1986b). O terapeuta pode explorar com o paciente se ficar "ansioso por estar ansioso" poderia na verdade intensificar o transtorno clínico tornando uma pessoa mais sensível ou vigilante para quaisquer sinais de ansiedade (ver última fase na Figura 6.1)

É importante discutir como a ansiedade é manifestada nos três sistemas de resposta principais: o fisiológico, o comportamental e o cognitivo. Isso deve ser discutido em relação à própria experiência de ansiedade do paciente. Craske e Barlow (2006) fornecem uma explicação muito útil dos três componentes da ansiedade em seu livro de autoajuda para preocupações intitulado *Mastery of your anxiety and worry* (Domine a sua ansiedade e medo). Eles observam que um melhor entendimento dos componentes físico, cognitivo e comportamental da ansiedade ajuda a reduzir o mistério e a incontrolabilidade da ansiedade e fornece uma estrutura para aprender formas de reduzir a ansiedade.

Alguma discussão das consequências mais amplas de ter ansiedade deve ser incorporada à educação do paciente. Que efeito a ansiedade tem na vida diária do paciente no trabalho, em casa e no lazer? Há restrições ou limitações impostas ao que os indivíduos podem fazer ou a onde eles podem ir? O impacto negativo mais amplo da ansiedade precisa ser enfatizado a fim de encorajar o compromisso do paciente com o processo terapêutico ajudando os indivíduos a pensar em termos dos custos e benefícios da mudança. Ponderar sobre a "carga pessoal da ansiedade" também pode ajudar no estabelecimento de metas do tratamento.

O papel da evitação e da busca de segurança

É útil perguntar aos pacientes qual eles acham que é a forma mais efetiva de reduzir a ansiedade. Embora uma variedade de respostas possa ser dada, deve ser enfatizado que fuga e evitação (ou realização de um ritual compulsivo no TOC) garantem a redução mais rápida na ansiedade. O terapeuta e o paciente podem discutir uma série de exemplos potencialmente fatais onde fuga e evitação realmente garantem a sobrevivência do indivíduo. Exemplos podem ser dados de animais (p. ex., os animais de estimação do paciente) que automaticamente fogem ou evitam perigo percebido. Deve ser enfatizado que fuga e evitação são respostas naturais à percepção de ameaça e perigo.

Uma discussão do caráter natural e automático de fuga e evitação deve levar a uma consideração de suas consequências negativas e como fuga e evitação contribuem para a manutenção da ansiedade. Em seu livro de autoajuda sobre pânico intitulado *10 simple solutions to panic* (10 soluções simples para o pânico), Antony e McCabe (2004) citam quatro desvantagens da fuga/evitação:

- Ela impede o aprendizado de que situações são seguras, não perigosas ou ameaçadoras (isto é, fracasso em desconfirmar avaliações e crenças errôneas de ameaça).
- O alívio subjetivo associado com fuga/evitação reforça esse comportamento em futuros episódios de ansiedade.
- Ceder à fuga/evitação aumentará a sensação de culpa e desapontamento do indivíduo e uma perda de autoconfiança.
- O alívio imediato associado com fuga/evitação aumenta a sensibilidade do indivíduo a sinais de ameaça de modo que no longo prazo ela manterá ou mesmo aumentará o medo e a ansiedade.

Durante toda essa discussão dos efeitos negativos da fuga/evitação, o terapeuta deve solicitar exemplos pessoais e questionar o paciente sobre quaisquer consequências adversas percebidas da fuga/evitação continuada. Ao educar o paciente sobre o papel da fuga/evitação na ansiedade, o terapeuta busca aumentar a consciência de que a eliminação dessa estratégia de controle é fundamental para o sucesso do tratamento. A educação também preparará o terreno para a introdução de exposição prolongada à ameaça como o remédio óbvio para essa estratégia defensiva maladaptativa (um fato que a maioria dos indivíduos com ansiedade tem maior relutância em aceitar).

O terapeuta também deve explorar com os pacientes quaisquer comportamentos de busca de segurança disfuncionais que podem ser usados para aliviar sentimentos ansiosos. Os pacientes carregam medicamento ansiolítico todo o tempo para o caso de serem necessários? Eles apenas se aventuram a ir a certos lugares quando acompanhados por um amigo íntimo ou um familiar? Há outras formas mais sutis de busca de segurança tais como se segurar em corrimões quando se sente tonto ou automaticamente se sentar quando se sente fraco? Após os exemplos de busca de segurança serem obtidos, o terapeuta deve discutir como essa forma de enfrentamento da ansiedade poderia contribuir para sua manutenção porque:

- Ela impede o aprendizado de que seus medos (ameaças percebidas) não têm fundamento (Salkovskis, 1996a).
- Ela cria uma falsa sensação de segurança (p. ex., o indivíduo com transtorno de pânico desenvolve a crença maladaptativa de que a companhia de um amigo íntimo de alguma forma reduz o risco de palpitações cardíacas e de um ataque cardíaco).

Mais uma vez o propósito de educar os pacientes sobre o papel de respostas de busca de segurança é aumentar sua aceitação de que a redução desse comportamento é uma meta importante do tratamento.

Objetivo do tratamento

De acordo com nossa metáfora do medo como "um programa de computador", o terapeuta

introduz a justificativa lógica do tratamento explicando a meta da terapia cognitiva em termos de "desativação ou desligamento" do programa do medo pelo envolvimento deliberado e intencional em atividades que "anularão" ou "neutralizarão" o medo e a ansiedade. O terapeuta deve recorrer à Figura 6.1 e indicar que o programa do medo pode ser desativado pela intervenção em todos os diferentes passos que contribuem para a manutenção dos sintomas ansiosos. Os pacientes poderiam fornecer exemplos de seu próprio sucesso em deliberadamente superar um medo inicial. Também é importante questionar o paciente sobre as expectativas do tratamento a fim de evocar quaisquer concepções errôneas que poderiam prejudicar o sucesso da terapia cognitiva.

Há uma série de concepções errôneas comuns sobre o tratamento que poderiam ter de ser abordadas. Primeiro, o tratamento não pode parar o medo permanentemente. O objetivo não é eliminar a ansiedade totalmente (como se isso fosse possível), mas ajudar os pacientes a desenvolver formas efetivas de anular o programa do medo quando ele é inadequadamente ativado. Segundo, a vivência de ansiedade parecerá mais natural, enquanto os esforços para reduzir a ansiedade parecerão muito mais difíceis. Isso porque a primeira é uma resposta automática à ameaça percebida e os últimos requerem uma resposta muito mais deliberada, forçada. Isso não significa que respostas intencionais à ansiedade não sejam suficientemente poderosas para desativar o medo e reduzir a ansiedade. O que isso significa é que vivências repetidas com essas respostas forçadas serão necessárias a fim de melhorar sua eficácia e efetividade. Terceiro, o objetivo da terapia cognitiva não é ensinar às pessoas formas mais efetivas de "controlar sua ansiedade." Antes, a terapia cognitiva se foca em ajudar os indivíduos a desenvolver uma "atitude mais acolhedora" em relação à ansiedade em vez de uma "atitude combativa" (ou seja, controladora). Quando pensamentos como "Eu não posso deixar esses sentimentos ansiosos continuarem" são substituídos por "Eu posso me permitir sentir ansioso porque eu sei que estou exagerando a ameaça e o perigo", então a intensidade e manutenção da ansiedade são enormemente diminuídas (Beck et al., 1985, 2005).

Estratégias de tratamento

Os pacientes devem receber uma descrição breve e a justificativa lógica das estratégias de intervenção que serão usadas para "desligar" o programa do medo e diminuir seus sentimentos ansiosos. O terapeuta deve explicar que um maior entendimento da própria ansiedade por meio de educação e o automonitoramento de episódios ansiosos são intervenções importantes na terapia cognitiva da ansiedade. Esses componentes do tratamento ajudam a neutralizar a natureza inesperada e imprevisível da ansiedade.

O terapeuta explica que uma segunda classe de intervenção de terapia cognitiva se foca diretamente em mudar pensamentos e crenças ansiosos. Isso é realizado ensinando o paciente a questionar criticamente se os pensamentos apreensivos iniciais são uma avaliação correta da situação e então substituir essas interpretações ansiosas por uma forma de pensar mais realista. Experimentos comportamentais específicos são planejados para ajudar o paciente a desenvolver uma forma de pensar menos ansiosa. O terapeuta deve enfatizar que desenvolver novas formas de pensar sobre suas preocupações ansiosas é uma parte importante do tratamento porque visa diretamente os pensamentos apreensivos automáticos que dão origem aos sintomas ansiosos (consulte a Figura 6.1).

Uma terceira categoria de intervenções de terapia cognitiva trata das respostas comportamentais e estratégias de enfrentamento que podem contribuir para a manutenção da ansiedade. Fuga, evitação, comportamento de busca de segurança, e outras respostas cognitivas e comportamentais empregadas pelos pacientes na tentativa de controlar sua ansiedade são o foco da mudança. Formas alternativas de responder

à ansiedade são introduzidas e os pacientes são encorajados a avaliar a utilidade dessas abordagens por meio do uso de exercícios comportamentais.

Um ingrediente final da terapia cognitiva para ansiedade envolve exposição gradual e repetida a situações provocadoras de ansiedade e uma interrupção gradual de fuga, evitação, busca de segurança e outras formas de respostas neutralizantes (p. ex., rituais compulsivos no TOC). Ao introduzir o conceito de exposição ao medo, deve-se perceber que isso pode ser aterrorizante para indivíduos ansiosos. Muitos pacientes ansiosos se recusam a continuar com o tratamento à simples menção de exposição porque não podem se imaginar lidando com a ansiedade intensa que esperam vivenciar em situações altamente temíveis. Para neutralizar as expectativas negativas do paciente, o terapeuta deve enfatizar que a exposição a situações de medo é a intervenção mais potente para alcançar uma redução do medo duradoura. Exercícios de exposição serão introduzidos posteriormente na terapia de uma forma muito gradual começando com experiências com um nível de ansiedade baixo a moderado a fim de evocar as cognições centrais subjacentes aos sentimentos ansiosos. Todas as prescrições serão discutidas de forma colaborativa com o paciente tendo a palavra final sobre o que é esperado em qualquer ponto na terapia. O terapeuta também deve tranquilizar os pacientes de que uma tarefa de exposição que parece muito difícil sempre pode ser dividida ou modificada para reduzir o nível de ansiedade. Finalmente, o terapeuta deve explicar os benefícios da exposição a situações ansiosas. Ela reduz a ansiedade fornecendo evidência contra cognições e crenças "quentes" relacionadas à ameaça, reforça a autoconfiança e dá a oportunidade de praticar formas mais adaptativas de lidar com a ansiedade.

Outras abordagens à ansiedade

Frequentemente, os pacientes indagarão se medicamento, meditação, fitoterápicos, etc., podem ser usados durante o tratamento de terapia cognitiva para ansiedade. Entretanto, essas abordagens são um pouco contraproducentes para a terapia cognitiva porque elas enfatizam a redução e evitação de sintomas ansiosos em curto prazo sem mudança concomitante na cognição. Para muitos indivíduos essas intervenções podem ter se tornado uma parte importante de sua estratégia de enfrentamento da ansiedade. Portanto, qualquer retirada dessas intervenções deve ser feita *gradualmente*, proporcional à redução no nível de ansiedade do paciente com o progresso por meio de terapia cognitiva. Naturalmente nenhuma mudança na medicação deve ser recomendada a menos que prescrita pelo médico do paciente.

Métodos para educar o paciente

Embora certa quantidade de instrução verbal seja parte inevitável do processo educacional, ele não deve ser o único meio de comunicar o modelo cognitivo e o fundamento lógico do tratamento. O terapeuta deve questionar os pacientes sobre suas experiências pessoais e usar a descoberta guiada para enfatizar aspectos fundamentais do modelo cognitivo que podem ser identificados nessas vivências. Os pacientes têm muito mais probabilidade de aceitar o modelo se ele tiver relevância imediata à suas próprias experiências com a ansiedade.

O terapeuta também pode designar um tarefa de casa de automonitoramento para encorajar o paciente a explorar se diferentes aspectos do modelo cognitivo são relevantes para sua ansiedade. Por exemplo, poderia ser solicitado que um paciente com fobia social sentisse os efeitos de fazer contato visual *versus* evitar contato visual em interações sociais como uma forma de determinar se formas sutis de evitação e busca de segurança têm efeito sobre seu nível de ansiedade. Um paciente com TOC poderia ter de se esforçar para suprimir uma obsessão ansiosa em um dia e então abandonar os esforços de controle em um dia alternado e registrar os efeitos de tentar controlar

a ansiedade. Um indivíduo com transtorno de pânico poderia ter de registrar os efeitos de pensar sobre um ataque cardíaco quando seu peito parece apertado *versus* pensar que é apenas tensão muscular. Perceba que todas essas prescrições focam mais em esclarecer algum aspecto do modelo cognitivo na vivência de ansiedade do paciente em vez de modificar diretamente pensamentos ou comportamento.

A biblioterapia é um método importante de educar o paciente no modelo cognitivo. Estamos atualmente no processo de escrever um manual do paciente baseado no presente livro que fornecerá explicações e exemplos de caso úteis para educar os pacientes na perspectiva da terapia cognitiva da ansiedade. Uma série de outros excelentes manuais de autoajuda foram publicados, bem como sobre terapia cognitiva ou TCC para transtornos de ansiedade, que podem ser dados aos pacientes como tarefa de leitura. O Apêndice 6.1 apresenta uma lista selecionada de manuais de autoajuda que são consistentes com o modelo cognitivo. Frequentemente, os pacientes são mesmo mais receptivos à terapia cognitiva após lerem relatos publicados porque isso fornece validação externa de que a terapia cognitiva é um tratamento bem estabelecido e amplamente reconhecido para ansiedade.

DIRETRIZ PARA O TERAPEUTA 6.7

Nas sessões iniciais de terapia cognitiva, foque em educar o paciente sobre o modelo cognitivo de ansiedade e em fornecer o fundamento lógico para o tratamento. Descreva a ansiedade clínica como uma resposta afetiva automática à ativação inadequada do medo que alcança o sistema operacional mental do indivíduo. O objetivo da terapia cognitiva é desativar, ou "desligar", o programa do medo por meio de mudanças deliberadas e forçadas em como pensamos e respondemos à ansiedade. Eduque os pacientes no modelo cognitivo não por meio de minipreleções, mas enfatizando sua aplicabilidade às experiências pessoais de ansiedade.

Automonitoramento e a identificação de pensamentos ansiosos

Ensinar os pacientes como perceber seus pensamentos ansiosos tem sido um ingrediente central na terapia cognitiva para ansiedade desde seu princípio (Beck et al., 1985). Contudo, essa é uma das habilidades mais difíceis para os pacientes dominarem. A razão é que o pensamento ansioso pode ser muito difícil de lembrar quando a pessoa está em um estado não ansioso. Entretanto, quando indivíduos estão altamente ansiosos, eles podem estar tão esmagados pela ansiedade que qualquer tentativa de registrar pensamento ansioso é praticamente impossível. Além disso, é durante períodos de intensa ansiedade que o indivíduo tem maior probabilidade de exibir as estimativas exageradas de probabilidade e gravidade da ameaça que são a base cognitiva da ansiedade (Rachman, 2006). Portanto, na terapia cognitiva para ansiedade um esforço considerável é focalizado em treinar o automonitoramento de pensamentos ansiosos automáticos. Rachman (2006) também observa que é importante identificar a *ameaça atual* que mantém a ansiedade. Diários e automonitoramento da ansiedade terão um papel crítico na identificação da ameaça percebida na vida diária.

Há duas formas de apresentar aos pacientes ansiosos o registro do pensamento. Primeiro, os pacientes devem se focar em anotar por escrito situações provocadoras de ansiedade, avaliando seu nível de ansiedade e observando quaisquer sintomas físicos primários e quaisquer respostas comportamentais. Esses aspectos da ansiedade com frequência são de fácil acesso aos indivíduos e lhes darão a prática em rastrear e analisar seus episódios de ansiedade. Segundo, é importante que a primeira introdução ao pensamento ansioso seja feita na sessão (Beck et al., 1985). Visto que os pacientes frequentemente não estão ansiosos durante a sessão, alguma forma de exercício de indução de ansiedade leve pode ser necessária para evocar pensamento ansioso. Por exemplo,

um exercício de indução de pânico como 2 minutos de respiração acelerada ou giro em uma cadeira poderia ser usado para induzir sensações física do tipo pânico. O paciente poderia ser instruído a verbalizar quaisquer pensamentos relacionados ao exercício tal como medo de ataque cardíaco, desmaio, perda de controle ou coisa parecida. Uma pessoa com TEPT poderia ser instruída a lembrar aspectos de um trauma passado e então verbalizar seus pensamentos atuais sobre essas recordações. Um leve medo de contaminação ou dúvida poderia ser induzido com alguém que tem TOC para evocar suas avaliações sobre a ameaça. Em cada caso o terapeuta poderia sondar os pensamentos imediatos do paciente. "O que veio à sua mente enquanto você estava respirando cada vez mais acelerado?", "No que você focava os seus pensamentos?", "Quais foram suas principais preocupações?", "O que de pior poderia ter acontecido?", "Pareceu que o pior desfecho provavelmente aconteceria?", "Você teve algum pensamento concomitante, tal como talvez isso não fosse tão ruim?".

Uma vez que o paciente tenha demonstrado algumas habilidades rudimentares na identificação de seus pensamentos e avaliações apreensivos (automáticos) iniciais na sessão, o terapeuta deve prescrever um tarefa de casa de automonitoramento. O Formulário de Automonitoramento de Pensamentos Apreensivos (Apêndice 5.4) será especialmente útil nesse sentido. A maioria dos pacientes necessita de prática prolongada no automonitoramento de seus pensamentos ansiosos entre as sessões. Na verdade o automonitoramento de pensamentos e sintomas ansiosos continuará durante todo o tratamento. A reestruturação cognitiva e o teste empírico da hipótese não podem ser empregados com sucesso até que os pacientes tenham se tornado capazes de identificar seus pensamentos automáticos relacionados à ameaça.

É importante que o componente de automonitoramento do tratamento aumente a consciência do indivíduo ansioso de duas características principais do pensamento ansioso:

- Avaliações de probabilidade superestimadas – "Estou exagerando a probabilidade de que alguma ameaça ou perigo ocorra?"
- Avaliações de gravidade exageradas – "Estou excessivamente focado no pior desfecho possível? Estou exagerando a gravidade de um desfecho negativo?"

Sensibilizar os pacientes às suas avaliações da ameaça é importante para desviar seu foco do conteúdo ameaçador (p. ex., "E se os exames médicos indicarem câncer?") para como suas avaliações contribuem para a ansiedade (p. ex., "Estou exagerando a probabilidade de que o exame seja positivo e leve ao pior desfecho possível?, Neste caso, que efeito isso está tendo sobre minha ansiedade?"). Os indivíduos necessitam de prática repetida na identificação de seus pensamentos apreensivos iniciais a fim de melhorar sua capacidade de perceber as avaliações de ameaça exageradas. Ao revisar a tarefa de casa de automonitoramento, o terapeuta cognitivo investiga a probabilidade e gravidade exageradas das avaliações da ameaça, a fim de reforçar a importância desse pensamento na manutenção da ansiedade.

Adesão à tarefa de casa

A adesão à tarefa de casa é uma questão importante na terapia cognitiva para ansiedade e frequentemente será sentida com maior intensidade na fase inicial do tratamento quando da primeira prescrição da tarefa de casa de automonitoramento. Muitos pacientes não gostam de preencher formulários ou escrever sobre seus pensamentos e sentimentos ansiosos. Ainda que haja forte evidência empírica de uma associação entre melhora do tratamento e adesão à tarefa de casa (Kazantzis, Deane e Ronan, 2000), muitos pacientes ainda têm grande dificuldade em aderir à tarefa de casa. Esse problema foi tratado em uma série de livros recentes sobre terapia cognitiva, e várias sugestões foram oferecidas para melhorar a adesão a tarefa de casa (ver J. S. Beck, 2005; Le-

ahy, 2001; Kazantzis e L'Abate, 2006). No presente contexto o terapeuta deve tratar quaisquer concepções errôneas ou dificuldades que o paciente possa ter sobre a tarefa de casa. A importância da tarefa de casa e de aprender a identificar pensamento ansioso deve ser enfatizada como uma habilidade essencial que deve ser adquirida antes de utilizar as outras estratégias cognitivas e comportamentais para reduzir a ansiedade. A tarefa de casa deve ser prescrita de forma colaborativa com instruções escritas para a conveniência do paciente. Entretanto, se um indivíduo persistir em se recusar a realizar a tarefa de casa, o término do tratamento pode ser necessário.

Existe uma razão para a não adesão à tarefa de casa que possa ser específica aos transtornos de ansiedade. Às vezes, os pacientes relutam em realizar qualquer automonitoramento de seus pensamentos e sintomas ansiosos porque ficam preocupados que isso torne a ansiedade pior. Por exemplo, um homem de 33 anos com obsessões pedofílicas inaceitáveis tinha medo que escrever a ocorrência e as avaliações que acompanham os pensamentos não apenas as tornariam mais frequentes e elevariam seu nível de ansiedade, mas esses pensamentos também eram uma violação de seus valores morais. Ele também estava preocupado de que chamar ainda mais atenção para os pensamentos desgastaria aquele pouco controle que ele tinha sobre as obsessões. Nesse exemplo, as preocupações sobre aumento da ansiedade, a natureza repugnante e imoral das obsessões e o medo de perder o controle contribuíam todos para a relutância em automonitorar seus pensamentos ansiosos.

Uma série de passos podem ser adotados para tratar essa situação. Primeiro, é importante tornar a falta de adesão à tarefa de casa uma questão terapêutica. As crenças errôneas que contribuem para a relutância em automonitorar pensamentos ansiosos devem ser identificadas e a reestruturação cognitiva pode ser utilizada para examinar essas crenças e gerar interpretações alternativas. Possivelmente, a prescrição de tarefa de casa poderia ser dividida em passos menos ameaçadores tais como pedir que o paciente experimente o automonitoramento de pensamentos em um determinado dia (ou período dentro do dia) e registre os efeitos do monitoramento. Isso seria um teste comportamental da crença de que "escrever meus pensamentos ansiosos me tornará mais ansioso(a)".

O terapeuta cognitivo deve passar um tempo durante a fase educacional introduzindo a importância da tarefa de casa e então periodicamente durante todo o tratamento lembrar ao paciente o papel que a tarefa de casa desempenha no sucesso da terapia cognitiva. Segue abaixo uma forma de explicar a tarefa de casa para pacientes ansiosos:

"A tarefa de casa é uma parte muito importante da terapia cognitiva. Aproximadamente 10 a 15 minutos antes do final de cada sessão, sugerirei que façamos um resumo das principais questões que tratamos na sessão e então determinaremos uma tarefa de casa. Discutiremos a tarefa juntos e garantiremos que seja alguma coisa que você concorde que é praticável. Escreverei a tarefa a fim de ficar claro o que precisa ser feito. Semanalmente também lhe darei tipos diferentes de formulários nos quais registrará os resultados da tarefa. As tarefas serão curtas e não envolverão mais do que alguns minutos de seu dia. No início de cada sessão eu revisarei a tarefa de casa da semana anterior com você. Cada semana passaremos pelo menos 10 a 15 minutos da sessão revisando o resultado da tarefa de casa e quaisquer problemas que você possa ter encontrado. Você tem alguma dúvida até agora?"

"Você pode estar se perguntando, eu tenho realmente que fazer a tarefa de casa? Sempre odiei tarefa de casa na escola. Além disso, estou muito ocupado para esse tipo de coisa. Você pode pensar na terapia cognitiva como um "exercício mental". Em qualquer programa de treinamento físico, você precisa correr, caminhar ou ir à academia três a cinco vezes por semana a fim de ganhar força ou perder peso. Você não esperaria alcançar suas metas físicas apenas se encontrando com o treinador uma vez por semana. O mesmo acontece na terapia cognitiva. Você está desenvolvendo uma abordagem mental diferente à sua ansiedade que envolve aprender a responder a ela de forma que sejam naturais para você. Você necessita de muita prática no uso dessa abordagem alternativa para suprimir o programa de ansiedade automático. Para desligar o programa de ansiedade é necessário prática repetida e ela não acontecerá apenas se encontrando com o terapeuta uma vez por semana. A melhor forma de superar a ansiedade é por meio da prática repetida em sua vida diária de modo que gradualmente a nova forma de responder se torne sua segunda natureza. Exatamente como no exercício físico, verificamos em nossa pesquisa que a terapia cognitiva é mais efetiva para as pessoas que fazem a tarefa de casa. Muito frequentemente quando os pacientes não encontram benefício no tratamento uma das principais razões é que eles não fizeram a tarefa de casa. Como você se sente a respeito desse aspecto da terapia? Você é capaz de se comprometer a realizar a tarefa de casa neste momento?"

DIRETRIZ PARA O TERAPEUTA 6.8

Uma das primeiras habilidades ensinadas na terapia cognitiva é a capacidade de identificar e registrar os pensamentos, imagens e avaliações apreensivos automáticos que caracterizam episódios ansiosos. Além disso, os pacientes escrevem suas observações dos sintomas físicos e comportamentais da ansiedade. O automonitoramento dos pensamentos ansiosos é uma habilidade previamente necessária para a reestruturação cognitiva. Pode ser necessário lidar com a não adesão à tarefa de casa nesse ponto da terapia.

Reestruturação cognitiva

O objetivo da reestruturação cognitiva é modificar ou literalmente "reestruturar" as crenças e avaliações ansiosas de uma pessoa sobre a ameaça. Ela é parte integral do tratamento para desativar o programa de ansiedade. O foco é na "ameaça atual", ou seja, o que é percebido como perigoso ou ameaçador nesse momento. Também as intervenções de reestruturação cognitiva são dirigidas mais às avaliações da ameaça do que ao conteúdo da ameaça. A questão central é "Estou exagerando a probabilidade e gravidade da ameaça e subestimando minha capacidade de enfrentamento?" e não se uma ameaça poderia acontecer ou não. Por exemplo, no transtorno de pânico a estruturação cognitiva se focalizaria em se o paciente está se baseando em avaliações exageradas e tendenciosas de sensações corporais. O terapeuta evitaria qualquer argumentação sobre se o paciente poderia ou não ter um ataque cardíaco. O mesmo é verdadeiro para fobia social onde o foco está nas avaliações de probabilidade e gravidade da avaliação negativa percebida dos outros e não em se algumas pessoas podem estar tendo pensamentos negativos sobre eles. Nessa seção descrevemos seis estratégias de intervenção cognitivas: busca de evidência, análise do custo-benefício, descatastrofização, identificação de erros cognitivos, geração de alternativas e teste empírico da hipótese.

Busca de evidências

Essa intervenção envolve questionar os pacientes sobre evidências a favor e contra sua crença de que uma ameaça é altamente provável e levará a graves consequências. A busca de evidências é a condição *sine qua non* da reestruturação cognitiva (Beck et al., 1979, 1985, 2005) e foi diversamente rotulada como debate verbal, persuasão lógica ou reatribuição verbal (Wells, 1997). Após identificar um pensamento ou crença ansiosa central e obter uma avaliação da crença sobre o pensamento, o terapeuta faz as seguintes perguntas:

- "Na época em que você está mais ansioso(a), o que está acontecendo que o(a) convence de que é altamente provável que a ameaça ocorra? Há alguma evidência contrária, ou seja, de que é provável que a ameaça não ocorra?"
- "Quando você está se sentindo mais ansioso(a), que evidências há de que o desfecho será tão sério? Há alguma evidência contrária de que o desfecho pode não ser tão ruim como você está pensando?"
- "O que torna a evidência para seu pensamento ansioso acreditável?"
- "Você acha que está exagerando a probabilidade e gravidade do desfecho?"
- "Baseado na evidência, qual é uma estimativa mais realista ou plausível da probabilidade e gravidade do pior que poderia acontecer?"

O Apêndice 6.2 fornece um formulário de busca de evidências que pode ser usado com os pacientes. Terapeuta e paciente primeiro escrevem o pensamento ou crença ansiosa primária que caracteriza um episódio ansioso. O paciente então fornece estimativas de probabilidade e gravidade baseado em como ele(a) se sente durante os episódios de ansiedade. Usando a forma de questionamento Socrático, o terapeuta investiga qualquer evidência que apoie tão alta estimativa de probabilidade e gravidade do desfecho. Embora o Apêndice 6.2 seja limitado a seis entradas, páginas adicionais podem ser necessárias para documentar totalmente a evidência que apoia o pensamento ou crença ansiosa. Após escrever toda a evidência de apoio, o terapeuta então procura evidência que sugira que as estimativas de probabilidade e gravidade podem estar exageradas. Normalmente, o terapeuta tem de tomar a iniciativa de sugerir evidência contraditória possível porque indivíduos ansiosos frequentemente têm dificuldade em ver sua ansiedade desse ponto de vista. Uma vez que todas as evidências contra o pensamento ou crença ansiosa tenham sido registradas, o paciente é instruído a reavaliar a probabilidade e gravidade do desfecho baseado somente nas evidências.

Os indivíduos às vezes protestarão dizendo "Sim, mas quando estou ansioso(a) parece que o pior está para acontecer ainda que eu saiba que é provável que não aconteça". O terapeuta cognitivo deve lembrar o paciente de que a "busca de evidências" é apenas uma abordagem entre muitas que podem ser usadas para desativar a ansiedade. Sempre que o paciente se sentir ansioso, o que foi aprendido da busca de evidências pode ser usado para reduzir as avaliações de probabilidade e gravidade da ameaça para um nível mais realista, desse modo neutralizando um fator importante na escala de ansiedade subjetiva. O seguinte exemplo clínico ilustra uma abordagem de busca de evidências com um vendedor ambulante de 27 anos que apresentava transtorno de pânico e evitação agorafóbica leve.

Terapeuta: Renée, percebo pelo seu diário de pânico que quarta-feira passada você estava dirigindo sozinho para ver um cliente varejista por uma rota que você normalmente não utiliza quando subitamente você se sentiu como se não pudesse respirar. Você indicou que estacionou o carro no acostamento e desceu para respirar um ar fresco. Escreveu uma série de sensações corporais como uma bola na garganta, sentir como se não pudesse inspirar ar suficiente, necessitar de mais ar, aperto no peito, palpitações, tontura e tensão geral.

Paciente: Sim, foi um dos piores ataques de pânico que tive em muito tempo. Simplesmente parecia que eu não podia respirar. Quanto mais eu tentava pior ficava. Tomei uns goles de água para limpar a garganta, mas aquilo não ajudou.

Terapeuta: O que você tinha medo que pudesse estar acontecendo?

Paciente: Eu realmente tive medo de que fosse sufocar. Foi assim que me senti. Eu estava sozinho lá, no meio do nada, e não podia respirar. Fiquei tão mal que achei que podia realmente sufocar até a morte.

Terapeuta: Certo, Renée, vamos escrever aquele pensamento ansioso – *"Pensei que iria sufocar sozinho e morrer"* – aqui nessa linha usando um formulário chamado "Teste de Avaliações Ansiosas: Busca de Evidências" (Apêndice 6.2). Agora, gostaria que você recordasse o momento em que você teve o ataque de pânico. Quando você saiu da estrada para o acostamento, sozinho e lutando para respirar, qual era a probabilidade de você sufocar até a morte? Em outras palavras, baseado em como você estava se sentindo, em sua opinião qual seria a probabilidade de que você estivesse sufocando de 0% (sem chance de acontecer) a 100% (certo que está acontecendo)?

Paciente: Bem, no momento parecia uma probabilidade de 90% de eu estar sufocando.

Terapeuta: E quanto à gravidade do desfecho? O quanto ele parecia sério para você? Você estava focado no pior desfecho possível como morte por sufocação ou em alguma coisa menos séria como sentir o desconforto do pânico? Que avaliação você faria de 0 a 100 para indicar o quanto a consequência parecia séria para você quando você estava em pânico

Paciente: Oh, era sério. Tudo o que eu podia pensar era sufocar até a morte sozinho. Eu faria uma avaliação de 100.

Terapeuta: Certo, agora examinemos a evidência, tal como tudo o que estava acontecendo naquele momento, experiências passadas ou informação de qualquer tipo que indicasse que você estava em alto risco de vivenciar um desfecho sério como morte por sufocação.

Paciente: Bem, uma coisa que me faz pensar se essa sensação de sufocação é séria é que ela aparece tão subitamente, do nada. Um minuto eu estou ótimo e então antes que eu perceba não posso mais respirar.

Terapeuta: Certo, vamos escrever isso na primeira linha sob evidência para o pensamento ansioso: "o *início da sensação de sufocação é rápido e inesperado*". Alguma outra evidência que faça você pensar que provavelmente você vai sufocar até a morte?

Paciente: A ansiedade associada a esse sentimento é muito intensa, mesmo pânico. É muito ruim. Fico convencido de que alguma coisa séria deve estar acontecendo.

Terapeuta: Vamos escrever isso na segunda entrada: "*sente-se intensamente ansioso, mesmo em pânico*". Algo mais?

Paciente: Bem, o fato de tentar me acalmar respirando fundo e lentamente, contudo isso não ajuda a me convencer de que não há algo terrivelmente errado. Se tudo isso fosse apenas nervosismo, desapareceria quando eu respirasse mais lentamente?

Terapeuta: Certo, uma terceira evidência para o pensamento ansioso é "*a respiração controlada não faz a sensação de sufocação desaparecer*". Há alguma coisa mais?

Paciente: Conforme mencionei anteriormente, tenho lembranças muito vívidas de meu tio tentando respirar. Ele teve uma longa batalha com enfisema que no estágio final da doença o deixou incapaz de respirar. Foi uma forma muito horrenda de morrer.

Terapeuta: Então a quarta evidência para o pensamento ansioso é "*lembranças de um tio que no fim morreu sufocado devido a um enfisema*". Há alguma outra evidência para seus pensamentos ansiosos sobre sufocação?

Paciente: Não, isso é tudo.

Terapeuta: Agora vamos procurar evidências que não apoiem a visão de que você está em risco de morrer sufocado. Você pode pensar em alguma?

Paciente: Isso é mais difícil. Hum... Suponho que uma coisa é que ainda não morri. Quero dizer que tenho essas sensações de sufocação há meses e contudo ainda estou aqui.

Terapeuta: Você chegou perto da morte? Por exemplo, alguma vez você quase desmaiou, ficou azul ou os paramédicos foram chamados para lhe dar oxigênio?

Paciente: Não, nada assim. Eu nunca tive qualquer sinal palpável de que estivesse morrendo sufocado.

Terapeuta: Vamos escrever isso como evidência contra seu pensamento ansioso nessa primeira linha na coluna da direita do formulário. "*Eu nunca vivenciei nenhum sinal médico palpável de que estivesse morrendo de falta de oxigênio*". Você consegue pensar em alguma coisa mais?

Paciente: Bem, meu médico de família pediu vários exames e consultei especialistas, mas todos eles dizem que estou saudável. Eles dizem que meu sistema respiratório é ótimo.

Terapeuta: Então uma segunda evidência contra o pensamento ansioso é que "*Eu estou fisicamente muito saudável tanto quanto pode ser determinado pela ciência médica*". Alguma outra evidência?

Paciente: Não consigo lembrar de nenhuma.

Terapeuta: Bem, o quanto é difícil parar de respirar? Por quanto tempo você consegue prender a respiração? Vamos tentar. [O terapeuta cronometra o tempo que o paciente consegue prender a respiração.]

Paciente: Foi realmente difícil, ainda que eu tentasse não respirar, no fim eu não pude evitar. Eu tive que respirar.

Terapeuta: Exatamente, respirar é uma resposta automática. É muito difícil parar de respirar, mesmo quando você tenta de verdade. Porque respirar é uma resposta fisiológica tão automática que as pessoas raramente param de respirar espontaneamente sem razão aparente. Você já ouviu falar disso ter acontecido com alguém?

Paciente: Não, nunca ouvi.

Terapeuta: Então vamos escrever isso como a terceira evidência contra seu pensamento ansioso de sufocação: "*Respirar é uma resposta fisiológica tão automática que é extremamente raro parar de respirar subitamente, sem razão aparente*". Você pode pensar em alguma outra evidência contrária?

Paciente: Não, nenhuma.

Terapeuta: Você já percebeu se há alguma coisa que você possa fazer para reduzir suas sensações de sufocação? Por exemplo, o que acontece à sensação de sufocação se você estiver distraído ou ocupado no trabalho?

Paciente: Bem, em algumas ocasiões quando comecei a ter a sensação de não conseguir respirar e então eu ficava muito ocupado no trabalho, de algum modo eu esquecia dela e ela ia embora.

Terapeuta: Certo, então talvez a distração possa causar uma redução nas sensações de sufocação. Há alguma coisa que parece fazer a sensação piorar?

Paciente: Meus piores ataques de pânico foram quando eu estava dirigindo sozinho no carro por uma estrada desconhecida e remota. Eu pareço ficar realmente preocupado com meu estado físico.

Terapeuta: Há alguma chance, então, de que focar nas sensações de respiração faz a sensação de sufocação piorar?

Paciente: É possível.

Terapeuta: Então vamos escrever isso como a quarta evidência contra o pensamento ansioso: "*As sensações de sufocação são piores quando eu me foco na minha respiração e menos quando estou distraído.*" Isso parece uma condição que poderia levar à morte? Você supõe que os médicos alertam as pessoas a não se focar na respiração porque isso poderia fazê-los sufocar ou se eles tivessem problemas respiratórios, apenas distraí-los? Isso parece uma cura para o enfisema?

Paciente: Não, obviamente não. Mas suponho que é coerente com ansiedade como a causa de sensações de sufocação. Isso é o que meus médicos têm me dito.

Terapeuta: Certo, então vamos reavaliar seu pensamento ansioso "*Eu vou sufocar sozinho e morrer*". Baseado na evidência (e não em suas sensações), qual é a probabilidade de que você morra sufocado?

Paciente: Bem, suponho que é muito menos que 90%, mas certamente não é zero. Eu diria 20%.

Terapeuta: E baseado somente na evidência, qual a gravidade do provável desfecho de suas sensações de sufocação?

Paciente: Mais uma vez, provavelmente não é 100% porque a morte é altamente improvável. Eu diria que a gravidade é em torno de 60%.

Terapeuta: O que isso nos diz é que você tende a superestimar a probabilidade e a gravidade da ameaça (*"Eu vou morrer sufocado"*) quando você está ansioso. Entretanto, quando você se foca na evidência (e não em suas sensações), percebe que a ameaça é muito menos grave. Sabemos que fazer estimativas de ameaça exageradas piora a ansiedade e quando a pessoa vê a ameaça de modo mais realístico, sua ansiedade diminui. Portanto, uma forma de reduzir sua ansiedade é corrigir seus pensamentos ansiosos exagerados lembrando a si mesmo de toda a evidência contra o pensamento e então reavaliando sua probabilidade e gravidade. Após fazer isso algumas vezes usando o Apêndice 6.2 como guia você se tornará mais habilitado a corrigir seu pensamento ansioso.

Paciente: Isso parece ótimo, mas quando fico realmente ansioso não consigo pensar direito.

Terapeuta: Eu entendo, mas quanto mais você praticar a correção dos pensamentos e avaliações ansiosas, mais automático todo o processo se torna e melhor você usará essa técnica para reduzir sua ansiedade. Você gostaria de tentar isso com uma tarefa de casa?

Paciente: Claro, vamos tentar.

DIRETRIZ PARA O TERAPEUTA 6.9

Ensine aos pacientes como reunir evidência a favor e contra suas avaliações da probabilidade e gravidade da ameaça relacionadas a suas preocupações ansiosas. As estimativas de probabilidade e gravidade da ameaça são recalculadas somente com base na evidência que é gerada. A busca de evidência pode ser um método efetivo de contestar um pensamento ansioso exagerado encorajando o indivíduo ansioso a mudar de avaliações baseadas no afeto (ou seja, raciocínio *ex-consequentia*: "sinto-me ansioso, portanto devo estar em perigo") para avaliações de uma situação baseadas em evidências.

Análise de custo-benefício

Nos transtornos de ansiedade, a análise de custo-benefício é uma intervenção particularmente versátil e efetiva porque os indivíduos já estão focados nas consequências de seus pensamentos e sentimentos. O terapeuta ajuda o paciente a considerar a questão "Qual é a consequência, as vantagens e desvantagens, de manter essa crença ou perspectiva particular em relação a minha ansiedade?" (ver Leahy, 2003). Wells (1997) observou que a análise de custo-benefício também pode melhorar a motivação para o tratamento. Após identificar um pensamento, crença ou avaliação ansiosa central, o terapeuta propõe as seguintes questões:

- Por sua experiência, quais são as consequências imediatas e de longo prazo de nutrir esse pensamento ansioso?
- Há custos e benefícios ou vantagens e desvantagens em acreditar no pensamento ansioso?
- Que efeito imediato e de longo prazo esse pensamento tem sobre sua ansiedade?
- Se você tivesse um ponto de vista diferente sobre sua ansiedade, quais seriam os custos e benefícios?

O terapeuta pode usar o Formulário de Custo-Benefício no Apêndice 6.3 para conduzir uma análise de custo-benefício sobre um pensamento ou crença ansiosa. O pensamento ansioso é registrado primeiro. Então, usando a descoberta guiada, o terapeuta explora as vantagens e desvantagens imediatas e de longo prazo de aceitar o pensamento ansioso. Os pacientes são instruídos a circular as consequências, tanto positivas como negativas, que são realmente importantes para eles. Em seguida uma forma alternativa de pensar sobre a situação ansiosa é considerada e os custos e benefícios dessa abordagem são escritos na metade inferior do formulário. Novamente as consequências de maior significância para o paciente são circuladas. O objetivo desse exercício é enfatizar os pesados custos associados com pensamento ansioso e os benefícios imediatos de uma perspectiva alternativa. As tarefas de casa podem ser construídas para testar as consequências do pensamento ansioso e os benefícios de uma abordagem alternativa. O terapeuta encoraja os pacientes a praticar a mudança de seu foco quando ansioso do conteúdo da ameaça para a pergunta "Esse pensamento ansioso é útil ou prejudicial?". O terapeuta enfatiza que lembrar a si mesmo repetidamente dos custos do pensamento ansioso é outra forma efetiva de enfraquecer ou desativar o programa de ansiedade. Essa intervenção é particularmente efetiva se os pacientes perceberem totalmente que o pensamento ansioso na verdade aumenta seu desconforto muito mais do que os ajuda a lidar com ou evitar a ameaça percebida.

Jeremy sofreu durante anos de TAG. Uma de suas primeiras preocupações diziam respeito a finanças apesar de ter um emprego seguro e bem pago. Ele sempre pagava suas contas, tinha dinheiro suficiente todo mês para colocar em sua conta de investimento e nunca sequer estivera perto de falir ou de ter dificuldades financeiras. Contudo, Jeremy preocupava-se continuamente que não estava colocando dinheiro suficiente em seus investimentos e como resultado ele não estaria preparado para a possibilidade de ruína financeira. Usando o Formulário de Custo-Benefício, identificamos o pensamento ansioso de Jeremy como "*Eu não estou poupando dinheiro suficiente para me preparar para a possibilidade de algum futuro desastre financeiro*" (p. ex., perder meu emprego e ficar sem renda). Jeremy acreditava que sua preocupação em poupar dinheiro tinha uma série de vantagens importantes tais como:

1. o forçava a poupar mais a cada mês e assim seus investimentos iam crescendo;
2. ele controlava suas despesas muito mais rigorosamente;
3. ele estaria mais bem preparado para absorver uma perda financeira;
4. assegurava que ele não perderia sua casa ou iria à falência se perdesse seu emprego e
5. sentia-se melhor consigo mesmo quando estava poupando.

Jeremy circulou (1) e (3) como as vantagens mais significativas de sua preocupação.

A exploração das desvantagens da preocupação se revelou mais difícil, mas com orientação do terapeuta a seguinte lista foi gerada:

1. quanto mais ele pensa sobre não poupar o suficiente, mais ansioso e tenso se sente;
2. quando começa a se preocupar sobre poupar o suficiente, não consegue parar e o pensamento toma conta de sua mente;
3. não tem dormido bem devido à preocupação sobre sua poupança;
4. há pouco prazer em sua vida porque está constantemente preocupado com as finanças;
5. frequentemente se priva de pequenos prazeres por medo de gastar dinheiro;
6. tem graves discussões com sua esposa sobre poupar e gastar dinheiro e ela ameaçou deixá-lo;
7. se sente distante e não envolvido com seus filhos devido à preocupação com as finanças;
8. ele passa longas e frustrantes horas toda noite monitorando seus investimentos.

Jeremy indicou que (1), (3), (6) e (7) eram os custos mais importantes associados com sua preocupação em poupar dinheiro.

Nesse ponto da terapia, Jeremy ainda estava fortemente envolvido em suas preocupações financeiras. Como resultado, ele teve dificuldade em gerar uma visão alternativa. Finalmente, após considerável debate, concordou que a seguinte forma de pensar poderia se tornar uma meta do tratamento: *"Eu estou poupando dinheiro suficiente para uma perda financeira moderada, temporária, mas pouco posso fazer para garantir proteção contra um período contínuo de ruína financeira total"*. Então discutimos uma série de vantagens dessa visão sobre suas finanças:

1. menos ansiedade sobre poupar porque não precisa mais reunir uma enorme rede de segurança de poupança;
2. maior tolerância por flutuações do mercado de ações;
3. menor necessidade de monitorar seus investimentos;
4. mais liberdade para desfrutar dos prazeres e confortos cotidianos;
5. diminuição conflitos com a esposa sobre finanças devido a menos tentativa de controlar os gastos.

Tanto (1) como (5) foram marcados como vantagens significativas da nova visão. Em termos de desvantagens, Jeremy se perguntava se (1) ele poderia acabar com uma conta de investimento menor porque estava poupando menos dinheiro, e (2) ele estaria preparado para um âmbito mais restrito de perdas financeiras futuras. De maneira geral, Jeremy concordou que as desvantagens dos pensamentos ansiosos sobre poupança e as vantagens de adotar uma visão mais moderada eram claramente evidentes.

O terapeuta foi capaz de usar a análise de custo-benefício nas sessões futuras lembrando Jeremy de pensar sobre "as consequências do pensamento ansioso sobre a poupança" e os benefícios "de pensar sobre a poupança moderada". Em particular, sempre que Jeremy tinha uma preocupação ansiosa sobre suas finanças, o terapeuta o

lembrava de "lembrar do formulário de custo-benefício, e do que você está fazendo a si mesmo se preocupando em poupar para o derradeiro desastre financeiro". "Baseado na análise de custo-benefício, de que maneira você pode pensar sobre poupança que o leve a menos ansiedade?" Novamente os pacientes são lembrados que pensar repetidamente em termos de análise de custo-benefício sempre que tiverem um pensamento ansioso é um instrumento útil para enfraquecer o programa do medo e diminuir sua ansiedade.

> **DIRETRIZ PARA O TERAPEUTA 6.10**
>
> A análise de custo-benefício é uma intervenção cognitiva que ensina os pacientes a adotar uma abordagem pragmática examinando as vantagens e desvantagens imediatas e de longo prazo de presumir ameaça exagerada ou, alternativamente, de adotar uma visão mais realista. O terapeuta usa a descoberta guiada e a tarefa de casa para ajudar os pacientes a alcançar total percepção dos pesados custos associados a "presumir o pior" e os benefícios derivados de uma perspectiva alternativa mais realista. Os pacientes podem usar esse *insight* para neutralizar seus pensamentos e crenças ansiosos.

Descatastrofização

Uma terceira intervenção cognitiva que pode ser especialmente útil para a maioria dos transtornos de ansiedade envolve fazer o paciente confrontar "hipoteticamente" sua catástrofe temida ou o pior que poderia acontecer. Beck e colaboradores (1985, 2005) forneceram uma ampla discussão do uso da descatastrofização para modificar avaliações e crenças de ameaça exageradas. Craske e Barlow (2006) descrevem catastrofização como "aumentar as coisas desproporcionalmente" (p. 86) e descatastrofização como "imaginar o pior desfecho possível e então julgar objetivamente sua gravidade" (p. 87). Eles observam que catastrofização envolve pensar sobre desfechos que são absolutamente improváveis de acontecer, mesmo impossíveis (p. ex., "Eu poderia pegar uma doença mental me aproximando demais de um mendigo") exagerar eventos que são altamente improváveis (p. ex., "As pessoas perceberão que estou nervoso e pensarão que sou mentalmente instável") ou tirar uma conclusão extremamente precipitada de um evento insignificante (p. ex., "Se eu cometer um erro nesse formulário, ele será completamente invalidado e eu não receberei meus benefícios de incapacidade de longo prazo").

A descatastrofização é uma intervenção efetiva quando o pensamento catastrófico é evidente nas avaliações de ameaça e vulnerabilidade do paciente. Ela é uma abordagem particularmente útil quando se lida com uma evitação cognitiva evidente na preocupação patológica (Borkovec et al., 2004). A descatastrofização confronta a evitação cognitiva encorajando o paciente a enfrentar a catástrofe imaginada e sua ansiedade associada. Essa intervenção também tem uma série de outros benefícios terapêuticos, tais como realinhar as estimativas de probabilidade e gravidade da ameaça em um nível mais realista, aumentar a sensação de autoeficácia para lidar com futuros desfechos negativos e intensificar o processamento de informação dos aspectos de segurança e resgate em futuras situações temidas.

Há três componentes na descatastrofização:

1. Estágio de preparação.
2. Descrição da catástrofe ("O que de pior poderia acontecer?"; "O que seria tão ruim em relação a isso?").
3. Estágio de solução do problema.

O momento certo é tudo quando se usa a descatastrofização. Dado o nível de ansiedade e evitação frequentemente associado a "pensar na pior das hipóteses", outras intervenções cognitivas e comportamentais devem ser empregadas como preparação para essa forma de "exposição imaginária". Posteriormente no curso da terapia, a descatastrofização poderia ser introduzida como

uma forma de confrontar "os medos em sua própria mente". A justificativa lógica e os benefícios da intervenção devem ser explicados e a prontidão dos pacientes para realizar a descatastrofização deve ser avaliada.

Presumindo momento e preparação adequados, o passo seguinte é obter do paciente uma discussão completa e detalhada da pior das hipóteses. Perguntas de sondagem, tais como "O que de pior poderia acontecer" ou "O que é tão ruim em relação a isso" podem ser usadas. A técnica da flecha descendente é frequentemente útil para chegar à catástrofe temida. O paciente deve ser encorajado a descrever todos os aspectos da catástrofe temida incluindo suas consequências para si mesmo e para os outros ("De que maneira sua vida mudaria?"), sua probabilidade de ocorrência, sua gravidade e a incapacidade de enfrentamento percebida pelo paciente. O terapeuta deve determinar se o paciente reconhece quaisquer aspectos de segurança ou resgate na pior das hipóteses. Se possível, imaginar a catástrofe é uma forma mais potente de obter os aspectos emocionalmente carregados do pior desfecho possível. Avaliações da ansiedade vivenciada durante a discussão ou imaginação da catástrofe devem ser obtidas como uma forma de demonstrar os efeitos indutores de ansiedade da catastrofização. Pedir que o paciente forneça uma descrição por escrito da catástrofe é uma forma efetiva de reduzir possível evitação cognitiva que pode ocorrer ao imaginar ou mesmo discutir a "pior das hipóteses". Além disso, o terapeuta deve determinar o nível de *insight* do paciente em relação à natureza exagerada e irracional da catastrofização e seus efeitos sobre a ansiedade.

Após uma discussão clara da pior das hipóteses, uma abordagem de solução de problema à catastrofização pode ser introduzida como uma maneira de neutralizar essa forma de pensar. A abordagem de busca de evidência pode ser usada para avaliar a probabilidade da pior das hipóteses. Um melhor desfecho possível também pode ser desenvolvido como uma forma de conceber o desfecho negativo e positivo mais extremo

(Leahy, 2005). Um desfecho negativo, mais realista, moderado pode ser desenvolvido como uma alternativa à catástrofe. Juntos, terapeuta e paciente podem elaborar um plano de ação que envolvesse como lidar com o desfecho negativo mais realista. Esse plano de ação seria escrito e o paciente encorajado a tentar o plano sempre que começasse a catastrofizar.

Como exemplo, Josie tinha dois a três ataques de pânico graves diariamente. Ela era hipervigilante acerca de sua pulsação e ficava muito ansiosa sempre que percebia que seus batimentos cardíacos estavam muito rápidos e possivelmente irregulares. Ela fazia uma interpretação catastrófica errônea de sua pulsação, acreditando que teria um ataque cardíaco potencialmente fatal se sua pulsação ficasse muito acelerada. Após uma série de sessões envolvendo educação e intervenções menos ameaçadoras que se focavam em sua interpretação errônea de um batimento cardíaco acelerado, Josie concordou em realizar um exercício de exposição a imagens no qual ela imaginava uma pulsação acelerada que levava a um ataque cardíaco grave no qual ela ficava deitada no chão segurando seu peito, sozinha e morrendo. Após um exercício abrangente de busca de evidências no qual paciente e terapeuta foram capazes de examinar as evidências sobre se a probabilidade e a gravidade do desfecho catastrófico era exagerado ou não, um desfecho negativo alternativo foi considerado. Josie decidiu que um desfecho muito negativo mais provável poderia ser aperto no peito, coração acelerado, seguido por dor forte no peito. Ela vai imediatamente para um pronto-socorro e descobre que teve um ataque cardíaco leve. Um plano de ação foi então desenvolvido sobre como ela viveria o resto de sua vida sabendo que tem uma condição cardíaca. Josie foi encorajada a utilizar o plano "ataque cardíaco leve" sempre que começasse a catastrofizar. Observe que o propósito dessa intervenção foi reduzir o medo (e a catastrofização) de Josie sobre doença cardíaca e aumentar sua capacidade percebida de enfrentamento se essa situação algum dia ocorresse.

DIRETRIZ PARA O TERAPEUTA 6.11

A descatastrofização envolve a identificação do "pior cenário possível" associada com uma preocupação ansiosa, a avaliação da probabilidade desse cenário e então a construção de um desfecho moderadamente inquietante mais provável. A solução de problema é usada para desenvolver um plano para lidar com o desfecho negativo mais provável.

Identificação de erros cognitivos

Ensinar os pacientes ansiosos a ter mais consciência dos erros cognitivos que eles tendem a cometer quando se sentem ansiosos é outra estratégia útil na modificação de avaliações errôneas de ansiedade. O esclarecimento dos erros em um estilo de pensamento reforça a mensagem aos pacientes de que as percepções de ameaça são incorretas quando os indivíduos estão altamente ansiosos. Isto encoraja uma abordagem de questionamento, mais crítica ao pensamento ansioso do indivíduo. Portanto, é importante que os pacientes entendam a razão para identificar e então corrigir os erros cognitivos. O terapeuta poderia usar a seguinte explicação:

> Embora todo mundo tenha esse estilo de pensamentos errôneos ocasionalmente, esses erros são particularmente proeminentes quando estamos ansiosos. Quando cometemos esses erros em nosso pensamento eles tendem a levar a conclusões mais exageradas e tendenciosas. Por exemplo, se eu sempre me foquei apenas nas falhas e erros em uma conversa sempre que falei em público (erro de visão em túnel), eu acabaria concluindo que a conversa foi terrível e que sou um total fracasso. A mesma coisa acontece quando cometemos esses erros cognitivos quando estamos nos sentindo ansiosos. Eles nos levam a conclusões falsas e exageradas sobre a ameaça ou o perigo em uma situação e sobre nossa incapacidade de

enfrentamento. Portanto, aprender a identificar esses erros e corrigi-los é uma intervenção importante para reduzir pensamentos e sentimentos ansiosos.

Os pacientes podem receber uma cópia do Apêndice 5.6 a fim de se familiarizar com as seis formas de erros cognitivos que são comuns na ansiedade: catastrofização, conclusões precipitadas, visão em túnel, miopia, raciocínio emocional e pensamento tudo-ou-nada. A identificação do erro deve ser introduzida primeiro examinando os registros produzidos na sessão e discutindo erros cognitivos que são evidentes no pensamento ansioso do paciente. Isso pode ser acompanhado de uma tarefa de casa no qual os pacientes registram exemplos de erros de pensamento retirados de suas vivências diárias (usar Apêndice 5.6). Após esse exercício, o terapeuta encoraja os pacientes a incorporar a identificação de erro à uma estratégia cognitiva utilizada sempre que eles têm um pensamento ansioso ou preocupado.

Taylor (2000) descreve uma abordagem de raciocínio indutivo que pode ser muito útil para neutralizar o estilo de pensar errôneo que leva a avaliações de ameaça exageradas. Por meio do questionamento Socrático e de uma abordagem de descoberta guiada, o terapeuta explora com o paciente como uma determinada situação ou sintoma pode levar a um desfecho temido. Por exemplo, um paciente poderia dizer como um aperto no peito poderia causar um ataque cardíaco, ou como se deitar previne tais ataques cardíacos. Uma pessoa com TEPT que fica ansiosa quando lembra um trauma passado poderia explicar de que forma tais lembranças aumentam a probabilidade de perigo presente ou de um trauma futuro. Indivíduos com obsessões sexuais inaceitáveis poderiam explicar como esses pensamentos levariam a cometer uma agressão sexual, ou uma pessoa com fobia social poderia explicar como um sentimento de nervosismo levaria a humilhação pública. Ao utilizar essa forma de questionamento indutivo, o terapeuta obtém material que pode ser usado para esclarecer os erros cognitivos no pensamento ansioso que levam a conclusões errôneas sobre ameaça e vulnerabilidade pessoal.

DIRETRIZ PARA O TERAPEUTA 6.12

Os pacientes aprendem a identificar os erros cognitivos e o raciocínio indutivo errôneo que caracteriza um estilo de pensamento ansioso. Essa intervenção ajuda os pacientes a desenvolver uma postura mais crítica em relação a seus pensamentos ansiosos automáticos.

Geração de uma explicação alternativa

Durante períodos de ansiedade aumentada, o pensamento do indivíduo é, com frequência, extremamente rígido e inflexível, com um foco estreito sobre a ameaça ou perigo percebido (Beck et al., 1985, 2005). Os pacientes muitas vezes reconhecerão que seu pensamento ansioso é irracional, mas a forte carga emocional associada com os pensamentos os tornam difíceis de ignorar. Portanto, a busca por explicações alternativas para situações ansiosas pode ser extremamente difícil. A prática repetida com o terapeuta cognitivo treinando o paciente na geração de explicações alternativas para uma variedade de situações ansiosas será necessária antes que essa habilidade se generalize para situações ansiosas naturais que ocorrem fora da terapia. Pode ser necessário apresentar a alternativa como uma possibilidade experimental em que o paciente é encorajado a pelo menos cogitar como outra forma de entender uma situação (Rouf, Fennell, Westbrook, Cooper e Bennett-Levy, 2004). Ao mesmo tempo, aprender a produzir interpretações alternativas menos ansiosas é um componente crítico da terapia cognitiva para ansiedade porque os pacientes necessitam de explicações verossímeis que substituam suas interpretações catastróficas.

O Formulário Interpretações Alternativas no Apêndice 6.4 pode ser usado como um instrumento terapêutico na sessão ou como uma tarefa de casa para gerar explicações alternativas. A maioria dos pacientes será capaz de produzir o "desfecho mais temido" e o "desfecho mais desejado" com pouca dificuldade. O desfecho alternativo, mais realista ou provável, exigirá consideravelmente mais estímulo e orientação por parte do terapeuta. Uma boa visão alternativa deve ter as seguintes características:

1. Ser claramente distinta da interpretação catastrófica.
2. Ter um melhor ajuste com os fatos e a realidade da situação.
3. Ser receptiva a avaliação empírica.

Um paciente com TOC descreveu como sua obsessão primária vários pensamentos sexuais perturbadores sobre ser *gay*. Embora ele ficasse constrangido por suas aparentes reações homofóbicas, não obstante continuava a se sentir intensamente ansioso sempre que as situações desencadeavam pensamentos de questionamento sobre sua orientação sexual. Sua interpretação catastrófica era "E se esses pensamentos frequentes sobre ser *gay* significarem que eu sou um homossexual latente? Então terei de me divorciar de minha esposa e ir morar com um amante gay". Seu desfecho mais desejado era "Nunca ter pensamentos sobre ser *gay* e ter certeza absoluta de que eu sou 100% heterossexual". A explicação alternativa mais provável era "Meus pensamentos frequentes sobre ser *gay* não se devem a alguma orientação homossexual latente, mas, antes, à minha reação exagerada a esses pensamentos porque eles representam uma violação de meus padrões morais pessoais". Observe que a interpretação alternativa situa-se no polo oposto à explicação catastrófica. Enquanto a visão ansiosa é "Esses pensamentos podem ser causados por uma orientação homossexual inconsciente", a explicação alternativa é "Esses pensamentos são causados por uma resposta errônea que deriva de uma aversão extrema a uma orientação homossexual (ou seja, homofobia)". A busca de evidências e o teste empírico da hipótese são mais efetivos quando a visão alternativa e a explicação

catastrófica estão em polos opostos. Dessa forma, os resultados desses exercícios serão evidência incontestável a favor da alternativa e contra a conclusão catastrófica.

A Tabela 6.3 apresenta exemplos de interpretações catastróficas, desfechos desejados e explicações alternativas que podem ser encontrados em transtornos de ansiedade específicos. O objetivo é trabalhar com o paciente na geração de explicações verossímeis que são submetidas a verificação empírica. Com prática o paciente pode aprender a substituir a interpretação catastrófica pela explicação alternativa, desse modo reduzindo as avaliações de ameaça exageradas e a ansiedade subjetiva associada.

DIRETRIZ PARA O TERAPEUTA 6.13

A correção do pensamento ansioso requer a descoberta de interpretações alternativas mais realistas que possam substituir avaliações relacionadas a ameaça exageradas. As alternativas mais efetivas para neutralizar crenças e pensamentos automáticos ansiosos são aquelas que oferecem uma perspectiva baseada na evidência, mais equilibrada que seja claramente distinta dos esquemas ansiosos.

Teste empírico da hipótese

Uma das intervenções mais importantes para a mudança cognitiva é a experimentação comportamental ou teste empírico da hipótese. Introduzido pela primeira vez no manual de terapia cognitiva para depressão (Beck et al., 1979), os experimentos comportamentais são experiências planejadas, estruturadas que visam fornecer ao paciente os dados experienciais a favor e contra avaliações ou crenças de ameaça e vulnerabilidade. O *Oxford guide to behavioural experiments in cognitive therapy*, o guia clínico mais abrangente para experimentação comportamental, ofereceu a seguinte definição operacional: "Os experimentos comportamentais são atividades experienciais planejadas, baseadas em experimentação ou observação, realizadas por pacientes na sessão ou entre as sessões de terapia cognitiva" (Bennett-Levy et al., 2004, p. 8). Eles são derivados de uma formulação cognitiva da ansiedade, e seu principal objetivo é fornecer informação nova que possa testar a validade de crenças disfuncionais, reforçar crenças mais adaptativas e verificar a formulação cognitiva. Baseado em considerações conceituais, na experiência clínica e em alguma evidência empírica, Bennett-Levy e colaboradores (2004) apresentam um argumento convincente a favor da experimentação comportamental como a estratégia terapêutica mais poderosa disponível aos terapeutas cognitivos para promover a mudança cognitiva, afetiva e comportamental.

Nos transtornos de ansiedade o teste empírico da hipótese geralmente envolve

TABELA 6.3 Exemplos de explicações catastróficas, explicações mais desejadas e explicações alternativas dos pacientes que podem ser relevantes para os vários transtornos de ansiedade

Transtorno de ansiedade	Interpretação catastrófica	Desfecho desejado	Interpretação alternativa
Transtorno de pânico (vertigem, sensação de cabeça vazia e sentimentos de irrealidade)	Eu estou perdendo o controle, o contato com a realidade. Talvez eu esteja ficando louco e tenha que ser hospitalizado.	Eu quero sempre me sentir totalmente consciente em qualquer momento.	Sentimentos de irrealidade e vertigem refletem variações normais no nível de excitação que podem ser afetadas por uma variedade de fatores internos e externos.
Fobia social (observa sinais de crescente ansiedade)	Todos perceberão que estou ficando ansioso e se perguntarão o que há de errado comigo. Eu acabarei fazendo papel de bobo.	Eu quero sempre me sentir completamente relaxado e confiante em situações sociais.	A pessoa pode se sentir ansiosa e ainda ter um desempenho competente em uma situação social. Não tenho como saber se os outros observam minha ansiedade e tiram conclusões negativas.
Transtorno de ansiedade generalizada (preocupação sobre terminar tarefas diárias menos importantes)	Eu vou ficar tão preocupado por ter de fazer essas tarefas que ficarei completamente paralisado e terei que ser hospitalizado novamente.	Eu quero me sentir totalmente confiante e seguro de que realizarei as metas diárias que estabeleci para mim mesmo.	A preocupação irá moderar minha atividade e reduzir a quantidade de coisas que preciso fazer, mas não levará necessariamente a completa paralisia e inatividade.
Transtorno obsessivo-compulsivo (medo de contaminação ou transformar-se em outra pessoa)	Se eu ficar muito perto de pessoas que considero estranhas ou diferentes, eu perderei meu potencial criativo.	Eu prefiro evitar todo contato com pessoas que sejam diferentes e ameacem minha criatividade.	Minha criatividade foi dificultada por meu TOC e não pela proximidade a pessoas que eu percebo como indesejáveis.
Transtorno de estresse pós-traumático (reação a imagens recorrentes relacionadas a trauma)	Minha incapacidade de suprimir essas imagens significa que o TEPT é tão ruim que eu nunca serei capaz de funcionar na vida.	Eu desejo não ter nenhuma lembrança ou recordação indesejada da agressão brutal.	Todos que já sofreram agressão têm de conviver com recordações perturbadoras ao mesmo tempo em que minimizam seu impacto sobre a vida cotidiana.

alguma forma de exposição a uma situação temida e uma manipulação desconfirmatória que testa a validade da avaliação ansiosa (D. M. Clark, 1986b; Wells, 1997). Os exercícios de teste da hipótese mais efetivos são estruturados de modo que o resultado do experimento possa refutar a crença ansiosa e apoiar a interpretação alternativa. Dada a evidência empírica esmagadora da efetividade da exposição na redução do medo (ver discussão no Capítulo 7), os exercícios de teste da hipótese baseados em exposição são uma intervenção fundamental na terapia cognitiva da ansiedade. Experimentos comportamentais devem ser introduzidos cedo e continuados durante todo o tratamento. Frequentemente eles desempenham um papel definidor na modificação do pensamento ansioso. De fato é difícil imaginar uma intervenção cognitiva efetiva para ansiedade que não inclua exercícios comportamentais dentro das sessões e entre elas. Os exercícios comportamentais podem tomar a forma de demonstrações dentro da sessão razoavelmente espontâneas tais como pedir ao paciente para suprimir pensamentos de um urso branco a fim de ilustrar os efeitos negativos da supressão de pensamento intencional. Na próxima seção discutimos os passos críticos no desenvolvimento de um exercício de teste empírico da hipótese efetivo. (Ver Rouf et al., 2004, para discussão mais detalhada de como planejar experimentos comportamentais efetivos.)

Passo 1: o fundamento lógico

Qualquer exercício de teste empírico da hipótese deve ser derivado do tema principal da sessão e deve ser consistente com a formulação cognitiva de caso. O terapeuta cognitivo introduz o exercício fornecendo um fundamento lógico. Isso pode ser ilustrado no seguinte exemplo de caso. Jodie era uma estudante universitária de 22 anos que desenvolveu uma ansiedade incapacitante sobre assistir palestras em turmas com muitos alunos. Seu pensamento ansioso primário era "Todos na aula reparam em mim e

acham que eu não pertenço à universidade". Isso levou a comportamentos de fuga (isto é, sair da aula cedo) e evitação (isto é, faltar às aulas) que estavam comprometendo seu desempenho acadêmico. Nessa situação o terapeuta introduziu um experimento comportamental declarando:

> Então, Jodie, você está sentada na aula e se sentindo muito ansiosa. Você tem o pensamento "todos provavelmente estão olhando para mim e pensando que não pertenço à universidade". Eu me pergunto se poderíamos tentar um experimento ou algum tipo de exercício para testar a correção desse pensamento. Eu poderia pedir para você experimentar e lembrar razões que a levam a pensar que essa interpretação poderia ser verdadeira ou falsa, mas a forma mais precisa de descobrir é coletar informação no local. A melhor forma de testar esse pensamento ansioso é coletar informação sobre ele enquanto você está na sala de aula. Todos aprendemos muito mais com nossas próprias experiências do que escutando os professores ou mesmo os terapeutas sobre aquele assunto. Na verdade, foi demonstrado que tarefas de casa como essa são um dos ingredientes mais importantes para reduzir a ansiedade. Não apenas isso lhe dá uma oportunidade de testar o pensamento ansioso, mas também oferece uma oportunidade para você trabalhar diretamente com a ansiedade. Você gostaria de trabalhar comigo para planejar um exercício que testaria esse pensamento ansioso?

Passo 2: declaração da avaliação da ameaça e sua alternativa

Supondo que a colaboração tenha sido estabelecida com o paciente, o próximo passo é declarar a avaliação da ameaça e sua alternativa. O Formulário de Teste Empírico da Hipótese no Apêndice 6.5 pode ser usado para formular o experimento comportamental e coletar dados do desfecho. Uma declaração específica, clara da interpretação da ameaça (isto é, do pensamento ou crença ansiosa) visada pelo exercício é essencial para um experimento comportamental efetivo. O terapeuta deve registrar a avaliação ansiosa no Formulário de Teste Empírico da Hipótese e pedir que os pacientes avaliem sua crença na declaração em uma escala de 0-100 quando iniciarem o exercício comportamental. Terapeuta e paciente então propõem uma interpretação alternativa que seja claramente distinta e mais plausível do que o pensamento ou crença ansiosa (ver seção anterior sobre geração de alternativas). A alternativa é registrada no formulário e o paciente é instruído a fornecer uma avaliação da crença na conclusão do experimento comportamental. As duas avaliações da crença fornecerão uma indicação de se o experimento comportamental levou a uma mudança na crença de uma interpretação relacionada à ameaça para a perspectiva alternativa.

Em nossa ilustração de caso, a interpretação da ameaça de Jodie era "Se eu me sentir nervosa em aula todos irão reparar em mim e pensar que eu não pertenço à universidade". A interpretação alternativa foi "Meus sentimentos de nervosismo são muito evidentes para mim, mas dificilmente visíveis para meus colegas de aula. Além disso, eles estão muito ocupados escutando a palestra, falando com a pessoa do lado, dormindo ou devaneando para perder tempo reparando em mim." Cada uma dessas declarações foi desenvolvida em colaboração durante a sessão para o experimento comportamental.

Passo 3: planejamento do experimento

O planejamento de um bom experimento comportamental provavelmente levará pelo menos 10-15 minutos do tempo da terapia. É importante escrever detalhes suficientes de como o experimento deve ser conduzido

de modo que fique claro para o paciente o que será feito em um determinado momento e em um local em particular. O experimento deve envolver uma atividade que forneça um teste claro entre a interpretação ansiosa e a alternativa. É importante que o exercício seja planejado em colaboração com o paciente e haja concordância de que o experimento é um teste relevante do pensamento ansioso. Há pouco sentido em realizar um exercício de teste empírico da hipótese que o paciente duvide que tenha relevância ou tenha pouca intenção de executar. Havendo um comum acordo em relação ao exercício, o terapeuta deve anotar instruções específicas para completar o experimento na coluna da esquerda do Formulário de Teste Empírico da Hipótese.

Rouf e colaboradores (2004) discutem uma série de considerações que devem ser levadas em conta no planejamento de experimentos comportamentais. Assegure-se de que o propósito do experimento seja claro, que uma hora e lugar para o experimento foram identificados, e que os recursos necessários para executar o exercício tenham sido determinados. Quaisquer problemas antecipados devem ser elaborados antes da prescrição do exercício. O terapeuta pode perguntar ao paciente "O que você acha que poderia desencorajá-lo ou mesmo impedi-lo de realizar esse exercício?" Problemas como tempo insuficiente, oportunidade limitada ou ansiedade antecipatória elevada devem ser tratados antes da prescrição do exercício. É importante que algo construtivo seja obtido do experimento independente do resultado (ou seja, uma situação ganhar-ganhar) e que o exercício não seja muito difícil ou desafiador para o paciente. Finalmente, todas as dúvidas, medos e outras preocupações expressadas pelo paciente devem ser tratados e quaisquer possíveis complicações médicas devem ser avaliadas pelo médico do paciente.

Em nossa ilustração de caso, o seguinte experimento comportamental foi construído. Jodie concordou em comparecer a sua próxima aula de Química 101 na quarta--feira às 9 horas da manhã. Ela foi instruída a chegar ao salão de conferência às 8h55 e a se sentar pelo menos três cadeiras para dentro a partir do corredor em uma fileira intermediária. Dez minutos após o início da palestra ela concordou em escrever qualquer coisa que percebesse nos outros estudantes que indicasse que eles estavam olhando diretamente para ela. Quinze minutos após o início da palestra ela respiraria fundo três ou quatro vezes e observaria se alguém percebeu o que ela estava fazendo. Vinte minutos após o início da palestra ela tentaria fazer seu corpo estremecer ligeiramente por alguns segundos e observar se alguém percebia. O terapeuta e a paciente praticaram cada um dos elementos do experimento: como registrar as reações dos colegas e que comportamento constituiria um olhar direto, como respirar fundo e como estremecer muito levemente. Jodie concordou que isso era um "exercício praticável" e que seria um bom teste do quanto ela era percebida em aula.

Passo 4: declaração da hipótese

Sob o item 3 no Formulário de Teste Empírico da Hipótese (Apêndice 6.5), pode ser registrada uma hipótese específica que reflita o desfecho do experimento previsto pelo paciente. A hipótese refletiria diretamente o pensamento ou crença ansiosa afirmada no item 1. O terapeuta pode perguntar, "Baseado em seu pensamento ansioso [declare o item #1 aqui], o que você acha que acontecerá quando você fizer o exercício? Que desfecho fará você se sentir mais ansiosa?". No presente caso, Jodie escreveu a seguinte hipótese no formulário "Qualquer coisa que eu faça em aula que seja fora do comum tal como chegar pouco antes do início da palestra, respirar fundo ou estremecer levemente chamará atenção para mim. Quando eu perceber as pessoas olhando para mim, me sentirei intensamente ansiosa". Perceba que a hipótese é derivada da interpretação ansiosa ("se eu me sentir nervosa em aula todos me notarão e pensarão que eu não pertenço à universidade"), mas é uma aplicação mais específica da interpretação da ameaça ao experimento real.

Passo 5: registro do experimento real e resultado

Os pacientes devem registrar como conduziram o experimento e seu resultado o mais cedo possível após completar o exercício. Uma descrição curta do que foi feito e seu resultado podem ser escritos nas colunas do centro e da direita no Formulário de Teste Empírico da Hipótese. Frequentemente, os indivíduos não conduzem um experimento exatamente como planejado, portanto uma descrição do que foi feito realmente é importante para avaliar o sucesso do exercício. Entretanto, o resultado real relatado pelo paciente é ainda mais importante quando acompanhando os efeitos do experimento comportamental. É o resultado percebido pelo paciente que fornecerá a informação necessária para determinar se o exercício teve um efeito sobre pensamentos e sentimentos ansiosos. Portanto o desfecho registrado no formulário se torna o foco principal da terapia quando da revisão da tarefa de casa.

Passo 6: fase de consolidação

O sucesso do experimento comportamental em grande parte depende da efetividade do terapeuta ao revisar o resultado do exercício na sessão seguinte. Baseado em informação registrada no Formulário de Teste Empírico da Hipótese, o terapeuta usa uma combinação de escuta ativa e perguntas de sondagem para determinar como o exercício foi desenvolvido e como o paciente avaliou o resultado. Rouf e colaboradores (2004) sugerem que uma série de questões devem ser exploradas, incluindo

1. os pensamentos e sentimentos do paciente antes, durante e após o experimento;
2. quaisquer mudanças no estado físico;
3. evidência de que quaisquer comportamentos de segurança ou outras medidas autoprotetoras foram utilizadas;
4. observação sobre como outras pessoas reagiram ao paciente;

5. aspectos significativos do ambiente;
6. o resultado em termos de mudanças perceptíveis nos pensamentos e sentimentos do paciente.

Ao discutir o experimento é particularmente importante avaliar o resultado à luz da hipótese previamente afirmada ou do resultado previsto. O(a) paciente vivenciou tanta ansiedade quanto esperado? Sua própria resposta ou as respostas dos outros foram consistentes com sua previsão? O resultado foi mais ou menos positivo que o esperado? O quanto o resultado real foi semelhante ao resultado previsto? Se houve uma discrepância, o que isso indica sobre a relação entre avaliação da ameaça e ansiedade? Ao revisar o resultado de um experimento comportamental, o terapeuta está chamando a atenção do paciente para as propriedades provocadoras de ansiedade de interpretações de ameaça e vulnerabilidade exageradas, e para os efeitos redutores da ansiedade da perspectiva alternativa. O objetivo é reforçar a conceitualização cognitiva da ansiedade e promover a ideia de que a mudança cognitiva é um componente crítico da redução da ansiedade.

O objetivo global da fase de consolidação, então, é entender a importância ou significado pessoal do exercício para os pacientes. O experimento comportamental forneceu uma demonstração poderosa da conceitualização cognitiva da ansiedade? Eles aprenderam alguma coisa sobre seu pensamento ou forma de lidar com a ansiedade que poderia ser responsável por sua redução? O exercício esclareceu como avaliações de ameaça e vulnerabilidade exageradas podem intensificar a ansiedade subjetiva? O que o paciente pode extrair do experimento? Essa forma de questionamento garantirá que o experimento comportamental se ajuste dentro da conceitualização cognitiva de caso desenvolvida para o paciente. Ela também ajudará a consolidar quaisquer ganhos da terapia que tenham sido obtidos durante as sessões. Na verdade, o principal objetivo dos experimentos comportamentais que são prescritos como tarefa de casa é reforçar ou consolidar o que foi introduzido na sessão de terapia cognitiva fornecendo ao paciente a evidência experiencial pessoalmente relevante. É fundamental revisar o resultado do experimento e suas implicações para permitir que os exercícios de teste empírico da hipótese tenham um papel significativo no processo terapêutico.

Jodie relatou na sessão seguinte que realizou o experimento comportamental e registrou uma descrição do experimento e seu resultado no Formulário de Teste Empírico da Hipótese. Ela anotou que chegou na aula às 8:55 e se sentou na fileira do meio. Dez minutos mais tarde ela fez uma observação detalhada de seus colegas e então 15 minutos após o início da palestra ela fez três ou quatro inspirações profundas e observou possíveis reações. Entretanto, ela foi incapaz de estremecer seu corpo mesmo levemente na marca dos 20 minutos devido ao medo de que alguém percebesse seu comportamento bizarro. Na sessão de resultado do formulário escreveu que apenas um ou dois estudantes olharam para ela quando ela se sentou na aula ou quando ela fez inspirações profundas. Quando o terapeuta revisou isso um pouco mais, Jodie revelou ter ficado realmente bastante surpresa de que seus colegas prestassem tão pouca atenção a ela. Ela também ficou surpresa de ter na verdade experimentado menos ansiedade que o usual durante a aula. O terapeuta esclareceu a discrepância entre o resultado real ("Os estudantes prestaram pouca atenção mesmo quando Jodie agiu de uma forma que poderia chamar alguma atenção momentânea") e a previsão de Jodie ("Se eu fizer qualquer coisa, tal como respirar de forma diferente isso chamará atenção para mim e ficarei muito ansiosa"). Esse experimento foi uma demonstração poderosa para Jodie de que pensar que os outros estão olhando para ela a faz ficar mais ansiosa do que os olhares momentâneos reais das outras pessoas, e que testar seus pensamentos ansiosos ("as pessoas estão olhando para mim") contra a evidência real ("as pessoas me notam muito menos do que eu penso") levará a uma redução nos sentimentos ansiosos.

Passo 7: resumo dos achados e implicações

Um último passo no teste empírico da hipótese é resumir os achados e extrair suas implicações para desenvolver uma nova abordagem à ansiedade. Essa declaração resumida pode ser escrita no Formulário de Teste Empírico da Hipótese e dada ao paciente para referência futura. Para Jodie, o experimento da sala de aula foi resumido da seguinte forma:

> As pessoas frequentemente têm pensamentos exagerados como "todos na aula estão olhando para mim e pensando que há alguma coisa errada comigo". Esses pensamentos são com frequência preconcebidos e mesmo falsos, embora causem considerável ansiedade. Quando testamos esses pensamentos e percebemos que eles não são verdadeiros, nosso nível de ansiedade diminuirá substancialmente. Portanto, no futuro, quando você se sentir ansiosa, pergunte-se "O meu pensamento é correto ou estou exagerando a ameaça ou perigo nessa situação?". Teste-o em relação a realidade. Se houver pouca evidência apoiando o pensamento, proponha uma visão alternativa na qual você possa influir.

DIRETRIZ PARA O TERAPEUTA 6.14

O teste empírico da hipótese é um dos instrumentos clínicos mais poderosos para mudar pensamentos, sentimentos e comportamento ansiosos. Exercícios são planejados para testar a correção das interpretações ansiosas e reforçar a viabilidade de explicações alternativas. Os experimentos comportamentais efetivos requerem planejamento e especificação cuidadosos que sejam derivados da formulação cognitiva de caso. A discussão do resultado e suas implicações é um componente importante dessa intervenção terapêutica.

ESTRATÉGIAS COGNITIVAS NO DESENVOLVIMENTO: AUMENTANDO O ARSENAL CLÍNICO

A abordagem de terapia cognitiva aos transtornos de ansiedade é uma psicoterapia em processo de evolução que estimula novos desenvolvimentos nas intervenções terapêuticas derivadas da pesquisa e experiência clínica. Há quatro novos procedimentos cognitivos que apareceram na literatura clínica que podem ser uma promessa no tratamento dos transtornos de ansiedade. Ao contrário das intervenções cognitivas padrão discutidas na seção anterior, essas novas intervenções ainda estão em fase de desenvolvimento e passando por investigação empírica. Até que se saiba mais sobre sua eficácia e contribuição incremental à terapia cognitiva, elas devem ser utilizadas como estratégias terapêuticas auxiliares quando da condução de terapia cognitiva para ansiedade.

Técnica de treinamento atencional

Wells (2000) introduziu a técnica de treinamento atencional (TTA) como um procedimento terapêutico para modificar a natureza perseverante do processamento autorreferencial. Pensamento repetitivo, altamente persistente é frequentemente visto nos transtornos de ansiedade na forma de preocupação, obsessões ou ruminação ansiosa. A justificativa lógica por trás da TTA é ensinar os indivíduos ansiosos como interromper processamento autoatencional repetitivo que contribui para a manutenção do estado ansioso. Wells (2000) sugere que a TTA pode ser efetiva no alívio de sofrimento emocional (p. ex., ansiedade) enfraquecendo a atenção autocentrada, interrompendo ruminação e preocupação, aumentando o controle executivo sobre a atenção e fortalecendo o processamento metacognitivo.

De acordo com Wells (2000), a TTA consiste em exercícios atencionais auditivos nos quais os pacientes são ensinados a prestar atenção seletiva à ruídos neutros, mudar rapidamente sua atenção entre diferentes sons e dividir sua atenção entre diversos sons. Todo o procedimento leva 10 a 15 minutos da sessão e é praticado em um estado não ansioso. Primeiro, os pacientes são informados da justificativa lógica da TTA. O ponto principal comunicado ao paciente é que a TTA é um procedimento para reduzir a atenção autocentrada que se sabe que intensifica pensamentos e sentimentos ansiosos. O terapeuta pode usar demonstrações específicas para ilustrar os efeitos negativos da atenção autocentrada (p. ex., fazer o paciente focalizar-se intensamente no pensamento ou imagem ansiosa e observar quaisquer mudanças no estado de humor). Após assegurar que a justificativa lógica foi aceita, o terapeuta apresenta uma escala de avaliação de autoatenção na qual os pacientes usam uma escala bipolar de –3 a +3 para indicar o grau com que sua atenção está inteiramente focada em estímulos externos (–3) ou inteiramente autocentrada (+3). Essas avaliações são administradas antes e após a sessão de prática de TTA para assegurar que o exercício de atenção dirigida resultou em uma redução na atenção autocentrada.

No procedimento de TTA real, o terapeuta instrui o paciente a focalizar-se em um ponto na parede. Sentado ao lado do paciente, o terapeuta primeiro o instrui a prestar atenção total e completamente à sua voz. Em seguida, o paciente é instruído a prestar atenção a um som de batida feito pelo terapeuta. Novamente as instruções são para o paciente desviar a atenção de modo a ficar total e completamente refocado no som de batida e não deixar que nenhum outro som o distraia dessa tarefa. Então, o paciente é instruído a prestar atenção a um terceiro som na sala tal como o tique-taque do relógio. Esse procedimento é então repetido para três diferentes sons próximos (p. ex., sons do lado de fora da sala) e para três sons distantes (p. ex., sons da rua).

Após os pacientes terem praticado o foco da atenção em sons diferentes, o terapeuta evoca os diferentes sons e os pacientes são instruídos a mudar a atenção rapidamente entre os sons. Essa mudança de atenção rápida é praticada por alguns minutos. Finalmente, são dadas instruções para ampliar a atenção tentando se concentrar em todos os sons simultaneamente e contar o número de sons ouvidos ao mesmo tempo. Após completar o procedimento de treinamento, o terapeuta obtém *feedback* do paciente. É enfatizado que a direção intencional da atenção é difícil, mas com prática eles se tornarão mais competentes. É prescrita uma tarefa de casa consistindo de 10--15 minutos de prática de TTA duas vezes ao dia. Entretanto, é importante assegurar que os pacientes não usem a TTA para evitar seus pensamentos ansiosos ou para controlar sintomas ansiosos (Wells, 2000).

Uma variação da TTA que provavelmente é mais aplicável aos transtornos de ansiedade é a refocalização atencional situacional (RAS). Na RAS pacientes ansiosos são ensinados a desviar a atenção de um foco interno para informação interna que pode desconfirmar a interpretação relacionada à ameaça. Wells (2000) discute o uso de RAS em conjunto com exposição na qual um indivíduo com fobia social é ensinado como desviar a atenção para informação externa na situação social que interrompa a atenção autocentrada nociva que é frequentemente vista na ansiedade social. Por exemplo, quando um indivíduo com ansiedade social entra em uma situação social temida e se torna excessivamente focado em si mesmo (ou seja, autoconsciente) e no quanto ele se sente mal, ele é instruído a mudar seu foco de atenção e observar a aparência e as expressões faciais de outras pessoas na situação. Observe se essas pessoas realmente estão olhando para você (Wells, 2000). Embora o apoio empírico para a eficácia da TTA ou da RAS ainda seja preliminar, achados de uma série de estudos de caso são promissores (Papageorgiou e Wells, 1998; Wells e Papageorgiou, 1998b; Wells, White e Carter, 1997).

Intervenção metacognitiva

A capacidade de monitorar e regular nosso aparato de processamento de informação é uma função executiva crítica e importante para a adaptação e sobrevivência do ser humano. Nós não apenas avaliamos estímulos externos que invadem nossos sentidos, mas também avaliamos nossos pensamentos e crenças. Flavell (1979) se referiu a essa capacidade de avaliar e regular nossos processos de pensamento como *metacognição* ou "pensamento sobre o pensamento". A metacognição é evidente como um processo cognitivo dinâmico no qual avaliamos os pensamentos, imagens e impulsos que entram no fluxo de consciência, bem como crenças mais resistentes ou o conhecimento sobre cognição e seu controle. Wells (2000) definiu *metacognição* como "qualquer conhecimento ou processo cognitivo que esteja envolvido na apreciação, monitoramento ou controle da cognição" (p. 6).

Uma função importante dos processos metacognitivos é estimular estratégias de controle cognitivo que poderiam levar à intensificação ou mudança no monitoramento interno (percepção consciente) na direção de um determinado pensamento ou para longe dele (Wells, 2000). Como é evidente na revisão do Capítulo 3, a emoção tem um efeito de viés significativo sobre o processamento de informação. É concebível que durante estados ansiosos, crenças metacognitivas sobre ameaça sejam ativadas e processos de monitoramento interno se tornem tendenciosos à detecção e elaboração de pensamento relacionado à ameaça. Exemplos de crenças metacognitivas relevantes à ameaça incluem "Quanto mais pensamentos ansiosos tiver, maior a probabilidade de o resultado temido acontecer", "Eu serei completamente esmagado pela ansiedade se não parar de pensar dessa maneira", "Se eu acho que é perigosa, a situação deve ser perigosa". Por sua vez, essas crenças poderiam levar à ativação de estratégias de controle metacognitivo compensatórias, tais como tentativas de suprimir intencionalmente pensamentos ansiosos, que paradoxalmente causam um aumento na proeminência dos pensamentos indesejados e na manutenção do estado emocional negativo (Wells, 2000, 2009; Wells e Matthews, 2006).

A relevância de uma conceitualização metacognitiva é claramente evidente no TOC e no TAG onde os indivíduos estão envolvidos em avaliações óbvias de seus pensamentos inquietantes indesejados (isto é, obsessões, preocupação) e fazem tentativas desesperadas de controlar as intrusões mentais (ver D. A. Clark, 2004; Wells, 2000, 2009, para mais discussão). Entretanto, crenças, avaliações e estratégias de controle metacognitivas são evidentes na maioria dos transtornos de ansiedade e portanto pode ser importante intervir nesse nível ao oferecer a terapia cognitiva para ansiedade. Há três aspectos da terapia cognitiva no nível metacognitivo que devem ser considerados.

Avaliação metacognitiva

Como primeiro passo, é importante identificar as avaliações, crenças e as estratégias de controle metacognitivas primárias que caracterizam o estado ansioso. Uma vez identificados os principais pensamentos ansiosos automáticos, o terapeuta pode investigar processos metacognitivos da seguinte maneira:

- Quando você tem esse pensamento ansioso (p. ex., "Eu vou arruinar completamente essa entrevista de emprego e nunca vou encontrar um trabalho decente"), o que torna isso um pensamento significativo ou um pensamento ameaçador para você?
- Você está preocupado com alguma consequência negativa de ter tais pensamentos?
- Por que você acha que continua tendo esses pensamentos?
- É possível ter controle sobre eles? Nesse caso, que estratégias de controle funcionam e quais não funcionam para você?

Observe que essa linha de questionamento foca em como o indivíduo avalia a experiência de ter pensamentos ansiosos. No presente exemplo, o paciente pode indicar que está preocupado de que ter tais pensamentos ansiosos antes da entrevista poderia torná-lo mais ansioso e com maior probabilidade de se sair mal. Uma crença metacognitiva relevante poderia ser "Pensar que você arruinará a entrevista torna mais provável que você não consiga o emprego" e "É fundamental ter o controle desse pensamento a fim de fazer uma boa entrevista de emprego". Uma vez identificadas essas crenças e avaliações metacognitivas, a avaliação deve se focar nas estratégias de controle mental reais que um indivíduo poderia empregar para desviar a atenção do pensamento ansioso.

Intervenção metacognitiva

Tendo identificado as avaliações e crenças metacognitivas chave que caracterizam o estado ansioso, o terapeuta cognitivo pode empregar estratégias de reestruturação cognitiva padrões para modificar esse fenômeno cognitivo. Estratégias como busca de evidência, análise de custo-benefício, descatastrofização e teste empírico da hipótese podem ser usadas para mudar processos metacognitivos. A diferença não está nas intervenções, mas, antes, no que é o alvo da mudança. Em nossa discussão anterior essas estratégias cognitivas eram usadas para modificar diretamente as avaliações de ameaça e vulnerabilidade exageradas que caracterizam os estados ansiosos. Na presente discussão essas mesmas estratégias de intervenção são usadas para modificar o "pensamento sobre o pensamento", ou seja, as avaliações e crenças sobre processos de pensamento.

Para ilustrar, um paciente ansioso acredita que "Se eu ficar pensando que vou sofrer um acidente de carro, tenho medo que essa forma de pensar realmente faça isso acontecer" (isto é, fusão pensamento-ação). Como uma intervenção cognitiva o paciente pode ser instruído a examinar a evidência de que acidentes de automóvel são causados por pensamentos ansiosos. Raciocínio indutivo poderia ser usado para explorar como um pensamento pode levar a uma catástrofe física tal como um acidente de automóvel sério. Um exercício comportamental pode-

ria ser estabelecido no qual o paciente observa os efeitos desses pensamentos sobre a forma como dirige ou de outros motoristas. Um levantamento poderia ser feito entre amigos, familiares e colegas de trabalho para determinar quantas pessoas pensaram que sofreriam um acidente e então sofreram um acidente de carro sério. Essas intervenções cognitivas se focariam na modificação das avaliações metacognitivas significativas associadas à "premonição de acidente", a fim de que o indivíduo comece a interpretar tais pensamentos de uma forma mais benigna como "o produto de um motorista altamente cauteloso".

Controle metacognitivo

Uma parte importante da intervenção no nível metacognitivo é levar em consideração as estratégias de controle do pensamento reais usadas para lidar com cognição indesejada. É bem conhecido o fato de que certas respostas de controle, tais como supressão intencional de pensamentos indesejados, ruminação, respostas de autocrítica ou punição, neutralização, busca de reafirmação e interrupção do pensamento são ineficazes na melhor das hipóteses e contraproducentes na pior (para revisão ver D. A. Clark, 2004; Wells, 2000, 2009). O terapeuta cognitivo visa quaisquer respostas de controle ineficazes usadas pelo paciente. Exercícios de reestruturação cognitiva e teste empírico da hipótese podem ser necessários a fim de esclarecer o efeito nocivo de respostas de controle mental idealizadas. Abordagens mais adaptativas ao controle mental tais como substituição de pensamento, distração comportamental, treinamento atencional ou aceitação passiva do pensamento (p. ex., *mindfulness*) podem ser introduzidas de uma forma pragmática a fim de determinar empiricamente para o paciente a estratégia de controle mental mais efetiva para lidar com pensamentos ansiosos indesejados.

Neste momento não temos dados empíricos para indicar que a terapia cognitiva que incorpora uma perspectiva metacognitiva é mais ou menos efetiva do que uma terapia cognitiva mais padrão que foca apenas nos pensamentos automáticos e crenças ansiosos. Como veremos em um capítulo posterior, a abordagem de TCC ao TOC tem um forte foco no nível metacognitivo e uma série de ensaios clínicos demonstraram sua eficácia para o TOC. A experiência clínica sugeriria que a evidência de avaliações, crenças e estratégias de controle metacognitivas errôneas na manutenção de um transtorno de ansiedade do paciente justificaria um foco maior nesses processos na terapia.

Reprocessamento em imaginação e escrita expressiva

Embora recordações de experiências traumáticas passadas sejam um aspecto diagnóstico proeminente do TEPT (DSM-IV-TR; American Psychiatric Association [APA], 2000), as lembranças de experiências altamente ansiosas podem desempenhar um papel chave na manutenção de qualquer transtorno de ansiedade. Na verdade, imagens visuais ameaçadoras de vivências passadas ou de possibilidades antecipadas no futuro são comuns em todos os transtornos de ansiedade (Beck et al., 1985, 2005). Essas fantasias ansiosas ou lembranças passadas são frequentemente uma representação tendenciosa e distorcida da realidade que pode estimular um estado ansioso. Por exemplo, no transtorno de pânico um indivíduo poderia imaginar uma morte horrível por sufocação, uma pessoa com ansiedade social poderia lembrar uma experiência passada de tentar falar em um grupo de pessoas desconhecidas, alguém com TOC poderia ter uma recordação vívida de tocar em alguma coisa bastante repugnante e sentir uma sensação profunda de contaminação ou o indivíduo com TAG poderia imaginar sua vida após vivenciar um desastre financeiro. Em cada um desses casos o terapeuta deve incluir modificação de imagens ou recordações como um objetivo terapêutico do tratamento.

A modificação de recordações ou imagens ansiosas começa com os pacientes for-

necendo um relato completo e detalhado de sua recordação ou fantasia ansiosa. O terapeuta deve evocar todos os pensamentos, crenças e avaliações automáticos relevantes que constituem o viés de interpretação de ameaça tendenciosa da recordação ou do evento antecipado. Descrições de abordagens de revivência de recordações traumáticas na TCC para TEPT sugerem uma série de métodos para aumentar a exposição dos pacientes a recordações traumáticas ou a imagens ansiosas e para lidar com níveis de ansiedade elevados (p. ex., Foa e Rothbaum, 1998; Ehlers e Clark, 2000; Shipherd, Street e Resick, 2006; Taylor, 2006). Ampla discussão e questionamento terapêutico são um passo inicial óbvio na exposição. Isso é seguido por uma solicitação de que os pacientes escrevam uma narrativa da recordação traumática ou catástrofe imaginada (para mais discussão, ver Capítulo 12 sobre TEPT). Essa narrativa deve ser o mais detalhada possível a fim de poder ser usada como base de exposição repetida à recordação traumática (ou seja, revivência da experiência).

Estratégias de reestruturação cognitiva padrão são empregadas para modificar avaliações e crenças errôneas associadas com a recordação ou catástrofe imaginada (Ehlers e Clark, 2000). O objetivo é chegar a uma perspectiva alternativa para a recordação ou fantasia ansiosa que seja mais adaptativa e menos provocadora de ansiedade. Além disso, esforços devem ser feitos para construir uma recordação mais equilibrada da própria experiência traumática que esteja mais próxima da realidade. Para indivíduos que são perturbados por imagens de catástrofe antecipada, mais uma vez um cenário mais realista pode ser desenvolvido. O paciente pode ser encorajado a praticar a substituição da recordação ou fantasia maladaptativa pela alternativa mais adaptativa. Podem ser prescritos exercícios comportamentais que fortaleçam a recordação ou fantasia alternativa e enfraqueçam a recordação traumática ou a imaginação ansiosa. Dado o amplo uso de reestruturação cognitiva e construção de uma perspectiva alternativa, essa forma de intervenção imaginativa é mais bem descrita como uma "intervenção de reprocessamento" (ou seja, um reprocessamento da recordação ou fantasia ansiosa) em vez de simplesmente exposição repetida a um estímulo de medo interno.

A contribuição do reprocessamento da recordação ou em imaginação para a efetividade do tratamento cognitivo para os transtornos de ansiedade é desconhecida. A pesquisa que focou especificamente nos ingredientes ativos da TCC para TEPT indica que a exposição de imagens e a exposição situacional são componentes críticos da efetividade do tratamento (ver revisão por Taylor, 2006). Além disso, Pennebaker (1993) verificou que pensar e falar sobre um evento traumático imediatamente após sua ocorrência é uma fase importante na adaptação natural a eventos traumáticos. Mais recentemente, Pennebaker e colaboradores demonstraram que uma intervenção relativamente breve na qual os indivíduos escrevem seus pensamentos e sentimentos mais profundos sobre um abalo emocional produz benefícios positivos emocionais, comportamentais e físicos incluindo redução nos sintomas depressivos para indivíduos que tendem a suprimir seus pensamentos (p. ex., Gortner, Rude e Pennebaker, 2006; ver Pennebaker, 1997; Smyth, 1998). Esses achados, então, sugerem que a modificação de recordações altamente perturbadoras de vivências passadas ou fantasias de catástrofes futuras é um alvo importante para a intervenção cognitiva quando esse fenômeno desempenha um papel crítico na manutenção de um estado de ansiedade do indivíduo.

Mindfulness (meditação com atenção plena), aceitação, e compromisso

Segal, Williams e Tesdale (2002) descrevem uma intervenção em grupo de oito sessões para indivíduos que se recuperaram de depressão maior visando a reduzir recaída depressiva por meio de treinamento em abordagens de mindfulness que ajudam os indivíduos a "tirar o foco" de seu pensamento negativo. Denominada terapia cognitiva baseada na meditação com atenção plena ou mindfulness (TCBM), a intenção é ensinar aos indivíduos uma forma diferente de tomar consciência e estabelecer relação com seu pensamento negativo. Em vez de se tornar envolvido com suas cognições negativas de uma maneira avaliativa, os indivíduos são ensinados a "tirar o foco" de seus pensamentos, sentimentos e sensações corporais. Ou seja, pensamentos negativos devem ser observados e descritos, mas não avaliados (Segal, Teasdale e Williams, 2005). Os participantes do grupo são ensinados a focar sua atenção total em sua experiência do momento de maneira não crítica. Sessões de grupo de 2 horas durante oito semanas orientam os participantes em exercícios que aumentam momento a momento a consciência não crítica de sensações corporais, pensamentos e sentimentos. A tarefa de casa diária em exercícios de consciência plena é um componente crítico do tratamento. O fundamento lógico por trás das abordagens de mindfulness é que uma abordagem não crítica "que tira do foco" neutralizará os padrões automáticos de processamento cognitivo-afetivo que podem levar à recaída depressiva (Segal et al., 2005).

Embora ensaios clínicos sobre a eficácia da TCBM estejam em um estágio preliminar, há evidências de que a intervenção pode reduzir significativamente as taxas de recaída depressiva naqueles com três ou mais episódios anteriores de depressão maior comparado com uma condição de tratamento como usual (Ma e Teasdale, 2004; Teasdale et al., 2000). Além disso, a TCBM foi mais efetiva na prevenção de recaída/recorrência de episódios que não estavam relacionados a vivências de vida negativas. Visto que a TCBM é uma adaptação da mindfulness de Jon Kabat-Zinn que foi amplamente utilizada na Universidade de Massachuetts para redução de estresse, dor e ansiedade, existe uma relevância óbvia para o tratamento de transtornos de ansiedade (ver Germer, 2005; Kabat-Zinn, 1990, 2005; Kabat-Zinn et al., 1992). Em um estudo piloto, 14 pacientes com transtorno de pânico e oito com TAG receberam durante 8 semanas um programa em grupo de redução de estresse e relaxamento baseado na *mindfulness* (Kabat-Zinn et al., 1992). Vinte paciente apresentaram redução significativa nos escores do BAI e de Ansiedade de Hamilton no pós-tratamento e uma diminuição significativa nos ataques de pânico. Embora esses achados preliminares sejam encorajadores, serão necessários diversos ensaios clínicos controlados randomizados antes que a implicação total das intervenções de *mindfulness* para neutralizar cognição ansiosa e reduzir estados de ansiedade seja conhecida.

A terapia de aceitação e compromisso (TAC), introduzida pelo Dr. Steven Hayes, é uma perspectiva psicoterapêutica ligada ao behaviorismo radical pós-skinneriano que se foca mais no contexto e função de fenômenos psicológicos (ou seja, cognição) do que em sua forma e conteúdo (Hayes, 2004). A TAC é baseada em uma filosofia subjacente de contextualismo funcional no qual a função do fenômeno (p. ex., um pensamento preocupante) é entendida em termos de todo o organismo interagindo dentro de um contexto histórico e situacional (Hayes, 2004; Hayes, Strosahl e Wilson, 1999). O objetivo do contextualismo funcional é a previsão e influência de eventos que levam à flexibilidade psicológica, ou seja, a capacidade de mudar ou persistir com comportamentos funcionais que servem a finalidades valorizadas (Hayes, 2004). A seguir há uma breve descrição dos seis processos terapêuticos centrais na TAC (para discussão mais detalhada, ver Hayes, Follette e Linehan, 2004; Hayes e Strosahl, 2004; Hayes, Strosahl, Buting, Twohig e Wilson, 2004; Hayes et al., 1999).

- *Aceitação* – uma abertura à experimentar pensamentos e sentimentos com consciência não crítica; a acolher pensamentos e sentimentos como eles são em vez de como eventos que devem ser controlados ou mudados. Os pacientes aprendem por meio de vários exercícios experienciais e de *mindfulness* a aceitar psicologicamente mesmo seus pensamentos, sentimentos e sensações corporais mais intensos.
- *Desfusão cognitiva* – refere-se ao processo de objetivar os pensamentos de modo que eles sejam vistos meramente como pensamentos e não mais como fundidos com o indivíduo ou a experiência pessoal. Uma variedade de técnicas podem ser usadas para ajudar os pacientes a se desfundir ou se separar do significado literal dos pensamentos, tal como os pacientes verbalizarem repetidamente um pensamento difícil até que ele seja meramente ouvido sem significado ou avaliação, ou ver os pensamentos como objetos externos sem uso ou envolvimento (Luoma e Hayes, 2003).
- *Eu como contexto* – a TAC se foca em ajudar os pacientes a abandonar seu vínculo a um indivíduo conceitualizado como doentio e assumir um senso de si mesmo transcendente por meio de uma variedade de técnicas de *mindfulness* /meditação, exercícios experienciais e metáforas (Hayes, Follette, et al., 2004).
- *Estar presente* – isso se refere à promoção de uma consciência ativa, aberta, efetiva e não crítica ou contato com o momento presente em vez de fusão e evitação que interferem no "estar presente no momento".
- *Valores* – os pacientes são encorajados a selecionar e esclarecer seus valores de vida fundamentais que podem ser descritos como "qualidades escolhidas por ação intencional" (Hayes, Follette, et al., 2004). Por exemplo, pode ser perguntado aos pacientes o que eles gostariam de ver escrito em sua lápide.
- *Ação de compromisso* – isso envolve escolher metas específicas e então assumir responsabilidade por mudanças comportamentais, adaptando e persistindo com padrões comportamentais que levarão às metas desejadas. Várias estratégias de intervenção como psicoeducação, solução de problema, tarefa de casa comportamental, treinamento de habilidades e exposição podem ser usadas para alcançar a ação comprometida (Hayes, Follette, et al., 2004).

Há diferenças fundamentais entre TAC e terapia cognitiva na visão de ambas de *cognição*. Na terapia cognitiva, o termo *cognição* se refere a um processo de pensamento, enquanto a TAC a considera um comportamento privado e portanto se foca em mudar sua função mais do que seu conteúdo (Hofmann e Asmundson, 2008). Além disso, Hofmann e Asmundson (2008) observaram que as duas abordagens diferem em sua estratégia de regulação da emoção, com a terapia cognitiva enfatizando mudança nos antecedentes de emoção e a TAC focando na evitação da experiência ou no aspecto de resposta da regulação da emoção. Isso leva a diferenças fundamentais na abordagem terapêutica, com a TAC usando *mindfulness* e outras estratégias para ensinar uma abordagem não avaliativa, não critica a pensamentos negativos que encorajam sua aceitação e integração a uma ampla variedade de ações (Luoma e Hayes, 2003). Naturalmente, a terapia cognitiva enfatiza a avaliação e correção de conteúdo de pensamento negativo por meio de estratégias de intervenção cognitivas e comportamentais.

De acordo com a TAC, o principal problema nos transtornos de ansiedade é a evitação da experiência, ou seja, uma relutância em vivenciar a ansiedade incluindo seus pensamentos, sentimentos, comportamentos e sensações corporais (Orsillo, Roemer, Lerner e Tull, 2004). Como resultado, indivíduos ansiosos lutam contra sua ansiedade, apelando para estratégias de controle externo e interno ineficazes e vãos, bem como para fuga e evitação, para aliviar a ansiedade inaceitável. O objetivo da TAC é a redução da evitação da experiência, que impede o alcance de metas valorizadas ensinando à pessoa ansiosa a aceitação da experiência definida como "uma disposição a vivenciar eventos internos, tais como pensamentos, sentimentos, recordações e reações fisiológicas, a fim de participar em experiências que são consideradas importantes e significativas" (Orsillo et al., 2004, p. 76).

Orsillo e colaboradores descrevem uma intervenção de TAC/ *mindfulness* individual de 16 sessões para TAG que promove a acei-

tação experiencial da ansiedade por meio de *mindfulness*, aceitação, desfusão cognitiva, meditação, relaxamento e automonitoramento. Além disso, uma ênfase é dada à definição de valores de vida que foram impedidos pela evitação da vivência e ao compromisso com mudanças comportamentais que se focam em atividades valorizadas de modo que o indivíduo se comporte mais intencionalmente do que reativamente. Em um ensaio clínico aberto, Roemer e Orsillo (2007) relataram que a TAC levou a reduções significativas em escalas de gravidade de TAG, preocupação, ansiedade geral e sintomas de estresse que foram mantidas nos 3 meses de seguimento. Twohig, Hayes e Masuda (2006) utilizaram um delineamento de pesquisa de base múltipla entre participantes envolvendo oito sessões semanais de 1 hora de TAC para demonstrar a efetividade do tratamento em quatro indivíduos com TOC. Entretanto, uma metanálise recente de várias terapias da "terceira onda", incluindo TAC, concluiu que a média dos tamanhos de efeito foram apenas moderados, que os resultados não tiveram o rigor metodológico visto na TCC e, portanto, não satisfizeram os critérios para tratamentos embasados empiricamente (Öst, 2008). Pode ser que um foco maior no treinamento da pessoa ansiosa para adotar uma perspectiva de aceitação e distanciamento benignos, não avaliativos sobre o pensamento ansioso tenha utilidade clínica no tratamento de transtornos de ansiedade, mas essa conclusão deve aguardar os resultados de pesquisas de desfecho de tratamento mais rigorosas.

DIRETRIZ PARA O TERAPEUTA 6.15

O treinamento atencional pode ser usado para interromper atenção autocentrada aumentada, enquanto as estratégias de reestruturação cognitiva podem ser redirecionadas para a modificação de processos metacognitivos e estratégias de controle de pensamento errôneos. O reprocessamento em imaginação e a escrita expressiva podem ser úteis para modificar recordações de vivências traumáticas passadas ou catástrofes

> futuras imaginadas, enquanto *mindfulness* e a desfusão cognitiva derivadas da TAC podem ser usadas para ensinar aos pacientes uma abordagem não avaliativa, mais imparcial às cognições ansiosas. Embora promissoras, essas abordagens não têm a base clínica e empírica forte das intervenções cognitivas padrão para ansiedade.

RESUMO E CONCLUSÕES

A modificação das avaliações exageradas de ameaça, vulnerabilidade e busca de segurança é o objetivo primário da terapia cognitiva para transtornos de ansiedade. Este capítulo apresentou as principais estratégias cognitivas que incluem protocolos de tratamento cognitivo desenvolvidos para os transtornos de ansiedade específicos. Essas estratégias são inteiramente consistentes com o modelo cognitivo de ansiedade (ver Figura 2.1) e visam as cognições errôneas identificadas na formulação de caso.

O objetivo de qualquer intervenção cognitiva é a desativação dos esquemas de ameaça hipervalentes e o aumento na ativação de crenças mais adaptativas e realistas sobre a ameaça e a capacidade percebida de lidar com as preocupações ansiosas. Isso é conseguido mudando o foco do paciente do conteúdo da ameaça para as avaliações e crenças errôneas que são a base do estado ansioso. Avaliações exageradas da probabilidade e gravidade da ameaça são visadas, bem como as avaliações aumentadas de vulnerabilidade pessoal e necessidade de buscar segurança. As intervenções cognitivas também buscam aumentar a autoeficácia pessoal para lidar com a ansiedade normalizando a resposta ao medo e estimulando uma perspectiva mais adaptativa sobre o equilíbrio entre risco e segurança.

Uma descrição detalhada foi fornecida sobre como desenvolver as principais estratégias cognitivas que definem essa abordagem de tratamento à ansiedade. Educar os pacientes no modelo cognitivo de ansiedade é um primeiro passo importante no estabelecimento da colaboração terapêutica e do compromisso com o tratamento. Ensinar habilidades de automonitoramento na identificação de pensamentos e avaliações ansiosos automáticos, embora crítico para o sucesso da terapia cognitiva, pode ser especialmente difícil, dado o estado ansioso aumentado e a especificidade situacional da ansiedade. Entretanto, uma vez estabelecida uma consciência das avaliações de ameaça exageradas, estratégias de reestruturação cognitiva, tais como busca de evidência, análise de custo-benefício e descatastrofização podem ser utilizadas para enfrentar os esquemas ansiosos.

Ensinar o indivíduo ansioso a se tornar muito mais consciente de erros cognitivos e raciocínio indutivo errôneo durante períodos de ansiedade intensa ajuda a estimular uma atitude mais crítica em relação ao próprio estilo de pensamento ansioso. A formulação de perspectivas alternativas sobre situações e preocupações ansiosas que mantêm uma aproximação mais estreita com a realidade oferece um contraponto para a avaliação de ameaça e vulnerabilidade exagerada que caracteriza a ansiedade. Entretanto, o instrumento mais poderoso no arsenal do terapeuta cognitivo é o experimento comportamental ou exercício de teste empírico da hipótese. Os exercícios comportamentais fornecem aos pacientes dados experienciais que refutam os esquemas de ameaça e vulnerabilidade e apoiam uma perspectiva adaptativa alternativa. Um Resumo de Referência Rápida é fornecido no Apêndice 6.6 para lembrar ao profissional das várias estratégias cognitivas disponíveis para intervenção terapêutica.

APÊNDICE 6.1

Lista selecionada de manuais de tratamento de autoajuda que podem ser prescritos ao educar o paciente no modelo cognitivo e no tratamento de ansiedade

1. Abramowitz, J. S. (2009). *Getting over OCD: A 10-step workbook for taking back your life.* New York: Guilford Press.

2. Antony, M. M., & McCabe, R. E. (2004). 10 *simple solutions to panic: How to overcome panic attacks, calm physical symptoms and reclaim your life.* Oakland, CA: New Harbinger.

3. Antony, M. M., & Norton, P. J. (2008). *The anti-anxiety workbook: Proven strategies to overcome worry, phobias, panic and obsessions.* New York: Guilford Press.

4. Antony, M. M., & Swinson, R. P. (2000b). *The shyness and social anxiety workbook: Proven techniques for overcoming your fears.* Oakland, CA: New Harbinger.

5. Barlow, D. H., & Craske, M. G. (2007). *Mastery of your anxiety and panic: Workbook* (4th ed.). Oxford, UK: Oxford University Press.

6. Butler, G., & Hope, T. (2007). *Managing your mind: The mental fitness guide.* Oxford, UK: Oxford University Press.

7. Clark, D. A., & Beck, A. T. (2010). *Defeat fear and anxiety: A cognitive therapy workbook.* Manuscrito em preparação. Department of Psychology, University of New Brunswick, Canadá.

8. Craske, M. G., & Barlow, D. H. (2006). *Mastery of your anxiety and worry: Workbook* (2nd ed.). Oxford, UK: Oxford University Press.

9. Hope, D. A., Heimberg, R. G., Juster, H. R., & Turk, C. L. (2000). *Managing social anxiety: A cognitive-behavioral therapy approach. Client workbook.* Oxford, UK: Oxford University Press.

10. Hope, D. A., Heimberg, R. G., & Turk, C. L. (2006). *Managing social anxiety: A cognitive-behavioral therapy approach.* Oxford, UK: Oxford University Press.

11. Kabat-Zinn, J. (1990). *Full catastrophe living: Using the wisdom of your body and mind to face stress, pain, and illness.* New York: Bantam Dell.

12. Leahy, R. L. (2005). *The worry cure: Seven steps to stop worry from stopping you.* New York: Harmony Books.

13. Leahy, R. L. (2009). *Anxiety free: Unravel your fears before they unravel you.* Carlsbad, CA: Hay House.

14. Purdon, C., & Clark, D. A. (2005). *Overcoming obsessive thoughts: How to gain control of your OCD.* Oakland, CA: New Harbinger.

15. Rygh, J. L., & Sanderson, W. C. (2004). *Treating generalized anxiety disorder: Evidenced-based strategies, tools, and techniques.* New York: Guilford Press.

TESTE DE AVALIAÇÕES ANSIOSAS: BUSCA DE EVIDÊNCIAS

Nome: _____ Data: _____

1. Declare resumidamente o pensamento ou avaliação ansiosa:

2. Declare o quanto este desfecho lhe parece provável quando você está mais ansioso(a) de 0% (não acontecerá) a 100% (é certo): ____%

3. Declare o quanto o desfecho lhe parece sério quando você está ansioso(a) de 0 (não é sério) a 100% (uma catástrofe): _____%

Evidências em favor do pensamento ou avaliação ansiosa	Evidências contra o pensamento ou avaliação ansiosa
1.	1.
2.	2.
3.	3.
4.	4.
5.	5.
6.	6.

*Use páginas adicionais para listar evidências a favor e contra.

4. Declare o quanto esse desfecho lhe parece provável após examinar a evidência de 0% (não acontecerá) a 100% (é certo): ___ %

5. Declare o quanto o desfecho lhe parece sério após examinar a evidência de 0 (não é sério) a 100% (uma catástrofe): _____ %

APÊNDICE 6.3

FORMULÁRIO DE CUSTO-BENEFÍCIO

Nome: _____ Data: _____

1. *Declare resumidamente o pensamento, crença ou avaliação ansiosa:* _____

Vantagens imediatas e de longo prazo	Desvantagens imediatas e de longo prazo
1. _____	1. _____
2. _____	2. _____
3. _____	3. _____
4. _____	4. _____
5. _____	5. _____
6. _____	6. _____

*Circule os custos e benefícios que são mais importantes para você.

2. *Declare resumidamente uma perspectiva alternativa:* _____

Vantagens imediatas e de longo prazo	Desvantagens imediatas e de longo prazo
1. _____	1. _____
2. _____	2. _____
3. _____	3. _____
4. _____	4. _____
5. _____	5. _____
6. _____	6. _____

*Circule os custos e benefícios que são mais importantes para você.

APÊNDICE 6.4

FORMULÁRIO DE INTERPRETAÇÕES ALTERNATIVAS

Nome: _____ Data: _____

1. Declare resumidamente o desfecho mais temido (pior cenário) associado com sua ansiedade: _____

2. Declare resumidamente o desfecho mais desejável (melhor cenário possível) associado com sua ansiedade: _____

3. Declare resumidamente o desfecho mais realístico (provável) associado com sua ansiedade: _____

Evidências em favor do desfecho temido (visão catastrófica)	Evidências em favor do desfecho mais desejado (meta mais desejada)	Evidências em favor do desfecho mais provável (visão alternativa)
1.	1.	1.
2.	2.	2.
3.	3.	3.
4.	4.	4.
5.	5.	5.

APÊNDICE 6.5

FORMULÁRIO DE TESTE EMPÍRICO DA HIPÓTESE

Nome: _____ Data: _____

1. Declare a interpretação da ameaça associada com sua ansiedade: _____

2. Declare a interpretação alternativa proposta na terapia: _____

3. Declare a hipótese (desfecho previsto) para esse exercício: _____

Descrição do exercício	Registre como o exercício foi conduzido	Descreva o resultado do exercício

APÊNDICE 6.6

RESUMO DE REFERÊNCIA RÁPIDA DO CAPÍTULO 6: INTERVENÇÕES COGNITIVAS

I. **Fase de educação** (sessões 1-2)
Defina ansiedade e medo; medo adaptativo; a base cognitiva da ansiedade (folheto Fig. 6.1) e use exemplos do paciente da avaliação; consequências negativas da ansiedade; papel de evitação e busca de segurança (use exemplos do paciente); estabeleça metas de tratamento e a justificativa lógica da TC (desligar, desativar o "programa de ansiedade").

II. **Identificação dos primeiros pensamentos apreensivos** (sessões 2-3)
1. Revise o "Formulário de Análise Situacional" do paciente (Apêndice 5.2); investigue o primeiro pensamento ansioso automático e imediato. Se necessário use ilustração de "caminhar sozinho e ouvir um ruído".
2. Enfatize a probabilidade e gravidade exageradas das avaliações de ameaça no primeiro pensamento ansioso.
3. Prescreva o "Formulário de Automonitoramento de Pensamentos Apreensivos" (Apêndice 5.4) como tarefa de casa.
4. Enfatize a importância da tarefa de casa (ver explicação no Capítulo 6, páginas 205-206) e os benefícios terapêuticos de entender a própria ansiedade.

III. **Intervenções cognitivas padrões** (sessões 3 ao final)
1. *Busca de evidência* – primeiro use na sessão o formulário "Teste de Avaliações Ansiosas: Busca de Evidências" (Apêndice 6.2); use episódio de ansiedade do paciente da semana anterior ou do "Formulário de Análise Situacional". Prescreva o formulário "Teste de Avaliações Ansiosas" como tarefa de casa.
2. *Análise de custo-benefício* – use primeiro na sessão o "Formulário de Custo-Benefício" (Apêndice 6.3); liste primeiro as vantagens/desvantagens da "perspectiva de ameaça" e então repita para "perspectiva alternativa".
3. *Descatastrofização* – explore com o paciente seu pior resultado; passe por preparação, descrição da catástrofe e estágio de solução do problema; faça o paciente imaginar o pior resultado possível ou escrever sua descrição.
4. *Identificação de erros de pensamento* – forneça ao paciente o folheto de "Erros e Vieses Comuns na Ansiedade" (Apêndice 5.6) e revise pensamentos ansiosos recentes para possíveis erros; prescreva "Identificação de Erros de Pensamento Ansiosos" como tarefa de casa.
5. *Geração de explicação alternativa* – primeiro trabalhe gerando pensamento alternativo para episódio ansioso recente; use o "Formulário de Interpretações Alternativas" (Apêndice 6.4); elabore a evidência para pior resultado, então resultado mais desejado e, finalmente, resultado mais realista. Prescreva como tarefa de casa se outra preocupação ansiosa for evidente.
6. *Teste empírico da hipótese (tarefa de casa)* – forneça a base lógica; especifique declaração específica da avaliação da ameaça e sua alternativa concorrente; planeje o experimento (escreva as instruções); o paciente usa o "Formulário de Teste Empírico da Hipótese" (Apêndice 6.5) para registrar o experimento real (escreva interpretação da ameaça, alternativa e resultado esperado ao construir o experimento); explore o resultado do experimento nas sessões seguintes (fase de consolidação); escreva um resumo de conclusões sobre o experimento para o paciente.

IV. **Intervenções cognitivas alternativas** (última parte da terapia)
1. *Técnica de treinamento atencional (TTA)* – neutralize a atenção autocentrada, ruminação e preocupação; atenção treinada para três sons neutros no consultório, então três sons fora do consultório, então três sons distantes, use a escala de avaliação da TTA após cada um; o terapeuta evoca diferentes sons para praticar atenção alternada; prescrição de tarefa de casa é 10-15 minutos de prática de TTA duas vezes ao dia.

(continua)

APÊNDICE 6.6 (continuação)

2. *Intervenção metacognitiva* – avalie se o paciente se absorveu em avaliações e crenças errôneas sobre seus pensamentos; use intervenções cognitivas padrão para contestar as avaliações e crenças metacognitivas; encoraje o término de quaisquer estratégias de controle de pensamento contraproducentes; permita que o pensamento ansioso "desapareça naturalmente".
3. *Reprocessamento em imaginação e escrita expressiva* – faça o paciente gerar um roteiro ou imagens de fantasias ou recordações traumáticas ou perturbadoras; desenvolva uma versão alternativa, mais adaptativa e exponha repetidamente; o paciente é instruído a escrever uma descrição detalhada dos pensamentos e sentimentos associados a recordação ou imagem perturbadora passada na forma de escrita expressiva.
4. *Mindfulness e aceitação* – utilize exercícios de automonitoramento e *mindfulness* para treinar os pacientes em uma aceitação não crítica, observacional e objetiva de pensamentos, sentimentos e sensações corporais ansiosos a fim de reduzir a evitação da ansiedade.

7

Intervenções comportamentais: uma perspectiva cognitiva

Coragem é resistência ao medo,
domínio do medo – não ausência de medo.
Mark Twain (escritor e humorista
norte-americano do século XIX, 1835-1910)

Maria lutava contra grave e incapacitante fobia social generalizada desde os 13 anos. Após 18 anos de resposta insatisfatória a vários tipos de medicamento, hospitalização e tentativas infrutíferas com diferentes psicoterapeutas, o transtorno de ansiedade de Maria tinha piorado a um ponto em que ela estava praticamente confinada à casa, incapaz de trabalhar ou socializar-se de uma forma significativa. Embora houvesse evidência de um transtorno bipolar I comórbido no passado, a ansiedade social é que foi o diagnóstico primário na época da avaliação. Ela não satisfazia os critérios diagnósticos para mania ou depressão atual, portanto a intervenção focou em seus sintomas de ansiedade social e ataques de pânico associados.

Maria tinha um medo intenso da avaliação negativa dos outros, especialmente familiares. Ela se preocupava que olhassem para ela e concluíssem que ela "não era nada" devido a sua aparência física medíocre ou porque ela tinha feito tão pouca coisa com sua vida. Ela se tornou preocupada com sua aparência física e vestimentas, tinha medo que

os outros pensassem que ela estava usando um "traje horrível" e portanto concluíssem que ela incapaz de cuidar de si mesma. Ela desenvolveu um medo intenso de encontrar pessoas com quem conviveu no passado pois temia que se lembrassem de seu comportamento inadequado durante episódios maníacos anteriores e isso contribuísse para um severo julgamento por parte deles. Quando em locais públicos, Maria frequentemente experimentava ataques de pânico que incluíam dor no peito, entorpecimento, sensações de sufocação, tontura e palpitações cardíacas.

Na tentativa de reduzir seu estado de ansiedade aumentado, Maria desenvolveu uma série de estratégias de enfrentamento comportamentais. Ela evitava todos os encontros sociais e a maioria dos lugares públicos, deixando-a praticamente confinada à casa. Passava horas se arrumando de manhã a fim de parecer "perfeita", checava compulsivamente sua aparência no espelho e buscava reafirmação de familiares sobre se ela parecia elegante e asseada. Estava convencida de que se parecesse perfeita, as pessoas pensariam que ela era competente e isso a faria se sentir mais confiante e menos ansiosa. Quando começava a sentir pânico na presença de outras pessoas, Maria iniciava uma forma exagerada de controle da respiração que era tão extrema que os outros não podiam deixar de perceber um padrão de respiração tão incomum que beirava a hiperventilação. Ela também era tão focada internamente em sua ansiedade, que tinha dificuldade em manter uma conversa. Envolvia-se em longo processamento pós-evento durante o qual passava um tempo considerável ruminando sobre seu desempenho em uma situação social. No final, se saía tão mal em encontros sociais devido ao aumento da sua ansiedade, pânico e preocupação. Essa batalha diária contra a ansiedade e a incompetência social percebida deixava Maria se sentindo desesperançada e pessimista, esvaziada de toda autoconfiança e autoestima.

Esse caso fornece uma boa ilustração da importância da mudança de comportamento para aliviar transtornos de ansiedade. Evitação, checagem compulsiva, busca de reasseguramento, hiperventilação e déficits de habilidades sociais eram apenas algumas das respostas comportamentais maladaptativas que realmente contribuíam para a manutenção da ansiedade social de Maria. Era evidente pela formulação de caso que uma intervenção cognitiva efetiva deve se focar na mudança comportamental. Exposição gradual, experimentação comportamental e treinamento de habilidades sociais por meio do uso de *feedback* filmado e dramatizações seriam ingredientes terapêuticos críticos em seu plano de tratamento.

Neste capítulo discutimos o papel das intervenções comportamentais na terapia cognitiva para transtornos de ansiedade. Começamos considerando a importância de estratégias comportamentais na terapia cog-

nitiva da ansiedade e como essas intervenções são reestruturadas para facilitar a mudança nos pensamentos e crenças ansiosos. A atenção é voltada para a exposição como a intervenção isolada mais efetiva para mudança terapêutica entre os transtornos de ansiedade. Diretrizes e procedimentos gerais para o desenvolvimento do tratamento baseado em exposição são considerados juntamente com suas três áreas de foco principal: situações, uso de imagens e sensações físicas. Consideramos, então, a importância da prevenção de resposta na eliminação de busca de segurança maladaptativa e de outras formas de respostas de enfrentamento ineficazes. Relaxamento e treinamento da respiração são discutidos como possíveis elementos suplementares da terapia cognitiva para ansiedade.

IMPORTÂNCIA DA INTERVENÇÃO COMPORTAMENTAL

Dada a proeminência de respostas de fuga e evitação na maioria das formas de ansiedade patológica, não é surpresa que a mudança comportamental seja um aspecto crítico da terapia cognitiva para ansiedade. Beck e colaboradores (1985, 2005) dedicaram um capítulo inteiro a estratégias comportamentais e a mudança comportamental é enfatizada em protocolos de TCC para transtornos de ansiedade específicos como pânico (D. M. Clark, 1997; Craske e Barlow, 2001), fobia social (D. M. Clark, 2001; Rapee e Heimberg, 1997), TOC (D. A. Clark, 2004; Rachman, 2006; Salkovskis, 1999; Salkovskis e Wahl, 2003), e TEPT (Ehlers e Clark, 2000; Taylor, 2006). Além disso, a pesquisa clínica indica que intervenções comportamentais como exposição e prevenção de resposta têm seus próprios efeitos significativos diretos sobre a redução da ansiedade (Abramowitz, Franklin e Foa, 2002; Fava, Zielezny, Savron e Grandi, 1995; Feske e Chambless, 1995; Riggs, Cahill e Foa, 2006). Portanto, as estratégias de intervenção comportamental são um ingrediente terapêutico central da terapia cognitiva para ansiedade.

Perspectiva cognitiva sobre intervenções comportamentais

Na terapia cognitiva, estratégias comportamentais são empregadas como intervenções para modificar avaliações e crenças de ameaça e segurança errôneas. Portanto, o terapeuta cognitivo conceitua atribuições de orientação comportamental de modo bastante diferente de uma perspectiva estritamente comportamental. Em vez de ver as intervenções comportamentais em termos de fortalecimento de inibição ou habituação de uma resposta de ansiedade, a terapia cognitiva vê as intervenções em termos de seu efeito sobre a mudança da cognição relacionada à ameaça, que por sua vez levará a uma redução nos sintomas de ansiedade. Essa reconceituação cognitiva do tratamento comportamental tem diversas implicações práticas em como as intervenções comportamentais são desenvolvidas nos seguintes passos. (Ver seção sobre teste empírico da hipótese no capítulo anterior para uma discussão de questões relacionadas ao uso de intervenções comportamentais na terapia cognitiva.)

Justificativa lógica

Como com qualquer intervenção terapêutica, deve ser fornecido ao paciente uma justificativa lógica para a prescrição comportamental que é baseada no modelo cognitivo de ansiedade apresentado durante a fase psicoeducativa do tratamento (ver Figura 6.1). Há duas ideias fundamentais sobre intervenções comportamentais que devem ser comunicadas aos pacientes. Primeiro, o terapeuta cognitivo explica que uma das formas mais efetivas de mudar o pensamento ansioso é por meio da experiência direta com situações provocadoras de ansiedade. Em nosso exemplo foi explicado para Maria que a experiência que ela obteve da exposição a situações sociais reais foi a forma mais eficiente de aprender se as outras pessoas a estavam avaliando tão rigorosamente quanto ela imaginava.

Segundo, uma justificativa lógica cognitiva para intervenções comportamentais deve incluir uma discussão de estratégias de enfrentamento comportamentais potencialmente maladaptativas. É explicado que a modificação dessas estratégias de enfrentamento é um componente essencial da terapia cognitiva. Outra razão para intervenções comportamentais, então, é a modificação de respostas de enfrentamento disfuncionais e a aquisição de respostas mais efetivas que levarão a uma redução na ansiedade.

Identificação do pensamento/crença alvo

O terapeuta cognitivo sempre introduz uma intervenção comportamental como um meio para alcançar a mudança cognitiva. Portanto, um pensamento, avaliação ou crença ansiosa específica é identificada como o alvo primário para a intervenção comportamental. A fim de que o exercício comportamental seja efetivo, o paciente deve ter claro o pensamento ou crença ansiosa que está sob avaliação na intervenção. Para Maria, três crenças centrais eram particularmente críticas em sua terapia cognitiva: "Se acontecer de eu encontrar pessoas conhecidas, elas considerarão que tenho pouco valor, que sou um verdadeiro fracasso na vida", "Pessoas conhecidas me verão como emocionalmente instável porque lembrarão meu comportamento 'louco' quando eu estava maníaca", e "Se minha aparência física for perfeita, as pessoas pensarão que sou mais competente e estou sob controle".

Prescrição comportamental

O paciente sempre recebe a informação específica sobre como realizar um exercício comportamental, alguma coisa análoga a uma prescrição comportamental. Deve ser elaborada uma planilha indicando quando fazer o exercício, onde e por quanto tempo. Deve-se deixar claro se há restrições sobre o uso de sinais de segurança (p. ex., um indivíduo com agorafobia pode levar um amigo em que confie para o *shopping*, mas deve ficar 30 minutos sozinho lá). Além disso, o terapeuta deve conversar com o paciente que respostas de enfrentamento são consideradas saudáveis durante a realização do exercício comportamental e que respostas arruinariam o sucesso da intervenção (ver seção sobre planejamento de experimentos comportamentais no capítulo anterior.)

Automonitoramento

Os pacientes devem registrar o resultado de qualquer exercício comportamental realizado como uma tarefa de casa. Formas específicas de automonitoramento devem ser usadas, tais como os formulários de avaliação ou de registro de pensamento reproduzidos nos apêndices dos Capítulos 5 e 6 ou os formulários comportamentais que podem ser encontrados adiante neste capítulo. Embora alguns pacientes insistam em manter registros menos formais, mais abertos de sua tarefa de casa, é importante que seja registrada informação suficiente que permita uma avaliação da tarefa comportamental (ver capítulo anterior sobre registro de experimentos comportamentais).

Avaliação

O acompanhamento pós-intervenção talvez seja o componente mais crítico do exercício comportamental na terapia cognitiva. O terapeuta deve revisar em detalhe a informação registrada no formulário de automonitoramento. É fundamental esclarecer como a experiência do paciente com a intervenção comportamental desconfirmou a avaliação ansiosa e auxiliou na interpretação alternativa. Isso poderia ainda ser escrito como um "cartão de enfrentamento" que os pacientes usam para neutralizar seus pensamentos ansiosos em episódios ansiosos subsequentes.

Em nosso exemplo, Maria foi instruída a acompanhar uma amiga a um café e se sentar com ela por pelo menos 20 minutos enquanto tomavam uma bebida e conversavam sobre seu cotidiano. Maria foi instruída a automonitorar seu nível de ansiedade durante toda a tarefa comportamental, prestando particular atenção a seus pensamentos automáticos e a quaisquer sinais sociais que ela captasse das pessoas à sua volta. Ela fez duas observações importantes. Primeiro, sua ansiedade aumentou ainda mais quando ficou cada vez mais preocupada com seu estado ansioso interno e se preocupou que os outros perceberiam que ela parecia desconfortável. Segundo, não houve evidência objetiva de que alguém a notara no café. Ninguém estava olhando para ela ou demonstrou o menor interesse em sua presença. Portanto, o experimento comportamental desconfirmou sua crença maladaptativa de que sua ansiedade se devia ao outros olhando para ela, de ser o "centro da atenção deles", e apoiou a explicação alternativa de que sua ansiedade se devia a atenção autocentrada aumentada sobre seu estado interno. Com base nos resultados dessa prescrição, a terapia então se focou em várias estratégias cognitivas para neutralizar os efeitos nocivos da atenção autocentrada aumentada quando em situações sociais.

> **DIRETRIZ PARA O TERAPEUTA 7.1**
>
> As intervenções comportamentais são um ingrediente terapêutico crítico da terapia cognitiva da ansiedade. Essas intervenções são usadas para testar diretamente os pensamentos e crenças disfuncionais que mantêm a ansiedade. As intervenções comportamentais são introduzidas cedo no tratamento e usadas durante toda a terapia de uma forma altamente estruturada e organizada como demonstrações nas sessões e nas tarefas de casa entre as sessões.

INTERVENÇÕES DE EXPOSIÇÃO

Exposição envolve a apresentação sistemática, repetida e prolongada de objetos, situações ou estímulos (internos ou externos) que são evitados devido a suas propriedades provocadoras de ansiedade. A efetividade da exposição *in vivo* foi claramente demonstrada para transtorno de pânico, com a exposição situacional que é essencial quando evitação agorafóbica está presente (van Balkom, Nauta e Bakker, 1995; Gould, Otto e Pollack, 1995). Além disso, a exposição é uma estratégia de intervenção efetiva para TOC (ver Foa, Franklin e Kozak, 1998; Foa e Kozak, 1996), fobia social (Heimberg e Juster, 1995), e TEPT (Foa e Rothbaum, 1998; Riggs et al., 2006). A exposição, então, é um dos instrumentos terapêuticos mais poderosos disponíveis ao terapeuta para a redução de medo e ansiedade.

Os procedimentos de exposição são efetivos porque modificam as estruturas da memória do medo. Foa e Kozak (1986) afirmaram que a exposição deve apresentar informação relacionada ao medo que ative totalmente a estrutura da memória do medo. Informação de exposição que é suficientemente incompatível com significado e elementos de resposta da estrutura do medo levarão a uma diminuição no medo e na ansiedade, enquanto informação compatível com a estrutura do medo terá o efeito oposto. Duas importantes implicações terapêuticas podem ser extraídas dessa análise.

• *A exposição efetiva deve ativar esquemas de medo* (ou seja, estruturas de memória). Em outras palavras, os indivíduos devem estar moderadamente ansiosos durante o exercício de exposição a fim de alcançar o limiar terapêutico.

• *A exposição efetiva deve apresentar informação desconfirmatória.* O sucesso de uma experiência de exposição dependerá de o indivíduo estar totalmente atento e processar informação incompatível que desconfirma elementos de ameaça e vulnerabilidade exagerados do esquema do medo.

Além de uma base teórica e empírica sólida para exposição, esses procedimentos exercem múltiplas funções dentro da terapia cognitiva para ansiedade. A Tabela 7.1 apresenta um resumo das razões para usar exposição na terapia cognitiva da ansiedade.

Três tipos de intervenções de exposição podem ser utilizados na redução do medo: exposição *in vivo* ou situacional, de imagens e interna. A exposição situacional envolve contato com objetos físicos ou situações reais que são evitadas no ambiente externo, enquanto os procedimentos autofocados internos envolvem exposição a sensações físicas temidas (Antony e Swinson, 2000a). A exposição em imaginação envolve a apresentação de estímulos de medo simbólicos. Posteriormente, discutiremos o desenvolvimento de cada um desses procedimentos de exposição, mas primeiro consideraremos uma série de questões que devem ser tratadas ao realizar uma intervenção baseada em exposição.

TABELA 7.1 Propósito da exposição na terapia cognitiva da ansiedade

Razões para incluir procedimentos de exposição na terapia cognitiva
• Fornecer informação de avaliação sobre a resposta de ansiedade em situações evitadas
• Fornecer informação corretiva que desconfirme ameaça e vulnerabilidade percebidas
• Testar crenças catastróficas por meio de experimentação comportamental
• Confirmar avaliações e crenças alternativas, mais adaptativas
• Fortalecer estratégias de enfrentamento adaptativas e contestar a utilidade de respostas maladaptativas
• Enfraquecer a confiança em sinais e comportamento de busca de segurança
• Fornecer novas experiências de aprendizagem sobre medo e ansiedade
• Reduzir ou eliminar comportamento de fuga e evitação

Diretrizes gerais para procedimentos de exposição

Provavelmente nenhuma outra intervenção psicoterapêutica foi julgada injustamente com mais frequência do que o tratamento baseado em exposição. A intervenção parece enganosamente simples e contudo a maioria dos terapeutas pode atestar a dificuldade de seu desenvolvimento. Assegurar que os pacientes recebam a "dosagem" suficiente para ser terapeuticamente efetiva é por si só um desafio. Muitos indivíduos desistem após uma ou duas tentativas de exposição de modo que suas experiências apenas aumentam em vez de reduzir a ansiedade. As seguintes questões devem ser levadas em consideração quando do planejamento de uma intervenção de exposição. (Para uma discussão ampliada de diretrizes para desenvolver procedimentos de exposição, ver Antony e Swinson [2000a]; Craske e Barlow [2001]; Foa e Rothbaum [1998]; Kozak e Foa [1997]; Steketee [1993]; e Taylor [2000, 2006]).

Justificativa lógica e planejamento

O terapeuta cognitivo explica os procedimentos de exposição como intervenções efetivas que fornecem experiência direta com informação que desconfirma avaliações e crenças ansiosas. É enfatizado que aprender com a experiência tem um efeito muito mais poderoso sobre a mudança do pensamento baseado na emoção do que a persuasão lógica. Entretanto, alguns pacientes poderiam expressar ceticismo sobre os benefícios terapêuticos do tratamento baseado em exposição salientando que eles já enfrentam situações de medo, contudo permanecem ansiosos. Essa possível objeção pode ser tratada discutindo as diferenças entre exposição de ocorrência natural e exposição terapêutica. A Tabela 7.2 lista algumas das diferenças entre exposição natural e terapêutica observadas por Antony e Swinson (2000a).

É importante que o exercício de exposição entre sessões (isto é, tarefa de casa) seja altamente estruturado e bem planejado. Antony e Swinson (2000a) observam que indivíduos com transtorno de pânico podem tender a realizar a exposição em dias menos ansiosos do que em dias em que a ansiedade está especialmente elevada. Se os exercícios forem planejados com antecedência, isso reduzirá a chance de que os pacientes deixem para fazer a tarefa de casa em seus "dias bons".

Na da sessão versus entre sessões

Os exercícios de exposição podem ser conduzidos com assistência do terapeuta como parte da agenda da sessão ou, mais frequentemente, são prescritos como tarefa de casa entre sessões. É recomendado que os primeiros exercícios de exposição sejam completados com o terapeuta presente como parte da sessão. Isso dá ao terapeuta cognitivo oportunidade de observar a resposta do paciente à exposição e corrigir quaisquer problemas que poderiam surgir. Escolha uma situação pouco a moderadamente difícil, de modo que as experiências iniciais do paciente com exposição sejam bem-sucedidas. O terapeuta primeiro demonstra como realizar a tarefa de exposição (ou seja, modelagem) e então treina os pacientes no desempenho correto da tarefa, fornecendo muito elogio e encorajamento por confrontar seu medo e evitação. Além disso, o terapeuta cognitivo investiga quaisquer pensamentos ansiosos automáticos durante a demonstração de exposição e usa estratégias de reestruturação cognitiva para gerar interpretações alternativas. Desse modo, um exercício de exposição na sessão pode se tornar um experimento de teste empírico da hipótese de avaliações e crenças de ameaça exageradas.

Há razões práticas para iniciar o tratamento baseado em exposição com alguma exposição na sessão acompanhada pelo terapeuta. Se o terapeuta passar muito rapidamente para prescrições de tarefa de casa de exposição autodirigida, o paciente

TABELA 7.2 Diferenças entre exposição de ocorrência natural e exposição terapêutica

Exposição de ocorrência natural	Exposição terapêutica
Não prevista e não sistemática	Prevista, planejada e sistemática
Duração breve → derrota percebida	Duração prolongada → vitória percebida
Infrequente e esporádica	Frequente e repetida
Informação de ameaça exagerada e informação de segurança ignorada	Informação de ameaça avaliada e informação de segurança processada
Intolerância a ansiedade e aumento das tentativas de controle da ansiedade	Tolerância a ansiedade aumentada e redução das tentativas de controle
Confiança na fuga e evitação	Eliminação de fuga e evitação

Nota: Baseado em Antony e Swinson (2000a)

poderia ficar sobrecarregado de ansiedade, apelar para respostas de fuga e evitação e então desistir do procedimento. Há muitas pressões para os terapeutas prosseguirem rapidamente porque com frequência os pacientes têm cobertura de planos de saúde limitada. Contudo, isso não altera os riscos de introduzir exposição autodirigida muito rapidamente. Embora os pacientes difiram na quantidade requerida de exposição na sessão acompanhada pelo terapeuta na primeira fase do tratamento, seria raro o indivíduo que passasse diretamente para exposição autodirigida sem requerer pelo menos alguma prática com o terapeuta.

Exposição gradual versus intensa

A maioria dos profissionais conduz a exposição de uma forma gradual guiada por uma hierarquia de exposição. A hierarquia lista 10 a 20 situações relevantes às preocupações ansiosas do indivíduo que estão associadas com medo e evitação variando de intensidade leve a grave. É estimado para cada situação na hierarquia um nível de ansiedade esperado que é avaliado em uma escala de 0 a 100. Os terapeutas iniciam a exposição com uma das situações moderadamente estressantes e prosseguem o mais rapidamente possível para situações cada vez mais difíceis (Antony e Swinson, 2000a;

Kozak e Foa, 1997). A Tabela 7.3 apresenta uma hierarquia de exposição ilustrativa que poderia ter sido usada com Maria no tratamento de sua ansiedade social.

Nesse exemplo, o terapeuta cognitivo começaria com uma situação moderadamente estressante como "caminhar sozinha pelo centro da cidade em uma rua movimentada" ou "encontrar-se com uma amiga em um café" e prescrever repetidamente essas tarefas de exposição até que houvesse uma redução significativa na ansiedade. O tratamento então prosseguiria para a próxima situação mais estressante (p. ex., "ir ao *shopping* com uma amiga"). O Apêndice 7.1 apresenta um formulário de Hierarquia de Exposição para uso no desenvolvimento de programas de exposição gradual para indivíduos ansiosos. Os pacientes classificam suas experiências da menos à mais difícil em termos de ansiedade e evitação associadas. Além disso, os indivíduos são instruídos a anotar o pensamento ansioso central associado com cada situação, embora isso possa não estar acessível até que o indivíduo confronte inicialmente a situação. O Apêndice 7.2 é então usado para registrar práticas de exposição tanto na sessão como entre as sessões. A informação do Registro de Prática de Exposição pode ser resumida no formulário de Teste Empírico da Hipótese (ver Apêndice 6.5) e usado como um experimento comportamental para estimar avaliações e crenças relacionadas a ameaças exageradas e sua perspectiva alternativa.

Houve relatos de sucesso no uso de exposição muito intensiva, concentrada, na qual os indivíduos começam com os itens mais difíceis da hierarquia. De fato essa exposição intensiva, não gradual se revelou altamente bem-sucedida no tratamento de transtorno de pânico com evitação agorafóbica (ver discussão por Craske e Barlow, 2001; White e Barlow, 2002). Entretanto, a exposição gradual é geralmente mais aceitável para indivíduos com transtornos de ansiedade que já estão preocupados com ansiedade elevada como resultado de exposição. A perspectiva de confrontar seus "piores medos" do mundo exterior é muito arriscada para a maioria dos indivíduos que então poderiam tender a recusar tratamento baseado em exposição (Antony e Swinson, 2000a). Não resta dúvida que a exposição gradual é o *modus operandi* preferido, embora o terapeuta deva se prevenir contra progredir muito lentamente na hierarquia de exposição.

Frequência e duração

Os manuais comportamentais sobre exposição situacional recomendam sessões diárias com frequência de 5 dias por semana durante 3 a 4 semanas com cada exposição durando até 90 minutos (p. ex., Kozak e Foa, 1997; Steketee, 1993, 1999). Em sua maior intensidade, procedimentos de exposição foram prescritos de 3 a 4 horas por dia, 5 dias por semana (Craske e Barlow, 2001). Embora este último procedimento represente um limite superior extremo, é provavelmente verdade que os tratamentos baseados em exposição oferecidos em centros comportamentais especializados provavelmente envolvem mais trabalho de

TABELA 7.3 Hierarquia de exposição de situações sociais de Maria

Itens na hierarquia do medo	Nível de ansiedade (0 = sem ansiedade a 100 = ansiedade máxima/pânico)
Sentar em casa para conversar com a família	10
Sair para dirigir	15
Sair para caminhar por bairros desconhecidos (risco mínimo de encontrar uma pessoa conhecida)	25
Sair para caminhar por meu bairro (risco maior de encontrar uma pessoa conhecida)	35
Caminhar sozinho pelo centro da cidade em rua movimentada	40
Ir ao cinema com uma amiga	55
Encontrar uma amiga em um café	55
Fazer compras com uma amiga	60
Fazer compras sozinha	75
Ir ao supermercado sozinha	80
Ir a uma festa com pessoas conhecidas	90
Participar em uma aula ou grupo	95
Fazer um discurso	100

exposição do que é frequentemente visto em clínicas naturalísticas mais genéricas. O fracasso em obter decréscimos na resposta ao medo com terapia de exposição na sessão e entre sessões é um preditor significativo de resposta insatisfatória ao tratamento (p. ex., Foa, 1979; Foa, Steketee, Grayson e Doppelt, 1983; Rachman, 1983). Embora uma série de fatores possam ser responsáveis por mau resultado do tratamento, é possível que os indivíduos possam ter recebido um número insuficiente de sessões de exposição em especial quando se considera os regimes de tratamento frequentemente oferecidos nos centros de saúde mental.

Há alguma evidência de que uma apresentação de exposição concentrada é mais efetiva do que sessões de exposição espaçada, portanto elas podem ocorrer mais esporadicamente (Antony e Swinson, 2000a; Foa e Kozak, 1985), embora haja considerável inconsistência na pesquisa sobre a questão (ver Craske e Barlow, 2001). Antony e Swinson (2000a) recomendam três a seis sessões práticas mais longas por semana intercaladas com práticas breves durante todo o dia. Sem dúvida, o conselho clínico mais prudente seria encorajar pelo menos a prática de exposição diária quando esta é a primeira estratégia de intervenção no plano de tratamento. Todo esforço deve ser feito para evitar os efeitos negativos de prática de exposição insuficiente sobre a resposta ao tratamento.

Parece que sessões de exposição prolongadas são melhores do que apresentações curtas (Foa e Kozak, 1985), com evidente diminuição na ansiedade após 30 a 60 minutos de exposição. Foa e Kozak (1986) afirmam que intervalos de exposição mais longos podem ser necessários para medos mais invasivos, intensos e complexos como a agorafobia. Diferenças individuais em resposta a exposição podem ser esperadas, portanto o profissional se baseia em reduções na ansiedade subjetiva para indicar quando terminar uma sessão de exposição. Antony e Swinson (2000a) sugerem uma diminuição na ansiedade para um nível leve ou moderado (30 a 50/100) conforme in-dicado por avaliações autoaplicadas e pela estimativa de observadores como critérios para conclusão bem-sucedida de uma sessão de exposição. Taylor (2006) considera uma redução de 50% na ansiedade indicativa de exposição bem-sucedida. Embora diferindo em seus achados específicos, a literatura comportamental é clara de que a exposição frequente, intensa e prolongada é necessária para ocasionar redução significativa e duradoura do medo.

Atenção versus distração

Foa e Kozak (1986) afirmaram que o uso de estratégias de distração que envolvem evitação cognitiva como fingir estar em outro lugar, distorcer uma imagem de medo, se concentrar em elementos não temíveis de uma situação e gerar pensamentos ou imagens não relacionadas ao medo diminuirão a codificação de informação relacionada ao medo, impedirão a ativação do medo e, portanto, levarão à falha no processamento emocional. Portanto, é recomendado que os pacientes prestem total atenção aos elementos de medo de uma situação durante a exposição e minimizem a distração o mais possível (Craske e Barlow, 2001).

A pesquisa clínica sobre os efeitos de atenção *versus* distração no tratamento baseado em exposição não tem sido consistente (para revisões, ver Antony e Swinson, 2000a; Craske e Barlow, 2001). A melhor conclusão é que a distração pode não ter um efeito particularmente negativo em curto prazo, mas parece prejudicar a efetividade do tratamento em longo prazo. Baseado em Antony e Swinson (2000a), fazemos as seguintes recomendações para aumentar a efetividade da exposição:

1. Instrua os pacientes a prestar total atenção aos elementos de medo da situação ou imagem. Isso é realizado com os pacientes descrevendo verbalmente os elementos da situação, sua reação a esses aspectos e suas interpretações do que veem ou sentem. Taylor (2006) obser-

va que a intensidade da experiência de exposição pode ser ajustada alterando a quantidade de detalhes que o paciente descreve na situação de medo.

2. Minimize fontes de distração abertas e veladas o mais possível. Frequentemente, pergunte aos pacientes sobre o que eles estão pensando nesse momento. Lembre os pacientes para focar de novo na tarefa se a atenção for distraída.

3. Encoraje os pacientes a não lutar contra sua ansiedade tentando suprimir seus sentimentos. Antony e Swinson (2000a) observam que tentativas de suprimir sentimentos ansiosos ou mesmo a tentativa de reduzir o desconforto poderia paradoxalmente manter ou aumentar o desconforto. Portanto, "aceitar o medo" é provavelmente a atitude mais benéfica a adotar durante a exposição.

Fuga controlada versus resistência

Os protocolos padrão baseados em exposições supõem que os pacientes devem continuar (isto é, resistir) com um exercício de exposição até haver uma redução significativa na ansiedade (p. ex., Foa e Kozak, 1985). Uma visão alternativa é que a exposição deve continuar até que os indivíduos sintam que seu nível de ansiedade está "muito alto" ou é intolerável, em cujo ponto eles podem escapar da situação desde que haja um retorno imediato à situação de medo alguns minutos mais tarde (Craske e Barlow, 2001).

Se o indivíduo aderir a uma visão comportamental de redução da ansiedade, então a resistência é o método preferido a fim de garantir habituação da ansiedade na sessão (Foa e Kozak, 1986). Por outro lado, se a redução da ansiedade for explicada em termos de autoeficácia aumentada ou da incorporação de sinais de segurança, então a fuga controlada seria permissível (Craske e Barlow, 2001). Mais uma vez a pesquisa clínica não é inteiramente consistente sobre essa questão (ver revisão por Craske e Barlow, 2001). De um ponto de vista cogniti-

vo, a fuga controlada pode ser problemática porque poderia reforçar crenças de que a situação é repleta de perigo, a alta ansiedade é intolerável e a melhor resposta é a fuga. Por essas razões, acreditamos que encorajar os pacientes a suportar sessões de exposição até que haja redução significativa na ansiedade fornecerá a melhor evidência desconfirmatória contra avaliações exageradas de ameaça e vulnerabilidade pessoal.

Colaboração e controle orientados ao paciente

A previsibilidade e o controle percebidos são importantes para indivíduos envolvidos em tratamento baseado em exposição (Antony e Swinson, 2000a). De acordo com a orientação da terapia cognitiva, deve haver uma forte atmosfera de colaboração, com os pacientes envolvidos diretamente no estabelecimento de suas prescrições de tarefa de casa de exposição. Os indivíduos devem ser assegurados de que nunca serão solicitados a fazer algo que não "querem" fazer e que o ritmo do tratamento de exposição está sob seu próprio controle. Naturalmente, o terapeuta encorajará os pacientes a contestar a si mesmos, mas não deve haver nenhuma sugestão de uma abordagem coerciva ou opressiva. Alguma reestruturação cognitiva pode ser necessária antes que um paciente relutante concorde em empreender algum aspecto da hierarquia de exposição. Também pode ser útil pedir ao paciente um cronograma esperado de progressão através da hierarquia. Desta forma, o terapeuta pode corrigir quaisquer expectativas errôneas sobre a velocidade do progresso à luz do ritmo real de tratamento de exposição do paciente.

Antony e Swinson (2000a) observaram que algumas situações de exposição serão inerentemente imprevisíveis, tais como situações sociais (p. ex., o paciente socialmente ansioso instruído a iniciar uma breve conversa com colegas de trabalho). Nesses casos, o terapeuta poderia ter que trabalhar na preparação do paciente para possíveis resultados negativos. Outras vezes, poder-se-

-ia querer desenvolver alguma imprevisibilidade em exercícios de exposição posteriores de modo que o paciente estivesse mais bem preparado para lidar com todas as vicissitudes inerentes a experiências naturais da vida diária.

Sinais de segurança e exposição assistida por parceiro

A maioria dos terapeutas comportamentais recomenda que a confiança em sinais de segurança seja eliminada durante a exposição (p. ex., Taylor, 2000; White e Barlow, 2002). Alguns desses comportamentos podem ser bastante sutis, tais como a produção de respostas automáticas como se contrair ou prender a respiração. Lidar com sinais de segurança durante a exposição significa que o terapeuta deve primeiro identificar essas respostas, desabituar o paciente dos sinais de segurança, estabelecendo isso dentro dos exercícios de exposição, e encorajando o paciente a se privar de buscar segurança (Taylor, 2000). A eliminação de sinais de segurança é importante na terapia, porque sua presença contínua é uma forma de evitação que prejudica a desconfirmação das crenças de ameaça e vulnerabilidade. No exemplo de caso ilustrativo, Maria acreditava que manter uma aparência limpa e arrumada garantiria proteção contra a avaliação negativa dos outros. Isso tinha uma função de busca de segurança que foi visada na terapia por meio de reestruturação cognitiva conduzida concomitantemente com prescrições de exposição a situação social.

Em alguns transtornos de ansiedade, como agorafobia, um determinado familiar ou amigo pode ser um sinal de segurança poderoso para o paciente ansioso. Ao rever a tarefa de casa de exposição, o terapeuta deve sempre indagar se a tarefa foi completada sozinho ou com assistência de um parceiro. Se houver confiança excessiva em um parceiro, isso deve ser estabelecido na hierarquia de exposição, de modo que os pacientes sejam gradualmente desabituados de sua dependência de outros à medida que progridem na hierarquia. É improvável que indivíduos que não podem se aventurar em uma situação ansiosa sem o apoio de um amigo, um familiar ou um cônjuge mantenham ganhos de longo prazo na redução da ansiedade (Antony e Swinson, 2000a).

Manejo da ansiedade durante a exposição

Dada a importância de exposição frequente e prolongada a estímulos de medo, poder-se-ia supor que qualquer forma de manejo da ansiedade não tem lugar no tratamento baseado em exposição. Não é melhor que o paciente permaneça em um estado de ansiedade aumentada a fim de que os efeitos totais da evidência desconfirmatória possam ser processados e uma redução natural na ansiedade seja alcançada? Na maioria dos casos seria melhor se abster do manejo deliberado da ansiedade. Entretanto, há vezes em que algum manejo da ansiedade pode ser necessário a fim de encorajar exposição prolongada e repetida a situações provocadoras de alta ansiedade. Por exemplo, pacientes que experimentam níveis extremos de ansiedade em uma ampla variedade de situações ou outros que têm tolerância excepcionalmente baixa à ansiedade poderiam aprender algumas estratégias de manejo da ansiedade para reduzi-la a uma faixa moderada, que é o ideal para o sucesso da exposição.

Steketee (1993) descreve quatro tipos de estratégias de manejo da ansiedade que podem ser usadas no tratamento baseado em exposição para reduzir ansiedade subjetiva. A primeira é a reestruturação cognitiva, na qual os indivíduos contestam suas avaliações de ameaça exageradas anotando a evidência na situação de exposição de que o perigo não é tão grande quanto esperam e que a ansiedade eventualmente diminui de modo natural. Beck e colaboradores (1985, 2005) listam uma série de "declarações de enfrentamento" que podem ser usadas pelos pacientes para encorajar a resistência na situação ansiosa. O objetivo dessas estratégias cognitivas é alterar as avaliações e crenças responsáveis pela ansiedade elevada na situação. Com Maria, as intervenções cognitivas se focavam em suas crenças errôneas sobre a fonte de sua ansiedade (p. ex., "as outras pessoas estão olhando para mim").

Uma segunda abordagem de manejo da ansiedade é fornecer ao paciente treinamento de relaxamento, tal como relaxamento muscular progressivo, controle da respiração ou meditação. Essas respostas de enfrentamento poderiam então ser usadas durante a exposição para reduzir a ansiedade. Entretanto, Steketee (1993) adverte que foi demonstrado que o relaxamento não é particularmente efetivo na ansiedade moderada a alta. Também, o relaxamento poderia ser facilmente transformado em uma resposta de evitação ou busca de segurança. Por essas razões, o treinamento do relaxamento é raramente incorporado ao tratamento baseado em exposição. Ocasionalmente, entretanto, ele poderia ser ensinado como um meio de reforçar o controle percebido para indivíduos ansiosos que inicialmente recusam intervenção de exposição devido a baixas expectativas de autoeficácia. Em outros casos, como com Maria, o apoio no controle da respiração pode se revelar prejudicial porque sua frequencia respiratória era tão exagerada durante o pico de ansiedade que ela na verdade beirava a hiperventilação e provavelmente atraía a atenção dos outros.

Uma terceira abordagem é usar a intenção paradoxal, na qual uma pessoa é instruída a exagerar sua resposta ansiosa em uma situação de medo. Pedir que as pessoas exagerem seu medo frequentemente ressalta o absurdo e a improbabilidade do medo, que tem o efeito paradoxal pretendido de provocar uma reavaliação da ameaça e da vulnerabilidade reais associadas com a situação (Steketee, 1993). Por exemplo, um indivíduo com transtorno de pânico e evitação agorafóbica poderia relutar em andar cinco quarteirões para longe de casa. Supondo que o esclarecimento médico adequado foi obtido, o indivíduo poderia ser instruído a correr quando sentisse pânico intenso devido a uma frequência cardíaca acelerada. A corrida, naturalmente, elevaria a frequência cardíaca ainda mais, mas causaria sua reatribuição à atividade física aumentada. Isso provavelmente resultaria em uma redução da ansiedade subjetiva para um nível mais tolerável.

Uma última estratégia de manejo da ansiedade envolve telefonar para o terapeuta, para um familiar ou para um amigo para obter tranquilização e apoio (Steketee, 1993). Dada nossa discussão anterior sobre busca de segurança, essa forma de intervenção poderia rapidamente arruinar a efetividade da exposição e, portanto, deve ser usada com moderação. Qualquer evidência de que essa forma de busca de apoio se tornou um estilo de enfrentamento arraigado exigiria que ela fosse gradualmente removida do tratamento. Por outro lado, pode ser que o fornecimento de algum apoio possa ser necessário por um breve intervalo, especialmente na fase inicial do tratamento, para encorajar a participação nas sessões de exposição. Beck e colaboradores (1985, 2005) recomendaram o uso de pessoas significativas para servir como terapeutas auxiliares na realização dos exercícios comportamentais. White e Barlow (2002) concluíram, a partir de sua revisão da literatura empírica, que estar atento ao sistema de apoio social do paciente e utilizar pessoas significativas nas prescrições de tarefa de casa poderia na verdade aumentar a efetividade do tratamento de exposição, especialmente para indivíduos com agorafobia. No estágio inicial do tratamento, familiares acompanhavam Maria em situações sociais há muito tempo evitadas, mas a presença deles foi gradualmente removida o mais breve possível. Sendo assim, o papel de parceiros, familiares e amigos íntimos deve ser considerado quando do estabelecimento de prescrições de exposição entre as sessões.

DIRETRIZ PARA O TERAPEUTA 7.2

Intervenções de exposição efetivas devem ativar esquemas de medo e fornecer informação de ameaça desconfirmatória que resultará em modificação da estrutura de medo do paciente. Isso é mais bem realizado proporcionando exposição frequente, moderadamente intensa e prolongada na sessão e entre as sessões que seja desenvolvida de maneira planejada, sistemática e gradual. Os pacientes devem ser informados da justificativa cognitiva lógica para os exercícios com uma orientação terapêutica que enfatizem a exposição como uma avaliação direta, experiencial de avaliações e crenças ansiosas. Para aumentar as atribuições de exposição devem ser eliminadas busca de segurança, distração e fuga/evitação. Os pacientes devem realizar exposição diária entre as sessões.

Exposição situacional (*in vivo*)

A forma mais comum de tratamento baseado em exposição envolve a apresentação repetida, sistemática de experiências da vida real (Craske e Barlow, 2001). Vemos a exposição situacional ou *in vivo* usada mais frequentemente com fobias específicas, transtorno de pânico com evitação agorafóbica, TOC e fobia social. Nesses casos, a hierarquia de exposição consiste em uma variedade de situações da vida real que evocam graus variados de evitação. Taylor (2006) observa que a exposição não deve ser usada se o paciente tiver pobre controle do impulso, transtorno de uso de substância não controlado, ideação ou impulsos suicidas ou apresenta comportamento autolesivo induzido por estresse. Além disso, os pacientes devem passar por um exame físico por um médico para determinar se há alguma contraindicação médica para realizar certos tipos de intervenções de exposição.

Conforme discutido anteriormente, a exposição é introduzida como uma poderosa intervenção de "aprendizagem por meio da experiência". Entretanto, o terapeuta terá de ter uma consideração especial com pacientes que tiveram uma experiência com exposição negativa no passado. Antony e Swinson (2000a) sugerem que o terapeuta se foque em esclarecer as diferenças entre exposição "ruim" e exposição "boa" (ver

Tabela 7.2). No final, o terapeuta deve fornecer uma justificativa lógica convincente para a exposição que encoraje a total participação do paciente nos procedimentos de exposição.

Ao desenvolver a exposição, comece com demonstrações acompanhadas pelo terapeuta na sessão seguida por prescrições de exposição autodirigida entre as sessões bem planejadas, estruturadas e graduais que evoquem ansiedade moderada. A exposição deve ser feita diariamente com diversas sessões com pelo menos 30 a 60 minutos e continuadas até que haja 50% de redução na ansiedade subjetiva. Cada sessão começa com uma avaliação de 0 a 100 do nível de ansiedade inicial e um registro de quaisquer pensamentos ansiosos antecipatórios sobre a tarefa de exposição. O indivíduo então entra na situação de medo e fornece uma avaliação da ansiedade a cada 10 ou 15 minutos. Além disso, os pacientes devem anotar quaisquer sintomas de ansiedade específicos vivenciados durante a sessão de exposição e sua interpretação dos sintomas. Igualmente, quaisquer pensamentos ou imagens apreensivas devem ser anotadas e os pacientes devem ser encorajados a usar estratégias de reestruturação cognitiva para corrigir seu pensamento. Uma avaliação final da ansiedade é completada ao término da sessão da exposição e são anotadas observações sobre o resultado. Uma das crenças centrais visadas nas prescrições de exposição de Maria era "As pessoas estão olhando para mim e perceberão que estou ansiosa, que não consigo respirar e concluirão que há alguma coisa errada comigo".

A sessão de avaliação pós-exposição talvez seja a parte mais importante da intervenção de um ponto de vista cognitivo (ver capítulo anterior sobre consolidação e estágios resumidos de experimentos comportamentais). O terapeuta cognitivo revisa detalhadamente o Formulário de Prática de Exposição e outros materiais que documentam os pensamentos, sentimentos e comportamentos do paciente durante o exercício de exposição. Na terapia cognitiva, a exposição é vista como um experimento comportamental ou exercício de teste empírico da hipótese. Portanto, as observações do paciente do exercício de exposição podem ser registradas no Formulário de Teste Empírico da Hipótese (ver Apêndice 6.5) e este pode ser usado para enfatizar aqueles aspectos da experiência de exposição que desconfirmam avaliações e crenças ansiosas centrais. É esperado que a avaliação repetida de múltiplas experiências de exposição forneça finalmente a evidência desconfirmatória necessária para modificar os pensamentos e crenças ansiosos do paciente e levem a redução em longo prazo da ansiedade. Exemplos de exposição gradual *in vivo* podem ser encontrados em vários manuais de tratamento comportamental (p. ex., Antony e McCabe, 2004; Kozak e Foa, 1997; Foa e Rothbaum, 1998; Steketee, 1993), bem como no Capítulo 6 sobre teste empírico da hipótese.

> **DIRETRIZ PARA O TERAPEUTA 7.3**
>
> A exposição *in vivo* talvez seja a intervenção comportamental mais poderosa para a redução do medo. Sempre que possível, utilize essa ferramenta terapêutica no tratamento de transtornos de ansiedade.

Exposição em imaginação

O objetivo de qualquer intervenção de exposição é provocar ansiedade ou sofrimento e permitir que ela diminua espontaneamente sem apelar para evitação, neutralização ou outras formas de busca de segurança. Há consideráveis evidências empíricas de que esse objetivo pode ser alcançado com exposição de imagens, embora a maioria dos terapeutas comportamentais recomendem o uso de exposição *in vivo* sempre que possível porque ela parece produzir efeitos de tratamento mais potentes e generalizáveis (p. ex., Antony e Swinson, 2000a; Foa e Kozak, 1985; Steketee, 1993). Foa e McNally (1996) afirmaram que roteiros de imagem não podem ser tão efetivos quanto exposição na vida real, porque fornecem estímulo informativo empobrecido e, portanto, são

menos evocativos da estrutura de memória do medo. Entretanto, existem ocasiões em que a exposição em imaginação é a modalidade preferida porque a exposição *in vivo* é impraticável (ou impossível), ou a adição de exercícios de imagem intensifica a manutenção do tratamento de exposição baseada em fatores externos (Kozak e Foa, 1997). Apresentamos uma lista de ocasiões em que a exposição em imaginação poderia ser a modalidade de tratamento mais adequada.

- Quando o objeto do medo é um pensamento, imagem ou ideia, a exposição em imaginação pode ser a única abordagem terapêutica possível (p. ex., no pensamento sobre o fim do mundo do TOC, de condenação eterna, de cometer o "pecado imperdoável").
- A exposição em imaginação é usada quando é impraticável ou antiético utilizar exposição *in vivo* (p. ex., medo de exclamar obscenidades na igreja, pensamentos de acidentalmente causar dano ou ferimento a outra pessoa, medo de desastres naturais).
- No TEPT, a exposição em imaginação é frequentemente utilizada quando o medo está associado à recordação de um trauma que aconteceu em um local geográfico distante ou em uma época anterior da vida (Keane e Barlow, 2002).
- Borkovec (1994) afirmou que a preocupação é uma estratégia cognitiva baseada em conceito usada para evitar imagens aversivas e a estimulação fisiológica associada a temas ameaçadores. A exposição em imaginação se tornou um componente importante dos protocolos de TCC para TAG (Brown, O'Leary e Barlow, 2001; Rygh e Sanderson, 2004).
- A exposição em imaginação é efetiva como um exercício de habilidades preparatórias, tal como no tratamento da ansiedade de falar em público onde imagens e dramatizações são utilizadas para aquisição de habilidades antes de exposição *in vivo*.
- Finalmente, a exposição em imaginação pode ser empregada inicialmente quan-

do um paciente se recusa a se envolver em exposição na vida real a fim de facilitar a futura aceitação de exercícios de exposição *in vivo* (Antony e Swinson, 2000a).

Desenvolvimento

As diretrizes gerais discutidas anteriormente sob exposição situacional são aplicáveis à exposição em imaginação, embora as seguintes advertências devam ser levadas em consideração. Primeiro, procedimentos de *flooding* ou procedimentos de exposição abrupta, que envolvem a apresentação imediata do cenário mais temido, são usados com maior frequência na exposição em imaginação do que na exposição *in vivo*. Isso é particularmente verdadeiro para a exposição em imaginação usada no TEPT ou no TAG onde a abordagem hierárquica ao trauma ou o "pior cenário" pode não ser necessária. Visto que o *flooding* é mais eficiente e igualmente (ou mais) efetivo que a exposição hierárquica (Foa e Kozak, 1985; White e Barlow, 2002), os profissionais devem considerar se uma forma intensiva de exposição em imaginação pode ser aplicada.

Segundo, as sessões de exposição em imaginação geralmente não duram mais que 30 minutos e, portanto, são muito mais curtas do que a exposição situacional. Exercícios de de imagem contínuos requerem uma maior quantidade de recursos atencionais, portanto a maioria dos indivíduos não seria capaz de manter sua concentração total na tarefa de imagem por períodos prolongados. Entretanto, é provável que o número de sessões de exposição a imagens não seja maior ou menor do que para exposição *in vivo*.

Terceiro, é mais difícil controlar a evitação cognitiva nas sessões de exposição em imaginação do que nas sessões de exposição na vida real (Foa e Kozak, 1986). Os indivíduos podem se distrair da imagem de medo substituindo-a por outro pensamento ou imagem ou podem imaginar versões menos ameaçadoras do cenário de medo. Isso enfraquecerá a efetividade da exposição por prejudicar a capacidade da imagem de ativar esquemas de medo (ver Foa e McNally, 1996).

Para superar essa limitação inerente da representação simbólica, os terapeutas comportamentais introduziram certas modificações a fim de aumentar a efetividade da exposição em imaginação. Um procedimento é pedir que o paciente escreva uma descrição completa do *roteiro de imagens temidas* (p. ex., Kozak e Foa, 1997; Rygh e Sanderson, 2004). (Ver discussão sobre reprocessamento em imaginação e escrita expressiva no Capítulo 6). Para a narrativa roteirizada ser efetiva, ela deve incluir detalhes que tenham significado emocional para o paciente, bem como a resposta de ansiedade do paciente (p. ex., tensão aumentada, palpitações cardíacas) ao cenário de medo (Kozak e Foa, 1997). Desenvolver uma narrativa de medo efetiva pode ser difícil, portanto isso é geralmente feito na sessão com o terapeuta usando descoberta guiada para ajudar o paciente a propor um roteiro de imagem efetivo. Uma vez desenvolvido o roteiro, as primeiras sessões de exposição em imaginação devem ser conduzidas na sessão. O exercício de exposição começa com o paciente lendo a narrativa em voz alta e então fechando os olhos para gerar uma imagem total e completa do cenário de medo. Se a imagem começar a desaparecer, o paciente deve abrir os olhos e reler seções da narrativa para restabelecer a imagem. Esse processo continua durante toda a sessão de exposição. Após apresentações repetidas das imagens temidas, pode ser necessário modificar a narrativa a fim de manter suas propriedades evocativas. A seguir há um exemplo de roteiro narrativo de um homem de 55 anos com TAG que estava aterrorizado pela ruína financeira, embora tivesse um alto nível de segurança financeira.

> Você acorda em uma quinta-feira de manhã particularmente ansioso. Você dormiu muito pouco porque ficou agitado e se virando a noite inteira, preocupado com suas finanças. Você finalmente se arrasta para

fora da cama se sentindo cansado, exausto. Você tem uma leve dor de cabeça, seus músculos doem, você mal pode caminhar enquanto arrasta os pés até a cozinha. A casa parece muito fria já que você é o primeiro a levantar nessa manhã. Está escuro e triste lá fora com uma chuva leve batendo na vidraça da janela. Você se senta à mesa da cozinha, sua mente continuando a discorrer sobre seus investimentos e se você tomou a decisão certa ao fazer uma transação pela internet. Você tem uma sensação nauseante de que ficou financeiramente vulnerável ao investir demais naquele mercado de tecnologia. Você percebe que está começando a ficar tenso, seu peito dói e seu coração está acelerado. Você tenta se controlar, mas quanto mais você tenta pior fica. Você está agora convencido de que cometeu um erro terrível. Como pode ser tão estúpido para investir tanto dinheiro em uma ação de alto risco? Você pode sentir que está ficando cada vez mais agitado, você levanta e começa a caminhar de um lado para o outro, torcendo as mãos enquanto caminha. Tudo o que você pode pensar é naquele investimento estúpido quando subitamente percebe que o carteiro já passou. Você tenta se distrair indo até a caixa de correio. Há muita correspondência, mas seus olhos imediatamente caem sobre um envelope de seu banco. Você percebe que é de sua corretora. Você sabe que é a declaração mensal de seus investimentos. Com mãos trêmulas, e uma sensação de náusea no estômago você abre o envelope. Seus olhos imediatamente se fixam no balanço mensal. Você não pode acreditar no que vê; seus investimentos praticamente desapareceram! Alguns investimentos importantes se arruinaram e seus investimentos ganhos com dificuldade foram dizimados. Você sente suas pernas

enfraquecerem, suas mãos estão tremendo e você acha que está ficando doente. Você cai sentado na cadeira, seu coração parece que vai explodir e você sente dores agudas no peito. Você não pode acreditar no que vê e portanto continua olhando para os números. No entanto, é isso mesmo; você perdeu milhares e milhares de dólares. Você percebe que está acabado, seu portfólio de investimentos está arruinado. O que você vai fazer agora?

Outro procedimento que foi introduzido para aumentar a exposição em imaginação é o *treinamento de habituação por áudio*. Uma gravação do cenário de medo é feita em um CD de modo que o roteiro de medo seja apresentado repetidamente sem interrupção. O paciente é instruído a escutar o CD e a entrar no cenário retratado o mais completamente possível. O CD pode tocar repetidamente por sessões de exposição de 20 a 30 minutos. É importante que os próprios pacientes façam a gravação do CD a fim de que ouçam a própria voz. Inúmeros relatos de caso descreveram a efetividade da exposição de áudio para medos obsessivos, nos quais a gravação não apenas intensifica a experiência de exposição em imaginação, mas reduz a oportunidade de os pacientes apelarem para respostas neutralizantes veladas que prejudicariam a experiência de exposição (p. ex., Headland e Mcdonald, 1987; Salkovskis, 1983; Thyer, 1985).

DIRETRIZ PARA O TERAPEUTA 7.4

A exposição a imagem é particularmente útil no tratamento de TOC, TAG e TEPT, onde a fonte da ansiedade é um pensamento, imagem ou recordação. Formas abruptas de exposição ou *flooding* são usadas com maior frequência juntamente com narrativas na forma de roteiro ou de gravações em áudio a imagem temida para garantir suficiente ativação do medo e redução na evitação cognitiva.

Exposição a sensações corporais

Certas sensações físicas como dor no peito, falta de ar, tontura, náusea, etc., podem induzir, ou pelo menos exacerbar, ansiedade porque são erroneamente interpretadas de uma maneira ameaçadora. Essa má interpretação catastrófica de sensações corporais é especialmente característica do transtorno de pânico (Beck, 1988; Beck e Greenberg, 1988; D. M. Clark, 1986a). Como com qualquer estímulo de medo, é importante que os pacientes vivenciem exposição repetida a suas sensações corporais provocadoras de ansiedade. Isso é realizado conduzindo vários "exercícios de indução do pânico" que envolvem a ativação deliberada de sensações corporais tais como hiperrespiração ou hiperventilação, respiração por meio de um canudo, correr no mesmo lugar, e assim por diante. Na terapia cognitiva, o propósito desses exercícios de exposição é ativar esquemas de medo, nesse caso medo de sensações corporais, e fornecer aos indivíduos ansiosos experiências que corrijam sua equação sintomática errônea (p. ex., que dor no peito = risco elevado de ataque cardíaco; Beck e Greenberg, 1987).

A exposição a sensações corporais na terapia cognitiva tem alguma semelhança com a exposição interoceptiva de Barlow que envolve reprodução e exposição repetidas a sensações corporais desconfortáveis relacionadas a excitação (White e Barlow, 2002; Taylor, 2000). O propósito da exposição interoceptiva é a redução do medo de sinais corporais específicos por meio de exposição repetida (Craske e Barlow, 2001). Entretanto, na terapia cognitiva esses exercícios são usados diferentemente para ativar os esquemas de medo associados a sensações corporais e fornecem evidências corretivas contra a interpretação catastrófica errônea de sintomas físicos. Embora a exposição interoceptiva seja mais frequentemente usada na terapia cognitiva para transtorno de pânico, ela é relevante para qualquer indivíduo ansioso que tema uma sensação corporal em particular (Antony e Swinson, 2000a). Um relato mais detalhado desse tipo de exposição pode ser encontrado no próximo capítulo sobre transtorno de pânico.

DIRETRIZ PARA O TERAPEUTA 7.5

Use exposição a sensações corporais para ativar o esquema de medo do paciente por meio da produção intencional das sensações corporais associadas com ansiedade, a fim de fornecer evidência corretiva contra a interpretação catastrófica errônea da sensação. O procedimento é usado com maior frequência no tratamento do transtorno de pânico.

PREVENÇÃO DE RESPOSTA

A prevenção de resposta envolve a supressão deliberada de qualquer estratégia de enfrentamento, tal como uma compulsão, neutralização ou outra resposta de controle realizada para aliviar a ansiedade ou o desconforto (D. A. Clark, 2004). Entretanto, quando vista mais amplamente como prevenção de respostas de enfrentamento maladaptativas que contribuem para a manutenção da ansiedade, a prevenção de resposta pode ser um componente do tratamento importante para qualquer dos transtornos de ansiedade. Por exemplo, com Maria era importante reduzir sua confiança no "controle" da respiração quando ela ficava ansiosa porque ele na verdade intensificava seu estado ansioso.

A prevenção de resposta é mais relevante para tratar as estratégias de busca de segurança deliberadas que os indivíduos ansiosos empregam durante a fase de elaboração da ansiedade (ver Capítulo 2, Figura 2.1). No Capítulo 5 listamos 34 respostas de enfrentamento comportamentais e emocionais que poderiam ser usadas para neutralizar a ansiedade (ver Apêndice 5.7). Além disso, indivíduos altamente ansiosos frequentemente utilizam estratégias cognitivas que exigem esforço visando aliviar o desconforto tais como supressão de pensamento deliberada, racionalização, etc. (ver Apêndice 5.9). A prevenção de resposta, então, é uma estratégia de intervenção robusta visando eliminar respostas comportamentais problemáticas, ou seja, emocionais e cognitivas, que levam ao término prematuro da exposição a um estímulo de medo.

Basicamente qualquer intervenção terapêutica que busque suprimir a expressão de respostas de busca de segurança no contexto de provocação de ansiedade é uma forma de prevenção de resposta. O objetivo é ajudar os pacientes a ter mais consciência de suas respostas de enfrentamento maladaptativas, a suprimir essas respostas e a empregar respostas mais adaptativas para assegurar a exposição continuada à situação evocadora de medo. Inicialmente, o terapeuta pode modelar a prevenção de resposta na sessão e então prosseguir para treinar o paciente em estratégias de enfrentamento semelhantes. O objetivo final é o paciente utilizar a prevenção de resposta autodirigida na situação ansiosa que ocorre naturalmente.

Desenvolvendo a prevenção de resposta

Há uma série de passos envolvidos no desenvolvimento da prevenção de resposta. (Ver também Rygh e Sanderson, 2004, para uma descrição da prevenção de resposta para TAG.)

Identifique enfrentamento maladaptativo e neutralização

A fim de desenvolver a prevenção de resposta, o terapeuta deve primeiro identificar as respostas cognitivas, comportamentais e emocionais usadas para terminar a exposição a estímulos de medo e reduzir a ansiedade. Os formulários de avaliação nos Apêndices 5.7 e 5.9 são bastante úteis para esse propósito. Além disso, a observação direta do paciente durante exposição a situações de medo pode identificar outras respostas de busca de segurança automáticas mais sutis que devem ser tratadas nas sessões

de exposição e prevenção de resposta. Por exemplo, Maria frequentemente interrompia as sessões perguntando ao terapeuta se ele achava que ela parecia satisfatória e também levantava muitas vezes da cadeira para checar sua aparência no espelho. A prevenção dessas resposta de busca de segurança e de suas crenças subjacentes foi uma parte importante da terapia. Na maioria dos casos, é útil prescrever tarefa de casa que requeira o automonitoramento de respostas de busca de segurança e de outras respostas de enfrentamento a fim de aumentar a consciência do paciente dessas estratégias. O automonitoramento repetido das próprias respostas de ansiedade e de tentativas de controle pode ajudar a colocar processos razoavelmente automáticos sob controle consciente, mais elaborativo.

Ofereça uma justificativa lógica para a prevenção de resposta

Deve ser explicado aos pacientes por que a prevenção de respostas de enfrentamento maladaptativas é um componente crítico da terapia cognitiva. Frequentemente, a justificativa lógica para a prevenção de resposta é apresentada durante a educação do paciente sobre intervenções baseadas em exposição. Rygh e Sanderson (2004) sugerem que pode ser usada uma abordagem de custo-benefício, na qual a redução da ansiedade em curto prazo associada com respostas de enfrentamento maladaptativas e neutralização é compensada pela manutenção em longo prazo da ansiedade. Deve ser explicado que a redução da ansiedade em longo prazo apenas ocorrerá quando as avaliações e crenças errôneas subjacentes sobre ameaça e vulnerabilidade exageradas forem verdadeiramente modificadas. A estratégia mais efetiva para mudar essas atitudes é aprender a tolerar a ansiedade e então deixá-la diminuir naturalmente.

A prevenção de respostas maladaptativas que terminem prematuramente com a ansiedade é uma parte importante dessa abordagem de tratamento. A seguir há uma vinheta clínica que ilustra a educação de um paciente com transtorno de pânico sobre a importância da prevenção de resposta.

Terapeuta: Derek, percebo pela lista de verificação comportamental [Apêndice 5.7] que sempre que você se sente ansioso em relação a dores no peito você imediatamente interrompe toda atividade, se deita e tenta controlar sua respiração na tentativa de relaxar.

Paciente: É, eu faço isso há tanto tempo que é um pouco automático agora. Fico pensando que é realmente importante relaxar e me controlar.

Terapeuta: Também percebo que em outras ocasiões, quando a ansiedade fica realmente ruim, você procura informação médica na internet, marca uma consulta com seu médico de família ou mesmo vai até o setor de emergência do hospital. Essas todas parecem formas de buscar reasseguramento de que você está bem e não está tendo um ataque cardíaco.

Paciente: Eu faço isso há anos, mas a ansiedade parece sempre voltar.

Terapeuta: Derek, você acabou de fazer uma observação importante. Então você acha que tentar relaxar ou buscar conselho médico acalma sua ansiedade por algum tempo, mas então ela volta forte como sempre.

Paciente: É exatamente o que acontece.

Terapeuta: É meio parecido com o velho ditado ao inverso "ganho em curto prazo, mas dor em longo prazo". Respostas como tentar relaxar ou buscar tranquilização podem funcionar em curto prazo, mas com o tempo na verdade contribuem para a manutenção da ansiedade. Elas o impedem de aprender a tolerar a ansiedade e que nada terrível acontecerá a você devido aos sintomas físicos da ansiedade. Ao interromper artificialmente a ansiedade, não há chance de ela desaparecer naturalmente e você nunca tem uma chance de aprender que seus pensamentos temíveis sobre dor no peito e ataque cardíaco são baseados em interpretações errôneas exageradas sobre riscos a sua saúde.

Paciente: Você está dizendo que ir ao médico ou tentar relaxar é ruim, que essas coisas na verdade me fazem ficar mais ansioso?

Terapeuta: Sim, é exatamente o que estou dizendo. Essas estratégias de enfrentamento o impedem de realmente aprender formas de lidar com crenças errôneas sobre riscos a sua saúde. E, portanto, a ansiedade que você tem sobre dor no peito e ataque cardíaco continua a mesma. Você lembra que anteriormente conversamos sobre os exercícios de exposição como uma forma importante de aprender a deixar a ansiedade diminuir naturalmente. Também é muito importante eliminar algumas dessas estratégias de enfrentamento como se deitar, tentar relaxar ou buscar reasseguramento médico que interrompem artificialmente a resposta de ansiedade. Portanto, enquanto você estiver fazendo os exercícios de exposição, eu também gostaria de trabalhar com você em formas de reduzir esses comportamentos de enfrentamento problemáticos. Usamos procedimentos denominados prevenção de resposta que se focalizam na supressão de certas respostas maladaptativas. Você gostaria de examinar algumas estratégias que poderíamos usar para reduzir ou mesmo eliminar esses comportamentos problemas e desenvolver melhores respostas à ansiedade?

Paciente: Claro, isso parece uma boa ideia.

Prepare o paciente para um aumento na ansiedade

Os indivíduos devem ser prevenidos no sentido de esperar um aumento imediato na ansiedade com a prevenção de respostas de busca de segurança e a exposição prolongada a estímulos de medo. Embora os indivíduos difiram na duração do pico de ansiedade, alguma redução na ansiedade deve ser evidente após 30 a 60 minutos de exposição. Entretanto, a prevenção continuada de enfrentamento maladaptativo e neutralização pode ser necessária por várias horas após uma sessão de exposição. Por exemplo, indivíduos com medos obsessivos de contaminação podem se envolver em rituais de lavagem e limpeza que levam horas para completar. Nesses casos a fase de prevenção de resposta de uma tarefa de casa de exposição pode se estender por um período de tempo de 2-3 horas. A duração aproximada de uma sessão de prevenção de resposta deve ser discutida com os pacientes. Mais frequentemente, os pacientes serão encorajados a continuar com sua prevenção de resposta até que sua ansiedade alcance uma faixa leve.

Há ocasiões em que a ansiedade do indivíduo é tão intensa durante um período de tempo prolongado que ele se recusa a realizar a exposição e prevenção de resposta. Nesses casos, certas estratégias de manejo da ansiedade como distração, controle da respiração e relaxamento muscular progressivo podem ser temporariamente introduzidas. É importante que essas estratégias sejam empregadas brevemente porque podem interferir na exposição total aos estímulos de medo. Finalmente, a efetividade da exposição e a prevenção de resposta serão enfraquecidas se os pacientes continuarem a confiar no manejo da ansiedade. Isso sugeriria que a avaliação de ameaça exagerada do indivíduo dos sintomas físicos de ansiedade permanece intacta.

Instrua o paciente sobre estratégias de "bloqueio"

Uma série de estratégias podem ser usadas para suprimir comportamento de enfrentamento maladaptativo e outras formas de respostas de busca de segurança. Primeiro, o paciente pode escrever uma lista de *afirmações de enfrentamento autoinstrutivas* que podem ser usadas como lembretes dos benefícios de prevenir respostas maladaptativas, e os custos de continuar a confiar no comportamento de busca de segurança problemático. Segundo, os indivíduos poderiam desenvolver um repertório de *atividades concorrentes* que interferem no desempenho dos comportamentos de enfrentamento maladaptativos. Por exemplo, indivíduos que prendem a respiração quando ansiosos poderiam praticar respiração diafragmática ou aqueles que tendem a hiperventilar quando ansiosos poderiam se focar em prender a respiração entre as expirações. Para concorrer com a checagem compulsiva, um indivíduo poderia sair imediatamente da situação a fim de dificultar a repetição de uma checagem. Por exemplo, Maria estava limitada a usar espelhos apenas em certas horas do dia e não devia carregar um espelho na bolsa. Será necessária muita exploração para desenvolver um repertório de atividades concorrentes que efetivamente bloqueariam o comportamento de busca de segurança. É provável que essas respostas concorrentes sejam bastante idiossincráticas ao indivíduo e ao comportamento de busca de segurança sob consideração.

Uma terceira estratégia de prevenção de resposta que é provavelmente a mais efetiva para bloquear respostas de enfrentamento problemáticas é a *intenção paradoxal*. Esta envolve fazer o paciente realizar comportamentos que sejam completamente opostos à resposta de busca de segurança.

Por exemplo, uma pessoa que tenta repousar sempre que se sente ansiosa por medo de que sua pulsação fique muito alta poderia iniciar uma atividade física de alta energia quando se sentir ansiosa. Alguém que usa evitação cognitiva ou distração para lidar com a ansiedade poderia ser instruído a prestar total atenção ao estímulo de medo. E, naturalmente, a pessoa que apela para fuga e evitação seria encorajada a permanecer na situação de medo. O paciente que reprime sentimentos ansiosos seria instruído a expressar abertamente suas emoções, sejam elas de medo ou de raiva. É provável que o desempenho deliberado de um comportamento que seja oposto à resposta de enfrentamento forneça a prevenção de resposta mais efetiva.

Finalmente, o *apoio e encorajamento da família e amigos* pode ser um incentivo poderoso para refrear respostas problemáticas à ansiedade. Com instrução adequada do terapeuta, os familiares podem servir como "treinadores" para encorajar a exposição e a prevenção de resposta. Dada à excessiva busca de reasseguramento de Maria, os familiares necessitariam ser instruídos sobre como lidar com seus pedidos de reasseguramento sobre sua aparência física. Naturalmente, o envolvimento de pessoas significativas tem de ser monitorado cuidadosamente a fim de que a pessoa não se torne um sinal de segurança. Além disso, o terapeuta deve fornecer encorajamento verbal e estar disponível por telefone entre as sessões para ajudar os pacientes que poderiam ter dificuldade em bloquear suas respostas de enfrentamento maladaptativas.

Desenvolva respostas de enfrentamento alternativas

A alternativa adaptativa que é promovida na terapia cognitiva é a exposição continuada ao estímulo de medo. Quaisquer respostas de enfrentamento que encorajem o paciente a esperar que a ansiedade se dissipe naturalmente são consideradas uma abordagem adaptativa. Por exemplo, uma paciente com um transtorno de pânico de longa duração ficava aterrorizada ao simples pensamento de um ataque de pânico. A crença central era que ela poderia perder o controle e eventualmente enlouquecer. Quaisquer sinais de ansiedade, especialmente tremor, estremecimento ou choro eram interpretados como perda de controle. Ela respondia contraindo os músculos, distraindo-se e tentando reprimir seus sentimentos ansiosos. Para se opor a essas tentativas inúteis de controlar a ansiedade, foi estabelecida uma forma de prevenção de resposta paradoxal. Sempre que ela percebesse os primeiros sinais de ansiedade, ela tinha de ir ao seu quarto, ficar diante de um espelho de corpo inteiro e intencionalmente se sacudir e chorar o mais forte possível. Ela tinha de se ver fazendo isso no espelho até que seu nível de ansiedade caísse significativamente. Esse plano para enfrentar episódios de ansiedade servia a diversas funções. Ele encorajava a exposição direta aos sintomas físicos que a apavoravam, também bloqueava suas respostas de enfrentamento maladaptativas e geralmente terminava com uma boa risada, que iniciava um estado emocional contrário à ansiedade. Em resumo, a prevenção de resposta efetiva não deve apenas especificar as respostas de busca de segurança que devem ser bloqueadas ou suprimidas, mas também formas de resposta alternativas que promovam exposição adaptativa.

Conteste cognições problemáticas

O terapeuta cognitivo está sempre atento a quaisquer pensamentos ou crenças errôneos que poderiam levar à confiança continuada em respostas de busca de segurança e prejudicar a prevenção de resposta. Isso pode ser feito questionando os pacientes sobre seus pensamentos automáticos acerca da necessidade percebida de evitar ou controlar a ansiedade, bem como examinando registros de automonitoramento para cognições de busca de segurança maladaptativas que ocorreram durante prescrições de exposição. Uma vez identificado esse pensamento, a reestruturação cognitiva pode ser empregada para modificar as avaliações e crenças ansiosas (ver Capítulo 6).

Certos temas são comuns nos pensamentos automáticos e crenças que mantêm a busca de segurança e interferem na prevenção de resposta. Estes incluem uma intolerância a ansiedade e incerteza, necessidade de manter o controle, a importância de minimizar o risco e a manutenção de segurança e estabilidade. Indivíduos com ansiedade frequentemente expressarão crenças como "Eu não consigo suportar a ansiedade", "Eu preciso ter certeza de que não deixei o forno aceso e poderia causar um incêndio", "Se eu não mantiver controle rigoroso sobre minhas emoções, as pessoas perceberão que há alguma coisa errada comigo", "Eu não posso me arriscar; é melhor prevenir do que remediar", "Quanto mais eu sinto paz e conforto melhor é minha saúde física e mental", ou "Se eu parecer perfeita, posso evitar a avaliação negativa de pessoas conhecidas [Maria]." Em muitos casos a prevenção de resposta de enfrentamento maladaptativo e busca de segurança não será aceita enquanto a pessoa ansiosa confirmar essa forma de pensar. Portanto, o terapeuta cognitivo deve investigar cognições problemáticas sempre que os pacientes deixarem de completar a prevenção de resposta.

Registre e avalie

Como com qualquer intervenção, é essencial que os pacientes mantenham algum registro de suas tentativas de prevenção de resposta entre as sessões. O Registro de Prevenção de Resposta no Apêndice 7.3 pode ser usado para esse propósito. Esse formulário pode ser completado quando os pacientes realizam as tarefas de casa de exposição ou quando evitam enfrentamentos maladaptativos durante episódios de ansiedade que ocorrem natural e espontaneamente. Embora o formulário colete dados sobre níveis de ansiedade e de premência a iniciar uma "resposta de prevenção", o terapeuta cog-

nitivo deve sempre investigar as cognições dos pacientes acerca do comportamento de prevenção de resposta e busca de segurança ao revisar o formulário.

> **DIRETRIZ PARA O TERAPEUTA 7.6**
>
> A prevenção de comportamento de enfrentamento maladaptativo e de outras formas de respostas de busca de segurança é um componente importante da terapia cognitiva que promove exposição à informação que desconfirma a crença de ameaça e vulnerabilidade errônea do paciente.

MUDANÇA COMPORTAMENTAL DIRIGIDA

Conforme discutido anteriormente, indivíduos com transtornos de ansiedade com frequência exibem comportamentos problemáticos que requerem modificação ou eles podem se apresentar com déficits comportamentais que na verdade contribuem para seu estado ansioso. Um indivíduo com fobia social pode ter déficits de desempenho em habilidades interpessoais e de comunicação, embora Antony e Swinson (2000b) nos lembrem que a maioria dos indivíduos com ansiedade social têm habilidades interpessoais melhores do que pensam. Entretanto, déficits de desempenho comportamental social também podem ser evidentes em outros transtornos de ansiedade. Ele pode ocorrer com o indivíduo com transtorno de pânico e evitação agorafóbica que evitou ambientes sociais por muitos anos, ou no indivíduo com TOC crônico que poderia evitar os outros devido a obsessões de dúvida ou contaminação. Além disso, indivíduos com TEPT frequentemente têm retraimento social significativo e outras dificuldades interpessoais (Turner, Beidel e Frueh, 2005). Nesses casos, um componente de treinamento de habilidades poderia ser incluído no plano de tratamento.

A *mudança comportamental dirigida* se refere a estratégias de intervenção que ensinam aos indivíduos como mudar comportamentos a fim de melhorar sua efetividade pessoal em casa, no trabalho e nas relações interpessoais. Nos transtornos de ansiedade, as estratégias de mudança comportamental caracteristicamente se focam em melhorar habilidades pró-sociais, assertividade ou comunicação verbal e não-verbal (ver Antony e Swinson, 2000a, 2000b, para mais discussão). A Tabela 7.4 apresenta os passos normalmente envolvidos nas intervenções de mudança comportamental.

Ao iniciar uma intervenção de mudança comportamental, o terapeuta começa com *instrução didática* visando preparar o paciente para o ensaio comportamental. Goldfried e Davison (1976) comentam que essa introdução didática é necessária para assegurar que o paciente reconheça que a mudança comportamental é necessária, aceite o ensaio comportamental como um passo importante na aprendizagem de novos comportamentos, e para superar qualquer ansiedade sobre a dramatização. Além disso, o terapeuta fornece informação específica que ajuda os pacientes a aprender a diferença entre seus comportamentos maladaptativos e comportamentos pró-sociais mais efetivos.

Na terapia cognitiva, deve ser fornecida uma justificativa lógica para mudar a terapia de um foco na base cognitiva da ansiedade para essa orientação mais comportamental. Os pacientes devem ser informados de que essas intervenções não pretendem ser uma estratégia de redução da ansiedade direta, mas, antes, seu objetivo é melhorar o funcionamento e a confiança do paciente em situações sociais. O funcionamento social melhorado poderia ter um efeito ansiolítico indireto pelo aumento da frequência de respostas positivas dos outros, que por sua vez aumentaria a motivação do indivíduo a se expor a encontros provocadores de ansiedade com outras pessoas.

A *modelagem* desempenha um papel importante no ensino de pacientes ansiosos a como empregar comportamento interpessoal mais efetivo. O terapeuta demonstra a habilidade que deve ser aprendida e então discute com o paciente como realizar o comportamento em questão. Embora as explicações didáticas dos novos comportamentos sejam importantes, nada pode substituir a demonstração real a um paciente de como responder. Por exemplo, um indivíduo com ansiedade social tinha uma tendência a falar muito rapidamente quando conversava no trabalho. Ainda que isso garantisse uma fuga mais rápida de uma interação social ansiosa, ela interferia na qualidade de sua comunicação e, na verdade, intensificava sua ansiedade subjetiva. Essa aceleração de sua fala na verdade ocorreu na sessão. O terapeuta foi capaz de interromper a conversa, indicar que sua fala estava acelerada e, então, demonstrar uma velocidade de fala mais apropriada. Essa modelagem levou naturalmente à próxima fase da intervenção de mudança comportamental.

O *ensaio comportamental* é na verdade o ingrediente terapêutico central das intervenções de mudança comportamental dirigida. São realizadas dramatizações na sessão nas quais o paciente pratica a execução do novo comportamento em uma variedade de possíveis situações. O terapeuta poderia começar modelando o comportamento alvo na dramatização, tal como iniciar uma conversa com um estranho, fazer um pedido, manter contato visual, recusar um pedido irracional ou coisa parecida. O paciente é então instruído a praticar o comportamento dentro da dramatização. Durante toda a dramatização o terapeuta fornece treinamento na forma de *feedback corretivo*, bem como *reforço e encorajamento* por tentativas de realizar o comportamento alvo. Visto que muitos indivíduos se sentem desconfortáveis em dramatizar e podem achar essas sessões de prática comportamental tediosas, é importante manter a atmosfera leve ou informal e usar humor para deixar os indivíduos à vontade. No tratamento de fobia social, dramatizações entre terapeuta e paciente ou com atores adicionais filmadas na sessão podem ser usadas para intensificar o ensaio comportamental (p. ex., Antony e Swinson, 2000a; D. M. Clark, 2001). Nesses casos, o terapeuta fornece *feedback* e correção enquanto revê o filme com o paciente.

Beck e colaboradores (1985, 2005) também observam que pensamentos e crenças disfuncionais importantes podem se tornar aparentes no curso do ensaio comportamental. Uma vez identificados, esses pensamentos automáticos e crenças seriam tratados com estratégias de reestruturação cognitiva. Por exemplo, durante o ensaio comportamental que visava o contato visual com uma pessoa sofrendo de fobia social crônica, o terapeuta percebeu que o paciente tinha grande dificuldade em manter contato visual. A dramatização foi interrompida e o terapeuta perguntou ao paciente "Quando estávamos dramatizando agora há pouco, no que você estava pensando?". O paciente declarou que estava pensando "Eu estou encarando a pessoa; ele vai ficar irritado se eu ficar olhando para ele desse jeito". Portanto, automaticamente o paciente desviaria seu olhar e olharia para longe, o que denota que ele não realizou o ensaio comportamental corretamente. Identificar e corrigir cognições errôneas que surgem no curso do ensaio comportamental é um uso importante dessa estratégia na terapia cognitiva para ansiedade.

A efetividade de qualquer intervenção de mudança comportamental dependerá de se o ensaio comportamental é seguido por prática sistemática e repetida dessas novas habilidades como *tarefa de casa in vivo*. Como com qualquer intervenção, o poder de generalização e a manutenção de qualquer nova aprendizagem adquirida na sessão depende da conclusão da tarefa de casa. Os indivíduos devem também *automonitorar* suas tarefas de casa comportamentais mantendo registros das situações nas quais praticaram o novo comportamento, seu nível de ansiedade, o resultado e sua avaliação do desempenho. Na sessão seguinte, o terapeuta revisaria o formulário de automonitoramento da tarefa de casa. Exemplos de mudança comportamental positiva seriam elogiados e quaisquer cognições ou respostas comportamentais problemáticas seriam visadas para nova intervenção.

TABELA 7.4 Elementos terapêuticos nas intervenções de mudança comportamental dirigida

- Instrução didática ou psicoeducação
- Modelagem de comportamentos específicos
- Ensaio comportamental
- Feedback corretivo e reforço
- Tarefa de casa in vivo
- Automonitoramento e avaliação

DIRETRIZ PARA O TERAPEUTA 7.7

Intervenções de mudança comportamental dirigida são frequentemente empregadas na terapia cognitiva para tratar déficits de desempenho no funcionamento social que podem exacerbar retraimento e isolamento dos outros e interferem na participação do paciente nas prescrições de exposição entre as sessões.

TREINAMENTO DO RELAXAMENTO

O treinamento do relaxamento teve uma história longa e respeitável na terapia comportamental para ansiedade. Em certa época ele era a base do tratamento comportamental para ansiedade e considerado fundamental para inibir respostas de ansiedade condicionadas (ver Wolpe e Lazarus, 1966). Recentemente, os terapeutas cognitivo-comportamentais questionaram a sensatez e efetividade da terapia do relaxamento para ansiedade. White e Barlow (2002), por exemplo, afirmaram que qualquer comportamento que minimize sintomas de pânico ou forneça fuga/distração desses sintomas seria maladaptativo. Ensinar indivíduos a relaxar por meio de relaxamento muscular progressivo ou retreinamento da respiração poderia prejudicar a exposição e ser equivalente a "ensinar evitação como uma estratégia de enfrentamento" (White e Barlow, 2002, p. 317). Em muitos aspectos o treinamento do relaxamento também é incompatível com os objetivos da TC para ansiedade. O teste empírico da hipótese de avaliações e crenças errôneas depende da exposição a situações de ansiedade, a fim de obter informação desconfirmatória. Se o relaxamento fosse invocado sempre que um indivíduo se sentisse ansioso, então aquele indivíduo perderia uma oportunidade de aprender que as preocupações ansiosas eram infundadas. Dessa forma, o relaxamento como uma resposta de manejo da ansiedade prejudicaria a efetividade da terapia cognitiva.

Portanto, há lugar para o treinamento do relaxamento na terapia cognitiva para ansiedade? Apenas recomendaríamos técnicas de relaxamento como uma intervenção adjuvante se o nível de ansiedade de um indivíduo fosse tão extremo que o paciente se recusasse a realizar qualquer exposição ou se recusasse a tolerar mesmo a quantidade mais leve de ansiedade. Nesses casos, o treinamento do relaxamento poderia ser ensinado para diminuir o nível de ansiedade a fim de que o indivíduo realizasse a exposição e outros experimentos comportamentais destinados a modificar as avaliações e crenças errôneas de ameaça, vulnerabilidade e necessidade de segurança. Para o terapeuta cognitivo, é a desativação dos esquemas de ameaça que é considerada essencial para a redução de longa duração na ansiedade e não a aquisição de uma estratégia de manejo do relaxamento.

Apesar dessas preocupações com sua base conceitual, o treinamento do relaxamento continua a ser defendido como uma intervenção efetiva para inibir a tensão física da ansiedade (p. ex., Bourne, 2000; Craske e Barlow, 2006). Entretanto, a pesquisa clínica indica que o treinamento do relaxamento tem um papel muito mais limitado no tratamento de ansiedade do que outrora imaginado. O relaxamento muscular progressivo, por exemplo, continua a ser um ingrediente terapêutico importante em protocolos de TCC para TAG (p. ex., Brown, O'Leary e Barlow, 2001; ver Conrad e Roth, 2007, para revisão da situação clínica) e TEPT (Foa e Rothbaum, 1998), mas parece ter menos valor para ansiedade social (Heimberg e Juster, 1995) e TOC (Foa et al., 1998; Steketee, 1993) e produziu resulta-

dos mistos, na melhor das hipóteses, para transtorno de pânico (ver D. M. Clark, 1997; Craske e Barlow, 2001, para revisões).

Relaxamento muscular progressivo

Em 1938 Edmund Jacobson publicou seu trabalho sobre relaxamento, baseado em uma teoria da ansiedade bastante singular. Jacobson afirmava que a experiência central de ansiedade é tensão muscular, que envolve contração ou encurtamento das fibras musculares. A fim de reduzir essa tensão e a ansiedade subjetiva, o relaxamento muscular progressivo (RMP) foi introduzido como um método que elimina a tensão alongando as fibras musculares (Jacobson, 1968; ver também Bernstein e Borkovec, 1973). Contraindo e relaxando sistematicamente vários grupos musculares, Jacobson verificou que as contrações musculares podiam ser praticamente eliminadas e induzido um estado de profundo relaxamento. O único problema em seu método de relaxamento era o consumo extremo de tempo, envolvendo 50 a 200 sessões de treinamento (ver Wolpe, 1958; Wolpe e Lazarus, 1966).

O procedimento de relaxamento de Jacobson foi adotado e refinado pelos pioneiros da terapia comportamental como uma resposta incompatível que podia inibir medo e ansiedade. Wolpe (1958) concluiu pelos escritos de Jacobson que seu método de relaxamento tinha efeitos neutralizadores da ansiedade, porque os indivíduos aprendiam a usar o relaxamento diferencial em seu cotidiano no qual grupos musculares não diretamente em uso eram relaxados. Isso levaria à inibição recíproca de quaisquer estímulos evocadores de ansiedade encontrados e com ocorrências repetidas se desenvolve gradualmente uma inibição condicionada da resposta de ansiedade. Entretanto, Wolpe (1958) introduziu duas modificações importantes para melhorar a eficiência e efetividade do relaxamento diferencial. Primeiro, ele foi capaz de reduzir drasticamente o número de sessões de treinamento do relaxamento para seis sessões de 20 minutos e duas sessões práticas diárias de 15 minutos em casa (Wolpe e Lazarus, 1966). Segundo, em sessões subsequentes o relaxamento era associado a evocação em imaginação, de forma gradual e sistemática, de um estímulo temido em um procedimento terapêutico denominado *dessensibilização sistemática*. O resultado foi a introdução de um tratamento comportamental altamente efetivo para medos e fobias.

A indução de relaxamento profundo se tornou um instrumento essencial no arsenal do terapeuta comportamental para inibir a ansiedade. Wolpe descobriu que os efeitos autônomos do relaxamento podem neutralizar apenas uma resposta de ansiedade fraca, mas uma vez que um estímulo fraco não seja mais provocador de ansiedade um estímulo provocador de ansiedade mais forte pode ser repetidamente associado com o relaxamento até que ele também cesse de provocar ansiedade (Wolpe e Lazarus, 1966). Gradualmente, com apresentações repetidas, o relaxamento profundo inibirá as respostas de ansiedade sucessivamente mais fortes até que mesmo a situação provocadora de ansiedade mais intensa não mais evoque ansiedade.

A contração e relaxamento sistemático de grupos musculares específicos que foi introduzido pioneiramente por Edmund Jacobson ainda é a abordagem mais comum ao treinamento do relaxamento usado na TCC. Os pacientes são instruídos a contrair um grupo muscular específico "o mais forte possível sem causar dor", manter a contração por 5 a 7 segundos, perceber a tensão no grupo muscular, então relaxar e liberar a tensão e perceber a sensação de relaxamento que ocorre quando a tensão é liberada (Bernstein e Borkovec, 1973). O objetivo desse ciclo de "contrair-relaxar" é facilitar a detecção de tensão e aguçar a capacidade do paciente de discriminar entre sensações de tensão e relaxamento. Embora existam muitas diferentes variações de RMP, apresentamos um protocolo de 10 grupos musculares na Tabela 7.5 que pode ser inicialmente ensinado aos pacientes. Ele é derivado de protocolos mais extensos descritos em Bernstein e Borkovec (1973) e Cautela e Groden (1978).

Justificativa lógica e instruções

Antes de iniciar a sessão de treinamento do relaxamento, é importante fornecer uma justificativa lógica para o procedimento. A seguinte explicação e conjunto de instruções para RMP é uma alternativa que podem ser usados com os pacientes. (Para outros exemplos de justificativa lógica e instruções para RMP, ver Bernstein e Borkovec, 1973; Bourne, 2000; Cautela e Groden, 1978; Craske e Barlow, 2006; Foa e Rothbaum, 1998; Goldfried e Davison, 1976.)

> "Hoje vou lhe ensinar como usar o relaxamento para lidar com sua ansiedade. Esse procedimento, denominado relaxamento muscular profundo, foi introduzido pela primeira vez há 75 anos por um fisiologista da Universidade de Harvard, Dr. Edmund Jacobson. Ele verificou que os indivíduos podiam aprender a induzir um estado de relaxamento profundo contraindo e então relaxando grupos musculares específicos. A parte importante desse procedimento é aprender a diferença entre se sentir tenso e se sentir relaxado, portanto você será treinado em como prestar uma especial atenção aos sentimentos e sensações físicas associados com seus músculos estarem tensos e então relaxados. Você lembra da sessão anterior de avaliação que um dos sintomas de ansiedade que você percebeu foi tensão muscular? Você poderia me lembrar de como isso era para você? [Faça o paciente descrever o desconforto associado com se sentir fisicamente tenso ou rígido quando ansioso.] Quando você se sente tenso, certos músculos em seu corpo se contraem; ou seja, as fibras musculares na verdade se

TERAPIA COGNITIVA PARA OS TRANSTORNOS DE ANSIEDADE **265**

TABELA 7.5 Protocolo de 10 grupos musculares para relaxamento muscular progressivo

Grupo muscular	Procedimento de contração-relaxamento
1. Braço dominante	"Estenda seu braço direito (ou o dominante) reto, feche firmemente o punho e contraia todo o braço da mão ao ombro. Perceba a contração no bíceps, antebraço, cotovelo, punho e dedos. Então relaxe, flexionando o cotovelo e repousando-o em seu colo."
2. Braço não dominante	"Estenda seu braço esquerdo (ou o não dominante) reto, feche firmemente o punho e contraia todo o braço da mão ao ombro. Perceba a contração no bíceps, antebraço, cotovelo, punho e dedos. Então relaxe, flexionando o cotovelo e repousando-o em seu colo."
3. Testa	"Enrugue a testa levantando as sobrancelhas o mais alto possível, eleve suas sobrancelhas, contraindo a testa e o couro cabeludo. Então lentamente relaxe, deixando suas sobrancelhas cair e perceba a liberação da contração na testa."
4. Olhos e nariz	"Feche os olhos bem apertados de modo que você possa sentir a contração em torno deles. Ao mesmo tempo, enrugue o nariz, novamente empurrando seu nariz forte contra seu rosto. Perceba a contração em torno de seus olhos, nariz e parte superior das bochechas. Relaxe lentamente, libere a contração em torno de seus olhos e nariz sem apertar os olhos ou enrugar o nariz. Mantenha os olhos fechados e foque na sensação de relaxamento em torno de seus olhos e nariz."
5. Maxilar e pescoço	"Contraia as regiões da boca, maxilar e pescoço dando um sorriso largo e forçado, aperte os dentes e contraia seu queixo puxando sua boca e queixo para dentro. Perceba a contração de seus músculos em torno da boca, maxilar e na porção frontal do pescoço. Enquanto você libera a contração, foque na sensação de relaxamento nessas regiões da face e do pescoço."
6. Ombros e costas	"Mova-se para frente na cadeira e traga os cotovelos para cima e para trás de modo que você possa sentir suas escápulas sendo empurradas. Ao mesmo tempo o tórax está sendo empurrado para fora. Perceba a contração nos ombros e na parte superior das costas. Gradualmente, libere a contração sentando-se de volta na cadeira, colocando seus braços no colo e deixando os ombros voltar à posição normal. Foque na liberação da contração nos ombros e na região central das costas."
7. Tórax	"Contraia o tórax respirando fundo e então prendendo a respiração. Sinta a contração em seu tórax enquanto você o contrai. Enquanto relaxa foque em como os músculos do tórax parecem frouxos agora."
8. Abdômen	"Contraia seu abdômen distendendo-o e tornando-o duro como uma tábua. Perceba a contração em seu abdômen e como ele parece duro. Enquanto libera a contração em seu abdômen perceba como é mudar de contração para relaxamento."
9. Perna dominante	"Levante sua perna direita (ou a dominante) do chão de modo que ela fique totalmente estendida para fora, incline os dedos dos pés na sua direção e contraia toda a perna o mais possível. Perceba a contração em seu pé, panturrilha, joelho e coxa. Relaxe gradualmente, baixando sua perna e dobrando o joelho ligeiramente a fim de que seu pé fique reto no chão. Perceba a sensação de relaxamento que agora percorre toda a extensão de sua perna."
10. Perna não dominante	"Levante sua perna esquerda (ou a não dominante) do chão de modo que ela fique totalmente estendida para fora, incline os dedos dos pés na sua direção e contraia toda a perna o mais possível. Perceba a contração em seu pé, panturrilha, joelho e coxa. Relaxe gradualmente, baixando sua perna e dobrando o joelho ligeiramente a fim de que seu pé fique reto no chão. Perceba a sensação de relaxamento que agora percorre toda a extensão de sua perna."

Nota: Baseado em Bernstein e Borkovec (1973) e Cautela e Groden (1978).

contraem, produzindo aquela sensação de tensão. O relaxamento muscular progressivo é uma técnica que interrompe o processo de ansiedade pelo relaxamento dos músculos. Ele literalmente reverte um dos principais sintomas da ansiedade, a tensão física, liberando a contração ou tensão muscular indesejada. Quando você tiver dominado a habilidade de induzir relaxamento profundo, pode usá-la em uma variedade de situações para interromper um aumento em seu nível de ansiedade".

"A melhor forma de aprender o relaxamento muscular profundo é por meio de demonstração, treinamento e prática. Vou lhe pedir para contrair grupos musculares particulares, manter a contração por 5 a 7 segundos e então liberar a contração. Eu vou instruí-lo sobre como contrair e relaxar vários músculos. Durante todo o procedimento eu vou estimulá-lo a se focalizar nos sentimentos de contração e relaxamento. Essa é uma parte muito importante da técnica porque você precisa aprender como é se sentir relaxado. Começaremos contraindo e relaxando 10 grupos musculares diferentes e todo o procedimento levará cerca de 20 minutos. Eu vou lhe pedir para contrair e então relaxar determinados músculos. Por exemplo, vamos repassar rapidamente o procedimento com cada um dos músculos a fim de que você saiba o que esperar. Estenda seu braço direito à frente, feche firmemente o punho, e mantenha assim. Você percebe alguma contratura ou enrijecimento em seu braço? [Peça ao paciente para indicar se a contração foi sentida na mão, no antebraço, no cotovelo e no bíceps.] Agora contraia o braço novamente e dessa vez libere a contração deixando seu braço cair de volta em seu colo, com o cotovelo ligeiramente flexionado. Como se sente agora? [O paciente é

solicitado a descrever a sensação de relaxamento no braço.] Agora vou demonstrar para você como contrair e relaxar os outros 9 grupos musculares. Em cada vez eu gostaria que você observasse como faço e então tentasse sozinho. Devo avisá-lo de que você fará caras engraçadas a fim de contrair os músculos faciais. Tudo bem para você? [O terapeuta então demonstra como contrair e relaxar os músculos baseado na Tabela 7.5.]"

"[Após demonstrar o procedimento de contrair-relaxar os 10 músculos, o terapeuta prossegue com a introdução.] É importante que você perceba que o relaxamento muscular profundo é uma habilidade que exige prática repetida para ser aprendido. É como aprender a andar de bicicleta ou dirigir um carro, a técnica pode à princípio parecer antinatural para você. Você pode não se sentir muito relaxado. Entretanto, quanto mais você praticar, mais fácil se tornará e você ficará cada vez melhor na indução de um nível mais profundo de relaxamento. Além disso, quando você tiver dominado a técnica dos 10 músculos, lhe ensinarei como fazer a versão abreviada do relaxamento muscular a fim de que você possa literalmente induzir relaxamento em poucos minutos em qualquer lugar, a qualquer momento. Mas para chegar a esse ponto, você precisará praticar o relaxamento duas vezes por dia, todos os dias por 15 minutos. Eu vou lhe dar um CD com instruções de relaxamento que deve ajudá-lo a praticar em casa. Também vou lhe pedir para preencher um Registro de Relaxamento Muscular Progressivo Semanal [ver Apêndice 7.4] para podermos monitorar seu progresso. Você tem alguma dúvida? Certo. Vamos começar nossa primeira sessão de treinamento do relaxamento."

É importante enfatizar que a efetividade do treinamento do relaxamento depende de um ambiente adequado. Bourne (2000) oferece uma série de sugestões práticas para aumentar a experiência de relaxamento. Escolha um lugar silencioso, uma sala com pouca luz e uma cadeira ou sofá confortável. Pratique de estômago vazio e afrouxe qualquer roupa apertada. Tire os sapatos, óculos e relógio e mantenha os olhos fechados. Diga ao paciente para assumir uma atitude passiva, desligada na qual "você deixa tudo, todos os pensamentos, sentimentos e comportamentos apenas acontecerem. Não tente controlar o que você pensa nem avalie como está se saindo. Apenas 'deixe-se levar' e não se preocupe se você está fazendo o procedimento corretamente." Se a pessoa tem dificuldade para relaxar um determinado grupo muscular, ela deve apenas passar para o próximo grupo. Nem todos os grupos musculares têm que alcançar o mesmo nível de relaxamento profundo. Enfatize que é importante praticar duas vezes por dia por 15 minutos preferivelmente em um horário regular.

O seguinte exemplo ilustra como treinar um paciente no ciclo contrair-relaxar. Escolhemos o grupo muscular do abdomen para ilustrar o conjunto de instruções que deve ser empregado com cada grupo muscular.

> "Agora eu gostaria que você contraísse sua musculatura abdominal. Contraia seu abdômen distendendo-o e tornando-o duro como uma tábua. AGORA, contraia os músculos do abdômen [o terapeuta usa uma voz firme, moderadamente alta]. PRENDA! Sinta a contração, o enrijecimento da sua musculatura abdominal, PRENDA, PRENDA! Focalize sua atenção na dureza de seu abdômen [5 a 7 segundos após o AGORA] E agooora, RELAAAAXE! [O terapeuta prolonga o "agora relaxe" em uma voz mais lenta, calmante.] Deixe toda a contração desaparecer do abdômen, deixe-a fluir para fora de seus músculos e perceba a diferença entre se sentir contraído e relaxa-

do. Você sente os músculos do seu abdômen relaxando cada vez mais. [Por 30 a 40 segundos o terapeuta faz declarações sugestivas sobre relaxamento.] Você focaliza toda sua atenção na sensação prazerosa de relaxamento. Você percebe como agora os músculos do seu abdômen parecem frouxos, soltos, macios comparado com seu estado duro, contraído e firme quando você os estava contraindo. Continue a focalizar sua atenção na sensação de relaxamento enquanto passamos para sua perda direita."

Na primeira sessão de treinamento de RMP, pode ser aconselhável repetir cada grupo muscular duas vezes antes de prosseguir para o próximo conjunto de músculos. Também conceda alguns segundos de silêncio entre os grupos musculares a fim de que todo o processo não se torne muito acelerado. Durante cada fase de relaxamento o paciente deve repetidamente sussurrar a palavra "relaxe" ou "calma". Além disso, o terapeuta pode acrescentar uma agradável sugestão em imaginação ao final da sessão de relaxamento a fim de aumentar a experiência de relaxamento profundo.

RMP abreviado

Para que o RMP tenha alguma utilidade como resposta de enfrentamento para ansiedade no ambiente natural, os pacientes devem aprender rapidamente protocolos de relaxamento mais eficientes e abreviados que possam ser empregados a qualquer momento e em qualquer lugar. Se o paciente dominou o relaxamento profundo de 10 músculos após 2 semanas de prática diária, o terapeuta pode prosseguir com um *protocolo de 4 grupos musculares* descrito em Bernstein e Borkovec (1973). O protocolo consiste do seguinte procedimento:

1. *Contraia e relaxe os braços* – ambos os braços são estendidos para frente com uma flexão de 45° no cotovelo. Feche firmemente o punho de cada mão e mantenha a contração.

2. *Rosto e pescoço* – todos os músculos do rosto e pescoço são contraídos simultaneamente franzindo as sobrancelhas, apertando os olhos, enrugando o nariz, cerrando os dentes, fazendo um sorriso exagerado e puxando o queixo na direção do peito.

3. *Tórax e abdômen* – respire fundo e então prenda a respiração enquanto ao mesmo tempo se senta para frente, puxe os ombros para trás de modo que as escápulas sejam tracionadas ao mesmo tempo e contraia o abdômen.

4. *Ambas as pernas* – levante ambas as pernas do chão, aponte os dedos dos pés para cima e gire os pés para dentro.

Se o relaxamento muscular profundo puder ser alcançado após 2 semanas de prática diária, o paciente está pronto para prosseguir para o estágio final do RMP, *apenas relaxamento*. Aqui a parte de contração do exercício é omitida e o paciente simplesmente se focaliza em liberar a contração em vários grupos musculares começando no topo da cabeça e progredindo para baixo até os dedos dos pés (Taylor, 2000). Tendo praticado diariamente o relaxamento muscular profundo por pelo menos um mês, os indivíduos estão agora tão bem acostumados ao estado relaxado que são capazes de se sentirem relaxados simplesmente por meio da recordação (Bernstein e Borkovec, 1973). Quando solicitado a liberar a contração de determinados grupos musculares, isso pode ser feito lembrando seu estado relaxado anterior. Na técnica de apenas relaxamento, o paciente primeiro é instruído a respirar calmamente e então a relaxar os vários músculos do rosto, pescoço, ombros, braços, abdômen, costas e pernas (ver Öst, 1987a, para instruções mais detalhadas). Mais uma vez, os indivíduos devem praticar apenas relaxamento duas vezes por dia por pelo menos 1 semana. O protocolo pode ser gravado para auxiliar a prática em casa e então apagado à medida que o paciente

dominar essa habilidade (Taylor, 2000). Pacientes que dominaram a técnica de apenas relaxamento têm agora uma habilidade de enfrentamento que pode ser usada em quase todas as situações envolvendo ansiedade de ocorrência natural. Ela é uma técnica altamente portátil e eficiente que permite que o indivíduo alcance um estado relaxado em 5 a 7 minutos (Öst, 1987a).

DIRETRIZ PARA O TERAPEUTA 7.8

O relaxamento muscular progressivo é uma intervenção adjuvante que pode ser usada pelo terapeuta cognitivo como treinamento preliminar de habilidades para reduzir níveis extremos de ansiedade, a fim de que o paciente inicie a exposição autodirigida ou para fornecer estratégias de enfrentamento para indivíduos com intolerância grave à ansiedade. Entretanto, qualquer treinamento do relaxamento deve ser cuidadosamente monitorado para garantir que não seja usado para evitar ansiedade ou para enfraquecer os benefícios do experimento comportamental baseado em exposição.

Relaxamento aplicado

O relaxamento aplicado (RA) é um programa de tratamento de 8 a 10 semanas desenvolvido por Lars-Göran Öst (1987a) do Centro de Pesquisa Psiquiátrica da Universidade de Uppsala, Suécia. Trata-se uma forma intensiva, sistemática e gradual de treinamento do relaxamento que se desenvolveu do RMP passando pelo relaxamento controlado por sugestão à aplicação de habilidades de relaxamento rápido para ansiedade induzida em situações naturais. Visto que o estágio final do RA envolve prática nas sessões e entre elas na aplicação de relaxamento a situações provocadoras de ansiedade, o RA na verdade envolve exposição situacional e interoceptiva breve repetida e portanto não pode ser considerado uma intervenção para ansiedade puramente baseada no relaxamento (Taylor, 2000). Contudo, o que torna o RA interessante é sua conceitualização em termos de uma perspectiva de enfrentamento da ansiedade e a evidência empírica de sua efetividade para TAG em particular (p. ex., ver metanálise por Gould, Safren, Washington e Otto, 2004). Öst (1987a) afirma que o objetivo do RA é ensinar os indivíduos a reconhecer os primeiros sinais de ansiedade e aprender a lidar com a ansiedade em vez de se sentirem esmagados por ela. A Tabela 7.6 apresenta uma discrição passo-a-passo do procedimento de RA conforme descrito por Öst (1987a).

TABELA 7.6 Protocolo de tratamento do relaxamento aplicado

Sessões	Intervenção	Instruções
Sessão 1	Psicoeducação	Explique a natureza da ansiedade, o fundamento lógico do RA, da tarefa de casa gradual na identificação e registro de sintomas de ansiedade.
Sessões 1-4	RMP de 14 músculos	Complete o relaxamento corporal baseado no protocolo de RMP de 14 músculos de Wolpe e Lazarus (1966). Prescreva tarefa de casa duas vezes por dia.
Sessões 5-6	Apenas relaxamento	Ensine o relaxamento direto de grupos musculares sem instruções de contração. Reduza o tempo de indução de relaxamento para 5 a 7 minutos. Requer 1 ou 2 sessões com prática diária em casa.
Sessões 6-7	Relaxamento controlado por sugestão	O objetivo é criar associação condicionada entre a palavra "relaxe" e o estado de relaxamento. O foco é no controle da respiração, relaxamento induzido pelo método de relaxamento simples e combinação repetida de sussurrar palavra "relaxe" em cada expiração. Tarefa de casa por 1 a 2 semanas.
Sessões 8-9	Relaxamento diferencial	O objetivo é ensinar os indivíduos a relaxar em outras situações, tais como sentado ou caminhando e remover a contração dos músculos não utilizados em uma atividade.
Sessão 10	Relaxamento rápido	Ensine o paciente a relaxar em 20 a 30 segundos em múltiplas situações diárias não estressantes por meio do controle da respiração, pensando na palavra "relaxe", e praticando contração-relaxamento.
Sessões 11-13	Treinamento da aplicação	Exposição breve (10 a 15 minutos) a ampla variedade de situações provocadoras de ansiedade in vivo, sensações físicas (isto é, hiperventilação, exercício físico) ou em imaginação a fim de praticar a aplicação do relaxamento como resposta de enfrentamento à ansiedade.
Sessões 14-15	Programa de manutenção	O paciente é encorajado a observar o corpo pelo menos diariamente e usar relaxamento rápido para se livrar de qualquer contração. Relaxamento diferencial e rápido pode ser praticado duas vezes por semana regularmente.

Öst (1987a) revisou 18 estudos controlados de resultados de seu próprio laboratório que utilizaram RA e concluiu que 90 a 95% dos indivíduos foram capazes de adquirir a habilidade de relaxamento, com o RA significativamente mais efetivo quando comparado com nenhum tratamento ou com tratamento não específico. A evidência empírica mais forte para a efetividade do RA vem de ensaios clínicos de TAG. Em uma variedade de estudos de resultados o RA produziu efeitos pós-tratamento significativos para TAG e manutenção dos ganhos durante o seguimento comparável a terapia cognitiva (Arntz, 2003; Borkovec e Costello, 1993; Borkovec, Newman, Lytle e Pincus, 2002; Öst e Breitholz, 2000). Entretanto, Butler, Fennell, Robson e Gelder (1991) verificaram que o RMP padrão era menos efetivo do que a terapia cognitiva para TAG e pouca coisa mais efetivo do que um controle de lista de espera. Além disso, D. M. Clark e colaboradores verificaram que terapia cognitiva era um pouco superior a RA no tratamento do transtorno de pânico (D. M. Clark et al., 1994) e claramente superior a RA mais exposição no tratamento da ansiedade social (D. M. Clark, Ehlers, Hackmann, McManus, Fennell et al., 2006). Öst e Westling (1995), por outro lado, verificaram que TCC e RA eram igualmente efetivos no tratamento do transtorno de pânico. Em resumo, parece que o RA é um tratamento alternativo para TAG que pode produzir resultados equivalentes à terapia cognitiva, mas sua efetividade para os outros transtornos de ansiedade permanece incerta.

> **DIRETRIZ PARA O TERAPEUTA 7.9**
> Relaxamento aplicado (RA) é um protocolo de treinamento do relaxamento intensivo, sistemático e gradual que pode ser efetivo no tratamento de TAG, embora possa ser menos efetivo para outros transtornos de ansiedade. O RA é uma alternativa viável à terapia cognitiva para TAG quando essa pode não ser aceitável para um paciente.

Retreinamento da respiração

O treinamento no controle da respiração é considerado uma forma de relaxamento frequentemente incluída em procedimentos de relaxamento para estresse e ansiedade (p. ex., Bourne, 2000; Cautela e Groden, 1978). Os indivíduos muitas vezes empregam respiração superficial rápida quando em situações ansiosas ou estressantes. Os procedimentos de controle da respiração treinam os indivíduos para ter mais consciência de sua respiração disfuncional e para substitui-la por uma respiração diafragmática mais lenta e ritmada de aproximadamente 8 a 12 respirações por minuto. Essa frequência respiratória mais lenta e mais profunda promove uma maior sensação de relaxamento, desse modo reduzindo o estado ansioso. É uma estratégia de intervenção rápida e razoavelmente simples que pode dar aos indivíduos ansiosos a sensação de controle limitado sobre seu estado emocional. Visto que o retreinamento da respiração tem sido mais amplamente usado na TCC para o transtorno de pânico, mais discussão sobre esse procedimento é apresentada no próximo capítulo.

> **DIRETRIZ PARA O TERAPEUTA 7.10**
> O controle da respiração é uma estratégia de relaxamento relativamente rápida e simples que pode ser usada para neutralizar a respiração rápida e superficial que frequentemente contribui para o aumento da ansiedade. Nos últimos anos a pesquisa clínica tem questionado o papel terapêutico do controle da respiração, particularmente no tratamento do transtorno de pânico.

RESUMO E CONCLUSÕES

As intervenções comportamentais desempenham um papel crítico na terapia cognitiva dos transtornos de ansiedade. De fato é difícil imaginar um tratamento cognitivo efetivo para ansiedade que não inclua um componente comportamental significativo. Há uma extensa literatura demonstrando a efetividade das intervenções de exposição no tratamento de todos os tipos de medo e ansiedade. Quando utilizados como um ingrediente terapêutico da terapia cognitiva, os exercícios baseados em exposição fornecem as formas mais poderosas de informação corretiva para as avaliações e crenças de ameaça e vulnerabilidade errôneas que mantêm a alta ansiedade. A exposição na forma de experimentos de teste empírico da hipótese deve ser um ponto focal em todas as intervenções de terapia cognitiva oferecidas para tratar os transtornos de ansiedade.

Maior atenção deve ser dada à prevenção de resposta e correção de cognições e comportamentos de busca de segurança nas intervenções cognitivas para a ansiedade (p. ex., D. M. Clark et al., 1999; Salkovskis, Clark e Gelder, 1996). Sem uma intervenção que reduza diretamente a confiança em sinais de busca de segurança e respostas de enfrentamento, é provável que qualquer redução na ansiedade seja incompleta e coloque o indivíduo em alto risco de recaída.

O papel do treinamento do relaxamento no tratamento de transtornos de ansiedade continua a gerar considerável debate. A tradição bem estabelecida de ensinar relaxamento muscular progressivo para aliviar a ansiedade ainda pode ter alguma eficácia para o tratamento de TAG e possivelmente do transtorno de pânico, especialmente quando é empregado de forma sistemática e intensa o protocolo de relaxamento. Entretanto, o treinamento do relaxamento para TOC e fobia social não é justificado, embora ainda possa ter algum valor no TEPT para aqueles com ansiedade generalizada elevada. O retreinamento da respiração é usado frequentemente no tratamento do transtorno de pânico, mas conforme discutido no próximo capítulo sua efetividade terapêutica tem sido questionada. Um Resumo de Referência Rápida é fornecido no Apêndice 7.5 como uma breve revisão das intervenções comportamentais úteis no tratamento dos transtornos de ansiedade.

APÊNDICE 7.1

HIERARQUIA DE EXPOSIÇÃO

Nome: ———————————————————————— Data: ——————————

Instruções: Em uma folha de papel em branco escreva 15 a 20 situações, objetos, sensações físicas, ou pensamentos/imagens intrusivos que são relacionados a suas preocupações ansiosas. Selecione experiências que ocorrem em um *continuum*, desde aquelas que provocam apenas ansiedade leve e evitação até aquelas experiências que evocam ansiedade e evitação moderada e depois grave. Em seguida, ordene essas experiências da menos à mais ansiosa ou evitativa e transfira a lista para a segunda coluna deste formulário. Na primeira coluna registre o nível de ansiedade que você espera com cada item. Na terceira coluna escreve o pensamento ansioso central associado com cada situação se isso for de seu conhecimento.

	A. Nível de ansiedade/evitação esperado (0-100)	B. Descreva brevemente a situação, objeto, sensação ou pensamento/imagem intrusivo que é ansioso/evitado	C. Anote o pensamento ansioso ou apreensivo mais proeminente associado com este item
MENOS	1.		
	2.		
	3.		
	4.		
	5.		
	6.		
	7.		
	8.		
	9.		
	10.		
	11.		
	12.		
	13.		
	14.		
	15.		
	16.		
MAIS	17.		

APÊNDICE 7.2

REGISTRO DE PRÁTICA DE EXPOSIÇÃO

Nome: ——————————————————— Data: ———————————

Instruções: Mantenha um registro de suas sessões de prática de exposição diárias usando este formulário. Não deixe de registrar o nível de sua ansiedade inicial, média e final, bem como o tipo de tarefa de exposição completada e sua duração.

Dia e hora	Tarefa de exposição	Duração (minutos)	Ansiedade inicial (0 – 100)	Ansiedade média (0 – 100)	Ansiedade final (0 – 100)

APÊNDICE 7.3

REGISTRO DE PREVENÇÃO DE RESPOSTA

Nome: _____ Data: _____

Instruções: Mantenha um registro de suas sessões de prática de prevenção de resposta diárias usando este formulário. Não deixe de registrar a "premência de utilizar uma resposta" e o nível de ansiedade inicial e final.

Dia e hora	Descreva a resposta que foi evitada	Impulso inicial de utilizar a resposta (0-100)	Ansiedade inicial (0-100)	Impulso final de utilizar a resposta (0-100)	Nível de ansiedade final (0-100)

Listar as "estratégias de bloqueio" usadas para prevenção de resposta: _____

REGISTRO SEMANAL DE RELAXAMENTO MUSCULAR PROGRESSIVO

Nome: ─────────────────────────── Data: ───────────────

Instruções: Duas sessões de relaxamento de 15 minutos devem ser programadas diariamente. Use a planilha abaixo para registrar seu progresso na obtenção de um estado relaxado com cada um dos grupos musculares. Faça uma marca (◻)se você relaxou com sucesso um grupo muscular durante uma sessão de prática e marque um (X) se você teve dificuldade em relaxar o grupo muscular. No final de cada coluna, avalie o nível total de relaxamento alcançado na sessão de prática de 0 ("absolutamente incapaz de relaxar"), 50 ("moderadamente relaxado, mas consciente de alguma contração") a 100 ("tão completamente relaxado que me sinto sonolento").

Dia da semana:	Dia 1		Dia 2		Dia 3		Dia 4		Dia 5		Dia 6		Dia 7	
Sessão de prática	1	2	1	2	1	2	1	2	1	2	1	2	1	2
1. Braço dominante														
2. Braço não dominante														
3. Testa														
4. Olhos e nariz														
5. Maxilar e pescoço														
6. Ombros e costas														
7. Tórax														
8. Abdômen														
9. Perna dominante														
10. Perna não dominante														
11. Avalie o nível total de relaxamento (0 - 100)														

APÊNDICE 7.5

RESUMO DE REFERÊNCIA RÁPIDA DO CAPÍTULO 7: INTERVENÇÕES COMPORTAMENTAIS

I. **Adote uma perspectiva cognitiva**
   1. **Justificativa lógica** – baseado na Figura 6.1 (folheto do paciente do modelo de terapia cognitiva), explique o uso da prescrição comportamental para examinar a validade de pensamentos ansiosos e suas alternativas.
   2. **Identifique o pensamento alvo** – escreva o pensamento ansioso contestado pelo exercício comportamental.
   3. **Prescrição Comportamental** – escreva as instruções específicas sobre como fazer o exercício, que pensamentos são avaliados e os critérios de resultado.
   4. **Automonitoramento** – o paciente registra como o exercício foi conduzido, seu resultado, nível de ansiedade, pensamentos automáticos e evidência a favor e contra pensamentos alvo.
   5. **Avaliação** – avaliação completa do resultado do exercício; revise o formulário de automonitoramento; conclusões alcançadas sobre o pensamento (crença) alvo e sua alternativa; escreva um resumo do exercício na forma de um "cartão de enfrentamento".

II. **Exposição gradual**
   1. Para **exposição situacional**, revise o Formulário de Análise Situacional (Apêndice 5.2) e organize hierarquicamente as situações provocadoras de ansiedade de leve a intensamente ansiosas.
   2. Comece com a situação moderadamente ansiosa; inicialmente demonstre a exposição na sessão.
   3. Obtenha avaliações de ansiedade de 0 a 100 antes da exposição, a cada 10 minutos durante a exposição e finalmente na conclusão do exercício.
   4. Prescreva exposição como tarefa de casa, pelo menos 30 a 60 minutos diários. Use o Registro de Prática de Exposição (Apêndice 7.2) para registrar o resultado.
   5. A **exposição em imaginação** começa com o desenvolvimento de um roteiro do medo, demonstração na sessão e então 30 minutos de prática diária em casa. Deve ser considerado treinamento de habituação por áudio quando a evitação cognitiva está presente.
   6. A **exposição a sensações corporais** envolve demonstração completa na sessão antes da prescrição da tarefa de casa. A Tabela 8.8 (capítulo do transtorno de pânico) fornece uma descrição de vários exercícios interoceptivos.

III. **Prevenção de resposta**
   1. **Identifique estratégias de enfretamento cognitivo e comportamental maladaptativas** ou outras formas de neutralização (ver Lista de Verificação de Respostas Comportamentais à Ansiedade, Apêndice 5.7, Lista de Verificação de Respostas Cognitivas à Ansiedade, Apêndice 5.9).
   2. Forneça a **justificativa lógica do tratamento** para prevenção de resposta.
   3. Instrua o paciente sobre **"estratégias de bloqueio"** (isto é, declarações de enfrentamento autoinstrutivas, respostas concorrentes, intenção paradoxal, encorajamento).
   4. Desenvolva **estratégias de enfrentamento alternativas** para ansiedade.
   5. Conteste as **cognições problemáticas**.
   6. **Registre e avalie** o sucesso da intervenção usando o Registro de Prevenção de Resposta (Apêndice 7.3).

IV. **Outras intervenções comportamentais**
   1. **Mudança comportamental dirigida** envolve ensinar comportamentos específicos que melhorem a efetividade pessoal por meio de métodos de instrução didática, modelagem, ensaio comportamental, reforço e automonitoramento.
   2. O **treinamento do relaxamento** pode ser muscular progressivo ou aplicado; mais útil para TAG. Uma justificativa lógica para o RMP pode ser encontrada no Capítulo 7, páginas 263-264. Instruções para RMP de 10 músculos estão na Tabela 7.5 e um esboço para RA é descrito na Tabela 7.6. Prescreva RMP como tarefa de casa e registre a prática diária no Registro Semanal de Relaxamento Muscular Progressivo (Apêndice 7.4).
   3. **Retreinamento da respiração** – A Tabela 8.9 na página 326 (capítulo do transtorno de pânico) contém um protocolo de retreinamento da respiração diafragmática.

Parte III

Teoria cognitiva e tratamento dos transtornos de ansiedade específicos

Nas duas últimas décadas as inovações e a pesquisa na psicoterapia se focaram cada vez mais no desenvolvimento e avaliação de protocolos de tratamento que visam transtornos específicos do DSM-IV-TR (APA, 2000). O desenvolvimento de manuais de tratamento específicos para os transtornos foi particularmente evidente nos transtornos de ansiedade. O modelo cognitivo de ansiedade genérico apresentado na Parte I e a avaliação cognitiva e estratégias de intervenção centrais descritas na Parte II podem ser facilmente adaptados para enfocar os aspectos sintomáticos compartilhados e distintos dos tipos mais comuns de transtornos de ansiedade. Essa parte final do livro fornece modelos cognitivos, hipóteses, conceitualizações de caso e protocolos de tratamento específicos para cinco tipos diferentes de transtorno de ansiedade. O Capítulo 8 discute o modelo e tratamento cognitivo do transtorno de pânico com sua ênfase nas interpretações errôneas de estados internos e na perda da capacidade de reavaliação da ameaça, enquanto o Capítulo 9 apresenta a teoria e tratamento cognitivo de fobia social que se focaliza no medo da avaliação negativa dos outros e na presença de respostas de enfrentamento maladaptativas. O Capítulo 10 fornece um modelo e tratamento cognitivo de ansiedade generalizada e preocupação, o Capítulo 11 discute a perspectiva da avaliação cognitiva sobre a teoria e tratamento de transtornos obsessivo-compulsivos e o Capítulo 12 apresenta um modelo cognitivo e um tratamento que se foca nas avaliações e crenças errôneas associadas aos pensamentos e recordações intrusivos relacionados ao trauma do transtorno de estresse pós-traumático.

8

Terapia cognitiva para o transtorno de pânico

> Pois não, tivemos nós medo, e o medo nem
> sempre é bom conselheiro, e agora vamo-nos,
> será conveniente, para maior segurança, que
> barriquemos a porta das camaratas...
> José Saramago (romancista português e
> Prêmio Nobel de Literatura de 1998, 1922-2010)

Helen é uma mulher solteira de 27 anos que trabalhava em uma companhia de seguros e se apresentou com uma história de 11 anos de transtorno de pânico e evitação agorafóbica moderada. Por ocasião da avaliação, ela estava sofrendo aproximadamente oito ataques de pânico completos diariamente com níveis elevados de ansiedade generalizada, considerável apreensão sobre ter ataques de pânico e evitação de atividades rotineiras como viajar para fora de sua comunidade, afastar-se de serviços médicos, dirigir em estrada, viajar de avião, etc. O primeiro ataque de pânico ocorreu quando ela tinha 16 anos, mas os ataques eram poucos e infrequentes, até que ela fez a primeira viagem de ônibus para Nova York aos 22 anos. Ela descreveu 4 dias de ansiedade aguda aterrorizante envolvendo dor no peito, palpitações cardíacas, dormência nas extremidades, desconforto abdominal e agitação. Essas sensações corporais foram acompanhadas por um medo intenso de que ela pudesse morrer de um ataque

cardíaco. Entretanto, não procurou ajuda médica na ocasião, mas, em vez disso, enfrentou repousando, tomando dimenidrinato (Gravol) e tentando permanecer calma. Ao retornar para casa os ataques de pânico continuaram. Nos últimos 5 anos ela foi tratada com citalopram, lorazepam e treinamento do relaxamento com efetividade mínima.

A avaliação pré-tratamento revelou que as palpitações cardíacas, dor no peito, sudorese, falta de ar, sentimentos de sufocação, náusea e ondas de calor eram as principais sensações corporais durante seus ataques de pânico. Embora o medo de um ataque de pânico ou de ficar louca ainda estivessem presentes, sua principal interpretação errônea de ameaça tinha mudado para um foco na falta de ar, com um medo de parar de respirar e sufocar. A confiança excessiva em busca de segurança aumentou de modo que Helen se tornou preocupada com manter proximidade geográfica com serviços médicos, consultar frequentemente o médico de sua família e ir ao pronto-socorro do hospital sempre que sentia pânico intenso ou preocupação com sua respiração ou funcionamento cardíaco. Como resultado, ela se tornou cada vez mais relutante em ficar mais do que alguns quilômetros distante de um hospital por medo de que pudesse ficar presa sem acesso a serviços médicos. Evitação, busca de reasseguramento e automonitoramento de sintomas físicos (p. ex., checagem repetida da pulsação) se tornaram as principais estratégias de enfrentamento para sua batalha diária com os ataques de pânico.

Uma entrevista diagnóstica estruturada revelou que Helen satisfazia os critérios do DSM-IV para transtorno de pânico com evitação agorafóbica de gravidade moderada. Ela não tinha nenhuma outra comorbidade, mas relatou dois episódios anteriores de depressão maior com ideação suicida. Seus escores de sintoma pré-tratamento foram BDI-II = 8, BAI = 22, PSWQ = 64, Questionário de Cognições Agorafóbicas (QCA) = 33 e Questionário de Sensações Corporais (QSC) = 48. Seus principais pensamentos relacionados a ameaça diziam respeito a "E se eu não puder respirar e sufocar?", "Essa dor no peito poderia significar que estou tendo um ataque cardíaco?", "E se eu não conseguir chegar ao hospital a tempo?", "E se isso evoluir para outro ataque de pânico e finalmente eu enlouquecer?" e "Isso vai terminar algum dia?". Em resumo, Helen revelou um padrão de pensamento ansioso e má interpretação que refletia uma intolerância a ansiedade e confiança em evitação maladaptativa e em estratégias de busca de segurança na tentativa desesperada de controlar sua ansiedade e prevenir os ataques de pânico tão temidos.

O estado clínico de Helen exemplifica uma apresentação razoavelmente típica de transtorno de pânico. Doze sessões individuais de TCC seguidas por quatro sessões de reforço durante um período de 8 meses se revelaram altamente efetivas para reduzir a frequência do pânico, a ansiedade generalizada e a evitação agorafóbica. O tratamento foi focalizado em

1. psicoeducação no modelo de terapia cognitiva,
2. ativação intencional de sensações corporais e esquemas de medo subjacentes,
3. reestruturação cognitiva e reatribuição de interpretações errôneas das sensações corporais,
4. tarefa de casa de exposição situacional gradual e
5. tolerância e aceitação aumentada da ansiedade, risco e incerteza com uma redução correspondente em tentativas de controle intencional.

Neste capítulo começamos com uma descrição da fenomenologia e diagnóstico de pânico e agorafobia, seguida por uma discussão do modelo cognitivo do pânico e sua condição empírica. O restante do capítulo discute questões de avaliação, formulação de caso, o protocolo de tratamento da terapia cognitiva e sua eficácia.

CONSIDERAÇÕES DE DIAGNÓSTICO E ASPECTOS CLÍNICOS

A Natureza do Pânico

Ataques de pânico são ocorrências intermitentes de medo ou desconforto intenso de início súbito que são acompanhadas pelo surgimento de hiperexcitação fisiológica. Barlow (2002) considera o pânico a apresentação clínica mais clara do medo. Além da forte excitação autonômica, o pânico é caracterizado por uma ideação verbal ou imaginária errônea de catástrofe física ou mental (p. ex., morrer, ficar louco), ansiedade incontrolável intensa e um forte premência de fugir (Barlow, 2002; Beck et al., 1985, 2005; Ottaviani e Beck, 1987). Tão aversiva é a vivência de pânico, que muitos pacientes têm uma forte apreensão sobre ter outro ataque e desenvolvem uma ampla evitação de situações consideradas ativadoras de pânico. Como resultado, pânico e agorafobia estão intimamente associados, com a maioria dos indivíduos com transtorno de pânico se apresentando com algum grau de evitação agorafóbica e 95% das pessoas com agorafobia relatando um transtorno de pânico passado ou atual (Antony e Swinson, 2000a; APA, 2000). No último estudo epidemiológico, o transtorno de pânico tinha uma prevalência de 12 meses de 2,7%, enquanto agorafobia sem transtorno de pânico era muito menos comum com 0,8% (Kessler et al., 2005).

O DSM-IV-TR define *ataques de pânico* como "períodos intermitentes de intenso temor ou desconforto no qual quatro (ou mais) dos seguintes sintomas se desenvolveram abruptamente e alcançaram um pico em 10 minutos" (APA, 2000, p. 432). O ataque de pânico típico dura entre 5 e 20 minutos, embora um estado aumentado de ansiedade possa demorar mais tempo após o episódio de pânico ceder (Rachman, 2004). De acordo com o DSM-IV-TR, os sintomas definidores de pânico são:

- Palpitações ou taquicardia
- Sudorese
- Tremores ou abalos
- Sensações de sufocação ou falta de ar
- Sensação de asfixia
- Aperto, dor ou desconforto torácico
- Desconforto abdominal ou náusea
- Tontura, vertigem, desmaio ou sensação de instabilidade
- Sentimentos de irrealidade (desrealização) ou de estar distanciado de si mesmo (despersonalização)
- Sensações de entorpecimento ou formigamento
- Calafrios ou ondas de calor
- Medo de perder o controle ou enlouquecer
- Medo de morrer

A Tabela 8.1 lista uma série de aspectos proeminentes que caracterizam ataques de pânico.

Gatilhos situacionais

Ainda que o DSM-IV especifique que dois ataques de pânico inesperados devem ocorrer para satisfazer os critérios diagnósticos para transtorno de pânico, a maioria dos episódios de pânico são antecipados porque são provocados por exposição a um estressor identificável (Rachman, 2004). Cinemas, supermercados, restaurantes, lojas de departamento, ônibus, trens, aviões, metrôs, dirigir carros, caminhar na rua, ficar sozinho em casa ou estar longe de casa são todos exemplos de situações externas que indivíduos com transtorno de pânico relatam que podem disparar um ataque de pânico. Como resultado, tais situações costumam ser evitadas a fim de minimizar a possibilidade de disparo de um episódio de pânico. Mais recentemente, os pesquisadores afirmaram que sinais internos como pensamentos, imagens, sentimentos ou sensações corporais podem disparar pânico e evitação (Barlow, 2002; McNally, 1994; White et al., 2006).

Excitação fisiológica aguda

Embora um início abrupto de sintomas fisiológicos seja uma das marcas registradas de ataques de pânico, ele não é claramente

TABELA 8.1 Aspectos críticos do transtorno de pânico

- Gatilhos situacionais
- Início abrupto de excitação fisiológica
- Autofoco aumentado, hipervigilância de sensações corporais
- Catástrofe física, mental ou comportamental percebida
- Apreensão, medo de futuros ataques de pânico
- Ampla busca de segurança (fuga, evitação, etc.)
- Falta de controle percebida
- Qualitativamente distinto de ansiedade

um aspecto definidor do transtorno. Indivíduos com transtorno de pânico não são mais autonomicamente hiperativos a estressores laboratoriais padrão do que indivíduos sem pânico (Taylor, 2000). Além disso, ainda que a monitoração da frequência cardíaca ambulatorial de 24 horas indique que a maioria dos ataques de pânico envolve uma elevação nítida na frequência cardíaca, uma minoria significativa de ataques autorrelatados (ou seja, 40% não está associada com aumento real na frequência cardíaca ou em outras respostas fisiológicas) e a maioria dos episódios de hiperexcitação fisiológica (ou seja, taquicardia) ocorre sem episódios de pânico autorrelatados (p. ex., Barsky, Cleary, Sarnie e Rushkin, 1994; Lint, Taylor, Fried-Behar e Kenardy, 1995; Taylor et al., 1986). Além disso, indivíduos com transtorno de pânico não têm mais arritmias cardíacas em um período de 24 horas do que pacientes sem pânico investigados por palpitações cardíacas (Barsky et al., 1994). Conforme discutido abaixo, não é a presença de sintomas fisiológicos que é fundamental na patogênese do pânico, mas, antes, como esses sintomas são interpretados.

Hipervigilância de sensações corporais

Estudos empíricos são inconsistentes sobre se o transtorno de pânico é caracterizado por acuidade interoceptiva aumentada especialmente em termos de percepção cardíaca (p. ex., Pollock, Carter, Amir e Marks, 2006), embora indivíduos possam ser mais sensíveis às sensações corporais particulares ligadas a seu medo central (p. ex., frequência cardíaca aumentada para aqueles com medo de ataques cardíacos; Taylor, 2000). Como observou McNally (1999), temer sensações corporais não significa que um indivíduo necessariamente será melhor em detectar sinais interoceptivos. Por outro lado, indivíduos com pânico têm sensibilidade à ansiedade aumentada (ver Capítulo 4) e maior vigilância para sensações físicas associadas com a ansiedade (p. ex., Kroeze

e van den Hout, 2000a; Schmidt, Lerew e Trakowski, 1997). Podemos concluir disto que o pânico é caracterizado por uma vigilância e responsividade aumentada a sintomas físicos ligados a um medo central, mas não é claro se indivíduos com transtorno de pânico são melhores em detectar mudanças em seu estado físico.

Interpretações catastróficas

Um aspecto fundamental dos episódios de pânico é a tendência a interpretar a ocorrência de certas sensações corporais em termos de um desastre biológico (p. ex., morte), mental (p. ex., insanidade) ou comportamental (p. ex., perda de controle) iminente (Beck, 1988; Beck e Greenberg, 1988; D. M. Clark, 1986a). Por exemplo, indivíduos com transtorno de pânico podem interpretar

a) dor no peito ou um aumento súbito na frequência cardíaca como um sinal de possível ataque cardíaco,
b) estremecimento ou tremor como perda de controle ou
c) sentimentos de irrealidade ou despersonalização como um sinal de instabilidade mental ou de "estar ficando louco". As interpretações catastróficas errôneas são discutidas mais completamente em nossa revisão da pesquisa cognitiva.

Apreensão de pânico

Indivíduos com transtorno de pânico relatam extrema angústia, mesmo terror, durante os ataques de pânico e muito rapidamente desenvolvem considerável apreensão em relação a ter futuros ataques. Esse medo do pânico é um aspecto característico do transtorno e é incluído no DSM-IV-TR como um critério diagnóstico (APA, 2000). A presença de medo e evitação de ataques de pânico diferencia transtorno de pânico de outros transtornos de ansiedade nos quais os ataques de pânico ocorrem, mas o "medo do pânico" está ausente.

Ampla busca de segurança e evitação

Comportamento de busca de segurança e evitação de situações relacionadas ao pânico são respostas comuns a ataques de pânico e podem ser vistas como estratégias de enfrentamento para prevenir o desastre iminente (p. ex., pânico esmagador, um ataque cardíaco, perda de controle). Evitação fóbica é comum no transtorno de pânico e é evocada pela antecipação de ataques de pânico em particular (Craske e Barlow, 1988). As situações fóbicas associadas com agorafobia são bastante variáveis entre os indivíduos porque a evitação é evocada pela antecipação de ataques de pânico e não pelas situações em si(White e Barlow, 2002). White e colaboradores (2006) relataram que 98% dos casos de transtorno de pânico têm evitação situacional leve a grave, 90% evitação experiencial (ou seja, usar sinais de segurança ou estratégias de pensamento para evitar ou minimizar contato com um estímulo fóbico) e 80% evitação interoceptiva (ou seja, recusa de substâncias ou atividades que poderiam produzir as sensações físicas associadas com pânico). Além disso, eles verificaram que a gravidade da evitação agorafóbica era prevista por medo elevado de sintomas físicos de ansiedade (isto é, sensibilidade à ansiedade) e baixa percepção de controle sobre a ameaça. Juntos, esses achados indicam uma relação estreita, mas complicada, entre ataques de pânico e o desenvolvimento de respostas de evitação.

Falta de controle percebida

Beck e colaboradores (1985, 2005) observaram que uma característica notável dos ataques de pânico é o sentimento de estar sendo esmagado por ansiedade incontrolável. Essa aparente perda de controle sobre as próprias emoções e a ameaça antecipada causa uma fixação nas sensações panicogênicas e uma perda da capacidade de usar a razão para avaliar de modo realista o próprio estado físico e emocional (Beck, 1988; ver também Barlow, 2002).

Pânico distinto de ansiedade

McNally (1994) afirma que o pânico não deve ser visto como uma forma extrema de ansiedade envolvendo a antecipação de ameaça futura mas, antes, como uma resposta de "luta ou fuga" imediata a perigo iminente percebido. No modelo cognitivo de ansiedade apresentado no Capítulo 2, os ataques de pânico se enquadrariam dentro da "resposta ao medo imediata" (Fase I), enquanto apreensão acerca de pânico, evitação e busca de segurança constituiria um processo secundário (Fase II) que mantém um estado de ansiedade aumentada acerca de ter ataques de pânico.

DIRETRIZ PARA O TERAPEUTA 8.1

Os ataques de pânico envolvem um início súbito de medo intenso de certas sensações físicas que são erroneamente interpretadas como indicando uma ameaça iminente, mesmo catastrófica, à saúde física ou emocional do indivíduo. A interpretação errônea de ameaça aumenta a apreensão e a vigilância em relação a esses sintomas físicos e leva a respostas de evitação e busca de segurança para reduzir a possibilidade de futuros ataques de pânico.

Variedades de pânico

Em geral é reconhecido que há diferentes tipos de ataques ou episódios de pânico. A Tabela 8.2 apresenta cinco tipos de vivência de pânico que podem ter características funcionais distintas com implicações para o tratamento.

Pânico espontâneo e pânico ligado à situação

O DSM-IV-TR reconhece três tipos de pânico. Com *ataques de pânico espontâneos ou ines-*

TABELA 8.2 Vários tipos de ataques de pânico

Tipo de ataque de pânico	Descrição
Pânico espontâneo	Ataques de pânico inesperados ("vindo do nada") que estão associados com gatilhos situacionais externos ou internos (DSM-IV-TR; APA, 2000).
Pânico ligado à situação	Ataques de pânico que ocorrem *quase* invariavelmente com exposição ou antecipação de exposição a uma situação ou sugestão em particular (DSM-IV-TR; APA, 2000).
Pânico noturno	Um despertar súbito do sono no qual o indivíduo vivencia um estado de terror e intensa excitação fisiológica sem um gatilho óbvio (p. ex., um sonho, pesadelos).
Pânico de sintomas limitados	Um período distinto de medo ou desconforto intenso que ocorre na ausência de um perigo real, mas envolve menos que quatro sintomas de ataque de pânico.
Pânico não clínico	Ataques de pânico ocasionais relatados na população em geral que frequentemente ocorrem em situações estressantes ou de avaliação, envolvem menos sintomas de pânico e estão associados a menos apreensão ou preocupação com pânico (McNally, 1994).

perados (não sinalizados) "o indivíduo não associa o início com um gatilho situacional interno ou externo (isto é, o ataque é percebido como ocorrendo sem aviso, 'vindo do nada'), [enquanto] *ataques de pânico ligados à situação (sinalizados)* são definidos como aqueles que quase invariavelmente ocorrem imediatamente após a exposição a sugestões ou gatilhos situacionais, ou em antecipação a eles" (APA, 2000, p. 430-431). Exemplos de pânico ligado à situação incluem a mulher que sempre tem um ataque de pânico quando vai sozinha a uma grande loja de departamentos, o homem que sempre tem um episódio de pânico quando dirige para fora dos limites da cidade ou um indivíduo jovem que entra em pânico à noite quando fica sozinha em casa. *Ataques de pânico predispostos pela situação* são semelhantes a episódios ligados a situações, mas nem sempre estão associados com as sugestões situacionais ou não necessariamente ocorrem imediatamente à exposição ao gatilho situacional (APA, 2000). Um exemplo seria vivenciar às vezes um ataque de pânico enquanto está esperando na fila de um banco ou assistindo a um filme. Como observou Taylor (2000), muitos fatores podem determinar se uma situação aumenta a probabilidade de um ataque de pânico incluindo temperatura, acesso a saídas, superlotação, familiaridade, etc.

A diferença entre pânico não sinalizado *versus* sinalizado tem implicações diagnósticas importantes na diferenciação entre transtorno de pânico e outros tipos de transtornos de ansiedade. Embora ataques de pânico estejam presentes na maioria dos transtornos de ansiedade (mais de 80%), eles geralmente estão associados com situações específicas (p. ex., antecipação ou exposição a um encontro social na fobia social; ver revisão por Barlow, 2002). Por essa razão o DSM-IV-TR (APA, 2000) requer a presença de pelo menos dois ataques de pânico não sinalizados ou espontâneos a fim de fazer um diagnóstico do transtorno de pânico. Entretanto, pode ser difícil determinar se um episódio de pânico é inteiramente inesperado porque dependemos do relato retrospectivo do paciente e de habilidades de observação (McNally, 1994). A imprevisibilidade do pânico provavelmente ocorre em um *continuum*, desse modo tornando difícil atribuir os ataques de pânico a uma categoria distinta de esperado ou inesperado. Além disso, ataques de pânico verdadeiramente inesperados, não sinalizados podem ser relativamente infrequentes, mesmo no transtorno de pânico (Brown e Deagle, 1992; Street, Craske e Barlow, 1989).

> **DIRETRIZ PARA O TERAPEUTA 8.2**
> A avaliação de transtorno de pânico deve incluir investigação completa da frequência, gravidade, probabilidade subjetiva e fatores contextuais associados com ataques de pânico espontâneos e ligados à situação.

Ataques de pânico noturnos

Ataques de pânico noturnos (PNs) são uma ocorrência frequente, com 25 a 70% de indivíduos com transtorno de pânico relatando pelo menos um ataque de pânico no sono e 18 a 33% relatando PNs frequentes e recorrentes (Barlow, 2002; Craske e Rowe, 1997; Mellman e Uhde, 1989). Os PNs, embora fenomenologicamente semelhantes a ataques de pânico diurnos (Craske e Rowe, 1997) são caracterizados por um despertar abrupto do sono em um estado de pânico, especialmente durante a transição do sono do Estágio 2 para o Estágio 3 (Barlow, 2002; Hauri, Friedman e Ravaris, 1989; Taylor et al., 1986). PNs são diferentes de outras condições relacionadas ao sono tais como terror noturno, apneia do sono, convulsão do sono, ou paralisia do sono (Craske, Lang, Aikins e Mystkowski, 2005). Há alguma evidência de que indivíduos com PNs têm ataques de pânico mais graves do que aqueles com transtorno de pânico sem PNs, e muitos pacientes com PNs frequentes desenvolvem um medo de dormir (Barlow, 2002; Craske e Rowe, 1997).

Craske e Rowe (1997; ver também Aikins e Craske, 2007) propuseram que os mesmos fatores cognitivos responsáveis por ataques de pânico na vigília estão implicados nos PNs. Portanto, são considerados importantes na patogênese de PNs o medo de mudança no estado físico durante o sono ou relaxamento, vigilância e percepção de mudanças aumentadas no estado corporal e avaliação catastrófica de mudanças fisiológicas imediatamente ao acordar. No PN a angústia associada a sono e relaxamento pode refletir um medo de perder a vigilância por mudanças corporais durante o sono (Aikins e Craske, 2007). Em apoio a essa explicação cognitivo-comportamental, estudos encontraram um aumento nas mudanças fisiológicas nos minutos anteriores ao despertar em pânico (Hauri et al., 1989; Roy-Byrne, Mellman e Uhde, 1988) e a manipulação experimental de expectativas e interpretações dos indivíduos dos sintomas de excitação fisiológica associados com o sono podem influenciar seu nível de ansiedade e a presença de ataques de pânico ao despertar abrupto (Craske et al., 2002; ver também Craske e Freed, 1995, para resultados semelhantes). Além disso, Craske e colaboradores (2005) relataram ganhos pós-tratamento significativos em 9 meses de seguimento em uma amostra de pacientes com transtorno de pânico com PNs recorrentes que foram submetidos a 11 sessões de TCC. PNs, então, são comuns no transtorno de pânico e podem ser incluídos dentro da perspectiva cognitiva.

Pânico de sintomas limitados

O DSM-IV-TR reconhece que ataques de sintomas limitados são comuns no transtorno de pânico e são idênticos aos ataques completos exceto que eles envolvem menos que 4 de 13 sintomas (APA, 2000). O perfil usual é os indivíduos vivenciarem ataques de pânico completos intercalados com frequentes ataques menores, com ambos apresentando características funcionais e fenomenológicas semelhantes (Barlow, 2002; McNally, 1994).

Pânico não clínico

Contrário às expectativas, ataques de pânico são na verdade bastante comuns na população em geral. Estudos baseados em questionário indicam que mais de um terço dos adultos jovens não clínicos vivenciou pelo menos um ataque de pânico no ano anterior (Norton, Dorward, e Cox, 1986; Norton, Harrison, Hauch e Rhodes, 1985), mas apenas 1 a 3% relatam três ou mais ataques de pânico nos últimos 3 meses (ver Salge et al., 1988). Ataques de pânico inesperados são menos comuns, variando de 7 a 28%, e ainda menos (aproximadamente 2%) satisfazem os critérios diagnósticos para transtorno de pânico (Norton et al., 1986; Telch, Lucas e Nelson, 1989). Entrevistas estruturadas produzem taxas muito mais baixas (13%) de pânico não clínico (Brown e Deagle, 1992; Eaton, Kessler, Wittchen e Magee, 1994; Hayward et al., 1997; Norton, Cox e Malan, 1992). Entretanto, os ataques de pânico infrequentes de indivíduos com pânico não clínico infrequente são menos graves, menos patológicos e mais predispostos pela situação do que os ataques inesperados, "incapacitantes" encontrados no transtorno de pânico diagnosticável (Cox, Endler, Swinson e Norton, 1992; Norton et al., 1992; Telch et al., 1989), levando à possibilidade de que uma história de ataques de pânico infrequentes poderiam ser um possível fator de risco para transtorno de pânico (p. ex., Antony e Swinson, 2000a; Brown e Deagle, 1992; Ehlers, 1995)

DIRETRIZ PARA O TERAPEUTA 8.3

A qualidade dimensional dos ataques de pânico deve ser reconhecida na avaliação desse fenômeno clínico. Os pacientes devem ser avaliados para vivências passadas e atuais com episódios de pânico menos graves, "parciais", bem como para a ocorrência de ataques de pânico noturnos. Um foco exclusivo nos ataques de pânico "completos" pode não captar o impacto total de vivências de pânico sobre pacientes específicos.

Evitação agorafóbica

Agorafobia é a evitação ou tolerância com sofrimento de "lugares ou situações de onde possa ser difícil (ou embaraçoso) escapar ou onde o auxílio pode não estar disponível, na eventualidade de ter um ataque de pânico ou sintomas do tipo pânico" (DSM-IV-TR; APA, 2000, p. 432). A ansiedade geralmente leva a evitação difusa de uma variedade de situações tais como ficar em casa sozinho, multidões, lojas de departamentos, supermercados, dirigir, lugares fechados (p. ex., elevadores), espaços abertos (p. ex., cruzar pontes, estacionamentos), cinemas, restaurantes, transporte público, viagem aérea, etc. Em alguns casos, a agorafobia é leve e restrita a poucos lugares específicos, enquanto em outros é mais grave, de modo que uma "zona segura" pode ser definida em torno de casa com saídas para fora dessa zona sendo altamente provocadoras de ansiedade (Antony e Swinson, 2000a). Em casos extremos, a pessoa pode ficar completamente confinada à casa.

Com frequência, ataques de pânico precedem o início de agorafobia (Katerndahl e Realini, 1997; Thyer e Himle, 1985) e indivíduos com transtorno de pânico têm maior probabilidade de desenvolver evitação agorafóbica a situações associadas com o primeiro ataque de pânico (Faravelli, Pallanti, Biondi, Paterniti, e Scarpato, 1992). Além disso, o desenvolvimento de evitação agorafóbica é menos dependente da frequência e gravidade dos ataques de pânico e mais provavelmente devido a alta ansiedade antecipatória sobre a ocorrência de pânico, sensibilidade à ansiedade elevada, senso de controle sobre ameaça diminuído e uma tendência a usar evitação como uma estratégia de enfrentamento (Craske e Barlow, 1988; Craske, Rapee e Barlow, 1988; Craske, Sanderson e Barlow, 1987; White et al., 2006). A estreita associação entre ataques de pânico e agorafobia também é confirmada pela baixa prevalência de agorafobia sem transtorno de pânico (ASETP). No NCS-R ASETP tinha uma taxa de prevalência de 12 meses de apenas 0,8% comparado a 2,7% para transtorno de pânico (Kessler et al., 2005) e taxas entre amostras que procuram tratamento podem ser mesmo mais baixas porque indivíduos com ASETP podem ter menor probabilidade de procurar tratamento (p. ex., Eaton, Dryman, e Weissman, 1991; Wittchen, Reed, e Kessler, 1998). Embora relativamente rara, ASETP pode ser mais grave e estar associada com menor resultado favorável no tratamento do que o transtorno de pânico, mas os estudos são divididos quanto a se ela é caracterizada por mais funcionamento prejudicado (Buller, Maier, e Benkert, 1986; Buller et al., 1991; Ehlers, 1995; Goisman et al., 1994; Wittchen et al., 1998).

> **DIRETRIZ PARA O TERAPEUTA 8.4**
>
> Espere alguma forma de evitação agorafóbica na maioria dos casos do transtorno de pânico. Ela pode variar de formas leves, mesmo flutuantes a casos graves de ficar confinado à casa. O profissional deve adotar uma perspectiva de avaliação ampla e dimensional, com um foco no registro da variedade de situações, sensações corporais, sentimentos e experiências que o paciente evita.

Aspectos diagnósticos

A Tabela 8.3 apresenta os critérios diagnósticos do DSM-IV-TR para o transtorno de pânico.

Há três diagnósticos possíveis relacionados ao transtorno de pânico; transtorno de pânico sem agorafobia (300.01), transtorno de pânico com agorafobia (300.21) e agorafobia sem histórico de transtorno de pânico (ASETP; 300.22). Os dois primeiros diagnósticos são diferenciados com base na presença ou ausência de evitação situacional. Se uma definição mais inclusiva de evitação agorafóbica fosse usada para incluir sinais experienciais e interoceptivos (internos) (White et al., 2006), então praticamente ninguém receberia um diagnóstico de transtorno de pânico sem agorafobia.

Comorbidade psiquiátrica

O Transtorno de pânico está associado a uma alta taxa de comorbidade diagnóstica. Baseado em uma grande amostra clínica (N=

1.127), Brown, Campbell, e colaboradores (2001) verificaram que 60% dos indivíduos com um diagnóstico principal de transtorno de pânico com agorafobia (n = 360) tinham pelo menos um outro transtorno do Eixo I. As condições comórbidas mais comuns eram depressão maior (23%), TAG (22%), fobia social (15%) e fobia específica (15%). TEPT (4%) e TOC (7%) eram transtornos comórbidos relativamente menos comuns. No NCS 55,6% dos indivíduos com transtorno de pânico durante a vida satisfaziam os critérios para depressão maior durante a vida, enquanto apenas 11,2% daqueles com depressão maior durante a vida eram comórbidos para transtorno de pânico durante a vida (Roy-Byrne et al., 2000). O Transtorno de pânico é mais grave naqueles com depressão maior comórbida (Breier, Charney e Heninger, 1984). Em termos de relações temporais, é mais provável que outro transtorno de ansiedade preceda o pânico com ou sem agorafobia (Brown, DiNardo, Lehman e Campbell, 2001; Newman et al., 1996).

O abuso de substância também é comum no transtorno de pânico (p. ex., Sbrana et al., 2005). Os resultados do Levantamento Epidemiológico Nacional sobre Álcool e Condições Relacionadas (N = 43.093 participantes) indicam que o transtorno de pânico com agorafobia e TAG estavam mais provavelmente associados com um transtorno por uso de substância do que outros transtornos de humor e ansiedade (Grant et al., 2004). As taxas de transtornos da personalidade do Eixo II variam de 25 a 75%, com particular concentração nos transtorno do Grupo C (Diaferia et al., 1993; Renneberg, Chambless e Gracely, 1992). A presença de transtorno da personalidade *borderline*, dependente, esquizoide ou esquizotípica aos 22 anos foi preditora de risco significativamente elevado para transtorno de pânico aos 33 anos (Johnson, Cohen, Kasen e Brook, 2006). Esse achado é consistente com a tendência observada de condições de ausência de pânico preceder o desenvolvimento do transtorno de pânico quando os indivíduos têm diagnósticos múltiplos (Katerndahl e Realini, 1997).

TABELA 8.3 Critérios diagnósticos do DSM-IV para transtorno de pânico

Critério A. Tanto (1) como (2):

1. Ataques de pânico inesperados recorrentes (pelo menos dois)
2. Pelo menos um dos ataques foi seguido por 1 mês (ou mais) de um (ou mais) dos seguintes:
   a) preocupação persistente acerca de ter ataques adicionais
   b) preocupação acerca das implicações do ataque ou suas consequências (p. ex., perder o controle, ter um ataque cardíaco, "enlouquecer")
   c) uma alteração comportamental significativa relacionada aos ataques de pânico

Critério B.

Presença de agorafobia é necessária para um diagnóstico de Transtorno de Pânico com Agorafobia (300.21) ou ausência de agorafobia para um diagnóstico de Transtorno de Pânico sem Agorafobia (300.01)

Critério C.

Os Ataques de Pânico não se devem aos efeitos fisiológicos diretos de uma substância (p. ex., droga de abuso, medicamento) ou a uma condição médica geral (p. ex., hipertireoidismo)

Critério D.

Os Ataques de Pânico não são mais bem explicados por outro transtorno mental, tal como Fobia Social (p. ex., ocorrendo quando da exposição a situações sociais temidas), Fobia Específica (p. ex., quando da exposição a uma situação fóbica específica), Transtorno Obsessivo-Compulsivo (p. ex., quando da exposição a sujeira em alguém com uma obsessão de contaminação), Transtorno de Estresse Pós-Traumático (p. ex., em resposta a estímulos associados a um estressor grave) ou Transtorno de Ansiedade de Separação (p. ex., em resposta a estar longe de casa ou de familiares próximos).

Nota: De American Psychiatric Association (2000). *Copyright* 2000 pela American Psychiatric Association. Reimpressa com permissão.

> **DIRETRIZ PARA O TERAPEUTA 8.5**
>
> A presença de condições comórbidas, especialmente depressão maior, TAG, abuso de substância e transtorno da personalidade, deve ser determinada ao se conduzir uma avaliação diagnóstica para transtorno de pânico.

Pânico e tentativas de suicídio

Embora achados do ECA tenham sugerido que indivíduos com transtorno de pânico tinham 2,5 vezes mais probabilidade de tentar o suicídio do que indivíduos com outras condições psiquiátricas (Weissman, Klerman, Markowitz, e Ouellette, 1989), estudos posteriores contestaram esse achado, mostrando que tentativas de suicídio são praticamente inexistentes no transtorno de pânico (p. ex., Beck, Steer, Sanderson, e Skeie, 1991; Swoboda, Amering, Windhaber, e Katschnig, 2003). Mais recentemente, Vickers e McNally (2004) reanalisaram o conjunto de dados do NCS e concluíram que quaisquer tentativas de suicídio no transtorno de pânico se deviam a comorbidade psiquiátrica e que o pânico em si não aumentava diretamente o risco de tentativas de suicídio.

Morbidade e mortalidade médica aumentada

Uma série de condições médicas estão elevadas no transtorno de pânico, tais como doença cardíaca, hipertensão, asma, úlceras e enxaquecas (Rogers et al., 1994; Stewart, Linet e Celentano, 1989). Pessoas que sofrem de pânico têm maior probabilidade de primeiro procurar avaliação médica de seus sintomas do que procurar um serviço de saúde mental (p. ex., Katerndahl e Realini, 1995). Um número significativo de indivíduos com queixas cardíaca (9 a 43%) têm transtorno de pânico (Barsky et al., 1994; Katon et al., 1988; Morris, Baker, Devins e Shapiro, 1997). Além disso, taxas mais altas de doença cardiovascular, mesmo de ataques cardíacos isquêmicos fatais, foram encontradas em homens com transtorno de pânico (Coryell, Noyes e House, 1986; Haines, Imeson e Meade, 1987; Weissman, Markowitz, Ouellette, Greenwald e Kahn, 1990). Além disso, mulheres após a menopausa que vivenciaram ataques de pânico completos têm um risco três vezes maior de doença cardíaca coronariana ou AVC (Smoller et al., 2007). Em um recente estudo de coorte baseado na análise do British General Practice Research Database, homens e mulheres com transtorno de pânico tinham uma incidência significativamente mais alta de doença cardíaca coronariana e aqueles com menos de 50 anos tinham uma incidência mais alta de infarto do miocárdio (Walters, Rait, Petersen, William e Nazareth, 2008). O prolapso da valva mitral (PVM), uma má formação dos folhetos da valva mitral do coração que causa sintomas como dor no peito, taquicardia, desmaio, fadiga e ansiedade (ver Taylor, 2000), é duas vezes mais comum em indivíduos com transtorno de pânico do que em controles sem pânico (Katerndahl, 1993). Entretanto, a maioria dos indivíduos é assintomática e não têm risco elevado para consequências sérias de saúde (Bouknight e O'Rourke, 2000), portanto não há significância clínica em diferenciar pacientes de pânico com ou sem a condição (Barlow, 2002).

O transtorno de pânico está associado a taxas de mortalidade mais altas possivelmente devido ao risco elevado de doenças cardiovasculares e cerebrovasculares, especialmente em homens com transtorno de pânico (Coryell et al., 1986; Weissman et al., 1990). Além disso, o transtorno de pânico e doenças respiratórias como asma (Carr, Lehrer, Rausch e Hochron, 1994) e doença pulmonar obstrutiva crônica (Karajgi, Rifkin, Doddi e Kolli, 1990) apresentam uma alta taxa de incidência, embora essas doenças geralmente precedam o início de episódios de pânico. O Transtorno de pânico é apenas diagnosticado quando há evidência clara de que o paciente mantém crenças negativas exageradas sobre a periculosidade das sensações desagradáveis, mas inofensivas como falta de ar (Carr et al., 1994; Taylor, 2000).

Há inúmeras condições médicas que podem produzir sintomas físicos semelhantes ao transtorno de pânico. Estas incluem certos transtornos endócrinos (p. ex., hipoglicemia, hipertireoidismo, hiperparatireoidismo), transtornos cardiovasculares (p. ex., prolapso da valva mitral, arritmias cardíacas, insuficiência cardíaca congestiva, hipertensão, infarto do miocárdio), doença respiratória, transtornos neurológicos (p. ex., epilepsia, transtornos vestibulares) e uso de substância (p. ex., intoxicação ou abstinência de álcool/droga) (ver Barlow, 2002; Taylor, 2000, para mais discussão). Mais uma vez, a presença desses transtornos não exclui automaticamente a possibilidade de diagnosticar transtorno de pânico. Se os ataques de pânico precedem o transtorno, ocorrem fora do contexto de uso de substância, ou os sintomas físicos são interpretados erroneamente de forma catastrófica, então um diagnóstico de transtorno de pânico comórbido deve ser considerado naqueles com uma condição médica (DSM-IV-TR, APA, 2000; Taylor, 2000). Outras características como início de ataques de pânico após os 45 anos, presença de sintomas incomuns como incontinência urinária ou fecal, vertigem, perda de consciência, fala arrastada, etc., e ataques breves que cessam abruptamente sugerem que uma condição médica geral ou uso de substância podem estar causando o pânico (DSM-IV-TR; APA, 2000; ver Taylor, 2000). É possível que irregularidades fisiológicas e experiências de saúde desfavoráveis possam contribuir para uma sensibilidade aumentada a sensações corporais no transtorno de pânico (p. ex., Hochn-Saric et al., 2004). Por exemplo, Craske, Poulton, Tsao e Plotkin (2001) verificaram que a vivência com doença ou distúrbio respiratório durante a infância e adolescência foi preditor do subsequente desenvolvimento de transtorno de pânico com agorafobia aos 18 ou 21 anos. Portanto, condições médicas podem ser uma causa contribuinte e/ou ter um papel efetivo em muitos casos de transtorno de pânico.

DIRETRIZ PARA O TERAPEUTA 8.6

A maioria dos indivíduos com transtorno de pânico buscou consulta médica antes do encaminhamento a serviços de saúde mental. Entretanto, um exame médico completo deve ser obtido em casos onde um autoencaminhamento foi feito, a fim de excluir uma condição médica concomitante que poderia simular ou exacerbar sintomas de pânico.

Características descritivas

Estudos epidemiológicos indicam que o transtorno de pânico com ou sem agorafobia tem taxas de prevalência no último ano variando de 1,1 a 2,7% e taxas de prevalência durante a vida de 2 a 4,7% (Eaton et al., 1991; Kessler et al., 1994; Kessler, Berglund, et al., 2005; Kessler, Chiu, et al., 2005; Offord et al., 1996). Isso torna o transtorno de pânico o segundo menos comum dos transtornos de ansiedade discutidos neste livro, perdendo apenas para o TOC. Conforme esperado, a prevalência do transtorno de pânico é muito mais alta em serviços de cuidados primários do que na população em geral (Katon et al., 1986; Olfson et al., 2000). Além disso, as diferenças étnicas não parecem ser significativas na prevalência do transtorno de pânico (p. ex., Horwath, Johnson e Hornig, 1993; Kessler et al., 1994), embora fatores culturais influenciem quais sintomas de pânico são mais comumente relatados e como eles são rotulados (ver discussão por Barlow, 2002; Taylor, 2000).

Os ataques de pânico, bem como transtorno de pânico com ou sem agorafobia, são aproximadamente duas vezes mais comuns em mulheres do que em homens (Eaton et al., 1994; Gater et al., 1998; Kessler et al., 1994). Além disso, a agorafobia pode ter um viés de gênero particular, com as mulheres representando aproximadamente 75% da população agorafóbica (Bourdon et al., 1988; Yonkers et al., 1998). O transtorno de pânico parece seguir um curso mais grave em mulheres conforme indicado por evitação agorafóbica mais grave, mais pensamentos catastróficos, mais interpretações ameaçadoras de sensações corporais e recorrência mais alta de sintomas de pânico (Turgeon, Marchand e Dupuis, 1998; Yonkers et al., 1998). As mulheres em geral podem apresentar uma tendência aumentada a relatar mais sintomas físicos, medo e pânico em resposta a aflição aguda (Kelly, Forsyth e Karekla, 2006). Além disso, é possível que transtorno de pânico e evitação agorafóbica aumentados em mulheres estejam associados a uma taxa mais alta de abuso físico e sexual na infância que poderia levar a hipervigilância aumentada e previsões exageradas de ameaça (Stein, Walker, et al., 1996). Craske (2003), entretanto, observa que a principal diferença entre homens e mulheres está mais em sua confiança na evitação do que no número de ataques de pânico relatados, que poderia ser devido a socialização no papel de gênero feminino tradicional.

O transtorno de pânico geralmente começa na idade adulta jovem com o ECA relatando uma idade média de início de 24 anos (Burke, Burke, Regier e Rae, 1990) e 75% de casos de transtorno com início aos 40 anos no levantamento do NCS-R (Kessler, Berglund, et al., 2005). Apesar do início relativamente precoce, geralmente há considerável demora entre o início e o primeiro contato para tratamento. No NCS-R uma duração média de 10 anos ocorreu entre o início do transtorno de pânico e o primeiro contato para tratamento (Wang, Berglund, et al., 2005). Apesar de demoras mais prolongadas na busca de tratamento, a maioria

TERAPIA COGNITIVA PARA OS TRANSTORNOS DE ANSIEDADE **291**

dos indivíduos com transtorno de pânico eventualmente busca tratamento (Wang, Berglund, et al., 2005).

Como outros transtornos de ansiedade, o início do pânico está frequentemente associado com eventos de vida estressantes como separação, perda ou doença de pessoa significativa, ser vítima de agressão, problemas financeiros, dificuldades profissionais, problemas de saúde pessoal, desemprego, e assim por diante (p. ex., Faravelli e Pallanti, 1989; Franklin e Andrews, 1989; Pollard, Pollard e Corn, 1989). Em outros estudos uma alta incidência de abuso sexual e físico na infância foi encontrada no transtorno de pânico e agorafobia, especialmente entre mulheres (Pribor e Dinwiddie, 1992; Saunders, Villeponteaux, Lipovsky, Kilpatrick e Veronen, 1992; Stein et al., 1996), embora ainda seja incerto se as taxas de eventos adversos precoces na infância são mais altas no transtorno de pânico comparado a depressão maior ou mesmo esquizofrenia (Friedman et al., 2002). Em uma análise dos dados do NCS mulheres com transtorno de pânico sem TEPT comórbido tinham um risco seis vezes maior de ter sofrido abuso físico ou sexual na infância enquanto indivíduos com pânico comórbido e TEPT tinham significativamente maior probabilidade de ter sobrevivido a estupro (43%) do que aqueles com pânico apenas (7,5%) (Leskin e Sheikh, 2002). Esses achados indicam que trauma durante a vida pode atuar como um fator de risco para transtorno de pânico, especialmente em mulheres. Além disso, fatores ambientais sociais também podem afetar o curso clínico, com fatores como separação na infância, condição socioeconômica mais baixa e rompimento conjugal sendo preditores significativos de resultados insatisfatório 7 anos após o tratamento inicial (Noyes et al., 1993). Problemas de relacionamento podem ser mais comuns no transtorno de pânico do que em outras condições, tanto como causa contribuinte quanto como consequência do transtorno (Marcaurelle, Bélanger, e Marchand, 2003). Entretanto, a evidência empírica é inconsistente quanto a se transtorno

de pânico com agorafobia está associado a mais problemas conjugais e a qualidade do relacionamento conjugal antes do tratamento não é um preditor significativo do prognóstico do tratamento (Marcaurelle et al., 2003).

Se não tratado, o transtorno de pânico caracteristicamente segue um curso crônico com apenas 12% dos pacientes alcançando remissão completa após 5 anos (Faravelli, Paterniti e Scarpato, 1995). Em um estudo prospectivo de 1 ano, Ehlers (1995) constatou que 92% de pacientes com pânico continuavam a apresentar ataques de pânico e 41% dos pacientes inicialmente em remissão sofriam recaída. Entretanto, em um seguimento de 11 anos de 24 pacientes com transtorno de pânico tratados em um ensaio clínico de 8 semanas com imipramina, alprazolam ou placebo, 68% não tiveram ataques de pânico durante o período de seguimento e 90% não apresentavam incapacidades ou apenas incapacidades leves (Swoboda et al., 2003). Isso sugere que com tratamento, o prognóstico de longo prazo para transtorno de pânico pode ser mais otimista.

O Transtorno de pânico também está associado a prejuízo funcional significativo e diminuições na qualidade de vida, especialmente quando comórbido com depressão (Massion, Warshaw e Keller, 1993; Roy-Byrne et al., 2000; Sherbourne et al., 1996). Além disso, maior prejuízo funcional pode aumentar significativamente a probabilidade de recorrência de pânico em indivíduos previamente recuperados (Rodriguez, Bruce, Pagano e Keller, 2005). Em uma revisão de metanálise de 23 estudos de qualidade de vida, o transtorno de pânico foi semelhante aos outros transtornos de ansiedade em apresentar diminuições significativas na saúde física, saúde mental, trabalho, funcionamento social e funcionamento familiar (Olatunji et al., 2007), embora a qualidade de vida subjetiva seja pior na depressão maior do que no transtorno de pânico (Hansson, 2002).

O Transtorno de pânico com agorafobia pode ser um transtorno dispendioso tanto em termos de sofrimento humano como aumento na demanda dos serviços de tratamento de saúde (p. ex., Eaton et al., 1991). No NCS-R transtorno de pânico e TEPT tiveram as taxas anuais mais altas de utilização dos serviços de saúde mental, comparado aos outros transtornos de ansiedade, e o transtorno de pânico teve uma taxa muito mais alta de acesso a tratamento médico geral (Wang, Lane, et al., 2005; ver também Deacon, Lickel e Abramowitz, 2008). Os custos de tratamento de saúde associados a transtorno de pânico, então, são substanciais. O número de consultas médicas anuais por indivíduos com transtorno de pânico é sete vezes maior que o da população em geral, resultando em um custo médico anual que é duas vezes a média da população norte-americana (Siegel, Jones e Wilson, 1990).

DIRETRIZ PARA O TERAPEUTA 8.7

Eventos de vida negativos, estressores passados e atuais, estilo de enfrentamento negativo e prejuízo psicossocial terão um impacto significativo sobre o curso do transtorno do pânico. O profissional deve levar esses fatores em consideração durante a avaliação e o tratamento do pânico.

TEORIA COGNITIVA DO TRANSTORNO DE PÂNICO

Descrição do modelo

Ataques de pânico são uma resposta ao medo imediata e portanto os processos psicogênicos primariamente responsáveis pelo início e manutenção pânico ocorrem dentro da Fase I do modelo cognitivo descrito no Capítulo 2 (ver Figura 2.1). Os processos cognitivos fundamentais do pânico, então, ocorrem em um nível de ativação automático. Os processos da Fase II, representando esforços deliberados e elaborativos para lidar com ansiedade aumentada e antecipação de pânico, são contribuintes secundários para a manutenção do transtorno. Dessa forma, a base cognitiva do pânico é inteiramente

diferente daquela do TAG onde os processos da Fase II desempenham um papel mais crítico no transtorno. O modelo cognitivo do pânico foi articulado pela primeira vez da metade ao final da década de 1980 por Beck e colegas (Beck, 1988; Beck et al., 1985; Beck e Greenberg, 1988; D. M. Clark e Beck, 1988) e elaborado adicionalmente por D. M. Clark (1986a, 1988, 1996; D. M. Clark et al., 1988). Derivada desses primeiros relatos, a Figura 8.1 ilustra a atual explicação cognitiva para o pânico baseada no modelo cognitivo genérico (ver Figura 2.1). Deve ser observado que o modelo cognitivo foi formulado para explicar a patogênese de ataques de pânico recorrentes ou do transtorno de pânico. Ele tem menor relevância para entender os ataques de pânico ocasionais encontrados na população em geral ou a ocorrência de sintomas somáticos proeminentes semelhantes ao pânico sem a presença de medo em contextos médicos (D. M. Clark, 1997; ver também Eifert, Zvolensky e Lejuez, 2000).

Ativação e atenção

Mudanças nos estados internos tais como a ocorrência ou intensificação de certas sensações físicas (p. ex., aperto no peito, falta de ar, frequência cardíaca aumentada, náusea) ou processos mentais (p. ex., cabeça vazia, sensação de desrealização) são os gatilhos primários para ataques de pânico. Na maioria dos casos de pânico recorrente, estímulos ou situações externas se tornarão gatilhos, mas apenas porque têm a capacidade de evocar sensações corporais que são percebidas como ameaçadoras (D. M. Clark, 1986a). Em nosso exemplo, o gatilho primário de Helen era uma sensação de falta de ar. Entretanto, ela percebia mudanças em sua respiração sempre que estava em situações novas e, portanto ambientes estranhos como viajar para fora de sua comunidade, visitar novas pessoas, etc., começaram a disparar ansiedade aumentada e pânico antecipado. Naturalmente, ela passou a evitar essas situações porque evocavam a sensação somática ameaçadora, a falta de ar. Na agorafobia grave uma ampla variedade de situações externas podem disparar pânico, mas apenas porque evocam algum estado interno temido. Os processos físicos e mentais que são percebidos erroneamente como uma ameaça iminente são mais frequentemente devidos à ansiedade, e menos frequentemente devidos a outros estados emocionais, estresse, exercício físico, ingestão de substâncias com cafeína ou outras substâncias químicas ou mesmo o fluxo e refluxo da função fisiológica (D. M. Clark, 1986a, 1988, 1996).

Conforme observado na Figura 8.1, indivíduos propensos ao pânico são orientados a prestar atenção seletiva a processos internos somáticos ou mentais. Eles são hipervigilantes para a vivência dessas sensações e focalizam sua atenção em qualquer mudança no funcionamento que poderia parecer anormal (Beck, 1988). O modo de orientação no transtorno de pânico é pré--ativado para a rápida detecção de sinais interoceptivos que poderiam representar um perigo imediato e iminente à sobrevivência. Esse processo de detecção inicial é automático e não consciente, resultando em uma hipersensibilidade a sensações corporais.

Esquema de ativação

No modelo cognitivo, ataques de pânico recorrentes ocorrem devido a ativação de esquemas (crenças) duradouras sobre a periculosidade de mudanças fisiológicas específicas. Esses esquemas de ameaça fisiológica e mental são consistentes com o modo primitivo de ameaça dominante na ansiedade. Alguns exemplos de esquemas panicogênicos são "Minhas palpitações cardíacas e dor no peito poderiam ser sinais de que estou tendo um ataque cardíaco potencialmente fatal", "Meus episódios de falta de ar poderiam levar a sufocação e morte", "Acessos de tontura poderiam ser causados por um tumor cerebral", "Essa sensação de náusea poderia me fazer ficar violentamente doente e vomitar", "Ficar tenso e um pouco nervoso poderia levar a perda de controle e a

pânico esmagador" ou "Eu poderia perder o controle de minhas emoções e ficar louco". Os esquemas de ameaça fisiológica e mental predispõem certos indivíduos a vivenciar ataques de pânico recorrentes e envolvem temas de vulnerabilidade pessoal, impotência, periculosidade de determinados estados internos e escalada rápida da ansiedade (Beck e Greenberg, 1988).

Há uma estreita associação entre sensações corporais ou mentais específicas e as crenças panicogênicas subjacentes às interpretações catastróficas errôneas de sinais interoceptivos. A Tabela 8.4 apresenta associações entre algumas sensações internas comuns e os esquemas de ameaça fisiológica ou mental correspondentes frequentemente vistos no transtorno de pânico.

Os esquemas relacionados ao pânico são bastante idiossincráticos e podem ser altamente variáveis de modo que alguns indivíduos manterão crenças de ameaça exageradas para apenas certas sensações internas, outros interpretarão erroneamente uma ampla variedade de fenômenos somáticos e mentais como ameaçadores e outros ainda podem apresentar uma mudança na qual apenas certos esquemas de ameaça fisiológica são dominantes em uma ocasião específica (D. M. Clark, 1986a). A aquisição de esquemas de ameaça fisiológica específicos (p. ex., "Palpitações cardíacas são perigosas") dependerá de história de aprendizagem prévia e das circunstâncias associadas ao primeiro ataque de pânico (D. M. Clark, 1997). Por exemplo, é comum indivíduos que experimentam dor no peito ir primeiro ao pronto-socorro onde recebem uma avaliação cardíaca completa. Tais experiências podem reforçar crenças de que "a dor no peito representa um perigo altamente iminente de ataque cardíaco e possível morte". É óbvio como tais experiências podem levar a esquemas hipervalentes sobre a periculosidade da dor no peito e a patogênese do transtorno de pânico.

A fim de ativar esquemas de ameaça fisiológica e mental, as sensações internas correspondentes devem alcançar um certo limiar de intensidade (Beck, 1988). Por

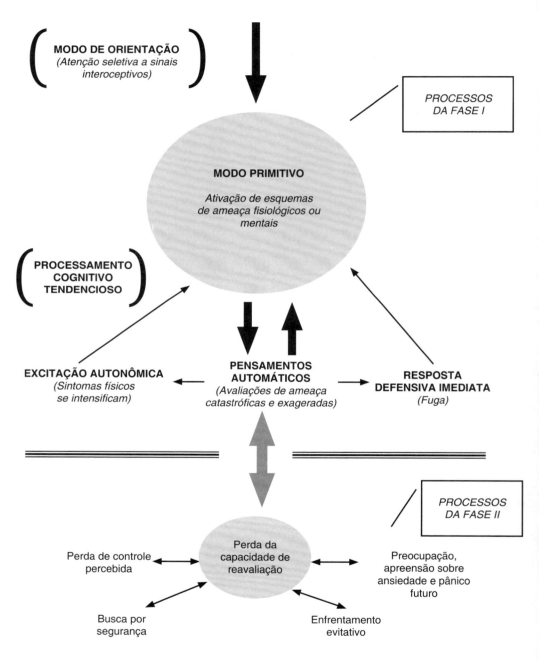

FIGURA 8.1
Modelo cognitivo do transtorno de pânico.

exemplo, Helen não experimentou um aumento na ansiedade até sua sensação de falta de ar ser suficientemente intensa a ponto de ela começar a pensar se estava obtendo ar suficiente. Além disso, uma vez que o esquema de ativação ocorre, a principal consequência é a interpretação catastrófica errônea da sensação interna. Uma vez que as crenças de Helen sobre o perigo de falta de ar, sufocação e falta de oxigênio foram ativadas pela atenção a suas sensações respiratórias, ela fez uma interpretação catastrófica errônea automática, rápida. "Há alguma coisa errada com minha respiração e não estou obtendo oxigênio suficiente; posso sufocar até a morte." Portanto, a base cognitiva da interpretação catastrófica errônea de sensações corporais é a ativação de esquemas orientados à ameaça prepotentes e duradouras sobre o perigo iminente associado a certas sensações somáticas ou mentais.

Interpretação catastrófica errônea de sensações internas

O processo cognitivo central na manutenção do pânico é a interpretação catastrófica errônea de sensações somáticas ou mentais (ver Beck, 1988; Beck et al., 1985; D. M. Clark, 1986a). Frequentemente, o desfecho catastrófico associado a sensações físicas é morte causada por ataque cardíaco, sufocação, convulsão ou algo parecido. Entretanto, a catástrofe imaginada também pode envolver uma perda de controle que leva a insanidade (ou seja, "Vou ficar louco") ou à uma ação constrangedora ou humilhante na frente dos outros. Além disso, o medo de ataques de pânico pode ser tão intenso que a catástrofe poderia ser a possibilidade de vivenciar outro episódio de pânico completo grave. Seja qual for a real natureza da catástrofe temida, as sensações são erronea-

TABELA 8.4 Ligações entre sensações internas relacionadas ao pânico e seu esquema de ameaça fisiológica ou mental correspondente

Sensação interna	Esquema de ameaça fisiológica/mental
Aperto no peito, dor, palpitações cardíacas	Crença de vulnerabilidade a ataques cardíacos.
Falta de ar, sensação de sufocação, respiração irregular	Crença de possível sufocação e morte.
Tontura, vertigem, desmaio	Crença de perder o controle e fazer coisas constrangedoras, de ficar louco ou presença de um tumor cerebral.
Náusea, cólicas abdominais	Crença de vomitar incontrolavelmente.
Dormência, formigamento nas extremidades	Crença na possibilidade de ter um AVC ou de perder a sanidade.
Inquieto, tenso, agitado	Crenças de que esses sintomas são uma indicação de perda de controle que poderia levar a um ataque de pânico grave e eventual perda de função.
Sensação de estremecimento, tremor	Crença de que esses sintomas indicam uma perda de controle e são frequentemente um precursor de pânico grave.
Esquecido, desatento, perda de concentração	Crença de perder o controle sobre o funcionamento mental e de acabar perdendo a função cognitiva.
Sentimentos de irrealidade, despersonalização	Crença de que esses sintomas podem indicar uma convulsão ou que está ficando louco.

Nota: Baseadas em Taylor (2000).

mente interpretadas como representando um desastre físico ou mental iminente (D. M. Clark, 1988). A fim de precipitar pânico, a ameaça catastrófica deve ser percebida como iminente; se a interpretação errônea é meramente ameaça exagerada, então ocorrerá ansiedade em vez de pânico (Rachman, 2004). A ocorrência da interpretação catastrófica errônea é a base cognitiva para os demais processos que contribuem para o transtorno de pânico (ver Figura 8.1). Nos ataques de pânico sinalizados ou situacionais, as sensações associadas com ansiedade aumentada são erroneamente interpretadas, enquanto nos ataques de pânico espontâneos (não sinalizados) as sensações se originam de uma variedade de fontes não ansiosas (p. ex., exercícios, estresse, reações emocionais). D. M. Clark (1988) afirmou que a interpretação catastrófica errônea de sensações corporais é necessária para a produção de um ataque de pânico e representa um traço cognitivo duradouro (vulnerabilidade) que é evidente mesmo quando indivíduos com transtorno de pânico não estão ansiosos.

Como um processo da Fase I que é evocado por ativação de esquemas panicogênicos, a interpretação catastrófica errônea é uma resposta involuntária, automática e rápida à detecção de certas sensações internas. D. M. Clark (1988) afirmou que a interpretação catastrófica errônea pode ser rápida e fora do conhecimento consciente de modo que o ataque de pânico parece espontâneo. Uma vez ativados os esquemas panicogênicos, e as interpretação catastrófica errônea tendem a dominar o mecanismo de processamento de informação durante o pânico. Altamente tendencioso, dá prioridade de processamento a sinais de perigo e minimiza ou ignora informação de segurança incongruente com o esquema.

Intensificação do sintoma e defesa

A interpretação catastrófica errônea de sensações corporais causará uma intensificação das sensações internas temidas por vigilância aumentada e um foco interno em sinais interoceptivos (Beck, 1988; D. M. Clark, 1997). Um ciclo vicioso ocorre no qual o aumento da intensidade da sensação fisiológica ou mental reforça ainda mais a interpretação errônea de que realmente um desastre físico ou mental é iminente. Helen, por exemplo, percebia que sua respiração era um pouco irregular e achava que não estava obtendo ar suficiente. Sua avaliação inicial "Eu não estou respirando normalmente, acho que não estou obtendo ar suficiente" (*interpretação de ameaça exagerada*) levou a um foco aumentado em sua respiração. Ela respirava profundamente e tentava estabelecer uma frequência respiratória mais controlada. Mas o foco aumentado em sua respiração intensificava sua sensação de falta de ar (*intensificação do sintoma*) que por sua vez reforçava sua convicção de que seu problema respiratório estava piorando e provavelmente levaria a sufocação (*interpretação catastrófica errônea*).

Além de uma intensificação automática dos sintomas, a interpretação catastrófica errônea resultará em tentativas imediatas de fuga. Mais uma vez, as tentativas de fuga são vistas como uma resposta automática e involuntária à ativação do esquema panicogênico e à interpretação catastrófica errônea da sensação corporal. Um indivíduo que teme o aperto no peito pode rapidamente interromper uma determinada atividade quando a sensação somática é detectada. Um paciente que teve um profundo senso de desrealização em seu quarto de hotel após dirigir no tráfego pesado de Nova York se deitou imediatamente e então tomou diversas bebidas alcoólicas a fim de relaxar. Suas respostas foram uma tentativa de escapar do senso de desrealização que interpretou como um sintoma de estar enlouquecendo. Quando em um estado aumentado de ansiedade e pânico, a resposta de fuga disparada pela interpretação catastrófica errônea pode ocorrer automaticamente sem planejamento deliberado, forçado. Conforme observado na Figura 8.1, a intensificação de sensações físicas e respostas de fuga contribuirá para a ativação continuada dos esquemas relacionadas ao pânico.

Perda da capacidade de reavaliação

De acordo com Beck (1988), a dissociação do nível mais alto de processos reflexivos (Fase II) do processamento cognitivo automático (Fase I) é uma condição necessária para um ataque de pânico. Portanto consideramos a perda da capacidade de reavaliação o processo central na fase secundária, elaborativa que é responsável pela manutenção da ansiedade e pânico. A ativação dos esquemas de ameaça fisiológica e subsequente interpretação catastrófica errônea de sensações corporais domina o processamento de informação e inibe a capacidade do paciente em pânico de gerar interpretações alternativas, mais realistas, e benignas das sensações temíveis. Se a reavaliação da ameaça percebida for possível, a interpretação catastrófica errônea seria contestada e a escalada do pânico seria frustrada.

Essa perda da capacidade de reavaliação é claramente ilustrada em um homem jovem com transtorno de pânico que temia aumentos súbitos em sua frequência cardíaca. Em algumas ocasiões, tais como se sentar em frente ao computador, ele percebia um aumento na frequência cardíaca que evocava o pensamento apreensivo "Porque meu coração está acelerado?". Seus esquemas de ameaça fisiológica subjacentes eram "Eu sou vulnerável a ataques cardíacos", "Se eu deixar minha frequência cardíaca ficar muito alta, posso ter um ataque cardíaco", e "Afinal, eu tenho um problema cardíaco" (ele tinha uma problema cardíaco congênito diagnosticado que era benigno). Uma vez ativado, ele gerava uma interpretação catastrófica errônea ("Meu coração está acelerado, posso estar tendo um ataque cardíaco"). Nesse ponto ele era incapaz de gerar uma explicação alternativa para essa frequência cardíaca aumentada e, portanto, entrava em pânico. Em outras ocasiões, tais como quando se exercitava na academia (conforme recomendação médica), ele percebia sua frequência cardíaca aumentar, se perguntava se isso poderia ser um sinal de um problema cardíaco, mas imediatamente reava-liava as sensações e passava a vê-las como devidas às exigências de sua atividade física. Um dos principais objetivos da terapia cognitiva para pânico é melhorar a capacidade do paciente de reavaliar sensações internas temíveis com interpretações alternativas realistas, plausíveis e benignas.

Outros processos elaborativos secundários

Conforme ilustrado na Figura 8.1 há uma série de outros processos cognitivos e comportamentais secundários que ocorrem como resultado da dissociação entre raciocínio elaborativo e avaliações de ameaça catastróficas automáticas. Beck e colaboradores (1985) observaram que uma característica notável dos ataques de pânico é a vivência de ansiedade como um estado esmagador e incontrolável. O indivíduo com ataques de pânico recorrentes pensa na ansiedade como uma experiência rapidamente crescente e incontrolável que aprende a temer.

Um segundo processo cognitivo na fase elaborativa é apreensão e preocupação sobre ansiedade crescente e a recorrência de ataques de pânico. A preocupação no transtorno de pânico é focalizada quase exclusivamente nos ataques de pânico e na intolerância aos estados aumentados de ansiedade. Após inúmeras sessões de TC, os ataques de pânico de Helen diminuíram. Entretanto, sua apreensão e preocupação acerca de uma possível recaída permaneceram altas. Por exemplo, ela estava considerando uma troca de emprego e uma mudança para uma nova cidade, mas estava muito relutante em fazer quaisquer mudanças por medo que isso aumentasse sua ansiedade e desencadeasse uma nova série de ataques de pânico.

Com o processamento de informação elaborativo dominado por percepções de ansiedade incontrolável e crescente, apreensão e preocupação constantes acerca de pânico e perda de raciocínio reflexivo de ordem superior para neutralizar o domínio do pensamento catastrófico, não é surpresa que o indivíduo com transtorno de pânico deliberadamente apele para evitação e outras estratégias de busca de segurança para exercer melhor controle sobre seu estado emocional negativo. Entretanto, há agora considerável evidência de que a evitação agorafóbica na verdade contribui para a manutenção e o aumento da gravidade do transtorno de pânico (ver discussão anterior). Além disso, a confiança em comportamentos de busca de segurança tais como carregar medicamento ansiolítico em caso de emergência, ser acompanhado por um familiar ou amigo ou reprimir emoções fortes e pensamentos indesejados, podem na verdade contribuir para a manutenção do pânico por manter a crença do indivíduo de que certas sensações internas são perigosas (D. M. Clark, 1997, 1999).

Como pode ser visto na Figura 8.1, há uma forte relação recíproca entre os processos cognitivos relacionados ao pânico que ocorrem cedo no nível de interpretação automática, catastrófica e aqueles que ocorrem mais tarde na fase secundária, elaborativa. Entretanto, a incapacidade do pensamento elaborativo secundário de corrigir as avaliações de ameaça catastróficas automáticas de sensações corporais explica a manutenção do pânico e o desenvolvimento do transtorno de pânico. A terapia cognitiva do pânico, então, se focaliza em corrigir a dissociação entre os dois níveis de processamento de modo que seja aceita uma interpretação mais benigna de sensações interoceptivas anteriormente temidas.

STATUS EMPÍRICO DO MODELO COGNITIVO

A proposição de que ataques de pânico são causados pela interpretação catastrófica errônea de sensações corporais tem geralmente recebido forte apoio de um grande número de estudos correlacionais e experimentais conduzidos durante as duas últimas décadas, embora inconsistências e limitações também tenham sido observadas (para revisões, ver Austin e Richards, 2001; Casey, Oei, e Newcombe, 2004; D. M. Clark, 1996;

Khawaja e Oei, 1998; McNally, 1994). Nesta seção ampliamos nossa revisão da situação clínica do modelo cognitivo para incluir processos cognitivos adicionais que são importantes na patogênese do pânico. A Tabela 8.5 apresenta seis hipóteses que abrange os princípios fundamentais do modelo cognitivo do pânico (ver Figura 8.1).

Hipótese 1

Hipersensibilidade interoceptiva

Indivíduos com transtorno de pânico exibirão atenção seletiva e maior vigilância a sensações mentais e somáticas internas do que indivíduos sem transtorno de pânico.

Se o transtorno de pânico é caracterizado pelo aumento da vigilância e da resposta às sensações corporais, no mínimo se esperaria que indivíduos com transtorno de pânico relatassem maior resposta a sensações físicas em questionários e entrevista. Em diversos estudos, indivíduos com transtorno de pânico e agorafobia tiveram escores significativamente mais altos no Questionário de Sensações Corporais (QSC), que avalia medo de 17 sensações físicas e mentais comuns na ansiedade e no pânico, comparados a indivíduos com outros transtornos de ansiedade ou a grupos controle não clínicos (p. ex., Chambless e Gracely, 1989; Kroeze e van den Hout, 2000a; Schmidt et al., 1997). Similarmente, McNally e colaboradores (1995) verificaram que indivíduos com pânico relataram sensações físicas mais graves do que controles não clínicos sendo os melhores discriminadores o medo de morrer, medo de ataque cardíaco, medo de perder o controle e formigamento. Entretanto, indivíduos com transtorno de pânico podem ter intolerância aumentada ao desconforto, conforme indicado por uma capacidade reduzida de suportar sensações físicas desagradáveis e dor (Schmidt e Cook, 1999; Schmidt, Richey, e Fitzpatrick, 2006). Em geral, há evidência razoavelmente consistente de que indivíduos que vivenciam

TERAPIA COGNITIVA PARA OS TRANSTORNOS DE ANSIEDADE **299**

TABELA 8.5 Hipóteses centrais do modelo cognitivo do pânico

Hipóteses	Afirmação
1. Hipersensibilidade interoceptiva	Indivíduos com transtorno de pânico exibirão atenção seletiva e maior vigilância a sensações mentais e somáticas internas do que indivíduos sem transtorno de pânico.
2. Esquema de vulnerabilidade	Indivíduos propensos a pânico confirmarão mais crenças sobre a periculosidade de sensações fisiológicas ou mentais específicas do que grupos controle sem pânico.
3. Interpretações catastróficas errôneas	Ataques de pânico são caracterizados por uma interpretação errônea de sensações corporais ou mentais com significado de uma catástrofe física, mental ou social iminente. A produção da interpretação catastrófica errônea aumentará os sintomas em indivíduos com transtorno de pânico, enquanto a correção da interpretação errônea impedirá ataques de pânico.
4. Amplificação interoceptiva	A produção de uma interpretação catastrófica errônea de sinais internos aumentará a intensidade das sensações temidas no pânico, mas não em estados de ausência de pânico.
5. Dissociação	Indivíduos com transtorno de pânico exibirão capacidade diminuída de empregar pensamento reflexivo de ordem superior para gerar interpretações mais realistas e benignas de suas sensações internas temidas comparados a indivíduos sem pânico.
6. Busca de segurança	Evitação e comportamento de busca de segurança maladaptativo intensificarão sintomas de ansiedade e pânico em indivíduos com transtorno de pânico em relação a controles sem pânico.

ataques de pânico recorrentes relatam maior sensibilidade a sensações físicas e têm maior probabilidade de interpretar esses sintomas negativamente (ver também Taylor, Koch, e McNally, 1992).

Estudos experimentais fornecem forte apoio à hipótese de hipersensibilidade interoceptiva que induzem sensações físicas por meio de vários estímulos biológicos como hiperventilação, inalação de ar enriquecido com CO_2 ou O_2, infusão de lactato, etc. Um achado consistente entre esses estudos experimentais é que pacientes com transtorno de pânico manifestam uma resposta subjetiva significativamente maior às sensações produzidas pelos estímulos conforme indicado por classificações mais altas da intensidade, gravidade e ansiedade associada às sensações corporais produzidas pelas manobras de indução (p. ex., Antony, Coons, McCabe, Ashbaugh e Swinson, 2006; J. G. Beck, Ohtake e Shipherd, 1999; Holt e Andrews,

1989; Rapee, 1986; Schmidt, Forsyth, Santiago e Trakowski, 2002; Zvolensky et al., 2004).

Se o transtorno de pânico é caracterizado por vigilância aumentada para sensações físicas, poderíamos esperar que pacientes com transtorno de pânico demonstrassem maior acuidade ou percepção de suas respostas fisiológicas. Uma série de estudos investigaram a percepção da frequência cardíaca no transtorno de pânico. Em um estudo anterior por Pauli e colaboradores (1991), indivíduos com transtorno de pânico que usaram um monitor cardíaco portátil durante 24 horas não relataram significativamente mais percepções cardíacas do que controles saudáveis, mas significativamente mais ansiedade autorrelatada estava associada às percepções. Além disso, a aceleração da frequência cardíaca ocorreu após as percepções cardíacas que estavam associadas com ansiedade intensa, enquanto percepções cardíacas associadas com ausência de ansiedade levaram à desaceleração da frequência cardíaca.

Alguns estudos usaram um procedimento de "rastreamento mental" no qual indivíduos silenciosamente contam os batimentos cardíacos sentidos sem tomar seu pulso. Achados anteriores sugeriram que indivíduos com transtorno de pânico tinham melhor percepção do batimento cardíaco do que outros grupos de pacientes ou controles não clínicos (p. ex., Ehlers e Breuer, 1992; Ehlers, Breuer, Dohn e Fiegenbaum, 1995), mas uma reanálise posterior de dados reunidos entre diferentes estudos revelou que a acurácia da percepção do batimento cardíaco era mais frequentemente evidente no transtorno de pânico comparado a controles deprimidos ou normais, mas não quando comparado a pacientes com outros transtornos de ansiedade (van der Does, Ehlers e Barsky, 2000). Além disso, apenas uma minoria de pacientes com transtorno de pânico foi classificada como tendo percepção correta (17%). Portanto, a percepção acurada do batimento cardíaco parece ser uma característica de ter episódios frequentes de ansiedade clínica em oposição a ataques de pânico *per se*.

Deve ser aparente um viés de processamento atencional pré-consciente, automático para palavras sinalizadoras físicas se o pânico for caracterizado por hipervigilância para sensações corporais. Lundh e colaboradores (1999) verificaram que pacientes com transtorno de pânico tinham efeitos de interferência de Stroop significativamente mais altos a palavras relacionadas a pânico do que controles não clínicos tanto em um nível subliminar como supraliminar, mas esse efeito de viés também foi evidente para palavras de ameaça interpessoais. Além disso, o grupo com transtorno de pânico identificou mais palavras relacionadas a pânico apresentadas no limiar perceptual (ver também Pauli et al., 1997). Usando uma variante nova da tarefa de detecção de *dot probe*, na qual a latência de resposta foi avaliada para uma letra precedida por uma amostra de um instantâneo de dados de frequência cardíaca ECG ou por uma linha móvel, Kro-

eze e van den Hout (2000a) encontraram evidência de que o grupo com pânico era mais atento aos ensaios ECG do que o grupo controle (ver Kroeze e van den Hout, 2000b, para achado contrário).

Em um estudo envolvendo 20 indivíduos com claustrofobia, aqueles instruídos a se concentrar em suas sensações corporais enquanto dentro de uma câmara fechada relataram escores de medo e pânico significativamente mais altos e experimentaram uma taxa mais alta de ataques de pânico do que indivíduos no grupo controle (de distração) (Rachman, Levitt e Lopatke, 1988). Exercício físico vigoroso é uma situação natural que normalmente aumenta a atenção ao estado físico. Além disso, exercício vigoroso aumenta os níveis sanguíneos de lactato, que indivíduos com pânico poderiam achar menos toleráveis dada sua reatividade aumentada a infusão de lactato de sódio (Liebowitz et al., 1985). Portanto, poderia se esperar que pacientes com pânico fossem menos tolerantes a exercício físico vigoroso. Curiosamente, parece que indivíduos com transtorno de pânico são capazes de realizar exercício físico vigoroso sem experimentar pensamentos ou sentimentos indicativos de pânico, ainda que o exercício produza níveis sanguíneos de lactato iguais ou maiores que aqueles alcançados em estudos de infusão de lactato (Martinsen, Raglin, Hoffart e Friis, 1998).

Embora indivíduos com transtorno de pânico possam ter maior reatividade fisiológica, tal como frequência respiratória, frequência cardíaca e pressão sanguínea elevadas, e temperatura corporal mais baixa durante estímulos biológicos que induzam sensações corporais (J. G. Beck et al., 1999; Craske, Land, Tsao, Mystkowski e Rowe, 2001; Holt e Andrews, 1989; Rapee, 1986; Schmidt et al., 2002), as diferenças fisiológicas são relativamente modestas e inconsistentes entre os estudos, com alguns relatando mesmo resultados negativos (Zvolensky et al., 2004). Por outro lado, as diferenças na intensidade e sofrimento percebidos das sensações físicas produzidas por esses estímulos biológicos têm sido robustas e bastante consistentes entre os estudos (p. ex., J. G. Beck et al., 1999; Holt e Andrews, 1989; Rapee, 1986). Em um estudo recente Story e Craske (2008) verificaram que indivíduos em risco para pânico (alta sensibilidade a ansiedade e histórico de ataques de pânico) relataram significativamente mais sintomas de pânico após *feedback* de frequência cardíaca elevada falsa do que indivíduos de baixo risco, ainda que não houvesse diferenças de grupo na frequência cardíaca real. Juntos esses achados fornecem forte evidência da perspectiva cognitiva do transtorno de pânico, sugerindo que a principal diferença está mais na percepção e interpretação de alterações físicas do que nas respostas fisiológicas reais.

Em resumo, tem havido apoio empírico razoavelmente consistente de experimentos autoaplicados e estímulo biológico de que o transtorno de pânico é caracterizado por uma sensibilidade aumentada ou um viés perceptual a sensações físicas, ainda que eles possam não ter reatividade fisiológica aumentada (Ehlers, 1995). Os achados de maior acuidade perceptual para sinais interoceptivos (p. ex., consciência cardíaca aumentada), entretanto, permanecem incertos. Além disso, é evidente que fatores contextuais afetam a resposta a sensações físicas e sua interpretação. Quando sensações corporais ocorrem em situações inesperadas ou ansiosas, indivíduos com transtorno de pânico provavelmente são mais vigilantes e responsivos a mudanças em seu estado físico ou mental.

Hipótese 2

Esquema de vulnerabilidade

Indivíduos propensos a pânico confirmarão mais crenças sobre a periculosidade de sensações fisiológicas ou mentais específicas do que grupos controle sem pânico.

Em sua revisão crítica da perspectiva cognitiva sobre transtorno de pânico, Roth, Wilhelm e Pettit (2005) observaram que se indivíduos com transtorno de pânico não exibissem "crenças catastróficas" duradouras quando os ataques de pânico estão ausentes, então isso seria problemático para a teoria. De acordo com a hipótese do esquema de vulnerabilidade, espera-se que indivíduos com transtorno de pânico exibam mais forte confirmação de pensamentos, suposições e crenças que refletem ativação de esquemas de ameaça fisiológica do que indivíduos sem transtorno de pânico mesmo na ausência de um ataque de pânico. Infelizmente, muito pouca pesquisa se focalizou especificamente nas crenças do transtorno de pânico. Khawaja e Oei (1992) desenvolveram o Questionário de Cognições Catastróficas de 50 itens para avaliar interpretações errôneas da periculosidade de estados físicos, emocionais e mentais específicos, mas a escala não conseguiu diferenciar pânico de outros transtornos de ansiedade (Khawaja, Oei e Baglioni, 1994). Greenberg (1989) construiu o Questionário de Crenças do Pânico (QCP) de 42 itens para avaliar o nível de concordância com crenças maladaptativas relacionadas a pânico. O QCP tinha uma correlação moderada com o ESA ($r = 0,55$) e pacientes com transtorno de pânico tiveram escores totais mais altos do que um grupo de fobia social, embora a diferença não fosse estatisticamente significativa (Ball, Otto, Pollack, Uccello e Rosenbaum, 1995). Mais recentemente, Wenzel e colaboradores (2006) relataram que a subescala de Catástrofes Físicas do QCP tinha fortes correlações com outros questionários de sintoma de pânico e que os escores do instrumento diminuíram significativamente com tratamento. A verificação do conteúdo dos itens do QCP indica que apenas sete itens (17%) dizem respeito a crenças sobre sensações físicas. Portanto, no momento não temos uma escala autoaplicada que avalie especificamente os esquemas de ameaça fisiológica e mental duradouro propostos pelo modelo cognitivo.

Atualmente a evidência autoaplicada mais forte para a hipótese do esquema de vulnerabilidade vem da pesquisa sobre sensibilidade à ansiedade (ver discussão no Capítulo 4). Ainda que o ESA não seja uma escala de crença *per se*, ele avalia uma tendência duradoura a interpretar sensações físicas de uma maneira ameaçadora, que é relevante à natureza de esquemas de ameaça fisiológica preexistentes. A evidência de que indivíduos com transtorno de pânico têm escores significativamente mais altos do que outros grupos de ansiedade, especialmente na subescala de Preocupações Físicas do ESA, e que escores altos no ESA predizem resposta a experimentos de estímulo biológico, bem como o desenvolvimento de ataques de pânico é inteiramente consistente com a hipótese do esquema de vulnerabilidade para transtorno de pânico. Entretanto, o mesmo tipo de pesquisa que foi conduzida no ESA precisa ser estendida para uma escala de crença de pânico específica como o QCP a fim de determinar se esquemas de ameaça fisiológica e mental desempenham um papel crítico no desenvolvimento do transtorno de pânico.

Se as crenças sobre a natureza ameaçadora de estados internos são estruturas cognitivas preexistentes, então indivíduos propensos ao transtorno de pânico devem manifestar processamento tendencioso de informação relacionada ao pânico mesmo durante estados não ansiosos e sem pânico. De fato, há uma grande quantidade de pesquisa de processamento de informação consistente com a ativação de esquemas de ameaça fisiológica e mental no transtorno de pânico. Experimentos empregando a tarefa de Stroop emocional mostraram que comparados com grupos controle não clínicos, indivíduos com transtorno de pânico exibem uma interferência específica de nomeação de cor para palavras de ameaça ou catástrofe física (Hayward et al., 1994; McNally et al., 1994; Teachman, Smith-Janik e Saporito, 2007) mesmo com taxas de apresentação subliminares (Lim e Kim, 2005; Lundh et al., 1999). Entretanto, alguns estudos constataram que o efeito de interferência no pânico é evidente para todas as palavras de ameaça em geral (Ehlers, Margraf, Davies e Roth, 1988; Lundh et al., 1999; McNally, Kaspi, Riemann e Zeitlin, 1990) ou mesmo para todas as palavras com valência emocional (Lim e Kim, 2005; McNally et al., 1992).

Alguns estudos não relataram interferência específica na nomeação de cor para palavras de ameaça física no transtorno de pânico (Kampman, Keijsers, Verbraak, Näring e Hoogduin, 2002; McNally et al., 1992). Contudo, os achados gerais dos experimentos de Stroop emocional são consistentes com a presença de esquemas de ameaça fisiológica e mental predominantes no transtorno de pânico.

Também foi encontrada evidência para um viés de interpretação para estímulos internos no transtorno de pânico. Harvey e colaboradores (1993) verificaram que pacientes com transtorno de pânico escolheram explicações de ameaça para cenários interoceptivos ambíguos mais do que fóbicos sociais, embora não houvesse significância estatística entre os grupos na frequência com que eles faziam interpretações de ameaça. Em um experimento de tendência de covariação, Wiedemann, Pauli e Dengler (2001) verificaram que indivíduos com transtorno de pânico, mas não controles saudáveis, superestimaram a associação entre figuras de prontos-socorros (isto é, estímulos relacionados ao pânico) e uma consequência negativa (isto é, choque inofensivo no antebraço). Entretanto, esse achado não foi reproduzido em um estudo posterior (Amrhein, Pauli, Dengler e Wiedemann, 2005), embora houvesse evidência eletrofisiológica de um viés de covariação no transtorno de pânico. Coles e Heimberg (2002) em sua revisão concluíram que o transtorno de pânico é caracterizado por um viés de memória explícita, mas não de memória implícita, para informação ameaçadora, especialmente quando é encorajado o processamento profundo no estágio de codificação. Além disso, o viés de memória explícita pode ser especialmente pronunciado com informação de ameaça física (Becker et al., 1994; Cloitre et al.,1994; Pauli, Dengler e Wiedemann, 2005), embora outros não tenham conseguido encontrar um viés de memória específico (Baños et al., 2001; Lim e Kim, 2005). Finalmente, Teachman e colaboradores (2007) verificaram que indivíduos com transtorno de pânico produziram tempos de resposta mais rápidos a associações autoavaliativas relacionadas ao pânico em um Teste de Associação Implícita, que reflete processamento involuntário de estímulos congruentes com esquemas de ameaça subjacentes.

De modo geral, há forte apoio empírico para a hipótese do esquema de vulnerabilidade na literatura de processamento de informação. Achados de um viés de processamento de ameaça automático em estados de não pânico são consistentes com nossa afirmação de uma organização de ameaça esquemática duradoura e predominante no transtorno de pânico. Entretanto, ainda não é claro se o conteúdo esquemático no transtorno de pânico é altamente específico a sensações fisiológicas e mentais ou mais reflexivos de temas de ameaça geral, e se a ativação desses esquemas é responsável pela interpretação catastrófica de sensações corporais. Também aguardamos o desenvolvimento de um questionário de crença de pânico específico que possa testar a validade preditiva da hipótese do esquema de vulnerabilidade em modelos de pesquisa prospectivos.

Hipótese 3

Interpretações catastróficas errôneas

Os ataques de pânico são caracterizados por uma interpretação errônea de sensações corporais ou mentais com significado de uma catástrofe física, mental ou social iminente. A produção da interpretação catastrófica errônea aumentará os sintomas de pânico em indivíduos com transtorno de pânico, enquanto a correção da interpretação errônea impedirá ataques de pânico (ver D. M. Clark, 1996).

Com o passar dos anos, várias revisões da literatura sobre o tema concluíram que há forte apoio à hipótese de que indivíduos com transtorno de pânico têm significativamente maior probabilidade de interpretar erroneamente sensações corporais em termos de uma ameaça ou perigo iminente sério do que grupos controle sem pânico (para revisões, ver Austin e Richards, 2001; Casey et al., 2004; Khawaja e Oei, 1998). Além

disso, há considerável evidência empírica de que o transtorno de pânico é caracterizado por escores elevados na subescala de Medo de Sensações Somáticas do ESA, um achado inteiramente previsto pela hipótese da interpretação catastrófica errônea (p. ex., Deacon e Abramowitz, 2006a; Rector et al., 2007; Taylor, Zvolensky, et al., 2007; ver também discussão de sensibilidade à ansiedade no Capítulo 4). Contudo, visões divergentes afirmam que uma série de aspectos fundamentais da hipótese da interpretação catastrófica errônea permanecem incertos (NcNally, 1994; Roth et al., 2005). Três tipos de pesquisa fornecem um teste crítico da hipótese da interpretação catastrófica errônea: escalas autoaplicadas de cognições catastróficas, estudos clínicos da relação entre interpretações errôneas de sensações corporais e subsequente sintomatologia de pânico e evidência de mediação cognitiva em experimentos de estímulo biológico.

Vários estudos clínicos indicam que a maioria dos indivíduos com transtorno de pânico relatam pensamentos ou imagens de catástrofe física ou mental em resposta a estímulos internos durante episódios de pânico (p. ex., Argyle, 1988; Beck et al., 1974; Ottaviani e Beck, 1987). O Questionário de Cognições Agorafóbicas (QCA) avalia a frequência de pensamentos maladaptativos sobre consequências catastróficas (p. ex., desmaio, sufocação, ataque cardíaco, perda do autocontrole) durante eventos ansiosos (Chambless, Caputo, Bright e Gallagher, 1984). Indivíduos com transtorno de pânico têm escores significativamente mais altos do que grupos deprimidos e com outros transtornos de ansiedade no fator de Preocupações Físicas do QCA, mas não no fator de Consequências Sociais/Comportamentais do QCA (Chambless e Gracely, 1989).

D. M. Clark e colaboradores (1997) desenvolveram o Questionário de Interpretação de Sensações Corporais (QISC) para avaliar taxas de concordância e crença em explicações ameaçadoras, positivas ou neutras para sensações corporais de pânico ambíguas e eventos externos (itens de controle). A análise revelou que pacientes com transtorno de pânico classificavam interpretações negativas de sensações corporais de pânico como significativamente mais prováveis e acreditavam na explicação negativa mais do que grupos controle com TAG e fobia social ou grupos não clínicos. Além disso, o QISC teve uma correlação de 0,49 com a subescala de Preocupações Físicas do QCA (para achados semelhantes, ver Austin, Richards e Klein, 2006; Teachman et al., 2007). Entretanto, Austin e colaboradores (2006) verificaram que pacientes com pânico raramente fizeram uma interpretação subsequente relacionada a dano (p. ex., "Estou tendo um ataque cardíaco") à sua interpretação inicial relacionada a ansiedade (p. ex., "Estou tendo um ataque de pânico"). Estudos que examinaram interpretações de cenários ambíguos também encontraram evidência de um viés de interpretação de ameaça para sensações físicas no transtorno de pânico comparado a controles não clínicos (Kamieniecki et al., 1997; McNally e Foa, 1987; ver também Uren et al., 2004), embora pareça que os indivíduos com transtorno de pânico geraram mais interpretações de ansiedade para ameaças internas e externas. Em geral, os estudos de instrumentos autoaplicados têm apoiado a hipótese da interpretação catastrófica errônea de sensações corporais, embora a maioria considere que o viés de interpretação não é específico a sensações internas apenas e que interpretações de ansiedade (ou seja, uma expectativa de se tornar mais ansioso) são muito mais comuns do que catástrofes verdadeiramente relacionadas a dano (ou seja, avaliações de morrer de sufocação ou de um ataque cardíaco).

Poucos estudos investigaram a presença de interpretações catastróficas errôneas em amostras de transtorno de pânico que foram expostas a situações de medo. A ocorrência de um ataque de pânico leva a maior expectativa de medo subsequente ou a uma intensificação de ansiedade antecipatória, que aumenta a probabilidade de que os indivíduos considerarão seus sintomas ansiosos altamente ameaçadores (ver Rachman e Levitt, 1985). Além disso, quando o pânico ocorre durante exposição a uma situação temida, indivíduos com transtorno de pânico experimentam mais sensações corporais e cognições catastróficas do que durante as experiências de exposição sem pânico, embora 27% ($n = 8/30$) dos episódios de pânico não estivessem associados a quaisquer cognições temíveis (Rachman, Lopatka e Levitt, 1988). Em uma análise adicional desses dados, Rachman, Levitt e Lopatka (1987) verificaram que indivíduos com transtorno de pânico tinham quatro vezes mais probabilidade de ter um ataque de pânico quando a sensação corporal era acompanhada por cognições catastróficas. Street e colaboradores (1989) também encontraram uma alta taxa de pensamento catastrófico quando os indivíduos registravam seus três ataques de pânico seguintes, especialmente quando os ataques eram esperados. Além disso, houve muitas correlações moderadas entre as cognições perturbadoras esperadas e suas sensações físicas correspondentes (ver Rachman et al., 1987, para achado semelhante).

Kenardy e Taylor (1999) solicitaram a 10 mulheres com transtorno de pânico o uso de um diário no computador para automonitorar o início de ataques de pânico durante um período de 7 dias. A análise revelou que os indivíduos previram excessivamente ataques de pânico; em 70% dos casos a expectativa de um ataque nunca se materializou. Além disso, as cognições catastróficas e os sintomas somáticos foram comuns antes de ataques de pânico esperados, mas não dos inesperados, indicando que os pensamentos catastróficos estavam associados mais com previsão ou expectativa de um ataque de pânico do que com sua ocorrência real. Finalmente, um pequeno estudo piloto de transtorno de pânico verificou que 3,25 horas de exposição à desconfirmação da crença resultou em resultados significativamente melhores na frequência e crença de cognições agorafóbicas, bem como nas escalas de sintoma do que o grupo que recebeu apenas treinamento de exposição à habituação (Salkovskis, Hackmann, Wells, Gelder e Clark, 2006). Isso sugere que reduções nas interpretações catastróficas levam a uma melhora nos sintomas de ansiedade e pânico. De modo geral, esses estudos apoiam a hipótese da interpretação catastrófica errônea com duas advertências. Primeiro, Rachman e colaboradores (1987) encontraram um pequeno número de "ataques de pânico não cognitivos" que são difíceis de explicar do ponto de vista da interpretação catastrófica errônea. Segundo, algumas das combinações esperadas de sensações corporais e cognições catastróficas não foram encontradas, tais como palpitações cardíacas e medo de ataque cardíaco, e várias combinações de sintomas poderiam levar à mesma cognição catastrófica.

A evidência mais forte de uma hipótese de interpretação catastrófica errônea vem de experimentos envolvendo indução de pânico por meio de estímulo biológico (p. ex., infusão de lactato, ar enriquecido com CO_2, hiperventilação ou exercício). Há considerável evidência de que alguma forma de mediação cognitiva é um fator crítico que influencia a frequência de indução de pânico e ansiedade aumentada produzida por esses experimentos de estimulação biológica (D. M. Clark, 1993). A fim de separar os efeitos da indução e as cognições dos indivíduos, os participantes são alocados aleatoriamente para receber instruções para esperar que a indução leve a reações desagradáveis ou que a indução seja uma experiência agradável ou benigna. Achados desses estudos indicam que tipo de informação fornecida, expectativas, controle percebido e presença de sinais de segurança influenciam a ansiedade e excitação dos indivíduos à indução (Khawaja e Oei, 1998). Por exemplo, em um estudo com indivíduos saudáveis que receberam lactato de sódio e um placebo em dois dias diferentes, apenas aqueles que receberam a infusão de lactato e instruções ansiosas experimentaram um aumento significativo na ansiedade (van der Molen, van den Hout, Vroemen, Lousberg e Griez, 1986).

Nos últimos anos, inúmeros estudos demonstraram que indivíduos com transtorno de pânico apresentam maior reatividade à inalação de dióxido de carbono (CO_2) do que outros grupos de transtorno de ansiedade e controles saudáveis, experimentando sensações corporais mais intensas e maior probabilidade de sintomas de pânico e ansiedade elevada conforme indicado por escalas subjetivas, ainda que haja poucas diferenças no funcionamento fisiológico (p. ex., Perna, Barbini, Cocchi, Bertani e Gasperini, 1995; Perna et al., 2004; Rapee et al., 1992; Verburg, Griez, Meijer e Pols, 1995). Além disso, indivíduos com transtorno de pânico relatam que os sintomas produzidos por inalação de CO_2 são semelhantes a ataques de pânico na vida real (Fyer et al., 1987; van den Hout e Griez, 1984; ver revisão por Rapee, 1995a). Parece que a resposta afetiva a inalação de CO_2 pode mesmo ter significância etiológica. Em um estudo de seguimento de 2 anos, Schmidt, Maner e Zvolensky (2007) verificaram que a reatividade a CO_2 foi preditora do posterior desenvolvimento de ataques de pânico. Entretanto, há diferenças individuais mesmo entre indivíduos com transtorno de pânico em sua resposta a inalação de CO_2, com 55 a 80% relatando um ataque de pânico (Perna et al., 1995, 2004; Rapee et al., 1992). Rapee (1995a) observou que indivíduos que respondem a uma estimulação biológica têm maior probabilidade de experimentar sintomas semelhantes a seus sintomas de pânico na vida real e a relatar pensamentos de catástrofe iminente. Ele concluiu que os indivíduos exibirão uma maior resposta afetiva a estímulos biológicos se associarem uma catástrofe (ameaça) física ou mental iminente com as sensações induzidas e a diminuição do controle percebido durante a experiência aversiva (p. ex., Rapee et al., 1992; Sanderson, Rapee e Barlow, 1989). Consistente com essa conclusão, Rapee e colaboradores (1992) verificaram que o único preditor significativo de medo associado com hiperventilação e inalação de CO_2 era o Escore Total do ESA (ver também Rassovsky et al., 2000). No total, esses achados são inteiramente consistentes com a hipótese da interpretação catastrófica errônea.

Estudos recentes que investigaram o processamento de informação de estímulos físicos e indução de sintomas físicos fornecem apoio adicional para esta hipótese. Usando um experimento de pré-ativação semântico modificado, Schneider e Schulte (2007) verificaram que indivíduos com transtorno de pânico exibiram um efeito de pré-ativação automático (mas não estratégico) significativamente mais alto para *primes* de sintoma de ansiedade idiograficamente selecionados seguidos por interpretações catastróficas do que controles não clínicos. Os autores interpretam esse efeito de pré-ativação automático como uma consequência de associações idiográficas fortes produzidas pela relação de pensamentos catastróficos com sintomas corporais durante ataques de pânico. Mais especificamente, há evidência de que impor uma carga respiratória influencia o viés de processamento para palavras físicas negativas naqueles com medo de sufocação (Kroeze et al., 2005; ver também Nay, Thorpe, Robertson-Nay, Hecker e Sigmon, 2004).

Em resumo, há forte apoio empírico para a hipótese da interpretação catastrófica errônea (ver Austin e Richards, 2001; Khawaja e Oei, 1998; Casey et al., 2004; Rapee, 1995a). A interpretação errônea de sensações físicas ou mentais com o significado de uma ameaça iminente foi consistentemente encontrada em estudos de instrumentos autoaplicados, clínicos e experimentais e sua presença influencia a intensidade dos sintomas de pânico. Entretanto, há uma série de questões ainda não resolvidas. Primeiro, há evidência de que interpretações catastróficas errôneas de sensações corporais podem não ser necessárias para vivenciar um ataque de pânico, um achado que contesta diretamente um princípio importante do modelo de cognição catastrófica de D. M. Clark (1988). (Para mais discussão dessa crítica, ver Hofmann, 2004a; McNally, 1994; Rachman, 2004; Roth et al., 2005). Segundo, há considerável evidência de que interpretações catastróficas errôneas não são em si suficientes para produzir pânico. Rapee (1995a) afirmou que a falta de controle percebida é uma variável cognitiva importante nos sintomas de pânico e Casey e colaboradores (2004)

propuseram um modelo integrado no qual a ocorrência contínua de pânico é influenciada por interpretações catastróficas errôneas de sensações corporais e autoeficácia em lidar com o pânico (isto é, cognições positivas que enfatizam controle ou enfrentamento). Poderíamos argumentar que um modelo cognitivo de pânico mais abrangente é necessário (ver Figura 8.1) no qual o grau de dissociação entre uma interpretação catastrófica errônea automática e uma interpretação mais realista, benigna de sensações corporais determinará a ocorrência de ataques de pânico (Beck, 1988). Em outras palavras, a manutenção de sintomas de pânico pode depender não apenas da ocorrência de interpretações catastróficas errôneas, mas também da incapacidade de se corrigir com uma explicação mais realista das mudanças físicas no estágio elaborativo.

Duas outras críticas do modelo de interpretação catastrófica errônea devem ser mencionadas. Definir o que quer dizer "catástrofe" se provou difícil. Se uma definição estreita for adotada na qual catástrofe significa um "dano físico ou psicológico iminente" (p. ex., ataque cardíaco, desmaio, sufocação), então esses tipos de interpretações são relativamente raros no transtorno de pânico. Em vez disso, as interpretações de ameaça mais comuns associadas com sintomas físicos são "medo de perder o controle" ou "medo de um ataque de pânico iminente" ou mesmo alguma ameaça social como ficar constrangido na frente dos outros (Austin e Richards, 2001). Austin e Richards sugerem que uma variedade muito mais ampla de resultados deve ser incluída como "catástrofes". Finalmente, mais pesquisas são necessárias sobre as ligações causais entre sensações corporais, cognições catastróficas e sintomas de pânico. Rachman (2004) afirmou que é difícil determinar se as cognições catastróficas são a causa, a consequência ou meramente um correlato de pânico, embora os experimentos de estimulação biológica tenham sido mais informativos nesse sentido.

Hipótese 4

Amplificação interoceptiva

A produção de uma interpretação catastrófica errônea de sinais internos aumentará a intensidade das sensações temidas no pânico, mas não em estados de ausência de pânico.

De acordo com o modelo cognitivo, um circuito de *feedback* positivo ocorre com a interpretação catastrófica errônea de sensações corporais contribuindo diretamente para uma maior intensificação das mudanças físicas ou mentais que foram a fonte inicial da ativação do esquema de ameaça. Uma escalada nas sensações temidas estimulará a ativação contínua dos esquemas de ameaça fisiológica, assegurando que o indivíduo com transtorno de pânico se torne fixado na interpretação catastrófica errônea (Beck, 1988).

Poucos estudos investigaram diretamente essa hipótese. A evidência de correlação positiva moderada entre cognições catastróficas e sua sensação corporal correspondente (ou seja, falta de ar-medo de sufocação) é consistente com a hipótese de amplificação interoceptiva (p. ex., Rachman et al., 1987; Street et al., 1989). D. M. Clark e colaboradores (1988) comentaram sobre um estudo conduzido em seu laboratório, no qual pacientes de pânico, mas não pacientes recuperados ou controles saudáveis, experimentaram um ataque de pânico após lerem pares de palavras associadas que eram compostas de sensações corporais e catástrofes (p. ex., palpitações-morte; náusea-dormência). Em seu estudo de monitoramento cardíaco no transtorno de pânico, Pauli e colaboradores (1991) verificaram que a ansiedade evocada por percepções cardíacas levou a um aumento na frequência cardíaca dos pacientes durante o período imediatamente após a percepção cardíaca. Em outro estudo envolvendo uma amostra de transtorno de pânico, os escores nas subescalas Físicas do ESA foram preditores de

medo subjetivo durante uma estimulação de hiperventilação (Brown et al., 2003). Embora esses estudos forneçam apenas apoio indireto, há evidência suficiente para encorajar mais pesquisa de que sensações corporais são vivenciadas mais intensamente após interpretações catastróficas errôneas.

Hipótese 5

Dissociação

Indivíduos com transtorno de pânico exibirão capacidade diminuída de empregar pensamento reflexivo de ordem superior para gerar interpretações mais realistas e benignas de suas sensações internas temidas comparados com indivíduos sem transtorno de pânico.

Uma diferença fundamental entre um modelo de interpretação catastrófica errônea de pânico e o modelo cognitivo de pânico proposto por Beck (1988) é o papel central que a dissociação de pensamento reflexivo de ordem superior desempenha na patogênese do ataque de ansiedade. Beck afirmou: "O próximo estado que é crucial para a experiência de pânico, comparado à ansiedade grave simples, é a perda da capacidade de avaliar os sintomas de modo realista, que está associada à fixação nos sintomas" (1988, p. 94). Portanto, ataques de pânico ocorrem porque o indivíduo com transtorno de pânico é incapaz de encontrar uma explicação mais realista para as sensações que neutralizem a interpretação catastrófica errônea. Infelizmente esse aspecto do modelo cognitivo gerou pouca atenção da pesquisa uma vez que a maior parte do foco tem sido no papel das interpretações catastróficas errôneas de sensações corporais.

Em um estudo com questionário comparando indivíduos com transtorno de pânico e grupos não clínicos, Kamieniecki e colaboradores (1997) verificaram que indivíduos com transtorno de pânico forneciam significativamente mais interpretações ansiosas de cenários internos ambíguos que não eram acompanhadas por explicações alternativas benignas para a elevação das sensações físicas descritas no cenário. Os autores concluíram que os pacientes com transtorno de pânico eram incapazes de reinterpretar seu estado físico de uma maneira inócua. Wenzel e colaboradores (2005) relataram que indivíduos tratados com sucesso para transtorno de pânico tinham escores mais altos em itens que refletiam uma capacidade de ponderar e avaliar seus pensamentos e sintomas ansiosos de modo mais realista do que indivíduos que ainda experimentavam dificuldades com pânico. Também há evidência de que fornecer uma explicação mais benigna para sensações físicas ou informação de segurança induzidas experimentalmente pode reduzir a ansiedade e aumentar o sentimento de segurança (Rachman e Levitt, 1985; Rachman, Levitt, e Lopatka, 1999; Schmidt, Richey, Wollaway-Bickel, e Maner, 2006). Se um sentimento de segurança é um fator crítico na compensação ou término de um episódio de pânico (Lohr, Olatunji, e Sawchuk, 2007; Rapee, 1995a), então gerar uma interpretação corretiva da excitação física poderia ser um fator importante na produção de sentimentos de segurança. A incapacidade de autocorrigir interpretações catastróficas errôneas seria um obstáculo maior para a aquisição de sentimentos de segurança. No mínimo esses achados preliminares sugerem que mais investigação da dissociação entre avaliações de ameaça física automáticas e reinterpretações mais realistas seria uma fértil área de pesquisa.

Hipótese 6

Busca de segurança

Evitação e comportamento de busca de segurança maladaptativo intensificarão sintomas de ansiedade e pânico naqueles com transtorno de pânico em relação a controles sem pânico.

Visto que *busca de segurança* é qualquer estratégia cognitiva ou comportamental que vise prevenir ou minimizar um desfecho temido, ela inclui fuga, bem como todas as formas de evitação (Salkovskis, 1988, 1996b). Qualquer estratégia cognitiva ou comportamental (p. ex., controle da respiração, relaxamento, sentar, estar acompanhado por um amigo, distração) que subverte o acesso a informação que desconfirmaria a crença catastrófica é considerada maladaptativa e contribuirá para a manutenção dos sintomas de pânico (D. M. Clark, 1999; Salkovskis, 1988). Lohr e colaboradores (2007) afirmam que sinais de segurança podem reduzir a vivência imediata de medo, mas no fim contribuem para a manutenção do medo patológico.

Conforme observado anteriormente, há uma extensa literatura de pesquisa que mostra que o comportamento de busca de segurança e evitação contribuem para a manutenção da ansiedade (ver Capítulo 3, Hipóteses 2 e 10). Schmidt e colaboradores (2006), por exemplo, verificaram que o fornecimento de sinais de segurança prejudicou a efetividade da informação de segurança na redução da ansiedade à estimulação com inalação de CO_2, enquanto outros estudos encontraram uma forte ligação entre comportamentos de segurança e interpretações catastróficas errôneas (p. ex., Salkovskis et al., 1996). Lundh e colaboradores (1998) verificaram que um viés de reconhecimento para rostos seguros estava correlacionado com evitação de situações de medo, que sugere uma forte ligação entre busca de segurança e evitação. Em um estudo de automonitoramento naturalista, Radomsky, Rachman e Hammond (2002) verificaram que indivíduos com transtorno de pânico usaram uma variedade de estratégias de busca de segurança para acelerar o final de um ataque de pânico, a mais comum sendo uma tentativa de se acalmar. Os indivíduos acreditavam que essas estratégias ajudavam a terminar o pânico conforme indicado por uma redução nas sensações corporais e cognições temíveis. Ainda que os indivíduos acreditassem que os comportamentos de busca de segurança os fizessem sentir seguros e reduzissem a probabilidade de outro ataque de pânico imediato, Radomsky e colaboradores empregaram um teste de estímulo com hiperventilação repetida para mostrar que na verdade não havia um período refratário livre de pânico. Portanto, os indivíduos podem acreditar que a busca de segurança ajuda a terminar um ataque de pânico e reduzir a probabilidade de uma recorrência imediata ainda que o efeito profilático da busca de segurança seja altamente improvável.

Além disso, há evidência de que uma redução na busca de segurança pode ter efeitos terapêuticos positivos sobre os sintomas de ansiedade e pânico (ver Salkovskis et al., 1999; Salkovskis et al., 2006). Contudo, Rachman verificou que o fornecimento de treinamento do sinal de segurança aumentava as previsões de segurança, reduzia as expectativas de medo e inibia o pânico quando os indivíduos eram expostos a suas situações de medo (Rachman e Levitt, 1985; Rachman, Levitt e Lopatka, 1988b). Similarmente, Milosevic e Radomsky (2008) verificaram que os indivíduos com medo de cobra tiveram reduções significativas na ansiedade subjetiva e nas cognições temíveis, bem como comportamento de aproximação aumentado com uma única sessão de exposição de 45 minutos fosse ou não permitido a eles se apoiar em comportamento de busca de segurança durante a sessão de exposição.

Em resumo, a pesquisa sobre busca de segurança indica que uma distinção deve ser feita entre comportamento de busca de segurança e sentimentos de segurança. Produzir um senso de segurança parece ser importante para terminar e, possivelmente, inibir o pânico (Lohr et al., 2007; Rapee, 1995a). Entretanto, há evidentemente formas saudáveis e não saudáveis de alcançar esse estado de segurança (Schmidt et al., 2006). Ajudar indivíduos com transtorno de pânico a adotar crenças mais fortes em explicações de segurança para sensações corporais pode ser a abordagem mais efetiva no transtorno de pânico, enquanto o apoio no comportamento de busca de segurança real (p. ex., distração, evitação) pode bloquear o acesso à evidência desconfirmatória e contribuir para a manutenção dos sintomas de pânico, embora essa última conclusão ainda requeira considerável investigação à luz de achados mais recentes de que o comportamento de segurança pode não ser tão prejudicial quanto se pensava.

AVALIAÇÃO COGNITIVA E FORMULAÇÃO DE CASO

Diagnóstico e escalas de sintoma

A avaliação para transtorno de pânico deve começar com uma entrevista diagnóstica estruturada como a SCID-IV (First et al., 1997) ou ADIS-IV (Brown et al., 1994), visto que ataques de pânico *per se* são altamente prevalentes em todos os transtornos de ansiedade. O ADIS-IV é recomendado para o diagnóstico de transtorno de pânico porque tem alta confiabilidade entre avaliadores para o transtorno (k = 0,79; Brown, DiNardo e Barlow, 2001) e fornece uma riqueza de informação sobre sintomas de pânico. Ele diferencia entre ataques de pânico ligados à situação e ataques de pânico inesperados e avaliações de gravidade são obtidas em todos os sintomas do DSM-IV tanto para ataques de pânico inesperados completos como para ataques com sintomas limitados. Além disso, é coletada informação sobre o grau de preocupação com ataques de pânico futuros, gatilhos situacionais, evitação, sensibilidades interoceptivas, sinais de segurança e impacto negativo associado com ataques de pânico recorrentes. O módulo sobre agorafobia fornece avaliações sobre o grau de apreensão e evitação associado com 20 situações comumente evitadas na agorafobia.

Várias escalas autoaplicadas de sintoma de pânico também devem ser administradas como parte da avaliação cognitiva. No Capítulo 5 revisamos a evidência de que o BAI (Beck e Steer, 1990) avalia os sintomas fisiológicos de ansiedade (p. ex., Beck, Epstein, et al.,1988; Hewitt e Norton, 1993), desse modo tornando-o uma escala particularmente sensível para transtorno de pânico. Leyfer, Ruberg e Woodruff-Borden (2006) calcularam que o ponto de corte de 8 do Escore Total do BAI identificaria 89% dos indivíduos com transtorno de pânico e excluiria 97% sem transtorno de pânico. O ESA é outro instrumento altamente relevante para pânico (ver Capítulo 4) visto que indivíduos com transtorno de pânico têm escores significativamente mais altos do que indivíduos com todos os outros transtornos de ansiedade. A seguir, discutimos brevemente quatro instrumentos de sintoma de pânico especialmente úteis na avaliação do transtorno de pânico.

Questionário de Cognições Agorafóbicas

O Questionário de Cognições Agorafóbicas (QCA) é um questionário autoaplicado de 15 itens que avalia pensamentos de consequências negativas ou ameaçadoras percebidas (ou seja, medo do medo) associados com os sintomas físicos de ansiedade (Chambless et al., 1984). Indivíduos com agorafobia têm escores significativamente mais altos do que aqueles com outros transtornos de ansiedade, especialmente na subescala de Preocupações Físicas do QCA (Chambless e Gracely, 1989), e o instrumento é sensível a efeitos do tratamento (Chambless et al., 1984). Indivíduos com ataques de pânico relatam escores do QCA mais altos do que aqueles sem ataques de pânico (Craske, Rachman e Tallman, 1986). A média do escore total do QCA para transtorno de pânico é de aproximadamente 28, com escores pós-tratamento caindo para 19 (p. ex., D. M. Clark et al., 19940.

Questionário de Sensações Corporais

O Questionário de Sensações Corporais (QSC) é um questionário de 17 itens também desenvolvido por Chambless e colabo-

radores (1984) para avaliar a intensidade do medo associado com sintomas físicos de excitação (Antony, 2001a). O QSC e o QCA são normalmente administrados juntos e ambos foram usados amplamente na literatura de pesquisa. Indivíduos com agorafobia ou transtorno de pânico têm escores significativamente mais altos no QSC (Chambless e Gracely, 1989) com amostras de transtorno de pânico (M = 46,3; DP = 8,7) tendo escores significativamente mais altos do que controles saudáveis (M = 28,4, DP = 6,5) (p. ex., Kroeze e van den Hout, 2000b). O QSC também é sensível a efeitos de tratamento, com escores pós-tratamento caindo dentro da variação normal (D. M. Clark et al., 1994). O profissional achará o QCA útil para estimar as avaliações de ameaça exageradas de sintomas físicos e o QSC útil para avaliar medo de sensações corporais relacionadas ao pânico. Uma cópia de ambos os questionários pode ser encontrada em Antony (2001a, Apêndice B).

Inventário de Mobilidade para Agorafobia

O Inventário de Mobilidade para Agorafobia (IM) é um questionário autoaplicado que avalia a gravidade da evitação agorafóbica, a frequência de ataques de pânico e o tamanho da zona de segurança (Chambless, Caputo, Jasin, Gracely e Williams, 1985). A primeira seção do questionário lista 26 situações frequentemente evitadas na agorafobia e os indivíduos avaliam o grau de evitação de cada situação em uma escala de 5 pontos (1 = "nunca evito"; 5 = "sempre evito") quando acompanhados e quando sozinhos. Eles então circulam as cinco situações que causam a maior quantidade de preocupação ou prejuízo. A versão mais recente do IM também instrui os indivíduos a indicar a frequência de ataques de pânico nos últimos 7 dias, bem como nas últimas 3 semanas, e a estimar a gravidade de seus ataques de pânico em uma escala de 1 ("muito leve") a 5 ("extremamente grave") (ver Antony, 2001b). O IM modificado acrescenta uma quarta sessão na qual os indivíduos relatam sobre a localização e tamanho de sua zona de segurança. A maior parte da pesquisa sobre o IM se focalizou na primeira seção do questionário, na qual dois escores somados são calculados: o escore de Evitação Acompanhado e o de Evitação Sozinho.

Indivíduos com agorafobia têm escores significativamente mais altos nas subescalas de Evitação Sozinho e Evitação Acompanhado do IM do que aqueles com outros transtornos de ansiedade e controles não clínicos (Chambless et al., 1985; Craske et al., 1986) e a estrutura fatorial do IM mostrou alta estabilidade durante um período de 5 anos (Rodriguez, Pagano e Keller, 2007). Para o profissional, o IM produz informação valiosa sobre a natureza e extensão da evitação agorafóbica frequentemente associada com transtorno de pânico. O IM original foi reproduzido em um apêndice de Chambless e colaboradores (1985) e o IM modificado pode ser encontrado em Antony (2001b, Apêndice B).

Questionário de Pânico e Fobia de Albany

O Questionário de Pânico e Fobia de Albany (QPFA) é um questionário de 27 itens que avalia o nível de medo (escala de 0-8) associado com as atividades físicas e sociais que produzem sensações somáticas (Rapee, Craske e Barlow, 1994-1995). Três subescalas são derivadas; Fobia Social (10 itens), Agorafobia (9 itens) e Interoceptiva (8 itens). Embora a estrutura fatorial do QPFA tenha sido apoiada, contrário à expectativa a subescala de Agorafobia do QPFA estava mais fortemente relacionada ao medo de pânico do que a subescala Interoceptiva (Brown, White e Barlow, 2005). Até que mais seja conhecido sobre as propriedades psicométricas do QPFA, o questionário é recomendado apenas para fins de pesquisa.

DIRETRIZ PARA O TERAPEUTA 8.8

Uma avaliação pré-tratamento padrão de transtorno de pânico deve incluir o ADIS-IV para informação diagnóstica, bem como o BAI, ESA, QCA e QSC, para determinar a frequência e a intensidade de sintomas de pânico. O IM deve ser administrado quando agorafobia estiver presente.

Conceitualização de caso

Embora instrumentos diagnósticos e de sintoma sejam úteis no desenvolvimento de uma conceitualização de caso, é essencial uma avaliação idiográfica de aspectos cognitivos e comportamentais fundamentais do pânico. A Tabela 8.6 fornece um resumo dos elementos essenciais em uma avaliação cognitiva e formulação de caso para transtorno de pânico.

Registro semanal de pânico

Um dos instrumentos mais importantes em qualquer avaliação de pânico é uma escala autoaplicada diária de ataques de pânico denominada *diário do pânico* (Shear e Maser, 1994). O diário do pânico deve ser introduzido no primeiro contato com o paciente e utilizado como tarefa de casa semanal durante todo o curso da terapia. O Apêndice 8.1 fornece um formulário de registro semanal de pânico talhado para a terapia cognitiva discutida neste capítulo. Se completado corretamente, ele dará ao profissional a maioria das informações básicas necessárias para desenvolver uma formulação cognitiva de caso de pânico. O diário do pânico fornece informação contextual crucial sobre ataques de pânico, sua expressão sintomática, interpretação ansiosa, grau da capacidade de reavaliação e recursos de enfrentamento. Para aumentar a utilidade clínica do diário do pânico, o terapeuta deve fornecer instrução sobre como usá-lo. Os seguintes pontos devem ser abordados na explicação.

TABELA 8.6 Elementos essenciais de uma avaliação cognitiva e formulação de caso de transtorno de pânico

Construto cognitivo avaliado	Instrumentos de avaliação
Contexto e frequência do pânico	ADIS-IV, Registro Semanal de Pânico e Ansiedade Aguda (Apêndice 8.1), Formulário de Análise Situacional (Apêndice 5.2)
Sensibilidade e vigilância aumentada de sensações corporais/mentais	QSC, Formulário de Automonitoramento de Sensações Físicas (Apêndice 5.3), Lista de Verificação de Sensações Físicas Estendida (Apêndice 5.5)
Interpretação(ões) catastrófica(s) errônea(s)	QCA, Formulário de Automonitoramento de Sensações Físicas (Apêndice 5.3), Formulário de Automonitoramento de Pensamentos Apreensivos (Apêndice 5.4)
Crenças, apreensão e intolerância à ansiedade e desconforto	ESA, Identificação de Erros de Pensamento Ansioso (Apêndice 5.6), Formulário A de Automonitoramento da Preocupação (Apêndice 5.8)
Fuga, evitação e outras estratégias cognitivas e comportamentais de busca de segurança	IM, Lista de Verificação de Respostas Comportamentais à Ansiedade (Apêndice 5.7), Lista de Verificação de Respostas Cognitivas à Ansiedade (Apêndice 5.9), Hierarquia de Exposição (Apêndice 7.1)
Acessibilidade de esquemas de reavaliação	Formulário de Reavaliação de Sintoma (Apêndice 8.2), Registro Semanal de Pânico e Ansiedade Aguda (Apêndice 8.1)
Desfecho dos ataques de pânico; senso de segurança e capacidade de enfrentamento percebida	Registro Semanal de Pânico e Ansiedade Aguda (Apêndice 8.1), Formulário de Reavaliação de Sintoma (Apêndice 8.2), Formulário de Reavaliação do Estado Ansioso (Apêndice 5.10)

Nota: ADIS-IV, Programa de Entrevista de Transtornos de Ansiedade para o DSM-IV. QSC, Questionário de Sensações Corporais. QCA, Questionário de Cognições Agorafóbicas; ESA, Escala de Sensibilidade à Ansiedade; IM, Inventário de Mobilidade.

1. Complete o diário o mais breve possível após vivenciar um ataque de pânico ou ansiedade para garantir maior precisão das auto-observações.

2. Registre uma ampla variedade de vivências de pânico, incluindo ataques de pânico completos, ataques parciais e ataques de ansiedade aguda. Na coluna Gravidade/Intensidade, rotule cada episódio de ansiedade como um ataque de pânico completo (ou seja, início abrupto envolvendo quatro ou mais sintomas físicos), um ataque de pânico limitado (ou seja, início abrupto envolvendo um a três sintomas físicos) ou um episódio de ansiedade aguda (ou seja, início súbito de apreensão ou nervosismo).

3. A duração do pânico (coluna 1) é definida como o tempo que o pânico dura em sua intensidade máxima (Brown et al., 1994).

4. Na segunda coluna anote resumidamente as circunstâncias ou contexto no qual a ansiedade ou pânico ocorreu. Anote particularmente qualquer estímulo externo ou interno que possa ter disparado o pânico (p. ex., "você estava dirigindo seu carro sozinho(a) e percebeu que estava respirando mais profundamente que o usual"). Também indique se o ataque é esperado ou inesperado.

5. Descreva resumidamente os sintomas físicos e mentais que caracterizaram o ataque de pânico. Anote os sintomas que foram particularmente intensos ou mais aflitivos.

6. Na coluna intitulada "Interpretação Ansiosa", responda "O que o(a) preocupou mais enquanto estava tendo o ataque de pânico?", "O que você temia que pudesse acontecer?", "Quando você estava mais ansioso(a), qual era a pior consequência ou desfecho que passou em sua mente?"

(p. ex., ataque cardíaco, perda de controle, constrangimento ou humilhação).

7. A sexta coluna, intitulada "Evidência para a Alternativa", indaga se o paciente foi capaz de encontrar alguma evidência ou explicação de que o ataque de pânico era menos sério do que pensava a princípio. "Houve alguma coisa acerca da ansiedade ou pânico que fez você pensar que ele não era uma ameaça séria?", "Ou você lembrou alguma coisa que o(a) fez questionar a gravidade da experiência de ansiedade ou pânico?".

8. Na última coluna indique como o episódio de pânico ou ansiedade terminou. "Você fez alguma coisa que terminou o ataque de pânico?", "O quanto você foi efetivo em dar um fim ao episódio de ansiedade ou pânico?", "Em que grau uma sensação ou sentimento de segurança foi restaurado ao término do episódio?".

Também podem ser obtidas no módulo do transtorno de pânico do ADIS-IV importantes informações contextuais e fenomenológicas sobre o pânico. O Formulário de Análise Situacional (Apêndice 5.2) é um instrumento alternativo que pode ser usado para obter dados sobre os gatilhos situacionais, sintomas primários e interpretação ansiosa do pânico. Se esse formulário ou o registro semanal de pânico for usado, chegar a uma formulação de caso válida depende da obtenção dessa "avaliação *online*" de múltiplos casos de pânico que ocorrem em contextos naturais. Indivíduos que se recusam a preencher o diário do pânico ou que fornecem informação insuficiente dificultarão o tratamento.

Helen, que foi apresentada no início deste capítulo, registrou um ou dois episódios de pânico e ansiedade diários em seu registro semanal de pânico no período pré-tratamento. Apenas um ou dois desses episódios semanais foram considerados ataques de pânico completos. Os restantes foram ataques de sintoma limitado ou ansiedade aguda acerca de sintomas físicos associados com um grau aumentado de preocupação de que um ataque de pânico pudesse ocor-rer. Uma variedade de situações foram identificadas que dispararam ansiedade e pânico incluindo ambientes públicos, passar a noite fora de casa, dirigir sozinha no carro para fora de sua comunidade, estar em locais distantes de serviços médicos, e assim por diante. A evidência de evitação agorafóbica leve a moderada indicou que exposição *in vivo* deveria ser um aspecto proeminente do plano de tratamento.

Hipersensibilidade interoceptiva

Duas questões são particularmente importantes durante a avaliação de hipersensibilidade a sensações corporais. Qual é a primeira sensação física ou mental experimentada na sequência de sensações que levam a pânico? E que sensação física ou mental é o foco da interpretação catastrófica errônea?

Embora o QSC possa ser útil na avaliação de responsividade a sensações corporais, os formulários de avaliação idiográfica como o Formulário de Automonitoramento de Sensações Físicas (Apêndice 5.3) ou a Lista de Verificação de Sensações Físicas Estendida (Apêndice 5.5) terão maior utilidade clínica juntamente com o registro semanal de pânico. O terapeuta cognitivo deve revisar os formulários completados com os pacientes, extraindo da discussão a ordem temporal das sensações internas e a primeira sensação que é considerada mais ameaçadora. Por exemplo, uma revisão dos diários do pânico de Helen revelou que a primeira sensação que ela frequentemente percebia durante um episódio de pânico era uma sensação de que talvez sua respiração estivesse um pouco irregular seguida por outras sensações como tensão, fraqueza, inquietação e tontura. Isso culminava muito rapidamente no sintoma físico que era o foco de sua interpretação catastrófica errônea e o ápice da experiência de pânico: falta de ar. Baseados nessa informação incluímos exercícios de amplificação do sintoma em nosso plano de tratamento a fim de aumentar a exposição de Helen à sensação de falta de ar e descatastrofizar sua interpretação das sensações.

Interpretação catastrófica errônea

Uma parte crítica da avaliação cognitiva é identificar a interpretação catastrófica errônea primária das sensações internas. O profissional se foca em descobrir a catástrofe física ou mental iminente subjacente ao episódio de pânico (p. ex., medo de ataque cardíaco, de sufocação, de ficar louco). Frequentemente, um medo da ansiedade ou de futuros ataques de pânico substitui a catástrofe somática para aqueles com histórico de ataques de pânico recorrentes. Para outros, medo de pânico, perda de controle e intolerância à ansiedade são aspectos associados da interpretação catastrófica errônea. Embora a interpretação catastrófica errônea de Helen permanecesse o medo de sufocação, nas sessões posteriores ela expressou maior ansiedade e apreensão acerca do retorno de ataques de pânico mais do que de morrer por sufocação. No estágio inicial do tratamento é importante obter uma descrição completa das várias consequências negativas que os pacientes cogitam quando estão ansiosos ou em pânico. O plano de tratamento de Helen exigiu que visássemos tanto sua interpretação catastrófica errônea de dor no peito e falta de ar (p. ex., medo de ataque cardíaco e sufocação) quanto sua apreensão acerca de pânico e intolerância à ansiedade.

Conforme observado na Tabela 8.6, o QCA pode dar alguma indicação inicial da interpretação errônea do paciente de sintomas ansiosos. Entretanto, serão mais úteis formulários de automonitoramento que instruem os indivíduos a registrar suas avaliações de sintomas durante o pico da ansiedade. Esses incluem o registro semanal de pânico (diário do pânico), o Formulário de Automonitoramento de Sensações Físicas (Apêndice 5.3) e o Formulário de Automonitoramento de Pensamentos Apreensivos (Apêndice 5.4). Pode ser necessário usar um exercício de indução de pânico durante a sessão para identificar o processo de avaliação errôneo do paciente. Isso pode ser especialmente verdadeiro para indivíduos que têm *insight* limitado de suas cognições ansiosas.

Apreensão e intolerância à ansiedade

É importante identificar as cognições e crenças errôneas do indivíduo sobre ansiedade, pânico e desconforto físico de forma geral. O ESA dará uma indicação sobre a tolerância à ansiedade de um indivíduo, especialmente de seus sintomas físicos. Crenças errôneas sobre ansiedade também podem ser deduzidas dos tipos de erros cognitivos que os indivíduos cometem quando estão ansiosos (use o Identificação de Erros de Pensamento Ansioso, Apêndice 5.6) e do foco de suas preocupações (use o Formulário A de Automonitoramento da Preocupação, Apêndice 5.8). Indivíduos com transtorno de pânico frequentemente se preocupam sobre estar ansiosos e em pânico, portanto o conteúdo de sua preocupação pode revelar suas crenças sobre ansiedade e suas consequências. Helen teve uma resposta muito boa à terapia cognitiva para pânico, mas continuou a confirmar inúmeras crenças que garantiam estados recorrentes de ansiedade aumentada tais como "Se eu tiver algum desconforto físico inesperado, deve haver algo errado", "Eu tenho que lidar com esse desconforto ou ele pode aumentar para ansiedade e pânico", "Eu não suporto me sentir ansiosa, tenho que me livrar desse sentimento" e "Se eu não parar a ansiedade, ela vai se transformar em pânico". Portanto, as últimas sessões mudaram o foco da interpretação catastrófica errônea para exercícios de normalização visando aumentar sua tolerância à ansiedade.

Evitação e busca de segurança

Uma avaliação cognitiva de pânico deve incluir uma lista de todas as situações e estímulos, tanto externos como internos, que são evitados por medo de ansiedade ou pânico elevado. Para cada situação o paciente deve avaliar o grau de ansiedade associado com a situação (0-100) e extensão da evitação (0 = nunca evitada a 100 = sempre evitada). Além disso o terapeuta cognitivo identifica todos os sinais de segurança cognitivos e comportamentais sutis que podem ser usados para reduzir a ansiedade. Os formulários Lista de Verificação de Respostas Comportamentais à Ansiedade (Apêndice 5.7) e Lista de Verificação de Respostas Cognitivas à Ansiedade (Apêndice 5.9) podem ser úteis nesse sentido, enquanto o Apêndice 7.1 (Hierarquia de Exposição) pode ser usado para explorar comportamento de evitação. Se o conceito de evitação for ampliado para incluir estados interoceptivos e experienciais (White et al., 2006), então o profissional deve adotar uma perspectiva abrangente ao descrever o componente de evitação da formulação de caso. Conforme observado anteriormente, Helen continuou a usar evitação para lidar com sua ansiedade, portanto a exposição *in vivo* era um componente crítico de seu plano de tratamento.

Capacidade de reavaliação

No atual modelo cognitivo do transtorno de pânico, a perda da capacidade de reavaliação é um fator importante na manutenção de ataques de pânico. Portanto, é importante avaliar a capacidade de um indivíduo gerar explicações alternativas, não ameaçadoras para suas sensações físicas. O Formulário de Reavaliação do Sintoma (Apêndice 8.2) pode ser usado para avaliar componentes críticos da capacidade de reavaliação que poderiam estar presentes antes do tratamento. Três questões particulares precisam ser tratadas.

1. O paciente é capaz de oferecer uma série de explicações alternativas de não ameaça para as sensações físicas?
2. O quanto ele acredita nessas explicações quando ansioso ou em pânico e quando não ansioso?

' O paciente é capaz de lembrar essas explicações quando ansioso e, nesse caso, que efeito isso tem sobre o estado ansioso?

O registro semanal de pânico pode ser um ponto de partida útil para uma discussão de possíveis explicações alternativas para as sensações físicas desagradáveis ou ansiosas. Mesmo se um indivíduo é incapaz de gerar uma explicação alternativa para a interpretação catastrófica errônea, isso será uma informação clínica valiosa para o planejamento do tratamento.

Em nossa ilustração de caso, os pensamentos apreensivos iniciais de Helen após perceber uma sensação física inesperada eram "O que há de errado comigo?", "Porque estou me sentindo dessa maneira?" Ela imediatamente gerava uma interpretação catastrófica errônea como "Isso pode ser um ataque cardíaco?" (p. ex., se ela sentisse dor no peito), "E se eu não puder respirar e então começar a sufocar?" (p. ex., se ela experimentasse uma sensação de falta de ar) ou "Eu vou ter um ataque de pânico terrível?". Antes do tratamento ela era capaz de gerar duas explicações alternativas menos ameaçadoras para as sensações (ou seja, a sensação podia ser um sintoma de ansiedade ou estresse que eventualmente passaria). Ocasionalmente, ela podia atribuir os sintomas a atividade física ou a um estado de doença (p. ex., ter um resfriado, sintomas de gripe). Entretanto, ela tinha dificuldade em acreditar nessas explicações alternativas ou mesmo de ser capaz de acessá-las quando sentia ansiedade ou pânico intenso. Além disso, ela se tornou intolerante à ansiedade, portanto interpretar as sensações como sintomas de ansiedade não lhe traziam alívio. Era claro pela avaliação que o fortalecimento de sua capacidade de reavaliação seria um foco importante do tratamento.

Resultado do pânico percebido

Um componente final da conceitualização de caso é determinar o resultado "natural" dos ataques de pânico. É esperado que os indivíduos empreguem comportamentos de fuga, evitação e busca de segurança na tentativa de controlar a ansiedade e o pânico. O profissional deve avaliar a efetividade percebida dessas estratégias. Em que grau um indivíduo é capaz de alcançar um senso de segurança após a ocorrência de um episódio de ansiedade ou pânico? Quanto tempo esse senso de segurança dura antes que o paciente fique novamente preocupado sobre a recorrência do pânico? Qual é o grau de autoeficácia do indivíduo em sua capacidade de lidar com o pânico? Informação sobre o resultado do pânico pode ser obtida do registro semanal de pânico (diário do pânico), do Formulário de Reavaliação do Sintoma (Apêndice 8.2) e do Formulário de Reavaliação do Estado Ansioso (Apêndice 5.10).

Helen foi capaz de alcançar um nível de segurança razoavelmente alto após seus episódios de ansiedade aguda e pânico, mas esse tendia a ser de duração relativamente curta (p. ex., 12-24 horas). Ela recorria a uma ampla busca de reafirmação de membros da família e pesquisava seus sintomas na internet, bem como evitava gatilhos percebidos. Ela acreditava que a evitação era bastante efetiva para frear e garantir que a ansiedade não se transformasse em pânico. A busca de reafirmação era considerada moderadamente efetiva para reduzir estados atuais de ansiedade acerca de sensações físicas inexplicadas. Helen também depositava grande confiança no autorreasseguramento e repetia para si mesma "Tudo vai ficar bem, não há nada de errado comigo". Novamente ela acreditava que isso ajudava a "acalmá--la" em certo grau. O tratamento, então, tinha de visar as crenças de Helen sobre a efetividade de suas estratégias de evitação e busca de segurança para assegurar a eliminação do enfrentamento maladaptativo que contribuía para a manutenção do pânico.

DIRETRIZ PARA O TERAPEUTA 8.9

Uma formulação cognitiva de caso de pânico deve incluir uma análise contextual dos ataques de pânico, bem como uma avaliação de:

1. hipervigilância fisiológica;
2. interpretação catastrófica errônea de sensações corporais;
3. presença de crenças maladaptativas sobre tolerância à ansiedade;
4. papel das estratégias de evitação e busca de segurança;
5. acessibilidade de esquemas de reavaliação;
6. resultado percebido de episódios de ansiedade e pânico.

A formulação de caso será a base do planejamento e desenvolvimento do tratamento de uma intervenção cognitiva individualizada.

DESCRIÇÃO DA TERAPIA COGNITIVA PARA TRANSTORNO DE PÂNICO

Há cinco metas principais de tratamento na terapia cognitiva para transtorno de pânico. As duas primeiras metas dizem respeito ao processamento do esquema de ameaça automático que ocorre durante a resposta ao medo imediata (Fase I), enquanto as metas restantes se referem a respostas que ocorrem durante o processamento elaborativo (Fase II) (ver Figura 2.1). As metas de tratamento primárias são:

1. Reduzir a sensibilidade e responsividade a sensações físicas e mentais relacionadas ao pânico.
2. Enfraquecer a interpretação catastrófica errônea e os esquemas de ameaça hipervalente subjacentes de estados corporais ou mentais.
3. Aumentar as capacidades de reavaliação cognitiva que resultam em adoção de uma explicação alternativa mais benigna e realista para sintomas aflitivos.
4. Eliminar a evitação e outros comportamentos de busca de segurança maladaptativos.
5. Aumentar a tolerância à ansiedade ou desconforto e reestabelecer um senso de segurança.

A Tabela 8.7 apresenta os principais componentes do tratamento da terapia cognitiva empregados para alcançar essas metas.

Educando os pacientes no modelo de terapia cognitiva do pânico

A primeira sessão de tratamento foca em educar o paciente na explicação cognitiva para ataques de pânico recorrentes. Se a estratégia de avaliação cognitiva foi seguida, então o terapeuta já tem bastante informação crítica disponível para educar o paciente tais como gatilhos situacionais para pânico, sensações físicas aflitivas, interpretações catastróficas errôneas e respostas de evitação/busca de segurança maladaptativas. Normalmente os pacientes começam mantendo um registro semanal de pânico (diário do pânico) (ver Apêndice 8.1) e, portanto, um episódio de pânico típico pode ser selecionado do diário. Usando questionamento socrático, o terapeuta cognitivo explora a vivência do paciente durante esse episódio de pânico e sua interpretação dos sintomas. O terapeuta e o paciente completam em colaboração o formulário Ciclo Vicioso do Pânico encontrado no Apêndice 8.3. É importante que o terapeuta registre pensamentos e sentimentos específicos associados com o episódio de pânico e que a explicação cognitiva seja apresentada como "uma possível

TABELA 8.7 Principais componentes do tratamento da terapia cognitiva para pânico

- Educação no modelo de terapia cognitiva do pânico
- Ativação do esquema e indução de sintoma
- Reestruturação cognitiva de interpretações catastróficas errôneas
- Teste empírico da hipótese da explicação alternativa
- Exposição in vivo gradual
- Tolerância ao sintoma e reinterpretação da segurança
- Prevenção de recaída
- Retreinamento da respiração (opcional)

explicação das origens do pânico que necessita ser testada".

Nesse estágio inicial do tratamento, é improvável que o paciente esteja pronto para abandonar sua interpretação catastrófica errônea e adotar a explicação cognitiva. Em vez disso, a meta da sessão educativa é simplesmente introduzir uma explicação alternativa para o pânico que forneça uma justificativa lógica do tratamento. A sessão normalmente termina com uma prescrição de tarefa de casa na qual os pacientes continuam com seus diários do pânico, mas dessa vez eles examinam se suas vivências de ansiedade e pânico são consistentes ou não com a explicação cognitiva. Ao revisar a tarefa de casa na sessão subsequente, é importante que o terapeuta trate das vivências de ansiedade que parecem contrárias ao modelo e reforce as observações do paciente que são consistentes com a explicação cognitiva.

Em nossa ilustração de caso, foi completado no início da terapia cognitiva um formulário do Ciclo Vicioso do Pânico (ver Apêndice 8.3). Helen identificou uma série de gatilhos de seu diário do pânico tais como estar em uma reunião de trabalho e se sentar ao lado do orador convidado, não estar perto de um hospital, viajar de avião e dirigir sozinha para longe de casa. Suas sensações físicas iniciais eram se sentir tonta, sentir que sua respiração estava um pouco irregular e experimentar uma sensação incomum de pressão no peito. Isso era seguido por algumas cognições ansiosas iniciais como "O que há de errado comigo?", "Por que estou me sentindo dessa maneira?". "Alguma coisa não está certa", "Eu não gosto disso", "Estou começando a ficar ansiosa", "Sinto-me presa", e assim por diante. Esses pensamentos ansiosos frequentemente levavam a uma escalada de sensações físicas como sensação de sufocação ou palpitações cardíacas. Quando essas sensações físicas intensas ocorriam, Helen identificava uma série de cognições catastróficas como "Eu não tenho ar suficiente, eu vou morrer sufocada," "E se eu estiver tendo um ataque cardíaco?", ou "Se eu não parar eu vou ter um ataque de pânico completo." A interpretação catastrófica errônea levava a várias tentativas de controle tais como fuga, busca de reafirmação dos outros, controle da respiração, ou distração, que juntos frequentemente acabavam em ansiedade intensa ou ataques de pânico. Após completar o formulário Ciclo Vicioso do Pânico, o terapeuta enfatizou que as interpretações catastróficas errôneas e as tentativas de controle maladaptativas eram os principais catalisadores para o pânico mais do que a real possibilidade de alguma ameaça iminente (p. ex., possível ataque cardíaco). Helen recebeu uma cópia do formulário Ciclo Vicioso do Pânico e foi instruída a registrar suas experiências de ansiedade e pânico durante a semana seguinte com foco particular em se o modelo cognitivo era uma boa explicação para suas experiências de ansiedade.

> **DIRETRIZ PARA O TERAPEUTA 8.10**
> Use o formulário Ciclo Vicioso do Pânico (Apêndice 8.3) para começar a educar os pacientes no modelo cognitivo e esclarecer o papel central das interpretações catastróficas errôneas na manutenção do pânico.

Ativação do esquema e indução de sintoma

Um aspecto fundamental da terapia cognitiva para pânico é o uso de exercícios na sessão para induzir as sensações físicas temidas do paciente (Beck, 1988; Beck e Greenberg, 1988; D. M. Clark, 1997; D. M. Clark e Salkovskis, 1986). Quando a terapia cognitiva do pânico foi desenvolvida pela primeira vez, os pacientes sempre faziam um exercício de hiperventilação respiratória de 2 minutos seguido por instrução no controle da respiração, a fim de introduzir a hiperventilação como uma possível explicação alternativa para a ocorrência de sensações físicas intensas (D. M. Clark e Salkovskis, 1986). Entretanto, sabe-se agora que a hiperventilação provavelmente desempenha um papel menos proeminente no pânico, portanto o controle da respiração não é mais recomen-

dado na maioria dos casos de transtorno de pânico (ver discussão a seguir). Além disso, os terapeutas cognitivos têm maior probabilidade de usar uma variedade de exercícios de indução repetidamente durante todo o tratamento baseados nos efeitos positivos da exposição interoceptiva na redução do pânico (ver White e Barlow, 2002).

Os exercícios de indução de sintoma são importantes na terapia cognitiva do pânico porque a permitem a ativação direta de esquemas de ameaça e a oportunidade de contestar interpretações catastróficas errôneas de sensações corporais. Geralmente, a produção intencional de sintomas como tontura, palpitações cardíacas, falta de ar, e assim por diante, na presença do terapeuta é menos intensa e mais bem tolerada pelo paciente do que na vida real. Dessa forma, o paciente aprende que certas sensações físicas não são sempre assustadoras, que as sensações físicas não levam ao desfecho catastrófico, e que uma exacerbação de sensações indesejadas pode ser devido a outras causas, mais benignas. Frequentemente, a indução de sintoma na sessão é a primeira evidência experiencial direta que contesta a interpretação catastrófica errônea. Após empregar a indução de sintoma, o terapeuta cognitivo sempre revisa a experiência com os pacientes em termos de se a experiência confirma ou desconfirma a interpretação catastrófica errônea de sensações corporais. Os exercícios de indução de sintoma são introduzidos na segunda ou terceira sessão e são repetidos frequentemente durante todo o tratamento. Eventualmente a indução de sintoma é prescrita como tarefa de casa com os pacientes sendo instruídos a praticar intencionalmente a produção de suas sensações físicas temidas primeiro em situações neutras e então em situações provocadoras de ansiedade.

Antes de introduzir a indução de sintoma é importante determinar se o paciente tem alguma contraindicação médica para realizar o exercício. Naturalmente, os pacientes devem ser fisicamente capazes de fazer o exercício e estar dispostos a tolerar um nível moderado de desconforto. Quaisquer problemas médicos que possam ser piorados por um exercício de indução devem ser levados em consideração possivelmente com uma consulta ao médico de família do paciente. Taylor (2006) lista várias condições de saúde que justificariam extrema cautela ao usar certos exercícios de indução (p. ex., dor lombar, gravidez, hipotensão postural, doença pulmonar obstrutiva crônica, asma grave ou doença cardíaca).

A Tabela 8.8 apresenta uma lista dos exercícios de indução de sintoma mais comuns, as sensações físicas evocadas pelo exercício e um exemplo de uma interpretação errônea de ameaça típica associada com o sintoma. Ver também Taylor (2000, 2006) e Antony, Rowa, Liss, Swallow e Swinson (2005) para uma lista semelhante de exercícios de indução de sintoma e exposição.

Como pode ser visto nessa tabela, a maioria desses exercícios é muito breve e deve ser repetida frequentemente tanto como demonstrações na sessão quanto como tarefa de casa. Antony e colaboradores (2005) verificaram que sensações de falta de ar/sufocação, tontura e sensação de desmaio e coração martelando/acelerado foram as sensações físicas mais comuns induzidas pelos exercícios. Embora dois terços do grupo de transtorno de pânico em seu estudo relatassem pelo menos medo moderado a um ou mais dos exercícios de indução de sintoma, a maioria dos exercícios produziu apenas uma baixa intensidade de sintomas com giro, hiperventilação, respiração por meio de um canudo e uso de um depressor de língua sendo os exercícios mais potentes. Outros exercícios como levantar a cabeça rapidamente, olhar fixo para uma luz, contrair os músculos, correr no mesmo lugar ou sentar perto de um aquecedor foram relativamente ineficazes.

Hiperventilação e prender a respiração foram os dois principais exercícios de indução de sintoma usados com Helen. Estes se revelaram altamente efetivos devido ao seu medo de sufocação. Prender a respiração, exercício no qual Helen era encorajada a prender a respiração até se sentir absolutamente compelida a respirar, foi uma intervenção particularmente efetiva que foi primeiro demonstrada na sessão e então prescrita para ser realizada sempre que ela se sentisse ansiosa acerca de sua respiração. Ao prender a respiração, Helen estava desafiando sua visão catastrófica "Eu não consigo respirar" e ao exagerar a sensação de falta de ar esta se tornava menos assustadora. O ímpeto intenso de respirar após um período prendendo a respiração era evidência poderosa de que "não respirar" era extremamente difícil mesmo quando era intencional. Sua crença panicogênica de que "Eu poderia simplesmente parar de respirar e morrer" foi enfraquecida pela percepção de que ela possuía uma premência fisiológica automática de respirar.

> **DIRETRIZ PARA O TERAPEUTA 8.11**
>
> A indução de sintoma na sessão é um ingrediente terapêutico crítico para ativar esquemas de medo relacionadas ao pânico e contestar diretamente a interpretação catastrófica errônea de sensações físicas. Deve ser fornecida uma justificativa lógica sólida para a indução de sintoma. Os exercícios são utilizados repetidamente durante todo o tratamento e depois prescritos como tarefa de casa. Alguns exercícios são mais efetivos que outros para provocar sensações físicas que são um pouco semelhantes a ataques de pânico de ocorrência natural.

Reestruturação cognitiva da interpretação catastrófica errônea

A reestruturação cognitiva exerce duas funções na terapia cognitiva do pânico: ela introduz evidência conflitante para a interpretação catastrófica errônea e oferece uma explicação alternativa para as sensações internas. No transtorno de pânico, serão muito úteis a busca de evidência, identificação de erros cognitivos (isto é, exagero da probabilidade e gravidade de perigo iminente) e geração de explicações alternativas. Ver Capítulo 6 para uma discussão detalhada dessas estratégias de intervenção cognitiva.

Também é útil começar a reestruturação cognitiva com uma descrição muito clara do desfecho catastrófico mais temido e então gerar uma lista de possíveis explicações alternativas para as sensações físicas. O Formulário de Reavaliação do Sintoma (Apêndice 8.2) pode ser usado para focalizar o paciente nas explicações alternativas para sensações temíveis. A maioria dos pacientes tem considerável dificuldade para gerar explicações alternativas para suas sensações mais temidas portanto isso exigirá

TABELA 8.8 Exercícios de indução de sintoma comumente usados no tratamento do transtorno de pânico

Exercício	Sensação física evocada	Exemplo de interpretação errônea da ameaça
1. Hiperventilar por 1 minuto	Falta de ar, sensação de sufocação	"Eu não consigo suportar; acho que vou desmaiar se continuar."
2. Prender a respiração por 30 segundos	Falta de ar, sensação de sufocação	"E se não puder respirar normalmente? Eu poderia sufocar."
3. Respirar por meio de um canudo estreito por 2 minutos	Falta de ar, sensação de sufocação	"Eu preciso de mais ar ou vou sufocar."
4. Girar em ritmo médio enquanto fica de pé por 1 minuto	Tontura ou desmaio	"Se eu me sentir nauseado, posso vomitar."
5. Colocar a cabeça entre os joelhos por 30 segundos e então levantá-la rapidamente	Tontura ou desmaio	"Quando sinto vertigem, isso poderia ser um sinal de um AVC?"
6. Sacudir a cabeça rapidamente de um lado para o outro por 30 segundos	Tontura ou desmaio	"Quando me sinto tonto perco o contato com a realidade, o que poderia levar à insanidade."
7. Contrair todos os músculos do corpo por 1 minuto	Tremor, estremecimento	"As pessoas perceberão que estou tremendo e pensarão que há alguma coisa errada comigo."
8. Correr no mesmo lugar por 1 minuto	Coração martelando, acelerado	"Eu poderia ter um ataque cardíaco."
9. Sentar-se na frente de um aquecedor por 2 minutos	Falta de ar, sensação de sufocação, sudorese	"As pessoas vão sentir nojo do meu suor."
10. Colocar o depressor de língua no final da língua por 30 segundos	Sensação de asfixia	"Essa sensação de asfixia é tão ruim que eu poderia vomitar."
11. Olhar continuamente para a luz fluorescente por 1 minuto e então tentar ler	Tontura ou desmaio; sentimento de irrealidade	"O ambiente está parecendo estranho. Isso poderia significar que estou começando a enlouquecer."
12. Olhar continuamente para si mesmo no espelho por 2 minutos	Sentimento de irrealidade, de sonho; tontura ou desmaio	"Se me sentir entorpecido eu poderia perder o contato com a realidade."
13. Olhar continuamente para um ponto na parede por 3 minutos	Sentimento de irrealidade, de sonho; tontura ou desmaio	"Sentimentos de irrealidade significa que eu poderia estar tendo um AVC."

uma quantidade considerável de descoberta guiada. Uma variedade de explicações alternativas para os sintomas pode ser apresentada tais como:

1. resposta à ansiedade aumentada;
2. reação a estresse;
3. produto de exercício físico;
4. fadiga;
5. efeitos colaterais de café, álcool ou medicamento;
6. vigilância aumentada de sensações corporais;
7. emoções fortes como raiva, surpresa ou excitação;
8. ocorrência aleatória de processos biológicos internos benignos; ou
9. outras possibilidades específicas do contexto.

Outro aspecto da explicação alternativa que é enfatizado é o papel que pensamentos e crenças catastróficos desempenham na exacerbação dos sintomas (D. M. Clark, 1996). Por exemplo, "Seu problema é uma condição cardíaca subjacente de modo que as dores no peito poderiam sinalizar um ataque cardíaco (interpretação catastrófica) ou seu problema é que você *acredita* que há alguma coisa errada com seu coração e portanto você está preocupado com sua frequência cardíaca" (explicação cognitiva alternativa)? Nesse ponto, o terapeuta simplesmente apresenta essas explicações alternativas como possibilidades ou hipóteses e convida o paciente a investigar a validade de cada explicação reunindo evidência confirmatória ou desconfirmatória. Isso pode ser feito usando informação registrada no Registro Semanal de Pânico e Ansiedade Aguda (Apêndice 8.1) ou em um dos formulários cognitivos fornecidos no Capítulo 6 (p. ex., Apêndices 6.2 ou 6.4). O objetivo da reestruturação cognitiva é fazer os indivíduos com pânico perceberem que seus sintomas de ansiedade e pânico se devem a suas crenças errôneas de que certas sensações físicas são perigosas. Embora os pacientes possam achar difícil aceitar essa alternativa devido a sua ansiedade aumentada, eles são repetidamente encorajados a se focalizar na evidência, não em como eles se sentem.

Uma parte importante da terapia cognitiva do pânico de Helen foi a busca de evidência para explicações alternativas para seus sintomas de falta de ar, que tinha se tornado a sensação física mais temida. Gradualmente, com o acúmulo de evidência baseada em experiências repetidas, ela começou a aceitar que sua sensação de falta de ar era muito provavelmente devido a monitoramento excessivo de sua respiração e a possibilidade de que estava realmente sufocando era na melhor das hipóteses inteiramente remota. Com o tempo, ela constatou que a evidência de que outras sensações físicas eram provavelmente devidas a estresse, ansiedade, fadiga ou consumo de álcool era muito mais sobrepujantes do que a interpretação catastrófica automática. Nesse ponto, a terapia se desviou da contestação da interpretação catastrófica para o aumento de sua tolerância da ansiedade e de suas manifestações físicas.

DIRETRIZ PARA O TERAPEUTA 8.12

No transtorno de pânico, a reestruturação cognitiva foca em reunir evidência:
1. de que o paciente gera automaticamente uma interpretação errônea altamente improvável e exagerada de sensações físicas e mentais indesejadas;
2. de que explicações alternativas, benignas são mais plausíveis.
O papel dos pensamentos e crenças catastróficos na perpetuação dos sintomas de ansiedade e pânico é enfatizado durante todo o tratamento.

Experimentos de teste empírico da hipótese

Os experimentos comportamentais desempenham um papel particularmente importante no tratamento do pânico. Eles com frequência tomam a forma de exposição deliberada a situações provocadoras de ansiedade a fim de induzir sintomas temíveis e seus desfechos. O resultado do experimento é observado e fornece um teste da explicação catastrófica *versus* explicação alternativa para sensações corporais. D. M. Clark e Salkovskis (1986) descrevem vários experimentos comportamentais que podem ser usados no tratamento do transtorno de pânico.

Uma série de experimentos comportamentais foram usados para testar as interpretações e crenças catastróficas de Helen. Em uma tarefa de casa ela foi instruída a prender a respiração sempre que sentisse sensações de falta de ar a fim de amplificar a sensação. Após alguns segundos prendendo a respiração, ela foi instruída a respirar normalmente e anotar diferenças entre prender a respiração e respirar. "Houve alguma evidência de que ela estava exagerando a sensação de falta de ar antes de prender a respiração?" "Ela foi capaz de respirar normalmente após prender a respiração?" A partir dessas experiências Helen encontrou evidência de que na verdade ela estava exagerando a falta de ar e sua respiração era muito mais normal do que ela pensava. Em outro experimento comportamental, Helen foi encorajada a induzir sensações físicas enquanto em situações de medo aumentando seu nível de atividade física. Esses experimentos forneceram evidência de que as próprias sensações físicas não levam automaticamente à ansiedade ou ao pânico (p. ex., "Mesmo quando ansiosa, aumentar minha frequência cardíaca subindo as escadas correndo não aumenta meu nível de ansiedade"). Em vez disso ela descobriu que a forma como ela interpreta os sintomas determina se a ansiedade se transformará em pânico (p. ex., "Quando eu sei que meu coração está martelando por causa do exercício eu não me sinto ansiosa").

> nico. Os experimentos visam mostrar que a simples ocorrência de sensações físicas não é a causa primária de ansiedade, mas, antes, é a interpretação catastrófica errônea dessas sensações que leva a ataques de pânico.

Exposição *in vivo* gradual

Visto que a maioria dos indivíduos com transtorno de pânico exibem pelo menos formas leves de evitação agorafóbica, a exposição *in vivo* gradual é um componente importante da terapia cognitiva para o transtorno de pânico. Quando a evitação agorafóbica é grave, a exposição *in vivo* deve ser introduzida no início do tratamento e se tornar o foco principal da terapia. Entretanto, o terapeuta cognitivo usa exposição para contestar as cognições e crenças catastróficas do indivíduo agorafóbico. Visto que o Capítulo 7 forneceu uma ampla discussão de exposição *in vivo* gradual e de seu desenvolvimento, o leitor é encorajado a consultar aquela seção ao empregar exercícios de exposição na terapia cognitiva do pânico.

Em nossa ilustração de caso, Helen se apresentou com evitação de situações externas relativamente amplas devido ao seu medo de ataques de pânico e de ficar muito distante de um hospital no caso de sofrer um ataque cardíaco ou um episódio de sufocação. Uma hierarquia de medo foi construída envolvendo 23 situações variando de fazer uma viagem de ônibus para uma cidade próxima (avaliado em 10 em uma escala de 0 a 100) até tomar um voo transcontinental (avaliado em 100). Helen realizou exposição repetida a uma variedade de situações em sua hierarquia do medo, reunindo evidência contra seus desfechos mais temidos e confirmando o papel do pensamento catastrófico na gênese do pânico. Além disso, a exposição sugeriu explicações alternativas mais benignas para suas sensações físicas, desse modo aumentando sua capacidade de reavaliar sentimentos e sensações indesejados.

DIRETRIZ PARA O TERAPEUTA 8.13

Experimentos comportamentais fornecem um teste crítico do papel que pensamentos e crenças catastróficos desempenham na manutençãop de sintomas de ansiedade e pâ-

> **DIRETRIZ PARA O TERAPEUTA 8.14**
>
> A exposição *in vivo* gradual é importante no tratamento de evitação agorafóbica e para desconfirmar os pensamentos e crenças catastróficos patogênicos a ataques de pânico e ao medo deles.

Tolerância ao sintoma e reinterpretação da segurança

Conforme declarado anteriormente, a terapia cognitiva busca aumentar a tolerância do indivíduo com pânico às sensações e desconforto físico inesperado, bem como à ansiedade subjetiva, e instilar um maior senso de segurança e capacidade de enfrentamento. Isso pode ser realizado se focalizando intencionalmente na capacidade do paciente de tolerar os sintomas físicos de ansiedade durante exercícios de exposição comportamental na sessão e entre as sessões. Por exemplo, um paciente que é ansioso em relação a aperto no peito e palpitações cardíacas poderia ser instruído a monitorar suas sensações físicas enquanto corre na esteira na academia. Experiências de ativação fisiológica repetidas não apenas forneceriam evidência de que os sintomas físicos podem ser tolerados, mas o indivíduo propenso a pânico estará aprendendo que a simples ocorrência de sintomas físicos não é perigosa. Entretanto, para que essas experiências sejam terapêuticas o terapeuta cognitivo deve enfatizar repetidamente a ideia de que "evidentemente você é capaz de tolerar essas sensações físicas exatamente como todo mundo."

A terapia também deve se focar na tolerância aumentada a desconforto físico e ansiedade. Os pacientes devem ser instruídos a manter um diário de suas experiências de desconforto físico que não estejam associadas com ansiedade, tais como episódios de cefaleia, dores musculares, fadiga, etc. Os indivíduos podem ser solicitados a avaliar o grau de desconforto associado com esses sintomas e seus níveis de ansiedade.

A finalidade desse exercício é ensinar ao indivíduo propenso a pânico que ele é capaz de tolerar desconforto sem se sentir ansioso. Ao reforçar essa observação, o terapeuta pode fortalecer as crenças do paciente em sua capacidade de lidar com o desconforto físico associado com ansiedade. Além disso, a tolerância à ansiedade pode ser melhorada por meio de exercícios de exposição *in vivo* gradual nos quais o terapeuta aumenta gradualmente o nível de ansiedade para que os indivíduos aprendam que podem lidar com estados de ansiedade mesmo altos.

O terapeuta cognitivo pode aumentar a sensação de segurança do paciente ajudando-o a reinterpretar as situações provocadoras de ansiedade encontradas durante a tarefa de casa. Em cada oportunidade, o terapeuta redireciona a atenção do paciente fazendo perguntas como "Que aspectos dessa situação sugeriram perigo?", "Houve alguma coisa nessa situação que o fez pensar que ela era menos perigosa e mais segura do que você achava inicialmente?" ou "Quando você recorda a situação, que sinais de segurança estavam presentes que você simplesmente não percebeu naquele momento?". Um objetivo importante da terapia cognitiva é "treinar" o indivíduo com transtorno de pânico para reconsiderar intencionalmente os aspectos de segurança de uma situação provocadora de ansiedade a fim de invalidar sua interpretação catastrófica automática. O Formulário de Reavaliação do Sintoma (Apêndice 8.2) pode ser usado para esse propósito. Além disso, é útil pedir que os pacientes avaliem o nível "real" de perigo associado com a situação (p. ex., escala de avaliação de 0 a 100), bem como o nível "real" de segurança após registrar os aspectos de perigo e segurança no diário do pânico (Apêndice 8.1). É importante assegurar que as classificações dos pacientes sejam baseadas mais em uma avaliação "realista" que em "como eles se sentem" porque avaliações baseadas na emoção sempre serão distorcidas devido a um estado de ansiedade aumentado.

Dada à relativa juventude e boa saúde física de Helen, ela foi encorajada a aumentar seu nível de atividade física e registrar sua excitação fisiológica. Isso se revelou bastante efetivo em ajudar Helen a perceber que podia tolerar as sensações de aperto no peito e falta de ar, e que essas sensações podiam ser evocadas sem perigo. Também os exercícios de prender a respiração quando ansiosa mais uma vez forneceram evidência de tolerância e segurança. Posteriormente, nas sessões a reestruturação cognitiva sempre focou no processamento dos aspectos de segurança de experiências ansiosas. Repetidamente eram feitas perguntas a Helen, tais como "Recordando a situação, que aspectos dela indicam que era mais segura do que você pensava originalmente?". Próximo do final do tratamento, Helen espontaneamente gerava reinterpretações de segurança de situações provocadoras de ansiedade e relatava uma maior sensação de segurança em sua vida diária.

> **DIRETRIZ PARA O TERAPEUTA 8.15**
>
> Uma sensação de segurança percebido e tolerância dos sintomas físicos de ansiedade são metas importantes para a terapia cognitiva do pânico. Elas são alcançadas por reestruturação cognitiva e exercícios comportamentais que enfatizam a tolerância natural do paciente ao desconforto e a reinterpretação de aspectos de segurança associados com situações provocadoras de ansiedade.

Prevenção de recaída

Como é feito no tratamento de outros transtornos de ansiedade, a prevenção de recaída deve ser construída nas sessões finais da terapia cognitiva para pânico. O terapeuta deve assegurar que o paciente percebe que ataques de pânico ocasionais ocorrerão, que sensações físicas inesperadas podem ocorrer de tempos em tempos e que a ansiedade é uma parte normal da vida. A recaída pode ser minimizada se o paciente tiver expectativas realistas do desfecho do tratamento e adotar uma perspectiva saudável sobre ansiedade e pânico. Além disso, a redução

significativa do "medo do medo" do paciente pode melhorar a chance de recaída e recorrência de pânico reduzidos. O paciente que continua a temer ataques de pânico (p. ex., "Eu simplesmente espero nunca ter que experimentar aqueles terríveis ataques de pânico novamente") é provavelmente mais vulnerável a recaída quando os sintomas físicos de ansiedade voltam a ocorrer.

Além de corrigir expectativas irreais sobre o tratamento do "retorno do medo", uma série de outras medidas podem ser tomadas para prevenir recaída. As sessões podem terminar gradualmente e sessões de reforço podem ser programadas. Um protocolo de intervenção pode ser escrito especificando claramente o que fazer se sintomas físicos inesperados retornarem ou o indivíduo vivenciar um ressurgimento da ansiedade. Entretanto, a estratégia de prevenção de recaída mais importante para pânico pode envolver que esses pacientes intencionalmente produzam suas sensações físicas temidas quando em situações provocadoras de ansiedade. Aqueles indivíduos que progridem para um ponto onde podem exagerar seus sintomas físicos enquanto se sentem altamente ansiosos podem estar vacinados contra futuros ressurgimentos inesperados de ansiedade e pânico.

> **DIRETRIZ PARA O TERAPEUTA 8.16**
>
> A prevenção de recaída é aumentada quando pacientes de terapia cognitiva são preparados para o retorno inesperado de medo e pânico. Além disso, recaída e recorrência de transtorno de pânico pode ser menos prováveis em indivíduos que podem empregar ativação fisiológica exagerada quando estão experimentando níveis altos de ansiedade.

Retreinamento da respiração (opcional)

O retreinamento da respiração é uma estratégia de relaxamento incorporada às primeiras versões da terapia cognitiva para transtorno de pânico (p. ex., Beck, 1988; Beck

TERAPIA COGNITIVA PARA OS TRANSTORNOS DE ANSIEDADE

e Greenberg, 1988; D. M. Clark, 1986a). Baseado na noção de que a hiperventilação, que envolve respiração profunda e rápida, é um fator importante na produção de ataques de pânico, foi proposto que o treinamento em respiração lenta, pouco profunda devem neutralizar sintomas de pânico (D. M. Clark, Salkovskis e Chalkley, 1985; Salkovskis, Jones e Clark, 1986). Os elementos fundamentais do protocolo de tratamento cognitivo de D. M. Clark e Salkovskis (1986) para pânico incluem:

1. Um exercício de hiperventilação voluntária de 2 minutos ou respiração a uma frequência de 30 respirações por minuto.
2. Observação das sensações físicas causadas por hiperventilação e sua semelhança com sintomas de pânico.
3. Educação sobre a fisiologia da hiperventilação e como ela pode produzir as sensações físicas de um ataque de pânico.
4. Reatribuição dos sintomas físicos de pânico pela hiperventilação induzida por estresse (ou respiração exagerada) do que a uma ameaça catastrófica à saúde erroneamente percebida (p. ex., "Estou tendo um ataque cardíaco").
5. Treinamento na respiração lenta a fim de fornecer uma resposta de enfrentamento que seja incompatível com hiperventilação. O controle da respiração também se torna um experimento comportamental pela demonstração de que os sintomas físicos devem ser devidos mais à hiperventilação do que à ameaça catastrófica porque os sintomas são muito rapidamente reduzidos quando é estabelecida a respiração lenta, pouco profunda.

O exercício de hiperventilação e o retreinamento da respiração se tornaram elementos fundamentais do protocolo de tratamento da terapia cognitiva para pânico oferecido no Centro para Terapia Cognitiva na Filadélfia de meados da década de 1980 ao final da década de 1990 (Beck e Greenberg, 1988). Juntos, eles constituíram um experimento de teste empírico da hipótese crítica indicando que a interpretação catastrófica

errônea de sintomas era incorreta e que os sintomas físicos eram na verdade uma consequência inofensiva da respiração exagerada ou mesmo da hiperventilação (Beck e Greenberg, 1987).

Exercício de retreinamento da respiração

A respiração abdominal ou diafragmática é a forma mais comum de retreinamento da respiração usado no tratamento de transtornos de ansiedade. Ela supõe um papel chave para a hiperventilação na etiologia do pânico causando uma diminuição aguda da pressão arterial parcial de dióxido de carbono ($_pCO_2$) denominada hipocapnia, que por sua vez resulta em uma ampla variedade de sensações corporais desagradáveis (p. ex., tontura, palpitações cardíacas, formigamento nas extremidades, falta de ar), que o indivíduo interpreta erroneamente como representando uma ameaça médica séria (Meuret, Ritz, Wilhelm e Roth, 2005; D. M. Clark et al., 1985). Vários estudos encontraram outras anormalidades respiratórias nos transtornos de ansiedade, tais como respiração superficial e rápida, padrões respiratórios desorganizados e suspiro frequente (ver Meuret et al., 2005; Meuret, Wilhelm, Ritz e Roth, 2003; Salkovskis et al., 1986). Os indivíduos são treinados na respiração abdominal lenta, profunda para eliminar a hipocapnia e suas sensações físicas desconfortáveis desse modo reduzindo o estado de ansiedade. A Tabela 8.9 apresenta um protocolo típico de retreinamento da respiração diafragmática.

Situação atual do retreinamento da respiração

Atualmente há considerável debate acerca do papel do retreinamento da respiração na TCC para transtorno de pânico. Há três razões para os terapeutas cognitivo-comportamentais questionarem agora o uso do retreinamento da respiração. A primeira é uma preocupação clínica, muito prática.

TABELA 8.9 Protocolo de retreinamento da respiração diafragmática para terapia cognitiva do pânico

FASE I. PREPARAÇÃO INICIAL

Justificativa lógica: Revisar sensações físicas e cognições do ataque de pânico mais recente. Obter avaliações de alívio em vários níveis de ansiedade para mostrar como as mesmas sensações podem ser interpretadas diferentemente em momentos diferentes.

Instruções: Peça ao paciente para descrever as sensações físicas e a interpretação catastrófica errônea associada com o ataque de pânico; os pacientes avaliam a crença na interpretação errônea agora e quando mais ansiosos.

FASE II. INDUÇÃO DE HIPERVENTILAÇÃO

Justificativa lógica: Demonstrar a produção de sensações físicas semelhantes a um ataque de pânico por meio de hiperventilação.

Instruções: Os indivíduos são solicitados a hiperventilar a frequência de 30 respirações por minuto durante 2 minutos ou até que se torne muito difícil continuar. Eles são instruídos no uso de saco de papel para inspirar novamente o CO_2 expirado. Também são instruídos a se focar nas sensações físicas produzidas pela hiperventilação.

FASE III. REATRIBUIÇÃO

Justificativa lógica: Introduzir a possibilidade de que as sensações físicas durante o pânico são erroneamente atribuídas a uma ameaça à saúde e em vez disso poderiam ser devidas à hiperventilação.

Instruções: Os pacientes são solicitados a revisar as sensações físicas durante a hiperventilação e as sensações descritas durante o pânico. Avalie seu grau de semelhança e discuta como os sintomas de hiperventilação poderiam ser piores em um ambiente natural.

FASE IV. EDUCAÇÃO E JUSTIFICATIVA LÓGICA DO TRATAMENTO

Justificativa lógica: Explique a fisiologia da hiperventilação e como ela causa sensações físicas desconfortáveis.

Instruções: Discuta como a hiperventilação pode causar uma queda abrupta no pCO_2 arterial que causa sensações físicas desconfortáveis. Quando esses sintomas são interpretados erroneamente como indicando uma ameaça à vida como um ataque cardíaco, ficar louco ou sufocação, o pânico se instala. Aprender a anular a hiperventilação com uma frequência respiratória mais lenta e moderada reduzirá a intensidade das sensações físicas e fornecerá nova evidência de que as sensações se devem à hiperventilação e não a uma ameaça catastrófica à saúde.

FASE V. RESPIRAÇÃO DIAFRAGMÁTICA

Justificativa lógica: Aprender uma habilidade de enfrentamento de relaxamento para anular a hiperventilação e outras irregularidades respiratórias que causam a produção de sensações físicas que são interpretadas erroneamente de maneira ameaçadora.

Instruções:

1. Coloque uma mão sobre o peito com o polegar logo abaixo do pescoço e a outra mão sobre o estômago com o dedo mínimo logo acima do umbigo.
2. Peça ao paciente para fazer respirações curtas, pouco profundas pelo nariz. Observe como a mão sobre o peito se eleva ligeiramente, mas a mão sobre o estômago mal se move.
3. Agora peça ao paciente para fazer respirações mais lentas, normais pelo nariz e observe como o abdômen se move levemente para fora com cada inspiração e então esvazia com cada expiração.
4. Pratique por 2 a 3 minutos com o paciente focando no movimento do abdômen com cada inspiração e expiração.
5. Continue trabalhando para reduzir a frequência respiratória para 8 ou 12 respirações por minuto. Introduza uma frequência respiratória rítmica na qual o terapeuta demonstra um ciclo de 4 segundos

(continua)

TERAPIA COGNITIVA PARA OS TRANSTORNOS DE ANSIEDADE **327**

TABELA 8.9 Protocolo de retreinamento da respiração diafragmática para terapia cognitiva do pânico (continuação)

de inspiração, 4 segundos de expiração. Isso pode ser feito contando 1-2-3-4 com cada inspiração, e então 1-2-3-4 com cada expiração. Uma pausa curta ocorre ao final de cada inspiração e expiração. Enquanto o paciente expira a palavra "relaxe" deve ser repetida. Após o terapeuta e o paciente praticarem essa respiração lenta, moderada, o paciente deve continuar com a respiração diafragmática com um foco particular no ritmo lento regular da respiração e com a subida e descida do abdômen com cada inspiração e expiração.

6. As tarefas de casa começam com dois a três exercícios por dia de prática de respiração diafragmática de 10 minutos com ou sem uma gravação de áudio para determinar o ritmo. Isso é seguido por exercícios diários de 1 a 2 minutos de hiperventilação acompanhado por respiração lenta.

7. A fase final da tarefa de casa envolve a aplicação de respiração diafragmática em uma variedade de situações cotidianas ansiosas.

Como o uso de outras formas de relaxamento, um indivíduo com transtorno de pânico poderia usar o controle da respiração como uma resposta de segurança ou estratégia de enfrentamento para fugir de um estado ansioso (Antony e McCabe, 2004; Salkovskis et al.,1996; White e Barlow, 2002). Isso, naturalmente, arruinaria a efetividade da terapia cognitiva reforçando um medo da ansiedade e a avaliação errônea do paciente da periculosidade das sensações físicas. Se houver qualquer evidência de que o paciente está usando o controle da respiração devido a um medo da ansiedade e de seus sintomas, então a resposta de enfrentamento deve ser interrompida imediatamente.

Segundo, a razão para oferecer retreinamento da respiração no transtorno de pânico foi posta em dúvida com a evidência de que hiperventilação e hipocapnia frequentemente não estão presentes mesmo em ataques de pânico que ocorrem no ambiente natural (ver revisão por Meuret et al., 2005; Taylor, 2000). Terceiro, a efetividade terapêutica do retreinamento da respiração foi questionada (p. ex., Salkovskis, Clark e Hackman, 1991; D. M. Clark et al., 1999). Schmidt e colaboradores conduziram um estudo de delineamento fragmentado que comparou a efetividade de 12 sessões em grupo de TCC com retreinamento da respiração, TCC sem retreinamento da respiração e uma condição de lista de espera no período pós-tratamento e no seguimento de 12 meses de (Schmidt, Woolaway-Bickel, et al.,

2000). No período pós-tratamento, ambos os tratamentos ativos foram significativamente melhores em relação a condição de lista de espera, mas não houve diferença estatisticamente significativa entre as condições de TCC e TCC + retreinamento da respiração. Nos 12 meses de seguimento 57% do grupo de TCC sem retreinamento da respiração satisfizeram os critérios de recuperação comparado com 37% para o grupo de TCC + retreinamento da respiração. Os autores concluíram que a adição da respiração diafragmática não acrescenta nenhum benefício terapêutico à TCC para pânico, além dos componentes de tratamento padrão de educação, reestruturação cognitiva e exposição. Eles recomendam que técnicas de controle respiratório sejam usadas apenas como um experimento comportamental para fornecer informação corretiva para a interpretação catastrófica errônea de sensações corporais e que os terapeutas se abstenham de usá-las como uma técnica de manejo da ansiedade. Baseados nesses achados, concluímos que o retreinamento da respiração deve ser considerado opcional na terapia cognitiva para pânico.

> **DIRETRIZ PARA O TERAPEUTA 8.17**
>
> O retreinamento da respiração deve ser limitado a indivíduos que claramente hiperventilam durante um ataque de pânico. Na maioria dos casos o retreinamento da respiração

> não será necessário. Se ele for incluído no protocolo de tratamento, o monitoramento rigoroso é necessário para assegurar que ele não se torne uma resposta de busca de segurança.

EFICÁCIA DA TERAPIA COGNITIVA PARA O TRANSTORNO DE PÂNICO

A terapia cognitiva-comportamental para o transtorno de pânico se enquadra na categoria bem estabelecida da American Psychological Association de tratamentos com apoio empírico (Chambless et al., 1998; Chambless e Ollendick, 2001). As Diretrizes Práticas da American Psychiatric Association para o tratamento do transtorno de pânico concluíram que a TCC que se mostrou efetivo para o tratamento do pânico, com uma taxa de resposta dos que concluíram de 78% que era pelo menos igual ou superior à efetividade da medicação antipânico (American Psychiatric Association, 1998).

Uma série de revisões de pesquisas de resultados clínicos concluíram que há forte apoio para a eficácia da TCC no transtorno de pânico. Após revisar mais de 25 ensaios clínicos independentes, Barlow e colaboradores concluíram que 40 - 90% de pacientes tratados com TCC não apresentavam pânico ao final do tratamento (Landon e Barlow, 2004; White e Barlow, 2002). Outros pesquisadores também concluíram que a efetividade da TCC para pânico é fortemente apoiada pela literatura (Butler, Chapman, Forman e Beck, 2006; DeRubeis e Crits-Christoph, 1998; Otto, Pollack e Maki, 2000) e que os ganhos do tratamento se mantêm após o término quando comparado com medicamento (Hollon, Stuart e Strunk, 2006). Na próxima seção, fornecemos uma breve revisão de estudos de resultados clínicos selecionados para TCC, bem como estudos de delineamento fragmentado que investigam o mecanismo de mudança no pacote de tratamento.

Estudos de resultados de TCC

Diversas metanálises determinaram que TCC para pânico está associada com tamanho de efeito superior. Por exemplo, em uma metanálise baseada em 13 estudos, Chambless e Peterman (2004) obtiveram um tamanho de efeito médio de 0,93 para pânico e sintomas fóbicos, com 71% dos pacientes de TCC sem pânico no período pós-tratamento comparados a 29% para nas condições controle (ou seja, lista de espera ou placebo). Além disso, ganhos significativos do tratamento foram evidentes em outras esferas de sintoma tais como os sintomas cognitivos de pânico, ansiedade generalizada e, em menor grau, depressão (ver também Gould et al., 1995, para conclusões semelhantes).

Um dos primeiros relatos sobre terapia cognitiva para transtorno de pânico foi um estudo naturalístico de resultado de 17 pacientes tratados com uma média de 18 sessões individuais de terapia cognitiva que se focalizou nas interpretações errôneas dos sintomas físicos de ansiedade, na exposição e na reestruturação cognitiva de medos relacionados ao pânico (Sokol, Beck, Greenberg, Wright e Berchick, 1989). No período pós-tratamento a frequência de pânico diminui para zero e foi mantida no seguimento de 1 ano e reduções significativas foram alcançadas no BAI e no BDI. Além disso, houve melhora na capacidade dos pacientes de reavaliar seus medos de uma maneira mais realista. Em um ensaio clínico randomizado posterior, no qual 33 pacientes com transtorno de pânico foram alocados para 12 semanas de terapia cognitiva individual ou 8 semanas de psicoterapia de apoio breve, Beck, Sokol, Clark, Berchick e Wright (1992) verificaram que em 8 semanas o grupo de terapia cognitiva tinha significativamente menos ataques de pânico autorrelatados e avaliados pelo médico do que o grupo controle. Além disso o grupo de terapia cognitiva tinha menos ansiedade generalizada e medo, mas não menos depressão e 71% não apresentavam pânico comparados a 25% na condição de psicoterapia. No seguimento de 1 ano 87% do grupo de terapia cognitiva permaneceu sem pânico.

Em um estudo de resultado mais amplo, 64 pacientes com pânico foram alocados aleatoriamente para uma média de 10 sessões individuais semanais de terapia cognitiva, relaxamento aplicado, apenas imipramina ou para um controle de lista de espera de 3 meses seguido por encaminhamento aleatório para um dos tratamentos ativos (D. M. Clark et al., 1994). No período pós-tratamento (3 meses), a terapia cognitiva foi significativamente mais efetiva do que o relaxamento aplicado e a imipramina na redução de sintomas de pânico (ou seja, escore composto de pânico), evitação agorafóbica, interpretação errônea de sensações corporais e hipervigilância dos sintomas corporais. Além disso, 80% dos pacientes em terapia cognitiva alcançaram um alto funcionamento final em 3 meses comparados a 25% para relaxamento aplicado e 40% para imipramina. Ademais, em 15 meses de seguimento a terapia cognitiva permaneceu superior ao relaxamento aplicado e imipramina em seis escalas de pânico/ansiedade, com 85% dos pacientes em terapia cognitiva ainda sem pânico comparados com 47% dos pacientes do relaxamento aplicado e 60% dos pacientes de imipramina.

Em um grande ensaio clínico multicêntrico randomizado controlado por placebo com 77 pacientes com transtorno de pânico (Barlow, Gorman, Shear e Woods, 2000), análises de intenção de tratar revelaram que TCC e imipramina foram superiores ao placebo, mas não houve diferenças significativas entre imipramina e TCC no período pós-tratamento, embora houvesse uma tendência a favor de TCC no seguimento de 6 meses. De modo geral, então, a maior parte dos estudos de resultados de tratamento estabeleceram claramente que TCC para transtorno de pânico é pelo menos tão efetiva quanto medicação, embora haja pouca vantagem em combinar TCC com farmacoterapia. As comparações de TCC com relaxamento aplicado (Öst e Westling, 1995) indicam que a TCC é provavelmente mais efetiva para transtorno de pânico (Siev e Chambless, 2007).

Estudos de resultado indicam que a TCC pode ser efetiva para casos mais difíceis de transtorno de pânico. A TCC pode produzir efeitos de tratamento duradouros mesmo com diagnósticos comórbidos, com melhora significativa evidente tanto nos sintomas de pânico como nos sintomas comórbidos (p. ex., Craske et al., 2007; Tsao, Mystkowski, Zucker e Craske, 2005). De fato, Craske e colegas encontraram uma melhora mais generalizada dos sintomas na TCC focalizada no pânico do que em uma condição na qual os terapeutas tinham permissão para abordar questões relacionadas outras comorbidades. A TCC também demonstrou efetividade em indivíduos com transtorno de pânico refratários a medicamento (Heldt et al., 2006) e na redução de sintomas de pânico tanto diurnos como noturnos em pacientes com ataques de pânico noturnos (Craske et al., 2005). Finalmente, versões breves de TCC (p. ex., intervenção intensiva de 2 dias), bem como adaptações computadorizadas, podem ser altamente efetivas para transtorno de pânico (D. M. Clark et al., 1999; Deacon e Abramowitz, 2006b; Kenardy et al., 2003). Embora esses achados sejam preliminares, eles sugerem que intervenções cognitivas mais eficientes e custo-efetivas podem estar disponíveis para transtorno de pânico.

Estudos do processo de TCC

A exposição é um componente importante da terapia cognitiva para transtorno de pânico, especialmente quando a evitação agorafóbica é proeminente. Dada nossa ênfase na intervenção cognitiva, o quanto a reestruturação cognitiva é fundamental para a efetividade da TCC para transtorno de pânico? Em sua metanálise, Gould e colaboradores (1995) verificaram que reestruturação cognitiva mais exposição interoceptiva (isto é, indução de sintoma ou ativação de esquema) produziram os maiores tamanhos de efeito, mas a reestruturação cognitiva sozinha produziu resultados altamente variáveis. Em um estudo anterior Margraf e

Schneider (1991) consideraram a reestruturação cognitiva sem exposição tão efetiva quanto exposição pura ou exposição combinada mais reestruturação cognitiva.

Em uma série de casos isolados de base múltipla, Salkovskis e colaboradores (1991) verificaram que duas sessões de reestruturação cognitiva focalizada na busca de evidência a favor e contra a interpretação catastrófica do paciente de sintomas físicos produziram redução significativa na frequência de pânico em seis de sete pacientes, enquanto o tratamento não focal teve pouco efeito sobre os sintomas de pânico. Em uma recente análise de uma série de caso isolados de tempo multivariado tanto reestruturação cognitiva com teste empírico da hipótese *versus* apenas exposição produziram mudanças equivalentes nas crenças disfuncionais e na autoeficácia que precederam melhoras na apreensão de pânico (Bouchard et al., 2007). Os autores concluíram que os achados contribuíram para a crescente evidência empírica de que mudanças cognitivas precedem a melhora nos sintomas de pânico seja o tratamento primariamente cognitivo ou comportamental. Outros estudos verificaram que apenas exposição é tão efetiva quanto exposição mais reestruturação cognitiva (Bouchard et al., 1996; Öst, Thulin e Ramnerö, 2004), embora van den Hout, Arntz e Hoekstra (1994) tenham constatado que terapia cognitiva sozinha reduziu ataques de pânico, mas não agorafobia. Em um estudo recente de TCC em grupo para pânico, 20% dos pacientes obteve um ganho súbito (isto é, rápida redução do sintoma) após duas sessões e isso foi melhor preditor de resultados de sintomas no período pós-tratamento (Clerkin, Teachman e Smith-Janik, 2008). De modo geral, esses estudos indicam que a TCC pode produzir rápida e efetiva redução de sintoma no transtorno de pânico e que a reestruturação cognitiva é um importante componente do pacote de tratamento.

Os efeitos terapêuticos da reestruturação cognitiva sugerem que o foco nas interpretações catastróficas errôneas de sensações corporais é um mecanismo central de mudança na terapia cognitiva do transtorno de pânico. Em seu ensaio clínico, D. M. Clark e colaboradores (1994) encontraram uma correlação significativa entre escores do QISC em 6 meses e sintomas de pânico e taxas de recaída em 15 meses. Essa relação entre uma tendência continuada a interpretar erroneamente sensações corporais e pior desfecho no seguimento foi apoiada no estudo de resultado dos autores de terapia cognitiva breve (D. M. Clark et al., 1999). Entretanto, a comparação de terapia cognitiva padrão focalizada nas crenças interpessoais relevantes à ansiedade generalizada *versus* terapia cognitiva focalizada nas interpretações catastróficas errôneas de sensações corporais mostrou que ambas foram igualmente efetivas para reduzir sintomas de pânico, embora a redução nas cognições e crenças relacionadas ao pânico estivesse correlacionada com mudanças na frequência de pânico no término (Brown, Beck, Newman, Beck e Tran, 1997). Em sua revisão descritiva e metanalítica de 35 estudos de TCC sobre transtorno de pânico, Oei, Llamas e Devilly (1999) concluíram que a terapia é efetiva para transtorno de pânico e produz mudança nos processos cognitivos, embora não seja claro se mudança nas interpretações catastróficas errôneas é o mecanismo de mudança central na TCC para transtorno de pânico. De modo geral, parece que mudança nas interpretações catastróficas errôneas dos sintomas físicos de ansiedade é uma parte importante do processo de tratamento no pânico, mas não se sabe ainda se um foco específico nesses sintomas é necessário.

DIRETRIZ PARA O TERAPEUTA 8.18

A terapia cognitiva envolvendo reestruturação cognitiva, indução de sintoma e exercícios de exposição de teste empírico da hipótese é um tratamento de base empírica bem estabelecido para o transtorno de pânico com ou sem evitação agorafóbica. Estratégias cognitivas e tarefa de casa orientada à exposição são ambos ingredientes centrais na eficácia do tratamento para ataques de pânico.

RESUMO E CONCLUSÕES

O problema de ataques de pânico recorrentes fornece o exemplo mais claro da conceitualização cognitiva do medo. A ocorrência de pelo menos dois ataques de pânico inesperados, apreensão ou preocupação acerca de futuros ataques e evitação de situações consideradas gatilhos de pânico são marcas registradas do transtorno de pânico.

Um modelo cognitivo de transtorno de pânico revisado foi apresentado na Figura 8.1. Os componentes essenciais desse modelo são:

1. atenção aumentada ou hipervigilância para certas sensações físicas ou mentais;
2. ativação de esquemas fisiológicos ou esquemas de ameaça mental;
3. interpretação errônea catastrófica de sintomas físicos como indicadores de uma ameaça terrível iminente ao indivíduo;
4. intensificação adicional dos sintomas físicos de ansiedade;
5. perda da capacidade de reavaliar os sintomas de maneira mais realista, benigna;
6. confiança na evitação e busca de segurança para reduzir a ansiedade elevada e terminar o episódio de pânico.

A evidência empírica, revista para as seis hipóteses fundamentais do modelo, encontrou forte apoio para responsividade aumentada a estados internos, para a ativação de esquemas de ameaça fisiológica ou mental predominantes, para a interpretação catastrófica errônea de sensações corporais, e para o papel funcional de evitação e busca de segurança na manutenção dos ataques de pânico.

A Tabela 8.7 resumiu os principais componentes da terapia cognitiva para transtorno de pânico. A redução na hipervigilância para sensações corporais temidas, inversão da interpretação catastrófica errônea de estados internos, capacidade aumentada para produzir reavaliações mais realistas e equilibradas dos sintomas de ansiedade temidos, redução na evitação e busca de segurança e um senso aumentado de segurança são as metas primárias da terapia cognitiva. Estas são alcançadas usando indução de sintoma na sessão para ativar esquemas de ameaça, reestruturação cognitiva para enfraquecer interpretações catastróficas errôneas e melhorar a capacidade de reavaliação e prescrições de exposição situacional e interoceptiva sistemática em um contexto de testagem da hipótese. Durante as duas últimas décadas, uma série de ensaios clínicos randomizados bem planejados estabeleceram a terapia cognitiva como um tratamento altamente eficaz para o transtorno de pânico com ou sem evitação agorafóbica.

Há uma série de dúvidas que permanecem sobre a teoria cognitiva e a terapia do transtorno de pânico. O transtorno de pânico é caracterizado por responsividade aumentada a mudanças no estado interno, embora os processos específicos que contribuem para essa hipersensibilidade interoceptiva não sejam bem entendidos. Ainda não é claro se uma interpretação catastrófica errônea de sensações corporais é necessária para a produção de todos os ataques de pânico, se ela é uma causa ou uma consequência dos ataques de pânico repetidos e se o conceito deve ser ampliado para incluir ameaças sociais e emocionais iminentes, tal como medo de novos ataques de pânico. Além disso, não há pesquisa suficiente sobre se a perda da capacidade de reavaliação é um determinante importante dos ataques de pânico recorrentes e sobre o papel desempenhado pela autoeficácia no pânico ou a efetividade percebida no término de episódios de pânico. Em termos de efetividade do tratamento, estudos comparativos de resultados de terapia cognitiva *versus* os novos ISRSs são necessários, bem como períodos de seguimento mais longos para determinar a manutenção dos benefícios do tratamento. Contudo, a terapia cognitiva/TCC é agora considerada um tratamento bem estabelecido e eficaz para transtorno de pânico com ou sem agorafobia e deve ser o tratamento de primeira linha na maioria dos casos do transtorno.

REGISTRO SEMANAL DE PÂNICO E ANSIEDADE AGUDA

Nome: _____ Data: _____

Instruções: Por favor use este formulário para registrar quaisquer ataques de pânico, ataques de pânico limitados ou episódios de ansiedade aguda que você experimentou na semana passada. Tente completar o formulário o mais próximo possível do episódio de ansiedade a fim de aumentar a precisão de suas observações.

Data, hora e duração do episódio	Gatilhos situacionais (marque E ou I)*	Gravidade/intensidade da ansiedade (0-100); (marque APC, ASL, EAA)*	Descrição das sensações físicas e mentais ansiosas	Interpretação ansiosa das sensações	Evidência de uma interpretação alternativa das sensações	Resultado (respostas de enfrentamento e sensação de segurança)+
1.						
2.						
3.						
4.						
5.						

* E = é esperado ter pânico nessa situação; I = o pânico ocorreu inesperadamente, completamente do nada; APC = ataque de pânico completo; ASL = ataque de sintoma limitado; EAA = episódio agudo de ansiedade (início súbito de ansiedade, mas não de pânico).
+ avalie a sensação de segurança após cessação do pânico de 0 = não me sinto nenhum pouco livre do pânico a 100 = eu me sinto absolutamente livre de futuros pânicos.

APÊNDICE 8.2

FORMULÁRIO DE REAVALIAÇÃO DO SINTOMA

Nome: _____ Data: _____

Instruções: Por favor use este formulário para escrever quaisquer explicações alternativas que você possa pensar para a razão de você experimentar uma variedade de sensações físicas que o fazem se sentir ansioso(a) ou em pânico.

Declare a sensação física experimentada (p. ex., coração acelerado, falta de ar, náusea)	Liste uma série de explicações alternativas para as sensações que não seja o pior resultado (isto é, a catástrofe temida)	Avalie a crença em cada explicação quando não ansioso (0-100)*	Avalie a crença em cada explicação quando ansioso (0-100)*	Efetividade da explicação para enfrentar a ansiedade (0-100)+
1.				
2.				
3.				
4.				
5.				

* Para avaliações de crença, 0 = absolutamente nenhuma crença na explicação, 100 = absolutamente certo(a) de que essa é a causa das sensações físicas.

+ Para avaliações de efetividade, 0 = a explicação não tem absolutamente nenhum efeito positivo sobre a ansiedade, 100 = a explicação é completamente efetiva para eliminar sentimentos ansiosos.

APÊNDICE 8.3

CICLO VICIOSO DO PÂNICO

Nome: _____ Data: _____

Gatilhos situacionais

1. _____
2. _____
3. _____

Sintomas físicos, mentais, emocionais iniciais

1. _____
2. _____
3. _____

Primeiros pensamentos/imagens ansiosos (apreensivos)

1. _____
2. _____
3. _____

Principais sintomas progressivos

1. _____
2. _____

Pensamentos/imagens de perigo (catástrofe) iminente

_____
_____

Tentativas de enfrentamento/controle

_____
_____
_____

PÂNICO

9

Terapia cognitiva para a fobia social

> Nada nos impede mais de ser naturais do que o
> desejo de o parecermos.
> François, Duque de la Rochefoucauld
> (Escritor e aristocrata francês, 1613-1680)

Gerald é um homem de 36 anos que trabalha há 12 anos como contador para uma grande empresa multinacional de transportes e que tem um longo histórico de ansiedade social grave. A avaliação na SCID revelou que ele satisfazia os critérios diagnósticos do DSM-IV para fobia social generalizada. Ele relatava intensa ansiedade na maioria das situações sociais com um medo esmagador de que as outras pessoas o percebessem. Sua principal preocupação era que elas perceberiam que ele estava quente e vermelho e pensariam "O que há de errado com ele?", "Ele não parece normal" e "Ele deve ter autoestima baixa ou algum problema mental sério". Gerald acreditava que as pessoas "podiam olhar através dele" e portanto era sempre hipervigilante quando perto de outras pessoas. Ele também se preocupava que os outros pensassem que ele era enfadonho e que estavam desperdiçando seu tempo. Gerald mencionou que estava quase sempre ansioso quando perto de outras pessoas e reconheceu que sua ansiedade é excessiva. Com o passar dos anos ele chegou ao ponto de

evitar contato social o mais possível, passando a maior parte de seu tempo fora do trabalho sozinho e isolado. Ele nunca teve um relacionamento íntimo e nenhum amigo próximo. Ele prefere evitar as pessoas devido à ansiedade e ao medo de que a interação social resulte em obrigações com terceiros, embora perceba que a evitação tem sido prejudicial para sua carreira. Gerald classificava situações como participar de reuniões, assistir a um curso, encontrar uma pessoa desconhecida, atender o telefone, usar transporte público ou mesmo visitar um conhecido como muito provocadoras de ansiedade. Gerald indicou que era socialmente ansioso desde a infância e que isso tinha limitado gravemente sua vida. De fato, a ansiedade e a solidão autoimpostas eram tão grandes que ele comentou "Estou cansado de esperar para começar a viver; às vezes eu só quero acabar com isso".

A apresentação clínica de Gerald é razoavelmente típica de alguém com fobia social generalizada crônica e grave. De fato, ele satisfaz os critérios para um transtorno da personalidade esquiva do Eixo II conforme indicado por:

1. tentativas de evitar contato interpessoal significativo no trabalho (ele começava a trabalhar às 7 horas da manhã e saía às 2 horas da tarde, a fim de minimizar o contato com os outros funcionários);
2. relutância em se envolver com pessoas;
3. medo de relacionamentos íntimos;
4. inibição para novos relacionamentos interpessoais devido a sentimentos de inadequação;
5. inferioridade aos outros percebida;
6. relutância em participar de quaisquer atividades sociais novas, mesmo relativamente cotidianas, por medo de embaraço.

Gerald realizou 19 sessões de terapia cognitiva que focou especificamente em sua ansiedade social de avaliação, comportamento inibitório e esquiva extrema. A terapia visou as crenças maladaptativas de Gerald sobre avaliação social negativa pelos outros, sua confiança em fuga e esquiva para lidar com a ansiedade e exposição *in vivo* gradual a situações sociais moderadamente ansiosas.

Este capítulo apresenta a teoria e o tratamento cognitivo da fobia social generalizada conforme descrito pela primeira vez em Beck e colaboradores (1985, 2005). Começamos com uma discussão das características diagnósticas e fenomenológicas da fobia social. Isto é seguido por uma descrição de uma teoria cognitiva da fobia social mais elaborada, bem como por uma revisão de seu apoio empírico. Então, propomos uma abordagem cognitiva à avaliação e tratamento da fobia social. O capítulo conclui com uma revisão da situação clínica da terapia cognitiva e da TCC para fobia social generalizada.

CONSIDERAÇÕES DIAGNÓSTICAS

Visão geral do diagnóstico

O aspecto central da fobia social é um "medo acentuado e persistente de uma ou mais situações sociais ou de desempenho onde pode ocorrer constrangimento" (DSM-IV-TR; APA, 2000, p. 450). Embora sentimentos ansiosos sejam comuns à maioria das pessoas quando elas entram em situações novas, desconhecidas ou de avaliação social como uma entrevista de emprego, o indivíduo com fobia social invariavelmente vivencia medo ou pavor, mesmo em antecipação à possibilidade de exposição a várias situações sociais comuns. A ansiedade se origina de um medo do escrutínio e avaliação negativa pelos outros que levará a sentimentos de constrangimento, humilhação e vergonha (Beck et al., 1985, 2005). A causa percebida do constrangimento geralmente se concentra em algum aspecto da apresentação pessoal, tal como exibir algum sintoma de ansiedade, falar desajeitadamente, cometer um erro ou agir de alguma outra maneira humilhante (Heckelman e Schneier, 1995). Como resultado, o indivíduo com fobia social tende a ser altamente inibido e autocrítico na situação social temida, frequentemente exibindo comportamentos inibitórios involuntários como parecer tenso e rígido ou ser verbalmente inarticulado, que resulta em prejuízo do desempenho social e na atenção indesejada dos outros.

A fobia social está estreitamente relacionada a fobia simples porque o medo ocorre apenas em situações nas quais o indivíduo deve fazer alguma coisa no contexto de ser observado e possivelmente avaliado pelos outros (Hofmann e Barlow, 2002). O indivíduo com fobia social que vivencia ansiedade intensa quando come, fala ou escreve na frente de pessoas estranhas não tem dificuldade em realizar esses comportamentos quando sozinho ou com familiares e amigos íntimos. Embora Mark e Gelder (1966) tenham inicialmente descrito a síndrome de fobia social (ver também Marks,

1970), foi apenas no DSM-III (American Psychiatric Association, 1980) que ela foi incorporada como uma entidade diagnóstica separada. Os critérios diagnósticos essenciais permaneceram constantes durante todas as revisões do DSM subsequentes com a exceção de que um subtipo generalizado de fobia social foi introduzido no DSM-III-R (American Psychiatric Association, 1987) e a regra de exclusão para transtorno da personalidade esquiva foi removida. Embora um rótulo alternativo, *transtorno de ansiedade social*, tenha sido recomendado (Liebowitz, Heimberg, Fresco, Travers, e Stein, 2000), mantivemos o uso do termo "fobia social" porque ele captura a premência de evitar situações provocadoras de ansiedade que é a marca registrada do transtorno. A Tabela 9.1 apresenta os critérios diagnósticos do DSM-IV-TR para fobia social.

Medo da avaliação negativa

O medo da avaliação negativa pelos outros é um aspecto central da fobia social que não é apenas reconhecido nos modelos cognitivos do transtorno (Beck et al., 1985, 2005; D. M. Clark, 2001; Rapee e Heimberg, 1997; Wells e Clark, 1997), mas é a base do medo acentuado e persistente em situações de avaliação social descritas no Critério A do DSM-IV-TR. Os indivíduos com fobia social podem manter padrões de desempenho social excessivamente altos, querendo dar uma impressão particular aos outros, mas duvidando de sua capacidade de realmente dar uma impressão positiva (Beck et al., 1985, 2005; Hofmann e Barlow, 2002). Eles também acreditam que chamam a atenção dos outros em situações sociais e vivem com medo de que nesse contexto de avaliação social eles fiquem cons-

---

TABELA 9.1 Critérios diagnósticos do DSM-IV-TR para fobia social

A. Medo acentuado e persistente de uma ou mais situações sociais ou de desempenho, nas quais o indivíduo é exposto a pessoas estranhas ou ao possível escrutínio por terceiros. O indivíduo teme agir de um modo (ou mostrar sintomas de ansiedade) que lhe seja humilhante e vergonhoso.

B. A exposição à situação social temida quase que invariavelmente provoca ansiedade, que pode assumir a forma de um ataque de pânico ligado à situação ou predisposto pela situação.

C. A pessoa reconhece que o medo é excessivo ou irracional.

D. As situações sociais e de desempenho temidas são evitadas ou suportadas com intensa ansiedade ou sofrimento.

E. A esquiva, a antecipação ansiosa ou o sofrimento na situação social ou de desempenho temida interferem significativamente na rotina, no funcionamento ocupacional (acadêmico), em atividades sociais ou relacionamentos do indivíduo ou existe sofrimento acentuado por ter a fobia.

F. Em indivíduos com menos de 18 anos, a duração é de no mínimo 6 meses.

G. O temor ou esquiva não se deve aos efeitos fisiológicos diretos de uma substância (p. ex., droga de abuso, medicamento) ou de uma condição médica geral, nem é mais bem explicado por outro transtorno mental (p. ex., transtorno de pânico com ou sem agorafobia, transtorno de ansiedade de separação, transtorno dismórfico corporal, transtorno global do desenvolvimento ou transtorno da personalidade esquizoide).

H. Em presença de uma condição médica geral ou outro transtorno mental, o medo no Critério A não tem relação com estes; por exemplo, o medo não diz respeito a tartamudez, tremor na doença de Parkinson ou manifestação de um comportamento alimentar anormal na anorexia nervosa ou bulimia nervosa).

Especificar se:
Generalizada: se os temores incluem a maioria das situações sociais (considerar também o diagnóstico adicional de transtorno da personalidade esquiva).

Nota: De American Psychiatric Association (2000). *Copyright* 2000 pela American Psychiatric Association. Reimpressa com permissão.

trangidos ou humilhados por agir ou parecer tolos, menos inteligentes ou visivelmente ansiosos (Beidel e Turner, 2007). Há considerável comprovação clínica de que o medo da avaliação negativa é um aspecto central da fobia social (p. ex., Ball et al., 1995; Hackmann et al., 1998; Hirsch e Clark, 2004; Mansell e Clark, 1999; Voncken, et al., 2003). Entretanto, os indivíduos com fobia social podem temer qualquer avaliação social, positiva ou negativa, que envolva sentimentos de exposição ou constrangimento (Weeks, Heimberg, Rodebaugh e Norton, 2008). Além disso, a avaliação negativa temida por indivíduos com fobia social não é simplesmente dar alguma impressão levemente negativa aos outros, mas uma experiência muito mais extrema de temor de humilhação ou vergonha (Beck et al., 1985, 2005). A vergonha é um afeto doloroso no qual atributos, características ou comportamento pessoal são percebidos como causa de perda de posição social ou atratividade para os outros ou, ainda pior, de crítica ou rejeição direta deles (Gilbert, 2000).

Situações sociais

A maioria dos indivíduos com fobia social vivenciam ansiedade marcada em uma variedade de situações sociais (Rapee, Sanderson e Barlow, 1988; Turner, Beidel, Dancu e Keys, 1986). Rachman (2004) observou que as situações temidas mais comuns na fobia social são falar em público, frequentar festas ou reuniões e conversar com figuras de autoridade. Beidel e Turner (2007) relataram que discurso formal (a situação mais estressante), festas, iniciar e manter conversas e declarações e reuniões informais foram avaliadas como estressantes e evitadas por mais de 75% dos pacientes com fobia social. Namorar foi avaliado como estressante e algo evitado por metade da amostra, enquanto comer e beber em público, usar banheiros públicos e escrever em público era temido por 25% ou menos dos indivíduos com fobia social. As situações provocadoras de ansiedade na fobia social foram classificadas como aquelas que envolvem interação social

versus aquelas relacionadas com desempenho (Rapee, 1995b). A Tabela 9.2 apresenta uma lista de situações interpessoais e de desempenho de Antony e Swinson (2000b) que são classificadas por nível de medo e esquiva na avaliação da fobia social.

Excitação ansiosa e pânico

O segundo critério diagnóstico no DSM-IV-TR é que a exposição à situação social temida invariavelmente provocará ansiedade, que pode envolver um ataque de pânico ligado a situação ou predisposto pela situação (American Psychiatric Association, 2000). Os indivíduos com fobia social frequentemente vivenciam ataques de pânico quando em situações sociais temidas ou mesmo à antecipação de um evento social (Kendler, Neale, Kessler, Heath e Eaves, 1992c). Embora os sintomas físicos desses ataques disparados pela situação sejam idênticos àqueles no transtorno de pânico (Beidel e Turner, 2007), os sintomas físicos de ansiedade que podem ser observados pelos outros, tais como contrações musculares ou rubor, podem ser mais proeminentes na ansiedade vivenciada na fobia social (Amies, Gelder e Shaw, 1983). Além disso, indivíduos com fobia social vivenciam maior excitação fisiológica durante exposição a uma situação social aflitiva do que indivíduos não fóbicos (p. ex., Turner et al., 1986). Não é de surpreender que o medo de ter um ataque de pânico em uma situação social seja uma grande preocupação de muitas pessoas com fobia social (Hofmann, Ehlers e Roth, 1995). De fato o medo de perder o controle sobre quaisquer respostas emocionais, especialmente sobre sintomas de ansiedade, é um aspecto crítico da ameaça social percebida (Hofmann, 2005). Ainda que o medo de ansiedade seja comum entre os transtornos de ansiedade, ele é particularmente pertinente à fobia social, porque qualquer exibição de ansiedade em situações sociais é percebida como aumentando a probabilidade de avaliação negativa pelos outros.

TERAPIA COGNITIVA PARA OS TRANSTORNOS DE ANSIEDADE **339**

TABELA 9.2 Situações interpessoais e de desempenho comuns temidas na fobia social

Situações interpessoais	Situações de desempenho
• Iniciar um namoro ou compromisso com alguém • Ser apresentado a pessoa desconhecida • Comparecer a uma festa ou reunião social • Jantar com um amigo • Iniciar uma conversa • Falar ao telefone com pessoa conhecida • Falar ao telefone com pessoa desconhecida • Expressar sua opinião a terceiros • Fazer uma entrevista de emprego • Ser assertivo com outras pessoas • Devolver um artigo comprado • Fazer contato visual • Expressar insatisfação com a comida de um restaurante • Falar com figuras de autoridade	• Fazer um brinde ou discurso • Falar em reuniões • Praticar esportes na frente de uma plateia • Participar de uma festa de casamento ou cerimônia pública • Cantar/atuar para uma plateia • Comer/beber em um ambiente público • Usar banheiros públicos • Escrever na frente dos outros • Cometer um erro em público (p. ex., pronunciar errado uma palavra) • Caminhar/correr em lugar público movimentado • Apresentar-se para outras pessoas • Fazer compras em uma loja movimentada • Caminhar na frente de um grande grupo de pessoas (p. ex., caminhar no corredor de igreja, teatro)

Nota: Baseado em Antony e Swinson (2000b).

Consciência, esquiva e inibição

Para satisfazer os critérios diagnósticos do DSM-IV-TR para fobia social, o indivíduo deve ter alguma consciência da natureza excessiva ou irracional de seus medos sociais (ou seja, Critério C). Esse critério ajuda a diferenciar fobia social de outros diagnósticos como transtorno da personalidade paranoide no qual o indivíduo na verdade acredita que os outros estão tentando constrangê-lo ou humilhá-lo (Beidel e Turner, 2007).

Dada a vivência de ansiedade intensa ao antecipar ou entrar em situações sociais temidas, o impulso de evitar situações sociais pode ser intenso na fobia social. Comparado a outros transtornos de ansiedade, indivíduos com fobia social têm maior probabilidade de evitar as situações sociais ainda que possam estar convencidos que isso é prejudicial para eles (ver Rapee, Sanderson e Barlow, 1988). A avaliação da frequência e extensão da esquiva associada a várias situações de avaliação social (ver Tabela 9.2) é uma parte importante da avaliação diagnóstico da fobia social (Hope, Laguna, Heimberg e Barlow, 1996-1997).

Indivíduos com fobia social são altamente inibidos em interações sociais. Frequentemente parecem rígidos e tensos, com o rosto contraído em uma expressão forçada. Quando tentam falar podem parecer inarticulados devido a tropeços nas palavras, "língua presa" ou dificuldade para encontrar a palavra certa. Todos esses comportamentos involuntários são prejudiciais para o desempenho deles e aumentam a probabilidade de uma avaliação negativa pelos outros – a verdadeira essência de sua ansiedade social.

Indivíduos com fobia social também apelam para comportamentos sutis de esquiva e segurança na tentativa de encobrir sua ansiedade que supõem que fará com que os outros os avaliem negativamente (Beck et al., 1985; Wells e Clark, 1997). Indivíduos com fobia social podem tentar encobrir sua ansiedade evitando contato visual ou tentando se manter fisicamente frios de modo que seus rostos não pareçam vermelhos ou ruborizados, usando certas roupas ou maquiagem para esconder o rubor, dando uma desculpa pelo rosto vermelho culpando o calor da sala ou por não se sentir bem, e assim por diante (D. M. Clark, 2001). Essas estratégias de encobrimento (isto é, comportamentos de segurança) são problemáticas porque podem exacerbar diretamente os sintomas ansiosos (p. ex., a pessoa veste um suéter pesado para ocultar o suor, mas isso eleva a temperatura corporal e a tendência a suar). Além disso, os comportamentos impedem a desconfirmação do resultado temido (p. ex., atribuir a não ocorrência de avaliação negativa ao desempenho do comportamento de segurança), mantêm uma atenção altamente focalizada e atraem mais atenção negativa dos outros (Wells e Clark, 1997). Há alguma evidência de que indivíduos socialmente ansiosos percebem os efeitos sociais negativos de tentar encobrir a ansiedade (Voncken, Alden e Bögels, 2006), mas mesmo assim tendem a empregar comportamentos de segurança (Alden e Bieling, 1998).

Sofrimento e interferência acentuados

Ansiedade e nervosismo em situações sociais é comum na população em geral. Em um levantamento telefônico randomizado na comunidade com 526 adultos, 61% relatou se sentir nervoso ou desconfortável em pelo menos uma de sete situações sociais com falar em público sendo a situação confirmada com maior frequência (Stein, Walker e Forde, 1994). Portanto, o critério do DSM-IV-TR de acentuado sofrimento ou interferência é necessário para diferenciar as formas clínicas mais graves de fobia social das variantes subclínicas mais leves de ansiedade social encontradas em toda população não clínica (Heckelman e Schneier, 1995).

DIRETRIZ PARA O TERAPEUTA 9.1

A fobia social é caracterizada por uma ansiedade acentuada e persistente, mesmo pânico, com maior frequência em uma série de situações interpessoais e/ou de desempenho nas quais o indivíduo teme escrutínio e avaliação negativa pelos outros que levarão a constrangimento, humilhação ou vergonha. Uma preocupação fundamental é que o comportamento interpessoal, a aparência ou a expressão de ansiedade será julgada negativamente pelos outros. A ansiedade antecipatória pode ser intensa, levando a uma ampla esquiva de situações sociais temidas, bem como a produção de respostas inibitórias involuntárias e tentativas de encobrir a ansiedade quando a interação social é inevitável.

Timidez e fobia social

Há considerável confusão acerca da relação entre timidez e fobia social, com alguns enfatizando suas características comuns de alta ansiedade social e medo de avaliação negativa pelos outros (Stravynski, 2007), enquanto outros observam que há diferenças quantitativas importantes de modo que as duas não são consideradas sinônimos (Bruch e Cheek, 1995). Como a fobia social, a timidez foi descrita como ansiedade, desconforto e inibição em situações sociais e medo de avaliação negativa pelos outros, especialmente figuras de autoridade (Heiser, Turner e Beidel, 2003). Alguns concluíram que fobia social é muito semelhante a timidez crônica (Henderson e Zimbardo, 2001; Marshall e Lipsett, 1994). Além disso, tem sido difícil delimitar as fronteiras claras entre timidez e fobia social porque

1. não há consenso sobre a definição de timidez;
2. elas têm muitos aspectos comportamentais, cognitivos e fisiológicos comuns;
3. elas se originam de diferentes tradições de pesquisa com a timidez sendo estudada por psicólogos sociais, da personalidade e do aconselhamento enquanto a fobia social é um tema de pesquisa na psicologia clínica; e
4. suas diferenças podem ser de natureza mais quantitativa do que qualitativa (Bruch e Cheek, 1995; Heckelman e Schneier, 1995; Rapee, 1995b).

A timidez é um traço de personalidade normal que envolve algum grau de nervosismo, inibição e embaraço em interações sociais. Butler (2007) descreveu timidez como um senso de retraimento de encontros sociais e recolhimento para dentro de si mesmo devido a desconforto físico (p. ex., tensão, sudorese, tremor), ansiedade, inibição ou incapacidade de se expressar, e atenção autocentrada excessiva. Zimbardo definiu timidez como "um estado aumentado de individuação caracterizado por preocupação egocêntrica excessiva e preocupação excessiva com avaliação social [...] com a consequência de que o indivíduo tímido se inibe, se afasta, evita e foge" (citado em Henderson e Zimbardo, 2001, p. 48). Apesar das semelhanças com a fobia social, há diferenças importantes. Comparada à fobia social, a timidez é muito mais difusa na população em geral, ela pode ser menos crônica ou duradoura, está associada a menor esquiva e prejuízo funcional, e indivíduos tímidos podem ser mais capazes de iniciar interação social quando necessário (Beidel e Turner, 2007; Bruch e Cheek, 1995).

A Tabela 9.3 apresenta algumas diferenças importantes entre timidez e fobia social (Turner, Beidel e Townsley, 1990).

Fobia social é sem dúvida uma condição mais grave do que timidez, com esquiva grave e difusa de situações sociais sendo uma das diferenças mais importantes. Embora as diferenças sejam de natureza mais quantitativa do que qualitativa (Rapee, 1995b), Beidel e Turner (2007) concluíram

em sua revisão que fobia social não deve ser considerada uma forma extrema de timidez. Estudos que compararam diretamente a prevalência de timidez e fobia social confirmam a diferença entre as duas síndromes. Chavira, Stein e Malcane (2002) verificaram que apenas 36% dos indivíduos que tinham altos níveis de timidez satisfaziam os critérios para fobia social generalizada comparados a 4% de indivíduos com timidez média ou normativa. Em outro estudo apenas 17,7% dos estudantes universitários tímidos satisfaziam os critérios diagnósticos para fobia social (Heiser et al., 2003) e a análise dos dados do NCS revelaram uma prevalência de fobia social durante a vida de 28% para mulheres e 21% para homens que relataram timidez excessiva na infância (Cox, MacPherson e Enns, 2005). Inversamente, apenas 51% das mulheres e 41% dos homens com fobia social complexa (generalizada) durante a vida tiveram timidez excessiva na infância. Juntos, esses achados indicam que timidez e fobia social, embora significativamente relacionadas, não podem ser consideradas sinônimos.

Subtipos de fobia social: generalizada *versus* específica

O DSM-IV-TR (APA, 2000) permite a diferenciação entre um subtipo generalizado e um subtipo específico ou circunscrito de fobia

TABELA 9.3 Aspectos característicos da timidez e fobia social

Timidez	Fobia social
• Traço de personalidade normal	• Transtorno psiquiátrico
• Primariamente inibição e discrição social	• Presença de acentuada ansiedade, mesmo pânico, em situações de avaliação social
• Pode se envolver socialmente quando necessário	• Maior probabilidade de exibir desempenho social deficiente
• Menor probabilidade de evitar situações sociais	• Esquiva de situações sociais mais frequente e difusa
• Altamente prevalente na população	• Taxa de prevalência mais baixa
• Curso mais transitório para muitos indivíduos	• Duração mais longa, mais crônica e constante
• Início mais precoce talvez nos anos pré-escolares	• Início mais tardio, do início à metade da adolescência
• Menor prejuízo na vida diária	• Maior prejuízo social e ocupacional

social. Infelizmente, os critérios para fazer essa distinção não são muito claros. Fobia social generalizada (FSG) pode ser especificada quando os indivíduos temem a maioria das situações sociais incluindo situações de desempenho público e interação social. Entretanto, o número de situações temidas necessário para se qualificar para FSG não é declarado. O "subtipo específico" de fobia social é definido até menos claramente. O DSM-IV-TR afirma que esse subtipo pode ser bastante heterogêneo incluindo pessoas que temem apenas uma única situação de desempenho (isto é, falar em público), bem como aqueles que temem a maioria das situações de desempenho, mas não situações de interação social. Em um estudo prospectivo na comunidade, Wittchen, Stein e Kessler (1999) relataram uma prevalência durante a vida de 5,1% para fobia social específica e de 2,2% para FSG entre 14 a 24 anos, com o subtipo específico caracterizado principalmente por medos de desempenho em testes e de falar na frente de outras pessoas.

Há considerável debate na literatura sobre a validade da distinção generalizada *versus* específica na fobia social. Não apenas as descrições de fobia social generalizada e específica do DSM-IV-TR são ambíguas, mas os pesquisadores empregam definições diferentes do subtipo especifico de reservar o termo para medo de falar em público apenas a uma definição mais ampla que inclui medo de múltiplas situações dentro de uma esfera social tal como situações de desempenho social apenas (ver Hofmann e Barlow, 2002). Além disso, um problema mais fundamental em classificar em subtipos é que a fobia social parece ocorrer em um *continuum* de gravidade sem fronteiras definidas para delimitar os subtipos. Análises taxométricas indicam que a ansiedade social favorece um modelo dimensional de gravidade (Kollman, Brown, Liverant, e Hofmann, 2006) e estudos em comunidade não conseguiram encontrar uma demarcação clara de subtipos baseada no número de situações sociais temidas (p. ex., Stein, Torgrud e Walker, 2000; Vriends, Becker, Meyer,

Michael e Margraf, 2007a). Esses achados sugerem que a distinção generalizada pode ser confundida com gravidade do sintoma de modo que o especificador pode estar selecionando arbitrariamente o mais grave no *continuum* de ansiedade social.

Outros, entretanto, afirmaram que especificar um subtipo generalizado é uma distinção clinicamente útil. A maioria dos indivíduos com fobia social que busca tratamento satisfará os critérios para o subtipo generalizado (ver Beidel e Turner, 2007; Kollman et al., 2006), enquanto fobia social específica pode ser mais prevalente em amostras da comunidade (Wittchen et al., 1999). Além disso, FSG está associada a maior gravidade dos sintomas, depressão, esquiva e medo de avaliação negativa, bem como maior prejuízo funcional, início mais precoce, maior cronicidade e frequência aumentada de diagnósticos de Eixo I e Eixo II comórbidos (p. ex., Herbert, Hope e Bellack, 1992; Holt, Heimberg e Hope, 1992; Kessler, Stein e Berglund, 1998; Mannuzza et al., 1995; Turner, Beidel e Townsley, 1992; Wittchen et al., 1999). De modo geral, os achados indicam que o subtipo generalizado *versus* específico da fobia social está na verdade capturando uma distinção de gravidade baseada no número de situações sociais temidas, com a FSG sendo a forma mais grave de fobia social vista com maior frequência em contextos de tratamento. Por essa razão, a perspectiva cognitiva descrita neste capítulo é mais relacionada à FSG.

DIRETRIZ PARA O TERAPEUTA 9.2

Em vez de formar subtipos distintos, a fobia social varia ao longo de um *continuum* de gravidade com formas mais leves envolvendo medo de uma gama limitada de situações sociais e fobia social generalizada, mais grave caracterizada por medo de um número mais amplo de interações sociais e situações de desempenho.

Fobia social e transtorno da personalidade esquiva

Existe um alto grau de sobreposição diagnóstica entre FSG e transtorno da personalidade esquiva (TPE) que levou os pesquisadores a questionar se elas realmente são duas condições separadas conforme descrito atualmente no DSM-IV (Sanderson, Wetzler, Beck e Betz, 1994; Tyrer, Gunderson, Lyons e Tohen, 1997; van Velzen, Emmelkamp e Scholing, 2000; Widiger, 1992). Como pode ser visto pelos critérios diagnósticos para TPE na Tabela 9.4, tanto FSG como TPE têm muito em comum porque essencialmente ambos são caracterizados por um padrão difuso de desconforto, inibição e medo de avaliação negativa em uma variedade de contextos sociais ou interpessoais (Heimberg, 1996).

Em sua revisão, Heimberg (1996) concluiu que aproximadamente 60% dos indivíduos com FSG satisfarão os critérios para TPE comparado com 20% das fobias sociais não generalizadas. Além disso, quase todos os indivíduos com TPE satisfarão os critérios diagnósticos para fobia social (Brown, Heimberg e Juster, 1995; Herbert et al., 1992; Turner et al., 1992). Devido a essa estreita relação entre FSG e TPE, uma avaliação para TPE deve ser feita sempre que os indivíduos satisfazem os critérios diagnósticos para fobia social.

A comparação da apresentação clínica entre FSG com e sem TPE geralmente revelou que aqueles com FSG e TPE têm maior gravidade do sintoma, comorbidade diagnóstica, prejuízo funcional, deficiências de habilidades sociais e possivelmente menor motivação e reposta à TCC (p. ex., Holt et al., 1992; van Velzen et al., 2000; ver também Beidel e Turner, 2007; Heimberg, 1996). Mais recentemente, Chambless, Fydrich e Rodebaugh (2006) verificaram que FSG com TPE era caracterizada por uma forma mais grave de fobia social e habilidades sociais mais pobres comparado a FSG sem TPE, sendo a única diferença qualitativa a autoestima baixa no grupo de TPE. Os autores concluíram que o TPE do DSM-IV deve ser considerado uma forma grave de FSG em vez de um diagnóstico separado.

Beidel e Turner (2007) levantam uma série de implicações de tratamento que podem ser um argumento em favor da utilidade clínica de manter o diagnóstico de TPE. Eles observam que indivíduos com TPE podem ter menos tolerância para tratamento baseado em exposição e portanto uma abordagem mais gradual pode ser necessária. Eles também indicam que indivíduos com TPE podem ter mais déficits de habilidades sociais e funcionamento social/ocupacional mais baixo, desse modo tornando o treinamento de habilidades sociais um ingrediente essencial do tratamento quando TPE está presente. Apesar dessas observações clínicas, a pesquisa clínica até o momento sugere que a ansiedade social deve ser conceitualizada como um *continuum* de gravidade com fobia social específica ou circunscrita na extremidade mais leve, FSG sem TPE na variação moderada e FSG com TPE sendo a forma mais grave do transtorno (McNeil, 2001).

DIRETRIZ PARA O TERAPEUTA 9.3

O transtorno da personalidade esquiva (TPE) é uma forma grave de FSG associada com maior psicopatologia e prejuízo funcional. Dadas as complicações de tratamento que podem estar associadas a esse diagnóstico, inclua uma avaliação de TPE no protocolo de diagnóstico para fobia social.

EPIDEMIOLOGIA E ASPECTOS CLÍNICOS

Prevalência

Fobia social é o mais comum dos transtornos de ansiedade e o terceiro mais comum entre todos os transtornos mentais. O NCS empregou os critérios do DSM-III-R para fobia social e constatou que a prevalência nos últimos 12 meses era de 7,9% e a prevalência durante a vida era de 13,3% (Kessler et al.,

344 CLARK & BECK

1994). Além disso, aproximadamente dois terços desses indivíduos tinham FSG, com o restante tendo simplesmente medos de falar que eram menos duradouros e prejudiciais (Kessler et al., 1998). O NCS-R mais recente baseado nos critérios diagnósticos do DSM-IV relatou uma prevalência nos últimos 12 meses de 6,8% e uma prevalência durante a vida de 12,1% para fobia social (Kessler, Berglund, et al., 2005; Kessler, Chiu, et al., 2005). A alta prevalência para fobia social foi encontrada em outros estudos epidemiológicos e de grandes comunidades (p. ex., Newman et al., 1996). Também há evidência de que a incidência da fobia social pode estar aumentando com o passar do tempo (Rapee e Spence, 2004).

Conforme observado anteriormente, formas mais leves de ansiedade social são mais prevalentes na população em geral do que fobia social. A ocorrência de inibição social, medo de avaliação negativa, nervosismo e sentimentos de inadequação quando em situações sociais é relatada como de ocasional a moderadamente frequente pela maioria dos indivíduos não clínicos. Além disso, medo e esquiva de situações sociais é comum no transtorno de pânico, TAG e agorafobia (Rapee et al., 1988). O que diferencia fobia social é o número de situações sociais temidas e o grau de prejuízo funcional (Rapee et al., 1988; Stein et al., 2000).

Diferenças de gênero e interculturais

Ao contrário dos outros transtornos de ansiedade, a proporção de gênero para fobia social não é tão altamente inclinada às mulheres. Há uma razão aproximada de 3:2 de mulheres para homens com fobia social. No NCS, a prevalência durante a vida para mulheres foi de 15% e para homens de 11,1% (Kessler et al., 1994). Entretanto, Rapee (1995b) observa que um número igual de homens e mulheres buscam tratamento para fobia social, embora estudos de questionários subclínicos sugiram que as mulheres podem sentir maior ansiedade social e timidez que os homens (p. ex., Wittchen et al., 1999). Diferenças interculturais podem ocorrer na proporção de gênero para fobia social. Em um estudo conduzido em uma amostra de 87 indivíduos turcos com fobia social do DSM-III-R, 78,2% eram homens (Gökalp et al., 2001).

Diferenças entre nações também foram relatadas na prevalência de fobia social do DSM-III ou do DSM-IV. Nos Levantamentos Epidemiológicos Entre Nações houve uma elevação de quatro vezes na fobia social em países ocidentais de língua inglesa comparado a países do leste asiático como Taiwan e Coreia do Sul (ver Chapman, Mannuzza e Fyer, 1995). Os autores questionam se isso

---

TABELA 9.4 Critérios diagnósticos do DSM-IV-TR para transtorno da personalidade esquiva

Um padrão global de inibição social, sentimentos de inadequação e hipersensibilidade à avaliação negativa, que se manifesta no início da idade adulta e está presente em uma variedade de contextos, indicado por, no mínimo, quatro dos seguintes critérios:

1. evita atividades ocupacionais que envolvam contato interpessoal significativo por medo de críticas, desaprovação ou rejeição
2. reluta a envolver-se, a menos que tenha certeza da estima do indivíduo
3. mostra-se reservado em relacionamentos íntimos, em razão do medo de passar vergonha ou ser ridicularizado
4. preocupa-se com críticas ou rejeição em situações sociais
5. inibe-se em novas situações interpessoais, em virtude de sentimentos de inadequação
6. vê a si mesmo como socialmente inepto, sem atrativos pessoais ou inferior
7. é extraordinariamente reticente em assumir riscos pessoais ou se envolver em quaisquer novas atividades, porque estas poderiam provocar vergonha

Nota: De American Psychiatric Association (2000). *Copyright* 2000 pela American Psychiatric Association. Reimpressa com permissão.

reflete diferenças reais nas taxas de fobia social entre culturas. Eles observam que pode ter faltado relevância cultural às perguntas da entrevista fora de países ocidentais. Também há condições análogas à fobia social que são específicas de certos países asiáticos que não foram incluídos nos levantamentos, tal como o "taijin kyofusho" (TKS) no Japão, que é um medo persistente e irracional de causar ofensa, constrangimento ou dano a terceiros devido a alguma inadequação ou deficiência pessoal (Chapman et al., 1995).

Mesmo dentro de países ocidentais onde as taxas de fobia social podem ser bastante semelhantes, a apresentação clínica do transtorno pode ser afetada por fatores culturais. Por exemplo, um estudo que comparou fobia social em amostras norte-americanas, suecas e australianas constatou que a amostra sueca tinha significativamente mais medo de comer/beber em público, escrever em público, participar de reuniões e falar com figuras de autoridade (Heimberg, Makris, Juster, Öst e Rapee, 1997). Portanto, fobia social pode ser encontrada na maioria dos países ao redor do mundo, mas as preocupações sociais, a apresentação do sintoma e mesmo o limiar para o transtorno podem variar entre as culturas (Hofmann e Barlow, 2002; Rapee e Spence, 2004). Da mesma forma, as variáveis quem medem a ansiedade social podem diferir entre culturas. Por exemplo, a vergonha tem um papel mais forte na ansiedade social em amostras chinesas do que nas norte-americanas (Zhong et al., 2008).

Idade de início e curso

A fobia social caracteristicamente começa do início à metade da adolescência, o que lhe confere um início mais tardio do que fobias específicas, mas tem um início mais precoce do que o transtorno de pânico (Öst, 1987b; Rapee, 1995a). No NCS-R, 13 anos foi a idade média de início de fobia social que era substancialmente mais precoce do que a idade de início para transtorno de pânico, TAG, TEPT e TOC (Kessler, Berglund, et al.,

2005). De fato, muitos indivíduos com fobia social descrevem uma luta da vida inteira, com 50 a 80% relatando um início do transtorno na infância (Otto et al., 2001; Stemberger, Turner, Beidel, Calhoun, 1995). Um início precoce está associado com um curso mais crônico e grave do transtorno (Beidel e Turner, 2007).

É uma crença comum que fobia social não tratada tem um curso crônico e ininterrupto (Beidel e Turner, 2007; Hofmann e Barlow, 2002; Rapee, 1995b). Isso parece estar apoiado por uma série de estudos longitudinais nos quais a maioria dos indivíduos com fobia social relata um curso crônico que pode durar anos, se não décadas (Chartier, Hazen e Stein, 1998; Keller, 2003; Vriends et al., 2007b, para achados contrários). Como ocorre com outros transtornos, é provável que uma maior preponderância daqueles com a forma mais crônica de fobia social estará representada entre os que procuram tratamento.

Uma série de variáveis predizem cronicidade na fobia social. A presença de um transtorno da personalidade comórbido, especialmente TPE, está associada com uma probabilidade mais baixa de remissão (Massion et al., 2002), e o subtipo generalizado de fobia social é caracterizado por maior cronicidade. Consistente com outros transtornos de ansiedade, a maior gravidade dos sintomas, a psicopatologia e o prejuízo funcional aumentado estão associados com um curso mais contínuo e estável de fobia social (p. ex., Chartier et al., 1998; Vriends et al., 2007b).

Efeitos prejudiciais da fobia social

A fobia social está associada à formação educacional mais baixa, perda de produtividade no trabalho, falta de avanço na carreira, taxas mais altas de dependência financeira e prejuízo grave no funcionamento social (p. ex., Kelly, 2003; Schneier, Johnson, Hornig, Liebowitz e Weissman, 1992; Simon et al., 2002; Turner, Beidel, Dancu e Keys, 1986; Zhang, Ross e Davidson, 2004). No NCS, indivíduos com fobia social relataram significativamente maior prejuízo na função do que aqueles com agorafobia, mas menos dias ausentes do trabalho (Magee, Eaton, Wittchen, McGonagle e Kessler, 1996). Como com os outros transtornos de ansiedade, fobia social com ansiedade (p. ex., pânico, TAG) ou depressão comórbidas tem maior prejuízo funcional (Magee et al., 1996).

Indivíduos com fobia social também julgam sua qualidade de vida como significativamente mais pobre do que indivíduos não clínicos (Safren, Heimberg, Brown e Holle, 1996-1997). Uma metanálise da qualidade de vida nos transtornos de ansiedade revelou que a fobia social tinha efeitos negativos sobre vida social, trabalho e família/lar semelhantes ao transtorno de pânico e TOC (Olatunji et al. 2007). Em resumo, fobia social é um transtorno mental sério que pode ter efeitos negativos permanentes sobre a satisfação de vida e a vida diária.

Demora no tratamento e utilização de serviços

Apesar dos muitos efeitos negativos do transtorno, indivíduos com fobia social têm algumas das taxas mais baixas de utilização de tratamento entre os transtornos de ansiedade. A maioria dos indivíduos com fobia social nunca busca tratamento para sua condição. No NCS indivíduos com fobia social tiveram taxas mais baixas de busca de ajuda profissional que aqueles com fobia simples ou agorafobia (Magee et al., 1996). Além disso, apenas 24,7% de indivíduos que satisfaziam os critérios do DSM-IV para fobia social no NCS-R consultaram pelo menos uma vez um especialista de saúde mental em um período de 12 meses (Wang, Lane, et al., 2005). No mesmo estudo, a duração média da demora no primeiro contato de tratamento foi de 16 anos para fobia social, uma demora que foi substancialmente maior do que aquelas para transtorno de pânico, TAG, TEPT ou depressão maior (Wang, Berglund,

et al., 2005). Eles também consultam menos clínicos gerais do que indivíduos com transtorno de pânico (Deacon et al., 2008). Em resumo, indivíduos com fobia social têm menor probabilidade de procurar tratamento e a minoria que o faz tem o primeiro contato apenas após muitos anos com o transtorno. Além disso, a fobia social tende a não ser detectada pelos médicos e por outros profissionais da saúde, desse modo agravando o problema de baixa utilização de serviços (Wagner, Sivoe, Marnane e Rouen, 2006). De fato, a análise dos dados do NCS-R também confirma que o transtorno é pouco tratado, com alguma evidência de que aqueles que têm a maior necessidade de tratamento têm menor probabilidade de recebê-lo (Ruscio, Brown et al., 2007).

> **DIRETRIZ PARA O TERAPEUTA 9.4**
>
> A fobia social é o mais prevalente dos transtornos de ansiedade, afetando ligeiramente mais mulheres do que homens, com diferenças culturais na taxa e na apresentação clínica. O transtorno comumente surge no final da infância ou na adolescência e segue um curso crônico e ininterrupto que resulta em diminuição significativa no funcionamento social e ocupacional. Apesar desses efeitos negativos, os indivíduos costumam adiar a busca de tratamento.

Comorbidade

Pode ser difícil diferenciar fobia social de outros transtornos de ansiedade porque ansiedade social é um sintoma comum em todos os transtornos de ansiedade e as taxas de comorbidade são altas naqueles com diagnóstico principal de fobia social (Turner e Beidel, 1989). Rapee e colaboradores (1988) verificaram que 80% dos indivíduos com transtorno de pânico, TAG ou fobia simples relataram pelo menos um leve medo em uma ou mais situações sociais e mais de 50% relataram medo e esquiva moderados. Ao mesmo tempo, são altas as taxas de fobia social secundária mais sérias que satisfazem os critérios diagnósticos entre aqueles com outro transtorno de ansiedade primária ou depressão maior. No amplo estudo clínico de Brown e colaboradores (2001), fobia social secundária estava presente em grande número de pacientes com transtorno de pânico (23%), TAG (42%), TOC (35%), fobia específica (27%), TEPT (41%) e depressão maior (43%).

A taxa de comorbidade para aqueles com um diagnóstico principal de fobia social parece semelhante às taxas globais encontradas nos outros transtornos de ansiedade. As taxas de transtorno comórbido durante a vida variam de 69 a 88% (Brown et al., 2001; Kessler, Berglund, et al., 2005; Schneier et al., 1992; Wittchen et al., 1999), com aproximadamente três quartos dos indivíduos com fobia social geralmente satisfazendo os critérios para outro transtorno mental. Na maioria dos casos a fobia social precede o início do outro transtorno (p. ex., Brown et al., 2001; Schneier et al., 1992) e está associada a maior prejuízo funcional do que casos não complicados de fobia social (Wittchen et al., 1999).

As taxas mais altas de condições comórbidas na fobia social são depressão maior, abuso de substância, TAG e, em menor grau, transtorno de pânico. No NCS, 56,9% dos indivíduos com fobia social tinham um transtorno de ansiedade comórbido, o mais comum sendo fobia simples (37,6%), agorafobia (23,2%) e TAG (13,3%) (Magee et al., 1996). Depressão maior ocorreu em 37,2% e abuso de substância em 39,6% de casos de fobia social. No NCS-R fobia social estava mais altamente correlacionada com TAG, TEPT, depressão maior, transtorno de déficit de atenção/hiperatividade e dependência de substâncias (Kessler, Chiu, et al., 2005).

Poderia se esperar altas taxas de consumo de álcool na fobia social como uma forma de automedicação (Rapee, 1995b), mas achados de estudos epidemiológicos sugerem que as taxas de transtorno de substância comórbido não são maiores na fobia social do que nos outros transtornos de ansiedade ou na depressão maior (Grant et al.,

2004). Entretanto, em uma revisão recente Morris, Stewart e Ham (2005) concluíram que indivíduos com fobia social generalizada têm altas taxas de transtornos por uso de álcool comórbidos que podem estar ligados a medos de avaliação negativa e expectativas de que o álcool reduza a ansiedade social.

Dado o declínio significativo na função associado a fobia social, um grande número de indivíduos com fobia social também desenvolve depressão maior, bem como taxas elevadas de ideação suicida e tentativas de suicídio (Schneier et al., 1992). De fato tanto fobia simples (24,3%) como fobia social (27,1%) tiveram as taxas mais altas de depressão maior secundária na vida dentro dos transtornos de ansiedade no NCS, com a ocorrência de depressão maior aproximadamente 11,9 anos após o início da fobia social (Kessler et al., 1996). Finalmente, os transtornos do Eixo II estão comumente associados a fobia social, o mais frequente sendo TPE, embora taxas elevadas de transtorno da personalidade dependente e obsessivo-compulsiva também tenham sido relatadas (ver Beidel e Turner, 2007; Heimberg e Becker, 2002; Turner, Beidel, Borden, Stanley e Jacobs, 1991).

De acordo com o DSM-IV-TR, um diagnóstico de fobia social não é feito quando a ansiedade e esquiva social dizem respeito ao possível constrangimento originado de uma condição médica geral como tremores devido a doença de Parkinson, cicatriz facial, obesidade, tartamudez, etc. (APA, 2000). Entretanto, essa proibição pode ser muito rigorosa. Stein, Baird e Walker (1996), por exemplo, verificaram que 44% dos pacientes buscando tratamento para tartamudez satisfaziam os critérios diagnósticos para fobia social quando o diagnóstico era feito apenas quando a ansiedade social excedia à gravidade de sua disfluência verbal. Portanto, uma avaliação cuidadosa do contexto e gravidade da ansiedade social é necessária para determinar se ela é uma resposta razoável ou exagerada à condição médica geral.

> **DIRETRIZ PARA O TERAPEUTA 9.5**
>
> Dada a alta taxa de depressão maior, ansiedade generalizada, fobias específicas, agorafobia e abuso de substância comórbidos na fobia social, o profissional deve incluir uma avaliação diagnóstica completa para essas condições ao tratar a fobia social. Além disso a frequência, intensidade e duração de ataques de pânico e ideação suicida devem ser avaliadas antes de iniciar o tratamento.

Eventos de vida negativos e adversidade social

Como outros transtornos de ansiedade, a fobia social está associada a uma taxa aumentada de adversidades na infância, embora a relação não seja tão forte quanto a encontrada nos transtornos do humor (Kessler, Davis e Kendler, 1997). Em seu modelo etiológico de fobia social, Rapee e Spence (2004) propuseram que eventos de vida negativos e experiências de aprendizagem mais específicas podem contribuir para o risco aumentado de ansiedade social patológica para indivíduos com um "ponto de referência" mediado geneticamente para alta ansiedade social. No presente contexto, estamos mais interessados em se certos eventos interpessoais adversos na infância ou adolescência poderiam desempenhar um papel etiológico na fobia social ou se indivíduos com fobia social vivenciam mais eventos interpessoais adversos, mesmo traumáticos que poderiam reforçar sua ansiedade social.

Estimativas de hereditariedade sugerem que 30% da probabilidade de doença na fobia social se deve a fatores genéticos, deixando espaço considerável para a influência de fatores ambientais (Kendler et al., 1992b). De fato, uma associação significativa foi encontrada entre eventos traumáticos na infância, como abuso físico ou sexual, bem como adversidades na infância, como falta de um relacionamento íntimo com um adulto, conflito conjugal na família de origem, mudança frequente, fuga de casa, notas baixas, etc., e risco aumentado para transtornos de ansiedade na idade adulta incluindo fobia social (Chartier, Walker e Stein, 2001; Kessler et al., 1997; Stemberger et al., 1995). As taxas de fobia social entre sobreviventes de agressão física ou sexual na infância variam de 20 a 46%, com TEPT, TAG e fobias específicas sendo mais prevalentes (Pribor e Dinwiddie, 1992; Saunders et al., 1992). Níveis mais altos de abuso emocional na infância (Gibb, Chelminski e Zimmerman, 2007) e de eventos de vida adversos na infância como rompimento conjugal parental; conflito familiar; estilos parentais negativos como superproteção, agressão verbal e rejeição; e psicopatologia parental foram associados a um risco aumentado para fobia social (p. ex., Lieb et al., 2000; Magee, 1999).

Se os medos de situações sociais são adquiridos, poderíamos esperar que fobia social estivesse associada a uma taxa mais alta de vivências sociais adversas. Em seu artigo de revisão Alden e Taylor (2004) concluíram que indivíduos com fobia social têm menos relacionamentos sociais e mais negativos durante toda a vida e seu estilo interpessoal evoca mais respostas negativas de terceiros que criam um ciclo de eventos interpessoais autoperpetuador. É incerto se os eventos sociais adversos desempenham um papel definidor na etiologia da fobia social. Certamente, outras pessoas tendem a julgar indivíduos socialmente ansiosos de modo mais negativo e menos agradável do que indivíduos não socialmente ansiosos (Alden e Taylor, 2004). Harvey, Ehlers, e Clark (2005) administraram um Questionário da História de Aprendizagem a 55 indivíduos com fobia social, a 30 indivíduos com TEPT e a 30 controles não pacientes. O grupo de fobia social relatou que seus pais tinham significativamente menor probabilidade de encorajá-los a se envolver socialmente, eram emocionalmente mais frios e tinham menor probabilidade de alertá-los sobre os perigos de eventos sociais do que o grupo não clínico. Além disso, problemas com o grupo de iguais e não se entrosar com seus pares estavam entre as experiências mais comuns que os participantes relataram no desenvolvimento da fobia social. Curiosamente, apenas 13% da amostra de fobia social disse que um evento condicionante era a razão principal para o início de sua fobia social e apenas quatro de 12 variáveis investigadas foram significativas para fobia social *versus* TEPT. Kimbrel (2008) concluiu que não é claro se negligência e exclusão pelos pares são uma causa ou uma consequência da ansiedade social.

Em resumo, experiências sociais negativas, particularmente durante os anos formativos da infância e adolescência, provavelmente contribuem para o desenvolvimento da fobia social. Também é provável que indivíduos tímidos e socialmente ansiosos vivenciem mais eventos sociais negativos do que indivíduos menos ansiosos, em parte porque seu estilo interpessoal evoca menos resposta positiva dos outros (Alden e Taylor, 2004). Entretanto, é discutível que indivíduos socialmente fóbicos vivenciam mais eventos interpessoais qualitativamente traumáticos ou se tornam socialmente fóbicos em resposta a um único evento social traumático. Em vez de fatores ambientais ou sociais, afirmamos que as respostas cognitivas a experiências sociais serão o aspecto característico da fobia social. Em outras palavras, o fator mais crítico na etiologia da fobia social pode ser a interpretação negativa que indivíduos tímidos ou socialmente ansiosos geram sobre suas interações sociais com os outros.

Déficits de habilidades sociais

Tem havido muito debate na literatura sobre se fobia social é caracterizada por déficits nas habilidades sociais ou se a principal diferença é que indivíduos com fobia social percebem seu desempenho em situações sociais mais negativamente (Hofmann e Barlow, 2002). Vários modelos etiológicos de fobia social incluíram desempenho social prejudicado como um fator de manutenção importante (Beck et al., 1985, 2005; D. M. Clark e Wells, 1995; Kimbrel, 2008; Rapee e Heimberg, 1997; Rapee e Spence, 2004). Nos modelos cognitivos, desempenho social prejudicado é considerado uma consequência de ansiedade na situação social. Por exemplo, D. M. Cla-

rk e Wells (1995) mencionam uma série de comportamentos sociais negativos que resultam de se sentir ansioso perto dos outros, tais como esquiva do olhar, uma voz insegura, mãos trêmulas, comportar-se menos amigavelmente em relação aos outros, evitar autoexposição, etc. Beck e colaboradores (1985, 2005) mencionam vários comportamentos inibitórios automáticos que afetarão negativamente o desempenho social. Rapee e Spence (2004) diferenciam entre desempenho social interrompido que é devido a ansiedade aumentada *versus* habilidades sociais pobres, que é uma falta fundamental de capacidade social (p. ex., habilidades de conversação pobres, falta de assertividade, passividade, submissão). O papel dos déficits de habilidades sociais tem uma importante implicação no tratamento. Se habilidades sociais positivas estão ausentes, então o treinamento de habilidades sociais será um componente importante no tratamento.

Há pouca dúvida de que a experiência de ansiedade aumentada em situações de avaliação social desintegra significativamente o desempenho social. O que é menos certo é se indivíduos com fobia social carecem de conhecimento social ou de uma capacidade internalizada de atuar socialmente que contribui para o desenvolvimento de fobia social (Rapee e Spence, 2004). Certamente, indivíduos com fobia social se percebem menos efetivos socialmente do que indivíduos não ansiosos (p. ex., Alden e Philips, 1990; Stangier, Esser, Leber, Risch, e Heidenreich, 2006). Além disso, quando o desempenho em situações sociais é avaliado por observadores externos, indivíduos com fobia social tendem a exibir menos afeto e interesse, são mais visivelmente ansiosos, menos dominadores, geram menos comportamentos verbais positivos e geralmente exibem desempenho global mais pobre do que grupos de comparação não ansiosos (p. ex., Alden e Bieling, 1998; Alden e Wallace, 1995; Mansell, Clark e Ehlers, 2003; Rapee e Lim, 1992; Stopa e Clark, 1993; Walters e Hope, 1998). Entretanto, indivíduos com fobia social consistentemente avaliam seu desempenho social mais negativamente do que os observadores externos (p.

ex., Abbott e Rapee, 2004; Alden e Wallace, 1995; Mellings e Alden, 2000; Rapee e Lim, 1992; Stopa e Clark, 1993). Além disso, está bem estabelecido que indivíduos socialmente ansiosos nem sempre exibem comportamento social maladaptativo. Alden e Taylor (2004) observam que a ocorrência de comportamentos maladaptativos depende do contexto social, com indivíduos socialmente ansiosos com maior probabilidade de exibir desempenho social pobre quando antecipam uma situação ambígua ou de avaliação.

Podemos concluir que déficits reais nas habilidades sociais provavelmente desempenham, no máximo, um papel menor na etiologia da fobia social (Rapee e Spence, 2004). Ao mesmo tempo, é claro que indivíduos socialmente ansiosos têm um desempenho mais pobre em certos contextos sociais, principalmente como consequência de sua ansiedade aumentada e comportamento inibitório automático. Entretanto, a especificidade situacional desse déficit de desempenho, bem como o viés autoavaliativo negativo bem documentado indicam que fatores cognitivos desempenham um papel maior no desenvolvimento e manutenção da fobia social do que déficits comportamentais.

DIRETRIZ PARA O TERAPEUTA 9.6

Indivíduos com fobia social podem ter experiências sociais mais negativas em razão de reações menos positivas de terceiros devido a deficiências em seus comportamentos sociais quando a ansiedade é elevada em contextos sociais desconhecidos ou de avaliação. Entretanto, sua avaliação subjetiva negativa do seu desempenho social é enormemente exagerada e é o principal contribuinte para a manutenção de sua ansiedade social.

TEORIA COGNITIVA DA FOBIA SOCIAL

Descrição do modelo

Um relato teórico da fobia social deve considerar três aspectos que são únicos a esse transtorno. Primeiro, sentimentos de constrangimento e vergonha são frequentemente as emoções negativas dominantes que resultam de um encontro social mais do que apenas ansiedade (Beck et al., 1985, 2005; Hofmann e Barlow, 2002). Segundo, a intensa ansiedade associada a situações sociais frequentemente evoca comportamentos inibitórios automáticos e tentativas de encobrir a ansiedade que têm o infeliz efeito de desintegrar o desempenho social e causar a catástrofe que a pessoa socialmente fóbica mais teme: a avaliação negativa dos outros (Beck et al., 1985, 2005). Ao contrário do transtorno de pânico, no qual a catástrofe repetidamente não ocorre (p. ex., um ataque cardíaco), a catástrofe percebida na fobia social frequentemente acontece devido aos efeitos devastadores da ansiedade. Terceiro, a própria ansiedade se torna uma ameaça secundária na medida em que indivíduos com fobia social acreditam que devem encobrir a ansiedade a fim de evitar avaliação negativa dos outros. O relato teórico discutido abaixo propõe uma série de processos e estruturas cognitivos que podem explicar esses aspectos da fobia social e sua manutenção. O modelo se baseia fortemente na teoria cognitiva de ansiedades de avaliação descrita em Beck e colaboradores (1985, 2005), bem como nas contribuições significativas de D. M. Clark e Wells (1995) e Rapee e Heimberg (1997). O relato a seguir distingue três fases da ansiedade social; a fase antecipatória, exposição real à situação social e processamento pós-evento. A Figura 9.1 ilustra esse modelo cognitivo de fobia social refinado e elaborado.

A fase antecipatória

Na maioria dos casos há alguma previsão de um encontro social iminente que para indivíduos com fobia social pode evocar quase tanta ansiedade quanto a exposição à interação social real. Essa fase antecipatória poderia ser desencadeada por uma variedade de sinais informativos ou contextuais, tais como ser informado de uma tarefa social futura, revisar as anotações no diário ou estar em um local que lembre um evento social futuro (p. ex., passar pela sala da diretoria onde a reunião ocorrerá). A duração da fase antecipatória poderia variar de poucos minutos a muitos dias ou mesmo semanas. Seria esperado que a ansiedade se intensifique à medida que o evento social temido se torne mais iminente, que é consistente com o conceito de estilo maladaptativo iminente de Riskind (1997). Além disso, quanto mais intensa a ansiedade antecipatória, maior a probabilidade de a esquiva ser o resultado preferido. Esquiva difusa de interação social é a marca registrada da fobia social porque ela é considerada a forma mais efetiva para eliminar a ansiedade antecipatória. Consequentemente, os indivíduos sentem um forte impulso de se esquivar ao antecipar um evento social futuro ainda que eles reconheçam seus efeitos prejudiciais (p. ex., não retornar uma ligação de seu corretor de investimentos).

Em nossa ilustração de caso, Gerald frequentemente experimentava intensa ansiedade antecipatória sempre que suspeitava da possibilidade de um encontro social. Ele imediatamente começava a imaginar estratégias de como poderia evitar a situação social e manter seu isolamento dos outros. Entretanto, a esquiva nem sempre é possível e, portanto, a ansiedade experimentada durante essa fase significará que o indivíduo socialmente fóbico entra na situação social em um estado de ansiedade aumentada.

A base cognitiva da ansiedade social antecipatória envolverá primariamente os processos elaborativos, forçados na medida em que o indivíduo intencionalmente pensa sobre a aproximação do evento social. Os esquemas sociais maladaptativos preexistentes do indivíduo serão ativados envolvendo crenças de inadequação social percebida, a natureza aflitiva da ansiedade, os julgamentos negativos imaginados dos outros e a incapacidade de satisfazer os padrões de desempenho social esperados. Os esquemas sociais negativos tenderão a dominar o pensamento do indivíduo socialmente ansioso a respeito do evento social iminente. Seu pensamento se focalizará seletivamente nos possíveis aspectos ameaçadores da situa-

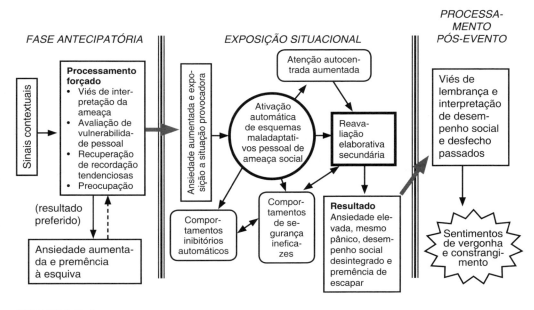

FIGURA 9.1
Modelo cognitivo de fobia social.

ção. Gerald, por exemplo, pensava sobre as pessoas olhando para ele e tentando iniciar conversas com ele que interpretava como altamente ameaçador. A possibilidade de aceitação pelos outros e de desempenho social positivo era completamente desprezada. Na fase antecipatória, indivíduos socialmente ansiosos também se avaliam como vulneráveis e incapazes de satisfazer as expectativas de desempenho social percebidas na tarefa iminente. A recordação de situações sociais passadas, especialmente aquelas semelhantes ao evento futuro, sofrerá a tendência de recuperar as vivências que envolveram ansiedade social e constrangimento intensos, levando a uma expectativa exagerada de ameaça e vulnerabilidade pessoal no evento social antecipado. Isso iniciará um processo de preocupação à medida que o indivíduo se tornar preocupado com a ameaça e o perigo do evento social que se aproxima. A probabilidade e a gravidade esperadas de um resultados negativo serão magnificadas quanto mais o indivíduo ficar preso nesse processo ruminativo ansioso. Gerald experimentava intensa preocupação quando uma reunião de trabalho era marcada. Tudo o que ele podia pensar era na terrível ansiedade que sentiu em reuniões passadas e o alívio experimentado quando foi capaz de encontrar uma desculpa para não comparecer.

Exposição situacional

Naturalmente indivíduos com fobia social frequentemente se veem em situações sociais que são inevitáveis e é quando a ansiedade será mais intensa. Processos cognitivos automáticos e forçados serão ativados durante a exposição à situação social temida. O processo cognitivo central é a ativação automática de esquemas sociais maladaptativos de ameaça e vulnerabilidade que resultam em um viés atencional para ameaça, foco aumentado em sinais internos de ansiedade, comportamentos inibitórios automáticos, avaliação negativa secundária do próprio estado emocional e da performance e uso ineficaz de comportamentos de segurança. A Tabela 9.5

fornece uma lista de esquemas maladaptativos chave que caracterizam a fobia social.

Os esquemas que caracterizam a fobia social são altamente específicos a situações sociais e não serão aparentes em situações não sociais. É a exposição antecipada ou real a uma situação social temida que ativará o conjunto de esquemas maladaptativos sociais. Esse conjunto inclui crenças centrais disfuncionais (p. ex., "Eu sou chato", "Eu sou diferente dos outros", "Eu não sou uma pessoa simpática"), suposições condicionais errôneas (p. ex., "Se as pessoas me conhecerem, elas não gostarão de mim"; "Se eu ruborizar, as pessoas perceberão que estou ansioso e pensarão que há alguma coisa errada comigo") e regras rígidas de desempenho social (p. ex., "Eu não devo mostrar nenhum sinal de ansiedade ou fraqueza", "Eu devo assumir o controle sendo extrovertido e espirituoso") (D. M. Clark, 2001; D. M. Clark e Wells, 1995).

Uma série de consequências se seguem da ativação automática dos esquemas maladaptativos sociais. A primeira é uma mudança atencional automática para processar sinais internos e externos de ameaça social. O *feedback* externo na forma de sinais verbais e não verbais dos outros que pode ser interpretado como sinais de possível avaliação negativa terá prioridade de processamento atencional (Rapee e Heimberg, 1997), enquanto sinais sociais externos indicativos de segurança (aprovação) ou "aceitação benigna" serão ignorados ou minimizados. Além disso, a informação interna tal como sintomas de ansiedade ou uma avaliação negativa *online* do próprio desempenho social terá prioridade atencional porque eles são consistentes com os esquemas sociais maladaptativos e a representação mental negativa de como indivíduos socialmente fóbicos pensam que são percebidos pelos outros na situação social. De fato a *"representação mental do indivíduo conforme visto pela plateia"* que "é baseada em como o indivíduo acredita que a plateia o vê em um determinado momento" (Rapee e Heimberg, 1997, p. 774) é um construto cognitivo central no modelo de fobia social de Rapee e Heimberg.

Uma segunda consequência da ativação do esquema é uma atenção autocentrada aumentada durante as interações sociais (ver D. M. Clark, 2001; D. M. Clark e Wells, 1995). A ativação dos esquemas de ameaça social resulta em hipervigilância e observação do próprio estado interno, especialmente de quaisquer sinais físicos, emocionais ou comportamentais que poderiam ser interpretados como sinais de ansiedade e perda de controle. Indivíduos socialmente ansiosos supõem que as outras pessoas também percebem esses sintomas de ansiedade que então se torna a base de sua avaliação negativa. Dessa forma, a informação interoceptiva reforça a representação mental do indivíduo socialmente ansioso de como ele supõe ser visto pelos outros. D. M. Clark e Wells (1995) ressaltam duas consequências adicionais associadas com a atenção autocentrada aumentada. Visto que a maioria dos recursos atencionais são dedicados ao automonitoramento, muito pouca atenção está disponível para processar informação externa de indivíduos no ambiente social. Como resultado, os indivíduos deixam de processar informação social que poderia desconfirmar seus esquemas de ameaça maladaptativos. Além disso, o intenso automonitoramento resulta em um tipo de raciocínio emocional ou "raciocínio *ex-consequentia*" (Arntz et al., 1995) de modo que indivíduos socialmente ansiosos supõem que os outros também devem observar o que eles sentem. Esse *processamento do indivíduo como um objeto social negativo* é um conceito chave no modelo de D. M. Clark e Wells (1995), no qual indivíduos socialmente fóbicos são considerados "presos em um sistema fechado no qual a maior parte da evidência de seus medos é autoproduzida e a evidência desconfirmatória (tal como as respostas das outras pessoas) se torna inacessível ou é ignorada" (D. M. Clark, 2001, p. 408). Como exemplo, as mãos e pernas de Gerald tremiam quando ele se sentia intensamente ansioso em situações sociais. Uma vez que ele estava muito consciente dessas sensações físicas, ele imaginava que os outros perceberiam seu tremor, concluiriam que ele deveria

estar nervoso e se perguntariam se ele poderia ter alguma doença mental que estivesse causando seu comportamento estranho.

A ocorrência de comportamentos inibitórios involuntários é outra consequência importante da ativação do esquema social negativo do indivíduo em situações sociais. Indivíduos socialmente fóbicos são na verdade inibidos em encontros sociais conforme indicado por sua postura tensa e rígida, expressão facial contraída e frequentemente fala desarticulada como gagueira, ter dificuldade para encontrar a palavra certa ou aparentar língua presa. Indivíduos socialmente fóbicos percebem que tendem a se comportar dessa maneira quando socialmente ansiosos e que esses comportamentos inibitórios são não apenas percebidos pelos outros, mas são provavelmente interpretados por eles de maneira negativa. Sentindo-se incapazes de conter os efeitos negativos da inibição sobre o desempenho social, essa tendência à inibição na fobia social leva a uma perda de controle percebida, percepção aumentada de vulnerabilidade pessoal e inépcia social e consequentemente ansiedade aumentada. A relação direta entre ameaça social e a ocorrência de inibição é prontamente aparente no fato de que indivíduos socialmente fóbicos podem ser informais e articulados em situações não ameaçadoras.

Uma quarta consequência da ativação do esquema de ameaça social é o apoio em comportamentos de busca de segurança ou ocultação, a fim de minimizar ou mesmo evitar a avaliação negativa. Embora a busca de segurança possa ter um impacto menos negativo sobre a ansiedade do que a inibição involuntária, sua contribuição para a manutenção da ansiedade não deve ser ignorada. D. M. Clark (2001) observou que estratégias de busca de segurança incluem tanto comportamentos manifestos (p. ex., evitar contato visual, músculos do braço ou perna tensos para controlar o tremor), como processos mentais (p. ex., memorizar o que dizer em um ambiente social, dar respostas breves ou lacônicas nas conversas). Entretanto, essas estratégias de enfrentamento podem paradoxalmente aumentar os próprios sintomas que a pessoa teme ou que chamam a atenção dos outros, desse modo provocando um aumento real no risco de avaliação negativa pelos outros (D. M. Clark, 2001).

A ativação do esquema maladaptativo e suas consequências associadas também desintegrarão os processos de pensamento elaborativos conscientes durante o encontro social. A pessoa socialmente ansiosa vivenciará um aumento na frequência e proeminência de pensamentos e imagens de ameaça social. Uma avaliação e reavaliação consciente e deliberada de sinais sociais internos e externos reforçará a inferência ameaçadora. A discrepância percebida do indivíduo socialmente fóbico entre o que ela pensa que seja o padrão de desempenho esperado pelos outros e seu comportamento real contribuirá para a conclusão de que ela está sendo julgada negativamente por aqueles à sua volta. Quanto mais uma pessoa socialmente fóbica acreditar que os outros em uma determinada situação têm uma impressão negativa formada sobre ela, maior seu nível de ansiedade e mais difusos seus efeitos adversos sobre o desempenho social.

Processamento pós-evento

Como outras teorias cognitivo-comportamentais de fobia social, o modelo atual postula que o processamento pós-evento, um processo cognitivo envolvendo a lembrança e reavaliação detalhadas do próprio desempenho após uma situação social, desempenha um papel fundamental na manutenção da ansiedade social (Brozovich e Heimberg, 2008). Os fóbicos sociais não podem escapar inteiramente de sua ansiedade quando a exposição a uma situação social cessa, porque frequentemente estão envolvidos em uma revisão e avaliação "post-mortem" de seu desempenho social e seu desfecho (D. M. Clark e Wells, 1995). Naturalmen-

TABELA 9.5 Esquemas sociais maladaptativos na fobia social

Conteúdo do esquema	Exemplos
Crenças centrais de ser socialmente impotente, fraco ou inferior	"Eu sou chato", "Eu não sou uma pessoa amigável", "As pessoas tendem a não gostar de mim", "Eu sou socialmente desajeitado", "Eu não me entroso".
Crenças sobre os outros	"As pessoas criticam os outros", "Em situações sociais as pessoas estão sempre fazendo avaliações umas das outras", "Os indivíduos estão constantemente examinando outras pessoas, procurando suas falhas e fraquezas."
Crenças sobre desaprovação	"É horrível quando os outros o desaprovam", "Seria horrível se os outros pensassem que eu sou fraco ou incompetente", "Ficar constrangido na frente dos outros seria insuportável, uma catástrofe pessoal".
Crenças sobre padrões de desempenho social	"É importante não demonstrar qualquer sinal de fraqueza ou perda de controle para os outros", "Eu devo parecer confiante e competente em todas as minhas interações sociais", "Eu sempre devo parecer inteligente e interessante aos outros."
Crenças sobre ansiedade e seus efeitos	"Ansiedade é um sinal de fraqueza emocional e perda de controle", "É importante não demonstrar qualquer sinal de ansiedade perto dos outros", "Se as pessoas virem que estou ruborizando, transpirando, com as mãos trêmulas, etc., elas se perguntarão o que há de errado comigo", "Se eu ficar ansioso, não serei capaz de funcionar nessa situação social", "Eu não suporto me sentir ansioso perto dos outros."

te, sua lembrança e reavaliação do evento social e de seu desempenho é tendenciosa para informação de ameaça social e inépcia congruente com o esquema. No final, eles provavelmente concluem que seu desempenho e a receptividade pelas outras pessoas foi muito mais negativo do que realmente era o caso. Frequentemente, ocorre um processo ruminativo na fase pós-evento, de modo que quanto mais a pessoa pensa sobre a interação social, pior o resultado, devido ao foco e elaboração seletivos de possível desaprovação e fracasso (Brozovich e Heimberg, 2008). Gerald tinha uma tendência a lembrar atividades passadas com amigos e a concluir que sentia tanta ansiedade e desconforto que o esforço dificilmente valia a pena. Era muito melhor ficar em casa sozinho e deprimido, mas se sentir à vontade. Como acontece com Gerald, o processamento pós-evento para a maioria dos indivíduos com fobia social produz avaliações de ameaça social e vulnerabilidade congruente com o esquema que levam a sentimentos de constrangimento e vergonha sobre encontros sociais passados e, por sua vez, aumenta a ansiedade antecipatória e a premência de evitar interação social futura.

SITUAÇÃO CLÍNICA DO MODELO COGNITIVO

Durante a década passada o volume de pesquisa correlacional e experimental que demonstrou um viés de processamento de informação para a informação de ameaça social na fobia social cresceu exponencialmente (para revisões, ver Alden e Taylor, 2004; Bögels e Mansell, 2004; D. M. Clark, 2001; D. M. Clark e McManus, 2002; Heimberg e Becker, 2002; Heinrichs e Hofmann, 2001; Hirsch e Clark, 2004; Wilson e Rapee, 2004). Os críticos argumentam que o papel de processos cognitivos tendenciosos na ansiedade social permanece obscuro, especialmente no que diz respeito à significância etiológica (Beidel e Turner, 2007; ver também Stravynski, Bond, e Amado, 2004). Em sua revisão, Heinrichs e Hofmann (2001) concluíram que

havia apoio parcial para o modelo cognitivo, especialmente para atenção e interpretação tendenciosa de informação social autorreferida. A partir de nossa própria revisão, acreditamos que há forte apoio empírico para a disfunção cognitiva na fobia social, embora concordemos que são necessários estudos prospectivos e pesquisa experimental de base laboratorial mais sofisticada para determinar a situação causal de fatores cognitivos (ver também D. M. Clark e McManus, 2002). Na discussão que se segue nos focalizamos em seis hipóteses que são fundamentais ao modelo cognitivo reformulado da fobia social. Embora considerada um fator chave na fobia social, não há pesquisa suficiente sobre inibição involuntária para incluir esse conceito em nossa revisão da literatura.

Hipótese 1

A fobia social é caracterizada por um viés de interpretação e lembrança elaborativo explícito para informação de ameaça social autorreferida que é evidente nas fases antecipatória, de exposição e de pós-evento da ansiedade social.

Se um viés de processamento de informação deliberado e intencional para ameaça social é evidente em todas as três fases da fobia social, então prevemos que indivíduos socialmente fóbicos exibirão uma tendência a exagerar a probabilidade e gravidade de consequências negativas em situações sociais. Vários estudos administraram eventos sociais hipotéticos autorreferidos levemente positivos e negativos e constataram que indivíduos socialmente ansiosos superestimam a probabilidade e/ou as consequências de eventos sociais negativos, comparados a indivíduos com outros transtornos de ansiedade e a controles não clínicos (p. ex., Foa et al., 1996; Lucock e Salkovskis, 1988; McManus, Clark e Hackmann, 2000). Wilson e Rapee (2005) usaram um questionário mais refinado de eventos sociais hipotéticos para mostrar que o viés de julgamento da ameaça está especificamente relacionado a fobia social e consiste em crenças de que os outros perceberiam o indivíduo negativamente, que o evento era uma indicação de características pessoais negativas e que o evento teria consequências adversas em longo prazo (ver também Wenzel, Finstrom, et al., 2005). Este viés crítico negativo é específico a todos os eventos sociais, quer positivos ou negativos (Brendle e Wenzel, 2004; Voncken et al., 2003) e é significativamente reduzido por TCC (Foa et al., 1996; Lucock e Salkovskis, 1988; McManus et al., 2000).

Indivíduos com ansiedade social têm uma tendência significativamente maior a escolher interpretações negativas para eventos sociais autorreferidos, mas não para eventos não sociais ambíguos hipotéticos comparados a pessoas com outros transtornos de ansiedade ou grupos não clínicos (Amir et al., 1998b; Constans et al., 1999; Stopa e Clark, 2000). Entretanto, estudos mais recentes sugerem que quando indivíduos com fobia social fazem "inferências *online*" (ou seja, inferências feitas quando a informação social é encontrada pela primeira vez), o principal problema é uma falha em exibir um viés inferencial positivo para cenários sociais ambíguos hipotéticos que era característico do grupo não ansioso (Amir et al., 2005; Hirsch e Mathews, 1997, 2000). Além disso, indivíduos com alta ansiedade social podem ser treinados para fazer interpretações positivas ou benignas de cenários sociais ambíguos e esse viés de interpretação treinado reduz os níveis de ansiedade prevista a um encontro social antecipado, mas não os níveis de ansiedade do estado atual (Murphy, Hirsch, Mathews, Smith e Clark, 2007). Esses achados sugerem que o viés de interpretação evidente quando fóbicos sociais encontram pela primeira vez uma situação social é caracterizado por uma incapacidade de acessar inferências positivas ou benignas enquanto interpretações mais tardias, mais reflexivas que são baseadas em crenças maladaptativas preexistentes apresentam o viés de ameaça negativo aumentado (D.

M. Clark, 2001; ver também Hirsch e Clark, 2004; Hirsch et al., 2006).

Uma previsão final da primeira hipótese é que indivíduos com fobia social exibirão um viés de recordação para informação negativa ou ameaçadora associada com situações sociais passadas e seu desempenho. Entretanto, Coles e Heimberg (2002) concluíram em sua revisão que havia pouco apoio para um viés de recordação explícita para informação de ameaça na fobia social com apenas 2 de 11 estudos mostrando o efeito previsto. Na maioria dos estudos, indivíduos socialmente fóbicos não exibiram um viés de recordação claro para palavras de ameaça social negativas comparados a controles não ansiosos (p. ex., Lundh e Öst, 1997; Rapee et al., 1994; Rinck e Becker, 2005). Além disso, um viés de recordação de ameaça não é aparente quando indivíduos socialmente fóbicos lembram passagens sociais mais complexas (Brendle e Wenzel, 2004; Wenzel e Holt, 2002) ou assistem vídeos de cenários avaliativos sociais positivos e negativos (Wenzel e Finstrom, et al., 2005). Ademais, o viés de recordação para ameaça não foi aparente em resposta a sugestão de recordação autobiográfica a palavras de ameaça social (Rapee et al., 1994; Wenzel et al., 2002; Wenzel, Werner, Cochran e Holt, 2004).

Em resumo, há forte e consistente apoio empírico para a Hipótese 1 de estudos de viés de interpretação em informação social levemente negativa ou ambígua. Entretanto, ainda não é claro se um viés de interpretação da ameaça apenas ocorre quando indivíduos socialmente fóbicos refletem sobre suas vivências sociais passadas, com a ausência de um viés de interpretação positivo autointensificador caracterizando as inferências mais imediatas que ocorrem quando os indivíduos encontram uma situação social. Também há pouco apoio para um viés de recordação explícita na fobia social, mas isso poderia ser devido à falha em usar estímulos externamente válidos ou em pré-ativar o estado emocional relevante no momento da recuperação (Coles e Heimberg, 2002; Mansell e Clark, 1999).

DIRETRIZ PARA O TERAPEUTA 9.7

A terapia cognitiva visa a tendência do indivíduo socialmente fóbico a fazer inferências de ameaça exageradas quando refletem sobre suas experiências sociais e sua incapacidade de acessar inferências positivas durante exposição a situações sociais.

Hipótese 2

A organização esquemática na fobia social consiste em crenças centrais de uma identidade social inadequada, da natureza ameaçadora da interação social e de uma representação mental negativa de como a pessoa é percebida pelos outros na situação social.

Na fobia social, o esquema maladaptativo ativado por exposição antecipada ou real a uma situação de avaliação social envolvem crenças negativas sobre a inadequação da própria capacidade social, a natureza ameaçadora ou crítica das interações sociais e de uma autoimagem negativa na qual indivíduos socialmente ansiosos supõem que dão uma impressão negativa aos outros (D. M. Clark, 2001). Basicamente, a organização esquemática na fobia social gira em torno de questões relacionadas a identidade social. A evidência de um viés de interpretação explícita para ameaça social em escalas retrospectivas (ver Hipótese 1) apoia as previsões de ativação de esquemas sociais negativos do indivíduo na Hipótese 2. Entretanto, há três outras linhas de pesquisa que tratam diretamente dessa questão.

Primeiro, uma série de estudos anteriores baseados em questionários relataram um aumento significativo nas cognições de avaliação social negativas que é específico à fobia social comparado a outros transtornos de ansiedade ou a controles não clínicos (p. ex., Becker et al., 2001; Beidel et al., 1985; Turner e Beidel, 1985; Turner et al., 1986). Baseado em exercícios de "pensar em voz alta" e de questionário de pensamentos gerados por indivíduos socialmente ansiosos após terem participado de uma conversa de 7-8 minutos, Stopa e Clark (1993) verificaram que o grupo socialmente ansioso tinha significativamente mais cognições autoavaliativas negativas e acreditava em seus pensamentos negativos mais do que indivíduos com outros transtornos de ansiedade (ver também Magee e Zinbarg, 2007). Um estudo baseado em questionário mais recente sugere que qualquer experiência que envolva exposição ou percepção de si mesmo aumentada, quer positiva ou negativa, poderia estar relacionada a ansiedade social (Weeks et al., 2008).

Uma segunda linha de pesquisa demonstrou que a fobia social pode ser caracterizada por viés de memória implícita (ou seja, processos de codificação e retenção automáticos ou involuntários) e associativo que reflete ativação de esquemas sociais negativos. Usando uma variedade de paradigmas experimentais, indivíduos socialmente ansiosos demonstraram um viés de memória implícita para frases ou vídeos de ameaça social (Amir et al., 2003; Amir, Foa e Coles, 2000), mas não para palavras de ameaça social apresentadas anteriormente (Lundh e Öst, 1997; Rapee et al., 1994; Rinck e Becker, 2005). Poucos estudos empregaram o Teste de Associação Implícita (TAI) para obter resultados claros, mas há alguma sugestão de que alta ansiedade social está associada a autoestima implícita menos positiva (Tanner et al., 2006), embora de Jong (2002) não tenha encontrado essa diferença. Neste ponto, podemos apenas concluir que o apoio para a Hipótese 2 da pesquisa sobre processos implícitos é, na melhor das hipóteses, fraco e inconsistente.

Grande parte da pesquisa relacionada à Hipótese 2 investigou a presença de autoimagem negativa na fobia social, que envolve "processamento do indivíduo como um objeto social" (D. M. Clark e Wells, 1995, p. 72). No atual modelo, essa autoimagem social negativa reflete a ativação de esquemas sociais maladaptativos. Uma série de achados são consistentes com essa formulação. Baseado em uma entrevista semiestruturada, indivíduos com fobia social relataram significativamente mais imagens negativas espontâneas de como eles poderiam parecer aos outros ao recordar um episódio recente de ansiedade social do que indivíduos com baixa ansiedade social (Hackmann et al., 1998). Mansell e Clark (1999) verificaram que apenas indivíduos com alta ansiedade social tinham uma correlação significativa entre sensações corporais percebidas enquanto faziam um discurso e autoavaliações de quanto eles pareciam ansiosos para os outros. Quando voluntários socialmente ansiosos foram alocados aleatoriamente para uma imagem negativa ou uma imagem controle em suas mentes enquanto interagiam brevemente com outro indivíduo do grupo, a condição de autoimagem negativa evocou significativamente mais ansiedade, maior uso de comportamentos de segurança, desempenho social mais pobre e crenças de que eles pareciam mais ansiosos e tinham pior desempenho com o outro indivíduo do grupo (Hirsch, Meynen e Clark, 2004; ver também Hirsch, Clark, Williams e Morrison, 2005).

Outros estudos verificaram que indivíduos com fobia social têm maior probabilidade do que controles não ansiosos de adotar a perspectiva de um observador (isto é, ver-se de um ponto de vista externo) ao recordar situações sociais mais ameaçadoras ou imediatamente após completar uma dramatização de interação social (Coles, Turk, Heimberg e Fresco, 2001; Coles, Turk e Heimberg, 2002). Eles também têm maior probabilidade de fazer comparações sociais ascendentes (Antony et al., 2005) e de experimentar o "efeito holofote" (isto é, tendência a superestimar o grau com que os outros veem e prestam atenção em sua aparência externa) em situações de avaliação social elevada (Brown e Stopa, 2007). Todos esses processos são relacionados à geração de uma autoimagem negativa na fobia social que reflete a ativação de esquemas sociais negativos (ou seja, "como eu acho que pareço para os outros").

De modo geral, há evidência de que uma autoimagem negativa envolvendo a perspectiva do outro (isto é, "como eu acho que os outros me veem") é um processo cog-

nitivo básico na fobia social. Estudos mais recentes sugerem que a manipulação desse esquema social pode ter efeitos causais sobre inferências de ameaça social, ansiedade subjetiva e comportamentos de segurança que são processos centrais na manutenção da fobia social. Entretanto, a pesquisa sobre os aspectos mais automáticos ou implícitos da ativação do esquema na fobia social produziram achados inconsistentes. Nesse ponto, o apoio para a Hipótese 2 é modesto com muitas perguntas ainda não respondidas sobre a estrutura e inter-relações dos esquemas sociais negativos na fobia social.

DIRETRIZ PARA O TERAPEUTA 9.8

Um aspecto central da terapia cognitiva da fobia social é a especificação e reestruturação precisas de esquemas sociais negativos. Isso requer correção das suposições incorretas do indivíduo socialmente ansioso sobre como ele pensa que parece para os outros.

Hipótese 3

Durante a exposição situacional, indivíduos com fobia social exibirão um viés atencional automático para informação de ameaça social interna e externa.

Uma previsão central do modelo cognitivo é que indivíduos com fobia social são hipervigilantes para informação de ameaça social que é congruente com seus esquemas sociais negativos (Beck et al., 1985, 2005). Portanto, os recursos atencionais serão preferencialmente dirigidos para a informação de ameaça social congruente com o esquema, especialmente durante a exposição a situações sociais.

Algumas das primeiras pesquisas sobre viés atencional automático para ameaça na fobia social empregaram a tarefa de Stroop emocional. Conforme previsto, a maioria dos estudos encontrou interferência significativamente maior para palavras de ameaça social (Becker et al., 2001; Grant e Beck, 2006; Hope et al., 1990; Mattia et al., 1993), embora resultados negativos também tenham sido relatados (p. ex., Gotlib, Kasch, et al., 2004). Achados de experimentos de detecção *dot probe* indicam que a fobia social é caracterizada por latências de resposta mais rápidas a estímulos (*probe*) acompanhados por sugestões de ameaça social (Asmundson e Stein, 1994; Vassilopoulos, 2005). Além disso, esses resultados foram confirmados em uma versão modificada do experimento na qual o estímulo (*probe*) é precedido por uma expressão facial irritada ou ameaçadora, feliz ou neutra (Mogg, Philippot e Bradley, 2004; Mogg e Bradley, 2002), embora Gotlib, Kasch, e colaboradores (2004) não tenham encontrado um efeito significativo para rostos irritados. Baseados na tarefa de identificação de rosto-na-multidão, Gilboa--Schechtman e colaboradores (1999) também verificaram que indivíduos com FSG tinham um viés atencional para rostos irritados. Outros estudos usando uma tarefa de *dot probe* visual modificada na qual pares de rostos são mostrados verificaram que a alta ansiedade social está associada com atenção desviada de rostos com emoção (Chen et al., 2002; Mansell et al., 1999). Além disso, Vassilopoulos (2005) encontrou um padrão de vigilância-esquiva com alta ansiedade social associado com uma preferência atencional inicial por palavras de ameaça social numa exposição de 200 milésimos de segundo, seguido por viés atencional afastado do mesmo tipo de palavra de estímulo numa exposição de 500 milésimos de segundo (ver Amir et al., 1998a, para resultados semelhantes). Recentemente, Schmidt e colaboradores (2009) relataram que treinar indivíduos com FSG para prestar atenção a rostos neutros em vez de a rostos desagradáveis em uma tarefa de *dot probe* modificada resulta em redução significativa na ansiedade social. Isso sugere que a ameaça atencional pode ter um papel causal na fobia social.

Em resumo, há forte apoio de que indivíduos socialmente ansiosos exibem um viés atencional automático para a ameaça social. Estudos recentes indicam que viés

atencional para ameaça pode ser particularmente evidente quando indivíduos socialmente fóbicos processam rostos irritados, um estímulo altamente proeminente para indivíduos com medo de avaliação negativa (Stein, Goldin, Sareen, Eyler Zorrilla e Brown, 2002). Entretanto, um padrão de vigilância-esquiva mais complexo pode caracterizar melhor o viés atencional para ameaça na fobia social (Heimberg e Becker, 2002). Além disso, ainda não está claro se indivíduos com fobia social são hipervigilantes para sinais de ameaça social externa ou em vez disso direcionam sua atenção para longe de estímulos sociais externos em favor de atenção autocentrada aumentada.

DIRETRIZ PARA O TERAPEUTA 9.9

Na terapia cognitiva da fobia social o processamento deliberado e forçado de sinais sociais positivos é encorajado para corrigir os efeitos negativos do viés atencional automático do paciente para a ameaça social.

Hipótese 4

Para a fobia social, a exposição a situações sociais está associada a uma atenção autocentrada aumentada a sinais internos de ansiedade e seus efeitos adversos sobre o desempenho e a impressão negativa percebida pelos outros.

De acordo com o modelo cognitivo (ver Figura 9.1), um foco aumentado nos próprios pensamentos, imagens, respostas fisiológicas, comportamentos e sentimentos ocorrerá durante a exposição situacional devido a ativação dos esquemas sociais maladaptativos. Há agora apoio empírico consistente para essa hipótese. Indivíduos com fobia social prestam menos atenção ao ambiente externo e mais a suas cognições negativas, autocentradas ao confrontar uma experiência de avaliação social (p. ex., Daly et al., 1989; Mansell e Clark, 1999). Outros estudos relataram um viés de processamento de informação mais para sinais fisiológicos internos do que para estímulos de ameaça social externa (Mansell et al., 2003; Pineles e Mineka, 2005). Ao fazer um discurso de improviso, indivíduos com alta ansiedade social relataram atividade fisiológica percebida significativamente maior do que indivíduos com baixa ansiedade, ainda que os grupos não diferissem significativamente no nível de ansiedade autorrelatada ou resposta fisiológica real (Mauss et al., 2004). Em uma série de estudos experimentais, Bögels e Lamers (2002) verificaram que focalizar a atenção em si mesmo aumenta a ansiedade social enquanto focalizar a atenção na tarefa reduz a ansiedade social. Similarmente indivíduos socialmente fóbicos informados de que sua pulsação tinha aumentado enquanto antecipavam uma interação social experimentaram maior ansiedade e crenças mais negativas durante um encontro social ameaçador (Wells e Papageorgiou, 2001; ver Bögels et al., 2002, para achados contrários). Mais recentemente, George e Stopa (2008) usaram um espelho e uma câmera de vídeo para monitorar a consciência de si mesmo durante uma conversa padrão e verificaram que estudantes com alta ansiedade social não podiam desviar sua atenção dos aspectos internos de si mesmos durante a conversa da mesma forma como é evidente no grupo com baixa ansiedade social. De maneira geral, então, há considerável evidência de que indivíduos socialmente ansiosos empregam automonitoramento excessivo e interpretam erroneamente essa informação interoceptiva de uma maneira que aumenta sua ansiedade social (ver Hofmann, 2005).

Outro grupo de pesquisa investigou como os indivíduos avaliam seus desempenhos sociais e como essas avaliações se comparam a seu nível real de desempenho conforme determinado por observadores. Em vários estudos, indivíduos com fobia social avaliaram seu próprio desempenho em público em uma tarefa de avaliação social (p. ex., discurso de improviso) como significativamente pior do que os observadores, embora os observadores tendessem a

avaliar o desempenho do grupo altamente ansioso como pior que os indivíduos com baixa ansiedade social (p. ex., Abbott e Rapee, 2004; Alden e Wallace, 1995; Hirsch e Clark, 2007; Mellings e Alden, 2000; Rapee e Lim, 1992). Em sua revisão, Heimberg e Becker (2002) concluíram que indivíduos com fobia social exibem déficits de desempenho em situações de avaliação social, mas eles também avaliam seu desempenho muito mais negativamente do que os outros. Podemos concluir que pesquisas de apoio para a Hipótese 4 são fortes, com a fobia social caracterizada por um viés atencional interno e interpretação negativa exagerada de sinais interoceptivos indicativos de ansiedade, perda de controle e desempenho em público inadequado.

> **DIRETRIZ PARA O TERAPEUTA 9.10**
>
> A terapia cognitiva aborda o monitoramento autoavaliativo excessivo e prejudicial do próprio estado interno em situações sociais, redirecionando a atenção do indivíduo socialmente ansioso para fora de si mesmo, visando encorajar o aumento do processamento de sinais de *feedback* relevantes no ambiente.

Hipótese 5

Situações sociais temidas provocarão no indivíduo socialmente fóbico respostas compensatórias e de segurança maladaptativas que visam minimizar ou suprimir a expressão de ansiedade.

Embora apenas poucos estudos tenham investigado o comportamento de segurança na fobia social, estão surgindo evidências de seu papel na manutenção da ansiedade social. Alden e Bieling (1998) verificaram que quando indivíduos socialmente ansiosos usavam comportamentos de segurança durante uma conversa comum (p. ex., falaram brevemente e escolheram temas não reveladores) eles evocavam mais reações negativas dos outros. Em um estudo mais recente, indivíduos com fobia social relataram maior uso de comportamentos de segurança e exibiram mais déficits de desempenho na conversa comum e em tarefas de discurso do que indivíduos com outros transtornos de ansiedade ou controles não clínicos (Stangier et al., 2006). Uma análise subsequente revelou que os comportamentos de segurança mediavam parcialmente as diferenças no desempenho social. Em uma série de estudos de caso único, Wells e colaboradores (1995) verificaram que uma única sessão de exposição combinado com a redução de comportamentos de segurança foi significativamente mais efetivo do que uma única sessão de exposição isolada para reduzir ansiedade e crenças catastróficas dentro da situação. Nesse ponto, apenas poucos estudos investigaram o papel de comportamentos de segurança na fobia social, mas esses achados iniciais sugerem que busca de segurança maladaptativa pode desempenhar um papel na manutenção da ansiedade social. Mais pesquisa é necessária, especialmente sobre a relação entre comportamento inibitório involuntário e produção de respostas de enfrentamento de busca de segurança.

DIRETRIZ PARA O TERAPEUTA 9.11

Enfoque as respostas de segurança ou de dissimulação cognitivas e comportamentais na terapia cognitiva da fobia social.

Hipótese 6

O processamento pós-evento de situações sociais é caracterizado por um viés da memória autobiográfica explícita para experiências sociais passadas negativas naqueles com fobia social.

Ao contrário de outros transtornos nos quais a ansiedade diminui ou cessa após a fuga de uma situação ameaçadora, indivíduos com fobia social experimentarão recorrência da ansiedade quando lembram incidentes sociais passados que foram embaraçosos e associados com avaliação negativa percebida. O processamento pós-evento envolvendo um viés de lembrança repetida e ruminação sobre eventos sociais ameaçadores passados aumentará a ansiedade antecipatória para situações sociais futuras fornecendo evidência de ameaça e inépcia social congruente com o esquema.

Os pesquisadores apenas recentemente começaram a investigar o papel do processamento pós-evento na fobia social. Em um estudo conduzido por Mellings e Alden (2000), estudantes com alta e baixa ansiedade social, que participaram de uma interação social padrão, foram avaliados para ruminação e lembrança da interação um dia mais tarde. O grupo altamente ansioso relatou significativamente mais ruminação e houve uma tendência na ruminação pós-evento de prever lembrança de informação negativa relacionada a si mesmo sobre a interação do dia anterior com outro indivíduo da amostra (ver também Kocovski e Rector, 2008). Abbott e Rapee (2004) verificaram que indivíduos socialmente fóbicos tinham significativamente mais ruminação negativa sobre um discurso de improviso de 3 minutos feito 1 semana antes e isso estava relacionado ao quanto eles avaliaram negativamente seu próprio desempenho. Além disso, 12 semanas de TCC levaram a uma redução significativa na ruminação negativa pós-evento.

Um estudo baseado em questionário de experiências de aprendizagem passadas verificou que indivíduos com fobia social indicaram que ruminavam sobre seu mau desempenho em situações sociais constrangedoras passadas significativamente mais do que controles não clínicos (Harvey et al., 2005). Em resposta a vinhetas descrevendo um evento social constrangedor, estudantes altamente ansiosos tiveram mais pensamentos sobre os aspectos negativos da situação do que indivíduos com baixa ansiedade, um achado que é consistente com um estilo de enfrentamento ruminativo pós-evento (Kocovski, Endler, Rector e Flett, 2005). Em outro estudo, estudantes com alta ansiedade social tenderam a lembrar mais recordações negativas e vergonhosas quando foi solicitado que lembrassem um evento social ambíguo passado (Field, Psychol e Morgan, 2004; ver também Morgan e Banerjee, 2008).

Embora ainda preliminar, é evidente que o processamento pós-evento é um fator contributivo importante para a ansiedade social. Em sua revisão Brozovich e Heimberg (2008) concluíram que estudos de instrumentos autoaplicados, de diário e experimentais indicam que o processamento pós-evento é um processo cognitivo importante que contribui para a ansiedade social reforçando impressões negativas de si mesmo (ou seja, representação mental do indivíduo da suposta perspectiva da plateia), recordações negativas de situações sociais e suposições negativas sobre encontros sociais futuros (ver também Abbott e Rapee, 2004). Além disso, o viés de lembrança de memória autobiográfica para os aspectos negativos de eventos sociais passados pode ser um aspecto cognitivo fundamental do processamento pós-evento que explica seus efeitos sobre a ansiedade. De modo geral, há algum apoio empírico para a Hipótese 6, embora uma série de questões permaneçam, tais como se o processamento pós-evento é mais provável em situações de desempenho do que de interação social, se ele se torna mais negativo e menos positivo com o passar do tempo, e o papel desempenhado pela imaginação (Brozovich e Heimberg, 2008).

> **DIRETRIZ PARA O TERAPEUTA 9.12**
>
> O terapeuta cognitivo também deve se focalizar no processamento pós-evento ao tratar a ansiedade social. Isso é realizado reduzindo a ruminação negativa sobre o desempenho passado e encorajando uma reavaliação mais positiva do desempenho social passado e sua consequência.

Fase antecipatória

Embora não tenhamos gerado uma hipótese específica sobre o período antecipatório de ansiedade social, isso não minimiza a importância dessa fase na patogênese da fo-

bia social. Ainda que apenas poucos estudos tenham investigado o processamento antecipatório na fobia social, os achados preliminares apoiam o modelo cognitivo.

Mellings e Alden (2000) verificaram que apenas um grupo de alta ansiedade social se tornou mais apreensivo sobre participar em uma segunda interação social padrão um dia após completar uma conversa inicial não estruturada de 10 minutos com outro participante. Baseado em uma entrevista semiestruturada que avaliou períodos de antecipação antes de interações sociais, Hinrichsen e Clark (2003) relataram que o grupo com alta ansiedade social

1. recordou mais fracassos sociais percebidos passados;
2. era mais consciente de sensações corporais, pensamentos e imagens negativos; e
3. apelou mais para estratégias cognitivas problemáticas para lidar com sua ansiedade antecipatória.

Em um estudo subsequente, estudantes com ansiedade social tanto alta como baixa aos quais foram dadas instruções de ansiedade antecipatória comparado a instruções de distração durante 20 minutos de preparação para um discurso exibiram níveis de ansiedade significativamente mais altos (Hinrichsen e Clark, 2003; ver também Vassilopoulos, 2008).

> **DIRETRIZ PARA O TERAPEUTA 9.13**
>
> Trate o processamento antecipatório tendencioso e maladaptativo enfatizando o uso de planejamento e ensaio de estratégias antecipatórias que se focalizam em como melhorar o desempenho social e resistir ao impulso de se esquivar.

AVALIAÇÃO COGNITIVA E FORMULAÇÃO DE CASO

Várias revisões críticas foram publicadas sobre as escalas cognitivas e de sintoma desenvolvidas especificamente para ansiedade social (p. ex., D. B. Clark et al., 1997; Heimberg e Turk, 2002; Hofmann e Barlow, 2002; Turk, Heimberg e Magee, 2008). Nesta seção nos focalizamos em algumas dos instrumentos de sintoma mais comuns, bem como em vários questionários específicos que avaliam o perfil cognitivo da fobia social. Começamos com uma breve consideração de instrumentos padronizados para fobia social e terminamos com uma estrutura para formulação de caso derivada do modelo atual.

Entrevista diagnóstica e avaliações do terapeuta

O ADIS-IV (Brown et al., 1994) é recomendado mais que a SCID-IV (First et al., 1997) quando for administrada uma entrevista diagnóstica estruturada para fobia social. Estudos de confiabilidade (Brown et al., 2001) indicam que o ADIS-IV Versão Ao Longo da Vida alcançou alta confiabilidade entre avaliadores para o diagnóstico de fobia social (kappa = 0,73) e para avaliações dimensionais de medo situacional (r = 0,86), esquiva (r = 0,68) e gravidade da interferência ou sofrimento geral (r = 0,80). Se for desejada uma escala de avaliação do terapeuta, é recomendada a Escala de Ansiedade Social de Liebowitz (LSAS; Liebowitz, 1987). Ela tem boas propriedades psicométricas, com um ponto de corte da LSAS Total de 30 diferenciando fobia social de indivíduos não clínicos (Fresco et al., 2001; Heimberg et al., 1999; Mennin et al., 2002). A LSAS é reimpressa no artigo original, bem como em Heimberg e Turk (2002).

Questionários de sintomas

Escala de fobia social e escala de ansiedade na interação social

A Escala de Fobia Social (EFS) de 20 itens e a Escala de Ansiedade na Interação Social (EAIS) de 20 itens são escalas associadas desenvolvidas por Mattick e Clarke (1998) para avaliar o medo de ser observado por outras pessoas enquanto realiza tarefas rotineiras e medo de interação social mais geral. Ambas as escalas têm boa consistência interna (alfa de Cronbach variando de 0,88 a 0,94), alta confiabilidade teste-reteste de 12 semanas de 0,92 (EAIS) e 0,93 (EFS), forte validade concorrente e validade convergente adequada com índices de ansiedade social baseados em entrevista, bem como escalas de cognição negativa (Brown, Turovsky, et al., 1997; Cox, Ross, Swinson, e Direnfeld, 1998; Mattick e Clarke, 1998; Osman, Gutierrez, Barrios, Kopper, e Chiros, 1998; Ries et al., 1998). Os fóbicos sociais têm escores significativamente mais altos do que outros grupos de transtorno de ansiedade ou controles não clínicos (p. ex., Brown et al., 1997; Mattick e Clarke, 1998) e a EFS e a EAIS são sensíveis aos efeitos de tratamento cognitivo-comportamental (Cox et al., 1998). Peters (2000) relatou que um ponto de corte de 26 na EFS e de 36 na EAIS foram ótimos para discriminar fobia social de transtorno de pânico, enquanto Brown e colaboradores (1997) observaram que pontos de corte de 24 (EFS) e 34 (EAIS) podem ser úteis para triagem, mas não para diagnosticar fobia social. Cópias dos questionários podem ser encontradas em Orsillo (2001, Apêndice B) ou Mattick e Clarke (1998), onde todos os itens são reproduzidos exceto o item 5 da EAIS.

Inventário de ansiedade e fobia social

O Inventário de Ansiedade e Fobia Social (IAFS) é um questionário de 45 itens originado empiricamente que avalia as respostas físicas, cognitivas e comportamentais a várias situações de interação, desempenho e observação social (Turner, Beidel, Dancu e Stanley, 1989). A administração e pontuação do IAFS são mais complexas e demoradas do que outros questionários de ansiedade social. O questionário inclui uma subescala de Agorafobia de 13 itens que foi incluída para fornecer uma melhor diferenciação entre fobia social da agorafobia (Beidel e Turner, 2007). O escore do IAFS Total é calculado subtraindo-se o escore total na subescala de Agorafobia do escore da subescala de Ansiedade Social, que visa ser uma escala "mais pura" de fobia social (Turner, Stanley, Beidel e Bond, 1989).

As subescalas de Ansiedade Social e Agorafobia da IAFS têm consistência interna aceitável (o alfa varia de 0,83 a 0,97; D. B. Clark et al., 1994; Osman et al., 1996), e o IAFS Total tem uma confiabilidade teste-reteste de 2 semanas de 0,86 (Turner et al., 1989). Além disso a IAFS está altamente correlacionado com outras escalas de ansiedade social e construtos relacionados (Beidel, Turner, Stanley e Dancu, 1989; Cox et al., 1998; Osman et al., 1996; Ries et al., 1998) e discrimina fobia social de outros transtornos de ansiedade e de controles não clínicos (D. B. Clark et al., 1994; Peters, 2000; Turner, Beidel et al., 1989). Além disso, os indivíduos com fobia social generalizada têm escores significativamente mais altos do que aqueles com o subtipo circunscrito (Ries et al., 1998). Ela também é sensível a efeitos do tratamento (Cox et al., 1998) e a análise fatorial confirma a existência de dimensões separadas de ansiedade social e agorafobia (Osman et al., 1996; Turner, Stanley, et al., 1989). Peters (2000) recomenda um ponto de corte da IAFS de 88 para diferenciar fobia social de transtorno de pânico, enquanto o manual recomenda um ponto de corte de 60 para diferenciar fobia social em amostras de indivíduos que buscam tratamento (Turner, Beidel e Dancu, 1996). Entretanto, os pontos de corte devem ser usados com cautela e apenas para triagem uma vez que 10% de indivíduos não clínicos têm escores acima do ponto de corte (Gillis, Haaga e Ford, 1995). Recentemente foi desenvolvida uma IAFS abreviada de 23 itens que é promissora como um instrumento comparável ao inventário original (Robertson-Ny, Strong, Nay, Beidel e Turner, 2007). A IAFS de 45 itens pode ser adquirida de Multi-Health Systems Inc. (Turner et al., 1996).

DIRETRIZ PARA O TERAPEUTA 9.14

A avaliação para fobia social deve incluir o ADIS-IV (versão atual ou ao longo da vida) e um dos questionários de sintoma especializados. As escalas associadas da IAFS ou da EFS e EAIS fornecerão informação clínica para comparações sobre a gravidade da ansiedade social, bem como uma avaliação da efetividade do tratamento.

Questionário Cognitivo de Ansiedade Social

Escala de medo de avaliação negativa

A Escala de Medo de Avaliação Negativa (EMAN) é o questionário mais amplamente usado na ansiedade social porque avalia um aspecto cognitivo central do transtorno, o medo de avaliação negativa. A escala de 30 itens de verdadeiro/falso foi desenvolvida originalmente por Watson e Friend (1969) para avaliar expectativa, apreensão, sofrimento e esquiva de situações de avaliação social. Ela foi planejada para ser administrada juntamente com sua escala associada, a Escala de Esquiva e Desconforto Social (EDS). Embora a EMAN demonstre boa confiabilidade e se correlacione com outras escalas de ansiedade social especialmente em amostras de estudantes universitários, questões foram levantadas sobre sua validade divergente com depressão e sofrimento em geral, bem como sobre sua sensibilidade diferencial a fobia social diagnosticável (ver D. B. Clark et al., 1997; Hope et al., 1996-1997).

Leary (1983) desenvolveu uma versão abreviada da EMAN de 12 itens e substituiu a avaliação dicotômica por uma escala Likert de 5 pontos variando de 1 ("não é absolutamente uma característica minha") a 5 ("extremamente uma característica minha"). A Escala de Medo de Avaliação Negativa Breve (EMANB) tem boa consistência interna (a = 0,90) e se correlaciona altamente com a EMAN original (r = 0,96; Leary, 1983).

Além disso, ela tem correlações positivas com outras escalas de ansiedade social e indivíduos com fobia social têm escores significativamente mais altos do que aqueles com transtorno de pânico ou que uma amostra da comunidade (Collins, Westra, Dozois e Stewart, 2005). Entretanto, a análise fatorial confirmatória revelou problemas com os quatro itens de escore-reverso (Duke, Krishnan, Faith e Storch, 2006; Rodebaugh, Woods, et al., 2004). Portanto uma EMANB de 8 itens revisada (EMANB -II) foi produzida, na qual todos os itens são diretamente expressos em palavras e o escore total teve correlação de 0,99 com a EMANB de 12 itens (Carleton, Collimore e Asmundson, 2007). Nesse ponto a EMANB -II de 8 ou de 12 itens é recomendada com todos os itens expressos em palavras de uma forma direta. Os itens da EMANB -II podem ser encontrados em Carleton e colaboradores (2007).

Teste de autodeclarações em interações sociais

O Teste de Autodeclarações em Interações Sociais (TAIS) consiste em 15 autodeclarações positivas (facilitadoras) e 15 negativas (inibitórias) associadas com interações diádicas heterossociais (Glass, Merluzzi, Biever e Larsen, 1982). Alguns pesquisadores eliminaram a dramatização e instruem os indivíduos a avaliar a frequência de pensamentos antes, durante ou após qualquer interação com o sexo oposto (Dodge, Hope, Heimberg e Becker, 1988). Vários estudos mostraram que os escores Positivo e Negativo do TAIS estão correlacionados com outras escalas autoaplicadas de ansiedade social (Dodge et al., 1988; Glass et al., 1982) e indivíduos com fobia social têm escores significativamente mais altos no TAIS Negativo e mais baixo no TAIS Positivo do que outros grupos de transtorno de ansiedade ou controles não clínicos (Becker, Namour, et al., 2001; Beidel et al., 1985; Turner et al., 1986), embora a subescala Negativa do TAIS possa ser mais sensível à ansiedade social do que a subescala Positiva (Dodge et al., 1988). Infelizmente, o TAIS tem valor clínico limitado devido a seu foco específico em interações heterossociais. Uma cópia do questionário pode ser encontrada em um apêndice de Glass e colaboradores (1982) bem como em Orsillo (2001, Apêndice B).

Outras escalas de cognição

Uma série de novas escalas foram recentemente desenvolvidas para avaliar o conteúdo do pensamento na fobia social. Uma considerada particularmente promissora é a Escala de Pensamentos e Crenças Sociais (RPCS) de 21 itens que avalia cognições negativas na comparação social e inépcia em situações sociais (Turner, Johnson, Beidel, Heiser e Lydiard, 2003). Ela tem alta confiabilidade teste-reteste e diferencia significativamente fobia social de outros transtornos de ansiedade. Uma cópia da RPCS pode ser encontrada no artigo original. Uma segunda escala cognitiva é a Avaliação de Preocupações Sociais (APS) de 20 itens que avalia o grau de ameaça percebida associada a várias experiências relacionadas à ansiedade social (Telch et al., 2004). A escala se correlaciona com outros instrumentos de cognição e sintomas de ansiedade e é sensível a efeitos de tratamento. Uma cópia do instrumento pode ser encontrada no artigo original.

DIRETRIZ PARA O TERAPEUTA 9.15

Infelizmente, não há instrumento padronizado de cognição negativa na fobia social que tenha aceitação ou validação difundida. A BEMAN -II aproxima-se de ser uma escala de pensamentos e crenças avaliativos sociais negativos com aplicabilidade geral. O TAIS pode ser usado para avaliar cognições relacionadas à ansiedade de interação social. A RPCS é promissora por fornecer a avaliação em forma de questionário mais direta de cognições negativas na fobia social, mas mais pesquisa é necessária antes que ela possa ser aceita na prática clínica.

Conceitualização de caso

A formulação cognitiva de caso explica os processos cognitivos e comportamentais fundamentais responsáveis pelo aumento da ansiedade durante as fases antecipatória, de exposição e de processamento pós-evento da fobia social. A formulação de caso segue o formato geral que esboçamos no Capítulo 5 com particular aplicação aos processos cognitivos únicos propostos no modelo cognitivo da fobia social (ver Figura 9.1). A Tabela 9.6 apresenta os principais elementos da conceitualização de caso cognitiva para fobia social, bem como exemplos de questões que podem ser usadas para avaliar cada construto.

Análise situacional

O terapeuta cognitivo começa identificando toda a gama de situações sociais que o paciente considera provocadoras de ansiedade e pode evitar. É importante identificar as situações ansiosas leves, bem como aquelas que evocam intensa ansiedade e esquiva. Além disso, frequentemente é útil determinar se há algumas situações sociais que não são provocadoras de ansiedade e que aspectos dessas situações as tornam seguras para o indivíduo. Na Tabela 9.6 listamos uma série de outras características de situações sociais ansiosas que devem ser avaliadas. O ADIS-IV e escalas de sintoma como o IAFS podem ser úteis para obter essa informação. Além disso, formulários de automonitoramento como o Formulário de Análise Situacional (Apêndice 5.2) ou o Formulário de Automonitoramento Diário de Ansiedade Social (Apêndice 9.1) fornecerão informação valiosa sobre as situações sociais que evocam ansiedade e esquiva. O terapeuta deve revisar o formulário de automonitoramento com o paciente para obter avaliações sobre o grau de esquiva associado com cada situação registrada.

Em nosso exemplo, Gerald identificou uma série de situações de interação social baseadas no desempenho no trabalho e em casa que evocam ansiedade significativa. Por exemplo, dar uma caminhada sozinho causava ansiedade leve (20/100) porque poderia encontrar alguém que conhecia, ir ao supermercado causava ansiedade moderada (40/100) porque havia uma chance aumentada de ter de conversar com uma pessoa conhecida e apresentar um projeto em uma reunião de trabalho causava intensa ansiedade (100/100) porque ele antecipava que sua ansiedade seria tão grave que lhe daria um branco na mente, poderia gaguejar e realmente "entraria em parafuso" na frente das pessoas. Gerald identificou 27 situações sociais que lhe causavam ansiedade leve a intensa, cada uma associada com impulso moderado a forte de se esquivar.

Três fases da ansiedade social

Pode haver considerável variabilidade entre os indivíduos na importância relativa das três fases da fobia social. Para alguns indivíduos, como Gerald, a ansiedade antecipatória era quase constantemente elevada sempre que ele saía de casa porque havia sempre uma chance de encontrar alguém conhecido e ter de manter uma conversa. Para outros a ansiedade antecipatória pode ser menos proeminente porque sua ansiedade social é limitada a poucas situações que ocorrem apenas ocasionalmente (p. ex., fazer uma apresentação, responder perguntas em uma reunião). Embora pudesse ser esperado que a exposição a situações sociais fosse invariável entre indivíduos, esse não é o caso. A esquiva pode ser tão grande em alguns indivíduos que eles raramente são confrontados com situações sociais. Além disso, seria esperado que algum grau de processamento pós-evento fosse evidente na maioria dos indivíduos com fobia social, mas aqui novamente alguns pacientes são muito mais ruminativos acerca de seu desempenho social passado que outros. Para esses indivíduos, reviver continuamente seu constrangimento passado terá um papel crítico na manutenção da ansiedade social. Curiosamente, o processamento pós-evento

TERAPIA COGNITIVA PARA OS TRANSTORNOS DE ANSIEDADE **367**

TABELA 9.6 Elementos da formulação cognitiva de caso para fobia social

Elementos da conceitualização de caso	Questões fundamentais
Especificar a gama de situações sociais temidas.	• Quais são as situações sociais temidas mais comuns? • Com que frequência elas ocorrem (diariamente, semanalmente, raramente)? • Determinar o nível médio de ansiedade e o grau de esquiva associados com cada situação. • As situações temidas são primariamente de desempenho, de interação social, ou uma mistura? • Que situações provocam mais ansiedade? • Que situações são mais importantes para melhorar o funcionamento diário do paciente?
Determinar a contribuição relativa dos três componentes.	• Com que frequência a ansiedade antecipatória, a exposição e o processamento pós-evento estão associados com cada situação social temida? • Qual é a duração usual de cada fase (horas, dias ou semanas)? • Qual é o nível médio de ansiedade associado com cada fase? • Qual é a consequência ou resultado associado com cada fase da ansiedade? • Que papel cada fase desempenha na manutenção da ansiedade social do indivíduo?
Avaliar viés de interpretação de ameaça explícita e imagens/pensamentos ansiosos.	• Qual é a natureza da ameaça percebida associada com cada situação de medo? • Que sinais sociais externos ou *feedback* da plateia percebido reforçam a ameaça social? • Qual é o pior cenário ou catástrofe associado a uma situação de ameaça social? • Qual é a probabilidade estimada pelo paciente de acontecer uma catástrofe ou outro resultado negativo na situação social? • Obtenha exemplos dos pensamentos e imagens ansiosos automáticos que ocorrem durante as fases de antecipação, exposição ou processamento pós-evento de uma situação social temida • O paciente é capaz de processar qualquer informação concomitante ou mais positiva quando se sente ansioso acerca de uma situação social?
Avaliar atenção autocentrada aumentada, intolerância à ansiedade e consciência de comportamentos inibitórios.	• Qual é o grau de constrangimento e autopercepção excessivos em situações sociais? • Que sensações físicas, comportamentos, pensamentos ou sentimentos são automonitorados quando ansioso? • Como esses sinais internos são interpretados negativamente? O que é tão horrível ou catastrófico acerca desse estado interno indesejado? • O quanto é importante ocultar esse estado interno dos outros na situação social? • Que aspectos do desempenho social o indivíduo automonitora? Qual é a avaliação de seu desempenho social? Como ele acha que é visto pelos outros no ambiente social (ou seja, pela "plateia")? • Que comportamentos inibitórios estão presentes durante exposição a situações sociais provocadoras de ansiedade? Qual é seu efeito sobre o desempenho social e sua contribuição para a perda de controle percebida?

(continua)

TABELA 9.6 Elementos da formulação cognitiva de caso para fobia social (continuação)

Elementos da conceitualização de caso	Questões fundamentais
Determinar o papel de estratégias de segurança e supressão de ansiedade.	• Que estratégias de segurança mentais ou comportamentais o indivíduo usa para reduzir a ansiedade ou prevenir uma avaliação negativa pelos outros? • Qual é a tolerância à ansiedade do indivíduo em ambientes sociais? O quanto é importante ocultar a ansiedade dos outros? • Qual é a discrepância entre o nível de desempenho social desejado do indivíduo e seu nível real de desempenho percebido?
Avaliar a recuperação da memória autobiográfica para vivências sociais passadas.	• O indivíduo emprega ruminação acerca de "fracassos sociais" passados? Obtenha uma descrição dessas vivências negativas passadas. • Há alguma evidência de reavaliação negativa tendenciosa de desempenho social passado e seu resultado? O indivíduo é capaz de lembrar aspectos positivos de vivências sociais passadas? • Quanta vergonha ou constrangimento está associada com vivências sociais passadas?
Formular os esquemas sociais centrais que constituem vulnerabilidade para ansiedade social.	• Que crenças os indivíduos mantêm sobre como são vistos pelos outros em situações sociais? Qual é a "representação de si mesmo como objeto social" ou "representação mental de si mesmo conforme visto pela plateia"? (Ver Tabela 9.5 para outros esquemas centrais na ansiedade social.)

não era um componente importante da ansiedade social de Gerald. Em vez disso, a ansiedade antecipatória era muito intensa e levava a um padrão invasivo de esquiva de qualquer possível interação social.

Viés de ameaça social explícita

Um viés atencional automático para ameaça social, bem como avaliação seletiva de sinais de ameaça social que resultam em avaliações superestimadas da probabilidade, gravidade e consequências da avaliação negativa pelos outros é uma proposição central no modelo cognitivo de fobia social. O Formulário de Automonitoramento de Pensamentos Apreensivos (Apêndice 5.4) e o Formulário de Reavaliação do Estado Ansioso (Apêndice 5.10) podem ser usados para obter informação sobre o viés de ameaça social do paciente. Além disso, o Formulário de Estimativa da Situação Social (Apêndice 9.2) é útil para obter estimativas *online* de

ameaça em situações sociais. Há três facetas críticas do viés de ameaça social que o profissional deve avaliar.

1. Qual é o "tema de ameaça social" comum do paciente que é evidente entre todas as situações sociais ansiosas? Qual é a "catástrofe" ou o "pior cenário" que o indivíduo teme?

2. Estimativas da probabilidade e gravidade desse resultado temido ou de sua variante devem ser obtidas para cada situação ansiosa. Há evidência de expectativas de probabilidade e gravidade tendenciosas? Nesse caso, que informação social externa apoia a interpretação? O paciente é capaz de acessar informação positiva que conteste a avaliação de ameaça social?

3. Que pensamentos ou imagens ansiosos automáticos o indivíduo vivencia ao antecipar ou participar de uma situação ansiosa? Esses pensamentos e imagens fornecerão informação valiosa sobre a ameaça social percebida e os esquemas

sociais maladaptativos ativados quando socialmente ansioso.

Sempre que Gerald estava perto de pessoas, buscava evidência de que elas estivessem olhando para ele, especialmente para seu rosto. Ele era particularmente envergonhado de que eles pudessem estar olhando o rubor de seu rosto e pensando, "Esse rapaz não se cuida, qual é o problema dele?". Gerald avaliava como muito alta (80/100)a probabilidade de que as pessoas estivessem olhando para ele e como muito perturbadora (75/100)a gravidade de sua avaliação negativa. Algumas situações, tal como conversar com o pessoal do escritório, estavam associadas a baixas estimativas de probabilidade e gravidade, enquanto outras situações, como manter uma conversa com um conhecido no bar, estavam associadas a estimativas altas. Nas sessões, a exposição e a reestruturação cognitiva começaram com situações sociais que evocavam níveis moderados de estimativa de ameaça.

Atenção autocentrada e inibição involuntária

O automonitoramento excessivo de um estado interno ansioso, a ocorrência de comportamentos inibitórios e o desempenho social pobre são processos críticos avaliados na formulação cognitiva de caso. O terapeuta cognitivo deve determinar a frequência e grau de automonitoramento que ocorre durante exposição a situações sociais ansiosas. Qual o grau de ansiedade dos indivíduos na situação social? Eles ficam completamente absorvidos em si mesmo? Eles têm consciência de alguma coisa em seu ambiente externo ou seu foco é inteiramente interno? Há sensações físicas, sintomas, pensamentos ou comportamentos particulares que se tornam o objeto do foco em si mesmo? Eles estão conscientes de serem excessivamente inibidos na situação social? Que consequência negativa percebida está associada ao sintoma automonitorado ou à inibição? Por exemplo, um indivíduo poderia se tornar excessivamente consciente do rubor, tremor, hesitações verbais, gagueira, "branco" na mente ou outros comportamentos inibitórios involuntários em situações sociais. O automonitoramento é motivado por um desejo de encobrir os sintomas e as inibições involuntárias dos outros na tentativa de evitar uma avaliação negativa como "O que há de errado com ele, ele está ficando vermelho" ou "Ele deve ser terrivelmente ansioso porque está gaguejando tanto que não consigo entender o que ele está dizendo". O Formulário de Avaliação da Inibição (Apêndice 9.3) pode ser usado para obter informação crítica sobre o papel da atenção autocentrada aumentada em situações sociais provocadoras de ansiedade. Além disso, o Formulário de Automonitoramento de Sensações Físicas (Apêndice 5.3) e a Lista de Verificação de Sensações Físicas Estendida (Apêndice 5.5) podem ser usados para determinar se certos sintomas físicos de ansiedade são excessivamente automonitorados quando a pessoa é socialmente ansiosa. A avaliação da autoconsciência excessiva deve dar ao terapeuta cognitivo uma indicação de como a pessoa pensa que parece para os outros quando em situações sociais.

Gerald era muito preocupado que outras pessoas percebessem que ele era socialmente desajeitado ou inibido perto dos outros. Quando exposto a interações sociais, ele ficava intensamente consciente de seu rubor, suas hesitações verbais e dificuldade em manter uma conversa, da contração muscular e de um senso geral de extremo desconforto. Gerald estava convencido de que parecia ansioso e inepto aos outros, em suas palavras "um verdadeiro asno", que deve ter uma doença mental séria.

Comportamentos de segurança

A confiança do indivíduo socialmente fóbico em estratégias de busca de segurança a fim de encobrir a ansiedade, contrapor comportamento inibitório indesejado e parecer mais socialmente competente é outro elemento chave na formulação de caso. Butler

(2007) listou uma série de comportamentos de segurança comuns que são vistos na ansiedade social tais como olhar para o chão para evitar contato visual, usar maquiagem pesada para ocultar o rubor, ensaiar ou checar mentalmente seus comentários verbais, esconder o rosto ou as mãos, falar lentamente ou murmurar, evitar comentários desafiadores ou controversos, estar acompanhado por uma pessoa segura, e assim por diante. É importante identificar as várias estratégias de segurança cognitivas e comportamentais que o indivíduo usa para reduzir a ameaça social. Em particular, o paciente pensa que essas estratégias são efetivas para reduzir a ansiedade ou a ameaça social? Ele percebe quaisquer consequências negativas associadas com a estratégia de segurança? Em nosso caso, esquiva de contato visual, respostas verbais lentas e hesitantes (ou seja, comportamentos inibitórios involuntários), bem como relutância em iniciar uma conversa, eram estratégias de enfrentamento comuns que Gerald usava para minimizar a interação social. De fato, essas estratégias de resposta eram muito proeminentes mesmo nas sessões. A Lista de Verificação de Respostas Comportamentais à Ansiedade (Apêndice 5.7) e a Lista de Verificação de Respostas Cognitivas à Ansiedade (Apêndice 5.9) podem ser úteis para explorar o uso que o paciente faz de respostas de busca de segurança.

Lembrança autobiográfica de ameaça social

Outro elemento importante na formulação cognitiva de caso é determinar se a lembrança de experiências sociais passadas desempenha algum papel na ansiedade social do indivíduo. Há incidentes passados específicos que vêm à memória quando o paciente antecipa ou é exposto a uma situação social semelhante? Durante o processamento pós-evento, o indivíduo se focaliza no evento social mais recente ou lembra outras experiências passadas? O paciente lembra apenas certos aspectos negativos da experiência ou também é capaz de lembrar informação mais positiva? Qual é a interpretação ou conclusão negativa a que o paciente chega acerca daquela situação social? Que inferência é feita sobre si mesmo(a) e sobre o risco de interação social?

Os indivíduos diferirão no quanto lembram fracassos sociais passados quando se sentem ansiosos. Para alguns pode haver um ou dois eventos de intenso constrangimento que vêm à mente quando interagem com outros. Para outros pode ser o efeito cumulativo de muitos encontros sociais passados que são lembrados como muito provocadores de ansiedade, mesmo constrangedores. Seja qual for o caso, o terapeuta cognitivo deve avaliar a lembrança e interpretação do paciente de eventos sociais passados e determinar seu impacto sobre os níveis atuais de ansiedade social. Gerald, por exemplo, não podia lembrar uma experiência de fracasso social particularmente constrangedora. Entretanto, era evidente que ele tinha uma tendência a lembrar todos os aspectos negativos e ameaçadores de experiências sociais passadas, ainda que a reestruturação cognitiva revelasse que essas experiências não estavam nem perto de ser tão ameaçadoras ou desastrosas quanto Gerald lembrava. Essas lembranças reforçavam sua crença de que "ele não podia lidar com a proximidade das pessoas", "ele era diferente dos outros" e "seria melhor se ele se isolasse socialmente".

Esquemas sociais centrais

A avaliação dos construtos cognitivos anteriores de fobia social permitirão que o terapeuta especifique as crenças centrais dos indivíduos sobre a sua relação com os outros. Esses esquemas sociais representam o ponto final da formulação cognitiva de caso e incluem como os indivíduos acreditam que são vistos pelos outros. A Tabela 9.5 lista uma série de crenças centrais que são encontradas na fobia social. No curso do tratamento, inúmeras crenças sociais centrais de Gerald se tornaram aparentes. Ele acreditava que

TERAPIA COGNITIVA PARA OS TRANSTORNOS DE ANSIEDADE **371**

"os outros podem ver através de mim", "as pessoas tendem a ser ásperas e rejeitadoras", "eu fico fraco e patético em situações sociais" e "eu não suporto me sentir ansioso e desconfortável perto dos outros".

DIRETRIZ PARA O TERAPEUTA 9.16

Uma formulação cognitiva de caso para fobia social deve incluir

1. análise contextual de situações sociais;
2. foco nas fases antecipatória, de exposição e de processamento pós-evento da ansiedade social;
3. especificação do viés de interpretação da ameaça social;
4. avaliação do constrangimento e da inibição aumentados;
5. identificação de respostas de busca de segurança;
6. amostragem do viés de lembrança da ameaça social proeminente;
7. especificação dos esquemas sociais centrais.

DESCRIÇÃO DA TERAPIA COGNITIVA PARA FOBIA SOCIAL

O objetivo principal da terapia cognitiva para fobia social é reduzir a ansiedade e eliminar sentimentos de vergonha ou constrangimento, bem como facilitar a melhora no funcionamento pessoal em situações de avaliação social corrigindo as avaliações e crenças errôneas de ameaça social e vulnerabilidade pessoal. A Tabela 9.7 apresenta as metas específicas do tratamento cognitivo para fobia social.

Essas metas são alcançadas pelo uso de reestruturação cognitiva e intervenções comportamentais baseadas em exposição que visam o conteúdo de pensamento e vieses interpretativos maladaptativos especificados na formulação cognitiva de caso (ver Tabela 9.6). Há seis elementos fundamentais à terapia cognitiva de fobia social (ver também Butler e Wells, 1995; D. M. Clark, 2001; Turk et al., 2008; Wells, 1997).

Educação, estabelecimento de metas e construção de hierarquia

As primeiras sessões se focalizam em educar o paciente no modelo cognitivo da fobia social. A informação obtida da entrevista diagnóstica, de questionários autoaplicados e dos formulários de automonitoramento prescritos para a formulação de caso são usados para desenvolver a versão pessoal do paciente do modelo cognitivo (consulte a Figura 9.1).

Durante a fase de educação o terapeuta cognitivo usa descoberta guiada para ilustrar aspectos importantes do modelo cognitivo identificando processos cognitivos tendenciosos associados a vivências recentes de ansie-

---

TABELA 9.7 Metas do tratamento na terapia cognitiva para fobia social

- **Reduzir a ansiedade antecipatória** corrigindo o viés de interpretação de ameaça social e evitando a esquiva de situações sociais provocadoras de ansiedade.
- **Contrapor constrangimento excessivo** durante exposição social redirecionando o processamento de informação para sinais sociais externos positivos.
- **Eliminar estratégias de segurança** empregadas para encobrir e reduzir a ansiedade.
- **Fortalecer a tolerância à ansiedade** e uma perspectiva de enfrentamento mais adaptativa.
- **Reduzir a inibição**, melhorar as habilidades sociais, encorajar um padrão de desempenho mais realista e desenvolver uma autoavaliação equilibrada do desempenho social.
- **Eliminar ruminação pós-evento** e encorajar reavaliações mais adaptativas de desempenho social passado e seus efeitos.
- **Modificar crenças centrais** sobre vulnerabilidade pessoal na interação social, a ameaça de avaliação negativa pelos outros e a percepção de si mesmo como um objeto social.

dade social. É importante que os indivíduos aprendam sobre as três fases da ansiedade social e o papel que avaliações superestimadas da probabilidade e consequências da ameaça social desempenham durante as fases de antecipação, exposição e lembrança pós-evento de situações sociais. Além disso os efeitos nocivos de atenção autocentrada aumentada, consciência de comportamentos inibitórios e erro em processar informação social externa devem ser explicados, bem como os efeitos maladaptativos de comportamentos de segurança ou encobrimento. O terapeuta cognitivo também discutirá como uma interpretação e lembrança abertamente negativas do próprio desempenho social, bem como suposições sobre dar uma impressão negativa aos outros aumentarão os sentimentos de ansiedade em contextos sociais. É explicado que crenças e suposições negativas mantidas há muito tempo sobre a própria capacidade e efetividade em se relacionar com os outros podem aumentar a vulnerabilidade à ansiedade social. Finalmente, uma justificativa lógica do tratamento deve ser incluída como parte da fase de educação. Os pacientes são informados de que a prática na identificação e correção de pensamento errôneo, a adoção de abordagens à ansiedade mais positivas e a exposição gradual, mas repetida, a situações sociais temidas são elementos fundamentais do tratamento. Com prática repetida no processamento forçado de informação social positiva a tendência a avaliar seletivamente situações sociais de uma maneira ameaçadora é enfraquecida e a ansiedade social reduzida.

Como parte da educação do paciente no modelo cognitivo, o terapeuta deve evocar metas específicas que o indivíduo gostaria de alcançar na terapia. Em seu manual de autoajuda *The shyness and social anxiety workbook* (Manual da timidez e ansiedade social), Antony e Swinson (2000b) sugerem que os indivíduos escrevam como a ansiedade social afetou seus relacionamentos, trabalho ou educação e funcionamento diário. Isso é seguido pela especificação dos custos e benefícios de superar a ansiedade social e então pelo estabelecimento de metas de

1 mês e de 1 ano para mudança. Acreditamos que isso seja uma parte fundamental do processo de educação que poderia melhorar a adesão aos exercícios de exposição. Muitos indivíduos com fobia social relutam em se comprometer com o tratamento devido a ansiedade aumentada esperada com a exposição. Uma apreciação firme dos benefícios de longo prazo do tratamento baseado em exposição aumentará a motivação e a adesão ao tratamento. De fato, Hope e colaboradores (2006) adotaram o lema *"Invista sua ansiedade em um futuro mais calmo"* para enfatizar que enfrentar os próprios medos hoje pode levar a lucros de longo prazo. Ao especificar os custos da ansiedade social e as metas para mudança, o terapeuta pode encorajar os pacientes a "manter seus olhos no alvo" quando o tratamento se tornar particularmente desafiador. O Capítulo 3 no manual do paciente intitulado *Managing social anxiety: a cognitive-behavioral therapy approach* (Lidando com a ansiedade social: uma abordagem à terapia cognitivo-comportamental) contém uma excelente discussão sobre as causas da ansiedade social, do papel do pensamento disfuncional e da justificativa lógica para TCC da fobia social (Hope et al., 2000).

Antes de concluir a fase de educação, uma hierarquia de ansiedade social deve ser construída baseada em uma variedade de situações provocadoras de ansiedade registradas no Formulário de Automonitoramento Diário de Ansiedade Social (Apêndice 9.1). Além disso, a Hierarquia de Exposição (Apêndice 7.1) pode ser útil para organizar hierarquicamente as situações sociais da menos à mais provocadora de ansiedade. A construção de uma hierarquia de exposição foi discutida no Capítulo 7 (ver sessão sobre exposição gradual *vs.* intensa) e as diretrizes resumidas naquela sessão se aplicarão ao desenvolvimento de uma hierarquia de ansiedade social. É importante gerar uma variedade de 15 a 20 situações sociais que ocorrem com razoável frequência, com uma maior proporção de situações na variação de ansiedade moderada a alta.

Gerald aceitou a explicação cognitiva para sua fobia social grave e de longa duração. Em particular, focalizamos no importante papel desempenhado pela ansiedade antecipatória que levou a um forte impulso de evitar o máximo possível de interações sociais. Observamos que ele ficava excessivamente envergonhado de sua aparência facial e de suas habilidades de conversa limitadas em situações sociais e estava convencido de que parecia inadequado e perturbado aos outros devido a suas inibições sociais naturais. Ele presumia que os outros deviam pensar negativamente sobre ele porque percebiam sua intensa ansiedade. Certas crenças centrais se tornaram aparentes, tais como "as outras pessoas podem ver através de mim", "as pessoas são naturalmente negativas e críticas com os outros", "minha ansiedade é tão intensa que é intolerável e óbvia aos outros" e "é melhor eu ficar sozinho, longe das outras pessoas". Entretanto, Gerald também percebeu que quanto mais socialmente isolado ele ficava, mais grave era sua depressão clínica. Sua meta de longo prazo foi ganhar confiança suficiente em situações sociais que ele pudesse começar a namorar, enquanto sua meta mais imediata era restabelecer ligações com amigos e conhecidos do passado. Visto que telefonar para "velhos amigos" e combinar de encontrá-los em um bar era moderadamente provocador de ansiedade, iniciamos a exposição a essas situações.

DIRETRIZ PARA O TERAPEUTA 9.17

A educação dos pacientes no modelo cognitivo da fobia social enfatiza que a redução na ansiedade social será alcançada:
1. corrigindo julgamentos exagerados de ameaça social;
2. mudando o foco atencional de sinais de ansiedade interna para estímulos sociais externos positivos;
3. empregando uma avaliação realista do próprio desempenho social e tendência a ser inibido(a);
4. adotando uma perspectiva mais construtiva sobre tolerância à ansiedade;
5. adotando suposições mais realísticas de como o indivíduo parece aos outros em situações sociais.

Reestruturação cognitiva da ansiedade antecipatória

Após educar o paciente no modelo cognitivo, as próximas sessões se focalizam em ensinar a reestruturação cognitiva para contrapor a interpretação de ameaça tendenciosa quando antecipa uma situação social provocadora de ansiedade. Acreditamos que é importante iniciar o tratamento aqui porque:

1. a maioria dos indivíduos com fobia social experimenta forte ansiedade antecipatória que leva a esquiva;
2. alguma variação de ansiedade antecipatória pode ser mais prontamente gerada na sessão;
3. essa parte da terapia tende a ser menos ameaçadora para os pacientes.

Além disso, as habilidades de reestruturação cognitiva serão úteis durante todas as sessões restantes. A Tabela 9.8 resume os elementos da reestruturação cognitiva para a ansiedade social.

O paciente socialmente ansioso é solicitado a descrever um período recente de alta ansiedade antecipatória durante uma situação social esperada. O nível de ansiedade é avaliado na escala de 0 a 100 e o paciente é indagado sobre quaisquer pensamentos e imagens que ocorreram enquanto pensava sobre o evento futuro. Questões pertinentes incluem:

- "Com o que você estava preocupado(a) que pudesse acontecer nessa situação?"
- "Você estava pensando em alguma consequência ou resultado negativo nessa situação?"
- "Você estava pensando nas reações das pessoas a você naquela situação?" "Eles reagiriam negativa ou positivamente a você?"
- "Você estava pensando sobre o quanto se sentiria ansioso(a) na situação?" "Há alguma maneira particular de sua ansiedade ser evidente aos outros?" "Você teve uma imagem ou poderia imaginar como você ficaria na situação?" "Você estava

pensando sobre o quanto seria difícil ocultar sua ansiedade dos outros?" "O que aconteceria se as pessoas soubessem que você estava ansioso(a)?"

- "Você estava pensando sobre como seria seu desempenho naquela situação ou que ficaria bastante inibido(a)?" "Nesse caso, como você imagina que seria encontrar outras pessoas; em que comportamentos eles se focalizariam?" "Como você acha que poderia se constranger?" "Nesse caso, como você agiria de uma forma constrangedora?"
- "Quando você pensa sobre esse evento antecipado, qual é o pior resultado que você pode imaginar?" "Isso aconteceu a você no passado" "Nesse caso, como foi?"
- "Você está pensando sobre a impressão que provavelmente causa aos outros?" "O que você imagina que outras pessoas naquela situação acabariam pensando sobre você?" "Como você parecerá a eles?"

O questionamento socrático sobre a ameaça social antecipada produzirá informação sobre:

1. intolerância percebida à ansiedade na situação;
2. como o paciente se constrangerá ou se humilhará na frente dos outros;
3. como ele acha que será percebido pelos outros.

Uma vez obtida essa informação, o terapeuta pede que o paciente avalie a probabilidade e gravidade de cada aspecto dos julgamentos de ameaça social. Por exemplo, o paciente avaliaria a probabilidade (0 a 100), bem como a gravidade de que a ansiedade nas situações será intensa, que ele se constrangerá na situação e que os outros concluirão que ele é "estúpido" ou "incompetente".

Uma vez especificada a interpretação da ameaça social central, busca de evidências, análise de custo-benefício e descatastrofização podem ser usadas para contestar o pensamento antecipatório errôneo do paciente. Essas intervenções foram discutidas minuciosamente no Capítulo 6. Para reunir evidências, o terapeuta pede qualquer informação que confirme o pensamento de ameaça social, bem como informação contrária que desconfirme ou pelo menos questione a veracidade das cognições antecipatórias

---

TABELA 9.8 Elementos da reestruturação cognitiva para ansiedade social

1. Identifique um período recente de ansiedade antecipatória.
2. Avalie o nível de ansiedade (0 a 100)
3. Use descoberta guiada para identificar interpretação de ameaça social central que pode incluir:

   - Intolerância percebida à ansiedade
   - Expectativa de constrangimento
   - Avaliação (impressão) negativa pelos outros

4. Avalie a probabilidade e gravidade percebidas de ameaça social antecipada.
5. Conteste a ameaça social central usando:

   - Evidência de informação confirmatória e desconfirmatória
   - Consequências de curto e longo prazos (análise de custo-benefício)
   - Descatastrofização
   - Identificação de erros cognitivos

6. Desenvolva uma interpretação de ameaça antecipatória alternativa mais realista.
7. Reavalie a probabilidade e gravidade da ameaça social e sua alternativa baseada em evidências.
8. Prescreva um experimento comportamental (i.e., tarefa de teste empírico da hipótese).

ansiosas. O formulário Teste de Avaliações Ansiosas: Busca de Evidências (Apêndice 6.2) pode ser útil. Uma intervenção de custo-benefício exploraria os custos reais (consequências negativas) e benefícios reais (tanto imediatos como de longo prazo) associados com a exposição ao evento social antecipado (use o Formulário de Custo-Benefício, no Apêndice 6.3). Finalmente, pode ser empregada a descatastrofização na qual o paciente é instruído a imaginar o resultado negativo temido. Após gerar o pior cenário de caso, pode ser perguntado ao paciente:

1. "Seria realmente tão terrível quanto você pensa?";
2. "Qual é o impacto imediato e de longo prazo mais provável sobre você?";
3. "O que você faria para minimizar o impacto negativo do constrangimento?";
4. "Com que frequência as pessoas se constrangem na frente dos outros e, de algum modo, sobrevivem sem efeitos negativos sobre a vida?".

Além disso, identificar erros no pensamento (ver discussão no Capítulo 6) é uma parte importante da contestação do pensamento ansioso (use os formulários Erros e Vieses Comuns na Ansiedade e Identificação de Erros de Pensamento Ansiosos, Apêndice 5.6).

Após contestar o pensamento de ameaça social errôneo, o terapeuta cognitivo trabalha com o paciente para gerar uma forma alternativa de antecipar a situação social futura. Novamente, isso foi discutido no Capítulo 6. O Formulário de Interpretações Alternativas (Apêndice 6.4) pode ser usado para fortalecer a aceitação de uma interpretação alternativa mais realista. A interpretação alternativa provavelmente reconhecerá que o paciente pode se sentir altamente ansioso e não ter um desempenho tão bom quanto gostaria, mas o resultado constrangedor e catastrófico que ele antecipa é muito menos provável que o esperado. Em vez

disso, "desconforto tolerável" é o resultado mais provável.

Além disso, o terapeuta contesta a interpretação tendenciosa do paciente de que seu comportamento inibitório será automaticamente avaliado de forma negativa pelos outros. Em seu lugar, a interpretação alternativa é "as pessoas toleram uma variedade razoavelmente ampla de comportamento social. Eu não tenho que ter um desempenho campeão para ser aceito". Uma vez que essa alternativa tenha sido totalmente descrita o paciente é solicitado a reavaliar a probabilidade de que o constrangimento catastrófico inicial ocorra *versus* a alternativa de "desconforto tolerável" e a aceitação dos outros de "desempenho social um pouco inibido". Deve ser enfatizado que a avaliação é baseada não em como o paciente se sente, mas na probabilidade realista baseada no peso da evidência confirmatória e desconfirmatória.

A reestruturação cognitiva normalmente termina com a prescrição de um experimento comportamental. Na maioria dos casos, isso envolve alguma forma de exposição a uma variante da situação ansiosa antecipada a fim de coletar evidências que desconfirmem a avaliação de ameaça social exagerada. Discutimos mais amplamente o uso de exposição na terapia cognitiva para fobia social em uma seção separada a seguir. Enquanto isso, a Tabela 9.9 ilustra o uso de reestruturação cognitiva para ansiedade social antecipatória.

DIRETRIZ PARA O TERAPEUTA 9.18

A reestruturação cognitiva na fobia social envolve a correção de interpretações exageradas da probabilidade e gravidade da ameaça social (isto é, avaliação negativa pelos outros) por meio da avaliação das evidências confirmatória e desconfirmatória, consideração de consequências realistas, preparação para o pior resultado e reavaliação à luz de uma interpretação alternativa mais provável da situação social e do desempenho social inibido do indivíduo.

TABELA 9.9 Exemplo clínico de reestruturação cognitiva de ansiedade social antecipatória

Situação antecipatória
Carol é informada por sua supervisora que uma reunião do escritório está marcada para o final daquele dia para discutir a necessidade de atualizar o sistema de informática do escritório. Haverá 15 dos colegas de trabalho de Carol presentes e a supervisora perguntará a cada um deles sobre os problemas que eles têm encontrado com a atual rede de computadores.

Nível de ansiedade antecipatória
Carol avaliou sua ansiedade em 90/100, que aumenta à medida que a hora da reunião se aproxima.

Cognições de ameaça social antecipatória de Carol
*   "Eu não posso escapar dessa reunião; eu tenho que ir."
*   "Nós estaremos sentados em torno da mesa de reuniões e ela [a supervisora] perguntará a opinião de cada um."
*   "A ansiedade aumentará até finalmente tomar conta de mim e eu tenho que dizer alguma coisa. Naquela hora eu já estarei em pânico." [intolerância à ansiedade]
*   "Todos estarão olhando para mim. Eu vou ficar vermelha, sentir calor, minhas mãos vão tremer e vai me dar um branco na mente."
*   "Eu vou me sentir tão constrangida devido a minha ansiedade que não serei capaz de dar uma resposta clara." [atenção autocentrada excessiva]
*   "Todos se perguntarão o que há de errado comigo, como eu posso ser tão ansiosa perto dos meus colegas de trabalho. Eles me verão como fraca, incompetente e mentalmente doente." [avaliação negativa, aparência para os outros]
*   "Eu vou me sentir tão constrangida por esse fiasco que não vou poder encarar meus colegas por dias. Ir para o trabalho será uma experiência dolorosa." [expectativa de cosntrangimento]

Estimativas de probabilidade e gravidade
Carol avaliou o cenário acima como 70% provável de acontecer e a gravidade como 85% porque envolvia colegas de trabalho que ela veria todos os dias.

Contestando as cognições de ameaça social
1. *Evidência confirmatória* – ela ficou extremamente ansiosa nessas reuniões no passado; pelo menos uma de suas amigas mais íntimas no escritório comentou que ela parecia bastante nervosa; ela lembra ter se sentido constrangida durante dias após a reunião.
2. *Evidência desconfirmatória* – apesar de sentir que se expressava mal, os outros pareciam ter entendido o que ela estava achando em reuniões passadas conforme indicado pelos comentários deles após ela ter falado; todos pareciam tratá-la da mesma maneira após a reunião; quando Carol mencionou a um colega algumas semanas depois como ela se sentira ansiosa na reunião, o colega não lembrou de ter percebido a ansiedade de Carol; há alguns outros colegas que são tímidos e parecem nervosos nessas reuniões e no entanto eles são queridos e respeitados; quando ela está falando, ninguém parece constrangido ou desaprovador, eles parecem estar prestando atenção.
3. *Consequências* – a consequência imediata é uma escalada na ansiedade e desconforto, mas não houve nenhuma consequência de longo prazo à ansiedade de Carol nas reuniões de trabalho; as pessoas não mudaram a forma de tratá-la e dentro de uma semana qualquer constrangimento parece desaparecer.
4. *Descatastrofização* – o terapeuta trabalhou com Carol para escrever o pior cenário que poderia estar associado com falar em uma reunião de trabalho. Ela decidiu que o pior que poderia acontecer é que ela pudesse ter um ataque de pânico completo e ter que se retirar da reunião. Seus colegas de trabalho saberiam que alguma coisa estava errada e então a questionariam após a reunião. Juntos, Carol e seu terapeuta elaboraram uma possível resposta a como ela lidaria com as reações das outras pessoas se ela tivesse que sair da reunião prematuramente devido ao pânico. Também trabalhamos como ela poderia permanecer na reunião e aguentar o ataque de pânico como uma estratégia de resposta alternativa.

(continua)

TERAPIA COGNITIVA PARA OS TRANSTORNOS DE ANSIEDADE **377**

TABELA 9.9 Exemplo clínico de reestruturação cognitiva de ansiedade social antecipatória (continuação)

5. *Identificação de erro* – revisando seus processos de pensamento ao antecipar a reunião, Carol foi capaz de ver que estava catastrofizando (supor que seus colegas pensarão que ela está mentalmente doente) e empregando uma visão em túnel (apenas focada nos aspectos negativos da situação), bem como raciocínio emocional (supor que as coisas devem realmente acabar mal devido ao nível de ansiedade).

Interpretação alternativa do construto
Carol e seu terapeuta desenvolveram a seguinte interpretação alternativa: "Eu vou me sentir desconfortável na reunião e os outros podem perceber meu desconforto. Entretanto, é um desconforto tolerável que não me impede de dar uma opinião. Eu posso não ser tão eloquente quanto alguns e posso mostrar sinais de desconforto, mas meus colegas me conhecem bem e é mais provável que eles concluam que eu sou uma pessoa tímida que se sente desconfortável ao se expressar em um grupo".

Probabilidade e gravidade reavaliadas
Baseada nas evidências, Carol reavaliou o cenário de ameaça social mais extremo como 40% provável e a interpretação alternativa como 90% provável. Da mesma forma, a alternativa foi avaliada como muito menos grave do que a interpretação original da ameaça.

Experimento comportamental prescrito
Carol indicou que uma reunião de acompanhamento tinha sido marcada no trabalho. Ela concordou em ir à reunião e prestar atenção o mais rigorosamente possível às reações das outras pessoas a ela em vez de aos próprios sentimentos internos de ansiedade. Ela foi capaz de usar o Formulário de Interpretações Alternativas (Apêndice 6.4) para registrar suas observações.

Atenção autocentrada aumentada: uso de *feedback* através de dramatização

Após completar alguns registros de reestruturação cognitiva do pensamento na sessão e prescrever isso como tarefa de casa, o terapeuta cognitivo introduz o *feedback* através de dramatização ao vivo ou em vídeo. Isso costuma ser introduzido pela terceira ou quarta sessão. As dramatizações são há tempo reconhecidas como um ingrediente central nas intervenções cognitivas e comportamentais para ansiedade social (p. ex., Beck et al., 1985; Beidel e Turner, 2007; D. M. Clark, 2001; Heimberg e Juster, 1995; Wells, 1997). Elas servem a inúmeros objetivos terapêuticos. O *feedback* através da dramatização ou o ensaio comportamental podem ser usados para esclarecer os efeitos negativos de atenção autocentrada excessiva, comportamentos inibitórios e respostas de segurança, bem como para aprender um foco de atenção externo mais adaptativo (D. M. Clark, 2001). A dramatização também é uma forma menos ansiogênica de exposição na sessão que pode ser usada para corrigir avaliações de ameaça exageradas e autoavaliações negativas de desempenho social. Finalmente, o *feedback* através da dramatização e o ensaio comportamental podem ser usados para ajudar o indivíduo socialmente ansioso a aprender comportamentos mais efetivos de comunicação e interação com os outros.

A dramatização foi discutida anteriormente no Capítulo 7 na seção sobre "mudança comportamental dirigida". No contexto da ansiedade social, o terapeuta começa encenando com o paciente situações sociais moderadamente ansiosas da hierarquia da ansiedade. O paciente é primeiro instruído a encenar "como ele caracteristicamente responderia na situação". Avaliações da ansiedade são obtidas e o terapeuta cognitivo, atuando como observador, evoca os pensamentos e interpretações ansiosos do indivíduo associados à situação encenada. O terapeuta então discute uma abordagem alternativa na qual o paciente desvia a atenção de um foco interno para processar o *feedback* externo dos outros (ver D. M. Clark, 2001). As respostas de segurança ou encobrimento são eliminadas e é encorajada a atenção a sinais positivos no ambiente externo. As afirmações de enfrentamento adaptativas que contestem as interpretações de ameaça social automáticas podem ser construídas. O terapeuta então modela essa abordagem mais adaptativa na dramatização, após o que o paciente pratica repetidamente a abordagem construtiva e o terapeuta fornece *feedback* corretivo.

D. M. Clark (2001) considera a dramatização e o *feedback* através de vídeo fundamentais para modificar a atenção autocentrada aumentada na fobia social. Primeiro, os pacientes avaliam sua ansiedade após encenar uma situação social na qual eles se focalizam em sinais interoceptivos e contam com comportamentos de segurança. Em uma segunda condição, eles avaliam sua ansiedade após adotar um foco de atenção externo e abandonam respostas de segurança maladaptativas. D. M. Clark observa que esse exercício ensina aos indivíduos que o intenso foco em si mesmo e os comportamentos de segurança na verdade aumentam sua ansiedade e suas suposições de quão bem eles acham que funcionam são muito influenciadas por como eles se sentem durante a dramatização. D. M. Clark considerava o *feedback* através de vídeo particularmente útil para ajudar indivíduos socialmente ansiosos a obter informação realista sobre seu desempenho social e como eles realmente parecem aos outros. Além disso, as dramatizações através de vídeo fornecem *feedback* sobre os comportamentos inibitórios dos pacientes e corrigem suas suposições negativas de que seu comportamento inibitório tem um efeito nocivo sobre como eles são recebidos pelos outros.

A fim de que a dramatização gravada em vídeo seja efetiva, deve ser perguntado ao paciente socialmente ansioso como ele acha que pareceu para os outros no vídeo antes de ver o vídeo e então ver seu desempenho filmado como se assistisse a uma pessoa desconhecida. Dessa forma, o paciente pode descobrir que sua avaliação de como pensa que os outros o percebem é negativamente tendenciosa. Portanto o objetivo principal do *feedback* gravado é fornecer informação corretiva para a suposição errônea do paciente de dar uma impressão negativa aos outros por ser ansioso ou inibido.

As dramatizações ao vivo e em vídeo são uma excelente introdução a situações sociais ansiosas. O terapeuta pode introduzir situações sociais cada vez mais provocadoras de ansiedade nas sessões de dramatização. As dramatizações na sessão podem ser prescritas como tarefa de casa na qual um cônjuge ou familiar se torna o observador. Isso aumentará a chance de que os efeitos terapêuticos das dramatizações se generalizem para a situação social real.

Uma ilustração de caso dos benefícios terapêuticos das dramatizações foi Erin, uma consultora financeira de 32 anos. Erin sofria de ansiedade considerável em seu trabalho porque tinha grande dificuldade em ser assertiva com os clientes. Quando eles faziam exigências irracionais, ela concordava com um prazo mais curto para completar seu trabalho ainda que fosse impossível cumprir o prazo devido a sua atual carga de trabalho. Erin tinha um medo terrível da raiva e crítica de seus clientes, portanto concordava rapidamente com um prazo impossível a fim de evitar conflito. Quando Erin encenou pela primeira vez sua interação usual com clientes exigentes, ficou claro que ela era excessivamente focalizada em seus próprios sentimentos de desconforto e em inibições como evitar contato visual ou deixar de fazer perguntas ao cliente que pudessem sugerir possível confrontação. Seus pensamentos automáticos eram "Estou ficando desconfortável, preciso fazer esse cara sair do meu escritório", "Ele parece estar ficando com muita raiva de mim" e "Eu vou simplesmente concordar agora e imaginar o que fazer mais tarde". O terapeuta elaborou com Erin uma resposta alternativa, mais assertiva a clientes exigentes que a ajudasse ao mesmo tempo a estabelecer prazos mais realistas e não permitir que sua ansiedade ditasse sua resposta. Foram necessárias muitas dramatizações repetidas na sessão e como tarefa de casa com seu esposo atuando como um "cliente exigente" antes que Erin estivesse pronta para tentar isso no trabalho.

DIRETRIZ PARA O TERAPEUTA 9.19

Utilize dramatizações ou ensaios comportamentais como parte integral da terapia cognitiva para reduzir a atenção autocentrada aumentada, apoio em comportamentos de segurança, avaliação negativa de desempenho social e comportamento inibitório e suposições arraigadas de impressão negativa por parte dos outros.

Reestruturação cognitiva de avaliações de ameaça errôneas durante a exposição

Antes de iniciar a exposição a situações socialmente ameaçadoras na sessão e entre sessões, é importante que o terapeuta cognitivo corrija interpretações de ameaça tendenciosas, atenção autocentrada excessiva e raciocínio emocional, completando registros de reestruturação cognitiva do pensamento em situações de ansiedade moderada e alta na hierarquia. O mesmo protocolo de reestruturação cognitiva descrito para ansiedade social antecipatória será usado no presente contexto, exceto que agora o foco é na experiência de exposição real à situação ansiosa. Juntamente com o *feedback* através da dramatização, a reestruturação cognitiva de situações sociais reais é introduzida na quinta e sexta sessões a fim de corrigir o viés de interpretação da ameaça, redirecionar a atenção a estímulos externos e deliberadamente refocar a capacidade de processamento dos sinais positivos no ambiente social. Esse foco terapêutico começará a abordar algumas das crenças centrais subjacentes sobre ameaça social, vulnerabilidade pessoal e inadequação que são importantes na fobia social.

DIRETRIZ PARA O TERAPEUTA 9.20

Durante todo o tratamento, a reestruturação cognitiva é rotineiramente aplicada aos pensamentos, imagens e interpretações tendenciosos associados com várias situações na hierarquia de ansiedade social na tentativa de alcançar mudança crucial nos esquemas sociais maladaptativos subjacentes à fobia social.

Exposição à ameaça social

Pela sétima ou oitava sessão a exposição *in vivo* a situações moderadamente provocadoras de ansiedade na hierarquia de ansiedade social deve ser introduzida no tratamento. Heimberg e colegas oferecem uma ampla estrutura para sessões de exposição e recomendam a integração de exercícios de exposição na sessão e entre as sessões (Heimberg e Becker, 2002; Turk et al., 2008). Como na terapia cognitiva para outros transtornos de ansiedade, a exposição a situações sociais ansiosas é fundamental para o tratamento efetivo da fobia social. Além disso, a forma mais efetiva de corrigir as interpretações e crenças maladaptativas da ansiedade social é por meio de experimentos comportamentais baseados em exposição. Os exercícios de exposição também permitem aos pacientes:

1. praticar desvio da atenção de estados internos para estímulos sociais externos;
2. aprender a tolerar melhor níveis moderados de ansiedade;
3. interpretar seu desempenho social e inibições mais positivamente;
4. obter evidência desconfirmatória crítica de suas interpretações de ameaça social tendenciosas.

Uma descrição detalhada do uso de exposição dentro da terapia cognitiva pode ser encontrada no Capítulo 7; a diretriz lá resumida se aplica ao tratamento da fobia social. O terapeuta deve começar a exposição com as situações sociais de menos a moderadamente provocadoras de ansiedade na hierarquia da ansiedade social. É preferível primeiro encenar a situação na sessão antes de prescrevê-la como uma tarefa de casa entre sessões *in vivo*. Heimberg e Becker (2002) listam uma série de situações sociais que poderiam ser usadas para a exposição, tais como iniciar uma conversa com um conhecido, falar com um colega de classe antes ou após a aula, apresentar-se a um estranho, dar um telefonema para alguém que você gosta, fazer um discurso, fazer uma pergunta na aula, comer na frente de outras pessoas, fazer uma entrevista de emprego, convidar alguém para sair, e assim por diante. A dramatização na sessão identifica qualquer pensamento errôneo que prejudicará a exposição *in vivo* e dá ao paciente a oportunidade de praticar maneiras de corrigir a cognição e respostas mais adaptativas à ansiedade social. Naturalmente, na terapia cognitiva a exposição é apresentada como um experimento comportamental para testar se a experiência do paciente confirma ou desconfirma sua interpretação de ameaça social exagerada ou sua alternativa. O Formulário de Teste Empírico da Hipótese (Apêndice 6.5) pode ser usado para registrar observações críticas de exercícios de exposição (ver também Hope et al., 2000, para sugestões sobre exposição na fobia social).

O exemplo a seguir ilustra como o teste empírico da hipótese baseado em exposição foi incorporado ao tratamento de Gerald. Em sua hierarquia da ansiedade social, Gerald avaliava telefonar para um velho amigo como moderadamente ansioso (40/100). Seus pensamentos ansiosos automáticos eram "Eu me sinto culpado por não telefonar para ele por tanto tempo", "Ele não quer ter notícias minhas", "Eu vou incomodá-lo" e "Eu vou me sentir tão ansioso, por que me preocupar com isso?". Após corrigir as interpretações negativas por meio de um exercício de reestruturação cognitiva, Gerald e o terapeuta dramatizaram o telefonema para o amigo. Eles dramatizaram vários temas de conversa que Gerald poderia utolozar com esse amigo a fim de combater suas inibições verbais. Afirmações de enfrentamento do exercício de reestruturação cognitiva foram

usadas para corrigir expectativas negativas e encorajar a tolerância à ansiedade. Após praticar a interação social na sessão, Gerald foi capaz de se comprometer com a tarefa de casa, que envolvia telefonar para esse amigo. Ele voltou para a sessão seguinte exuberante em relação a tarefa de casa. Ele telefonou para seu amigo e contrário às suas expectativas seu amigo foi muito receptivo. Além disso, Gerald descobriu que sua ansiedade não era tão incapacitante quando ele tinha previsto e que sua capacidade de manter uma conversa era melhor que o esperado. O exercício se revelou um momento decisivo na terapia porque Gerald experimentou a desconfirmação de seu pensamento ansioso.

DIRETRIZ PARA O TERAPEUTA 9.21

A exposição repetida a situações de ansiedade social é crítica para fornecer evidência que desconfirme as avaliações e crenças errôneas de ameaça e vulnerabilidade que mantêm a ansiedade social.

Intervenções cognitivas para o processamento pós-evento

A relevância do processamento pós-evento variará entre indivíduos com fobia social. Para aqueles que se entregam à ruminação considerável sobre experiências sociais passadas, o processamento pós-evento deve ser visado no início do tratamento. Grande parte da informação crítica sobre a forma de processamento pós-evento pessoal do paciente pode ser obtida da formulação de caso (ver discussão anterior).

Após obter uma descrição clara do conteúdo do pensamento pós-evento do paciente, o terapeuta deve indagar sobre os custos e benefícios percebidos de empregar essa reavaliação repetida de desempenhos sociais passados e seu desfecho (D. M. Clark, 2001). Para alguns pacientes, as desvantagens de reavaliar encontros sociais passados pode ser óbvia, enquanto outros pacientes socialmente ansiosos acreditam que essa reanálise os ajude a se preparar para eventos semelhantes no futuro. Por exemplo, Henry não foi bem-sucedido em uma entrevista de emprego que teve muitos anos atrás com uma prestigiada empresa. Ficou bastante evidente que sua ansiedade durante a entrevista era tão intensa que ele não se saiu bem. Entretanto, anos mais tarde ele continuava a ruminar sobre a entrevista fracassada como prova de que ele não era suficientemente inteligente, que "ele tinha sido desmascarado". Outro paciente ruminava dificuldades passadas ao fazer comunicados nos encontros quinzenais de acionistas, tentando imaginar como poderia melhorar suas habilidades de falar em público. Seja qual for o caso, é importante que o paciente perceba que no final a ruminação pós-evento é uma estratégia cognitiva maladaptativa que contribui para a manutenção da ansiedade social porque reforça a percepção de que situações sociais são ameaçadoras. O Formulário de Custo-Benefício (Apêndice 6.3) é útil nesse sentido.

A reestruturação cognitiva é uma segunda intervenção para processamento pós--evento. O paciente é solicitado a descrever em detalhes sua lembrança de quaisquer experiências sociais passadas que continuem a vir à mente com razoável regularidade. O terapeuta se foca em recordações que retornam repetidamente ou que são interpretadas como evidência clara de ameaça social, constrangimento ou inépcia. A recordação de uma experiência social passada específica é focalizada e o terapeuta investiga o que o paciente conclui desse evento sobre ameaça social, como ele pareceu aos outros, seu desempenho naquela situação e as consequências pessoais do encontro social. O terapeuta então avalia a correção da lembrança do paciente por meio de busca de evidência e raciocínio indutivo para enfatizar a possibilidade de que a lembrança do paciente do evento passado é prejudicada por avaliações tendenciosas de ameaça e vulnerabilidade. É formulada então uma avaliação alternativa da experiência passada que ofereça uma perspectiva mais realista sobre a experiên-

cia. O paciente é encorajado então a contestar repetidamente a recordação negativa com a possibilidade da alternativa mais benigna sempre que começar a ruminar sobre o evento social passado – ou seja, empregar um "relatório cognitivo" no qual a performance é avaliada mais em termos de alcance de metas pré-definidas do que com base na resposta emocional do indivíduo (Brozovich e Heimberg, 2008). A reestruturação cognitiva foi empregada com Henry para avaliar se sua entrevista de emprego malsucedida se deveu a falta de inteligência. De fato havia considerável evidência de que ele era um programador de computadores altamente inteligente e talentoso. Gradualmente, ele veio a acreditar na possibilidade de que ansiedade intensa durante a entrevista causara seu péssimo desempenho naquela situação. Isso representou uma interpretação mais benigna porque a ansiedade era algo que ele podia combater, enquanto falta de inteligência significava que ele estava fadado ao fracasso e decepção.

A reestruturação cognitiva deve ser acompanhada por prescrições comportamentais que buscam desconfirmar a evidência de lembrança negativa de experiências passadas. Por exemplo, o paciente poderia ser instruído a sondar amigos, familiares ou colegas de trabalho que estavam presentes em um evento social para determinar a lembrança deles. A lembrança do paciente do evento poderia ser comparada a como os outros lembram a experiência a fim de esclarecer áreas de discrepância. Outro exercício envolve filmar uma dramatização na sessão de alguma situação social. O paciente faz uma avaliação de sua ansiedade, de seu desempenho social e do quanto parece inibido na dramatização. Duas semanas mais tarde o terapeuta pede que o paciente diga o que ele lembra sobre a dramatização e avalie sua ansiedade, desempenho e aparência baseado na recordação. Os dois conjuntos de avaliações são então comparados. O objetivo desse exercício é esclarecer como vieses negativos se insinuam na memória quando indivíduos socialmente ansiosos lembram suas experiências sociais passadas.

Finalmente, a reestruturação cognitiva pode ser usada para encorajar o paciente a mudar de uma perspectiva de observador sobre suas experiências sociais passadas (ou seja, ver a si mesmo a partir de um ponto de vista externo) para uma perspectiva de campo (ou seja, como se olhasse para fora através dos próprios olhos). D. M. Clark (2001) enfatiza que essa mudança na perspectiva é necessária para se focalizar na informação que é inconsistente com uma autoimagem negativa. Em outras palavras, os pacientes são encorajados a lembrar situações sociais passadas mais de sua própria perspectiva do que de como eles imaginam que parecem aos outros. Isso permitirá que o paciente se focalize nos sinais externos nas situações sociais que contradizem as interpretações de ameaça e fracasso exageradas.

DIRETRIZ PARA O TERAPEUTA 9.22

Utilize reestruturação cognitiva e prescrições comportamentais para corrigir recordações tendenciosas de vivênciais sociais passadas que caracterizam o processamento ruminativo pós-evento na fobia social. Encoraje os indivíduos a adotar uma perspectiva de campo ao reavaliarem suas experiências sociais passadas.

Eficácia da terapia cognitiva para fobia social

Em sua publicação original de tratamentos com apoio empírico, Chambless e colaboradores (1998) concluíram que a TCC para fobia social era provavelmente um tratamento eficaz (ver também Chambless e Ollendick, 2001). Desde então, uma série de revisões de resultados de tratamento concluíram que a TCC produz efeitos de tratamento imediatos e duradouros para a fobia social (p. ex., Butler et al., 2006; Hollon et al., 2006; Hofmann e Barlow, 2002). Por exemplo, Rodebaugh, Holaway, e Heimberg (2004) concluíram que a TCC produz tamanho de efeito moderado a grande, que o tratamento de grupo e in-

dividual produzem resultados semelhantes e que reestruturação cognitiva combinada com exposição poderia conferir uma ligeira vantagem sobre exposição isolada, embora a diferença não seja significativa. Beidel e Turner (2007) ofereceram uma perspectiva mais negativa, concluindo que a TCC em grupo produziu taxas mais altas de respostas para fobia social específica (67-79%) do que para fobia social generalizada (18-44%). Entretanto, Turk e colaboradores (2008) foram mais otimistas, afirmando que três de quatro indivíduos com fobia social perceberão um ganho clinicamente significativo de um período intensivo de exposição e reestruturação cognitiva.

A reestruturação cognitiva e exposição são componentes fundamentais da terapia cognitiva para a fobia social apresentada neste capítulo. Por essa razão, nossa revisão breve e altamente seletiva se focaliza em alguns estudos chave que incluem tanto reestruturação cognitiva como exposição em seu plano de tratamento. Em um dos primeiros grandes estudos de resultados sobre TCC para fobia social, 133 pacientes com fobia social pelo DSM-IV de dois centros foram alocados aleatoriamente para 12 sessões de 2 ½ horas de TCC em grupo, um grupo de educação-apoio (psicoterapia de controle da atenção), 15 mg de fenelzina (Nardil) isolada ou mesma quantidade de placebo (Heimberg et al., 1998). Doze semanas após o tratamento as condições de medicamento e TCC em grupo foram significativamente mais efetivas do que as condições de placebo ou controle da atenção com 75% dos que completaram o estudo em cada grupo classificados como respondedores. No seguimento de 6 meses 50% dos que responderam a fenelzina recaíram comparado a apenas 17% dos que responderam a TCC (Liebowitz et al., 1999).

D. M. Clark e colaboradores conduziram uma série de estudos de resultado sobre sua versão de TCC para fobia social. Em um estudo, 71 pacientes com fobia social foram alocados s aleatoriamente para TCC em grupo, TCC individual ou uma condição de lista de espera (Stangier, Heidenreich,

Peitz, Lauterbach e Clark, 2003). Após o tratamento, ambos os tipos de TCC foram significativamente melhores do que o grupo de lista de espera, mas a TCC individual se revelou superior a TCC em grupo tanto após o tratamento como no seguimento de 6 meses. Em um ensaio clínico randomizado controlado com placebo, 61 pacientes com fobia social generalizada foram alocados para 16 sessões semanais individuais de terapia cognitiva, fluoxetina (Prozac) mais autoexposição, ou para placebo mais autoexposição (D. M. Clark et al., 2003). Em 8 semanas no meio do tratamento e então em 16 semanas após o tratamento, o grupo de terapia cognitiva foi superior aos grupos de fluoxetina e placebo. A terapia cognitiva produziu tamanho de efeito muito grande enquanto o medicamento produziu apenas tamanho de efeito pequeno. No seguimento de 12 meses a terapia cognitiva permaneceu superior à fluoxetina. Além disso, os efeitos da terapia cognitiva foram bastante específicos para a ansiedade social visto que os três grupos não diferiram após o tratamento em escalas gerais de humor.

Em outro estudo, 62 pacientes com fobia social (88% tinham um subtipo generalizado) foram alocados s aleatoriamente para 14 semanas de terapia cognitiva individual, exposição mais treinamento de relaxamento aplicado ou controle de lista de espera (D. M. Clark et al., 2006). No período pós-tratamento ambas as intervenções foram superiores à condição de lista de espera, mas a terapia cognitiva foi significativamente mais efetiva que a exposição mais relaxamento aplicado no período pós-tratamento e nos seguimentos de 3 e 6 meses. Outros estudos também relataram efeito de tratamento significativo para TCC na fobia social que incluiu tanto reestruturação cognitiva como exposição (p. ex., Davidson et al., 2004; Herbert, Rheingold, Gaudiano e Myers, 2004; Mörtberg, Karlsson, Fyring e Sundin, 2006). De modo geral, esses estudos indicam que a terapia cognitiva produz reduções clinicamente significativas na ansiedade social para a maioria dos indivíduos, mesmo para aqueles com fobia social generalizada mais grave, e os ganhos são mantidos após o término do tratamento (ver também Rodebaugh et al., 2004). Além disso, a terapia cognitiva pode produzir efeitos mais duradouros do que a medicação isolada (Hollon et al., 2006), embora o medicamento possa ser ligeiramente mais efetivo em curto prazo (ver Rodebaugh et al., 2004).

Uma série de estudos examinou fatores dentro da terapia cognitiva que podem influenciar sua efetividade. Conforme observado anteriormente, a terapia cognitiva individual pode ser mais efetiva do que um formato de grupo e parece que a terapia tem menos impacto sobre a psicopatologia geral ou o estado de humor. Além disso, há alguma evidência de que indivíduos com fobia social que têm uma depressão comórbida podem apresentar uma resposta mais pobre ao tratamento (Ledley et al., 2005). Mais recentemente, Hofmann e colaboradores verificaram que ganhos súbitos ocorreram em 15% dos indivíduos em sua condição de TCC em grupo, com as 4ª e 11ª sessões sendo o ponto modal no qual isso ocorreu (Hofmann, Schulz, Meurer, Moscovitch, e Suvak, 2006). Entretanto, ganhos súbitos não estavam associados a melhor resultado no tratamento nem tinham maior probabilidade de ser precedidos por mudança cognitiva significativa.

Uma questão que merece ser especialmente mencionada é o debate sobre os benefícios cumulativos da reestruturação cognitiva sobre a exposição isolada no tratamento da fobia social. Em um dos primeiros estudos a tratar dessa questão, Mattick e Peters (1988) verificaram que exposição assistida pelo terapeuta mais reestruturação cognitiva foi mais efetiva para o tratamento da fobia social grave do que exposição isolada assistida pelo terapeuta (ver Feske e Chambless, 1995, para conclusão contrária). Mais recentemente, Hofmann (2004b) designou aleatoriamente 90 indivíduos com fobia social para receber 12 sessões semanais de TCC em grupo, terapia de exposição em grupo (TEG) sem intervenções cognitivas explícitas ou para um controle de lista de espera. Após o tratamento as condições de TCC e TEG produziram efeito de tratamento semelhantes que foram significativamente maiores que o controle de lista de espera. Entretanto, no seguimento de 6 meses apenas os participantes do grupo de TCC apresentaram melhora continuada após o término do tratamento. Esses achados sugerem que intervenções visando mudar diretamente cognição errônea podem produzir benefícios de tratamento mais duradouros para ansiedade social. Ao tratar desse assunto, Rodebaugh e colaboradores (2004) advertiram que comparar os benefícios adicionais da reestruturação cognitiva sobre a exposição isolada produzirá resultados enganadores porque é muito difícil garantir a validade externa das condições de tratamento. Eles concluíram que "tanto a reestruturação cognitiva como a exposição devem ser consideradas aspectos fundamentais e essenciais da TCC para o transtorno de ansiedade social e que é melhor considerá-las técnicas inter-relacionadas visando o mesmo objetivo: permitir que o paciente vivencie a situação real, em oposição a como eles temem ou pensam que ela será" (Rodebaugh et al., 2004, p. 890-1). Acreditamos que seria melhor aconselhar os profissionais, bem como pesquisadores, a prestar atenção a essas recomendações antes de concluir que um ingrediente terapêutico inter-relacionado é mais efetivo do que outro.

DIRETRIZ PARA O TERAPEUTA 9.23

A terapia cognitiva que inclui tanto reestruturação cognitiva como exposição sistemática para situações de ansiedade social produzem efeitos clinicamente significativos para três quartos dos indivíduos com fobia social específica ou generalizada. Além disso, a terapia cognitiva pode produzir benefícios mais duradouros para fobia social do que a farmacoterapia isolada, embora mais pesquisas sejam necessárias para estabelecer esse achado.

RESUMO E CONCLUSÕES

A fobia social consiste em uma apreensão e nervosismo acentuado e duradouro acerca de situações sociais devido a um medo exagerado da avaliação negativa pelos outros. Ela é única entre os transtornos de ansiedade em seus efeitos autoderrotistas. A ocorrência de ansiedade social intensa está associada a comportamentos inibitórios involuntários que interferem no desempenho social, desse modo conferindo alguns dos próprios efeitos mais temidos pelo indivíduo. O transtorno se ajusta mais estreitamente a uma conceitualização dimensional com formas mais leves, mais circunscritas de ansiedade social em uma extremidade, fobia social generalizada mais grave na extremidade superior e transtorno da personalidade esquiva na extremidade final de gravidade.

Um modelo cognitivo reformulado da fobia social foi apresentado (ver Figura 9.1) no qual exposição antecipada ou real a situações provocadoras de ansiedade ativa esquemas sociais autocentrados maladaptativos resistentes que causam um viés atencional automático para estímulos de ameaça social congruente com o esquema e um viés de interpretação explícita na qual são exageradas a probabilidade e gravidade de que outros formaram uma impressão negativa do indivíduo socialmente ansioso. Além disso, a atenção autocentrada excessiva em um estado ansioso interno é tomada como forte evidência confirmatória de que eles são vistos pelos outros como fracos e ineficazes. Indivíduos socialmente ansiosos exibem comportamentos inibitórios involuntários quando perto de outras pessoas e apelam para vários comportamentos de segurança para encobrir sua ansiedade e ineficácia percebidas. Entretanto, essas estratégias tendem a exacerbar a ansiedade e a avaliação negativa dos indivíduos de seu desempenho social. Eles abandonam a situação se sentindo constrangidos e humilhados, com recordações pós-evento de experiências sociais passadas tendendo a recuperar a evidência de ameaça social e fracasso pessoal. A evidência empírica apoia os elementos fundamentais do modelo cognitivo de que a fobia social é caracterizada por um viés de interpretação de ameaça social explícita, uma organização maladaptativa do esquema social, um viés atencional automático para sinais de ameaça social, uma atenção autocentrada aumentada em sinais interoceptivos, e ruminação pós-evento excessiva.

A terapia cognitiva para fobia social busca reduzir a ansiedade social e a esquiva corrigindo vieses de atenção e interpretação de ameaça social errôneas, revertendo o foco excessivo em sinais internos, eliminando a confiança em estratégias de segurança para ocultar a ansiedade, aumentando a tolerância à ansiedade e a uma tendência a ser inibido, e diminuindo a ruminação pós-evento. Uma revisão da literatura sobre os resultados de tratamento indica que a terapia cognitiva que inclui tanto reestruturação cognitiva como exposição repetida a situações sociais ansiosas produz melhora clinicamente significativa e duradoura em 75% dos indivíduos que completam o tratamento.

Apesar dos avanços substanciais feitos em nosso entendimento da base cognitiva da fobia social e seu tratamento, uma série de questões fundamentais permanecem para futura investigação. Não é claro se o viés de processamento de informação aparente quando o indivíduo encontra pela primeira vez uma situação de ameaça social (isto é, "inferências *online*") é diferente do viés de processamento que ocorre quando indivíduos com fobia social recordam interações sociais (isto é, "inferências *offline*"). Além disso, o principal problema na fobia social é a acessibilidade aumentada de ameaça social negativa ou o processamento diminuído de informação social positiva? Menos ainda se sabe sobre o papel dos comportamentos de segurança e comportamentos inibitórios, a natureza do processamento pós-evento e a situação causal do processamento de informação errôneo na fobia social. Finalmente, a abordagem cognitiva à fobia social avançaria ainda mais com mais pesquisa psicométrica em escalas autoaplicadas que avaliem especificamente as cognições e crenças negativas da fobia social e ensaios clínicos randomizados controlados com períodos de seguimento mais longos a fim de determinar a efetividade de longo prazo da terapia cognitiva para fobia social.

FORMULÁRIO DE AUTOMONITORAMENTO DIÁRIO DE ANSIEDADE SOCIAL

Nome: _____ Data: de _____ a: _____

Instruções: Use o seguinte formulário para registrar suas experiências diárias com situações sociais ansiosas e estressantes que podem envolver algum desempenho de sua parte, uma avaliação por outras pessoas e/ou interações interpessoais. É importante completar este formulário o mais breve possível após o evento social a fim de manter a precisão.

Data	Descreva situações sociais difíceis ou ansiosas (o que aconteceu, quem estava envolvido, onde, qual foi seu papel?)	Antecipação do evento (duração e nível médio de ansiedade; 0-100)	Exposição a evento real (duração e nível máximo de ansiedade; (0-100)	Lembrança pós-evento (duração e nível médio de ansiedade; (0-100)	Resultado de longo prazo (taxa de constrangimento; 0-100)

Nota: Duração se refere ao tempo (minutos, horas ou dias) gastos antecipando um evento social, sendo exposto a ele ou pensando depois sobre ele. Estime o nível médio (ou máximo quando aplicável) de ansiedade em 0 ("sem ansiedade"), 50 ("moderadamente intensa") a 100 ("extrema, nível de pânico"). Sempre que um ataque de pânico for experimentado no período de antecipação, exposição ou pós-evento, registre com as iniciais AP. Na última coluna, avalie o nível de constrangimento que permanece associado com a situação de 0 ("nenhum") a 100 ("a experiência mais constrangedora, humilhante da minha vida").

TERAPIA COGNITIVA PARA OS TRANSTORNOS DE ANSIEDADE **387**

APÊNDICE 9.2

FORMULÁRIO DE ESTIMATIVA DA SITUAÇÃO SOCIAL

Nome: _____   Data: de _____ a: _____

Instruções: O seguinte formulário é usado para registrar suas estimativas da probabilidade e grau da consequência negativa associada com experiências sociais diárias que envolvem sentimentos de ansiedade ou aflição. É importante completar este formulário o mais breve possível após o evento social a fim de manter a precisão.

Data	Descreva situações sociais difíceis ou ansiosas (o que aconteceu, quem estava envolvido, onde, qual foi seu papel?)	Antecipação do evento (avalie a probabilidade e gravidade esperada de resultado negativo de 0-100)	Exposição a evento real (avalie a probabilidade e gravidade esperada de resultado negativo de 0-100)	Resultado pós-evento (avalie a probabilidade e gravidade esperada de resultado negativo de 0-100)
		Avaliação de probabilidade = Avaliação de resultado =	Avaliação de probabilidade = Avaliação de resultado =	Avaliação de probabilidade = Avaliação de resultado =
		Avaliação de probabilidade = Avaliação de resultado =	Avaliação de probabilidade = Avaliação de resultado =	Avaliação de probabilidade = Avaliação de resultado =
		Avaliação de probabilidade = Avaliação de resultado =	Avaliação de probabilidade = Avaliação de resultado =	Avaliação de probabilidade = Avaliação de resultado =
		Avaliação de probabilidade = Avaliação de resultado =	Avaliação de probabilidade = Avaliação de resultado =	Avaliação de probabilidade = Avaliação de resultado =

Nota: Para avaliações de probabilidade, 0 = acho que não há chance de ocorrer a consequência negativa que eu temo nessa situação" a 100 = "tenho certeza de que a consequência negativa ocorrerá nessa situação". Para avaliações de resultado, 0 = "não há consequência negativa a essa situação" a 100 = "o pior e mais intolerável cenário é esperado nesta situação."

APÊNDICE 9.3

FORMULÁRIO DE AVALIAÇÃO DO CONSTRANGIMENTO

Nome: _____ Data: de _____ a: _____

Instruções: O seguinte formulário é usado para registrar suas estimativas da probabilidade e grau da consequência negativa associada com experiências sociais diárias que envolvem sentimentos de ansiedade ou aflição. É importante completar este formulário o mais breve possível após o evento social a fim de manter a precisão.

Data	Descreva situações sociais difíceis ou ansiosas (o que aconteceu, quem estava envolvido, onde, qual foi seu papel?)	Grau do foco em si mesmo (avalie o grau de foco em si mesmo de 0 = foco em si mesmo a 100 = completamente autocentrado)	Alvo do foco em si mesmo (liste sensações físicas, pensamentos, imagens, expressões verbais ou ações comportamentais específicos dos quais você tem intensa consciência na situação social)	Consequência negativa (descreva qualquer impressão negativa que você poderia ter dado aos outros)

10

Terapia cognitiva para o transtorno de ansiedade generalizada

> Não há nada que desgaste mais o
> corpo do que a preocupação...
> Mahatma Gandhi (filósofo, humanitário e
> líder político indiano, 1869-1948)

Rebecca é uma mãe de dois filhos de 38 anos que gerencia uma grande loja de roupas com 150 funcionários e 15 gerentes de departamento. Embora seja uma executiva bem-sucedida que cresceu rapidamente dentro da empresa, tenha recebido inúmeras avaliações de trabalho elogiando suas capacidades e tenha sido promovida em inúmeras ocasiões, Rebecca é afligida por ansiedade, sentimentos de incerteza e preocupações acerca de sua eficácia pessoal tanto no trabalho como em casa. Embora ela remonte sua ansiedade à infância e tenha sido uma preocupada crônica desde a adolescência, nos últimos 5 anos sua ansiedade se intensificou com sua promoção no trabalho e demandas aumentadas.

Uma série de questões preocupavam Rebecca incluindo problemas de saúde de seus pais idosos, sua própria saúde, a segurança e desempenho escolar de seus filhos, as finanças da família e se seu casamento pode sobreviver aos estresses de duas carreiras altamente exigentes. Entretanto, grande parte de suas preocupações diárias se focalizam no trabalho e em se ela poderia satisfazer as expectativas da empresa. Ela se preocupava que a loja não alcançasse as metas de produtividade mensal e se perguntava se seus superiores percebiam que ela era menos competente que outros gerentes da loja. Se preocupava que seus funcionários tivessem perdido o respeito por ela e que tivesse sido muito branda e indecisa ao lidar com questões de disciplina. Se preocupava que um funcionário pudesse prestar uma queixa contra ela aos recursos humanos e que ela fosse envolvida em questões judiciais confusas em relação a sua prática gerencial. Os relatórios regulares submetidos à matriz da empresa ou uma visita à loja pelo gerente distrital desencadeavam um período de ansiedade particularmente intensa. A crença central subjacente que movia a ansiedade relacionada ao trabalho de Rebecca dizia respeito a dúvidas sobre sua competência. Ela temia que os outros pudessem perceber sua incompetência ou que ela falhasse e isso revelasse para todos sua vulnerabilidade.

Rebecca experimentava ansiedade e preocupação diariamente, em especial no trabalho quando as demandas eram maiores. Durante períodos profissionais estressantes ela sentia dor no peito, contração muscular e palpitações cardíacas. Vários pensamentos ansiosos se intrometiam automaticamente em sua mente nessas ocasiões como "Esse trabalho é muito estressante para mim", "Eu não sou 'talhada' para ser uma gerente de loja", "Minha incompetência se tornará óbvia para todos" e "Eu não tenho o que é preciso para fazer esse trabalho". Ela se sentia tensa e no limite a maior parte do dia de trabalho, mas infelizmente os sintomas ansiosos a seguiam até em casa porque ela se sentava e revia todas as atividades do dia a fim de avaliar seu desempenho (p. ex., "Tomei a decisão certa?", "Lidei bem ou não com aquela situação?"). Ela pensava sobre sua agenda para o dia seguinte e se preocupava se estava prestes a vivenciar uma calamidade inesperada. O sono de Rebecca era muito interrompido por ansiedade e preocupação. Ela dormia cerca de 5 horas por noite, tendo grande dificuldade em adormecer devido a "turbilhão de pensamentos". Ela achava difícil relaxar, e havia sinais de algum declínio em sua saúde física conforme evidenciado pela hipertensão arterial e pela síndrome do cólon irritável. Ela também vivenciou períodos de profunda disforia em pelo menos duas ocasiões que satisfizeram o diagnóstico para um episódio de depressão maior, embora ambos os episódios tenham passado despercebidos. Rebecca não abusa de álcool nem toma medicamento ansiolítico prescrito. Entretanto, sua ansiedade e preocupação levavam à procrastinação, esquiva e frequente busca de reasseguramento pelos outros acerca de seu desempenho.

Este capítulo apresenta um modelo e tratamento cognitivo modificado para o transtorno de ansiedade generalizada (TAG) que é baseado em uma formulação cognitiva anterior para transtorno de ansiedade crônica (Beck et al., 1985). Começamos considerando questões diagnósticas fundamentais e a fenomenologia do TAG, seguido por uma apresentação do modelo cognitivo e sua condição empírica. É discutida a avaliação e conceitualização de caso cognitiva para TAG, bem como uma abordagem de tratamento específica ao transtorno baseada no modelo cognitivo. O capítulo conclui com uma consideração da eficácia do tratamento e orientações para pesquisa futura.

CONSIDERAÇÕES DE DIAGNÓSTICO

Diagnóstico do DSM-IV

No DSM-IV-TR (American Psychiatric Association [APA], 2000) TAG é considerado um transtorno de ansiedade caracterizado por ansiedade e preocupação excessivas que persistem por pelo menos 6 meses e diz respeito a uma série de eventos e atividades. O TAG foi reconhecido pela primeira vez como um transtorno isolado no DSM-III, e desde então uma série de alterações diagnósticas foram feitas para melhorar sua confiabilidade e mudar de um foco na "ansiedade livre flutuante" para preocupação como o aspecto definidor central do transtorno (Mennin, Heimberg, e Turk, 2004). O atual DSM-IV-TR conceitua TAG como uma preocupação crônica, excessiva e invasiva (ou seja, ocorre na maioria dos dias com diversos eventos ou atividades por pelo menos 6 meses) difícil de controlar. A preocupação está associada com três ou mais sintomas de ansiedade e alguns desses sintomas têm de ocorrer na

TERAPIA COGNITIVA PARA OS TRANSTORNOS DE ANSIEDADE

maioria dos dias por pelo menos 6 meses. Além disso, a ansiedade e a preocupação devem causar sofrimento clinicamente significativo ou prejuízo no funcionamento social ou ocupacional e não podem se limitar a preocupações que caracterizam outro transtorno do Eixo I. A Tabela 10.1 apresenta os critérios do DSM-IV-TR para TAG.

DIRETRIZ PARA O TERAPEUTA 10.1

O transtorno de ansiedade generalizada (TAG) e um estado persistente de ansiedade generalizada envolvendo preocupação crônica, excessiva e invasiva que é acompanhada por sintomas físicos ou mentais de ansiedade que causa sofrimento significativo ou prejuízo no funcionamento diário. A preocupação e a ansiedade devem envolver múltiplos eventos ou atividades e podem não ser limitadas a preocupações que são características de outro transtorno do Eixo I.

TAG: um enigma diagnóstico?

As origens do TAG podem ser remontadas ao conceito de neurose de ansiedade, caracterizada como ansiedade excessiva por períodos prolongados sem esquiva acentuada (Roemer, Orsillo e Barlow, 2002). O DSM-II (APA, 1968) manteve o termo "neurose de ansiedade", mas o diagnóstico deixava de diferenciar entre ansiedade crônica, generalizada e ataques de pânico agudos (Mennin et al., 2004). O DSM-III (APA, 1980) retificou parcialmente esse problema fornecendo critérios diagnósticos específicos para TAG, mas a imposição de critérios de exclusão hierárquicos significavam que o TAG do DSM-III era amplamente uma categoria residual com baixa confiabilidade diagnóstica que era excluída se o paciente satisfizesse os critérios para outro transtorno de ansiedade. Como resultado, os profissionais fi-

---

TABELA 10.1 Critérios diagnósticos do DSM-IV-TR para transtorno de ansiedade generalizada

A. Ansiedade e preocupação excessivas (expectativa apreensiva, ocorrendo na maioria dos dias pelo período mínimo de 6 meses, com diversos eventos ou atividades, tais como desempenho escolar ou profissional).

B. O indivíduo considera difícil controlar a preocupação.

C. A ansiedade e a preocupação estão associadas com três (ou mais) dos seguintes seis sintomas (com pelo menos alguns deles presentes na maioria dos dias nos últimos 6 meses).

1. inquietação ou sensação de estar com os nervos à flor da pele
2. fatigabilidade
3. dificuldade em se concentrar ou sensações de "branco" na mente
4. irritabilidade
5. tensão muscular
6. perturbação do sono (dificuldades em conciliar ou manter o sono ou sono insatisfatório e inquieto)

D. O foco da ansiedade ou preocupação não está confinado a aspectos de um transtorno do Eixo I; por exemplo, a ansiedade ou preocupação não se refere a ter um ataque de pânico (como no Transtorno de Pânico), ser envergonhado em público (como na Fobia Social), ser contaminado (como no Transtorno Obsessivo-Compulsivo), etc, e a ansiedade ou preocupação não ocorre exclusivamente durante Transtorno de Estresse Pós-Traumático.

E. A ansiedade, a preocupação ou os sintomas físicos causam sofrimento clinicamente significativo ou prejuízo no funcionamento social ou ocupacional ou em outras áreas importantes da vida do indivíduo.

F. A perturbação não se deve aos efeitos fisiológicos diretos de uma substância (droga de abuso, medicamento) ou de uma condição médica geral (p ex., hipertireoidismo) nem ocorre exclusivamente durante um Transtorno do Humor, Transtorno Psicótico ou Transtorno Global do Desenvolvimento.

Nota: Da American Psychiatric Association (2000). *Copyright* 2000 pela American Psychiatric Association. Reimpressa com permissão.

cavam confusos quanto a se os indivíduos satisfaziam os critérios para TAG (Mennin et al., 2004; Roemer et al., 2002). Entretanto, o DSM-III-R (APA, 1987) ofereceu uma revisão substancial ao TAG com a maioria das regras de exclusão hierárquicas retiradas, o critério de duração foi estendido para 6 meses, e um papel mais central foi atribuído à preocupação. Agora, o TAG podia ser diagnosticado na presença de outro transtorno de ansiedade desde que a ansiedade e a preocupação se focalizassem em outras questões não relacionadas ao transtorno de ansiedade concomitante. A pesquisa subsequente baseada nos critérios do DSM-III-R apoiou o papel central da preocupação, mas revelou que hiperatividade autonômica é o menos confiável e menos frequente dos sintomas de TAG (Roemer et al., 2002). Portanto, o DSM-IV (APA, 1994) introduziu uma nova revisão na qual o número de sintomas físicos de ansiedade necessários para satisfazer os critérios diagnósticos foi reduzido em seis de 18 para três de seis sintomas. Embora isso tenha levado a uma melhora na confiabilidade do diagnóstico de TAG, muitos desses sintomas físicos se sobrepõem com depressão, tornando o diagnóstico diferencial com depressão maior mais difícil (ver Roemer et al., 2002, para discussão). Por exemplo, verificamos que dois terços de nossa amostra com TAG era erroneamente classificada como tendo depressão maior ou transtorno de pânico com base em uma análise de função discriminante de escalas de sintoma e cognição comuns de ansiedade e depressão (D. A. Clark, Beck e Beck, 1994). Infelizmente, falta ao TAG especificidade de sintoma que pode tornar difícil a diferenciação de outros transtornos.

Ansiedade generalizada e depressão

Nos últimos anos, houve considerável debate entre os pesquisadores sobre se o TAG é um transtorno de ansiedade ou se ele se enquadra mais claramente nos transtornos afetivos, especialmente depressão maior. Embora tenha sido afirmado que o TAG pode ser o "transtorno de ansiedade" básico porque a preocupação, seu aspecto central, é comum entre os transtornos de ansiedade (Roemer et al., 2002), muitos outros questionaram a clareza diagnóstica do TAG porque nenhum de seus aspectos é exclusivo ou específico ao transtorno (Rachman, 2004). Além disso, o TAG parece ter uma relação particularmente estreita com depressão. Altas taxas de comorbidade para TAG e depressão maior foram relatadas no NCS-R (Kessler, Chiu, et al., 2005), bem como em levantamentos amplos em atendimentos de cuidados primários (Olfson et al., 2000). Em uma grande amostra de indivíduos que buscaram tratamento, 40% daqueles com TAG tinham um transtorno do humor secundário e a taxa saltou para 74% para co-ocorrência ao longo da vida (Brown, Campbell, et al., 2001; ver também Mofitt et al., 2007). Além disso, não havia prioridade temporal de um transtorno sobre o outro.

A pesquisa sobre estrutura do sintoma indica que há muita sobreposição entre TAG e depressão maior, com TAG tendo a associação mais alta dos transtornos de ansiedade com a dimensão de afeto negativo (AN) não específico de ordem superior e associações mínimas ou inversas com excitação autonômica (Brown, Chorpita e Barlow, 1998; McGlinchey e Zimmerman, 2007; ver também Krueger, 1999). Mineka e colaboradores (1998) propuseram que TAG e depressão maior são ambos transtornos baseados na aflição que contêm um grande componente de AN não específico. Mais recentemente, Watson (2005) concluiu que o TAG está mal colocado dentro dos transtornos de ansiedade porque TAG e depressão maior são fenotípica e geneticamente indistinguíveis. Ele recomenda revisar o conceito de ansiedade e depressão do DSM-IV em uma organização hierárquica quantitativa com depressão maior, distimia, TAG e TEPT classificados juntos como transtornos da aflição. Em apoio a essa visão, há evidência de que o transtorno de pânico pode ser diferenciado de TAG e depressão maior por sua estreita associação com hiperexcitação fisiológica (p. ex., Joiner et al., 1999).

Por outro lado, há uma grande quantidade de pesquisa cognitiva mostrando que TAG está associado com um viés atencional automático para ameaça (ver Capítulo 3 e discussão abaixo) e que a preocupação é distinta, mas está intimamente relacionada à apreensão ansiosa e ao medo (Barlow, 2002). Portanto, afirmamos que existem fortes argumentos para manter o TAG dentro dos transtornos de ansiedade, mas também devemos reconhecer que ele tem uma relação muito mais estreita com depressão do que qualquer um dos outros transtornos de ansiedade. Essa justaposição de TAG com depressão tem implicações para o tratamento. Por exemplo, a terapia cognitiva para transtorno de ansiedade generalizada se baseia mais diretamente na terapia cognitiva padrão para depressão do que os protocolos de tratamento para os outros transtornos de ansiedade. Além disso, indivíduos com TAG e depressão maior comórbidos têm vieses cognitivos mais graves do que indivíduos que têm TAG sem depressão maior comórbida (Dupuy e Ladouceur, 2008).

DIRETRIZ PARA O TERAPEUTA 10.2

TAG é um transtorno da aflição com uma estrutura diagnóstica e de sintoma semelhante, e ao mesmo tempo distinta, de depressão maior. A avaliação clínica e o tratamento de TAG devem incluir a alta probabilidade de distúrbio afetivo na forma de um transtorno ou sintomas depressivos concomitantes.

Questões de limite no TAG

Pode ser difícil detectar TAG porque a preocupação é uma queixa muito comum na população geral, bem como em todos os transtornos de ansiedade e na depressão. Para melhorar a diferenciação de TAG, o DSM-IV-TR requer que a preocupação seja crônica, excessiva, invasiva, associada com alguns sintomas ansiosos e cause sofrimento ou prejuízo clinicamente significativos. Entretanto, isso é suficiente? Ruscio (2002) comparou indivíduos altamente preocupados sem TAG e indivíduos altamente preocupados com TAG em vários questionários de sintomas. Ele verificou que os preocupados com TAG tinham frequência de preocupação ou sofrimento e prejuízo significativamente mais altos do que os preocupados sem TAG. Entretanto, a diferença entre os dois grupos foi uma questão de grau, com os preocupados com TAG mostrando maior gravidade na maioria das escalas de sintoma (ver também Ruscio, Chiu et al., 2007). Portanto, o TAG se ajusta claramente a um modelo dimensional de psicopatologia, tornando difícil determinar os critérios diagnósticos ideais para diferenciar ansiedade geral patológica de normal.

Portanto, há aspectos de sintoma que são característicos ao TAG? Barlow e colegas afirmaram que o TAG pode ser diferenciado pela maior frequência e gravidade das preocupações acerca de inúmeras circunstâncias de vida, especialmente tarefas insignificantes ou variadas, bem como de tensão muscular associada (Roemer et al., 2002). Uma variedade de construtos foram propostos como únicos ao TAG tais como

1. uma busca sem sucesso por segurança (Rachman, 2004),
2. ativação de crenças negativas (metacognitivas) sobre preocupação e tentativas contraproducentes de supressão de pensamento (Wells, 2006),
3. intolerância à incerteza (Dugus, Gagnon et al., 1998) ou
4. déficits na regulação da experiência emocional (Mennin, Turk, Heimberg e Carmin, 2004). Infelizmente, não há atualmente evidência empírica de que esses construtos propostos sejam de fato marcadores específicos de TAG.

> **DIRETRIZ PARA O TERAPEUTA 10.3**
>
> Não há aspectos sintomáticos qualitativos que sejam específicos ao TAG. Antes, o transtorno varia em termos de cronicidade, gravidade e penetração da preocupação e da ansiedade associada. Por essa razão, a diferenciação entre indivíduos altamente preocupados com TAG de indivíduos altamente preocupados sem TAG será especialmente desafiadora para o profissional.

A NATUREZA DA PREOCUPAÇÃO

A preocupação é ubíqua à condição humana. Quem entre nós não ficou preocupado com alguma tarefa importante a enfrentar ou preocupado com uma situação futura negativa ou ameaçadora antecipada? Borkovec (1985) observou que uma vez que os seres humanos têm a capacidade cognitiva de criar representações mentais de eventos passados, bem como de antecipar eventos futuros a fim de planejar e solucionar problemas, somos capazes de gerar representações internas de eventos aversivos futuros que causam ansiedade na ausência de ameaça existente. É essa capacidade de representar a ameaça simbolicamente que é a base da preocupação. A vivência da preocupação se origina da produção de pensamentos e imagens de antecipação exagerada de possíveis resultados negativos. Ela é um componente importante da ansiedade traço e do neuroticismo e pode ser considerada o componente cognitivo da ansiedade (Eysenck, 1992), embora preocupação seja distinguível de ansiedade (ver Brown et al., 1998; Ruscio, 2002; Mathews, 1990; Zinbarg e Barlow, 1996). Não obstante, desde a publicação do DSM-III-R (APA, 1987), preocupação excessiva é agora considerada o aspecto fundamental do TAG.

Definindo preocupação

Borkovec e colegas ofereceram uma das primeiras definições de preocupação que se tornou amplamente aceita na pesquisa sobre ansiedade generalizada:

> "Preocupação é uma cadeia de pensamentos e imagens, carregada de afeto negativo e relativamente incontrolável. O processo de preocupação representa uma tentativa de obter a solução mental de problemas sobre uma questão cujo resultado é incerto, mas contém a possibilidade de um ou mais resultados negativos. Consequentemente, a preocupação tem estreita relação com processos de medo" (Borkovec, Robinson, Pruzinsky e DePree, 1983, p. 10).

Entretanto, nos anos seguintes um quadro mais complicado surgiu sobre a natureza da preocupação. A preocupação é predominantemente um fenômeno cognitivo verbal-linguístico que pode exercer uma função de enfrentamento por esquiva ao suprimir respostas emocionais somáticas e negativas a sinais de ameaça representados internamente (Borkovec, 1994; Sibrava e Borkovec, 2006). Mathews (1990) definiu preocupação como uma "consciência persistente de possível perigo futuro, que é repetidamente ensaiado sem ser resolvido" (p. 456) e é mantida por um viés de processamento de informação automático para ameaça que subjaz à alta ansiedade traço e à vulnerabilidade ao TAG. Wells (1999) afirmou que a preocupação é um processo ideacional intrusivo predominantemente egossintônico e percebido como exercendo uma função adaptativa.

Um dos debates mais importantes sobre preocupação no que diz respeito a TAG é se a preocupação pode ser construtiva e adaptativa enquanto a preocupação excessiva no TAG é claramente maladaptativa e patológica. Alguns pesquisadores afirmaram que a preocupação pode levar a solução efetiva de problemas de eventos de vida estressantes porque ela envolve enfrentamento ativo focalizado no problema, busca de informação e orientação à tarefa com no máximo um nível mínimo de ansiedade associada (p. ex., Davey, 1994; Wells, 1999; ver Watkins, 2008). Por outro lado, a preocupação patológica:

1. é mais invasiva;
2. consome mais tempo;
3. é incontrolável;
4. é focalizada em questões menores e em situações futuras mais remotas, mas pessoais;
5. é seletivamente tendenciosa para ameaça;
6. está associada a maior variabilidade autonômica restrita (Craske et al., 1989; Dugas, Gagnon, et al., 1998; Dupuy et al., 2001; ver também Ruscio et al., 2001).

Entretanto, as tentativas de delinear preocupação adaptativa a partir da preocupação patológica serão difíceis devido à forte associação entre preocupação e ansiedade aumentada (Roemer et al., 2002) e a natureza dimensional de preocupação normal e anormal (Ruscio et al., 2001). Uma possível solução seria reservar o termo "preocupação" para as formas maladaptativas de pensamento repetitivo associado com ansiedade ou sofrimento aumentado e que não exercem nenhuma função de adaptação particular para lidar com o perigo futuro antecipado. O elemento distintivo central de preocupação patológica é uma antecipação exagerada de resultados negativos futuros (isto é, "que alguma coisa ruim poderia acontecer"). Por outro lado, a preocupação adaptativa é o pensamento orientado à tarefa, mais construtivo que atua como enfrentamento preparatório ou como uma atividade de solução de problemas (Mathews, 1990).

A função da preocupação

Uma das consequências da preocupação é sua capacidade de gerar e manter ansiedade na ausência de uma ameaça externa pela perpetuação de pensamentos e imagens de ameaças e perigos não existentes antecipados no futuro (Borkovec, 1985). Dessa forma, a preocupação é uma contribuição na etiologia e manutenção da ansiedade. A maioria dos pesquisadores clínicos agora consideram a preocupação uma estratégia de enfrentamento cognitivo de evitação maladaptativa. Mathews (1990) sugere que a preocupação contribui para a manutenção da ansiedade aumentada por manter níveis altos de vigilância para perigo pessoal. M. W. Eysenck (1992) propôs que a preocupação tem três funções:

1. alarme – introduz sinais de ameaça na percepção consciente;
2. lembrete – repetidamente representa pensamentos e imagens relacionados à ameaça na consciência;
3. preparação – permite que o indivíduo preocupado antecipe uma situação futura gerando uma solução ao problema ou uma preparação emocional para as consequências negativas.

Ele afirmou que a preocupação pode ser construtiva (isto é, leva à resolução de problemas) ou pode se tornar excessiva e maladaptativa se a ameaça percebida for considerada altamente provável, iminente, aversiva e incontrolável (ou seja, percepção de acesso limitado a estratégias de enfrentamento pós-evento). A preocupação tem uma qualidade autoperpetuadora porque funciona como um reforçador negativo criando a ilusão de certeza, previsibilidade e controle da ameaça ou perigo antecipado (Barlow, 2002).

Borkovec desenvolveu a conceitualização mais abrangente da preocupação como uma resposta cognitiva maladaptativa de esquiva à ameaça futura (Roemer e Borkovec, 1993). A preocupação é um processo predominantemente conceitual, verbal-linguístico que é autoperpetuado via reforço negativo, por meio da não ocorrência do resultado ou catástrofe negativa prevista. Além disso, considera-se que a preocupação suprime (inibe) a excitação autonômica e outros processos emocionais perturbadores (Borkovec, 1994). A preocupação, como uma tentativa de solucionar uma possível ameaça ou perigo futuro, é portanto um esforço para evitar perigos distais (Borkovec et al., 2004). Mais recentemente, Borkovec sugeriu que o problema central no TAG pode ser o medo de experiência emocional em geral, com a preocupação servindo como uma estratégia cognitiva de esquiva para qualquer experiência emocional (Borkovec et al., 2004; Sibrava e Borkovec, 2006).

Beck e Clark (1997) propuseram que a preocupação é uma estratégia de processamento elaborativo disparada pela ativação do esquema automático de processamento da ameaça. Ela é um esforço deliberado de reavaliar interpretações de ameaça automáticas e estabelecer um senso de segurança na tentativa de desativar os esquemas de ameaça e vulnerabilidade hipervalentes que caracterizam a ansiedade generalizada. Em nosso modelo cognitivo de TAG a preocupação patológica funciona como um processo irônico (p. ex., Wegner, 1994) que invariavelmente aumenta em vez de diminuir a ansiedade porque exagera os pensamentos automáticos de resultados negativos antecipados congruentes com o esquema. A Diretriz para o Terapeuta 10.4 fornece nossa definição de preocupação e sua função no TAG.

DIRETRIZ PARA O TERAPEUTA 10.4

Preocupação crônica e excessiva é uma característica importante do TAG e sua vulnerabilidade. Ela é uma estratégia de esquiva cognitiva maladaptativa autoperpetuadora que contribui para a manutenção da ansiedade por:
1. exagerar uma interpretação tendenciosa de ameaça antecipada;
2. gerar um falso senso de controle, previsibilidade e certeza;
3. assegurar atribuição errônea da não ocorrência do resultado temido ao processo de preocupação;
4. culminar em tentativas frustrantes de estabelecer um senso de segurança.

EPIDEMIOLOGIA E ASPECTOS CLÍNICOS

Prevalência

No estudo epidemiológico NCS TAG do DSM-III-R tinha uma prevalência nos últimos 12 meses de 3,1% e uma prevalência ao longo da vida de 5,1% (Kessler et al., 1994). Números de prevalência semelhantes (3,1% para 12 meses; 5,7% ao longo da vida) foram recentemente relatados no NCS-R baseado nos critérios diagnósticos do DSM-IV para TAG (Kessler, Berglund, et al., 2005; Kessler, Chiu, et al., 2005). As taxas de prevalência para TAG variam consideravelmente entre diferentes países (Holaway, Rodebaugh, e Heimberg, 2006). É difícil saber se isso reflete diferenças entre nações nas taxas de TAG ou variações metodológicas nos critérios diagnósticos e em instrumentos de entrevista. Alguns dos estudos mais antigos foram baseados nos critérios do DSM-III enquanto estudos mais recentes utilizaram o DSM-III-R ou DSM-IV.

Taxas mais altas de TAG foram encontradas em contextos de cuidados primários. Por exemplo, Olfson e colaboradores (2000) relataram uma prevalência atual de 14,8% em uma grande clínica geral urbana, tornando o TAG o transtorno de ansiedade mais prevalente nesse cenário. No NCS-R, o TAG perdeu apenas para transtorno de pânico nas taxas de prevalência nos últimos 12 meses por uso de serviços médicos gerais e semelhante a fobia social no uso de especialidades de saúde mental (Wang, Lane et al., 2005; ver também Deacon et al., 2008). Entretanto, ao contrário do transtorno de pânico ou TEPT, o TAG não tem uma forte associação com transtornos físicos exceto por doenças gastrintestinais (Rogers et al., 1994; Sareen, Cox, Clara e Asmundson, 2005). O TAG, então, pode ser quase tão comum nos cuidados primários quanto depressão maior (Olfson et al., 2000), um achado que é consistente com nossa discussão anterior de TAG como um transtorno da aflição.

Gênero e etnia

Há uma forte diferença de gênero no TAG, com o transtorno sendo duas vezes mais comum em mulheres. O TAG do DSM-III-R tinha uma prevalência nos últimos 12 meses de 4,3% para mulheres e de 2% para homens, uma prevalência ao longo da vida de 6,6% para mulheres e 3,6% para homens (Kessler et al., 1994). Em alguns países as mulheres tinham taxas mais baixas de TAG, embora o padrão mais consistente seja um viés de gênero feminino nas taxas de prevalência (p. ex., Gater et al., 1998). Outros verificaram que mulheres com TAG podem ter uma taxa ao longo da vida mais alta para um outro transtorno de ansiedade (Yonkers, Warshaw, Massion e Keller, 1996) e que TAG comórbido está associado com maior probabilidade de buscar ajuda profissional (Wittchen, Zhao, Kessler e Eaton, 1994). Diferenças significativas de gênero não foram encontradas na gravidade da apresentação clínica, nível de prejuízo, presença de depressão comórbida ou resposta a farmacoterapia para TAG (Steiner et al., 2005).

Apesar de alguma evidência de diferenças entre nações na prevalência de TAG (p. ex., Gater et al., 1998), nenhuma diferença étnica surgiu no NCS (Kessler et al., 1994). Entretanto, no NCS-R participantes hispânicos e negros não hispânicos tiveram taxas significativamente mais baixas em todos os transtornos de ansiedade do que brancos não hispânicos (Kessler, Berglund, et al., 2005). Diferenças culturais podem ser vistas no conteúdo da preocupação, com asiático-americanos significativamente mais preocupados acerca de metas futuras e afro-americanos significativamente menos preocupados do que asiático-americanos ou americanos brancos acerca de relacionamentos, autoconfiança, metas futuras ou incompetência profissional (Scott, Eng e Heimberg, 2002).

Início e diferenças etárias

No NCS-R, 50% dos casos de TAG tiveram um início antes dos 31 anos e 75% tiveram um início antes dos 47 anos (Kessler, Berglund, et al., 2005). Comparado com os outros transtornos de ansiedade avaliados no NCS-R, uma porcentagem mais alta de casos de TAG teve início tardio, com aproximadamente 10% tendo uma primeira ocorrência após os 60 anos. Entretanto, em sua revisão Holaway, Rodebaugh e Heimberg (2006) concluíram que do final da adolescência ao final da segunda década era a faixa etária mais comum para o início do TAG.

Dada a faixa etária mais ampla para início do TAG, tem havido considerável interesse nas taxas de TAG relacionadas ao período de vida, especialmente entre adultos mais velhos. No NCS-R a prevalência ao longo da vida foi mais alta na coorte de 45-59 anos (Kessler, Berglund, et al., 2005), enquanto Holaway, Rodebaugh e Heimberg (2006) concluíram que a coorte de 25-54 anos tinha a prevalência mais alta de TAG. Para indivíduos com menos de 18 anos, o transtorno de ansiedade excessiva é diagnosticado como a contrapartida para TAG. O transtorno de ansiedade excessiva na infância e adolescência está associado a risco aumentado para TAG e depressão maior na idade adulta (p. ex., Mofitt et al., 2007).

Um levantamento da comunidade holandesa de 4.051 indivíduos entre 65 e 86 anos revelou que 3,2% satisfaziam os critérios para TAG atual e 60% desses casos tinham depressão concomitante (Schoevers, Beekman, Deeg, Jonker e van Tilburg, 2003). Embora TAG pareça ter a mesma apresentação clínica em indivíduos mais velhos e mais jovens (J. G. Beck, Stanley e Zebb, 1996), Mohlman (2004) indicou que o transtorno pode ser mais difícil de detectar em adultos mais velhos. Ela concluiu que adultos mais velhos podem se preocupar menos que grupos etários mais jovens, e o conteúdo e a resposta deles à preocupação pode diferir. Adultos mais velhos se preocupam mais com saúde, morte, ferimento e questões de trabalho, enquanto indivíduos mais jovens se preocupam com trabalho e relacionamentos, e apelam para diferentes estratégias para controlar sua preocupação (Hunt, Wisocki e Yanko, 2003). Além disso, a TCC pode produzir efeitos de tratamento mais modestos com pacientes mais velhos com TAG (ver Mohlman, 2004). A evidência de que adultos mais velhos com depressão maior e TAG podem ter mais ideação suicida destaca a importância clínica de sintomas de TAG nesse segmento da população (Lenze et al., 2000). Entretanto, a pesquisa mais recente indica que TAG não está associado a uma taxa de mortalidade mais alta no idoso (Holwerda et al., 2007).

DIRETRIZ PARA O TERAPEUTA 10.5

TAG é o terceiro transtorno de ansiedade mais comum com uma prevalência ao longo da vida de 5,7%. Ele é duas vezes mais comum em mulheres e pode ser um pouco mais prevalente entre brancos. Taxas mais altas são encontradas em contextos de cuidados primários. Embora o TAG seja mais prevalente em adultos jovens a adultos de meia idade, TAG e preocupação são comuns em pessoas mais velhas que podem apresentar menos resposta a intervenções cognitivo--comportamentais.

Curso e prejuízo

O TAG tende a ser crônico e constante. No Programa de Pesquisa de Ansiedade Harvard--Brown (HARP) que acompanhou 558 pacientes durante 8 anos, apenas 46% das mulheres e 56% dos homens apresentaram remissão total de seu TAG, enquanto durante o mesmo período 36% das mulheres e 43% dos homens tiveram recaída (Yonkers et al., 2003). Análises adicionais do conjunto de dados do HARP revelaram que a piora do prejuízo e presença do transtorno de pânico comórbido aumentaram significativamente o risco de recorrência do TAG (Rodriguez et al., 2005). Além disso, idade de início precoce e presença de um transtorno comórbido do Eixo II são preditivos de cronicidade e recaída (Massion et al., 2002; Yonkers, Dyck, Warshaw e Keller, 2000). Indivíduos com TAG têm maior probabilidade de procurar tratamento e ter

uma demora mais curta na busca de ajuda do que aqueles com fobia social (Wagner et al., 2006). No NCS-R, TAG estava associado com uma probabilidade cumulativa ao longo da vida de busca de tratamento de 86,1% e uma demora média na busca de tratamento de 9 anos (Wang, Berglund et al., 2005). Em geral, indivíduos com TAG têm taxas de busca de tratamento geralmente semelhantes aos outros transtornos de ansiedade (p. ex., Wang, Lane, et al., 2005).

TAG está associado com prejuízo significativo no funcionamento social e ocupacional, bem como na qualidade de vida. Vários estudos revelaram que os indivíduos com TAG experimentam diminuições significativas nos relacionamentos profissionais e sociais, bem como na qualidade de vida que até mesmo maior em condições comórbidas (p. ex., Henning, Turk, Mennin, Fresco e Heimberg, 2007; Massion et al., 1993; ver Hoffman, Dukes e Wittchen, 2008). Além disso, o prejuízo devido à TAG é equivalente em magnitude àquele visto na depressão maior e está associado a uma carga econômica significativa que pode na verdade ser maior do que a de outros transtornos de ansiedade (Wittchen, 2002). Em sua metanálise de estudos sobre qualidade de vida, Olatunji e colaboradores (2007) concluíram que TAG tinha diminuições na qualidade de vida semelhantes às dos outros transtornos de ansiedade, exceto TEPT. Portanto, o transtorno representa um custo significativo em termos da diminuição na produtividade no trabalho, alta utilização de cuidados primários de saúde e carga econômica substancial (Wittchen, 2002). O tratamento do TAG é dispendioso em relação ao transtorno de pânico e aumenta marcadamente quando uma depressão comórbida está presente (Marciniak et al., 2005).

DIRETRIZ PARA O TERAPEUTA 10.6

O TAG tende a seguir um curso crônico e constante que causa prejuízo social e ocupacional significativo, leva a uma diminuição na satisfação de vida e impõe uma carga econômica significativa à sociedade.

Comorbidade

Como outros transtornos de ansiedade, o TAG está associado a uma taxa muito alta de comorbidade de Eixo I e Eixo II, que leva a maior prejuízo funcional e resultado mais insatisfatório (ver Holaway, Rodebaugh e Heimberg, 2006; Rodriguez et al., 2005; Yonkers et al., 2000). No NCS-R, 85% dos indivíduos com TAG pelo DSM-IV tinham uma condição comórbida (Kessler, Chuí, et al., 2005; ver também Carter, Wittchen, et al., 2001; Mofitt et al., 2007). Taxas altas de comorbidade semelhantes foram encontradas em estudos clínicos com as mais comuns sendo depressão maior, fobia social e transtorno de pânico (p. ex., Brown, Campbell, et al., 2001). Além disso, indivíduos com TAG ou transtorno de pânico com esquiva agorafóbica têm maior probabilidade de ter um transtorno por uso de substância do que indivíduos com outros diagnósticos de humor e ansiedade (Grant et al., 2004). Finalmente, entre um terço e dois terços de indivíduos com TAG terão um transtorno de personalidade do Eixo II, sendo os mais frequentes os transtornos da personalidade esquiva, obsessivo-compulsiva e possivelmente paranoide e dependente (p. ex., Dyck et al., 2001; Massion et al., 2002; Grant et al., 2005; Sanderson et al., 1994). O TAG é ao longo do tempo o primeiro transtorno, em especial em relação aos transtornos do humor (Kessler, Walters e Wittchen, 2004).

DIRETRIZ PARA O TERAPEUTA 10.7

A maioria dos indivíduos com TAG terão uma história atual ou ao longo da vida de outros transtornos psiquiátricos que complicarão a resposta ao tratamento. Os diagnósticos secundários mais comuns são depressão maior, fobia social, transtorno de pânico, abuso de substância e transtorno da personalidade esquiva. A avaliação e o planejamento do tratamento devem levar em consideração a presença dessas condições concomitantes.

Personalidade e eventos de vida

Conforme observado no Capítulo 4, modelos de diátese-estresse foram propostos para explicar a etiologia e manutenção da ansiedade em geral que, naturalmente, são diretamente aplicáveis ao TAG (p. ex., Barlow, 2002; Chorpita e Barlow, 1998). Em seu modelo cognitivo anterior de ansiedade generalizada, Beck e colaboradores (1985) propuseram uma perspectiva de diátese-estresse na qual autoconfiança baixa e inadequação percebida em áreas específicas de funcionamento são diáteses cognitivas de personalidade que precipitam um estado de ansiedade crônica quando desencadeada por um evento que representa uma ameaça à sobrevivência física ou psicológica do indivíduo.

No Capítulo 4 discutimos inúmeras diáteses da personalidade que foram implicadas no desenvolvimento de ansiedade e, por extensão, de TAG. Afetividade negativa (AN) surgiu consistentemente como o construto latente mais importante em estudos de análise fatorial de TAG. Embora poucos estudos tenham se focalizado especificamente no desenvolvimento de TAG (Hudson e Rapee, 2004), estudos e pesquisa retrospectivos sobre ansiedade sugerem mais geralmente que alta AN, neuroticismo ou emocionalidade negativa são diáteses de personalidade no TAG (L. A. Clark, Watson e Mineka, 1994). Em apoio a essa afirmação, um recente grande estudo de gêmeos revelou que neuroticismo tinha um impacto substancialmente maior sobre o aumento do risco para TAG do que qualquer outro transtorno psiquiátrico (Khan, Jacobson, Gardner, Prescott e Kendler, 2005). Alta ansiedade traço foi considerada praticamente sinônimo de TAG a ponto de ter sido sugerido que TAG pode ser "uma manifestação relativamente pura de alta ansiedade traço" (Rapee, 1991, p. 422). Barlow (2002) afirmou que uma incapacidade crônica de lidar com eventos imprevisíveis e incontroláveis é uma vulnerabilidade psicológica no TAG. Inibição comportamental é um construto temperamental que foi implicado no desenvolvimento da ansiedade, mas seria esperado que tivesse relevância para TAG (Hudson e Rapee, 2004). Mais recentemente, Rapee propôs um modelo etiológico para TAG no qual vulnerabilidade à ansiedade foi definida em termos de um temperamento de emocionalidade aumentada, inibição e excitação fisiológica que causa uma tendência a interpretar erroneamente as situações como ameaçadoras e algo a evitar (Hudson e Rapee, 2004).

Como a pesquisa da personalidade, poucos estudos se focalizaram especificamente em eventos de vida no TAG. No ECA, eventos de vida estressantes estavam associados com início do TAG no DSM-III (Blazer, Hughes e George, 1987). Foi demonstrado que eventos de vida estressantes estão correlacionados tanto com depressão maior como com TAG em uma grande amostra da comunidade (Newman e Bland, 1994). Além disso, os indivíduos têm um risco mais alto de desenvolver depressão maior quando vivenciam um evento de vida grave na presença de TAG (Hettema, Kuhn, Prescott e Kendler, 2006). Em outro estudo, Roemer, Molina, Litz e Borkovec (1996-1997) verificaram que indivíduos com TAG relataram significativamente mais eventos potencialmente traumatizantes do que indivíduos não ansiosos. Embora a pesquisa de evento de vida no TAG não seja ampla, há evidência de que eventos estressantes contribuem para o início e o impacto do transtorno.

Tem havido algum interesse em se adversidades da infância podem desempenhar um papel etiológico no TAG. Em um estudo sobre psicopatologia parental (ou seja, depressão, TAG, abuso de droga/álcool), separação/divórcio parental, abuso físico ou sexual da criança e testemunhar um trauma estavam associados com início, mas não com manutenção do TAG (Kessler et al., 1997). Outros estudos, entretanto, não constataram que TAG estivesse particularmente associado com abuso emocional, físico ou sexual na infância (Gibb et al., 2007; Pribor e Dinwiddie, 1992). Embora mais pesquisas sejam necessárias sobre amostras de TAG específicas, a pesquisa de diátese-estresse sobre estados e sintomas de ansiedade su-

gere de forma geral que vários construtos de personalidade e eventos de vida são prováveis contribuições para o desenvolvimento da ansiedade generalizada e preocupação (p. ex., Brozina e Abela, 2006).

DIRETRIZ PARA O TERAPEUTA 10.8

A avaliação para ansiedade generalizada deve incluir uma investigação completa de eventos e circunstâncias de vida estressantes, bem como de algumas dimensões amplas da personalidade como afeto negativo, ansiedade traço e emocionalidade negativa ou neuroticismo.

MODELO COGNITIVO DO TAG

A Figura 10.1 apresenta um modelo cognitivo elaborado do TAG baseado no modelo genérico que discutimos no Capítulo 2, bem como em considerações teóricas discutidas em Beck e D. A. Clark (1997). Além disso, somos gratos a outros pesquisadores que fizeram avanços na base cognitiva da ansiedade generalizada e preocupação (p. ex., Borkovec, 1994; Borkovec et al., 1991; Dugas, Gagnon et al., 1998; M. W. Eysenck, 1992; Wells, 1995, 1999; Woody e Rachman, 1994).

Fase evocativa

O modelo cognitivo de TAG começa com a afirmação de que a preocupação do TAG não ocorre em um vácuo, mas, antes, reflete as circunstâncias de vida, metas e preocupações pessoais do indivíduo. A perspectiva cognitiva sobre personalidade reconhece há muito tempo que o comportamento do indivíduo é determinado por uma interação entre experiências ou situações de vida diárias, conteúdo esquemático e metas pessoais (Cantor, 1990). Essas metas articuladas pelo indivíduo são as coisas que as pessoas realizam ou com as quais elas se importam em suas vidas atuais (Cantor et al., 1991).

TERAPIA COGNITIVA PARA OS TRANSTORNOS DE ANSIEDADE **401**

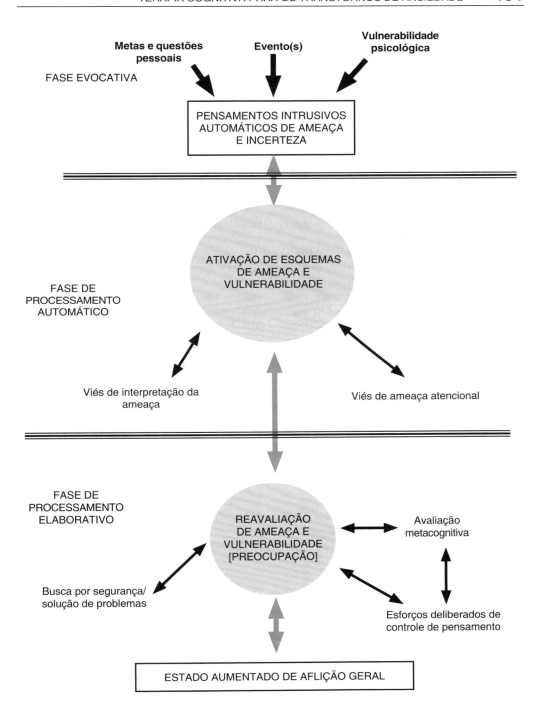

FIGURA 10.1
Modelo cognitivo do transtorno de ansiedade generalizada.

Cantor (1990) se refere a elas como *tarefas de vida* ou projetos pessoais que os indivíduos elaboram e aos quais dedicam energia em um período de tempo especificado a fim de dar significado às buscas humanas básicas de amor, trabalho e poder. Por exemplo, estudantes universitários poderiam compartilhar preocupações de vida normativas sobre "sucesso acadêmico", "fazer novas amizades" ou "compromisso amoroso", mas eles diferiram nas atividades reais e em suas avaliações relevantes à busca desses interesses existenciais. Klinger (1975) introduziu o termo *preocupações atuais* como estar comprometido com a busca de metas particulares (p. ex., evitar ameaças a segurança pessoal ou livrar-se da perda), enquanto Emmons (1986) se refere a *esforços pessoais* como "o que os indivíduos estão caracteristicamente visando obter por meio de seu comportamento ou o propósito (ou propósitos) que um indivíduo está tentando realizar" (p. 1059). Todos esses construtos se referem à influência de esforços dirigidos ao objetivo sobre o comportamento e a cognição humanos, especialmente durante períodos de transição de vida (Cantor, 1990).

No modelo atual, propomos que as metas, valores ou preocupações pessoais dos indivíduos, bem como o contexto de sua experiência diária desempenharão um papel importante na ativação da preocupação. Por exemplo, uma transição de vida importante para adultos jovens poderia ser aceitar seu primeiro emprego permanente após a graduação. Uma meta pessoal poderia ser "ser reconhecido como obtendo sucesso e produtividade" e o indivíduo poderia se envolver em várias atividades na busca desse objetivo tal como trabalhar em um projeto além do horário, fazer mais a fim de produzir um trabalho da mais alta qualidade, obter *feedback* e reasseguramento de colegas de trabalho, e assim por diante. Nesse contexto, um indivíduo vulnerável poderia começar a se preocupar sobre a qualidade do seu trabalho, como ele é percebido pelos outros e se está tendo sucesso em seu novo trabalho. Igualmente, um indivíduo que acabou de se aposentar e para a qual a geração de renda foi uma tarefa de vida importante poderia ser vulnerável a preocupação sobre perda e insegurança financeira. Dessa forma, nossas tarefas de vida, preocupações atuais ou esforços pessoais podem ser um importante catalisador para preocupação no indivíduo vulnerável. Conforme discutido anteriormente, o indivíduo com alta AN ou neuroticismo seria particularmente propenso a preocupação dentro do contexto dessas importantes metas de vida. Além disso, propomos que esquemas duradouros de baixa autoconfiança (ou seja, impotência) e ameaça constituiriam uma predisposição para ansiedade generalizada e preocupação crônica.

A interação desses esquemas prepotentes ou vulnerabilidade de personalidade com tarefas de vida atuais particulares poderia disparar pensamentos ou imagens intrusivas relevantes à ameaça. *Pensamentos intrusivos* são "qualquer evento distinto, identificável que é indesejado, involuntário e recorrente. Ele interrompe o fluxo do pensamento, interfere no desempenho da tarefa, está associado com afeto negativo e é difícil de controlar" (D. A. Clark e Rhyno, 2005, p. 4). No atual contexto, pensamentos intrusivos orientados ao futuro envolvendo alguma ameaça incerta à realização de metas ou tarefas de vida acalentadas (isto é, pensamentos ansiosos automáticos) podem evocar ansiedade e eventualmente desencadear um processo de preocupação. Intolerância à incerteza é prontamente aparente no TAG (Koerner e Dugas, 2006) e, portanto, seria esperado que a incerteza se refletisse nos pensamentos intrusivos ansiosos automáticos do TAG. Isso pode ser visto facilmente durante o início do sono, que está comumente associado com o surgimento de pensamentos ansiosos intrusivos e preocupação, uma vez que indivíduos com insônia e TAG frequentemente descrevem um problema com "turbilhão de pensamentos" (Harvey, 2005). Obviamente, o indivíduo propenso à preocupação não precisa tentar intencionalmente gerar pensamentos indesejados de ameaça e incerteza quanto está tentando dormir. Em vez disso, esse pensamento é experimentado como bastante espontâneo, involuntário e automático.

Os pensamentos literalmente se intrometem na percepção consciente contra a vontade do indivíduo e são então muito difíceis de controlar ou rejeitar (Rachman, 1981). Eles têm uma certa qualidade adesiva e estão associados a um sentimento de apreensão ou nervosismo. Wells (2005a) observou que pensamentos intrusivos negativos frequentemente ocorrem no TAG e podem ser exacerbados pelo processo de preocupação. No modelo atual, propomos que pensamentos intrusivos ansiosos automáticos envolvendo ameaça incerta desempenham um papel crítico na iniciação do processo de preocupação pela ativação dos esquemas maladaptativos de ameaça e vulnerabilidade que caracterizam o TAG.

Fase de processamento automático

Há agora considerável evidência de que o processamento de informação de ameaça automático ocorre na patogênese do TAG. Em sua revisão, MacLeod e Rutherford (2004) concluíram que há evidência convincente de que indivíduos com TAG prestam atenção seletiva a estímulos ameaçadores na fase de codificação e fazem interpretações tendenciosas de ameaça quando lhes é apresentada informação ambígua (ver discussão abaixo). Portanto, há apoio empírico considerável de uma fase de processamento automático no TAG.

Ativação do esquema

Há três elementos fundamentais ao processamento de ameaça automático proposto na Figura 10.1. O primeiro é a ativação do agrupamento de esquemas relevantes para TAG. No modelo cognitivo, pensamentos intrusivos de incerteza são tanto uma causa como uma consequência da ativação do esquema de ameaça. Esperaríamos que esses pensamentos se tornassem mais frequentes e proeminentes com a ativação contínua dos

esquemas relacionados ao TAG. O modelo cognitivo propõe quatro tipos de esquemas que caracterizam o TAG. Estes são apresentados na Tabela 10.2, juntamente com exemplos ilustrativos.

Visto que TAG e depressão estão estreitamente relacionados na apresentação clínica e no diagnóstico comórbido, não deveria ser surpresa que a organização esquemática subjacente fosse semelhante nos dois transtornos (Beck et al., 1985, 2005). A autoconfiança mais baixa e o senso aumentado de impotência representados nos esquemas de ameaça e vulnerabilidade gerais compartilham muitas semelhanças com os esquemas negativos de depressão referentes ao indivíduo. Entretanto, os esquemas no TAG têm maior especificidade para metas de vida pessoal e interesses vitais importantes e, naturalmente, eles tratam de crenças sobre ameaças futuras, o "e se". Por exemplo, em nossa ilustração de caso Rebecca acreditava que seria criticada a qualquer momento por não ter um bom desempenho como gerente de loja e estava convencida de que era ineficaz para lidar com problemas com seus funcionários. Ela não acreditava que as pessoas fossem geralmente críticas de sua pessoa fora do contexto de trabalho nem acreditava que tivesse habilidades sociais deficientes. Antes, seus esquemas de ameaça e vulnerabilidade eram específicos à situação profissional e portanto ela se preocupava excessivamente acerca do seu desempenho no trabalho e se era ou não percebida como incompetente.

As duas últimas categorias de esquema, crenças de incerteza e metacognição, podem parecer mais únicas ao TAG, mas mesmo essas crenças podem ser encontradas em outros transtornos de ansiedade como TOC. Dugas e colaboradores propuseram um modelo de preocupação patológica e TAG no qual a intolerância à incerteza é um fator causal (Dugas, Buhr e Ladouceur, 2004). O construto é definido como "a tendência a reagir negativamente em um nível emocional, cognitivo e comportamental a situações e eventos incertos" (Dugas et al., 2004, p. 143). Além disso, a intolerância à

404 CLARK & BECK

Tabela 10.2 Esquemas que caracterizam os transtornos da ansiedade generalizada

Categorias de esquema	Exemplos ilustrativos
Ameaça geral (crenças sobre probabilidade e consequências de ameaças à segurança física ou psicológica do indivíduo)	• Desfechos (eventos) negativos que ameaçam metas de vida importantes são mais prováveis de acontecer comigo. • Se eu vivenciar um evento negativo que ameace uma meta de vida importante, ele terá um efeito de longo prazo sério sobre mim. • O sofrimento e a ansiedade serão graves se esse evento negativo acontecer.
Vulnerabilidade pessoal (crenças sobre impotência, inadequação, falta de recursos pessoais para lidar com as situações)	• Eu seria incapaz de lidar com o evento negativo se ele ocorresse. • Eu não posso controlar se esse evento negativo vai acontecer nem seu efeito sobre mim. • Eu sou fraco(a) e impotente frente a esse evento.
Intolerância à incerteza[a] (crenças sobre a frequência, consequência, evitação, e inaceitabilidade da incerteza ou de eventos negativos ambíguos)	• A incerteza aumentará o estresse e os efeitos adversos de eventos negativos. • É importante estar pronto para todas as coisas ruins inesperadas que poderiam acontecer a você. • Se eu pudesse reduzir a dúvida e a ambiguidade de uma situação potencialmente negativa, seria mais capaz de lidar com ela.
Metacognição da preocupação[b] (crenças sobre os efeitos positivos e negativos da preocupação e sua controlabilidade)	• A preocupação me ajuda a solucionar problemas e a me preparar para o pior. • Se me preocupo, isso significa que estou levando uma situação a sério. • Se eu fosse uma pessoa mais forte, seria capaz de controlar minhas preocupações. • Eu sinto muita ansiedade e aflição devido à preocupação incontrolável.

[a] Ver Freeston, Rhéaume, Letarte, Dugas e Ladouceur (1994).
[b] Ver Cartwright-Hatton e Wells (1997).

incerteza está associada com dificuldade em responder a situações ambíguas ou incertas e com crenças de que incerteza é uma coisa negativa e deve ser evitada. Embora estudos iniciais tenham revelado que a intolerância à incerteza era elevada em indivíduos com TAG em relação a controles não ansiosos ou a indivíduos com transtorno de pânico (Dugas, Gagnon et al., 1998; Dugas et al., 2005), ela era igualmente evidente no TOC e no TAG (Holaway, Heimberg e Coles, 2006). Portanto, o modelo cognitivo não afirma que crenças de incerteza são necessariamente únicas ao TAG, mas quando ativadas juntamente com esquemas de ameaça e vulnerabilidade pessoal sobre metas e importantes preocupações de vida, a conste-

lação de crenças estimulará a preocupação excessiva. Rebecca acreditava que a qualquer momento o gerente distrital poderia aparecer e avaliar sua loja. Ela achava essa incerteza muito perturbadora porque acreditava na importância de estar bem organizada e preparada mesmo para o inesperado. Isso levava à preocupação excessiva de que "sua incompetência" pudesse ser descoberta a qualquer momento.

Wells (1995, 1999) propôs um modelo cognitivo para TAG no qual crenças positivas e negativas maladaptativas sobre preocupação desempenham um papel chave em um processo metacognitivo disfuncional que leva à preocupação excessiva e ao TAG. De acordo com Wells (1999), "metacognição" se refere a avaliações e crenças sobre a natureza da cognição e sobre nossa capacidade de monitorar e regular nossos pensamentos. As crenças metacognitivas no TAG representam autoconhecimento sobre a importância de prestar atenção aos próprios pensamentos, uma tendência a avaliar negativamente os pensamentos referentes ao indivíduo, e a necessidade de empregar esforços de controle do pensamento que finalmente se revelam inúteis (Wells e Matthews, 2006). No TAG, essas crenças metacognitivas gerarão "metapreocupação", ou preocupação com a preocupação, bem como esforços ineficazes de controlar pensamento ansioso e preocupação, vieses atencionais para monitoração de ameaça e estratégias de enfrentamento maladaptativas, tal como enfrentamento focalizado na emoção (Wells e Matthews, 2006). Wells (1999,2004) afirma que crenças metacognitivas positivas sobre preocupação (p. ex., "A preocupação me ajuda a lidar com as situações") são ativadas cedo no processo de preocupação e são centrais ao início da preocupação como uma estratégias de enfrentamento. Isso resulta em preocupação Tipo I na qual o indivíduo se focaliza na possível ameaça de uma situação (p. ex., "E se eu perder meu emprego?"). A ameaça e incerteza envolvidas na preocupação Tipo I ativarão crenças metacognitivas negativas sobre preocupação. Crenças sobre a incontrolabilidade e consequências negativas da preocupação levam a preocupação Tipo II, ou metapreocupação, na qual o indivíduo se torna focalizado em tentar suprimir ou controlar a preocupação devido à elevação associada na ansiedade.

Baseado nos *insights* recentes de Wells sobre a natureza do TAG e da preocupação, o presente modelo propõe que crenças duradouras sobre a natureza da preocupação, suas consequências, e seu controle são fundamentais à organização esquemática do TAG. Essas crenças explicam por que o indivíduo com TAG parece induzida à preocupação como uma estratégia de enfrentamento, por um lado, mas então, por outro, parece frenética para obter controle sobre o processo de preocupação.

Viés atencional para ameaça

Há considerável evidência empírica de que ansiedade generalizada e preocupação estão associadas a vieses atencionais automáticos para ameaça (ver MacLeod e Rutherford, 2004; Mathews e MacLeod, 1994; Matthews e Funke, 2006). Discutimos esse assunto no Capítulo 3 e na próxima seção sobre situação clínica revisaremos brevemente estudos selecionados sobre processamento atencional no TAG. Enquanto isso, uma questão importante é se o viés atencional no TAG é específico para ameaça ou é um viés mais geral para informação emocional negativa. Este último, naturalmente, seria inteiramente consistente com a natureza aflitiva mais geral do TAG.

Viés de interpretação da ameaça

Um processo automático final proposto no modelo cognitivo é o viés seletivo rápido e involuntário para interpretar informação relevante pessoalmente ambígua de uma maneira ameaçadora. Em sua revisão, MacLeod e Rutherford (2004) concluíram que indivíduos com TAG têm uma tendência a interpretar ambiguidade de maneira ameaçadora. Dada à prioridade de processamento para informação congruente com o esquema, seria esperado que a ativação esquemática no TAG levasse a interpretações de ameaça. Com as ricas complexidades de informação da experiência diária, não é surpreendente que uma interpretação de ameaça automática possa ser rapidamente gerada por indivíduos intolerantes à ambiguidade e à incerteza. Naturalmente, os vieses de processamento automático associados à ativação de esquema no TAG ativarão uma resposta de processamento mais lenta e mais elaborada, que é uma tentativa de enfraquecer o modo de ameaça hipervalente.

Fase de processamento elaborativo

O processamento elaborativo está no centro da fundamentação cognitiva do TAG e é o nível no qual interviemos na terapia cognitiva. A preocupação é um processo cognitivo altamente consciente e elaborativo que é visto no atual modelo como uma tentativa deliberada de reavaliar possibilidades negativas de uma maneira menos ameaçadora. A preocupação é uma resposta deliberada, forçada, que visa suprimir ou contrapor a ativação de esquemas de ameaça e sua ansiedade associada empregando uma reavaliação de uma ameaça e o nível de vulnerabilidade do indivíduo (Beck e Clark, 1997). Nesse sentido, a preocupação funciona como uma resposta de esquiva cognitiva visando inibir excitação emocional (Borkovec, 1994; Sibrava e Borkovec, 2006). Em estados não patológicos, a preocupação é adaptativa porque o indivíduo é capaz de reavaliar a ameaça potencial de uma maneira mais positiva. O processo de preocupação ou reavaliação permite que os indivíduos processem aspectos benignos ou positivos da situação, bem como seus recursos de enfrentamento e, portanto, o nível de ameaça da situação iminente é rebaixado.

No TAG, a reavaliação da ameaça ou preocupação leva a um resultado muito diferente porque ela está associada a uma série de processos cognitivos errôneos. Conforme ilustrado na Figura 10.1, a preocupação no TAG é caracterizada por avaliação metacognitiva errônea. Devido às crenças ativadas no TAG, a pessoa vulnerável avalia a própria preocupação como aflitiva, ineficaz, incontrolável e autoprejudicial. Conforme discutido por Wells (2006), essa avaliação negativa da preocupação dá origem à "metapreocupação", ou preocupação com a preocupação. É muito comum que indivíduos com TAG reconheçam os efeitos nocivos de sua preocupação e comecem a se preocupar com a preocupação. Frank, por exemplo, se preocupava com o mercado de ações e com a segurança de seus investimentos para a aposentadoria. Ele frequentemente ficava acordado à noite aflito sobre suas decisões de investimento e seus resultados. Passou a temer as noites porque se preocupava que pudesse ser apanhado em outro frenesi de preocupação. Isso, naturalmente, levou a

tentativas corajosas de controlar ou suprimir suas preocupações, mas com pouco sucesso.

Uma avaliação negativa da preocupação levará a tentativas de controlar ou suprimir a preocupação por supressão de pensamento direta, racionalização, distração ou esquiva cognitiva (Wells, 1999). Tentativas de livrar-se da preocupação são raramente bem-sucedidas, especialmente em longo prazo, e podem na verdade resultar em um rebote da preocupação quando as tentativas de supressão cessam (Wenzlaff e Wegner, 2000). Embora haja considerável debate sobre os efeitos da supressão de pensamento (Purdon, 1999), de qualquer maneira as tentativas deliberadas de controlar a preocupação são raramente bem-sucedidas no TAG. Na verdade seu efeito involuntário é aumentar a proeminência e a natureza ameaçadora da preocupação, ampliar cognições de ameaça antecipada e intensificar a percepção de incontrolabilidade.

Finalmente, Woody e Rachman (1994) afirmaram que o TAG é caracterizado por um erro na obtenção de um senso de segurança devido a uso insuficiente ou ineficaz de sinais de segurança. Ainda que eles busquem aumentar a segurança e evitar o risco, mesmo mínimo, através de checagem e busca de reasseguramento dos outros, raramente eles são bem-sucedidos. Como resultado eles permanecem vigilantes para ameaça, apreensivos e em uma busca persistente por segurança. Embora Woody e Rachman (1994) não implicassem a preocupação diretamente, sua formulação tem relevância para a compreensão da preocupação patológica no TAG. Os esforços inúteis de gerar soluções para resultados ameaçadores antecipados podem ser vistos como uma tentativa de encontrar segurança por meio da preocupação. Por exemplo, quando Rebecca estava preocupada sobre como confrontaria um funcionário que chegava seguidamente atrasado para o trabalho, ela imaginava vários cenários de como poderia lidar com esse problema. Ela estava procurando uma "solução" que aliviasse sua ansiedade, uma forma de lidar com esse problema que lhe trouxesse alívio e um senso de segurança. Entretanto, cada cenário que ela gerava era invalidado e portanto a preocupação apenas levava a mais ansiedade e incerteza, em vez de ao alívio que ela tão desesperadamente desejava. Finalmente, o fracasso em encontrar uma solução aceitável, em obter a sensação de alívio ou segurança, contribuíam para perpetuar o ciclo de preocupação.

O resultado dos processos cognitivos ilustrados na Figura 10.1 é um estado aumentado de aflição geral. Visto que o conteúdo esquemático no TAG trata de ameaça e impotência geral, esperamos que o estado emocional resultante seja mais misto ou generalizado do que é visto no transtorno do pânico ou na fobia social. Naturalmente, esse nervosismo ou aflição aumentados se realimentarão no aparato cognitivo contribuindo para ativação adicional dos esquemas do TAG. Dessa forma, a base cognitiva do TAG é um ciclo vicioso autoperpetuador que pode ser terminado apenas por intervenção nos níveis de reavaliação automática e elaborativa.

SITUAÇÃO CLÍNICA DO MODELO COGNITIVO

Inúmeras hipóteses foram propostas que são apropriadas à perspectiva cognitiva sobre o TAG. Na próxima seção revisamos seis hipóteses que são centrais à formulação cognitiva apresentada neste capítulo.

Hipótese 1

Pensamentos intrusivos de incerteza sobre metas significativas e tarefas de vida importantes induzirão mais preocupação em indivíduos vulneráveis do que em indivíduos não vulneráveis.

Com o passar dos anos, vários estudos indicaram que tanto pensamentos intrusivos como preocupação são ativados por situações imediatas, eventos estressantes e outras preocupações atuais do indivíduo. Em uma revisão da pesquisa anterior sobre preocupação Borkovec e colaboradores (Borkovec et al., 1991) concluíram que diferenças no conteúdo da preocupação de crianças, estudantes e idosos refletem as circunstâncias de vida e as preocupações atuais dos indivíduos (ver também Mathews, 1990). Além disso, a preocupação pode resultar de uma situação problema na qual um senso de segurança, garantia ou certeza não foi alcançado (Dugas, Freeston, e Ladouceur, 1997; Segerstrom et al., 2000; Woody e Rachman, 1994). Em um estudo comparando preocupação nos pacientes com TAG e sem TAG, os achados indicam que preocupação acerca de problemas imediatos pode ser mais adaptativa, enquanto preocupação acerca de eventos altamente remotos era mais patológica, diferenciando a amostra com TAG da amostra sem TAG (Dugas, Freeston et al., 1998).

Em termos de pensamentos intrusivos, estudos naturalistas e experimentais indicam que exposição a uma situação estressante aumentará o número de pensamentos intrusivos negativos relacionados ao estresse, especialmente se indivíduos se preocupam com o estressor (p. ex., Butler et al., 1995; Parkinson e Rachman, 1981b; Wells e Papageorgiou, 1995). Em um dos estudos originais sobre intrusões cognitivas, Parkinson e Rachman (1981a) verificaram que dois terços de pensamentos intrusivos eram desencadeados por um estímulo externo identificável. Portanto, é amplamente reconhecido que pensamentos intrusivos negativos indesejados e preocupação são frequentemente induzidos pelas metas pessoais, tarefas de vida e preocupações atuais do indivíduo. Além disso, há uma estreita relação entre pensamentos intrusivos e preocupação, com estudos experimentais indicando que períodos breves de indução de preocupação resultam em um aumento subsequente nos pensamentos intrusivos negativos (Borkovec, Robinson et al., 1983; Pruzinsky e Borkovec, 1990; York et al., 1987; ver também Ruscio e Borkovec, 2004; Wells, 2005). Entretanto, nenhum estudo examinou diretamente se a preocupação pode se originar de pensamentos intrusivos indesejados, portanto o apoio empírico para a Hipótese 1 é nesse momento experimental.

DIRETRIZ PARA O TERAPEUTA 10.9

As metas pessoais, tarefas de vida proeminentes e preocupações atuais significativas do indivíduo determinarão os temas principais do conteúdo de sua preocupação. É necessária uma análise contextual que leve em consideração a presença de pensamentos e imagens intrusivos para determinar os fatores que desencadeiam preocupação excessiva.

Hipótese 2

Crenças maladaptativas sobre ameaça geral, vulnerabilidade pessoal, intolerância à incerteza e a natureza da preocupação relacionada a metas pessoais valorizadas e interesses vitais serão mais características de indivíduos com TAG do que de indivíduos sem TAG.

Muitas teorias cognitivas do TAG consideram as crenças maladaptativas sobre ameaça, vulnerabilidade, risco e incerteza pessoais centrais à patogênese da preocupação crônica (p. ex., Beck et al., 1985; 2005; Dugas, Gagnon et al., 1998; Freeston et al., 1994; Wells, 1995, 1999). Infelizmente, entretanto, não existem instrumentos autoaplicados de TAG específicas para o conteúdo do esquema de ameaça e vulnerabilidade pessoal descrito na Tabela 10.2. Entretanto, há forte evidência de que os esquemas de ameaça desempenham um papel crítico no TAG. No Capítulo 3 os estudos que encontraram uma taxa mais alta de cognições de ameaça automáticas na ansiedade frequentemente incluíam pacientes com TAG e suas amostras (ver Hipótese 6) e muitos estudos mostrando um viés de interpretação de ameaça elaborada na ansiedade eram baseados em pacientes com TAG (ver Hipótese 8). Em

sua revisão MacLeod e Rutherford (2004) concluíram que o TAG é caracterizado por um viés atencional para ameaça automático durante a codificação de informação e um viés de interpretação da ameaça automático em situações ambíguas. Entretanto, Coles e Heimberg (2002) concluíram que um viés de recordação de ameaça explícita não era evidente no TAG, uma conclusão que pareceria ir contra à hipótese atual. Eles sugerem que a ausência de achados pode ser devido a dificuldade em desenvolver um conjunto de estímulos de ameaça que seja específico às esferas de preocupação idiossincrática de pacientes com TAG.

A pesquisa cognitiva sobre TAG tende a se focalizar na intolerância à incerteza e em crenças metacognitivas porque esses construtos podem ser mais específicos ao transtorno. Koerner e Dugas (2006) afirmaram que intolerância à incerteza e ambiguidade pode ser a "ameaça" que é única ao TAG. Para avaliar esse importante construto de esquema, uma Escala de Intolerância à Incerteza de 27 itens (IUS; Freeston et al., 1994) foi desenvolvida para avaliar crenças sobre as consequências negativas e a inaceitabilidade da incerteza. Vários estudos demonstraram um relacionamento específico entre a IUS e instrumentos autoaplicados de preocupação no TAG e em amostras não clínicas e indivíduos com TAG tiveram escores significativamente mais altos na escala do que controles não clínicos (Dugas et al., 1997; Dugas, Gagnon et al., 1998; Dugas, Gosselin e Ladouceur, 2001; Freeston et al., 1994). Além disso, pacientes com TAG tiveram escores significativamente mais altos na IUS do que indivíduos com transtorno de pânico (Dugas et al., 2005), embora Holaway, Heimberg e Coles (2006) tenham verificado que intolerância à incerteza era igualmente relacionado ao TOC em um estudo análogo não clínico. Embora haja considerável evidência empírica da importância de crenças de intolerância à incerteza na preocupação patológica do TAG (ver revisão por Koerner e Dugas, 2006), é duvidoso que o construto seja único ao TAG (p. ex., OCCWG, 2003; Tolin, Abramowitz, Brigidi e Foa, 2003).

Vários estudos investigaram se crenças metacognitivas positivas e negativas sobre preocupação são aspectos cognitivos únicos do TAG. Particular interesse tem se focalizado nas crenças positivas sobre preocupação porque esses esquemas podem ser particularmente instrumentais na iniciação da preocupação como uma resposta de enfrentamento esquiva a ameaça percebida (Koerner e Dugas, 2006; Sibrava e Borkovec, 2006; Wells, 2004). Wells (2006) considera as crenças negativas sobre preocupação um aspecto único de preocupação patológica no TAG porque um foco na qualidade incontrolável e perigosa da preocupação leva à metapreocupação, ou "preocupação com a preocupação", um processo que é único ao TAG. Wells e colegas desenvolveram o Questionário de Metacognição (MCQ) de 65 itens para avaliar crenças sobre preocupação e pensamentos intrusivos indesejados, com uma subescala que avalia crenças positivas sobre preocupação e a outra subescala crenças negativas sobre a incontrolabilidade e os perigos dos pensamentos (Cartwright-Hatton e Wells, 1997). Os escores nas subescalas de crenças positivas e negativas tem uma relação significativa com escalas de preocupação, sintomas obsessivos e ansiedade traço, embora as crenças negativas tenham uma associação muito mais forte com preocupação do que crenças positivas (Cartwright-Hatton e Wells, 1997; Wells e Cartwright-Hatton, 2004; Wells e Papageorgiou, 1998a). Além disso, amostras de TAG têm escores significativamente mais altos do que controles não clínicos e outros grupos de transtorno de ansiedade em crenças negativas (isto é, subescala de Incontrolabilidade e Perigo do MCQ), mas não na subescala de crenças positivas (Cartwright-Hatton e Wells, 1997; Wells e Carter, 2001).

Outras escalas foram desenvolvidas para avaliar crenças sobre preocupação. Crenças positivas sobre preocupação como uma estratégia de enfrentamento para lidar com situações difíceis diferenciaram indivíduos clínicos e TAG análogos de controles sem TAG e estavam correlacionadas com escalas de ansiedade e preocupação (Dugas,

Gagnon et al., 1998; Freeston et al., 1994). Borkovec e Roemer (1995) verificaram que estudantes com TAG análogos e estudantes sem TAG acreditavam que a preocupação:

1. os motivam;
2. é uma solução de problemas efetiva;
3. os preparam para eventos ruins;
4. ajuda a evitar ou prevenir resultados ruins;
5. supersticiosamente torna uma coisa ruim menos provável de acontecer.

Entretanto, uma crença, de que a preocupação ajuda a distrair de temas emocionais, foi endossada significativamente mais pelos estudantes com TAG. Davey, Tallis e Capuzzo (1996), que avaliaram crenças sobre as consequências positivas e negativas da preocupação com sua própria Escala de Consequências da Preocupação, verificaram que crenças negativas, mas não crenças positivas, estavam correlacionadas com escalas de preocupação, ansiedade traço e baixa confiança na solução de problemas. Eles concluíram que crenças positivas sobre preocupação podem estar envolvidas na preocupações construtivas orientadas à tarefa, bem como na preocupação patológica crônica. Finalmente, crenças negativas, mas não crenças positivas, sobre preocupação foram preditoras de gravidade do TAG em uma amostra espanhola de adultos mais velhos da comunidade (Montorio, Wetherell e Nuevo, 2006).

Em resumo, há considerável evidência empírica de que ameaça, vulnerabilidade pessoal, intolerância à incerteza e crenças metacognitivas sobre preocupação são ativadas no TAG. Entretanto, capturar o conteúdo central do medo que é característico ao TAG se revelou mais imponderável para os pesquisadores. Não temos escalas específicas de crenças de ameaça e vulnerabilidade do TAG que levem em consideração as preocupações atuais e as tarefas de vida do indivíduo. Crenças negativas sobre ambiguidade e incerteza aparecem fortemente no TAG, mas é improvável que sejam específicas ao transtorno. E é evidente que crenças negativas sobre preocupação são mais patognomônicas ao TAG do que as crenças positivas. Entretanto, a pesquisa nesses construtos ainda é preliminar, e mais pesquisa experimental é necessária para determinar como essas crenças poderiam interagir com outros processos cognitivos que contribuem para a manutenção da preocupação.

DIRETRIZ PARA O TERAPEUTA 10.10

A terapia cognitiva para TAG deve visar crenças pessoais sobre a percepção de ameaça e as consequências negativas associadas com resultados negativos futuros ambíguos e incertos, bem como crenças negativas sobre a natureza incontrolável e perigosa da preocupação.

Hipótese 3

Indivíduos com TAG exibirão um viés atencional e de interpretação da ameaça automático ao processar informações relativas a metas valorizadas e preocupações da vida pessoal.

A proposição de que um viés de codificação, interpretação e recuperação preferencial automático para ameaça é um contribuinte causal para o desenvolvimento e manutenção do TAG é um aspecto central da maioria das teorias cognitivas do TAG (MacLeod e Rutherford, 2004). Foram realizados inúmeros experimentos de processamento de informação que apoiam essa hipótese; grande parte desse material é revisto no Capítulo 3. Nesta seção examinamos brevemente a codificação e interpretação de estudos de ambiguidade que utilizaram amostras de TAG.

Há forte apoio empírico para um viés de codificação para ameaça em pacientes com TAG e em indivíduos com alta ansiedade traço que ocorre no nível de processamento tanto automático como elaborativo. Vários estudos usando a tarefa de Stroop emocional revelaram que as latências de nomeação de cor para estímulos de ameaça eram significativamente mais longas para indivíduos com TAG ou com alta ansiedade traço do que para grupos não ansiosos (p. ex., Bradley, Mogg et al., 1995; Edwards, Burt e Lipp, 2006; Martin et al., 1991; Mogg, Bradley et al., 1995; Mogg et al., 1993; Richards et al., 1992; Rutherford, MacLeod e Campbell, 2004). Além disso, o viés de ameaça é aparente tanto no nível subliminar como no nível supraliminar, mas exposição a um estressor atual pode aumentar o viés de ameaça automático, mas não o elaborativo para indivíduos com alta ansiedade traço (Edwards et al., 2006). Além disso, há evidência de que o viés de codificação no TAG pode não ser específico à ameaça, mas à informação negativa de modo mais geral (Martin et al., 1991; Mogg, Bradley et al., 1995; Mogg et al., 1993; Rutherford et al., 2004).

Uma série de experimentos de *dot probe* visuais e semânticos encontraram uma vigilância atencional automática para ameaça em pacientes com TAG (p. ex., MacLeod et al., 1986; Mogg, Bradley e Williams, 1995; Mogg et al., 1992), bem como em indivíduos com alta ansiedade traço (p. ex., Koster et al., 2006; Mogg et al., 2000; Wilson e MacLeod, 2003). Entretanto, com taxas de apresentação mais lentas, indivíduos com alta ansiedade traço podem apresentar esquiva atencional de ameaça (Koster et al., 2006) e achados por Wilson e MacLeod (2003) sugerem que indivíduos com alta ansiedade traço podem apresentar vigilância desproporcional para ameaça apenas em níveis moderados de intensidade da ameaça (ver Capítulo 3, Figura 3.3, para discussão adicional). Além disso, foi sugerido que os efeitos do *dot probe* podem ser parcialmente explicados por dificuldade em se livrar da ameaça do que por hipervigilância para ameaça, pelo menos em indivíduos não ansiosos (Koster, Crombez, Verschuere e De Houwer, 2004). Recentemente, indivíduos com TAG treinados para prestar atenção a palavras neutras mais do que a palavras de ameaça apresentaram diminuição significativa nos sintomas ansiosos (Amir et al., 2009). Deve ser observado que como a tarefa de Stroop emocional, o viés do *dot probe* no TAG não é específico a estímulos de ameaça, mas a informação negativa mais geralmente (Mogg, Bradley e Williams, 1995).

A fim de determinar se indivíduos com TAG têm uma tendência a impor interpretações ameaçadoras em situações ambíguas, os pesquisadores usaram uma variedade de estímulos ambíguos. Estudos empregando homófonos (para mais discussão, ver Capítulo 3, Hipótese 8) verificaram que pacientes com TAG e indivíduos com alta ansiedade traço produziram significativamente mais palavras ameaçadoras do que indivíduos não ansiosos (Mathews, Richards e Eysenck, 1989; Mogg et al., 1994). Da mesma forma, um viés de interpretação de ameaça foi detectado quando indivíduos com TAG são apresentados a frases ambíguas (Eysenck et al., 1991) ou quando a velocidade de compreensão de frases ambíguas é medida em indivíduos com alta ansiedade traço (MacLeod e Cohen, 1993). Houve evidência de que indivíduos com TAG exibiram um viés de interpretação negativa (ou seja, efeito de facilitação) em uma tarefa de *priming* emocional na qual frases descrevendo eventos de vida positivos ou negativos precediam adjetivos de traço positivos e negativos referentes ao indivíduo (Dalgleish et al., 1995). Além disso, Ken, Paller e Zinbarg (2008) verificaram que apenas o desempenho da finalização do radical da palavra para palavras de ameaça de indivíduos com alta ansiedade traço foi afetado por um estímulo de ameaça inconsciente, mais uma vez um achado consistente com a presença de uma hipervigilância automática para ameaça e subsequente interpretação facilitadora de estímulos de ameaça. Embora resultados negativos também tenham sido relatados em outros estudos (p. ex., Hazlett-Stevens e Borkovec, 2004), a evidência recente sugere que treinamento na geração de interpretação benigna à ameaça pode reduzir reatividade ansiosa a um estressor (Hirsch et al., 2009).

Em resumo, há evidência razoavelmente forte e consistente de que TAG e sua precursora, alta ansiedade traço, são caracterizados por um viés atencional automático para ameaça, conforme previsto pela terceira hipótese. A evidência empírica de um viés de interpretação de ameaça para ambiguidade também é moderadamente forte, especialmente à luz de relatos recentes dos efeitos causais do treinamento do viés de interpretação da ameaça (ver discussão no Capítulo 4, Hipótese 12; ver também MacLeod e Rutherford, 2004). Entretanto, parece que o viés de processamento no TAG não é específico à ameaça, mas é sensível a estímulos emocionais negativos em geral. Além disso, o viés não é aparente em indivíduos que se recuperaram do TAG e pode ser influenciado por estressores que elevam a ansiedade estado. Também não é claro se hipervigilância para ameaça ou dificuldade em se livrar da ameaça é o aspecto primário do viés atencional. Finalmente, embora o modelo atual, como a maioria das teorias cognitivas de TAG, afirme que a presença de vieses de codificação e interpretação da ameaça sejam processos fundamentais que caracterizam a preocupação, ainda se sabe muito pouco sobre os vieses de processamento de informação subjacentes à preocupação *per se*. Um desenvolvimento que poderia ajudar nesse sentido seria usar estímulos experimentais que lembrem mais estreitamente as preocupações de vida idiossincráticas de indivíduos preocupados com TAG.

> **DIRETRIZ PARA O TERAPEUTA 10.11**
>
> As intervenções cognitivas devem tratar a tendência automática do indivíduo ansioso de presumir uma interpretação mais negativa e ameaçadora de situações de vida ambíguas e incertas.

Hipótese 4

A preocupação patológica é caracterizada por avaliação negativa da preocupação e pela presença de "metapreocupação" (ou seja, preocupação com a preocupação).

Conforme descrito na Figura 10.1, o modelo cognitivo propõe que os processos metacognitivos desempenham um papel fundamental na manutenção da preocupação. Inúmeros pesquisadores compararam como preocupados patológicos e não preocupados avaliam seus pensamentos inquietantes na tentativa de especificar o processamento metacognitivo errôneo no TAG. Vasey e Borkovec (1992) verificaram que preocupados crônicos empregavam mais catastrofização durante o processo de preocupação do que não preocupados e em média eles acreditavam que a catástrofe era mais provável de ocorrer. Outros também verificaram que viés de risco subjetivo aumentado (ou seja, probabilidade estimada de que o resultado temido ocorrerá) ou catastrofização está associado com propensão à preocupação (p. ex., Constans, 2001; Molina et al., 1998). Além disso, os preocupados com TAG vivenciam mais intrusões negativas como resultado da preocupação, têm menor percepção de controle sobre suas preocupações e acreditam que a falha em controlar a preocupação levaria a maior prejuízo ou perigo (Ruscio e Borkovec, 2004).

Vários pesquisadores compararam avaliação subjetiva da preocupação com outros pensamentos negativos como obsessões ou ruminações. Langlois, Freeston e Ladouceur (2000) usaram o Questionário de Intrusões Cognitivas para comparar as avaliações dos indivíduos sobre sua preocupação mais frequente *versus* pensamento intrusivo obsessivo. A preocupação foi considerada significativamente mais difícil de controlar, prendia mais a atenção, era mais desagradável e intrusiva, mais egossintônica e mais provável de se realizar (ver também Wells e Morrison, 1994, para resultados semelhantes). Em um estudo semelhante D. A. Clark e Claybourn (1997) constataram que a preocupação era avaliada como mais perturbadora e mais estreitamente ligada à consequência imaginada de eventos negativos da vida real. Estudos comparando a avaliação de preocupação com ruminação depressiva verificaram que a maioria das avaliações são semelhantes nos dois tipos de cognição (p. ex., avaliações de controle reduzido, desaprovação aumentada e consequências negativas), mas a preocupação era singularmente caracterizada como mais focalizada nas consequências do tema da preocupação, mais orientada ao futuro e mais perturbadora do que a ruminação (Watkins, 2004; Watkins, Moulds e Mackintosh, 2005).

Outro processo metacognitivo importante na manutenção da preocupação patológica é o conceito de metapreocupação de Wells, ou a preocupação com a preocupação. Wells e colegas desenvolveram o Inventário de Pensamentos Ansiosos (AnTi) para avaliar vários processos característicos da preocupação (Wells, 1994a). A análise fatorial revelou que sete itens do AnTi formavam uma dimensão coerente de metapreocupação. A pesquisa subsequente revelou que os escores na metapreocupação estavam correlacionados com escalas de ansiedade traço e preocupação, e amostras análogas de TAG têm escores mais altos na metapreocupação do que controles não ansiosos (Wells, 1994a, 2005b; Wells e Carter, 1999).

A avaliação distorcida e errônea evidente na preocupação patológica compartilha mais semelhanças do que diferenças em como os indivíduos avaliam outros tipos de pensamentos repetitivos indesejados tais como obsessões ou ruminações depressivas. Entretanto, há novas evidências de que certos processos metacognitivos podem ser especialmente críticos para a manutenção da preocupação. Uma tendência a catastrofizar, a acreditar que resultados negativos são prováveis de ocorrer e levarão a efeitos negativos significativos na vida do indivíduo e a perceber a própria preocupação como um processo altamente incontrolável, perturbador e perigoso são avaliação metacognitivas que provavelmente contribuem para uma escalada do processo de preocupação. Embora a pesquisa clínica relevante à Hipótese 4 ainda seja preliminar, esses primeiros achados encorajam mais exploração do papel do processamento metacognitivo no TAG.

> **DIRETRIZ PARA O TERAPEUTA 10.12**
>
> Indivíduos com TAG empregarão ampla catastrofização e considerarão seus pensamentos preocupados perigosos e incontroláveis. O terapeuta cognitivo deve abordar esse processo de avaliação errôneo a fim de alcançar os ganhos terapêuticos desejados sobre a preocupação.

Hipótese 5

Indivíduos com TAG
1. despenderão maior esforço no sentido de se livrar ou suprimir a preocupação;
2. têm maior probabilidade de usar estratégias errôneas de controle;
3. experimentarão menor sucesso no controle de sua preocupação do que preocupados não ansiosos.

Visto que indivíduos com TAG tendem a avaliar seus pensamentos preocupados como perturbadores e associados com uma maior probabilidade de resultados negativos, a Hipótese 5 é uma extensão natural da hipótese anterior. De acordo com o modelo cognitivo ilustrado na Figura 10.1, previmos que tentativas malsucedidas e inúteis de controlar ou suprimir a preocupação paradoxalmente contribuirão para sua manutenção, de acordo com a irônica teoria de Wegner a respeito do processo da supressão (Wegner, 1994; Wenzlaff e Wegner, 2000). Conforme previsto pela Hipótese 5, os pesquisadores verificaram consistentemente que o TAG é caracterizado por uma experiência subjetiva aumentada de preocupação como um processo incontrolável e quaisquer tentativas de controle se revelam inúteis e improdutivas (Craske et al., 1989; Hoyer et al., 2001; Wells e Morrison, 1994). Apesar de sua reconhecida incapacidade de controlar a preocupação, é interessante que indivíduos com TAG estejam altamente investidos em continuar com seus esforços no sentido de obter controle sobre a preocupação (Hoyer et al., 2001).

Há agora alguma evidência de que tentativas deliberadas de suprimir pensamentos preocupantes podem ter efeitos adversos sobre o processo de preocupação. Por exemplo, verificamos que estudantes universitários instruídos a suprimir pensamentos de fracasso em um exame experimentaram um rebote na preocupação quando os esforços de supressão cessaram (Wang e Clark, 2008). Becker, Rinck, Roth e Margraf (1998) também encontraram evidência de controle mental prejudicado com os pacientes com TAG tendo menos sucesso em suprimir sua preocupação principal do que fóbicos de discurso e controles não ansiosos. Entretanto, outros estudos não encontraram efeitos adversos com tentativas de suprimir a preocupação (p. ex., Mathews e Milroy, 1994; McLean e Broomfield, 2007).

É possível que a supressão do pensamento possa não influenciar diretamente a frequência da preocupação, mas, na verdade, ter outros efeitos desfavoráveis sobre a experiência de preocupação. Harvey (2003) relatou que indivíduos com insônia tentam suprimir e controlar seus pensamentos intrusivos e a preocupação durante o período pré-sono mais do que pessoas que dormem bem. Além disso, indivíduos instruídos a suprimir seus pensamentos preocupados pré-sono experimentaram latência de início do sono mais longa e qualidade do sono mais insatisfatória, mas não relataram mais pensamentos intrusivos preocupantes indesejados. Em um estudo recente, estudantes com alta ansiedade traço foram alocados aleatoriamente para suprimir palavras de ameaça e neutras apresentadas previamente, se concentrar nas palavras ou apenas permitir que os pensamentos vagassem (Kircanski, Craske e Bjork, 2008). As análises revelaram que a supressão de palavras de ameaça gerou um viés de memória explícita aumentado para ameaça, mas não excitação fisiológica aumentada. Portanto, é possível que a supressão da preocupação possa influenciar negativamente como pensamentos indesejados são avaliados ou emocionalmente experimentados (ver Purdon, 1999, para discussão). Há evidência consistente de estudos baseados em questionário de que esforço aumentado para controlar o pensamento está associado com escores mais altos em uma ampla variedade de escalas psicopatológicas incluindo vários instrumentos de processo de preocupação (p. ex., de Bruin, Muris e Rassin, 2007; Sexton e Dugas, 2008).

Poucos estudos investigaram se indivíduos altamente preocupados empregam estratégias de controle do pensamento menos efetivas. Langlois e colaboradores (2000b) verificaram que estudantes relataram estratégias de enfrentamento semelhantes para preocupação e pensamentos obsessivos intrusivos, com estratégias de fuga/esquiva e solução de problemas associadas com ambos os tipos de pensamento repetitivo. Wells e Davies (1994) desenvolveram o Questionário de Controle do Pensamento (TCQ) para avaliar várias estratégias de controle mental associadas com preocupação tais como distração, punição, reavaliação, preocupação (p. ex., pensar mais sobre preocupações menores), e controle social (p. ex., falar com um amigo). Coles e Heimberg (2005) verificaram que pacientes com TAG relataram no TCQ níveis significativamente mais altos de punição e preocupação e uso significativamente mais baixo de controle social e distração do que controles não ansiosos. Tanto preocupação como punição no TCQ estavam significativamente correlacionadas com o PSWQ, indicando que essas estratégias de controle têm a associação mais estreita com psicopatologia (ver também Fehm e Hoyer, 2004). Embora tentativas de controlar a preocupação preocupando-se com outros assuntos da vida ou sendo excessivamente autocrítico possam contribuir para preocupação patológica no TAG, essas estratégias maladaptativas também podem ser evidentes em outros transtornos de ansiedade (Coles e Heimberg, 2005; Fehm e Hoyer, 2004).

A percepção de que a preocupação é incontrolável é tão invasiva no TAG que ele está agora arraigado como um critério diagnóstico chave do transtorno. Além disso, há alguma evidência de que indivíduos com TAG podem se esforçar mais para controlar

seu pensamento preocupante. Entretanto, a pesquisa experimental sobre supressão de pensamento está dividida em relação a se preocupados crônicos são na verdade menos bem-sucedidos no controle da preocupação do que indivíduos não ansiosos. Além disso, não é de todo claro como esforços excessivos para suprimir as preocupações poderiam influenciar seu curso. Por exemplo, a supressão de pensamento pode ter influência menos direta sobre a frequência da preocupação e mais efeitos sobre viés de processamento de informação (Kircanski et al., 2008), avaliação errônea ou resposta emocional (D. A. Clark, 2004; Purdon, 1999). Além disso, é provável que indivíduos com TAG apelem para estratégias de controle do pensamento menos efetivas, mas é improvável que isso seja exclusivo do transtorno. Nesse ponto devemos considerar a evidência empírica para a Hipótese 5 no melhor dos casos como experimental. Mais pesquisa é necessária sobre controle mental, especialmente com amostras clínicas de TAG, a fim de explorar esse aspecto importante do processo de preocupação.

> **DIRETRIZ PARA O TERAPEUTA 10.13**
>
> Embora a pesquisa ainda seja experimental, os terapeutas cognitivos devem encorajar os indivíduos com TAG a abandonar suas tentativas de suprimir a preocupação. De qualquer maneira, as estratégias de controle mental empregadas no TAG não se revelaram efetivas e são provavelmente contraproducentes em longo prazo.

Hipótese 6

No TAG a preocupação está associada a uma maior percepção de perda de segurança e solução de problemas mais insatisfatório comparado à preocupação sem TAG.

Rachman (2004) apresentou um argumento convincente de que o TAG é a busca por segurança malsucedida (ver também

Lohr et al., 2007; Woody e Rachman, 1994). Indivíduos com TAG percebem uma ampla variedade de ameaças envolvendo possibilidades futuras incertas. Eles buscam sinais de segurança que delimitem a extensão e duração da ameaça. Estratégias de segurança como buscar reasseguramento dos outros, checagem repetida, evitação de riscos e geralmente emprego de comportamentos superprotetores poderiam possivelmente reduzir a ansiedade geral e a evitação imediatas se o senso de segurança for alcançado (Rachman, 2004). Entretanto, sinais de segurança podem ser mais difíceis de detectar do que sinais de perigo, mesmo na melhor das ocasiões, e dada a abstrata ameaça orientada ao futuro na preocupação, eles podem ser particularmente inadequados para esse tipo de ameaça (Lohr et al., 2007; Woody e Rachman, 1994). Se a segurança permanecer indefinível, a ansiedade geral e a preocupação aumentarão. Portanto, as tentativas malsucedidas de alcançar um senso de segurança devem ser consideradas como fator contribuinte para a manutenção da preocupação. Infelizmente, poucas pesquisas examinaram a busca de segurança na preocupação ou no TAG. Uma exceção é um estudo experimental envolvendo uma simples detecção de ameaça e estímulos de segurança, no qual estudantes com alta ansiedade traço com bom controle atencional foram mais capazes de se livrar do estímulo de ameaça e desviar a atenção para o sinal seguro no estágio mais tardio, mais estratégico de processamento de informação (Derryberry e Reed, 2002).

A solução de problemas poderia ser interpretada como um tipo de estratégia de busca de segurança na medida em que indivíduos preocupados buscam alguma forma de resolver ou pelo menos se preparar para a possibilidade de uma ameaça negativa futura. Não é surpresa que os pesquisadores tenham estado particularmente interessados na relação entre a capacidade de solucionar problemas e a preocupação visto que o fracasso em solucionar problemas está embutido na própria noção de preocupação (p. ex., Borkovec, Robinson et al., 1983). Dois aspectos da solução de problemas foram investigados. O primeiro é se a preocupação patológica reflete deficiências na habilidade de solucionar problemas tais como formulação do problema, geração de soluções alternativas, tomada de decisão, desenvolvimento da solução e avaliação. A segunda possibilidade é que os preocupados crônicos adotam uma orientação negativa ao problema que juntamente com intolerância à incerteza, impedem sua capacidade de solucionar problemas e mantêm o processo de preocupação (Koerner e Dugas, 2006). Davey e colegas sugeriram que a preocupação patológica poderia resultar do fato que indivíduos com alta ansiedade traço não aceitam quaisquer soluções construtivas geradas por sua preocupação orientada à tarefa devido a pouca confiança na solução de problemas, falta de percepção de controle sobre o processo de solução de problemas e uma tendência a buscar informação adicional devido ao pensamento catastrófico (Davey, 1994; Davey et al., 1992). Embora Davey (1994) tenha se focalizado principalmente na confiança na solução de problemas, Koerner e Dugas (2006) defenderam o construto mais amplo de *orientação negativa ao problema* que inclui:

1. uma tendência a ver os problemas como ameaças;
2. uma falta de autoconfiança na própria capacidade de solucionar problemas;
3. uma tendência a se tornar facilmente frustrado(a) com a solução de problemas;
4. expectativa negativa sobre o resultado da solução de problemas.

Inúmeros estudos não encontraram evidência alguma de deficiências de solução de problemas no TAG ou de que solução de problemas insatisfatória esteja associada com preocupação (p. ex., Davey, 1994; Dugas et al., 1995; Ladouceur et al., 1999). Entretanto, há considerável evidência de que orientação negativa ao problema e baixa autoconfiança de solucionar problemas em particular podem ser específicas do TAG e de preocupação patológica (p. ex., Dugas et al., 1995; Dugas et al., 2005; Ladouceur et al., 1999; Robichaud e Dugas, 2005). Além disso, a orientação negativa ao problema pode interagir com intolerância à incerteza (Dugas et al., 1997) ou catastrofização (Davey, Jubb e Cameron, 1996) para aumentar o risco de se envolver em preocupação patológica.

Há apoio qualificado para a Hipótese 6. É evidente que indivíduos com TAG não sofrem de déficits de solução de problemas, mas exibem menos confiança em suas habilidades de solucionar problemas. Essa orientação negativa ao problema se deve primariamente mais a crenças negativas na solução de problemas do que a expectativas negativas mais generalizadas (Robichaud e Dugas, 2005). Além disso, orientação negativa ao problema combinada com uma tendência a catastrofizar e buscar soluções mais certas para uma situação negativa futura levará a uma busca infindável de soluções seguidas de rejeições das soluções das situações ameaçadoras antecipadas. Dessa forma, o preocupado crônico vivencia repetidos fracassos em estabelecer um senso de segurança. Embora muito disso continue sendo conjetura até que mais pesquisas sejam realizadas, pelo menos alguns aspectos da Hipótese 6 (isto é, baixa confiança na solução de problemas) foi parcialmente apoiado pela literatura empírica.

DIRETRIZ PARA O TERAPEUTA 10.14

Focalize-se nas crenças disfuncionais sobre solução de problemas efetiva e na obtenção de segurança de resultados negativos futuros imaginados para mudança na terapia cognitiva do TAG.

AVALIAÇÃO COGNITIVA E FORMULAÇÃO DE CASO

Diagnóstico e escalas de sintoma

Como com os outros transtornos de ansiedade recomendamos o ADIS-IV (Brown et al., 1994) como a melhor entrevista diagnóstica para TAG. O módulo de TAG fornece avaliações dimensionais sobre exagero (isto é, frequência e intensidade) e controlabilidade da preocupação em oito dimensões nos aspectos interpessoal, trabalho, saúde e vida diária. Além de questões sobre aspectos diagnósticos fundamentais, o ADIS-IV avalia o contexto da preocupação, a presença de respostas de busca de segurança, e o grau de interferência na vida diária. O ADIS-IV (versão ao longo da vida) tem boa confiabilidade entre avaliadores com um kappa de 0,67 para um diagnóstico principal de TAG (Brown, Di Nardo et al., 2001). A principal fonte de discordância foi entre TAG e um transtorno depressivo (60% de discordância). O SCID-I/NP (First, Spitzer, Gibbon e Williams, 2002) é uma alternativa ao ADIS-IV, mas a confiabilidade da versão mais recente da entrevista não foi avaliada em um estudo de larga escala (Turk et al., 2004).

Questionário de transtorno de ansiedade generalizada-IV

O Questionário de Transtorno de Ansiedade Generalizada-IV (GAD-Q-IV; Newman et al., 2002) é um questionário de nove itens desenvolvido como um instrumento de avaliação para TAG. O GAD-Q-IV é um refinamento do GAD-Q original (Roemer, Borkovec, Posa e Borkovec, 1995) visando torná-lo compatível com os critérios do DSM-IV. O GAD-Q e o GAD-Q-IV têm sido amplamente usados na pesquisa análoga para identificar indivíduos que poderiam satisfazer os critérios diagnósticos para TAG. Newman e colaboradores (2002) verificaram que um ponto de corte de 5,7 era ideal para diferenciar TAG de outros grupos de transtorno de ansiedade e que o GAD-Q-IV se correlacionava positivamente com escalas de preocupação. Em sua revisão, Turk e Wolanin (2006) concluíram que o GAD-IV-Q é sensível ao TAG, mas pode sobrediagnosticar o transtorno, especialmente em populações mais urbanas, etnicamente diferentes. Na prática clínica o GAD-Q-IV é desnecessário se o ADIS-IV ou

Questionários de preocupação

Questionário de preocupação do estado da Pensilvânia

O Questionário de Preocupação do Estado da Pensilvânia (PSWQ; Meyer et al., 1990) de 16 itens é oo questionário de preocupação mais amplamente usado com um ponto de corte de 45 recomendado para distinguir preocupação patológica em uma população que busca tratamento (ver Capítulo 5 para mais discussão). O PSWQ deve ser incluído na avaliação padrão de TAG e deve ser re-administrado após o tratamento dada sua sensibilidade a efeitos do tratamento.

Questionário das esferas de preocupação

O Questionário das Esferas de Preocupação (WDQ; Tallis et al., 1992) é uma escala do conteúdo da preocupação de 25 itens que avalia a extensão da preocupação em cinco esferas: relacionamentos, falta de confiança, futuro sem objetivo, trabalho e questões financeiras. Os itens são avaliados em uma escala de 0 ("absolutamente não") a 4 ("extremamente"), com um escore total e escores de subescala para cada esfera calculados pela soma dos respectivos itens. O questionário mostra boa confiabilidade temporal, exibe validade convergente com o PSWQ e ansiedade traço e amostras de TAG têm escores substancialmente mais altos do que controles não clínicos (Tallis, Davey e Bond, 1994; Stöber, 1998). Além disso, a estrutura de cinco fatores do WDQ foi replicado (Joorman e Stöber, 1997) e o WDQ se correlaciona significativamente com avaliações de pares e autoavaliações de preocupação diária (Stöber, 1998; Verkuil, Brosschot e Thayer, 2007). Entre-

tanto, o WDQ tem algumas limitações para a prática clínica. O questionário reflete alguns aspectos da preocupação construtiva ou adaptativa e portanto não deve ser considerado uma escala "pura" de preocupação patológica como o PSWQ (Tallis et al., 1994; Turk et al., 2004). Além disso, apenas certas subescalas podem ser específicas ao TAG (Diefenbach et al., 2001) e as respostas podem ser influenciadas por idade e etnia (Ladouceur, Freeston, Fournier, Dugas e Doucet, 2002; Scott et al., 2002). Uma forma abreviada de 10 itens do WDQ foi publicada (Stöber e Joorman, 2001) e uma cópia do WDQ original de 25 itens está disponível em Tallis e colaboradores (1994). O WDQ é primariamente um instrumento de pesquisa, mas pode ser usado clinicamente como um instrumento complementar para avaliar o conteúdo da preocupação.

Instrumentos cognitivos de preocupação

Inventário de pensamentos ansiosos

O Inventário de Pensamentos Ansiosos (AnTi; Wells, 1994a) é um questionário de 22 itens que visa avaliar tanto o conteúdo da preocupação como a avaliação negativa acerca da preocupação (ou seja, metapreocupação). O AnTi tem três subescalas: preocupação social, preocupação com saúde e metapreocupação. Embora todas as três subescalas se correlacionem com o PSWQ, apenas a subescala de Metapreocupação do AnTi mostra uma relação única com preocupação patológica e discrimina significativamente TAG de outros transtornos de ansiedade (Wells e Carter, 1999, 2001). Portanto a Metapreocupação do AnTi é a única subescala que tem probabilidade de fornecer informação clinicamente útil, uma vez que ela se focaliza em avaliações negativas da preocupação. Mais recentemente, Wells (2005b) publicou uma escala de metapreocupação abreviada de sete itens, o Questionário de Metapreocupação, consideravelmente *promissor*.

Questionário de metacognição

O Questionário de Metacognição (MCQ; Cartwright-Hatton e Wells, 1997) é uma escala autoaplicada de 65 itens que mede crenças e avaliações positivas e negativas sobre preocupação e pensamentos intrusivos indesejados. O questionário tem cinco subescalas: crenças positivas sobre preocupação, crenças negativas sobre o perigo e a incontrolabilidade da preocupação, confiança cognitiva, controle de pensamentos intrusivos e constrangimento cognitivo. A subescala de Perigo e Incontrolabilidade do MCQ tem a maior relevância para a preocupação patológica (Cartwright-Hatton e Wells, 1997; Wells e Carter, 2001; ver discussão no Capítulo 3, Hipótese 2) e portanto pode ser útil para o desenvolvimento de uma formulação de caso. Wells e Cartwright-Hatton (2004) publicaram uma versão abreviada de 30 itens do MCQ que parece ser psicometricamente sólida.

Escala de intolerância à incerteza

A Escala de Intolerância à Incerteza (IUS; Freeston, Rhéaume et al., 1994) é um questionário de 27 itens que avalia crenças maladaptativas de que a incerteza é inaceitável, que ela desacredita o indivíduo, levará à frustração e estresse e causa inação (Dugas et al. 2004). Embora a escala seja multidimensional, o escore total provou ser mais útil em estudos de pesquisa (Freeston, Rhéaume, Letarte, Dugas e Ladouceur, 1994; Dugas et al., 2004). Inúmeros estudos demonstraram que o IUS tem uma associação específica com preocupação patologia e discrimina TAG (p. ex., Dugas, Gagnon et al., 1998; Dugas et al., 2001; Dugas et al., 2005). Dada sua forte validade discriminante, o IUS é útil para avaliar crenças patológicas fundamentais no TAG.

Questionário de controle do pensamento

O Questionário de Controle do Pensamento (TCQ; Wells e Davies, 1994) é um questionário de 30 itens que avalia o grau com que os indivíduos usam cinco diferentes estratégias de controle do pensamento: distração, punição, reavaliação, controle social e preocupação. A pesquisa sugere que indivíduos com TAG têm escores significativamente mais altos do que controles não ansiosos apenas nas subescalas de Punição e Preocupação do TCQ (Coles e Heimberg, 2005; Fehm e Hoyer, 2004) e apenas essas duas subescalas estão correlacionadas com o PSWQ (Wells e Davies, 1994).

DIRETRIZ PARA O TERAPEUTA 10.15

A avaliação cognitiva para TAG deve incluir o ADIS-IV, o PSWQ e possivelmente uma escala do conteúdo da preocupação como o Questionário de Esferas da Preocupação. Além disso o IUS e certas subescalas do MCQ podem ser úteis na avaliação das crenças maladaptativas que caracterizam o TAG.

Formulação de caso

A terapia cognitiva para TAG se focaliza no processamento elaborativo errôneo que contribui para a manutenção do pensamento ansioso e preocupação patológica (ver Figura 10.1), bem como nos esquemas disfuncionais responsáveis pelo estado de ansiedade generalizada. Portanto, a formulação cognitiva de caso se centraliza em uma especificação clara dos esquemas idiossincráticos e nos processos metacognitivos errôneos da preocupação. A Figura 10.2 ilustra os principais componentes de uma conceitualização cognitiva de caso para TAG.

Conteúdo principal da preocupação

Embora as preocupações atuais e os gatilhos internos/externos antecedam a preo-

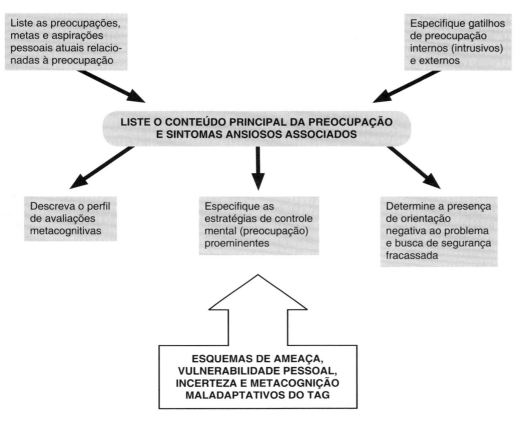

FIGURA 10.2
Conceitualização cognitiva de caso de transtorno de ansiedade generalizada.

cupação, é mais prático começar avaliando as preocupações principais e sintomas ansiosos associados do paciente. A informação do ADIS-IV, bem como de quaisquer questionários de conteúdo da preocupação que possam ser administrados, tais como o WDQ, fornecerá os primeiros indícios sobre as preocupações do paciente. Entretanto, a monitoração diária da atividade da preocupação e uma entrevista clínica mais detalhada serão necessárias para obter um entendimento total das questões que preocupam o paciente.

O Apêndice 10.1 fornece o Formulário B de Automonitoramento da Preocupação que pode ser usado para coletar informação crítica sobre o conteúdo principal da preocupação dos indivíduos. O Capítulo 5 (Apêndice 5.8) apresenta um formulário de preocupação alternativo que pode ser usado se informação menos detalhada for requerida. Sugerimos que o Apêndice 5.8 seja usado para preocupação sem TAG e que o Apêndice 10.1 seja usado com pacientes com TAG. Há uma série de aspectos do conteúdo da preocupação que devem ser avaliados pelo formulário de automonitoramento e pela entrevista clínica.

1. Qual é o alcance ou extensão das preocupações do paciente?
2. Qual é a frequência, intensidade, e duração dos episódios de preocupação?

3. Qual é o nível de ansiedade ou sofrimento associado com cada tema de preocupação? Que sintomas de ansiedade são experimentados durante o episódio de preocupação?
4. Qual é o pior resultado ou catástrofe subjacente a cada tema de preocupação? Qual é a estimativa do paciente da probabilidade do resultado catastrófico?
5. Se o pior resultado for avaliado como altamente improvável, o que o paciente considera como o resultado negativo mais provável?
6. Se mais de um conteúdo principal da preocupação estiver presente, classifique as preocupações da mais importante/perturbadora à menos importante/perturbadora. Determine que tema de preocupação o paciente escolheria para focalizar na terapia.

Em nosso exemplo, Rebecca expressou uma série de questões preocupantes: preocupações acerca da saúde de seus pais, da sua própria saúde, da segurança de seus filhos, das finanças da família e de seu desempenho profissional. A avaliação da frequência, duração e sofrimento associado à preocupação indicou que seu desempenho no trabalho e sua própria saúde eram as preocupações mais aflitivas. Ela escolheu seu desempenho profissional como o tema mais importante para a terapia. Quando exploramos essas preocupações mais profundamente, ela indicou que a catástrofe associada com essa preocupação era ser repreendida por seus supervisores por lidar mal com o problema de um funcionário. Isso podia resultar em litígio contra ela, mas a maior consequência é que ela perderia o respeito de seus funcionários e seria vista dentro da empresa como uma líder fraca e inadequada. Curiosamente, sua preocupação tinha um foco mais social que subsequentemente orientou a reestruturação cognitiva dessa questão da preocupação. Sempre é importante determinar o processo de catastrofização associado com cada preocupação.

Metas pessoais e preocupações atuais

A fim de entender o contexto pessoal da preocupação, o terapeuta cognitivo deve estimar as metas pessoais, aspirações e ambições imediatas e de longo prazo do paciente. Essa informação deve se tornar evidente pela entrevista clínica, mas algumas perguntas diretas também podem ser necessárias. O terapeuta pode pedir para o paciente indicar sua meta imediata em áreas chave de sua vida, tais como trabalho/escola, família, saúde, relações íntimas, finanças, lazer, amizades, e assim por diante. Por exemplo, na área de intimidade o terapeuta poderia perguntar "Onde você quer estar daqui a três anos no que diz respeito a um relacionamento íntimo?", "O que você considera a maior barreira para alcançar esse objetivo de intimidade?", "Qual a probabilidade de que você alcance esse objetivo?" e "Qual seria o pior resultado possível para você em 3 anos?". Esse tipo de questionamento proporcionará ao terapeuta um melhor entendimento dos aspectos motivacionais da preocupação.

Uma das principais preocupações de Rebecca era manter uma reputação com seus funcionários como uma gerente justa, competente e compreensiva. O problema para ela era que qualquer crítica era vista como uma ameaça a essa meta e desencadeava um estado aumentado de ansiedade no qual ela se preocupava que os outros a vissem como uma líder fraca e incompetente. É fácil ver como o desejo de Rebecca de ser admirada pelos outros (isto é, uma preocupação atual maior) alimentava um ciclo vicioso de preocupação acerca de como seus funcionários viam seu estilo gerencial.

Gatilhos de preocupação

O Formulário B de Automonitoramento da Preocupação (Apêndice 10.1) dará uma indicação do tipo de estímulos que desencadeiam episódios de preocupação. Mais uma vez essa informação é crítica para completar uma análise contextual de episódios de preocupação. Uma variedade de fatores externos podem desencadear preocupação, tal como quando um funcionário de Rebecca fazia uma observação mesmo ligeiramente negativa. Outro paciente tinha preocupação patológica acerca de suas finanças e mergulhava em um desses episódios sempre que havia até mesmo um ligeiro declínio em sua declaração mensal de investimentos (uma ocorrência muito comum, como qualquer investidor sabe!). Martin, um paciente mais velho com TAG, começava a se preocupar com aparar seu gramado sempre que olhava pela janela da frente de sua casa. A maioria dos pacientes pode gerar uma lista de sinais externos que desencadeiam sua preocupação. Às vezes a lista de gatilhos é ampla e outras vezes ela é limitadamente focalizada.

Sinais internos como pensamentos, imagens ou mesmo sensações físicas intrusivos, ansiosos e automáticos são gatilhos importantes em um episódio de preocupação. Martin tinha um pensamento intrusivo de que amanhã era dia de coleta do lixo e ele começava a se preocupar sobre se teria energia suficiente para levar seu lixo para a calçada. Sarah sentia uma ligeira náusea que ela interpretava como um possível sinal de gripe, e então se preocupava que pudesse estar ficando doente. Rebecca lembrava que não tinha visitado seus pais, se perguntava se eles ainda estavam bem e então começava a se preocupar de que eles pudessem ficar terrivelmente doentes ou morrer logo, antes que ela pudesse passar mais tempo com eles. Os pacientes podem não estar conscientes de todos os gatilhos internos e externos para sua preocupação, mas já nas primeiras sessões os gatilhos principais de preocupação devem ser identificados.

Avaliações metacognitivas da preocupação

Como os indivíduos estimam ou avaliam suas preocupações é outro componente fundamental da conceitualização de caso. Essa parte da avaliação se focaliza em como os pacientes avaliam o processo de preocupação associado com cada uma de suas questões preocupantes primárias. Aqui estamos enfatizando mais as avaliações *online* dos indivíduos de episódios de preocupação do que as crenças centrais sobre preocupação que podem estar por baixo das avaliações errôneas da preocupação. As seguintes avaliações metacognitivas devem ser especificadas na formulação de caso:

*   tendência a empregar catastrofização;
*   estimativas da probabilidade de ameaça ou catástrofe;
*   percepção de incontrolabilidade da preocupação;
*   grau de metapreocupação (ou seja, preocupação com a preocupação);
*   consequências negativas esperadas da preocupação;
*   aspectos positivos esperados da preocupação.

O paciente já terá articulado o resultado catastrófico quando as questões preocupantes primárias forem avaliadas. Um estudante com TAG, por exemplo, poderia frequentemente se preocupar acerca de seu desempenho em uma prova. O terapeuta perguntaria, "Quando você se preocupa com uma prova, com que frequência você acaba convencido de que será reprovado na matéria e terá que fazer recuperação (isto é, o resultado catastrófico do estudante)?", "Há outros resultados negativos sobre os quais você pensa mais frequentemente quando está preocupado com as provas?", "Em uma escala de 0 (nenhuma probabilidade de ficar em recuperação) a 100% (probabilidade total de ficar em recuperação), qual é a probabilidade dessa catástrofe?", "Qual é a probabilidade de resultados menos extremos, tais como não passar na prova ou reprovar na matéria?", "Quando você examina isso agora, você acha que está exagerando a probabilidade de um resultado ruim?", "Qual você acha que é o resultado mais provável?",

"O quanto é difícil pensar sobre o resultado mais provável quando você está preocupado com as provas?".

O terapeuta cognitivo também obtém avaliações sobre a percepção de controlabilidade associada com cada questão preocupante primária. No exemplo anterior, o terapeuta perguntaria "O quanto é difícil para você parar de se preocupar com a prova quando o processo de preocupação se inicia?", "Em uma escala de 0 (absolutamente sem controle) a 100 (controle completo), qual é a quantidade média de controle que você tem sobre a preocupação com as provas?", "Esse controle varia?", "Há ocasiões em que você tem um bom controle sobre a preocupação e outras em que seu controle é terrível?", "Você já percebeu o que parece encorajar o controle da preocupação e coisas que interferem em seu nível de controle?".

É importante determinar o grau em que a metapreocupação está associada com cada uma das questões preocupantes primárias (Wells, 1999, 2006). Por exemplo, Rebecca relatou que tinha dificuldade para dormir todas as noites devido a "turbilhão de pensamentos" (ou seja, preocupação) sobre como ela respondeu a problemas dos funcionários aquele dia e também o que ela tinha pela frente amanhã. Entretanto, ela rapidamente se desviava dessas "preocupações primárias" para preocupação acerca das consequências de não ser capaz de parar seu turbilhão de pensamentos e dormir. Uma avaliação de 0 ("nenhuma preocupação com a preocupação") a 100 (extremamente preocupada com estar preocupada") era obtida toda vez que Rebecca se preocupava com seu desempenho gerencial com os funcionários. O interessante é que aquela metapreocupação às vezes era muito forte em certas situações (p. ex., ao tentar adormecer à noite), mas menos proeminente em outras (p. ex., preocupar-se sobre como lidará com a situação de um funcionário um pouco antes da entrevista). Portanto na formulação de caso é importante especificar o grau de metapreocupação associado com cada conteúdo da preocupação, as situações em que a metapreocupação é forte e quando ela é fraca.

As consequências positivas e negativas percebidas da preocupação são um aspecto relacionado à metapreocupação. Mais uma vez, é importante determinar as consequências percebidas associadas com cada questão preocupante quando o indivíduo está envolvido no processo de preocupação. É esperado que as consequências percebidas sejam altamente idiossincráticas e variem muito entre as questões preocupantes. Rebecca, por exemplo, percebia principalmente consequências negativas com suas preocupações de trabalho, notando que a preocupação provavelmente a tornava menos confiante e assertiva com seus funcionários e mais estressada e irritável em casa. Entretanto, ela avaliava suas preocupações sobre a segurança de sua filha pequena mais positivamente, achando que essa preocupação a tornava uma mãe mais cuidadosa e portanto reduzia os riscos para a criança. Conforme discutido abaixo, as consequências percebidas da preocupação são um alvo primário para mudança na terapia cognitiva do TAG.

Estratégias de controle da preocupação

Conforme indicado no modelo cognitivo do TAG (Figura 10.1), as tentativas de suprimir ou controlar a preocupação contribuirão para sua manutenção porque a ineficácia dessas estratégias confirma a crença do indivíduo de que a preocupação é perigosa e incontrolável. Portanto, é fundamental avaliar a frequência, tipo e efetividade percebida das várias estratégias de controle do pensamento empregadas com cada questão preocupante primárias. A Tabela 10.3 apresenta uma lista de estratégias de controle da preocupação positivas e negativas baseada na literatura empírica.

Além das questões de entrevista sobre estratégias de controle da preocupação, o terapeuta cognitivo pode usar a Lista de Verificação de Respostas Cognitivas à Ansiedade no Capítulo 5 (Apêndice 5.9) para avaliar o uso de estratégias de controle do pensamento do paciente. A redação do Apêndice 5.9

TERAPIA COGNITIVA PARA OS TRANSTORNOS DE ANSIEDADE **423**

deve ser mudado de "pensamento ansioso" para "pensamento preocupado". Além disso, o profissional desejará determinar as estratégias de controle positivas e negativas usadas com cada questão preocupante primárias e obter informação sobre a frequência com que elas são empregadas, bem como sua efetividade percebida.

Roteiros de segurança e orientação ao problema

Indivíduos com TAG devem ser solicitados a descrever o que lhes daria uma sensação de paz ou segurança em uma determinada esfera de preocupação – ou seja, escrever um roteiro de como uma sensação de segurança poderia ser alcançado com a questão preocupante. Em outras palavras, o que teria que acontecer para a preocupação cessar? Louise era uma mulher solteira de 30 e poucos anos, altamente bem-sucedida em sua carreira e tinha recentemente se envolvido com um homem que conheceu pela internet. Entretanto, ela era torturada pela preocupação de se ele realmente gostava dela e se ele a deixaria a qualquer momento. Seu pensamento catastrófico era "Essa é minha última chance de felicidade. Se esse relacio-

namento não der certo, eu vou ficar sozinha pelo resto da vida". Quando indagada sobre o que precisava acontecer para ela se sentir segura ou confiante acerca do relacionamento, Louise respondeu que precisava de algum sinal do comprometimento eterno dele com ela. Mas quanto mais ela pensava sobre isso, mais ela percebia que não havia nada que ele pudesse fazer para erradicar sua incerteza sobre o relacionamento. É da natureza dos relacionamentos íntimos que um cônjuge ou companheiro(a) um dia poder partir. É importante para o profissional determinar o que constitui segurança para cada uma das questões preocupantes primárias, que indícios sinalizariam a obtenção de segurança, e se os indivíduos podem lembrar um tempo em que existia uma sensação de paz ou segurança nessa área de suas vidas. Pode ser que, como Louise, um paciente descubra que a busca por segurança é inútil, talvez mesmo impossível de alcançar.

A preocupação sempre envolve esforços para solucionar o problema, frequentemente com o objetivo de alcançar uma sensação de segurança e certeza do resultado. É importante determinar a gama de soluções de problemas que o paciente gerou em torno de um determinado tema de preocupação. "A que soluções você chegou para esse

TABELA 10.3 Estratégias de controle da preocupação no transtorno de ansiedade generalizada

Estratégias de controle negativas

- *Supressão direta* ("Dizer a mim mesmo(a) para não me preocupar")
- *Autorreasseguramento* ("Dizer a mim mesmo(a) que tudo dará certo")
- *Buscar reasseguramento dos outros* (perguntar a família/amigos se tudo dará certo)
- *Checagem* (empregar algum ato repetitivo para aliviar a dúvida)
- *Punição* (criticar-se por se preocupar)
- *Supressão de emoção* (tentar suprimir a aflição, ansiedade associada com a preocupação)

Estratégias de controle positivas

- *Expressão dirigida* (intencionalmente se permitir se preocupar, deixar as coisas "rolarem")
- *Distração* (envolver-se em atividade que distraia ou substituir a preocupação por pensamento mais positivo)
- *Reavaliação da ameaça* (reavaliar a ameaça imaginada da questão preocupante)
- *Empregar solução de problema* (desenvolver um plano de ação para lidar com a questão preocupante)
- *Relaxamento* (empregar meditação ou relaxamento)

problema em particular (ou seja, a questão preocupante)?", "Você é capaz de gerar alguma boa solução para esse problema?", "Em uma escala de 0 (nenhuma confiança) a 100 (extremamente confiante), o quanto você está confiante de que uma boa solução será encontrada para esse problema?", "O quanto você se sente frustrado(a) com seus esforços para solucionar o problema?", "Você espera eventualmente resolver esse problema ou ele continuará indefinidamente sem solução?".

Pierre era um funcionário público aposentado que se preocupava excessivamente com sua renda da aposentadoria e se ele tinha poupado o suficiente para sua velhice. Ele decidiu que a melhor solução para sua ansiedade e preocupação era começar um pequeno negócio de meio-período para complementar sua renda da aposentadoria. Infelizmente, isso pouco aliviou sua ansiedade porque ele agora se preocupava sobre as incertezas do negócio e se ele poderia manter uma renda estável durante muitos anos. Quando ele eventualmente decidiu procurar tratamento, estava desencorajado e convencido de que não havia solução para sua preocupação. Ele tinha feito a coisa mais lógica, que era ganhar mais dinheiro e contudo isso apenas intensificou sua preocupação sobre finanças. Ele adotou a orientação negativa ao problema mais extrema, acreditando que não havia solução para suas preocupações financeiras crônicas.

Esquemas disfuncionais do TAG

Uma avaliação cognitiva deve culminar com uma identificação dos esquemas maladaptativos centrais de ameaça, vulnerabilidade pessoal, intolerância à incerteza e das crenças metacognitivas sobre preocupação que são responsáveis pela preocupação crônica do indivíduo. A Tabela 10.2 fornece um resumo dos tipos de crenças que serão proeminentes no TAG. Diferentes crenças podem estar associadas com diferentes questões preocupantes primárias, portanto é importante na formulação de caso identificar as crenças maladaptativas centrais subjacentes a cada questão preocupante.

A preocupação principal de Rebecca envolvia suas habilidades gerenciais no relacionamento com seus funcionários. A avaliação cognitiva revelou que uma crença de ameaça central era que "seus funcionários achavam que ela era uma líder fraca e passiva – fácil de manipular". Ela acreditava que isso era parte de sua personalidade e algo que ela não podia mudar: "Ela sempre foi uma pessoa tímida, uma introvertida" (crença de vulnerabilidade). Quando não recebia resposta sobre como ela lidava com uma situação difícil com os funcionários, buscava *feedback* de seus gerentes assistentes, acreditando que não podia suportar a incerteza de não saber se era muito assertiva ou muito passiva (crença de intolerância à incerteza). Por um lado, ela acreditava que a preocupação era prejudicial ao seu desempenho profissional porque estava sempre tentando "se antecipar", mas por outro lado, sentia que a vigilância aumentada a impedia de se envolver em discussões desagradáveis com os funcionários (crenças metacognitivas). Obviamente o objetivo principal da terapia para TAG é modificar essas crenças disfuncionais centrais subjacentes ao processo de preocupação patológica.

DIRETRIZ PARA O TERAPEUTA 10.16

Uma conceitualização cognitiva de caso do TAG incluirá os seguintes elementos:
1. descrição das questões preocupantes primárias;
2. especificação de metas de vida e aspirações pessoais atuais;
3. lista de gatilhos internos e externos de preocupação;
4. identificação de avaliações metacognitivas de cada questão preocupante;
5. descrição do perfil de controle da preocupação idiossincrático;
6. grau de busca de segurança e orientação negativa ao problema;
7. formulação da organização esquemática subjacente responsável por preocupação crônica e ansiedade generalizada.

DESCRIÇÃO DA TERAPIA COGNITIVA PARA TAG

A meta central da terapia cognitiva para TAG é a redução na frequência, intensidade e duração de episódios de preocupação que levariam a uma diminuição associada nos pensamentos intrusivos ansiosos automáticos e na ansiedade generalizada. Isso será alcançado pela modificação das avaliações e crenças disfuncionais, bem como das estratégias de controle maladaptativas que são responsáveis pela preocupação crônica. Uma tentativa bem-sucedida de terapia cognitiva transformaria a preocupação de uma estratégia de enfrentamento de esquiva patológica em um processo construtivo orientado ao problema, mais controlado no qual a pessoa ansiosa tolera e aceita mais risco e incerteza. A perspectiva cognitiva é expressa por uma série de metas de tratamento específicas que são apresentadas na Tabela 10.4.

Para alcançar as metas estabelecidas da terapia cognitiva para TAG, um curso típico de terapia incluirá uma série de estratégias de intervenção que serão empregadas dependendo do caso individual. A Tabela 10.5 resume os componentes terapêuticos da terapia cognitiva.

Fase de educação

O objetivo da primeira sessão é apresentar aos pacientes o modelo cognitivo do TAG, bem como a justificativa lógica do tratamento. A maioria dos indivíduos com TAG tem sofrido com preocupação excessiva por muitos anos. Como resultado, eles entrarão na terapia com suas próprias crenças sobre por que eles lutam com preocupação patológica e possivelmente algumas ideias sobre como a preocupação deve ser tratada. O terapeuta cognitivo deve começar perguntando, "Por que você acha que tem lutado tanto com a preocupação?". Indivíduos com TAG poderiam dar uma variedade de respostas, tais

---

TABELA 10.4 Metas de tratamento para a terapia cognitiva do transtorno de ansiedade generalizada

- Normalizar a preocupação
- Corrigir crenças e interpretações de ameaça tendenciosas de questões preocupantes
- Modificar crenças metacognitivas positivas e negativas sobre preocupação
- Eliminar metapreocupação (ou seja, preocupação com a preocupação)
- Reduzir a confiança em estratégias de controle da preocupação disfuncionais e promover respostas de controle adaptativas à preocupação
- Melhorar a confiança na capacidade de solucionar problemas
- Aumentar o controle percebido sobre a preocupação
- Intensificar o senso de segurança e autoconfiança para lidar com desafios futuros
- Aceitar risco e tolerar resultado incerto de situações e eventos futuros
- Aumentar a tolerância à emoção negativa

TABELA 10.5 Componentes terapêuticos na terapia cognitiva para transtorno de ansiedade generalizada

- Educar sobre a perspectiva cognitiva da preocupação
- Diferenciar entre preocupação produtiva e improdutiva (ver Leahy, 2005)
- Reestruturação cognitiva e teste empírico da hipótese de avaliações e crenças de ameaça tendenciosas sobre preocupação
- Indução e descatastrofização da preocupação (Craske e Barlow, 2006)
- Expressão da preocupação repetida com prevenção de resposta de estratégias ineficazes de controle da preocupação (Borkovec et al., 2004)
- Processamento forçado autodirigido de sinais de segurança
- Reestruturação cognitiva de crenças metacognitivas negativas sobre preocupação (Wells, 2006)
- Inoculação de risco e incerteza
- Treinamento de solução de problemas construtiva
- Processamento elaborativo do presente (Borkovec et al., 2004)
- Treinamento do relaxamento (opcional)

como "É minha personalidade, eu sempre fui preocupado(a)", "Preocupação é mal de família", "Eu tenho uma vida muito exigente, há muito com que me preocupar", "Eu sou uma pessoa altamente ansiosa e isso faz eu me preocupar", "Eu tenho um desequilíbrio químico que faz eu me preocupar tanto", e assim por diante. O terapeuta deve prosseguir perguntando, "Qual você acha que é a solução para sua preocupação, a melhor maneira de tratar a preocupação?". Mais uma vez o paciente pode gerar uma série de ideias tais como encontrar uma forma de resolver as questões ou situações preocupantes, aprender a relaxar, tomar um medicamento para reduzir a ansiedade, reduzir o estresse, etc. O terapeuta também poderia perguntar, "Com o passar dos anos a sua ansiedade e preocupação tiveram alguma variação? Nesse caso, você percebeu o que faz a preocupação melhorar ou piorar?".

Após avaliar a teoria da ansiedade e preocupação do paciente, o terapeuta está em melhor posição de determinar se o paciente será receptivo a socialização no modelo cognitivo de preocupação. Se ele mantiver fortes crenças sobre ansiedade e preocupação que são incompatíveis com a perspectiva cognitiva, essas crenças devem ser visadas para mudança antes de prosseguir com o tratamento cognitivo da preocupação. Há cinco elementos principais do modelo cognitivo que devem ser comunicados ao paciente:

1. A preocupação é uma parte normal da vida, mas há dois tipos de preocupação: preocupação produtiva e preocupação improdutiva ou patológica. É a preocupação patológica que está associada a alta ansiedade e sofrimento.
2. A preocupação patológica é causada por nossa atitude e pela forma como tentamos lidar com a preocupação. A pesquisa demonstrou que certos tipos de pensamentos e crenças negativos sobre risco, incerteza e preocupação em si caracterizam a preocupação excessiva ou improdutiva. Você pode considerar estas como causas psicológicas de uma tendência a preocupação.
3. Essa atitude negativa em relação à preocupação propicia que os indivíduos adotem formas de controlar sua preocupação que em longo prazo tornam a preocupação ainda mais duradoura e difícil de controlar.
4. A meta da terapia cognitiva é identificar os pensamentos e crenças subjacentes que causam preocupação crônica, bem como quaisquer respostas contraproducentes que mantenham a preocupação, e então ajudar o indivíduo a adotar uma atitude e resposta mais construtivas à preocupação.
5. A meta final da terapia cognitiva é transformar a preocupação improdutiva em preocupação produtiva modificando as causas psicológicas subjacentes da preocupação crônica. A eliminação da preocupação patológica levará também a uma redução no nível de ansiedade geral.

Wells (1997) observou que o terapeuta cognitivo deve desviar o foco do paciente do conteúdo da preocupação como o problema (p. ex., "Eu não tenho muita segurança no trabalho, por isso é que me preocupo em perder meu emprego") para os fatores que estão por trás da tendência a preocupação. Para ajudar nesse processo, poderia ser perguntado ao paciente, por exemplo, "Mesmo se você tivesse segurança no trabalho, você acha que isso faria você parar de se preocupar?". O terapeuta cognitivo pode então perguntar ao paciente por que algumas pessoas se preocupam, mas não são incomodadas por isso, enquanto outras pessoas ficam muito perturbadas, ansiosas acerca de suas preocupações. Pode-se determinar também se há algumas incertezas na vida do indivíduo que não estão associadas com preocupação (p. ex., uma pessoa jovem que não se preocupa em ficar seriamente ferida em um acidente de automóvel), enquanto outras incertezas levam a grande preocupação (p. ex., Entrarei na faculdade e serei capaz de seguir a carreira que escolhi?). Uma comparação poderia ser feita entre os diferentes "conjuntos cognitivos" associados com cada uma dessas situações e como as diferentes

TERAPIA COGNITIVA PARA OS TRANSTORNOS DE ANSIEDADE **427**

formas de pensar levam a preocupação excessiva ou a absolutamente nenhuma preocupação. Uma possível prescrição de tarefa de casa poderia ser conversar com familiares ou amigos íntimos que enfrentam problemas semelhantes aos do paciente e perguntar como eles pensam ou lidam com o problema (p. ex., insegurança no trabalho, exame médico incerto, compromisso questionável do parceiro amoroso). No final, os pacientes devem ser socializados a aceitar que o problema não é uma *preocupação per se*, mas, antes, *como eles se preocupam*.

DIRETRIZ PARA O TERAPEUTA 10.17

Inicie a fase de educação determinando a teoria de preocupação de cada paciente e então use o questionamento socrático e a descoberta guiada para ensinar os indivíduos que a redução na preocupação crônica é possível mudando as avaliações e crenças maladaptativas, bem como as estratégias mentais e comportamentais ineficazes responsáveis pela manutenção de sua preocupação patológica.

Diferenciando preocupação produtiva de improdutiva

Em seu manual de autoajuda para preocupação Leahy (2005) observou que ensinar indivíduos com preocupação crônica a diferenciar preocupação produtiva de improdutiva é um ingrediente fundamental do tratamento (ver também Davey, 1994; Davey et al., 1992). A Tabela 10.6 apresenta os principais elementos da preocupação produtiva e improdutiva baseado na discussão de Leahy.

Os pacientes devem ser ensinados cedo na terapia cognitiva a diferenciar preocupação produtiva de improdutiva (isto é, patológica). Dada a avaliação intensiva da preocupação, os pacientes devem estar bem conscientes de sua preocupação patológica mesmo durante as primeiras sessões. Portanto, o desafio é tornar os pacientes mais conscientes de sua preocupação produtiva. É provável que eles não tenham sequer considerado a possibilidade de que às vezes podem estar envolvidos em preocupação produtiva. Usando a descoberta guiada, o terapeuta cognitivo pode pedir que os pacientes con-

---

TABELA 10.6 Características da preocupação patológica e da preocupação produtiva

Preocupação patológica	Preocupação produtiva
• Focada em problemas mais distantes e abstratos	• Focada em problemas mais imediatos e realistas
• O indivíduo tem pouco controle ou influência realista sobre a situação	• O indivíduo pode exercer algum controle ou influência sobre a situação
• Maior foco sobre a emoção negativa associada à situação preocupante	• Maior foco na solução de problemas da situação preocupante
• Não pode aceitar solução alguma porque nenhuma garante o sucesso	• Pode experimentar e avaliar soluções imperfeitas
• Busca incessante de segurança e certeza do resultado	• Prontidão para tolerar risco razoável e incerteza
• Processamento do potencial de ameaças em uma situação é exagerado e estreito, com tendência à catastrofização	• Processamento dos resultados potenciais negativos, positivos e benignos em uma situação é mais amplo e balanceado
• Desamparo percebido para enfrentar a situação preocupante	• Nível mais elevado de autoeficácia para enfrentar situação preocupante
• Associada a níveis elevados de ansiedade ou sofrimento	• Associada à baixa ansiedade ou sofrimento

Nota: Baseado em Davey, Hampton, Farrell e Davidson (1992) e Leahy (2005).

tem como lidaram com várias preocupações diárias ou aspirações pessoais que não evocaram preocupação excessiva. Poderia ser feita uma lista de experiências de preocupação produtiva e preocupação patológica juntamente com uma breve descrição de como o paciente lidou com o problema de uma forma produtiva ou improdutiva. Saber que eles têm preocupações tanto produtivas quanto improdutivas reforçará o que foi aprendido na fase de educação: que preocupação crônica, patológica é causada por *como você se preocupa* e não pelo fato da preocupação. Além disso, preocupações mais realistas implicam em uma abordagem de tratamento diferente daquela adotada com preocupação crônica. Se as preocupações principais do paciente combinam mais com o perfil de preocupação produtiva, então a principal abordagem de tratamento deveria ser a solução de problemas e o desenvolvimento de um plano de ação. Preocupações que são mais patológicas exigirão todo o pacote de tratamento cognitivo descrito neste capítulo.

Em nossa ilustração de caso, Rebecca exibia predominantemente preocupação patológica, com casos ocasionais de preocupação mais realista ou produtiva. Apesar de sua preocupação acerca de seu desempenho profissional, ela raramente se preocupava excessivamente em fazer as projeções de vendas para sua loja. Ela gerenciava uma loja altamente bem-sucedida e consistentemente atingia suas metas de vendas mensal. Entretanto, isso poderia mudar rapidamente com flutuações na economia e contudo Rebecca raramente se preocupava com os números de suas vendas. Por outro lado, ela se preocupava excessivamente sobre se seus funcionários a consideravam uma gerente competente e habilidosa ou se eles a consideravam fraca e fácil de manipular. Esta

---

DIRETRIZ PARA O TERAPEUTA 10.18

Dentro das primeiras sessões ensine os indivíduos com TAG a diferenciar suas preocupações realistas ou produtivas de preocupação crônica, excessiva e patológica.

última preocupação satisfazia a maioria dos critérios de preocupação patológica e portanto se tornou o foco de nossas sessões.

Reestruturação cognitiva das avaliações de ameaça

A reestruturação cognitiva é um elemento terapêutico importante da terapia cognitiva para o TAG. O terapeuta cognitivo começa identificando os pensamentos e crenças relacionados à ameaça representados na questão preocupante primária. São feitas avaliações sobre a probabilidade percebida de que a ameaça (ou seja, o pior resultado possível) poderia na verdade ocorrer na vida real. O terapeuta usa busca de evidências para determinar se a estimativa de ameaça do paciente é realista ou exagerada (ver Capítulo 6). O Apêndice 6.2, Teste de Avaliações Ansiosas: Busca de Evidências, pode ser empregado para facilitar o exercício de busca de evidências. É importante se focalizar em reunir evidências de que o paciente está exagerando a ameaça quando se preocupa em vez de tentar provar que a ameaça preocupante poderia nunca acontecer. Este último é um foco mal dirigido sobre o conteúdo da preocupação que não produzirá efeitos terapêuticos. Após completar a busca de evidências, o paciente é instruído a gerar uma visão alternativa sobre o tema da preocupação que represente um resultado provável mais realista. O terapeuta pode acompanhar isso com uma análise de custo-benefício (ver Apêndice 6.3) para reforçar as vantagens da interpretação alternativa.

Naturalmente, é importante acompanhar a reestruturação cognitiva com uma tarefa de casa. Por exemplo, sempre que o paciente começar a se preocupar, ele poderia registrar sua estimativa do pior resultado e o resultado alternativo mais realista. Ele poderia então gerar uma lista de razões por que pensar no pior é uma estimativa exagerada e irreal da ameaça e razões por que o resultado alternativo é mais provável. Um exercício de teste empírico da hipótese poderia também ser prescrito para determinar se "pensar no pior" é um exagero da ameaça. O paciente poderia ser solicitado a buscar intencionalmente evidência que refute sua estimativa de ameaça automática relacionada à preocupação. Ao tratar a preocupação, o foco da reestruturação cognitiva deve ser na avaliação da ameaça e não no conteúdo da preocupação. O objetivo é ensinar os indivíduos com TAG a se pegar exagerando a ameaça ("pensar que é provável que o pior aconteça") e substituir por um resultado negativo menos exagerado que seja mais realista.

A reestruturação cognitiva da estimativa de ameaça relacionada à preocupação foi empregada com Rebecca. O resultado catastrófico associado com sua preocupação primária relacionada ao trabalho era "Eu não tenho sido suficientemente assertiva com minha equipe quando surgem problemas. Eles perderão o respeito por mim e então fracassarei como gerente de loja". Ela avaliou a probabilidade desse resultado como alta, 85/100. Havia muito pouca evidência a favor desse resultado temido, exceto que um gerente assistente sênior tinha se queixado de que ela era muito branda com os funcionários. A outra evidência principal era que toda vez que ela tinha que enfrentar um problema de recursos humanos ela experimentava hesitação, incerteza e ansiedade, que Rebecca achava que a fazia parecer indecisa. Por outro lado, havia bastante evidência de que ela estava exagerando a probabilidade do pior resultado. Recentemente, ela teve uma situação com um funcionário que contornou bem e que teve um bom resultado. Ironicamente, ela teve que lidar com uma outra situação na qual alguns funcionários se queixaram de que o gerente assistente sênior, que achava que ela era muito branda, era na verdade muito agressivo e irracional com os funcionários sob sua supervisão. Além disso, ela tinha recebido avaliações positivas do gerente distrital sobre suas habilidades de recursos humanos. Uma interpretação alternativa foi desenvolvida, "Nunca se pode saber realmente o que as pessoas pensam de você. Portanto, preciso julgar a efetividade de minhas habilidades de recursos humanos em termos de resultado mais objetivos, tais como se os funcionários mudam seu comportamento após minha intervenção. Minha tendência natural a ser simpática e menos intimidadora quando confronto os funcionários poderia fazê-los ter mais respeito por mim em vez de atacá-los de maneira verbalmente agressiva". Uma tarefa de casa envolvia Rebecca reunir evidências de que seu estilo menos confrontador poderia na verdade resultar em mais respeito de seus funcionários do que em menos respeito. Ela aprendeu com isso que, quando se preocupava com questões de recursos humanos, estava exagerando a probabilidade do pior resultado e esquecendo a alternativa mais provável e realista. Ela foi encorajada a praticar repetidamente o exercício de reestruturação cognitiva da ameaça sempre que começasse a se preocupar com problemas dos funcionários.

> **DIRETRIZ PARA O TERAPEUTA 10.19**
>
> Na terapia cognitiva para TAG a reestruturação cognitiva é utilizada para modificar a tendência dos indivíduos a interpretações de ameaça exageradas automáticas de eventos negativos futuros durante seus episódios de preocupação.

Indução de preocupação e descatastrofização

Pela terceira ou quarta sessão, o terapeuta cognitivo deve introduzir o conceito de indução de preocupação. Isso envolve instruir o paciente a intencionalmente se preocupar com uma questão em particular por 5 a 10 minutos na sessão. O indivíduo é encorajado a verbalizar o processo de preocupação em voz alta para que o terapeuta seja capaz de avaliar a qualidade da preocupação. Antes de iniciar a indução de preocupação, o paciente é instruído a fornecer duas avaliações em uma escala de 0 a 100: "Se eu lhe pedir para se preocupar com X [um tema de preocupação primário] agora mesmo por 10 minutos, o quanto isso faria você se sentir ansioso(a)? O quanto a preocupação seria incontrolável?". O paciente é então instruído a começar a se preocupar e a tentar se preocupar o mais completamente possível. Ou seja, o exercício de preocupação deve continuar até que o paciente esteja totalmente focalizado em pensamentos ou imagens do pior resultado possível representado no tema da preocupação. Se o paciente tiver dificuldade para iniciar um episódio de preocupação, o terapeuta pode ajudar a começar a indução perguntando "O que em relação a [a situação ou questão preocupante] o preocupa?". Se o paciente tiver dificuldade em progredir para seu resultado catastrófico, o terapeuta cognitivo pode estimular isso usando a técnica da flecha descendente: "O que seria tão ruim ou preocupante em relação àquele resultado?", e assim por diante. Esse exercício de indução de preocupação deve ser praticado três ou quatro vezes na sessão antes de ser prescrito como uma tarefa de exposição entre as sessões (ver a seguir). O objetivo do exercício de indução de preocupação entre as sessões é

1. ensinar os pacientes a utilizar a exposição à preocupação,
2. fornecer evidência empírica de que a preocupação é mais controlável do que suposto pelo paciente e
3. ajudar o paciente a aprender que a preocupação é menos provocadora de ansiedade e incontrolável se as tentativas de supressão da preocupação cessarem.

Antes de iniciar a indução de preocupação é necessário que o resultado catastrófico ou o "pior cenário possível" associado com a questão preocupante primária seja totalmente articulado. Como um fenômeno verbal-linguístico, a preocupação pode funcionar como uma esquiva do processamento emocional da situação imaginada temível (Borkovec, 1994). Por essa razão, o resultado catastrófico pode tomar a forma de uma imagem. Para determinar o resultado catastrófico, o terapeuta cognitivo pode utilizar

uma variante da entrevista de catastrofização (Davey, 2006; Vasey e Borkovec, 1992), na qual o terapeuta continua perguntando, "O que o preocupa mais acerca de [um resultado da preocupação previamente mencionado]?", até que o paciente não possa mais responder. Deve ser fornecida uma descrição completa do pior resultado a fim de que os pacientes tenham um *roteiro da catástrofe da preocupação* que pode ser referido durante suas sessões de exposição à preocupação.

Após gerar o roteiro de catastrofização, o terapeuta cognitivo e o paciente trabalham em colaboração na sessão desenvolvendo um *plano de descatastrofização* (Craske e Barlow, 2006; Rygh e Sanderson, 2004). Isso envolve escrever uma resposta hipotética se o pior cenário realmente acontecer. O terapeuta pode declarar "Vamos pensar em algumas ideias, um plano sobre como você lidaria com esse resultado catastrófico se ele realmente acontecesse a você". O plano de descatastrofização é escrito embaixo do roteiro de catastrofização e dado ao paciente para referência futura. O terapeuta deve perguntar ao paciente, "O quanto o pior cenário parece perturbador vista à luz de seu plano potencial de enfrentamento?". Para mais discussão sobre descatastrofização ver Capítulo 6.

A indução de preocupação e a descatastrofização são ilustradas no caso de Clare, uma mulher de meia idade com TAG que se preocupava com sua saúde. Recentemente ela tinha consultado seu médico devido a preocupações de que pudesse ter câncer de mama. Seu médico pediu uma mamografia que apenas intensificou a preocupação de Clare sobre câncer. Para determinar seu "resultado mais temido", o terapeuta conduziu a seguinte entrevista de catastrofização:

Terapeuta: Clare, o que a preocupa por ter que fazer uma mamografia?
Clare: Tenho medo que o resultado seja positivo.
Terapeuta: E o que a preocupa em relação a um resultado positivo da mamografia?

Clare: O fato de que eu tenho câncer de mama.

Terapeuta: E o que a preocupa mais sobre ter câncer de mama?

Clare: Que eu precise de quimioterapia e possivelmente de uma mastectomia.

Terapeuta: O que a preocupa mais em relação a esses tratamentos para câncer?

Clare: Que eu fique realmente doente pela quimioterapia, perca meu cabelo e acabe com um corpo repulsivo.

Terapeuta: O que a preocupa mais em relação aos efeitos do tratamento sobre seu corpo?

Clare: Que meu marido se divorcie de mim porque estou muito feia, que eu me odeie e fique gravemente deprimida.

Terapeuta: Isso parece realmente terrível, mas há alguma coisa além disso que a preocupa?

Clare: Não, isso já é muito ruim, não é?

Terapeuta: Certamente é! Então para você, Clare, a pior catástrofe que você pode imaginar em relação ao câncer é que você acabará sozinha, deprimida e com um corpo repulsivo. Você pode realmente se imaginar naquele estado, você pode formar um quadro disso em sua mente?

Clare: Sim, tenho uma imagem real de como eu ficaria e me sentiria como uma sobrevivente de câncer.

O terapeuta cognitivo registrou em detalhes a imagem de Clare de si mesma como uma sobrevivente de câncer. Ele então desenvolveu com ela um roteiro de descatastrofização: como ela poderia lidar de forma mais realista com o câncer de mama. O roteiro foi baseado nas experiências de duas mulheres que Clare conhecia que tiveram câncer de mama. O terapeuta então fez Clare iniciar uma indução de preocupação sobre câncer de 10 minutos, garantindo que pelo menos metade do tempo de indução fosse gasto imaginando que ela fizera tratamento para câncer de mama e estava se olhando no espelho. Isso também incluiu a reação negativa de seu marido aos efeitos do seu tratamento e seus próprios sentimentos de desespero. Isso foi seguido por imaginar como ela realmente enfrentaria ser uma sobrevivente de câncer de mama usando o roteiro de descatastrofização como referência.

DIRETRIZ PARA O TERAPEUTA 10.20

Para aumentar o controle da preocupação e descatastrofizar a ameaça da preocupação, é utilizado um exercício de indução de preocupação que utiliza roteiros de catastrofização e descatastrofização para encorajar a exposição aos resultados mais temidos pelo indivíduo.

Expressão de preocupação repetida

A exposição a (ou expressão de) preocupação se tornou um componente importante dos tratamentos cognitivo-comportamentais para TAG (p. ex., Borkovec et al., 2004; Craske e Barlow, 2006; Rygh e Sanderson, 2004; Wells, 1997). O conceito é baseado em um procedimento de tratamento de controle do estímulo descrito primeiro por Borkovec, Wilkinson, Folenshire e Lerman (1983). Os indivíduos inicialmente identificavam seus pensamentos preocupantes e então estabeleciam um período padrão de 30 minutos todos os dias para se envolver em preocupação. Se os indivíduos se pegassem preocupados qualquer outra hora do dia, eles deveriam adiar sua preocupação para o período de preocupação prestando atenção a sua experiência do momento. Durante o período de preocupação, os indivíduos deviam utilizar solução de problema para eliminar suas questões preocupantes. Borkovec e colaboradores (2004) consideravam o tratamento de controle do estímulo um tipo de prevenção de resposta na qual os indivíduos preocupados aprendem a restringir gradualmente sua preocupação a uma variedade mais limitada de sinais discriminativos (ou seja, preocupar-se apenas durante um tempo e local específicos).

Com o passar dos anos, várias modificações e refinamentos foram introduzidos no exercício de exposição à preocupação. Na terapia cognitiva, a exposição repetida à preocupação é um experimento comportamental que:

1. contesta crenças metacognitivas de que a preocupação é perigosa e incontrolável;
2. neutraliza a evitação da preocupação catastrófica;
3. previne supressão e outras estratégias ineficazes de controle da preocupação;
4. aumenta a confiança do paciente em sua capacidade de lidar com questões preocupantes.

O objetivo da exposição à preocupação é o paciente experimentar a preocupação e sua imagem mais como possibilidades hipotéticas do que como representações realistas de ameaças reais ao bem-estar (Rygh e Sanderson, 2004). O Apêndice 10.2 fornece um Formulário de Exposição à Preocupação que pode ser usado quando os indivíduos realizam tarefa de casa de exposição a preocupação.

Os indivíduos recebem instruções na expressão de preocupação antes de sua prescrição como tarefa de casa. Os pacientes são instruídos a reservar o mesmo período de 30 minutos em um determinado local de sua casa e iniciar um período prolongado imaginando o pior resultado (isto é, catástrofe) para um único tema de preocupação primário. Eles devem manter a atenção focalizada na catástrofe "e pensar sobre ela ou imaginá-la com o máximo de detalhe e realismo possível". Eles não devem tentar resolver ou descatastrofizar a preocupação, mas simplesmente se concentrar nela o mais completamente possível. Se a mente deles se desviar do tema da preocupação tente fazê-los voltar à preocupação o mais rapidamente possível. Os pacientes são encorajados a usar o roteiro da catástrofe para ajudá-los a se focalizar na preocupação. Após cada exposição à preocupação, o Formulário de Exposição à Preocupação (Apêndice 10.2) deve ser preenchido. Atenção particular deve ser dada ao registro da qualidade da exposição à catástrofe e de quaisquer pensamentos ansiosos sobre a realização do exercício de preocupação. O paciente deve escrever contestações aos pensamentos ansiosos que encorajarão mais repetição das sessões de preocupação. Se a preocupação ocorrer durante alguma outra hora do dia, os indivíduos devem adiar a preocupação até a sessão de exposição a preocupação. Isso pode ser feito escrevendo o conteúdo da preocupação no Formulário B de Automonitoramento da Preocupação (Apêndice 10.1) como um lembrete para a sessão de exposição à preocupação e então focalizando a atenção em algum aspecto da experiência do presente momento. Indivíduos com TAG devem ser informados de que serão necessárias sessões diárias de prática de exposição à preocupação durante 2 a 3 semanas antes que os benefícios da intervenção possam ser sentidos.

DIRETRIZ PARA O TERAPEUTA 10.21

Exposição repetida ao resultado catastrófico da preocupação é um experimento comportamental importante na terapia cognitiva para TAG. Ele contesta as crenças maladaptativas dos indivíduos sobre os perigos e a incontrolabilidade da preocupação e impede o uso de estratégias ineficazes de controle da preocupação.

Processamento do sinal de segurança

Os preocupados crônicos ficam tão focalizados na ameaça e na incerteza durante o processo de preocupação que frequentemente deixam de processar aspectos positivos, seguros ou benignos de uma situação de preocupação. Portanto, o terapeuta cognitivo aproveita toda a oportunidade enquanto avalia aspectos da preocupação ou emprega reestruturação cognitiva para explorar os aspectos positivos ou de segurança das situações. Os indivíduos são encorajados a escrever aspectos de uma situação de preocupação que sejam positivos ou seguros como uma oposição a suas interpretações de ameaça e perigo automáticas. O objetivo dessa intervenção é ajudar os indivíduos a desenvolver uma perspectiva mais equilibrada e realista sobre a preocupação. Às vezes, pode haver um ou dois sinais de segurança primários associados à preocupação, enquanto outras vezes pode haver múltiplos indicadores de segurança que são evidentes durante todo o processo de preocupação.

Em nosso exemplo anterior Clare tinha sofrido de preocupação crônica sobre câncer. Após gerar o cenário catastrófico, o terapeuta cognitivo ajudou Clare a pensar nos possíveis aspectos positivos ou de segurança de sua preocupação com câncer.

Terapeuta: Clare, você sugeriu um resultado possível da mamografia, que ela fosse positiva indicando que você tem câncer. Qual você acha que é a probabilidade de que o teste seja positivo?

Clare: Eu acho que é provavelmente 50/100.

Terapeuta: Isso parece muito alto, mas você está dizendo aqui que há 50% de chance do teste ser negativo.

Clare: Bem, eu suponho, mas só consigo pensar nos 50% de chance de que seja positivo.

Terapeuta: Entendo. Mas e se você estiver superestimando a chance de um resultado positivo e subestimando a chance de um resultado negativo? Que efeito isso terá?

Clare: Suponho que fará eu me sentir mais ansiosa e preocupada.

Terapeuta: Correto. Esse tipo de pensamento aumentará sua preocupação e contudo não vai mudar o resultado do teste. É na verdade uma forma de pensar muito improdutiva. Portanto vamos ver se podemos mudá-la.

Clare: Como posso fazer isso?

Terapeuta: Bem, uma coisa seria treinar-se muito intencionalmente a prestar mais atenção aos aspectos positivos ou de segurança dessa situação. Você poderia começar obtendo alguma informação sobre a real probabilidade de que o resultado da mamografia será positivo. Você também poderia averiguar com familiares e amigos para ver quantos tiveram resultados negativos ou falso positivos e nunca tiveram câncer. Você poderia então praticar lembrar-se dessa informação sempre que começar a se preocupar com câncer. Não estou dizendo que isso irá reduzir magicamente suas preocupações, mas gradualmente com o tempo você se sentirá melhor em pensar sobre câncer de uma forma mais equilibrada. Você não pode mudar o fato de haver sempre uma incerteza em relação ao câncer para todo mundo, mas você poderia corrigir como você pensa sobre essa incerteza. Você gostaria de tentar?

Clare: Certamente, parece uma boa ideia.

Antes de encerrar a questão do processamento de sinal de segurança, deve ser enfatizado que o objetivo dessa intervenção é contrapor a tendência do paciente a ser excessivamente focalizado no processamento dos aspectos ameaçadores das situações. O terapeuta não tenta persuadir o paciente de que é improvável que o pior resultado aconteça. Por exemplo, o terapeuta pode não tentar persuadir Clare de que o resultado de sua mamografia será negativo. Em vez disso Clare está sendo ensinada a processar intencionalmente sinais de segurança a fim de controlar sua ênfase excessiva no pensamento de que o exame indicará que ela tem câncer. Obviamente o processamento de sinal de segurança não pode mudar o fato de que um resultado positivo é uma possibilidade.

> **DIRETRIZ PARA O TERAPEUTA 10.22**
> Na terapia cognitiva, preocupados crônicos são ensinados a processar forçadamente os sinais positivos ou de segurança de uma situação de preocupação para corrigir sua tendência a negligenciar os aspectos positivos de uma questão preocupante.

Reestruturação cognitiva de crenças metacognitivas

Outro componente terapêutico importante da terapia cognitiva para TAG é a identificação e modificação de crenças metacognitivas positivas e negativas sobre a preocupação. Wells (1997, 2006, 2009) discutiu como a reestruturação cognitiva e os experimentos comportamentais podem ser usados para contestar as crenças centrais do paciente com TAG sobre os perigos e a incontrolabilidade da preocupação, bem como quaisquer crenças equivocadas sobre os possíveis benefícios potenciais da preocupação. O terapeuta é capaz de identificar as principais crenças metacognitivas de preocupação do indivíduo a partir do exercício de indução de preocupação e da reestruturação cognitiva de interpretações de ameaça tendenciosas. Além disso, o Formulário de Automonitoramento da Preocupação com a Preocupação (Apêndice 10.3) pode ser usado para coletar informação adicional sobre as crenças metacognitivas centrais do paciente.

Wells (2006) observa que a reestruturação cognitiva de crenças metacognitivas negativas envolve o questionamento da evidência de que a preocupação é prejudicial, o questionamento de como a preocupação poderia ser perigosa, a revisão da evidência contrária e o aprendizado de novas informações. Por exemplo, indivíduos com TAG frequentemente acreditam que a preocupação é estressante e portanto poderia causar dano físico como um ataque cardíaco. Wells (2006) sugere que o paciente pode ser informado de que a preocupação não é estressante mas, antes, é uma estratégia de enfrentamento em resposta ao estresse. Poderia ser prescrita ao paciente uma tarefa de casa de encontrar informação de que a preocupação pode causar diretamente ataques cardíacos. Uma lista de indivíduos que o paciente conhece poderia ser gerada com uma lista para todos os preocupados crônicos e a outra lista de todos os indivíduos que sofreram um ataque cardíaco. Quantas pessoas aparecem em ambas as listas? Estudantes que são preocupados crônicos frequentemente estão convencidos de que a preocupação causará um declínio significativo em seu desempenho acadêmico. Novamente um levantamento poderia ser conduzido para determinar quantos estudantes comprometidos com os estudos *versus* não comprometidos são preocupados. Uma explicação alternativa é que muitos fatores determinam o nível de desempenho acadêmico de um estudante e a preocupação pode ser uma parte pequena, mesmo insignificante. Crenças sobre a incontrolabilidade da preocupação podem ser contestadas fazendo os pacientes participar de exercícios de indução de preocupação, aumentar paradoxalmente seu nível de preocupação durante ocasiões estressantes ou tentar perder completamente o controle da preocupação (Wells, 2006). O objetivo desses experimentos comportamentais é fornecer evidência de que na verdade a preocupação é uma estratégia de enfrentamento maladaptativa controlada (isto é, estratégica) e os perigos de perder completamente o controle da preocupação são mais imaginários que reais.

A reestruturação cognitiva das crenças positivas sobre preocupação seguiriam o mesmo formato descrito para as crenças negativas. Por exemplo, a crença de que preocupações levam a solução de problema pode ser testada examinando com que frequência a preocupação excessiva do indivíduo levou a resolução do problema. Wells (2006) sugere uma intervenção de incompatibilidade na qual o paciente é solicitado a comparar seu roteiro de preocupação catastrófica com um roteiro baseado na realidade. Como a preocupação pode ser adaptativa se é incompatível com a realidade? Outro experimento comportamental para o indivíduo que acredita que a preocupação melhora seu desempenho profissional é pedir que o paciente aumente intencionalmente seu nível de preocupação antes de sair para o trabalho em determinados dias e então monitore o nível de melhora na produtividade.

DIRETRIZ PARA O TERAPEUTA 10.23

Reestruturação cognitiva e experimentos comportamentais que se focalizam diretamente na modificação de crenças metacognitivas positivas e negativas centrais sobre preocupação são um ingrediente importante do tratamento para TAG que é introduzido na metade da terapia.

Inoculação de risco e incerteza

Outro componente da terapia cognitiva para TAG que está relacionado a crenças metacognitivas é focalizar a sensibilidade ou intolerância aumentada dos preocupados crônicos ao risco e incerteza. Em seu programa de tratamento cognitivo-comportamental para TAG, Robichaud e Dugas (2006) primeiro educam o paciente sobre o papel da intolerância à incerteza na manutenção da preocupação patológica. Eles explicam que preocupados crônicos têm uma forte reação mesmo a pequenas quantidades de incerteza que os fazem perguntar "e se?". Essas perguntas "e se" podem desencadear um ciclo de preocupação excessiva. Robichaud e Dugas observam que há apenas duas formas de reduzir o papel da incerteza na preocupação: reduzir a própria incerteza ou aumentar a tolerância à incerteza do indivíduo. É explicado aos pacientes que a primeira opção é irreal porque a incerteza é uma parte inevitável da vida.

Em nossa abordagem de terapia cognitiva à preocupação, a mudança das crenças de risco e incerteza começa com uma explicação de intolerância à incerteza baseada em Robichaud e Dugas (2006). Em seguida, o terapeuta coleta dados sobre as crenças à incerteza pessoais associadas com as questões preocupantes primárias do paciente. O Formulário Registro de Risco e Incerteza (Apêndice 10.4) pode ser prescrito como tarefa de casa, a fim de obter a informação necessária. As perguntas "e se" geradas durante um episódio de preocupação fornecerão *insight* da aversão a risco e intolerância à incerteza do paciente. A coluna intitulada "Respostas à Incerteza" avalia diretamente a intolerância de crenças de incerteza e as tentativas do paciente de reduzir ou evitar a incerteza.

A reestruturação cognitiva de crenças de intolerância à incerteza examina a evidência de que a incerteza pode ser reduzida ou eliminada, que viver com incerteza é intolerável, e que o indivíduo tem controle suficiente sobre eventos futuros para assegurar os resultado desejados. Leahy (2005) pede que os pacientes examinem os custos e benefícios de aceitar incerteza *versus* lutar para eliminar a incerteza associada com questões preocupantes. O objetivo da reestruturação cognitiva é ensinar o indivíduo com TAG que a incerteza é uma parte natural da vida e que a tolerância à incerteza é a única solução porque os seres humanos têm capacidade limitada de determinar eventos futuros.

Uma das intervenções mais úteis para intolerância à incerteza envolve uma forma de "inoculação da incerteza", na qual os pacientes são expostos a quantidades crescentes de incerteza em suas experiências diárias (Robichaud e Dugas, 2006). Por exemplo, uma estudante se preocupava que não entendesse o que estava lendo em seu livro de anatomia. Suas perguntas "e se" incluíam "E se eu não entender nada?", "E se eu esquecer o que estudei?", "E se eu misturar os fatos"? e "E se eu ficar ansiosa e confusa e me der um branco no exame final?". Seu resultado catastrófico era "Eu vou esquecer tudo e vou ser reprovada no exame final e na matéria". Ela acreditava que a incerteza do resultado do exame era intolerável porque interferia em sua capacidade de estudar e se concentrar. Ela também acreditava que a única solução era reler e estudar repetidamente o mesmo material diversas vezes até ter certeza de que nunca o esqueceria. Após iniciar um exercício de reestruturação cognitiva, no qual o terapeuta desafiava a crença da paciente de que ela poderia alcançar a certeza em seu conhecimento da matéria, uma série de exercícios comportamentais foram introduzidos nos quais a paciente reduzia suas respostas de checagem e releitura e trabalhava a tolerância de quantidades crescentes de incerteza acerca do material de anatomia que ela tinha acabado de estudar. Foi estabelecido um alvo para o que constituía uma estratégia de estudo razoável que não fosse baseada na erradicação de toda a sensação de incerteza sobre o resultado do exame final de anatomia. Houve uma diminuição em seu nível de ansiedade e preocupação, e sua nota em anatomia também melhorou significativamente.

DIRETRIZ PARA O TERAPEUTA 10.24

Melhorar a tolerância ao risco e incerteza é uma meta importante da terapia cognitiva do TAG. Reestruturação cognitiva e exposição sistemática para quantidades crescentes de incerteza levarão a melhor aceitação da incerteza associada com questões preocupantes primárias.

Treinamento da solução de problema construtiva

Conforme observado anteriormente, uma orientação negativa ao problema, baixa confiança na capacidade de solucionar problemas e insatisfação com o resultado da solução de problema é comum no TAG. Como resultado o treinamento na solução de problemas está incluído nos protocolos de tratamento cognitivo-comportamental para TAG (p. ex., Craske e Barlow, 2006). Robichaud e Dugas (2006), entretanto, descreveram a intervenção mais ampla para solução de problema insatisfatória no TAG. Eles primeiro tratam a orientação negativa ao problema do paciente usando reestruturação cognitiva para modificar as crenças disfuncionais que envolvem dúvidas sobre a capacidade do indivíduo de solucionar problemas, uma tendência a ver os problemas como ameaçadores e pessimismo acerca do resultado da solução de problemas. A meta é desviar a perspectiva do paciente de ver o problema como uma ameaça para vê-lo como uma "oportunidade" ou um desafio.

A segunda parte de sua intervenção envolve treinamento no uso efetivo dos passos da solução de problema:

1. definição do problema e estabelecimento de meta;
2. geração de soluções alternativas;
3. tomada de decisão;
4. desenvolvimento e verificação da solução (D'Zurilla e Nezu, 2007).

A intervenção cognitiva para orientação negativa ao problema e habilidades insatisfatórias de solução de problema podem ser especialmente úteis quando a questão preocupante é mais realista. Por exemplo, a estudante mencionada anteriormente que se preocupava sobre ser reprovada em seu exame de anatomia tinha uma preocupação realista. Seus hábitos disfuncionais de estudo provavelmente resultariam em mau desempenho no exame. Portanto, parte de seu tratamento envolveu treinamento em solução de problemas para desenvolver uma rotina de estudo mais realista e prática. Isso também envolveu lidar com sua dúvida e pessimismo de que quaisquer mudanças seriam inúteis porque ela mantinha uma crença errônea de que se manter fiel ao seu regime de estudo irreal e rígido eventualmente eliminaria seus sentimentos de incerteza.

> **DIRETRIZ PARA O TERAPEUTA 10.25**
>
> Melhora na orientação negativa ao problema e treinamento na capacidade de solucionar problemas são incluídos na terapia cognitiva do TAG quando a preocupação primária diz respeito a um resultado negativo mais realista.

Processamento elaborativo do presente

Nas sessões finais de terapia cognitiva os indivíduos com TAG são encorajados a desviar sua atenção de pensamentos ameaçadores orientados ao futuro e prestar mais atenção a seus pensamentos, sentimentos e sensações no momento presente. Borkovec e colaboradores (2004) afirmam que um *foco de atenção no momento presente* é um antídoto efetivo contra preocupação. Visto que a ansiedade é sempre antecipatória, não pode haver ansiedade no momento presente.

Aprender a viver o momento presente é uma tarefa desafiadora para indivíduos que estão cronicamente presos ao futuro ameaçador, hipotético (ou seja, "e se"). Borkovec e colaboradores (2004) propõem uma abordagem de três estágios. Primeiro, os pacientes são ensinados que suas previsões negativas sobre o futuro são geralmente incorretas e praticam a substituição dessas previsões por alternativas mais realistas. Em seguida, os indivíduos são ensinados que nenhuma previsão pode prever corretamente o futuro e os indivíduos são encorajados a viver uma "vida livre de expectativas". Após os pacientes se tornarem mais focalizados no presente, o estágio final envolve ensiná-los como dar significado ao momento presente. Isso envolve se focalizar em aspectos especiais do momento com ênfase particular em de que maneira isso está ligado aos valores e felicidade do paciente no momento. Esse processamento elaborativo do presente é semelhante aos desenvolvimentos mais recentes na terapia cognitiva baseada em *mindfulness* que enfatiza o foco meditativo em uma atividade presente tal como a respiração, observação dos próprios pensamentos negativos de uma forma passiva, não crítica e desenvolvimento da aceitação de todos os pensamentos como "apenas pensamentos" e não como fatos ou como algum aspecto da realidade (Segal et al., 2002; Williams, Teasdale, Segal, e Kabat-Zinn, 2007). Quer as intervenções para preocupação crônica deem maior ênfase à reestruturação cognitiva de crenças e avaliações de preocupação, ou à terapia cognitiva baseada em *mindfulness*, a meta de todo tratamento deve ser redirecionar o indivíduo com TAG de uma preocupação em controlar ameaças futuras hipotéticas para um maior foco e apreciação da experiência presente.

> **DIRETRIZ PARA O TERAPEUTA 10.26**
>
> Um em *mindfulness* importante na terapia cognitiva para TAG é redirecionar a preocupação do paciente com possíveis ameaças futuras para maior apreciação do momento presente na vida diária.

Treinamento do relaxamento (opcional)

Muitos programas cognitivo-comportamentais para TAG ainda enfatizam que o treinamento no relaxamento aplicado é uma intervenção importante para TAG (p. ex., Borkovec et al., 2004; Craske e Barlow, 2006; Rygh e Sanderson, 2004). Entretanto, o treinamento do relaxamento é usado apenas ocasionalmente na terapia cognitiva para TAG. Ele poderia ser oferecido a indivíduos que experimentam ansiedade somática incomumente intensa ou para aqueles que acham difícil se focalizar em suas cognições devido a ansiedade aumentada. Nesse caso, poderia ser oferecido o relaxamento aplicado antes de realizar intervenções diretas para preocupação patológica. O Capítulo 7 fornece uma descrição e desenvolvimento detalhados para relaxamento muscular progressivo (ver Tabela 7.5) e o protocolo de tratamento de relaxamento aplicado (ver Tabela 7.6). Além disso, há evidência de que o relaxamento aplicado é por si só um tratamento efetivo para TAG (p. ex., Arntz, 2003; Borkovec et al., 2002; Öst e Breitholtz, 2000), embora haja considerável variabilidade entre os estudos (Fisher, 2006). Além disso, há pouca evidência de que a terapia do relaxamento seja efetiva porque reduz a tensão muscular (Conrad e Roth, 2007). Contudo, o relaxamento aplicado é uma opção de tratamento digna de crédito disponível para o terapeuta cognitivo.

DIRETRIZ PARA O TERAPEUTA 10.27

O treinamento do relaxamento muscular é uma opção de tratamento que pode ser empregada quando a ansiedade somática é tão intensa que o indivíduo com TAG é incapaz de colaborar nas intervenções cognitivas para preocupação patológica.

EFICÁCIA DA TERAPIA COGNITIVA PARA TAG

A efetividade do tratamento para TAG pode ser mais baixa do que as taxas relatadas para outros transtornos de ansiedade. Em sua revisão Fisher (2006) concluiu que a terapia cognitivo-comportamental que combina relaxamento aplicado e terapia cognitiva produz uma taxa de recuperação de 50% baseado no PSWQ e uma taxa de recuperação de 60% no Inventário de Ansiedade Traço-Estado– Escala de Traço. Em sua metanálise da TCC, Gould e colaboradores (2004) verificaram que TCC para TAG produzia tamanho de efeito grande (isto é, 0,73), mas apenas poucos indivíduos alcançavam um "estado de cura". Igualmente, Hollon e colaboradores (2006, p. 300) observaram que os ganhos de tratamento para TCC são significativos e mantidos com o passar do tempo, mas "há um senso geral de que muito mais pode ser feito com o tratamento para TAG".

O quanto a terapia cognitiva para TAG é efetiva? Diversos estudos de resultado bem delineados trataram essa questão. Em um dos primeiros estudos de resultado conduzido em uma amostra de TAG pequena, TCC de grupo e manejo da ansiedade mostraram melhora mais consistente e significativa na ansiedade comparado com um grupo controle de benzodiazepínico e lista de espera (Lindsay, Gamsu, McLaughlin, Hood e Espie, 1987). Durham e Turvey (1987) verificaram que terapia cognitiva e terapia comportamental produziram melhora após o tratamento semelhante em 50 a 60% dos pacientes, mas no seguimento de 6 meses significativamente mais indivíduos na condição de terapia cognitiva melhoraram (62%). Em um estudo posterior, 57 indivíduos com TAG pelo DSM-III-R foram alocados s aleatoriamente para TCC, para terapia comportamental (relaxamento muscular progressivo e exposição gradual) ou para controle de lista de espera (Butler et al., 1991). A TCC se revelou superior à terapia comportamental, com 32% dos indivíduos alcançando mudança clinicamente significativa após o tratamento e 57% no seguimento de 18 meses comparado com 5% e 21%, respectivamente, para o grupo de terapia comportamental. Fisher e Durham (1999) revisaram taxas de recuperação baseadas em escores de mudança no Inventário de Ansiedade Traço-Estado– Escala de Traço em seis ensaios clínicos randomizados controlados e concluíram que TCC individual é um dos tratamentos mais eficazes para preocupação crônica e TAG, com taxas de melhora no seguimento de 6 meses de 75% e taxas de recuperação real de 51%.

Esses resultados positivos para TCC também foram relatados em estudos mais recentes. Em uma versão de terapia cognitiva que se focalizou especificamente nos aspectos cognitivos da preocupação, tais como correção de crenças de preocupação errôneas, modificação de intolerância à incerteza, e correção de uma orientação negativa ao problema, a terapia cognitiva produziu mudança estatística e clinicamente significativa comparado a uma condição de lista de espera após o tratamento e no seguimento de 12 meses com 77% dos pacientes não mais satisfazendo os critérios para TAG (Ladouceur, Dugas et al., 2000). Esse achado foi posteriormente replicado com uma versão de terapia cognitiva em grupo, com 95% do grupo da terapia cognitiva não mais satisfazendo os critérios diagnósticos para TAG no seguimento de 2 anos (Dugas et al., 2003). Entretanto, há evidência de que indivíduos mais velhos com TAG não apresentam uma resposta tão boa à terapia cognitiva ou à TCC para TAG quanto pacientes mais jovens (Covin, Ouimet, Seeds e Dozois, 2008; Mohlman, 2004), com aproximadamente 45 a 54% não mais satisfazendo os critérios diagnósticos para TAG após o tratamento (Wetherell, Gatz e Craske, 2003; Stanley et al., 2003).

Em uma grande metanálise envolvendo 65 estudos, Mitte (2005) concluiu que TCC era um tratamento altamente efetivo para TAG (ou seja, tamanho de efeito médio = 0,82 para ansiedade quando comparado a controles sem tratamento) conforme indicado por reduções nos sintomas tanto de ansiedade primária como de depressão (ver também Covin et al., 2008, para conclusão semelhante). Entretanto, não houve evidência consistente de que TCC era significativamente mais efetiva do que farmacoterapia, levando o autor a concluir que TCC é pelo menos equivalente em efetividade a farmacoterapia. Entretanto, TCC pode ser mais bem tolerada e pode ter efeitos mais duradouros pelo menos quando comparada aos benzodiazepínicos (Gould, Otto, Pollack e Yap, 1997; Mitte, 2005).

Infelizmente, muito poucos estudos de tratamento relataram períodos de seguimento maiores que 12 meses. A única exceção é um seguimento de 8 a 14 anos conduzido em dois estudos nos quais a terapia cognitivo-comportamental foi uma das condições de tratamento alocadas aleatoriamente (Durham, Chambers, MacDonald, Power e Major, 2003). Houve uma tendência para os grupos de TCC apresentar mais melhora do que as condições sem TCC após o tratamento, mas as diferenças não foram estatisticamente significativas. No seguimento de longo prazo, a maioria dos pacientes estava sintomática embora a gravidade média do sintoma ainda fosse mais baixa do que no pré-tratamento, indicando manutenção da melhora do sintoma. Entretanto, não houve diferenças significativas nas taxas de recuperação entre as condições de TCC e não TCC. Em um estudo de seguimento posterior de 2 a 14 anos envolvendo indivíduos que participaram de um de oito ensaios clínicos randomizados de TCC para TAG, TEPT ou transtorno de pânico, os autores concluíram que "TCC estava associada a um melhor resultado de longo prazo do que não TCC em termos de gravidade global do sintoma, mas não com relação a condição de diagnóstico" (Durham et al., 2005, p. iii). De modo geral, então, não podemos dizer com qualquer grau de certeza que a terapia cognitiva ou a TCC produz ganhos de tratamento mais duradouros no TAG, embora alguns dos achados sejam um tanto promissores.

Uma série de estudos comparou diretamente terapia cognitiva e treinamento do relaxamento aplicado. Em geral ambas as intervenções produzem efeitos de tratamento equivalentes após o tratamento e no seguimento, com taxas de recuperação na variação de 53 a 67% (p. ex., Arntz, 2003; Borkovec e Costello, 1993; Borkovec et al., 2002; Öst e Breitholtz, 2000). A terapia cognitiva é significativamente mais efetiva do que a psicoterapia analítica, com aproximadamente duas vezes mais pacientes de TCC relatando melhora clinicamente significativa após o tratamento e no seguimento do que o grupo psicodinâmico (Durham et al., 1000; Durham et al., 1994). Além disso, a terapia cognitiva parece produzir mudança clinicamente significativa mais duradoura do que o manejo da ansiedade (p. ex., Durham et al., 1999; Durham et al., 1994).

Houve algumas tentativas de determinar se certas modificações do tratamento poderiam melhorar a efetividade da TCC para TAG. Fisher (2006) concluiu, a partir de sua revisão atualizada de taxas de recuperação, que a eficácia de terapia cognitiva, TCC e relaxamento aplicado é altamente variável entre estudos e, portanto, bastante limitada. Entretanto, estudos iniciais sobre o resultado de abordagens de terapia cognitiva mais inovadoras que se focalizam em fatores cognitivos específicos na preocupação patológica tais como intolerância à incerteza e crenças metacognitivas produziram melhores taxas de recuperação do que abordagens de terapia cognitiva e TCC mais padrões. De acordo com Fisher (2006), a combinação de terapia cognitiva e relaxamento aplicado pode ser mais efetiva do que cada um dos tratamentos sozinhos. Entretanto, indivíduos com TAG que têm um prognóstico insatisfatório (pela complexidade do transtorno e gravidade dos sintomas) não se beneficiam significativamente de TCC mais intensa (Durham et al., 2004). Finalmente, os benefícios da TCC para TAG podem ter aplicação mais ampla do que a melhora da preocupação crônica. Em um estudo recente, indivíduos com TAG alocados aleatoriamente para TCC mais diminuição gradual da medicação mantiveram sua descontinuação de benzodiazepínicos no seguimento de 12 meses (64,5%) significativamente melhor do que indivíduos (30%) que receberam tratamento não específico mais diminuição gradual da medicação (Gosselin, Ladouceur, Morin, Dugas e Baillargeon, 2006).

DIRETRIZ PARA O TERAPEUTA 10.28

Terapia cognitiva e terapia cognitivo-comportamental são tratamentos efetivos para o TAG que alcançam uma taxa de recuperação após o tratamento de 50 a 60%. Os tratamentos são altamente efetivos para reduzir a preocupação patológica que caracteriza o TAG. Há evidência de manutenção de longo prazo dos efeitos do tratamento, embora a maioria dos indivíduos continue a experimentar alguns sintomas e mesmo a satisfazer os critérios diagnósticos. Indivíduos mais velhos com TAG podem não responder tão bem à terapia cognitiva ou à TCC e os tratamentos são pelo menos tão efetivos quanto farmaco-

---

terapia ou treinamento do relaxamento aplicado. De modo geral a efetividade da terapia cognitiva para o TAG pode ser mais variável e limitada do que a terapia cognitiva para outros transtornos de ansiedade.

RESUMO E CONCLUSÕES

O TAG tem sido referido como o "transtorno de ansiedade básico" (Roemer et al., 2002). Seu aspecto fundamental é preocupação ou expectativa apreensiva excessiva, invasiva acerca de uma série de preocupações ou situações que ocorre na maioria dos dias por pelo menos 6 meses e é difícil de controlar (DSM-IV-TR; APA, 2000). Com o passar dos anos o foco no TAG mudou de uma ênfase na ansiedade e seus sintomas para o componente cognitivo da ansiedade (isto é, preocupação). Foi apresentado um modelo cognitivo elaborado de TAG (ver Figura 10.1) no qual pensamentos intrusivos automáticos indesejados de ameaça pela incerteza acerca de eventos ou situações futuras ativam esquemas de ameaça e vulnerabilidade generalizados prepotentes, resultando em hipervigilância e processamento preferencial da ameaça que estimulam processos elaborativos envolvendo uma reavaliação da ameaça e da vulnerabilidade ou impotência pessoal. Essa reavaliação sustentada ou processo de preocupação se torna um ciclo autoperpetuador que intensifica a ativação do esquema de ameaça devido a processos metacognitivos maladaptativos associados. A própria preocupação passa a ser vista como um processo perigoso e incontrolável, com tentativas deliberadas de supressão da preocupação que se mostram malsucedidas. Além disso, o fracasso em alcançar a resolução do problema ou um senso de segurança reforça ainda mais a perda de controle associada com preocupação. O processo se degenera em uma estratégia de evitação cognitiva maladaptativa cujo único sucesso é a ativação contínua de esquemas disfuncionais e de um sistema de processamento de informação preferencialmente tendencioso à ameaça.

O apoio empírico para o modelo cognitivo é misto. Há considerável evidência de que o TAG é caracterizado por:

1. conteúdo da preocupação relacionado às aspirações pessoais e preocupações atuais do indivíduo;
2. esquemas sobre ameaça geral, vulnerabilidade, incerteza e metacognição;
3. vieses atencionais e interpretativos automáticos para ameaça quando processando estímulos ambíguos;
4. avaliações negativas de controle da preocupação e possível confiança em estratégias de controle mental maladaptativas;
5. orientação negativa ao problema e falta de confiança na capacidade de solucionar problemas.

Entretanto, há menos evidência empírica sobre o papel da metapreocupação e de crenças de preocupação positivas, a capacidade dos preocupados crônicos suprimir realmente o processo de preocupação em curto prazo, se indivíduos com TAG são excessivamente confiantes em estratégias de controle do pensamento ineficazes e se o TAG envolve uma busca fracassada por um senso de segurança. De modo geral, há um nível moderado de apoio empírico para o modelo cognitivo de TAG proposto, mas inúmeras lacunas restam a ser investigadas.

A Tabela 10.5 apresenta um protocolo de múltiplos componentes para o tratamento da terapia cognitiva do TAG que se focaliza na mudança da confiança em uma estratégia de enfrentamento de evitação patológica (isto é, preocupação) para uma resposta de enfrentamento preparatória a um futuro incerto mais controlada, construtiva e orientada ao problema. A terapia cognitiva usa a reestruturação cognitiva e experimentos comportamentais para contrapor a propensão do paciente com TAG a exagerar a ameaça futura, bem como exercícios de indução e exposição à preocupação para "descatastrofizar" o processo de preocupação. Uma revisão da pesquisa de resultados clínicos indica que 50 a 60% dos indivíduos que completam tratamento de terapia cognitiva/TCC alcançarão uma recuperação clinicamente significativa após o tratamento.

Apesar dos tremendos acréscimos ao nosso entendimento e tratamento do TAG, muitas questões ainda precisam ser resolvidas. Uma das questões mais fundamentais diz respeito a se o TAG é verdadeiramente um transtorno de ansiedade ou deve ser conceitualizado mais amplamente como um transtorno da aflição juntamente com a depressão. Embora tenhamos bastante entendimento sobre os processos que mantêm a preocupação, muitas questões permanecem em relação a propensão a preocupação, apesar de sua inutilidade e suas qualidades provocadoras de ansiedade. Para o modelo cognitivo, uma série de questões requerem mais investigação, tais como:

1. o papel de pensamentos intrusivos indesejados;
2. se o viés de processamento de informação é específico à ameaça ou está mais amplamente relacionado aos sinais emocionais;
3. o papel da metapreocupação e de crenças metacognitivas positivas na preocupação patológica;
4. a natureza da supressão da preocupação e seus efeitos no TAG.

Em termos de terapia cognitiva pouco se sabe sobre os ingredientes terapêuticos que são mais efetivos ou por que a terapia cognitiva não é mais eficaz do que terapia comportamental ou farmacoterapia, devido à natureza cognitiva do transtorno. Consistente com outros transtornos de ansiedade, a efetividade em longo prazo da terapia cognitiva/TCC para TAG ainda permanece largamente desconhecida.

FORMULÁRIO B DE AUTOMONITORAMENTO DA PREOCUPAÇÃO

Nome: ———————————————————————— Data: de ——————— a: ———————

Instruções: Por favor use este formulário para registrar ocorrências diárias de episódios de preocupação que você experimentará durante a próxima semana. Tente preencher o formulário o mais próximo possível do episódio de preocupação a fim de aumentar a precisão de suas observações.

Data e hora do dia estimada	Pensamentos intrusivos ansiosos e/ ou preocupação inicial (Indique resumidamente seus pensamentos quando você começou a se preocupar)	Conteúdo da preocupação (Descreva resumidamente o foco de suas preocupações; com o que você estava preocupado)	Duração da preocupação (minutos ou horas)	Sofrimento médio (0-100)	Resultado (O que você fez para controlar a preocupação, para desligá-la? O quanto isso foi efetivo?)

TERAPIA COGNITIVA PARA OS TRANSTORNOS DE ANSIEDADE **443**

APÊNDICE 10.2

FORMULÁRIO DE EXPOSIÇÃO À PREOCUPAÇÃO

Nome: _____ Data: de _____ a: _____

Instruções: Este formulário deve ser preenchido imediatamente após realizar uma tarefa de casa de exposição à preocupação.

Data e duração da sessão	Tema da preocupação e seu resultado catastrófico (Avalie a qualidade da exposição ao resultado catastrófico em uma escala de 0-100)*	Ansiedade/sofrimento durante a sessão (Escala de 0-100)	Pensamentos ansiosos sobre se preocupar (Registre quaisquer pensamentos negativos sobre realizar o exercício de preocupação)	Contraposição aos pensamentos ansiosos sobre preocupação (Registre como pensamentos ansiosos na coluna anterior foram contrapostos)	Ansiedade/sofrimento após a sessão (0-100)

* Qualidade da exposição se refere à capacidade de formar uma imagem ou pensamento vívido e prolongado sobre o pior desfecho em uma escala de 0 (não imagina/pensa sobre catástrofe) a 100 (imagem ou pensamento forte, vívido e prolongado sobre a catástrofe)

APÊNDICE 10.3

FORMULÁRIO DE AUTOMONITORAMENTO DA PREOCUPAÇÃO COM A PREOCUPAÇÃO

Nome: _____ Data: de _____ a: _____

Instruções: Este formulário deve ser preenchido durante episódios de preocupação diários. Tente preencher o formulário o mais próximo possível do episódio de preocupação a fim de aumentar a precisão de suas observações.

Data e duração da preocupação	Questão preocupante primária (Descreva resumidamente suas preocupações incluindo o pior resultado sobre o qual você está pensando)	Pensamentos negativos sobre o episódio de preocupação (O que você está pensando que é tão terrível ou ruim para você em relação a ter esse episódio de preocupação?)	Pensamentos positivos sobre o episódio de preocupação (O que você está pensando que poderia ser positivo ou benéfico para você em relação a ter esse episódio de preocupação?)	Grau de preocupação com a preocupação (Avalie de 0-100)*

* Nota: Avalie o grau de preocupação com a preocupação associada com o presente episódio de 0 ("nem um pouco preocupado por estar preocupado") a 100 ("extremamente preocupado em ter outro episódio de preocupação").

APÊNDICE 10.4

FORMULÁRIO DE REGISTRO DE RISCO E INCERTEZA

Nome: _____   Data: de _____ a: _____

Instruções: Este formulário deve ser preenchido durante episódios de preocupação diários. Tente preencher o formulário o mais próximo possível do episódio de preocupação a fim de aumentar a precisão de suas observações.

Data e duração da preocupação	Questão preocupante primária (Descreva resumidamente suas preocupações incluindo o pior resultado sobre o qual você está pensando)	Sequência de perguntas "e se" (Faça uma lista de perguntas "e se" que são geradas durante o episódio de preocupação)	Nível de incerteza (Avalie de 0-100)*	Respostas à incerteza (O que torna intolerável a incerteza dessa questão preocupante? Como você tentou reduzir a incerteza?)

* *Nota:* Avalie o quanto essa preocupação faz você se sentir desconfortável e incerto acerca do futuro resultado dessa questão preocupante de 0 ("nenhum sentimento de incerteza") a 100 ("Estou me sentindo extremamente hesitante e incerto acerca do resultado").

11

Terapia cognitiva para o transtorno obsessivo-compulsivo

> Uma vez que você concorde com alguma concessão,
> você nunca pode cancelá-la e colocar as
> coisas de volta do jeito que eram.
> Howard Hughes
> (empresário norte-americano, 1905-1976)

Richard era um auxiliar de escritório de um órgão do governo de 47 anos que tinha sofrido com TOC por mais de 20 anos. Ele tinha múltiplas obsessões envolvendo medo de contaminar os outros com germes que os deixariam doentes, pensamentos blasfemos de amaldiçoar a Deus e preocupação de que os outros vissem uma mancha vermelha em suas costas que causaria aversão e desaprovação. Ele se envolvia em lavagem compulsiva das mãos e tomava longos banhos para garantir que estava limpo. Não havia compulsão associada com a obsessão religiosa, mas em resposta à obsessão da "mancha vermelha" ele usava camisas longas soltas e continuamente checava se poderia estar expondo suas costas.

Anteriormente Richard tinha apresentado uma resposta parcial a uma tentativa de terapia comportamental (isto é, exposição e prevenção de resposta) para seus sintomas de contaminação. Ele concordou com relutância em procurar novo tratamento devido à considerável pressão familiar. A avaliação revelou um diagnóstico primário moderadamente grave de TOC (Escore Total do Inventário Obsessivo-Compulsivo de Clark-Beck = 61) com uma fobia social secundária. Richard relatou que sua preocupação com a mancha vermelha nas costas era agora sua obsessão primária e portanto isso se tornou o alvo do tratamento. O automonitoramento revelou uma alta taxa diária de obsessões com a "mancha vermelha" (taxa média diária de mais de 25 ocorrências) que aconteciam principalmente no ambiente de trabalho. Ele se recusou a fazer quaisquer excercícios de exposição, embora tenhamos começado na extremidade mais baixa de sua hierarquia do medo. Portanto a terapia adotou uma abordagem primariamente cognitiva consistindo de educação no modelo da terapia cognitiva, reavaliação de sua estimativa de ameaça tendenciosa de exposição pública da mancha vermelha e de crenças sobre a necessidade de controlar a obsessão e reduzir sua ansiedade.

Em uma de nossas sessões, Richard relatou uma experiência que fornece um excelente exemplo da base cognitiva do TOC. Após uma série de sessões, Richard quis começar o componente de exposição do tratamento nadando em uma praia pública sem camisa. Ele estava planejando férias com sua esposa em um *resort* no México e decidiu que essa era uma grande oportunidade de desafiar seu medo de expor suas costas. Embora o terapeuta expressasse preocupação de que a tarefa fosse muito alta em sua hierarquia do medo, Richard insistiu que estava pronto. Ao retornar das férias, Richard admitiu que simplesmente não podia ser visto em público sem camisa. Sua ansiedade foi tão intensa e seu medo da avaliação negativa dos outros tão grande que ele evitou realizar o exercício de exposição. Por outro lado, Richard tinha um medo intenso de montanha-russa. Durante as férias ele decidiu provar para si mesmo que podia superar seu medo de montanhas-russas e portanto se forçou a dar três ou quatro voltas que resultaram em um declínio significativo em seu medo. Curiosamente, ele teve que fazer isso sozinho porque sua esposa teve muito medo de acompanhá-lo. Porque, então, Richard foi capaz de (ou estava disposto a) desafiar seu medo de andar em uma montanha-russa, um medo comum que a maioria consideraria bastante racional, e contudo foi incapaz de (ou relutou em) enfrentar seu medo de expor suas costas, um medo altamente improvável e irracional? Evidentemente as avaliações e crenças de Richard sobre os perigos de andar em uma montanha-russa eram muito mais racionais do que suas avaliações cognitivas de sua preocupação obsessiva. Sua atitude em relação a montanha-russa (ou seja, "Eu posso fazer isso, o pior é muito improvável") levou a exposição bem-sucedida, enquanto uma atitude disfuncional (ou seja, "Eu não posso arriscar, o perigo é muito grande e intolerável") resultou em evitação continuada de expor suas costas.

Neste capítulo a teoria e a terapia cognitiva são aplicadas ao problema do TOC. Começamos com uma breve consideração de definições, critérios diagnósticos, e outras informações descritivas sobre o transtorno. Isso é seguido por uma discussão dos aspectos cognitivos centrais do TOC e uma revisão do apoio empírico para o modelo cognitivo do TOC. A terceira seção do capítulo revisa a avaliação de obsessões e compulsões, bem como o desenvolvimento de uma formulação cognitiva de caso. Uma descrição da terapia cognitiva para TOC é então apresentada, com uma revisão da eficácia do tratamento e de áreas de direção futura concluindo o capítulo.

CONSIDERAÇÕES DE DIAGNÓSTICO

O TOC é um transtorno de ansiedade no qual os aspectos principais são a ocorrência repetida de obsessões e/ou compulsões de gravidade suficiente a ponto de consumir tempo (mais de 1 hora por dia) e/ou causar sofrimento acentuado ou prejuízo funcional (DSM-IV-TR; APA, 2000). Embora os critérios diagnósticos para TOC possam ser satisfeitos pela presença de obsessões ou compulsões, a maioria do indivíduos com TOC (75 a 91%) têm tanto obsessões como compulsões (Akhtar et al., 1975; Foa e Kozak, 1995). Há uma forte relação funcional entre esses dois fenômenos, com as obsessões normalmente associadas com uma elevação significativa na ansiedade, no sofrimento ou na culpa, acompanhadas por uma compulsão que visa reduzir ou eliminar a ansiedade ou desconforto causado pela obsessão (D. A. Clark, 2004).

Definições

As obsessões podem tomar a forma de pensamentos, imagens ou impulsos repetitivos, aflitivos e intrusivos, embora os pensamentos obsessivos sejam de longe a apresentação mais comum dos sintomas. O conteúdo obsessivo pode ser altamente idiossincrático e moldado pelas vivências pessoais, influências socioculturais e incidentes críticos de vida do indivíduo (para mais discussão, ver D. A. Clark, 2004; de Silva, 2003; Rachman e Hodgson, 1980). Entretanto, certos temas são mais comuns que outros, tais como:

1. Uma preocupação com *sujeira e contaminação* (p. ex., "Será que eu sujei essa cadeira, desse modo expondo aos outros minhas fezes e possivelmente contaminação?").
2. *Doença e enfermidade* (p. ex., "Eu não posso abrir essa porta porque a maçaneta está coberta de germes que poderiam me causar uma doença mortal").
3. *Dúvidas* sobre segurança (p. ex., "Será que eu fechei a porta quando saí do escritório esta noite?").
4. *Violência e ferimento* (p. ex., "Será que eu acidentalmente atropelei o pedestre por quem acabei de passar?").
5. *Atos sexuais pessoalmente repulsivos* (p. ex., "Sou atraído sexualmente por crianças?").
6. *Imoralidade e religião* (p. ex., "Será que eu confessei completamente todos os meus pecados a Deus?").
7. *Temas diversos* (p. ex., preocupações persistentes com ordem, simetria, exatidão, rotina, números).

Baseado em um estudo de mais de 1.000 pacientes com TOC, Rasmussen e Eisen (1992, 1998) relataram que medo de contaminação (50%) e dúvida patológica (42%) eram as obsessões mais comuns, enquanto simetria (32%), agressão (31%), sexo (24%), e religião (10%) eram menos comuns. O seguinte é uma definição de obsessões:

DIRETRIZ PARA O TERAPEUTA 11.1

Obsessões são pensamentos, imagens ou impulsos indesejados e inaceitáveis altamente repetitivos que estão associados a resistência subjetiva, são difíceis de controlar e geralmente produzem sofrimento, ainda que o indivíduo possa reconhecer que o pensamento pode ser altamente exagerado, irracional ou mesmo sem sentido em vários graus (Rachman, 1985).

Compulsões são comportamentos ou atos mentais manifestos repetitivos e estereotipados que estão associados com um forte impulso subjetivo de realiza-los ainda que o indivíduo possa desejar resistir à resposta em vários graus (Taylor, Abramowitz e McKay, 2007). Uma compulsão geralmente envolve alguma ação evidente tal como lavagem das mãos ou checagem repetidas, mas também pode ser uma resposta velada ou cognitiva como um ensaio subvocal de certas palavras, frases ou uma oração. As compulsões manifestas, entretanto, como checagem repetida (61%), lavagem/limpeza (50%) ou busca de reasseguramento (34%) são mais comuns, enquanto simetria/exatidão (28%) e colecionismo (18%) são menos comuns (Rasmussen e Eisen, 1998). No ensaio naturalístico do DSM-IV para TOC, Foa e Kozak (1995) verificaram que 80% da amostra de TOC relatou compulsões mentais. Rituais compulsivos são geralmente realizados a fim de reduzir o sofrimento (p. ex., lavagem das mãos repetida reduz a ansiedade evocada por tocar um objeto percebido como possivelmente contaminado) ou para evitar algum resultado temido (p. ex., uma pessoa checa repetidamente o forno para assegurar que o botão está desligado e evitar a possibilidade de incêndio). Frequentemente as compulsões são seguidas de acordo com certas regras como checar sete vezes que o interruptor de luz está desligado antes de sair de um aposento. As compulsões têm uma função de neutralização que é dirigida a remoção, prevenção ou enfraquecimento de uma obsessão ou de seu sofrimento associado (Freeston e Ladouceur, 1997a).

Mesmo assim, as compulsões são claramente excessivas e frequentemente nem mesmo estão realisticamente associadas à situação que elas visam neutralizar ou prevenir (APA, 2000). Com um forte sentimento de compulsão subjetiva e malsucedida de resistir ao impulso, os indivíduos com TOC geralmente sentem um perda de controle sobre suas compulsões. A seguinte definição de compulsões é oferecida:

DIRETRIZ PARA O TERAPEUTA 11.2

Compulsões são comportamentos ou respostas mentais repetitivas, intencionais, mas estereotipadas, que envolvem um forte impulso subjetivo e um senso diminuído de controle voluntário que visa neutralizar o sofrimento ou o resultado temido que caracteriza uma preocupação obsessiva.

Critérios diagnósticos

A Tabela 11.1 apresenta os critérios diagnósticos do DSM-IV-TR (APA, 2000) para TOC. Os critérios diagnósticos necessários são a presença de obsessões ou compulsões que sejam reconhecidas com excessivas ou irracionais em algum momento durante o curso do transtorno e consomem tempo, causam acentuado sofrimento ou interferem significativamente no funcionamento. O critério de prejuízo é importante porque muitos indivíduos na população em geral têm sintomas obsessivos ou compulsivos. De fato, inúmeros estudos documentaram uma alta frequência de pensamentos intrusivos indesejados em amostras não clínicas que envolvem conteúdo muito semelhante a obsessões clínicas (p. ex., Parkinson e Rachman, 1981a; Purdon e Clark, 1993; Rachman e de Silva, 1978), com comportamento ritualístico também relatado nessas amostras (p. ex., Muris, Merckelbach e Clavan, 1997). As obsessões clínicas, entretanto, são mais frequentes, aflitivas, fortemente resistentes, incontroláveis, demoradas e prejudiciais do que sua contraparte na população em geral (ver D. A. Clark, 2004).

Na avaliação do TOC também é importante diferenciar obsessões de outros tipos de cognição negativa. Pensamentos automáticos negativos, preocupação e delírios são outros tipos de patologia cognitiva que podem ser confundidos com pensamento obsessivo. Para determinar se uma cognição aflitiva recorrente deve ser classificada como uma obsessão, diversas características devem ser apresentadas tais como

1. vivenciada como intrusões mentais indesejadas e recorrentes;
2. fortes tentativas de suprimir, controlar ou neutralizar o pensamento;
3. reconhecimento de que o pensamento é produto da própria mente do indivíduo;
4. percepção exagerada de responsabilidade pessoal;
5. envolve conteúdo egodistônico, altamente improvável (isto é, o pensamento tende a se focalizar em material que não é característico do indivíduo); e
6. tende a estar associada com tentativas de neutralização (D. A. Clark, 2004).

Subtipos de TOC

O TOC é bem conhecido como o transtorno de ansiedade com o maior grau de heterogeneidade de sintoma. Os indivíduos que buscam tratamento para TOC podem se apresentar com uma ampla variedade de sintomas nos quais o conteúdo obsessivo pode ser bastante idiossincrático às preocupações particulares do indivíduo. Esse grau incomum de heterogeneidade dos sintomas juntamente com resposta variada ao tratamento levou os pesquisadores a refletir se o TOC deve ser considerado mais um agrupamento de subtipos de sintomas do que uma entidade diagnóstica homogênea (McKay et al., 2004). A efetividade do tratamento para TOC poderia ser melhorada se desenvolvêssemos intervenções mais específicas e refinadas que visassem tipos particulares de apresentação dos sintomas de TOC?

A maior parte da pesquisa sobre subtipos de TOC tem sido baseada na classifica-

TABELA 11.1 Critérios diagnósticos do DSM-IV-TR para o transtorno obsessivo-compulsivo

A. Obsessões ou compulsões:
   Obsessões, definidas por (1), (2), (3) e (4):
   1. pensamentos, impulsos ou imagens recorrentes e persistentes que, em algum momento durante a perturbação, são experimentados como intrusivos e inadequados e causam acentuada ansiedade ou sofrimento
   2. os pensamentos, impulsos ou imagens não são meras preocupações excessivas com problemas da vida real
   3. a pessoa tenta ignorar ou suprimir tais pensamentos, impulsos ou imagens ou neutralizá-los com algum outro pensamento ou ação
   4. a pessoa reconhece que os pensamentos, impulsos ou imagens obsessivas são produto de sua própria mente (não impostos a partir de fora, como na inserção de pensamentos)

   Compulsões, definidas por (1) e (2).
   1. comportamentos repetitivos (p. ex., lavar as mãos, organizar, verificar) ou atos mentais (p. ex., orar, contar ou repetir palavras em silêncio) que a pessoa se sente compelida a executar em resposta a uma obsessão ou de acordo com regras que devem ser rigidamente aplicadas
   2. os comportamentos ou atos mentais visam prevenir ou reduzir o sofrimento ou evitar algum evento ou situação temida; entretanto, esses comportamentos ou atos mentais não tem uma conexão realista com o que visam neutralizar ou evitar ou são claramente excessivos.

B. Em algum ponto durante o curso do transtorno, o indivíduo reconheceu que as obsessões ou compulsões são excessivas ou irracionais. **Nota:** Isso não se aplica a crianças.
C. As obsessões ou as compulsões causam acentuado sofrimento, consomem tempo (tomam mais de 1 hora por dia) ou interferem significativamente na rotina, no funcionamento ocupacional (ou acadêmico), em atividades ou relacionamentos sociais habituais do indivíduo.
D. Se um outro transtorno do Eixo 1 está presente, o conteúdo das obsessões ou compulsões não está restrito a ele (p. ex, preocupação com alimentos na presença de um Transtorno Alimentar; arrancar os cabelos na presença de Tricotilomania; preocupação com a aparência na presença de Transtorno Dismórfico Corporal; [etc.]).
E. A perturbação não se deve aos efeitos fisiológicos diretos de uma substância (p. ex., droga de abuso, medicamento) ou de uma condição médica geral.
Especificar se
   Com *insight* pobre: se, na maior parte do tempo durante o episódio atual, o indivíduo não reconhece que as obsessões e as compulsões são excessivas ou irracionais.

Nota: De American Psychiatric Association (2000). *Copyright* 2000 pela American Psychiatric Association. Reimpressa com permissão.

ção dos indivíduos de acordo com o tema do sintoma obsessivo-compulsivo (OC) primário. Estudos anteriores que se apoiavam na entrevista clínica e tendiam a enfatizar sintomas comportamentais manifestos relataram que lavagem/contaminação, checagem/dúvida, ordem/simetria e colecionismo eram os subtipos primários de TOC (Rachman e Hodgson, 1980; Rasmussen e Eisen, 1998). Entretanto, nos últimos anos, uma série de estudos empíricos mais rigorosos trataram dos subtipos de TOC por meio de análise fa-

torial e análise de agrupamento de escalas de sintoma de TOC como a Escala de Sintomas Obsessivo-Compulsivos de Yale-Brown (Y-BOCS; Goodman et al., 1989a, 1989b). Embora tenha havido considerável inconsistência entre os estudos, parece que a apresentação sintomática dos indivíduos com TOC pode ser classificada grosseiramente em contaminação/lavagem, obsessão de dano/checagem, obsessões puras sem compulsões manifestas e colecionismo (p. ex., Calamari et al., 2004; ver McKay et al., 2004). Essas classificações podem ter alguma utilidade clínica limitada para predizer resposta ao tratamento, com alguma evidência de que aqueles com sintomas predominantemente de colecionismo e obsessivos puros podem ter uma resposta mais insatisfatória à TCC padrão e farmacoterapia para TOC (p. ex., Abramowitz, Franklin, Schwartz e Furr, 2003; ver D. A. Clark e Guyitt, 2008; Steketee e Frost, 2007). Protocolos de tratamento cognitivo-comportamental especializados foram propostos para obsessões puras (Rachman, 2003), medo de contaminação (Rachman, 2006) e colecionismo (Steketee e Frost, 2007).

Deve-se ter cautela antes de concluir que diferentes tipos de apresentação de sintomas OC exigirão seu próprio protocolo de tratamento cognitivo. Radomsky e Taylor (2005) levantam uma série de problemas conceituais e metodológicos com a pesquisa de subtipos do TOC, o mais importante sendo a probabilidade de que uma abordagem dimensional aos sintomas pode ser mais válida do que uma perspectiva baseada em categorias (p. ex., Haslam, Williams, Kyrios, McKay e Taylor, 2005). Além disso, a maioria dos indivíduos com TOC têm obsessões e compulsões múltiplas que transcendem as categorias e a maioria dos pacientes com TOC mostrarão mudança em seus sintomas obsessivo-compulsivos no decorrer da doença (p. ex., Skoog e Skoog, 1999). Outros pesquisadores investigaram se amostras de TOC poderiam ser categorizadas de acordo com variáveis cognitivas, como tipo de crenças disfuncionais relacionadas a obsessões-compulsões. Entretanto, os estudos iniciais se revelaram um pouco desencorajadores, com o achado mais robusto de que os indivíduos simplesmente se enquadram em um grupo de crença alta e baixa (Calamari et al., 2006; Taylor et al., 2006). Visto que há substancial sobreposição nas estratégias de tratamento utilizadas nesses pacotes de TCC especializada, acreditamos que uma conceitualização de caso cognitivo individualizado e completo é a estratégia clínica mais eficiente para lidar com a apresentação idiossincrática e heterogênea dos sintomas no TOC.

EPIDEMIOLOGIA E ASPECTOS CLÍNICOS

Prevalência

O TOC tem uma taxa de prevalência ao longo da vida de aproximadamente 1 a 2% na população em geral, com estimativas no último ano variando de 0,7 a 2,1% (Andrews et al., 2001; Kessler, Berglund et al., 2005; Kessler, Chiu et al. 2005; Regier et al., 1993; Weissman et al., 1994). Além disso, um número ainda maior de indivíduos não clínicos vivencia fenômenos obsessivos mais leves e menos frequentes que não satisfariam os critérios diagnósticos (p. ex., Bebbington, 1998; Burns, Formea, Keortge e Sternberger, 1995; ver Rasmussen e Eisen, 1998). Ligeiramente mais mulheres do que homens desenvolvem TOC, com a idade de início caracteristicamente entre a metade da adolescência ao final da segunda década (Rachman e Hodgson, 1980; Rasmussen e Eisen, 1992; Kessler, Berglund et al., 2005; Weissman et al., 1994). Os homens costumam ter uma idade de início mais precoce do que as mulheres e portanto tendem a começar o tratamento em uma idade mais jovem (p. ex., Lensi et al., 1996; Rasmussen e Eisen, 1992). As taxas de TOC parecem ser bastante consistente entre países, embora diferenças culturais provavelmente afetem as taxas de apresentação dos sintomas em diferentes países. Por exemplo, obsessões religiosas são mais prevalentes em culturas com códigos morais de base religiosa rigorosos, e compulsões de lavagem/limpeza podem ser mais prevalentes em países muçulmanos que enfatizam a importância da limpeza (Okasha, Saad, Khalil, El Dawla e Yehia, 1994; Tek e Ulug, 2001). Estudos recentes indicam que o TOC não está associado com desempenho educacional mais alto ou inteligência significativamente mais alta, como foi concluído previamente em estudos anteriores (Rasmussen e Eisen, 1992).

Eventos de vida

O início do TOC pode ser gradual ou uma resposta aguda frequentemente a um evento de vida estressor (ver Clark, 2004). Eventos de vida estressantes, estejam ou não relacionados à preocupação obsessiva primária do indivíduo, podem levar ao início do transtorno, enquanto mudanças desenvolvimentais importantes como gravidez ou nascimento de filhos também estão associadas com risco aumentado para TOC (Abramowitz, Schwartz, Moore e Luenzmann, 2003; McKeon e Roa e Mann, 1984). Em alguns casos, um evento traumático que é diretamente relacionado ao TOC poderia desencadear um episódio por meio do desenvolvimento de avaliações errôneas que são consideradas responsáveis por TOC (p. ex., uma pessoa desenvolve um senso exagerado de responsabilidade pessoal e obsessões subsequentes de dano e ferimento após acidentalmente causar ferimento a seu filho; Rhéaume, Freeston, Léger e Ladouceur, 1998; Tallis, 1994). Em sua investigação de eventos de vida traumáticos no TOC, Cromer e colaboradores (2007) concluíram que eventos traumáticos poderiam ser um fator de vulnerabilidade no TOC influenciando a manifestação do transtorno. Entretanto, um incidente crítico que se ajusta mais a variação normal de experiência de vida também pode levar ao início do TOC (Salkovskis, Shafran, Rachman e Freeston, 1999). Por exemplo, um homem com uma história de 10 anos de medo obsessivo de infecção por HIV relatou que começou após ter aceitado uma dança no colo (*lap dance*) em um clube de *strip-tease*. Muitos indivíduos com TOC, entretanto, não conseguem relatar nenhum precipitante para o transtorno (Rasmussen e Tsuang, 1986).

Correlatos da personalidade

Com o passar dos anos vários estudos examinaram os correlatos da personalidade do TOC. Embora os primeiros autores psicodinâmicos considerassem o transtorno da personalidade obsessivo-compulsiva (TPOC) ou traços de personalidade obsessivos uma condição pré-mórbida para TOC, a pesquisa clínica lançou dúvidas sobre essa associação (p. ex., para discussão do conceito freudiano do caráter anal, ver Kline, 1968; para discussão do conceito do estado psicoastênico de Pierre Janet, ver Pitman, 1987). Em sua revisão Summerfeldt, Huta e Swinson (1998) concluíram que traços de personalidade obsessivos são menos frequentes no TOC do que se esperava anteriormente, com o transtorno da personalidade evitativa sendo na verdade mais frequente nas amostras de TOC do que em TPOC. Entretanto, eles não concluíram que as dimensões da personalidade de dano/evitativa ou ansiedade traço, certos construtos de impulsividade como responsabilidade e indecisão, e perfeccionismo orientado ao indivíduo poderiam ter particular relevância para o TOC.

A pesquisa sobre correlatos da infância de TOC adulto produziram resultados mistos. Embora crianças e adolescentes com diagnóstico de TOC muito frequentemente tenham um curso crônico que se mantem até a idade adulta (ver Geller, 1998; Shafran, 2003) e um grande número de pacientes adultos com TOC tenham seu primeiro episódio no final da infância ou na adolescência, a maioria das crianças com sintomas obsessivos não progridem para TOC na idade adulta (Rachman, Shafran e Riskind, 2006). Portanto, a presença de sintomas obsessivos, pelo menos na infância, pode não desempenhar um papel etiológico forte no TOC. Conforme discutido na próxima seção, uma série de fatores cognitivos específicos foram postulados para vulnerabilidade elevada ao TOC.

Curso e consequência

Embora seja muito difícil determinar o curso natural do TOC devido a efeitos de tratamento, vários estudos de seguimento de longo prazo sugerem que o TOC tende a ter um curso crônico, com aumentos e diminuições de sintomas no decorrer da vida, frequentemente em resposta a flutuações no estresse de vida. Em um estudo sueco de longo prazo que durou quase 50 anos, Skoog e

Skoog (1999) verificaram que apenas 20% da amostra exibia recuperação completa dos sintomas. Steketee e Barlow (2002) concluíram que a maioria dos pacientes continua a satisfazer os critérios diagnósticos para TOC ou mantêm sintomas obsessivos significativos. De fato, o TOC pode ter uma das taxas de remissão espontânea mais baixa dos transtornos de ansiedade (Foa e Kozak, 1996). O TOC, então, é um transtorno de ansiedade incessante crônico com início precoce e uma apresentação de sintomas que aumenta e diminui em gravidade no decorrer da vida.

Dada essa caracterização, não é surpresa que o transtorno tenha um impacto negativo significativo sobre o funcionamento social e ocupacional, bem como na realização acadêmica, embora o custo pessoal e o sofrimento do TOC sejam provavelmente equivalentes ao dos outros transtornos de ansiedade (Antony, Downie e Swinson, 1998; Karno, Golding, Sorenson e Burnam, 1988). Contudo, o TOC pode ter um impacto negativo significativo sobre os familiares, funcionamento conjugal e relacionamentos pai-filho. Os familiares são frequentemente envolvidos nos rituais dos pacientes acomodando-se a suas exigências (isto é, lavagem e limpeza excessiva ou fornecimento de reasseguramento) ou se opondo totalmente a suas preocupações obsessivas (Calvocoressi et al., 1995; de Silva, 2003). Qualquer uma das estratégias de enfrentamento pode levar a um aumento no sofrimento e na depressão tanto para o indivíduo com TOC quanto para os familiares, bem como o rompimento grave do funcionamento e relacionamentos familiares (Amir, Freshman e Foa, 2000; de Silva, 2003). Muito dos efeitos negativos do TOC sobre a família depende da gravidade da doença e dos arranjos de vida atuais do indivíduo.

DIRETRIZ PARA O TERAPEUTA 11.3

A avaliação e o tratamento cognitivo devem considerar o impacto do TOC sobre os familiares e o papel significativo que eles desempenham na manutenção da sintomatologia do paciente.

Comorbidade

Como os outros transtornos de ansiedade, o TOC tem uma alta taxa de comorbidade diagnóstica. Metade a três quartos de pacientes com TOC têm pelo menos um outro transtorno comórbido (ver Antony, Downie et al., 1998) e menos de 15% têm um diagnóstico único de TOC durante a vida (Brown, Campbell et al., 2001). Depressão maior é um dos transtornos comórbidos mais comuns, com uma taxa de prevalência ao longo da vida de 65 a 85% (Brown, Campbell et al., 2001; Crino e Andrews, 1996). A presença de depressão está associada a uma piora dos sintomas obsessivos (p. ex., correlação positiva significativa entre TOC e escalas de sintoma de depressão; D. A. Clark, 2002). Entretanto, é mais provável que um TOC preexistente leve ao desenvolvimento subsequente de depressão maior do que o inverso (Demal, Lenz, Mayrhofer, Zapotoczky e Zirrerl, 1993). Enquanto a depressão maior grave pode levar a uma resposta do tratamento mais insatisfatória no TOC, a presença de depressão leve a moderada não parece interferir na resposta do paciente ao tratamento (p. ex., Abramowitz, Franklin, Street, Kozak e Foa, 2000). Outros transtornos comórbidos comumente encontrados no TOC incluem fobia social, fobias específicas, transtorno dismórfico corporal, transtornos de tique e vários transtornos da personalidade do Agrupamento C (ver D. A. Clark, 2004).

DIRETRIZ PARA O TERAPEUTA 11.4

Uma avaliação cognitiva do TOC deve examinar a presença e gravidade de sintomas depressivos. Se um episódio depressivo maior grave estiver presente, o tratamento poderia ter de se focalizar no alívio da depressão antes de visar os sintomas OC.

Utilização e resposta ao tratamento

Embora o TOC esteja associado a uma alta taxa de utilização de serviços de saúde mental atrás apenas do pânico entre os transtornos de ansiedade (Karno et al., 1988; Regier et al., 1993), a maioria dos indivíduos com TOC nunca busca tratamento (Pollard, Henderson, Frank e Margolis, 1989). Mesmo entre os que buscam tratamento há geralmente uma demora de 2 a 7 anos do episódio inicial à primeira sessão (p. ex., Rasmussen e Tsuang, 1986). Entretanto, mesmo com a efetividade demonstrada da TCC, apenas uma minoria de indivíduos com TOC na verdade receberá esse tipo de tratamento (Pollard, 2007). Aproximadamente 30% do indivíduos com TOC recusam tratamento de exposição/prevenção de resposta e outros 22% não completam o tratamento (Kozak, Liebowitz e Foa, 2000).

Pollard (2007) sugeriu uma série de características que poderiam afetar a prontidão de um indivíduo aceitar TCC para TOC. Indivíduos que acreditam que podem lidar com seus problemas obsessivos por conta própria ou aqueles que ficam envergonhados ou constrangidos por suas obsessões podem ter menor probabilidade de buscar tratamento (p. ex., pessoa com dúvidas obsessivas sobre se tocou sexualmente em uma criança pode tentar ocultar tais pensamentos dos outros; Newth e Rachman, 2001). Além disso, uma pessoa com motivação baixa ou expectativas negativas sobre o sucesso do tratamento pode ser bastante ambivalente acerca do tratamento.

Foi demonstrado que uma série de outros fatores predizem uma resposta mais desfavorável ao tratamento. Certos subtipos de TOC apresentam uma resposta ao tratamento mais difícil, tal como aqueles com colecionismo compulsivo (Cherian e Frost, 2007) ou obsessões puras (D. A. Clark e Guyitt, 2008) e indivíduos com uma depressão maior grave tendem a ter uma resposta menos favorável ao tratamento dos sintomas do TOC (p. ex., Abramowitz e Foa, 2000). Ausência de *insight* da natureza excessiva ou irracional das próprias obsessões (isto é, acreditar que os medos obsessivos são realistas e um tanto prováveis e portanto o ritual compulsivo é necessário) pode predizer resposta insatisfatória ao tratamento (Franklin,

Riggs e Pai, 2005). No caso mais extremo onde a convicção do indivíduo na racionalidade das preocupações obsessivas se torna rígida e absoluta a ponto de ser uma *ideia supervalorizada* ou mesmo um delírio, a resposta ao tratamento pode ser particularmente pobre (ver Veale, 2007). Finalmente, a falta de adesão, o fracasso em completar a tarefa de casa e, em menor grau, a qualidade da relação terapêutica terão alguma influência na resposta ao tratamento (D. A. Clark, 2006a; Franklin et al., 2005).

DIRETRIZ PARA O TERAPEUTA 11.5

A avaliação da prontidão para o tratamento e o grau de *insight* da natureza excessiva e irracional do medo obsessivo devem ser incluídos em qualquer avaliação de TOC. Ambivalência em relação ao tratamento ou presença de ideação supervalorizada devem levar a uma reconsideração das opções de tratamento.

MODELO COGNITIVO DE TOC

Visão geral do modelo

De acordo com a perspectiva cognitiva, a presença de esquemas disfuncionais e avaliações errôneas são processos críticos na etiologia e manutenção das obsessões e compulsões. Um modelo cognitivo de TOC pode ser entendido dentro da estrutura de nosso modelo genérico de ansiedade apresentado no Capítulo 2 (ver Figura 2.1). Embora tenham sido propostas variações no modelo cognitivo-comportamental do TOC que enfatizam diferentes tipos de esquemas e avaliações, elas também apoiam certas proposições básicas. A Figura 11.1 ilustra os elementos comuns da abordagem de TCC ao TOC.

Nos modelos de avaliação cognitiva, as obsessões são derivadas de pensamentos, imagens ou impulsos indesejados que se intrometem no fluxo da consciência contra a vontade do indivíduo e frequentemente envolvem conteúdo que é pessoalmente inaceitável, penoso e não característico do indivíduo. Esses pensamentos ou imagens frequentemente envolvem os mesmos temas de sujeira/contaminação, dúvida, sexo, agressão, ferimento ou religião que são comuns nas obsessões clínicas (Rachman e de Silva, 1978; Salkovskis e Harrison, 1984; Morillo, Belloch e Garcia-Soriano, 2007; Purdon e Clark, 1993). Entretanto, se esses pensamentos e imagens intrusivos relevantes às obsessões se tornam patológicos depende de como os pensamentos são avaliados (Salkovskis, 1985, 1989; Rachman, 1997, 1998). Se um pensamento intrusivo é considerado irrelevante, benigno, mesmo sem sentido, a pessoa provavelmente o ignora. Se, por outro lado, a intrusão mental é considerada uma ameaça pessoal significativa envolvendo alguma possível ação ou resultado que o indivíduo poderia prevenir, então algum sofrimento será experimentado e o indivíduo se sentirá compelido a iniciar respostas para aliviar a situação. Essa avaliação de significado errônea levará a um ritual compulsivo ou a algum outro tipo de estratégia de neutralização que visa aliviar o sofrimento ou evitar a ocorrência de algum resultado temido (Rachman, 1997,

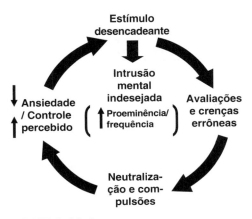

FIGURA 11.1

O modelo de avaliação cognitivo-comportamental de transtorno obsessivo-compulsivo.
De D. A. Clark (2004, p. 90). *Copyright* 2004 por The Guilford Press. Reimpressa com permissão.

1998). Embora a neutralização possa levar a uma redução imediata na ansiedade ou sofrimento e a uma sensação aumentado de controle percebido por desviar a atenção da obsessão, no mais longo prazo as estimativas de significado e neutralização levarão a um aumento na proeminência e frequência da obsessão (Salkovskis, 1999). Portanto, é estabelecido um ciclo vicioso que leva a obsessões cada vez mais frequentes, intensas e aflitivas. A Figura 11.2 apresenta quatro tipos de obsessões clínicas (contaminação por contato, contaminação mental, checagem e obsessões puras) que ilustram o papel das avaliações errôneas na manutenção das obsessões.

Processos automáticos (Fase I)

A base cognitiva do TOC começa com a ocorrência de um pensamento, imagem ou impulso intrusivo indesejado. O'Connor, Aardema e Pélissier (2005) observam que a intrusão raramente ocorre no vácuo, mas, antes, deve ser entendida em um contexto que poderia envolver um estado de humor particular, uma recordação ou algum evento atual. Além disso, em seu modelo inferencial de TOC, O'Connor e colegas afirmam que as obsessões não se devem a intrusões, mas, antes, são uma inferência primária encaixadas em uma narrativa de possibilidades imaginadas (ver também O'Connor, 2002; O'Connor e Robillard, 1999). No modelo atual, um pensamento ou imagem intrusiva indesejada seria o estímulo para a resposta ao medo imediata. Sinais internos ou externos particulares poderiam fornecer um contexto que evoca uma intrusão indesejada tal como o indivíduo com contaminação de contato que fica preocupada sobre se contraiu uma doença mortal após abrir a porta de um banheiro público ou o indivíduo que se preocupa que pode ter atropelado um pedestre após passar sobre uma saliência na estrada. Com experiências repetidas do pensamento intrusivo, o modo de orientação seria preparado para detectar automaticamente ocorrências do pensamen-

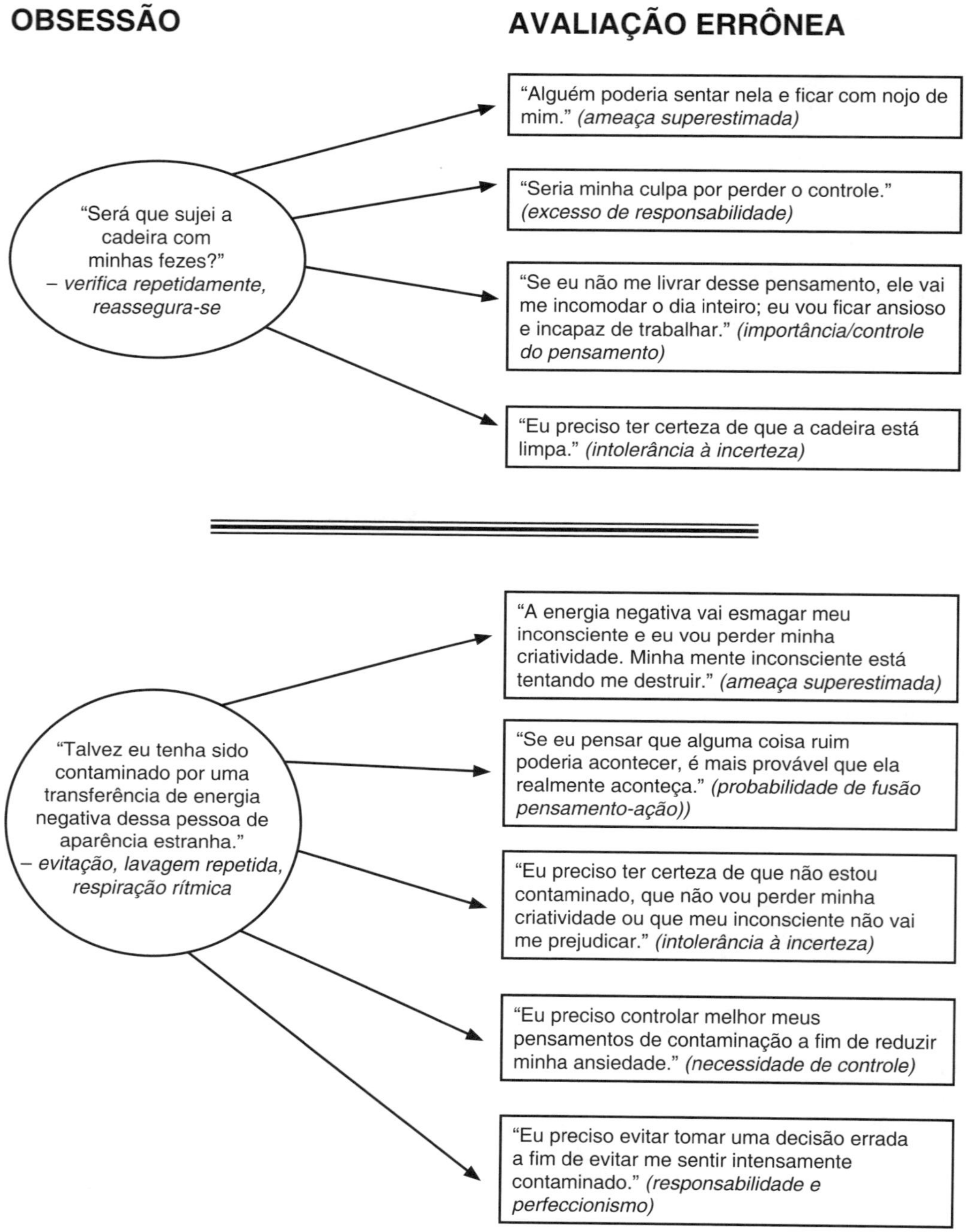

OBSESSÃO

AVALIAÇÃO ERRÔNEA

"Será que sujei a cadeira com minhas fezes?"
– verifica repetidamente, reassegura-se

"Alguém poderia sentar nela e ficar com nojo de mim." *(ameaça superestimada)*

"Seria minha culpa por perder o controle." *(excesso de responsabilidade)*

"Se eu não me livrar desse pensamento, ele vai me incomodar o dia inteiro; eu vou ficar ansioso e incapaz de trabalhar." *(importância/controle do pensamento)*

"Eu preciso ter certeza de que a cadeira está limpa." *(intolerância à incerteza)*

"Talvez eu tenha sido contaminado por uma transferência de energia negativa dessa pessoa de aparência estranha."
– evitação, lavagem repetida, respiração rítmica

"A energia negativa vai esmagar meu inconsciente e eu vou perder minha criatividade. Minha mente inconsciente está tentando me destruir." *(ameaça superestimada)*

"Se eu pensar que alguma coisa ruim poderia acontecer, é mais provável que ela realmente aconteça." *(probabilidade de fusão pensamento-ação))*

"Eu preciso ter certeza de que não estou contaminado, que não vou perder minha criatividade ou que meu inconsciente não vai me prejudicar." *(intolerância à incerteza)*

"Eu preciso controlar melhor meus pensamentos de contaminação a fim de reduzir minha ansiedade." *(necessidade de controle)*

"Eu preciso evitar tomar uma decisão errada a fim de evitar me sentir intensamente contaminado." *(responsabilidade e perfeccionismo)*

(continua)

FIGURA11.2

Ilustrações clínicas da relação obsessão-avaliação errônea.

(continuação)

OBSESSÃO　　　　　　　AVALIAÇÃO FALHA

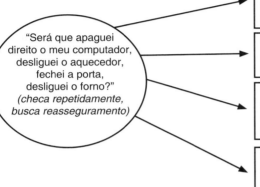

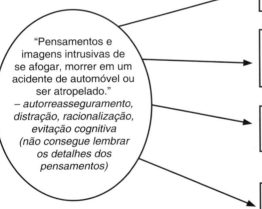

FIGURA 11.2

Ilustrações clínicas da relação obsessão-avaliação errônea.

to intrusivo obsessivo. Portanto, é esperado que indivíduos que são propensos ao TOC tenham pensamentos intrusivos indesejados mais frequentes e sejam mais hipervigilantes ou orientados a detectar essas intrusões no fluxo de consciência (p. ex., Wegner, 1994).

Esquemas do TOC (crenças)

Nos últimos anos foi feito um progresso considerável na caracterização da ativação esquemática primária no TOC. Inúmeros temas cognitivos foram identificados que juntos constituem a ativação do modo primitivo de ameaça no TOC. A Tabela 11.2 apresenta definições de seis esferas de crença consideradas características do conteúdo esquemático do TOC.

Essa organização esquemática do TOC foi proposta originalmente pelo Grupo de Trabalho de Cognições Obsessivo-Compulsivas (OCCWG) (1997). Embora os pesquisadores difiram sobre quais esferas são mais críticas ou específicas ao transtorno, eles concordam que juntas essas crenças

capturam o conteúdo esquemático predominante do TOC. Além disso, provavelmente há diferenças entre os subtipos de TOC em relação a qual das esferas de esquema é mais relevante em conferir significado maladaptativo à intrusão. De fato, diferenças esquemáticas serão evidentes mesmo entre indivíduos que têm preocupações obsessivas semelhantes. Conforme discutido abaixo, há uma tremenda sobreposição entre essas esferas de crença e há importantes diferenças individuais em quão fortemente indivíduos com TOC confirmarão essas crenças maladaptativas. Dada essa heterogeneidade mesmo ao nível esquemático, é importante que uma conceitualização de caso completa seja conduzida a fim de entender a natureza da ativação esquemática de cada paciente.

Erros de processamento cognitivo

Na maioria dos casos de TOC, a ativação do esquema maladaptativo envolve alguma crença de que a intrusão representa um dano potencial significativo para si próprio ou aos

TABELA 11.2 As seis esferas de crença do transtorno obsessivo-compulsivo propostas pelo grupo de trabalho de cognições obsessivo-compulsivas

Esfera de crença	Definição
Excesso de responsabilidade	"... a crença de que o indivíduo tem um poder que é fundamental para causar ou prevenir resultados negativos subjetivamente cruciais" (OCCWG, 1997, p. 677)
Importância exagerada dos pensamentos	"... crenças de que a mera presença de um pensamento indica que ele é importante" (OCCWG, 1997, p. 678)
Superestimativa da ameaça	"... um exagero da probabilidade ou gravidade do dano" (OCCWG, 1997, p. 678)
Importância de controlar os pensamentos	"... a avaliação exagerada da importância de exercer controle completo sobre pensamentos, imagens e impulsos intrusivos e a crença de que isso é tanto possível quando desejável" (OCCWG, 1997, p. 678)
Intolerância à incerteza	crenças sobre a necessidade de estar certo, a incapacidade pessoal de lidar com mudança imprevisível e funcionamento difícil em situações ambíguas.
Perfeccionismo	"... a tendência a acreditar que há uma solução perfeita para todo problema, que fazer alguma coisa perfeitamente (ou seja, livre de erro) não é apenas possível, mas também necessário, e que mesmo erros menores terão sérias consequências" (OCCWG, 1997, p. 678)

Nota. De D. A. Clark (2004, p. 112). *Copyright* 2004 por The Guilford Press. Reimpressa com permissão.

outros que o indivíduo tem a responsabilidade de prevenir conforme indicado por um melhor controle sobre a obsessão e por uma redução na ansiedade ou sofrimento. A ativação desses esquemas levará a outros processos automáticos, o mais importante sendo certos erros de processamento cognitivo. O'Connor e colegas afirmaram que o erro cognitivo primário no TOC é de *confusão inferencial*. Uma *inferência* é "uma proposição plausível sobre um possível estado de coisas, a que se chega por raciocínio, mas que forma a premissa para mais raciocínio dedutivo/indutivo" (O'Connor, Aardema e Pélissier, 2005, p. 115). Os processos de raciocínio errôneos envolvidos nos estados obsessivos leva a confusão de uma possibilidade imaginada (p. ex., o pensamento "Eu posso ter contraído uma doença mortal por ter me encostado nessa pessoa suja?") com a verdadeira realidade de modo que o indivíduo responde "como se" o medo obsessivo fosse real (O'Connor e Robillard, 1999). O'Connor e colegas identificaram uma série de erros de raciocínio indutivo que levam à construção de uma narrativa de dúvida pessoal (isto é, preocupação obsessiva). Esses incluem erros de categoria, confusão de eventos comparáveis, uso seletivo de fatos fora do contexto, confiança em sequências puramente imaginárias, inferência inversa e desconfiança da percepção normal (ver D. A. Clark e O'Connor, 2005; O'Connor, Aardema e Pélissier, 2005, para discussão adicional). Esse raciocínio indutivo errôneo intensifica um estado de dúvida e confusão que por sua vez pode elevar a natureza ameaçadora da preocupação obsessiva.

Excitação e sofrimento aumentados

A excitação autonômica aumentada pode desempenhar um papel proeminente em certos tipos de TOC tal como na limpeza compulsiva onde a obsessão tem fortes elementos fóbicos. Outras formas de TOC, tal como checagem compulsiva, podem envolver diferentes emoções negativas como culpa (Rachman e Hodgson, 1980). Portanto, o grau de hiperexcitação fisiológica associada com a ativação do esquema de medo no TOC pode variar entre casos individuais, embora excitação autonômica como frequência cardíaca elevada tenha sido bem documentada quando são provocadas obsessões (ver Rachman e Hodgson, 1980, para revisão). Quando excitação fisiológica aumentada está presente, o indivíduo com TOC provavelmente ficará motivado a procurar alívio desse estado negativo como qualquer outro indivíduo com um transtorno de ansiedade. Além disso, a resposta defensiva imediata mais óbvia no TOC é alguma forma de fuga/evitação cognitiva ou comportamental. Os rituais compulsivos são uma resposta de neutralização mais complexa que requer considerável processamento elaborativo e portanto está localizada dentro da fase secundária do modelo. Finalmente, quaisquer pensamentos ou imagens automáticas que ocorrem durante a resposta ao medo imediata provavelmente refletem as preocupações obsessivas reais do indivíduo.

Processos elaborativos secundários (Fase II)

Dois processos são considerados críticos para a manutenção do TOC na fase elaborativa da ansiedade:

1. a avaliação da obsessão e da capacidade de enfrentamento do indivíduo e
2. o desempenho de uma resposta ou ritual compulsivo de neutralização a fim de reduzir a ansiedade ou evitar algum resultado temido antecipado.

As avaliações errôneas apresentadas na Figura 11.2 ilustram as avaliações da obsessão que ocorrem na fase secundária.

Avaliações primárias das obsessões

Processos metacognitivos, ou "pensamento sobre o pensamento" (Flavell, 1979), são particularmente pertinentes no TOC porque a avaliação de pensamentos, imagens e impulsos obsessivos, bem como nossa capacidade de controlá-los, são processos cognitivos fundamentais responsáveis pela manutenção da obsessão. Wells e Mathews (1994) apresentaram um modelo metacognitivo do TOC no qual crenças sobre a importância de pensamentos intrusivos e de uma resposta comportamental fornecem uma estrutura para a etiologia e manutenção do TOC (ver também Wells, 1997, 2000). Uma série de avaliações metacognitivas fundamentais foram implicadas na elaboração e manutenção do pensamento obsessivo (ver também Tabela 11.2).

- *Excesso de responsabilidade* – a importância de um pensamento é avaliada em termos de uma influência pessoal percebida que é fundamental para instigar ou evitar um resultado negativo subjetivamente crucial para si mesmo ou para os outros (Salkovskis, 1999; p. ex., "Se eu pensar que posso ter contraído germes de câncer, eu preciso me lavar completamente para não espalhar o câncer para os outros").
- *Fusão pensamento-ação (FPA)* – interpretar a própria ocorrência de um pensamento intrusivo como se aumentasse a probabilidade de que um resultado temido venha a ocorrer (Probabilidade de *FPA*) ou considerar um pensamento perturbador moralmente equivalente a uma ação proibida (Rachman, 1993; Rachman e Shafran, 1998; p. ex., "Quanto mais tenho pensamentos perturbadores de esfaquear meus filhos quando uso uma faca de cozinha, mais perigosa me torno porque eu poderia enfraquecer e realmente fazê-lo").
- *Estimativa da ameaça* – estimativas exageradas da probabilidade e gravidade do dano associado com um pensamento intrusivo (Carr, 1974; "Tenho que checar se deixei o forno ligado porque isso poderia provocar um incêndio").
- *Importância e controle* – avaliar a importância dos pensamentos em termos de sua prioridade atencional e da importância de exercer controle efetivo sobre a intrusão (Thordarson e Shafran, 2002; Purdon e Clark, 2002; "Se eu não tiver mais controle efetivo sobre esses pensamentos torturantes de morte, vou ser esmagado pela ansiedade").
- *Intolerância à incerteza* – a importância dos pensamentos é avaliada em termos de seu desvio de um resultado certo e esperado (Sookman e Pinard, 2002; p. ex., "Se eu não estou absolutamente certo(a) de que fechei a porta, isso significa que minha dúvida obsessiva poderia ter alguma importância").
- *Perfeccionismo* – avaliar os pensamentos em termos de um critério absoluto, completo ou perfeito (Frost, Novara e Rhéaume, 2002; p. ex., "Eu preciso continuar a checar este formulário até ter eliminado qualquer preocupação com possibilidade do menor erro").

De acordo com o modelo cognitivo pensamentos intrusivos indesejados que são avaliados da maneira acima resultarão em uma avaliação exagerada de seu significado pessoal e potencial de causar dano ou perigo a si mesmo ou aos outros (Rachman, 2003). Essa avaliação da intrusão elaborativa metacognitiva errônea como uma ameaça pessoalmente significativa está associada com ansiedade ou sofrimento aumentado levando a uma sensação de urgência para encontrar alívio do sofrimento e neutralizar o perigo imaginado.

Avaliações de controle secundárias

Além dessas avaliações primárias da obsessão, D. A. Clark (2004) propôs que indivíduos propensos a obsessão também utilizam uma avaliação secundária de sua capacidade de enfrentar ou controlar a obsessão. Fracassos repetidos em exercer controle efetivo sobre pensamento obsessivo também contribuirão para uma avaliação exagerada da importância e natureza ameaçadora da obsessão, bem como para uma percepção exagerada de vulnerabilidade pessoal. Portanto, tanto as avaliações primárias da obsessão como as avaliações secundárias dos próprios esforços de controle são processos elaborativos importantes que contribuem para uma escalada no estado obsessivo.

Neutralização

No TOC respostas cognitivas e comportamentais que buscam reduzir o sofrimento e neutralizar a obsessão são um aspecto importante da fase elaborativa que contribui para a manutenção do transtorno. Indivíduos com TOC empregarão uma série de estratégias de neutralização, incluindo rituais compulsivos, que visam reduzir a percepção de ameaça e sua ansiedade associada, bem como estabelecer uma sensação de segurança por meio da cessação da obsessão. A neutralização, que frequentemente envolve atividades de controle mental veladas tais como recitar uma certa frase para si mesmo, é dirigida principalmente a desfazer ou corrigir a percepção dos efeitos negativos da obsessão (Rachman e Shafran, 1998). Embora o uso de rituais compulsivos manifestos e velados diferencie indivíduos com TOC de outros grupos de comparação ansiosos e não ansiosos (Ladouceur, Freeston et al., 2000), indivíduos propensos a obsessão usam uma variedade de estratégias de controle em resposta a seus pensamentos e obsessões intrusivos indesejados com maior frequência incluindo interrupção do pensamento, racionalização, distração, substituição de pensamento, autopunição, autorreasseguramento, busca de reasseguramento dos outros, ou mais raramente, não fazem nada (Freeston e Ladouceur, 1997a; Ladouceur, Freeston et al., 2000; Purdon e Rowa, 2002).

Dadas às avaliações e crenças errôneas de ameaça, responsabilidade e controle que caracterizam o TOC, é natural que o indivíduo com obsessões apele para compulsões e outras formas de neutralização na tentativa desesperada de suprimir ou evitar a obsessão, reduzir o sofrimento associado, eximir-se da responsabilidade percebida e evitar um resultado negativo antecipado (Salkovskis, 1989; Salkovskis e Freeston, 2001). Embora as tentativas de neutralização possam ser bem-sucedidas em alcançar esses objetivos no curto prazo, elas não obstante são estratégias de enfrentamento maladaptativas que finalmente contribuem para um aumento na frequência, proeminência e atenção dada à obsessão (Salkovskis, 1999). As tentativas de controle do indivíduo obsessivo são contraproducentes devido a:

1. *Presença de viés de desconfirmação* – o indivíduo acredita erroneamente que a neutralização foi responsável por evitar um resultado temido ou por reduzir a ansiedade, desse modo frustrando a exposição a qualquer evidência desconfirmatória (Rachman, 1998, 2003).
2. *Atenção aumentada* – baseado na teoria do processo irônico de Wegner (1994), qualquer tentativa deliberada de controlar ou suprimir um pensamento indesejado aumentará a busca atencional automática por reocorrências subsequentes do pensamento de modo que a intrusão obtenha prioridade atencional.
3. *Responsabilidade pessoal elevada* – o sucesso temporário em lidar com a intrusão elevará à percepção de sua importância e a responsabilidade do indivíduo em evitar a ameaça antecipada (Salkovskis, 1989).
4. *Tentativas de controle excessivas e "regras de interrupção" mais ambíguas* – o sucesso breve repetido em terminar com a preocupação obsessiva levará a tentativas de controle até mais excessivas e a dificuldade aumentada de saber quando "basta" (p. ex., saber quando chequei o suficiente; Salkovskis e Forrester, 2002).

SITUAÇÃO CLÍNICA DO MODELO COGNITIVO

A última década testemunhou uma explosão na pesquisa clínica que investiga as várias facetas do modelo da TCC de obsessões e compulsões. Está além do alcance deste capítulo apresentar uma revisão abrangente dessa crescente literatura, mas o leitor interessado é direcionado a diversas revisões críticas estendidas que foram publicadas nos últimos anos (ver D. A. Clark, 2004; Frost e Steketee, 2002; Julien, O'Connor e Aardema, 2007; Rachman et al., 2006; Shafran, 2005; Taylor et al., 2007). A seguir, examinamos o apoio empírico para cinco hipóteses fundamentais do modelo cognitivo.

Hipótese 1

Os pensamentos, imagens ou impulsos intrusivos indesejados relacionados às preocupações obsessivas de indivíduos com TOC serão mais frequentes e intensos ou proeminentes do que os pensamentos intrusivos indesejados com conteúdo obsessivo semelhante que ocorrem em indivíduos sem TOC.

Inúmeros estudos administraram questionários autoaplicados ou listas de verificação de entrevista e constataram que a maioria de indivíduos não clínicos vivenciam, pelo menos ocasionalmente, pensamentos, imagens ou impulsos intrusivos indesejados que são semelhantes em conteúdo a obsessões clínicas (p. ex., Freeston, Ladouceur, Thibodeau e Gagnon, 1991; Parkinson e Rachman, 1981a; Purdon e Clark, 1993; Rachman e de Silva, 1978; para revisões, ver Clark e Rhyno, 2005; Julien et al., 2007). Esse achado foi reproduzido em outros países além daqueles localizados na América do Norte tais como Coreia (Lee e Kwon, 2003), Espanha (Belloch, Morillo, Lucero, Cabedo e Carrió, 2004b), Itália (Clark, Radomsky, Sica e Simos, 2005) e Turquia (Altin, Clark e Karanci, 2007).

Há alguma evidência preliminar de que os questionários podem na verdade subestimar a frequência de pensamentos intrusivos relacionados à obsessão em amostras não clínicas quando mais entrevistas abertas são empregadas (D. A. Clark et al., 2005). Embora a continuidade entre conteúdo do pensamento intrusivo não clínico e clínico tenha sido recentemente contestado em uma análise de contudo conduzida por Rassin e Muris (2006), ainda há considerável apoio empírico a favor da universalidade dos pensamentos intrusivos relacionados à obsessão. Como esperado, estudos que compararam indivíduos com TOC e amostras não clínicas revelaram que indivíduos não clínicos têm intrusões significativamente menos frequentes, aflitivas, inaceitáveis e incontroláveis do que suas contrapartes clínicas (p. ex., Calamari e Janeck, 1997; Rachman e de Silva, 1978; Morillo et al., 2007). Como previsto, a frequência, incontrolabilidade e sofrimento causado pelas intrusões se correlacionam mais altamente com escalas de sintomas de TOC, mas correlações moderadas também foram encontradas com ansiedade geral, preocupação e depressão (ver revisões por D. A. Clark e Rhyno, 2005; Julien et al., 2007). Um experimento de processamento de informação recente envolvendo tempo de reação em uma tarefa de reconhecimento de palavras revelou que indivíduos com TOC mostraram facilitação (ou seja, codificação) mais forte e inibição mais fraca ao processar estímulos de ameaça e neutros (Bannon, Gonsalvez e Croft, 2008). Os autores afirmaram que a combinação de codificação forte e inibição fraca poderia perpetuar a obsessividade tornando indivíduos vulneráveis mais responsivos a pensamentos intrusivos do tipo obsessivo e a comportamentos compulsivos. De modo geral, então, é forte o apoio empírico para a Hipótese 1. Ainda que indivíduos não clínicos tenham intrusões mentais com conteúdo semelhante a obsessões, aqueles com TOC têm pensamentos, imagens e impulsos intrusivos indesejados mais frequentes e intensos e podem ser cognitivamente pré-ativados para processar esses estímulos internos mais intensamente.

Hipótese 2

Indivíduos com TOC terão incidência significativamente mais alta de crenças maladaptativas em responsabilidade pessoal, importância exagerada dos pensamentos, ameaça superestimada, necessidade de controlar pensamentos, intolerância à incerteza e perfeccionismo do que indivíduos sem TOC.

Uma série de escalas autoaplicadas de crença do TOC foram desenvolvidas tais como:

1. a Escala de Atitudes de Responsabilidade (RAS) para avaliar crenças gerais sobre responsabilidade e o Questionário de Interpretações de Responsabilidade (RIQ) para medir avaliações de responsabilidade (Salkovskis et al., 2000);
2. a Escala de Fusão Pensamento-Ação (*FPA*) para estimar avaliações e crenças de que pensamentos aflitivos podem aumentar a probabilidade de certos resultados negativos (probabilidade de FPA -) e que maus pensamentos são moralmente equivalentes a más ações (moralidade da FPA; Shafran, Thordarson e Rachman, 1996; para cópia da escala, ver Rachman, 2003);
3. o Questionário de Crenças Metacognitivas para medir crenças sobre a importância e controle de pensamentos intrusivos (D. A. Clark et al., 2003);
4. o Questionário de Crenças Obsessivas (OBQ; Grupo de Trabalho de Cognições Obsessivo-Compulsivas [OCCWG], 2003, 2005) que avalia as seis esferas de crença de TOC propostas por esse grupo de pesquisa (OCCWG, 1997).

O OBQ surgiu como a escala autoaplicada com as propriedades psicométricas mais fortes para a avaliação do conteúdo da crença relevante a TOC. Uma cópia do OBQ e do Inventário de Interpretações de Intrusões pode ser encontrada em Frost e Steketee (2002).

Pode-se chegar a inúmeras conclusões experimentais sobre as crenças no TOC baseadas nesses estudos de questionários. Geralmente, indivíduos com TOC confirmam as crenças do OCCWG (ver Tabela 11.2), FPA e responsabilidade significativamente mais do que grupos de comparação não-clínicos não-obsessivos e ansiosos, e há uma estreita associação entre esses construtos esquemáticos e escalas de sintomas de TOC (p. ex., Abramowitz, Whiteside, Lynam e Kalsy, 2003b; Amir, Freshman, Ramsey, Neary e Brigidi, 2001; OCCWG, 2001, 2003; Sica et al., 2004; Steketee et al., 1998; Tolin et al., 2006). Além disso, intervenções cognitivas que visam diretamente a mudança da crença produzem diminuições significativas na ansiedade e em outros sintomas relevantes em pacientes de TOC (p. ex., Fisher e Wells, 2005; Rhéaume e Ladouceur, 2000; Wilson e Chambless, 2005).

Entretanto, é evidente que algumas das esferas de crença como Probabilidade de FPA e importância/controle de pensamentos possam ser mais específicas ao TOC do que outras crenças como estimativa de ameaça ou excesso de responsabilidade (p. ex., Myers e Wells, 2005; Tolin et al., 2006). A maioria das escalas de crença tem fortes correlações com ansiedade generalizada, preocupação e mesmo depressão (p. ex, Hazlett-Stevens, Zucker e Craske, 2002; OCCWG, 2001, 2003) e a distinção das esferas de crença foi posta em dúvida (OCCWG, 2003, 2005). Além disso, algumas das crenças podem ser mais relevantes para certos subtipos de TOC do que para outros (Julien et al., 2006), e pode haver um número significativo de pacientes com TOC que não confirmam essas crenças disfuncionais (Calamari et al., 2006; Taylor et al., 2006). Crenças no excesso de responsabilidade e intolerância à incerteza podem ser mais relacionadas à checagem compulsiva do que a outros tipos de TOC (Foa, Sacks, Tolin, Prezworski e Amir, 2002; Tolin et al., 2003). Finalmente, é evidente que a confirmação de crenças relacionadas ao TOC diminui significativamente com boa resposta à TCC ou exposição e prevenção de resposta (ERP) (Emmelkamp, van Oppen e van Balkom, 2002; O'Connor, Todorov, Robillard, Borgeat e Brault, 1999; Whittal, Thordarson e McLean, 2005).

Se superestimativa de ameaça, excesso de responsabilidade, importância/controle de pensamentos, perfeccionismo, intolerância à incerteza e esquemas de FPA são ativados no TOC, um viés de processamento de informação deve ser aparente. Neste sentido, Radomsky e Rachman (1999) encontraram recordação aumentada para objetos contaminados (ameaça) em pacientes com TOC e em um estudo posterior Radomsky e colaboradores (2001) determinaram que esse efeito foi mediado pela presença de alta percepção de responsabilidade. Muller e Roberts (2005) concluíram em sua revisão que diversos estudos de TOC mostraram viés atencional seletivo para ameaça, especialmente para informações relacionadas às preocupações primárias de TOC dos pacientes. De modo geral, então, os estudos de questionário e de processamento de informação apoiam a teoria cognitiva de ativação do esquema de ameaça no TOC, mas a caracterização específica dessa ativação ainda é objeto de considerável debate.

Hipótese 3

Indivíduos com TOC têm significativamente maior probabilidade de fazer avaliações exageradas de que intrusões mentais relacionadas a obsessão representam ameaças pessoais altamente significativas, enquanto indivíduos sem TOC têm maior probabilidade de interpretar suas intrusões com conteúdo do tipo obsessivo como insignificantes ou benignas.

Questionários como o Inventário de Interpretações de Intrusões (III; OCCWG, 2001) ou o Inventário de Intrusões Obsessivas Revisado (ROII; Purdon e Clark, 1993, 1994a) foram desenvolvidos para avaliar as estimativas de pensamentos intrusivos inde-

sejados. Avaliações de cenários hipotéticos também foram usadas para avaliar estimativas relacionadas ao TOC (p. ex., Forrester, Wilson e Salkovskis, 2002; Menzies, Harris, Cumming e Einstein, 2000). Como previsto pelo modelo cognitivo, indivíduos com TOC têm maior probabilidade de avaliar suas obsessões em termos de superestimativa da ameaça (ou sofrimento), responsabilidade pessoal e importância/controle (ou percepção de incontrolabilidade) comparado com indivíduos não clínicos ou quando comparado com a intrusão menos perturbadora do paciente (Calamari e Janeck, 1997; Morillo et al., 2007; OCCWG, 2001, 2003; Rachman e de Silva, 1978; Rowa et al., 2005).

Uma série de avaliações errôneas tais como superestimativa da ameaça, excesso de responsabilidade, FPA e/ou importância (ou esforço) de controle têm uma associação significativa com frequência de pensamentos intrusivos obsessivos, ansiedade ou sofrimento e/ou nível elevado de sintomas obsessivo-compulsivos (p. ex., Belloch, Morillo, Lucero et al., 2004; Clark, Purdon e Byers, 2000; Freeston et al., 1991; Menzies et al., 2000; Purdon e Clark, 1994b; Rowa e Purdon, 2003). Entretanto, Lee e Kwon (2003) verificaram que avaliações de importância e controle eram mais relacionadas a intrusões de natureza autógena (ocorrência espontânea sem um gatilho identificável), enquanto avaliações de responsabilidade eram mais relacionadas a intrusões reativas (aquelas evocadas por um estímulo externo). Forrester e colaboradores (2002) verificaram que o fornecimento de uma intrusão de pensamento sobre dano em cenários hipotéticos relevantes à obsessão-compulsão aumentava significativamente a avaliação de ansiedade e sofrimento, bem como as avaliações de probabilidade de FPA em amostras não clínicas e de TOC. Uma maior tendência a refletir sobre os próprios processos cognitivos, denominada *autoconsciência cognitiva*, caracteriza o TOC e pode ser um processo metacognitivo que contribui para uma tendência aumentada a avaliar negativamente pensamentos intrusivos em estados obsessivos (Cohen e Calamari, 2004;

Janeck, Calamari, Riemann e Heffelfinger, 2003). De modo geral, esses estudos apoiam a terceira hipótese, que postula uma associação estreita entre como um pensamento intrusivo é avaliado (ou seja, o significado da intrusão) e a experiência subjetiva do indivíduo sobre o pensamento indesejado.

A fim de validar o modelo cognitivo, é importante demonstrar relações de causa e efeito entre avaliações errôneas e vários parâmetros de pensamentos ou obsessões intrusivos indesejados. Uma série de estudos experimentais mostrou que a manipulação de responsabilidade ou FPA ocasiona o aumento previsto na frequência e sofrimento causado pelas intrusões ou por outras formas de pensamento negativo, bem como uma maior tendência a empregar neutralizações como a checagem. Por exemplo, indivíduos alocados aleatoriamente para uma condição de alta responsabilidade vivenciam mais ansiedade, maior percepção de consequências negativas, dúvida aumentada e mais comportamento de checagem ou impulso de neutralizar do que aqueles em uma condição de baixa responsabilidade (Bouchard, Rhéaume e Ladouceur, 1999; Ladouceur et al., 1995; Mancini, D'Olimpio e Cieri, 2004; Shafran, 1997). Entretanto, efeitos mais fracos também foram relatados, com a principal diferença atribuída a uma diminuição na responsabilidade (Lopatka e Rachman, 1995). Em um experimento envolvendo *feedback* de EEG fictício, indivíduos não clínicos alocados aleatoriamente para uma condição de alta probabilidade de FPA relataram mais intrusões, desconforto e resistência do que os participantes em uma condição de controle (Rassin et al., 1999). Embora esses resultados sejam consistentes com a visão cognitiva de que avaliações errôneas podem contribuir para a transformação de uma intrusão normal em uma obsessão, há limitações a essa pesquisa. Houve inconsistências entre os estudos, a maior parte do foco foi sobre o excesso de responsabilidade à exclusão de outras esferas de avaliação e a maioria não conseguiu controlar o sofrimento geral, o que poderia justificar os efeitos observados (Julien et al., 2007).

> ## Hipótese 4
>
> Indivíduos com TOC têm significativamente maior probabilidade de empregar neutralização e outras estratégias de controle mental em resposta a intrusões mentais relacionadas à obsessão e isso aumentará a frequência e sofrimento causado pela obsessão.

De acordo com o modelo cognitivo, as tentativas de neutralizar ou controlar a ocorrência e o sofrimento causado pelas intrusões obsessivas contribuem para a manutenção do pensamento obsessivo. Indivíduos com TOC têm maior probabilidade de empregar mais rituais compulsivos, neutralização e estratégias de controle do pensamento maladaptativas em resposta a intrusões obsessivas do que indivíduos não clínicos, mas com menor percepção de efetividade (Amir, Cashman e Foa, 1997; Freeston e Ladouceur, 1997a; Morillo et al., 2007; Rachman e de Silva, 1978; Wroe, Salkovskis e Richards, 2000). Entretanto, a confiança nessas estratégias de resposta ineficazes pode ser reduzida com tratamento (Abramowitz, Whiteside, Kalsy e Tolin, 2003a). Os efeitos negativos da neutralização foram demonstrados em um estudo de diário de 3 dias nos quais foi verificado que indivíduos com TOC empregavam com alta frequência supressão e neutralização de sua obsessão e esses esforços estavam associados com desconforto aumentado, percepção limitada de sucesso e avaliações falhas de controle do pensamento, importância e responsabilidade (Purdon, Rowa e Antony, 2007).

Estudos envolvendo manobras experimentais de neutralização indicam que ela tem as mesmas características funcionais de compulsões manifestas, evidenciado por uma diminuição imediata na ansiedade e na percepção de ameaça, mas por um aumento de mais longo prazo no sofrimento e no impulso de neutralizar (Rachman, Shafran, Mitchell, Trant e Teachman, 1996; Salkovskis, Thorpe, Wahl, Wroe e Forrester, 2003; Salkovskis, Westbrook, Davis, Jeavons e Gledhill, 1997). Além disso, estudos de correlação indicam que certas estratégias de controle do pensamento maladaptativas como autopunição e preocupação podem ter uma relação particularmente estreita com avaliações e crenças relacionadas à obsessão-compulsão, bem como com sintomas de TOC (Larsen et al., 2006; Moore e Abramowitz, 2007).

Experimentos de supressão do pensamento indicam que indivíduos com TOC podem não ser tão efetivos no uso de supressão intencional para evitar a ocorrência de intrusões mentais indesejadas quando comparados a indivíduos não clínicos (Janeck e Calamari, 1999; Tolin, Abramowitz, Przeworski et al., 2002). Entretanto, os estudos são inconsistentes acerca das consequências negativas da supressão. Alguns estudos não encontraram qualquer evidência de aumento imediato ou de rebote quando amostras de TOC suprimiram sua obsessão primária (Janeck e Calamari, 1999; Purdon et al., 2005), enquanto Tolin, Abramowitz, Przeworski e colaboradores (2002) encontraram um efeito de aumento imediato quando indivíduos com TOC suprimiram um pensamento neutro (p. ex., ursos brancos). Baseados nesse achado, os autores sugerem que o TOC poderia ser caracterizado por um déficit inibitório geral.

A supressão de intrusões obsessivas indesejadas em amostras não clínicas também não conseguiu produzir o aumento ou ressurgimento esperado de pensamentos indesejados quando os esforços de supressão cessam, embora a supressão possa resultar em níveis mais constantes de ocorrência de pensamento alvo indesejado no período pós-supressão (Belloch, Morillo e Giménez, 2004; Hardy e Brewin, 2005; Purdon, 2001; Purdon e Clark, 2001). Além disso, o fracasso em suprimir completamente intrusões alvo indesejadas pode ter efeitos diretos ou indiretos sobre o nível de sofrimento associado à recorrência da intrusão mental indesejada (Janeck e Calamari, 1999; Purdon e Clark, 2001; Purdon et al., 2005). Sejam quais forem os processos exatos envolvidos, os achados globais dos estudos de instrumentos autoaplicados, de diário e experimentais são consistentes com a Hipótese 4

de que a neutralização desempenha um papel importante na manutenção de sintomas obsessivos com efeitos particulares sobre o aumento do sofrimento e a interpretação errônea das intrusões.

Hipótese 5

Indivíduos com TOC têm significativamente maior probabilidade de interpretar erroneamente seu fracasso em controlar intrusões obsessivas como uma ameaça altamente significativa, enquanto indivíduos sem TOC aceitam mais a falha no controle mental.

A pesquisa experimental recente sobre a supressão de pensamentos intrusivos indesejados tanto em amostras clínicas como em não clínicas indica que a interpretação errônea exagerada de fracasso do controle poderia ser um contribuinte importante para a patogênese das obsessões. Em uma reanálise de seu experimento de supressão do pensamento, Tolin e colaboradores verificaram que indivíduos com TOC relataram mais atribuições internas para seus fracassos em suprimir pensamento do que controles não ansiosos (Tolin, Abramowitz, Hamlin et al., 2002b). Purdon e colaboradores (2005) também verificaram que interpretações errôneas de pensamento em um experimento de supressão de pensamento foi o preditor mais importante de sofrimento em relação a intrusões e estado de humor negativo. Em um experimento anterior de supressão de pensamento com indivíduos não clínicos, estimativas exageradas da importância de fracassos em controlar o pensamento estavam associadas a um estado de humor mais negativo (Purdon, 2001). Além disso, indivíduos que relataram uma maior necessidade de controle exibiram maior esforço de supressão de pensamento no experimento. Magee e Teachman (2007) também verificaram que atribuições maladaptativas de autorrecriminação e importância em controlar pensamentos foram preditores de sofrimento e recorrência de pensamentos indesejados em um experimento de supressão de pensamento. Em um recente experimento de rejeição de pensamento comparando pacientes com TOC e com transtorno de pânico, o grupo do TOC teve maior dificuldade em rejeitar sua obsessão primária do que os pacientes com pânico em rejeitar seu pensamento ansioso primário relacionado ao pânico (Purdon, Gifford e Antony, 2007). Além disso, o grupo com TOC interpretou seus fracassos no controle do pensamento mais negativamente do que o grupo com transtorno de pânico, mas avaliações negativas de fracasso em controlar o pensamento foram preditores de maior dificuldade em rejeitar o pensamento alvo e estado de humor mais negativo em ambos os grupos. Os autores concluíram que tentativas deliberadas de suprimir pensamentos indesejados não são aconselhadas porque o fracasso no controle será avaliado negativamente e isso pode levar a mais reduções no controle mental e aumento do humor negativo. Juntos, esses achados são consistentes com a Hipótese 5 de que avaliações errôneas de fracasso no controle mental contribuem para aumentar a importância da obsessão em indivíduos com TOC.

Vulnerabilidade cognitiva ao TOC

A teoria e a pesquisa sobre vulnerabilidade cognitiva para TOC tem ficado muito aquém do desenvolvimento do modelo descritivo e do tratamento cognitivo para obsessões e compulsões. Uma série de possíveis caminhos de vulnerabilidade foram descritos (ver Rachman et al., 2006, para discussão). Salkovskis e colaboradores afirmaram que crenças de excesso de responsabilidade poderiam constituir uma vulnerabilidade duradoura para a etiologia das obsessões (Salkovskis, Shafran et al., 1999). Eles especularam que cinco diferentes caminhos de aprendizagem do desenvolvimento poderiam resultar na adoção de suposições gerais de excesso de responsabilidade. Um incidente crítico envolvendo culpa real ou imaginada (p. ex., responsabilidade pessoal) por causar dano poderia interagir com a história de aprendizagem do desenvolvi-

mento anterior para intensificar um senso exagerado de responsabilidade pessoal. Um senso generalizado de responsabilidade exagerada preexistente poderia levar a interpretações errôneas de certos pensamentos intrusivos, especialmente se eles estiverem associados a um incidente crítico de dano imaginado (ver Shafran, 2005).

Outros construtos cognitivos foram propostos como possíveis fatores de vulnerabilidade ao TOC. Rachman (2003) afirmou que crenças de FPA ou propensão a interpretar os próprios pensamentos supervalorizados como altamente significativos podem aumentar a vulnerabilidade a obsessões. Autoconsciência cognitiva alta também foi apoiada como uma possível vulnerabilidade cognitiva para obsessões (Janeck et al., 2003) e as seis esferas de crença propostas pelo OCCWG são consideradas construtos estáveis que poderiam predispor ao TOC (OCCWG, 1997). Sookman, Pinard e Beck (2001) descreveram um modelo de vulnerabilidade cognitiva do TOC que consistiu de crenças estáveis sobre vulnerabilidade pessoal, imprevisibilidade, afeto forte e necessidade de controle. Nesse modelo de controle cognitivo das obsessões, D. A. Clark (2004) sugeriu que alto traço de afetividade negativa, uma autoavaliação ambivalente e crenças metacognitivas preexistentes sobre a importância e o controle dos pensamentos poderiam constituir uma vulnerabilidade para obsessões. Finalmente, Doron e Kyrios (2005) propuseram uma perspectiva muito interessante na qual a vulnerabilidade ao TOC é vista em termos de estruturas cognitivo-afetivas envolvendo uma representação interna do indivíduo que é limitada a algumas esferas "sensíveis", bem como a uma representação do mundo como perigoso, mas controlável. Intrusões de pensamento representando fracassos nessas esferas do indivíduo altamente valorizadas ou sensíveis (p. ex., moralidade, merecimento, aceitação pelos outros) serão interpretadas como altamente significativas porque envolvem uma ameaça à autoestima do indivíduo. Os autores remontam as origens dessas representações cognitivo-afetivas do indivíduo e do mundo a certas experiências do desenvolvimento e do apego precoce. Doron e Kyrios notaram ligações entre sua conceitualização e a visão de Bhar e Kyrios (2000) de que uma consciência de si mesmo ambivalente (isto é, grau de incerteza sobre o próprio valor) pode ser um fator de vulnerabilidade no TOC.

Até a pouco praticamente não havia pesquisa prospectiva sobre fatores cognitivos no TOC e portanto o apoio empírico para vulnerabilidade cognitiva era inexistente. Felizmente, começaram a aparecer alguns estudos que tratam dessa brecha crítica na literatura cognitiva sobre TOC. Em um estudo prospectivo de 3 meses com 85 pais e mães em seu primeiro parto, as crenças relacionadas à obsessão-compulsão conforme avaliado no Tempo 1 (pré-natal) foram preditoras significativas de TOC subclínico pós-parto, mas não de sintomatologia depressiva ou ansiosa. Além disso, a maioria dos pais relataram pensamentos intrusivos aflitivos de dano a seu bebê e utilizaram uma variedade de estratégias de neutralização em resposta às intrusões (Abramowitz et al., 2006). Em um estudo prospectivo de 6 semanas envolvendo 377 formandos, Coles e Horng (2006) verificaram que o Questionário de Crenças Obsessivas (OBQ) no Tempo 1 e o número de eventos de vida negativos foram preditores independentes dos sintomas de TOC no Tempo 2 conforme determinado pelo Escore Total do Inventário Obsessivo-Compulsivo. Entretanto, houve apenas apoio fraco para esses resultados em um estudo mais recente envolvendo um seguimento de 6 meses de uma amostra de formandos e nenhuma evidência de uma interação diátese-estresse entre crenças obsessivo-compulsivas e eventos de vida negativos (Coles et al., 2008).

Embora nenhum estudo prospectivo tenha ainda investigado se certos conceitos de estrutura do indivíduo podem constituir uma vulnerabilidade estável ao TOC, há alguns achados relevantes que têm relação com essa questão. Bhar e Kyrios (2007) verificaram que autoestima ambivalente (isto é, incerteza sobre si mesmo) estava significativamente associada com sintomas obsessivo-compulsivos autorrelatados e crenças de controle, importância e responsabilidade. Entretanto, ambos os grupos de TOC e de ansiosos não obsessivos tiveram escores significativamente mais altos em ambivalência da autoestima do que o grupo de controle de estudantes. Em um estudo diferente baseado exclusivamente em uma amostra não clínica Doron, Kyrios e Moulding (2007) relataram que sensibilidade da autoestima nas esferas de moralidade ou de competência profissional estava relacionada a níveis mais altos de sintomas obsessivo-compulsivos. Dois estudos verificaram que tanto indivíduos não clínicos como indivíduos com TOC avaliaram seu pensamento intrusivo mais perturbador como mais significativo e contestaram aspectos importantes e valorizados de si mesmos em maior medida do que pensamentos menos perturbadores (Rowa e Purdon, 2003; Rowa et al., 2005). Dada a avaliação de significado das preocupações pessoais, não é de admirar que essas intrusões perturbadoras estivessem associadas com avaliações de controle e importância do pensamento. Igualmente, Ferrier e Brewin (2005) verificaram que indivíduos com TOC geraram mais autoinferências negativas de seus pensamentos intrusivos do que um grupo ansioso não obsessivo e sua "autopercepção temida" continha mais atributos de traço imorais e maus. Embora apenas sugestivo no momento, esses estudos indicam que preocupações com a autoestima podem desempenhar um papel importante em como os indivíduos avaliam o significado dos pensamentos intrusivos e portanto poderiam ser um caminho fértil a explorar para vulnerabilidade ao TOC.

AVALIAÇÃO COGNITIVA E FORMULAÇÃO DE CASO

Diagnóstico e escalas de sintomas

O SCID-IV (First et al., 1997) ou o ADIS-IV (Brown, Di Nardo e Barlow, 1994) podem ser usados para avaliação diagnóstica de TOC. O ADIS-IV é mais altamente recomendado porque a versão ao longo da vida tem excelente confiabilidade entre avaliadores para TOC (kapa = 0,85; Brown, Di Nardo et al., 2001) e fornece uma avaliação de sintomas mais completa por investigar o conteúdo específico das obsessões e compulsões, sua gravidade, grau de *insight*, resistência e padrões de evitação. A desvantagem do ADIS-IV é o longo tempo de entrevista (2-4 horas) frequentemente necessário para pacientes com TOC completarem a entrevista (Taylor, 1998; Summerfeldt e Antony, 2002).

Escala obsessivo-compulsiva de Yale-Brown

A Escala de Sintomas Obsessivo-Compulsivos de Yale-Brown (Y-BOCS) é uma escala de entrevista semiestruturada de 10 itens que estima a gravidade das obsessões e compulsões independente do tipo (conteúdo) ou número de sintomas (Goodman et al., 1989a, 1989b). Ela é amplamente usada para avaliar a efetividade dos tratamentos farmacológicos e comportamentais do TOC e se tornou o "padrão ouro" para avaliação da gravidade do sintoma obsessivo-compulsivo em estudos de resultado. Após indicar suas obsessões e compulsões passadas e atuais em uma lista de verificação de 64 itens, o paciente é questionado pelo entrevistador sobre cinco aspectos de expressão dos sintomas, usando uma escala Likert para registrar a gravidade de cada aspecto sintomático. Um escore de gravidade das obsessões (soma dos itens 1 a 5) e compulsões (soma dos itens 6 a 10) separado é gerado com base nos mesmos cinco aspectos dos sintomas alvo:

1. duração/frequência;
2. interferência no funcionamento social ou profissional;
3. sofrimento associado;
4. grau de resistência;
5. percepção de incontrolabilidade da obsessão ou compulsão.

Um escore total é mais comumente relatado pela soma de todos os 10 itens.

Uma série de estudos investigou as propriedades psicométricas da Y-BOCS e várias revisões dessa literatura foram publicadas (ver D. A. Clark, 2004; Feske e Chambless, 2000; Grabill et al., 2008; St. Clare, 2003; Taylor, 1995b, 1998). O Escore Total da Y-BOCS tem excelente confiabilidade entre avaliadores, boa consistência interna e confiabilidade temporal. Ele geralmente tem boa validade convergente com outras escalas de sintoma de TOC, mas a validade discriminante é mais baixa dada sua correlação moderada com escalas de ansiedade e depressão. Indivíduos com TOC têm escores significativamente mais altos no Escore Total da Y-BOCS do que pacientes não obsessivos e grupos de comparação não clínicos. Um ponto de corte de 16 no Escore Total da Y-BOCS produz boa sensibilidade, mas baixa especificidade (Steketee, Frost e Bogart, 1996; ver também Baer, 2000) e os escores pós-tratamento caracteristicamente diminuem em 40-50% nos entrevistados (p. ex., Abramowitz, Franklin et al., 2003; Goodman et al., 1989b). Está disponível uma versão autoaplicada da Y-BOCS que tem alta correlação com o formato de entrevista, embora Grabill e colaboradores (2007) tenham alertado que ela pode identificar excessivamente TOC devido a pobre especificidade (ver Baer, 2000, para cópia). Entretanto, alguns pontos fracos são aparentes, tais como a validade insatisfatória para os itens de resistência e controle, falta de apoio fatorial para as subescalas de gravidade separadas de Obsessões e Compulsões e omissão de uma escala de esquiva no escore de gravidade padrão (Amir, Foa e Coles, 1997; Deacon e Abramowitz, 2005; Woody, Steketee e Chambless, 1995). Uma cópia da Y-BOCS foi reimpressa em Antony (2001b).

Inventário obsessivo compulsivo de Clark-Beck

O Inventário Obsessivo-Compulsivo de Clark-Beck (CBOCI) é um questionário autoaplicado de 25 itens consistindo de 14 itens que avaliam aspectos de diagnóstico e conteúdo das obsessões e 11 itens que avaliam as compulsões (D. A. Clark e Beck, 2002; D. A. Clark, Antony, Beck, Swinson e Steer, 2005). Ele foi desenvolvido como uma triagem para TOC com uma estrutura e um formato de resposta idêntico ao BDI-II. Os itens do CBOCI são pontuados de 0 a 3, com cada item consistindo de quatro opções de resposta. A escala foi planejada para cobrir os critérios diagnósticos do DSM-IV para TOC, bem como uma série de sintomas cognitivos adicionais. Subescalas de obsessões e compulsões podem ser derivadas, bem como um Escore Total.

Dado o recente desenvolvimento do CBOCI, as investigações sobre suas propriedades psicométricas são limitadas. O estudo de validação original revelou que as Obsessões, Compulsões e Escore Total tem alta confiabilidade interna, validade fatorial e forte convergência com outras escalas de sintoma do TOC como o Y-BOCS (D. A. Clark, Antony et al., 2005). Além disso, a validade de critério é forte, com pacientes com TOC tendo escores significativamente mais altos em todas as três escalas do que os ansiosos e deprimidos não obsessivos e grupos de comparação não clínicos.[*] Como todas as escalas de sintoma do TOC, o CBOCI tem validade discriminante mais baixa conforme indicado por suas correlações moderadas com escalas de ansiedade e depressão. A sensibilidade ao tratamento da escala ainda não foi investigada e sua confiabilidade teste-reteste não foi determinada em uma amostra de TOC. A análise baseada na amostra de validação indicou que um ponto de corte de 22 no Escore Total do CBOCI produziu alta sensibilidade (90%) e especificidade (78%) para diferenciar TOC de um grupo controle de estudantes (D. A. Clark, 2006b).

---

[1] Grabill e colaboradores (2008) chegaram a uma conclusão errônea sobre a validade de critério do instrumento baseados em um leitura equivocada das diferenças de grupo significativas relatadas no estudo de validação.

Outras escalas de sintoma do TOC

Outras três escalas de sintoma do TOC são frequentemente utilizadas para avaliar a frequência e gravidade dos sintomas obsessivos e compulsivos. O Inventário Obsessivo-Compulsivo (OCI) de 42 itens foi desenvolvido por Foa e colaboradores para avaliar a frequência e sofrimento de sete esferas de sintomas do TOC (Foa, Kozak, Salkovskis, Coles e Amir, 1998). O instrumento consiste em escalas de frequência e sofrimento separadas para lavagem, checagem, dúvida, ordem, obsessão, colecionismo e neutralização mental. A evidência psicométrica a favor do instrumento é forte, embora a validade discriminante da subescala de colecionismo seja questionável (Foa et al., 1998). Uma versão resumida revisada do OCI foi desenvolvida e consiste em 18 itens contendo seis escalas de sofrimento: lavagem, checagem, ordem, obsessão, colecionismo e neutralização (Foa, Huppert et al., 2002). As novas subescalas do OCI-R estavam altamente correlacionadas com as antigas escalas do OCI ($r_s = 0,92$) e tinham características psicométricas boas. Dois estudos clínicos recentes confirmaram uma estrutura de seis fatores que correspondia às subescalas do OCI-R, boa validade convergente com outras escalas de TOC (embora as correlações com a Y-BOCS sejam bastante fracas), validade discriminante mais modesta (ou seja, associação moderada com escalas de ansiedade e depressão) e capacidade consistente de discriminar grupos de TOC de grupos ansiosos não obsessivos (Abramowitz e Deacon, 2006; Huppert et al., 2007); ver resultados semelhantes para amostras não-clínicas relatadas por Hajcak, Huppert, Simmons e Foa, 2004). Abramowitz e Deacon (2006) verificaram que as escalas de obsessões e checagem do OCI-R, em particular, tinham relações modestas com escalas de cognição obsessivo-compulsivas e que umponto de corte Total do OCI-R de 14 fornecia a melhor diferenciação do TOC de outros transtornos de ansiedade. Uma

TERAPIA COGNITIVA PARA OS TRANSTORNOS DE ANSIEDADE

limitação significativa do OCI-R é sua baixa representação de obsessões (apenas três itens) e peso desproporcional em relação a sintomas compulsivos (Grabill et al., 2008). O OCI-R é publicado como um apêndice em Foa e colaboradores (2002).

O Inventário de Pádua (PI) é um questionário de 60 itens desenvolvido originalmente em uma amostra italiana para avaliar o sofrimento associado com fenômenos obsessivos e compulsivos comuns usando escalas Likert de 5 pontos (Sanavio, 1988). Embora possuindo boas características psicométricas, uma versão do instrumento de 41 itens foi desenvolvida por van Oppen, Hoekstra e Emmelkamp (1995) e uma versão de 39 itens foi desenvolvida por pesquisadores da Universidade do Estado de Washington (Burns, Keortge, Formea e Sternberger, 1996) a fim de eliminar itens que podem ter contribuído para a alta correlação entre o PI e as escalas de preocupação (Freeston, Ladouceur et al., 1994). O Inventário de Pádua-Revisado da Universidade do Estado de Washington (PI-WSUR) é a versão do PI mais amplamente usada consistindo de cinco subescalas racionalmente determinadas:

1. pensamentos obsessivos de dano a si/outros (7 itens);
2. impulsos obsessivos de dano a si/outros (9 itens);
3. obsessões de contaminação e compulsões de lavagem (10 itens);
4. compulsões de checagem (10 itens);
5. compulsões de vestuário/aparência (limpeza/higiene) (3 itens).

O PI-WSUR parece ter propriedades psicométricas melhoradas em relação ao PI original e portanto obteve popularidade com pesquisadores do TOC (ver revisões por Antony, 2001b; Grabill et al., 2008; St. Clare, 2003). Entretanto, dúvidas foram levantadas sobre a validade de conteúdo da escala com alguns sintomas do TOC não avaliados e outros itens mais ambíguos ou representando fenômenos que podem não ser pertinentes ao TOC. O PI original pode ser encontrado em Sanavio (1988) enquanto o PI-WSUR foi reproduzido por Antony (2001b).

O Inventário Obsessivo-Compulsivo de Vancouver (VOCI; Thordarson et al., 2004) é um questionário de 55 itens que é a forma final do desenvolvimento e revisão abrangentes dos itens do Inventário Obsessivo-Compulsivo de Maudsley desenvolvido originalmente na década de 1970 por Hodgson e Rachman (1977). O VOCI consiste em seis subescalas fatorialmente determinadas:

1. contaminação (12 itens);
2. checagem (6 itens);
3. obsessões (12 itens);
4. colecionismo (7 itens);
5. completude ou perfeição (*just right*) (12 itens);
6. indecisão (6 itens).

As características psicométricas iniciais do VOCI são fortes conforme indicado por alta validade convergente com outras escalas autoaplicadas de TOC, escores significativamente mais altos de amostras de TOC do que ansiosos ou deprimidos não obsessivos e controles não clínicos, e validade discriminante moderada. Como a escala de sintoma do TOC mais abrangente com particular relevância a abordagens cognitivo-comportamentais do TOC atuais, o VOCI é uma escala promissora. Entretanto, mais pesquisa é necessária sobre suas propriedades psicométricas e surgiram preocupações com a validade de critério mais baixa das subescalas de Obsessões e Colecionismo (Thordarson et al., 2004).

DIRETRIZ PARA O TERAPEUTA 11.6

Recomendamos que a versão de entrevista da Y-BOCS e do CBOCI seja administrada como parte da avaliação pré-tratamento para obter uma avaliação clínica e de instrumentos autoaplicados do conteúdo e gravidade do sintoma do TOC. O VOCI também pode ser utilizado para obter uma avaliação mais abrangente da apresentação dos sintomas OC.

Conceitualização de caso

A fim de formular uma conceitualização de caso individual de TOC, são necessários diários e formulários de avaliação idiográficos, orientados ao processo para determinar a estimativa e as respostas de neutralização específicas do indivíduo às obsessões. Uma descrição detalhada de uma abordagem de formulação cognitiva de caso para o TOC pode ser encontrada em D. A. Clark (2004) juntamente com uma série de formulários de registro clínico e escalas de avaliação. A Tabela 11.3 apresenta um resumo das principais características cognitivas e comportamentais das obsessões e compulsões que devem ser avaliadas em uma formulação cognitiva de caso.

Avaliação orientada ao processo das obsessões

Após determinar a obsessão primária do paciente pela entrevista diagnóstica e avaliação dos sintomas, o terapeuta obtém uma avaliação individualizada detalhada de vários aspectos da obsessão e sua avaliação que fornecerá a direção da terapia. Para pacientes que têm mais de uma obsessão, paciente e terapeuta devem selecionar em colaboração uma obsessão que será o foco inicial do tratamento. O terapeuta questiona o paciente sobre todas as situações ou sinais que podem disparar a obsessão. Uma lista de situações é compilada incluindo gatilhos frequentes (ou seja, diários) e menos frequentes da obsessão. O foco principal serão situações externas, mas poderia incluir também sinais internos como certas sensações corporais, emoções ou outros pensamentos que disparam a obsessão. Uma análise situacional completa deve incluir o grau de sofrimento associado com cada situação ou sinal, probabilidade de que a situação dispare as obsessões e grau de esquiva associado com a situação. Se os pacientes têm dificuldade em relatar as situações evocativas, um formulário de automonitoramento da situação pode ser prescrito como tarefa de casa (para cópia do Formulário de Registro Situacional, ver D. A. Clark, 2004).

Também é fundamental prescrever como tarefa de casa um formulário de automonitoramento da obsessão a fim de coletar os dados antes de iniciar o tratamento sobre frequência, nível de sofrimento, tentativa de controle e impulso de empregar neutralização. Essa informação será útil para estimar a provável duração do tratamento e para determinar o sucesso da intervenção. Uma cópia do Registro Diário da Obsessão Primária pode ser encontrado no Apêndice 11.1.

O terapeuta também determina o tipo e intensidade da emoção associada com a obsessão. Embora ansiedade seja a emoção mais comum associada as obsessões, outras emoções como culpa, frustração, vergonha

---

TABELA 11.3 Resumo da avaliação idiográfica orientada ao processo de obsessões e compulsões

Características das obsessões	Características das compulsões
• Lista de situações ou sinais que disparam as obsessões	• Hierarquia de situações ansiosas ou evitadas relacionadas a obsessões ou compulsões
• Frequência diária da obsessão primária	• Frequência diária da compulsão primária
• Tipo e intensidade da emoção associada com a obsessão	• Premência de realizar a compulsão
• Consequências negativas ou ameaças percebidas devido a obsessão	• Grau de sucesso percebido da resistência à compulsão
• Tentativa de controle e seu sucesso percebido	• Identificação de outros tipos de estratégias de neutralização e controle utilizadas
• Outras avaliações primárias das obsessões	• Nível de *insight* da natureza excessiva ou irracional das obsessões e compulsões
• Consequências percebidas da falha em controlar a obsessão	

e raiva também podem estar presentes. O terapeuta também explora com o paciente a ameaça percebida ou consequências negativas antecipadas associadas à obsessão. Por exemplo, uma paciente que checava compulsivamente se a porta da secadora de roupas estava fechada temia que seu gato pudesse ficar trancado dentro e morresse sufocado. Além de algumas ameaças primárias, os pacientes frequentemente estão preocupados que a obsessão resulte em ansiedade esmagadora ou em uma incapacidade de funcionar no trabalho ou na escola. Todas as ameaças ou consequências negativas associadas à obsessão devem ser listadas juntamente com as avaliações do sofrimento associado com a consequência esperada, sua probabilidade de ocorrência e a importância estimada de impedir o resultado (ver D. A. Clark, 2004, para formulário de registro). O terapeuta cognitivo também deve avaliar o nível de esforço dirigido a prevenir ou suprimir a intrusão obsessiva, bem como o sucesso percebido do paciente em controlar a obsessão. O papel desempenado por outras estimativas primárias na manutenção da obsessão deve ser determinado, tais como responsabilidade percebida, FPA, intolerância à incerteza, perfeccionismo, importância do pensamento, seu significado pessoal e necessidade de controlar o pensamento. Além disso, a estimativa do paciente de seu fracasso em controlar as obsessões deve ser avaliada para determinar o papel das avaliações secundárias na patogênese da obsessão. É improvável que toda informação possa ser obtida na sessão de avaliação inicial, mas à medida que o tratamento progride, um quadro mais completo da base cognitiva da obsessão surgirá. Embora alguns dos questionários padronizados de cognição do TOC tais como o OBQ, III, Escala FPA ou RAS pudessem ser úteis nesse estágio, sem dúvida a abordagem mais útil é uma entrevista detalhada e registros de automonitoramento que são prescritos como tarefa de casa (para exemplos de formulários de registro da avaliação, ver D. A. Clark, 2004; Purdon e Clark, 2005; Wilhelm e Steketee, 2006).

Avaliação orientada ao processo das compulsões

A Tabela 11.3 também apresenta várias características das compulsões e outras formas de neutralização que devem ser incluídas em uma avaliação cognitiva. Como no tratamento comportamental do TOC, o desenvolvimento de uma hierarquia de situações ansiosas que são evitadas devido a preocupações obsessivas é uma parte importante da avaliação cognitiva. A análise situacional anteriormente discutida pode ser útil no desenvolvimento dessa hierarquia. Além disso, uma série de manuais de tratamento comportamental apresentam formulários de registro que são úteis para construir uma hierarquia de evitação (p. ex., Foa e Kozak, 1997; Steketee, 1993). As situações evitadas devem ser arranjadas hierarquicamente da situação menos aflitiva ou evitada à situação mais evitada e aflitiva. A redução ou completa eliminação do padrão de evitação pode ser incorporada às metas de tratamento (Baer, 2000). Por exemplo, uma das metas de uma paciente com compulsão de limpeza poderia ser usar banheiros públicos em um *shopping* com ansiedade apenas moderada, uma situação que ela atualmente evita devido à intensa ansiedade e medo de contaminação.

Também é importante obter dados de automonitoramento sobre a frequência diária da compulsão primária, bem como avaliações sobre o impulso subjetivo associado à compulsão e o grau de resistência exercido antes de se render à compulsão. Alguns indivíduos com TOC cedem ao impulso quase imediatamente enquanto outros podem fazer um esforço considerável para resistir. Também é importante avaliar o sucesso percebido dos pacientes em resistir a suas compulsões, bem como os fatores que poderiam contribuir para a resistência mais bem-sucedida. Visto que indivíduos com TOC empregam neutralização e outras formas de controle mental mesmo mais frequentemente que rituais compulsivos manifestos, é importante avaliar o tipo, frequência e sucesso percebido de várias estratégias de neutralização e controle mental. O Apêndice 11.2 apresenta um formulário de controle do pensamento que pode ser usado para esse propósito. Finalmente, o *insight* da natureza excessiva ou irracional das obsessões e compulsões deve ser determinado. As perguntas devem se focalizar no grau que os pacientes acreditam que a ameaça ou consequência negativa imaginada associada com o medo obsessivo é provável e se o ritual compulsivo ou outras formas de neutralização são tanto necessárias como efetivas para evitar o resultado temido. Por exemplo, uma paciente com *insight* pobre acreditava que ler e reler repetidamente informações triviais em jornais e folhetos de propaganda era necessário para garantir que ela não deixasse passar alguma notícia local que fosse importante para ela. As consequências percebidas e a efetividade da compulsão podem se tornar um foco primário na terapia visto que os pacientes com *insight* pobre frequentemente têm uma pior resposta ao tratamento (p. ex., Foa, Abramowitz, Franklin e Kozak, 1999; Neziroglu, Stevens, McKay e Yaryura-Tobia, 2001).

Ilustração clínica da conceitualização cognitiva de caso

Podemos retornar à apresentação do caso do início deste capítulo para ilustrar uma conceitualização cognitiva de caso do TOC. Lembremos que Richard tinha obsessões múltiplas de longa duração:

1. de suas mãos sendo contaminadas e passando germes aos outros;
2. de ter um odor corporal característico que os outros possam sentir;
3. de imagens intrusivas blasfemas e sexuais, abomináveis, ofensivas a Deus e que o mandassem para o inferno;
4. de dúvida acerca da correção de seu trabalho;
5. que os outros possam ver uma mancha vermelha nas suas costas e fiquem com nojo.

Essas obsessões levaram a uma série de rituais compulsivos como repetida lavagem das mãos, rituais de banhos longos, checagem e rechecagem excessiva, rotinas diárias rígidas e compulsões mentais. Entretanto, os "pensamentos de expor a mancha vermelha desagradável" é que eram a obsessão primária atual.

A avaliação revelou que a obsessão da mancha vermelha ocorria pelo menos 25 a 30 vezes nos dias ruins e estava associada com níveis de ansiedade de 65 a 70/100. Uma série de situações foram identificadas que disparavam a "obsessão da mancha vermelha" tal como estar em um lugar público e sentir pessoas atrás dele, sentir que suas calças estão frouxas, inclinar-se, movimentar-se demais em uma cadeira, sentir coceira, etc. O trabalho era a situação mais comum associada com a obsessão na qual se levantar de sua cadeira e caminhar na frente dos outros era particularmente provocador de ansiedade por medo de que suas costas ficassem expostas. Ansiedade moderada era a principal emoção associada com a obsessão. As avaliações primárias principais eram *superestimativa de ameaça* ("As pessoas verão minhas costas, ficarão com nojo e não vão querer se reunir comigo"), *excesso de responsabilidade* ("Eu preciso garantir que ninguém veja minhas costas"), *necessidade de controle* ("Se eu não me livrar da obsessão, vou ser esmagado pela ansiedade e ter que largar o trabalho"), *Probabilidade de FPA* ("Se eu acho que os pelos das minhas costas estão aparecendo, provavelmente eu os estou expondo aos outros"), *importância do pensamento* ("O pensamento sobre minhas costas deve ser importante porque ocorre repetidamente") e *intolerância à incerteza* ("Eu tenho que ter certeza de que minhas costas estão completamente cobertas").

Richard desenvolveu uma série de respostas para controlar sua obsessão da "mancha vermelha nas costas". Seu ritual compulsivo principal envolvia checar repetidamente se suas costas estavam expostas puxando sua camisa ou suéter para baixo. Entretanto, ele também realizava comportamentos de segurança como aplicar diariamente grandes quantidades de unguentos nas costas ou usar roupas folgadas. Ele também se apoiava em outras estratégias de neutralização, tais como reassegurar-se de que era difícil ver suas costas, perguntar a sua esposa se suas camisas estavam bem presas em suas calças (busca de reasseguramento), distrair-se com trabalho ou simplesmente tentar ignorar o pensamento. Ele também evitava quaisquer situações associadas com uma alta probabilidade de exposição das costas como praias, piscinas, natação, academias, etc. Richard avaliava o impulso de puxar a camisa compulsivamente como muito alto (90/100) e seu nível de resistência como baixo. Ele percebia que suas tentativas de controlar a obsessão e sua ansiedade associada eram moderadamente bem-sucedidas. Qualquer fracasso em reduzir imediatamente a ansiedade era interpretado como mais uma prova de que ele estava aumentando o risco de ofender os outros com a exposição de suas costas. Embora Richard reconhecesse que sua obsessão era incomum, a intensidade de sua ansiedade o convencia de que as outras pessoas provavelmente se sentiriam enojadas pela visão da mancha vermelha em suas costas.

Durante todo a terapia uma série de crenças centrais se tornou aparente. Richard acreditava que "as pessoas ficam facilmente ofendidas e portanto é sua responsabilidade garantir que isso não aconteça". Ele também acreditava que "a ansiedade era intolerável" e que "certos pensamentos são perigosos e devem ser controlados ou eles o levarão a uma vida de infelicidade e tormento". Como resultado, ele acreditava que o que necessitava "era maior controle sobre seus pensamentos e emoções" a fim de alcançar a estabilidade e a calma em sua vida. A formulação de caso de Richard levou a uma série de metas de tratamento.

1. Modificar sua estimativa de ameaça exagerada de exposição pública de suas costas.
2. Reformular suas crenças de controle a fim de que ele abandone as tentativas de controlar a obsessão.

3. Aumentar sua tolerância à ansiedade.
4. Evitar rituais compulsivos associados à obsessão, tais como checar suas costas e repetidamente puxar e prender suas camisas e suéteres.
5. Eliminar comportamentos de segurança, tais como usar roupas folgadas ou colocar unguento em suas costas.
6. Reduzir a esquiva de situações de "exposição das costas" tais como se inclinar, caminhar na frente das pessoas, nadar, etc.

DESCRIÇÃO DA TERAPIA COGNITIVA PARA TOC

Muitos pesquisadores clínicos afirmam agora que intervenções cognitivas devem ser incorporadas ao tratamento comportamental padrão de exposição e prevenção de resposta (ERP) na psicoterapia para TOC (p. ex., D. A. Clark, 2004; Freeston e Ladouceur, 1997b; Rachman, 1998; Salkovskis e Warwick, 1988; van Oppen e Arntz, 1994). Na terapia cognitiva a melhora nos sintomas obsessivos e compulsivos e o alívio da ansiedade são alcançados pela modificação de avaliações e crenças errôneas da obsessão, bem como das tentativas do indivíduo de controlar a obsessão. O modelo cognitivo do TOC fornece a estrutura teórica e os princípios orientadores para a terapia. Entretanto, a ERP ainda é o ingrediente terapêutico central na terapia cognitiva para TOC, com intervenções cognitivas frequentemente utilizadas para preparar o paciente para a tarefa de casa baseada em exposição. A seguir, apresentamos um resumo dos oito componentes terapêuticos da terapia cognitiva para obsessões e compulsões. Uma série de manuais de tratamento cognitivo-comportamental para TOC mais detalhados estão agora disponíveis (p. ex., D. A. Clark, 2004; Purdon e Clark, 2005; Rachman, 2003, 2006; Salkovskis e Wahl, 2004; Wilhelm e Steketee, 2006). A Tabela 11.4 apresenta um resumo dos componentes terapêuticos chave da terapia cognitiva para TOC.

TABELA 11.4 Componentes da terapia cognitiva para TOC

Componente da terapia	Descrição
Educar o paciente	A justificativa lógica do tratamento baseada no papel das avaliações e neutralização na manutenção de obsessões e compulsões.
Diferenciar estimativas e obsessões	Os pacientes são ensinados como identificar suas avaliações errôneas que levam a interpretações errôneas do significado pessoal da obsessão.
Reestruturação cognitiva	Busca de evidência, análise de custo-benefício, descatastrofização e identificação de erro cognitivo são usadas para enfraquecer a crença na periculosidade da obsessão e aumentar a disposição em participar de experimentos comportamentais baseados em exposição.
Explicação alternativa	É encorajada uma interpretação mais benigna e aceitável da obsessão e de seu controle.
Prevenção de resposta	São introduzidas estratégias para bloquear ou evitar rituais compulsivos, comportamentos de segurança, evitação, neutralização e outras estratégias de controle mental.
Experimentação comportamental	Exercícios de exposição na sessão e entre sessões são utilizados para modificar avaliações e crenças errôneas.
Modificar crenças centrais	São tratadas posteriormente na terapia as crenças centrais sobre periculosidade e controle de pensamentos e vulnerabilidade pessoal.
Prevenção de recaída	É tratada nas sessões finais de terapia a resposta efetiva à recaída e recorrência de sintomas.

Fase de educação

No Capítulo 6 discutimos o papel central que a educação desempenha na terapia cognitiva e como o terapeuta deve informar aos pacientes a natureza da ansiedade, a explicação cognitiva para a manutenção da ansiedade e a justificativa lógica do tratamento. Embora essas questões sejam incluídas no componente de educação da terapia cognitiva para TOC, o terapeuta também ressalta a normalidade de pensamentos intrusivos indesejados, o papel das avaliações metacognitivas errôneas e os efeitos prejudiciais de longo prazo da neutralização e de outras tentativas de controle mental. O objetivo de educar o paciente é facilitar a aceitação da justificativa lógica do tratamento, ou seja, que a redução nos sintomas obsessivos ou compulsivos é mais bem alcançada pela modificação de como a obsessão e seu controle são avaliadas.

Uma parte importante do processo de educação é normalizar a experiência de pensamentos, imagens e impulsos intrusivos indesejados de modo que o papel crítico de estimativas exageradas de significância seja ressaltado (Salkovskis e Wahl, 2003). Pode ser mostrado aos pacientes uma lista de pensamentos intrusivos indesejados comuns que foram coletados de amostras não clínicas (para listas, ver D. A. Clark, 2004; Rachman e de Silva, 1978; Wilhelm e Steketee, 2006). Indivíduos com TOC muitas vezes ficam surpresos de que indivíduos não clínicos com frequência relatam pensamentos e imagens que são semelhantes em conteúdo a suas próprias obsessões. Ao demonstrar o papel das avaliações o terapeuta pode pedir que o paciente selecione uma ou duas intrusões que não sejam problemáticas e discuta como o pensamento poderia ser interpretado de modo a se tornar uma ameaça altamente significativa. Isso pode ser comparado com sua própria interpretação benigna que reduz a intrusão a um papel insignificante, mesmo trivial no fluxo de consciência. Após isso, o

TERAPIA COGNITIVA PARA OS TRANSTORNOS DE ANSIEDADE **477**

terapeuta está pronto para selecionar a obsessão primária do paciente a partir da lista e explorar com ele de que forma ele "transformou essa intrusão em uma ameaça pessoal altamente significativa". Os efeitos negativos de longo prazo da neutralização podem ser demonstrados pelo "efeito camelo" (Freeston e Ladouceur, 1997b). O paciente é instruído a reter intencionalmente o pensamento ou imagem de um camelo por 2 minutos e então suprimir o pensamento do camelo por 2 minutos. Fracassos em reter ou remover o pensamento são sinalizados pelo paciente e registrados pelo terapeuta. Esse exercício é útil para demonstrar a inutilidade de nossos esforços de controlar intencionalmente pensamentos indesejados. Também pode ser discutido com os pacientes o potencial para efeitos de rebote uma vez cessados os esforços de supressão. Juntos esses exercícios, que são introduzidos cedo no tratamento, enfatizam a importância da mudança cognitiva na interpretação e controle do paciente de preocupações obsessivas.

DIRETRIZ PARA O TERAPEUTA 11.7

Educar o paciente na terapia cognitiva do TOC requer uma aceitação da normalidade de pensamentos intrusivos indesejados, do papel primário de estimativas errôneas e dos efeitos negativos da neutralização e de outras tentativas de controle mental.

Diferenciando estimativas de obsessões

Educar o paciente sobre como diferenciar entre a obsessão e sua estimativa da obsessão pode ser difícil porque indivíduos com TOC frequentemente passaram anos preocupados com suas questões obsessivas. Além disso, o conceito de metacognição, ou "pensamento sobre o pensamento", parecerá bastante abstrato e misterioso para alguns pacientes. Entretanto, é fundamental para o sucesso da terapia cognitiva que os pacientes se tornem conscientes do significado maladaptativo que dão à obsessão. De fato,

é difícil a terapia prosseguir com a modificação de estimativas errôneas se o paciente não estiver totalmente ciente de suas "estimativas metacognitivas" da obsessão.

Uma série de questões de entrevista podem ser usadas para tranquilizar o paciente em relação ao conceito de avaliação metacognitiva. Seguem algumas sondagens que usamos com pacientes com TOC:

- "O que torna esse pensamento [a obsessão] importante para você?"
- "O que é tão significativo acerca desse pensamento? Ele reflete alguma coisa sobre você – seu caráter ou valores?"
- "Há alguma coisa assustadora ou perturbadora acerca do pensamento? Você está preocupado com quaisquer possíveis consequências negativas? Quando você pensa sobre suas questões obsessivas, qual é a pior coisa que poderia acontecer?"
- "Há alguma coisa acerca do pensamento que chame sua atenção para ele, o torne difícil de ignorar?"
- "O que poderia acontecer se você não pudesse tirar o pensamento de sua mente ou não pudesse evitar ou completar seu ritual compulsivo?"

Após a sondagem cuidadosa dos pacientes sobre o significado especial ou importância da obsessão, terapeuta e paciente compõem juntos uma breve narrativa sobre o que torna a obsessão uma ameaça pessoal altamente significativa para o paciente. Juntamente com uma cópia do modelo de avaliação cognitiva de obsessões (Figura 11.1) e uma tabela que define as avaliações e crenças chave do TOC (ver Tabela 11.2 ou Apêndice 10.1, em D. A. Clark, 2004), terapeuta e paciente revisam a "narrativa de significância" e escolhem vários tipos de avaliações errôneas específicas (p. ex., responsabilidade, FPA, necessidade de controle, perfeccionismo) que caracterizam a narrativa. Isso pode ser seguido por uma prescrição de tarefa de casa na qual o paciente registra ocorrências da obsessão, o que torna a obsessão significativa no momento e que estimativas errôneas estavam presentes naquela ocasião específica de avaliação da obsessão (ver também Purdon, 2007).

DIRETRIZ PARA O TERAPEUTA 11.8

Assegure que os pacientes possam diferenciar suas estimativas da obsessão de seu conteúdo obsessivo antes de prosseguir com as intervenções cognitivas ou comportamentais visando modificar avaliações e crenças errôneas.

Reestruturação cognitiva

O Capítulo 6 forneceu uma ampla discussão de intervenções cognitivas como busca de evidência, análise de custo-benefício, descatastrofização e identificação de erro que são usadas para contestar pensamentos e crenças ansiosos. Essas mesmas estratégias podem ser usadas para desafiar avaliações e crenças errôneas sobre obsessões e seu controle com alguma adaptação para TOC. Entretanto, é importante que as intervenções cognitivas se focalizem nas avaliações da obsessão e não na modificação do próprio conteúdo obsessivo. Salkovskis (1985, 1989) alerta que estratégias cognitivas não serão efetivas para persuadir os pacientes a abandonar seus medos obsessivos. Antes, as estratégias cognitivas são usadas para reeducar os pacientes de que sua avaliação exagerada do significado da obsessão é errônea. Por exemplo, em nosso exemplo, Richard não poderia ser convencido de que as pessoas não veriam "a mancha vermelha em suas costas" e ficariam enojados por isso (ou seja, seu conteúdo obsessivo). Em vez disso usamos busca de evidência, experimentação comportamental e explicações alternativas para contestar sua estimativa de ameaça exagerada sobre exposição pública da mancha vermelha nas costas.

A reestruturação cognitiva deve ser talhada para visar as sete avaliações e crenças errôneas que são cruciais ao TOC (isto é, superestimativa da ameaça, importância dos pensamentos ou FPA, controle dos pensamentos, excesso de responsabilidade, intolerância à incerteza, perfeccionismo e falhas do controle do pensamento). O terapeuta cognitivo dedicará mais tempo a avaliações que sejam particularmente importantes no TOC do indivíduo. Mencionamos aqui algumas estratégias de reestruturação cognitiva que podem ser usadas com cada uma das avaliações (ver D. A. Clark, 2004; Purdon, 2007; Purdon e Clark, 2005; Rachman, 2003; Wilhelm e Steketee, 2006, para descrições mais detalhadas). A técnica da flecha descendente, calculando a probabilidade de dano e pesquisa das estimativas de dano de outras pessoas podem ser usadas para contestar as *avaliações de ameaça superestimadas*. Um gráfico de *pizza* no qual o paciente atribui porcentagens de responsabilidade por um resultado a vários fatores incluindo a si mesmo pode ser usado para *contestar as crenças de excesso de responsabilidade pessoal* (Salkovskis e Wahl, 2003). O questionamento socrático é útil para ressaltar a circularidade e raciocínio errôneo envolvido nas avaliações de *importância do pensamento* (isto é, "A obsessão é importante porque ocorre tão frequentemente ou ela é frequente porque presumimos que ela é importante?"). Wilhelm e Steketee (2006) discutem a "técnica do tribunal" na qual evidência a favor e contra a "importância da obsessão" pode ser apresentada. Purdon e Clark (2005) recomendaram fazer os pacientes pensar sobre todas as vezes que tiveram o pensamento obsessivo e este não levou ao ato ou resultado temido, indicando que o pensamento obsessivo pode não ser tão importante quanto presumido. Para avaliações de *intolerância à incerteza*, uma intervenção cognitiva de custo-benefício pode ser empregada. Os pacientes são solicitados a lembrar uma época em que eles tinham certeza de uma atitude ou decisão que tomaram e a quantidade de tempo e esforço extra que era necessário para alcançar um "sentimento de certeza". Então eles podem ser solicitados a lembrar uma época em que tomavam uma atitude ou decisão mesmo em face de alguma incerteza. Compare o resultado de cada ação ou decisão e examine os custos e benefícios do tempo extra gasto para chegar a um nível de certeza mais alto. Valeu a pena em longo prazo? O mesmo tipo de intervenção cognitiva pode ser usado com crenças de *perfeccionismo* na qual os pacientes podem ser solicitados a avaliar o quão perfeitamente realizaram alguma tarefa, as consequências de seu desempenho menos-que-perfeito e se os recursos extra necessários para tornar o desempenho 10 ou 20% mais perfeito valeram o esforçou ou não. As consequências negativas de lutar pelo perfeccionismo também podem ser prescritas como tarefa de casa.

Particular atenção deve ser dada a avaliações e crenças de *necessidade de controlar* a obsessão e *falha em obter controle completo*. Os pacientes podem ser encorajados a experimentar diferentes níveis de esforço para controlar a obsessão e registrar as consequências associadas a esses esforços variados. "O que acontece à ansiedade e frequência da obsessão se as compulsões, neutralização ou outras estratégias de controle forem adiadas ou totalmente bloqueadas?", "Quais são os custos e benefícios de despender maior ou menor esforço para controlar a obsessão?", "O que de pior pode acontecer se você deixar de controlar a obsessão?". Pode-se começar encorajando curtos períodos de "não controle" (adiar tentativas de controle por alguns minutos) e gradualmente aumentar os períodos de demora para horas ou mesmo dias. Para aumentar o impacto cognitivo desses exercícios, os pacientes são solicitados a registrar as consequências de seus esforços. Esse material é examinado cuidadosamente nas sessões subsequentes como apoio a favor ou contra as crenças errôneas sobre controle da obsessão. Uma intervenção de descatastrofização pode ser usada para as avaliações secundárias de fracasso do controle. Os pacientes podem ser solicitados a descrever o pior resultado possível que possam imaginar se perderem o controle mental completo sobre a obsessão. "Como seriam suas vidas?" "Como poderiam aguentar se a obsessão nunca desaparecesse da percepção consciente?" Terapeuta e paciente poderiam desenvolver juntos um plano de contingência se ele experimentasse um completo fracasso no controle mental. O paciente poderia também sondar familiares e amigos sobre a tolerância deles aos fracassos de controle mental. De fato o paciente poderia ser instruído a monitorar quantas vezes fracassou no controle mental com pensamentos não obsessivos. Os pacientes podem descobrir que têm menos controle do que presumiam e são mais tolerantes a controle mental imperfeito quando ele envolve pensamentos não obsessivos.

A busca de evidência e análise de custo-benefício foram usadas para contestar uma série de crenças de Richard sobre a ameaça significativa imposta pela obsessão da mancha nas costas e a necessidade de obter melhor controle sobre a obsessão de modo que suas propriedades provocadoras de ansiedade pudessem ser neutralizadas. Por exemplo, Richard foi instruído a tirar uma fotografia de suas costas e então compará-la a figuras das costas de outros homens para ver se ele exagerava a mancha vermelha em suas costas (ou seja, avaliação de ameaça superestimada). Em outro exercício de reestruturação cognitiva comparamos as avaliações de Richard de ameaça, importância e significância para o pensamento "E se alguém vê a mancha vermelha nas minhas costas?" (isto é, a obsessão ansiosa) com o pensamento "E se alguém percebeu muco nasal pendendo do meu nariz?" (isto é, um pensamento neutro não ansioso). Ainda que o último pensamento estivesse associado com uma probabilidade realista muito mais alta de repugnância e constrangimento social, o pensamento não causava ansiedade devido a forma como era avaliado. Richard foi capaz de ver que eram suas avaliações errôneas de significado que causavam sua ansiedade e preocupação com a mancha. Finalmente, foi usada busca de evidência para contestar:

1. o perigo imaginado de Richard de que expor suas costas aos outros seria perigoso (ou seja, "encontrar qualquer registro conhecido de que alguém ficou horrivelmente repugnado pela visão de uma mancha vermelha em suas costas");

2. sua insistência de que ele tem certeza de que qualquer um tem nojo quando olha para ele;

3. sua falha em reconhecer as consequências negativas de tentar de fato controlar qualquer traço em sua mente da "obsessão da mancha vermelha nas costas".

DIRETRIZ PARA O TERAPEUTA 11.9

É introduzida cedo no tratamento aas reestruturação cognitiva para enfraquecer crenças disfuncionais do significado pessoal da ameaça e da importância da obsessão, sua necessidade de controle e os efeitos negativos percebidos de exposição e prevenção de resposta.

Explicação alternativa

As intervenções de reestruturação cognitiva devem encorajar os pacientes com TOC a questionar suas crenças de que obsessões são ameaças altamente perigosas as quais eles têm a responsabilidade pessoal de controlar. Mas a reestruturação cognitiva também deve orientar os pacientes no sentido de adotar perspectivas mais saudáveis, mais adaptativas sobre a obsessão e seu controle. O objetivo da terapia cognitiva é fazer os pacientes com TOC adotar a seguinte perspectiva sobre suas obsessões e compulsões.

Obsessões são intrusões sem sentido, benignas que não têm significância pessoal particular. Elas são uma manifestação normal de uma mente ativa e criativa. O pensamento se tornou altamente frequente e aflitivo devido a "interpretações catastróficas errôneas do significado da ameaça" e a tentativas excessivas de neutralização e controle. O controle mental é ilusório na maioria das vezes de modo que a abordagem mais efetiva é cessar todas as compulsões, neutralização ou outras respostas de controle mental. As tentativas de controlar a obsessão e sua ansiedade associada podem levar a alívio imediato, mas ele é apenas temporário. Com o tempo a obsessão apenas aumenta em frequência e intensidade. Uma abordagem passiva, aquiescente à obsessão é a melhor cura para a ansiedade.

Para facilitar a aceitação dessa perspectiva alternativa, o terapeuta cognitivo deve trabalhar em colaboração com os pacientes para que eles escrevam sua própria narrativa saudável das obsessões e compulsões. Os pacientes têm maior probabilidade de aceitar a explicação alternativa se ela for expressa em suas próprias palavras e pontuada com exemplos de sua própria experiência. O paciente deve receber uma cópia da explicação alternativa e o desenvolvimento diário dessa perspectiva se tornaria um dos objetivos principais da terapia. No caso de Richard, a explicação alternativa se focalizou em abandonar seus esforços de controlar a obsessão e tolerar alguma ansiedade inicial a fim de alcançar reduções em longo prazo de suas preocupações obsessivas e da ansiedade.

DIRETRIZ PARA O TERAPEUTA 11.10

A explicação alternativa normalmente enfatiza que uma intrusão obsessiva é um aborrecimento mental sem sentido cuja frequência e propriedades provocadoras de ansiedade desaparecerão se todas as tentativas de controle ou neutralização cessarem.

Prevenção de resposta

A prevenção de resposta é um elemento terapêutico importante em todo tratamento cognitivo para TOC. De fato a confiança contínua em rituais compulsivos ou em outras formas de neutralização arruinarão a efetividade da terapia cognitiva para obsessões. No Capítulo 7 discutimos sete passos para desenvolver a prevenção de resposta. É importante que a terapia se focalize não apenas em evitar rituais compulsivos, mas também qualquer es-

TERAPIA COGNITIVA PARA OS TRANSTORNOS DE ANSIEDADE — **481**

tratégia de neutralização ou controle mental que funcione para reduzir a ansiedade, evitar algum resultado temido ou desviar a atenção da obsessão. Naturalmente, a efetividade da exposição ao medo obsessivo será enfraquecida se as compulsões e outras estratégias de controle não forem evitadas.

É provável que os pacientes relutem em empregar a prevenção de resposta quando a ansiedade é muito alta, portanto o terapeuta geralmente começa evitando as compulsões e as respostas de neutralização a situações que evocam ansiedade moderada na variação intermediária da hierarquia de exposição. É preferível que o terapeuta comece com exposição e prevenção de resposta na sessão para assegurar que o paciente bloqueie todas as compulsões e outras formas de neutralização. Isso também dá ao terapeuta cognitivo uma oportunidade de discutir respostas de enfrentamento adequadas que possam ser usadas durante a prevenção de resposta e de lidar com quaisquer crenças ou avaliações negativas que o paciente possa ter sobre exposição e prevenção de resposta. Sessões de ERP efetivas geralmente duram 60 a 90 minutos e o paciente é sempre encorajado a praticar diariamente a tarefa de casa de ERP. Os pacientes devem registrar a frequência, duração e resultado de sua tarefa de casa de ERP nos formulários de automonitoramento a fim de que a efetividade da intervenção possa ser acompanhada. Com Richard, a prevenção de resposta se focalizou em se abster de puxar seu suéter ou de checar se sua camisa estava bem presa na calça ou tentar se convencer de que ninguém estava olhando para suas costas (ou seja, estratégia de controle de autorreasseguramento).

DIRETRIZ PARA O TERAPEUTA 11.11

A prevenção de resposta é um dos principais ingredientes terapêuticos na terapia cognitiva do TOC. Ela desafia diretamente as avaliações e crenças secundárias sobre a necessidade de controlar a obsessão e sua ansiedade.

Experimentação comportamental

A maioria dos experimentos comportamentais usados na terapia cognitiva para TOC envolvem alguma forma de exposição constante à obsessão e sua ansiedade associada. Entretanto, a principal diferença entre terapia comportamental e terapia cognitiva é que no último caso a exposição é usada para modificar avaliações e crenças errôneas sobre a importância e a periculosidade percebidas da obsessão. Os experimentos comportamentais baseados em exposição são introduzidos no início do tratamento, frequentemente orientados pela hierarquia do medo. Após educar o paciente no modelo cognitivo e em várias intervenções cognitivas visando esclarecer o importante papel das avaliações e crenças na manutenção das obsessões, o terapeuta introduz os exercícios de exposição na sessão e entre as sessões como um método de testar empiricamente a validade das crenças relacionadas à obsessão-compulsão. D. A. Clark (2004, Tabela 11.1) descreve uma série de exercícios comportamentais específicos que podem ser usados com os pacientes para modificar avaliações e crenças de ameaça, responsabilidade, controle, intolerância à incerteza, etc. (ver também Purdon, 2007; Purdon e Clark, 2005; Rachman, 2003; Wilhelm e Steketee, 2006; Whittal e McLean, 2002, para descrições de experimentos comportamentais para TOC).

Muitos desses experimentos comportamentais envolvem exposição repetida e constante à obsessão em uma variedade de situações evitadas com prevenção de resposta de qualquer forma de neutralização. O paciente é instruído a monitorar o resultado desses exercícios de exposição a fim de testar firmemente suas crenças, tais como ameaça antecipada, responsabilidade pessoal ou necessidade de controlar a obsessão e evitar consequências horrendas imaginadas que o indivíduo acredita que ocorrerão se o controle sobre a obsessão ceder. É importante que o terapeuta cognitivo explore com os pacientes o resultado de seus experimentos comportamentais em sessões subsequentes a fim de consolidar a evidência que contesta as avaliações e crenças errôneas. Por exemplo, os pacientes com uma forte crença de que "o controle estrito sobre uma obsessão é necessário a fim de evitar ser esmagado pela ansiedade" poderiam ser instruídos a alternar os dias (ou horas do dia) em que despendem grande esforço para controlar o pensamento *versus* outros dias em que eles desistem de controlar o pensamento. O terapeuta cognitivo poderia então revisar com os pacientes seus registros de automonitoramento. Algumas observações ou perguntas de sondagem que seriam importantes para modificar crenças de controle errôneas poderiam ser

1. "Eu percebo pelo seu formulário de registro que você não teve mais obsessões ou ansiedade em 'dias de baixo controle *versus* dias de alto controle'. O que isso lhe diz sobre sua preocupação de que a ansiedade fosse piorar se você não tentasse suprimir a obsessão?".
2. "Você previu que não responder à obsessão seria extremamente difícil, mas qual foi sua experiência real? Pelo registro parece que você se saiu muito bem".
3. "Eu percebo que você anotou que os dias de controle foram bastante frustrantes e exaustivos comparados aos 'dias sem controle'. O que isso lhe diz sobre os custos pessoais da neutralização repetida e das tentativas de controle mental?". Na terapia cognitiva, então, a exposição se torna um dos instrumentos terapêuticos mais potentes para modificar diretamente as avaliações e crenças errôneas subjacentes ao pensamento obsessivo.

Um experimento comportamental utilizado com Richard foi escolher períodos de tempo durante seu dia de trabalho em que ele intencionalmente traria a obsessão à sua mente (p. ex., "As outras pessoas podem ver minhas costas?"), e ao mesmo tempo se privaria de puxar a camisa ou de procurar autorreasseguramento. Ele também colocava uma anotação colada ao monitor do seu computador com a palavra

"ATRÁS" como um lembrete para intencionalmente pensar na mancha vermelha das costas. O componente imaginário desse exercício de exposição desafiou a crença de Richard de que a obsessão era uma ameaça significativa porque ele seria esmagado pela ansiedade. Ao mesmo tempo a sugestão escrita ATRÁS era um tipo de exposição situacional porque desafiava a crença de Richard de que qualquer estímulo relacionado a sua preocupação obsessiva (isto é, a palavra "atrás") evocaria perguntas de seus colegas de trabalho. Como veio a ocorrer, Richard considerou o exercício moderadamente difícil de completar devido a sua crença irracional de que os outros perguntariam sobre a anotação e de alguma forma descobririam sobre sua obsessão com suas costas.

DIRETRIZ PARA O TERAPEUTA 11.12

Prescrições comportamentais na sessão e entre sessões baseadas em exposição são usadas como exercícios diretos de teste empírico da hipótese para estruturar experiências que desafiam diretamente avaliações e crenças obsessivas, levando a modificação da base cognitiva das obsessões e compulsões.

O papel das crenças centrais e prevenção da recaída

A manutenção em longo prazo dos efeitos do tratamento será aumentada se a fase final da terapia cognitiva se focalizar nas crenças centrais maladaptativas do indivíduo e estabelecer no término algumas estratégias de prevenção da recaída. Wilhelm e Steketee (2006) sugerem que as crenças centrais relevantes no TOC frequentemente giram em torno dos mesmos temas observados nas avaliações e crenças de obsessões. Crenças centrais de impotência e vulnerabilidade pessoal estão relacionadas a superestimativa da ameaça, crenças sobre fraqueza e a perda de controle estão ligadas a avaliações de controle do pensamento e suposições centrais de inferioridade e incompetência estão relacionadas ao perfeccionismo. No decorrer da terapia, o paciente pode ser encorajado a manter um registro de experiências que contestem diretamente essas crenças centrais sobre si mesmo. Por exemplo, o indivíduo que acredita que é particularmente carente de "força de vontade e controle mental forte" poderia manter um registro de suas experiências de "disciplina mental." Essa informação poderia ser usada para reajustar sua crença central para uma visão si mesmo mais saudável tal como "Obviamente tenho mais força mental do que eu penso" e "Eu não sou melhor ou pior do que a média das pessoas na minha capacidade de direcionar meus processos de pensamento".

As últimas sessões de terapia são dedicadas à prevenção da recaída, que como foi demonstrado melhora a manutenção do tratamento na TCC para TOC (p. ex., Hiss, Foa e Kozak, 1994). Uma série de estratégias de intervenção foram descritas para melhorar a prevenção da recaída. Tolin e Steketee (2007) sugerem que nas sessões finais de terapia a responsabilidade pela exposição deve mudar do terapeuta para o paciente (p. ex., "Que tipo de exposição você poderia fazer agora que seria mais útil?") e os indivíduos devem ser encorajados a desenvolver mudanças de estilo de vida permanentes de modo a contestar frequentemente seu medo e evitação como uma parte natural da vida diária. Além disso, educar o paciente sobre a probabilidade de futuras recaídas e identificar situações de alto risco são uma parte importante da prevenção da recaída (D. A. Clark, 2004; Tolin e Steketee, 2007). Paciente e terapeuta devem desenvolver um protocolo escrito para como lidar com reacaída (Freeston e Ladouceur, 1999). A introdução de habilidade básicas de solução de problemas, grupos de apoio e como manejar mudanças de medicamento também é recomendada (Wilhelm e Steketee, 2006). Finalmente, espaçar as sessões de tratamento e programar sessões de reforço ocasionais pode melhorar os efeitos do tratamento em longo prazo.

> **DIRETRIZ PARA O TERAPEUTA 11.13**
> Dada a cronicidade do TOC, durante as últimas sessões de terapia cognitiva é importante se focalizar na modificação de crenças centrais, bem como em questões de futuras recaídas. Isso ajudará a encorajar o poder de generalização e a manutenção em longo prazo dos efeitos do tratamento.

EFICÁCIA DA TERAPIA COGNITIVA PARA TOC

Uma série de ensaios clínicos randomizados controlados bem delineados demonstraram claramente a efetividade imediata e de longo prazo de exposição e prevenção da recaída (ERP) para TOC (para revisões, ver Foa e Kozak, 1996; Foa, Franklin e Kozak, 1998; Kozak e Coles, 2005; Rowa, Antony e Swinson, 2007). É agora recomendada como tratamento de escolha, sozinho ou em combinação com medicamento ISRS, TCC que inclua tanto ERP como terapia cognitiva, para todo adulto com TOC (March, Frances, Carpenter e Kahn, 1997). Nessa breve revisão, adotamos o costume atual de se referir a ERP como tratamento primariamente comportamental com apenas uma ligeira ênfase nos processos cognitivos, a terapia cognitiva como tratamento consistindo principalmente de reestruturação cognitiva sem ERP formal e a TCC como tratamento com uma ênfase razoavelmente igual na ERP e na reestruturação cognitiva.

Está agora bem estabelecido que ERP é um tratamento efetivo para o TOC (p. ex., Foa, Liebowitz et al., 2005; Marks, Hodgson e Rachman, 1975; Rachman et al., 1979) e que ela é efetiva quando oferecida em sistema ambulatorial privado (Franklin, Abramowitz, Kozak, Levitt e Foa, 2000) ou quando oferecida a pacientes de minorias étnicas (Friedman et al., 2003). Em sua revisão de 12 estudos de resultado envolvendo 330 pacientes com TOC, Foa e Kozak (1996) concluíram que 83% dos pacientes melhoraram com ERP. Diversos estudos de metanálise concluíram que ERP está associada com tamanho de efeito pré e pós-tratamento grande (Abramowitz, 1996; Abramowitz, Franklin e Foa, 2002; Eddy, Dutra, Bradley e Westen, 2004; Kobak, Greist, Jefferson, Katzelnick e Henk, 1998; van Balkom et al., 1994) e variações médias de redução de sintomas de 48 a 59% (ver Kozak e Coles, 2005). A porcentagem de pacientes que alcançou a recuperação após o tratamento varia de 24 a 73% com recuperação definida como 25 a 50% de redução dos sintomas (Eddy et al., 2004; Fisher e Wells, 2005). Entretanto, se critérios mais rigorosos forem utilizados, menos de 30% dos pacientes estão assintomáticos após o tratamento (Fisher e Wells, 2005).

Foi demonstrado que ERP é significativamente mais efetiva do que medicamento sozinho (Foa, Liebowitz et al., 2005), embora outros estudos tenham encontrado efeitos de tratamento equivalentes (van Balkom et al., 1998; ver revisão de comparação por Christensen, Hadzi-Pavlovic, Andrews e Mattick, 1987) ou uma possível vantagem de ERP e ISRS combinados (Cottraux et al., 1990; Hohagen et al., 1998). Em seu estudo de metanálise Eddy e colaboradores (2004) relataram tamanho de efeito maior para ERP ou terapia cognitiva do que medicação isolada, mas os maior tamanho de efeito foi encontrado com a combinação de farmacoterapia e psicoterapia. Embora apenas alguns poucos estudos relatem seguimentos de longo prazo, Foa e Kozak (1996) concluíram que 76% dos pacientes mantêm seus ganhos do tratamento por uma média de 29 meses. Entretanto, um número significativo de indivíduos com TOC (37%) ou recusam ERP, abandonam a terapia ou não apresentam resposta (Stanley e Turner, 1995), e apenas uma minoria dos que completam o tratamento estão inteiramente livres dos sintomas após o tratamento (p. ex., Fisher e Wells, 2005). Além disso, alguns subtipos de TOC podem não responder tão bem a ERP quanto indivíduos com obsessões puras, colecionismo ou contaminações mentais (Rachman, 2003, 2006; Steketee e Frost, 2007). Portanto, apesar da eficácia

documentada da ERP, ainda há considerável espaço para melhora.

Estudos recentes de resultado de tratamento do TOC com TCC que coloca peso igual em intervenções cognitivas e ERP estão mais relacionadas à terapia cognitiva descrita neste capítulo. Embora esses estudos sejam em menor número, os primeiros resultados são mais encorajadores com TCC mostrando efeito de tratamento forte (p. ex., Franklin, Abramowitz, Bux, Zoellner e Feeny, 2002; Freeston et al., 1997; O'Connor, Aardema, Bouthillier et al., 2005; McLean et al., 2001; van Oppen, de Haan et al., 1995; Whittal et al., 2005). Além disso, pacientes que apresentam uma boa resposta a TCC também experimentam uma melhora significativa em sua qualidade de vida que se prolonga para além de reduções nos sintomas do TOC (Diefenbach, Abramowitz, Norberg e Tolin, 2007; Norberg, Calamari, Cohen e Riemann, 2007). Entretanto, uma questão crítica é se adicionar intervenções cognitivas à ERP melhora o tratamento em relação a uma abordagem estritamente comportamental. Os achados desses estudos de comparação estão longe de ser claros. Alguns verificaram que TCC (terapia cognitiva mais ERP) é equivalente a ERP isolada (O'Connor, Aardema, Bouthillier et al., 2005; Whittal et al., 2005), enquanto outros sugerem que ERP isolada mais intensiva poderia ser mais efetiva (McLean et al., 2001) e pelo menos um estudo relatou superioridade para TCC (van Oppen, de Haan et al., 1995). Parece que TCC em grupo para TOC é menos efetiva do que terapia individual (Fisher e Wells, 2005; McLean et al., 2001; O'Connor, Freeston et al., 2005).

Mesmo se TCC *versus* ERP isoladas são consideradas equivalentes, isso não é um achado irrelevante porque se poderia argumentar que a adição de intervenções cognitivas poderia diminuir a potência da ERP reduzindo a quantidade de exposição que os pacientes recebem na terapia (ver argumentos por Kozak, 1999). Kozak e Coles (2005) concluíram de sua revisão da literatura de resultado que a adição de intervenções de terapia cognitiva a exposição intensiva, supervisionada pelo terapeuta e abstinência rigorosa dos rituais compulsivos não era justificada porque ela poderia na verdade diminuir a efetividade da terapia comportamental. Entretanto, Fama e Wilhelm (2005) salientam que um número insuficiente de estudos comparou diretamente TCC com ERP e protocolos de terapia cognitiva abaixo do ideal podem ter sido utilizados em alguns dos estudos incluídos nas revisões da literatura. Além disso, Fama e Wilhelm afirmam que dado o recente advento da terapia cognitiva para TOC, mais refinamentos e elaboração nas intervenções cognitivas devem ser encorajados em vez de descartados prematuramente como ineficazes.

Uma série de estudos demonstrou que intervenções cognitivas sem instruções explícitas de empregar exposição ou prevenção de resposta podem levar por si só a melhora significativa nos sintomas obsessivos e compulsivos. Em um estudo com 65 pacientes ambulatoriais com TOC que foram alocados s aleatoriamente para 20 sessões de terapia cognitiva ou 20 horas de ERP intensiva mostraram resposta equivalente após o tratamento e no seguimento (Cottraux et al., 2001). Wilson e Chambless (2005) aplicaram terapia cognitiva sem ERP a seis pacientes com TOC e relataram que dois dos seis se recuperaram após o tratamento. Freeston, Léger e Ladouceur (2001) empregaram terapia cognitiva visando especificamente às seis estimativas e crenças de TOC discutidas neste capítulo e obtiveram melhora significativa após o tratamento em quatro dos seis pacientes com obsessões puras sem compulsões manifestas. Múltiplos estudos de caso anteriores indicaram que terapia cognitiva isolada pode produzir mudança clinicamente significativa em pacientes com rituais de checagem compulsiva (Ladouceur, Léger, Rhéaume e Dubé, 1996; Rhéaume e Ladouceur, 2000). Comparado com um grupo controle de lista de espera, Jones e Menzies (1998) relataram que pacientes com rituais de lavagem compulsiva que receberam seu protocolo de tratamento DIRT que se focaliza especificamente em intervenções cognitivas sem exposição a estí-

mulos provocadores de ansiedade apresentaram reduções significativas dos sintomas pré e pós-tratamento. Em um estudo posterior, quatro de cinco pacientes com TOC refratário que não responderam a ERP apresentaram melhora sintomática significativa com o DIRT (Krochmalik Jones e Menzies, 2001). Juntos esses estudos indicam que intervenções cognitivas isoladas podem ter um efeito significativo na redução de sintomas, embora o tamanho do efeito possa ser menor quando comparado a ERP intensiva (Abramowitz et al., 2002).

DIRETRIZ PARA O TERAPEUTA 11.14

A terapia cognitiva individual é um tratamento efetivo para TOC que pode eventualmente se revelar particularmente benéfico para certos subtipos de TOC tais como indivíduos com obsessões puras sem compulsões manifestas. Intervenções cognitivas devem ser introduzidas nas primeiras sessões com exercícios comportamentais baseados em exposição frequentes e intensos empregados durante todo o curso do tratamento.

RESUMO E CONCLUSÕES

Em muitos aspectos o TOC é um dos transtornos de ansiedade mais difíceis e desconcertantes dada sua apresentação sintomática heterogênea e idiossincrática. Ele é uma condição confusa porque os indivíduos relatam intensa ansiedade em relação ao pensamento mais inofensivo, mesmo incrédulo (p. ex., "Eu poderia espalhar uma doença mortal para os outros porque estou contaminado com radioatividade") enquanto ao mesmo tempo que reconhece o absurdo e a impossibilidade do medo. Esse tipo de medo irracional requer um refinamento da abordagem cognitiva padrão.

Este capítulo apresentou uma teoria metacognitiva que explica a manutenção dos sintomas obsessivos e compulsivos em termos de estimativas e crenças errôneas que levam a avaliações exageradas de que a obsessão representa uma ameaça pessoal significativa que poderia estar associada com consequências catastróficas (Rachman, 1997). Avaliações envolvendo superestimativa da ameaça, excesso de responsabilidade, importância excessiva do pensamento (ou seja, FPA), controle de pensamentos, intolerância à incerteza e perfeccionismo estão implicadas como processos cognitivos fundamentais, juntamente com raciocínio indutivo errôneo, que fazem com que o indivíduo propenso a obsessão interprete erroneamente pensamentos intrusivos indesejados normais. Uma vez que a intrusão mental seja considerada uma ameaça altamente significativa, o indivíduo emprega várias respostas manifestas e veladas para controlar ou neutralizar o medo obsessivo. Entretanto, neutralização repetida (p. ex., ritual compulsivo) e interpretações errôneas da importância do controle fracassado também contribuirão para a manutenção da obsessão. Isso ativa um ciclo progressivo de ansiedade elevada com o aumento da frequência e da importância da obsessão associado com fracasso repetido em alcançar a neutralização efetiva ou um estado satisfatório de calma. Conforme revisado no capítulo, há uma quantidade de evidência empírica a favor do modelo cognitivo das obsessões, especialmente superestimativa da ameaça, excesso de responsabilidade, FPA e necessidade de controle dos pensamentos. Foi apresentada uma terapia cognitiva para TOC de oito componentes na qual os principais ingredientes terapêuticos são reestruturação cognitiva, experimentação comportamental baseada em exposição e prevenção de resposta que visa às avaliações e crenças errôneas específicas ao TOC.

Os últimos anos testemunharam um desabrochar da pesquisa sobre a base cognitiva do TOC. Entretanto, estamos apenas começando a desenvolver uma abordagem cognitiva ao TOC e muitas questões permanecem abertas para futuras pesquisas. As estimativas e crenças errôneas são específicas do TOC, e elas são causas ou consequências do transtorno? Indivíduos com TOC sofrem de controle mental pobre ou o problema é com sua avaliação subjetiva de controle e suas consequências antecipadas? Alguns indivíduos têm uma vulnerabilidade cognitiva para TOC? As intervenções cognitivas acrescentam algum valor terapêutico significativo além dos efeitos de exposição e prevenção de resposta? Uma abordagem cognitiva do tratamento é mais efetiva para alguns subtipos de TOC do que para outros? Poderia a adição de intervenções cognitivas aumentar os efeitos profiláticos da TCC como visto no tratamento de depressão? Embora haja muitas questões que permanecem para futura investigação, a perspectiva cognitiva está acrescentando novas percepções ao nosso entendimento e tratamento das obsessões, em particular.

APÊNDICE 11.1

REGISTRO DIÁRIO DA OBSESSÃO PRIMÁRIA

Nome: _____ Data: _____

Obsessão primária: _____

Instruções: Na consulta com o terapeuta, por favor registre o pensamento, imagem ou impulso obsessivo que é mais perturbador para você nesse momento. Registre o número aproximado de vezes que você experimentou a obsessão em um determinado dia. Então complete as escalas de avaliação que indicam sua experiência mais típica da obsessão para cada dia da semana. Este formulário deve ser completado todas as noites na hora de dormir.

Dia da semana	Frequência aproximada da obsessão durante o dia	Sofrimento médio da obsessão (0 = nenhum a 100 = extremo, tipo pânico)	Intensidade do esforço para controlar a obsessão (0 = nenhum esforço a 100 = esforço frenético para parar de pensar na obsessão)	Intensidade do impulso de empregar compulsão ou neutralização (0 = nenhum impulso a 100 = impulso irresistível)
Domingo				
Segunda-feira				
Terça-feira				
Quarta-feira				
Quinta-feira				
Sexta-feira				
Sábado				
Domingo				
Segunda-feira				
Terça-feira				
Quarta-feira				
Quinta-feira				
Sexta-feira				
Sábado				

De D. A. Clark (2004, p. 179). *Copyright* 2004 por The Guilford Press. Reimpresso em *Terapia cognitiva para os transtornos de ansiedade: ciência e prática*, de David A. Clark e Aaron T. Beck.

APÊNDICE 11.2

REGISTRO DE ESTRATÉGIAS DE CONTROLE ASSOCIADAS COM A OBSESSÃO PRIMÁRIA

Nome: _____ Data: _____

Obsessão primária: _____

Instruções: Na consulta com o terapeuta, por favor registre o pensamento, imagem ou impulso obsessivo que é mais perturbador para você nesse momento. A seguir, você encontrará uma série de maneiras que as pessoas usam para tentar parar seus pensamentos, imagens ou impulsos obsessivos. Por favor indique a frequência e o sucesso de cada estratégia de controle no que diz respeito a sua obsessão primária. Use a escala de avaliação fornecida com cada categoria.

Lista de estratégias de controle associadas com a obsessão primária	Frequência com que a estratégia é usada 0 = nunca 1 = ocasionalmente 2 = muitas vezes 3 = frequentemente 4 = diariamente 5 = várias vezes por dia	O quanto essa estratégia é efetiva para parar o pensamento obsessivo? 0 = nunca efetiva 1 = ocasionalmente efetiva 2 = muitas vezes efetiva 3 = frequentemente efetiva 4 = sempre efetiva	O quanto essa estratégia é efetiva para reduzir o sofrimento? 0 = nunca efetiva 1 = ocasionalmente efetiva 2 = muitas vezes efetiva 3 = frequentemente efetiva 4 = sempre efetiva
1. Compulsão Comportamental (p. ex., lavar, checar, repetir). [CC]			
2. Compulsão Mental (p. ex., dizer uma frase em particular, repetir uma oração, pensar certos pensamentos). [CM]			
3. Pensar sobre as razões por que a obsessão é sem sentido, sem importância ou irracional. [RC]			
4. Tentar me reassegurar que tudo ficará bem. [AR]			
5. Buscar reasseguramento dos outros de que tudo ficará bem. [RO]			

(continua)

De D. A. Clark (2004, p. 179). *Copyright* 2004 por The Guilford Press. Reimpresso em *Terapia cognitiva para os transtornos de ansiedade: ciência e prática*, de David A. Clark e Aaron T. Beck.

APÊNDICE 11.2 (continuação)

Lista de estratégias de controle associadas com a obsessão primária	Frequência com que a estratégia é usada 0 = nunca 1 = ocasionalmente 2 = muitas vezes 3 = frequentemente 4 = diariamente 5 = várias vezes por dia	O quanto essa estratégia é efetiva para parar o pensamento obsessivo? 0 = nunca efetiva 1 = ocasionalmente efetiva 2 = muitas vezes efetiva 3 = frequentemente efetiva 4 = sempre efetiva	O quanto essa estratégia é efetiva para reduzir o sofrimento? 0 = nunca efetiva 1 = ocasionalmente efetiva 2 = muitas vezes efetiva 3 = frequentemente efetiva 4 = sempre efetiva
6. Distrair a mim mesmo(a) para fazer alguma coisa. [DC]			
7. Distrair a mim mesmo(a) pensando em outro pensamento ou imagem, possivelmente agradável. [DCg]			
8. Tentar relaxar. [R]			
9. Dizer a mim mesmo(a) para parar de pensar na obsessão. [IP]			
10. Ficar irritado(a), aborrecido por pensar na obsessão. [P]			
11. Tentar evitar tudo que dispare a obsessão. [E]			
12. Não fazer nada quando envolvido pela obsessão. [NA]			

Estratégias adaptadas do *Structured interview on neutralization* de Freeston e Ladouceur (ver Ladouceur et al., 2000), do *Thought Control Questionnaire* (Wells e Davies, 1994) e do *Revised Obsessional Inventory* (Purdon e Clark, 1994b). *Códigos*: CC = compulsão comportamental, CM = compulsão mental, RC = reestruturação cognitiva, RA = autorreasseguramento, RO = reasseguramento dos outros, DC = distração comportamental, DCg = distração cognitiva, R = relaxamento, IP = interrupção do pensamento, P = Punição, E = Evitação, NA = nenhuma ação.

12 | Terapia cognitiva para o transtorno de estresse pós-traumático

> Visão sem ação é um devaneio.
> Ação sem visão é um pesadelo.
> Provérbio japonês

Edward era um homem de 42 anos com 20 anos de serviço destacado na infantaria canadense. Entrou para o exército após se formar na universidade em filosofia. Ele era cheio de otimismo em relação a sua decisão de carreira, desejando "ver o mundo" e fazer a diferença nas vidas de pessoas em situações de pobreza e conflito. O potencial de Edward logo foi reconhecido pelo exército e ele recebeu muitas promoções, louvores e acesso a treinamento especial. Ele foi selecionado para três missões de manutenção da paz das Nações Unidas (ONU) que eram vistas pelos soldados como atribuições altamente desejadas, que propiciavam oportunidades de promoção sem precedentes. Edward tinha um casamento sólido e estável e duas lindas filhas pequenas. Eles tinham segurança financeira e uma vida social ativa com seus amigos militares próximos. Para Edward, a vida estava progredindo em uma direção previsível e altamente satisfatória.

Mas tudo isso mudou em 1994. Dois anos antes Edward tinha aceitado participar de uma tarefa de manutenção da paz que envolveu uma missão de 4 meses na ex-Iugoslávia. O trabalho foi intenso com longas horas, checagens de estradas potencialmente fatais e testemunho da morte de seu amigo por uma mina terrestre. Ele retornou ao Canadá tendo aumentado seu nível de consumo de álcool, mas jogou-se de volta ao trabalho. Sua atribuição seguinte veio em 1994, quando ele se ofereceu como voluntário para uma missão de 6 meses em um pequeno país africano que ele mal conhecia, Ruanda. O que Edward ignorava, é que estava para desembarcar em um país que vivenciava um dos piores genocídios registrados na história – o massacre de 800.000 pessoas dentro de um período de 3 a 4 meses. As consequências do genocídio eram visíveis em qualquer lugar de Ruanda, e as imagens do massacre e sofrimento ficaram marcadas na mente de Edward. Ele lembrava as multidões de refugiados assustados e famintos caminhando ao longo das estradas ou cercando seus caminhões em busca de comida e segurança. Ele ainda podia sentir o cheiro dos cadáveres em decomposição estendidos nos campos e as imagens de centenas de mulheres e crianças espancadas até a morte nas igrejas e centros comunitários. Lembrava as cenas de valas comuns e corpos mortos flutuando no rio. Ele ainda podia ver o rosto de uma menininha de 5 anos que ele conheceu em um orfanato e que ele suspeita que tenha sido mais tarde assassinada pelo Exército Patriótico Ruandense (RPA). Ele revivia o medo de se aproximar dos postos de controle onde jovens soldados ruandenses intoxicados portando armas automáticas e facões eram substancialmente mais numerosos que eles. Edward podia ver o custo que a operação estava cobrando dele e de seus companheiros de farda. Testemunhou o suicídio de um de seus camaradas, que se deu um tiro do lado de fora do estádio Kigali.

Quando Edward retornou para o Canadá, imediatamente assumiu uma carga de trabalho normal de tarefas e deveres. Na verdade, 4 anos mais tarde ele aceitou uma última missão de 9 meses na Bósnia a cargo de retirar minas terrestres. Embora ele não testemunhasse nenhum trauma, o trabalho era intenso, estressante e altamente perigoso. Ele retornou daquela missão sem energia, sem interesse pela vida, deprimido, desesperançado, descrente, sentindo-se irritado e fora de controle, retraído e alienado dos outros. Nos anos seguintes Edward foi capaz de funcionar no trabalho, mas seu estado mental e emocional estava se deteriorando. Ele se tornou cada vez mais deprimido, irritável, ansioso, facilmente frustrado e retraído. Frequentemente tinha acessos de raiva em casa que assustavam sua esposa e filhas. Ele se tornou cada vez mais socialmente ansioso e finalmente se recusou a ter qualquer contato social fora de seu local de trabalho. A maioria das noites e fins de semana ele se sentava sozinho, assistindo TV e bebendo até ficar embriagado. Ele tinha grande dificuldade para dormir, acordando frequentemente com pesadelos sobre Ruanda. Em 2002, sua esposa e filhas finalmente o deixaram, e alguns meses mais tarde sua esposa pediu o divórcio. Por desespero, e com o encorajamento de sua família, Edward superou seu preconceito sobre serviços de saúde mental e solicitou tratamento psiquiátrico e psicológico.

Uma avaliação inicial revelou que Edward satisfazia os critérios diagnósticos para diversos transtornos do Eixo I: TEPT crônico, bem como dependência de álcool e depressão maior recorrente. A administração do módulo SCID para TEPT revelou que sua experiência em Ruanda se qualificava como um evento traumático do Critério A. Além disso, Edward tinha diversos sintomas de revivescência incluindo:

1. pensamentos e imagens recorrentes e intrusivas do povo ruandense e da menininha;
2. pesadelos recorrentes;
3. *flashbacks* do povo ruandense ou imagens intrusivas da menininha com um gorila vestido com o uniforme do RPA;
4. tremor, estremecimento e nervosismo intensos quando exposto a lembranças de Ruanda.

Ele desenvolveu ampla esquiva de tudo que o lembrasse de Ruanda, incluindo um certo trecho de estrada próximo de sua comunidade, bem como lojas e *shoppings* superlotados. Tinha pouco interesse em atividades sociais e se sentia desligado e incapaz de empatizar com os outros. Ele também experimentava sintomas de excitabilidade aumentada como dificuldade para adormecer, acessos de raiva e dificuldade para se concentrar incluindo episódios de dissociação. No Inventário de Depressão de Beck-II ele teve um escore de 40 e confirmou o item de ter pensamentos suicidas mas, não realizá-los.

Edward iniciou um tratamento prolongado de TCC individual, bem como uma série de combinações de medicamentos intercalados com um programa de recuperação de TEPT de 4 semanas e várias iniciativas de tratamento do alcoolismo. A TCC se focalizou em vários pensamentos automáticos e crenças relacionados ao trauma, nos sintomas de TEPT e depressão, mas também incluiu outros componentes de tratamento como exposição ao trauma, relaxamento aplicado, exposição gradual e ativação comportamental.

No restante deste capítulo voltaremos a nos referir a Edward a fim de ilustrar a base cognitiva do TEPT e seu tratamento. Mas primeiro começamos com uma breve consideração de questões diagnósticas no TEPT, bem como da natureza do trauma e preditores de risco e resiliência. Isso será seguido por uma descrição do modelo cognitivo de TEPT e sua situação clínica. O restante do capítulo discute o modelo cognitivo de avaliação, formulação de caso, tratamento e sua eficácia.

CONSIDERAÇÕES DE DIAGNÓSTICO

Critérios diagnósticos do DSM-IV

O TEPT foi introduzido pela primeira vez como um construto diagnóstico oficial no DSM-III (American Psychiatric Association [APA], 1980). Ele é o único transtorno de ansiedade a incluir uma variável etiológica em seus critérios diagnósticos, ou seja, o TEPT é definido como a resposta do indivíduo a um evento específico (McNally, 2003a). Para satisfazer os critérios diagnósticos para TEPT (Critério A1), o DSM-IV requer exposição a um evento traumático extremo envolvendo

1. morte ou ferimento sério real ou ameaçador a si mesmo ou ameaça à integridade física de terceiros;

2. testemunhar morte, ferimento sério ou ameaça à integridade física de outra pessoa; ou
3. ter conhecimento sobre morte inesperada, dano sério ou ameaça de morte ou ferimento a um familiar ou amigo íntimo (APA, 2000).

Além disso, a resposta do indivíduo ao evento deve envolver intenso medo, impotência ou horror (Critério A2). O TEPT, então, pode ocorrer em resposta a uma ampla variedade de eventos traumáticos como guerra, estupro, tortura, crime, acidentes automobilísticos, acidentes industriais, desastres naturais, encarceramento como prisioneiro de guerra ou em um campo de concentração, morte súbita de um ente querido, ser diagnosticado com uma doença potencialmente fatal, e assim por diante (APA, 2000; Keane e Barlow, 2002). A Tabela 12.1 apresenta os critérios diagnósticos do DSM-IV-TR para TEPT.

Três outras categorias de sintoma devem estar presentes em resposta ao estressor traumático a fim de satisfazer os critérios diagnósticos para TEPT. Resick, Monson e Rizvi (2008) fizeram uma série de observações sobre essas categorias de sintomas. Pelo menos uma revivescência do sintoma deve estar presente que represente alguma forma de recordação ou lembrança intrusiva do trauma que está associado com forte afeto negativo e é vivenciado de uma forma incontrolável. Os sintomas de esquiva e entorpecimento (Critério C) podem refletir a tentativa do indivíduo de obter distanciamento psicológico do trauma e reduzir as emoções negativas associadas à revivescência dos sintomas. Os sintomas de hiperexcitação fisiológica (Critério D) refletem o estado persistente de hipervigilância do indivíduo para novas ameaças ou perigos, mas basicamente isso terá um efeito prejudicial sobre o funcionamento diário. O critério de 1 mês de duração é incluído porque a maioria dos indivíduos (ou seja, mais de 90%) vivenciam sintomas consistentes com TEPT imediatamente após um trauma, mas esses sintomas desaparecem para a maioria dos

TERAPIA COGNITIVA PARA OS TRANSTORNOS DE ANSIEDADE   **493**

TABELA 12.1 Critérios diagnósticos do DSM-IV-TR para transtorno de estresse pós-traumático

Critério A (*evento traumático*)
O indivíduo foi exposto a um evento traumático no qual os seguintes quesitos estiveram presentes:
1. o indivíduo vivenciou, testemunhou ou foi confrontado com um ou mais eventos que envolveram ameaça de morte real ou ferimento grave ou uma ameaça à integridade física de si mesmo ou de terceiros;
2. a resposta do indivíduo envolveu intenso medo, impotência ou horror.

Critério B (*sintomas de revivescência*)
O evento traumático é persistentemente revivido em uma (ou mais) das seguintes maneiras:
1. recordações aflitivas, recorrentes e intrusivas do evento, incluindo imagens, pensamentos ou percepções;
2. sonhos aflitivos e recorrentes com o evento;
3. agir ou sentir como se o evento traumático estivesse ocorrendo novamente (inclui um sentimento de revivescência da experiência, ilusões, alucinações e episódios de *flashbacks* dissociativos, inclusive aqueles que ocorrem ao despertar ou quando intoxicado);
4. sofrimento psicológico intenso quando da exposição a indícios internos ou externos que simbolizam ou lembram algum aspecto do evento traumático;
5. reatividade fisiológica na exposição a indícios internos ou externos que simbolizam ou lembram algum aspecto do evento traumático.

Critério C (*sintomas de evitação e entorpecimento*)
Esquiva persistente de estímulos associados com o trauma e entorpecimento da reatividade geral (não presente antes do trauma), indicados por três (ou mais) dos seguintes quesitos:
1. esforços no sentido de evitar pensamentos, sentimentos ou conversas associadas com o trauma;
2. esforços no sentido de evitar atividades, locais ou pessoas que ativem recordações do trauma;
3. incapacidade de recordar algum aspecto importante do trauma;
4. redução acentuada do interesse ou da participação em atividades significativas;
5. sensação de distanciamento ou afastamento em relação a outras pessoas;
6. faixa de afeto restrita (p. ex., incapacidade de ter sentimentos de carinho);
7. sentimento de um futuro abreviado (p. ex., não espera ter uma carreira profissional, casamento, filhos ou um período normal de vida).

Critério D (*sintomas de excitabilidade fisiológica aumentada*)
Sintomas persistentes de excitabilidade aumentada (não presentes antes do trauma), indicados por dois (ou mais) dos seguintes quesitos:
1. dificuldade em conciliar ou manter o sono;
2. irritabilidade ou surtos de raiva;
3. dificuldade para se concentrar;
4. hipervigilância;
5. resposta de sobressalto exagerada.

Critério E (*duração*)
A duração da perturbação (sintomas dos Critérios B, C e D) é superior a 1 mês.

Critério F (*sofrimento ou prejuízo funcional*)
A perturbação causa sofrimento clinicamente significativo ou prejuízo no funcionamento social ou ocupacional ou em outras áreas importantes da vida do indivíduo.

Especificar se:
   Agudo: se a duração dos sintomas é inferior a 3 meses,
   Crônico: se a duração dos sintomas é superior a 3 meses,
   Com Início Tardio: se o início dos sintomas ocorre pelo menos 6 meses após o estressor.

Nota: Da American Psychiatric Association (2000). *Copyright* 2000 pela American Psychiatric Association. Reimpressa com permissão.

indivíduos em 3 a 6 meses (Monson e Friedman, 2006). O DSM-IV também introduziu um critério de sofrimento ou prejuízo funcional clinicamente significativo ao TEPT, que juntamente com a adição de uma resposta emocional ao critério de trauma (A2) visou tornar o diagnóstico de TEPT mais estrito (Norris e Slone, 2007).

DIRETRIZ PARA O TERAPEUTA 12.1

O transtorno de estresse pós-traumático (TEPT) é um transtorno de ansiedade crônico que ocorre em resposta a um ou mais estressores traumáticos e é caracterizado por revivescência intrusiva de sintomas relacionados ao trauma, evitação, entorpecimento emocional e excitabilidade aumentada persistente que causa sofrimento clínico ou prejuízo funcional significativo.

Transtorno de estresse agudo

Outro desenvolvimento importante no DSM-IV foi a inclusão do transtorno de estresse agudo (TEA) a fim de explicar as reações ao trauma inicial (isto é, respostas peritraumáticas) e prever TEPT subsequente. Essa categoria diagnóstica foi desenvolvida para cobrir o intervalo de 1 mês imposto pelo TEPT e para explicar a resposta imediata do indivíduo a um estressor traumático que frequentemente inclui sintomas dissociativos significativos (Friedman, Resick e Keane, 2007). Ela foi baseada no conceito de que reações dissociativas prejudicarão a recuperação porque impedem o acesso a afetos e recordações da vivência traumática (Harvey e Bryant, 2002). A Tabela 12.2 apresenta os critérios diagnósticos do DSM-IV para TEA.

Há considerável controvérsia acerca da validade diagnóstica e preditora do TEA. O elemento central do transtorno é a presença de sintomas dissociativos proeminentes (Critério B). O DSM-IV-TR define dissociação como "uma ruptura nas funções geralmente integradas de consciência, memória, identidade ou percepção" (APA, 2000), conforme indicado por desrealização, *flashbacks*, despersonalização, experiências fora-do-corpo, sensação de tempo lento ou acelerado, entorpecimento emocional e incapacidade de lembrar aspectos da experiência traumática. McNally (2003b) afirma que definido dessa forma, o construto de dissociação é muito vago, abstrato e global para oferecer qualquer poder explanatório. Além disso, Panasetis e Bryant (2003) verificaram que dissociação persistente ou contínua pode estar relacionada a reações pós-traumáticas enquanto dissociação peritraumática que ocorre durante o evento traumático pode ter uma função mais adaptativa.

O TEA ocorre em 13 a 33% dos adultos e em 17 a 21% das crianças e adolescentes expostos a eventos traumáticos (p. ex., Brewin, Andrews, Rose e Kirk, 1999; Classen, Koopman, Hales e Spiegel, 1998; Bryant e Harvey, 1998; Harvey e Bryant 1998b; Kangas, Henry e Bryant, 2005; Meiser-Stedman, Dalgleish, Smith, Yule e Glucksman, 2007). Embora 75 a 80% dos indivíduos com TEA subsequentemente satisfaçam os critérios diagnósticos para TEPT (Brewin et al., 1999; Bryant e Harvey, 1998; Harvey e Bryant, 1998b), o TEA pode não ser o preditor ideal de TEPT (ver revisão por Harvey e Bryant, 2002) porque

1. um diagnóstico de TEA não prediz significativamente melhor do que os critérios de TEPT preexistentes,
2. muitas pessoas desenvolvem TEPT sem um TEA inicial,
3. apenas um subgrupo de sintomas de TEA prediz TEPT enquanto outros não e
4. o TEA poderia superdiagnosticar uma resposta adaptativa transitória a estresse traumático (Bryant, 2003; Harvey e Bryant, 2002; Shalev, 2002).

Apesar dessas dúvidas sobre sua validade preditiva, a TCC é um tratamento efetivo para TEA em termos de redução do subsequente desenvolvimento de TEPT (Bryant, Moulds e Nixon, 2003; Bryant et al., 2006).

TERAPIA COGNITIVA PARA OS TRANSTORNOS DE ANSIEDADE **495**

> **DIRETRIZ PARA O TERAPEUTA 12.2**
>
> O transtorno de estresse agudo (TEA) é um estado de ansiedade imediata em resposta a um evento traumático no qual sintomas dissociativos agudos predominam juntamente com alguma revivescência da experiência relacionada ao trauma, esquiva, e sintomas de excitabilidade aumentada que juntos causam significativo sofrimento ou prejuízo funcional. A maioria dos indivíduos com TEA eventualmente satisfará os critérios para TEPT.

TABELA 12.2 Critérios diagnósticos do DSM-IV-TR para transtorno de estresse agudo

Critério A (*evento traumático*)
O indivíduo foi exposto a um evento traumático no qual ambos os seguintes quesitos estiveram presentes:
1. o indivíduo vivenciou, testemunhou ou foi confrontado com um ou mais eventos que envolveram ameaça de morte real ou ferimento grave ou uma ameaça à integridade física de si mesmo ou de terceiros;
2. a resposta do indivíduo envolveu intenso medo, impotência ou horror.

Critério B (*sintomas dissociativos*)
Enquanto vivenciava ou após vivenciar o evento aflitivo, o individuo tem três (ou mais) dos seguintes sintomas:
1. um sentimento subjetivo de anestesia, distanciamento ou ausência de resposta emocional;
2. uma redução da consciência quanto às coisas que o rodeiam (p. ex., "estar como em um sonho");
3. desrealização;
4. despersonalização;
5. amnésia dissociativa (isto é, incapacidade de recordar um aspecto importante do trauma).

Critério C (*revivescência dos sintomas*)
O evento traumático é persistentemente revivido no mínimo de uma das seguintes maneiras: imagens, pensamentos, sonhos, ilusões e episódios de *flashbacks* recorrentes, ou uma sensação de reviver a experiência ou sofrimento quando da exposição a lembranças do evento traumático.

Critério D (*sintomas de evitação*)
Acentuada evitação de estímulos que provocam recordações do trauma (p. ex., pensamentos, sentimentos, conversas, atividades, locais e pessoas).

Critério E (*sintomas de excitabilidade*)
Sintomas acentuados de ansiedade ou maior excitabilidade (p. ex., dificuldade para dormir, irritabilidade, fraca concentração, hipervigilância, resposta de sobressalto exagerada, inquietação motora).

Critério F (*sofrimento ou prejuízo funcional*)
A perturbação causa sofrimento clinicamente significativo ou prejuízo no funcionamento social ou ocupacional ou em outras áreas importantes da vida do indivíduo e prejudica sua capacidade de realizar alguma tarefa necessária, tal como obter o auxílio necessário ou mobilizar recursos pessoais, contando aos membros da família acerca da experiência traumática.

Critério G (*duração*)
A perturbação tem duração mínima de 2 dias e máxima de 4 semanas e ocorre dentro de 4 semanas após o evento traumático.

Critério H (*exclusão*)
A perturbação não se deve aos efeitos fisiológicos diretos de uma substância (p. ex., droga de abuso, medicamento) ou de uma condição médica geral, não é mais bem explicada por um Transtorno Psicótico Breve, nem representa uma mera exacerbação de um transtorno preexistente do Eixo I ou Eixo II.

Nota: Da American Psychiatric Association (2000). *Copyright* 2000 pela American Psychiatric Association. Reimpressa com permissão.

Controvérsia diagnóstica

Tem havido muito debate sobre os problemas conceituais e práticos associados com o diagnóstico de TEPT (Rosen, Spitzer e McHugh, 2008; Spitzer, First e Wakefield, 2007). Primeiro, é evidente que a ocorrência de um estressor traumático (Critério A) não é nem necessária nem suficiente para o TEPT (Rosen et al., 2008). Os indivíduos podem satisfazer os critérios sintomáticos de TEPT após eventos não incluídos no Critério A, tais como separação conjugal, divórcio, luto, rompimento com um melhor amigo, etc. (Rosen e Lilienfeld, 2008) e o apoio para uma suposição de dose-resposta (isto é o TEPT mais grave não está necessariamente associado com o trauma mais grave) foi inconsistente (McNally, 2003a; Rosen e Lilienfeld, 2008). McNally (2003a) criticou o número ampliado de eventos que se qualificam como estressores do Critério A no DSM-IV, observando que essa "deformação" pode estar medicalizando reações humanas esperadas ao trauma.

Segundo, há apoio fraco e inconsistente de estudos de análise fatorial para os três agrupamentos de sintomas centrais do DSM-IV (revivescência da experiência, evitação/entorpecimento e excitabilidade fisiológica) (p. ex., Palmieri, Weathers, Difede e King, 2007; Simms, Watson e Doebbeling, 2002; ver também Resick et al., 2008, para revisão). Além disso, a análise taxométrica sugere que o TEPT não é uma síndrome discreta, mas antes é uma condição dimensional que representa a extremidade mais grave de um *continuum* com reações mais leves a experiências traumáticas (Ruscio et al., 2002).

Terceiro, há outras respostas emocionais negativas ao trauma tais como culpa e vergonha que são evidentes no TEPT, mas não são incluídas no DSM-IV (ver Resick et al., 2008). Outros problemas diagnósticos incluem:

1. a presença de sintomas de TEPT em outros transtornos como depressão maior (Bodkin, Pope, Detke e Hudson, 2007);

2. uma variabilidade marcada na apresentação de sintomas entre casos de TEPT;
3. uma alta taxa de comorbidade;
4. tentativas fracassadas de encontrar um marcador biológico ou psicológico distinto para o transtorno (Rosen e Lilienfeld, 2008).

Essas questões diagnósticas podem ter implicações importantes em termos de tornar difícil para os profissionais diagnosticar com segurança TEPT sem o uso de entrevistas diagnósticas estruturadas (Nielssen e Large, 2008). Além disso, preocupações acerca da validade diagnóstica poderiam levar a uma alta taxa de falso positivo (McNally, 2007b). À luz desses problemas de diagnóstico, muitos pesquisadores estão novamente exigindo uma reconsideração da nosologia do TEPT com revisões maiores sugeridas para o DSM-V (Rosen et al., 2008; Spitzer et al., 2007).

DIRETRIZ PARA O TERAPEUTA 12.3

Os aspectos diagnósticos definidores do TEPT continuam a ser discutidos, incluindo a natureza e gravidade da experiência traumática requerida para o diagnóstico.

EPIDEMIOLOGIA E ASPECTOS CLÍNICOS

Prevalência da exposição ao trauma

Existe uma grande discrepância entre o número de pessoas expostas a eventos traumáticos que satisfazem o Critério A do DSM-IV-TR e um grupo muito menor que eventualmente desenvolve TEPT. De fato, no início da vida adulta 25% dos indivíduos vivenciaram pelo menos um evento traumático e aos 45 anos a maioria dos adultos terá vivenciado trauma, com um número significativo de indivíduos vivenciando múltiplos eventos traumáticos (Norris e Slone, 2007). Naturalmente, as taxas de prevalência de estresse traumático aumentam drasticamente em populações expostas a guerra, violência urbana, desastres naturais, etc.

A análise do conjunto de dados do NCS indica que 60,7% dos homens e 51,2% das mulheres vivenciaram pelo menos um evento traumático do DSM-III-R, o mais comum sendo testemunhar alguém sendo ferido gravemente ou morto, estar envolvido em um incêndio ou desastre natural ou estar envolvido em um acidente potencialmente fatal (Kessler, Sonnega, Bromet, Hughes e Nelson, 1995). Outros grandes estudos epidemiológicos ou de comunidade confirmaram que dois terços a 90% dos adultos vivenciaram pelo menos um evento traumático em sua vida (p. ex., Breslau et al., 1998; Creamer, Burgess e McFarlane, 2001; Elliot, 1997).

A frequência e tipo de exposição traumática não é distribuída uniformemente na população. Embora não seja claro se alguns grupos étnicos vivenciam mais ou menos trauma do que outros, pode ser que residentes dos centros urbanos estejam expostos a mais violência (ver Norris e Slone, 2007). Além disso, certas ocupações estão associadas com taxas mais altas de exposição traumática tais como militares, paramédicos, bombeiros, etc. (p. ex., Corneil, Beaton, Murphy, Johnson e Pike, 1999; Departamento de Assuntos de Veteranos dos EUA, 2003). Além disso, países devastados por guerras, politicamente instáveis, ou que têm baixo padrãode vida têm taxas mais altas de exposição a trauma em sua população (p. ex., Sachs, Rosenfeld, Lhewa, Rasmussen e Keller, 2008; Seedat, Njenga, Vythilingum e Stein, 2004; Turner, Bowie, Dunn, Shapo e Yule, 2003).

O gênero é outro fator importante na prevalência de trauma. Embora os homens sejam expostos a mais eventos traumáticos do que as mulheres (p. ex., Breslau et al., 1998; Vrana e Lauterbach, 1994), as mulheres têm maior probabilidade de vivenciar trauma interpessoal como agressão física ou sexual, estupro e abuso na infância e os homens mais frequentemente relatam vitimização criminosa, incêndio/desastres, acidentes potencialmente fatais, combate e ser mantido prisioneiro (Breslau et al., 1998; Creamer, Burgess e McFarlane, 2001; Kessler, Sonnega et al., 1995; Williams, Williams et al., 2007). De fato, aproximadamente um terço das mulheres vivenciaram agressão sexual ou física (Resnick, Kilpatrick, Dansky, Saunders e Best, 1993). Agressão física e sexual estão associadas com as taxas mais altas de TEPT, com estupro sendo particularmente tóxico para transtorno pós-traumático (Norris, 1992; Resnick et al., 1993). Em um estudo bem conhecido de Rothbaum, Foa, Riggs, Murdock e Walsh (1992), vítimas de estupro foram avaliadas prospectivamente 9 meses após a agressão. Na avaliação inicial 94% satisfaziam os critérios sintomáticos para TEPT, em 1 mês 65% satisfaziam os critérios, em 3 meses 47% tinham TEPT e em 9 meses 47,1% satisfaziam os critérios diagnósticos de TEPT. Portanto, eventos traumáticos interpessoais envolvendo uma ameaça direta à vida ou segurança de um indivíduo estão associados com as taxas mais altas de TEPT. Essa tendência também é vista em amostras militares nas quais há uma relação significativa entre quantidade de exposição a combate e taxas de TEPT (p. ex., Hoge, Auchterlonie e Milliken, 2006).

DIRETRIZ PARA O TERAPEUTA 12.4

A maioria dos adultos vivenciará pelo menos um estressor traumático do Critério A, com a prevalência mais alta em homens do que em mulheres. Embora a maioria dos indivíduos vivencie sintomas de TEPT como uma resposta imediata ao trauma, apenas uma pequena fração subsequentemente desenvolverá TEPT do DSM-IV.

Vulnerabilidade e o desenvolvimento de TEPT

Dada a discrepância entre a alta prevalência de trauma e a taxa muito mais baixa de TEPT, uma quantidade considerável de pesquisa tem se focalizado em fatores potenciais de vulnerabilidade ao transtorno. Os construtos de vulnerabilidade se enquadram em três categorias:

1. os fatores de vulnerabilidade duradouros que estão presentes antes de um trauma;
2. as características da vivencia traumática;
3. aspectos do contexto pós-trauma e as respostas de enfrentamento do indivíduo.

Fatores de vulnerabilidade pré-trauma

Uma grande metanálise foi conduzida com 77 estudos que investigaram uma variedade de fatores de risco que foram preditores de TEPT em amostras militares e civis expostas a trauma (Brewin, Andrews e Valentine, 2000). Eles encontraram diferentes fatores de risco para cada grupo. Nas amostras civis, as seguintes variáveis pré-trauma tinham tamanho de efeito pequeno para TEPT:

1. ser mulher;
2. condição socioeconômica baixa;
3. um histórico psiquiátrico positivo;
4. história relatada de abuso, outras experiências traumáticas ou adversidade na infância;
5. história psiquiátrica familiar.

Para os estudos com miliares, idade mais jovem, pouca educação e condição de minoria surgiram como variáveis pré-trauma adicionais, mas o gênero não foi mais um preditor significativo.

Entretanto, essas variáveis pré-trauma foram preditores muito mais fracos de risco do que a gravidade do trauma ou as variáveis pós-trauma como falta de apoio social e mais estresse de vida subsequente.

Uma metanálise mais recente com 476 estudos confirmou que variáveis pré--trauma como história de trauma anterior, problemas psicológicos ou psiquiátricos anteriores e história familiar de psicopatologia tinham tamanho de efeito pequeno, mas significativo como preditores de TEPT (Ozer, Best, Lipsey e Weiss, 2003). Outros estudos demonstraram que o número de eventos estressantes anteriores ao trauma (Galea et al., 2002; Vrana e Lauterbach, 1994) e história de abuso sexual na infância em mulheres sobreviventes de agressão sexual foram preditores da gravidade dos sintomas de TEPT (Ullman, Filipas, Towsend e Starzynski, 2007). Breslau (2002) concluiu que os transtornos psiquiátricos anteriores, história de trauma na infância e história familiar de transtorno psiquiátrico eram os fatores de risco pré-trauma mais consistentemente associados com TEPT.

Características do trauma

O tipo de trauma, sua gravidade e a resposta emocional do indivíduo são preditores mais potentes de TEPT subsequente do que qualquer uma das variáveis pré-trauma. O envolvimento pessoal em um evento traumático está associado a risco aumentado para TEPT comparado a testemunhar o evento ou ouvir falar (ou seja, exposição indireta) da vivencia traumática de um familiar (Breslau et al., 1998; Eriksson, Van de Kamp, Gorsuch, Hoke e Foy, 2001; ver Vogt, King e King, 2007). Além disso, maior proximidade geográfica a um evento comunitário traumático, tal como o ataque terrorista de 11/9 ou proximidade ao epicentro de um terremoto, está associada a taxas mais altas de TEPT (p. ex., Galea et al., 2002; Pynoos et al., 1993).

Há alguma evidência de que o TEPT aumenta com a gravidade do evento traumático (Brewin et al., 2000; Lauterbach e Vrana, 2001; Pynoos et al., 1993), embora outros tenham concluído que a evidência para uma relação de dose-resposta é inconsistente (McNally, 2003a; Rosen e Lilienfeld, 2008). A gravidade do trauma, definida em termos de exposição a combate, é o preditor mais significativo para risco de desenvolver TEPT ou seus sintomas em amostras militares (p. ex., Hoge et al., 2006; Kulka et al., 1990; Lee, Vaillant, Torrey e Elder, 1995; Vogt, Samper, King, King e Martin, 2008). Além disso, a percepção de que a própria vida está em perigo durante o evento traumático ou ser ameaçado por terceiros (Hollifield et al., 2008; Jeon et al., 2007; Ozer et al., 2003; Ullman et al., 2007), bem como eventos que causam ferimento estão relacionados a taxas mais altas de TEPT (Rasmussen, Rosenfeld, Reeves e Keller, 2007). Finalmente, certos tipos de trauma que envolvem ameaça e perigo interpessoal grave, tais como estupro, agressão sexual e física, e abuso na infância, são particularmente tóxicos para TEPT e seus sintomas (p. ex., Breslau et al., 1998; Creamer et al., 2001; Norris, 1992; Resnick et al., 1933; Seedat et al., 2004; Vrana e Lauterbach, 1994). Por outro lado, estressores traumáticos como acidentes de automóvel, desastres naturais e testemunhar ou ter conhecimento sobre traumas a terceiros parecem estar associados com uma prevalência mais baixa de TEPT (Creamer et al., 2001; Jeon et al., 2007; Norris, 1992).

Certas respostas emocionais no momento do trauma predizem o desenvolvimento subsequente de TEPT. Conforme discutido anteriormente, a presença de TEA aumenta o risco para TEPT ou dos sintomas pós-trauma (Brewin et al., 1999; Bryant e Harvey, 1998; Harvey e Bryant, 1998b), assim como a presença e gravidade dos primeiros sintomas relacionados a TEPT (p. ex., sintomas de esquiva e entorpecimento) ou reações de estresse de combate (p. ex., Koren, Arnon e Klein, 1999; North et al., 1999; Solomon e Mikulincer, 2007). Indivíduos que relatam respostas emocionais negativas intensas como medo, impotência, horror, culpa ou vergonha durante ou imediatamente após o trauma têm os níveis mais altos de TEPT (Ozer et al., 2003). Finalmente, a ocorrência de sintomas dissociativos ou ataques de pânico em torno do momento do trauma pode ser um preditor significativo de TEPT subsequente (Galea et al., 2002; Ozer et al., 2003; ver Bryant, 2007, para opinião contrária).

Fatores de risco pós-trauma

Um baixo nível de apoio social percebido incluindo reações sociais negativas dos outros é um forte preditor de sintomas de TEPT e do transtorno subsequente (Brewin et al., 2000; Galea et al., 2002; Ozer et al., 2003; Ullman et al., 2007). Por outro lado, um alto nível de apoio social poderia mitigar os efeitos negativos de exposição a eventos potencialmente fatais (Corneil et al., 1999; Eriksson et al., 2001). Além disso, certas respostas de enfrentamento foram associadas com TEPT mais alto incluindo negação, autorrecriminação, busca de apoio social, revelação adiada e abandono de tentativas de enfrentamento (Silver et al., 2002; Ullman et al., 2007). Consequências negativas de longo prazo resultantes do trauma, tais como perda do emprego poderiam aumentar o risco para TEPT (Galea et al., 2002). E finalmente, certas variáveis cognitivas foram preditoras de TEPT, tais como avaliações de ameaça superestimadas, segurança percebida mais baixa, ausência de otimismo, afastamento, derrota mental e crenças e avaliações negativas do trauma, suas consequências e sintomas de TEPT (para mais discussões, ver a seção abaixo sobre a pesquisa clínica do modelo cognitivo).

Implicações clínicas

Os achados de pesquisa sobre vulnerabilidade e risco para TEPT fornecem informações úteis para serem incorporadas à fase de educação da terapia cognitiva e podem ser usados na reestruturação cognitiva para modificar crenças e avaliações negativas dos sintomas iniciais de TEPT. Muitos indivíduos com TEPT se culpam pelo transtorno. Edward, por exemplo, acreditava que era sua culpa que ele sofresse de TEPT crônico. Ele acreditava que deve haver uma fraqueza em seu caráter ou alguma predisposição para doença mental que o fez ter TEPT, enquanto outros soldados retornaram da guerra sem dificuldades mentais aparentes. O terapeuta foi capaz de discutir com Edward a pesquisa mais recente sobre fatores de risco no TEPT, enfatizando que variáveis pré-trauma eram apenas preditores fracos de quem desenvolve TEPT em amostras militares e que variáveis relacionadas a gravidade da exposição ao trauma como vivenciar ameaças à própria vida e grau de exposição a combate eram os preditores mais importantes do transtorno. Também observamos que respostas pós-trauma, tais como estratégias de enfrentamento e formas de pensar sobre o trauma, sobre si mesmo e sobre o futuro são contribuintes importantes para a manutenção do TEPT e estas são variáveis que podem ser modificadas com terapia.

DIRETRIZ PARA O TERAPEUTA 12.5

Variáveis peritraumáticas e pós-traumáticas são preditores mais fortes do desenvolvimento de TEPT do que fatores de risco pré-trauma. Esse achado pode ser usado para contrapor as crenças maladaptativas de autorrecriminação que são comuns no TEPT.

ASPECTOS CLÍNICOS

Prevalência e curso

A pesquisa epidemiológica sobre TEPT traça uma diferença entre prevalência do transtorno na população e prevalência condicional, que examina as taxas em populações expostas ao trauma (Norris e Slone, 2007). A incidência de TEPT também foi relatada para ocupações específicas associadas com altas taxas de exposição a trauma tais como militares, policiais e trabalhadores de resgate de emergência, bem como em resposta a traumas da comunidade isolados como um desastre natural (p. ex., terremoto) ou ataque terrorista. Taxas de TEPT também foram examinadas com o passar do tempo, com as taxas mais altas ocorrendo imediatamente após um trauma e então diminuindo regularmente durante os 3 a 6 meses seguintes.

Taxas populacionais e ocupacionais do TEPT

A prevalência ao longo da vida para TEPT na população norte-americana foi de 7,8% no NCS (10,4% mulheres, 5,0% homens; Kessler et al., 1995) e 6,8% no NCS-R (Kessler, Berglund et al., 2005). Um estudo anterior baseado em uma amostra representativa nacional de mulheres ($N = 4.008$) relatou uma taxa de prevalência ao longo da vida de 12,3% (Resnick et al., 1993). Entretanto, taxas mais baixas foram relatadas em outros países como Austrália (Creamer et al., 2001), Chile (Zlotnick et al., 2006) e Coreia (Jeon et al., 2007). Baseado nos estudos norte-americanos, o TEPT perderia apenas para fobia específica e fobia social em termos de prevalência mais alta na população em geral.

Probabilidade condicional do TEPT

Visto que a presença de trauma é um critério necessário para o TEPT, é mais significativo determinar taxas do transtorno entre indivíduos expostos ao trauma. Uma série de estudos foram conduzidos em amostras militares nas quais o risco de TEPT está diretamente relacionado a quantidade de exposição ao combate (p. ex., Hoge et al., 2006; Ikin et al., 2007; Lee et al., 1995; Tanielian e Jaycox, 2008). De acordo com o Estudo Nacional de Reajustamento de Veteranos do Vietnã (Kulka et al., 1990), 30,9% dos homens que serviram no Vietnã desenvolveram TEPT e outros 22,5% tiveram TEPT parcial, uma estatística extraordinariamente alta que foi alvo de críticas (McNally, 2007b). Um seguimento de 50 anos de australianos veteranos da Coréia produziu uma taxa de prevalência ao longo da vida estimada de 25,6% que foi substancialmente mais alta do que o grupo de comparação não veterano (4,6%; Ikin et al., 2007). E um estudo RAND recente de entrevistas por telefone aleatórias com 1.965

veteranos das guerras do Afeganistão e do Iraque concluíram que 13,8% têm um provável diagnóstico de TEPT (Tanielian e Jaycox, 2008). Taxas mais altas de TEPT também foram relatadas em bombeiros (Corneil et al.,1999) e funcionários de socorro e desenvolvimento internacional (Eriksson et a., 2001, ver também Whalley e Brewin, 2007). Evidentemente, o TEPT é um risco ocupacional para aqueles expostos a taxas mais altas de vivencias potencialmente fatais.

Inúmeros estudos também documentaram taxas elevadas de TEPT para indivíduos expostos ao trauma na população em geral. No NCS das mulheres expostas ao trauma 20,4% tinham uma probabilidade de TEPT ao longo da vida comparado a 8,1% dos homens expostos ao trauma (Kessler et al., 1995). Aproximadamente 20 a 25% dos indivíduos expostos a ferimento sério, acidentes de automóvel ou desastres naturais como o furacão Katrina (Galea et al., 2007) ou o tsunami de 2004 no Sri Lanka (Hollifield et al., 2008) desenvolvem TEPT (p. ex., Koren et al., 1999; Mayou et al., 2001; Zatzick et al., 2007).

Trauma devido a terrorismo, tal como os ataques de 11/9 ao World Trade Center ou a bomba no metrô de Londres em 5 de julho de 2005, podem causar um aumento imediato no sofrimento e nos sintomas relacionados ao estresse mesmo naqueles não diretamente expostos ao trauma, e esses sintomas podem persistir por meses, embora em um nível significativamente reduzido (Rubin et al., 2007; Rubin, Brewin, Greenberg, Simpson e Wessely, 2005; Silver et al., 2002). Entretanto, indivíduos diretamente expostos a ataques terroristas terão taxas de TEPT especialmente altas (30 a 40%) com 20% dos indivíduos expostos continuando a vivenciar sintomas 2 anos mais tarde (Galea et al., 2002; North et al., 1999; ver Whalley e Brewin, 2007). Portanto, taxas altas de TEPT e seus sintomas são evidentes imediatamente após a exposição a um evento potencialmente fatal, mas 6 meses mais tarde metade a dois terços desses casos terão sofrido remissão, frequentemente sem tratamento (p. ex., Foa e Rothbaum, 1998; Mayou et al., 2001; Milliken, Auchterlonie e Hoge, 2007; ver Whalley e Brewin, 2007). Contudo, um número substancial de indivíduos (ou seja, um terço) que exibiram sintomas de TEPT durante a fase aguda de exposição ao trauma continuam a vivenciar uma forma persistente e crônica do transtorno que é evidente vários meses ou anos após a exposição ao trauma (Kessler et al., 1995; ver também Norris e Slone, 2007, para revisão).

> **DIRETRIZ PARA O TERAPEUTA 12.6**
>
> Embora o TEPT seja uma reação temporária à exposição ao trauma que desaparece em dois terços dos indivíduos em 3 a 6 meses, aproximadamente um terço de indivíduos expostos ao trauma desenvolverá uma forma crônica do transtorno que pode persistir por muitos anos. Seguimentos da população com maior exposição a traumas potencialmente fatais têm uma taxa mais alta do transtorno.

Gênero e etnia

Estudos de risco tanto baseados na população como condicionais revelaram que sintomas relacionados ao estresse e TEPT são mais evidentes em mulheres do que em homens (p. ex., Breslau et al., 1998; Jeon et al., 2007; Galea et al., 2002; Galea et al., 2007; Kessler et al., 1995; Silver et al., 2002). Várias explicações foram propostas para esse efeito de gênero no TEPT tais como:

1. taxa de exposição mais alta das mulheres a traumas particularmente tóxicos como estupro e agressão sexual (Creamer et al., 2001; Kessler et al., 1995);
2. uma história psiquiátrica de transtornos de ansiedade e depressão;
3. uma maior tendência a confirmar uma resposta emocional de medo, impotência ou horror ao trauma (Breslau e Kessler, 2001) ou

4. uma taxa de confirmação diferencial a um pequeno subgrupo de sintomas (Peters, Issakidis, Slade e Andrews, 2006).

Há, então, uma série de possíveis razões para as mulheres exibirem uma taxa mais alta de TEPT que os homens.

Tem havido considerável debate acerca de diferenças étnicas e culturais em resposta a trauma e TEPT. Embora tenham sido detectadas diferenças entre nações nas taxas de TEPT, nenhuma diferença étnica na prevalência de TEPT ao longo da vida foi encontrada no NCS (Kessler et al., 1995) ou no Levantamento Nacional Australiano de Saúde e Bem-Estar Mental (Creamer et al., 2001). Houve alguma indicação de que uma taxa mais alta de TEPT após 11/9 estava associada à etnia hispânica (Galea et al., 2002) e a prevalência de TEPT era mais alta em veteranos negros e hispânicos comparados a veteranos do Vietnã brancos (p. ex., Koenen, Stellman, Stellman e Sommer, 2003; Kulka et al., 1990; ver também Tanielian e Jaycox, 2008, para resultados semelhantes entre veteranos do Afeganistão e Iraque), embora isso pudesse ser devido a diferenças na gravidade da exposição a combate ou a variáveis pré-trauma, tais como idade mais jovem, educação mais baixa e escores do teste de aptidão (Dohrenwand, Turner, Turse, Lewis-Fernandez e Yager, 2008).

DIRETRIZ PARA O TERAPEUTA 12.7

Embora o TEPT seja mais prevalente em mulheres do que em homens, essa diferença de gênero pode se dever a uma taxa mais alta de trauma interpessoal. A diversidade étnica e cultural pode desempenhar um papel mais fraco em respostas relacionadas a estresse e no desenvolvimento de TEPT após exposição traumática.

Diferenças de início e de idade

O TEPT tem um início rápido com taxas de prevalência para sintomas de TEPT e para o transtorno atingindo um pico dentro do primeiro mês da exposição traumática, seguido por uma taxa de remissão decrescente em 40 a 60% dos casos dentro de 6 a 12 meses após o trauma (p. ex., Breslau et al., 1998; Kessler et al., 1995; Galea et al., 2003). Kessler e colaboradores (1995) relataram que a remissão foi mais curta naqueles que obtiveram tratamento (ou seja, média de 36 meses) comparado com aqueles que não buscaram tratamento (ou seja, média de 64 meses), embora esse achado nem sempre tenha sido reproduzido em outros estudos (p. ex., Milliken et al., 2007). O DSM-IV-TR (APA, 2000) leva em conta um especificador indicando que o TEPT pode ter um início tardio de pelo menos 6 meses após um estressor traumático. Entretanto, o início tardio parece ser raro, especialmente em amostras não militares, ocorrendo em 5% ou menos dos casos (p. ex., Mayou et al., 2001; North et al., 1999; ver Andrews, Brewin, Philpott e Stewart, 2007).

Trauma ocorre em todas as idades e portanto os sintomas de TEPT também são prevalentes em qualquer idade, embora 23 anos fosse a idade mediana de início no NCS-R (Kessler, Berglund et al., 2005). A maioria das crianças e adolescentes, especialmente em centros urbanos, são expostos a eventos traumáticos (p. ex., Breslau, Lucia e Alvarado, 2006; Seedat et al., 2004). Breslau e colaboradores (2006) determinaram que 8,3% dos jovens de 17 anos que vivenciaram um evento traumático satisfaziam os critérios para TEPT, enquanto Pynoos e colaboradores (1993) relataram que assombrosos 93% de crianças expostas ao terremoto armênio de 1988 tinham TEPT crônico grave 18 meses após a exposição ao trauma. Conforme observado anteriormente, abuso físico e sexual na infância, bem como outras adversidades na infância podem ter especial probabilidade de levar a TEPT em adultos (ver também Norris e Slone, 2007, para discussão). Entretanto, novos casos de TEPT são raros após os 50 anos e a prevalência de TEPT mesmo com exposição ao trauma pode declinar com o aumento da idade (Kessler et al., 1995; Kessler, Berglund et al., 2005).

TERAPIA COGNITIVA PARA OS TRANSTORNOS DE ANSIEDADE **503**

> **DIRETRIZ PARA O TERAPEUTA 12.8**
>
> O TEPT é um transtorno particularmente prevalente na adolescência até metade da idade adulta, com exposição a eventos traumáticos durante os primeiros anos tendo um efeito cumulativo negativo que pode persistir até a idade adulta.

Qualidade de vida e prejuízo funcional

TEPT crônico está associado a diminuições significativas no desempenho social, ocupacional e educacional, bem como na qualidade de vida. Comparado a outros transtornos de ansiedade, indivíduos com TEPT têm algumas das taxas mais altas de transtorno físico (p. ex., Sareen et al., 2005; Zatzick et al., 1997). Além disso, TEPT crônico está associado com significativo prejuízo funcional no trabalho ou na escola (Stein, Walker, Hazen e Forde, 1997; Zatzick et al., 1997) e funcionamento social significativamente pior nos relacionamentos conjugal e familiar, na parentalidade, e na satisfação sexual (p. ex., Koenen, Stellman, Sommer e Stellman, 2008). Além disso, o TEPT está associado com uma série de comportamentos de saúde negativos, tais como uso aumentado de nicotina e drogas (Breslau, Davis e Schultz, 2003; Koenen et al., 2008; Vlahov et al., 2002). Uma metanálise de estudos sobre qualidade de vida revelou que TEPT e transtorno de pânico estavam associados com os maiores prejuízos nas esferas de qualidade de vida (Olatunji et al., 2007; ver também Hansson, 2002).

No NCS-R 34,4% dos indivíduos com TEPT fizeram contato com um profissional da saúde mental em um período de 12 meses, que é uma das taxas de utilização mais altas entre os transtornos de ansiedade, embora a demora mediana para contato de tratamento inicial fosse de 12 anos (Wang, Berglund et al., 2005; Wang, Lane et al., 2005). Com uma utilização aumentada dos serviços de saúde primária e saúde mental juntamente com prejuízo funcional significativo, o TEPT está associado com custos de saúde mais altos do que os outros transtornos de ansiedade (Marciniak et al., 2005; Walker et al., 2003). Tanielian e Jaycox (2008), por exemplo, concluíram que os custos de 2 anos devidos ao TEPT e depressão maior para os 1,6 milhões de membros das forças armadas mobilizados desde 2001 poderia variar de 4,0 a 6,2 bilhões de dólares, mas o fornecimento de tratamento baseado em evidências poderia reduzir esse custo em 27%. Evidentemente, a carga econômica e de incapacidade elevadas causada por TEPT crônico torna esse transtorno uma séria preocupação para a saúde social.

> **DIRETRIZ PARA O TERAPEUTA 12.9**
>
> TEPT crônico está associado a algumas das taxas mais altas de incapacidade, saúde física deficiente e funcionamento social reduzido entre os transtornos de ansiedade. O transtorno impõe um tributo pesado no sofrimento humano e coloca uma significativa carga econômica sobre o sistema de saúde.

Comorbidade

Como os outros transtornos de ansiedade, o TEPT está associado com uma alta taxa de comorbidade com outros transtornos do Eixo I. No NCS 88% dos homens com ocorrência de TEPT ao longo da vida e 79% das mulheres tinham pelo menos um outro diagnóstico do Eixo I (Kessler et al., 1995). Metade dos homens com TEPT tinha depressão maior ou abuso/dependência de álcool comórbido, com transtorno da conduta (43%), abuso/dependência de drogas (35%), fobia simples (31%), fobia social (28%) e distimia (21%), também apresentando altas taxas de comorbidade. Para as mulheres com TEPT, foram os diagnósticos secundários mais comuns depressão maior (49%), fobia simples (29%), fobia social (28%), abuso/dependência de álcool (28%), abuso/dependência de drogas (27%), distimia (23%) e agorafobia (22%) (ver também Zlotnick et al., 2006, para taxas de comorbidade semelhantes). A relação temporal entre os diagnósticos é complexa, com muitos transtornos comórbidos ocorrendo como uma consequência do TEPT e, contudo, a maioria das pessoas com TEPT tem diagnosticado pelo menos um transtorno preexistente (Kessler et al., 1995). Pode ser evidente ainda maior comorbidade em amostras clínicas com TEPT. Em sua extensa amostra de pacientes ambulatoriais, Brown, Campbell e colaboradores (2001) relataram que 98% dos indivíduos com indicador de diagnóstico de TEPT tinham pelo menos um transtorno comórbido. Os diagnósticos concomitantes mais comuns foram depressão maior (65%), transtorno de pânico (55%), TAG (45%) e fobia social (41%). As taxas de abuso/dependência de substância não foram relatadas.

A relação de depressão maior e TEPT com eventos traumáticos é especialmente importante porque ambos os transtornos são altamente comórbidos e ambos podem ocorrer concomitantemente como transtornos distintos em indivíduos traumatizados (Blanchard, Buckley, Hickling e Taylor, 1998; Kilpatrick et al., 2003). Além disso, indivíduos com TEPT e depressão maior comórbidos são mais angustiados, mais prejudicados em suas atividades principais, têm maior probabilidade de cometer o suicídio e menor probabilidade de voltar ao estado normal do que indivíduos com TEPT isolado (Blanchard et al., 1998; Oquendo et al., 2003).

Uma alta taxa de comorbidade também é evidente entre os transtornos de abuso/dependência de substância e TEPT. Uma revisão da literatura indica que TEPT geralmente precede abuso/dependência de álcool ou drogas, e é provavelmente uma tentativa de medicar os sintomas de TEPT (Jacobsen, Southwick e Kosten, 2001). Além disso, a mudança no consumo de álcool ou o aumento no uso de drogas é devido à presença de TEPT e não à exposição ao trauma (Breslau et al., 2003; Chilcoat e Breslau, 1998; McFarlane, 1998). Além disso, TEPT e transtornos por uso de substância comórbidos estão associados a resultado de tratamento mais insatisfatório (Ouimette, Brown e Najavitis, 1998).

Alguns indivíduos com TEPT, especialmente aqueles que sofrem do impacto de longo prazo de abuso sexual na infância, se apresentam com sintomas de TEPT e transtorno da personalidade *borderline* (McLean e Gallop, 2003). Diversos investigadores propuseram um novo conceito nosológico chamado *TEPT complexo* (Roth, Newman, Pelcovitz, van der Kolk e Mandel, 1997) que envolve uma constelação de sintomas caracterizados por:

1. Alterações na autorregulação (p. ex., regulação do afeto, controle da raiva, comportamentos autodestrutivos, preocupação suicida).
2. Alterações na atenção ou consciência (p. ex., amnésia, episódios dissociativos transitórios).
3. Alterações na autopercepção (p. ex., ineficácia, culpa e responsabilidade, vergonha, minimização).
4. Alterações na percepção do perpetrador (p. ex., idealização do perpetrador, embora esse critério não seja requerido).
5. Alterações nos relacionamentos com os outros (p. ex., incapacidade de confiar, vitimização dos outros).
6. Somatização (p. ex., dor crônica, sintomas conversivos, sintomas sexuais).
7. Alterações nos sistemas de significado (p. ex., desespero e impotência, perda de crenças anteriormente sancionadas).

Há evidência de que o TEPT complexo está associado com abuso físico e sexual, especialmente em mulheres (Roth et al., 1997) e pode ser mesmo mais prevalente em mulheres que relataram abuso sexual na infância de início precoce (McLean e Gallop, 2003). Além disso, a análise de agrupamento revelou que um subtipo de sintoma de TEPT empiricamente derivado pode corresponder ao TEPT complexo (Taylor, Asmundson e Carleton, 2006). Nesse ponto, a homogeneidade diagnóstica do construto foi questionada e pode haver múltiplas formas de TEPT complexo (ver Taylor, 2006, para discussão). Não obstante, indivíduos com uma apresentação de sintomas como TEPT complexo exigirá uma psicoterapia mais longa que terá que abordar questões centrais de autodefinição, regulação do afeto e relações interpessoais que não são parte do protocolo de tratamento cognitivo-comportamental padrão do TEPT (p. ex., Pearlman, 2001).

> **DIRETRIZ PARA O TERAPEUTA 12.10**
> Indivíduos com TEPT frequentemente se apresentam com depressão maior, transtorno por uso de substância ou, em menor grau, outros transtornos de ansiedade como TAG, fobia específica ou fobia social concomitantes. Uma condição mais crônica e debilitante, denominada TEPT complexo, consiste em sintomas pós-trauma e patologia da personalidade que requerem uma abordagem de tratamento multifacetada e mais prolongada.

MODELO COGNITIVO DO TEPT

O modelo cognitivo apresentado neste capítulo é baseado nos importantes avanços feitos no desenvolvimento de uma perspectiva cognitiva sobre TEPT por Ehlers e Clark (2000), Brewin, Dalgleish e Joseph (1996) e Foa e colegas (Foa e Rothbaum, 1998; Hembree e Foa, 2004). Foram identificados processos e estruturas cognitivos disfuncionais fundamentais que são responsáveis pela manutenção dos sintomas pós-traumáticos mesmo na ausência de ameaça atual. Embora esses modelos cognitivos ofereçam um relato completo de TEPT por si só, cada um propôs certos construtos críticos que desempenharam um papel importante no desenvolvimento de nossa perspectiva do transtorno.

Ehlers e Clark (2000) afirmaram que dois processos cognitivos são fundamentais para produzir um senso de uma ameaça atual séria no TEPT:

1. avaliações excessivamente negativas do evento traumático e suas sequelas, e
2. elaboração e integração contextual pobres da memória autobiográfica do trauma.

Avaliações e crenças negativas sobre o evento traumático e suas consequências, uma interpretação de ameaça errônea da própria reação ao estresse agudo, uma recordação do trauma fragmentada que tende a recuperar informação congruente com as estimativas negativas do indivíduo e apoio em estratégias de enfrentamento disfuncionais juntos contribuem para a percepção de ameaça atual e para os sintomas do TEPT (ver também D. M. Clark e Ehlers, 2004). A partir do modelo de representação dual de Brewin verificamos que as estimativas negativas do trauma são um produto complexo de aspectos do trauma conscientemente percebidos armazenados como *memórias verbalmente acessíveis* (VAM) e *flashbacks* intrusivos que refletem ativação de *memórias situacionalmente acessíveis* (SAM) do trauma automáticas, involuntárias e ricas em sensações (Brewin et al., 1996; Brewin e Holmes, 2003). A representação mental do trauma na memória de trabalho, então, envolve tanto a codificação de informações sensorialmente ricas quanto aquelas baseadas em conceitos, que juntas são responsáveis pela geração dos sintomas de TEPT (ver também Dalgleish, 2004). Finalmente Foa e Rothbaum (1998) afirmam que a recordação do trauma no TEPT é uma estrutura de memória patológica, mas altamente acessível envolvendo associações errôneas de estímulo, resposta e significado, bem como a avaliação errônea de perigo. Dois elementos de estímulo importantes da estrutura do medo associados com o significado de "perigo" são percepções de que *o mundo é um lugar extremamente perigoso* e percepções de *si mesmo* como *extremamente incompetente* (Hembree e Foa, 2004). A ativação da recordação do trauma dá origem aos sintomas de TEPT que são interpretados como aversivos e possivelmente perigosos. Como consequência, o indivíduo tenta evitar quaisquer sinais que possam ativar a recordação do trauma. Embora cada uma dessas teorias cognitivas ofereça uma perspectiva distinta sobre o TEPT, elas compartilham um pressuposto subjacente de que os sintomas de TEPT são resultado de crenças e avaliações errôneas da ameaça relacionada ao trauma, bem como de codificação e recuperação disfuncionais da recordação do trauma.

A Figura 12.1 e as seções seguintes apresentam um modelo proposto de TEPT persistente que organiza a base cognitiva do transtorno em torno de três níveis de conceitualização interrelacionados.

Nível etiológico

Visto que apenas uma minoria de indivíduos expostos a trauma desenvolverão TEPT, todas as teorias do transtorno reconhecem

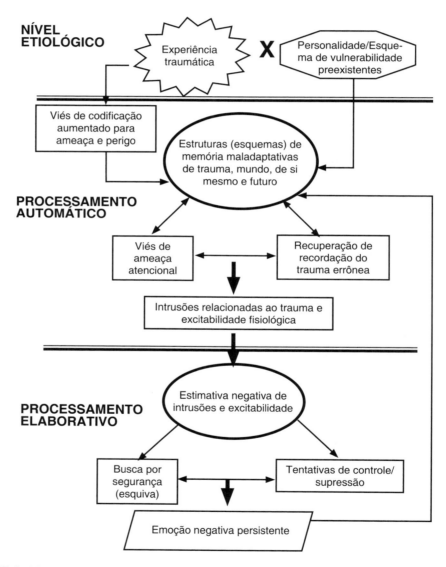

FIGURA 12.1

Modelo cognitivo de transtorno de estresse pós-traumático.

que deve haver diferenças individuais preexistentes que aumentam a vulnerabilidade ao TEPT. Além de certas variáveis anteriores ao trauma e condições psiquiátricas discutidas acima, o modelo cognitivo propõe que determinadas crenças duradouras sobre ameaça pessoal, vulnerabilidade e o mundo poderiam predispor à manutenção de sintomas de TEPT em resposta a uma experiência traumática. Crenças rígidas de que o mundo é extremamente perigoso ou o oposto, extremamente seguro, e esquemas pessoais representando ideias de extrema competência ou incompetência podem ser fatores predisponentes para TEPT (Foa e Rothbaum, 1998). Ehlers e Clark (2000) sugeriram que as crenças sobre a importância de manter o controle sobre os pensamentos e as emoções poderiam fazer o indivíduo avaliar sintomas de revivescência da experiência de uma maneira mais negativa e ameaçadora.

Os construtos cognitivos da personalidade de sociotropia e autonomia, que Beck (1983) originalmente propôs como fatores de vulnerabilidade para depressão, poderiam ter relevância para o desenvolvimento do TEPT. Dependendo do tipo de trauma, um indivíduo cuja autoestima é excessivamente dependente de receber amor e aprovação dos outros (ou seja, alta sociotropia) poderia ser mais afetado negativamente por um trauma interpessoal, enquanto um indivíduo que valoriza domínio e realização (ou seja, alta autonomia) poderia ser mais afetado por um trauma que ameace a segurança pessoal, o controle e suposições sobre os parâmetros de realização. Um estudo não clínico revelou que sociotropia e autonomia estavam significativamente relacionadas a sintomas do TEPT autorrelatados, embora este não tenha tentado avaliar a congruência entre personalidade e tipo de trauma (Kolts, Robinson e Tracy, 2004). Embora especulativa nesse momento, a estreita associação entre TEPT e depressão maior em resposta ao trauma é consistente com a possibilidade de que uma vulnerabilidade cognitiva subjacente comum poderia ser existir nos dois transtornos.

Como outros modelos de TEPT, a ocorrência de um evento traumático desempenha um papel chave na etiologia do TEPT. *Trauma* foi definido como "qualquer experiência que por sua ocorrência tenha ameaçado a saúde ou o bem-estar do indivíduo" (Brewin et al., 1996, p. 675). Isso indica que uma ampla variedade de eventos poderia ser traumática desde que violasse os esquemas centrais do indivíduo sobre si mesmo, o mundo e/ou outras pessoas. Conforme ilustrado na Figura 12.1, o modelo cognitivo propõe uma interação entre trauma e esquemas predisponentes que resultam na ativação das estruturas esquemáticas maladaptativas do TEPT. Um tipo de relacionamento de diátese-estresse é sugerido no qual a natureza e gravidade do trauma interage com o esquema de vulnerabilidade. Para indivíduos que tem um fator de vulnerabilidade excessivo(isto é, crenças de que o mundo é perigoso), possivelmente vivências em menor número e menos graves de um certo tipo evocarão sintomas de TEPT, enquanto um indivíduo que exibe uma forma leve de vulnerabilidade necessitará de vivências ameaçadoras muito mais intensas ou múltiplas a fim de desencadear TEPT persistente. Edward, por exemplo, tinha uma forte crença na importância do estado de direito, do respeito pela vida humana e da efetividade do controle. O caos e a carnificina que ele testemunhou em Ruanda destruíram suas suposições sobre o mundo, a natureza humana e sua capacidade de controlar eventos potencialmente fatais. Esses esquemas centrais que caracterizam uma orientação de personalidade autônoma pode ter interagido com a brutalidade que ele testemunhou para aumentar sua vulnerabilidade ao TEPT.

DIRETRIZ PARA O TERAPEUTA 12.11

A teoria cognitiva propõe um modelo de diátese-estresse de vulnerabilidade para TEPT no qual o risco é definido em termos de uma combinação entre a experiência traumática e fatores de personalidade cognitivos preexistentes, tais como interesses sociotrópicos ou autônomos elevados.

Processamento automático

Codificação aumentada durante trauma

A forma como um evento traumático é processado no momento de sua ocorrência influenciará como o evento é representado na memória de trabalho. Um viés de codificação seletivo pré-consciente e automático para elementos de ameaça e perigo do trauma, que são altamente proeminentes, com correspondente incapacidade de processar aspectos positivos ou mais benignos da situação, contribuirão para a ativação da estrutura de esquema maladaptativa do TEPT. Além disso, Ehlers e Clark (2000) observaram que se durante a codificação ocorrer um processamento primariamente orientado a dados (isto é, processamento de impressões sensoriais) em vez de um processamento mais organizado, contextualizado orientado a conceitos (isto é, processamento do significado do evento), então as recordações do trauma serão mais desorganizadas, fragmentadas e suscetíveis a um forte *priming* perceptual. Eles também sugeriram que uma incapacidade de adotar uma perspectiva autorreferencial durante o trauma contribuirá para dificuldade em integrar a recordação do trauma com as outras recordações autobiográficas do indivíduo. No modelo cognitivo representado na Figura 12.1, esse processamento maladaptativo durante o trauma contribui diretamente para a ativação da estrutura esquemática disfuncional do TEPT, enquanto a recordação do trauma mais mal elaborada, desorganizada ou fragmentada é primariamente responsável pela ocorrência de intrusões de recordações relacionadas ao trauma (ver D. M. Clark e Ehlers, 2004, para discussão adicional).

Estrutura esquemática central e recordação do trauma

Um argumento central nas teorias sociocognitivas do TEPT é que eventos traumáticos alteram drasticamente suposições básicas sobre si mesmo, o mundo e outras pessoas porque elas não podem ser facilmente assimiladas nos esquemas existentes (Shipherd et al., 2006). Brewin e colaboradores (1996) indicaram que o trauma envolve uma violação de suposições básicas sobre:

1. invulnerabilidade pessoal de morte ou doença;
2. posição em uma hierarquia social;
3. a capacidade de um indivíduo satisfazer padrões morais pessoais e alcançar objetivos de vida;
4. a disponibilidade e confiabilidade de pessoas significativas;
5. a existência de ordem entre ações e resultados.

Brewin e colaboradores sugerem que a violação dessas suposições ocasiona que o indivíduo com TEPT perceba que o mundo é um lugar incontrolável, imprevisível e mais perigoso (ver também Foa e Rothbaum, 1998). Janoff-Bulman (1992) afirmou que o trauma destrói as suposições do indivíduo sobre invulnerabilidade pessoal, o mundo como significativo e benevolente e a si próprio como positivo ou valioso. Por outro lado, uma experiência traumática pode confirmar ou fortalecer crenças negativas anteriormente mantidas sobre o si mesmo e o mundo (D. M. Clark e Ehlers, 2004). Horowitz (2001) enfatizou que alarmes emocionais ocorrem quando representações internas do trauma não combinam com esquemas preexistentes de si e dos outros. Essa incongruência evocará emoções desagradáveis como ansiedade, pânico ou culpa, que levam a processos de controle excessivo que visam evitar os estados emocionais temidos.

Pesquisadores propuseram uma série de esquemas negativos que são característicos do TEPT (ver Ehlers e Clark, 2000; Foa e Rothbaum, 1998; Janoff-Bulman, 1992; McCann, Sakheim e Abrahamson, 1988; Taylor, 2006). Estes são resumidos na Tabela 12.3.

Há três classes de esquemas maladaptativos que definem a estrutura esquemática do TEPT:

TERAPIA COGNITIVA PARA OS TRANSTORNOS DE ANSIEDADE **509**

TABELA 12.3 Esquemas maladaptativos centrais que caracterizam o transtorno de estresse pós--traumático

Crenças maladaptativas	Exemplo clínico
Crenças sobre si mesmo	
• De ser fraco e vulnerável a dano futuro	"Por eu ser uma pessoa fraca, tenho maior probabilidade de ser prejudicado(a) no futuro."
• Não poder confiar nas próprias percepções ou julgamentos	"Eu não posso mais confiar em mim porque faço maus julgamentos."
• De ser inferior aos outros	"Eu não sou tão forte e habilidoso(a) quanto as outras pessoas."
• De ser uma pessoa má por deixar isso acontecer	"Eu deveria ser punido(a) por deixar isso acontecer comigo."
• De não ter controle ou não ser efetivo	"Eu sou incapaz de controlar o que me acontece, portanto sou incapaz de me proteger."
• Perda de autonomia ou do senso de ser humano (isto é, derrota mental)	"Eu fui corrompido(a); perdi toda dignidade e respeito como ser humano. Sou apenas um objeto."
Crenças sobre os outros	
• De ser sozinho	"Sinto-me tão vazio(a) e sozinho(a)."
• De que ninguém realmente se importa	"Ninguém realmente me entende ou se importa comigo."
• De que os outros culpam a vítima pelo que aconteceu ou por não superar	"As pessoas me culpam pelo que aconteceu. Eles acham que estou exagerando e deveria ser capaz de deixar tudo isso para trás."
• As pessoas são basicamente más ou maliciosas	"A natureza humana é basicamente ruim e portanto capaz de grande crueldade."
• As pessoas o(a) prejudicarão e, portanto, não são de confiança	"As pessoas são cruéis e o prejudicarão, portanto você não pode confiar nelas."
• A vida humana é inútil, prescindível	"Não há nenhum valor ou significado especial à vida humana."
Crenças sobre o mundo e o futuro	
• O mundo é um lugar perigoso	"Eu nunca posso estar seguro nesse mundo perigoso."
• Há pouca benevolência ou bondade no mundo	"Neste mundo, crueldade e egoísmo são muito mais comuns do que bondade ou solidariedade."
• Expectativa de dano ou perigo futuro	"No futuro coisas ruins provavelmente acontecerão comigo de novo."
Crenças sobre o trauma	
• O dano é aleatório e imprevisível	"Quando menos espera você está em grande perigo."
• Interpretação negativa de respostas durante o trauma	"Eu não deveria ter congelado durante o ataque."
• Fracasso em ser mais efetivo em proteger-se	"Eu deveria ter lutado com o agressor. Se o tivesse feito, não estaria sofrendo tanto quanto estou agora."
• Sobre causar o trauma	"Eu deveria saber que não era para sair sozinho."
• Sobre os efeitos negativos de longo prazo do trauma	"Eu nunca serei o mesmo depois do que me aconteceu."

(continua)

TABELA 12.3 Esquemas maladaptativos centrais que caracterizam o transtorno de estresse pós-traumático (continuação)

Crenças maladaptativas	Exemplo clínico
Crenças sobre o transtorno de estresse pós-traumático	
• Que o transtorno tem consequências negativas duradouras	"Eu nunca vou superar o TEPT. Ele arruinou minha vida."
• A interpretação catastrófica errônea de determinados sintomas do TEPT	"Eu devo estar ficando louco(a) porque continuo tendo esses *flashbacks* incontroláveis."
• A necessidade de exercer maior autocontrole sobre sintomas relacionados ao trauma	"Eu nunca vou melhorar enquanto ficar pensando sobre o trauma."
• Culpa-se por ter transtorno de estresse pós-traumático	"Eu tenho TEPT porque sou uma pessoa fraca, impotente."
• Metas e propósito de vida frustrados	"Eu nunca vou alcançar minhas metas de vida ou ter uma vida produtiva e satisfatória."
• Sobre a importância de controlar emoções negativas	"Eu preciso manter controle firme sobre minhas emoções ou vou ser esmagado(a) por elas."
• Os efeitos benéficos da esquiva	"É melhor evitar qualquer coisa que seja potencialmente perturbadora ou que lembre o trauma."

1. crenças negativas sobre si mesmo;
2. esquemas negativos sobre o mundo incluindo outras pessoas;
3. crenças negativas sobre o trauma e sintomas do TEPT.

Dependendo da natureza e frequência do trauma, os indivíduos acreditam que são vulneráveis, marcados pela experiência do trauma, e têm a probabilidade de enfrentar mais prejuízo e perigo no futuro. Eles veem o mundo como um ambiente perigoso, egoísta e cruel, no qual as pessoas são insensíveis, críticas, e indignas de confiança. Eles podem se considerar parcialmente responsáveis pelo trauma e acreditam que foram prejudicados para sempre pelos terríveis eventos em suas vidas. Eles acreditam que o TEPT continuará a ter um efeito negativo persistente e essa interpretação dos sintomas do TEPT, especialmente das lembranças intrusivas do trauma, farão o indivíduo utilizar estratégias de controle maladaptativas que têm o efeito não premeditado de contribuir para a manutenção do transtorno (D. M. Clark e Ehlers, 2004). Na terapia cognitiva para TEPT, mui-

to esforço é focalizado na modificação desses três tipos de esquemas maladaptativos centrais e suas avaliações associadas.

A forma como o trauma é representado na memória de trabalho é um aspecto importante da constelação de esquema maladaptativo no TEPT. Há concordância geral entre os pesquisadores de que o trauma é armazenado de forma diferente nos indivíduos com TEPT comparado àqueles que vivenciaram trauma sem TEPT (ver discussão anterior de Brewin et al., 1996; Dalgleish, 2004). Ehlers e Clark (2000) afirmam que as características intrusivas do TEPT se devem a elaboração (isto é, fragmentação) e integração deficientes da recordação do trauma no seu contexto no tempo, lugar e outras fontes de informação, bem como com outras recordações autobiográficas. Além disso, fortes associações de estímulo-estímulo e estímulo-resposta, bem como limiar perceptual reduzido para estímulos relacionados ao trauma, causam recuperação involuntária, orientada por sugestão de modo que o indivíduo tem sintomas de revivescência da experiência causados por exposição a gatilhos e ativação da recordação do trauma que está fora da consciência (D. M. Clark e Ehlers, 2004; Ehlers e Clark, 2000). Ehlers e D. M. Clark concluíram que a representação desorganizada e fragmentada do trauma contribui para uma percepção de ameaça atual por criar lembrança seletiva de detalhes do trauma e formar fortes associações entre certos estímulos do trauma e avaliações de perigo grave a si mesmo.

Recuperação errônea da recordação do trauma

No modelo cognitivo atual, propomos que uma recordação do trauma sensorialmente rica, fragmentada ou mal elaborada que não pode ser acomodada com outras recordações autobiográficas manterá um limiar de ativação baixo que fornecerá evidência confirmatória recorrente para as crenças negativas sobre si mesmo, o mundo, o futuro e o trauma. Por sua vez, essas crenças centrais negativas influenciarão na recuperação das recordações de modo que os indivíduos lembrarão aspectos do trauma que são congruentes com os esquemas disfuncionais do TEPT. Visto que a estrutura da recordação do trauma é fragmentada e mal elaborada, o indivíduo vivencia recordações intrusivas recorrentes do trauma que confirmam os esquemas centrais negativos do TEPT. Portanto, existe uma relação recíproca entre a forma como o trauma é representado na memória e os esquemas centrais disfuncionais sobre si mesmo, o mundo e o futuro. Aspectos do trauma serão lembrados que confirmam crenças negativas sobre um mundo perigoso, de ser vulnerável e as consequências negativas duradouras do TEPT. Informações inconsistentes com os esquemas pós-trauma estarão inacessíveis para recuperação porque não são representadas na recordação do trauma.

Um exemplo de lembrança do trauma tendenciosa e fragmentada surgiu durante as sessões de terapia cognitiva com Edward. Um dos eventos traumáticos que Edward vivenciou enquanto estava em Ruanda foi o aparente assassinato de uma menina órfã de

5 anos e seus amigos pelo RPA. Edward supôs que as crianças tinham sido assassinadas porque elas não estavam mais no orfanato em sua última visita e um soldado do RPA estava presente, com um sorriso no rosto e deslizando a mão sobre a garganta na direção dos soldados canadenses. Edward interpretou isso como significando que os soldados tinham chacinado as crianças. Entretanto, quando exploramos essa memória em profundidade, ficou claro que havia outra informação inconsistente com essa suposição, ou seja, nenhuma indicação das freiras que cuidavam das crianças de que algumas das crianças tivessem sido levadas e assassinadas. Além disso, esse incidente ocorreu após o genocídio ter cessado quando muitas crianças estavam sendo devolvidas a suas vilas. Edward ficou chocado ao perceber que todos esses anos ele não tinha lembrado outra informação que fosse incompatível com sua interpretação imediata do evento. Ficou claro que tudo que ele tinha codificado fora a presença sinistra do soldado do RPA e o desaparecimento das crianças. Na terapia cognitiva do TEPT, muito esforço é direcionado à avaliação e reestruturação da recordação do trauma a fim de que ela deixe de ser uma fonte de evidência confirmatória para os esquemas negativos centrais de si mesmo, do mundo e do futuro.

Viés atencional de ameaça

Como outros transtornos de ansiedade, a dominância da constelação esquemática maladaptativa de ameaça e vulnerabilidade levará a um viés atencional automático para a ameaça. Visto que a experiência traumática violou esquemas autorreferentes positivos básicos sobre segurança e proteção pessoal, esperamos que o viés atencional no TEPT seja para ameaça e perigo generalizados e não apenas para informação específica ao trauma. A informação relacionada ao trauma deve ter a maior influência sobre a atenção, mas é esperado que qualquer informação que represente um perigo pessoal tenha prioridade de processamento.

Intrusões traumáticas e excitabilidade fisiológica

No modelo cognitivo (ver Figura 12.1), os sintomas de revivescência da experiência e a excitabilidade fisiológica no TEPT são produtos da ativação do esquema maladaptativo e da recordação do trauma fragmentada e sensorialmente rica, bem como da consequente atenção e lembrança seletiva da informação de ameaça relacionada ao trauma. Os pesquisadores propuseram que os sintomas do Critério C (ou seja, esquiva e entorpecimento) são respostas maladaptativas aos sintomas do Critério B (revivescência da experiência) e D (excitabilidade fisiológica/emocional) (Ehlers e Steil, 1995; Wilson, 2004; ver Resick et al., 2008, para discussão). Portanto, o processamento de informação errôneo automático do trauma é a base para a manutenção de intrusões da revivescência da experiência e de excitabilidade fisiológica/emocional, enquanto esquiva e entorpecimento são respostas de enfrentamento maladaptativas que são um produto de esforços de processamento mais conscientes e elaborativos.

DIRETRIZ PARA O TERAPEUTA 12.12

Lembranças intrusivas do trauma e sintomas de hiperexcitabilidade fisiológica/emocional são devidas ao processamento automático de informação envolvendo:
1. ativação de estruturas esquemáticas maladaptativas sobre si mesmo, vulnerabilidade, o mundo, os outros e o futuro;
2. representações mentais fragmentadas da vivência traumática;
3. recuperação seletiva de informação do trauma;
4. viés atencional para ameaça pessoal.
Consequentemente a reestruturação cognitiva de crenças negativas sobre si mesmo, o mundo, o futuro, o trauma e os sintomas de TEPT, bem como a promoção de uma recordação do trauma mais elaborada, integrada e baseada em conceitos são elementos fundamentais na terapia cognitiva para TEPT.

Processamento elaborativo

Avaliações negativas de intrusões e excitabilidade relacionadas ao trauma

A frequente intrusão de pensamentos e imagens relacionadas ao trauma, bem como excitabilidade fisiológica aumentada, levarão a reavaliação consciente e deliberada da ameaça atual, da vulnerabilidade pessoal e dos efeitos negativos duradouros do trauma. De fato, é essa reavaliação deliberada de intrusões do trauma que produz a percepção de uma ameaça atual séria (Ehlers e Clark, 2000). Visto que as intrusões relacionadas ao trauma são geralmente lembranças imprecisas do evento altamente inquietantes, incontroláveis e refletem mais processamento orientado a dados (isto é, processamento de percepções sensoriais mais do que do significado do evento), o indivíduo com TEPT interpretará erroneamente os sintomas intrusivos de uma maneira ameaçadora e mesmo catastrófica (ver Falsetti, Monnier e Resnick, 2005, para discussão). Por exemplo, Edward vivenciou recordações intrusivas de Ruanda, bem como *flashbacks* sobre a menininha órfã, muitas vezes durante o dia e como pesadelos aterrorizantes durante a noite. Ele interpretou esses sintomas como uma indicação de que não estava melhorando e de que sua vida fora arruinada pelo TEPT. Ele se perguntava se os *flashbacks* em particular poderiam eventualmente "enlouquecê-lo". Seu estado de excitabilidade aumentada era percebido como altamente aversivo e como um sinal de perda de controle. Ele concluiu que devia ser fraco e incompetente por perder o controle de seus pensamentos e emoções e considerava seu futuro triste, caracterizado por sofrimento duradouro e uma incapacidade de alcançar qualquer coisa digna ou satisfatória em sua vida.

Ehlers e Steil (1995) propuseram que a avaliação negativa de sintomas intrusivos era um contribuinte importante para a manutenção do TEPT. Significados idiossincráticos negativos de sintomas intrusivos causarão um nível associado de sofrimento que confirma sua natureza ameaçadora. Além disso, a interpretação negativa dos sintomas intrusivos motivará o indivíduo a empregar estratégias de evitação cognitiva e comportamental que inadvertidamente levam a um aumento na frequência da intrusão e no sofrimento associado. Igualmente, no atual modelo cognitivo (ver Figura 12.1), a avaliação negativa de intrusões relacionadas ao trauma levará a uma variedade de esforços de controle que poderiam reduzir os sintomas de revivescência da experiência e a excitabilidade emocional, mas que em longo prazo contribuem para a manutenção do TEPT.

Controle cognitivo e esforços de supressão

A ativação de esquemas pós-trauma maladaptativos, a dominância de processamento de informação de ameaça tendencioso, a ocorrência repetida de lembranças intrusivas e a avaliação negativa dessas intrusões relacionadas ao trauma farão com que o indivíduo com TEPT seja fortemente motivado a terminar imediatamente as intrusões e reduzir seu sofrimento associado. Serão utilizadas uma variedade de estratégias cognitivas e comportamentais que levam ao rápido alívio dos sintomas do TEPT ainda que contribuam para a manutenção do transtorno no mais longo prazo. Ehlers e Clark (2000) observam que estratégias de controle maladaptativas contribuem para a manutenção do TEPT produzindo sintomas diretamente, impedindo mudança nas avaliações negativas do trauma e evitando mudança na própria recordação do trauma.

A *supressão de pensamento* é uma estratégia de enfrentamento maladaptativa comum no TEPT. Em sua revisão, Rassin (2005) concluiu que tentar não pensar no trauma pode levar ao mesmo aumento paradoxal na frequência de intrusões relacionadas ao trauma visto na supressão de pensamentos mais neutros como os ursos brancos. Entretanto,

não se sabe que efeitos a supressão pode ter sobre a qualidade da lembrança. Além disso, tentativas ativas de desfazer uma imagem intrusiva do trauma, por exemplo, podem aumentar sua importância confirmando a interpretação errônea da ameaça. A falha em obter controle efetivo sobre a intrusão confirmaria a crença do indivíduo de que esses pensamentos ou imagens relacionados ao trauma realmente são uma ameaça ao bem-estar pessoal que levará a consequências negativas em longo prazo (ver Ehlers e Steil, 1995; Ehlers e Clark, 2000). Outros efeitos desfavoráveis da supressão de pensamento poderiam ser um aumento no nível de sofrimento do indivíduo, bem como uma carga negativa, que dificultaria a concentração em tarefas e atividades diárias. Portanto, as tentativas de suprimir as intrusões relacionadas ao trauma poderiam paradoxalmente aumentar o grau de sua interferência no funcionamento diário, que reforçaria a crença do paciente de que os sintomas do TEPT estão tendo consequências negativas significativas e duradouras.

Duas outras estratégias de resposta associadas com intrusões relacionadas ao trauma são *ruminação* e *dissociação* (Ehlers e Clark, 2000). *Ruminação* é uma forma persistente, cíclica e passiva de pensar sobre o trauma e suas consequências que leva indivíduos com TEPT a ficarem presos em seu estado emocional atual (ver Ehlers e Clark, 2000; Papageorgiou e Wells, 2004). Ehlers e Clark sugeriram que a ruminação é uma estratégia de evitação cognitiva que fortalece as avaliações negativas do trauma e poderiam interferir na formação de recordações do trauma mais completas. Sintomas dissociativos como desrealização, despersonalização e entorpecimento emocional podem ser estratégias de enfrentamento cognitivas automáticas ou deliberadas visando evitar a consciência de lembranças inquietantes do trauma ou suprimir sintomas de hiperexcitabilidade (Taylor, 2006). Ehlers e Clark (2000) sugeriram também que sintomas dissociativos poderiam impedir a elaboração da recordação do trauma e sua integração com outras recordações autobiográficas.

Busca de segurança e evitação

A evitação é tão invasiva no TEPT que é incluída como um critério diagnóstico importante. Evitação comportamental (isto é, evitar pessoas, lugares ou outros sinais que lembram o trauma), cognitiva (isto é, evitar pensar sobre aspectos do trauma) e vivencial (isto é, evitar emoções negativas associadas com o trauma) estão incluídas no Critério C. Como nos outros transtornos de ansiedade, a evitação é uma estratégia maladaptativa que impede a desconfirmação das crenças e avaliações disfuncionais da ameaça atual. Dessa forma, a evitação contribuirá para a manutenção do TEPT. Além disso, outros comportamentos podem ser iniciados a fim de proporcionar uma sensação de segurança. Edward, por exemplo, evitava aglomerações porque elas o lembravam das multidões de ruandenses famintos e apavorados nos campos de refugiados superlotados. Além disso, a hipervigilância em lugares públicos era um comportamento de segurança que ele usava para antecipar qualquer indício que pudesse lembrá-lo de Ruanda. Apesar do seu apoio em comportamentos de esquiva e segurança, o indivíduo com TEPT raramente alcança a "sensação de segurança" que busca tão desesperadamente.

DIRETRIZ PARA O TERAPEUTA 12.13

Tentativas deliberadas de lidar com sintomas de revivescência da experiência e hiperexcitabilidade indesejados do TEPT contribuem significativamente para a manutenção do transtorno. Interpretações errôneas de intrusões relacionadas ao trauma, tentativas de controle do pensamento ineficazes, evitação emocional e comportamental e apoio em respostas de busca de segurança contribuem cada um para a manutenção de um estado emocional negativo e para o próprio transtorno. A modificação ou substituição dessas estratégias de resposta maladaptativas é um componente importante da terapia cognitiva para TEPT.

Manutenção do sofrimento

O resultado final dos processos pós-trauma automáticos e elaborativos maladaptativos descritos no modelo cognitivo é a manutenção de um estado emocional negativo. É bem conhecido o fato de que a ansiedade não é a única emoção negativa vivenciada no TEPT. Os indivíduos também vivenciam outras emoções fortes como vergonha, culpa, raiva e tristeza (Resick, Monson e Rizvi, 2008). Do ponto de vista cognitivo, um estado emocional negativo mais generalizado é esperado dada a ampla variedade de esquemas disfuncionais envolvidos no TEPT tais como ameaça à segurança e ao bem-estar, vulnerabilidade pessoal aumentada e visão do mundo negativa. Conforme observado na Figura 12.1, a relação entre processamento de informação errôneo e estado emocional negativo é bidirecional, com um estado afetivo negativo duradouro se realimentado para garantir a ativação contínua da constelação esquemática do TEPT.

SITUAÇÃO CLÍNICA DO MODELO COGNITIVO

Nesta seção revisamos o apoio empírico para o modelo cognitivo do TEPT. São propostas sete hipóteses fundamentais para o modelo cognitivo, embora isso não impeça outras previsões que podem ser derivadas do modelo. Entretanto, consideramos essas sete hipóteses as mais importantes para avaliar a situação clínica do modelo.

Hipótese 1

No TEPT a codificação de informação do trauma é caracterizada por um modo de processamento orientado a dados que resulta em processamento aumentado de aspectos de ameaça e perigo do trauma.

Estudos que utilizaram entrevistas ou questionários semiestruturados investigaram se indivíduos com TEPT diferiam daqueles sem TEPT na forma como processavam o trauma. Em um estudo com 92 indivíduos que foram assaltados, aqueles com TEPT relataram significativamente mais derrota mental, confusão mental e distanciamento durante o assalto do que aqueles sem TEPT (Dunmore et al., 1999). Em um estudo prospectivo, essas mesmas variáveis cognitivas foram preditoras da gravidade do sintoma do TEPT em seguimentos de 6 e 9 meses (Dunmore et al., 2001). Em outro estudo, indivíduos com TEPT após um assalto relataram mais dissociação da recordação do trauma, processamento orientado a dados, e falta de processamento autorreferente do que aqueles sem TEPT, e essas variáveis foram preditoras dos sintomas de TEPT no seguimento de 6 meses (Halligan et al., 2003). Entretanto, essas variáveis de processamento cognitivo e a desorganização das recordações associadas à codificação do trauma podem não ser específicas ao TEPT quando comparado a outras sequelas emocionais do trauma, tais como depressão e fobias (Ehring, Ehlers e Glucksman, 2006).

O esquecimento direcionado aos sinais é um paradigma do processamento de informação que pode ser usado para investigar a codificação diferencial da informação do trauma. Os indivíduos são instruídos a lembrar ou a esquecer uma série de palavras, com lembrança subsequente geralmente pior para palavras "a serem esquecidas" do que itens "a serem lembrados". Em um estudo com sobreviventes adultos de abuso sexual na infância, aqueles com TEPT não apresentavam déficits de lembrança ou processamento aumentado de palavras do trauma, indicando que eles não exibiam um estilo de codificação evitativo para palavras do trauma (McNally, Metzger, Lasko, Clancy e Pitman, 1998; ver também Zoellner, Sacks e Foa, 2003, para achados semelhantes). Em um estudo análogo no qual estudantes assistiram um vídeo de um caso real de um pronto-socorro, aqueles instruídos a se focalizar nos procedimentos médicos relataram significativamente menos lembranças intrusivas do filme na semana subsequente, embora não houvesse diferença na desorganização das recordações autorrelatadas (Laposa e Alden, 206). Um foco nos procedimentos médicos é consistente com o uso de um processamento organizado e contextual das situações estressantes. De modo geral há apoio consistente para a Hipótese 1, de que indivíduos com TEPT manifestam uma codificação problemática da informação do trauma, quando escalas autoaplicadas especializadas são utilizadas. O apoio experimental para essa hipótese foi menos consistente e evidentemente requer mais pesquisa.

DIRETRIZ PARA O TERAPEUTA 12.14

Indivíduos com TEPT codificam informação traumática de uma maneira que resulta em uma recordação desorganizada, fragmentada do trauma. Entretanto, a natureza exata do estilo de codificação problemático permanece incerta, embora o processamento perceptual ou orientado a dados possa predominar sobre o processamento baseado em conceitos. Para o terapeuta cognitivo, a avaliação da recordação do trauma deve incluir o processamento de variáveis como derrota mental, falta de perspectiva autorreferente, extensão do processamento orientado a dados *versus* orientado a conceitos, confusão mental e distanciamento.

Hipótese 2

Crenças negativas sobre ser vulnerável, um mundo perigoso, os efeitos ameaçadores do trauma e as consequências adversas dos sintomas do TEPT são mais características de indivíduos com TEPT duradouro do que de vítimas traumatizadas sem TEPT duradouro.

Há duas formas de investigar as crenças disfuncionais no TEPT. No nível mais básico, estudos transversais compararam a existência de crenças negativas após exposição a trauma no TEPT *versus* grupos sem TEPT. Entretanto, a questão também pode ser examinada longitudinalmente e pode-se perguntar se o trauma teve um impacto negativo maior sobre as crenças centrais dos indivíduos com

TEPT. Esta última pergunta é mais difícil de responder, mas é provavelmente mais pertinente ao modelo cognitivo.

Uma série de estudos transversais compararam a existência de crenças disfuncionais usando questionários autoaplicados. Dunmore e colaboradores verificaram que crenças negativas sobre os efeitos do trauma eram significativamente maiores no grupo de TEPT comparado a indivíduos sem TEPT e estavam relacionadas a gravidade do TEPT em seguimentos de 6 e 9 meses (Dunmore et al., 1999, 2001). A crença de que agressões futuras são menos prováveis estava associada com sofrimento mais baixo em mulheres sobreviventes de agressão sexual avaliadas 2 semanas, 2 meses, 6 meses e 12 meses após a agressão (Frazier, 2003). Em um estudo com 124 trabalhadores municipais de Nova York 6 meses após o ataque terrorista de 11/9, crenças refletindo expectativa aumentada de futuros ataques terroristas e perda de confiança em si mesmo estavam associadas com sintomas de TEPT mais proeminentes (Piotrkowski e Brannen, 2002).

O Inventário de Cognições Pós-Traumáticas (PTCI), que foi desenvolvido para avaliar estimativas de trauma e suas sequelas, contém muitos itens que na verdade avaliam crenças negativas mais resistentes (p. ex., "As pessoas não são de confiança", "Se eu pensar sobre o evento, não serei capaz de lidar com ele", "O mundo é um lugar perigoso"). Indivíduos traumatizados com TEPT têm escores significativamente mais altos no PTCI do que indivíduos sem TEPT (Foa, Ehlers, Clark, Tolin e Orsillo, 1999), embora resultados menos consistentes tenham sido obtidos para a subescala de Autorrecriminação (Startup, Makgekgenene e Webster, 2007). Além disso, escores elevados nas subescalas de Cognições Negativas sobre Si Mesmo e o Mundo, mas não na Autorrecriminação do PTCI estavam significativamente correlacionados com os sintomas do TEPT observados 3 meses após a avaliação inicial (Field, Norman e Barton, 2008). Em um grupo de bombeiros em treinamento, Bryant e Guthrie (2007) verificaram que autoavaliações negativas (ou seja, subescala de si mesmo do

PTCI) durante o treinamento foram preditores da gravidade do estresse pós-traumático após pelo menos 3 anos de serviço ativo que envolveu exposição múltipla ao trauma. Além da evidência de que a presença de crenças disfuncionais pré-trauma (p. ex., autoavaliações negativas) prediz tendência a desenvolver TEPT após exposição ao trauma, crenças pré-trauma otimistas poderiam abrandar os efeitos do trauma (ver Taylor, 2006, para discussão). Por outro lado, Dunmore e colaboradores (2001) verificaram que mudança nas crenças negativas devido a exposição ao trauma não era um preditor significativo de gravidade dos sintoma do TEPT (Dunmore et al., 2001).

De modo geral, há evidência consistente de que indivíduos com TEPT mantêm crenças negativas sobre ser vulnerável, um mundo perigoso e a ameaça de trauma futuro. O tema de ameaça continuada e ser vulnerável parece capturar a essência da organização esquemática negativa no TEPT. Crenças negativas sobre si mesmo podem ser um preditor particularmente potente de sintomas pós-trauma subsequentes. Entretanto, não é inteiramente claro se essas crenças maladaptativas refletem esquemas pré-trauma duradouros ou uma mudança na perspectiva ocasionada por exposição ao trauma.

DIRETRIZ PARA O TERAPEUTA 12.15

A modificação de crenças disfuncionais sobre ser vulnerável, um mundo perigoso, a expectativa de ameaça futura e alienação dos outros é a ênfase primária na terapia cognitiva do TEPT.

Hipótese 3

Indivíduos com TEPT exibirão um viés atencional automático para informação representando uma ameaça à segurança pessoal.

Uma revisão anterior de estudos de processamento de informação do TEPT concluíram que a evidência a favor de um viés de processamento automático para sinais de ameaça foi mista, mas os achados foram mais consistentes a favor de um viés atencional estratégico ou elaborativo para estímulos relacionados ao trauma (Buckley, Blanchard e Neill, 2000). Mais estudos empregaram a tarefa de Stroop modificada e investigaram o viés atencional apenas no estágio elaborativo do processamento de informação. Em um dos primeiros estudos, veteranos da guerra do Vietnã com TEPT mostraram um efeito de interferência significativo que foi específico para palavras relacionadas a combate, mas não a palavras de TOC, positivas, ou neutras (McNally, Kaspi et al., 1990). Esse efeito de interferência de Stroop subliminar para informação de trauma foi reproduzido com sobreviventes de acidentes de automóvel com TEPT (p. ex., J. G. Beck et al., 2001; Bryant e Harvey, 1995), vítimas de estupro com TEPT (p. ex., Cassiday, McNally e Zeitlin, 1992) e vítimas de crime com TEPT agudo (Paunovic, Lundh e Öst, 2002). Entretanto, alguns estudos revelaram que a interferência de nomeação de cores pode não ser específica a estímulos de trauma, mas sensíveis a todos os estímulos emocionais (Vrana et al., 1995; ver também Paunovic et al., 2002) e que o viés atencional pode ser evidente apenas no estágio de processamento elaborativo (Buckley et al., 2002; McNally, Amir e Lipke, 1996; Paunovic et al., 2002). Finalmente, o viés atencional para trauma pode estar relacionado a gravidade de intrusões de revivescência da experiência, mas não a sintomas de evitação (Cassiday et al., 1992).

Achados de outros estudos também sugerem que o viés atencional para ameaça no TEPT pode não ser tão direto quanto previsto pelo modelo cognitivo. Empregando uma tarefa de detecção *dot probe*, indivíduos com TEPT não manifestaram um viés atencional para figuras relacionadas ao trauma comparados a controles não clínicos ainda que eles tivessem uma frequência cardíaca acelerada aos estímulos relacionados ao trauma (Elsesser, Sartory e Tackenberg, 2004). Baseados em uma tarefa de busca visual envolvendo palavras alvo de ameaça e não ameaça e dis-

tratores, veteranos do Vietnã com sintomas graves de TEPT apresentaram interferência atencional, mas não facilitação para palavras de ameaça (Pineles, Shipherd, Welch e Yovel, 2007). Esse achado é consistente com os estudos de interferência de Stroop e sugere que o viés atencional no TEPT reflete dificuldade em se livrar de sinais relevantes à ameaça. Também é aparente que o viés atencional para trauma é mais transitório do que permanente, uma vez que o efeito parece diminuir com a repetição (McNally et al., 1996) ou pode ser suprimido quando indivíduos com TEPT antecipam a exposição a uma situação levemente ameaçadora (Constans et al., 2004).

Em resumo, há considerável apoio empírico para o viés atencional para informação relacionada a trauma no TEPT. Entretanto, houve pouco apoio para um viés atencional pré-consciente (mas provavelmente involuntário) e não é claro se o viés é específico ao conteúdo do trauma. Mais pesquisa é necessária usando outras tarefas experimentais além da tarefa de Stroop emocional a fim de determinar a robustez do viés atencional. Como outros transtornos de ansiedade, entretanto, o viés atencional no TEPT mais provavelmente reflete mais dificuldade para se livrar da ameaça do que da facilitação de sinais de ameaça.

DIRETRIZ PARA O TERAPEUTA 12.16

A esquiva de situações relacionadas ao trauma pode ser uma estratégia de enfrentamento usada para controlar um viés atencional para ameaça no TEPT. A exposição *in vivo* gradual que é frequentemente usada na terapia cognitiva para diminuir a evitação também pode abordar o viés de processamento atencional errôneo de estímulos relacionados ao trauma.

Hipótese 4

O TEPT é caracterizado por uma lembrança seletiva e distorcida de informação de ameaça e perigo relacionada ao trauma.

Dadas as intrusões relacionadas ao trauma e outros sintomas de revivescência da experiência proeminentes no TEPT, o modelo cognitivo prediz que lembrança seletiva de eventos traumáticos é um contribuinte importante para a manutenção do TEPT. De fato, a maioria das teorias cognitivas do TEPT consideram a representação fragmentada do trauma na memória um processo cognitivo central no transtorno (p. ex., Brewin et al., 1996; Ehlers e Clark, 2000; Horowitz, 2001). Se a representação do trauma no TEPT é problemática, poderíamos esperar uma lembrança aumentada de sinais do trauma e memória autobiográfica do trauma mais desorganizada, não elaborada.

Em sua revisão, Buckley e colaboradores (2000) concluíram que há evidência de que o TEPT é caracterizado por um viés de lembrança de memória implícita e explícita para estímulos do trauma. O achado mais consistente é que indivíduos com TEPT apresentam lembrança aumentada de palavras de trauma ou emoção geralmente comparados a indivíduos com trauma sem TEPT ou controles saudáveis (p. ex., Kaspi, McNally e Amir, 1995; Paunovic et al., 2002; Vrana et al., 1995). Entretanto, o apoio para um viés de memória implícita foi mais inconsistente, com Amir, McNally e Wiegartz (1996) encontrando um viés de memória implícita para frases específicas ao trauma em uma condição de ruído alto, mas não médio ou baixo, enquanto outros não encontraram efeitos específicos do transtorno (p. ex., McNally e Amir, 1996; Paunovic et al., 2002). Esses achados, então, indicam que indivíduos com TEPT têm lembrança explícita aumentada de informação do trauma que poderia contribuir para a manutenção dos sintomas intrusivos de revivescência. Entretanto, há menos evidência de que esse viés de memória é evidente em um nível de processamento mais automático, pré-consciente.

Mais estudos investigaram a organização da memória traumática, especialmente se as recordações do trauma no TEPT envol-vem mais processamento orientado a dados (ou seja, maior processamento de impressões sensoriais e características perceptivas do trauma) do que processamento orientado a conceitos (ou seja, processamento que se focaliza no significado de um trauma). Em um estudo baseado em questionário Halligan, Michael, Clark e Ehlers (2003) verificaram que comparado a vítimas de agressão sem TEPT, aquelas com TEPT tinham mais recordações do trauma desorganizadas, mais dissociação e mais codificação do trauma orientada a dados. Esses achados foram reproduzidos em crianças com TEA após agressões ou acidentes de automóvel (Meiser-Stedman et al., 2007). Além disso, McKinnon, Nixon e Brewer (2008) verificaram que a qualidade das percepções da recordação do trauma mediavam a relação entre processamento orientado a dados e sintomas de revivescência intrusiva em 75 crianças que tiveram um ferimento que levou a tratamento hospitalar. Em dois estudos análogos Halligan, Clark e Ehlers (2002) verificaram que processamento orientado a dados do vídeo de um acidente rodoviário estava associado com lembrança intencional deficiente subsequente ao vídeo, mais memória desorganizada e que os estudantes que tiveram escores altos em um questionário de processamento orientado a dados de traço, relataram mais desorganização da memória e sintomas de TEPT. Entretanto, desorganização da memória pode não ser tão específica ao TEPT quanto processamento orientado a dados ou falta de processamento autorreferencial (Ehring, Ehlers e Glucksman, 2006). Em outros estudos indivíduos com TEPT mostraram esquecimento significativo dos ataques terroristas de 11/9 durante um intervalo de 9 meses (Qin et al., 2003) e indivíduos com TEPT recuperam menos recordações autobiográficas específicas (Sutherland e Bryant, 2008).

A evidência de prejuízo de memória para eventos traumáticos no TEPT é razoavelmente robusta. A maioria dos estudos encontrou lembrança explícita aumentada de sinais relacionados a trauma e uma relação consistente surgiu entre codificação do trauma orientada a dados, uma recordação mais fragmentada ou desorganizada do trauma, e sintomas de revivescência do TEPT. Entretanto, é possível que o TEPT tenha efeitos negativos sobre a memória de modo mais geral. Uma metanálise recente encontrou uma associação pequena a moderada entre TEPT e prejuízo da memória visual de material episódico, emocionalmente neutro (Brewin, Kleiner, Vasterling e Field, 2007). Além disso, Taylor (2006) concluiu em sua revisão que a evidência para recordações do trauma fragmentadas é na melhor das hipóteses inconsistente. Apesar das questões remanescentes sobre a natureza exata da memória deficiente no TEPT, há considerável evidência empírica de que indivíduos com TEPT têm uma memória seletiva, aumentada para o trauma que parece ser um contribuinte para a manutenção de sua sintomatologia.

DIRETRIZ PARA O TERAPEUTA 12.17

Visto que indivíduos com TEPT têm uma lembrança aumentada e seletiva de informação relacionada ao trauma, uma parte importante da terapia cognitiva é a melhora do processamento conceitual a fim de que uma memória mais completa, organizada e adaptativa de experiências traumáticas passadas seja construída.

Hipótese 5

Indivíduos com TEPT duradouro têm maior probabilidade de interpretar erroneamente seus pensamentos e imagens intrusivos relacionados ao trauma de uma maneira negativa e ameaçadora do que indivíduos sem TEPT duradouro.

Essa hipótese propõe que a avaliação consciente, deliberada de lembranças intrusivas do trauma de uma maneira negativa ou ameaçadora é um fator importante na manutenção do TEPT (Ehlers e Clark, 2000). Duas fontes de informação são relacionadas a essa hipótese:

1. avaliações negativas do trauma;
2. avaliações negativas dos sintomas de revivescência.

Uma série de estudos baseados em escalas autoaplicadas mostraram que avaliações negativas do trauma e suas sequelas são mais proeminentes em indivíduos traumatizados com TEPT. O PTCI tem sido usado com maior frequência para estimar as avaliações negativas de trauma e suas consequências (Foa, Ehlers et al., 1999). Nesses estudos, percepções de que o trauma tinha um efeito mais negativo sobre o indivíduo e mais consequências negativas invasivas e duradouras estavam correlacionadas com gravidade dos sintomas do TEPT, bem como com sintomas específicos como gravidade das intrusões e grau de esquiva (p. ex., Ehring et al., 2006; Laposa e Alden, 2003; Steil e Ehlers, 2000).

Além disso, a avaliação negativa de recordações intrusivas e outros sintomas de revivescência são mais evidentes em indivíduos traumatizados com TEPT e estão correlacionados positivamente com a severidade dos sintomas do TEPT (Dunmore et al., 1999; Halligan et al., 2003; Steil e Ehlers, 2000). Além do mais, avaliações negativas dos sintomas intrusivos iniciais predizem manutenção e gravidade de sintomas de TEPT, em um seguimento de 6 e 9 meses de acompanhamento (p. ex., Dunmore et al., 2001; Halligan et al., 2003). Esses achados, então, são consistentes com a Hipótese 5 e indicam que uma avaliação negativa explícita de consequências relacionadas ao trauma, especialmente de sintomas de revivescência intrusivos, desempenha um papel importante na manutenção dos sintomas do TEPT. Entretanto, essa pesquisa é limitada por uma confiança excessiva em questionários autoaplicados retrospectivos. Estudos futuros devem considerar ampliar a avaliação de estimativas além de questionários autoaplicados para adotar métodos de indagação mais *online* e baseados na experiência.

DIRETRIZ PARA O TERAPEUTA 12.18

Cognições e crenças negativas, maladaptativas sobre TEPT, especialmente intrusões relacionadas ao trauma e seus sintomas, são um foco importante na terapia cognitiva, dada a relevância da avaliação de sintomas negativos explícitos na manutenção do TEPT.

Hipótese 6

Estratégias cognitivas maladaptativas como supressão de pensamento, ruminação e dissociação serão significativamente mais prevalentes naqueles com TEPT duradouros comparados com suas contrapartes sem TEPT.

Como outras teorias cognitivas (p. ex., Ehlers e Clark, 2000), o modelo cognitivo atual postula que a presença de estratégias cognitivas deliberadas, forçadas, mas maladaptativas como supressão de pensamento, ruminação e dissociação são contribuintes fundamentais para a manutenção do TEPT. Essas estratégias visam evitar ou terminar as lembranças intrusivas e outros lembretes do trauma. Embora elas possam parecer momentaneamente efetivas, no longo prazo contribuem para um senso aumentado de ansiedade e importância exagerada de intrusões relacionadas ao trauma.

É bem conhecido o fato de que indivíduos com TEPT empregam mais dissociação peritraumática do que sobreviventes de trauma sem TEPT ou recuperados, e uma dissociação duradoura está associada com o desenvolvimento do TEPT (Halligan et al., 2003; Ozer et al., 2003). Entretanto, pode ser que dissociação contínua ou duradoura seja mais pertinente ao TEPT crônico do que dissociação estado no momento do trauma (Ehring et al., 2006). Além disso, há evidência de que indivíduos com TEPT empregam pensamento ruminativo sobre o trauma e suas consequências. Taylor (2006) observou que a ruminação no TEPT envolve se perguntar repetidamente sobre porque o trauma aconteceu, se ele poderia ter sido evitado e autorrecriminação. Vários estudos verificaram que a ruminação está positivamente associada com sintomas do TEPT (Meiser-Stedman et al., 2007; Steil e Ehlers, 2000), mas isso pode não ser específico do transtorno, visto que a presença de ruminação sobre o trauma e suas consequências também pode ser evidente em indivíduos traumatizados que sofrem de depressão ou de medos específicos (Ehring et al., 2006).

Tem havido um grande interesse da pesquisa na prevalência e impacto de esforços deliberados para suprimir intrusões relacionadas ao trauma no TEPT. Estudos com instrumentos autoaplicados encontraram taxas significativamente mais altas de supressão de pensamento em indivíduos traumatizados com TEPT comparados com controles sem TEPT (Ehring et al., 2006), e a supressão estava associada com maior gravidade do sintoma especialmente em níveis mais altos de pensamentos intrusivos (Laposa e Alden, 2003; Morgan et al., 1995). Indivíduos não clínicos que assistiram a um clipe de 3 minutos de um incêndio traumático e que relataram uma tendência mais forte a suprimir pensamentos desagradáveis registraram mais intrusões em um diário de intrusões mantido durante a semana subsequente (Davies e Clark, 1998b). Em um estudo com mulheres que sofreram interrupção da gestação, a supressão de pensamento era 1 de 4 variáveis que mediavam a relação entre dissociação peritraumática e sintomas do TEPT avaliados em um e em quatro meses após a interrupção da gestação (Engelhard et al., 2003). Esses estudos correlacionais, então, indicam que supressão de pensamento deliberada pode ser uma estratégia de enfrentamento maladaptativa que está associada à manutenção do TEPT.

Uma série de estudos experimentais demonstrou que esforços ativos para suprimir pensamentos relacionados ao trauma paradoxalmente levam a um aumento significativo nas intrusões indesejadas, especialmente quando os esforços de supressão cessam. Em um estudo de supressão de pensamento anterior, Harvey e Bryant (1998a)

TERAPIA COGNITIVA PARA OS TRANSTORNOS DE ANSIEDADE · **521**

verificaram que participantes com TEA que foram instruídos a suprimir seus pensamentos relacionados ao trauma tiveram significativamente mais intrusões relacionadas ao trauma após os esforços de supressão terem cessado do que aqueles instruídos a não suprimir. Entretanto, Guthrie e Bryant (2000) não conseguiram replicar esse achado em um grupo de civis sobreviventes de trauma com ou sem TEA. Uma investigação mais direta do papel da supressão de pensamento no TEPT foi conduzida por Shipherd e Beck (1999). Mulheres sobreviventes de agressão sexual com TEPT manifestaram um rebote significativo de pensamentos relacionados ao estupro após os esforços de supressão cessarem, enquanto sobreviventes de agressão sem TEPT não apresentaram esse efeito de rebote. Igualmente, Amstadter e Vernon (2006) verificaram que indivíduos com e sem TEPT vivenciaram aumento imediato de pensamentos neutros e do trauma durante a supressão, mas apenas o grupo com TEPT teve um efeito rebote pós-supressão específico aos pensamentos do trauma. Além disso, indivíduos com um estilo de enfrentamento repressivo podem ser mais bem-sucedidos na supressão de pensamentos alvo negativos em curto prazo, mas em intervalos de tempo mais longos (p. ex., 1 semana) seu estilo repressivo leva a mais pensamentos negativos indesejados (Geraerts et al., 2006). Embora os achados não sejam de forma alguma robustos, há evidência suficiente para indicar que a supressão deliberada de pensamentos intrusivos relacionados ao trauma é contraproducente em longo prazo e provavelmente contribui para uma frequência mais alta de sintomas de revivescência intrusivos.

DIRETRIZ PARA O TERAPEUTA 12.19

A redução em estratégias cognitivas maladaptativas tais como supressão de pensamento, ruminação e mesmo dissociação é um foco importante na terapia cognitiva porque essas estratégias contribuem para a manutenção dos sintomas de revivescência relacionados ao trauma.

--- **Hipótese 7** ---

Esquiva de sinais relacionados ao trauma e busca de segurança serão mais frequentes no TEPT duradouro comparado a estados sem TEPT.

Como nos outros transtornos de ansiedade, evitação e apoio na busca de segurança são considerados contribuintes importantes para a manutenção dos sintomas do TEPT. Esta última hipótese propõe uma relação direta tal que maior evitação e busca de segurança contribui para um estado pós-traumático mais persistente, grave e adverso.

Há evidência empírica em apoio a essa afirmação. Dunmore e colaboradores (1999) verificaram que vítimas de agressão com TEPT duradouro tinham significativamente maior probabilidade de empregar evitação e busca de segurança no mês após a agressão do que aquelas sem TEPT. Em um estudo de seguimento de 9 meses, o uso de evitação e busca de segurança 1 mês após uma agressão foi preditor da gravidade do TEPT em 9 meses mesmo após controlar para gravidade da agressão (Dunmore et al., 2001). Entretanto, entorpecimento emocional, que é um tipo de evitação comum no TEPT, teve apoio mais forte de estudos com instrumentos autoaplicados do que em estudos experimentais. Por exemplo, em um estudo de resposta muscular autonômica e facial a figuras emocionalmente evocativas, veteranos do Vietnã com TEPT não apresentaram resposta emocional aumentada ou suprimida a figuras de estímulo agradáveis ou desagradáveis, embora eles mostrassem resposta reduzida a estímulos emocionais agradáveis após serem pré-ativados com figuras relacionadas ao trauma (Litz et al., 2000). Este último efeito seria consistente com resposta reduzida e possivelmente processamento cognitivo mais deficiente dos sinais de segurança após exposição à informação relacionada ao trauma.

> **DIRETRIZ PARA O TERAPEUTA 12.20**
>
> Exposição *in vivo* que visa reduzir comportamentos de evitação e busca de segurança em situações relacionadas ao trauma e melhorar o processamento dos sinais de segurança positivos é um ingrediente terapêutico importante da terapia cognitiva do TEPT.

AVALIAÇÃO COGNITIVA E FORMULAÇÃO DE CASO

Entrevista diagnóstica e escalas de sintoma

O SCID-IV (First et al., 1997) e o ADIS-IV (Brown et al., 1994) têm módulos para TEPT que se adaptam estreitamente aos critérios diagnósticos do DSM-IV. O módulo de TEPT do SCID-IV (ou anteriormente SCID para o DSM-III) tem propriedades psicométricas fortes com:

1. kappa de confiabilidade entre avaliadores de 0,66 e concordância diagnóstica de 78% (Keane et al., 1998);
2. validade convergente alta com outras escalas de sintoma do TEPT;
3. sensibilidade (0,81) e especificidade (0,98) substanciais (ver Keane, Brief, Pratt e Miller, 2007, para discussão).

Entretanto, o SCID-IV foi criticado por avaliar sintomas baseado apenas no "pior evento" vivenciado, bem como por confiar em uma avaliação de trauma que pode não ser precisa (Keane et al., 2007).

As propriedades psicométricas do módulo de TEPT do ADIS-IV são promissoras, mas menos bem estabelecidas. Blanchard, Gerardi, Kolb e Barlow (1986) relataram kappa entre avaliadores de 0,86 (concordância de 93%) para a versão do programa de entrevista para o DSM-III. Entretanto, limitações do ADIS-IV foram observadas, tais como falha em fornecer um ponto de corte total para o caso ou em recomendar se concordâncias de itens de sintomas na variação rara ou leve devem ser considerados satisfa-

zendo os critérios diagnósticos (Litz, Miller, Ruef e McTeague, 2002). Portanto o ADIS-IV pode não ser tão forte para diagnosticar TEPT quanto o é com outros transtornos de ansiedade.

Escala de TEPT administrada pelo terapeuta

A Escala de TEPT Administrada pelo Terapeuta (CAPS) é o mais amplamente usado e melhor pesquisado das entrevistas para diagnóstico do TEPT. Desenvolvida pelo Centro Nacional para TEPT (Blake et al., 1998), a CAPS é uma entrevista estruturada que avalia os critérios diagnósticos atuais e ao longo da vida do DSM-IV e a gravidade dos sintomas do TEPT e TEA. Ela consiste em uma lista de verificação de eventos de vida de 17 itens que os pacientes completam durante toda a vida de acordo com se o evento "aconteceu comigo", "eu o testemunhei", "fiquei sabendo sobre ele", "não tenho certeza", ou "não se aplica". A partir dos itens assinalados na lista de verificação, o profissional seleciona três eventos que foram os piores ou os mais recentes e então pede uma descrição do evento e da resposta emocional do paciente a cada evento para determinar a exposição ao trauma (isto é, Critério A1 e A2 do DSM-IV). Isso é seguido por 17 perguntas sobre a frequência e gravidade de cada um dos sintomas centrais do TEPT do DSM-IV que são avaliados em escalas Likert de quatro pontos que podem ser somadas para criar um escore de gravidade para cada categoria de sintoma. Cinco perguntas adicionais determinam o início e duração dos sintomas (Critério E), bem como sofrimento subjetivo e prejuízo social e ocupacional (Critério F). Três avaliações globais são feitas sobre a validade das respostas do paciente, gravidade global dos sintomas do TEPT e grau de mudança ou melhora dos sintomas nos últimos 6 meses. Finalmente, 5 perguntas adicionais podem ser administradas para avaliar os aspectos associados de culpa pelas ações, culpa por sobreviver, redução na consciência, desrealização e despersonalização.

Ela inclui uma folha de resumo na qual um escore de subescala é calculado para cada critério e é determinado se o paciente satisfaz o diagnóstico atual e ao longo da vida de TEPT. Um escore de gravidade total pode ser determinado pela soma dos 17 sintomas centrais e interpretado com relação a cinco escores de gravidade variando de assintomático a extremo, com uma mudança de 15 pontos indicando mudança clinicamente significativa (Weathers, Keane e Davidson, 2001). Nove diferentes regras de pontuação podem ser usadas para obter diagnósticos de TEPT a partir dos escores de frequência e intensidade da CAPS e produzirão diferentes taxas de prevalência de TEPT dependendo de se elas são relativamente complacentes ou rigorosas (Weathers, Ruscio e Keane, 1999). A administração da CAPS completa leva aproximadamente 1 hora (Keane et al., 2007).

A CAPS tem propriedades psicométricas fortes. Baseados em cinco amostras de veteranos do Vietnã, Weathers e colaboradores (1999) encontraram alta confiabilidade entre avaliadores para os três agrupamentos de sintomas (r's = 0,86 a 0,91) e kappa de 0,89 e 1,00 para confiabilidade teste-reteste para um diagnóstico de TEPT da CAPS (ver Weathers et al., 2001, para discussão). Os 17 itens de sintoma também tinham alta consistência interna e concordância estreita com um diagnóstico de TEPT baseado no SCID (sensibilidade = 0,91; especificidade = 0,84, eficiência = 0,88, kappa = 0,75). Weathers e colaboradores (1999) também verificaram que o escore de gravidade total da CAPS estava altamente correlacionado com as escalas autoaplicadas dos sintomas de TEPT (r's = 0,77 a 0,94) e moderadamente com sintomas de depressão e ansiedade (ver Weathers et al., 2001, para discussão). Em sua revisão de 10 anos de pesquisa sobre a CAPS, Weathers e colaboradores (2001) concluíram que a CAPS tem alta confiabilidade entre avaliadores, excelente utilidade diagnóstica, forte validade convergente e sensibilidade a mudança clínica quando usada por entrevistadores treinados e calibrados, embora se saiba menos sobre sua validade discriminante. Claramente, a CAPS é o protocolo de entrevista diagnóstica recomendado para TEPT. A CAPS está disponível no National Center for PTSD (*www.ncptsd.va.gov/ncmain/assessment*).

Escala de impacto do evento

A Escala de Impacto do Evento (IES) é um questionário de 15 itens desenvolvido por Horowitz, Wilner e Alvarez (1979) para avaliar os sintomas de intrusão e evitação da exposição ao trauma. Após a publicação do DSM-IV, foi desenvolvida uma versão de 22 itens revisada (IES-R), incluindo seis novos itens sobre hiperexcitabilidade e um item relativo aos sintomas dissociativos de revivescência ou *flashbacks* (Weiss e Marmar, 1997). Mais pesquisas psicométricas são necessárias sobre a IES-R antes que ela possa ser usada na prática clínica (Keane et al., 2007).

Escala de Mississippi para TEPT relacionado a combate

A Escala de Mississippi para TEPT Relacionado a Combate (MPTSD) é um questionário de 35 itens que visa avaliar os sintomas de TEPT relacionados a combate (Keane, Caddell e Taylor, 1988) que foi atualizada para refletir os critérios do DSM-IV. Os indivíduos avaliam a gravidade dos sintomas em uma escala Likert no intervalo de tempo após a experiência do trauma. A MPTSD tem propriedades psicométricas excelentes incluindo alta consistência interna (a = 0,94), uma confiabilidade de teste-reteste de uma semana (r = 0,97), utilidade diagnóstica e validade convergente (Keane et al., 1988; McFall, Smith, Roszell, Tarver e Malas, 1990). Um ponto de corte de 106 ou acima pode ser ideal para determinar um diagnóstico de TEPT (Keane et al., 2007). A MPTSD é recomendada para avaliar TEPT relacionado a combate.

Escala diagnóstica de estresse pós-traumático

A Escala Diagnóstica de Estresse Pós-Traumático (PDS) é um questionário autoaplicado que fornece um diagnóstico de TEPT do DSM-IV e avalia a gravidade do sintoma (Foa, Cashman, Jaycox e Perry, 1997). Ela tem um lista de verificação de 12 eventos traumáticos dos quais os indivíduos selecionam aquele que mais os perturbou no mês anterior. É usada então uma escala de avaliação de quatro pontos para indicar a frequência durante o mês anterior dos 17 sintomas centrais do TEPT do DSM-IV. Outros 9 itens avaliam prejuízo em diferentes áreas de funcionamento diário. Um escore de 1 ou mais é necessário a fim de contar para um diagnóstico do TEPT e os 17 itens de sintoma podem ser somados para produzir um escore de gravidade. No estudo de validação a Gravidade do Sintoma Total da PDS diferenciou aqueles que satisfaziam um diagnóstico de TEPT no SCID em um grupo sem TEPT, teve alta consistência interna (alfa = 0,92), boa confiabilidade teste-reteste de 2 semanas (r = 0,83) e alta concordância (82%) com o diagnóstico do SCID. A Gravidade do Sintoma Total da PDS também está altamente correlacionada com CAPS Total ($R = 0,91$) e o ponto de corte recomendado de 15 mostra alta sensibilidade (ou seja, 89% de TEPT corretamente identificados), mas especificidade pobre (Griffin, Uhlmansiek, Resick e Mechanic, 2004). Griffin e colaboradores concluíram que a PDS é um bom substituto para uma entrevista de CAPS total, mas tende a superestimar a prevalência de TEPT. A PDS está disponível no National Computer Systems (1-800-627-7271).

Lista de verificação de TEPT

A Lista de Verificação de TEPT (PCL) é um questionário de 17 itens desenvolvido no National Center for PTSD para avaliar a gravidade dos sintomas de TEPT (ver revisão por Norris e Hamblen, 2004). Revisada para o DSM-IV, os sintomas são avaliados em escalas de cinco pontos para o mês anterior com duas versões do questionário disponíveis: uma que avalia o quanto você é perturbado pelos sintomas de experiências estressantes no passado (PCL-C) ou o quanto você é perturbado por sintomas em reação a um evento específico (PCL-S). Além disso, há uma versão para da PCL para militares (PCL-M). A PCL possui propriedades psicométricas fortes. No estudo de validação original conduzido sobre a PCL-M, o Escore Total (soma dos 17 itens) teve consistência interna alta (alfa = 0,97), confiabilidade teste-reteste (r = 0,96) e validade convergente forte com outras escalas de TEPT (ver Norris e Hamblen, 2004, para discussão). A confiabilidade, validade convergente e eficiência diagnóstica da PCL foram bem apoiadas (p. ex., Blanchard, Jones-Alexander, Buckley e Forneris, 1996; Bliese et al., 2008; Ruggiero, Del Ben, Scotti e Rabalais, 2003). Entretanto, estudos da validade fatorial da PCL não confirmaram um modelo de três fatores que corresponde à estrutura de três fatores do DSM-IV (DuHamel et al., 2004; Palmieri et al., 2007). Ainda que um ponto de corte sugerido de 60 produzisse boa utilidade diagnóstica quando comparado com a CAPS, diferentes opções de pontuação da PCL tendem a produzir diferenças na sensibilidade, especificidade e eficiência diagnóstica (Pratt, Brief e Keane, 2006). Um ponto de corte mais baixo entre 30 e 34 é recomendado para contextos de cuidados primários e 50 foi sugerido para amostras militares (Bliese et al., 2008). A PCL, então, parece ser uma escala forte para sintomas do TEPT, mas sofre das mesmas limitações que são aparentes na maioria das escalas autoaplicadas do transtorno. Uma cópia da PCL está disponível no National Center for PTSD (*www.ncptsd.va.gov/ncmain/assessment*).

Escalas de cognição

Taylor (2006) observou que diversas escalas foram desenvolvidas para avaliar crenças em sobreviventes de trauma, mas a maioria são instrumentos de pesquisa com pouca

TERAPIA COGNITIVA PARA OS TRANSTORNOS DE ANSIEDADE **525**

avaliação psicométrica. Por exemplo, A Escala de Suposições sobre o Mundo foi desenvolvida por Janoff-Bulman (1989) para avaliar crenças sobre o mundo que podem ser contestadas por eventos traumáticos. Embora frequentemente citada na literatura de TEPT, a escala parece ter algumas limitações psicométricas (Kaler et al., 2008) e não avalia toda a gama de crenças descrita nos atuais modelos de TCC para o TEPT.

Inventário de cognições pós-traumáticas

O Inventário de Cognições Pós-Traumáticas (PTCI) é um questionário de 33 itens que avalia pensamentos e crenças relacionados a trauma por meio de três esferas cognitivas obtidas por análise fatorial: cognições negativas sobre si mesmo, cognições negativas sobre o mundo e autorrecriminações pelo trauma (Foa, Ehlers et al., 1999). A estrutura fatorial do PTCI foi apoiada em uma análise fatorial confirmatória de sobreviventes de acidente de automóvel (J. G. Beck et al., 2004). No estudo de validação, os coeficientes de consistência interna de todas as três subescalas foram altos (a's de 0,86 a 0,97) e a confiabilidade teste-reteste de 1 semana indicou estabilidade temporal (r's de 0,75 a 0,89). As subescalas do PTCI e o escore total estão altamente correlacionados com a gravidade do sintoma de TEPT (r's de 0,57 a 0,79), depressão e ansiedade geral, e indivíduos traumatizados com TEPT têm escores significativamente mais altos do que grupos de comparação de traumatizados sem TEPT ou não traumatizados (Foa, Ehlers et al., 1999).

A validade das subescalas do PTCI não foram igualmente apoiadas em estudos subsequentes. J. G. Beck e colaboradores (2004) verificaram que a subescala de Autorrecriminação do PTCI não estava correlacionada com a gravidade do sintoma de TEPT nem diferenciava entre aqueles com e sem TEPT. As outras duas subescalas e o escore total apresentaram a validade convergente e discriminante esperada. Em um estudo prospectivo de 12 meses com sobreviventes de ferimentos, a análise de trilha revelou que a subescala Negativo sobre si mesmo do PTCI era a mais influente para determinar sintomas de TEPT tardios, enquanto níveis mais altos de Autorrecriminação do PTCI na fase aguda estavam na verdade associados com melhor funcionamento psicológico (O'Donnell, Elliott, Wolfgang e Creamer, 2007). Todas as subescalas do PTCI são sensíveis a efeitos do tratamento, embora Foa e Rauch (2004) tenham verificado em suas análises de regressão que apenas a subescala Cognições Negativas sobre si mesmo surgiu como um preditor significativo de mudança nos sintomas do TEPT. Amostras com TEPT têm um escore médio de 3,60 ($DP = 1,48$) e 5,00 ($DP = 1,25$) nas subescalas Negativo sobre si mesmo e Mundo Negativo do PTCI, respectivamente, comparado a 1,08 ($DP = 0,76$) e 2,07 ($DP = 1,43$), respectivamente, para grupos sem trauma (Foa, Ehlers, Clark, Tolin e Orsillo, 1999). Dada a validade questionável dos itens de Autorrecriminação, os profissionais devem usar apenas as subescalas Negativo sobre si mesmo e Mundo Negativo do PTCI. O PTCI foi reimpresso em Foa, Ehlers e colaboradores (1999).

DIRETRIZ PARA O TERAPEUTA 12.21

A avaliação cognitiva do TEPT deve incluir
1. uma entrevista diagnóstica, preferivelmente a CAPS;
2. uma escala de gravidade do sintoma de TEPT como a PCL ou a PDS;
3. o PTCI como escala de avaliações e crenças relacionadas ao TEPT.

Apenas as subescalas Cognição Negativa sobre si mesmo e Cognição Negativa sobre o Mundo do PTCI devem ser interpretadas dada a validade questionável da subescala de Autorrecriminação.

Conceitualização de caso

A conceitualização cognitiva de caso se baseia no modelo cognitivo de TEPT proposto neste capítulo (ver Figura 12.1). A Tabela 12.4 apresenta um resumo dos vários componentes de uma conceitualização de caso para TEPT (ver também Taylor, 2006). Embora muito da informação necessária para desenvolver uma formulação de caso esteja disponível na entrevista diagnóstica e em questionários padronizados, é provável que um questionamento adicional seja necessário para completar a formulação cognitiva de caso descrita na Tabela 12.4.

TABELA 12.4 Conceitualização cognitiva de caso para transtorno de estresse pós-traumático

Componentes	Elementos específicos
Suposições e crenças pré-trauma	• Crenças sobre o mundo • Crenças sobre si mesmo • Crenças sobre outras pessoas
Natureza do trauma	• Descrição do trauma, sua gravidade e implicações interpessoais • Nível de envolvimento pessoal no trauma • Efeitos negativos do trauma sobre si mesmo e os outros • Reações emocionais no momento do trauma • Nível de apoio social e resposta dos outros ao trauma
Características da recordação do trauma	• Lembrança seletiva do trauma com alguns elementos mostrando intensificação enquanto outro aspectos são pouco lembrados • Grau de organização, coerência e elaboração da recordação do trauma • Presença relativa de processamento orientado a dados *versus* orientado a conceitos • Variedade de sinais que ativam a lembrança do trauma • Reação emocional à recordação do trauma
Avaliações e crenças associadas com o trauma e suas consequências	• Atribuições causais e crenças sobre o trauma • Pensamentos e crenças negativas autorreferentes associadas com o trauma • Consequências duradouras percebidas do trauma (ou seja, perigo, segurança, controlabilidade) • Expectativa sobre o futuro (ou seja, pessimismo, impotência, desesperança) • Crenças disfuncionais sobre o mundo e os outros
Interpretações de intrusões relacionadas ao trauma e outros sintomas de revivescência	• Efeitos negativos percebidos de intrusões duradouras e outros sintomas do transtorno de estresse pós-traumático • Presença de pensamento catastrófico sobre transtorno do estresse pós--traumático e seus sintomas • Atribuições causais de sintomas intrusivos • Controlabilidade percebida dos sintomas • Significado ou importância pessoal dos sintomas do transtorno de estresse pós-traumático
Estratégias de enfrentamento adaptativas e maladaptativas	• Tentativas de suprimir lembranças do trauma • Presença de ruminação • Grau de dissociação, entorpecimento emocional ou supressão deliberada da expressão de emoção • Capacidade de empregar enfrentamento adaptativo
Evitação e busca de segurança	• Natureza e grau de evitação • Tipos de comportamentos da busca de segurança • Eficácia percebida da busca de segurança

Suposições e crenças pré-trauma

Um objetivo importante da formulação de caso é entender como o trauma mudou as crenças e suposições do paciente sobre o mundo, sobre si mesmo e outras pessoas. Isso requer uma avaliação de crenças anteriores ao trauma, que no contexto clínico requer um apoio no autorrelato retrospectivo. Se o paciente é um mau informante, um cônjuge ou familiar pode ser entrevistado para fornecer essa informação crucial.

É importante determinar se o trauma destruiu crenças preexistentes, rígidas de que o mundo é geralmente um lugar pacífico e seguro ou se ele reforçou suposições extremas do mundo como perigoso ou violento. O seguinte é um exemplo de como os pacientes poderiam ser questionados:

> Estou interessado em saber como você via o mundo, ou seja, seu mundo pessoal, antes do trauma. Baseados em nossas vivências na infância e adolescência, todos desenvolvemos ideias ou suposições sobre o mundo no qual vivemos. Quais eram suas crenças, suas suposições sobre o mundo antes de você ter essa vivência traumática? Você acreditava e esperava que o mundo fosse um lugar seguro, protegido para você, sua família e amigos? Ou o oposto, você via o mundo como um lugar perigoso onde você esperava dano ou ferimento físico para você mesmo ou para os outros? Quão fortemente você se mantinha fiel a essas suposições sobre o mundo? Alguma vez você as questionou? Houve vivências importantes em seu passado que confirmaram ou contestaram suas suposições sobre o mundo?

Dado o papel central de cognições autorreferentes negativas no TEPT, o profissional deve avaliar os esquemas pessoais preexistentes do paciente. A entrevista clínica deve incluir perguntas sobre autoavaliação que envolvem competência/incompetência, sucesso/fracasso, aceitação/rejeição, ativo/passivo, amado/abandonado, estimado/odiado, confiante/inseguro, fraco/forte, e assim por diante. Mais uma vez é importante determinar o grau de rigidez e significância da crença quanto a visão de *si mesmo*. A partir disso, o profissional deve ser capaz de concluir se o trauma afetou um indivíduo com uma visão de si mesmo positiva e forte ou um indivíduo com uma percepção de si mesmo como fraco e vulnerável.

As crenças e suposições preexistentes sobre outras pessoas também são parte importante da avaliação. Antes da vivência traumática, o paciente acreditava que as pessoas tendiam a ser boas, interessadas, compassivas e gentis? Ou as crenças eram opostas, que as pessoas eram basicamente egoístas, cruéis, manipuladoras, desinteressadas dos outros ou danosas? O paciente era aberto e receptivo aos outros ou desconfiado e esquivo? O indivíduo era altamente dependente dos outros (isto é, sociotrópico) ou mais autônomo? Com essas perguntas o profissional deve ser capaz de determinar o nível de aceitação dos outros em relação aos pacientes, suas expectativas quanto aos outros e o quanto os pacientes dependem da família e dos amigos para apoio emocional.

Natureza do trauma

Como qualquer avaliação para TEPT, é importante que o terapeuta cognitivo obtenha um relato completo do(s) trauma(s), de sua gravidade e consequências. Um pouco dessa informação está disponível na entrevista diagnóstica (p. ex., CAPS), mas isso terá que ser suplementado com perguntas mais específicas e detalhadas. Conforme discutido na primeira parte deste capítulo, há muitos aspectos do trauma que são importantes determinar devido ao seu impacto sobre o desenvolvimento do TEPT. As seguintes são algumas perguntas sugeridas que podem ser feitas sobre o trauma.

- "Qual foi a experiência traumática mais recente? Quantas vezes você vivenciou uma ameaça séria a sua segurança, saúde ou bem-estar? Qual a gravidade dessas ameaças? Elas foram vivências de algum modo relacionadas ou bastante diferentes? Qual delas foi mais perturbadora para você?"

- "O evento causou dano físico, ferimento ou ameaça de morte? Você achou que ia morrer durante o trauma? Se o trauma não aconteceu a você, você testemunhou a tragédia acontecendo a outros ou você estava envolvido na ajuda de vítimas do trauma? Ou você ficou muito perturbado ao ficar sabendo de uma tragédia inesperada sofrida por um ente querido? "
- "Que efeito o trauma teve sobre você? Como ele mudou sua maneira de pensar, sentir e se comportar? Ele mudou a forma de você se relacionar com os outros? Como ele o afetou em sua vida diária, em seu trabalho, família e lazer? "
- "Como você descreveria sua resposta emocional após o trauma? Como você tem se sentido geralmente (p. ex., deprimido, ansioso, irritável)? Qual é sua resposta emocional quando lembrado do trauma ou quando você tem recordações intrusivas do trauma? "
- "O que aconteceu nas horas ou dias após você ter vivenciado o evento traumático? Como sua família e amigos reagiram? O que eles pensaram sobre o que aconteceu a você? O trauma mudou a forma das pessoas se relacionarem com você? Neste caso, como? Houve alguma ajuda formal oferecida a você como serviços médicos ou de saúde mental ou intervenção na crise? "

Características da recordação do trauma

A terapia cognitiva para TEPT coloca ênfase considerável na modificação dos pensamentos, imagens ou recordações intrusivos relacionados ao trauma e sua interpretação. Consequentemente, uma avaliação cuidadosa da recordação do trauma é um elemento importante da formulação de caso. É reco-

mendado que o terapeuta inicie fazendo o paciente escrever o que lembra do evento traumático. Se isso for muito perturbador para realizar como tarefa de casa, o processo poderia ser iniciado em colaboração na sessão. Deve ser explicado que essa tarefa é importante porque as recordações do trauma desempenham um papel importante na manutenção do TEPT e ser capaz de falar sobre o trauma é um passo crítico no processo terapêutico. Naturalmente, o terapeuta cognitivo precisa ser apoiador, interessado e compreensivo. Para muitos pacientes esse será um processo muito difícil e eles podem ter que trabalhar em sua Narrativa da Recordação do Trauma durante várias sessões. A construção de uma Narrativa da Recordação do Trauma tem algumas semelhanças com a Afirmação de Impacto utilizada na terapia de processamento cognitivo (Resick e Schnicke, 1992; Resick, Monson e Rizvi, 2008) ou com os roteiros de exposição em imaginação ao trauma descritos em Foa e Rothbaum (1998).

A Tabela 12.4 lista uma série de fatores que o profissional deveria procurar na Narrativa da Recordação do Trauma. Que aspectos do trauma são especialmente bem lembrados? Há lacunas na memória ou aspectos do evento que são mal lembrados? O quanto a lembrança do trauma do paciente é seletiva? Quão bem o paciente responde as perguntas de sondagem que visam obter um relato mais completo do trauma? A Narrativa da Recordação do Trauma é bem elaborada ou incompleta? Ela tem coerência e organização, ou é bastante fragmentada? Há evidência de que a recordação é primariamente orientada a dados? Em que grau há tentativas de extrair algum significado ou entendimento do trauma? Como o paciente interpreta a recordação do trauma? O que isso significa ou que implicação tem sobre si mesmo, o mundo e o futuro? Que tipos de sinais ativam ou evocam a recordação do trauma? Qual é a reação emocional do paciente ao lembrar do trauma? O quanto é intensa ou grave a emoção sentida? Ao final da terceira ou quarta sessão, o terapeuta cognitivo deve ter uma Narrativa da Recordação do Trauma razoavelmente completa, bem como um perfil da interpretação e resposta emocional do paciente à recordação.

Crenças e avaliações do trauma

Um relato em profundidade do significado pessoal do trauma e suas consequências é um componente central da formulação cognitiva de caso. Ele será um foco primário para intervenção cognitiva posteriormente na terapia. As crenças e interpretações relacionadas ao trauma se enquadram em inúmeras categorias temáticas. É importante determinar as atribuições causais do paciente para o trauma. Por que ele acha que o trauma aconteceu? Que fatores contribuíram para sua ocorrência? Ele sente culpa pelo trauma ou como ele reagiu durante o trauma? Há evidência de crenças de responsabilidade pessoal maladaptativas? O profissional também deve identificar as crenças maladaptativas associadas com os sentimentos de culpa, arrependimento ou remorso que poderiam estar associados com o trauma.

Outros tipos de pensamentos e crenças negativas autorreferentes sobre o trauma e suas consequências também podem estar presentes. O paciente mantém estimativas de probabilidade irreais de vivências traumáticas acontecendo a ele no futuro? Ele mantém crenças maladaptativas sobre a imprevisibilidade e incontrolabilidade do trauma? De que forma as crenças sobre a probabilidade e gravidade de ameaça e perigo são exageradas e aquelas que tratam de segurança são minimizadas? Qual é o pensamento do paciente sobre as consequências do trauma? Ele acredita que levou a mudanças prejudiciais resistentes ou duradouras para si mesmo ou o mundo? Ele acredita que mudou a forma como os outros se relacionam com ele? O profissional deve identificar como o paciente acredita que o outros o percebem agora como resultado de ser uma vítima de trauma.

O profissional também necessita identificar as crenças e avaliações sobre expectativas do futuro. Como o trauma mudou as atitudes e crenças do indivíduos sobre seu futuro? Eles se tornaram mais pessimistas e descrentes em relação à vida e ao mundo de forma geral? O futuro deles parece triste, vazio ou sem sentido? Eles acreditam que agora são impotentes, uma vítima de circunstâncias que continuarão a ditar sua vida de uma maneira imprevisível e incontrolável? Eles mantêm alguma ideia de mudar ou melhorar suas vidas no futuro previsível?

Crenças e interpretações de intrusões

Outro elemento central da formulação cognitiva de caso envolve uma descrição de como o indivíduo com TEPT interpreta os pensamentos, imagens ou recordações intrusivos e indesejados do trauma, bem como os outros sintomas proeminentes do TEPT. Ehlers, Clark e colegas escreveram extensivamente sobre a importância das avaliações de sequelas do trauma na manutenção e gravidade do TEPT (D. M. Clark e Ehlers, 2004; Ehlers e Clark, 2000; Ehlers e Steil, 1995). Essas avaliações e crenças se focalizam no significado ou importância pessoal de ter TEPT. Para cada indivíduo o profissional deve determinar o que é tão pessoalmente perturbador acerca de ter TEPT. Que sintomas são mais aflitivos ou interferem mais no funcionamento diário do indivíduo? Que efeitos negativos são causados pelos sintomas intrusivos? Esses efeitos são considerados resistentes ou duradouros?

O terapeuta cognitivo também deve determinar as atribuições causais do indivíduo para o TEPT e avaliar a presença de pensamento catastrofizante. Por que o paciente acha que tem TEPT? Como ele explica a presença de recordações ou *flashbacks* intrusivos relacionados ao trauma? O paciente acredita que todos os sintomas de TEPT ou lembranças do trauma devem ser eliminados para que ele possa ter uma vida satisfatória e produtiva? Ele acredita que sua vida foi arruinada pelo TEPT? Qual é a importância percebida ou interpretação pessoal dada a recordações, *flashbacks*, pesadelos, etc., do trauma? Como ele explica sua aparente incapacidade de controlar esses sintomas e superar os efeitos negativos do trauma? Essa avaliação profunda de estimativas e crenças negativas associadas com os sintomas intrusivos de revivescência desempenha um papel importante na formatação do plano de tratamento para a terapia cognitiva do TEPT.

Perfil das estratégias de enfrentamento

A formulação cognitiva de caso também deve incluir uma avaliação das tentativas do indivíduo de minimizar a presença dos sintomas do TEPT e suas consequências. O quanto a supressão de pensamento ativa e intencional é proeminente na resposta dos pacientes a intrusões indesejadas relacionadas ao trauma? Existem outros tipos de estratégias cognitivas maladaptativas usadas para evitar ou terminar a exposição a intrusões relacionadas ao trauma? A lista de verificação das estratégias cognitivas de enfrentamento apresentadas no Capítulo 5 (ver Apêndice 5.9) pode ser usada para identificar as respostas de enfrentamento cognitivas maladaptativas e sua efetividade percebida. O Apêndice 5.7 também pode ser utilizado para avaliar a presença de respostas de enfrentamento comportamentais maladaptativas associadas a sintomas do TEPT. Além disso, o profissional deve determinar se a ruminação sobre TEPT e seus efeitos ou a preocupação sobre ter intrusões frequentes e indesejadas relacionadas ao trauma é proeminente na vivência do paciente do transtorno.

A dissociação, entorpecimento emocional e supressão deliberada de emoções frequentemente estão presentes no TEPT. Essas respostas de enfrentamento maladaptativas são frequentes e qual é sua efetividade percebida? O quanto o paciente tolera ou aceita a emoção negativa? O paciente pode usar uma expressão saudável de emoção negativa? Como o indivíduo avalia ou interpreta (isto é, entende) seus episódios de ansie-

dade, raiva, disforia ou culpa? Finalmente, há estratégias adaptativas no repertório de enfrentamento do paciente? Com que frequência essas estratégias são usadas, sob que circunstâncias e para que efeito? A presença de alguma capacidade de utilizar o enfrentamento adaptativo pode ser um ponto de partida importante na terapia.

Evitação e busca de segurança

O componente final da formulação cognitiva de caso envolve uma especificação da variedade de situações ou de sinais relacionados ao trauma que são evitados, bem como os tipos de comportamentos da busca de segurança utilizados e sua efetividade percebida. Foa e Rothbaum (1998) discutem como construir uma hierarquia de situações evitadas em sua terapia baseada em exposição para trauma por estupro. No Capítulo 7, a Hierarquia de Exposição (ver Apêndice 7.1) pode ser usada para identificar as situações e sinais evitados em preparação para a exposição *in vivo* que é uma parte importante da terapia cognitiva para TEPT. Os pacientes devem ser questionados sobre seu uso da busca de segurança para minimizar ou evitar sintomas de TEPT. Eles contam com um companheiro, familiar ou amigo íntimo para confrontar situações evitadas? Eles usam medicamento ou outras substâncias para controlar os sintomas do TEPT? Que outras estratégias sutis, cognitivas ou comportamentais são usadas para minimizar a ansiedade? É importante obter um perfil das respostas da busca de segurança do paciente porque isso será um foco para mudança nas sessões de TC subsequentes.

Ilustração de caso

Uma formulação cognitiva de caso é ilustrada em referência ao exemplo clínico apresentado no início deste capítulo. Edward desenvolveu TEPT após retornar de uma missão de 6 meses em Ruanda, tendo testemunhado os horrores indizíveis do genocídio.

A avaliação revelou que o genocídio tinha destruído muitas das crenças preexistentes de Edward sobre o mundo, a humanidade e ele próprio. Edward expressava crenças arraigadas na justiça e na regra da lei. Ele acreditava que ameaça ou perigo pessoal podia ser minimizado por meio de cautela, disciplina e habilidade. Ele era fiel a um código pessoal de moralidade e acreditava na dignidade e justiça da humanidade. A visão sobre si mesmo de Edward era de um indivíduo forte, confiante, esforçado que tratava os outros com justiça e esperava o mesmo em retribuição. Todas essas crenças fundamentais sobre si mesmo, o mundo e a bondade e dignidade inerentes da humanidade foram destruídas em Ruanda.

Não há um evento traumático isolado, específico que tenha evocado o TEPT de Edward. Antes, foram múltiplas vivências de ameaça à segurança pessoal tais como a retirada de minas terrestres na Bósnia ou ser ameaçado com armas ao passar pelos controles de estrada em Ruanda. Foi testemunhando a tragédia da guerra, sendo confrontado com massas de ruandenses famintos e apavorados, se deparando com valas comuns, igrejas apinhadas de civis mortos e rios repletos de corpos flutuando. Entretanto, uma das experiências mais proeminentes foi o desaparecimento das crianças de um orfanato que ele tinha visitado, especialmente de uma menina ruandense de 5 anos que ficara amiga dele. No momento dessas vivências, Edward tinha suprimido suas emoções, usando humor e uma bravata superficial para se distanciar-se das circunstâncias. Embora se sentindo chocado e repugnado pelo que testemunhava, ele logo se tornou entorpecido e se dissociou dessas vivências repetidas. Ele tratava as ameaças a sua segurança pessoal como "apenas cumprindo meu dever" e quando voltou para casa não houve qualquer reconhecimento do que ele tinha visto ou vivenciado. Era esperado que ele voltasse a sua rotina de vida e trabalho como se nada tivesse acontecido.

A Narrativa da Recordação do Trauma de Edward focalizou no que ele lembrava sobre o dia que seu comboio chegou ao orfanato e a ausência da menininha juntamente com a de dezenas de outras crianças doentes e feridas. Edward podia apenas lembrar aspectos daquele dia que confirmavam sua suposição de que ela tinha sido assassinada. Ele era incapaz de lembrar aspectos da vivência que sugerissem outras razões para a ausência da menininha do orfanato. Sua lembrança era principalmente dirigida por fortes sentimentos de raiva, tristeza e culpa pelo que ele presumia que tivesse sido a morte brutal da menininha. Ele vivenciava fragmentos da memória nos quais tinha imagens intrusivas da menininha e de um gorila vestido com um uniforme do RPA. Essas imagens podiam ocorrer espontaneamente ou ser ativadas por certos lembretes externos de Ruanda tais como estar em uma loja superlotada ou em uma determinada parte da estrada em seu caminho para o trabalho. Sua resposta emocional principal às intrusões era ansiedade, raiva e culpa.

Edward tinha um forte sentimento de autorrecriminação por Ruanda. Ele acreditava que como um pacificador das Nações Unidas ele não fizera o suficiente para parar o genocídio e se culpava por não proteger a menininha. Ele acreditava que o genocídio tinha mudado permanentemente suas crenças e atitudes sobre si mesmo, o mundo e as outras pessoas. Ele concluiu que nunca seria capaz de superar seus efeitos, que ele tinha arruinado sua vida permanentemente. Edward acreditava que perigo para si mesmo e seus entes queridos era muito mais provável e que ele se tornara uma pessoa fraca e vulnerável. Ele deveria permanecer vigilante e prevenido, especialmente quando perto de outras pessoas. Ele acreditava que tinha fracassado totalmente e que seu futuro parecia triste e vazio enquanto tentava lutar contra a culpa e a raiva de suas vivências relacionadas à guerra. Ele declarava, "Eu não posso fazer planos para o futuro; perdi todo o controle da minha vida". Sua visão predominante de si mesmo era de um indivíduo culpado, inútil e vazio sem interesse, sem energia, de capacidade muito limitada e sem futuro. Em outras palavras ele sofria do que Ehlers e Clark (2000) chamaram de "derrota mental".

Edward era particularmente incomodado pelos sintomas de revivescência do TEPT. Ele acreditava que as imagens intrusivas eram um sinal de que o TEPT estava piorando. Ele expressava preocupação de que as imagens e recordações intrusivas poderiam eventualmente enlouquecê-lo. A manutenção delas, bem como seus súbitos acessos de raiva, eram a prova de que ele tinha perdido todo o autocontrole. Ele estava convencido de que o TEPT significava que ele era uma pessoa psicologicamente fraca ou inferior e que era agora "mercadoria estragada" e de pouco uso para as forças armadas ou para qualquer outro possível empregador. Ele se culpava por ser uma vítima do TEPT e acreditava que nunca superaria os seus efeitos. Ele conclui que devia ter alguma falha preexistente que explique por que ele desenvolveu TEPT e outros não. Ele não acreditava que pudesse algum dia superar o TEPT, mas que com terapia em longo prazo poderia aprender a lidar com seus efeitos um pouco melhor. Ele declarava, "Você [TEPT] destruiu a minha vida, minha qualidade de vida, minha vida normal e meu futuro".

Edward tentava ao máximo evitar ou suprimir os pensamentos e recordações intrusivos de Ruanda. Ele evitava quaisquer filmes, livros ou apresentações da mídia sobre a África e quaisquer situações ou pessoas que o lembrassem de Ruanda. Ele se isolou de ambientes sociais e apelou para o álcool para afogar suas lembranças. Na verdade, Edward desenvolveu um transtorno de dependência ao álcool comórbido porque o álcool suprimia as imagens e recordações intrusivas e acalmava seus sentimentos de ser esmagado. Além disso, Edward evitava os lugares públicos e a interação social fora do ambiente de trabalho. Ele frequentemente pensava em suicídio como a solução final para sua dor. Vivenciava frequentes episódios dissociativos onde ele não podia explicar períodos de tempo no trabalho e ruminava sobre como poderia ter evitado o desaparecimento da menininha. Ele tentava suprimir recordações do trauma distraindo-se e se esforçava para evitar a expressão de qualquer emoção forte ao falar sobre Ruanda. Ironicamente, vivenciava emoções negativas fortes como raiva, ataques de ansiedade e profunda disforia que pareciam ocorrer espontaneamente e fora de seu controle. Uma de suas respostas adaptativas que se tornou aparente na terapia foi sua capacidade de escrever sobre seus pensamentos e sentimentos. Ele também lia tudo o que podia encontrar sobre TEPT relacionado a combate e exposição ao trauma a fim de entender melhor seu próprio estado emocional e iniciou um programa diário de exercícios físicos e bem estar.

A fuga e a evitação eram os principais comportamentos da busca de segurança de Edward. Quando ele vivenciava sintomas de ansiedade ou uma imagem intrusiva relacionada ao trauma, deixava a situação imediatamente. Ele passava muito de seu tempo fora do trabalho, sozinho em casa, bebendo e assistindo filmes até tarde da noite a fim de se distrair e evitar o sono que trazia pesadelos. Mais tarde na terapia, Edward tentou usar várias técnicas de relaxamento e meditação para reduzir a ansiedade e os sintomas de revivescência, que tiveram sucesso limitado porque elas exerciam uma função da busca de segurança.

DIRETRIZ PARA O TERAPEUTA 12.22

Uma formulação cognitiva de caso para TEPT ceve especificar:

1. como as crenças do indivíduo sobre o si mesmo, o mundo, e os outros foram modificadas pelo trauma;
2. como o trauma é lembrado;
3. as avaliações e crenças disfuncionais sobre o trauma e suas consequências;
4. as interpretações negativas de pensamentos, imagens e recordações intrusivos relacionados ao trauma;
5. as estratégias de enfrentamento maladaptativas usadas para suprimir sintomas intrusivos e minimizar a ansiedade.

DESCRIÇÃO DA TERAPIA COGNITIVA PARA TEPT

As metas centrais da terapia cognitiva para TEPT são reduzir os sintomas de revivescência da experiência pós-trauma, obter redução significativa da ansiedade e depressão e melhorar o nível de funcionamento social e ocupacional (ver Tabela 12.5 para uma lista de metas; ver também D. M. Clark e Ehlers, 2004).

É importante que a formulação de caso culmine em um plano de tratamento individualizado que orientará a terapia (ver Taylor, 2006). O plano de tratamento consiste das metas imediatas e de longo prazo da terapia. Essas metas são estabelecidas de maneira colaborativa com base na formulação de caso. O paciente deve receber uma cópia das metas da terapia e o progresso do tratamento deve ser avaliado periodicamente durante toda a terapia em relação às metas especificadas do paciente. O plano de tratamento de Edward se focalizava em uma série de metas específicas.

- Reduzir a frequência e intensidade de imagens intrusivas da "menininha e o gorila".
- Eliminar o uso de álcool como estratégia de enfrentamento maladaptativa.
- Reduzir a evitação e ansiedade subjetiva quando exposto a situações que ativam recordações de Ruanda (p. ex., lojas superlotadas, certos trechos da estrada entre a casa e o trabalho).

- Aumentar o contato social e as atividades de lazer.
- Reduzir os acessos de raiva e baixa tolerância à frustração.
- Reduzir o nível de ansiedade generalizada.
- Eliminar os sentimentos de culpa, responsabilidade e raiva em relação ao genocídio.
- Melhorar o senso de confiança e esperança pelo futuro.
- Reduzir a hipervigilância para ameaça.
- Recuperar sua atitude passada de otimismo e confiança nos outros.
- Eliminar a esmagadora convicção de fracasso, de ter sido um profundo desapontamento para si mesmo e para os outros
- Readquirir seu interesse na vida e minimizar os efeitos do TEPT na vida diária

Há inúmeros ingredientes terapêuticos na terapia cognitiva para TEPT que juntos servem para alcançar as metas e objetivos do tratamento. Estes são resumidos na Tabela 12.6 e são discutidos em mais detalhes a seguir.

Fase de educação

As sessões iniciais da terapia cognitiva focalizam a educação do paciente sobre o TEPT,

---

TABELA 12.5 Metas e objetivos da terapia cognitiva para transtorno de estresse pós-traumático

- Aceitar a justificativa lógica cognitiva para a manutenção dos sintomas do transtorno de estresse pós-traumático
- Melhorar a organização, coerência, integração e elaboração da recordação do trauma, enfatizando o processamento do trauma baseado em conceitos (D. M. Clark e Ehlers, 2004; Ehlers e Clark, 2000).
- Modificar as crenças e avaliações disfuncionais do trauma, de suas causas e dos efeitos negativos sobre si mesmo, o mundo e o futuro.
- Mudar de uma interpretação negativa e ameaçadora de pensamentos, imagens e recordações intrusivos e indesejados relacionados ao trauma para uma perspectiva mais adaptativa, receptiva e condescendente das intrusões mentais relacionadas ao trauma (isto é, processo de normalização).
- Desativar as crenças maladaptativas de si próprio como fraco e vulnerável, de um mundo ameaçador ou perigoso e de abandono ou insensibilidade dos outros que foram reforçadas pelo trauma; em seu lugar promover a adoção de visões mais construtivas, alternativas de ser forte, um mundo primariamente seguro, pessoas interessadas e um futuro esperançoso.
- Eliminar as estratégias cognitivas maladaptativas como supressão de pensamento e ruminação, bem como dos processos relacionados como entorpecimento ou embotamento emocional e dissociação.
- Reduzir fuga, evitação, e outros comportamentos de busca de segurança utilizados para suprimir os sintomas de revivescência ou minimizar a ansiedade aumentada.

TABELA 12.6 Componentes terapêuticos da terapia cognitiva para o transtorno de estresse pós--traumático

Componente terapêutico	Objetivo do tratamento
Fase de educação	Fornecer informação sobre o transtorno de estresse pós-traumático, corrigir quaisquer mal entendidos sobre o transtorno, obter a aceitação do paciente do modelo cognitivo e a colaboração no processo do tratamento.
Reestruturação cognitiva focalizada no trauma	Identificar e então modificar as crenças e avaliações negativas sobre o significado pessoal do trauma em termos de sua causa, natureza e consequências para si mesmo, o mundo, os outros e o futuro.
Elaboração e exposição repetida à recordação do trauma em imaginação	Construir uma lembrança do trauma mais elaborada, organizada, coerente e contextualizada com maior ênfase em seu significado de modo que com a exposição repetida da recordação do trauma eventualmente se torne mais baseada em conceitos e mais bem integrada com outras recordações autobiográficas.
Reestruturação cognitiva focalizada no transtorno	Mudar as interpretações e crenças negativas, orientadas à ameaça do paciente sobre os sintomas do transtorno de estresse pós-traumático e suas consequências, especialmente os sintomas de revivescência, para uma perspectiva de enfrentamento mais adaptativa e funcional.
Exposição *in vivo* a sugestões de revivescência	Reduzir a evitação e o apoio em comportamentos da busca de segurança bem como diminuir a ansiedade em situações que evocam sintomas de revivescência.
Modificar a evitação cognitiva e estratégias de controle maladaptativas	Reduzir ou eliminar preocupação, ruminação, dissociação e dificuldade de concentração visando estratégias cognitivas maladaptativas como supressão do pensamento e controle excessivo de pensamentos e emoções indesejados, e substituí-las por controle atencional e aceitação de pensamentos e emoções indesejados mais adaptativos.
Redução emocional (suplementar)	Reduzir a ansiedade geral, hipervigilância, distúrbio do sono e raiva/irritabilidade desenvolvendo um estilo de resposta mais relaxado e benigno.

fornecendo as informações cognitivas para a manutenção dos sintomas pós-trauma, a apresentação da justificativa lógica do tratamento e o esclarecimento dos objetivos da terapia. Como na terapia cognitiva para os outros transtornos de ansiedade, a fase de educação é crítica para o sucesso do tratamento no TEPT. Existe um tríplice objetivo:

1. Obter aceitação do paciente do modelo cognitivo do TEPT e seu tratamento, de forma a estabelecer uma relação terapêutica colaborativa;
2. Corrigir quaisquer crenças errôneas sobre o TEPT e seu tratamento que possam interferir com a terapia cognitiva;
3. Garantir a aderência ao tratamento e aumentar a adesão às tarefas de casa.

Frequentemente, os indivíduos com TEPT explicam o transtorno somente em termos de um "desequilíbrio químico do cérebro" ou o resultado inerente de uma predisposição psicológica ou emocional. Ambas as explicações poderiam prejudicar sua aceitação da terapia cognitiva. Alternativamente, o terapeuta cognitivo explica que o TEPT é uma resposta psicológica natural aos eventos traumáticos. Foa e Rothbaum (1998) fornecem um folheto para o paciente intitulado "Reações Comuns a Agressão" que explica o medo/ansiedade, revivescência do trauma, excitabilidade aumentada, evitação, raiva, culpa/vergonha, depressão e autoimagem negativa como reações imediatas ao trauma vivenciadas pela maioria dos sobreviventes. Embora o folheto trate da agressão física e sexual, ligeiras modificações podem ser feitas para incluir todas as vivências traumáticas. Naturalmente, as justificativas lógicas do terapeuta para o TEPT devem incluir uma explicação de por que os sintomas do TEPT se mantem em apenas uma minoria dos indivíduos expostos ao trauma. O folheto para o paciente desenvolvido por Taylor (2006) é especialmente útil nesse sentido. O TEPT duradouro é explicado como uma "hipersensibilidade do sistema de resposta ao estresse do cérebro" que é determinada pela constituição genética do indivíduo e pela natureza e gravidade das vivências traumáticas. É explicado que todo mundo tem um "limite de resistência" para o desenvolvimento do TEPT. Um indivíduo com uma forte predisposição genética para TEPT desenvolverá o transtorno em resposta ao trauma menos intenso, enquanto um trauma grave ou múltiplas vivências traumáticas podem ser necessários para empurrar alguém com predisposição genética mínima até seu "limite de resistência". É importante enfatizar com os pacientes que todo mundo tem um limite de resistência; é apenas uma questão de quanto trauma é necessário para a ocorrência do TEPT. Uma cópia do folheto de Taylor (2006) pode ser comprado na Anxiety Disorders Association of Canada (*www.anxietycanada.ca*).

A razão cognitiva para TEPT também deve incluir uma explicação do papel dos pensamentos e crenças negativos, recordação do trauma, emoção negativa e evitação na manutenção de sintomas pós-trauma. O terapeuta explica que se os sintomas pós-trauma iniciais se mantêm ou eventualmente desaparecem após algumas semanas depende de nossa resposta. A seguinte é uma possível explicação cognitiva para a manutenção do TEPT:

> "Se muitos dos sintomas do TEPT que você vivencia são uma resposta comum ao trauma e todo mundo tem um "limite de resistência" em seu sistema de resposta ao estresse, você poderia estar se perguntando por que seus sintomas do TEPT se

mantiveram enquanto para outros os sintomas desaparecem dentro de poucas semanas. Nos últimos anos os pesquisadores descobriram uma série de fatores que parecem contribuir para a manutenção do TEPT. Primeiro, vivências traumáticas frequentemente fazem as pessoas verem a si mesmas, seu mundo, o futuro e outras pessoas de uma maneira muito negativa e ameaçadora. Durante a entrevista de avaliação você descreveu uma série de razões que o levam a acreditar que você é mais fraco e mais vulnerável e que o mundo é um lugar perigoso. [O terapeuta lista alguns dos pensamentos e crenças disfuncionais do paciente.] O problema com esse pensamento é que ele se torna mais altamente seletivo com o passar do tempo, de modo que aumenta a sensibilidade do indivíduo à ameaça e perpetua um senso de medo e ansiedade, que são as principais emoções negativas do TEPT. Um segundo contribuinte é como o trauma é lembrado. Quando alguns aspectos do trauma são lembrados muito claramente, outros aspectos são esquecidos, e quando não pode chegar a um significado ou entendimento satisfatório do trauma, um indivíduo tem maior probabilidade de ter lembranças vívidas e intrusivas indesejadas e repetidas do trauma que são altamente aflitivas. Em alguns casos pode parecer como se você estivesse revivendo a vivência traumática novamente. [O terapeuta deve se referir à descrição do paciente dos sintomas de revivescência.] Um terceiro contribuinte para a manutenção do TEPT diz respeito à avaliação ou interpretação do indivíduo dos sintomas de revivescência. Por exemplo, se um indivíduo considera os pensamentos, imagens, recordações ou sonhos recorrentes do trauma como tendo um efeito negativo substancial e duradouro sobre ele mesmo, então a revivescência da experiência será considerada uma séria ameaça a sua capacidade de funcionar que deve ser contida a qualquer custo. Dados os sintomas do TEPT, essa avaliação negativa séria terá o efeito paradoxal de aumentar sua manutenção e importância ou intensidade. A vida do indivíduo se torna mais focalizada, mais dominada pelos sintomas. [O terapeuta se reporta à interpretação do paciente dos sintomas de revivescência para reforçar esse ponto.] E, finalmente, certas estratégias que visam reduzir os sintomas de revivescência, tais como a evitação de sinais do trauma, tentativas de suprimir pensamentos do trauma, fracasso em expressar emoções naturais e apoio em comportamentos de busca de segurança, todas contribuem para a manutenção dos sintomas do TEPT. [O terapeuta questiona o paciente sobre os efeitos da esquiva e da busca de segurança.]"

Após apresentar a explicação cognitiva para o TEPT, o terapeuta fornece uma justificativa lógica para o tratamento. Foa e Rothbaum(1998) usam a metáfora "digestão psicológica" na qual é explicado que o objetivo do tratamento é ajudar os pacientes a elaborar o que aconteceu de modo que seus cérebros possam "digerir psicologicamente" o trauma. Taylor (2006) descreve a terapia cognitivo-comportamental como um meio de ajudar os indivíduos a entender a vivência traumática e dessensibilizá-los para os sinais aflitivos, mas inofensivos, do trauma. Resick, Monson e Rizvi (2008) explicam que a terapia se focaliza em modificar os pensamentos e crenças que fazem o indivíduo "ficar preso" e ajuda-lo a aceitar o que aconteceu, sentir as emoções naturais e desenvolver crenças mais equilibradas que contribuirão para emoções mais úteis. Smyth (1999) discute o tratamento de recordações traumáticas em termos de mudar recordações "quentes" para recordações "ruins", enquanto Najavitis (2002) apresen-

ta o objetivo do tratamento como aprender a lidar com o TEPT e alcançar um senso de segurança. Embora o terapeuta cognitivo possa achar útil referir-se a essas ideias para fornecer uma justificativa lógica do tratamento, é importante enfatizar que a terapia cognitiva se focaliza na redução da ansiedade e dos sintomas de TEPT por meio de

1. modificação das avaliações e crenças negativas e ameaçadoras sobre si mesmo, o mundo, o futuro, outras pessoas e os sintomas de revivescência TEPT;
2. reconstrução de uma recordação do trauma mais organizada, significativa e completa que está associada com menor ameaça e sofrimento;
3. substituir a evitação e outras práticas da busca de segurança maladaptativas por respostas de enfrentamento mais efetivas relacionadas ao trauma.

Além disso, a terapia cognitiva se focaliza em eliminar o abuso de substância, lidar com os pensamentos e comportamentos negativos que podem estar por baixo da depressão maior e suicidalidade e melhorar o funcionamento interpessoal quando estes são problemas clínicos associados. Embora a fase de educação "termine formalmente" com uma declaração clara dos objetivos do tratamento com base na formulação de caso, posteriormente na terapia uma justificativa lógica mais específica será fornecida quando cada um dos ingredientes terapêuticos da terapia cognitiva for introduzido pela primeira vez. Além disso, a primeira sessão termina com o paciente sendo instruído a automonitorar seus pensamentos, imagens ou recordações relacionadas ao trauma. O formulário de automonitoramento apresentado no Apêndice 12.1 pode ser usado para esse propósito.

DIRETRIZ PARA O TERAPEUTA 12.23

O componente educativo da terapia cognitiva para TEPT focaliza-se em:

1. corrigir quaisquer concepções errôneas sobre TEPT e suas consequências;
2. explicar o papel das avaliações e crenças negativas relacionadas ao trauma e focalizadas no transtorno na manutenção dos sintomas de TEPT;
3. esclarecer o problema de recordações do trauma deficientemente elaboradas;
4. destacar os efeitos da evitação e estratégias de busca de segurança cognitivas e comportamentais maladaptativas.

A colaboração do paciente com o tratamento é determinado pela aceitação da justificativa lógica da terapia que é baseado no modelo cognitivo do TEPT.

Reestruturação cognitiva focalizada no trauma

Após instruir o paciente no modelo cognitivo do TEPT, a próxima fase do tratamento envolve a identificação e modificação das crenças e avaliações negativas do paciente sobre o trauma e suas consequências. Acreditamos que é importante focalizar nessas crenças antes de iniciar uma exposição relacionada ao trauma a fim de corrigir quaisquer vieses que poderiam prejudicar a aceitação da exposição. Além disso, para a maioria dos indivíduos, lidar com as crenças relacionadas ao trauma será menos ameaçador do que exposição *in vivo* ou em imaginação.

Na terapia de processamento cognitivo desenvolvida por Patrícia Resick e colegas, os pacientes com TEPT são primeiro instruídos a escrever uma Declaração de Impacto sobre o significado do(s) evento(s) traumático(s) (Resick e Schnicke, 1992; Resick, Monson e Rizvi, 2008; Shipherd et al., 2006). Consideramos isso um excelente exercício para identificar as avaliações e crenças negativas sobre o trauma e suas consequências. O exercício deve ser prescrito como tarefa de casa ao final da primeira sessão. São dadas as seguintes instruções para escrever uma Declaração de Impacto (Resick, Monson e Rizvi, 2008, p. 90):

Por favor escreva pelo menos uma página sobre o que significou para você ter acontecido essa vivência traumática. Considere os efeitos que o evento teve em suas crenças sobre você mesmo, suas crenças sobre os outros e suas crenças sobre o mundo. Também considere os seguintes tópicos enquanto escreve sua resposta: segurança, confiança, poder/competência, estima e intimidade. Traga isso com você na próxima sessão.

A maior parte da segunda sessão será gasta na Declaração de Impacto na qual o terapeuta destaca, esclarece e elabora aspectos do relato do paciente que indicam as avaliações e crenças negativas sobre o trauma. Essas crenças tenderão a girar em torno das causas e consequências do trauma à medida que elas têm relação consigo mesmo, o mundo, outras pessoas e o futuro. Resick e Schnicke (1992) sugerem que devem ser visadas as crenças sobre segurança, confiança, poder, autoestima e intimidade porque são frequentemente atingidas por um trauma. Por exemplo, uma estudante universitária que foi estuprada após sair de um bar com um homem que acabara de conhecer acreditava que "foi minha culpa por beber demais e me colocar em uma situação perigosa" e "eu nunca serei capaz de confiar ou ter intimidade com outro homem".

Várias estratégias de reestruturação cognitiva discutidas no Capítulo 6 podem ser usadas para modificar as avaliações e crenças negativas relacionadas ao trauma. A busca de evidência será particularmente útil por que os pacientes podem ser indagados, "Alguma coisa aconteceu no momento do trauma ou posteriormente que apoie ou reforce a interpretação ou crença negativa?". Por outro lado, "Alguma coisa aconteceu durante o trauma ou posteriormente que é inconsistente com a interpretação ou crença negativa?". A análise de custo-benefício é outra reestruturação cognitiva útil na qual o paciente é encorajado a considerar os custos imediatos e de longo prazo de continuar a fazer a interpretação mais negativa sobre o trauma e suas consequências. O terapeuta também deve ensinar os indivíduos como identificar os erros de pensamento em suas crenças e avaliações relacionadas ao trauma. O terapeuta cognitivo também pode esclarecer ao paciente sobre como as crenças podem afetar as recordações do trauma e vice-versa por meio de processos de acomodação e assimilação (Shipherd et al., 2006). Há dois objetivos na reestruturação cognitiva. Primeiro, o terapeuta colabora com o paciente na adoção de um entendimento alternativo, mais útil do trauma e de seu impacto persistente. E segundo, a reestruturação cognitiva deve ajudar os pacientes a desenvolver uma atitude consciente mais distante ou afastada em relação as intrusões relacionadas ao trauma (Taylor, 2006; Wells e Sembi, 2004). Os indivíduos são encorajados a observar seus pensamentos de um maneira desprendida sem de forma alguma interpretar, analisar ou tentar controlá-los. Os pensamentos podem ser vistos simplesmente como sintomas que podem ter permissão "para ocupar seu próprio espaço e tempo sem envolvimento com eles" (Wells e Sembi, 2004, p. 373) ou o paciente pode mudar a perspectiva vendo o trauma do ponto de vista de outra pessoa ou do futuro distante (Taylor, 2006). Embora a reestruturação cognitiva de intrusões relacionadas ao trauma seja mais intensa durante as primeiras sessões da terapia cognitiva, esse trabalho continuará intermitentemente durante todo o tratamento. O Apêndice 12.2 pode ser usado para ajudar os pacientes a consolidar suas habilidades de reestruturação cognitiva por meio das prescrições de tarefa de casa.

Taylor (2006) menciona uma série de problemas que podem ser encontrados com a reestruturação cognitiva no TEPT. Um é a *invalidação*, na qual o indivíduo acredita que o terapeuta banaliza ou não considera a importância e a quantidade de sofrimento pessoal causado pelo trauma. Isso pode ser evitado dando aos pacientes a oportunidade de discutir totalmente suas vivências, expressando níveis adequados de empatia e validando diretamente seus sentimentos (ver Leahy, 2001). Além disso,

Taylor (2006) recomenda que o terapeuta evite rotular os pensamentos/crenças como "distorcidos", "errados", "irracionais" ou "disfuncionais", mas, antes, os enquadre em termos do que são formas de pensar "inúteis" e "úteis". Outro problema ocorre quando os pacientes mantêm *crenças obstinadas* e portanto são resistentes a reestruturação cognitiva. Os exercícios de teste empírico da hipótese podem ser mais úteis quando o paciente se recusa a aceitar as argumentações do terapeuta. Além disso, o indivíduo pode ser encorajado a temporariamente "testar a interpretação ou crença alternativa" e registrar quaisquer efeitos positivos ou negativos (ver Capítulo 6 para mais discussão). Essas experiências podem ajudar a disseminar alguma dúvida em relação à veracidade da interpretação negativa do trauma.

O seguinte é um relato literal da Declaração de Impacto de Edward:

> "Lá na Iugoslávia estávamos para manter a paz [missão de manutenção da paz das Nações Unidas] e retirar as minas e como resultado perdi alguns bons amigos. Eu vi os vestígios de sepultamentos e assassinatos em massa, vasta destruição e vi os efeitos do estupro e da famosa Gravata Sérvia [a garganta da vítima é cortada e a língua puxada para fora pela fenda criando a impressão de uma gravata grotesca]. Estávamos constantemente sendo bombardeados e em Sarajevo, os franco atiradores estavam em toda parte e os alvos eram escolhidos sem nenhuma razão. Fiquei sob a mira de uma arma em um ponto de checagem das Nações Unidas e fui ameaçado por um checheno com um fuzil AK-47. Quando olho para trás vejo os problemas familiares de muitos soldados e o início do uso de bebidas e drogas. Estávamos na estrada para o inferno".
>
> "No outono de 1993 eu estava na cafeteria quando ouvi falar da possibilidade de uma missão das Nações Unidas para um lugar na

África chamado Ruanda. Nunca tinha ouvido falar do lugar, mas uma missão de 7 meses me pareceu boa. Quando chegamos a Kigali soubemos que tínhamos atingido o fundo do poço e o sentimento foi de muita tensão. Desde a missão eu tenho acreditado que não tenho futuro, que sou um derrotado, que nunca vou realizar nada. Eu acredito que o mundo está em uma espiral descendente para a autodestruição. Vamos esgotar os recursos naturais até 2015 e com a superpopulação haverá uma depressão mundial que fará a quebra de 1929 parecer brincadeira de criança. Os ruandenses tiveram a resposta GENOCÍDIO (ênfase original). Simplesmente matem a todos – funcionou. As pessoas que restarem serão as felizardas".

"Quando você está nessa situação, você está constantemente vigilante para franco atiradores, para o inimigo e para as minas. Por muito tempo não pude caminhar sobre a grama ou sujeira; eu permanecia na calçada. Você está constantemente olhando em volta e nunca baixa a guarda e até hoje tenho problemas com segurança e medo. Não confio em ninguém desde Ruanda e é ninguém mesmo. Você age assim para sobreviver. Eu não tenho autoestima. Você tem o poder de escolher quem vive e quem morre na guerra – é um sentimento difícil de conviver. Você tomou a decisão certa? Eu tive muitos problemas com intimidade. Sinto como se meu coração tivesse se despedaçado. Eu sou um fracasso então não vale a pena tentar. Eu fracassei em Ruanda, na minha carreira, no meu casamento, com a minha família, com meu futuro. Eu não tenho futuro; nada por que viver, então para que continuar. Minha vida tem sido uma grande decepção".

Como é evidente pela Declaração de Impacto de Edward, muitas das crenças e avaliações negativas estavam relacionadas a ter testemunhado os efeitos do genocídio e outros atos horrendos de assassinato, estupro, tortura e intimidação, bem como ter vivenciado múltiplas situações potencialmente fatais durante suas missões de manutenção da paz das Nações Unidas. Várias sessões de terapia cognitiva foram dedicadas à busca de evidência, análise de custo-benefício e geração de perspectivas alternativas sobre suas crenças negativas sobre si mesmo, seu futuro e o mundo. Edward tinha uma crença obstinada de que tinha fracassado em Ruanda e agora tinha fracassado completamente na vida. Ele acreditava que era uma decepção para si mesmo e para os outros. Ele estava convencido de que a vida não tinha sentido, que ele não tinha realizado nada e que tinha sido permanentemente prejudicado por suas vivências de guerra (ou seja, um estado de derrota mental). Ele acreditava que seu futuro era triste e continha apenas desilusão e desgraça. Ele mantinha uma visão particularmente descrente de que o mundo estava fadado a ser dominado pelo mal, pela ganância e pela exploração, e merecia a punição mais severa por seu mal. Ele agora rejeitava suas crenças religiosas anteriores em um Deus amoroso e cuidadoso. Ele desconfiava de todos porque acreditava que as pessoas eram basicamente egoístas e desinteressadas nos outros.

Nosso trabalho em duas das crenças negativas mais proeminentes de Edward, "Eu fui um fracasso completo na vida" e "Eu sou em parte culpado por não conseguir parar o genocídio", ilustrará a reestruturação cognitiva focalizada no trauma. Em ambos os casos examinamos se essas crenças eram declarações precisas da realidade examinando a evidência de que ele não realizou nada em sua vida, especialmente em sua carreira militar. Usamos um exercício em imaginação para elaborar o que ele poderia ter feito diferente como soldado para parar o genocídio e listamos todas as possíveis contribuições para o genocídio dos ruandenses. Examinamos o custo pessoal associado com continuar a acreditar que ele era "um completo fracasso" e que ele deve ser considerado responsável pelo genocídio de mulheres e crianças inocentes. Foram construídas interpretações alternativas como "Embora eu agora tenha encerrado minha carreira militar com uma baixa médica, ainda realizei mais do que sonhei ser possível quando me alistei pela primeira vez" e "Eu não tinha o poder de impedir o genocídio; oficiais com acesso a mais recursos e autoridade do que eu nada podiam fazer para pará-lo portanto não posso ser considerado responsável de forma alguma". Finalmente, Edward foi ensinado a adotar uma perspectiva mais distanciada de seus pensamentos e crenças negativos. Ele aprendeu a combater as crenças emocionais negativas com alternativas mais baseadas na realidade e também aprendeu que era seguro deixar os pensamentos inúteis fluir através da consciência porque eles não eram verdadeiros. Como resultado de reestruturação cognitiva, Edward vivenciou uma melhora em seu nível de depressão e a quase completa eliminação da ideação suicida.

DIRETRIZ PARA O TERAPEUTA 12.24

A identificação de pensamentos e crenças inúteis relacionados ao trauma, à sua causa e à consequência nas perspectivas sobre si mesmo, o mundo e as outras pessoas é obtida por meio de questionamento socrático e descoberta guiada. Pedir que os pacientes escrevam uma Declaração de Impacto pode ser útil para identificar pensamentos maladaptativos relacionados ao trauma, enquanto busca de evidência, análise de custo-benefício, identificação de erros cognitivos, teste empírico da hipótese e geração de interpretações alternativas são usados para modificar as avaliações e crenças negativas.

Exposição em imaginação à recordação do trauma

A modificação da recordação do trauma por meio da exposição em imaginação repetida, discussão verbal e questionamento socrático é um componente importante da terapia cognitiva para o TEPT que deve começar a partir da quinta ou sexta sessão. A maioria dos indivíduos com TEPT será muito relutante em utilizar a exposição em imaginação ao trauma porque eles acreditam que isso tornará sua ansiedade e sofrimento piores e aumentará a frequência dos sintomas de revivescência. Além disso, a exposição em imaginação é completamente contrária ao bom senso, que é de que a melhor forma de reduzir ansiedade e sofrimento é evitar recordações dolorosas. Portanto, a exposição em imaginação ao trauma deve começar com uma justificativa lógica para o procedimento e a oportunidade de tratar quaisquer concepções errôneas do paciente sobre a exposição intencional ao trauma.

Foa e Rothbaum (1998) começam sua justificativa lógica reconhecendo que ainda que os indivíduos que vivenciam eventos traumáticos acreditem que evitar pensamentos ou recordações sobre o trauma é a melhor estratégia de enfrentamento, na realidade a evitação nunca é bem-sucedida porque "não importa o quanto você tente afastar os pensamentos sobre a agressão, a vivência volta para assombrá-lo por meio de pesadelos, *flashbacks*, fobias, pensamentos e sentimentos aflitivos" (p. 159). Os autores explicam que o objetivo de reviver repetidamente o trauma em imaginação é processar as recordações, permanecer com elas até que a ansiedade e o sofrimento associado a elas diminua. Eles afirmam que seu objetivo "é ajudar a obter controle sobre as recordações em vez de deixar as recordações controlá-lo" (p. 160). Além disso, o terapeuta cognitivo pode explicar que ao imaginar repetidamente o trauma e esquadrinhar as recordações por meio de argumentação prolongada e questionamento na terapia, o paciente começará a pensar diferentemente sobre o trauma. A recordação se tornará menos emocional, transformando-a de uma recordação "ardente" em uma recordação "ruim" (Smyth, 1999). Essa nova forma de lembrar do trauma reduzirá a frequência e o sofrimento dos sintomas de revivescência do TEPT (p. ex., pensamentos, imagens e recordações intrusivas do trauma, de pesadelos, de *flashbacks*).

Na terapia cognitiva, os pacientes são solicitados a completar uma Narrativa do Trauma como tarefa de casa para a primeira fase da exposição em imaginação. Os indivíduos escrevem um relato do pior incidente traumático com o máximo de detalhes que puderem lembrar (ver Foa e Rothbaum, 1998; Resick, Monson e Rizvi, 2008; Shipherd et al., 2006; Taylor, 2006). As seguintes instruções podem ser dadas para escrever a Narrativa do Trauma:

A fim de começar nosso trabalho sobre suas recordações aflitivas do trauma, gostaria de prescrever uma tarefa de casa que pede que você escreva um relato do pior trauma que você vivenciou. O relato deve ser escrito no tempo presente, como se você estivesse vivenciando o trauma naquele momento. Por favor tente incluir o máximo possível de detalhes da vivência que você possa lembrar. Em particular inclua todos os pensamentos, sentimentos, sensações e respostas que você vivenciou durante o trauma. Permita-se vivenciar totalmente as emoções do trauma. Se você chegar a um ponto difícil na narrativa onde você não consegue lembrar claramente ou tem dúvidas sobre a vivência, coloque um ponto de interrogação (?). É esperado que você ache esse exercício aflitivo porque está revivendo os eventos com os olhos de sua mente. Você deve trabalhar no relato durante vários dias e se limitar a 30-45 minutos em cada ocasião. Se tiver quaisquer dúvidas sobre a tarefa de casa ou vivenciar uma piora dos seus sintomas durante várias horas, por favor entre em contato com o meu consultório imediatamente e aguarde novas instruções antes de retomar seu trabalho na narrativa. Não se preocupe com a gramática, perfeição ou precisão de sua narrativa. Trabalharemos nela juntos na próxima sessão. Nesse ponto eu gostaria que você fizesse por conta própria tanto quanto possível a fim de podermos começar a trabalhar na sua Narrativa do Trauma.

Na sessão seguinte o paciente é solicitado a ler em voz alta a Narrativa do Trauma. Os indivíduos são instruídos a avaliar seu nível de ansiedade/sofrimento em uma escala de 0 a 100 antes e após lerem a narrativa. O terapeuta pergunta sobre quaisquer pensamentos automáticos vivenciados durante a leitura da narrativa. Atenção particular é dada aos pontos mais aflitivos no trauma (isto é, pontos quentes) e os pensamentos ou avaliações automáticos associados com eles (Ehlers, Clark, Hackman, McManus e Fennell, 2005). Após uma primeira leitura completa da narrativa sem interrupção, o paciente é solicitado a ler o relato diversas vezes mais. O terapeuta cognitivo pode interromper as leituras sucessivas com o questionamento socrático visando esclarecer e elaborar os detalhes sobre o relato e ajudar o paciente a explorar totalmente os pensamentos e sentimentos associados. Se as taxas de ansiedade/sofrimento diminuem durante as leituras repetidas da narrativa, isso deve ser anotado como evidência empírica dos benefícios positivos da exposição repetida. Também, quaisquer pensamentos automáticos ou crenças inúteis associados com a narrativa, especialmente avaliações que ocorrem durante os "pontos quentes" do trauma, são tratados por reestruturação cognitiva.

A Narrativa do Trauma pode ser usada como base para desenvolver um roteiro em imaginação do trauma que pode ser usado para exposição em imaginação na sessão e entre as sessões. Uma gravação em áudio do roteiro pode ser feita e o paciente pode ser instruído a utilizar de 45-60 minutos de exposição em imaginação ao roteiro todos os dias até que o sofrimento seja reduzido (Taylor, 2006). O roteiro em imaginação deve ser reescrito periodicamente para refletir novos detalhes e *insights*. O Registro de Prática de Exposição (ver Apêndice 7.2) pode ser usado para registrar as exposições em imaginação nas sessões. Para mais discussão sobre como desenvolver a exposição em imaginação e solucionar os vários problemas associados com essa intervenção, ver Capítulo 7, bem como Foa e Rothbaum (1998) e Taylor (2006).

O componente da exposição em imaginação da terapia cognitiva termina com a produção de uma Narrativa do Trauma reformulada. Esse segundo relato do trauma deve ser o mais próximo possível da vivência traumática real incluindo informações contextuais importantes e os aspectos do trauma que podem ter sido esquecidos ou minimizados no relato original. Este também deve incorporar as dramatizações mais úteis e as respostas do paciente durante o trauma. O objetivo dessa narrativa reformulada não é "normalizar o trauma" (isso seria inteiramente inadequado e insensível), mas, antes, ajudar o paciente a lembrar a vivência traumática de uma forma que traga novo significado e aceitação a fim de poder ser assimilada na memória autobiográfica geral. A produção de um relato do trauma mais elaborado, bem como a exposição em imaginação repetida desempenham um papel crítico na construção de uma recordação do trauma mais integrada, baseada em conceitos.

Edward escreveu a seguinte Narrativa do Trauma que se tornou a base para o componente de exposição em imaginação do seu tratamento:

"Eu lembro de ir a um orfanato e de termos a tarefa de fornecer suprimentos. Um dia estava sentado almoçando e subitamente sinto um choque; sinto alguma coisa me tocando e ao meu lado está uma menininha com um lindo vestido. Ela tem 5 anos. Ela está muito queimada e não tem nariz nem dedos. Ela parece curiosa com o que estamos comendo. Após superar meu choque inicial, sinto-me mais tranquilo e mostro a ela o meu almoço. Ela adora os pêssegos que lhe dou e então me segue pelo resto do dia. As outras crianças fazem troça dela, mas ela ignora a provocação. A menininha e eu estamos em nosso próprio mundo entregando suprimentos para o orfanato. Frequentemente ela olha para mim e sorri. Eu pergunto a uma das freiras o que aconteceu a ela e ela diz que a família da menininha e toda sua vila foram assassinados ou queimados pelos soldados. Ela se escondeu embaixo da cama e viu tudo. Contei a minha família sobre a menininha e eles enviaram por correio brinquedos, biscoitos e algumas roupas para ela. Na semana seguinte voltei ao orfanato, mas ela tinha sumido! Procurei por ela, sentindo-me tenso, inquieto, sentindo um enjoo terrível no estômago. Muitas crianças tinham sumido. Eu pergunto a uma freira sobre as crianças e ela me diz que os soldados ruandenses pegaram todas as crianças que estavam doentes, feridas ou apresentavam sinais de fraqueza. Elas foram retalhadas vivas. Sinto uma raiva crescendo dentro de mim, fico totalmente tenso e começo a tremer. Vejo um soldado ruandense parado à uma certa distância, rindo para mim enquanto falo com a freira. A raiva é tão intensa, começo a gritar e a amaldiçoar o soldado. Eu salto na direção dele com minha faca, querendo desesperadamente matá-lo. Meus companheiros me seguram. Ele sabe que não posso feri-lo e então apenas fica rindo para mim. Eu estou chorando, gritando com ele. Deus, quero matar aquele cara; quero cortar sua garganta assim como ele matou a menininha".

DIRETRIZ PARA O TERAPEUTA 12.25

Peça aos pacientes para gerar uma Narrativa do Trauma que então se torna a base para exposição em imaginação repetida ao pior trauma com o objetivo de desconfirmar as interpretações errôneas sobre a periculosidade de recordações do trauma e reconstruir uma recordação do trauma mais organizada e elaborada que possa ser integrada à memória autobiográfica geral.

Reestruturação cognitiva focalizada no transtorno

Conforme observado neste capítulo anteriormente, muitos dos sintomas do TEPT são reações comuns imediatamente após o trauma. Entretanto, se esses sintomas iniciais tais como lembranças intrusivas, *flashbacks*, pesadelos, raiva, má concentração, ansiedade, entorpecimento, etc., são interpretados negativamente como sinais de fraqueza, doença, distúrbio mental, perda de controle, etc., em vez de como uma parte normal do processo de recuperação, essas avaliações podem contribuir para a manutenção dos sintomas (Ehlers e Clark, 2000). Taylor (2006) observou que as avaliações e crenças negativas focalizadas no transtorno se enquadram em três categorias:

1. crenças específicas sobre sintomas do TEPT (p. ex., "Ter *flashbacks* frequentes significa que o TEPT está piorando");
2. crenças sobre sintomas relacionados a excitabilidade (p. ex., "Se meu peito apertar demais e eu ficar com falta de ar, posso desmaiar");
3. crenças sobre o funcionamento psicológico geral (p. ex., "O TEPT me privou de uma vida significativa", "Eu nunca vou realizar nada porque o TEPT arruinou minha memória ou capacidade de concentração").

Acrescentaríamos que as percepções dos pacientes de como as outras pessoas avaliam e respondem a eles devido ao trauma ou sofrimento pelo TEPT são um outro tipo importante de pensamento relacionado ao transtorno visado no tratamento.

A reestruturação cognitiva, teste empírico da hipótese, geração de interpretações alternativas e afastamento/aceitação consciente serão as intervenções primárias para modificar as avaliações e crenças focalizadas no transtorno. O trabalho nessas crenças ocorrerá durante todo o curso da terapia cognitiva e pode se tornar particularmente evidente quando na condução de sessões de exposição em imaginação ou *in vivo*. Uma vez identificada a crença específica do transtorno, o terapeuta deve se focalizar em modificar aquela crença antes de continuar com a exposição ou a reconstrução da recordação do trauma. Se não verificadas, as crenças negativas específicas do transtorno interferirão no progresso do tratamento. Os seguintes formulários de avaliação podem ser prescritos: Teste de Avaliações Ansiosas: Busca de Evidências (Apêndice 6.2), Formulário de Teste Empírico da Hipótese (Apêndice 6.5) ou Formulário de Reavaliação do Sintoma (Apêndice 8.2).

Uma série de crenças e avaliações negativas relacionadas ao transtorno foram identificadas no curso do tratamento de Edward. Por exemplo, ele acreditava que a ocorrência de imagens intrusivas súbitas "da menininha e o gorila com uniforme do RPA" significava que o seu TEPT estava piorando e que ele podia eventualmente "enlouquecer" se não parasse as imagens. A reestruturação cognitiva se focalizou em reunir evidência pessoal de que as imagens indesejadas na verdade estavam associadas com deterioração e testar uma perspectiva alternativa onde as imagens fossem vistas como um incômodo na qual a melhor resposta era a aceitação benigna e observação desprendida. Edward também acreditava que podia ter um ataque cardíaco se tivesse palpitações cardíacas, tensão e tremor devido à ansiedade aumentada (ele estava recebendo tratamento médico para hipertensão e colesterol elevado). A reestruturação cognitiva e exposição *in vivo* a situações provocadoras de ansiedade foram usadas para desconfirmar as interpretações de ameaça dos sintomas ansiosos. Edward também acreditava que não tinha mais nenhum valor pessoal devido ao TEPT (isto é, derrota mental) e que não podia mais realizar nada que valesse a pena ou alcançar algum grau de satisfação na vida. Sua vida era uma grande decepção devido ao TEPT. A reestruturação cognitiva se focalizou em:

1. reavaliar seu valor pessoal baseado em realizações passadas esquecidas;

2. corrigir o erro de supergeneralização associado com o trauma e seus efeitos;
3. desenvolver uma "perspectiva de manejo" sobre o TEPT (isto é, "TEPT é como diabete, as pessoas podem ter vidas produtivas e satisfatórias se ele for administrado adequadamente").

O teste empírico da hipótese envolveu a coleta de evidência de que Edward podia realizar atividades prazerosas ou de domínio específicas (p. ex., sair com um amigo para jantar, jogar golfe com os amigos) apesar dos sintomas do TEPT.

DIRETRIZ PARA O TERAPEUTA 12.26

Os pensamentos e crenças inúteis sobre o TEPT e seus sintomas são identificados e submetidos a reestruturação cognitiva a fim de ajudar os pacientes a ver o TEPT como uma condição manejável na qual aceitação e consciência desprendida podem ser o estilo de resposta ideal à ocorrência do sintoma.

Exposição *in vivo*

A fuga e evitação são respostas de enfrentamento maladaptativas comuns no TEPT, portanto a exposição *in vivo* a situações que provocam ansiedade e sintomas de excitabilidade e revivescência relacionados ao TEPT é um foco importante na terapia cognitiva. O propósito da exposição prolongada a situações provocadoras de ansiedade e TEPT é:

1. fornecer evidência desconfirmatória de crenças negativas relacionadas ao trauma e ao transtorno;
2. reduzir os comportamentos de fuga, evitação, e busca de segurança;
3. aumentar a autoeficácia e a capacidade de enfrentamento percebida;
4. reduzir as respostas emocionais negativas como ansiedade.

A exposição *in vivo* também pode envolver visitar novamente o local de um evento traumático a fim de ajudar na reconstrução de uma recordação do trauma mais elaborada de modo que as lembranças intrusivas se tornem menos responsivas à recuperação dirigida por sugestão (Ehlers et al., 2005).

O Capítulo 7 fornece uma descrição detalhada de como conduzir a exposição *in vivo*. O passo para desenvolver esse tipo de exposição no TEPT será semelhante ao procedimento em outros transtornos de ansiedade com a exceção de que preocupações sobre sintomas de revivescência durante os exercícios de exposição podem requerer atenção adicional pelo terapeuta. Deve ser construída uma hierarquia gradual do medo e as sessões de exposição frequentemente começam com a ajuda do terapeuta. A exposição prolongada, repetida e diária continua com cada situação até que o paciente vivencie declínio clinicamente significativo da ansiedade e dos sintomas de revivescência. Para o terapeuta cognitivo, a exposição *in vivo* frequentemente fornece a oportunidade de modificar as crenças e avaliações negativas relacionadas ao trauma e ao transtorno. Para mais descrição da exposição *in vivo* no TEPT, ver Foa e Rothbaum (1998) e Taylor (2006).

DIRETRIZ PARA O TERAPEUTA 12.27

A exposição *in vivo* gradual a situações evitadas que evocam ansiedade e sintomas de revivescência é um elemento terapêutico importante da terapia cognitiva do TEPT usado para fornecer evidência desconfirmatória para pensamentos e crenças maladaptativos, aumentar a capacidade de enfrentamento percebida e reduzir a ansiedade aumentada induzida pela situação.

Modificar o controle cognitivo e comportamental maladaptativo

A redução de estratégias de enfrentamento cognitivas e comportamentais maladaptativas da busca de segurança e evitação é outro objetivo importante da terapia cognitiva

(Ehlers e Clark, 2000; Ehlers et al., 2005). Primeiro, o terapeuta cognitivo deve determinar como o paciente tenta reduzir a ansiedade ou os sintomas de revivescência. A Lista de Verificação de Respostas Comportamentais à Ansiedade (Apêndice 5.7) e a Lista de Verificação de Respostas Cognitivas à Ansiedade (Apêndice 5.9) do Capítulo 5 podem ser prescritas para obter essa informação. Esses formulários devem ser ampliados para incluir as respostas aos sintomas de revivescência, bem como de ansiedade para indivíduos com TEPT.

O próximo passo nessa fase do tratamento é educar o paciente sobre as consequências negativas da resposta de enfrentamento maladaptativa. Embora as respostas da busca de segurança e evitação possam levar a uma diminuição imediata da ansiedade ou ao término dos sintomas de revivescência, em longo prazo elas contribuem significativamente para a manutenção do TEPT. O uso de álcool ou outras drogas para evitar os pensamentos e sentimentos relacionados ao trauma, a supressão intencional de pensamentos ou recordações intrusivas, a evitação de situações que evocam sintomas de TEPT e a dependência nos sinais de busca de segurança são todas estratégias de evitação maladaptativas. A busca de evidência e experimentos comportamentais podem ser usados para demonstrar os efeitos adversos da evitação. As demonstrações na sessão, tais como o "efeito camelo para supressão do pensamento" (ver Capítulo 11) também podem ser usadas para ressaltar os efeitos negativos da evitação cognitiva. A prevenção de resposta é usada para reduzir ou eliminar as respostas de fuga (ver Capítulo 7). Muitos indivíduos com TEPT têm abuso e dependência de substâncias que podem exigir o encaminhamento para a reabilitação ou tratamento de adições.

O passo final nessa fase do tratamento é ensinar os pacientes a adotar uma atitude passiva, não crítica e compreensiva de seus episódios de ansiedade e intrusões relacionadas ao trauma. Frequentemente, isso envolve ensinar os indivíduos a utilizar uma resposta que seja oposta a sua resposta de evitação automática (Ehlers et al., 2005). Por exemplo, os indivíduos com TEPT frequentemente tentam suprimir os pensamentos ou recordações do trauma porque acreditam que essa é a melhor forma de reduzir a ansiedade. Como alternativa, o paciente é encorajado a permitir que as intrusões do trauma entrem na consciência e a intencionalmente dirigir a atenção à intrusão até que ela desapareça naturalmente. A atenção prolongada à intrusão do trauma fornece evidência desconfirmatória contra a crença "se eu não parar de pensar sobre o trauma, vou ser esmagado pela ansiedade" e também ensina uma aceitação desprendida, consciente dos pensamentos e imagens provocadores de ansiedade.

Edward utilizava uma série de estratégias de evitação na tentativa de controlar sua ansiedade e sintomas de revivescência. Ele ficou gravemente dependente do álcool para amortecer pensamentos e sentimentos indesejados, evitava quaisquer situações ou estímulos que ativassem recordações de Ruanda e tentava desesperadamente suprimir as imagens intrusivas da "menininha órfã". Ele entrou nos Alcoólicos Anônimos (AA) e completou um programa de reabilitação de abuso de substância patrocinado pelo exército. Os exercícios de exposição *in vivo* e em imaginação foram usados para reduzir a evitação cognitiva e comportamental de intrusões traumáticas de Edward. Além disso, Edward permitia (aceitava) que as imagens e recordações de Ruanda ocupassem sua mente e prestava atenção a esses pensamentos até que eles diminuíssem naturalmente. Para sua grande surpresa, Edward percebeu que a frequência e intensidade da ansiedade associada com as intrusões indesejadas diminuía significativamente quando ele adotava uma atitude mais benigna e receptiva em relação aos pensamentos e imagens.

A preocupação e ruminação são frequentemente evidentes no TEPT. Os indivíduos podem se preocupar com as consequências negativas do TEPT crônico ou poderiam ruminar sobre as várias formas como eles poderiam ter evitado o trauma. Muitas das intervenções para a preocupação generalizada discutidas no Capítulo 10 podem ser aplicadas à preocupação manifestada no TEPT (p. ex., indução de preocupação, descatastrofização, adiamento e expressão intencional da preocupação, reestruturação cognitiva de crenças preocupantes). Discussão adicional de abordagens de tratamento para a preocupação do TEPT pode ser encontrada em Taylor (2006) e Wells e Sembi (2004).

DIRETRIZ PARA O TERAPEUTA 12.28

A eliminação de respostas de evitação cognitivas e comportamentais disfuncionais e sua substituição por uma atitude receptiva mais passiva de pensamentos e sentimentos indesejados é um componente crítico da terapia cognitiva do TEPT.

Redução da emoção (suplementar)

Em alguns casos pode ser necessário introduzir estratégias de redução da emoção a fim de ajudar os indivíduos com TEPT a lidar com os níveis excepcionalmente altos de emoções aflitivas na vida diária ou quando a ansiedade se torna intolerável durante a exposição em imaginação ou *in vivo* (Taylor, 2006). A instrução no relaxamento muscular progressivo, relaxamento aplicado ou retreinamento da respiração pode ser usada para reduzir a ansiedade (ver capítulos 7 e 8). Os exercícios de *grounding*, nos quais os indivíduos são ensinados a voltar a atenção dos seus pensamentos e sentimentos para total atenção a estímulos específicos no mundo externo, são úteis para reduzir os estados dissociativos e *flashbacks* graves (ver Najavitis, 2002; Taylor, 2006). Os pacientes são instruídos a prestar total atenção ao mundo externo descrevendo as propriedades dos objetos físicos, tais como a mobília de uma sala, o clima, como ele sente o chão sob seus pés, e assim por diante. Um objetivo do *grounding* é lembrar os pacientes de que o ambiente atual é seguro ainda que

sua percepção imaginada seja de ameaça. De um ponto de vista cognitivo, o *grounding* é usado como um "exercício de reunião de dados" para contestar as avaliações de ameaça exageradas do indivíduo associadas com os sintomas de revivescência.

As estratégias de redução da emoção não são uma parte integral da terapia cognitiva para TEPT. Um inconveniente, anteriormente discutido no Capítulo 8, é que as estratégias de redução da ansiedade podem assumir propriedades evitativas, que são contraproducentes para a terapia. Os indivíduos com TEPT podem se apegar a essas estratégias para evitar os pensamentos e sentimentos indesejados. Por essa razão, deve-se ter cautela ao empregar as estratégias de regulação da emoção no TEPT. Em nosso exemplo, Edward recebeu instrução do relaxamento muscular progressivo e entrou para um grupo de yoga. Ambas as intervenções tiveram resultado mínimo na redução de sua ansiedade generalizada e praticamente nenhum efeito sobre os seus sintomas de revivescência. Edward considerou útil o grounding e a refocalização da atenção (Wells e Sembi, 2004) para lidar com a dissociação e os *flashbacks*.

DIRETRIZ PARA O TERAPEUTA 12.29

Embora consideradas uma intervenção auxiliar na terapia cognitiva para TEPT, as estratégias de redução da emoção são úteis para lidar com os estados excessivamente altos das emoções aflitivas e da relutância em tolerar a ansiedade aumentada associada com a exposição. Entretanto, deve-se ter cautela porque a redução emocional pode se tornar uma estratégia de evitação que prejudica a efetividade do tratamento.

EFICÁCIA DA TERAPIA COGNITIVA PARA TEPT

Nos últimos anos, o interesse aumentado no TEPT e no seu tratamento levou a uma base empírica forte para a terapia cognitiva e cognitivo-comportamental do TEPT. As diretrizes de consenso de especialistas para o tratamento do TEPT consideram a terapia cognitiva um dos tratamentos de primeira linha mais efetivos do TEPT, tanto isolada quanto em combinação com medicamentos (Foa, Davidson e Frances, 1999). As diretrizes do tratamento publicadas pelo National Institute for Clinical Excellence (NICE), que é patrocinado pelo British National Health System (NHS), recomenda a terapia cognitivo-comportamental focalizada no trauma ou a dessensibilização e reprocessamento por meio de movimentos oculares como os tratamentos preferidos para TEPT (NICE, 2005). DeRubeis e Crits-Christoph (1998) concluíram que a exposição sistemática a estímulos do trauma foi um tratamento com apoio empírico eficaz para TEPT, enquanto Chambless e colaboradores (1998) consideraram-na uma provável intervenção eficaz. Mais recentemente, Harvey, Bryant e Tarrier (2003) concluíram em sua revisão de estudos de resultado que a TCC era claramente um tratamento eficaz para uma variedade de traumas, enquanto Hollon e colaboradores (2006) revisaram estudos de resultado de TCC que demonstraram efeitos duradouros.

Um número suficiente de ensaios clínicos randomizados controlados (ECRs) foram conduzidos para permitir metanálises da efetividade da terapia cognitiva isolada ou terapia cognitiva mais exposição focalizada no trauma (TCC) no TEPT. Uma metanálise bem conhecida conduzida com 26 estudos de resultado revelou que a exposição mais reestruturação cognitiva produziram um tamanho de efeito médio pré-tratamento *versus* pós-tratamento de 1,66 e 70% dos que completaram o tratamento não mais satisfaziam os critérios diagnósticos para TEPT no pós-tratamento comparado com 39,3% de pacientes que receberam uma condição de terapia de apoio (Bradley, Greene, Russ, Dutra e Westen, 2005). Não houve diferenças significativas na efetividade entre exposição isolada, terapia cognitiva mais exposição e dessensibilização e reprocessamento por meio de movimentos oculares (EMDR),

embora essa conclusão fosse baseada em um pequeno número de estudos de comparação. O tratamento para TEPT relacionado a combate teve o tamanho de efeito mais baixo. Em uma metanálise recente com 38 ECRs, a TCC focalizada no trauma, que é a mais semelhante ao protocolo da terapia cognitiva descrito neste capítulo, foi clinicamente superior as condições de lista de espera e tratamento usual (Bisson et al., 2007). Além disso, a TCC tendeu a ter efeitos benéficos sobre a depressão e ansiedade, bem como sobre os sintomas do TEPT, e tanto TCC como EMDR podem ser ligeiramente mais efetivos do que o manejo do estresse ou outras terapias como medicação isolada, embora não houvesse evidência de que a TCC fosse significativamente melhor do que EMDR. Mais uma vez ambos os tratamentos produziram resultados mais modestos com TEPT relacionado a combate.

Uma série de estudos demonstrou que a terapia cognitiva relacionada ao trauma ou TCC produz melhora significativamente maior nas escalas dos sintomas do TEPT, ansiedade generalizada, depressão e prejuízo funcional do que os controles de lista de espera, tratamento usual ou apenas relaxamento, e esses ganhos foram mantidos durante os períodos de seguimento de 6, 9 ou 12 meses (p. ex., Ehlers et al., 2005; Ehlers et al., 2003; Foa, Hembree et al., 2005; Marks, Lovell, Noshirvani, Livanou e Thrasher, 1998; McDonagh et al., 2005; Mueser et al., 2008; Resick, Nishith, Weaver, Astin e Feuer, 2002). Em um seguimento de 5 anos Tarrier e Sommerfield (2004) verificaram que nenhum dos pacientes que recebeu terapia cognitiva recaiu em um episódio completo do TEPT enquanto 29% do grupo que recebeu apenas exposição em imaginação recaiu. Isso sugere que a terapia cognitiva para TEPT pode ter efeitos mais duradouros do que a exposição em imaginação focalizada no trauma isolada. Entretanto, a terapia cognitiva pode ser menos efetiva quando o TEPT está associado com uma doença mental grave como depressão maior, transtorno bipolar ou esquizofrenia (Mueser et al., 2008).

A terapia cognitiva e TCC foram comparadas com atendimentos placebo, bem como com outras psicoterapias. A terapia cognitiva e/ou exposição prolongada são significativamente mais efetivas do que atendimentos placebo tais como o uso de um livro de autoajuda de TCC (Ehlers et al., 2003), bem com relaxamento muscular progressivo (Marks et al., 1998) e aconselhamento de apoio (Bryant, Moulds, Guthrie, Dang e Nixon, 2003; Foa, Rothbaum, Riggs e Murdock, 1991). Entretanto, a terapia cognitiva não foi significativamente mais efetiva do que a terapia centrada no presente (uma terapia de solução de problema que se focaliza no impacto da história do trauma sobre o estilo de enfrentamento presente) no tratamento de mulheres com TEPT devido a abuso sexual na infância (McDonagh et al., 2005).

Uma controvérsia em particular na literatura sobre o tratamento do TEPT é se EMDR é um tratamento efetivo, especialmente quando comparado a terapia cognitiva. Embora a maioria dos estudos não tenha encontrado uma diferença significativa entre EMDR e exposição isolada ou exposição combinada com reestruturação cognitiva ou treinamento de habilidades de enfrentamento (p. ex., Lee, Gavriel, Drummond, Richards e Greenwald, 2002; Power et al., 2002), uma comparação mais recente constatou que a exposição focalizada no trauma tendia a ser mais efetiva e a produzir mudança mais rápida do que EMDR, com o último tratamento equivalente a treinamento do relaxamento (Taylor et al., 2003). O pacote completo de tratamento por EMDR contém um forte foco no reprocessamento cognitivo de eventos traumáticos e reestruturação de pensamentos relacionados ao trauma. A dessensibilização por movimentos oculares laterais é o único ingrediente terapêutico que diferencia mais da intervenção de terapia cognitiva, contudo os achados sobre a eficácia desse ingrediente fundamental do EMDR são mistos (ver Resick, Monson e Rizvi, 2008, para discussão). Em sua metanálise Davidson e Parker (2001) concluíram que EMDR não era mais efetivo do que a terapia de exposição e que os movimentos oculares ou outro movimento alternado é desnecessário porque não apresentam benefício clínico adicional. Até que essas controvérsias sejam resolvidas, afirmamos que a literatura de resultado para terapia cognitiva e TCC do TEPT é um pouco mais forte e mais consistente do que para EMDR.

Inúmeros estudos de psicoterapia investigaram os vários componentes da terapia cognitiva a fim de isolar sua efetividade. Em apoio a uma proposição básica do modelo cognitivo, a terapia cognitiva produz reduções significativas nas escalas de cognição relacionadas aos sintomas, que sugere que a mudança nas avaliações e crenças relacionadas ao trauma poderiam mediar a efetividade da terapia cognitiva para TEPT (p. ex., Ehlers et al., 2005; Mueser et al., 2008). Entretanto, Foa e Rauch (2004) verificaram que a exposição prolongada também levou a reduções significativas nas cognições relacionadas ao trauma e a adição de reestruturação cognitiva não aumentou a mudança nas cognições negativas. Outra suposição importante da terapia cognitiva é que se focalizar nas experiências traumáticas que causaram TEPT é fundamental para obter uma redução significativa na gravidade do TEPT. Entretanto, um estudo randomizado que envolveu 360 veteranos do Vietnã não conseguiu encontrar uma diferença significativa entre psicoterapia de grupo focalizada no trauma e terapia centrada no presente que evitasse qualquer foco no trauma (Schnurr et al., 2003). Além disso, o componente de reestruturação cognitiva da terapia de processamento cognitivo provou ser tão efetivo quanto o protocolo de tratamento completo que incluía escrever sobre o trauma (Resick, Galovski et al., 2008). Não é claro a partir desses achados se um foco concentrado no trauma é necessário para a efetividade da terapia cognitiva para TEPT.

Visto que a reestruturação cognitiva e exposição são os dois componentes primários da terapia cognitiva para TEPT, uma comparação de suas contribuições relativas é uma questão empírica importante para o entendimento da efetividade do tratamen-

TERAPIA COGNITIVA PARA OS TRANSTORNOS DE ANSIEDADE **549**

to. Estudos comparando exposição em imaginação e situacional focalizada no trauma *versus* TCC (exposição mais reestruturação cognitiva das avaliações e crenças do trauma) consideraram ambos os tratamentos igualmente efetivos para reduzir a gravidade do TEPT (Foa, Hembree et al., 2005; Foa e Rauch, 2004; Marks et al., 1998; Paunovic e Öst, 2001). Alguns questionaram se a reestruturação cognitiva é necessária visto que ela não parece aumentar a efetividade do tratamento de exposição ao trauma. Entretanto, em outros estudos a terapia cognitiva sem exposição sistemática ao trauma foi tão efetiva quanto a exposição prolongada (Marks et al., 1998; Resick et al., 2002; Tarrier et al., 1999), e em um caso a exposição em imaginação mais reestruturação cognitiva foi superior a apenas exposição em imaginação (Bryant, Moulds, Guthrie et al., 2003). Concluímos a partir desses estudos que a exposição e reestruturação cognitiva são ambas ingredientes terapêuticos efetivos para o tratamento do TEPT, mas uma melhora clínica adicional da combinação delas ainda não foi demonstrada.

DIRETRIZ PARA O TERAPEUTA 12.30

A reestruturação cognitiva de avaliações e crenças relacionadas ao trauma, bem como a exposição *in vivo* e em imaginação focalizada no trauma sistemática e repetida, são ingredientes terapêuticos efetivos da terapia cognitiva que produzem reduções significativas e duradouras nos sintomas do TEPT, ansiedade generalizada e depressão, bem uma melhora do funcionamento diário no TEPT crônico causado por uma ampla variedade de traumas.

A reestruturação cognitiva de avaliações e crenças relacionadas ao trauma, bem como a exposição *in vivo* e em imaginação focalizada no trauma sistemática e repetida, são ingredientes terapêuticos efetivos da terapia cognitiva que produzem reduções significativas e duradouras nos sintomas do TEPT, ansiedade generalizada e depressão,

bem uma melhora do funcionamento diário no TEPT crônico causado por uma ampla variedade de traumas.

RESUMO E CONCLUSÕES

O TEPT é um transtorno de ansiedade que ocorre em resposta a um estressor traumático e consiste em sintomas de revivescência do trauma, evitação ou entorpecimento emocional e excitabilidade fisiológica aumentada. Ele tem um início rápido, com a maioria dos casos ocorrendo dentro de 1 mês após o trauma, seguido por uma taxa de remissão crescente de 40 a 60% durante um período de 6 a 12 meses.

Reconhecendo que apenas uma minoria de indivíduos expostos a trauma desenvolvem TEPT, a teoria cognitiva apresentada na Figura 12.1 propõe uma perspectiva de diátese-estresse na qual certas crenças disfuncionais duradouras sobre vulnerabilidade pessoal e perigo interagem com aspectos particulares de uma vivência traumática para elevar o provável início do TEPT. Uma vez que o limiar para o início seja ultrapassado, os processos cognitivos nos níveis automático e elaborativo do processamento de informação asseguram a manutenção dos sintomas do TEPT. No nível automático, o indivíduo com TEPT exibe prioridade atencional seletiva para quaisquer sinais de ameaça ou perigo relacionados ao trauma, tem uma recordação autobiográfica do trauma mal elaborada e fragmentada e lembrança seletiva da vivência de trauma passada, que juntos reforçam as crenças negativas sobre si mesmo, o mundo e o futuro. No nível elaborativo, ou estratégico, do processamento de informação o indivíduo com TEPT utiliza a avaliação de ameaça deliberada do trauma e de suas consequências, bem como dos efeitos prejudiciais dos sintomas do TEPT, e apela para várias estratégias de controle cognitivas e comportamentais como supressão de pensamento, ruminação, evitação, e busca de segurança para extinguir sintomas de revivescência e afeto negativo. Embora essas respostas de enfrentamento maladaptativas possam levar a um senso de alívio imediato, em longo prazo elas contribuem para a manutenção do transtorno colaborando para a ativação dos esquemas maladaptativos relacionados ao trauma e pensamentos, imagens e lembranças intrusivos associados ao trauma.

Houve apoio de pesquisa razoavelmente consistente de que o TEPT é caracterizado por

1. codificação tendenciosa, maladaptativa da vivência do trauma;
2. maior aceitação de crenças negativas sobre ameaça, vulnerabilidade e perigo para si mesmo, o mundo, o futuro e outras pessoas;
3. um viés atencional estratégico, mas não pré-consciente para ameaça;
4. lembrança explícita aumentada de informação relacionada ao trauma, bem como uma recordação do trauma mais fragmentada e mal elaborada;
5. uma avaliação negativa explícita do trauma, de suas consequências e do impacto de sintomas de revivescência;
6. uso de estratégias de evitação cognitivas como supressão do pensamento para evitar pensamentos, imagens ou recordações intrusivas indesejadas do trauma;
7. presença de comportamentos de evitação e busca de segurança.

Entretanto, um série de questões ainda precisam ser investigadas. Muito do apoio para uma base cognitiva no TEPT foi encontrado na fase elaborativa, com menos evidência de um viés nos processos automáticos pré-conscientes. A maioria das pesquisas sobre crenças, avaliações e estratégias de enfrentamento negativas se baseou em questionários autoaplicados retrospectivos. Os estudos mais experimentais utilizando estimativa de avaliações *online* são claramente necessários. Mais pesquisa também é necessária para determinar se o viés de ameaça no TEPT é devido ao processamento da ameaça facilitado, dificuldade em

se desprender da ameaça, e/ou falha em processar sinais de segurança. Finalmente, mais pesquisas prospectivas são necessárias para determinar o papel mediador dessas variáveis cognitivas na manutenção do TEPT.

Os objetivos da terapia cognitiva para TEPT são

1. melhorar a recordação do trauma para que ela possa ser integrada com outras recordações autobiográficas;
2. desativar esquemas hipervalentes de ameaça, perigo e vulnerabilidade;
3. aumentar a aceitação dos pensamentos, imagens e recordações intrusivas do trauma;
4. eliminar as estratégias cognitivas maladaptativas como supressão de pensamento e ruminação;
5. reduzir a evitação do TEPT ou situações provocadoras de ansiedade e o uso de comportamentos de busca de segurança.

Esses objetivos são alcançados por psicoeducação no modelo cognitivo, reestruturação cognitiva de avaliações e crenças negativas sobre o trauma e suas consequências, bem como os efeitos adversos do TEPT, exposição *in vivo* a situações evitadas, modificação de estratégias de controle cognitivas disfuncionais (p. ex., supressão de pensamento), e exposição em imaginação repetida à recordação do trauma. Inúmeros ensaios clínicos randomizados controlados demonstraram que terapia cognitiva ou TCC tem eficácia imediata e duradoura no tratamento do TEPT. Como resultado, a TCC é agora reconhecida como um tratamento de escolha de primeira linha para o transtorno e pode ser considerada um tratamento com base empírica para o TEPT. Embora muitas questões fundamentais não estejam resolvidas sobre a etiologia, a manutenção e o tratamento do TEPT, um tremendo progresso foi feito desde que o transtorno foi introduzido pela primeira vez na nomenclatura diagnóstica em 1980.

FORMULÁRIO DE AUTOMONITORAMENTO DE INTRUSÃO DO TRAUMA

Nome: _____ Data: de _____ a: _____

Instruções: Use este formulário para registrar quaisquer pensamentos, imagens ou recordações intrusivas relacionadas ao trauma e a suas consequências que você vivenciou na última semana. Tente completar o formulário aproximadamente no mesmo momento que você reevivenciou os sintomas relacionados ao trauma a fim de aumentar a precisão de suas observações.

Data, hora e duração da intrusão	Situações ou sinais que desencadearam a intrusão	Descreva resumidamente o pensamento, a imagem ou a recordação intrusiva[1]	Nomeie e avalie a gravidade das emoções associadas (0-100)	Significado pessoal da intrusão[2]	Respostas de enfrentamento e efetividade[3]

[1] Indique marcando um asterisco (*) ao lado de cada intrusão que ocorreu como um "*flashback*" (isto é, uma revivescência momentânea de algum aspecto do trauma).

[2] Em poucas palavras indique o que foi tão aflitivo acerca desse pensamento ou recordação intrusiva particular do trauma para você. O que foi tão pessoalmente significativo acerca da vivência intrusiva?

[3] O que você fez para se livrar do pensamento, da imagem ou da recordação intrusiva? O quanto isso foi efetivo?

FORMULÁRIO DE REESTRUTURAÇÃO COGNITIVA PARA INTRUSÕES DO TRAUMA

Nome: _____ Data: de _____ a: _____

Instruções: Use este formulário para elaborar a contestação dos pensamentos e crenças inúteis sobre o significado pessoal dos pensamentos, imagens ou recordaçoes intrusivos relacionados ao trauma e suas consequências. Tente completar o formulário aproximadamente no mesmo momento que você revivenciou os sintomas relacionados ao trauma a fim de aumentar a efetividade da terapia.

Data e hora	Descreva resumidamente o pensamento, a imagem ou a recordação intrusivo	Nomeie e avalie a gravidade das emoções associadas (0 a 100)	Avaliação inicial da intrusão (O que torna esse pensamento/recordação ameaçador, perturbador para você? O que o torna pessoalmente significativo ou importante para você?)	Reavaliação inicial dos pensamentos e crenças sobre a intrusão (Qual é a evidência, quais são as consequências dessa avaliação, estou catastrofizando a intrusão?)	Avaliação alternativa mais útil (Qual é a forma mais útil de pensar sobre essas intrusões relacionadas ao trauma?)

Referências

Abbott, M. J., & Rapee, R. M. (2004). Post-event rumination and negative self-appraisal in social phobia before and after treatment. *Journal of Abnormal Psychology, 113*, 136-144.

Abramowtiz, J. S. (1996). Variants of exposure and response prevencion in the treatment of obsessive-compulsive disorder: A meta-analysis. *Behavior Therapy, 27*, 583-600.

Abramowitz, J. S. (2009). *Getting over OCD: A 10-step workbook for taking back your life.* New York: Guilford Press.

Abramowitz, J. S., & Deacon, B. J. (2006). Psychometric properties and construct validity of the Obsessive-Compulsive Inventory-Revised: Replication and extension with a clinical sample. *Journal of Anxiety Disorders, 20*, 1016-1035.

Abramowitz, J. S., & Foa, E. B. (2000). Does comorbid major depression influence outcome of exposure and response prevention for OCD? *Behavior Therapy, 31*, 795-800.

Abramowitz, J. S., Franklin, M. E., & Foa, E. B. (2002). Empirical status of cognitive-behavioral therapy for obsessive-compulsive disorder: A meta-analytic review. *Romanian Journal of Cognitive and Behavioral Psychotherapies, 2*, 89-104.

Abramowitz, J. S., Franklin, M. E., Schwartz. S. A., & Furr, J. M. (2003). Symptom presentation and outcome of cognitive-behavioral therapy for obsessive-compulsive disorder. *Journal of Consulting and Clinical Psychology, 71*, 1049-1057.

Abramowitz, J. S., Franklin, M. E., Street, G. P., Kozak, M. J., & Foa, E. B. (2000). Effects of comorbid depression on response to treatment for obsessive-compulsive disorder. *Behavior Therapy, 31*, 517-528.

Abramowitz, J. S., Khandker, M., Nelson, C. A., Deacon, B. J., & Rygwall, R. (2006). The role of cognitive factors in the pathogenesis of obsessive-compulsive symptoms: A prospective study. *Behaviour Research and Therapy, 44*, 1361-1374.

Abramowitz, J. S., Schwartz, S. A., Moore, K. M., & Luenzmann, K. R. (2003). Obsessive-compulsive symptoms in pregnancy and the puerperium: A review of the literature. *Journal of Anxiety Disorders, 17*, 461-478.

Abramowitz, J. S., Tolin, D. F., & Street, G. P. (2001). Paradoxical effects of thought suppression: A meta-analysis of controlled studies. *Clinical Psychology Review, 21*, 683-703.

Abramowitz, J. S., Whiteside, S., Kalsy, S. A., & Tolin, D. F. (2003). Thought control strategies in obsessive-compulsive disorder: A replication and extension. *Behavior Research and Therapy, 41*, 529-540.

Abramowitz, J. S., Whiteside, S., Lynam, D., & Kalsy, S. (2003). Is thought-action fusion specific to obsessive-compulsive disorder?: A mediating role of negative affect. *Behaviour Research and Therapy, 41*,1069-1079.

Abramson, L. Y., Alloy, L. B., & Metalsky, G. I. (1988). The cognitive diathesis-stress theories of depression: Toward an adequate evaluation of the theories' validities. In L. B. Alloy (Ed.), *Cognitive processes in depression* (pp. 3-30). New York: Guilford Press.

Abramson, L. Y., Metalsky, G. L., & Alloy, L. B. (1989). Hopelessness depression: A theory-based subtype of depression. *Psychological Review, 96*, 358-372.

Abramson, L. Y., Seligman, M. E. P., & Teasdale, J. D. (1978). Learned helplessness in humans: Critique and reformulation. *Journal of Abnormal Psychology, 87*, 49-74.

Adolphs, R., Tranel, D., & Damasio, A. (1998). The human amygdala in social judgment. *Nature, 393*, 470-474.

Aikins, D. E., & Craske, M. G. (2008). Sleep-based heart period variability in panic disorder with and without noctural panic attacks. *Journal of Anxiety Disorders, 22*, 453-463.

Akhtar, S., Wig, N. N., Varma, V. K.. Peershad. D., & Verma, S. K. (1975). A phenomenological analysis of symptoms in obsessive-compulsive neurosis. *British Journal of Psychiatry, 127*, 342-348.

Alden, L. E., & Bieling, P. (1998). Interpersonal consequences of the pursuit of safety. *Behaviour Research and Therapy, 36*, 53-64.

Alden, L. E., & Philips, N. (1990). An interpersonal analysis of social anxiety and depression. *Cognitive Therapy and Research, 14*, 499-513.

Alden, L. E., & Taylor, C. T. (2004). Interpersonal processes in social phobia. *Clinical Psychology Review, 24*, 857-882.

Alden, L. E., & Wallace, S. T. (1995). Social phobia and social appraisal in successful and unsuccessful social interactions. *Behaviour Research and Therapy, 33*, 497-505.

Alloy, L. B., Abramson, L. Y., Safford, S. M., & Gibb, B. E. (2006). The Cognitive Vulnerability to Depression (CVD) Project: current findings and future directions. In L. B. Alloy & J. H. Riskind (Eds.), *Cognitive vulnerability to emotional disorders* (pp. 33-61). Mahwah, NJ: Erlbaum.

Alloy, L. B., Kelly, K. A., Mineka, S., & Clements, C. M. (1990). Comorbidity of anxiety and depressive disorders: A helplessness-hopelessness perspective. In J. D. Maser & C. R. Cloninger (Eds.), *Comorbidity of mood and anxiety disorders* (pp. 499-543). Washington, DC: American Psychiatric Press.

Altin, M., Clark, D. A., & Karanci, A. N. (2007). *The impact of religiosity on obsessive-compulsive cognitions and symptoms in Christian and Muslim students.* Paper presented at the World Congress of Behavioural and Cognitive Therapies, Barcelona, Spain.

Ambrose, B., & Rholes, W. S. (1993). Automatic cognitions and the symptoms of depression and anxiety in children and adolescents: An examination of the content specificity hypothesis. *Cognitive Therapy and Research, 17*, 289-308.

American Psychiatric Association (APA). (1968). *Diagnostic and statistical manual of mental disorders* (2nd ed.). Washington, DC: Author.

American Psychiatric Association (APA). (1980). *Diagnostic and statistical manual of mental disorders* (3rd ed.). Washington, DC: Author.

American Psychiatric Association (APA). (1987). *Diagnostic and statistical manual of mental disorders* (3rd ed., rev.). Washington, DC: Author.

American Psychiatric Association (APA). (1994). *Diagnostic and statistical manual of mental disorders* (4th ed.). Washington, DC: Author.

American Psychiatric Association (APA). (1998). Practice guidelines for the treatment of patients with panic disorder. *American Journal of Psychiatry, 155*(Suppl.), 1-34.

American Psychiatric Association (APA). (2000). *Diagnostic and statistical manual of mental disorders* (4th ed., text rev.). Washington, DC: Author.

Amies, P. L., Gelder, M. G., & Shaw, P. M. (1983). Social phobia: A comparative clinical study. *British Journal of Psychiatry, 142*,174-179.

Amir, N., Beard, C., Burns, M., & Bomyea, J. (2009). Attention modification program in individuals with generalized anxiety disorder. *Journal of Abnormal Psychology, 118*, 28-33.

Amir, N., Beard, C., & Przeworski, A. (2005). Resolving ambiguity: The effect of experience on interpretation of ambiguous events in generalized social phobia. *Journal of Abnormal Psychology, 114*, 402-408.

Amir, N., Bower, E., Briks, J., & Freshman, M. (2003). Implicit memory for negative and positive social information in individuals with and without social anxiety. *Cognition and Emotion, 17*, 567-583.

Amir, N., Cashman, L., & Foa, E. B. (1997). Strategies of thought control in obsessive-compulsive disorder. *Behaviour Research and Therapy, 35*, 775-777.

Amir, N., Foa, E. B., & Coles, M. E. (1997). Factor structure of the Yale-Brown Obsessive Compulsive Scale. *Psychological Assessment, 9*, 312-316.

Amir, N., Foa, E. B., & Coles, M. E. (1998a). Automatic activation and strategic avoidance of threat-relevant information in social phobia. *Journal of Abnormal Psychology, 107*, 285-290.

Amir, N., Foa, E. B., & Coles, M. E. (1998b). Negative interpretation bias in social phobia. *Behaviour Research and Therapy, 36*, 945-957.

Amir, N., Foa, E. B., & Coles, M. E. (2000). Implicit memory bias for threat-relevant information in individuals with generalized social phobia. *Journal of Abnormal Psychology, 109*, 713-720.

Amir, N ., Freshman, M., & Foa, E. B. (2000). Family distress and involvement in relatives of obsessive-compulsive patients. *Journal of Anxiety Disorders, 14*, 209-217.

Amir, N., Freshman, M., Ramsey, B., Neary, E., & Brigidi, B. (2001). Thought-action fusion in individuals with OCD symptoms. *Behaviour Research and Therapy, 39*, 765-776.

Amir, N., McNally, R. J., & Wiegartz, P. S. (1996). Implicit memory bias for threat in posttraumatic stress disorder. *Cognitive Therapy and Research, 20*, 625-635.

Amrhein, C., Pauli, P., Dengler, W., & Wiedemann, G. (2005). Covariation bias and its physiological correlates in panic disorder patients. *Journal of Anxiety Disorders, 19*, 177-191.

Amstadter, A. B., & Vernon, L. L. (2006). Suppression of neutral and trauma targets: Implications for posttraumatic stress disorder. *Journal of Traumatic Stress, 19*, 517-526.

Ancoli-lsrael, S., & Roth, T. (1999). Characteristics of insomnia in the United States: Results of the 1991 National Sleep Foundation Survey. *Sleep, 22*(Suppl. 2), S347-S353.

Anderson, A. K., & Phelps, E. A. (2000). Expression without recognition: Contributions of the human amygdala to emotional communication. *Psychological Science, 11*, 106-111.

Andrews, B., Brewin, C. R., Philpott, R., & Stewart, L. (2007). Delayed-onset posttraumatic stress disorder: A systematic review of the evidence. *American Journal of Psychiatry, 164*, 1319-1326.

Andrews, G., Henderson, S., & Hall, W. (2001). Prevalence, comorbidity, disability and service utilization: Overview of the Australian National Mental Health Survey. *British Journal of Psychiatry, 178*, 145-153.

Andrews, G., Slade, T., & Issakidis, C. (2002). Deconstructing current comorbidity: Data from the Australian National Survey of Mental Health and Well-Being. *British Journal of Psychiatry, 179*, 306-314.

Andrews, V. H., & Borkovec, T. D. (1988). The differential effects of inductions of worry, somatic anxiety, and depression on emotional experience. *Journal of Behavior Therapy and Experimental Psychiatry, 19*, 21-26.

Anholt, G. E., Cath, D. C., Emmelkamp, P. M. G., van Oppen, P., Smit, J. H., & van Balkom, A. J. L. M. (2006). Do obsessional beliefs discriminate OCD without tic patients from OCD with tic and Tourette's syndrome patients? *Behaviour Research and Therapy, 44*, 1537-1543.

Ansseau, M., Dierick, M., Buntinkx, F., Cnockaert, P., De Smedt, J., Van Den Haute, M., et al. (2004). High prevalence of mental disorders in primary care. *Journal of Affective Disorders, 78*, 49-55.

Antony, M. M. (2001a). Measures for panic disorder and agoraphobia. In M. M. Antony, S. M. Orsillo, & L. Roemer (Eds.), *Practitioner's guide to empirically based measures of anxiety* (pp. 95-125). New York: Kluwer Academic/Plenum.

Antony, M. M. (2001b). Measures for obsessive-compulsive disorder. In M. M. Antony, S. M. Orsillo, & L. Roemer (Eds.), *Practitioner's guide to empirically based measures of anxiety* (pp. 219-243). New York: Kluwer Academic/Plenum.

Antony, M. M., Bieling, P. J., Cox, B. J., Enns, M. W., & Swinson, R. P. (1998). Psychometric properties of the 42-item and 21-item versions of the Depression Anxiety Stress Scales in clinical groups and a community sample. *Psychological Assessment, 10*, 176-181.

Antony, M. M., Coons, M. J., McCabe, R. E., Ashbaugh, A., & Swinson, R. P. (2006). Psycho-metric properties of the Social Phobia Inventory: Further evaluation. *Behaviour Research and Therapy, 44*, 1177-1185.

Antony, M. M., Downie, F., & Swinson, R. P. (1998). Diagnostic issues and epidemiology in obsessive-compulsive disorder. In R. P. Swinson, M. M. Antony, S. Rachman, & M. A. Richter (Eds.), *Obsessive-compulsive disorder: Theory, research and treatment* (pp. 3-32). New York: Guilford Press.

Antony, M. M., Ledley, D. R., Liss, A., & Swinson, R. P. (2006). Responses to symptom induction exercises in panic disorder. *Behaviour Research and Therapy, 44*, 85-98.

Antony, M. M., & McCabe, R. E. (2004). *10 simple solutions to panic: How to overcome panic attacks, calm physical symptoms and reclaim your life.* Oakland, CA: New Harbinger.

Antony, M. M., & Norton, P. J. (2008). *The anti-anxiety workbook: Proven strategies to overcome worry, phobias, panic and obsessions.* New York: Guilford Press.

Antony, M. M., Orsillo, S. M., & Roemer, L. (Eds.). (2001). *Practitioner's guide to empirically based measures of anxiety.* New York: Kluwer Academic/Plenum.

Antony, M. M., & Rowa, K. (2005). Evidence-based assessment of anxiety disorders in adults. *Psychological Assessment, 17*, 256-266.

Antony, M. M., Rowa, K., Liss, A., Swallow, S. R., & Swinson, R. P. (2005). Social comparison processes in social phobia. *Behavior Therapy, 36*, 65-75.

Antony, M. M., & Swinson, R. P. (2000a). *Phobic disorders and panic in adults: A guide to assessment and treatment.* Washington, DC: American Psychological Association.

Antony, M. M., & Swinson, R. P. (2000b). *The shyness and social anxiety workbook: Proven techniques for overcoming your fears.* Oakland, CA: New Harbinger.

Argyle, N. (1988). The nature of cognitions in panic disorder. *Behaviour Research and Therapy, 26,* 261-264.

Arntz, A. (2003). Cognitive therapy versus applied relaxation as treatment of generalized anxiety disorder. *Behaviour Research and Therapy, 41,* 633-646.

Arntz, A., Rauer, M., & van den Hout, M. (1995). "If I feel anxious, there must be a danger": *Ex-consequentia* reasoning in inferring danger in anxiety disorders. *Behaviour Research and Therapy, 33,* 917-925.

Asmundson, G. J. G., & Stein, M. B. (1994). Selective processing of social threat in patients with generalized social phobia: Evaluation using a dot-probe paradigm. *Journal of Anxiety Disorders, 8,* 107-117.

Austenfeld, J. L., & Stanton, A. L. (2004). Coping through emotional approach: A new look at emotion, coping, and health-related outcomes. *Journal of Personality, 72,* 1335-1364.

Austin, D. W., & Richards, J. C. (2001). The catastrophic misinterpretation model of panic disorder. *Behaviour Research and Therapy, 39,* 1277-1291.

Austin, D. W., Richards, J. C., & Klein, B. (2006). Modification of the Body Sensations Interpretation Questionnaire (BSIQ-M): Validity and reliability. *Journal of Anxiety Disorders, 20,* 237-251.

Baer, L. (2000). *Getting control: Overcoming your obsessions and compulsions* (2nd ed.). New York: Plume.

Ball, S. G., Otto, M. W., Pollack, M. H., Uccello, R., & Rosenbaum, J. F. (1995). Differentiating social phobia and panic disorders:

A test of core beliefs. *Cognitive Therapy and Research, 19,* 473-482.

Bandura, A. (1977). Self-efficacy: Toward a unifying theory of behavioral change. *Psychological Review, 84,* 191-215.

Bandura, A. (1989). Human agency in social cognitive theory. *American Psychologist, 44,* 1175-1184.

Bandura, A. (1991). Self-efficacy conception of anxiety. In R. Schwartz & R. A. Wicklund (Eds.), *Anxiety and self-focused attention* (pp. 89-110). London: Harwood Academic.

Bannon, S., Gonsalvez, C. J., & Croft, R. J. (2008). Processing impairments in OCD: It is more than inhibition! *Behaviour Research and Therapy, 46,* 689-700.

Baños, R. M., Medina, P. M., & Pascual, J. (2001). Explicit and implicit memory biases in depression and panic disorder. *Behaviour Research and Therapy, 39,* 61-74.

Barlow, D. H. (2000). Unraveling the mysteries of anxiety and its disorders from the perspective of emotion theory. *American Psychologist, 55,* 1247-1263.

Barlow, D. H. (2002). *Anxiety and its disorders: The nature and treatment of anxiety and panic* (2nd ed.). New York: Guilford Press.

Barlow, D. H., Allen, L. B., & Choate, M. L. (2004). Toward a unified treatment of emotional disorders. *Behavior Therapy, 35,* 205-230.

Barlow, D. H., & Craske, M. G. (2007). *Mastery of your anxiety and panic. Workbook* (4th ed.). Oxford, UK: Oxford University Press.

Barlow, D. H., Gorman, J. M., Shear, M. K., & Woods, S. W. (2000). Cognitive-behavioral therapy, imipramine, or their combination for panic disorder:

A randomized controlled trial. *Journal of the American Medical Association, 283,* 2529-2536.

Baron, R. M., & Kenny, D. A. (1986). The moderatory-mediator variable distinction in social psychological research: Conceptual, strategic, and statistical considerations. *Journal of Personality and Social Psychology, 51,* 1173-1182.

Barsky, A. J., Cleary, P. D., Sarnie, M. K., & Ruskin, J. N. (1994). Panic disorder, palpitations, and the awareness of cardiac activity. *Journal of Nervous and Mental Disease, 182,* 63-71.

Bebbington, P. E. (1998). Epidemiology of obsessive-compulsive disorder. *British Journal of Psychiatry, 173*(Suppl. 35), 2-6.

Beck, A. T. (1963). Thinking and depression: 1. Idiosyncratic content and cognitive distortions. *Archives of General Psychiatry, 9,* 324-333.

Beck, A. T. (1964). Thinking and depression: 2. Theory and therapy. *Archives of General Psychiatry, 10,* 561-571.

Beck, A. T. (1967). *Depression: Causes and treatment.* Philadelphia: University of Pennsylvania Press.

Beck, A. T. (1970). Cognitive therapy: Nature and relation to behavior therapy. *Behavior Therapy, 1,* 184-200.

Beck, A. T. (1976). *Cognitive therapy of the emotional disorders.* New York: New American Library.

Beck, A. T. (1983). Cognitive therapy of depression: New perspectives. In P. J. Clayton & J. E. Barrett (Eds.), *Treatment of depression: Old controversies and new approaches* (pp. 265-290). New York: Raven Press.

Beck, A. T. (1985). Theoretical perspectives on clinical anxiety. In A. H. Tuma & J. Maser (Eds.), *Anxiety and the anxiety disorders*

REFERÊNCIAS   557

(pp. 183-196). Hillsdale, NJ: Erlbaum.

Beck, A. T. (1987). Cognitive approaches to panic disorder: Theory and therapy. In S. Rachman & J. Maser (Eds.), *Panic: Psychological perspectives* (pp. 91-109). Hillsdale: NJ: Erlbaum.

Beck, A. T. (1988). Cognitive approaches to panic: Theory and therapy. In S. Rachman & J. Maser (Eds.), *Panic: Psychological perspectives* (pp. 91-109). Hillsdale, NJ: Erlbaum.

Beck, A. T. (1996). Beyond belief: A theory of modes, personality, and psychopathology. In P. M. Salkovskis (Ed.), *Frontiers of cognitive therapy* (pp. 1-25). New York: Guilford Press.

Beck, A. T., Brown, G., Steer, R. A., Eidelson, J. I., & Riskind, J. H. (1987). Differentiating anxiety and depression: A test of the cognitive content-specificity hypothesis. *Journal of Abnormal Psychology, 96*, 179-183.

Beck, A. T., & Clark, D. A. (1997). An information processing model of anxiety: Automatic and strategic processes. *Behaviour Research and Therapy, 35*, 49-58.

Beck, A. T., & Emery, G. (with Greenberg, R. L.). (1985). *Anxiety disorders and phobias: A cognitive perspective*. New York: Basic Books.

Beck, A. T., & Emery, G. (with Greenberg, R. L.). (2005). *Anxiety disorders and phobias: A cognitive perspective* (rev. paperback ed.). New York: Basic Books.

Beck, A. T., Epstein, N., Brown, G., & Steer, R. A. (1988). An inventory for measuring clinical anxiety: Psychometric properties. *Journal of Consulting and Clinical Psychology, 56*, 893-897.

Beck, A. T., & Greenberg, R. L. (1988). Cognitive therapy of panic disorder. In R. E. Hales & A. J. Frances (Eds.), *Review of psychiatry* (Vol. 7, pp. 571-583). Washington, DC: American Psychiatric Press.

Beck, A. T., Laude, R., & Bohnert, M. (1974). Ideational components of anxiety neurosis. *Archives of General Psychiatry, 31*, 319-325.

Beck, A. T., Rush, A. J., Shaw, B. F., & Emery, G. (1979). *Cognitive therapy of depression*. New York: Guilford Press.

Beck, A. T., Sokol, L., Clark, D. A., Berchick, R., & Wright, F. (1992). A crossover study of focused cognitive therapy for panic disorder. *American Journal of Psychiatry, 149*, 778-783.

Beck, A. T., & Steer, R. A. (1990). *Manual for the Beck Anxiety Inventory*. San Antonio, TX: Psychological Corporation.

Beck, A. T., & Steer, R. A. (1993). *Manual for the Beck Depression Inventory*. San Antonio, TX: Psychological Corporation.

Beck, A. T., Steer, R. A., & Brown, G. K. (1996). *Manual for Beck Depression Inventory* (2nd ed.). San Antonio, TX: Harcourt Assessment.

Beck, A. T., Steer, R. A., & Garbin, M. G. (1988). Psychometric properties of the Beck Depression Inventory: Twenty-five years of evaluation. *Clinical Psychology Review, 8*, 77-100.

Beck, A. T., Steer, R. A., Sanderson, W. C., & Skeie, T. M. (1991). Panic disorder and suicidal ideation and behavior: Discrepant findings in psychiatric outpatients. *American Journal of Psychiatry, 148*, 1195-1199.

Beck, A. T., Ward, C. H., Mendelson, M., Mock, J., & Erbaugh, J. (1961). An inventory for measuring depression. *Archives of General Psychiatry, 4*, 561-571.

Beck, A. T., Wenzel, A., Riskind, J., Brown, G., & Steer, R. A. (2006). *Specificity of hopelessness about resolving life problems: Another test of the cognitive model of depression*. Unpublished manuscript, University of Pennsylvania Medical Center, Philadelphia.

Beck, J. G., Coffey, S. F., Palyo, S. A., Gudmundsdottir, B., Miller, L. M., & Colder, C. R. (2004). Psychometric properties of the Posttraumatic Cognitions Inventory (PTCI): A replication with motor vehicle accident survivors. *Psychological Assessment, 16*, 289-298.

Beck, J. G., Freeman, J. B., Shipherd, J. C., Hamblen, J. L., & Lackner, J. M. (2001). Specificity of Stroop interference in patients with pain and PTSD. *Journal of Abnormal Psychology, 110*, 536-543.

Beck, J. G., Ohtake, P. J., & Shipherd, J. C. (1999). Exaggerated anxiety is not unique to CO2 in panic disorder: A comparison of hypercapnic and hypoxic challenges. *Journal of Abnormal Psychology, 108*, 473-482.

Beck, J. G., Stanley, M. A., & Zebb, B. J. (1996). Characteristics of generalized anxiety disorders in older adults: A descriptive study. *Behaviour Research and Therapy, 34*, 225-234.

Beck, J. S. (1995). *Cognitive therapy: Basics and beyond*. New York: Guilford Press.

Beck, J. S. (2005). *Cognitive therapy for challenging problems: What to do when the basics don't work*. New York: Guilford Press.

Beck, R., Benedict, B., & Winkler, A. (2003). Depression and anxiety: Integrating the tripartite and cognitive content-specificity assessment models. *Journal of Psychopathology and Behavioral Assessment, 25*, 251-256.

Beck, R., & Perkins, T. S. (2001). Cognitive content-specificity for anxiety and depression: A meta-analysis. *Cognitive Therapy and Research, 25*, 651-663.

Beck, R., Perkins, T. S., Holder, R., Robbins, M., Gray, M., & Allison, S. H. (2001). The cognitive and emotional phenomenology of depression and anxiety: Are worry and hopelessness the cognitive correlates of NA and PA? *Cognitive Therapy and Research, 25*, 829-838.

Becker, C. B., Namour, N., Zayfert, C., & Hegel, M. T. (2001). Specificity of the Social Interaction Self-Statement Test in social phobia. *Cognitive Therapy and Research, 25*, 227-233.

Becker, E. S., Rinck, M., & Margraf, J. (1994). Memory bias in panic disorder. *Journal of Abnormal Psychology, 103*, 396-399.

Becker, E. S., Rinck, M., Margraf, J., & Roth, W. T. (2001). The emotional Stroop effect in anxiety disorders: General emotionality or disorder specificity? *Journal of Anxiety Disorders, 15*, 147-159.

Becker, E. S., Rinck, M., Roth, W. T., & Margraf, J. (1998). Don't worry and beware of white bears: Thought suppression in anxiety patients. *Journal of Anxiety Disorders, 12*, 39-55.

Behar, E., Alcaine, O., Zuellig, A. R., & Borkovec, T. D. (2003). Screening for generalized anxiety disorder using the Penn State Worry Questionnaire: A receiver operating characteristics analysis. *Journal of Behavior Therapy and Experimental Psychiatry, 34*, 25-43.

Beidel, D. C., & Turner, S. M. (2007). *Shy children, phobic adults: Nature and treatment of social anxiety disorder* (2nd ed.). Washington, DC: American Psychological Association.

Beidel, D. C., Turner, S. M., & Dancu, C. V. (1985). Physiological, cognition and behavioral aspects of social anxiety. *Behaviour Research and Therapy, 23*, 109-117.

Beidel, D. C., Turner, S. M., Stanley, M. A., & Dancu, C. V. (1989). The Social Phobia and Anxiety Inventory: Concurrent and external validity. *Behavior Therapy, 20*, 417-427.

Belloch, A., Morillo, C., & Giménez, A. (2004). Effects of suppressing neutral and obsession-like thoughts in normal subjects: Beyond frequency. *Behaviour Research and Therapy, 42*, 841-857.

Belloch, A., Morillo, C., Lucero, M., Cabedo, E., & Carrió, C. (2004). Intrusive thoughts in non-clinical subjects: The role of frequency and unpleasantness on appraisal ratings and control strategies. *Clinical Psychology and Psychotherapy, 11*, 100-110.

Bennett-Levy, J., Westbrook, D., Fennell, M., Cooper, M., Rouf, K., & Hackmann, A. (2004). Behavioural experiments: Historical and conceptual underpinnings. In J. Bennett-Levy, G. Butler, M. Fennell, A. Hackmann, M. Mueller, & D. Westbrook (Eds.), *Oxford guide to behavioural experiments in cognitive therapy* (pp. 1-20). Oxford, UK: Oxford University Press.

Bernstein, A., Zvolensky, M. J., Kotov, R., Arrindell, W. A., Taylor, S., Sandin, B., et al. (2006). Taxonicity of anxiety sensitivity: A multi-national analysis. *Journal of Anxiety Disorders, 20*, 1-22.

Bernstein, D. A., & Borkovec, T. D. (1973). *Progressive relaxation training: A manual for the helping professions.* Champaign, IL: Research Press.

Bhar, S. S., & Kyrios, M. (2000). Ambivalent self-esteem as meta-vulnerability for obsessive-compulsive disorder. *Self-Concept Theory, Research and Practice: Advances from the New Millennium* (pp. 143-156). Sydney, Australia: Self Research Centre.

Bhar, S. S., & Kyrios, M. (2007). An investigation of self-ambivalence in obsessive-compulsive disorder. *Behaviour Research and Therapy, 45*, 1845-1857.

Bienvenu, O. J., Samuels, J. F., Costa, P. T., Reti, I. M., Eaton, W. W., & Nestadt, G. (2004). Anxiety and depressive disorders and the five-factor model of personality: A higher and lower-order personality trait investigation in a community sample. *Depression and Anxiety, 20*, 92-97.

Bisson, J. I., Ehlers, A., Matthews, R., Pilling, S., Richards, D., & Turner, S. (2007). Psychological treatments for chronic post-traumatic stress disorder: Systematic review and meta-analysis. *British Journal of Psychiatry, 190*, 97-104.

Blake, D. D., Weathers, F. W., Nagy, L. M., Kaloupek, G. D., Charney, D. S., & Keane, T. M. (1998). *The Clinician-Administered PTSD Scale for DSM-IV.* Boston: National Center for PTSD, Behavioral Science Division.

Blanchard, E. B., Buckley, T. C., Hickling, E. J., & Taylor, A. E. (1998). Posttraumatic stress disorder and comorbid major depression: Is the correlation an illusion? *Journal of Anxiety Disorders, 12*, 21-37.

Blanchard, E. B., Gerardi, R. J., Kolb, L. C., & Barlow, D. H. (1986). The utility of the Anxiety Disorders Interview Schedule (ADIS) in the diagnosis of post-traumatic stress disorder (PTSD) in Vietnam veterans. *Behaviour Research and Therapy, 24*, 577-580.

Blanchard, E. B., Jones-Alexander, J., Buckley, T. C., & Forneris, C. A. (1996). Psychometric properties of the PTSD Checklist (PCL). *Behaviour Research and Therapy, 34*, 669-673.

Blazer, D. G., Hughes, D., & George, L. K. (1987). Stressful life events and the onset of a generalized anxiety syndrome. *American Journal of Psychiatry, 144*, 1178-1183.

Bliese, P. D., Wright, K. M., Adler, A. B., Castro, C. A., Hoge, C. W.,

& Cabrera, O. (2008). Validating the Primary Care Posttraumatic Stress Disorder Screen and the Posttraumatic Stress Disorder Checklist with soldiers returning from combat. *Journal of Consulting and Clinical Psychology, 76*, 272-281.

Bodkin, J. A., Pope, H. G., Detke, M. J., & Hudson, J. I. (2007). Is PTSD caused by traumatic stress? *Journal of Anxiety Disorders, 21*, 176-182.

Bögels, S. M., & Lamers, C. T. J. (2002). The causal role of self-awareness in blushing-anxious, socially-anxious and social phobic individuals. *Behaviour Research and Therapy, 40*, 1367-1384.

Bögels, S. M., & Mansell, W. (2004). Attention processes in the maintenance and treatment of social phobia: Hypervigilance, avoidance and self-focused attention. *Clinical Psychology Review, 24*, 827-856.

Bögels, S. M., Rijsemus, W., & de Jong, P. J. (2002). Self-focused attention and social anxiety: The effects of experimentally heightened self-awareness on fear, blushing, cognitions, and social skills. *Cognitive Therapy and Research, 26*, 461-472.

Borkovec, T. D. (1985). The role of cognitive and somatic cues in anxiety and anxiety disorders: Worry and relaxation-induced anxiety. In A. H. Tuma & J. Maser (Eds.), *Anxiety and the anxiety disorders* (pp. 463-478). Hillsdale, NJ: Erlbaum.

Borkovec, T. D. (1994). The nature, functions, and origins of worry. In G. C. I. Davey & F. Tallis (Eds.), *Worrying: Perspectives on theory, assessment and treatment* (pp. 5-33). Chichester, UK: Wiley.

Borkovec, T. D., Alcaine, O. M., & Behar, E. (2004). Avoidance theory of worry and generalized anxiety disorder. In R. G. Heim-

berg, C. L. Turk, & D. S. Mennin (Eds.), *Generalized anxiety disorder: Advances in research and practice* (pp. 77-108). New York: Guilford Press.

Borkovec, T. D., & Costello, E. (1993). Efficacy of applied relaxation and cognitive-behavioral therapy in the treatment of generalized anxiety disorder. *Journal of Consulting and Clinical Psychology, 61,*611-619.

Borkovec, T. D., & Hu, S. (1990). The effect of worry on cardiovascular response to phobic imagery. *Behaviour Research and Therapy, 28*, 69-73.

Borkovec, T. D., Newman, M. G., Lytle, R., & Pincus, A. L. (2002). A component analysis of cognitive-behavioral therapy for generalized anxiety disorder and the role of interpersonal problems. *Journal of Consulting and Clinical Psychology, 70*, 288-298.

Borkovec, T. D., Robinson, E., Pruzinsky, T., & DePree, J. A. (1983). Preliminary exploration of worry: Some characteristics and processes. *Behaviour Research and Therapy, 21*, 9-16.

Borkovec, T. D., & Roemer, L. (1995). Perceived functions of worry among generalized anxiety disorder subjects: Distraction from more emotionally distressing topics? *Journal of Behavior Therapy and Experimental Psychiatry, 26*, 25-30.

Borkovec, T. D., Shadick, R. N., & Hopkins, M. (1991). The nature of normal and pathological worry. In R. M. Rapee & D. H. Barlow (Eds.), *Chronic anxiety: Generalized anxiety disorder and mixed anxiety-depression* (pp. 29-51). New York: Guilford Press.

Borkovec, T. D., Wilkinson, L., Folenshire, R., & Lerman, C. (1983). Stimulus control applications to the treatment of worry. *Behaviour Research and Therapy, 21*, 247-251.

Bouchard, C., Rhéaume, J., & Ladouceur, R. (1999). Responsibility and perfectionism in OCD: An experimental study. *Behaviour Research and Therapy, 37*, 239-248.

Bouchard, S., Gauthier, J., Laberge, B., French, D., Pelletier, M. H., & Godbout, C. (1996). Exposure versus cognitive restructuring in the treatment of panic disorder with agoraphobia. *Behaviour Research and Therapy, 34*, 213-224.

Bouchard, S., Gauthier, J., Nouwen, A., Ivers, H., Vallieres, A., Simard, S., et al. (2007). Temporal relationship between dysfunctional beliefs, self-efficacy and panic apprehension in the treatment of panic disorder with agoraphobia. *Journal of Behavior Therapy and Experimental Psychiatry, 38*, 275-292.

Bouknight, D. P., & O'Rourke, R. A. (2000). Current management of mitral valve prolapse. *American Family Physician, 61*, 3343-3350.

Bourdon, K. H., Boyd, J. H., Rae, D. S., Burns, B. J., Thompson, J. W., & Locke, B. Z. (1988). Gender differences in phobias: Results of the ECA Community Survey. *Journal of Anxiety Disorders, 2*, 227-241.

Bourne, E. J. (2000). *The anxiety and phobia workbook* (3rd ed.). Oakland, CA: New Harbinger.

Bouton, M. E., Mineka, S., & Barlow, D. H. (2001). A modern learning theory perspective on the etiology of panic disorder. *Psychological Review, 108*, 4-22.

Bradley, B. P., Mogg, K., Falla, S. J., & Hamilton, L. R. (1998). Attentional bias for threatening facial expressions in anxiety: Manipulation of stimulus duration. *Cognition and Emotion, 12*, 737-753.

Bradley, B. P., Mogg, K., & Millar, N. H. (2000). Covert and overt orienting of attention to emotional faces in anxiety. *Cognition and Emotion, 14*, 789-808.

Bradley, B. P., Mogg, K., White, J., & Millar, N. (1995). Selective processing of negative information: Effects of clinical anxiety, concurrent depression, and awareness. *Journal of Abnormal Psychology, 104*, 532-536.

Bradley, B. P., Mogg, K., & Williams, R. (1994). Implicit and explicit memory for emotional information in non-clinical subjects. *Behaviour Research and Therapy, 32*, 65-78.

Bradley, B. P., Mogg, K., & Williams, R. (1995). Implicit and explicit memory for emotion-congruent information in clinical depression and anxiety. *Behaviour Research and Therapy, 33*, 755-770.

Bradley, R., Greene, J., Russ, E., Dutra, L., & Westen, D. (2005). A multidimensional meta-analysis of psychotherapy for PTSD. *American Journal of Psychiatry, 162*, 214-227.

Bradley, S. J. (2000). *Affect regulation and the development of psychopathology.* New York: Guilford Press.

Breier, A., Charney, D. S., & Heninger, G. R. (1984). Major depression in patients with agoraphobia and panic disorder. *Archives of General Psychiatry, 41*, 1129-1135.

Brendle, J. R., & Wenzel, A. (2004). Differentiating between memory and interpretative biases in socially anxious and nonanxious individuals. *Behaviour Research and Therapy, 42*, 155-171.

Breslau, N. (2002). Epidemiologic studies of trauma, posttraumatic stress disorder, and other psychiatric disorders. *Canadian Journal of Psychiatry, 47*, 923-929.

Breslau, N., Davis, G. C., & Schultz, L. R. (2003). Posttraumatic stress disorder and the incidence of nicotine, alcohol, and other drug disorders in person who have experienced trauma. *Archives of General Psychiatry, 60*, 289-294.

Breslau, N., & Kessler, R. C. (2001). The stressor criterion in DSM-IV posttraumatic stress disorder: An empirical investigation. *Biological Psychiatry, 50*, 699-704.

Breslau, N., Kessler, R. C., Chilcoat, H. D., Schultz, L. R., Davis, G. C., & Andreski, P. (1998). Trauma and posttraumatic stress disorder in the community: The 1996 Detroit Area Survey of Trauma. *Archives of General Psychiatry, 55*, 626-632.

Breslau, N., Lucia, V.C., & Alvarado, G. F. (2006). Intelligence and other predisposing factors in exposure to trauma and posttraumatic stress disorder. *Archives of General Psychiatry, 63*, 1238-1245.

Breton, J.-J., Bergeron, L., Valla, J.-P., Berthiaume, C., Gaudet, N., Lambert, J., et al. (1999). Quebec Child Mental Health Survey: Prevalence of DSM-III-R mental health disorders. *Journal of Child Psychology and Psychiatry, 40*, 375-384.

Brewin, C. R. (1988). *Cognitive foundations of clinical psychology.* Hove, UK: Erlbaum.

Brewin, C. R., Andrews, B., Rose, S., & Kirk, M. (1999). Acute stress disorder and posttraumatic stress disorder in victims of violent crime. *American Journal of Psychiatry, 156*, 360-366.

Brewin, C. R., Andrews, B., & Valentine, J. D. (2000). Meta-analysis of risk factors for posttraumatic stress disorder in trauma-exposed adults. *Journal of Consulting and Clinical Psychology, 68*, 748-766.

Brewin, C. R., Dalgleish, T., & Joseph, S. (1996). A dual representation theory of posttraumatic stress disorder. *Psychological Review, 103*, 670-686.

Brewin, C. R., & Holmes, E. A. (2003). Psychological theories of posttraumatic stress disorder. *Clinical Psychology Review, 23*, 339-376.

Brewin, C. R., Kleiner, J. S., Vasterling, J. J., & Field, A. P. (2007). Memory for emotionally neutral information in posttraumatic stress disorder: A meta-analytic investigation. *Journal of Abnormal Psychology, 116*, 448-463.

Brown, E. J., Heimberg, R. G., & Juster, H. R. (1995). Social phobia subtype and avoidant personality disorder: Effect on severity of social phobia, impairment and outcome of cognitive-behavioral treatment. *Behavior Therapy, 26*, 467-486.

Brown, E. J., Turovsky, J., Heimberg, R. G., Juster, H. R., Brown, T. A., & Barlow, D. H. (1997). Validation of the Social Interaction Anxiety Scale and the Social Phobia Scale across the anxiety disorders. *Psychological Assessment, 9*, 21-27.

Brown, G. K., Beck, A. T., Newman, C. F., Beck, J. S., & Tran, G. Q. (1997). A comparison of focused and standard cognitive therapy for panic disorder. *Journal of Anxiety Disorders, 11*, 329-345.

Brown, G. W., Harris, T. O., & Eales, M. J. (1996). Social factors and comorbidity of depressive and anxiety disorders. *British Journal of Psychiatry, 168*(Suppl. 30), 50-57.

Brown, M., Smits, J. A. J., Powers, M. B., & Telch, M. J. (2003). Differential sensitivity of the three ASI factors in predicting panic disorder patients' subjective and behavioral response to hyperventilation challenge. *Journal of Anxiety Disorders, 17*, 583-591.

Brown, M. A., & Stopa, L. (2007). The spotlight effect and the illusion of transparency in

REFERÊNCIAS **561**

social anxiety. *Journal of Anxiety Disorders, 21*, 804-819.

Brown, T. A. (2003). Confirmatory factor analysis of the Penn State Worry Questionnaire: Multiple factors or method effects? *Behaviour Research and Therapy, 41*, 1411-1426.

Brown. T. A., Antony, M. M., & Barlow, D. H. (1992). Psychometric properties of the Penn State Worry Questionnaire in a clinical anxiety disorders sample. *Behaviour Research and Therapy, 30*, 33-37.

Brown, T. A., & Barlow, D. H. (2002). Classification of anxiety and mood disorders. In D. H. Barlow (Ed.), *Anxiety and its disorders: The nature and treatment of anxiety and panic* (2nd ed., pp. 292-327). New York: Guilford Press.

Brown, T. A., Campbell, L. A., Lehman, C. L. Grisham, J. R., & Mancill, R. B. (2001). Current and lifetime comorbidity of the DSM-IV anxiety and mood disorders in a large clinical sample. *Journal of Abnormal Psychology, 110*, 585-599.

Brown, T. A., Chorpita, B. F., & Barlow, D. H. (1998). Structural relationships among dimensions of the DSM-IV anxiety and mood disorders and dimensions of negative affect, positive affect, and autonomic arousal. *Journal of Abnormal Psychology, 107*, 179-192.

Brown, T. A., Chorpita, B. F., Korotitsch, W., & Barlow, D. H. (1997). Psychometric properties of the Depression Anxiety Stress Scales (DASS) in clinical samples. *Behaviour Research and Therapy, 35*, 79-89.

Brown, T. A., & Deagle, E. A. (1992). Structured interview assessment of non-clinical panic. *Behavior Therapy, 23*, 75-85.

Brown, T. A., Di Nardo, P. A., & Barlow, D. H. (1994). *Anxiety Disorders Interview Schedule for DSM-IV Adult Version*. Oxford, UK: Oxford University Press/Graywind.

Brown, T. A., Di Nardo, P. A., Lehman, C. L., & Campbell, L. A. (2001). Reliability of DSM-IV anxiety and mood disorders: Implications for the classification of emotional disorders. *Journal of Abnormal Psychology, 110*, 49-58.

Brown, T. A., O'Lealy, T. A., & Barlow, D. H. (2001). Generalized anxiety disorder. In D. H. Barlow (Ed.), *Clinical handbook of psychological disorders: A step-by-step treatment manual* (3rd ed., pp. 154-208). New York: Guilford Press.

Brown, T. A., White, K. S., & Barlow, D. H. (2005). A psychometric reanalysis of the Albany Panic and Phobia Questionnaire. *Behaviour Research and Therapy, 43*, 337-355.

Brozina, K., & Abela, J. R. Z. (2006). Behavioural inhibition, anxious symptoms, and depressive symptoms: A short-term prospective examination of a diathesis-stress model. *Behaviour Research and Therapy, 44*, 1337-1346.

Brozovich, F., & Heimberg, R. G. (2008). An analysis of post-event processing in social anxiety disorder. *Clinical Psychology Review, 28*, 891-903.

Bruch, M. A., & Cheek, J. M. (1995). Developmental factors in childhood and adolescent shyness. In R. G. Heimberg, M. R. Liebowitz, D. A. Hope, & F. R. Schneier (Eds.), *Social phobia: Diagnosis, assessment, and treatment* (pp. 163-182). New York: Guilford Press.

Bryant, R. A. (2003). Early predictors of posttraumatic stress disorder. *Biological Psychiatry, 53*, 789-795.

Bryant, R. A. (2007). Does dissociation further our understanding of PTSD? *Journal of Anxiety Disorders, 21*, 183-191.

Bryant, R. A., & Guthrie, R. M. (2007). Maladaptive self-applaisals before trauma exposure predict posttraumatic stress disorder. *Journal of Consulting and Clinical Psychology, 75*, 812-815.

Bryant, R. A., & Harvey, A. G. (1995). Processing threatening information in posttraumatic stress disorder. *Journal of Abnormal Psychology, 104*, 537-541.

Bryant, R. A., & Harvey, A. G. (1998). Relationship between acute stress disorder and posttraumatic stress disorder following mild traumatic brain injury. *American Journal of Psychiatry; 155*, 625-629.

Bryant, R. A., Moulds, M. L., Guthrie, R. M., Dang, S. T., & Nixon, R. D. V. (2003). Imaginal exposure alone and imaginal exposure with cognitive restructuring in treatment of posttraumatic stress disorder. *Journal of Consulting and Clinical Psychology, 71*, 706-712.

Bryant, R. A., Moulds, M. L., & Nixon, R. V. D. (2003). Cognitive behavior therapy of acute stress disorder: A four-year follow-up. *Behaviour Research and Therapy, 41*, 489-494.

Bryant, R. A., Moulds, M. L., Nixon, R. D. V., Mastrodomenico, J., Felmingham, K., & Hopwood, S. (2006). Hypnotherapy and cognitive behavior therapy of acute stress disorder: A 3-year follow-up. *Behaviour Research and Therapy, 44*, 1331-1335.

Buckley, T. C., Blanchard, E. B., & Hickling, E. J. (2002). Automatic and strategic processing of threat stimuli: A comparison between PTSD, panic disorder, and nonanxiety controls. *Cognitive Therapy and Research, 26*, 97-115.

Buckley, T. C., Blanchard, E. B., & Neill, W. T. (2000). Information processing and PTSD: A review of the empirical literature. *Clinical *Psychology Review, 28,* 1041-1065.

Buller, R., Maier,W., & Benkert, O. (1986). Clinical subtypes of panic disorder: Their descriptive and prospective validity. *Journal of Affective Disorders, 11,* 105-114.

Buller, R., Maier, W., Goldenberg, I. M., Lavori, P. W., & Benkert, O. (1991). Chronology of panic and avoidance, age of onset in panic disorder, and prediction of treatment response: A report from the Cross-National Collaborative Panic Study. *European Archives of Psychiatry and Clinical Neuroscience, 240,* 163-168.

Burke, K. C., Burke, J. D., Regier, D. A., & Rae, D. S. (1990). Age at onset of selected mental disorders in five community populations. *Archives of General Psychiatry, 47,* 511-518.

Burke, M., & Mathews, A. (1992). Autobiographical memory and clinical anxiety. *Cognition and Emotion, 6,* 23-35.

Burns, G. L., Formea, G. M., Keortge, S., & Sternberger, L. G. (1995). The utilization of nonpatient samples in the study of obsessive-compulsive disorder. *Behaviour Research and Therapy, 33,* 133-144.

Burns, G. L., Keortge, S. G., Formea, G. M., & Sternberger, L. G. (1996). Revision of the Padua Inventory of Obsessive Compulsive Disorder Symptoms: Distinctions between worry, obsessions and compulsions. *Behaviour Research and Therapy, 34,* 163-173.

Butler, G. (2007). *Overcoming social anxiety and shyness self-help course: A 3-part programme based on cognitive behavioural techniques. Part one: Understanding social anxiety.* London: Robinson.

Butler, A. C., Chapman, J. F., Forman, E. M., & Beck, A. T. (2006). The empirical status of cognitive-behavioral therapy: A review of meta-analyses. *Clinical Psychology Review, 26,* 17-31.

Butler, G., Fennell, M., Robson, P., & Gelder, M. (1991). Comparison of behavior therapy and cognitive behavior therapy in the treatment of generalized anxiety disorder. *Journal of Consulting and Clinical Psychology, 59,* 167-175.

Butler, G., & Hope, T. (2007). *Managing your mind: The mental fitness guide.* Oxford, UK: Oxford University Press.

Butler, G., & Mathews, A. (1983). Cognitive processes in anxiety. *Advances in Behaviour Research and Therapy, 5,* 51-62.

Butler, G., & Mathews, A. (1987). Anticipatory anxiety and risk perception. *Cognitive Therapy and Research, 11,* 551-565.

Butler, G., & Wells, A. (1995). Cognitive-behavioral treatments: Clinical applications. In R. G. Heimberg, M. R. Liebowitz, D. A. Hope, & F. R. Schneier (Eds.), *Social phobia: Diagnosis, assessment, and treatment* (pp. 310-333). New York: Guilford Press.

Butler, G., Wells, A., & Dewick, H. (1995). Differential effects of worry and imagery after exposure to a stressful stimulus: A pilot study. *Behavioural and Cognitive Psychotherapy, 23,* 45-56.

Calamari, J. E., Cohen, R. J., Rector, N. A., Szacun-Shimizu, K., Riemann, B. C., & Norberg, M. M. (2006). Dysfunctional belief-based obsessive-compulsive disorder subgroups. *Behaviour Research and Therapy, 44,* 1347-1360.

Calamari, J. E., Hale, L. R., Heffelfinger, S. K., Janeck, S., Lau, J. J., Weerts, M. A., et al. (2001). Relations between anxiety sensitivity and panic symptoms in nonreferred children and adolescents. *Journal of Behavior Therapy and Experimental Psychiatry, 32,*117-136.

Calamari, J. E., & Janeck, A. S. (1997). *Negative intrusive thoughts in obsessive-compulsive disorder: Appraisal and response differences.* Poster presented at the Anxiety Disorders Association of America National Convention, New Orleans, LA.

Calamari, J. E., Wiegartz, P. S., Riemann, B. C., Cohen, R. J., Greer, A., Jacobi, D. M., et al. (2004). Obsessive-compulsive disorder subtypes: An attempted replication and extension of a symptom-based taxonomy. *Behaviour Research and Therapy, 42,* 647-670.

Calvocoressi, L., Lewis, B., Harris, M., Trufan, S. J., Goodman, W. K., McDougle, C. J., et al. (1995). Family accommodation in obsessive-compulsive disorder. *American Journal of Psychiatry, 152,* 441-443.

Canadian Community Health Survey: Mental health and well-being. (2003, September 3). *The Daily,* Statistics Canada.

Canli, T., Sivers, H., Whitfield, S. L., Gotlib, I. H., & Gabrieli, J. D. E. (2002). Amygdala response to happy faces as a function of extraversion. *Science, 296,* p. 2191. (Abstract)

Canli, T., Zhao, Z., Desmond, J. E., Kang, E., Gross, J., & Gabrieli, J. D. E. (2001). An fMRI study of personality influences on brain reactivity to emotional stimuli. *Behavioral Neuroscience, 115,* 33-42.

Canon, W. B. (1927). *Bodily changes in pain, hunger, fear and rage: An account of recent searches into the function of emotional excitement.* New York: Appleton and Company.

Cantor, N. (1990). From thought to behavior: "Having" and "doing" in the study of personality and cognition. *American Psychologist, 45,* 735-750.

Cantor, N., Norem, J., Langston, C., Zirkel, S., Fleeson, W.,

& Cook-Flannagan, C. (1991). Life tasks and daily life experience. *Journal of Personality, 59*, 425-451.

Carleton, R. N., Collimore, K. C., & Asmundson, G. J. G. (2007). Social anxiety and fear of negative evaluation: Construct validity of the BFNE-II. *Journal of Anxiety Disorders, 21*, 131-141.

Carr, A. T. (1974). Compulsive neurosis: A review of the literature. *psychological Bulletin, 81*, 311-318.

Carr, R. E., Lehrer, P. M., Rausch, L., & Hochron, S. M. (1994). Anxiety sensitivity and panic attacks in an asthmatic population. *Behaviour Research and Therapy, 32*, 411-418.

Carter, M. M., Suchday, S., & Gore, K. L. (2001). The utility of the ASI factors in predicting response to voluntary hyperventilation among nonclinical participants. *Journal of Anxiety Disorders, 15*, 217-230.

Carter, R. M., Wittchen, H.-U., Pfister, H., & Kessler, R. C. (2001). One-year prevalence of subthreshold and threshold DSM-IV generalized anxiety disorder in a nationally representative sample. *Depression and Anxiety, 13*, 78-88.

Cartwright-Hatton, S., & Wells, A. (1997). Beliefs about worry and intrusions: The Meta-Cognitions Questionnaire and its correlates. *Journal of Anxiety Disorders, 11*, 279-296.

Carver, C. S., Scheier, M. F., & Weintraub, J. K. (1989). Assessing coping strategies: A theoretically based approach. *Journal of Personality and Social Psychology, 56*, 267-283.

Casey, L. M., Oei, T. P. S., & Newcombe, P. A. (2004). An integrated cognitive model of panic disorder: The role of positive and negative cognitions. *Clinical Psychology Review, 24*, 529-555.

Cassidy, K. L., McNally, R. J., & Zeitlin, S. B. (1992). Cognitive processing of trauma cues in rape vicitms with post-traumatic stress disorder. *Cognitive Therapy and Reserch, 16*, 283-295.

Cautela, J. R., & Groden, J. (1978). *Relaxation: A comprehensive manual for adults, children and children with special needs*. Champaign, IL: Research Press.

Ceschi, G., Van der Linden, M., Dunker, D., Perroud, A., & Brédart, S. (2003). Further exploration memory bias in compulsive washers. *Behaviour Research and Therapy, 41*,737-748.

Chambless, D. L., Baker, M. J., Baucom, D. H., Beutler, L. E., Calhoun, K. S., Crits-Christoph, P., et al. (1998). Update on empirically validated therapies II. *Clinical Psychologist, 51*, 3-16.

Chambless, D. L., Caputo, G. C., Bright, P., & Gallagher, R. (1984). Assessment of fear of fear in agoraphobics: The Body Sensations Questionnaire and the Agoraphobic Cognitions Questionnaire. *Journal of Consulting and Clinical Psychology, 52*, 1090-1097.

Chambless, D. L., Caputo, G. C., Jasin, S. E., Gracely, E. J., & Williams, C. (1985). The Mobility Inventory for Agoraphobia. *Behaviour Research and Therapy, 23*, 35-44.

Chambless, D. L., Fydrich, T., & Rodebaugh, T. L. (2006). Generalized social phobia and avoidant personality disorder: Meaningful distinction or useless duplications? *Depression and Anxiety, 10*, 1-12.

Chambless, D. L., & Gracely, E. J. (1989). Fear of fear and the anxiety disorders. *Cognitive Therapy and Research, 13*, 9-20.

Chambless, D. L., & Ollendick, T. H. (2001). Empirically supported psychological interventions: Controversies and evidence.

Annual Review of Psychology, 52, 685-716.

Chambless, D. L., & Peterman, M. (2004). Evidence on cognitive-behavioral therapy for generalized anxiety disorder and panic disorder. In R. L. Leahy (Ed.), *Contemporary cognitive therapy: Theory, research, and practice* (pp. 86-115). New York: Guilford Press.

Chapman, T. F., Mannuzza, S., & Fyer, A. J. (1995). Epidemiological and family studies of social phobia. In R. G. Heimberg, M. R. Liebowitz, D. A. Hope, & F. R. Schneier (Eds.), *Social phobia: Diagnosis, assessment, and treatment* (pp. 21-40). New York: Guilford Press.

Chartier, M. J., Hazen, A. L., & Stein, M. B. (1998). Lifetime patterns of social phobia: A retrospective study of the course of social phobia in a nonclinical population. *Depression and Anxiety, 7*, 113-121.

Chartier, M. J., Walker, J. R., & Stein, M. B. (2001). Social phobia and potential childhood risk factors in a community sample. *Psychological Medicine, 31*, 307-315.

Chavira, D. A., Stein, M. B., & Malcarne, V. L. (2002). Scrutinizing the relationship between shyness and social phobia. *Journal of Anxiety Disorders, 16*, 585-598.

Chelminski, I., & Zimmerman, M. (2003). Pathological worry in depressed and anxious patients. *Journal of Anxiety Disorders, 17*, 533-546.

Chen, E., Lewin, M. R., & Craske, M. G. (1996). Effects of state anxiety on selective processing of threatening information. *Cognition and Emotion, 10*, 225-240.

Chen, Y. P., Ehlers, A., Clark, D. M., & Mansell, W. (2002). Patients with generalized social phobia direct their attention away from faces. *Behaviour Research and Therapy, 40,* 677-687.

Cherian, A. E., & Frost, R. O. (2007). Treating compulsive hoarding. In M. M. Antony, C. Purdon, & L. J. Summerfeldt (Eds.), *Psychological treatment of obsessive-compulsive disorder: Fundamentals and beyond* (pp. 231-249). Washington, DC: American Psychological Association.

Chilcoat, H. D., & Breslau, N. (1998). Posttraumatic stress disorder and drug disorders: Testing causal pathways. *Archives of General Psychiatry, 55,* 913-917.

Chorpita, B. F., & Barlow, D. H. (1998). The development of anxiety: The role of control in the early environment. *Psychological Bulletin, 124,* 3-21.

Christensen, H., Hadzi-Pavlovic, D., Andrews, G., & Mattick, R. (1987). Behavior therapy and tricyclic medication in the treatment of obsessive-compulsive disorder: A quantitative review. *Journal of Consulting and Clinical Psychology, 55,* 701-711.

Clark, D. A. (2002). A cognitive perspective on OCD and depression: Distinct and related features. In R. O. Frost & G. S. Steketee (Eds.), *Cognitive approaches to obsessions and compulsions: Theory, assessment and treatment* (pp. 233-250). Oxford, UK: Elsevier Press.

Clark, D. A. (2004). *Cognitive behavior therapy for OCD.* New York: Guilford Press.

Clark, D. A. (2006a). Obsessive-compulsive disorder: The role of homework assignments. In N. Kazantzis & L. L'Abate (Eds.), *Handbook of homework assignments in psychotherapy: Research, practice and prevention.* New York: Springer.

Clark, D. A. (2006b). *Sensitivity and specificity analysis of the CBOCI based on the vali-dation sample.* Unpublished manuscript, University of New Brunswick, Canada.

Clark, D. A., Antony, M. M., Beck, A. T., Swinson, R. P., & Steer, R. A. (2005). Screening for obsessive and compulsive symptoms: Validation of the Clark-Beck Obsessive-Compulsive Inventory. *Psychological Assessment, 17,* 132-143.

Clark, D. A., & Beck, A. T. (2002). *Manual for the Clark-Beck Obsessive Compulsive Inventory.* San Antonio, TX: Psychological Corporation.

Clark, D. A., & Beck, A. T. (2010). *Defeat fear and anxiety: A cognitive therapy workbook.* Manuscript in preparation, Department of Psychology, University of New Brunswick, Canada.

Clark, D. A., & Beck, A. T. (with Alford, B.). (1999). *Scientific foundations of cognitive theory and therapy of depression.* New York: Wiley.

Clark, D. A., Beck, A. T., & Beck, J. S. (1994). Symptom differences in major depression, dysthymia, panic disorder, and generalized anxiety disorder. *American Journal of Psychiatry, 151,* 205-209.

Clark, D. A., Beck, A. T., & Stewart, B. (1990). Cognitive specificity and positive-negative affectivity: Complementary or contradictory views on anxiety and depression? *Journal of Abnormal Psychology, 99,* 148-155.

Clark, D. A., & Claybourn, M. (1997). Process characteristics of worry and obsessive intrusive thoughts. *Behaviour Research and Therapy, 35,* 1139-1141.

Clark, D. A., & Guyitt, B. D. (2098). Pure obsessions: Conceptual misnomer or clinical anomaly? In J. S. Abramowitz, S. Taylor, & D. McKay (Eds.), *Obsessive-compulsive disorder: Subtypes and spectrum conditions* (pp. 53-75). Amsterdam, The Netherlands: Elsevier.

Clark, D. A., & O'Connor, K. (2005). Thinking is believing: Ego-dystonic intrusive thoughts in obsessive-compulsive disorder. In D. A. Clark (Ed.), *Intrusive thoughts in clinical disorders: Theory, research and treatment* (pp. 145-174). New York: Guilford Press.

Clark, D. A., Purdon, C., & Byers, E. S. (2000). Appraisal and control of sexual and non-sexual intrusive thoughts in university students. *Behaviour Research and Therapy, 38,* 439-455.

Clark, D. A., Purdon, C., & Wang, A. (2003). The Meta-Cognitive Beliefs Questionnaire: Development of a measure of obsessional beliefs. *Behaviour Research and Therapy, 41,* 655-669.

Clark, D. A., Radomsky, A., Sica, C., & Simos, G. (2005). *Normal obsessions: A matter of interpretation?* Paper presented at the annual meeting of the European Association for Behavioural and Cognitive Therapies, Thessaloniki, Greece.

Clark, D. A., & Rhyno, S. (2005). Unwanted intrusive thoughts in nonclinical individuals: Implications for clinical disorders. In D. A. Clark (Ed.), *Intrusive thoughts in clinical disorders: Theory, research, and treatment* (pp. 1-29). New York: Guilford Press.

Clark, D. A., Steer, R. A., & Beck, A. T. (1994). Common and specific dimensions of self-reported anxiety and depression: Implications for the cognitive and tripartite models. *Journal of Abnormal Psychology, 103,* 645-654.

Clark, D. A., Steer, R. A., Beck, A. T., & Snow, D. (1996). Is the relationship between anxious and depressive cognitions and symptoms linear or curvilinear? *Cognitive Therapy and Research, 20,* 135-154.

Clark, D. B., Keske, U., Masia, C. L., Spaulding, S. A., Brown,

C., Mammen, O., et al. (1997). Systematic assessment of social phobia in clinical practice. *Depression and Anxiety, 6*, 47-61.

Clark, D. B., Turner, S. M., Beidel, D. C., Donovan, J. E., Kirisci, L., & Jacob, R. G. (1994). Reliability and validity of the Social Phobia and Anxiety Inventory for adolescents. *Psychological Assessment, 6*, 135-140.

Clark, D. M. (1986a). A cognitive approach to panic. *Behaviour Research and Therapy, 24*, 461-470.

Clark, D. M. (1986b). Cognitive therapy for anxiety. *Behavioural Psychotherapy, 14*, 283-294.

Clark, D. M. (1988). A cognitive model of panic attacks. In S. Rachman & J. D. Maser (Eds.), *Panic: Psychological perspectives* (pp. 71-89). Hillsdale, NJ: Erlbaum.

Clark, D. M. (1993). Cognitive mediation of panic attacks induced by biological challenge tests. *Advances in Behaviour Research and Therapy, 15*, 75-84.

Clark, D. M. (1996). Panic disorder: From theory to therapy. In P. M. Salkovskis (Ed.), *Frontiers of cognitive therapy* (pp. 318-344). New York: Guilford Press.

Clark, D. M. (1997). Panic disorder and social phobia. In D. M. Clark & C. G. Fairburn (Eds.), *Science and practice of cognitive behaviour therapy* (pp. 121-153). Oxford, UK: Oxford University Press.

Clark, D. M. (1999). Anxiety disorders: Why they persist and how to treat them. *Behaviour Research and Therapy, 37*(Suppl. 1), S5-S27.

Clark, D. M. (2001). A cognitive perspective on social phobia. In W. R. Crozier & L. E. Alden (Eds.), *International handbook of social anxiety: Concepts, research and interventions relating to the self and shyness* (pp. 405-430). New York: Wiley.

Clark, D. M., & Beck, A. T. (1988). Cognitive approaches. In C. Last & M. Hersen (Eds.), *Handbook of anxiety disorders* (pp. 362-385). Elmsford, NY: Pergamon Press.

Clark, D. M., & Ehlers, A. (1993). An overview of the cognitive theory and treatment of panic disorder. *Applied and Preventive Psychology, 2*, 131-139.

Clark, D. M., & Ehlers, A. (2004). Posttraumatic stress disorder: From cognitive theory to therapy. In R. L. Leahy (Ed.), *Contemporary cognitive therapy: Theory, research, and practice* (pp. 141-160). New York: Guilford Press.

Clark, D. M., Ehlers, A., Hackmann, A., McManus, F., Fennell, M., Grey, N., et al. (2006). Cognitive therapy versus exposure and applied relaxation in social phobia: A randomized controlled trial. *Journal of Consulting and Clinical Psychology, 74*, 568-578.

Clark, D. M., Ehlers, A., McManus, F., Hackmann, A., Fennell, M., Campbell, H., et al. (2003). Cognitive therapy versus fluoxetine in generalized social phobia: A randomized placebo-controlled trial. *Journal of Consulting and Clinical Psychology, 71*, 1058-1067.

Clark, D. M., & McManus, F. (2002). Information processing in social phobia. *Biological Psychiatry, 51*, 92-100.

Clark, D. M., & Salkovskis, P. M. (1986). *Cognitive treatment for panic attacks: Therapist's manual.* Unpublished manuscript, Department of Psychiatry, Oxford University, Warneford Hospital, Oxford, UK.

Clark, D. M., Salkovskis, P. M., & Chalkley, A. J. (1985). Respiratory control as a treatment for panic attacks. *Journal of Behavior Therapy and Experimental Psychiatry, 16*, 23-30.

Clark, D. M., Salkovskis, P. M., Gelder, M., Koehler, C., Martin, M., Anastasides, P., et al. (1988). Tests of a cognitive theory of panic. In I. Hand & H. U. Wittchen (Eds.), *Panic and phobias 2* (pp. 149-158). Berlin: Springer-Verlag.

Clark, D. M., Salkovskis, P. M., Hackmann, A., Middleton, H., Anastasiades, P., & Gelder, M. (1994). A comparison of cognitive therapy, applied relaxation and imipramine in the treatment of panic disorder. *British Journal of Psychiatry, 164*, 759-769.

Clark, D. M., Salkovskis, P. M., Hackman, A., Wells, A., Ludgate, J., & Gelder, M. (1999). Brief cognitive therapy for panic disorder: A randomized controlled trial. *Journal of Consulting and Clinical Psychology, 67*, 583-589.

Clark, D. M., Salkovskis, P. M., Öst, L.-G., Breitholtz, E., Koehler, K. A., Westling, B. E., et al. (1997). Misinterpretation of body sensations in panic disorder. *Journal of Consulting and Clinical Psychology, 65*, 203-213.

Clark, D. M., & Wells, A. (1995). A cognitive model of social phobia. In R. G. Heimberg, M. R. Liebowitz, D. A. Hope, & F. R. Schneier (Eds.), *Social phobia: diagnosis, assessment and treatment* (pp. 69-93). New York: Guilford Press.

Clark, L. A., Watson, D., & Mineka, S. (1994). Temperament, personality, and the mood and anxiety disorders. *Journal of Abnormal Psychology, 103*, 103-116.

Classen, C., Koopman, C., Hales, R., & Spiegel, D. (1998). Acute stress disorder as a predictor of posttraumatic stress symptoms. *American Journal of Psychiatry, 155*, 620-624.

Clerkin, E. M., Teachman, B. A., & Smith-Janik, S. B. (2008).

Sudden gains in group cognitive-behavioral therapy for panic disorder. *Behaviour Research and Therapy, 46*, 1244-1250.

Cloitre, M., Cancienne, J., Heimberg, R. G., Holt, C. S., & Liebowitz, M. (1995). Memory bias does not generalize across anxiety disorders. *Behaviour Research and Therapy, 33*, 305-307.

Cloitre, M., Shear, M. K., Cancienne, J., & Zeitlin, S. B. (1994). Implicit and explicit memory for catastrophic associations to bodily sensation words in panic disorder. *Cognitive Therapy and Research, 18*, 225-240.

Cohen, R. J., & Calamari, J. E. (2004). Thought-focused attention and obsessive-compulsive symptoms: An evaluation of cognitive self-consciousness in a nonclinical sample. *Cognitive Therapy and Research, 28*, 457-471.

Coleman, S. S., Brod, M., Potter, L. P., Buesching, D. P., & Rowland, C. R. (2004). Cross-sectional 7-year follow-up of anxiety in primary care patients. *Depression and Anxiety, 19*, 105-111.

Coles, M. E., & Heimberg, R. G. (2002). Memory biases in the anxiety disorders: Current status. *Clinical Psychology Review, 22*, 587-627.

Coles, M. E., & Heimberg, R. G. (2005). Thought control strategies in generalized anxiety disorder. *Cognitive Therapy and Research, 29*, 47-56.

Coles, M. E., & Horng, B. (2006). A prospective test of cognitive vulnerability to obsessive compulsive disorder. *Cognitive Therapy and Research, 30*, 723-746.

Coles, M. E., Pietrefesa, A. S., Schofield, C. A., & Cook, L. M. (2008). Predicting changes in obsessive compulsive symptoms over a six month follow-up: A prospective test of cognitive models of obsessive compulsive disorder. *Cognitive Therapy and Research, 32*, 657-675.

Coles, M. E., Turk, C. L., & Heimberg, R. G. (2002). The role of memory perspective in social phobia: Immediate and delayed memories for role-played situations. *Behavioural and Cognitive Psychotherapy, 3*, 415-425.

Coles, M. E., Turk, C. L., Heimberg, R. G., & Fresco, D. M. (2001). Effects of varying levels of anxiety within social situations: Relationship to memory perspective and attributions in social phobia. *Behaviour Research and Therapy, 39*, 651-665.

Collins, K. A., Westra, H. A., Dozois, D. J. A., & Stewart, S. H. (2005). The validity of the brief version of the Fear of Negative Evaluation Scale. *Journal of Anxiety Disorders, 19*, 345-359.

Connor, K. M., & Davidson, J. R. T. (1998). Generalized anxiety disorder: Neurobiological and pharmacotherapeutic perspectives. *Biological Psychiatry, 44*, 1286-1294.

Conrad, A., & Roth, W. T. (2007). Muscle relaxation therapy for anxiety disorders: It works but how? *Journal of Anxiety Disorders, 21*, 243-264.

Constans, J. I. (2001). Worry propensity and the perception of risk. *Behaviour Research and Therapy, 39*, 721-729.

Constans, J. I., McCloskey, M. S., Vasterling, J. J., Brailey, K., & Mathews, A. (2004). Suppression of attentional bias in PTSD. *Journal of Abnormal Psychology, 113*, 315-323.

Constans, J. I., Penn, D. L., Ilen, G. H., & Hope, D. A. (1999). Intepretative biases for ambiguous stimuli in social anxiety. *Behaviour Research and Therapy, 37*, 643-651.

Conway, M., Howell, A., & Giannopoulos, C. (1991). Dysphoria and thought suppression. *Cognitive Therapy and Research, 15*, 153-166.

Coplan, J. D., & Lydiard, R. B. (1998). Brain circuits in panic disorder. *Biological Psychiatry, 44*, 1264-1276.

Corneil, W., Beaton, R., Murphy, S., Johnson, C., & Pike, K. (1999). Exposure to traumatic incidents and prevalence of posttraumatic stress symptomatology in urban firefighters in two countries. *Journal of Occupational Health Psychology, 4*, 131-141.

Coryell, W., Noyes, R., & House, J. D. (1986). Mortality among outpatients with anxiety disorders. *American Journal of Psychiatry, 143*, 508-510.

Costello, C. G. (1971). Anxiety and the persisting novelty of input from the autonomic nervous system. *Behavior Therapy, 2*, 321-333.

Costello, E. J., Mustillo, S., Erkanli, A., Keeler, G., & Angold, A. (2003). Prevalence and development of psychiatric disorders in childhood and adolescence. *Archives of General Psychiatry, 60*, 837-844.

Cottraux, J., Mollard, E., Bouvard, M., Marks, I., Sluys, M., Nury, A. M., et al. (1990). A controlled study of fluvoxamine and exposure in obsessive-compulsive disorder. *International Clinical Psychopharmacology, 5*, 17-30.

Cottraux, J., Note, I., Yao, S. N., Lafont, S., Note, B., Mollard, E., et al. (2001). A randomized controlled trial of cognitive therapy versus intensive behavior therapy in obsessive compulsive disorder. *Psychotherapy and Psychosomatics, 70*, 288-297.

Covin, R., Ouimet, A. J., Seeds, P. M., & Dozois, D. J. A. (2008). A meta-analysis of CBT for pathological worry among clients with GAD. *Journal of Anxiety Disorders, 22*, 108-116.

Cox, B. J., Endler, N. S., Norton, G. R., & Swinson, R. P. (1991).

Anxiety sensitivity and nonclinical panic attacks. *Behaviour Research and Therapy, 29*, 367-369.

Cox, B. J., Endler, N. S., Swinson, R. P., & Norton, G. R. (1992). Situations and specific coping strategies associated with clinical and nonclinical panic attacks. *Behaviour Research and Therapy, 30*, 67-69.

Cox, B. J., Enns, M. W., Walker, J. R., Kjernisted, K., & Pidlubny, S. R. (2001). Psychological vulnerabilities in patients with major depression vs. panic disorder. *Behaviour Research and Therapy, 39*, 567-573.

Cox, B. J., MacPherson, P. S. R., & Enns, M. W. (2005). Psychiatric correlates of childhood shyness in a nationally representative sample. *Behaviour Research and Therapy, 43*, 1019-1027.

Cox, B. J., Ross, L., Swinson, R. P., & Direnfeld, D. M. (1998). A comparison of social phobia outcome measures in cognitive-behavioral group therapy. *Behavior Modification, 22*, 285-297.

Craske, M. G. (2003). *Origins of phobias and anxiety disorders: Why more women than men?* Amsterdam, The Netherlands: Elsevier.

Craske, M. G., & Barlow, D. H. (1988). A review of the relationship between panic and avoidance. *Clinical Pychology Review, 8*, 667-685.

Craske, M. G., & Barlow, D. H. (2001). Panic disorder and agoraphobia. In D. H. Barlow (Ed.), *Clinical handbook of psychological disorders* (3rd ed., pp. 1-59). New York: Guilford Press.

Craske, M. G., & Barlow, D. H. (2006). *Mastery of your anxiety and worry: Workbook* (2nd ed.). Oxford, UK: Oxford University Press.

Craske, M. G., Farchione, T. J., Allen, L. B., Barrios, V., Stoyanova, M., & Rose, R. (2007).

Cognitive behavioral therapy for panic disorder and comorbidity: More of the same or less of more? *Behaviour Research and Therapy, 45*, 1095-1109.

Craske, M. G., & Freed, S. (1995). Expectations about arousal and nocturnal panic. *Journal of Abnormal Psychology, 104*, 567-575.

Craske, M. G., Lang, A. J., Aikins, D., & Mystkowski, J. L. (2005). Cognitive behavioral therapy for nocturnal panic. *Behavior Therapy, 36*, 43-54.

Craske, M. G., Lang, A. J., Rowe, M., DeCola, J. P., Simmons, J., Mann, C., et al. (2002). Presleep attributions about arousal during sleep: nocturnal panic. *Journal of Abnormal Psychology, 111*, 53-62.

Craske, M. G., Lang, A. J., Tsao, J. C., Mystkowski, J., & Rowe, M. (2001). Reactivity to interoceptive cues in nocturnal panic. *Journal of Behavior Therapy and Experimental Psychiatry, 32*, 173-190.

Craske, M. G., Poulton, R., Tsao, J. C. I., & Plotkin, D. (2001). Paths to panic disorder/agoraphobia: An exploratory analysis from age 3 to 21 in an unselected birth cohort. *Journal of the American Academy of Child and Adolescent Psychiatry, 40*, 556-563.

Craske, M. G., Rachman, S. J., & Tallman, K. (1986). Mobility, cognitions, and panic. *Journal of Psychopathology and Behavioral Assessment, 8*, 199-210.

Craske, M. G., Rapee, R. M., & Barlow, D. H. (1988). The significance of panic-expectancy for individual patterns of avoidance. *Behavior Therapy, 19*, 577-592.

Craske, M. G., Rapee, R. M., Jackel, L., & Barlow, D. H. (1989). Qualitative dimensions of worry in DSM-III-R generalized anxiety disorder subjects and nonanxious subjects. *Behaviour Research and Therapy, 27*, 397-402.

Craske, M. G., & Rowe, M. K. (1997). Nocturnal panic. *Clinical Psychology: Science and Practice, 4*, 153-174.

Craske, M. G., Sanderson, W. C., & Barlow, D. H. (1987). The relationships among panic, fear, and avoidance. *Journal of Anxiety Disorders, 1*, 153-160.

Creamer, M., Burgess, P., & McFarlane, A. C. (2001). Posttraumatic stress disorder: Findings from the Australian National Survey of Mental Health and Well-Being. *Psychological Medicine, 31*, 1237-1247.

Creamer, M., Foran, J., & Bell, R. (1995). The Beck Anxiety Inventory in a nonclinical sample. *Behaviour Research and Therapy, 33*, 477-485.

Crino, R. D., & Andrews, G. (1996). Obsessive-compulsive disorder and Axis I comorbidity. *Journal of Anxiety Disorders, 10*, 37-46.

Cromer, K. R., Schmidt, N. B., & Murphy, D. L. (2007). An investigation of traumatic life events and obsessive-compulsive disorder. *Behaviour Research and Therapy, 45*, 1683-1691.

Cuthbert, B. N., Lang, P. J., Strauss, C., Drobes, D., Patrick, C. J., & Bradley, M. M. (2003). The psychophysiology of anxiety disorder: Fear memory imagery. *Psychophysiology, 40*, 407-422.

Dalgleish, T. (2004). Cognitive approaches to posttraumatic stress disorder: The evolution of multirepresentational theorizing. *Psychological Bulletin, 130*, 228-260.

Dalgleish, T., Cameron, C. M., Power, M. J., & Bond, A. (1995). The use of an emotional priming paradigm with clinically anxious patients. *Cognitive Therapy and Research, 19*, 69-89.

Daly, J. A., Vangelisti, A. L., & Lawrence, S. G. (1989). Self-focused attention and public speaking anxiety. *Personality* and *Individual Differences, 10*, 903-913.

Davey, G. C. L. (1993). A comparison of three worry questionnaires. *Behaviour Research and Therapy, 31*, 51-56.

Davey, G. C. L. (1994). Worrying, social problem-solving abilities, and social problem-solving confidence. *Behaviour Research and Therapy, 32*, 327-330.

Davey, G. C. L. (1997). A conditioning model of phobias. In G. C. L. Davey (Ed.), *Phobias: A handbook of theory, research and treatment* (pp. 301-322). Chichester, UK: Wiley.

Davey, G. C. L. (2006). The Catastrophizing Interview procedure. In G. C. L. Davey & A. Wells (Eds.), *Worry and its psychological disorders: Theory, assessment and treatment* (pp. 157-176). Chichester, UK: Wiley.

Davey, G. C. L., Hampton, J., Farrell, J., & Davidson, S. (1992). Some characteristics of worrying: Evidence for worrying and anxiety as separate constructs. *Personality and Individual Differences, 13*, 133-147.

Davey, G. C. L., Jubb, M., & Cameron, C. (1996). Catastrophic worrying as a function of changes in problem-solving confidence. *Cognitive Therapy and Research, 20*, 333-344.

Davey, G. C. L., Tallis, F., & Capuzzo, N. (1996). Beliefs about the consequences of worrying. *Cognitive Therapy and Research, 20*, 499-520.

Davidson, J. R. T., Foa, E. B., Huppert, J. D., Keefe, F. J., Franklin, M. E., Compton, J. S., et al. (2004). Fluoxetine, comprehensive cognitive behavioral therapy, and placebo in generalized social phobia. *Archives of General Psychiatry, 61*, 1005-1013.

Davidson, P. R., & Parker, K. C. H. (2001). Eye movement desensitization and reprocessing (EMDR): A meta-analysis.

Journal of consulting and Clinical Psychology, 69, 305-316.

Davies, M. I., & Clark, D. M. (1998a). Thought suppression produces a rebound effect with analogue post-traumatic intrusions. *Behaviour Research and Therapy, 36*, 571-582.

Davies, M. I., & Clark, D. M. (1998b). Predictors of analogue post-traumatic intrusive cognitions. *Behavioural and Cognitive Psychotherapy, 26*, 303-314.

Davis, M. (1998). Are different parts of the extended amygdala involved in fear versus anxiety? *Biological Psychiatry, 44*, 1239-1247.

Deacon, B., & Abramowitz, J. S. (2005). The Yale-Brown Obsessive Compulsive Scale: Factor analysis, construct validity, and suggestions for refinement. *Journal of Anxiety Disorders, 19*, 573-585.

Deacon, B., & Abramowitz, J. S. (2006a). Anxiety sensitivity and its dimensions across the anxiety disorders. *Journal of Anxiety Disorders, 20*, 837-857.

Deacon, B., & Abramowitz, J. S. (2006b). A pilot study of two-day cognitive-behavioral therapy for panic disorder. *Behaviour Research and Therapy, 44*, 807-817.

Deacon, B. J., Lickel, J., & Abramowitz, J. S. (2008). Medical utilization across the anxiety disorders. *Journal of Anxiety Disorders, 22*, 344-350.

de Bruin, G. O., Muris, P., & Rassin, E. (2007). Are there specific metacognitions associated with vulnerability to symptoms of worry and obsessional thoughts? *Personality and Individual Differences, 42*, 689-699.

de Jong, P. J. (2002). Implicit selfesteem and social anxiety: Differential self-favoring effects in high and low anxious individuals. *Behaviour Research and Therapy, 40*, 501-508.

de Jong, P. J., & Merckelbach, H. (2000). Phobia-relevant illusory correlations: The role of phobic responsivity. *Journal of Abnormal Psychology, 109*, 597-601.

de Jong, P. J., Merckelbach, H., & Arntz, A. (1995). Covariation bias in phobic women: The relationship between a prior expectancy, on-line expectancy, autonomic responding, and a posteriori contingency judgment. *Journal of Abnormal Psychology, 104*, 55-62.

de Jong, P. J., van den Hout, M. A., Rietbrock, H., & Huijding, J. (2003). Dissociations between implicit and explicit attitudes toward phobic stimuli. *Cognition and Emotion, 17*, 521-545.

Demal, U., Lenz, G., Mayrhofer, A., Zapotoczky, H.-G., & Zirrerl, W. (1993). Obsessive-compulsive disorder and depression: A retrospective study on course and interaction. *Psychopathology, 26*, 145-150.

Derryberry, D., & Reed, M. A. (2002). Anxiety-related attentional biases and their regulation by attentional control. *Journal of Abnormal Psychology, 111*, 225-236.

DeRubeis, R. J., & Crits-Christoph, P. (1998). Empirically supported individual and group psychological treatments for adult mental disorders. *Journal of Consulting and Clinical Psychology, 66*, 37-52.

de Silva, P. (2003). The phenomenology of obsessive-compulsive disorder. In R. G. Menzies & P. de Silva (Eds.), *Obsessive-compulsive disorder: Theory, research and treatment* (pp. 21-36). Chichester, UK: Wiley.

Diaferia, G., Sciuto, G., Perna, G., Bernardeschi L., Battaglia, M., Rusmini, S., et al. (1993). DSM-III-R personality disorders in panic disorder. *Journal of Anxiety Disorders, 7*, 153-161.

Diefenbach, G. J., Abramowitz, J. S., Norberg, M. M., & Tolin, D. F. (2007). Changes in quality of life following cognitive-behavioral therapy for obsessive-compulsive disorder. *Behaviour Research and Therapy, 45*, 3060-3068.

Diefenbach, G. J., McCarthyLazelere, M. E., Williamson, D. A., Mathews, A., Manguno-Mire, G. M., & Bentz, B. G. (2001). Anxiety, depression, and the content of worries. *Depression and Anxiety, 14*, 247-250.

Di Nardo, P. A., & Barlow, D. H. (1990). Syndrome and symptom co-occurrence in the anxiety disorders. In J. D. Maser & C. R. Cloninger (Eds.), *Comorbidity of mood and anxiety disorders* (pp. 205-230). Washington, DC: American Psychiatric Press.

Dodge, C. S., Hope, D. A., Heimberg, R. G., & Becker, R. E. (1988). Evaluation of the Social Interaction Self-Statement Test with a social phobic population. *Cognitive Therapy and Research, 12*, 211-222.

Dohrenwand, B. P., Turner, J. B., Turse, N. A., Lewis-Fernandez, R., & Yager, T. J. (2008). War-related posttraumatic stress disorder in black, Hispanic, and majority white Vietnam veterans: The roles of exposure and vulnerability. *Journal of Traumatic Stress, 21*, 133-141.

Dorfan, N. M., & Woody, S. R. (2006). Does threatening imagery sensitize distress during contaminant exposure? *BehaviourResearch and Therapy, 44*, 395-413.

Doron, G., & Kyrios, M. (2005). Obsessive compulsive disorder: A review of possible specific internal representations within a broader cognitive theory. *Clinical Psychology Review, 25*, 415-432.

Doron, G., Kyrios, M., & Moulding, R. (2007). *Sensitive domains of self-concept in obsessive compulsive disorder* (OCD): *Further evidence for a multidimensional model of cognitive vulnerability in OCD*. Unpublished manuscript, University of Melbourne, Australia.

Dozois, D. J., Dobson, K. S., & Ahnberg, J. L. (1998). A psychometric evaluation of the Beck Depression Inventory – II. *Psychological Assessment, 10*, 83-89.

Dozois, D. J. A., & Westra, H. A. (2004). The nature of anxiety and depression: Implications for prevention. In D. J. A. Dozois & K. S. Dobson (Eds.), *The prevention of anxiety and depression: Theory, research and practice* (pp. 9-41). Washington, DC: American Psychological Press.

Dugas, M. J., Buhr, K., & Ladouceur, R. (2004). The role of intolerance of uncertainty in etiology and maintenance. In R. G. Heimberg, C. L. Turk, & D. S. Mennin (Eds.), *Generalized anxiety disorder: Advances in research and practice* (pp. 143-163). New York: Guilford Press.

Dugas, M. J., Freeston, M. H., & Ladouceur, R. (1997). Intolerance of uncertainty and problem orientation in worry. *Cognitive Therapy and Research, 21*, 593-606.

Dugas, M. J., Freeston, M. H., Ladouceur, R., Rhéaume, J., Provencher, M., & Boisvert, J.-M. (1998). Worry themes in primary GAD, secondary GAD, and other anxiety disorders. *Journal of Anxiety Disorders, 12*, 253-261.

Dugas, M. J., Gagnon, F., Ladouceur, R., & Freeston, M. H. (1998). Generalized anxiety disorder: A preliminary test of a conceptual model. *Behaviour Research and Therapy, 36*, 215-226.

Dugas, M. J., Gosselin, P., & Ladouceur, R. (2001). Intolerance of uncertainty and worry: Investigating specificity in a noncli-nical sample. *Cognitive Therapy and Research, 25*, 551-558.

Dugas, M. J., Ladouceur, R., Léger, E., Freeston, M. H., Langlois, F., Provencher, M. D., et al. (2003). Group cognitive-behavioral therapy for generalized anxiety disorder: Treatment outcome and long-term follow-up. *Journal of Consulting and Clinical Psychology, 71*, 821-825.

Dugas, M. J., Letarte, H., Rhéaume, J., Freeston, M. H., & Ladouceur, R. (1995). Worry and problem solving: Evidence of a specific relationship. *Cognitive Therapy and Research, 19*, 109-120.

Dugas, M. J., Merchand, A., & Ladouceur, R. (2005). Further validation of a cognitive-behavioral model of generalized anxiety disorder: Diagnostic and symptom specificity. *Journal of Anxiety Disorders, 19*, 329-343.

DuHamel, K. N., Ostroff, J., Ashman, T., Winkel, G., Mundy, E. A., Keane, T. M., et al. (2004). Construct validity of the Posttraumatic Stress Disorder Checklist in cancer survivors: Analyses based on two samples. *Psychological Assessment, 16*, 255-266.

Duke, D., Krishnan, M., Faith, M., & Storch, E. A. (2006). The psychometric properties of the Brief Fear of Negative Evaluation Scale. *Journal of Anxiety Disorders, 20*, 807-817.

Dunmore, E., Clark, D. M., & Ehlers, A. (1999). Cognitive factors involved in the onset and maintenance of posttraumatic stress disorder (PTSD) after physical or sexual assault. *Behaviour Research and Therapy, 37*, 809-829.

Dunmore, E., Clark, D. M., & Ehlers, A. (2001). A prospective investigation of the role of cognitive factors in persistent posttraumatic stress disorder (PTSD) after physical or sexual assault. *Behaviour Research and Therapy, 39*, 1063-1084.

Dupuy, J.-B., Beaudoin, S., Rhéaume, J., Ladouceur, R., & Dugas, M. J. (2001). Worry: Daily self-report in clinical and non-clinical populations. *Behaviour Research and Therapy, 39*, 1249-1255.

Dupuy, J.-B., & Ladouceur, R. L. (2008). Cognitive processes of generalized anxiety disorder in comorbid generalized anxiety disorder and major depressive disorder. *Journal of Anxiety Disorders, 22*, 505-514.

Durham, R. C., Chambers, J. A., MacDonald, R. R., Power, K. G., & Major, K. (2003). Does cognitive-behavioural therapy influence the long-term outcome of generalized anxiety disorder?: An 8-14 year follow-up of two clinical trials. *Psychological Medicine, 33*, 499-509.

Durham, R. C., Chambers, J. A., Power, K. G., Sharp, D. M., MacDonald, R. R., Major, K. A., et al. (2005). Long-term outcome of cognitive behavior therapy clinical trials in central Scotland. *Health Technology Assessment, 9*, 1-174.

Durham, R. C., Fisher, P. L., Dow, M. G. T., Sharp, D., Power, K. G., Swan, J. S., et al. (2004). Cognitive behaviour therapy for good and poor prognosis generalized anxiety disorder: A clinical effectiveness study. *Clinical Psychology and Psychotherapy, 11*, 145-157.

Durham, R. C., Fisher, P. L., Treliving, L. R., Hau, C. M., Richard, K., & Stewart, J. B. (1999). One year follow-up of cognitive therapy, analytic psychotherapy and anxiety management training for generalized anxiety disorder: Symptom change, medication usage and attitudes to treatment. *Behavioural and Cognitive Psychotherapy, 27*, 19-35.

Durham, R. C., Murphy, T., Allan, T., Richard, K., Treliving, L. A., &

Fenton, G. W. (1994). Cognitive therapy, analytic psychotherapy and anxiety management training for generalized anxiety disorder. *British Journal of Psychiatry, 165*, 315-323.

Durham, R. C., & Turvey, A. A. (1987). Cognitive therapy vs. behavior therapy in the treatment of chronic generalized anxiety. *Behaviour Research and Therapy, 25*, 229-234.

Dyck, I. R., Phillips, K. A., Warshaw, M. G., Dolan, R. T., Shea, M. T., Stout, R. L., et al. (2001). Patterns of personality pathology in patients with generalized anxiety disorder, panic disorder with and without agoraphobia, and social phobia. *Journal of Personality Disorders, 15*, 60-71.

D'Zurilla, T. J, & Nezu, A. M. (2007). *Problem-solving therapy: A positive approach to clinical intervention* (3rd ed.). New York: Springer.

Easterbrook, J. A. (1959). The effect of emotion on cue utilization and the organization of behavior. *Psychological Review, 66*, 183-201.

Eaton, W. W., Dryman, A., & Weissman, M. M. (1991). Panic and phobia. In L. N. Robins & D. A. Regier (Eds.), *Psychiatric disorders in America: The Epidemiologic Catchment Area Study* (pp. 155-179). New York: Free Press.

Eaton, W. W., Kessler, R. C., Wittchen, H.-U., & Magee, W. J. (1994). Panic and panic disorder in the United States. *American Journal of Psychiatry, 151*, 413-420.

Eddy, K. T., Dutra, L., Bradley, R., & Westen, D. (2004). A multidimensional meta-analysis of psychotherapy and pharmacotherapy for obsessive-compulsive disorder. *Clinical Psychology Review, 24*, 1011-1030.

Edelmann, R. J. (1992). *Anxiety: Theory, research and intervention*

in clinical and health psychology. Chichester, UK: Wiley.

Edwards, M. S., Burt. J. S., & Lipp, O. V. (2006). Selective processing of masked and unmasked verbal threat material in anxiety: Influence of an immediate acute stressor. *Cognition and Emotion, 20*, 812-835.

Ehlers, A. (1995). A 1-year prospective study of panic attacks: Clinical course and factors associated with maintenance. *Journal of Abnormal Psychology, 104*,164-172.

Ehlers A., & Breuer, P. (1992). Increased cardiac awareness in panic disorder. *Journal of Abnormal Psychology, 101*, 371-382.

Ehlers, A., Breuer, P., Dohn, D., & Fiegenbaum, W. (1995). Heartbeat perception and panic disorder: Possible explanations for discrepant findings. *Behaviour Research and Therapy, 33*, 69-76.

Ehlers, A., & Clark, D. M. (2000). A cognitive model of posttraumatic stress disorder. *Behaviour Research and Therapy, 38*, 319-345.

Ehlers, A., Clark, D. M., Hackmann, A., McManus, F., & Fennell, M. (2005). Cognitive therapy for posttraumatic stress disorder: Development and evaluation. *Behaviour Research and Therapy, 43*, 413-431.

Ehlers, A., Clark, D. M., Hackmann, A., McManus, F., Fennell, M., Herbert, C., et al. (2003). A randomized controlled trial of cognitive therapy, a self-help booklet, and repeated assessments as early interventions for posttraumatic stress disorder. *Archives of General Psychiatry, 60*, 1024-1032.

Ehlers, A., Margraf, J., Davies, S., & Roth, W. T. (1988). Selective processing of threat cues in subjects with panic attacks. *Cognition and Emotion, 2*, 201-219.

Ehlers, A., & Steil, R. (1995). Maintenance of intrusive memories in posttraumatic stress disorder: A cognitive approach. *Behavioural and Cognitive Psychotherapy, 23*, 217-249.

Ehntholt, K. A., Salkovskis, P. M., & Rimes, K. A. (1999). Obsessive-compulsive disorder, anxiety disorders, and self-esteem: An exploratory study. *Behaviour Research and Therapy, 37*, 771-781.

Ehring, T., Ehlers, A., & Glucksman, E. (2006). Contribution of cognitive factors to the prediction of post-traumatic stress disorder, phobia and depression after motor vehicle accidents. *Behaviour Research and Therapy, 44*, 1699-1716.

Eifert, G. H., Zvolensky, M. J., & Lejuez, C. W. (2000). Heartfocused anxiety and chest pain: A conceptual and clinical review. *Clinical Psychology: Science and Practice, 7*, 403-417.

Ekman, P. (1999). Basic emotions. In T. Dalgleish & M. Power (Eds.), *Handbook of cognition and emotion* (pp. 45-60). Chichester, UK: Wiley.

Elliott, D. M. (1997). Traumatic events: Prevalence and delayed recall in the general population. *Journal of Consulting and Clinical Psychology, 65*, 811-820.

Elsesser, K., Sartory, G., & Tackenberg, A. (2004). Attention, heart rate, and startle response during exposure to trauma-relevant pictures: A comparison of recent trauma victims and patients with posttraumatic stress disorder. *Journal of Abnormal Pscyhology, 113*, 289-301.

Elting, D. T., & Hope, D. A. (1995). Cognitive assessment. In R. G. Heimberg, M. R. Liebowitz, D. A. Hope, & F. R. Schneier (Eds.), *Social phobia: Diagnosis, assessment and treatment* (pp. 232-258). New York: Guilford Press.

Emmelkamp, P. M. G., & Aardema, A. (1999). Metacognition, specific obsessive-compulsive beliefs and obsessive-compulsive behaviour. *Clinical Psychology and Psychotherapy, 6*, 139-145.

Emmelkamp, P. M. G., van Oppen, P., & van Balkom, A. J. L. M. (2002). Cognitive changes in patients with obsessive compulsive rituals treated with exposure in vivo and response prevention. In R. O. Frost & G. S. Steketee (Eds.), *Cognitive approaches to obsessions and compulsions: Theory, assessment and treatment* (pp. 392-401). Oxford, UK: Elsevier Press.

Emmons, R. A. (1986). Personal strivings: An approach to personality and subjective well-being. *Journal of Personality and Social Psychology, 51*, 1058-1068.

Engelhard, I. M., van den Hout, M. A., Kindt, M., Arntz, A., & Schouten, E. (2003). Peritraumatic dissociation and posttraumatic stress after pregnancy loss: A prospective study. *Behaviour Research and Therapy, 41*, 67-78.

Eriksson, C. B., Vande Kemp, H., Gorsuch, R., Hoke, S., & Foy, D. W. (2001). Trauma exposure and PTSD symptoms in international relief and development personnel. *Journal of Traumatic Stress, 14*, 205-212.

Eysenck, H. J. (1979). The conditioning model of neurosis. *Behavioral and Brain Sciences, 2*, 155-199.

Eysenck, H. J., & Eysenck, S. B. G. (1975). *Manual of the Eysenck Personality Questionnaire (Junior & Adult).* Sevenoaks, UK: Hodder and Stoughton.

Eysenck, H. J., & Rachman, S. (1965). *The causes and cures of neurosis.* San Diego, CA: Knapp.

Eysenck, M. W. (1992). *Anxiety: The cognitive perspective.* Hove, UK: Erlbaum.

Eysenck, M. W., & Byrne, A. (1994). Implicit memory bias, explicit memory bias, and anxiety. *Cognition and Emotion, 8*, 415-431.

Eysenck, M. W., Mogg, K., May, J., Richards, A., & Mathews, A. (1991). Bias in interpretation of ambiguous sentences related to threat in anxiety. *Journal of Abnormal Psychology, 100*, 144-150.

Falsetti, S. A., Monnier, J., & Resnick, H. S. (2005). Intrusive thoughts in posttraumatic stress disorder. In D. A. Clark (Ed.), *Intrusive thoughts in clinical disorders: Theory, research, and treatment* (pp. 30-53). New York: Guilford Press.

Fama, J., & Wilhelm, S. (2005). Formal cognitive therapy: A new treatment for OCD. In J. S. Abramowitz & A. C. Houts (Eds.), *Concepts and controversies in obsessive-compulsive disorder* (pp. 263-281). New York: Springer.

Faravelli, C., & Pallanti, S. (1989). Recent life events and panic disorder. *American Journal of Psychiatry, 146*, 622-626.

Faravelli, C., Pallanti, S., Biondi, F., Paterniti, S., & Scarpato, M. A. (1992). Onset of panic disorder. *American Journal of Psychiatry, 149*, 827-828.

Faravelli, C., Paterniti, S., & Scarpato, A. (1995). Five-year prospective, naturalistic follow-up study of panic disorder. *Comprehensive Psychiatry, 36*, 271-277.

Fava, G. A., Zielezny, M., Savron, G., & Grandi, S. (1995). Long-term effects of behavioral treatment for panic disorder with agoraphobia. *British Journal of Psychiatry, 166*, 87-92.

Feeny, N. C., & Foa, E. B. (2006). Cognitive vulnerability to PTSD. In L. B. Alloy & J. H. Riskind (Eds.), *Cognitive vulnerability to emotional disorders* (pp. 285-301). Mahwah, NJ: Erlbaum.

Fehm, L., & Hoyer, J. (2004). Measuring thought control strategies: The Thought Control Questionnaire and a look beyond. *Cognitive Therapy and Research, 28*, 105-117.

Fenigstein, A., Scheier, M. F., & Buss, A. H. (1975). Public and private self-consciousness: Assessment and theory. *Journal of Consulting and Clinical Psychology, 43*, 522-527.

Ferrier, S., & Brewin, C. (2005). Feared identity and obsessive-compulsive disorder. *Behaviour Research and Therapy, 43*, 1363-1374.

Feske, U., & Chambless, D. L. (1995). Cognitive behavioral versus exposure only treatment for social phobia: A meta-analysis. *Behavior Therapy, 26*, 695-720.

Feske, U., & Chambless, D. L. (2000). A review of assessment measures for obsessive-compulsive disorder. In W. K. Goodman, M. V. Rudorfor, & J. D. Maser (Eds.), *Obsessive-compulsive disorder: Contemporary issues in treatment* (pp. 157-182). Mahwah, NJ: Erlbaum.

Field, A. P., Psychol, C., & Morgan, J. (2004). Post-event processing and the retrieval of autobiographical memories in socially anxious individuals. *Journal of Anxiety Disorders, 18*, 647-663.

Field, E. L., Norman, P., & Barton, J. (2008). Cross-sectional and prospective associations between cognitive appraisals and posttraumatic stress disorder symptoms following stroke. *Behaviour Research and Therapy, 46*, 62-70.

Fields, L., & Prinz, R. J. (1997). Coping and adjustment during childhood and adolescence. *Clinical Psychology Review, 17*, 937-976.

First, M. B., Spitzer, R. L., Gibbon, M., & Williams, J. B. W. (1997). *Structured Clinical Interview for DSM-IV Axis I Disorders (SCIDI)-Clinical Version.* Washington, DC: American Psychiatric Press.

First, M. B., Spitzer, R. L., Gibbon, M., & Williams, J. B. W. (2002). *Structured Clinical Interview for DSM-IV Axis I Disorders, Research Version, Non-patient Edition (SCID-I/NP).* New York: Biometrics Research, New York State Psychiatric Institute.

Fisher, P. L. (2006). The efficacy of psychological treatments for generalized anxiety disorder? In G. C. L. Davey & A. Wells (Eds.), *Worry and its psychological disorders: Theory, assessment and treatment* (pp. 359-377). Chichester, UK: Wiley.

Fisher, P. L., & Durham, R. C. (1999). Recovery rates in generalized anxiety disorder following psychological therapy: An analysis of clinically significant change in the STAI-T across outcome studies since 1990. *Psychological Medicine, 29*, 1425-1434.

Fisher, P. L., & Wells, A. (2005). Experimental modification of beliefs in obsessive-compulsive disorder: A test of the metacognitive model. *Behaviour Research and Therapy, 43*, 821-829.

Flavell, J. H. (1979). Metacognition and cognitive monitoring: A new area of cognitive-developmental inquiry. *American Psychologist, 34*, 906-911.

Foa, E. B. (1979). Failure in treating obsessive compulsives. *Behaviour Research and Therapy, 17*, 169-176.

Foa, E. B., Abramowitz, J. S., Franklin, M. E., & Kozak, M. J. (1999). Feared consequences, fixity of belief, and treatment outcome in patients with obsessive-compulsive disorder. *Behavior Therapy, 30*, 717-724.

Foa, E. B., Amir, N., Gershuny, B., Molnar, C., & Kozak, M. J. (1997). Implicit and explicit memory in obsessive-compulsive disorder. *Journal of Anxiety Disorders, 11*, 119-129.

Foa, E. B., Cashman, L., Jaycox, L., & Perry, K. (1997). The validation of a self-report measure of posttraumatic stress disorder: The Posttraumatic Diagnostic Scale. *Psychological Assessment, 9*, 445-451.

Foa, E. B., Davidson, J. R. T., & Frances, A. (1999). The expert consensus guideline series: Treatment of posttraumatic stress disorder. *Journal of Clinical Psychiatry, 60* (Suppl. 16), 6-76.

Foa, E. B., Ehlers, A., Clark, D. M., Tolin, D. F., & Orsillo, S. M. (1999). The Posttraumatic Cognitions Inventory (PTCI): Development and validation. *Psychological Assessment, 11*, 303-314.

Foa, E. B., Franklin, M. E., & Kozak, M. J. (1998). Psychosocial treatments for obsessive-compulsive disorder: Literature review. In R. P. Swinson, M. M. Antony, S. Rachman, & M. A. Richter (Eds.), *Obsessive-compulsive disorder: Theory, research and treatment* (pp. 258-276). New York: Guilford Press.

Foa, E. B., Franklin, M. E., Perry, K. J., & Herbert, J. D. (1996). Cognitive biases in generalized social phobia. *Journal of Abnormal Psychology, 105*, 433-439.

Foa, E. B., Hembree, E. A., Feeny, N. C., Cahill, S. P., Rauch, S. A. M., Riggs, D. S., et al. (2005). Randomized trial of prolonged exposure for posttraumatic stress disorder with and without cognitive restructuring: Outcome at academic and community clinics. *Journal of Consulting and Clinical Psychology, 73*, 953-964.

Foa, E. B., Huppert, J. D., Leiberg, S., Hajcak, G., Langner, R., Kichic, R., et al. (2002). The Obsessive-Compulsive Inventory: Development and validation of a short version. *Psychological Assessment, 14*, 485-496.

Foa, E. B., Ilai, D., McCarthy, P. R., Shoyer, B., & Murdock, T. (1993). Information processing in obsessive-compulsive disorder. *Cognitive Therapy and Research, 17*,173-189.

Foa, E. B., & Kozak, M. J. (1985). Treatment of anxiety disorders: Implications for psychopathology. In A. H. Tuma & J. Maser (Eds.), *Anxiety and the anxiety disorders* (pp. 421-461). Hillsdale, NJ: Erlbaum.

Foa, E. B., & Kozak, M. J. (1986). Emotional processing of fear: Exposure to corrective information. *Psychological Bulletin, 99*, 20-35.

Foa, E. B., & Kozak, M. J. (1995). DSM-IV field trial: Obsessive-compulsive disorder. *American Journal of Psychiatry, 152*, 90-96.

Foa, E. B., & Kozak, M. J. (1996). Psychological treatment for obsessive-compulsive disorder. In M. R. Mavissakalian & R. F. Prien (Eds.), *Long-term treatments of anxiety disorders* (pp. 285-309). Washington, DC: American Psychiatric Press.

Foa, E. B., & Kozak, M. J. (1997). *Mastery of obsessive-compulsive disorder: Client workbook.* San Antonio, TX: Psychological Corporation.

Foa. E. B., Kozak. M. J., Salkovskis, P. M., Coles, M. E., & Amir, N. (1998). The validation of a new obsessive-compulsive disorder scale: The Obsessive-Compulsive Inventory. *Psychological Assessment, 10*, 206-214.

Foa, E. B., Liebowitz, M. R., Kozak, M. J., Davies, S., Campeas, R., Franklin, M. E., et al. (2005). Randomized, placebo-controlled trial of exposure and ritual prevention, clomipramine, and their combination in the treatment of obsessive-compulsive disorder. *American Journal of Psychiatry, 162*, 151-161.

Foa, E. B., & McNally, R. J. (1986). Sensitivity to feared stimuli in obsessive-compulsives: A dichotic listening analysis. *Cognitive Therapy and Research, 10*, 477-485.

Foa, E. B., & McNally, R. J. (1996). Mechanisms of change in exposure therapy. In R. M. Rapee (Ed.), *Current controversies in the anxiety disorders* (pp. 329-343). New York: Guilford Press.

Foa, E. B., & Rauch, S. A. M. (2004). Cognitive changes during prolonged exposure versus prolonged exposure plus cognitive restructuring in female assault survivors with posttraumatic stress disorder. *Journal of Consulting and Clinical Psychology, 72*, 879-884.

Foa, E. B., & Rothbaum, B. O. (1998). *Treating the trauma of rape: Cognitive-behavioral therapy for PTSD.* New York: Guilford Press.

Foa, E. B., Rothbaum, B. O., Riggs, D. S., & Murdock, T. B. (1991). Treatment of posttraumatic stress disorder in rape victims: A comparison between cognitive-behavioral procedures and counseling. *Journal of Consulting and Clinical Psychology, 59*, 715-723.

Foa, E. B., Sacks, M. B., Tolin, D. F., Prezworski, A., & Amir, N. (2002). Inflated perception of responsibility for harm in OCD patients with and without checking compulsions: A replication and extension. *Journal of Anxiety Disorders, 16*, 443-453.

Foa, E. B., Steketee, G., Grayson, J. B., & Doppelt, H. G. (1983). Treatment of obsessive-compulsives: When do we fail? In E. B. Foa & P. M. G. Emmelkamp (Eds.), *Failures in behavior therapy* (pp. 10-34). New York: Wiley.

Folkman, S., & Moskowitz, J. T. (2004). Coping: Pitfalls and promise. *Annual Review of Psychology, 55*, 745-774.

Forrester, E., Wilson, C., & Salkovskis, P. M. (2002). The occurrence of intrusive thoughts transforms meaning in ambiguous situations: An experimental study. *Behavioural and Cognitive Psychotherapy, 30*, 143-152.

Fox, E. (1993). Attentional bias in anxiety: Selective or not? *Behaviour Research and Therapy, 31*, 487-493.

Fox, E. (1994). Attentional bias in anxiety: A defective inhibition hypothesis. *Cognition and Emotion, 8*, 165-195.

Fox, E. (1996). Selective processing of threatening words in anxiety: The role of awareness. *Cognition and Emotion, 10*, 449-480.

Franklin, J. A., & Andrews, G. (1989). Stress and the onset of agoraphobia. *Australian Psychologist, 24*, 203-219.

Franklin, M. E., Abramowitz, J. S., Bux, D. A., Zoellner, L. A., & Feeny, N. C. (2002). Cognitive-behavioral therapy with and without medication in the treatment of obsessive-compulsive disorder. *Professional Psychology: Research and Practice, 33*,162-168.

Franklin, M. E., Abramowitz, J. S., Kozak, M. J., Levitt, J. T., & Foa, E. B. (2000). Effectiveness of exposure and ritual prevention for obsessive-compulsive disorder: Randomized compared with nonrandomized samples. *Journal of Consulting and Clinical Psychology, 68*, 594-602.

Franklin, M. E., Riggs, D. S., & Pai, A. (2005). Obsessive-compulsive disorder. In M. M. Antony, D. R. Ledley, & R. G. Heimberg (Eds.), *Improving outcomes and preventing relapse in cognitive-behavioral therapy* (pp. 128-173). New York: Guilford Press.

Frazier, P. A. (2003). Perceived control and distress following sexual assault: A longitudinal test of a new model. *Journal of Personality and Social Psychology, 84*, 1257-1269.

Freeston, M. H., & Ladouceur, R. (1997a). What do patients do with their obsessive thoughts? *Behaviour Research and Therapy, 35*, 335-348.

Freeston, M. H., & Ladouceur, R. (1997b). *The cognitive behavioral treatment of obsessions: A treatment manual.* Unpublished manuscript, École de psychologie, Université Laval, Québec, Canada.

Freeston, M. H., & Ladouceur, R. (1999). Exposure and response prevention for obsessional thoughts. *Cognitive and Behavioral Practice, 6*, 362-383.

Freeston, M. H., Ladouceur, R., Gagnon, F., Thibodeau, N., Rhéaume, J., Letarte, H., et al. (1997). Cognitive-behavioral treatment of obsessive thoughts: A controlled study. *Journal of Consulting and Clinical Psychology, 65*, 405-413.

Freeston, M. H., Ladouceur, R., Rhéaume, J., Letarte, H., Gagnon, F., & Thibodeau, N. (1994). Selfreport of obsessions and worry. *Behaviour Research and Therapy, 32*, 29-36.

Freeston, M. H., Ladouceur, R., Thibodeau, N., & Gagnon, F. (1991). Cognitive intrusions in a non-clinical population: I. Response style, subjective experience, and appraisal. *Behaviour Research and Therapy, 29*, 585-597.

Freeston, M. H., Ladouceur, R., Thibodeau, N., & Gagnon, F. (1992). Cognitive intrusions in a non-clinical population: II. Associations with depressive, anxious, and compulsive symptoms. *Behaviour Research and Therapy, 30*, 263-271.

Freeston, M. H., Léger, E., & Ladouceur, R. (2001). Cognitive therapy of obsessive thoughts. *Cognitive and Behavioral Practice, 8*, 61-78.

Freeston, M. H., Rhéaume, J., Letarte, H., Dugas, M., & Ladouceur, R. (1994). Why do people worry? *Personality and Individual Differences, 17*, 791-802.

Fresco, D. M., Coles, M. E., Heimberg, R. G., Liebowitz, M. R., Hami, S., Stein, M. B., et al. (2001). The Liebowitz Social Anxiety Scale: A comparison of the psychometric properties of selfreport and clinician-administered formats. *Psychological Medicine, 31*, 1025-1035.

Fresco, D. M., Heimberg, R. G., Mennin, D. S., & Turk, C. L. (2002). Confirmatory factor analysis of the Penn State Worry Questionnaire. *Behaviour Research and Therapy, 40*, 313-323.

Fresco, D. M., Mennin, D. S., Heimberg, R. G., & Turk, C. L. (2003). Using the Penn State Worry Questionnaire to identify individuals with generalized anxiety disorder: A receiver operating characteristic analysis. *Journal of Behavior Therapy and Experimental Psychiatry, 34*, 283-291.

Freud, S. (1955). Analysis of a phobia in a five-year-old boy. In J. Strachey (Ed., & Trans.), *The standard edition of the complete psychological works of Sigmund Freud* (Vol. 10, pp. 3-149). London: Hogarth Press. (Original work published 1909)

Frewen, P. A., Dozois, D. J. A., & Lanius, R. A. (2008). Neuroimaging studies of psychological interventions for mood and anxiety disorders: Empirical findings and methodological review. *Clinical Psychology Review, 28*, 228-246.

Friedman, B. H., & Thayer, J. F. (1998). Anxiety and autonomic flexibility: A cardiovascular approach. *Biological Psychology, 47*, 243-263.

Friedman, M. J., Resick, P. A., & Keane, T. M. (2007). PTSD: Twenty-five years of progress and challenges. In M. J. Friedman, T. M. Keane, & P. A. Resick (Eds.), *Handbook of PTSD: Science and practice* (pp. 3-18). New York: Guilford Press.

Friedman, S., Smith, L., Fogel, D., Paradis, C., Viswanathan, R., Ackerman, R., et al. (2002). The incidence and influence of early traumatic life events in patients with panic disorder: A comparison with other psychiatric outpatients. *Journal of Anxiety Disorders, 16*, 259-272.

Friedman, S., Smith, L. C., Halpern, B., Levine, C., Paradis, C., Viswanathan, R., et al. (2003). Obsessive-compulsive disorder in a multi-ethnic urban outpatient clinic: Initial presentation and treatment outcome with exposure and ritual prevention. *Behavior Therapy, 34*, 397-410.

Frijda, N. H. (1986). *The emotions.* Cambridge, UK: Cambridge University Press.

Frost, R. O., Novara, C., & Rhéaume, J. (2002). Perfectionism in obsessive compulsive disorder. In R. O. Frost & G. Steketee (Eds.), *Cognitive approaches to obsessions and compulsions: Theory, assessment and treatment* (pp. 92-105). Oxford, UK: Elsevier.

Frost, R. O., & Steketee, G. (Eds.). (2002). *Cognitive approaches to obsessions and compulsions: Theory, assessment, and treatment.* Amsterdam, The Netherlands: Elsevier.

Fyer, M. R., Uy, J., Martinez, J., Goetz, R., Klein, D. F., Fyer, A., et al. (1987). CO_2 challenge of patients with panic disorder. *American Journal of Psychiatry, 144*, 1080-1082.

Fydrich, T., Dowdall, D., & Chambless, D. L. (1992). Reliability and validity of the Beck Anxiety Inventory. *Journal of Anxiety Disorders, 6*, 55-61.

Galea, S., Ahern, J., Resnick, H., Kilpatrick, D., Bucuvalas, M., Gold, J., et al. (2002). Psychological sequelae of the September 11 terrorist attacks in New York City. *New England Journal of Medicine, 346*, 982-987.

Galea, S., Brewin, C. R., Gruber, M., Jones, R. T., King, D. W., King, L. A., et al. (2007). Exposure to hurricane-related stress and mental illness after Hurricane Katrina. *Archives of General Psychiatry, 64*, 1427-1434.

Galea, S., Viahov, D., Resnick, H., Ahern, J ., Susser, E., Gold, J., et al. (2003). Trends of probable posttraumatic stress disorder in New York City after the September 11 terrorist attacks. *American Journal of Epidemiology, 158*, 514-524.

Gardenswartz, C. A., & Craske, M. G. (2001). Prevention of panic disorder. *Behavior Therapy, 32*, 725-737.

Gardner, C. R., Tully, W. R., & Hedgecock, C. J. R. (1993). The rapidly expanding range of neuronal benzodiazepine receptor ligands. *Progressive Neurobiology, 40*, 1-61.

Garner, M., Mogg, K., & Bradley, B. P. (2006). Fear-relevant selective associations and social anxiety: Absence of a positive bias. *Behaviour Research and Therapy, 44*, 201-217.

Gaskell, S. L., Wells, A., & Calam, R. (2001). An experimental investigation of thought suppression and anxiety in children. *British Journal of Clinical Psychology, 40*, 45-56.

Gater, R., Tansella, M., Korten, A., Tiemens, B. G., Mavreas, V. G., & Olatawura, M. O. (1998). Sex differences in the prevalence and detection of depressive and anxiety disorders in general health care settings: Report from the World Health Organization Collaborative Study on Psychological Problems in General Health Care. *Archives of General Psychiatry, 55*, 405-413.

Geller, D. A. (1998). Juvenile obsessive-compulsive disorder. In M. A. Jenicke, L. Baer, & W. E. Minichiello (Eds.), *Obsessive-compulsive disorders: Practical management* (3rd ed., pp. 44-64). St. Louis: Mosby.

Genest, M., Bowen, R. C., Dudley, J., & Keegan, D. (1990). Assessment of strategies for coping with anxiety: Preliminary investigations. *Journal of Anxiety Disorders, 4*, 1-14.

George, L., & Stopa, L. (2008). Private and public self-awareness in social anxiety. *Journal of Behavior Therapy and Experimental Psychiatry, 39*, 57-72.

Geraerts, E., Merckelbach, H., Jelicic, M., & Smeets, E. (2006). Long term consequences of suppression of anxious thoughts and repressive coping. *Behaviour Research and Therapy, 44*, 1451-1460.

Germer, C. K. (2005). Anxiety disorders: Befriending fear. In C. K. Germer, R. D. Siegel, & P. R. Fulton (Eds.), *Mindfulness and psychotherapy* (pp. 152-172). New York: Guilford Press.

Gershuny, B. S., & Sher, K. J. (1998). The relation between personality and anxiety: Findings from a 3-year prospective study. *Journal of Abnormal Psychology, 107*, 252-262.

Gibb, B. E., Chelminski, I., & Zimmerman, M. (2007). Childhood emotional, physical, and sexual abuse, and diagnoses of depressive and anxiety disorders in adult psychiatric outpatients. *Depression and Anxiety, 24*, 256-263.

Gilbert, P. (2000). The relationship of shame, social anxiety and depression: The role of the evaluation of social rank. *Clinical Psychology and Psychotherapy, 7*, 174-189.

Gilboa-Schechtman, E., Foa, E. B., & Amir, N. (1999). Attentional biases for facial expressions in social phobias: The face-in-the-crowd paradigm. *Cognition and Emotion, 13*, 305-318.

Gillis, M. M., Haaga, D. A. F., & Ford, G. T. (1995). Normative values for the Beck Anxiety Inventory, Fear Questionnaire, Penn State Worry Questionnaire, and Social Phobia and Anxiety Inventory. *Psychological Assessment, 7*, 450-455.

Gladstone, G. L., Parker, G. B., Michell, P. B., Malhi, G. S., Wilhem, K. A., & Austin, M.-P. (2005). A Brief Measure of Worry Severity (BMWS): Personality and clinical correlates of severe worriers. *Journal of Anxiety Disorders, 19*, 877-892.

Glass, C. R., Merluzzi, T. V., Biever, J. L., & Larsen, K. H. (1982). Cognitive assessment of social anxiety: Development and validation of a self-statement questionnaire. *Cognitive Therapy and Research, 6*, 37-55.

Goisman, R. M., Warshaw, M. G., Peterson, L. G., Rogers, M. P., Cuneo, P., Hunt, M. F., et al. (1994). Panic, agoraphobia, and panic disorders with agoraphobia: Data from a multicenter anxiety disorders study. *Journal of Nervous and Mental Disease, 182*, 72-79.

Gökalp, P. G., Tükel, R., Solmaz, D., Demir, T., Kiziltan, E., Demir, D., et al. (2001). Clinical features and co-morbidity of social phobics in Turkey. *European Psychiatry, 16*, 115-121.

Goldfried, M. R., & Davison, G. (1976). *Clinical behavior therapy*. New York: Holt, Rinehart and Winston.

Goodman, W. K., Price, L. H., Rasmussen, S. A., Mazure, C., Fleischmann, R. L., Hill, C. L., et al. (1989a). The Yale-Brown Obsessive Compulsive Scale: I. Development, use, and reliability. *Archives of General Psychiatry, 46*, 1006-1011.

Goodman, W. K., Price, L. H., Rasmussen, S. A., Mazure, C., Delgado, P., Heninger, G. R., et al. (1989b). The Yale-Brown Obsessive Compulsive Scale: II. Validity. *Archives of General Psychiatry, 46*, 1012-1016.

Goodwin, R. D. (2002). Anxiety disorders and the onset of depression among adults in the community. *Psychological Medicine, 32*, 1121-1124.

Gortner, E.-M., Rude, S. S., & Pennebaker, J. W. (2006). Benefits of expressive writing in lowering rumination and depressive symptoms. *Behavior Therapy, 37*, 292-303.

Gosselin, P., Ladouceur, R., Morin, C. M., Dugas, M. J., & Baillargeon, L. (2006). Benzodiazepine discontinuation among adults with GAD: A randomized trial of cognitive-behavioral therapy. *Journal of Consulting and Clinical Psychology, 74*, 908-919.

Gotlib, I. H., Kasch, K. L., Traill, S., Joormann, J., Arnow, B. A., & Johnson, S. L. (2004). Coherence and specificity of information processing biases in depression and social phobia. *Journal of Abnormal Psychology, 113*, 386-398.

Gotlib, I. H., Krasnoperova, E., Joormann, J., & Yue, D. N. (2004). Attentional biases for negative interpersonal stimuli in clinical depression. *Journal of Abnormal Psychology, 113*, 127-135.

Gould, R. A., Otto, M. W., & Pollack, M. H. (1995). A meta-analysis of treatment outcome for panic disorder. *Clinical Psychology Review, 15*, 819-844.

Gould, R. A., Otto, M. W., Pollack, M. H., & Yap, L. (1997). Cognitive behavioral and pharmacological treatment of generalized anxiety disorder: A preliminary meta-analysis. *Behavior Therapy, 28*, 285-305.

Gould, R. A., Safren, S. A., Washington, D. O., & Otto, M. W. (2004). A meta-analytic review of cognitive-behavioral treatments. In R. G. Heimberg, C. L. Turk, & D. S. Mennin (Eds.), *Generalized anxiety disorder: Advances in research and practice* (pp. 248-264). New York: Guilford Press.

Grabill, K., Merlo, L., Duke, D., Harford, K.-L., Keeley, M. L., Geffken, G. R., et al. (2008). Assessment of obsessive-compulsive disorder: A review. *Journal of Anxiety Disorders, 22*, 1-17.

Grant, B. F., Hasin, D. S., Stinson, F. S., Dawson, D. A., Chou, S. P., Ruan, W. J., et al. (2005). Co-occurrence of 12-month mood and anxiety disorders and personality disorders in the US: Results from the National Epidemiologic Survey on Alcohol and Related Conditions. *Journal of Psychiatric Research, 39*, 1-9.

Grant, B. F., Stinson, F. S., Dawson, D. A., Chou, P., Dufour, M. C., Compton, W., et al. (2004). Prevalance and co-occurrence of substance use disorders and independent mood and anxiety disorders: Results from the National Epidemiologic Survey on Alcohol and Related Conditions. *Archives of General Psychiatry, 61*, 807-816.

Grant, D. M., & Beck, J. G. (2006). Attentional biases in social anxiety and dysphoria: Does comorbidity make a difference? *Journal of Anxiety Disorders, 20*, 520-529.

Gray, J. A. (1987). *The psychology of fear and stress* (2nd ed.). Cambridge, UK: Cambridge University Press.

Gray, J. A. (1999). Cognition, emotion, conscious experience and the brain. In T. Dalgleish & M. Power (Eds.), *Handbook of cognition and emotion* (pp. 83-102). Chichester, UK: Wiley.

Gray, J. A., & McNaughton, N. (1996). The neuropsychology of

anxiety: Reprise. In D. A. Hope (Ed.), *Nebraska symposium on motivation: Vol. 43. Perspectives on anxiety, panic, and fear* (pp. 61-134). Lincoln: University of Nebraska Press.

Greenberg, M. S., & Alloy, L. B. (1989). Depression versus anxiety: Processing of self and other referent information. *Cognition and Emotion, 3*, 207-223.

Greenberg, P. E., Sisitsky, T., Kessler, R. C., Finkelstein, S. N., Berndt, E. R., Davidson, J. R. T., et al. (1999). The economic burden of anxiety disorders in the 1990s. *Journal of Clinical Psychiatry, 60*, 427-435.

Greenberg, R. L. (1989). Panic disorder and agoraphobia. In J. M. G. Williams & A. T. Beck (Eds.), *Cognitive therapy in clinical practice: An illustrative casebook* (pp. 25-49). London: Croom Helm.

Greenwald, A. G., McGhee, D. E., & Schwartz, J. L. K. (1998). Measuring individual differences in implicit cognition: The Implicit Association Test. *Journal of Personality and Social Psychology, 74*, 1464-1480.

Grey, S., & Mathews, A. (2000). Effects of training on interpretation of emotional ambiguity. *Quarterly Journal of Experimental Psychology, 53A*, 1143-1162.

Griffin, M. G., Uhlmansiek, M. H., Resick, P. A., & Mechanic, M. B. (2004). Comparison of the Posttraumatic Stress Disorder Scale versus the Clinician-Administered Posttraumatic Stress Disorder Scale in domestic violence survivors. *Journal of Traumatic Stress, 17*, 497-503.

Grillon, C. (2002). Startle reactivity and anxiety disorders: Aversive conditioning, context, and neurobiology. *Biological Psychiatry, 52*, 958-975.

Gross, J. J., & Levenson, R. W.(1997). Hiding feelings: The acute effects of inhibiting negative and positive emotion. *Journal of Abnormal Psychology, 106*, 95-103.

Gross, P. R., & Eifert, G. H. (1990). Delineating generalized anxiety: A preliminary investigation. *Journal of Psychopathology and Behavioral Assessment, 12*, 345-358.

Guthrie, R., & Bryant, R. (2000). Attempting suppression of traumatic memories over extended periods in acute stress disorder. *Behaviour Research and Therapy, 38*, 899-907.

Guy, W. (1976). *NCDEU assessment manual for psychopharmacology* (DHSS Publication No. ADM91-338). Washington, DC: U.S. Department of Health, Education, and Welfare.

Hackmann, A., Surawy, C., & Clark, D. M. (1998). Seeing yourself through others' eyes: A study of spontaneously occurring images on social phobia. *Behavioural and Cognitive Psychotherapy, 26*, 3-12.

Haines, A. P., Imeson J. D., & Meade, T. W. (1987). Phobic anxiety and ischaemic heart disease. *British Medical Journal, 295*, 297-299.

Hajcak, G., Huppert, J. D., Simmons, R. F., & Foa, E. B. (2004). Psychometric properties of the OCI-R in a college sample. *Behaviour Research and Therapy, 42*, 115-123.

Halligan, S. L., Clark, D. M., & Ehlers, A. (2002). Cognitive processing, memory, and the development of PTSD symptoms: Two experimental analogue studies. *Journal of Behavior Therapy and Experimental Psychiatry, 33*, 73-89.

Halligan, S. L., Michael, T., Clark, D. M., & Ehlers, A. (2003). Posttraumatic stress disorder following assault: The role of cognitive processing, trauma memory, and appraisals. *Journal of Consulting and Clinical Psychology, 71*, 419-431.

Hamilton, M. (1959). The assessment of anxiety states by rating. *British Journal of Medical Psychology, 32*, 50-55.

Hamilton, M. (1960). A rating scale for depression. *Journal of Neurology, Neurosurgery and Psychiatry, 23*, 56-61.

Hammen, C. (1988). Depression and cognitions about personal stressful life events. In L. B. Alloy (Ed.), *Cognitive processes in depression* (pp. 77-108). New York: Guilford Press.

Hankin, B. L., Abramson, L. Y., & Siler, M. (2001). A prospective test of the hopelessness theory of depression in adolescence. *Cognitive Therapy and Research, 25*, 607-632.

Hansson. L. (2002). Quality of life in depression and anxiety. *International Review of Psychiatry, 14*, 185-189.

Hardy, A., & Brewin, C. R. (2005). The role of thought suppression in the development of obsessions. *Behavioural and Cognitive Psychotherapy, 33*, 61-69.

Hare, T. A., Tottenham, N., Davidson, M. C., Glover, G. H., & Casey, B. J. (2005). Contributions of amygdala and striatal activity in emotional regulation. *Biological Psychiatry, 57*, 624-632.

Hariri, A. R., Mattay, V. S., Tessitore, A., Fera, F., & Weinberger, D. R. (2003). Neocortical modulation of the amygdala response to fearful stimuli. *Biological Psychiatry, 53*, 494-501.

Harvey, A. G. (2003). The attempted suppression of presleep cognitive activity in insomnia. *Cognitive Therapy and Research, 27*, 593-602.

Harvey, A. G. (2005). Unwanted intrusive thoughts in insomnia. In D. A. Clark (Ed.), *Intrusive thoughts in clinical disorders: Theory, research, and treatment* (pp. 86-118). New York: Guilford Press.

Harvey, A. G., & Bryant, R. A. (1998a). The effect of attempted thought suppression in acute stress disorder. *Behaviour Research and Therapy, 36*, 583-590.

Harvey, A. G., & Bryant, R. A. (1998b). The relationship between acute stress disorder and posttraumatic stress disorder: A prospective evaluation of motor vehicle accident survivors. *Journal of Consulting and Clinical Psychology, 66*, 507-512.

Harvey, A. G., & Bryant, R. A. (1999). The role of anxiety in attempted thought suppression following exposure to distressing or neutral stimuli. *Cognitive Therapy and Research, 23*, 39-52.

Harvey, A. G., & Bryant, R. A. (2002). Acute stress disorder: A synthesis and critique. *Psychological Bulletin, 128*, 886-902.

Harvey, A. G., Bryant, R. A., & Tarrier, N. (2003). Cognitive behavior therapy for posttraumatic stress disorder. *Clinical Psychology Review, 23*, 501-522.

Harvey, A. G., Ehlers, A., & Clark, D. M. (2005). Learning history in social phobia. *Behavioural and Cognitive Psychotherapy, 33*, 257-271.

Harvey, J. M., Richards, J. C., Dziadosz, T., & Swindell, A. (1993). Misinterpretation of ambiguous stimuli in panic disorder. *Cognitive Therapy and Research, 17*, 235-248.

Haslam, N., Williams, B. J., Kyrios, M., McKay, D., & Taylor, S. (2005). Subtyping obsessive-compulsive disorder: A taxometric analysis. *Behavior Therapy, 36*, 381-391.

Hauri, P. J., Friedman, M., & Ravaris, C. L. (1989). Sleep in patients with spontaneous panic attacks. *Sleep, 12*, 323-337.

Hayes, S. C. (2004). Acceptance and commitment therapy and the new behavior therapies: Mindfulness, acceptance, and relationship. In S. C. Hayes, V. M.

Follette, & M. M. Linehan (Eds.), *Mindfulness and acceptance: Expanding the cognitive-behavioral traition* (pp. 1-29). New York: Guilford Press.

Hayes, S. C., Follette, V. M., & Linehan, M. M. (Eds.). (2004). *Mindfulness and acceptance: Expanding the cognitive-behavioral tradition*. New York: Guilford Press.

Hayes, S. C., & Strosahl, K. D. (Eds.). (2004). *A practical guide to acceptance and commitment therapy*. New York: Springer.

Hayes, S. C., Strosahl, K. D., Buting, K., Twohig, M., & Wilson, K. G. (2004). What is acceptance and commitment therapy? In S. C. Hayes & K. D. Strosahl (Eds.), *A practical guide to acceptance and commitment therapy* (pp. 3-29). New York: Springer.

Hayes, S. C., Strosahl, K. D., & Wilson, K. G. (1999). *Acceptance and commitment therapy: An experiential approach to behavior therapy*. New York: Guilford Press.

Hayes, S. C., Strosahl, K., Wilson, K. G., Bissett, R. T., Pistorello, J., Toarmino, D., et al. (2004). Measuring experiential avoidance: A preliminary test of a working model. *Psychological Record, 54*, 553-578.

Hayward, C., Killen, J. D., Kraemer, H. C., Blair-Greiner, A., Strachowski, D., Cunning, D., et al. (1997). Assessment and phenomenology of nonclinical panic attacks in adolescent girls. *Journal of Anxiety Disorders, 11*, 17-32.

Hayward, P., Ahmad, T., & Wardle, J. (1994). Into the dangerous world: An *in vivo* study of information processing in agoraphobics. *British Journal of Clinical Psychology, 33*, 307-315.

Hazlett-Stevens, H., & Borkovec, T. D. (2004). Interpretative cues and ambiguity in generalized anxiety disorder. *Behaviour Research and Therapy, 42*, 881-892.

Hazlett-Stevens, H., Zucker, B. G., & Craske, M. G. (2002). The relationship of thought-action fusion to pathological worry and generalized anxiety disorder. *Behaviour Research and Therapy, 40*, 1199-1204.

Headland, K., & McDonald, B. (1987). Rapid audio-tape treatment of obsessional rumination: A case report. *Behavioural Psychotherapy, 15*, 188-192.

Heckelman, L. R., & Schneier, F. R. (1995). Diagnostic issues. In R. G. Heimberg, M. R. Liebowitz, D. A. Hope, & F. R. Schneier (Eds.), *Social phobia: Diagnosis, assessment, and treatment* (pp. 3-20). New York: Guilford Press.

Heimberg, R. G. (1996). Social phobia, avoidant personality disorder and the multiaxial conceptualization of interpersonal anxiety. In P. M. Salkovskis (Ed.), *Trends in cognitive and behavioural therapies* (pp. 43-61). Chichester, UK: Wiley.

Heimberg, R. G., & Becker, R. E. (2002). *Cognitive-behavioral group therapy for social phobia: Basic mechanisms and clinical strategies*. New York: Guilford Press.

Heimberg, R. G., Horner, K. J., Juster, H. R., Safren, S. A., Brown, E. J., Schneier, F. R., et al. (1999). Psychometric properties of the Liebowitz Social Anxiety Scale. *Psychological Medicine, 29*, 199-212.

Heimberg, R. G., & Juster, H. R. (1995). Cognitive-behavioral treatments: Literature review. In R. G. Heimberg, M. R. Liebowitz, D. A. Hope, & F. R. Schneier (Eds.), *Social phobia: Diagnosis, assessment, and treatment* (pp. 261-309). New York: Guilford Press.

Heimberg, R. G., Klosko, J. S., Dodge, C. S., Shadick, R., Becker, R. E., & Barlow, D. H. (1989). Anxiety disorders, depression, and attributional style: A further test of the specificity of depressive attributions. *Cognitive Therapy and Research, 13*, 21-36.

Heimberg, R. G., Liebowitz, M. R., Hope, D. A., Schneier, F. R., Holt, C. S., Welkowitz, L. A., et al. (1998). Cognitive behavioral group therapy vs. phenelzine therapy for social phobia: 12-week outcome. *Archives of General Psychiatry, 55*, 1133-1141.

Heimberg, R. G., Makris, G. S., Juster, H. R., Öst, L.-G., & Rapee, R. M. (1997). Social phobia: A preliminary cross-national comparison. *Depression and Anxiety, 5*, 130-133.

Heimberg, R. G., & Turk, C. L. (2002). Assessment of social phobia. In R. G. Heimberg & R. E. Becker (Eds.), *Cognitive-behavioral group therapy for social phobia: Basic mechanisms and clinical strategies* (pp. 107-.126). New York: Guilford Press.

Heinrichs, N., & Hofmann, S. G. (2001). Information processing in social phobia: A critical review. *Clinical Psychology Review, 21*, 751-770.

Heinrichs, N., & Hofmann, S. G. (2004). Encoding processes in social anxiety. *Journal of Behavior Therapy and Experimental Psychiatry, 35*, 57-74.

Heiser, N. A., Turner, S. M., & Beidel, D. C. (2003). Shyness: Relationship to social phobia and other psychiatric disorders. *Behaviour Research and Therapy, 41*, 209-221.

Heldt, E., Manfro, G. G., Kipper, L., Blaya, C., Isolan, L., & Otto, M. W. (2006). One-year follow-up of pharmacotherapy-resistant patients with panic disorder treated with cognitive-behavior therapy: Outcome and predictors of remission. *Behaviour Research and Therapy, 44*, 657-665.

Hembree, E. A., & Foa, E. B. (2004). Promoting cognitive changes in posttraumatic stress

REFERÊNCIAS **579**

disorder. In M. A. Reinecke & D. A. Clark (Eds.), *Cognitive therapy across the lifespan: Evidence and practice* (pp. 231-257). Cambridge, UK: Cambridge University Press.

Henderson, L., & Zimbardo, P. (2001). Shyness, social anxiety, and social phobia. In S. G. Hofmann & P. M. DiBartolo (Eds.), *From social anxiety to social phobia: Multiple perspectives* (pp. 46-64). Boston: Allyn & Bacon.

Henning, E. R., Turk, C. L., Mennin, D. S., Fresco, D. M., & Heimberg, R. G. (2007). Impairment and quality of life in individuals with generalized anxiety disorder. *Depression and Anxiety, 24*, 342-349.

Herbert, J. D., Hope, D. A., & Bellack, A. S. (1992). Validity of the distinction between generalized social phobia and avoidant personality disorder. *Journal of Abnormal Psychology, 101*, 332-339.

Herbert, J. D., Rheingold, A. A., Gaudiano, B. A., & Myers, V.H. (2004). Standard versus extended cognitive behavior therapy for social anxiety disorder: A randomized-controlled trial. *Behavioural and Cognitive Psychotherapy, 32*, 131-147.

Hermann, C., Ofer, J., & Flor, H. (2004). Covariation bias for ambiguous social stimuli in generalized social phobia. *Journal of Abnormal Psychology, 113*, 646-653.

Hettema, J. M., Kuhn, J. W., Prescott, C. A., & Kendler, K. (2006). The impact of generalized anxiety disorder and stressful life events on risk for major depressive episodes. *Psychological Medicine, 36*, 789-795.

Hettema, J. M., Neale, M. C., & Kendler, K. S. (2001). A review and meta-analysis of the genetic epidemiology of anxiety disorders. *American Journal of Psychiatry, 158*, 1568-1578.

Hewitt, P. L., & Norton, G. R. (1993). The Beck Anxiety Inventory: A psychometric analysis. *Psychological Assessment, 5*, 408-412.

Hibbert, G. A. (1984). Ideational components of anxiety: Their origin and content. *British Journal of Psychiatry, 144*, 618-624.

Hinrichsen, H., & Clark, D. M. (2003). Anticipatory processing in social anxiety: Two pilot studies. *Journal of Behavior Therapy and Experimental Psychiatry, 34*, 205-218.

Hirsch, C. R., & Clark, D. M. (2004). Information-processing bias in social phobia. *Clinical Psychology Review, 24*, 799-825.

Hirsch, C. R., Clark, D. M., & Mathews, A. (2006). Imagery and interpretations in social phobia: Support for the combined cognitive biases hypothesis. *Behavior Therapy, 37*, 223-236.

Hirsch, C. R., Clark, D. M., Williams, R., & Morrison, J. A. (2005). Interview anxiety: Taking the perspective of a confident other changes inferential processing. *Behavioural and Cognitive Psychotherapy, 33*, 1-12.

Hirsch, C. R., Hayes, S., & Mathews, A. (2009). Looking on the bright side: Accessing benign meanings reduces worry. *Journal of Abnormal Psychology, 118*, 44-54.

Hirsch, C. R., & Mathews, A. (1997). Interpretative inferences when reading about emotional events. *Behaviour Research and Therapy, 35*, 1123-1132.

Hirsch, C. R., & Mathews, A. (2000). Impaired positive inferential bias in social phobia. *Journal of Abnormal Psychology, 109*, 705-712.

Hirsch, C. R., Meynen, T., & Clark, D. M. (2004). Negative self-imagery in social anxiety contaminates social interactions. *Memory, 12*, 496-506.

Hiss, H., Foa, E. B., & Kozak, M. J. (1994). Relapse prevention program for treatment of obsessive-compulsive disorder. *Journal of Consulting and Clinical Psychology, 62*, 801-808.

Hochn-Saric, R., McLeod, D. R., Funderburk, F., & Kowalski, P. (2004). Somatic symptoms and physiological responses in generalized anxiety disorder and panic disorder. *Archives of General Psychiatry, 61*, 913-921.

Hodgson, R. J., & Rachman, S. J. (1977). Obsessional compulsive complaints. *Behaviour Research and Therapy, 15*, 389-395.

Hoffman, D. L., Dukes, E. M., & Wittchen, H.-U. (2008). Human and economic burden of generalized anxiety disorder. *Depression and Anxiety, 25*, 72-90.

Hofmann, S. G. (2004a). The cognitive model of panic. In M. A. Reinecke & D. A. Clark (Eds.), *Cognitive therapy across the lifespan: Evidence and practice* (pp. 117-137). Cambridge, UK: Cambridge University Press.

Hofmann, S. G. (2004b). Cognitive mediation of treatment change in social phobia. *Journal of Consulting and Clinical Psychology, 72*, 392-399.

Hofmann, S. G. (2005). Perception of control over anxiety mediates the relation between catastrophic thinking and social anxiety in social phobia. *Behaviour Research and Therapy, 43*, 885-895.

Hofmann, S. G., & Asmundson, G. J. G. (2008). Acceptance and mindfulness-based therapy: New wave or old hat? *Clinical Psychology Review, 28*, 1-16.

Hofmann, S. G., & Barlow, D. H. (2002). Social phobia (social anxiety disorder). In D. H. Barlow (Ed.), *Anxiety and its disorders: The nature and treatment of anxiety and panic* (2nd ed., pp. 454-476). New York: Guilford Press.

Hofmann, S. G., Ehlers, A., & Roth, W. T. (1995). Conditioning theory: A model for the etiology of public speaking anxiety? *Behaviour Research and Therapy, 33*, 567-571.

Hofmann, S. G., Schulz, S. M., Meuret, A. E., Moscovitch, D. A., & Suvak, M. (2006). Sudden gains during therapy of social phobia. *Journal of Consulting and Clinical Psychology, 74*, 687-697.

Hoge, C. W., Auchterlonie, J. L., & Milliken, C. S. (2006). Mental health problems, use of mental health services, and attrition from military service after returning from deployment to Iraq or Afghanistan. *Journal of the American Medical Association, 295*, 1023-1032.

Hohagen, F., Winkelmann, G., Rasche-Rauchle, H., Hand, I., König, A., Münchau, N., et al. (1998). Combination of behavior therapy with fluvoxamine in comparison with behavior therapy and placebo: Results of a multicentre study. *British Journal of Psychiatry, 173*(Suppl. 35),71-78.

Holaway, R. M., Heimberg, R. G., & Coles, M. E. (2006). A comparison of intolerance of uncertainty in analogue obsessive-compulsive disorder and generalized anxiety disorder. *Journal of Anxiety Disorders, 20*, 158-174.

Holaway, R. M., Rodebaugh, T. L., & Heimberg, R. G. (2006). The epidemiology of worry and generalized anxiety disorder. In G. C. L. Davey & A. Wells (Eds.), *Worry and its psychological disorders: Theory, assessment and treatment* (pp. 4-20). Chichester, UK: Wiley.

Hollifield, M., Hewage, C., Gunawardena, C. N., Kodituwakku, P., Bopagoda, K., & Weerarathnege, K. (2008). Symptoms and coping in Sri Lanka 20-21 months after the 2004 tsunami. *British Journal of Psychiatry, 192*, 39-44.

Hollon, S. D., Stewart, M. O., & Strunk, D. (2006). Enduring effects for cognitive behavior therapy in the treatment of depression and anxiety. *Annual Review of Psychology, 57*, 285-315.

Holloway, W., & McNally, R. J. (1987). Effects of anxiety sensitivity on the response to hyperventilation. *Journal of Abnormal Psychology, 96*, 330-334.

Holmes, E. A., Arntz, A., & Smucker, M. R. (2007). Imagery rescripting in cognitive behavior therapy: Images, treatment techniques and outcomes. *Journal of Behavior Therapy and Experimental Psychiatry, 38*, 297-305.

Holmes, E. A., Mathews, A., Dalgleish, T., & Mackintosh, H. (2006). Positive interpretation training: Effects of mental imagery versus verbal training on positive mood. *Behavior Therapy, 37*, 237-247.

Holt, C. S., Heimberg, R. G., & Hope, D. A. (1992). Avoidant personality disorder and the generalized subtype of social phobia. *Journal of Abnormal Psychology, 101*, 318-325.

Holt, P. E., & Andrews, G. (1989). Hyperventilations and anxiety in panic disorder, social phobia, GAD and normal controls. *Behaviour Research and Therapy, 27*, 453-460.

Holwerda, T. J., Schoevers, R. A., Dekker, J., Deeg, D. J. H., Jonker, C., & Beekman, A. T. F. (2007). The relationship between generalized anxiety disorder, depression and mortality in old age. *International Journal of Geriatric Psychiatry, 22*, 241-249.

Hope, D. A., Heimberg, R. G., Juster, H. R., & Turk, C. L. (2000). *Managing social anxiety: A cognitive-behavioral therapy approach. Client workbook.* Oxford, UK: Oxford University Press.

Hope, D. A., Heimberg, R. G., & Turk, C. L. (2006). *Managing social anxiety: A cognitive-behavioral therapy approach.* Oxford, UK: Oxford University Press.

Hope, D. A., Laguna, L. H., Heimberg, R. G., & Barlow, D. H. (1996-1997). Relationship between ADIS Clinician's Severity Rating and self-report measures among social phobics. *Depression and Anxiety, 4*, 120-125.

Hope, D. A., Rapee, R. M., Heimberg, R. G., & Dombeck, M. J. (1990). Representations of the self in social phobia: Vulnerability to social threat. *Cognitive Therapy and Research, 14*, 177-189.

Höping, W., & de Jong-Meyer, R. (2003). Differentiating unwanted intrusive thoughts from thought suppression: What does the White Bear Suppression Inventory measure? *Personality and Individual Differences, 34*, 1049-1055.

Horowitz, M. J. (2001). *Stress response syndromes* (4th ed.). Northvale, NJ: Aronson.

Horowitz, M. J., Wilner, N., & Alvarez, W. (1979). Impact of Event Scale: A measure of subjective stress. *Psychosomatic Medicine, 41*, 209-218.

Horwath, E., Johnson, J., & Hornig, C. D. (1993). Epidemiology of panic disorder in African-Americans. *American Journal of Psychiatry, 150*, 465-469.

Howell, A., & Conway, M. (1992). Mood and the suppression of positive and negative self-referent thoughts. *Cognitive Therapy and Research, 16*, 535-555.

Hoyer, J., Becker, E. S., Neumer, S., Soeder, U., & Margraf, J. (2002). Screening for anxiety in an epidemiological sample: Predictive accuracy of questionnaires. *Journal of Anxiety Disorders, 16*, 113-134.

Hoyer, J., Becker, E. S., & Roth, W. T. (2001). Characteristics of worry in GAD patients, social phobics, and controls. *Depression and Anxiety, 13*, 89-96.

Hudson, J. L., & Rapee, R. M. (2004). From anxious temperament to disorder: An etiological model. In R. G. Heimberg, C. L. Turk, & D. S. Mennin (Eds.), *Generalized anxiety disorder: Advances in research and practice* (pp. 51-74). New York: Guilford Press.

Hunt, C., Slade, T., & Andrews, G. (2004). Generalized anxiety disorder and major depression disorder comorbidity in the National Survey of Mental Health and Well Being. *Depression and Anxiety, 20*, 23-31.

Hunt, S., Wisocki, P., & Yanko, J. (2003). Worry and use of coping strategies among older and younger adults. *Journal of Anxiety Disorders, 17*, 547-560.

Huppert, J. D., Walther, M. R., Hajcak, G., Yadin, E., Foa, E. B., Simpson, H. B., et al. (2007). The OCI R: Validation of the subscales in a clinical sample. *Journal of Anxiety Disorders, 21*, 394-406.

Ikin, J. F., Sim, M. R., McKenzie, D. P., Horsley, K. W. A., Wilson, E. J., Moore, M. R., et al. (2007). Anxiety, post-traumatic stress disorder and depression in Korean War veterans 50 years after the war. *British Journal of Psychiatry, 190*, 475-483.

IMS. (2004). Liptor leads the way in 2003. Retrieved May 31, 2004, from *www.ims-global. com.*

Ingham, J. G., Kreitman, N. B., Miller, P. McC., Sashidharan, S. P., & Surtees, P. G. (1986). Self-esteem, vulnerability and psychiatric disorder in the community. *British Journal of Psychiatry, 148*, 375-385.

Ingram, R. E. (1990). Attentional nonspecificity in depressive and generalized anxious affective states. *Cognitive Therapy and Research, 14*, 25-35.

Ingram, R. E., Kendall, P. C., Smith, T. W., Donnell, C., & Ronan, K. (1987). Cognitive specificity in emotional disorders. *Journal of Personality and Social Psychology, 53*, 734-742.

Ingram, R. E., Miranda, J., & Segal, Z. V. (1998). *Cognitive vulnerability to depression.* New York: Guilford Press.

Ingram, R. E., & Price, J. M. (2001). The role of vulnerability in understanding psychopathology. In R. E. Ingram & J. M. Price (Eds.), *Vulnerability to psychopathology: Risks across the lifespan* (2nd ed., pp. 3-19). New York: Guilford Press.

Ishiyama, F. I. (1984). Shyness: Anxious social sensitivity and self isolation tendency. *Adolescence, 19*, 903-911.

Izard, C. E. (1991). *The psychology of emotions.* New York: Plenum Press.

Jacobsen, L. K., Southwick, S. M., & Kosten, T. R. (2001). Substance use disorders in patients with posttraumatic stress disorder: A review of the literature. *American Journal of Psychiatry, 158*, 1184-1190.

Jacobson, E. (1968). *Progressive relaxation: A physiological and clinical investigation of muscular states and their significance in psychology and medical practice.* Chicago: University of Chicago Press.

Janeck, A. S., & Calamari, J. E. (1999). Thought suppression in obsessive-compulsive disorder. *Cognitive Therapy and Research, 23*, 497-509.

Janeck, A. S., Calamari, J. E., Riemann, B. C., & Heffelfinger, S. K. (2003). Too much thinking about thinking?: Metacognitive differences in obsessive-compulsive disorder. *Journal of Anxiety Disorders, 17*, 181-195.

Janoff-Bulman, R. (1989). Assumptive worlds and the stress of traumatic events: Applications of schema construct. *Social Cognition, 7*, 113-136.

Janoff-Bulman, R. (1992). *Shattered assumptions: Towards a new psychology of trauma.* New York: Free Press.

Jenkins, R., Lewis, G., Bebbington, P., Brugha, T., Farrell, M., Gill, B., et al. (1997). The National Psychiatric Morbidity Surveys of Great Britain: Initial findings from the Household Survey. *Psychological Medicine, 27*, 775-789.

Jeon, H. J., Suh, T., Lee, H. J., Hahm, B.-J., Lee, J.-J., Cho, S.-J., et al. (2007). Partial versus full PTSD in the Korean community: Prevalence, duration, correlates, comorbidity, and dysfunction. *Depression and Anxiety, 24*, 577-585.

John, O. P., & Gross, J. J. (2004). Healthy and unhealthy emotion regulation: Personality processes, individual differences, and life span development. *Journal of Personality, 72*, 1301-1333.

Johnson, J. G., Cohen, P., Kasen, S., & Brook, J. S. (2006). Personality disorders evident by early adulthood and risk for anxiety disorders during middle childhood. *Journal of Anxiety Disorders, 20*, 408-426.

Johnson, J. G., & Miller, S. M. (1990). Attributional, life-event, and affective predictors of onset of depression, anxiety, and negative attributional style. *Cognitive Therapy and Research, 14*, 417-430.

Joiner, T. E., Steer, R. A., Beck, A. T., Schmidt, N. B., Rudd, M. D., & Catanzaro, S. J. (1999). Physiological hyperarousal: Construct validity of a central aspect of the tripartite model of depression and anxiety. *Journal of Abnormal Psychology, 108*, 290-298.

Jolly, J. B., Dyck, M. J., Kramer, T. A., & Wherry, J. N. (1994). Integration of positive and negative affectivity and cognitive content-specificity: Improved discrimination of anxious and depressive symptoms. *Journal of Abnormal Psychology, 103*, 544-552.

Jolly, J. B., & Dykman, R. A. (1994). Using self-report data to differentiate anxious and depressive symptoms in adolescents: Cognitive content-specificity and global distress? *Cognitive Therapy and Research, 18*, 25-37.

Jolly, J. B., & Kramer, T. A. (1994). The hierarchical arrangement of internalizing cognitions. *Cognitive Therapy and Research, 18*, 1-14.

Jones, M. K., & Menzies, R. G. (1998). Danger ideation reduction therapy (DIRT) for obsessive-compulsive washers: A controlled trial. *Behaviour Research and Therapy, 36*, 959-970.

Jones, W. H., Briggs, S. R., & Smith, T. G. (1986). Shyness: Conceptualization and measurement. *Journal of Personality and Social Psychology, 51*, 629-639.

Joorman, J., & Stöber, J. (1997). Measuring facets of worry: A LISREL analysis of the Worry Domains Questionnaire. *Personality and Individual Differences, 23*, 827-837.

Julien, D., O'Connor, K. P., & Aardema, F. (2007). Intrusive thoughts, obsessions, and appraisals in obsessive-compulsive disorder: A critical review. *Clinical Psychology Review, 27*, 366-383.

Julien, D., O'Connor, K. P., Aardema, F., & Todorov, C. (2006). The specificity of belief domains in obsessive-compulsive subtypes. *Personality and Individual Differences, 41*, 1205-1216.

Kabat-Zinn, J. (1990). *Full catastrophe living: Using the wisdom of your body and mind to face stress, pain, and illness.* New York: Bantam Dell.

Kabat-Zinn, J. (2005). *Coming to our senses: Healing ourselves and the world through mindfulness.* New York: Hyperion.

Kabat-Zinn, J., Massion, A. O., Kristeller, J., Peterson, L. G., Fletcher, K. E., Pbert, L., et al. (1992). Effectiveness of a meditation based stress reduction program in the treatment of anxiety disorders. *American Journal of Psychiatry, 149*, 936-943.

Kaler, M. E., Frazier, P. A., Anders, S. L., Tashiro, T., Tomich, P., Tennen, H., et al. (2008). Assessing the psychometric properties of the World Assumptions Scale. *Journal of Traumatic Stress, 21*, 326-332.

Kamieniecki, G. W., Wade, T., & Tsourtos, G. (1997). Interpretative bias for benign sensations in panic disorder with agoraphobia. *Journal of Anxiety Disorders, 11*, 141-156.

Kampman, M., Keijsers. G. P. J., Verbraak, M. J. P. M., Näring, G., & Hoogduin, C. A. L. (2002). The emotional Stroop: A comparison of panic disorder patients, obsessive-compulsive patients, and normal controls, in two experiments. *Journal of Anxiety Disorders, 16*, 425-441.

Kangas, M., Henry, J. L., & Bryant, R. A. (2005). The relationship between acute stress disorder and posttraumatic stress disorder following cancer. *Journal of Consulting and Clinical Psychology, 73*, 360-364.

Karajgi, B., Rifkin, A., Doddi, S., & Kolli, R. (1990). The prevalence of anxiety disorders in patients with chronic obstructive pulmonary disease. *American Journal of Psychiatry, 147*, 200-201.

Karno, M., Golding, J. M., Sorenson, S. B., & Burnam, A. (1988). The epidemiology of obsessive-compulsive disorder in five US communities. *Archives of General Psychiatry, 45*, 1094-1099.

Kashani, J. H., & Orvaschel, H. (1990). A community study of anxiety in children and adolescents. *American Journal of Psychiatry, 147*, 313-318.

Kashdan, T. B., Barrios, V., Forsyth, J. P., & Steger, M. F. (2006). Experiential avoidance as a generalized psychological vulnerability: Comparisons with coping and emotion regulation strategies. *Behaviour Research and Therapy, 44*, 1301-1320.

Kaspi, S. P., McNally, R. J., & Amir, N. (1995). Cognitive processing of emotional information in posttraumatic stress disorder. *Cognitive Therapy and Research, 19*, 433-444.

Katerndahl, D. A. (1993). Panic and prolapse: Meta-analysis. *Journal of Nervous and Mental Disease, 181*, 539-544.

Katerndahl, D. A., & Realini, J. P. (1993). Lifetime prevalence of panic states. *American Journal of Psychiatry, 150*, 246-249.

Katerndahl, D. A., & Realini, J. P. (1995). Where do panic attack sufferers seek care? *Journal of Family Practice, 40*, 237-243.

Katerndahl, D. A., & Realini, J. P. (1997). Comorbid psychiatric disorders in subjects with panic attacks. *Journal of Nervous and Mental Disease, 185*, 669-674.

Katon, W., Hall, M. L., Russo, J., Cormier. L.. Hollifield. M., Vitaliano, P. P., et al. (1988). Chest pain: Relationship of psychiatric illness to coronary arteriographic results. *American Journal of Medicine, 84*, 1-9.

Katon, W., Vitaliano, P. P., Russo. J., Cormier, L., Anderson, K., & Jones, M. (1986). Panic disorder: Epidemiology in primary care. *The Journal of Family Practice, 23*, 233-239.

Kazantzis, N., Deane, F. P., & Ronan, K. R. (2000). Homework as-

REFERÊNCIAS 583

signments in cognitive and behavioral therapy: A meta-analysis. *Clinical Psychology: Science and Practice, 7*, 189-202.

Kazantzis, N., & L'Abate, L. (Eds.). (2006). *Handbook of homework assignments in psychotherapy: Research, practice, and prevention.* New York: Springer.

Keane, T. M., & Barlow, D. H. (2002). Posttraumatic stress disorder. In D. H. Barlow (Ed.), *Anxiety and its disorders: The nature and treatment of anxiety and panic* (2nd ed., pp. 418-453). New York: Guilford Press.

Keane, T. M., Brief, D. J., Pratt, E. M., & Miller, M. W. (2007). Assessment of PTSD and its comorbidities in adults. In M. J. Freidman, T. M. Keane, & P. A. Resick (Eds.), *Handbook of PTSD: Science and practice* (pp. 279-305). New York: Guilford Press.

Keane, T. M., Caddell, J. M., & Taylor, K. L. (1988). Mississippi Scale for Combat-Related Posttraumatic Stress Disorder: Three studies in reliability and validity. *Journal of Consulting and Clinical Psychology, 56*, 85-90.

Keane, T. M., Kolb, L. C., Kaloupek, D. G., Orr, S. P., Blanchard, E. B., Thomas, R. G., et al. (1998). Utility of psychophysiological measurement in the diagnosis of posttraumatic stress disorder: Results from a Department of Veterans Affairs cooperative study. *Journal of Consulting and Clinical Psychology, 66*, 914-923.

Keller, M. B. (2003). The lifelong course of social anxiety disorder: A clinical perspective. *Acta Psychiatrica Scandinavica, 108*(Suppl. 417), 85-94.

Kelly, A. E., & Kahn, J. H. (1994). Effects of suppression of personal intrusive thoughts. *Journal of Personality and Social Psychology, 66*, 998-1006.

Kelly, M. M., Forsyth, J. P., & Karekla, M. (2006). Sex differences in response to a panicogenic challenge procedure: An experimental evaluation of panic vulnerability in a non-clinical sample. *Behaviour Research and Therapy, 44*, 1421-1430.

Ken, W. L., Paller, A., & Zinbarg, R. E. (2008). Conscious intrusion of threat information via unconscious priming in anxiety. *Cognition and Emotion, 22*, 44-62.

Kenardy, J., & Taylor, C. B. (1999). Expected versus unexpected panic attacks: A naturalistic prospective study. *Journal of Anxiety Disorders, 13*, 435-445.

Kenardy, J. A., Dow, M. G. T., Johnston, D. W., Newman, M. G., Thomson, A., & Taylor, C. B. (2003). A comparison of delivery methods of cognitive-behavioral therapy for panic disorder: An international multicenter trial. *Journal of Consulting and Clinical Psychology, 71*, 1068-1075.

Kendall, P. C., & Ingram, R. E. (1989). Cognitive-behavioral perspectives: Theory and research in depression and anxiety. In P. C. Kendall & D. Watson (Eds.), *Anxiety and depression: Distinctive and overlapping features* (pp. 27-53). San Diego: Academic Press.

Kendler, K. S., Heath, A. C., Martin, N. G., & Eaves, L. J. (1987). Symptoms of anxiety and symptoms of depression: Same genes, different environments? *Archives of General Psychiatry, 44*, 451-457.

Kendler, K. S., Hettema, J. M., Butera, F., Gardner, C. O., & Prescott, C. A. (2003). Life event dimensions of loss, humiliation, entrapment, and danger in the prediction of onsets of major depression and generalized anxiety. *Archives of General Psychiatry, 60*, 789-796.

Kendler, K. S., Myers, J., & Prescott, C. A. (2002). The etiology of phobias: An evaiuation of the stress diathesis model. *Archives of General Psychiatry, 59*, 242-248.

Kendler, K. S., Neale, M. C., Kessler, R. C., Heath, A. C., & Eaves, L. J. (1992a). Major depression and generalized anxiety disorder: Same genes, (partly) different environments? *Archives of General Psychiatry, 49*, 716-722.

Kendler, K. S., Neale, M. C., Kessler, R. C., Heath, A. C., & Eaves, L. J. (1992b). The genetic epidemiology of phobia in women: The interrelationship of agoraphobia, social phobia, situational phobia, and simple phobia. *Archives of General Psychiatry, 49*, 273-281.

Kendler, K. S., Walters, E. E., Neale, M. C., Kessler, R. C., Heath, A. C., & Eaves, L. J. (1995). The structure of the genetic and environmental risk factors for six major psychiatric disorders in women. *Archives of General Psychiatry, 52*, 374-383.

Kessler, R. C., Berglund, P., Demler, O., Robertson, M. S., & Walters, E. E. (2005). Lifetime prevalence and age-of-onset distributions of DSM-IV disorders in the National Comorbidity Survey Replication. *Archives of General Psychiatry, 62*, 593-602.

Kessler, R. C., Chiu, W. T., Demler, O., & Walters, E. E. (2005). Prevalence, severity, and comorbidity of 12-month DSM-IV disorders in the National Comorbidity Survey Replication. *Archives of General Psychiatry, 62*, 617-627.

Kessler, R. C., Davis, C. G., & Kendler, K. S. (1997). Childhood adversity and adult psychiatric disorder in the US National Comorbidity Survey. *Psychological Medicine, 27*, 1101-1119.

Kessler, R. C., & Frank, R. (1997). The impact of psychiatric disorders on work loss days. *Psychological Medicine, 27*, 861-873.

Kessler, R. C., Herringa, S., Lakoma, M. D., Petukhova, M., Rupp, A. E., Schoenbaum, M., et al. (2008). Individual and societal effects of mental disorders on earnings in the United States: Results from the National Comorbidity Survey Replication. *American Journal of Psychiatry, 165*, 703-711.

Kessler, R. C., McGonagle, K. A., Shanyang, Z., Nelson, B., Hughes, M., Eshleman, S., et al. (1994). Lifetime and 12-month prevalence of DSM-III-R psychiatric disorders in the United States. *Archives of General Psychiatry, 51*, 8-19.

Kessler, R. C., Nelson, C. B., McGonagle, K. A., Liu, J., Swartz, M., & Blazer, D. G. (1996). Comorbidity of DSM-III-R major depressive disorder in the general population: Results from the US National Comorbidity Survey. *British Journal of Psychaitry, 168 (suppl. 30)*, 17-30.

Kessler, R. C., Sonnega, A., Bromet, E., Hughes, M., & Nelson, C. B. (1995). Posttraumatic stress disorder in the National Comorbidity Survey. *Archives of General Psychiatry, 52*, 1048-1060.

Kessler, R. C., Stein, M. B., & Berglund, P. (1998). Social phobia subtypes in the National Comorbidity Survey. *American Journal of Psychiatry, 155*, 613-619.

Kessler, R. C., Walters, E. E., & Wittchen, H.-U. (2004). Epidemiology. In R. G. Heimberg, C. L. Turk, & D. S. Mennin (Eds.), *Generalized anxiety disorder: Advances in research and practice* (pp. 29-50). New York: Guilford Press.

Khan, A. A., Jacobson, K. C., Gardner, C. O., Prescott, C. A., & Kendler, K. S. (2005). Personality and comorbidity of common psychiatric disorders. *British Journal of Psychiatry, 186*, 190-196.

Khawaja, N. G., & Oei, T. P. S. (1992). Development of a catas-

trophic cognition questionnaire. *Journal of Anxiety Disorders, 6*, 305-318.

Khawaja, N. G., & Oei, T. P. S. (1998). Catastrophic cognitions in panic disorder with and without agoraphobia. *Clinical Psychology Review, 18*, 341-365.

Khawaja, N. G., Oei, T. P. S., & Baglioni, A. J. (1994). Modification of the Catastrophic Cognitions Questionnaire (CCQ-M) for normals and patients: Exploratory and LISERAL analyses. *Journal of Psychopathology and Behavioral Assessment, 16*, 325-342.

Kilpatrick, D. G., Ruggiero, K. J., Acierno, R., Saunders, B. E., Resnick, H. S., & Best, C. L. (2003). Violence and risk of PTSD, major depression, substance abuse/dependence, and comorbidity: Results from the National Survey of Adolescents. *Journal of Consulting and Clinical Psychology, 71*, 692-700.

Kimbrel, N. A. (2008). A model of the development and maintenance of generalized social phobia. *Clinical Psychology Review, 28*, 592-612.

Kircanski, K., Craske, M. G., & Bjork, R. A. (2008). Thought suppression enhances memory bias for threat material. *Behaviour Research and Therapy, 46*, 5-27.

Kline, P. (1968). Obsessional traits, obsessional symptoms and anal eroticism. *British Journal of Medical Psychology, 41*, 299-304.

Klinger, E. (1975). Consequences of commitment to and disengagement from incentives. *Psychological Review, 82*, 1-25.

Kobak, K. A., Greist, J. H., Jefferson, J. W., Katzelnick, D. J., & Henk, H. J. (1998). Behavioral versus pharmacological treatments of obsessive compulsive disorder: A meta-analysis. *Psychopharmacology, 136*, 205-216.

Kobak, K. A., Reynolds, W. M., & Greist, J. H. (1993). Development and validation of a computer administered version of the Hamilton Anxiety Scale. *Psychological Assessment, 5*, 487-492.

Kocovski, N. L., & Endler, N. S. (2000). Social anxiety, self regulation, and fear of negative evaluation. *European Journal of Personality, 14*, 347-358.

Kocovski, N. L., Endler, N. S., Rector, N. A., & Flett, G. L. (2005). Ruminative coping and post-event processing in social anxiety. *Behaviour Research and Therapy, 43*, 971-984.

Kocovski, N. L., & Rector, N. A. (2008). Post-event processing in social anxiety disorder: Idiosyncratic priming in the course of CBT. *Cognitive Therapy and Research, 32*, 23-36.

Koenen, K. C., Stellman, S. D., Sommer, J. F., & Stellman, J. M. (2008). Persisting posttraumatic stress disorder symptoms and their relationship to functioning in Vietnam veterans: A 14-year follow-up. *Journal of Traumatic Stress, 21*, 49-57.

Koenen, K. C., Stellman, J. M., Stellman, S. D., & Sommer, J. F. (2003). Risk factors for course of posttraumatic stress disorder among Vietnam veterans: A 14-year follow-up of American Legionnaires. *Journal of Consulting and Clinical Psychology, 71*, 980-986.

Koerner, N., & Dugas, M. J. (2006). A cognitive model of generalized anxiety disorder: The role of intolerance of uncertainty. In G. C. L. Davey & A. Wells (Eds.), *Worry and its psychological disorders: Theory, assessment and treatment* (pp. 202-216). Chichester, UK: Wiley.

Kollman, D. M., Brown, T. A., Liverant, G. I., & Hofmann, S. G. (2006). A taxometric investigation of the latent structure of social anxiety disorder in outpatients with anxiety and mood disorders. *Depression and Anxiety, 23*, 190-199.

Kolts, R. L., Robinson, A. M., & Tracy, J. J. (2004). The relationship of sociotropy and autonomy to posttraumatic cognitions and PTSD symptomatology in trauma survivors. *Journal of Clinical Psychology, 60*, 53-63.

Koren, D., Arnon, I., & Klein, E. (1999). Acute stress response and posttraumatic stress disorder in traffic accident victims: A oneyear prospective, follow-up study. *American Journal of Psychiatry, 156*, 367-373.

Koster, E. H. W., Crombez, G., Verschuere, B., & De Houwer, J. (2004). Selective attention to threat in the dot probe paradigm: Differentiating vigilance and difficulty to disengage. *Behaviour Research and Therapy, 42*, 1183-1192.

Koster, E. H. W., Crombez, G., Verschuere, B., Van Damme, S., & Wiersema, J. R. (2006). Components of attentional bias to threat in high trait anxiety: Facilitated engagement, impaired disengagement, and attentional avoidance. *Behaviour Research and Therapy, 44*, 1757-1771.

Koster, E. H. W., Rassin, E., Crombez, G., & Näring, G. W. B. (2003). The paradoxical effects of suppressing anxious thoughts during imminent threat. *Behaviour Research and Therapy, 41*, 1113-1120.

Kozak, M. J. (1999). Evaluating treatment efficacy for obsessive-compulsive disorder: Caveat practitioner. *Cognitive and Behavioral Practice, 6*, 422-426.

Kozak, M. J., & Coles, M. E. (2005). Treatment for OCD: Unleashing the power of exposure. In J. S. Abramowitz & A. C. Houts (Eds.), *Concepts and controversies in obsessive-compulsive*

disorder (pp. 283-304). New York: Springer.

Kozak, M. J., & Foa, E. B. (1997). *Mastery of obsessive-compulsive disorder: A cognitive behavioral approach. Therapist guide.* San Antonio, TX: Psychological Corporation.

Kozak, M. J., Foa, E. B., & McCarthy, P. R. (1988). Obsessive-compulsive disorder. In C. G. Last & M. Hersen (Eds.), *Handbook of anxiety disorders* (pp. 87-108). New York: Pergamon Press.

Kozak, M. J., Liebowitz, M. R., & Foa, E. B. (2000). Cognitive behavior therapy and pharmacotherapy for obsessive-compulsive disorder: The NIMH-Sponsored Collaborative Study. In W. K. Goodman, M. V. Rudorfor, & J. D. Maser (Eds.), *Obsessive-compulsive disorder: Contemporary issues in treatment* (pp. 501-530). Mahwah, NJ: Erlbaum.

Krochmalik, A., Jones, M. K., & Menzies, R. G. (2001). Danger ideation reduction therapy (DIRT) for treatment-resistant compulsive washing. *Behaviour Research and Therapy, 39*, 897-912.

Kroeze, S., & van den Hout, M. (2000a). Selective attention for cardiac information in panic patients. *Behaviour Research and Therapy, 38*, 63-72.

Kroeze, S., & van den Hout, M. (2000b). Selective attention for hyperventilatory sensations in panic disorder. *Journal of Anxiety Disorders, 14*, 563-581.

Kroeze, S., van der Does, W., Schot, R., Sterk, P. J., Spinhoven, P., & van den Aardweg, J. G. (2005). Automatic negative evaluation of suffocation sensations in individuals with suffocation fear. *Journal of Abnormal Psychology, 114*, 466-470.

Krueger, R. F. (1999). The structure of common mental disorders. *Archives of General Psychiatry, 56*, 921-926.

Kulka, R. A., Schlenger, W. E., Fairbank, J. A., Hough, R. L., Jordon, B. K., Marmar. C. R., et al. (1990). *Trauma and the Vietnam War generation: Report of findings from the National Vietnam Veterans Readjustment Study.* New York: Brunner/Mazel.

Kushner, M. G., Abrams, K., & Borchardt, C. (2000). The relationship between anxiety disorders and alcohol use disorders: A review of major perspectives and findings. *Clinical Psychology Review, 20*, 149-171.

Kushner, M. G., Sher, K. J., & Beitman, B. D. (1990). The relation between alcohol problems and the anxiety disorders. *American Journal of Psychiatry, 147*, 685-695.

Kushner, M. G., Sher, K. J., & Erickson, D. J. (1999). Prospective analysis of the relation between DSM-III anxiety disorders and alcohol use disorders. *American Journal of Psychiatry, 156*, 723-732.

Kyrios, M., & Iob, M. (1998). Automatic and strategic processing in obsessive-compulsive disorder: Attentional bias, cognitive avoidance or more complex phenomena? *Journal of Anxiety Disorders, 12*, 271-292.

Ladouceur, R., Dugas, M. J., Freeston, M. H., Léger, E., Gagnon, F., & Thibodeau, N. (2000). Efficacy of a cognitive-behavioral treatment for generalized anxiety disorder: Evaluation in a controlled clinical trial. *Journal of Consulting and Clinical Psychology, 68*, 957-964.

Ladouceur, R., Dugas, M. J., Freeston, M. H., Rhéaume, J., Blais, F., Boisvert, J.-M., et al. (1999). Specificity of generalized anxiety disorder symptoms and processes. *Behavior Therapy, 30*, 191-207.

Ladouceur, R., Freeston, M. H., Fournier, S., Dugas, M. J., & Doucet, C. (2002). The social basis of worry in three samples: High-school students, university students, and older adults. *Behavioural and Cognitive Psychotherapy, 30*, 427-438.

Ladouceur, R., Freeston, M. H., Rhéaume, J., Dugas, M. J., Gagnon, F., Thibodeau, N., et al. (2000). Strategies used with intrusive thoughts: A comparison of OCD patients with anxious and community controls. *Journal of Abnormal Psychology, 109*, 179-187.

Ladouceur, R., Léger, E., Rhéaume, J., & Dubé, D. (1996). Correction of inflated responsibility in the treatment of obsessive-compulsive disorder. *Behaviour Research and Therapy, 34*, 767-774.

Ladouceur, R., Rhéaume, J., Freeston, M. H., Aublet, F., Jean, K., Lachange, S., et al. (1995). Experimental manipulations of responsibility: An analogue test for models of obsessive-compulsive disorder. *Behaviour Research and Therapy, 33*, 937-946.

Landon, T. M., & Barlow, D. H. (2004). Cognitive-behavioral treatment for panic disorder: Current status. *Journal of Psychiatric Practice, 10*, 211-225.

Lang, P. J. (1979). A bio-informational theory of emotional imagery. *Psychophysiology, 16*, 495-512.

Lang, P. J., Bradley, M. M., & Cuthbert, B. N. (1998). Emotion, motivation, and anxiety: Brain mechanisms and psychophysiology. *Biological Psychiatry, 44*, 1248-1263.

Lang, P. J., Levin, D. N., Miller, G. A., & Kozak, M. J. (1983). Fear behavior, fear imagery, and the psychophysiology of emotion: The problem of affective response integration. *Journal of Abnormal Psychology, 92*, 279-306.

Langlois, F., Freeston, M. H., & Ladouceur, R. (2000a). Differences and similarities between

obsessive intrusive thoughts and worry in a non-clinical population: Study 1. *Behaviour Research and Therapy, 38*, 157-173.

Langlois, F., Freeston, M. H., & Ladouceur, R. (2000b). Differences and similarities between obsessive intrusive thoughts and worry in a non-clinical population: Study 2. *Behaviour Research and Therapy, 38*, 175-189.

Laposa, J. M., & Alden, L. E. (2003). Posttraumatic stress disorder in the emergency room: Exploration of a cognitive model. *Behaviour Research and Therapy, 41*, 49-65.

Laposa, J. M., & Alden, L. E. (2006). An analogue study of intrusions. *Behaviour Research and Therapy, 44*, 925-946.

Larsen, K. E., Schwartz, S. A., Whiteside, S. P., Khandker, M., Moore, K. M., & Abramowitz, J. S. (2006). Thought control strategies used by parents reporting postpartum obsessions. *Journal of Cognitive Psychotherapy: An International Quarterly, 20*, 435-445.

Lauterbach, D., & Vrana, S. (2001). The relationship among personality variables, exposure to traumatic events, and severity of posttraumatic stress symptoms. *Journal of Traumatic Stress, 14*, 29-45.

Lavy, E., van Oppen, P., & van den Hout, M. (1994). Selective processing of emotional information in obsessive compulsive disorder. *Behaviour Research and Therapy, 32*, 243-246.

Lazarus, R. S., & Folkman, S. (1984). *Stress, appraisal, and coping.* New York: Springer.

Leahy, R. L. (2001). *Overcoming resistance in cognitive therapy.* New York: Guilford Press.

Leahy, R. L. (2003). *Cognitive therapy techniques: A practitioner's guide.* New York: Guilford Press.

Leahy, R. L. (2005). *The worry cure: Seven steps to stop worry from stopping you.* New York: Harmony Books.

Leahy, R. L. (2009). *Anxiety free: Unravel your fears before they unravel you.* Carlsbad, CA: Hay House.

Leary, M. R. (1983). A brief version of the Fear of Negative Evaluation Scale. *Personality and Social Psychology Bulletin, 9*, 371-375.

Ledley, D. R., Fresco, D. M., & Heimberg, R. G. (2006). Cognitive vulnerability to social anxiety disorder. In L. B. Alloy & J. H. Riskind (Eds.), *Cognitive vulnerability to emotional disorders* (pp. 251-283). Mahwah, NJ: Erlbaum.

Ledley, D. R., Huppert, J. D., Foa, E. B., Davidson, J. R. T., Keefe, F. J., & Potts, N. L. S. (2005). Impact of depressive symptoms on the treatment of generalized social anxiety disorder. *Depression and Anxiety, 22*, 161-167.

LeDoux, J. E. (1989). Cognitive-emotional interactions in the brain. *Cognition and Emotion, 3*, 267-289.

LeDoux, J. E. (1996). *The emotional brain: The mysterious underpinnings of emotional life.* New York: Simon & Schuster.

LeDoux, J. E. (2000). Emotion circuits in the brain. *Annual Review of Neuroscience, 23*, 155-184.

Ledwidge, B. (1978). Cognitive behavior modification: A step in the wrong direction? *Psychological Bulletin, 85*, 353-375.

Lee, C., Gavriel, H., Drummond, P., Richards, J., & Greenwald, R. (2002). Treatment of PTSD: Stress inoculation training with prolonged exposure compared to EMDR. *Journal of Clinical Psychology, 58*, 1071-1089.

Lee, H.-J., & Kwon, S.-M. (2003). Two different types of obsession:

Autogenous obsessions and reactive obsessions. *Behaviour Research and Therapy, 41*, 11-29.

Lee, K. A., Vaillant, G. E., Torrey, W. C., & Elder, G. H. (1995). A 50-year prospective study of the psychological sequeale of World War II combat. *American Journal of Psychiatry, 152*, 516-522.

Lees, A., Mogg, K., & Bradley, B. P. (2005). Health anxiety, anxiety sensitivity, and attentional biases for pictoral and linguistic healththreat cues. *Cognition and Emotion, 19*, 453-462.

Lensi, P., Cassano, G. B., Correddu, G., Ravagli, S., Kunovac, J. L., & Akiskal, H. S. (1996). Obsessive-compulsive disorder: Familial developmental history, symptomatology, comorbidity and course with special reference to genderrelated differences. *British Journal of Psychiatry, 169*, 101-107.

Lenze, E. J., Mulsant, B. H., Shear, M. K., Schulberg, H. C., Dew, M. A., Begley, A. E., et al. (2000). Comorbid anxiety disorders in depressed elderly patients. *American Journal of Psychiatry, 157*, 722-728.

Leon, A. C., Portera, L., & Weissman, M. M. (1995). The social cost of anxiety disorders. *British Journal of Psychiatry, 166*(suppl. 27), 19-22.

Leskin, G. A., & Sheikh, J. I. (2002). Lifetime trauma history and panic disorder: findings from the National Comorbidity Survey. *Journal of Anxiety Disorders, 16*, 599-603.

Levenson, M. R., Aldwin, C. M., Bossé, R., & Spiro, A. (1988). Emotionality and mental health: Longitudinal findings from the Normative Aging Study. *Journal of Abnormal Psychology, 97*, 94-96.

Lévesque, J., Eugene, F., Joanette, Y., Paquette, V., Mensour, B., Beaudoin, G., et al. (2003). Neural circuitry underlying voluntary suppression of sadness. *Biological Psychiatry, 53*, 502-510.

Levitt, J. T., Brown, T. A., Orsillo, S. M., & Barlow, D. H. (2004). The effects of acceptance versus suppression of emotion on subjective and psychophysiological response to carbon dioxide challenge in patients with panic disorder. *Behavior Therapy, 35*, 747-766.

Leyfer, O. T., Ruberg, J. L., & Woodruff-Borden, J. (2006). Examination of the utility of the Beck Anxiety Inventory and its factors as a screener for anxiety disorders. *Journal of Anxiety Disorders, 20*, 444-458.

Lieb, R., Wittchen, H.-U., Höfler, M., Fuetsch, M., Stein, M. B., & Merikangas, K. R. (2000). Parental psychopathology, parenting styles and the risk of social phobia in offspring: A prospective-longitudinal community study. *Archives of General Psychiatry, 57*, 859-866.

Liebowitz, M. R. (1987). Social phobia. *Modern Problems in Pharmacopsychiatry, 22*, 141-173.

Liebowitz, M. R., Gorman, J. M., Fyer, A. J., Levitt, M., Dillon, D., Levy, G., et al. (1985). Lacate provocation of panic attacks: II. Biochemical and physiological findings. *Archives of General Psychiatry, 42*, 709-719.

Liebowitz, M. R., Heimberg, R. G., Fresco, D. M., Travers, J., & Stein, M. B. (2000). Social phobia or social anxiety disorder: What's in the name? [Letter to the editor]. *Archives of General Psychiatry, 57*, 191-192.

Liebowitz, M. R., Heimberg, R. G., Schneier, F. R., Hope, D. A., Davies, S., Holt, C. S., et al. (1999). Cognitive-behavioral group therapy versus phenelzine in social phobia: Long term outcome. *Depression and Anxiety, 10*, 89-98.

Lilienfeld, S. O. (1996). Anxiety sensitivity is not distinct from trait anxiety. In R. M. Rapee (Ed.), *Current controversies in the anxiety disorders* (pp. 228-244). New York: Guilford Press.

Lilienfeld, S. O., Jacob, R. G., & Turner, S. M. (1989). Comment on Holloway and McNally's (1987) "Effects of anxiety sensitivity on the response to hyperventilation." *Journal of Abnormal Psychology, 98*, 100-102.

Lim, S.-L., & Kim, J.-H. (2005). Cognitive processing of emotional information in depression, panic, and somatoform disorder. *Journal of Abnormal Psychology, 114*, 50-61.

Lindsay, W. R., Gamsu, C. V., McLaughlin, E., Hood, E. M., & Espie, C. A. (1987). A controlled trial of treatments for generalized anxiety. *British Journal of Clinical Psychology, 26*, 3-15.

Lint, D. W., Taylor, C. B., Fried-Behar, L., & Kenardy, J. (1995). Does ischemia occur with panic attacks? *American Journal of Psychiatry, 152*, 1678-1680.

Lissek, S., Powers, A. S., McClure, E. B., Phelps, E. A., Woldehawariat, G., Grillon, C., et al. (2005). Classical fear conditioning in the anxiety disorders: A meta-analysis. *Behaviour Research and Therapy, 43*, 1391-1424.

Litz, B. T., Miller, M. W., Ruef, A. M., & McTeague, L. M. (2002). Exposure to trauma in adults. In M. M. Antony & D. H. Barlow (Eds.), *Handbook of assessment and treatment planning for psychological disorders* (pp. 215-258). New York: Guilford Press.

Litz, B. T., Orsillo, S. M., Kaloupek, D., & Weathers, F. (2000). Emotional processing in post-traumatic stress disorder. *Journal of Abnormal Psychology, 109*, 26-39.

Lohr, J. M., Olatunji, B. O., & Sawchuk, C. N. (2007). A functional analysis of danger and safety signals in anxiety disorders. *Clinical Psychology Review, 27*, 114-126.

Longley, S. L., Watson, D., Noyes, R., & Yoder, K. (2006). Panic and phobic anxiety: Associations among neuroticism, physiological hyperarousal, anxiety sensitivity, and three phobias. *Journal of Anxiety Disorders, 20*, 718-739.

Lopatka, C., & Rachman, S. (1995). Perceived responsibility and compulsive checking: An experimental analysis. *Behaviour Research and Therapy, 33*, 673-684.

Lovibond, P. F., & Lovibond, S. H. (1995a). The structure of negative emotional states: Comparison of the Depression Anxiety Stress Scales (DASS) with the Beck Depression and Anxiety Inventories. *Behaviour Research and Therapy, 33*, 335-343.

Lovibond, S. H., & Lovibond, P. F. (1995b). *Manual for the Depression Anxiety Stress Scales.* Sydney, Australia: Psychology Foundation Monograph.

Lucock, M. P., & Salkovskis, P. M. (1988). Cognitive factors in social anxiety and its treatment. *Behaviour Research and Therapy, 26*, 297-302.

Lundh, L.-G., & Öst, L.-G. (1997). Explicit and implicit memory bias in social phobia: The role of subdiagnostic type. *Behaviour Research and Therapy, 35*, 305-317.

Lundh, L.-G., Thulin, U., Czyzykow, S., & Öst, L.-G. (1998). Recognition bias for safe faces in panic disorder with agoraphobia. *Behaviour Research and Therapy, 36*, 323-337.

Lundh, L.-G., Wikström, J., Westerlund, J., & Öst, L.-G. (1999). Preattentive bias for emotional information in panic disorder with agoraphobia. *Journal of Abnormal Psychology, 108*, 222-232.

Luoma, J. B., & Hayes, S. C. (2003). Cognitive defusion. In W. O'Donohue, J. E. Fisher, & S. C. Hayes (Eds.), *Cognitive behavior therapy: Applying empirically supported techniques in your practice* (pp. 71-78). Hoboken, NJ: Wiley.

Luten, A. G., Ralph, J. A., & Mineka, S. (1997). Pessimistic attributional style: Is it specific to depression versus anxiety versus negative affect? *Behaviour Research and Therapy, 35*, 703-719.

Luu, P., Tucker, D. M., & Derryberry, D. (1998). Anxiety and the motivational basis of working memory. *Cognitive Therapy and Research, 22*, 577-594.

Lyons, L. (2004, April 6). Teens and terrorism: Fear subsiding, but slowly. *The Gallup Organization.* Retrieved January 11, 2005, from *www.gallup.com*.

Ma, S., & Teasdale, J. D. (2004). Mindfulness-based cognitive therapy for depression: Replication and exploration of differential relapse prevention effects. *Journal of Consulting and Clinical Psychology, 72*, 31-40.

Mackintosh, B., Mathews, A., Yiend, J., Ridgeway, V., & Cook, E. (2006). Induced biases in emotional interpretation influence stress vulnerability and endure despite changes in context. *Behavior Therapy, 37*, 209-222.

MacLeod, A. K., & Byrne, A. (1996). Anxiety, depression, and the anticipation of future positive and negative experiences. *Journal of Abnormal Psychology, 105*, 286-289.

MacLeod, A. K., Williams, J. M. G., & Bekerian, D. A. (1991). Worry is reasonable: The role of explanations in pessimism about future personal events. *Journal of Abnormal Psychology, 100*, 478-486.

MacLeod, C. (1999). Anxiety and anxiety disorders. In T. Dalgleish

& M. Power (Eds.), *Handbook of cognition and emotion* (pp. 447-477). Chichester, UK: Wiley.

MacLeod, C., Campbell, L., Rutherford, E., & Wilson, E. (2004). The causal status of anxiety-linked attentional and interpretative bias. In J. Yiend (Ed.), *Cognition, emotion and psychopathology: Theoretical, empirical and clinical directions* (pp. 172-189). Cambridge, UK: Cambridge University Press.

MacLeod, C., & Cohen, I. L. (1993). Anxiety and the interpretation of ambiguity: A text comprehension study. *Journal of Abnormal Psychology, 102*, 238-247.

MacLeod, C., & Hagan, R. (1992). Individual differences in the selective processing of threatening information, and emotional responses to a stressful life event. *Behaviour Research and Therapy, 30*, 151-161.

MacLeod, C., Koster, E. H. W., & Fox, E. (2009). Whither cognitive bias modification research? Commentary on the special section articles. *Journal of Abnormal Psychology, 118*, 89-99.

MacLeod, C., Mathews, A., & Tata, P. (1986). Attentional bias in emotional disorders. *Journal of Abnormal Psychology, 95*, 15-20.

MacLeod, C., & McLaughlin, K. (1995). Implicit and explicit memory bias in anxiety: A conceptual replication. *Behaviour Research and Therapy, 33*, 1-14.

MacLeod, C., & Rutherford, E. M. (1992). Anxiety and the selective processing of emotional information: Mediating roles of awareness, trait and state variables, and personal relevance of stimulus materials. *Behaviour Research and Therapy, 30*, 479-491.

MacLeod, C., & Rutherford, E. (2004). Information-processing approaches: Assessing the selective functioning of attention, interpretation, and retrieval. In R. G. Heimberg, C. L. Turk, & D. S. Mennin (Eds.), *Generalized anxiety disorder: Advances in research and practice* (pp. 109-142). New York: Guilford Press.

MacLeod, C., Rutherford, E., Campbell, L., Ebsworthy, G., & Holker, L. (2002). Selective attention and emotional vulnerability: Assessing the causal basis of their association through the experimental manipulation of attentional bias. *Journal of Abnormal Psychology, 111,* 107-123.

Magee, W. J. (1999). Effects of negative life experiences on phobia onset. *Social Psychiatry and Psychiatric Epidemiology, 34,* 343-351.

Magee, W. J., Eaton, W. W., Wittchen, H.-U., McGonagle, K. A., & Kessler, R. C. (1996). Agoraphobia, simple phobia, and social phobia in the National Comorbidity Survey. *Archives of General Psychiatry, 53,* 159-168.

Magee, J. C., & Teachman, B. A. (2007). Why did the white bear return?: Obsessive-compulsive symptoms and attributions for unsuccessful thought suppression. *Behaviour Research and Therapy, 45,* 2884-2898.

Magee, J. C., & Zinbarg, R. E. (2007). Suppressing and focusing on a negative imagery memory in social anxiety: Effects on unwanted thoughts and mood. *Behaviour Research and Therapy, 45,* 2836-2849.

Maier, W., Buller, R., Philipp, M., & Heuser, I. (1988). The Hamilton Anxiety Scale: Reliability, validity and sensitivity to change in anxiety and depressive disorders. *Journal of Affective Disorders, 14,* 61-68.

Malan, J. R., Norton, G. R., & Cox, B. J. (1990). *Nonclinical panickers: A critical review.* Paper presented at the annual convention of the Canadian Psychological Association, Ottawa.

Mailer, R. G., & Reiss, S. (1992). Anxiety sensitivity in 1984 and panic attacks in 1987. *Journal of Anxiety Disorders, 6,* 241-247.

Maltby, N. (2001). Evaluation of a brief preventative treatment for panic disorder (Doctoral dissertation, University of Connecticut). *Dissertation Abstracts International, 62,* 4226.

Maltby, N., Mayers, M. F., Allen, G. J., & Tolin, D. F. (2005). Anxiety sensitivity: Stability in prospective research. *Journal of Anxiety Disorders, 19,* 708-716.

Mancini, F., D'Olimpio, F., & Cieri, L. (2004). Manipulation of responsibility in non-clinical subjects: Does expectation of failure exacerbate obsessive-compulsive behaviors? *Behaviour Research and Therapy, 42,* 449-457.

Mannuzza, S., Schneier, F. R., Chapman, T. F., Liebowitz, M. R., Klein, D. F., & Fyer, A. J. (1995). Generalized social phobia: Reliability and validity. *Archives of General Psychiatry, 52,* 230-237.

Mansell, W. (2000). Conscious appraisal and the modification of automatic processes in anxiety. *Behavioural and Cognitive Psychotherapy, 28,* 99-120.

Mansell, W., & Clark, D. M. (1999). How do I appear to others?: Social anxiety and processing of the observable self. *Behaviour Research and Therapy, 37,* 419-434.

Mansell, W., Clark, D. M., & Ehlers, A. (2003). Internal versus external attention in social anxiety: An investigation using a novel paradigm. *Behaviour Research and Therapy, 41,* 555-572.

Mansell, W., Clark, D. M., Ehlers, A., & Chen, Y.-P. (1999). Social anxiety and attention away from emotional faces. *Cognition and Emotion, 13,* 673-690.

Marcaurelle, R., Bélanger, C., & Marchand, A. (2003). Marital relationship and the treatment of panic disorder with agoraphobia: A critical review. *Clinical Psychology Review, 23,* 247-276.

March, J. S., Frances, A., Carpenter, D., & Kahn, D. A. (1997). Expert consensus guideline for treatment of obsessive-compulsive disorder. *Journal of Clinical Psychiatry, 58*(Suppl. 4), 5-72.

Marciniak, M. D., Lage, M. J., Dunayevich, E., Russell, J. M., Bowman, L., Landbloom, R. P., et al. (2005). The cost of treating anxiety: The medical and demographic correlates that impact total medical costs. *Depression and Anxiety, 21,* 178-184.

Marciniak, M., Lage, M. J., Landbloom, R. P., Dunayevich, E., & Bowman, L. (2004). Medical and productivity costs of anxiety disorders: Case control study. *Depression and Anxiety, 19,* 112-120.

Marcus, S. C., Olfson, M., Pincus, H. A., Shear, M. K., & Zarin, D. A. (1997). Self-reported anxiety, general medical conditions, and disability bed days. *American Journal of Psychiatry, 154,* 1766-1768.

Margraf, J., & Schneider, S. (1991, November). *Outcome and active ingredients of cognitive-behavioral treatments for panic disorder.* Paper presented at the 25th Annual Meeting of the Association for the Advancement of Behavior Therapy, New York.

Markowitz, L. J., & Borton, J. L. S. (2002). Suppression of negative self-referent and neutral thoughts: A preliminary investigation. *Behavioural and Cognitive Psychotherapy, 30,* 271-277.

Marks, I. M. (1970). The classification of phobic disorders. *British Journal of Psychiatry, 116,* 377-386.

Marks, I. M. (1987). *Fears, phobias, and rituals: Panic, anxiety* and their disorders. New York: Oxford University Press.

Marks, I. M., & Gelder, M. G. (1966). Different ages of onset in varieties of phobia. *American Journal of Psychiatry, 123*, 218-221.

Marks, I. M., Hodgson, R., & Rachman, S. (1975). Treatment of chronic obsessive-compulsive neurosis by *in vivo* exposure: A two year follow-up and issues in treatment. *British Journal of Psychiatry, 127*, 349-364.

Marks, I., Lovell, K., Noshirvani, H., Livanou, M., & Thrasher, S. (1998). Treatment of post-traumatic stress disorder by exposure and/or cognitive restructuring. *Archives of General Psychiatry, 55*, 317-325.

Marshall, J. R., & Lipsett, S. (1994). *Social phobia: From shyness to stage fright.* New York: Basic Books.

Martin, M., Williams, R. M., & Clark, D. M. (1991). Does anxiety lead to selective processing of threat-related information? *Behaviour Research and Therapy, 29*, 147-160.

Martinsen, E. W., Raglin, J. S., Hoffart, A., & Friis, S. (1998). Tolerance of intensive exercise and high levels of lactate in panic disorder. *Journal of Anxiety Disorders, 12*, 333-342.

Maser, J. D., & Cloninger, C. R. (1990). Comorbidity of anxiety and mood disorders: Introduction and overview. In J. D. Maser & C. R. Cloninger (Eds.), *Comorbidity of mood and anxiety disorders* (pp. 3-12). Washington, DC: American Psychiatric Press.

Massion, A. O., Dyck, I. R., Shea, T., Phillips, K. A., Warshaw, M. G., & Keller, M. B. (2002). Personality disorders and time to remission in generalized anxiety disorder, social phobia, and panic disorder. *Archives of General Psychiatry, 59*, 434-440.

Massion, A. O., Warshaw, M. G., & Keller, M. B. (1993). Quality of life and psychiatric morbidity in panic disorder and generalized anxiety disorder. *American Journal of Psychiatry, 150*, 600-607.

Mathews, A. (1990). Why worry?: The cognitive function of worry. *Behaviour Research and Therapy, 28*, 455-468.

Mathews, A. (2006). Towards an experimental cognitive science of CBT. *Behavior Therapy, 37*, 314-318.

Mathews, A., & Klug, F. (1993). Emotionality and interference with color-naming in anxiety. *Behaviour Research and Therapy, 31*, 57-62.

Mathews, A., & Mackintosh, B. (1998). A cognitive model of selective processing in anxiety. *Cognitive Therapy and Research, 22*, 539-560.

Mathews, A., & Mackintosh, B. (2000). Induced emotional interpretation bias and anxiety. *Journal of Abnormal Psychology, 109*, 602-615.

Mathews, A., & MacLeod, C. (1985). Selective processing of threat cues in anxiety states. *Behaviour Research and Therapy, 23*, 563-569.

Mathews, A., & MacLeod, C. (1986). Discrimination of threat cues without awareness in anxiety states. *Journal of Abnormal Psychology, 95*, 131-138.

Mathews, A., & MacLeod, C. (1994). Cognitive approaches to emotion and emotional disorders. *Annual Review of Psychology, 45*, 25-50.

Mathews, A., & MacLeod, C. (2002). Induced processing biases have causal effects on anxiety. *Cognition and Emotion, 16*, 331-354.

Mathews, A., & MacLeod, C. (2005). Cognitive vulnerability to emotional disorders. *Annual Review of Clinical Psychology, 1*, 167-195.

Mathews, A., May, J., Mogg, K., & Eysenck, M. (1990). Atten-tional bias in anxiety: Selective search or defective filtering? *Journal of Abnormal Psychology, 99*, 166-173.

Mathews, A., & Milroy, R. (1994). Effects of priming and suppression of worry. *Behaviour Research and Therapy, 32*, 843-850.

Mathews, A., Mogg, K., Kentish, J., & Eysenck, M. (1995). Effect of psychological treatment on cognitive bias in generalized anxiety disorder. *Behaviour Research and Therapy, 33*, 293-303.

Mathews, A., Mogg, K., May, J., & Eysenck, M. (1989). Implicit and explicit memory bias in anxiety. *Journal of Abnormal Psychology, 98*, 236-240.

Mathews, A., Richards, A., & Eysenck, M. (1989). Interpretation of homophones related to threat in anxiety states. *Journal of Abnormal Psychology, 98*, 31-34.

Mathews, A., Ridgeway, V., Cook, E., & Yiend, J. (2007). Inducing a benign interpretational bias reduces trait anxiety. *Journal of Behavior Therapy and Experimental Psychiatry, 38*, 225-236.

Mathews, A., Ridgeway, V., & Williamson, D. A. (1996). Evidence for attention to threatening stimuli in depression. *Behaviour Research and Therapy, 34*, 695-705.

Matthews, G., & Funke, G. J. (2006). Worry and information-processing. In G. C. L. Davey & A. Wells (Eds.), *Worry and its psychological disorders: Theory, assessment and treatment* (pp. 51-67). Chichester, UK: Wiley.

Mattia, J. I., Heimberg, R. G., & Hope, D. A. (1993). The revised Stroop color-naming task in social phobics. *Behaviour Research and Therapy, 31*, 305-313.

Mattick, R. P., & Clarke, J. C. (1998). Development and validation of measures of social phobia scrutiny fear and social interaction anxiety. *Behaviour Research and Therapy, 36*, 455-470.

Mattick, R. P., & Peters, L. (1988). Treatment of severe social phobia: Effects of guided exposure with and without cognitive restructuring. *Journal of Consulting and Clinical Psychology, 56*, 251-260.

Mauss, I. B., Wilhelm, F. H., & Gross, J. J. (2004). Is there less to social anxiety than meets the eye?: Emotion experience, expression, and bodily responding. *Cognition and Emotion, 18*, 631-662.

May, R. (1953). *Man's search for himself.* New York: Norton.

Mayo, P. R. (1989). A further study of the personality-congruent recall effect. *Personality and Individual Differences, 10*, 247-252.

Mayou, R., Bryant, B., & Ehlers, A. (2001). Prediction of psychological outcomes one year after a motor vehicle accident. *American Journal of Psychiatry, 158*, 1231-1238.

McCann, I. L., Sakheim, D. K., & Abrahamson, D. J. (1988). Trauma and victimization: A model of psychological adaptation. *Counseling Psychologist, 16*, 531-594.

McDonagh, A., Friedman, M., McHugo, G., Ford, J., Sengupta, A., Mueser, K., et al. (2005). Randomized trial of cognitive-behavioral therapy for chronic posttraumatic stress disorder in adult female survivors of childhood sexual abuse. *Journal of Consulting and Clinical Psychology, 73*, 515-524.

McFall, M. E., Smith, D. E., Roszell, D. K., Tarver, D. J., & Malas, K. L. (1990). Convergent validity of measures of PTSD in Vietnam combat veterans. *American Journal of Psychiatry, 147*, 645-648.

McFarlane, A. C. (1998). Epidemiological evidence about the relationship between PTSD and alcohol abuse: The nature of the association. *Addictive Behaviors, 23*, 813-825.

McGlinchey, J. B., & Zimmerman, M. (2007). Examing a dimensional representation of depression and anxiety disorders' comorbidity in psychiatric outpatients with item response modeling. *Journal of Abnormal Psychology, 116*, 464-474.

McKay, D., Abramowitz, J. S., Calamari, J. E., Kyrios, M., Radomsky, A., Sookman, D., et al. (2004). A critical evaluation of obsessive-compulsive disorder subtypes: Symptoms versus mechanisms. *Clinical Psychology Review, 24*, 283-313.

McKeon, J., Roa, B., & Mann, A. (1984). Life events and personality traits in obsessive-compulsive neurosis. *British Journal of Psychiatry, 144*,185-189.

McKinnon, A. C., Nixon, R. D. V., & Brewer, N. (2008). The influence of data-driven processing on perceptions of memory quality and intrusive symptoms in children following traumatic events. *Behaviour Research and Therapy, 46*, 766-775.

McLaren, S., & Crowe, S. F. (2003). The contribution of perceived control of stressful life events and thought suppression to the symptoms of obsessive-compulsive disorder in both non-clinical and clinical samples. *Journal of Anxiety Disorders, 17*, 389-403.

McLean, A., & Broomfield, N. M. (2007). How does thought suppression impact upon beliefs about uncontrollability of worry? *Behaviour Research and Therapy, 45*, 2938-2949.

McLean, L. M., & Gallop, R. (2003). Implications of childhood sexual abuse for adult borderline personality disorder and complex posttraumatic stress disorder. *American Journal of Psychiatry, 160*, 369-371.

McLean, P. D., Whittal, M. L., Sochting, I., Koch, W. J., Paterson, R., Thordarson, D. S., et al. (2001). Cognitive versus behavior therapy in the group treatment of obsessive-compulsive disorder. *Journal of Consulting and Clinical Psychology, 69*, 205-214.

McManus, F., Clark, D. M., & Hackmann, A. (2000). Specificity of cognitive biases in social phobia and their role in recovery. *Behavioural and Cognitive Psychotherapy, 28*, 201-209.

McNally, R. J. (1994). *Panic disorder: A critical analysis.* New York: Guilford Press.

McNally, R. J. (1995). Automaticity and the anxiety disorders. *Behaviour Research and Therapy, 33*, 747-754.

McNally, R. J. (1996). Anxiety sensitivity is distinguishable from trait anxiety. In R. M. Rapee (Ed.), *Current controversies in the anxiety disorders* (pp. 214-227). New York: Guilford Press.

McNally, R. J. (1999). Anxiety sensitivity and information-processing biases for threat. In S. Taylor (Ed.), *Anxiety sensitivity: Theory, research, and treatment of the fear of anxiety* (pp. 183-198). Mahwah, NJ: Erlbaum.

McNally, R. J. (2001). Vulnerability to anxiety disorders in adulthood. In R. E. Ingram & J. M. Price (Eds.), *Vulnerability to psychopathology: Risk across the lifespan* (pp. 304-321). New York: Guilford Press.

McNally, R. J. (2002). Anxiety sensitivity and panic disorder. *Biological Psychiatry, 52*, 938-946.

McNally, R. J. (2003a). Progress and controversy in the study of posttraumatic stress disorder. *Annual Review of Psychology, 54*, 229-252.

McNally, R. J. (2003b). Psychological mechanisms in acute

response to trauma. *Biological Psychiatry, 53*, 779-788.

McNally, R. J. (2007a). Mechanisms of exposure therapy: How neuroscience can improve psychological treatment for anxiety disorders. *Clinical Psychology Review, 27*, 750-759.

McNally, R. J. (2007b). Can we solve the mysteries of the National Vietnam Veternas Readjustment Study? *Journal of Anxiety Disorders, 21*, 192-200.

McNally, R. J., & Amir, N. (1996). Perceptual implicit memory for trauma-related information in post-traumatic stress disorder. *Cognition and Emotion, 10*, 551-556.

McNally, R. J., Amir, N., & Lipke, H. J. (1996). Subliminal processing of threat cues in posttraumatic stress disorder? *Journal of Anxiety Disorders, 10*, 115-128.

McNally, R. J., Amir, N., Louro, C. E., Lukach, B. M., Riemann, B. C., & Calamari, J. E. (1994). Cognitive processing of idiographic emotional information in panic disorder. *Behaviour Research and Therapy, 32*, 119-122.

McNally, R. J., & Eke, M. (1996). Anxiety sensitivity, suffocation fear, and breath-holding duration as predictors of response to carbon dioxide challenge. *Journal of Abnormal Psychology, 105*, 146-149.

McNally, R. J., & Foa, E. B. (1987). Cognition and agoraphobia: Bias in the interpretation of threat. *Cognitive Therapy and Research, 11*, 567-581.

McNally, R. J., & Heatherton, T. F. (1993). Are covariation biases attributable to a priori expectancy biases? *Behaviour Research and Therapy, 31*, 653-658.

McNally, R. J., Hornig, C. D., & Donnell, C. A. (1995). Clinical versus nonclinical panic: A test of suffocation false alarm theory. *Behaviour Research and Therapy, 33*, 127-131.

McNally, R. J., Kaspi, S. P., Riemann, B. C., & Zeitlin, S. B. (1990). Selective processing of threat cues in posttraumatic stress disorder. *Journal of Abnormal Psychology, 99*, 398-402.

McNally, R. J., Malcarne, V. L., & Hansdottir, I. (2001). Vulnerability to anxiety disorders across the lifespan. In R. E. Ingram & J. M. Price (Eds.), *Vulnerability to psychopathology: Risk across the lifespan* (pp. 322-325). New York: Guilford Press.

McNally, R. J., Metzger, L. J., Lasko, N. B., Clancy, S. A., & Pitman, R. K. (1998). Directed forgetting of trauma cues in adult survivors of childhood sexual abuse with and without posttraumatic stress disorder. *Journal of Abnormal Psychology, 107*, 596-601.

McNally, R. J., Riemann, B. C., & Kim, E. (1990). Selective processing of threat cues in panic disorder. *Behaviour Research and Therapy, 28*, 407-412.

McNally, R. J., Riemann, B. C., Louro, C. E., Lukach, B. M., & Kim, E. (1992). Cognitive processing of emotional information in panic disorder. *Behaviour Research and Therapy, 30*, 143-149.

McNeil, D. W. (2001). Terminology and evolution of the constructs in social anxiety and social phobia. In S. G. Hofmann & P. M. DiBartolo (Eds.), *From social anxiety to social phobia: Multiple perspectives* (pp. 8-19). Boston: Allyn & Bacon.

Meiser-Stedman, R., Dalgleish, T., Smith, P., Yule, W., & Glucksman, E. (2007). Diagnostic, demographic, memory quality, and cognitive variables associated with acute stress disorder in children and adolescents. *Journal of Abnormal Psychology, 116*, 65-79.

Mellings, T. M. B., & Alden, L. E. (2000). Cognitive processes in social anxiety: The effects of self-focus, rumination and anticipatory processing. *Behaviour Research and Therapy, 38*, 243-257.

Mellman, T. A., & Uhde, T. W. (1989). Sleep panic attacks: New clinical findings and theoretical implications. *American Journal of Psychiatry, 146*, 1204-1207.

Melzer, D., Tom, B. D. M., Brugha, T. S., Fryers, T., & Meltzer, H. (2002). Common mental disorder symptom counts in populations: Are there distinct case groups above epidemiological cut-offs? *Psychological Medicine, 32*, 1195-1201.

Mendlowicz, M. V., & Stein, M. B. (2000). Quality of life in individuals with anxiety disorders. *American Journal of Psychiatry, 157*, 669-682.

Mennin, D. S., Fresco, D. M., Heimberg, R. G., Schneier, F. R., Davies, S. O., & Liebowitz, M. R. (2002). Screening for social anxiety disorder in the clinical setting: Using the Liebowitz Social Anxiety Scale. *Journal of Anxiety Disorders, 16*, 661-673.

Mennin, D. S., Heimberg, R. G., & Turk, C. L. (2004). Clinical presentation and diagnostic features. In R. G. Heimberg, C. L. Turk, & D. S. Mennin (Eds.), *Generalized anxiety disorder: Advances in research and practice* (pp. 3-28). New York: Guilford Press.

Mennin, D. S., Turk, C. L., Heimberg, R. G., & Carmin, C. N. (2004). Regulation of emotion in generalized anxiety disorder. In M. A. Reinecke & D. A. Clark (Eds.), *Cognitive therapy across the lifespan: Evidence and practice* (pp. 60-89). Cambridge, UK: Cambridge University Press.

Menzies, R. G., Harris, L. M., Cumming, S. R., & Einstein, D. A. (2000). The relationship between inflated personal responsibility and exaggerated danger expectancies in obsessive-compulsive concerns. *Behaviour Research and Therapy, 38*, 1029-1037.

Merikangas, K. R., Mehta, R. L., Molnar, B. E., Walters, E. E., Swendsen, J. D., Aguilar-Gaziola, S., et al. (1998). Comorbidity of substance use disorders with mood and anxiety disorders: Results of the International Consortium in Psychiatric Epidemiology. *Addictive Behaviors, 23*, 893-907.

Merikangas, K. R., Zhang, H., Avenevoli, S., Acharyya, S., Neuenschwander, M., & Angst, J. (2003). Longitudinal trajectories of depression and anxiety in a prospective community study: The Zurich Cohort Study. *Archives of General Psychiatry, 60*, 993-1000.

Metalsky, G. I., Halberstadt, L. J., & Abramson, L. Y. (1987). Vulnerability to depressive mood reactions: Toward a more powerful test of the diathesis-stress and causal mediation components of the reformulated theory of depression. *Journal of Personality and Social Psychology, 52*, 386-393.

Meuret, A. E., Ritz, T., Wilhelm, F. H., & Roth, W. T. (2005). Voluntary hyperventilation in the treatment of panic disorder: Functions of hyperventilation, their implications for breathing training, and recommendations for standardization. *Clinical Psychology Review, 25*, 285-306.

Meuret, A. E., Wilhelm, F. H., Ritz, T., & Roth, W. T. (2003). Breathing training for treating panic disorder: Useful intervention or impediment? *Behavior Modification, 27*, 731-754.

Meyer, T. J., Miller, M. L., Metzger, R. L., & Borkovec, T. D. (1990). Development and validation of the Penn State Worry Questionnaire. *Behaviour Research and Therapy, 28*, 487-495.

Miller, M. W., & Litz, B. T. (2004). Emotional-processing in posttraumatic stress disorder: II. Startle reflex modulation during picture processing. *Journal of Abnormal Psychology, 113*, 451-463.

Miller, P. R. (2001). Inpatient diagnostic assessments: 2. Interrater reliability and outcomes of structured vs. unstructured interviews. *Psychiatry Research, 105*, 265-271.

Miller, P. R. (2002). Inpatient diagnostic assessments: 3. Causes and effects of diagnostic imprecision. *Psychiatry Research, 111*, 191-197.

Miller, P. R., Dasher, R., Collins, R., Griffiths, P., & Brown, F. (2001). Inpatient diagnostic assessments: 1. Accuracy of structured vs. unstructured interviews. *Psychiatry Research, 105*, 255-264.

Milliken, C. S., Auchterlonie, J. L., & Hoge, C. W. (2007). Longitudinal assessment of mental health problems among active and reserve component soldiers returning from the Iraq war. *Journal of the American Medical Association, 298*, 2141-2148.

Milosevic, I., & Radomsky, A. S. (2008). Safety behavior does not necessarily interfere with exposure therapy. *Behaviour Research and Therapy, 46*, 1111-1118.

Mineka, S. (1979). The role of fear in theories of avoidance learning, flooding, and extinction. *Psychological Bulletin, 86*, 985-1010.

Mineka, S. (2004). The positive and negative consequences of worry in the aetiology of generalized anxiety disorder: A learning theory perspective. In J. Yiend (Ed.), *Cognition, emotion and psychopathology: Theoretical, empirical and clinical directions* (pp. 29-48). Cambridge, UK: Cambridge University Press.

Mineka, S., & Kihlstrom, J. F. (1978). Unpredictable and

uncontrollable events: A new perspective on experimental neurosis. *Journal of Abnormal Psychology, 87*, 256-271.

Mineka, S., Watson, D., & Clark, L. A. (1998). Comorbidity of anxiety and unipolar mood disorders. *Annual Review of Psychology, 49*, 377-412.

Mitte, K. (2005). Meta-analysis of cognitive-behavioral treatments for generalized anxiety disorder: A comparison with pharmacotherapy. *Psychological Bulletin, 131*, 785-795.

Mizes, J. S., Landolf-Fritsche, B., & Grossman-McKee, D. (1987). Patterns of distorted cognitions in phobic disorders: An investigation of clinically severe simple phobias, social phobias, and agoraphobics. *Cognitive Therapy and Research, 11*, 583-592.

Mofitt, T. E., Harrington, H., Caspi, A., Kim-Cohen, J., Goldberg, D., Gregory, A. M., et al. (2007). Depression and generalized anxiety disorder: Cumulative and sequential comorbidity in a birth cohort followed prospectively to age 32 years. *Archives of General Psychiatry, 64*, 651-660.

Mogg, K., & Bradley, B. P. (1998). A cognitive-motivational analysis of anxiety. *Behaviour Research and Therapy, 36*, 809-848.

Mogg, K., & Bradley, B. P. (1999a). Selective attention and anxiety: A cognitive-motivational perspective. In T. Dalgleish & M. Power (Eds.), *Handbook of cognition and emotion* (pp. 145-170). Chichester, UK: Wiley.

Mogg, K., & Bradley, B. P. (1999b). Some methodological issues in assessing attentional biases for threatening faces in anxiety: A replication study using a modified version of the probe detection task. *Behaviour Research and Therapy, 37*, 595-604.

Mogg, K., & Bradley, B. P. (2002). Selective orienting of attention to masked threat faces in social anxiety. *Behaviour Research and Therapy, 40*, 1403-1414.

Mogg, K., & Bradley, B. P. (2004). A cognitive-motivational perspective on the processing of threat information and anxiety. In J. Yiend (Ed.), *Cognition, emotion, and psychopathology* (pp. 68-85). Cambridge, UK: Cambridge University Press.

Mogg, K., Bradley, B. P., Miles, F., & Dixon, R. (2004). Time course of attentional bias for threat scenes: Testing the vigilance-avoidance hypothesis. *Cognition and Emotion, 18*, 689-700.

Mogg, K., Bradley, B. P., Millar, N., & White, J. (1995). A follow-up study of cognitive bias in generalized anxiety disorder. *Behaviour Research and Therapy, 33*, 927-935.

Mogg, K., Bradley, B. P., Miller, T., Potts, H., Glenwright, J., & Kentish, J. (1994). Interpretation of homophones related to threat: Anxiety or response bias effects? *Cognitive Therapy and Research, 18*, 461-477.

Mogg, K., Bradley, B., & Williams, R. (1995). Attentional bias in anxiety and depression: The role of awareness. *British Journal of Clinical Psychology, 34*, 17-36.

Mogg, K., Bradley, B. P., Williams, R., & Mathews, A. (1993). Subliminal processing of emotional information in anxiety and depression. *Journal of Abnormal Psychology, 102*, 304-311.

Mogg, K., & Marden, B. (1990). Processing of emotional information in anxious subjects. *British Journal of Clinical Psychology, 29*, 227-229.

Mogg, K., & Mathews, A. (1990). Is there a self-referent mood-congruent recall bias in anxiety? *Behaviour Research and Therapy, 28*, 91-92.

Mogg, K., Mathews, A., Bird, C., & Macgregor-Morris, R. (1990). Effects of stress and anxiety on the processing of threat stimuli. *Journal of Personality and Social Psychology, 59*, 1230-1237.

Mogg, K., Mathews, A., & Eysenck, M. (1992). Attentional bias to threat in clinical anxiety states. *Cognition and Emotion, 6*, 149-159.

Mogg, K., Mathews, A., May, J., Grove, M., Eysenck, M., & Weinman, J. (1991). Assessment of cognitive bias in anxiety and depression using a colour perception task. *Cognition and Emotion, 5*, 221-238.

Mogg, K., Mathews, A., & Wienman, J. (1987). Memory bias in clinical anxiety. *Journal of Abnormal Psychology, 96*, 94-98.

Mogg, K., Mathews, A., & Weinman, J. (1989). Selective processing of threat cues in anxiety states: A replication. *Behaviour Research and Therapy, 27*, 317-323.

Mogg, K., McNamara, J., Powys, M., Rawlinson, H., Seiffer, A., & Bradley, B. P. (2000). Selective attention to threat: A test of two cognitive models of anxiety. *Cognition and Emotion, 14*, 375-399.

Mogg, K., Philipott, P., & Bradley, B. P. (2004). Selective attention to angry faces in clinical social phobia. *Journal of Abnormal Psychology, 113*, 160-165.

Mohlman, J. (2004). Psychosocial treatment of late-life generalized anxiety disorder: Current status and future directions. *Clinical Psychology Review, 24*, 149-169.

Mohlman, J., & Zinbarg, R. E. (2000). *The* structure and correlates of anxiety sensitivity in older adults. *Psychological Assessment, 12*, 440-446.

Molina, A., & Borkovec, T. D. (1994). The Penn State Worry Questionnaire: Psychometric properties and associated characteristics. In G. C. L. Davey & F. Tallis (Eds.), *Worrying: Perspectives on theory, assessment and treatment* (pp. 265-283). Chichester, UK: Wiley.

Molina, S., Borkovec, T. D., Peasley, C., & Person, D. (1998). Content analysis of worrisome streams of consciousness in anxious and dysphoric participants. *Cognitive Therapy and Research, 22*, 109-123.

Monson, C. M., & Friedman, M. J. (2006). Back to the future of understanding trauma: Implications for cognitive-behavioral therapies for trauma. In V. M. Follette & J. I. Ruzek (Eds.), *Cognitive-behavioral therapies for trauma* (2nd ed., pp. 1-13). New York: Guilford Press.

Montorio, I., Wetherell, J., & Nuevo, R. (2006). Beliefs about worry in community-dwelling older adults. *Depression and Anxiety, 23*, 466-473.

Moore, E. L., & Abramowitz, J. S. (2007). The cognitive mediation of thought-control strategies. *Behaviour Research and Therapy, 45*, 1949-1955.

Moras, K., Di Nardo, P. A., & Barlow, D. H. (1992). Distinguishing anxiety and depression: Reexamination of the reconstructed Hamilton Scales. *Psychological Assessment, 4*, 224-227.

Morillo, C., Belloch, A., & Garcia-Soriano, G. (2007). Clinical obsessions in obsessive-compulsive patients and obsession-relevant intrusive thoughts in non-clinical, depressed and anxious patients: Where are the differences? *Behaviour Research and Therapy, 45*, 1319-1333.

Morgan, I. A., Matthews, G., & Winton, M. (1995). Coping and personality as predictors of post-traumatic intrusions, numbing, avoidance and general distress: A study of victims of the Perth Flood. *Behavioural and Cognitive Psychotherapy, 23*, 251-264.

Morgan, J., & Banerjee, R. (2008). Post-event processing and autobiographical memory in social anxiety: The influence of negative feedback and rumination. *Journal of Anxiety Disorders, 22*, 1190-1204.

Morris, A., Baker, B., Devins, G. M., & Shapiro, C. M. (1997). Prevalence of panic disorder in cardiac outpatients. *Canadian Journal of Psychiatry, 42*, 185-190.

Morris, E. P., Stewart, S. H., & Ham, L. S. (2005). The relationship between social anxiety disorder and alcohol use disorders: A critical review. *Clinical Psychology Review, 25*, 734-760.

Morris, J. S., Öhman, A., & Dolan, R. J. (1998). Conscious and unconscious emotional learning in the human amygdala. *Nature, 393*, 467-470.

Mörtberg, E., Karlsson, A., Fyring, C., & Sundin, Ö. (2006). Intensive cognitive-behavioral group treatment (CBGT) of social phobia: A randomized controlled study. *Journal of Anxiety Disorders, 20*, 646-660.

Moulding, R., & Kyrios, M. (2006). Anxiety disorders and control related beliefs: The exemplar of obsessive-compulsive disorder (OCD). *Clinical Psychology Review, 26*, 573-583.

Mowrer, O. H. (1939). A stimulus-response analysis of anxiety and its role as a reinforcing agent. *Psychological Review, 46*, 553-565.

Mowrer, O. H.(1953). Neurosis, psychotherapy, and two-factor learning theory. In O. H. Mowrer (Ed.), *Psychotherapy theory and research* (pp. 140-149). New York: Ronald Press.

Mowrer, O. H. (1960). *Learning theory and behavior.* New York: Wiley.

Mueser, K. T., Rosenberg, S. D., Xie, H., Hamblen, J. L., Jankowski, M. K., Bolton, E. E., et al. (2008). A randomized controlled trial of cognitive-behavioral treatment for posttraumatic stress disorder in severe mental illness. *Journal of Consulting and Clinical Psychology, 76*, 259-271.

Muller, J., & Roberts, J. E. (2005). Memory and attention in obsessive-compulsive disorder: A review. *Journal of Anxiety Disorders, 19*,1-28.

Mumford, D. B., Nazir, M., Jilani, F.-M., & Yar Baig, I. (1996). Stress and psychiatric disorder in the Hindu Kush: A community survey of mountain villages in Chitral, Pakistan. *British Journal of Psychiatry, 168*, 299-307.

Muris, P., Merckelbach, H., & Clavan, M. (1997). Abnormal and normal compulsions. *Behaviour Research and Therapy, 35*, 249-252.

Muris, P., Merckelbach, H., van den Hout, M., & de Jong, P. (1992). Suppression of emotional and neutral material. *Behaviour Research and Therapy, 30*, 639-642.

Muris, P., & van der Heiden, S. (2006). Anxiety, depression, and judgments about the probability of future negative and positive events in children. *Journal of Anxiety Disorders, 20*, 252-261.

Murphy, R., Hirsch, C. R., Mathews, A., Smith, K., & Clark, D. M. (2007). Facilitating a benign interpretation bias in a high socially anxious population. *Behaviour Research and Therapy, 45*, 1517-1529.

Mussgay, L., & Rüddel, H. (2004). Autonomic dysfunctions in patients with anxiety throughout therapy. *Journal of Psychophysiology, 18*, 27-37.

Myers, S. G., & Wells, A. (2005). Obsessive-compulsive symptoms: The contribution of metacognitions and responsibility. *Journal of Anxiety Disorders, 19*, 806-817.

Myhr, G., & Payne, K. (2006). Cost-effectiveness of cognitive-behavioural therapy for mental disorders: Implications for public health care funding policy in Canada. *Canadian Journal of Psychiatry, 51*, 662-670.

Najavitis, L. M. (2002). *Seeking safety: A treatment manual for PTSD and substance abuse.* New York: Guilford Press.

National Institute of Clinical Excellence (NICE). (2005). *Posttraumatic stress disorder: The management of PTSD in adults and children in primary and secondary care. Clinical Guideline 26.* London: National Collaborating Centre for Mental Health. Retrieved July 24, 2008, from *www.nice.org.uk/CG026NICE-guideline.*

National Institute of Mental Health (NIMH). (2001). *Facts about anxiety disoders.* Retrieved January 13, 2005, from *www.nimh.nih.gov/publicat/adfacts.cfm.*

National Institute of Mental Health (NIMH). (2003). *The numbers count: Mental disorders in America.* Retrieved March 10, 2003, from *www.nimh.nih.gov/publicat/numbers.cfm*

Nay, W. T., Thorpe, G. L., Robertson-Nay, R., Hecker, J. E., & Sigmon, S. T. (2004). Attentional bias to threat and emotional response to biological challenge. *Journal of Anxiety Disorders, 18*, 609-627.

Newman, D. L., Moffitt, T. E., Silva, P. A., Caspi, A., Magdol, L., & Stanton, W. R. (1996). Psychiatric disorder in a birth cohort of young adults: Prevalence, comorbidity, clinical significance, and new case incidence from ages 11 to 21. *Journal of Consulting and Clinical Psychology, 64*, 552-562.

Newman, M. G., Zuellig, A. R., Kachin, K. E., Constantino, M. J., Przeworski, A., Erickson, T., et at. (2002). Preliminary reliability and validity of the Generalized Disorder Questionnaire-IV: A revised self-report diagnostic measure of generalized anxiety disorder. *Behavior Therapy, 33*, 215-233.

Newman, S. C., & Bland, R. C. (1994). Life events and the 1-year prevalence of major depressive episode, generalized anxiety disorder, and panic disorder in a community sample. *Comprehensive Psychiatry, 35*, 76-82.

Newth, S., & Rachman, S. (2001). The concealment of obsessions. *Behaviour Research and Therapy, 39*, 457-464.

Neziroglu, F., Stevens, K. P., McKay, D., & Yaryura-Tobia, J. A. (2001). Predictive validity of the Over-valued Ideas Scale: Outcome in obsessive-compulsive and body dysmorphic disorders. *Behaviour Research and Therapy, 39*, 745-756.

Nielssen, O., & Large, M. (2008). A proposal for a new disorder to replace PTSD in DSM-V. *British Journal of Psychiatry, 192*. [Electronic letters. Retrieved September 4, 2008, from *bjp.rcpsych. org/cgi/eletters/192/1/3*.

Nitschke, J. B., Heller, W., Imig, J. C., McDonald, R. P., & Miller, G. A. (2001). Distinguishing dimensions of anxiety and depression. *Cognitive Therapy and Research, 25*, 1-22.

Noorbala, A. A., Bagheri Yazdi, S. A., Yasamy, M. T., & Mohammad, K. (2004). Mental health survey of the adult population in Iran. *British Journal of Psychiatry, 184*, 70-73.

Norberg, M. M., Calamari, J. E., Cohen, R. J., & Riemann, B. C. (2008). Quality of life in obsessive-compulsive disorder: An evaluation of impairment and a preliminary analysis of the ameliorating effects of treatment. *Depression and Anxiety, 25*, 248-259.

Norris, F. H. (1992). Epidemiology of trauma: Frequency and impact of different potentially traumatic events on different demographic groups. *Journal of Consulting and Clinical Psychology, 60*, 409-418.

Norris, F. H. (2005). *Psychosocial consequences of natural disasters in developing countries: What does past research tell us about the potential effects of the 2004 tsunami?* Retrieved January 14, 2005, from *www.ncptsd.org.*

Norris, F. H., & Hamblen, J. L. (2004). Standardized self-report measures of civilian trauma and PTSD. In J. Wilson & T. M. Keane (Eds.), *Assessing psychological trauma and PTSD* (2nd ed., pp. 63-102). New York: Guilford Press.

Norris, F. H., & Slone, L. B. (2007). The epidemiology of trauma and PTSD. In M. J. Freidman, T. M. Keane, & P. A. Resick (Eds.), *Handbook of PTSD: Science and practice* (pp. 78-98). New York: Guilford Press.

North, C. S., Nixon, S. J., Shariat, S., Mallonee, S., McMillen, J. C., Spitznagel, E. L., et al. (1999). Psychiatric disorders among survivors of the Oklahoma City bombing. *Journal of the American Medical Association, 282*, 755-762.

Norton, G. R., Cox, B. J., & Malan, J. (1992). Nonclinical panickers: A critical review. *Clinical Psychology Review, 12*, 121-139.

Norton, G. R., Dorward, J., & Cox, B. J. (1986). Factors associated with panic attacks in nonclinical subjects. *Behavior Therapy, 17*, 239-252.

Norton, G. R., Harrison, B., Hauch, J., & Rhodes, L. (1985). Characteristics of people with infrequent panic attacks. *Journal of Abnormal Psychology, 94*, 216-221.

Noyes, R., Clancy, J., Woodman, C., Holt, C. S., Suelzer, M., Christiansen, J., et al. (1993). Environmental factors related to the outcome of panic disorder: A seven-year follow-up study. *Journal of Nervous and Mental Disease, 181*, 529-538.

Noyes, R., & Hoehn-Saric, R. (1998). *The anxiety disorders.* Cambridge, UK: Cambridge University Press.

Nunn, J. D., Stevenson, R. J., & Whalan, G. (1984). Selective memory effects in agoraphobic patients. *British Journal of Clinical Psychology, 23*, 195-201.

O'Banion, K., & Arkowitz, H. (1977). Social anxiety and selective memory for affective information about the self. *Social Behavior and Personality, 5*, 321-328.

Obsessive Compulsive Cognitions Working Group (OCCWG). (1997). Cognitive assessment of obsessive-compulsive disorder. *Behaviour Research and Therapy, 35*, 667-681.

Obsessive Compulsive Cognitions Working Group (OCCWG). (2001). Development and initial validation of the Obsessive Beliefs Questionnaire and the Interpretation of Intrusions Inventory. *Behaviour Research and Therapy, 39*, 987-1006.

Obsessive Compulsive Cognitions Working Group (OCCWG). (2003). Psychometric validation of the Obsessive Beliefs Questionnaire and the Interpretation of Intrusions Inventory: Part I. *Behaviour Research and Therapy, 41*, 863-878.

Obsessive Compulsive Cognitions Working Group (OCCWG). (2005). Psychometric validation of the Obsessive Beliefs Questionnaire and Interpretation of Intrusions Inventory: Part 2. Factor analyses and testing a brief version. *Behaviour Research and Therapy, 43*, 1527-1542.

O'Connor, K. P. (2002). Intrusions and inferences in obsessive compulsive disorder. *Clinical Psychology and Psychotherapy, 9*, 38-46.

O'Connor, K. P., Aardema, F., Bouthillier, D., Fournier, S., Guay, S., Robillard, S., et al. (2005). Evaluation of an interference-based approach to treating obsessive-compulsive disorder. *Cognitive Behaviour Therapy, 34*, 148-163.

O'Connor, K., Aardema, F., & Pélissier, M.-C. (2005). *Beyond reasonable doubt: Reasoning processes in obsessive-compulsive disorder and related disorders.* Chichester, UK: Wiley.

O'Connor, K., Freeston, M. H., Gareau, D., Careau, Y., Dufont, M. J., Aardema, F., et al. (2005). Group versus individual treatment in obsessions without compulsions. *Clinical Psychology and Psychotherapy, 12*, 87-96.

O'Connor, K. P., & Robillard, S. (1999). A cognitive approach to the treatment of primary inferences in obsessive-compulsive disorder. *Journal of Cognitive Psychotherapy: An International Quarterly, 13*, 359-375.

O'Connor, K., Todorov, C., Robillard, S., Borgeat, F., & Brault, M. (1999). Cognitive-behaviour therapy and medication in the treatment of obsessive-compulsive disorder: A controlled study. *Canadian Journal of Psychiatry, 44*, 64-71.

O'Donnell, M. L., Elliott, P., Wolfgang, B. J., & Creamer, M. (2007). Posttraumatic appraisals in the development and persistence of posttraumatic stress symptoms. *Journal of Traumatic Stress, 20*, 173-182.

Oei, T. P. S., Llamas, M., & Devilly, G. J. (1999). The efficacy and cognitive processes of cognitive behaviour therapy in the treatment of panic disorder with agoraphobia. *Behavioural and Cognitive Psychotherapy, 27*, 63-88.

Offord, D. R., Boyle, M. H., Campbell, D., Goering, P., Lin, E., Wong, M., et al. (1996). One-year prevalence of psychiatric disorder in Ontarians 15 to 64 years of age. *Canadian Journal of Psychiatry, 41*, 559-561.

Öhman, A. (2000). Fear and anxiety: Evolutionary, cognitive, and clinical perspectives. In M. Lewis & J. M. Haviland-Jones (Eds.), *Handbook of emotions* (2nd ed., pp. 573-593). New York: Guilford Press.

Öhman, A., & Mineka, S. (2001). Fears, phobias, and preparedness: Toward an evolved module of fear and fear learning. *Psychological Review, 108*, 483-522.

Öhman, A., & Wiens, S. (2004). The concept of an evolved fear module and cognitive theories of anxiety. In A. S. R. Manstead, N. Frijda, & A. Fischer (Eds.), *Feelings and emotions: The Amsterdam Symposium* (pp. 58-80). Cambridge, UK: Cambridge University Press.

Okasha, A., Saad, A., Khalil, A. H., El Dawla, A. S., & Yehia, N. (1994). Phenomenology of obsessive-compulsive disorder: A transcultural study. *Comprehensive Psychiatry, 35*, 191-197.

Olatunji, B. O., Cisler, J. M., & Tolin, D. F. (2007). Quality of life in the anxiety disorders: A meta-analytic review. *Clinical Psychology Review, 27*, 572-581.

Olfson, M., Broadhead, E., Weissman, M. M., Leon, A. C., Farber, L., Hoven, C., et al. (1996). Subthreshold psychiatric symptoms in a primary care group practice. *Archives of General Psychiatry, 53*, 880-886.

Olfson, M., Fireman, B., Weissman, M. M., Leo, A. C., Sheehan, D. V., Kathol, R., et al. (1997). Mental disorders and disability among patients in a primary care group practice. *American Journal of Psychiatry, 154*, 1734-1740.

Olfson, M., Shea, S., Feder, A., Fuentes, M., Nomura, Y., Gameroff, M., & et al. (2000). Prevalence of anxiety, depression and substance use disorders in an urban general medicine practice. *Archives of Family Medicine, 9*, 876-883.

Oquendo, M. A., Friend, J. M., Halberstam, B., Brodsky, B. S., Burke, A. K., Grunebaum, M. F., et al. (2003). Association of comorbid posttraumatic stress disorder and major depression with greater risk for suicidal behavior. *American Journal of Psychiatry, 160*, 580-582.

Orsillo. S. M. (2001). Measures for social phobia. In M. M. Antony, S. M. Orsillo, & L. Roemer (Eds.), *Practitioner's guide to empirically based measures of anxiety* (pp. 165-187). New York: Kluwer Academic/Plenum.

Orsillo, S. M., Roemer, L., Lerner, J. B., & Tull, M. T. (2004). Acceptance, mindfulness, and cognitive-behavioral therapy: Comparisons, contrasts, and application to anxiety. In S. C. Hayes, V. M. Follette, & M. M. Linehan (Eds.), *Mindfulness and acceptance: Expanding the cognitive-behavioral tradition* (pp. 66-95). New York: Guilford Press.

Osman, A., Barrios, F. X., Haupt, D., King, K., Osman, J. R., & Slavens, S. (1996). The Social Phobia and Anxiety Inventory: Further validation in two non-clinical samples. *Journal of Psychopathology and Behavioral Assessment, 18*, 35-47.

Osman, A., Gutierrez, P. M., Barrios, F. X., Kopper, B. A., & Chiros, C. E. (1998). The Social Phobia and Social Interaction Anxiety Scales: Evaluation of psychometric properties. *Journal of Psychopathology and Behavioral Assessment, 20*, 249-264.

Öst, L.-G. (1987a). Applied relaxation: Description of a coping technique and review of controlled studies. *Behaviour Research and Therapy, 25*, 397-409.

Öst, L.-G. (1987b). Age of onset in different phobias. *Journal of Abnormal Psychology, 96,* 223-229.

Öst, L.-G. (2008). Efficacy of the third wave of behavioral therapies: A systematic review and meta-analysis. *Behaviour Research and Therapy, 46,* 296-321.

Öst, L.-G., & Breitholz, E. (2000). Applied relaxation vs. cognitive therapy in the treatment of generalized anxiety disorder. *Behaviour Research and Therapy, 38,* 777-790.

Öst, L.-G., & Csatlos, P. (2000). Probability ratings in claustrophobic patients and normal controls. *Behaviour Research and Therapy, 38,* 1107-1116.

Öst, L.-G., Thulin, U., & Ramnerö, J. (2004). Cognitive behavior therapy vs. exposure in vivo in the treatment of panic disorder with agoraphobia. *Behaviour Research and Therapy, 42,* 1105-1127.

Öst. L.-G., & Westling. B. E. (1995). Applied relaxation vs. cognitive behavior therapy in the treatment of panic disorder. *Behaviour Research and Therapy, 33,* 145-158.

Ottaviani, R., & Beck, A. T. (1987). Cognitive aspects of panic disorder. *Journal of Anxiety Disorders, 1,* 15-28.

Otto, M. W., Pollack, M. H., & Maki, K. M. (2000). Empirically supported treatments for panic disorder: Costs, benefits, and stepped care. *Journal of Consulting and Clinical Psychology, 68,* 556-563.

Otto, M. W., Pollack, M. H., Maki, K. M., Gould, R. A., Worthington, J. J., Smoller, J. W., et al. (2001). Childhood history of anxiety disorders among adults with social phobia: Rates, correlates, and comparisons with patients with panic disorder. *Depression and Anxiety, 14,* 209-213.

Ouimette, P. C., Brown, P. J., & Najavitis, L. M. (1998). Course and treatment of patients with both substance use and posttraumatic stress disorders. *Addictive Behaviors, 23,* 785-795.

Ozer, E. J., Best, S. R., Lipsey, T. L., & Weiss, D. S. (2003). Predictors of posttraumatic stress disorder and symptoms in adults: A meta-analysis. *Psychological Bulletin, 129,* 52-73.

Palmieri, P. A., Weathers, F. W., Difede, J., & King, D. W. (2007). Confirmatory factor analysis of the PTSD Checklist and the Clinician-Administered PTSD Scale in disaster workers exposed to the World Trade Center Ground Zero. *Journal of Abnormal Psychology, 116,* 329-341.

Panasetis, P., & Bryant, R. A. (2003). Peritraumatic versus persistent dissociation in acute stress disorder. *Journal of Traumatic Stress, 16,* 563-566.

Papageorgiou, C., & Wells, A. (1998). Effects of attention training on hypochondriasis: A brief case series. *Psychological Medicine, 28,* 193-200.

Papageorgiou, C., & Wells, A. (1999). Process and meta-cognitive dimensions of depressive and anxious thoughts and relationships with emotional intensity. *Clinical Psychology and Psychotherapy, 6,* 156-162.

Papageorgiou, C., & Wells, A. (2004). Nature, functions, and beliefs about depressive rumination. In C. Papageorgiou & A. Wells (Eds.), *Depressive rumination: Nature, theory and treatment* (pp. 3-20). Chichester, UK: Wiley.

Parkinson, L., & Rachman, S. (1981a). Part II. The nature of intrusive thoughts. *Advances in Behaviour Research and Therapy, 3,* 101-110.

Parkinson, L., & Rachman, S. (1981b). Part III. Intrusive thoughts: The effects of an uncontrived stress.. *Advances in Behaviour Research and Therapy, 3,* 111-118.

Pauli, P., Dengler, W., & Wiedemann, G. (2005). Implicit and explicit memory processes in panic patients as reflected in behavioral and electrophysiological measures. *Journal of Behavior Therapy and Experimental Psychiatry, 36,* 111-127.

Pauli, P., Dengler, W., Wiedeman, G., Flor, H., Montoya, P., Birbaumer, N., et al. (1997). Behavioral and neurophysiological evidence for altered processing of anxiety-related words in panic disorder. *Journal of Abnormal Psychology, 106,* 213-220.

Pauli, P., Marguardt, C., Hartl, L., Nutzinger, D. O., Hölzl, R., & Strain, F. (1991). Anxiety induced by cardiac perception in patients with panic attacks: A field study. *Behaviour Research and Therapy, 29,* 137-145.

Pauli, P., Montoya, P., & Martz, G.-E. (1996). Covariation bias in panic-prone individuals. *Journal of Abnormal Psychology, 105,* 658-662.

Paunovic, N., Lundh, L.-G., & Öst, L. (2002). Attentional and memory bias for emotional information in crime vicitms with acute posttraumatic stress disorder (PTSD). *Journal of Anxiety Disorders, 16,* 675-692.

Paunovic, N., & Öst, L.-G. (2001). Cognitive-behavior therapy vs exposure therapy in the treatment of PTSD in refugees. *Behaviour Research and Therapy, 39,* 1183-1197.

Pearlman, L. A (2001). Treatment of persons with complex PTSD and other trauma-related disruptions of the self. In J. P. Wilson, M. J. Friedman, & J. D. Lindy (Eds.), *Treating psychological trauma and PTSD* (pp. 205-236). New York: Guilford Press.

Pennebaker, J. W. (1993). Social mechanisms of constraint. In D. M. Wegner & J. W. Pennebaker (Eds.), *Handbook of mental con-*

trol (pp. 200-219). Upper Saddle River, NJ: Prentice-Hall.

Pennebaker, J. W. (1997). Writing about emotional experiences as a therapeutic process. *Psychological Science, 8*, 162-166.

Perna, G., Barbini, B., Cocchi, S., Bertani, A., & Gasperini, M. (1995). 35% CO_2 challenge in panic and mood disorders. *Journal of Affective Disorders, 33*, 189-194.

Perna, G., Casolari, A., Bussi, R., Cucchi, M., Arancio, C., & Bellodi, L. (2004). Comparison of 35% carbon dioxide reactivity between panic disorder and eating disorder. *Psychiatry Research, 125*, 277-283.

Persons, J. B. (1989). *Cognitive therapy in practice: A case formulation approach.* New York: Norton.

Persons, J. B., & Davidson, J. (2001). Cognitive-behavioral case formulation. In K. S. Dobson (Ed.), *Handbook of cognitive-behavioral therapies* (2nd ed., pp. 86-110). New York: Guilford Press.

Peters, L. (2000). Discriminant validity of the Social Phobia and Anxiety Inventory (SPAI), the Social Phobia Scale (SPS) and the Social Interaction Anxiety Scale (SIAS). *Behaviour Research and Therapy, 38*, 943-950.

Peters, L., Issakidis, C., Slade, T., & Andrews, G. (2006). Gender differences in the prevalence of DSM-IV and ICD-10 PTSD. *Psychological Medicine, 36*, 81-89.

Pineles, S. L., & Mineka, S. (2005). Attentional biases to internal and external sources of potential threat in social anxiety. *Journal of Abnormal Psychology, 114*, 314-318.

Pineles, S. L., Shipherd, J. C., Welch, L. P., & Yovel, I. (2007). The role of attentional biases in PTSD: Is it interference or facilitation? *Behaviour Research and Therapy, 45*, 1903-1913.

Pinto-Gouveia, J., Castilho, P., Galhardo, A., & Cunha, M. (2006). Early maladaptive schemas and social phobia. *Cognitive Therapy and Research, 30*, 571-584.

Piotrkowiski, C. S., & Brannen, S. J. (2002). Exposure, threat appraisal, and lost confidence as predictors of PTSD symptoms following September 11, 2001. *American Journal of Orthopsychiatry, 72*, 476-485.

Pitman, R. K. (1987). Pierre Janet on obsessive-compulsive disorder (1903): Review and commentary. *Archives of General Psychiatry, 44*, 226-232.

Plehn, K., & Peterson, R. A. (2002). Anxiety sensitivity as a predictor of the development of panic symptoms, panic attacks, and panic disorder: A prospective study. *Journal of Anxiety Disorders, 16*, 455-474.

Plutchik, R. (2003). *Emotions and life: Perspectives from psychology, biology, and evolution.* Washington, DC: American Psychological Association.

Pollard, C. A. (2007). Treatment readiness, ambivalence, and resistance. In M. M. Antony, C. Purdon, & L. J. Summerfeldt (Eds.), *Psychological treatment of obsessive-compulsive disorder: Fundamentals and beyond* (pp. 61-77). Washington, DC: American Psychological Association.

Pollard, C. A., Henderson, J. G., Frank, M., & Margolis, R. B. (1989). Help-seeking patterns of anxiety-disordered individuals in the general population. *Journal of Anxiety Disorders, 3*, 131-138.

Pollard, C. A., Pollard, H. J., & Corn, K. J. (1989). Panic onset and major events in the lives of agoraphobics: A test of contiguity. *Journal of Abnormal Psychology, 98*, 318-321.

Pollock, R. A., Carter, A. S., Amir, N., & Marks, L. E. (2006).

Anxiety sensitivity and auditory percepton of heartbeat. *Behaviour Research and Therapy, 44*, 1739-1756.

Power, K., McGoldrick, T., Brown, K., Buchanan, R., Sharp, D., Swanson, V., et al. (2002). A controlled comparison of eye movement desensitization and reprocessing versus exposure plus cognitive restructuring versus waiting list in the treatment of post-traumatic stress disorder. *Clinical Psychology and Psychotherapy, 9*, 299-318.

Pratt, E. M., Brief, D. J., & Keane, T. M. (2006). Recent advances in psychological assessment of adults with posttraumatic stress disorder. In V. M. Follette & J. I. Ruzek (Eds.), *Cognitive-behavioral therapies for trauma* (2nd ed., pp. 34-61). New York: Guilford Press.

Pribor, E. F., & Dinwiddie, S. H. (1992). Psychiatric correlates of incest in childhood. *American Journal of Psychiatry, 149*, 52-56.

Pruzinsky, T., & Borkovec, T. D. (1990). Cognitive and personality characteristics of worriers. *Behaviour Research and Therapy, 28*, 507-512.

Purdon, C. (1999). Thought suppression and psychopathology. *Behaviour Research and Therapy, 37*, 1029-1054.

Purdon, C. (2001). Appraisal of obsessional thought recurrences: Impact on anxiety and mood state. *Behavior Therapy, 32*, 47-64.

Purdon, C., & Clark, D. A. (1993). Obsessive intrusive thoughts in nonclinical subjects: Part I. Content and relation with depressive, anxious and obsessional symptoms. *Behaviour Research and Therapy, 31*, 713-720.

Purdon, C. L., & Clark, D. A. (1994a). Obsessive intrusive thoughts in nonclinical subjects: Part II. Cognitive appraisal, emotional response and thought control strategies. *Behaviour Research and Therapy, 32,* 403-410.

Purdon, C. L., & Clark, D. A. (1994b). Perceived control and appraisal of obsessional intrusive thoughts: A replication and extension. *Behavioural and Cognitive Psychotherapy, 22,* 269-285.

Purdon, C., & Clark, D. A. (2000). White bears and other elusive phenomena: Assessing the relevance of thought suppression for obsessional phenomena. *Behavior Modification, 24,* 425-453.

Purdon, C. L., & Clark, D. A. (2001). Suppression of obsession-like thoughts in nonclinical individuals: Part I. Impact on thought frequency, appraisal and mood state. *Behaviour Research and Therapy, 39,* 1163-1181.

Purdon, C. L., & Clark, D. A. (2002). The need to control thoughts. In R. O. Frost & G. Steketee (Eds.), *Cognitive approaches to obsessions and compulsions: Theory, assessment and treatment* (pp. 29-43). Oxford, UK: Elsevier.

Purdon, C. L., & Clark, D. A. (2005). *Overcoming obsessive thoughts: How to gain control of your OCD.* Oakland, CA: New Harbinger.

Purdon, C. L., Gifford, S., & Antony, M. M. (2007). *Thought dismissability in OCD vs. panic: Predictors and impact.* Paper presented at the annual meeting of the Canadian Psychological Association, Ottawa.

Purdon, C. L., & Rowa, K. (2002). *Thought control strategies in OCD: Motivation, success and impact.* Paper presented at the annual convention of the Anxiety Disorders Association of America, Austin, TX.

Purdon, C., Rowa, K., & Antony, M. M. (2005). Thought suppression and its effects on thoughts frequency, appraisal and mood state in individuals with obsessive-compulsive disorder. *Behaviour Research and Therapy, 43,* 93-108.

Purdon, C., Rowa, K., & Antony, M. M. (2007). Diary records of thought suppression attempts by individuals with obsessive-compulsive disorder. *Behavioural and Cognitive Psychotherapy, 35,* 47-59.

Pynoos, R. S., Goenjian, A., Tashjian, M., Karakashian, M., Manjikian, R., Manjikian, R., et al. (1993). Post-traumatic stress reactions in children after the 1988 Armenian earthquake. *British Journal of Psychiatry, 163,* 239-247.

Qin, J., Mitchell, K. J., Johnson, M. K., Krystal, J. H., Southwick, S. M., Rasmusson, A. M., et al. (2003). Reactions to and memories for the September 11, 2001, terrorist attacks in adults with posttraumatic stress disorder. *Applied Cognitive Psychology, 17,* 1081-1097.

Rachman, S. (1976). The passing of the two-stage theory of fear and avoidance: Fresh possibilities. *Behaviour Research and Therapy, 14,* 125-131.

Rachman, S. (1977). The conditioning theory of fear-acquisition: A critical examination. *Behaviour Research and Therapy, 15,* 375-387.

Rachman, S. (1981). Part I. Unwanted intrusive cognitions. *Advances in Behaviour Research and Therapy, 3,* 89-99.

Rachman, S. J. (1983). Obstacles to the successful treatment of obsessions. In E. B. Foa & P. M. G. Emmelkamp (Ed.), *Failures in behavior therapy* (pp. 35-57). New York: Wiley.

Rachman, S. (1984a). Agoraphobia: A safety-signal perspective. *Behaviour Research and Therapy, 22,* 59-70.

Rachman, S. (1984b). The experimental analysis of agoraphobia. *Behaviour Research and Therapy, 22,* 631-640.

Rachman, S. J. (1985). An overview of clinical and research issues in obsessional-compulsive disorders. In M. Mavissakalian, S. M. Turner, & L. Michelson (Eds.), *Obsessive-compulsive disorder: Psychological and pharmacological treatment* (pp. 1-47). New York: Plenum.

Rachman, S. J. (1993). Obsessions, responsibility and guilt. *Behaviour Research and Therapy, 31,* 149-154.

Rachman, S. J. (1997). A cognitive theory of obsessions. *Behaviour Research and Therapy, 35,* 793-802.

Rachman, S. J. (1998). A cognitive theory of obsessions: Elaborations. *Behaviour Research and Therapy, 36,* 385-401.

Rachman, S. J. (2003). *The treatment of obsessions.* Oxford, UK: Oxford University Press.

Rachman, S. J. (2004). *Anxiety* (2nd ed.). East Sussex, UK: Psychology Press.

Rachman, S. J. (2006). *Fear of contamination: Assessment and treatment.* Oxford, UK: Oxford University Press.

Rachman, S., Cobb, J., Grey, S., McDonald, B., Mawson, D., Sartory, G., et al. (1979). The behavioural treatment of obsessional-compulsive disorders, with and without clomipramine. *Behaviour Research and Therapy, 17,* 467478.

Rachman, S. J., & de Silva, P. (1978). Abnormal and normal obsessions. *Behaviour Research and Therapy, 16,* 233-248.

Rachman, S. J., & Hodgson, R. J. (1980). *Obsessions and compulsions.* Englewood Cliffs, NJ: Prentice-Hall.

Rachman, S., & Levitt, K. (1985). Panics and their consequences.

Behaviour Research and Therapy, 23, 585-600.

Rachman, S., Levitt, K., & Lopatka, C. (1987). Panic: The links between cognitions and bodily symptoms: I. *Behaviour Research and Therapy, 25*, 411-423.

Rachman, S., Levitt, K., & Lopatka, C. (1988). Experimental analyses of panic: III. Claustrophobic subjects. *Behaviour Research and Therapy, 26*, 41-52.

Rachman, S., & Lopatka, C. (1986). Match and mismatch in the perception of fear: I. *Behaviour Research and Therapy, 24*, 387-393.

Rachman, S., Lopatka, C., & Levitt, K. (1988). Experimental analysis of panic: II. Panic patients. *Behaviour Research and Therapy, 26*, 33-40.

Rachman, S. J., & Shafran, R. (1998). Cognitive and behavioral features of obsessive-compulsive disorder. In R. P. Swinson, M. M. Antony, S. Rachman, & M. A. Richter (Eds.), *Obsessive-compulsive disorder: Theory, research and treatment* (pp. 51-78). New York: Guilford Press.

Rachman, S., Shafran, R., Mitchell, D., Trant, J., & Teachman, B. (1996). How to remain neutral: An experimental analysis of neutralization. *Behaviour Research and Therapy, 34*, 889-898.

Rachman, S. J., Shafran, R., & Riskind, J. H. (2006). Cognitive vulnerability to obsessive-compulsive disorders. In L. B. Alloy & J. H. Riskind (Eds.), *Cognitive vulnerability to emotional disorders* (pp. 235-249). Mahwah, NJ: Erlbaum.

Radomsky, A. S., & Rachman, S. (1999). Memory bias in obsessive-compulsive disorder (OCD). *Behaviour Research and Therapy, 37*, 605-618.

Radomsky, A. S., Rachman, S., & Hammond, D. (2001). Memory bias, confidence and responsibility in compulsive checking. *Behaviour Research and Therapy, 39*, 813-822.

Radomsky, A. S., Rachman, S., & Hammond, D. (2002). Panic termination and the post-panic period. *Journal of Anxiety Disorders, 16*, 97-111.

Radomsky, A. S., & Taylor, S. (2005). Subtyping OCD: Prospects and problems. *Behavior Therapy, 36*, 371-379.

Rapee, R. M. (1986). Differential response to hyperventilation in panic disorder and generalized anxiety disorder. *Journal of Abnormal Psychology, 95*, 24-28.

Rapee, R. M. (1991). Generalized anxiety disorder: A review of clinical features and theoretical concepts. *Clinical Psychology Review, 11*, 419-440.

Rapee, R. M. (1995a). Psychological factors influencing the affective response to biological challenge procedures in panic disorder. *Journal of Anxiety Disorders, 9*, 59-74.

Rapee, R. M. (1995b). Descriptive psychopathology of social phobia. In R. G. Heimberg, M. R. Liebowitz, D. A. Hope, & F. R. Schneier (Eds.), *Social phobia: Diagnosis, assessment, and treatment* (pp. 41-66). New York: Guilford Press.

Rapee, R. M. (1997). Perceived threat and perceived control as predictors of the degree of fear in physical and social situations. *Journal of Anxiety Disorders, 11*, 455-461.

Rapee, R. M., Ancis, J. R., & Barlow, D. H. (1988). Emotional reactions to physiological sensations: Panic disorder patients and nonclinical Ss. *Behaviour Research and Therapy, 26*, 265-269.

Rapee, R. M., Brown, T. A., Antony, M. M., & Barlow, D. H. (1992). Response to hyperventilation and inhalation of 5. 5% carbon dioxide-enriched air across the DSM-III-R anxiety disorders. *Journal of Abnormal Psychology, 101*, 538-552.

Rapee, R. M., Craske, M. G., & Barlow, D. H. (1994-1995). Assessment instrument for panic disorder that includes fear of sensation-producing activities: The Albany Panic and Phobia Questionnaire. *Anxiety, 1*, 114-122.

Rapee, R. M., Craske, M. G., Brown, T. A., & Barlow, D. H. (1996). Measurement of perceived control over anxiety-related events. *Behavior Therapy, 27*, 279-293.

Rapee, R. M., & Heimberg, R. G. (1997). A cognitive-behavioral model of anxiety in social phobia. *Behaviour Research and Therapy, 35*, 741-756.

Rapee, R. M., & Lim, L. (1992). Discrepancy between self and observer ratings of performance in social phobics. *Journal of Abnormal Psychology, 101*, 728-731.

Rapee, R. M., McCallum, S. L., Melville, L. F., Ravenscroft, H., & Rodney, J. M. (1994). Memory bias in social phobia. *Behaviour Research and Therapy, 32*, 89-99.

Rapee, R. M., & Medoro, L. (1994). Fear of physical sensations and trait anxiety as mediators of the response to hyperventilation in nonclinical subjects. *Journal of Abnormal Psychology, 103*, 693-699.

Rapee, R. M., Sanderson, W. C., & Barlow, D. H. (1988). Social phobia features across the DSM-III-R anxiety disorders. *Journal of Psychopathology and Behavioral Assessment, 10*, 287-299.

Rapee, R. M., & Spence, S. H. (2004). The etiology of social phobia: Empirical evidence and an initial model. *Clinical Psychology Review, 24*, 737-767.

Rasinski, K. A., Berktold, J., Smith, T. W., & Albertson, B. L. (2002). *America recovers: A* follow-up to a national study of public response to the September 11th terrorist attacks. Unpublished manuscript, National Association for Research (NORC), University of Chicago.

Rasmussen, A., Rosenfeld, B., Reeves, K., & Keller, A. S. (2007). The effects of torture-related injuries on long-term psychological distress in a Punjabi Sikh sample. *Journal of Abnormal Psychology, 116*, 734-740.

Rasmussen, S. A., & Eisen, J. L. (1992). The epidemiology and clinical features of obsessive compulsive disorder. *Psychiatric Clinics of North America, 15*, 743-758.

Rasmussen, S. A., & Eisen, J. L. (1998). The epidemiology and clinical features of obsessive-compulsive disorder. In M. A. Jenike & W. E. Minichiello (Eds.), *Obsessive-compulsive disorders: Practical management* (pp. 12-43). St. Louis: Mosby.

Rasmussen, S. A., & Tsuang, M. T. (1986). Clinical characteristics and family history in DSM-III obsessive-compulsive disorder. *American Journal of Psychiatry, 143*, 317-322.

Rassin, E. (2005). *Thought suppression*. Amsterdam, The Netherlands: Elsevier.

Rassin, E., & Diepstraten, P. (2003). How to suppress obsessive thoughts. *Behaviour Research and Therapy, 41*, 97-103.

Rassin, E., Diepstraten, P., Merckelbach, H., & Muris, P. (2001). Thought-action fusion and thought suppression in obsessive-compulsive disorder. *Behaviour Research and Therapy, 39*, 757-764.

Rassin, E., Mercekelbach, H., & Muris, P. (2000). Paradoxical and less paradoxical effects of thought suppression: A critical review. *Clinical Psychology Review, 20*, 973-995.

Rassin, E., Merchelback, H., Muris, P., & Spaan, V. (1999). Thought-fusion as a causal factor in the development of intrusions. *Behaviour Research and Therapy, 37*, 231-237.

Rassin, E., & Muris, P. (2006). Abnormal and normal obsessions: A reconsideration. *Behaviour Research and Therapy, 45*, 1065-1070.

Rassovsky, Y., Kushner, M. G., Schwarze, N. J., & Wangensteen, O. D. (2000). Psychological and physiological predictors of response to carbon dioxide challenge in individuals with panic disorder. *Journal of Abnormal Psychology, 109*, 616-623.

Rauch, S. L., Savage, C. R., Alpert, N. M., Fishman, A. J., & Jenike, M. A. (1997). The functional neuroimaging of anxiety: A study of three disorders using positron emission tomography and symptom provocation. *Biological Psychiatry, 42*, 446-452.

Reardon, J. M., & Williams, N. L. (2007). The specificity of cognitive vulnerabilities to emotional disorders: Anxiety sensitivity, looming vulnerability and explanatory style. *Journal of Anxiety Disorders, 21*, 625-643.

Rector, N. A., Szacun-Shimizu, K., & Leybman, M. (2007). Anxiety sensitivity within the anxiety disorders: Disorder-specific sensitivities and depression comorbidity. *Behaviour Research and Therapy, 45*, 1967-1975.

Regier, D. A., Burke, J. D., & Burke, K. C. (1990). Comorbidity of affective and anxiety disorders in the NIMH Epidemiologic Catchment Area Program. In J. D. Maser & C. R. Cloninger (Eds.), *Comorbidity of mood and anxiety disorders* (pp. 113-122). Washington, DC: American Psychiatric Press.

Regier, D. A., Narrow, W. E., Rae, D. S., Manderscheid, R. W., Locke, B. Z., & Goodwin, F. K.

(1993). The de facto US mental and addictive disorders service system. *Archives of General Psychiatry, 50*, 85-94.

Reiss, S. (1991). Expectancy model of fear, anxiety, and panic. *Clinical Psychology Review, 11*, 141-153.

Reiss, S. (1997). Trait anxiety: It's not what you think it is. *Journal of Anxiety Disorders, 11*, 201-214.

Reiss, S., & McNally, R. J. (1985). Expectancy model of fear. In S. Reiss, & R. R. Bootzin (Eds.), *Theoretical issues in behavior therapy* (pp. 107-121). Orlando, FL: Academic Press.

Reiss, S., Peterson, R. A., Gursky, D. M., & McNally, R. J. (1986). Anxiety sensitivity, anxiety frequency and the prediction of fearfulness. *Behaviour Research and Therapy, 24*, 1-8.

Renaud, J. M., & McConnell, A. R. (2002). Organization of the self-concept and the suppression of self-relevant thoughts. *Journal of Experimental Social Psychology, 38*, 79-86.

Renneberg, B., Chambless, D. L., & Gracely, E. J. (1992). Prevalence of SCID-diagnosed personality disorders in agoraphobic outpatients. *Journal of Anxiety Disorders, 6*, 111-118.

Rescorla, R. A. (1988). Pavlovian conditioning: It's not what you think it is. *American Psychologist, 43*, 151-160.

Resick, P. A., Galovski, T. E., Uhlmansiek, M. O., Scher, C. D., Clum, G. A., & Young-Xu, Y. (2008). A randomized clinical trial to dismantle components of cognitive processing therapy for posttraumatic stress disorder in female victims of interpersonal violence. *Journal of Consulting and Clinical Psychology, 76*, 243-258.

Resick, P. A., Monson, C. M., & Rizvi, S. L. (2008). Posttraumatic stress disorder. In D. H.

Barlow (Ed.), *Clinical handbook of psychological disorders: A step-by-step treatment manual* (4th ed., pp. 65-122). New York: Guilford Press.

Resick, P. A., Nishith, P., Weaver, T. L., Astin, M. C., & Feuer, C. A. (2002). A comparison of cognitive-processing therapy with prolonged exposure and a waiting condition for the treatment of chronic posttraumatic stress disorder in female rape victims. *Journal of Consulting and Clinical Psychology, 70*, 867-879.

Resick, P. A., & Schnicke, M. K. (1992). Cognitive processing therapy for sexual assault victims. *Journal of Consulting and Clinical Psychology, 60*, 748-756.

Resnick, H. S., Kilpatrick, D. G., Dansky, B. S., Saunders, B. E., & Best, C. L. (1993). Prevalence of civilian trauma and post-traumatic stress disorder in a representative national sample of women. *Journal of Consulting and Clinical Psychology, 61*, 984-991.

Rhéaume, J., Freeston, M. H., Léger, E., & Ladouceur, R. (1998). Bad luck: An underestimated factor in the development of obsessive-compulsive disorder. *Clinical Psychology and Psychotherapy, 5*, 1-12.

Rhéaume, J., & Ladouceur, R. (2000). Cognitive and behavioural treatments of checking behaviours: An examination of individual cognitive change. *Clinical Psychology and Psychotherapy, 7*, 118-127.

Rice, D. P., & Miller, L. S. (1998). Health economics and cost implications of anxiety and other mental disorders in the United States. *British Journal of Psychiatry, 173*(Suppl. 34), 4-9.

Richards, A., & French, C. C. (1991). Effects of encoding and anxiety on implicit and explicit memory performance. *Personality and Individual Differences, 12*, 131-139.

Richards, A., French, C. C., Johnson, W., Naparstek, J., & Williams, J. (1992). Effects of mood manipulation and anxiety on performance of an emotional Stroop task. *British Journal of Psychology, 83*, 479-491.

Ries, B. J., McNeil, D. W., Boone, M. L., Turk, C. L., Carter, L. E., & Heimberg, R. G. (1998). Assessment of contemporary social phobia verbal report instruments. *Behaviour Research and Therapy, 36*, 983-994.

Riggs, D. S., Cahill, S. P., & Foa, E. B. (2006). Prolonged exposure treatment of posttraumatic stress disorder. In V. M. Follette & J. I. Ruzek (Eds.), *Cognitive-behavioral therapies for trauma* (2nd ed., pp. 65-95). New York: Guilford Press.

Rinck, M., & Becker, E. S. (2005). A comparison of attentional biases and memory biases in women with social phobia and major depression. *Journal of Abnormal Psychology, 114*, 62-74.

Rinck, M., Becker, E. S., Kellermann, J., & Roth, W. T. (2003). Selective attention in anxiety: Distraction and enhancement in visual search. *Depression and Anxiety, 18*, 18-28.

Riskind, J. H. (1997). Looming vulnerability to threat: A cognitive paradigm for anxiety. *Behaviour Research and Therapy, 35*, 685-702.

Riskind, J. H., & Alloy, L. B. (2006). Cognitive vulnerability to emotional disorders: Theory and research design/methodology. In L. B. Alloy & J. H. Riskind (Eds.), *Cognitive vulnerability to emotional disorders* (pp. 1-29). Mahwah, NJ: Erlbaum.

Riskind, J. H., Beck, A. T., Berchick, R. J., Brown, G., & Steer, R. A. (1987). Reliability of DSM-III diagnosis for major depression and generalized anxiety disorder using the Structured Clinical Interview for DSM-III. *Archives of General Psychiatry, 44*, 817-820.

Riskind, J. H., Kelly, K., Harman, W., Moore, R., & Gaines, H. S. (1992). The loomingness of danger: Does it discriminate focal phobia and general anxiety from depression? *Cognitive Therapy and Research, 16*, 603-622.

Riskind, J. H., & Maddux, J. E. (1993). Loomingness, helplessness, and fearfulness: An integration of harm-looming and self-efficacy models of fear. *Journal of Social and Clinical Psychology, 12*, 73-89.

Riskind, J. H., Moore, R., & Bowley, L. (1995). The looming of spiders: The fearful perceptual distortion of movement and menace. *Behaviour Research and Therapy, 33*, 171-178.

Riskind, J. H., & Williams, N. L. (1999). Specific cognitive content of anxiety and catastrophizing: Looming vulnerability and the looming maladaptive style. *Journal of Cognitive Psychotherapy: An International Quarterly, 13*, 41-54.

Riskind, J. H., & Williams, N. L. (2005). The looming cognitive style and generalized anxiety disorder: Distinctive danger schemas and cognitive phenomenology. *Cognitive Therapy and Research, 29*, 7-27.

Riskind, J. H., & Williams, N. L. (2006). A unique vulnerability common to all anxiety disorders: The looming maladaptive style. In L. B. Alloy & J. H. Riskind (Eds.), *Cognitive vulnerability to emotional disorders* (pp. 175-206). Mahwah, NJ: Erlbaum.

Riskind, J. H., Williams, N. L., Gessner, T. L., Chrosniak, L. D., & Cortina, J. M. (2000). The looming maladaptive style: Anxiety, danger, and schematic processing. *Journal of Personality and Social Psychology, 79*, 837-852.

Robertson-Ny, R., Strong, D. R., Nay, W. T., Beidel, D. C., & Turner, S. M. (2007). Development of an abbreviated Social Phobia and Anxiety Inventory (SPAI) using item response theory: The SPAI-23. *Psychological Assessment, 19*, 133-145.

Robichaud, M., & Dugas, M. J. (2005). Negative problem orientation (Part II): construct validity and specificity to worry. *Behaviour Research and Therapy, 43*, 403-412.

Robichaud, M., & Dugas, M. J. (2006). A cognitive-behavioral treatment targeting intolerance of uncertainty. In G. C. L. Davey & A. Wells (Eds.), *Worry and its psychological disorders: Theory, assessment and treatment* (pp. 289-304). Chichester, UK: Wiley.

Rodebaugh, T. L., Holaway, R. M., & Hemiberg, R. G. (2004). The treatment of social anxiety disorder. *Clinical Psychology Review, 24*, 883-908.

Rodebaugh, T. L., Woods, C. M., Thissen, D. M., Heimberg, R. G., Chambless, D. L., & Rapee, R. M. (2004). More information from fewer questions: The factor structure and item properties of the original and Brief Fear of Negative Evaluation Scale. *Psychological Assessment, 16*, 169-181.

Rodriguez, B. F., Bruce, S. E., Pagano, M. E., & Keller, M. B. (2005). Relationships among psychosocial functioning, diagnostic comorbidity, and the recurrence of generalized anxiety disorder, panic disorder, and major depression. *Journal of Anxiety Disorders, 19*, 752-766.

Rodriguez, B. F., Pagano, M. E., & Keller, M. B. (2007). Psychometric characteristics of the Mobility Inventory in a longitudinal study of anxiety disorders: Replicating and exploring a three component solution. *Journal of Anxiety Disorders, 21*, 752-761.

Roemer, L. (2001). Measures for anxiety and related constructs. In M. M. Antony, S. M. Orsillo, & L. Roemer (Eds.), *Practitioner's guide to empirically based measures of anxiety* (pp. 49-83). New York: Kluwer Academic/Plenum Press.

Roemer, L., & Borkovec, T. D. (1993). Worry: Unwanted cognitive activity that controls somatic experience. In D. M. Wegner & J. W. Pennebaker (Eds.), *Handbook of mental control* (pp. 220-238). Upper Saddle River, NJ: Prentice-Hall.

Roemer, L., & Borkovec, T. D. (1994). Effects of suppressing thoughts about emotional material. *Journal of Abnormal Psychology, 103*, 467-474.

Roemer, L., Borkovec, M., Posa, S., & Borkovec, T. D. (1995). A self-report diagnostic measure of generalized anxiety disorder. *Journal of Behavior Therapy and Experimental Psychiatry, 26*, 345-350.

Roemer, L., Litz, B. T., Orsillo, S. M., & Wagner, A. W. (2001). A preliminary investigation of the role of strategic withholding of emotions in PTSD. *Journal of Traumatic Stress, 14*, 149-156.

Roemer, L., Molina, S., Litz, B. T., & Borkovec, T. D. (1996-1997). Preliminary investigation of the role of previous exposure to potentially traumatizing events in generalized anxiety disorder. *Depression and Anxiety, 4*, 134-138.

Roemer, L., & Orsillo, S. M. (2007). An open trial of an acceptance-based behavior therapy for generalized anxiety disorder. *Behavior Therapy, 38*, 72-85.

Roemer, L., Orsillo, S. M., & Barlow, D. H. (2002). Generalized anxiety disorder. In D. H. Barlow (Ed.), *Anxiety and its disorders: The nature and treatment of anxiety and panic* (2nd ed., pp. 477-515). New York: Guilford Press.

Rogers, M. P., White, K., Warshaw, M. G., Yonkers, K. A., Rodriguez-Villa, F., Chang, G., et al. (1994). Prevalence of medical illness in patients with anxiety disorders. *International Journal of Psychiatry in Medicine, 24*, 83-96.

Rohner, J.-C. (2002). The time course of visual threat processing: High trait anxious individuals eventually avert their gaze from angry faces. *Cognition and Emotion, 16*, 837-844.

Rohner, J.-C. (2004). Memory-based attentional biases: Anxiety is linked to threat avoidance. *Cognition and Emotion, 18*, 1027-1054.

Romano, E., Tremblay, R. E., Vitaro, F., Zoccolillo, M., & Pagani, L. (2001). Prevalence of psychiatric diagnoses and the role of perceived impairment: Findings from an adolescent community sample. *Journal of Child Psychology and Psychiatry, 42*, 451-461.

Rosen, G. M., & Lilienfeld, S. O. (2008). Posttraumatic stress disorder: An empirical evaluation of core assumptions. *Clinical Psychology Review, 28*, 837-868.

Rosen, G. M., Spitzer, R. L., & McHugh, P. R. (2008). Problems with the posttraumatic stress disorder diagnosis and its future in DSM-V. *British Journal of Psychiatry, 192*, 3-4.

Roth, S., Newman, E., Pelcovitz, D., van der Kolk, B., & Mandel, F. S. (1997). Complex PTSD in victims exposed to sexual and physical abuse: Results from the DSM-IV field trial for posttraumatic stress disorder. *Journal of Traumatic Stress, 10*, 539-555.

Roth, W. T., Wilhelm, F. H., & Pettit, D. (2005). Are current theories of panic falsifiable? *Psychologica Bulletin, 131*, 171-192.

Rothbaum, B. O., Foa, E. B., Riggs, D., Murdock, T., & Walsh,

W. (1992). A prospective examination of post-traumatic stress disorder in rape victims. *Journal of Traumatic Stress, 5*, 455-475.

Rouf, K., Fennell, M., Westbrook, D., Cooper, M., & Bennett-Levy, J. (2004). Devising effective behavioural experiments. In J. Bennett-Levy, G. Butler, M. Fennell, A. Hackmann, M. Mueller, & D. Westbrook (Eds.), *Oxford guide to behavioural experiments in cognitive therapy* (pp. 20-58). Oxford, UK: Oxford University Press.

Rowa, K., Antony, M. M., & Swinson, R. P. (2007). Exposure and response prevention. In M. M. Antony, C. Purdon, & L. J. Summerfeldt (Eds.), *Psychological treatment of obsessive-compulsive disorder: Fundamentals and beyond* (pp. 79-109). Washington, DC: American Psychological Association.

Rowa, K., & Purdon, C. (2003). Why are certain intrusive thoughts more upsetting than others? *Behavioural and Cognitive Psychotherapy, 31*, 1-11.

Rowa, K., Purdon, C., Summerfeldt, L. J., & Antony, M. M. (2005). Why are some obsessions more upsetting than others? *Behaviour Research and Therapy, 43*, 1453-1465.

Roy-Byrne, P. P., Mellman, T. A., & Uhde, T. W. (1988). Biologic findings in panic disorder: Neuroendocrine and sleep-related abnormalities. *Journal of Anxiety Disorders, 2*, 17-29.

Roy-Byrne, P. P., Stang, P., Wittchen, H.-U., Ustun, B., Walters, E. E., & Kessler, R. C. (2000). Lifetime panic-depression comorbidity in the National Comorbidity Survey: Association with symptoms, impairment, course and helpseeking. *British Journal of Psychiatry, 176*, 229-235.

Rubin, G. J., Brewin, C. R., Greenberg, N., Hughes, J. H., Simp-

son, J., & Wessely, S. (2007). Enduring consequences of terrorism: 7-month follow-up survey of reactions to the bombings in London on 7 July 2005. *British Journal of Psychiatry, 190*, 350-356.

Rubin, G. J., Brewin, C. R., Greenberg, N., Simpson, J., & Wessely, S. (2005). Psychological and behavioral reactions to the bombings in London on 7 July 2005: Cross-sectional survey of a representative sample. *British Medical Journal, 331*, 606-611.

Ruggiero, K. J., Del Ben, K., Scotti, J. R., & Rabalais, A. E. (2003). Psychometric properties of the PTSD Checklist-Civilian Version. *Journal of Traumatic Stress, 16*, 495-502.

Ruscio, A. M. (2002). Delimiting the boundaries of generalized anxiety disorder: Differentiating high worriers with and without GAD. *Journal of Anxiety Disorders, 16*, 377-400.

Ruscio, A. M., & Borkovec, T. D. (2004). Experience and appraisal of worry among high worriers with and without generalized anxiety disorder. *Behaviour Research and Therapy, 42*, 1469-1482.

Ruscio, A. M., Borkovec, T. D., & Ruscio, J. (2001). A taxometric investigation of the latent structure of worry. *Journal of Abnormal Psychology, 110*, 413-422.

Ruscio, A. M., Brown, T. A., Chiu, W. T., Sareen, J., Stein, M. B., & Kessler, R. C. (2007). Social fears and social phobia in the USA: Results from the National Comorbidity Survey Replication. *Psychological Medicine, 38*, 15-28.

Ruscio, A. M., Chiu, W. T., Roy-Byrne, P., Stang, P. E., Stein, D. J., Wittchen, H.-U., et al. (2007). Broadening the definition of generalized anxiety disorder: Effects on prevalence and associations with other disorders in

the National Comorbidity Survey Replication. *Journal of Anxiety Disorders, 21*, 662-676.

Ruscio, A. M., Ruscio, J., & Keane, T. M. (2002). The latent structure of posttraumatic stress disorder: A taxometric investigation of reactions to extreme stress. *Journal of Abnormal Psychology, 111*, 290-301.

Rutherford, E. M., MacLeod, C., & Campbell, L. W. (2004). Negative selectivity effects and emotional selectivity effects in anxiety: Differential attentional correlates of state and trait variables. *Cognition and Emotion, 18*, 711-720.

Rutledge, P. C. (1998). Obsessionality and the attempted suppression of unpleasant personal intrusive thoughts. *Behaviour Research and Therapy, 36*, 403-416.

Rutledge, P. C., Hancock, R. A., & Rutledge, J. H. (1996). Predictors of thought rebound. *Behaviour Research and Therapy, 34*, 555-562.

Rutledge, P. C., Hollenberg, D., & Hancock, R. A. (1993). Individual differences in the Wegner rebound effect: Evidence for a moderator variable in thought rebound following thought suppression. *Psychological Reports, 72*, 867-880.

Rygh, J. L., & Sanderson, W. C. (2004). *Treating generalized anxiety disorder: Evidenced-based strategies, tools, and techniques.* New York: Guilford Press.

Sachs, E., Rosenfeld, B., Lhewa, D., Rasmussen, A., & Keller, A. (2008). Entering exile: Trauma, mental health, and coping among Tibetan refugees arriving in Dharamsala, India. *Journal of Traumatic Stress, 21*, 199-208.

Safren, S. A., Heimberg, R. G., Brown, E. J., & Holle, C. (1996-1997). Quality of life in social phobia. *Depression and Anxiety, 4*, 126-133.

Safren, S. A., Heimberg, R. G., Lerner, J., Henin, A., Warman, M., & Kendall, P. C. (2000). Differentiating anxious and depressive self-statements: Combined factor structure of the Anxious Self-Statements Questionnaire and the Automatic Thoughts Questionnaire-Revised. *Cognitive Therapy and Research, 24*, 327-344.

Salemink, E., van den Hout, M., & Kindt, M. (2007a). Trained interpretative bias: Validity and effects on anxiety. *Journal of Behavior Therapy and Experimental Psychiatry, 38*, 212-224.

Salemink, E., van den Hout, M., & Kindt, M. (2007b). Trained interpretative bias and anxiety. *Behaviour Research and Therapy, 45*, 329-340.

Salge, R. A., Beck, J. G., & Logan, A. C. (1988). A community survey of panic. *Journal of Anxiety Disorders, 2*, 157-167.

Salkovskis, P. M. (1983). Treatment of obsessional patient using habituation to audiotaped ruminations. *British Journal of Clinical Psychology, 22*, 311-313.

Salkovskis, P. M. (1985) Obsessional-compulsive problems: A cognitive-behavioural analysis. *Behaviour Research and Therapy, 23*, 571-583.

Salkovskis, P. M. (1988). Phenomenology, assessment, and the cognitive model of panic. In S. Rachman & J. D. Maser (Eds.), *Panic: Psychological perspectives* (pp. 111-136). Hillsdale, NJ: Erlbaum.

Salkovskis, P. M. (1989). Cognitive-behavioural factors and the persistence of intrusive thoughts in obsessional problems. *Behaviour Research and Therapy, 27*, 677682.

Salkovskis, P. M. (1996a). The cognitive approach to anxiety: Threat beliefs, safety-seeking behavior, and the special case

of health anxiety obsessions. In P. M. Salkovskis (Ed.), *Frontiers of cognitive therapy* (pp. 48-74). New York: Guilford Press.

Salkovskis, P. M. (1996b). Avoidance behavior is motivated by threat belief: A possible resolution of the cognitive-behavior debate. In P. M. Salkovskis (Ed.), *Trends in cognitive and behavioral therapies* (pp. 25-41). Chichester, UK: Wiley.

Salkovskis; P. M. (1999). Understanding and treating obsessive-compulsive disorder. *Behaviour Research and Therapy, 37*, S29-S52.

Salkovskis, P. M., & Bass, C. (1997). Hypochondriasis. In D. M. Clark & C. G. Fairburn (Eds.), *Science and practice of cognitive behaviour therapy* (pp. 313-339). Oxford, UK: Oxford University Press.

Salkovskis, P. M., Clark, D. M., & Gelder, M. G. (1996). Cognition-behaviour links in the persistence of panic. *Behaviour Research and Therapy, 34*, 453-458.

Salkovskis, P. M., Clark, D. M., & Hackman, A. (1991). Treatment of panic attacks using cognitive therapy without exposure or breathing retraining. *Behaviour Research and Therapy, 29*, 161-166.

Salkovskis, P. M., Clark, D. M., Hackmann, A., Wells, A., & Gelder, M. G. (1999). An experimental investigation of the role of safety-seeking behaviours in the maintenance of panic disorder with agoraphobia. *Behaviour Research and Therapy, 37*, 559-574.

Salkovskis, P. M., & Forrester, E. (2002). Responsibility. In R. O. Frost & G. Steketee (Eds.), *Cognitive approaches to obsessions and compulsions: Theory, assessment and treatment* (pp. 45-61). Oxford, UK: Elsevier Science.

Salkovskis, P. M., & Freeston, M. H. (2001). Obsessions, com-

pulsions, motivation, and responsibility for harm. *Australian Journal of Psychology, 53*, 1-6.

Salkovskis, P. M., Hackmann, A., Wells, A., Gelder, M. G., & Clark, D. M. (2006). Belief disconfirmation versus habituation approaches to situational exposure in panic disorder with agoraphobia: A pilot study. *Behaviour Research and Therapy, 45*, 877-885.

Salkovskis, P. M., & Harrison, J. (1984). Abnormal and normal obsessions: A replication. *Behaviour Research and Therapy, 22*, 1-4.

Salkovskis, P. M., Jones, D. O., & Clark, D. M. (1986). Respiratory control in the treatment of panic attacks: Replication and extension with concurrent measurement of behaviour and $_pCO_2$, *British Journal of Psychiatry, 148*, 526-532.

Salkovskis, P., Shafran, R., Rachman, S., & Freeston, M. H. (1999). Multiple pathways to inflated responsibility beliefs in obsessional problems: Possible origins and implications for therapy and research. *Behaviour Research and Therapy, 37*, 1055-1072.

Salkovskis, P. M., Thorpe, S. J., Wahl, K., Wroe, A. L., & Forrester, E. (2003). Neutralizing increases discomfort associated with obsessional thoughts: An experimental study with obsessional patients. *Journal of Abnormal Psychology, 112*, 709-715.

Salkovskis, P. M., & Wahl, K. (2004). Treating obsessional problems using cognitive-behavioural therapy. In M. Reinecke & D. A. Clark (Eds.), *Cognitive therapy across the lifespan: Theory, research and practice* (pp.138-171). Cambridge, UK: Cambridge University Press.

Salkovskis, P. M., & Warwick, H. M. C. (1988). Cognitive therapy of obsessive-compulsive disorder. In C. Perris, I. M. Blackburn, & H. Perris (Eds.), *Cognitive psychotherapy: Theory and practice* (pp. 376-395). Berlin: Springer-Verlag.

Salkovskis, P. M., Westbrook. D., Davis, J., Jeavons, A., & Gledhill, A. (1997). Effects of neutralizing on intrusive thoughts: An experiment investigating the etiology of obsessive-compulsive disorder. *Behaviour Research and Therapy, 35*, 211-219.

Salkovskis, P. M., Wroe, A. L., Gledhill, A., Morrison, N., Forrester, E., Richards, C., et al. (2000). Responsibility attitudes and interpretations are characteristic of obsessive compulsive disorder. *Behaviour Research and Therapy, 38*, 347-372.

Salvador-Carulla, L., Seguí, J., Fernández-Cano, P., & Canet, J. (1995). Costs and effects in panic disorder. *British Journal of psychiatry, 166*(Suppl. 27), 23-28.

Sanavio, E. (1988). Obsessions and compulsions: The Padua Inventory. *Behaviour Research and Therapy, 26*, 169-177.

Sanderson, W. C., Rapee, R. M., & Barlow, D. H. (1989). The influence of an illusion of control on panic attacks via inhalation of 5. 5% carbon dioxide-enriched air. *Archives of General Psychiatry, 46*, 157-162.

Sanderson, W. C., Wetzler, S., Beck, A. T., & Betz, F. (1994). Prevalence of personality disorders among patients with anxiety disorders. *Psychiatry Research, 51*, 167-174.

Sareen, J., Cox, B. J., Clara, I., & Asmundson, G. J. G. (2005). The relationship between anxiety disorders and physical disorders in the U. S. National Comorbidity Survey. *Depression and Anxiety, 21*, 193-202.

Sartorius, N., Ustun, T. B., Lecrubier, Y., & Wittchen, H.-U. (1996). Depression comorbid with anxiety: Results from the WHO study on psychological disorders in primary health care. *British Journal of Psychiatry, 168*(Suppl. 30), 38-43.

Saunders, B. E., Villeponteaux, L. A., Lipovsky, J. A., Kilpatrick, D. G., & Veronen, L. J. (1992). Child sexual assault as a risk factor for mental disorders among women: A community survey. *Journal of Interpersonal Violence, 7*, 189-204.

Sbrana, A., Bizzarri, J. V., Rucci, P., Gonnelli, C., Doria, M. R., Spagnolli, S., et al. (2005). The spectrum of substance use in mood and anxiety disorders. *Comprehensive Psychiatry, 46*, 6-13.

Schacter, D. L. (1990). Introduction to "Implicit memory: Multiple perspectives." *Bulletin of the Psychonomic Society, 28*, 338-340.

Schatzberg, A. F., Samson, J. A., Rothschild, A. J., Bond, T. C., & Regier, D. A. (1998). McLean Hospital Depression Research Facility: Early-onset phobic disorders and adult-onset major depression. *British Journal of Psychiatry, 173*(Suppl. 34), 29-34.

Schmidt, N. B., & Cook, J. H. (1999). Effects of anxiety sensitivity on anxiety and pain during a cold pressor challenge in patients with panic disorder. *Behaviour Research and Therapy, 37*, 313-323.

Schmidt, N. B., Eggleston, A. M., Woolaway-Bickel, K., Fitzpatrick, K. K., Vasey, M. W., & Richey, J. A. (2007). Anxiety sensitivity amelioration training (ASAT): A longitudinal primary prevention program targeting cognitive vulnerability. *Journal of Anxiety Disorders, 21*, 302-319.

Schmidt, N. B., Forsyth, J. P., Santiago, H. T., & Trakowski, J. H. (2002). Classification of panic attack subtypes in patients and normal controls in response to biological challenge: Implications for assessment and treatment. *Journal of Anxiety Disorders, 16*, 625-638.

Schmidt, N. B., & Joiner, T. E. (2002). Structure of the Anxiety Sensitivity Index: Psychometrics and factor structure in a community sample. *Journal of Anxiety Disorders, 16*, 33-49.

Schmidt, N. B., Lerew, D. R., & Jackson, R. J. (1997). Prospective evaluation of anxiety sensitivity in the pathogenesis of panic: Replication and extension. *Journal of Abnormal Psychology, 108*, 532-537.

Schmidt, N. B., Lerew, D. R., & Jackson, R. J. (1999). The role of anxiety sensitivity in the pathogenesis of panic: Prospective evaluation of spontaneous panic attacks during acute stress. *Journal of Abnormal Psychology, 106*, 355-364.

Schmidt, N. B., Lerew, D. R., & Joiner, T. E. (2000). Prospective evaluation of the etiology of anxiety sensitivity: Test of a scar model. *Behaviour Research and Therapy, 38*, 1083-1095.

Schmidt, N. B., Lerew, D. R., & Trakowski, J. H. (1997). Body vigilance in panic disorder: Evaluating attention to bodily perturbations. *Journal of Consulting and Clinical Psychology, 65*, 214-220.

Schmidt, N. B., & Mallot, M. (2006). Evaluating anxiety sensitivity and other fundamental sensitivities predicting anxiety symptoms and fearful response to a biological challenge. *Behaviour Research and Therapy, 44*, 1681-1688.

Schmidt, N. B., Maner, J. K., & Zvolensky, M. J. (2007). Reactivity to challenge with carbon dioxide as a prospective predictor of panic attacks. *Psychiatry Research, 151*, 173-176.

Schmidt, N. B., Richey, J. A., Buckner, J. D., & Timpano, K.

R. (2009). Attention training for generalized social anxiety disorder. *Journal of Abnormal Psychology, 118*, 5-14.

Schmidt, N. B., Richey, J. A., & Fitzpatrick, K. K. (2006). Discomfort intolerance: Development of a construct and measure relevant to panic disorder. *Journal of Anxiety Disorders, 20*, 263-280.

Schmidt, N. B., Richey, A., Wollaway-Bickel, K., & Maner, J. K. (2006). Differential effects of safety in extinction of anxious responding to a CO_2 challenge in patients with panic disorder. *Journal of Abnormal Psychology, 115*, 341-350.

Schmidt, N. B., & Woolaway-Bickel, K. (2006). Cognitive vulnerability to panic disorder. In L. B. Alloy & J. H. Riskind (Eds.), *Cognitive vulnerability to emotional disorders* (pp. 207-234). Mahwah, NJ: Erlabum.

Schmidt, N. B., Woolaway-Bickel, K., Trakowski, J., Santiago, H., Storey, J., Koselka, M., & Cook, J. (2000). Dismantling cognitive-behavioral treatment for panic disorder: Questioning the utility of breathing retraining. *Journal of Consulting and Clinical Psychology, 68*, 417-424.

Schneider, R., & Schulte, D. (2007). Panic patients reveal idiographic associations between anxiety symptoms and catastrophes in a semantic priming task. *Behaviour Research and Therapy, 45*, 211-223.

Schneier, F. R., Johnson, J., Hornig, C. D., Liebowitz, M. R., & Weissman, M. M. (1992). Social phobia: Comorbidity and morbidity in the epidemiologic sample. *Archives of General Psychiatry, 49*, 282-288.

Schniering, C. A., & Rapee, R. M. (2004). The relationship between automatic thoughts and negative evaluation in children and adolescents: A test of the cognitive content-specificity hypothesis. *Journal of Abnormal Psychology, 113*, 464-470.

Schnurr, P. P., Freidman, M. J., Foy, D. W., Shea, T., Hsieh, F. Y., Lavori, P. W., et al. (2003). Randomized trial of trauma-focused group therapy for posttraumatic stress disorder: Results from a Department of Veterans Affairs Cooperative Study. *Archives of General Psychiatry, 60*, 481-489.

Schoevers, R. A., Beekman, A. T. F., Deeg, D. J. H., Jonker, C., & van Tilburg, W. (2003). Comorbidity and risk-patterns of depression, generalized anxiety disorder and mixed anxiety-depression in later life: Results from the AMSTEL study. *International Journal of Geriatric Psychiatry, 18*, 994-1001.

Schuurmans, J., Comijs, H. C., Beekman, A. T. F., de Beurs, E., Deeg, D. J. H., Emmelkamp, P. M. G., et al. (2005). The outcome of anxiety disorders in older people at 6-year follow-up: Results from the Longitudinal Aging Study Amsterdam. *Acta Psychiatrica Scandinavica, 111*, 420-428.

Scott, E. L., Eng, W., & Heimberg, R. G. (2002). Ethnic differences in worry in a nonclinical population. *Depression and Anxiety, 15*, 79-82.

See, J., MacLeod, C., & Bridle, R. (2009). The reduction of anxiety vulnerability through the modification of attentional bias: A realworld study using a home-based cognitive bias modification procedure. *Journal of Abnormal Psychology, 118*, 65-75.

Seedat, S., Njenga, C., Vythilingum, B., & Stein, D. J. (2004). Trauma exposure and post-traumatic stress symptoms in urban African schools. *British Journal of Psychiatry, 184*, 169-175.

Segal, Z. V., Teasdale, J. D., & Williams, J. M. G. (2005). Mindfulness-based cognitive therapy: Theoretical rationale and empirical status. In S. C. Hayes, V. M. Follette, & M. M. Linehan (Eds.), *Mindfulness and acceptance: Expanding the cognitive-behavioral tradition* (pp. 45-65). New York: Guilford Press.

Segal, Z. V., Williams, J. M. G., & Teasdale, J. D. (2002). *Mindfulness-based cognitive therapy for depression*. New York: Guilford Press.

Segerstrom, S. C., Tsao, J. C. I., Alden, L. E., & Craske, M. G. (2000). Worry and rumination: Repetitive thoughts as a concomitant and predictor of negative mood. *Cognitive Therapy and Research, 24*, 671-688.

Seligman, M. E. P., & Johnston, J. C. (1973). A cognitive theory of avoidance learning. In J. McGuigan & B. Lumsden (Eds.), *Contemporary approaches to conditioning and learning* (pp. 69-110). New York: Wiley.

Sexton, K. A., & Dugas, M. J. (2008). The Cognitive Avoidance Questionnaire: Validation of the English translation. *Journal of Anxiety Disorders, 22*, 355-370.

Shafran, R. (1997). The manipulation of responsibility in obsessive-compulsive disorder. *British Journal of Clinical Psychology, 36*, 397-407.

Shafran, R. (2003). Obsessive-compulsive disorder in children and adolescents. In R. G. Menzies & P. de Silva (Eds.), *Obsessive-compulsive disorder: Theory, research and treatment* (pp. 311-320). Chichester, UK: Wiley.

Shafran, R. (2005). Cognitive-behavioral models of OCD. In J. S. Abramowitz & A. C. Houts (Eds.), *Concepts and controversies in obsessive-compulsive disorder* (pp. 229-252). New York: Springer.

Shafran, R., Thordarson, D. S., & Rachman, S. J. (1996). Thought-action fusion in obsessive compulsive disorder. *Journal of Anxiety Disorders, 10*, 379-391.

Shalev, A. Y. (2002). Acute stress reactions in adults. *Biological Psychiatry, 51*, 532-543.

Shapiro, D. H., Schwartz, C. E., & Astin, J. A. (1996). Controlling ourselves, controlling our world: Psychology's role in understanding positive and negative consequences of seeking and gaining control. *American Psychologist, 51*, 1213-1230.

Shear, M. K., & Maser, J. D. (1994). Standardized assessment for panic disorder research: A conference report. *Archives of General Psychiatry, 51*, 346-354.

Sherbourne, C. D., Wells, K. B., & Judd, L. L. (1996). Functioning and well-being of patients with panic disorder. *American Journal of Psychiatry, 153*, 213-218.

Sherbourne, C. D., Wells, K. B., Meredith, L. S., Jackson, C. A., & Camp, P. (1996). Comorbid anxiety disorder and the functioning and well-being of chronically ill patients of general medical providers. *Archives of General Psychiatry, 53*, 889-895.

Shipherd, J. C., & Beck, J. G. (1999). The effects of suppressing trauma-related thoughts on women with rape-related posttraumaic stress disorder. *Behaviour Research and Therapy, 37*, 99-112.

Shipherd, J. C., Street, A. E., & Resick, P. A. (2006). Cognitive therapy for posttraumatic stress disorder. In V. M. Follette & J. I. Ruzek (Eds.), *Cognitive-behavioral therapies for trauma* (pp. 96-116). New York: Guilford Press.

Sibrava, N. J., & Borkovec, T. D. (2006). The cognitive avoidance theory of worry. In G. C. L. Davey & A. Wells (Eds.), *Worry and its psychological disorders: Theory, assessment and treatment* (pp. 239-256). Chichester, UK: Wiley.

Sica, C., Coradeschi, D., Sanavio, E., Dorz, S., Manchisi, D., & Novara, C. (2004). A study of the psychometric properties of the Obsessive Beliefs Inventory and Interpretations of Intrusions Inventory on clinical Italian individuals. *Journal of Anxiety Disorders, 18*, 291-307.

Siegel, L., Jones, W. C., & Wilson, J. O. (1990). Economic and life consequences experienced by a group of individuals with panic disorder. *Journal of Anxiety Disorders, 4*, 201-211.

Siev, J., & Chambless, D. L. (2007). Specificity of treatment effects: Cognitive therapy and relaxation for generalized anxiety and panic disorders. *Journal of Consulting and Clinical Psychology, 75*, 513-522.

Silver, R. C., Holman, E. A., McIntosh, D. N., Poulin, M., & GilRivas, V. (2002). Nationwide longitudinal study of psychological responses to September 11. *Journal of the American Medical Association, 288*, 1235-1244.

Simms, L. J., Watson, D., & Doebbeling, B. N. (2002). Confirmatory factor analysis of posttraumatic stress symptoms in deployed and nondeployed veterans of the Gulf War. *Journal of Abnormal Psychology, 111*, 637-647.

Simon, N. M., Otto, M. W., Korbly, N. B., Peters, P. M., Nicolaou, D. C., & Pollack, M. H. (2002). Quality of life in social anxiety disorder compared with panic disorder and the general population. *Psychiatric Services, 53*, 714-718.

Simpson, J. R., Öngür, D., Akbudak, E., Conturo, T. E., Ollinger, J. M., Snyder, A. Z., et al. (2000). The emotional modulation of cognitive processing: An fMRI study. *Journal of Cognitive Neuroscience, 12*(Suppl. 2), 157-170.

Sinha, S. S., Mohlman, J., & Gorman, J. M. (2004). Neurobiology. In R. G. Heimberg, C. L. Turk, & D. S. Mennin (Eds.), *Generalized anxiety disorder: Advances in research and practice* (pp. 187-216). New York: Guilford Press.

Skoog, G., & Skoog, I. (1999). A 40-year follow-up of patients with obsessive-compulsive disorder. *Archives of General Psychiatry, 56*, 121-127.

Sleath, B., & Rubin, R. H. (2002). Gender, ethnicity, and physicianpatient communication about depression and anxiety in primary care. *Patient Education and Counseling, 48*, 243-252.

Sloan, T., & Telch, M. J. (2002). The effects of safety-seeking behavior and guided threat reappraisal on fear reduction during exposure: An experimental investigation. *Behaviour Research and Therapy, 40*, 235-251.

Smári, J., Birgisdóttir, A. B., & Brynjólfsdóttir, B. (1995). Obsessive-compulsive symptoms and suppression of personally relevant unwanted thoughts. *Personality and Individual Differences, 18*, 621-625.

Smoller, J. W., Pollack, M. H., Wassertheil-Smoller, S., Jackson, R. D., Oberman, A., Wong, N. D., et al. (2007). Panic attacks and risk of incident cardiovascular events among postmenopausal women in the Women's Health Initiative Observatioal Study. *Archives of General Psychiatry, 64*, 1153-1160.

Smyth, J. M. (1998). Written emotional expression: Effect sizes, outcome types, and moderating variables. *Journal of Consulting and Clinical Psychology, 66*, 174-184.

Smyth, L. (1999). *Overcoming posttraumatic stress disorder:*

Therapist protocol. Oakland, CA: New Harbinger.

Sokol, L., Beck, A. T., Greenberg, R. L., Wright, F. D., & Berchick, R. J. (1989). Cognitive therapy of panic disorder: A nonpharmacological alternative. *Journal of Nervous and Mental Disease, 177*, 711-716.

Solomon, Z., & Mikulincer, M. (2007). Posttraumatic intrusive, avoidance, and social dysfunctioning: A 20-year longitudinal study. *Journal of Consulting and Clinical Psychology, 75*, 316-324.

Somerville, L. H., Kim, H., Johnstone, T., Alexander, A. L., & Whalen, P. J. (2004). Human amygdala responses during presentation of happy and neutral faces: Correlations with state anxiety. *Biological Psychiatry, 55*, 897-903.

Somoza, E., Steer, R. A., Beck, A. T., & Clark, D. A. (1994). Differentiating major depression and panic disorder by self-report and clinical rating scales: ROC analysis and information theory. *Behaviour Research and Therapy, 32*, 771-782.

Sookman, D., & Pinard, G. (2002). Overestimation of threat and intolerance of uncertainty in obsessive compulsive disorder. In R. O. Frost & G. Steketee (Eds.), *Cognitive approaches to obsessions and compulsions: Theory, assessment and treatment* (pp. 63-89). Oxford, UK: Elsevier Press.

Sookman, D., Pinard, G., & Beck, A. T. (2001). Vulnerability schemas in obsessive-compulsive disorder. *Journal of Cognitive Psychotherapy: An International Quarterly, 15*, 109-130.

Spector, I. P., Pecknold, J. C., & Libman, E. (2003). Selective attention bias related to the noticeability aspect of anxiety symptoms in generalized social phobia. *Journal of Anxiety Disorders, 17*, 517-531.

Spielberger, C. D. (1985). Anxiety, cognition and affect: A state-trait perspective. In A. H. Tuma & J. Maser (Eds.), *Anxiety and the anxiety disorders* (pp. 171-182). Hillsdale, NJ: Erlbaum.

Spielberger, C. D., Gorsuch, R. L., & Lushene, R. (1970). *STAI manual*. Palo Alto, CA: Consulting Psychologists Press.

Spielberger, C. D., Gorsuch, R. L., Lushene, R., Vagg, P. R., & Jacobs, G. A. (1983). *Manual for the State-Trait Anxiety Inventory: STAI (Form Y)*. Palo Alto, CA: Consulting Psychologists Press.

Spitzer, R. L., First, M. B., & Wakefield, J. C. (2007). Saving PTSD from itself in DSM-V. *Journal of Anxiety Disorders, 21*, 233-241.

Stangier, U., Esser, F., Leber, S., Risch, A. K., & Heidenreich, T. (2006). Interpersonal problems in social phobia versus unipolar depression. *Depression and Anxiety, 23*, 418-421.

Stangier, U., Heidenreich, T., Peitz, M., Lauterbach, W., & Clark, D. M. (2003). Cognitive therapy for social phobia: Individual versus group treatment. *Behaviour Research and Therapy, 41*, 991-1007.

Stangier, U., Heidenreich, T., & Schermelleh-Engel, K. (2006). Safety behaviors and social performance in patients with generalized social phobia. *Journal of Cognitive Psychotherapy: An International Quarterly, 20*, 17-31.

Stanley, M. A., Beck, J. G., Novy, D. M., Averill, P. M., Swann, A. C., Diefenach, G. J., et al. (2003). Cognitive-behavioral treatment of late-life generalized anxiety disorder. *Journal of Consulting and Clinical Psychology, 71*, 309-319.

Stanley, M. A., & Turner, S. M. (1995). Current status of pharmacological and behavioral treatment of obsessive-compulsive

disorder. *Behavior Therapy, 26*, 163-186.

Starcevic, V., & Berle, D. (2006). Cognitive specificity of anxiety disorders: A review of selected key constructs. *Depression and Anxiety, 23*, 51-61.

Startup, M., Makgekgenene, L., & Webster, R. (2007). The role of self-blame for trauma as assessed by the Postraumatic Cognitions Inventory (PTCI): A self-protective cognition? *Behaviour Research and Therapy, 45*, 395-403.

St. Clare, T. (2003). Assessment procedures. In R. G. Menzies & P. de Silva (Eds.), *Obsessive-compulsive disorder: Theory, research and treatment* (pp. 239-257). Chichester, UK: Wiley.

Steer, R. A., Beck, A. T., Clark, D. A., & Beck, J. S. (1994). Psychometric properties of the Cognitions Checklist with psychiatric outpatients and university students. *Psychological Assessment, 6*, 67-70.

Steer, R. A., Ranieri, W., Beck, A. T., & Clark, D. A. (1993). Further evidence for the validity of the Beck Anxiety Inventory with psychiatric outpatients. *Journal of Anxiety Disorders, 7*, 195-205.

Steil, R., & Ehlers, A. (2000). Dysfunctional meaning of posttraumatic intrusions in chronic PTSD. *Behaviour Research and Therapy. 38*, 537-558.

Stein, M. B., Baird, A., & Walker, J. R. (1996). Social phobia in adults with stuttering. *American Journal of Psychiatry, 153*, 278-280.

Stein, M. B., Goldin, P. R., Sareen, J., Eyler Zorrilla, L. T., & Brown, G. G. (2002). Increased amygdala activation to angry and contemptuous faces in generalized social phobia. *Archives of General Psychiatry, 59*, 1027-1034.

Stein, M. B., Torgrud, L. J., & Walker, J. R. (2000). Social phobia symptoms, subtypes, and severity: Findings from a community survey. *Archives of General Psychiatry, 57,* 1046-1052.

Stein, M. B., Walker, J. R., Anderson, G., Hazen, A. L., Ross, C. A., Eldridge, G., & Forde, D. R. (1996). Childhood physical and sexual abuse in patients with anxiety disorders and in a community sample. *American Journal of Psychiatry, 153,* 275-277.

Stein, M. B., Walker, J. R., & Forde, D. R. (1994). Setting diagnostic thresholds for social phobia: Considerations from a community survey of social anxiety. *American Journal of Psychiatry, 151,* 408-412.

Stein, M. B., Walker, J. R., Hazen, A. L., & Forde, D. R. (1997). Full and partial posttraumatic stress disorder: Findings from a community survey. *American Journal of Psychiatry. 154,*1114-1119.

Steiner, M., Allgulander, C., Ravindran, A., Kosar, H., Burt, T., & Austin, C. (2005). Gender differences in clinical presentation and response to sertraline treatment for generalized anxiety disorder. *Human Psychopharmacology and Clinical Experiments, 20,* 3-13.

Steketee, G. S. (1993). *Treatment of obsessive-compulsive disorder.* New York: Guilford Press.

Steketee, G. S. (1999). *Overcoming obsessive-compulsive disorder: A behavioral and cognitive protocol for the treatment of* OCD. Oakland, CA: New Harbinger.

Steketee, G. S., & Barlow, D. H. (2002). Obsessive-compulsive disorder. In D. H. Barlow (Ed.), *Anxiety and its disorders: The nature and treatment of anxiety and panic* (2nd ed., pp. 516-550). New York: Guilford Press.

Steketee, G., & Frost, R. O. (2007). *Compulsive hoarding and acquiring: Therapist guide.* Oxford, UK: Oxford University Press.

Steketee, G. S., Frost, R. O., & Bogart, K. (1996). The Yale-Brown Obsessive Compulsive Scale: Interview versus self-report. *Behaviour Research and Therapy, 34,* 675-684.

Steketee, G., Frost, R. O., & Cohen, I. (1998). Beliefs in obsessive-compulsive disorder. *Journal of Anxiety Disorders, 12,* 525-537.

Stemberger, R. T., Turner, S. M., Beidel, D. C., & Calhoun, K. S. (1995). Social phobia: An analysis of possible developmental factors. *Journal of Abnormal Psychology, 104,* 526-531.

Sternberg, R. J. (1996). *Cognitive psychology.* Fort Worth, TX: Harcourt Brace College Publishers.

Stewart, W. F., Linet, M. S., & Celentano, D. D. (1989). Migraine headaches and panic attacks. *Psychosomatic Medicine, 51,* 559-569.

Stöber, J. (1998). Reliability and validity of two widely-used worry questionnaires: Self-report and self-peer convergences. *Personality and Individual Differences, 24,* 887-890.

Stöber, J., & Joorman, J. (2001). A short form of the Worry Domains Questionnaire: Construction and factorial validation. *Personality and Individual Differences, 31,* 591-598.

Stopa, L., & Clark, D. M. (1993). Cognitive processes in social phobia. *Behaviour Research and Therapy, 31,* 255-267.

Stopa, L., & Clark, D. M. (2000). Social phobia and interpretation of social events. *Behaviour Research and Therapy, 38,* 273-283.

Story, T. J., & Craske, M. G. (2008). Response to false physiological feedback in individuals with panic attacks and elevated anxiety sensitivity. *Behaviour Research and Therapy, 46,* 1001-1008.

Story, T. J., Zucker, B. G., & Craske, M. G. (2004). Secondary prevention of anxiety disorders. In D. J. A. Dozois & K. S. Dobson (Eds.), *The prevention of anxiety and depression: Theory, research, and practice* (pp. 131-160). Washington, DC: American Psychological Association Press.

Stravynski, A. (2007). *Fearing others: The nature and treatment of social phobia.* Cambridge, UK: Cambridge University Press.

Stravynski, A., Bond, S., & Amado, D. (2004). Cognitive causes of social phobia: A critical appraisal. *Clinical Psychology Review, 24,* 421-440.

Street, L. L., Craske, M. G., & Barlow, D. H. (1989). Sensation, cognitions, and the perception of cues associated with expected and unexpected panic attacks. *Behaviour Research and Therapy, 27,* 189-198.

Stroop, J. R. (1935). Studies of interference in serial verbal reactions *Journal of Experimental Psychology, 18,* 643-662.

Suarez, L., & Bell-Dolan, D. (2001). The relationship of child worry to cognitive biases: Threat interpretation and likelihood of event occurrence. *Behavior Therapy, 32,* 425-442.

Summerfeldt, L. J., & Antony, M. M. (2002). Structured and semistructured diagnostic interviews. In M. M. Antony & D. H. Barlow (Eds.), *Handbook of assessment and treatment planning for psychological disorders* (pp. 3-37). New York: Guilford Press.

Summerfeldt, L. J., Huta, V., & Swinson, R. P. (1998). Personality and obsessive-compulsive disorder. In R. P. Swinson, M. M. Antony, S. Rachman, & M. A. Richter (Eds.), *Obsessive-compulsive disorder: Theory, research* and treatment (pp. 79-119). New York: Guilford Press.

Sutherland, K., & Bryant, R. A. (2008). Social problem solving and autobiographical memory in posttraumatic stress disorder. *Behaviour Research and Therapy, 46*, 154-161.

Sweeney, P. D., Anderson, K., & Bailey, S. (1986). Attributional style in depression: A meta-analytic review. *Journal of Personality and Social Psychology, 50*, 974-991.

Swoboda, H., Amering, M., Windhaber, J., & Katschnig, H. (2003). The long-term course of panic disorder: An 11 year follow-up. *Journal of Anxiety Disorders, 17*, 223-232.

Tallis, F. (1994). Obsessions, responsibility and guilt: Two case reports suggesting a common and specific etiology. *Behaviour Research and Therapy, 32*, 143-145.

Tallis, F., Davey, G. C. L., & Bond, A. (1994). The Worry Domains Questionnaire. In G. C. L. Davey & F. Tallis (Eds.), *Worrying: Perspectives on theory, assessment and treatment* (pp. 285-297). Chichester, UK: Wiley.

Tallis, F., Eysenck, M., & Mathews, A. (1992). A questionnaire for the measurement of nonpathological worry. *Personality and Individual Differences, 13*, 161-168.

Tanaka-Matsumi, J., & Kameoka, V. A. (1986). Reliabilities and concurrent validity of popular self-report measures of depression, anxiety, and social desirability. *Journal of Consulting and Clinical Psychology, 54*, 328-333.

Tanielian, T., & Jaycox, L. H. (2008). *Invisible wounds of war: Psychological and cognitive injuries, their consequence, and services to assist recovery.* Santa Monica, CA: RAND Corporation.

Tanner, R. J., Stopa, L., & de Houwer, J. (2006). Implicit views of the self in social anxiety. *Behaviour Research and Therapy, 44*, 1397-1409.

Tarrier, N., & Sommerfield, C. (2004). Treatment of chronic PTSD by cognitive therapy and exposure: 5-year follow-up. *Behavior Therapy, 35*, 231-246.

Tarrier, N., Pilgrim, H., Sommerfield, C., Faragher, B., Reynolds, M., Graham, E., et al. (1999). A randomized trial of cognitive therapy and imaginal exposure in the treatment of chronic posttraumatic stress disorder. *Journal of Consulting and Clinical Psychology, 67*, 13-18.

Tata, P. R., Leibowitz, J. A., Prunty, M. J., Cameron, M., & Pickering, A. D. (1996). Attentional bias in obsessive compulsive disorder. *Behaviour Research and Therapy, 34*, 53-60.

Taylor, C. B., Sheikh, J., Agras, W. S., Roth, W. T., Margraf, J., Ehlers, A., et al. (1986). Ambulatory heart rate changes in patients with panic attacks. *American Journal of Psychiatry, 143*, 478-482.

Taylor, S. (1995a). Anxiety sensitivity: Theoretical perspectives and recent findings. *Behaviour Research and Therapy, 33*, 243-258.

Taylor, S. (1995b). Assessment of obsessions and compulsions: Reliability, validity, and sensitivity to treatment effects. *Clinical Psychology Review, 15*, 261-296.

Taylor, S. (1998). Assessment of obsessive-compulsive disorder. In R. P. Swinson, M. M. Antony, S. Rachman, & M. A. Richter (Eds.), *Obsessive-compulsive disorder: Theory, research and treatment* (pp. 229-257). New York: Guilford Press.

Taylor, S. (2000). *Understanding and treating panic disorder: Cognitive-behavioural approaches.* Chichester, UK: Wiley.

Taylor, S. (2006). *Clinician's guide to PTSD: A cognitive-behavioral approach.* New York: Guilford Press.

Taylor, S., Abramowitz, J. S., & McKay, D. (2007). Cognitive-behavioral models of obsessive-compulsive disorder. In M. M. Antony, C. Purdon, & L. J. Summerfeldt (Eds.), *Psychological treatment of obsessive-compulsive disorder: Fundamentals and beyond* (pp. 9-29). Washington, DC: American Psychological Association.

Taylor, S., Abramowitz, J. S., McKay, D., Calamari, J. E., Sookman, D., Kyrios, M., et al. (2006). Do dysfunctional beliefs play a role in all types of obsessive-compulsive disorder? *Journal of Anxiety Disorders, 20*, 85-97.

Taylor, S., Asmundson, G. J. G., & Carleton, R. N. (2006). Simple versus complex PTSD: A cluster analytic investigation. *Journal of Anxiety Disorders, 20*, 459-472.

Taylor, S., & Cox, B. J. (1998). An expanded Anxiety Sensitivity Index: Evidence for a hierarchic structure in a clinical sample. *Journal of Anxiety Disorders, 12*, 463-483.

Taylor, S., Koch, W. J., & McNally, R. J. (1992). How does anxiety sensitivity vary across the anxiety disorders? *Journal of Anxiety Disorders, 6*, 249-259.

Taylor, S., Koch, W. J., McNally, R. J., & Crockett, D. J. (1992). Conceptualizations of anxiety sensitivity. *Psychological Assessment, 4*, 245-250.

Taylor, S., Thordarson, D. S., Maxfield, L., Fedoroff, I. C., Lovell, K., & Ogrodniczuk, J. (2003). Comparative efficacy, speed, and adverse effects of three PTSD treatments: Exposure therapy, EMDR, and relaxation training. *Journal of Consulting and Clinical Psychology, 71*, 330-338.

Taylor, S., Zvolensky, M. J., Cox, B. J., Deacon, B., Heimberg, R.

G., Ledley, D. R. et al. (2007). Robust dimensions of anxiety sensitivity: Development and initial validation of the Anxiety Sensitivity Index-3. *Psychological Assessment, 19*, 176-188.

Teachman, B. A., Gregg, A., & Woody, S. (2001). Implicit attitudes toward fear-relevant stimuli in individuals with snake and spider fears. *Journal of Abnormal Psychology, 110*, 226-235.

Teachman, B. A., Smith-Janik, S. B., & Saporito, J. (2007). Information processing biases and panic disorder: Relationships among cognitive and symptom variables. *Behaviour Research and Therapy, 45*, 1791-1811.

Teachman, B. A., & Woody, S. R. (2003). Automatic processing in spider phobia: Implicit fear associations over the course of treatment. *Journal of Abnormal Psychology, 112*, 100-109.

Teachman, B. A., & Woody, S. R. (2004). Staying tuned to research in implicit cognition: Relevance for clinical practice with anxiety disorders. *Cognitive and Behavioral Practice, 11*, 149-159.

Teachman, B. A., Woody, S. R., & Magee, J. C. (2006). Implicit and explicit appraisals of the importance of intrusive thoughts. *Behaviour Research and Therapy, 44*, 785-805.

Teasdale, J. D., Segal, Z. V., Williams, J. M. G., Ridgeway, V. A., Soulsby, J. M., & Lau, M. A. (2000). Prevention of relapse/recurrence in major depression by mindfulness-based cognitive therapy. *Journal of Consulting and Clinical Psychology, 68*, 615-623.

Tek, C., & Ulug, B. (2001). Religiosity and religious obsessions in obsessive-compulsive disorder. *Psychiatry Research, 104*, 99-108.

Telch, M. J., Lucas, J. A., & Nelson, P. (1989). Nonclinical panic in college students: An investigation of prevalence and symptomatology. *Journal of Abnormal Psychology, 98*, 300-306.

Telch, M. J., Lucas, R. A., Smits, J. A. J., Powers, M. B., Heimberg, R. G., & Hart, T. (2004). Appraisal of Social Concerns: A cognitive assessment instrument for social phobia. *Depression and Anxiety, 19*, 217-224.

Telch, M. J., Silverman, A., & Schmidt, N. B. (1996). Effects of anxiety sensitivity and perceived control on emotional responding to caffeine challenge. *Journal of Anxiety Disorders, 10*, 21-35.

Thayer, J. F., Friedman, B. H., & Borkovec, T. D. (1996). Autonomic characteristics of generalized anxiety disorder and worry. *Biological Psychiatry, 39*, 255-266.

Thordarson, D. S., Radomsky, A. S., Rachman, S., Shafran, R., Sawchuk, C. N., & Hakstian, A. R. (2004). The Vancouver Obsessional Compulsive Inventory (VOCI). *Behaviour Research and Therapy, 42*, 1289-1314.

Thordarson, D. S., & Shafran, R. (2002). Importance of thoughts. In R. O. Frost & G. Steketee (Eds.), *Cognitive approaches to obsessions and compulsions: Theory, assessment and treatment* (pp. 15-28). Oxford, UK: Elsevier.

Thyer, B. A. (1985). Audio-taped exposure therapy in a case of obsessional neurosis. *Journal of Behavior Therapy and Experimental Psychiatry, 16*, 271-273.

Thyer, B. A., & Himle, J. (1985). Temporal relationship between panic attack onset and phobic avoidance in agoraphobia. *Behaviour Research and Therapy, 23*, 607-608.

Tolin, D. F., Abramowitz, J. S., Brigidi, B. D., & Foa, E. B. (2003). Intolerance of uncertainty in obsessive-compulsive disorder. *Journal of Anxiety Disorders, 17*, 233-242.

Tolin, D. F., Abramowitz, J. S., Hamlin, C., Foa, E. B., & Synodi, D. S. (2002). Attributions for thought suppression failure in obsessive-compulsive disorder. *Cognitive Therapy and Research, 26*, 505-517.

Tolin, D. F., Abramowitz, J. S., Przeworski, A., & Foa, E. B. (2002). Thought suppression in obsessive-compulsive disorder. *Behaviour Research and Therapy, 40*, 1255-1274.

Tolin, D. F., & Steketee, G. (2007). General issues in psychological treatment for obsessive-compulsive disorder. In Antony, M. M., Purdon, C., & Summerfeldt, L. J. (Eds.), *Psychological treatment of obsessive-compulsive disorder: Fundamentals and beyond* (pp. 31-59). Washington, DC: American Psychological Association.

Tolin, D. F., Worhunsky, P., & Maltby, N. (2006). Are "obsessive" beliefs specific to OCD?: A comparison across anxiety disorders. *Behaviour Research and Therapy, 44*, 469-480.

Tomarken, A. J., Mineka, S., & Cook, M. (1989). Fear-relevant selective association and covariation bias. *Journal of Abnormal Psychology, 98*, 381-394.

Trinder, H., & Salkovskis, P. M. (1994). Personally relevant intrusions outside the laboratory: Long-term suppression increases intrusion. *Behaviour Research and Therapy, 32*, 833-842.

Trull, T. J., & Sher, K. J. (1994). Relationship between the five-factor model of personality and Axis I disorders in a non-clinical sample. *Journal of Abnormal Psychology, 103*, 350-360.

Tsao, J. C. I., Mystkowski, J. L., Zucker, B. G., & Craske, M. G. (2005). Impact of cognitive-behavioral therapy for panic disorder on comorbidity: A controlled investigation. *Behaviour Research and Therapy, 43*, 959-970.

Turgeon, L., Marchand, A., & Dupuis, G. (1998). Clinical features of panic disorder with agoraphobia: A comparison of men and women. *Journal of Anxiety Disorders, 12*, 539-553.

Turk, C. L., Heimberg, R. G., & Magee, L. (2008). Social anxiety disorder. In D. H. Barlow (Ed.), *Clinical handbook of psychological disorders: A step-by-step treatment manual* (4th ed., pp. 123-163). New York: Guilford Press.

Turk, C. L., Heimberg, R. S., & Mennin, D. S. (2004). Assessment. In R. G. Heimberg, C. L. Turk, & D. S. Mennin (Eds.), *Generalized anxiety disorder: Advances in research and practice* (pp. 219-247). New York: Guilford Press.

Turk, C. L., & Wolanin, A. T. (2006). Assessment of generalized anxiety disorder. In G. C. L. Davey & A. Wells (Eds.), *Worry and its psychological disorders: Theory, assessment and treatment* (pp. 137-155). Chichester, UK: Wiley.

Turner, S., Bowie, C., Dunn, G., Shapo, L., & Yule, W. (2003). Mental health of Kosovan Albanian refugees in the UK. *British Journal of Psychiatry, 182*, 444-448.

Turner, S. M., & Beidel, D. C. (1985). Empirically derived subtypes of social anxiety. *Behavior Therapy, 16*, 384-392.

Turner, S. M., & Beidel, D. C. (1989). Social phobia, clinical syndrome, diagnosis, and comorbidity. *Clinical Psychology Review, 9*, 3-18.

Turner, S. M., Beidel, D. C., Borden, J. W., Stanley, M. R., & Jacobs, R. G. (1991). Social phobia: Axis I and Axis II correlates. *Journal of Abnormal Psychology, 100*, 102-106.

Turner, S. M., Beidel, D. C., & Dancu, C. V. (1996). *SPAI: Social Phobia and Anxiety Inventory Manual.* North Tonawanda, NY: Multi-Health Systems.

Turner, S. M., Beidel, D. C., Dancu, C. V., & Keys, D. J. (1986). Psychopathology of social phobia and comparison to avoidant personality disorder. *Journal of Abnormal Psychology, 95*, 389-394.

Turner, S. M., Beidel, D. C., Dancu, C. V., & Stanley, M. A. (1989). An empirically derived inventory to measure social fears and anxiety: The Social Phobia and Anxiety Inventory. *Psychological Assessment: A Journal of Consulting and Clinical Psychology, 1*, 35-40.

Turner, S. M., Beidel, D. C., & Frueh, B. C. (2005). Multicomponent behavioral treatment for chronic combat-related posttraumatic stress disorder. *Behavior Modification, 29*, 39-69.

Turner, S. M., Beidel, D. C., & Larkin, K. T. (1986). Situational determinants of social anxiety in clinic and nonclinic samples: Physiological and cognitive correlates. *Journal of Consulting and Clinical Psychology, 54*, 523-527.

Turner, S. M., Beidel, D. C., & Townsley, R. M. (1990). Social phobia: Relationship to shyness. *Behaviour Research and Therapy, 28*, 497-505.

Turner, S. M., Beidel, D. C., & Townsley, R. M. (1992). Social phobia: A comparison of specific and generalized subtypes and avoidant personality disorder. *Journal of Abnormal Psychology, 101*, 326-331.

Turner, S. M., Johnson, M. R., Beidel, D. C., Heiser, N. A., & Lydiard, R. B. (2003). The Social Thoughts and Beliefs Scale: A new inventory for assessing cognitions in social phobia. *Psychological Assessment, 15*, 384-391.

Turner, S. M., Stanley, M. A., Beidel, D. C., & Bond, L. (1989). The Social Phobia and Anxiety Inventory: Construct validity. *Journal of Psychopathology and Behavioral Assessment, 11*, 221-234.

Turner, J., & Lloyd, D. A. (2004). Stress burden and the lifetime incidence of psychiatric disorder in young adults. *Archives of General Psychiatry, 61*, 481-488.

Twohig, M. P., Hayes, S. C., & Masuda, A. (2006). Increasing willingness to experience obsessions: Acceptance and commitment therapy as a treatment for obsessive-compulsive disorder. *Behavior Therapy, 37*, 3-13.

Tylee, A. (2000). Depression in Europe: Experience from the DEPRES II survey. *European Neuropsychopharmacology, 10*(Suppl. 4), S445-S448.

Tyrer, P., Gunderson, J. G., Lyons, M., & Tohen, M. (1997). Special feature: Extent of comorbidity between mental state and personality disorders. *Journal of Personality Disorders, 11*, 242-259

Ullman, S. E., Filipas, H. H., Townsend, S. M., & Starzynski, L. L. (2007). Psychosocial correlates of PTSD symptom severity in sexual assault survivors. *Journal of Traumatic Stress, 20*, 821-831.

Uren, T. H., Szabó, M., & Lovibond, P. F. (2004). Probability and cost estimates for social and physical outcomes in social phobia and panic disorder. *Journal of Anxiety Disorders, 18*, 481-498.

U.S. Department of Veterans Affairs. (2003). *2001 National Survey of Veterans (NSV), final report.* Washington, DC: Author.

van Balkom, A. J. L. M., de Haan, E., van Oppen, P., Spinhoven, P., Hoogduin, K. A. L., & van Dyck, R. (1998). Cognitive and behavioral therapies alone versus in combination with fluvoxamine in the treatment of obsessive compulsive disorder. *Journal of Nervous and Mental Disease, 186*, 492-499.

van Balkom, A. J. L. M., Nauta, M. C. E., & Bakker, A. (1995). Meta-analysis on the treatment of panic disorder with agoraphobia: Review and re-examination. *Clinical Psychology and Psychotherapy, 2*, 1-14.

van Balkom, A. J. L. M., van Oppen, P., Vermeulen, A. W. A., van Dyck, R., Nauta, M. C. E., & Vorst, H. C. M. (1994). A meta-analysis on the treatment of obsessive compulsive disorder: A comparison of antidepressants, behavior, and cognitive therapy. *Clinical Psychology Review, 14*, 359-381.

van der Does, A. J. W., Antony, M. M., Ehlers, A., & Barsky, A. J. (2000). Heartbeat perception in panic disorder: A reanalysis. *Behaviour Research and Therapy, 38*, 47-62.

van de Hout, M., Arntz, A., & Hoekstra, R. (1994). Exposure reduced agoraphobia but not panic, and cognitive therapy reduced panic but not agoraphobia. *Behaviour Research and Therapy, 32*, 447-451.

Van den Heuvel, O. A., Veltman, D. J., Groenewegen, H. J., Dolan, R. J., Cath, D. C., Boellaard, R., et al. (2004). Amygdala activity in obsessive-compulsive disorder with contamination fear: A study with oxygen-15 water positron emission tomography. *Psychiatry Research: Neuroimaging, 132*, 225-237.

van den Hout, M. A., & Griez, E. (1984). Panic symptoms after inhalation of carbon dioxide. *British Journal of Psychiatry, 144*, 503-507.

van den Hout, M., & Merckelbach, H. (1991). Classical conditioning: Still going strong. *Behavioural Psychotherapy, 19*, 59-79.

van der Molen, G. M., van den Hout, M. A., Vroemen, J., Lousberg, H., & Griez, E. (1986). Cognitive determinants of lac-tate-induced anxiety. *Behaviour Research and Therapy, 24*, 677-680.

van Ommeren, M. (2003). Validity issues in transcultural epidemiology. *British Journal of Psychiatry, 182*, 376-378.

van Oppen, P., & Arntz, A. (1994). Cognitive therapy for obsessive-compulsive disorder. *Behaviour Research and Therapy, 32*, 79-87.

van Oppen, P., de Haan, E., van Balkom, A. J. L. M., Spinhoven, P., Hoogduin, K., & van Dyck, R. (1995). Cognitive therapy and exposure *in vivo* in the treatment of obsessive compulsive disorder. *Behaviour Research and Therapy, 33*, 379-390.

van Oppen, P., Hoekstra, R. J., & Emmelkamp, P. M. G. (1995). The structure of obsessive-compulsive symptoms. *Behaviour Research and Therapy, 33*, 15-23.

van Velzen, C. J. M., Emmelkamp, P. M. G., & Scholing, A. (2000). Generalized social phobia versus avoidant personality disorder: Differences in psychopathology, personality traits, and social and occupational functioning. *Journal of Anxiety Disorders, 14*, 395-411.

Vasey, M. W., & Borkovec, T. D. (1992). A catastrophizing assessment of worrisome thoughts. *Cognitive Therapy and Research, 16*, 505-520.

Vassilopoulos, S. Ph. (2005). Social anxiety and the vigilance-avoidance pattern of attentional processing. *Behavioural and Cognitive Psychotherapy, 33*, 13-24.

Vassilopoulos, S. Ph. (2008). Coping strategies and anticipatory processing in high and low socially anxious individuals. *Journal of Anxiety Disorders, 22*, 98-107.

Vazquez-Barquero, J. L., Garcia, J., Simon, J. A., Iglesias, C., Montejo, J., Herran, A., et al. (1997). Mental health in primary care: An epidemiological study of morbidity and use of health. *British Journal of Psychiatry, 170*, 529-539.

Veale, D. (2007). Treating obsessive-compulsive disorder in people with poor insight and overvalued ideation. In M. M. Antony, C. Purdon, & L. J. Summerfeldt (Eds.), *Psychological treatment of obsessive-compulsive disorder: Fundamentals and beyond* (pp. 267-280). Washington, DC: American Psychological Association.

Verburg, K., Griez, E., Meijer, J., & Pols, H. (1995). Discrimination between panic disorder and generalized anxiety disorders by 35% carbon dioxide challenge. *American Journal of Psychiatry, 152*, 1081-1083.

Verkuil, B., Brosschot, J. F., & Thayer, J. F. (2007). Capturing worry in daily life: Are trait questionnaires sufficient? *Behaviour Research and Therapy, 45*, 1835-1844.

Vickers, K., & McNally, R. J. (2004). Panic disorder and suicide attempt in the National Comorbidity Survey. *Journal of Abnormal Psychology, 113*, 582-591.

Vlahov, D., Galea, S., Resnick, H., Ahern, J., Boscarino, J. A., Bucuvalas. M., et al. (2002). Increased use of cigarettes, alcohol, and marijuana among Manhattan, New York, residents after the September 11th terrorist attacks. *American Journal of Epidemiology, 155*, 988-996.

Vogt, D. S., King, D. W., & King, L. A. (2007). Risk pathways for PTSD: Making sense of the literature. In M. J. Freidman, T. M. Keane, & P. A. Resick (Eds.), *Handbook of PTSD: Science and practice* (pp. 99-115). New York: Guilford Press.

Vogt, D. S., Samper, R. E., King, D. W., King, L. A., & Martin, J. A. (2008). Deployment of stressors and posttraumatic stress symptomatology: Comparing active duty and National Guard/Reserve personnel from Gulf War I. *Journal of Traumatic Stress, 21*, 66-74.

Voncken, M. J., Alden, L. E., & Bögels, S. M. (2006). Hiding anxiety versus acknowledgment of anxiety in social interaction: Relationship with social anxiety. *Behaviour Research and Therapy, 44*, 1673-1679.

Voncken, M. J., Bögels, S. M., & de Vries, K. (2003). Interpretation and judgmental biases in social phobia. *Behaviour Research and Therapy, 41*, 1481-1488.

Vrana, S., & Lauterbach, D. (1994). Prevalance of traumatic events and posttraumatic psychological symptoms in a nonclinical sample of college students. *Journal of Traumatic Stress, 7*, 289-302.

Vrana, S. R., Roodman, A., & Beckham, J. C. (1995). Selective processing of trauma-relevant words in posttraumatic stress disorder. *Journal of Anxiety Disorders, 9*, 515-530.

Vriends, N., Becker, E. S., Meyer, A., Michael, T., & Margraf, J. (2007). Subtypes of social phobia: Are they of any use? *Journal of Anxiety Disorders, 21*, 59-75.

Vriends, N., Becker, E. S., Meyer, A., Williams, S. L., Lutz, R., & Margraf, J. (2007). Recovery from social phobia in the community and its predictors: Data from a longitudinal epidemiological study. *Journal of Anxiety Disorders, 21*, 320-337.

Wagner, R., Silvoe, D., Marnane, C., & Rouen, D. (2006). Delays in referral of patients with social phobia, panic disorder and generalized anxiety disorder attending a specialist anxiety clinic. *Journal of Anxiety Disorders, 20*, 363-371.

Walker, E. A., Katon, W., Russo, J., Ciechanowski, P., Newman,

E., & Wagner, A. W. (2003). Health care costs associated with posttraumatic stress disorder symptoms in women. *Archives of General Psychiatry, 60*, 369-374.

Walters, K. S., & Hope, D. A. (1998). Analysis of social behavior in individuals with social phobia and nonanxious participants using a psychobiological model. *Behavior Therapy, 29*, 387-407.

Walters, K., Rait, G., Petersen, I., Williams, R., & Nazareth, I. (2008). Panic disorder and risk of new onset coronary heart disease, acute myocardial infarction, and cardiac mortality: Cohort study using the general practice research database. *European Heart Journal, 29*, 2981-2988.

Wang, A., & Clark, D. A. (2008). *The suppression of worry and its triggers in a nonclinical sample: Rebound and other negative effects.* Unpublished manuscript, Department of Psychology, University of New Brunswick, Canada.

Wang, P. S., Berglund, P., Olfson, M., Pincus, H. A., Wells, K. B., & Kessler, R. C. (2005). Failure and delay in initial treatment contact after first onset of mental disorders in the National Comorbidity Survey Replication. *Archives of General Psychiatry, 63*, 603-613.

Wang, P. S., Lane, M., Olfson, M., Pincus, H. A., Wells, K. B., & Kessler, R. C. (2005). Twelve-month use of mental health services in the United States: Result from the National Comorbidity Survey Replication. *Archives of General Psychiatry, 63*, 629-640.

Watkins, E. R. (2004). Appraisals and strategies associated with rumination and worry. *Behaviour Research and Therapy, 37*, 679-694.

Watkins, E. R. (2008). Constructive and unconstructive

repetitive thought. *Psychological Bulletin, 134*, 163-206.

Watkins, E. R., Moulds, M., & Mackintosh, B. (2005). Comparisons between rumination and worry in a non-clinical population. *Behaviour Research and Therapy, 43*, 1577-1585.

Watson, D. (2005). Rethinking the mood and anxiety disorders: A quantitative hierarchical model for DSM-V. *Journal of Abnormal Psychology, 114*, 522-536.

Watson, D., & Clark, L. A. (1984). Negative affectivity: The disposition to experience aversive emotional states. *Psychological Bulletin, 96*, 465-490.

Watson, D., Clark, L. A., & Carey, G. (1988). Positive and negative affectivity and their relation to anxiety and depressive disorders. *Journal of Abnormal Psychology, 97*, 346-353.

Watson, D., Clark, L. A., & Harkness, A. R. (1994). Structures of personality and their relevance to psychopathology. *Journal of Abnormal Psychology, 103*, 18-31.

Watson, D., & Friend, R. (1969). Measurement of social-evaluative anxiety. *Journal of Consulting and Clinical Psychology, 33*, 448-457.

Weathers, F. W., Keane, T. M., & Davidson, J. R. T. (2001). Clinician-Administered PTSD Scale: A review of the first ten years of research. *Depression and Anxiety, 13*, 132-156.

Weathers, F. W., Ruscio, A. M., & Keane, T. M. (1999). Psychometric properties of nine scoring rules for the Clinician-Administered Posttraumatic Stress Disorder Scale. *Psychological Assessment, 11*, 124-133.

Weeks, J. W., Heimberg, R. G., Rodebaugh, T. L., & Norton, P. J. (2008). Exploring the relationship between fear of positive evaluation and social anxiety.

Journal of Anxiety Disorders, 22, 386-400.

Weens, C. F., Hayward, C., Killen, J., & Taylor, C. B. (2002). A longitudinal investigation of anxiety sensitivity in adolescence. *Journal of Abnormal Psychology, 111*, 471-477.

Wegner, D. M. (1994). Ironic processes of mental control. *Psychological Review, 101*, 34-52.

Wegner, D. M., Schneider, D. J., Carter, S. R., & White, T. L. (1987). Paradoxical effects of thought suppression. *Journal of Personality and Social Psychology, 53*, 5-13.

Wegner, D. M., & Zanakos, S. (1994). Chronic thought suppression. *Journal of Personality, 62*, 615-640.

Weiller, E., Bisserbe, J.-C., Maier, W., & LeCrubier, Y. (1998). Prevalence and recognition of anxiety syndromes in five European primary care settings: A report from the WHO Study on Psychological Problems in General Health Care. *British Journal of Psychiatry, 173*(Suppl. 34), 18-23.

Weiss, D. S., & Marmar, C. R. (1997). The Impact of Event Scale – Revised. In J. P. Wilson & T. M. Keane (Eds.), *Assessing psychological trauma and PTSD* (pp. 399-411). New York: Guilford Press.

Weissman, M. M., Bland, R. C., Canino, G. J., Greenwald, S., Hwu, H.-G., Lee, C. K., et al. (1994). The cross national epidemiology of obsessive compulsive disorder. *Journal of Clinical Psychiatry, 55*(Suppl. 3), 5-10.

Weissman, M. M., Klerman, G. L., Markowitz, J. S., & Ouellette, R. (1989). Suicidal ideation and suicide attempts in panic disorder and attacks. *New England Journal of Medicine, 321*, 1209-1214.

Weissman, M. M., Markowitz, J. S., Ouellette, R., Greenwald, S., & Kahn, J. P. (1990). Panic disorder and cardiovascular/cerebrovascular problems: Results from a community survey. *American Journal of Psychiatry, 147*, 1504-1508.

Wells, A. (1994a). A multidimensional measure of worry: Development and preliminary validation of the Anxious Thoughts Inventory. *Anxiety, Stress and Coping, 6*, 289-299.

Wells, A. (1994b). Attention and the control of worry. In G. C. L. Davey & F. Tallis (Eds.), *Worrying: Perspectives on theory, assessment and treatment* (pp. 91-114). Chichester, UK: Wiley.

Wells, A. (1995). Meta-cognition and worry: A cognitive model of generalized anxiety disorder. *Behavioural and Cognitive Psychotherapy, 23*, 301-320.

Wells, A. (1997). *Cognitive therapy of anxiety disorders: A practice manual and conceptual guide.* Chichester, UK: Wiley.

Wells, A. (1999). A cognitive model of generalized anxiety disorder. *Behavior Modification, 23*, 526-555.

Wells, A. (2000). *Emotional disorders and metacognition: Innovative cognitive therapy.* Chichester, UK: Wiley.

Wells, A. (2004). A cognitive model of GAD: Metacognitions and pathological worry. In R. G. Heimberg, C. L. Turk, & D. S. Mennin (Eds.), *Generalized anxiety disorder: Advances in research and practice* (pp. 164-186). New York: Guilford Press.

Wells, A. (2005a). Worry, intrusive thoughts, and generalized anxiety disorder: The metacognitive theory and treatment. In D. A. Clark (Ed.), *Intrusive thoughts in clinical disorders: Theory, research, and treatment* (pp. 119-144). New York: Guilford Press.

Wells, A. (2005b). The metacognitive model of GAD: Assessment of meta-worry and relationship with DSM-IV generalized anxiety disorder. *Cognitive Therapy and Research, 29*, 107-121.

Wells, A. (2006). The metacognitive model of worry and generalized anxiety disorder. In G. C. L. Davey & A. Wells (Eds.), *Worry and its psychological disorders: Theory, assessment and treatment* (pp. 179-216). Chichester, UK: Wiley.

Wells, A. (2009). *Metacognitive therapy for anxiety and depression.* New York: Guilford Press.

Wells, A., & Bulter, G. (1997). Generalized anxiety disorder. In D. M. Clark & C. G. Fairbburn (Eds.), *Science and practice of cognitive behaviour therapy* (pp. 155-178). Oxford, UK: Oxford University Press.

Wells, A., & Carter, K. (1999). Preliminary tests of a cognitive model of generalized anxiety disorder. *Behaviour Research and Therapy, 37*, 585-594.

Wells, A., & Carter, K. (2001). Further tests of a cognitive model of generalized anxiety disorder: Metacognitions and worry in GAD, panic disorder, social phobia, depression, and nonpatients. *Behavior Therapy, 32*, 85-102.

Wells, A., & Cartwright-Hatton, S. (2004). A short form of the Meta-cognitions Questionnaire: Properties of the MCQ-30. *Behaviour Research and Therapy, 42*, 385-396.

Wells, A., & Clark, D. M. (1997). Social phobia: A cognitive approach. In G. C. L. Davey (Ed.), *Phobias: A handbook of theory, research and treatment* (pp. 3-26). Chichester, UK: Wiley.

Wells, A., Clark, D. M., Salkovskis, P. M., Ludgate, J., Hackmann, A., & Gelder, M. (1995). Social phobia: The role of in-situation safety behaviors in maintaining anxiety and negative beliefs. *Behavior Therapy, 26*, 153-161.

Wells, A., & Davies, M. I. (1994). The Thought Control Questionnaire: A measure of individual differences in the control of unwanted thoughts. *Behaviour Research and Therapy, 32*, 871-878.

Wells, A., & Matthews, G. (1994). *Attention and emotion: A clinical perspective.* Hove, UK: Erlbaum.

Wells, A., & Matthews, G. (2006). Cognitive vulnerability to anxiety disorders: An integration. In L. B. Alloy & J. H. Riskind (Eds.), *Cognitive vulnerability to emotional disorders* (pp. 303-325). Mahwah, NJ: Erlbaum.

Wells, A., & Morrison, A. P. (1994). Qualitative dimensions of normal worry and normal obsessions: A comparative study. *Behaviour Research and Therapy, 32*, 867-870.

Wells, A., & Papageorgiou, C. (1995). Worry and the incubation of intrusive images following stress. *Behaviour Research and Therapy, 33*, 579-583.

Wells, A., & Papageorgiou, C. (1998a). Relationships between worry, obsessive-compulsive symptoms, and meta-cognitive beliefs. *Behaviour Research and Therapy, 36*, 899-913.

Wells, A., & Papageorgiou, C. (1998b). Social phobia: Effects of external attention on anxiety, negative beliefs, and perspective taking. *Behavior Therapy, 29*, 357-370.

Wells, A., & Papageorgiou, C. (2001). Social phobic interoception: Effects of bodily information on anxiety, beliefs and self-processing. *Behaviour Research and Therapy, 39*, 1-11.

Wells, A., & Sembi, S. (2004). Meta-cognitive therapy for PTSD: A core treatment manual. *Cognitive and Behavioral Practice, 11*, 365-377.

Wells, A., White, J., & Carter, K. (1997). Attention training: Effects on anxiety and beliefs in panic and social phobia. *Clinical Psychology and Psychotherapy, 4*, 226-232.

Wenzel, A., Finstrom, N., Jordan, J., & Brendle, J. R. (2005). Memory and interpretation of visual representations of threat in socially anxious and nonanxious individuals. *Behaviour Research and Therapy, 43*, 1079-1044

Wenzel, A., & Holt, C. S. (2002). Memory bias against threat in social phobia. *British Journal of Clinical Psychology, 41*, 73-79.

Wenzel, A., Jackson, L. C., & Holt, C. S. (2002). Social phobia and the recall of autobiographical memories. *Depression and Anxiety, 15*, 186-189.

Wenzel, A., Sharp, I. R., Brown, G. K., Greenberg, R. L., & Beck, A. T. (2006). Dysfunctional beliefs in panic disorder: The Panic Belief Inventory. *Behaviour Research and Therapy, 44*, 819-833.

Wenzel, A., Sharp, I. R., Sokol, L., & Beck, A. T. (2005). *An investigation of attentional fixation in panic disorder.* Unpublished manuscript, University of Pennsylvania, Philadelphia.

Wenzel, A., Werner, M. M., Cochran, C. K., & Holt, C. S. (2004). A differential pattern of autobiographical memory retrieval in social phobic and nonanxious individuals. *Behavioural and Cognitive Psychotherapy, 32*, 1-13.

Wenzlaff, R. M., & Wegner, D. M. (2000). Thought suppression. *Annual Review of Psychology, 51*, 59-91.

Wenzlaff, R. M., Wegner, D. M., & Roper, D. W. (1988). Depression and mental control: The resurgence of unwanted negative thoughts. *Journal of Personality and Social Psychology, 55*, 882-892.

Wetherell, J. L., Gatz, M., & Craske, M. G. (2003). Treatment of generalized anxiety disorder in older adults. *Journal of Consulting and Clinical Psychology, 71*, 31-40.

Wetherell, J. L., Roux, H. L., & Gatz, M. (2003). DSM-IV criteria for generalized anxiety disorder in older adults: Distinguishing the worried from the well. *Psychology and Aging, 18*, 622-627.

Whalley, M. G., & Brewin, C. R. (2007). Mental health following terrorist attacks. *British Journal of Psychiatry, 190*, 94-96.

Whitaker, A., Johnson, J., Shaffer, D., Rapoport, J. L., Kalikow, K., Walsh, T., et al. (1990). Uncommon troubles in young people: Prevalence estimates of selected psychiatric disorders in a non-referred adolescent population. *Archives of General Psychiatry, 47*, 487-496.

White, K. S., & Barlow, D. H. (2002). Panic disorder and agoraphobia. In D. H. Barlow (Ed.), *Anxiety and its disorders: The nature and treatment of anxiety and panic* (2nd ed., pp. 328-379). New York: Guilford Press.

White, K. S., Brown, T. A., Somers, T. J., & Barlow, D. H. (2006). Avoidance behavior in panic disorder: The moderating influence of perceived control. *Behaviour Research and Therapy, 44*, 147-157.

Whiteside, S. P., Port, J. D., & Abramowitz, J. S. (2004). A meta-analysis of functional neuroimaging in obsessive-compulsive disorder. *Psychiatry Research: Neuroimaging, 132*, 69-79.

Whittal, M. L., & McLean, P. D. (2002). Group cognitive behavioral therapy for obsessive compulsive disorder. In R. O. Frost & G. Steketee (Eds.), *Cognitive approaches to obsessions and compulsions: Theory, assessment, and treatment* (pp. 417-433). Amsterdam, The Netherlands: Elsevier Science.

Whittal, M. L., Thordarson, D. S., & McLean, P. D. (2005). Treatment of obsessive-compulsive disorder: Cognitive behavior therapy vs. exposure and response prevention. *Behaviour Research and Therapy, 43*, 1559-1576.

WHO World Mental Health Survey Consortium. (2004). Prevalence, severity, and unmet need for treatment of mental disorders in the World Health Organization world mental health surveys. *Journal of the American Medical Association, 291*, 2581-2590.

Widiger, T. A. (1992). Generalized social phobia versus avoidant personality disorder: A commentary on three studies. *Journal of Abnormal Psychology, 101*, 340-343.

Wiedemann, G., Pauli, P., & Dengler, W. (2001). A priori expectancy bias in patients with panic disorder. *Journal of Anxiety Disorders, 15*, 401-412.

Wilhelm. S., & Steketee, G. S. (2006). *Cognitive therapy for obsessive-compulsive disorder: A guide for professionals.* Oakland, CA: New Harbinger.

Williams, J. B. W., Gibbon, M., First, M. B., Spitzer, R. L., Davies, M., Borus, J., et al. (1992). The Structured Clinical Interview for DSM-III-R (SCID): Multisite test-retest reliability. *Archives of General Psychiatry, 49*, 630-636.

Williams, J. M. G., Watts, F. N., MacLeod, C., & Mathews, A. (1997). *Cognitive psychology and emotional disorders* (2nd ed.). Chichester, UK: Wiley.

Williams, M. G., Teasdale, J. D., Segal, Z. V., & Kabat-Zinn, J. (2007). *The mindful way through depression: Freeing yourself from chronic unhappiness.* New York: Guilford Press.

Williams, N. L., Shahar, G., Riskind, J. H., & Joiner, T. E. (2005). The looming maladaptive style predicts shared variance in anxiety disorder symptoms: Further support for a cognitive model of vulnerability to anxiety. *Journal of Anxiety Disorders, 19*, 157-175.

Williams, S. L., Williams, D. R., Stein, D. J., Seedat, S., Jackson, P. B., & Moomal, H. (2007). Multiple traumatic events and psychological distress: The South Africa Stress and Health Study. *Journal of Traumatic Stress, 20*, 845-855.

Wilson, E., & MacLeod, C. (2003). Contrasting two accounts of anxiety-linked attentional bias: Selective attention to varying levels of stimulus threat intensity. *Journal of Abnormal Psychology, 112*, 212-218.

Wilson, E. J., MacLeod, C., Mathews, A., & Rutherford, E. M. (2006). The causal role of interpretative bias in anxiety reactivity. *Journal of Abnormal Psychology, 115*, 103-111.

Wilson, J. K., & Rapee, R. M. (2004). Cognitive theory and therapy of social phobia. In M. A. Reinecke & D. A. Clark (Eds.), *Cognitive therapy across the lifespan: Evidence and practice* (pp. 258-292). Cambridge, UK: Cambridge University Press.

Wilson, J. K., & Rapee, R. M. (2005). The interpretation of negative social events in social phobia with versus without comorbid mood disorder. *Journal of Anxiety Disorders, 19*, 245-274.

Wilson, J. K., & Rapee, R. M. (2006). Self-concept certainty in social phobia. *Behaviour Research and Therapy, 44*, 113-136.

Wilson, J. P. (2004). PTSD and complex PTSD: Symptoms, syndromes, and diagnoses. In J. P. Wilson & T. M. Keane (Eds.), *Assessing psychological trauma and PTSD* (2nd ed., pp. 7-44). New York: Guilford Press.

Wilson, K. A., & Chambless, D. L. (2005). Cognitive therapy for obsessive-compulsive disorder. *Behaviour Research and Therapy, 43*, 1645-1654.

Wilson, K. G., Sandler, L. S., Asmundson, G. J. G., Ediger, J. M., Larsen, D. K., & Walker, J. R. (1992). Panic attacks in the non-clinical population: An empirical approach to case identification. *Journal of Abnormal Psychology, 101*, 460-468.

Wittchen, H.-U. (2002). Generalized anxiety disorder: Prevalence, burden, and cost to society. *Depression and Anxiety, 16*, 162-171.

Wittchen, H.-U., & Boyer, P. (1998). Screening for anxiety disorders: Sensitivity and specificity of the Anxiety Screening Questionnaire (ASQ-15). *British Journal of Psychiatry, 173* (Suppl. 34), 10-17.

Wittchen, H.-U., Reed, V., & Kessler, R. C. (1998). The relationship of agoraphobia and panic in a community sample of adolescents and young adults. *Archives of General Psychiatry, 55*, 1017-1024.

Wittchen, H.-U., Stein, M. B., & Kessler, R. C. (1999). Social fears and social phobia in a community sample of adolescents and young adults: Prevalence, risk factors and comorbidity. *Psychological Medicine, 29*, 309-323.

Wittchen, H.-U., Zhao, S., Kessler, R. C., & Eaton, W. W. (1994). DSM-III-R generalized anxiety disorder in the National Comorbidity Survey. *Archives of General Psychiatry, 51*, 355-364.

Wolpe, J. (1958). *Psychotherapy by reciprocal inhibition.* Stanford, CA: Stanford University Press.

Wolpe, J., & Lazarus, A. A. (1966). *Behavior therapy techniques: A guide to the treatment of neuroses.* New York: Pergamon Press.

Woods, C. M., Frost, R. O., & Steketee, G. (2002). Obsessive compulsive (OC) symptoms and subjective severity, probability, and coping ability estimates of future negative events. *Clinical Psychology and Psychotherapy, 9*, 104-111.

Woody, S. R., & Rachman, S. (1994). Generalized anxiety disorder (GAD) as an unsuccessful search for safety. *Clinical Psychology Review, 14*, 743-753.

Woody, S. R., Steketee, G., & Chambless, D. L. (1995). Reliability and validity of the Yale-Brown Obsessive-Compulsive Scale. *Behaviour Research and Therapy, 33*, 597-605.

Woody, S. R., Taylor, S., McLean, P. D., & Koch, W. J. (1998). Cognitive specificity in panic and depression: Implications for comorbidity. *Cognitive Therapy and Research, 22*, 427-443.

World Health Organization. (1992). *The ICD-10 classification of mental and behavioural disorders: Clinical descriptions and diagnostic guidelines*. Geneva, Switzerland: Author.

Wroe, A. L., Salkovskis, P. M., & Richards, H. C. (2000). "Now I know it could happen, I have to prevent it": A clinical study of the specificity of intrusive thoughts and the decision to prevent harm. *Behavioural and Cognitive Psychotherapy, 28*, 63-70.

Wu, K. D., Clark, L. A., & Watson, D. (2006). Relations between obsessive-compulsive disorder and personality: Beyond Axis I-Axis II comorbidity. *Journal of Anxiety Disorders, 20*, 695-717.

Yiend, J., Mackintosh, B., & Mathews, A. (2005). Enduring consequences of experimentally induced biases in interpretation. *Behaviour Research and Therapy, 43*, 779-797.

Yonkers, K. A., Bruce, S. E., Dyck, I. R., & Keller, M. B. (2003). Chronicity, relapse, and illness: Course of panic disorder, social phobia, and generalized anxiety disorder. Findings in men and women from 8 years of follow-up. *Depression and Anxiety, 17*, 173-179.

Yonkers, K. A., Dyck, I. R., Warshaw, M., & Keller, M. B. (2000). Factors predicting the clinical course of generalized anxiety disorder. *British Journal of Psychiatry, 176*, 544-549.

Yonkers, K. A., Warshaw, M. G., Massion, A. O., & Keller, M. B. (1996). Phenomenology and course of generalized anxiety disorder. *British Journal of Psychiatry, 168*, 308-313.

Yonkers, K. A., Zlotnick, C., Allsworth, J., Warshaw, M., Shea, T., & Keller, M. B. (1998). Is the course of panic disorder the same in women and men? *American Journal of Psychiatry, 155*, 596-602.

York, D., Borkovec, T. D., Vasey, M., & Stern, R. (1987). Effects of worry and somatic anxiety induction on thoughts, emotion and physiological activity. *Behaviour Research and Therapy, 25*, 523-526.

Zatzick, D. F., Marmar, C. R., Weiss, D. S., Browner, W. S., Metzler, T. J., Golding, J. M., et al. (1997). Posttraumatic stress disorder and functioning and quality of life outcomes in a nationally representative sample of male Vietnam veterans. *American Journal of Psychiatry, 154*, 1690-1695.

Zatzick, D. F., Rivara, F. P., Nathens, A. B., Jurkovich, G. J., Wang, J., Fan, M.-Y., et al. (2007). A nationwide US study of post-traumatic stress after hospitalization for physical injury. *Psychological Medicine, 37*, 1469-1480.

Zebb, B. J., & Moore, M. C. (1999). Another look at the psychometric properties of the Anxiety Control Questionnaire. *Behaviour Research and Therapy, 37*, 1091-1103.

Zhang, W., Ross, J., & Davidson, J. R. T. (2004). Social anxiety disorder in callers to the Anxiety Disorders Association of America. *Depression and Anxiety, 20*, 101-106.

Zhong, J., Wang, A., Qian, M., Zhang, L., Gao, J., Yang, J., et al. (2008). Shame, personality, and social anxiety symptoms in Chinese and American nonclinical samples: A cross-cultural study. *Depression and Anxiety, 25*, 449-460.

Zinbarg, R. E., & Ballow, D. H. (1996). Structure of anxiety and the anxiety disorders: A hierarchical model. *Journal of Abnormal Psychology, 105*, 181-193.

Zinbarg, R. E., Ballow, D. H., & Brown, T. A. (1997). Hierarchical structure and general factor saturation of the Anxiety Sensitivity Index: Evidence and implications. *Psychological Assessment, 9*, 277-284.

Zlotnick, C., Johnson, J., Kohn, R., Vicente, B., Rioseco, P., & Saldivia, S. (2006). Epidemiology of trauma, post-traumatic stress disorder (PTSD) and co-morbid disorders in Chile. *Psychological Medicine, 36*, 1523-1533.

Zoellner, L. A., Sacks, M. B., & Foa, E. B. (2003). Directed forgetting following mood induction in chronic posttraumatic stress disorder patients. *Journal of Abnormal Psychology, 112*, 508-514.

Zolensky, M. J., Arrindell, W. A., Taylor, S., Bouvard, M., Cox, B. J., Stewart, S. H., et al. (2003). Anxiety sensitivity in six countries. *Behaviour Research and Therapy, 41*, 841-859.

Zvolensky, M. J., Feldner, M. T., Eifert, G. H., & Stewart, S. H. (2001). Evaluating differential predictions of emotional reactivity during repeated 20% carbon dioxide-enriched air challenge. *Cognition and Emotion, 15*, 767-786.

Zvolensky, M. J., Kotov, R., Antipova, A. V., & Schmidt, N. B. (2005). Diathesis stress model for panic-related distress: A test in a Russian epidemiological sample. *Behaviour Research and Therapy, 43*, 521-532.

Zvolensky, M. J., Leen-Feldner, E. W., Feldner, M. T., Bonn-Miller, M. O., Lejuez, C. W., Kahler, C. W., et al. (2004). Emotional responding to biological challenge as a function of panic disorder and smoking. *Journal of Anxiety Disorders, 18*, 19-32.

Zvolensky, M. J., Schmidt, N. B., Bernstein, A., & Keough, M. E. (2006). Risk-factor research and prevention programs for anxiety disorders: A translational research framework. *Behaviour Research and Therapy, 44*, 1219-1239.

Índice

Números de páginas seguidos por "f" ou "t" indicam figuras ou tabelas

A

Abordagem orientada ao problema, ativação de, 157-158, 159t
Abstração seletiva, como erro de processamento, 57
Abuso de substância
com fobia social, 346-347
com TEPT, 503-505
com transtorno de pânico, 287-289
com transtornos de ansiedade, 21-22
Abuso sexual na infância
fobia social e, 348-349
TEPT e, 504-505
transtorno de pânico e, 290-292
Aceitação e compromisso, terapia, 228-230
Aceitação, definição, 228-229
Adesão à tarefa de casa, em intervenções cognitivas, 204-207
Afetividade negativa, vulnerabilidade à ansiedade e, 111-112, 129-131
Afirmações de enfrentamento autoinstrutivas, 258-259
Agitação, avaliação errônea exagerada e esquema orientado à ameaça associados com, 152t
Agorafobia
ausência de sinais de segurança e, 58-59

busca de segurança
automática e, 93-94
com transtorno de pânico, 377-281, 287-289
definição, 286-287
exposição assistida por parceiro para, 248-250
processamento de segurança inibido e, 48-49
Alarmes falsos, 18-19
Ameaça social; *ver também* Ameaça na fobia social, recordação autobiográfica de, 369-371
na terapia de fobia social, 378-381
Ameaça; *ver também* Ativação do modo primitivo de ameaça; Ameaça social
à sociotropia/autonomia, 52-54, 53t
avaliação de, vulnerabilidade e, 42-44
crenças sobre, no TEPT, 515-517
desvio de foco da, 189
evitando debates verbais sobre, 189
exagerada no TOC, 474-476
hipervigilância para, avaliação de, 72-74
viés atencional para, no TAG, 392-394
viés de memória explícita para, 96-99
Amígdala
mediação de processo cognitivo da, 39-40

resposta ao medo e, 30-33, 39-40
Ampliação, como erro de processamento, 57
Amplificação interoceptiva, hipótese, para transtorno de pânico, 306-308
Análise de custo-benefício
na Fobia Social, 374-375
no TEPT, 537-538
no TOC, 478-479
procedimento para, 211-214
Análise situacional, 144, 146-149
e normalização de medo e ansiedade, 193-194
elementos da, 147-149
na fobia social, 365-366, 368
questões de entrevista na, 145t
Ansiedade
antecipatória, reestruturação na fobia social, 373-375, 377, 374t
apreensão e intolerância de, no transtorno de pânico, 314-315
aumentada, na prevenção de resposta, preparando o paciente para, 257-259
base neurobiológica de, 30-32
classificação do DSM-IV e, 19-21
cognição disfuncional e, 17-18
definição, 16-18
na educação do paciente, 197-198
difusão de, 40-41
diretrizes clínicas para, 16-21
eventos provocadores, 15-16

ÍNDICE 623

funcionamento prejudicado e, 17-19

hipersensibilidade a estímulo e, 18-19

interpretação negativa de no modelo cognitivo de ansiedade, 64t-65t

situação clínica de, 83-88

intervenções cognitivas para (*ver* Intervenções cognitivas)

manutenção da, 18-19

medo e, 16-22

modelo cognitivo de (*ver* Modelo cognitivo de ansiedade)

normal
  processamento elaborativo secundário na, 61-65
  versus anormal, 17-21, 40-41, 61-65, 62t
  orientação futura de, 16-17
  pesquisa sobre, teoria cognitiva e, 13
  prevalência de, 16
  versus depressão, 87-90
  versus pânico, 282-283
  vida diária e, 16
  visão geral de, 15-41
  vulnerabilidade à (*ver* Vulnerabilidade)

Ansiedade estado, viés de ameaça atencional e, 68-69

Ansiedade social
  detecção de *dot probe* de, 70-72
  fases de, 366, 368
  imobilidade e, 43-44
  questionários cognitivos de, 364-366

Ansiedade traço, 111-112
  viés de ameaça atencional e, 68-69

Ansiedade, estado de, reavaliação elaborativa secundária e, 94-108

Aquisição de medo, processos cognitivos na, 38-39

Ataques de pânico
  agorafobia associada com, 280-281
  apreensão de, 282-283
  aspectos críticos de, 281t
  busca de segurança e evitação em, 282-283
  de sintoma limitado, 284t, 285-286
  definição do DSM-IV-TR de, 281
  espontâneos, 283-285, 284t
  excitabilidade fisiológica aguda em, 281-282

falta de controle percebida em, 282-283

gatilhos situacionais de, 281-282, 281t

hipervigilância de sensações corporais em, 281-282

interpretações catastróficas em, 281-283

não clínicos, 284t, 285-286

natureza de, 280-284

noturnos, 284t, 284-286

resultado percebido de, 315-317

tipos de, no DSM-IV-TR, 283-285

variedades de, 283-286, 284t

versus ansiedade, 282-283

Ataques de pânico noturnos, 284t, 284-286

Atenção
  estreitamento da, 73-75
  foco da, no momento presente como antídoto para preocupação, 437-438

Atenuação da emoção, no tratamento de TEPT, 546

Ativação da ameaça primitiva, 54-56, 55t
  consequências de, 56
  exemplos de, 57
  na ansiedade normal *versus* anormal, 62t
  no modelo cognitivo de ansiedade, 123-124

Ativação da ansiedade, inadequada
  consequências de, 199-200
  explicação cognitiva para, 198-199, 199f

Ativação do medo, avaliação e formulação de caso de, 142-154
  análise situacional na, 144, 149
  erros de processamento cognitivos na, 154
  excitabilidade autonômica percebida na, 151-152
  observação comportamental na, 143-144
  primeiros pensamentos/imagens apreensivos na, 148-152
  questões primárias na, 143-144
  respostas inibitórias imediatas na, 151-152

Ativação do modo de ameaça
  consequências de, hipóteses relativas a, 80-94
  reação defensiva automática e, 91-92, 91f

resposta ao medo imediata e, hipóteses relativas a, 67-81

Autoconfiança, definição, 58

Autoconsciência cognitiva no TOC, 464-466

Autoconsciência cognitiva no TOC, 464-466

Autoeficácia
  baixa percebida, vulnerabilidade e, 121-122
  conceitos de Bandura de, 46-49
  fortalecimento, 194-196
  terapia cognitiva e, 48-49

Autoestima, fobia social e, 121-123

Automaticidade no módulo do medo, 36-37

Automonitoramento
  de ataques de pânico, 304-305
  de compulsões, 473-474
  de intervenções comportamentais, 241-242
  de obsessões, 472-473
  em intervenções cognitivas, 203-207

Autonomia
  ameaças a, 53t
  definição, 52-54
  determinando interesses vitais individuais na, 53-54
  TEPT e, 507-508
  terapia cognitiva e, 53-54

Autopercepção; *ver também* Esquemas do indivíduo
  na fobia social, 359-360
  senso aumentado de vulnerabilidade e, 120-123
  vulnerabilidade cognitiva e, 118-119

Autorrecriminação, no TEPT, 531

Avaliação cognitiva e formulação de caso, formas para, 169-186

Avaliação da ameaça; *ver também* Pensamentos automáticos
  automática, testes de, 79-81
  errônea, 47t, 44-48
  no modelo cognitivo de ansiedade, 64t-65t
  no TAG, 407-410
  no TOC, 460-461, 474-476, 478-479
  sintomas físicos associados com, 152t
  situação clínica de, 76-81
  terapia cognitiva e, 46-48
  modificando, 190-193, 192t
  na fobia social, 355-360

624 ÍNDICE

no teste empírico da hipótese, 219-220
processamento automático/ estratégico de, 50-51
realista, questões clínicas sobre, 159t
reestruturação cognitiva de, no TAG, 428-430
tendenciosa, 81-82
Avaliação de Preocupações Sociais, 365-366
Avaliação Diária do Humor, 141-143, 142f
Avaliação e formulação de caso, 135-186; *ver também* Transtornos específicos
análise situacional na, elementos de, 147-149
entrevistas diagnósticas na, 135-139
escalas de sintoma na, 138-143
  Avaliação Diária do Humor, 141-143, 142f
  Escala de Avaliação de Ansiedade de Hamilton, 139-140
  Escala de Depressão, Ansiedade e Estresse, 139-141
  Inventário de Ansiedade de Beck, 138-140
  Inventário de Ansiedade Traço-Estado, 140-141
  Inventário de Depressão de Beck-II, 142-143
  Lista de Verificação de Cognições, 140-141
  Questionário de Preocupação do Estado da Pensilvânia, 141-142
ilustração de caso, 164-168
avaliação de reavaliação secundária na, 167-168
avaliação de resposta ao medo imediata na, 166-168
diagnóstico e avaliação do sintoma na, 165-167
metas do tratamento na, 167-168
orientadas por teoria, 135-137
reavaliação secundária na, 154-165
avaliação de capacidades de enfrentamento na, 154-156
enfrentamento cognitivo e papel da preocupação na, 164-165

modo construtivo na, 157-158, 159t
para comportamento deliberado de busca de segurança, 155-158
reavaliação da ameaça e, 164-165
resumo de referência rápida de, 186
três aspectos da, 136f
Avaliação metacognitiva
de preocupação no TAG, 420-423
no TOC, 459-461, 477-478
Avaliações de Ansiedade e Registro da Situação Diários, 169
Avaliações de risco errôneas, 196
Avaliações de segurança, modificando, 190-193
Avaliações; *ver também* Avaliação de controle da ameaça no TOC, 460-461
de obsessões, 459-461
do trauma, 528-530
errônea
  foco nas, 189-191
  modificando, 190-193
  no TOC, 454-455, 458, 455f-456f, 464-466
  reestruturação cognitiva no TOC, 478-479
  versus obsessões, 477-478

B

Benzodiazepínico – ácido gama-aminobutírico, 32-34
Bergman, Ingrid, 109
Biblioterapia, 203-204
"Bloqueio", estratégias na prevenção de resposta, 258-259
Busca de evidência
formulário para, 233
na fobia social, 374-375
na terapia do transtorno de pânico, 321
no TEPT, 536-538
no TOC, 478-479
procedimento e ilustração de caso, 207-212

C

Capacidade de solucionar problemas
questões clínicas sobre, 159t
TAG e, 414-416
Capacidades de enfrentamento, avaliação de, 154-156

Catastrofização
como erro de processamento, 57
comportamento de busca de segurança e, 74-75
definição e exemplos, 176
em ataques de pânico, 281-283, 293, 295-297
no TAG, 411-413
no TEPT, 529-530
Circuito neural específico no módulo do medo, 37-38
Claustrofobia, hipersensibilidade à sensação corporal e, 300-301
Cognição
argumento a favor, 37-41
concomitantes biológicos na ansiedade, 34t
consciente, na alteração da resposta ao medo, 38-40
efeitos mediadores de, 42
escalas de, no TEPT, 524-527
na aquisição de medo, 38-39
na mediação de ativação da amígdala, 39-40
na terapia de aceitação e compromisso *versus* terapia cognitiva, 229-230
papel na ansiedade, 41
pré-consciente *versus* consciente, 38-39
problemática (*ver também* Pensamentos automáticos; Pensamentos Intrusivos)
contestadora, 259-260
Cognições de ameaça elevadas específicas do transtorno no modelo cognitivo de ansiedade, 64t-65t
situação clínica de, 87-91
Cognições de ameaça específicas do transtorno, elevadas, situação clínica de, 87-91
Comorbidade; *ver também* Transtornos específicos
diagnóstico *versus* prognóstico, 19-21
Comportamento de
evitação, teoria do condicionamento e, 34-35
Comportamento de fuga, 153-154; *ver também* Evitação
desvantagens de, 200-201
Comportamentos de busca de segurança
automáticos, 93-94

ÍNDICE 625

crenças catastróficas e, 74-75
deliberados, avaliação de, 155-158
eliminando, durante intervenções de exposição, 250-251
evitação disfuncional e, 196-197
impacto negativo de, 103-105
manutenção da ansiedade e, 48-50
na fobia social, 353-355, 360-361, 369-370
no TEPT, 514, 521-522
no transtorno de pânico, 308-310
ampla, 282-283
avaliação de, 314-316
papel do, 199-201
prevenção de resposta e, 255-263
processamento aumentado de, 196-197
Comportamentos de segurança automáticos, 153-154
definição, 155-156
na fobia social, 338-340, 369-370
Compulsões; *ver também* Transtorno obsessivo-compulsivo
características de, 472t
Conclusões precipitadas, definição e exemplos, 176
Condicionamento clássico na resposta ao medo, 44-46
Congelamento, 153-154
Contato visual, evitação de, 153-154
Controle
no TEPT, necessidade por, 513
no TOC
avaliação errônea de,460-461
falta percebida de, 466-468
formas de, 461-462
necessidade por, 462-467, 474-476, 478-479
nos ataques de pânico, falta percebida de, 282-283
Controle da preocupação, estratégias para, 422-423, 423t
Controle pessoal diminuído, vulnerabilidade à ansiedade e, 115-118
Crenças de ansiedade; *ver também* Crenças; Esquemas; Esquemas pessoais
disfuncionais, 124-127

Crenças metacognitivas
sobre preocupação, reestruturação cognitiva de, 53-54
Crenças relacionadas à ameaça ansiedade e, evidência empírica para, 123-129
no modelo cognitivo de ansiedade de vulnerabilidade, 123-130
resistentes no modelo cognitivo de ansiedade, 64t
Crenças; *ver também* Esquemas; Esquemas do indivíduo
maladaptativas
e vulnerabilidade à TEPT, 507-511, 509t-510t
no TOC, 458t, 462-465, 475-476, 480, 482-483
TEPT e, 515-517
modificando, no TOC, 476t
pré-trauma no TEPT, 525-527, 526t
sobre mudanças fisiológicas, 293-296
tendenciosas
foco em, 189-191
modificando, 190-193
trauma, 528-530
Culpa no TEPT, 495-496

D

Debate terapeuta-paciente, evitando, 189
Declaração de Impacto no TEPT, 536-539
Déficit de habilidades sociais, fobia social e, 348-350
Depressão
ansiedade *versus*, 87-90
comorbidade de, 19-21
com fobia social, 346-347
com TAG, 392-394, 399, 402-403
com TEPT, 503-505
com TOC
com transtorno de pânico, 287-289
com transtornos de ansiedade, 20-22
controle pessoal diminuído e, 117-118
desesperança na, 87-89
erros cognitivos na, 82-84
eventos de vida e, 118-119
Descatastrofização
na fobia social, 374-375
no TAG, 429-432

Desesperança na depressão
versus TAG, 87-89
Desfusão cognitiva, definição, 228-229
Desmaio, 153-154
Dessensibilização e reprocessamento por movimentos oculares para TEPT, 546-548
Dessensibilização sistemática, 263-264
Detecção de *dot probe*
de viés atencional de ameaça, 70-73
visual, 70-72
10 simple solutions to panic, 200-201
Diagrama da Conceitualização de Caso Cognitivo de Ansiedade, 183-186
Diário de pânico semanal, 311-314
Dificuldades respiratórias, avaliações e esquemas orientados à ameaça associado com, 152t
Dissociação, no TEPT, 513, 519-521, 532
Dor torácica, avaliação errônea exagerada e esquema orientado à ameaça associado com, 152t
Dramatizações
exemplos de, 261-262
para determinar primeiros pensamentos apreensivos, 150-152
DSM-IV-TR; ver *Manual Diagnóstico e Estatístico de Transtornos Mentais (DSM-IV-TR)*; Transtornos específicos

E

Educação do paciente
em Fobia Social, 371-374
em intervenções cognitivas, 196-204
adesão à tarefa de casa em, 204-207
definindo ansiedade e medo em, 197-204
elementos primários de, 196-198, 198t
estratégias de não terapia e, 202-203
estratégias de tratamento em, 201-203
meta de tratamento em, 201-203

626 ÍNDICE

métodos de,
sobre o papel da evitação e
busca de segurança,
199-201
em TAG, 424-427
em TEPT, 533-537, 534t
em TOC, 475-477, 476t
em transtorno de pânico,
317-318
"Efeito camelo", 476-477
Efeito de interferência de Stroop
no TEPT, 516-518
Eficácia pessoal; ver Autoeficácia
Elaboração da ameaça facilitada
expectativas relacionadas à
ameaça e, 96-97
interpretações tendenciosas de
ameaça e, 94-97
memória autobiográfica e,
98-99
no modelo cognitivo de
ansiedade, 64t-65t
situação clínica de, 94-100
viés de memória explícita e,
96-99
Elaboração de segurança inibida
no modelo cognitivo de
ansiedade, 64t-65t
situação clínica de, 99-101
EMDR; ver Dessensibilização e
reprocessamento por
movimentos oculares
Encapsulação no módulo do
medo, 36-38
Enfrentamento cognitivo
estratégias para, 160-165
preocupação excessiva e,
160-161
Ensaio comportamental, 261-263
Entorpecimento no TEPT, 492,
493t
Entrevista Clínica Estruturada do
DSM-I/NP para TAG, 416
Entrevista Clínica Estruturada do
DSM-IV
para fobia social, 362-363
para TEPT, 521-522
para TOC, 468-469
para transtorno de pânico,
309-310
Entrevista, perguntas de
para avaliar gatilhos
situacionais, 145t
para avaliar primeiros
pensamentos/imagens
apreensivos, 149-150
para identificar cognições de
busca de segurança,
156-157
Entrevistas diagnósticas, 135-139

Erros cognitivos
depressivos, 82-84
tendenciosos de ameaça
no modelo cognitivo de
ansiedade, 64t-65t
situação clínica de, 80-84
Erros cognitivos tendenciosos à
ameaça, situação clínica
de, 80-84
Erros de pensamento
definição e exemplos, 176
identificação, 177
Erros de processamento
cognitivos, 57, 154
no medo, 32-33
no TOC, 458-460
Erros e Vieses Comuns na
Ansiedade, 374-375
Escala de Ansiedade de Interação
Social, 362-364
Escala de Atitudes de
Responsabilidade,
462-463
Escala de Avaliação da Ansiedade
de Hamilton, 139-140
Escala de Depressão, Ansiedade,
Estresse, 139-141
Escala de Diagnóstico de
Estresse Pós-Traumático,
523-524
Escala de Fobia Social, 362-364
Escala de Fusão Pensamento-
Ação, 463-464
Escala de Impacto do Evento,
523-524
Escala de Intolerância à
Incerteza, 407-409
para TAG, 416-417
Escala de Medo de Avaliação
Negativa, 364-365
Escala de Mississippi para TEPT
Relacionado a Combate,
523-524
Escala de Pensamentos e Crenças
Sociais, 365-366
Escala de TEPT Administrada
pelo Profissional (CAPS),
522-524
Escala Obsessivo-Compulsiva
de Yale-Brown, 450-451,
469-470
Escrita expressiva, 226-228
Especificidade cognitiva em
subtipos de transtorno de
ansiedade, 89-91
Esquema de ameaça no TAG,
402-404t
Esquema de vulnerabilidade,
hipótese de, para

transtorno de pânico,
301-303
Esquema, ativação, na terapia
de transtorno de pânico,
318-319
Esquemas afetivos, 55t, 56; ver
também Esquemas;
Esquemas do indivíduo
Esquemas comportamentais,
55-56, 55t; ver também
Esquemas; Esquemas do
indivíduo
Esquemas conceituais cognitivos,
55-56, 55t
Esquemas do indivíduo; ver
também Autopercepção
na fobia social, 352-354, 354t,
356-359, 370-371
no TEPT, 59-60, 509t, 527-528
Esquemas fisiológicos, 55-56, 55t
Esquemas motivacionais, 55t, 56
Esquemas primitivos de ameaça
cognitivo-conceituais,
55-56, 55t
Esquemas; ver também Crenças;
Esquemas do indivíduo
ativação de, primeiros
pensamentos/imagens
apreensivos e, 148-152
cognitivos-conceituais, 55-56,
55t
na avaliação e formulação de
caso para resposta ao
medo, 142-144
na fobia social, 352-354, 354t
no TAG, 402-405, 404t,
423-425
no TEPT, 507-511, 509t-510t,
513
no TOC, 455, 457-459
orientados à ameaça, sintomas
físicos associados com,
152t
sobre mudanças fisiológicas,
293-296
Estilo iminente maladaptativo,
81-83
Estimativas de gravidade,
modificando, 190-193,
192t
Estimativas de probabilidade,
modificando, 190-193,
192t
Estimativas de vulnerabilidade,
modificando, 190-193,
192t
Estratégias cognitivas
maladaptativas no
TEPT, 519-521

ÍNDICE   627

Estratégias compensatórias
cognitivas prejudiciais,
no modelo cognitivo de
ansiedade, 64t
situação clínica de, 100-108
Estratégias de enfrentamento; *ver
também* Enfrentamento
cognitivo
alternativas, desenvolvimento,
259-260
ativação de, 157-158, 159t
avaliação de, 46-49, 58-59
ansiedade normal e, 61-63
maladaptativa, identificação,
256-257
no TEPT, 530
prevenção de resposta e,
255-263
Estratégias defensivas, ineficazes
no modelo cognitivo de
ansiedade, 64t-65t
situação clínica de, 90-94
Estreitamento da atenção, 73-75
Estresse, transtorno de pânico e,
290-292
Etnia; *ver também* Fatores
culturais
TAG e, 396-398
TEPT e, 501-502
Eventos de vida estressantes; *ver
também* Trauma no TEPT;
Exposição a trauma
ansiedade e, 117-119
fobia social e, 347-349
TAG e, 399-400
TOC e, 451-452
transtorno de pânico e,
290-292
vulnerabilidade à ansiedade e,
129-130
Evitação agorafóbica, 286-287
Evitação cognitiva, 153-154
como reação defensiva
automática, 92-94
em exposições imaginárias
versus in vivo, 253-254
Evitação comportamental,
153-154
Evitação de ameaça, perspectiva
empírica sobre, 76-77
Evitação, 91-93; *ver também*
Evitação cognitiva
ataques de pânico e, 282-283
comportamental, 153-154
desvantagens da, 200-201
disfuncional, 196-197
na fobia social, 338-340
na terapia de aceitação e
compromisso, 229-230

no TEPT, 492, 493t, 514,
521-522, 532
no transtorno de estresse
agudo, 495t
no transtorno de pânico,
avaliação de, 314-316
papel da, 199-201
situações provocadoras,
147-148
Excitabilidade ansiosa, fobia
social e, 338-339
Excitabilidade autonômica
aumentada, 56-57
no TOC, 459-460
percebida, avaliação de,
151-152
Excitação; *ver* excitação
autonômica
Exercício de prender a respiração,
para transtorno de
pânico, 318-319, 320t
Exercícios de indução de pânico,
254-255
Exercícios de indução de sintomas
na terapia de transtorno de
pânico, 318-319
para transtorno de pânico, 320t
Exercícios de indução para
determinar primeiros
pensamentos apreensivos,
151-152
Expectativas relacionadas à
ameaça, 96-97
Experimento de supressão do
pensamento, exemplo de,
162-164
Experimentos comportamentais;
ver também Exposições *in
vivo*, Teoria da hipótese
empírica
na terapia do TOC, 480-482
no tratamento do transtorno
de pânico, 321-322
Experimentos de teste empírico
da hipótese, no
tratamento de transtorno
de pânico, 321-322
Exposição a trauma
e representação na memória
de trabalho, 510-511
fatores de gênero na, 496-497
no transtorno de estresse
agudo, 494, 495t
prevalência de, *versus*
prevalência de TEPT,
496-497
tipos de, 497-499
Exposição e prevenção de
resposta para TOC,

tentativas de controle de,
482-485
Exposição espontânea, questões
clínicas sobre, 159t
Exposição *in vivo* gradual para
transtorno de pânico,
322-323
Exposições à inundação,
nas intervenções em
imaginação *versus in
vivo*, 252-254
Exposições a sensação corporal,
254-256
Exposições em imaginação,
251-255
à recordação do trauma no
TEPT, 540-542
roteiros de medo em
imaginação, 253-255
treinamento de habituação de
áudio em, 254-255
versus exposição *in vivo*,
252-253
Exposições *in vivo*, 250-252;
ver também Intervenções
de exposição
no tratamento do TEPT, 534t,
544
para transtorno de pânico,
242-243
gradual, 322-323
versus exposição imaginária,
252-253
Exposições interoceptivas, 254-256
Exposições situacionais (*in vivo*),
250-252; *ver também*
Exposições *in vivo*
versus exposição em
imaginação, 144, 146-149
Expressão de preocupação
repetida no TAG,
431-433

F

Fatores cognitivos na resposta ao
medo, 29-33
Fatores culturais
na fobia social, 344-345
nos transtornos de ansiedade,
23-25, 25t
Fatores de resgate subestimados,
48-49
Fatores genéticos, 28-33
na fobia social, 347-349
na vulnerabilidade à
ansiedade, 111, 129-130
Feedback através de
dramatização, para
fobia social, 375, 377

628 ÍNDICE

Fobia social
aspectos centrais do DSM-IV
de, 20-21
avaliação do Stroop emocional
de, 67-68
busca de segurança
automática e, 93-94
comorbidade de, 346-348
com TAG, 399
com transtorno de pânico,
287-289
preocupação e, 101-102
conceitualização de caso na,
365-371
análise situacional na,
365-366, 368
comportamentos de segurança
e, 369-370
e atenção autocentrada e
inibição involuntária,
368-370
e esquemas sociais centrais
do indivíduo, 370-371
e fases de ansiedade social,
366, 368
e recordação autobiográfica
de ameaça social, 369-371
e viés de ameaça social
explícita, 368-369
elementos de, 367t-368t
consciência, evitação, e
inibição na, 338-340
critérios diagnósticos do
DSM-IV para, 337t
déficit de habilidades sociais e,
348-350
demora no tratamento/
utilização do serviço
para, 345-347
diferenças de gênero e
transculturais na, 344-345
e medo de avaliação negativa,
337-339
efeitos prejudiciais de, 345-346
eliminando comportamento da
busca de segurança na,
248-249
especificidade na, 121-123
esquemas sociais
maladaptativos no
indivíduo na, 352-354,
354t
estimativas de probabilidade
de ameaça, gravidade,
vulnerabilidade e
segurança na, 192t
eventos de vida/adversidade
social negativos e, 347-349
excitabilidade ansiosa e pânico
na, 338-339

fase antecipatória de, 350-352,
361-363
fobia simples e, 336-337
foco de interpretação de
ansiedade negativa
na, 85t
formulação cognitiva de caso
para, elementos de,
367t-368t
fuga/evitação comportamental
e, 91-93
generalizada versus específica,
341-343
hierarquia de exposição na, 246t
hiperexcitabilidade fisiológica
na, 56
idade de início e curso, 344-346
ilustração de caso de, 239-240,
335-336
interpretação negativa de
ansiedade na, 85-86
interpretações catastróficas,
resultado desejado e
interpretação alternativa,
218t
intervenções cognitivas para,
foco em avaliações e
crenças na, 189-191
intervenções de exposição
para, gradual versus
intensa, 245-246
modelo cognitivo de, 351f
situação clínica de, 355-363
pensamentos automáticos na,
87-88
prevalência de, 343-344
prevenção de resposta no
tratamento de, 255-256
primeiros pensamentos/
imagens apreensivos e,
148-149
reestruturação cognitiva na,
206-207
situações interpessoais e de
desempenho comuns
provocadoras de medo
na, 339t
situações sociais e, 338-339
sofrimento e interferência
marcada na, 340
teoria cognitiva de, 350-356
exposição situacional na,
352-355, 354t
fase antecipatória na,
350-352
processamento pós-evento
na, 353-355
TEPT e, 503-505
terapia cognitiva para,
335-388

avaliação e formulação de
caso na, 362-366
considerações diagnósticas
em, 343-344
descrição de, 370-385
educação, estabelecimento
de metas e construção de
hierarquia na, 371-374
eficácia da, 382-385
epidemiologia e aspectos
clínicos de, 343-350
exposição a ameaça social
na, 378-381
feedback através de
dramatização na,
375, 377
formulários para, 386-388
intervenções cognitivas
para processamento
pós-evento na, 380-383
reestruturação cognitiva de
ansiedade antecipatória
na, 373-375, 377, 374t,
376t, 377t, 377-379
reestruturação cognitiva de
avaliações de ameaça
errôneas na, 378-380
resumo e conclusão, 384-385
transtorno da personalidade
esquiva e, 342-344
versus timidez, 340-342, 341t
vieses de processamento de
segurança e, 75-76
Fobias; ver também Fobia social
com transtorno de pânico,
287-289
evitação cognitiva e, 92-94
fatores genéticos em, 29-30
fuga/evitação comportamental
e, 91-93
modelo de dois fatores e,
35-36
Formulação cognitiva de caso,
164-168
formulário para diagramação,
183
Formulário de análise de
custo-benefício, 234
Formulário de Análise
Situacional, 170
Formulário de
Automonitoramento
da Preocupação com a
Preocupação, 444
Formulário de
Automonitoramento
da Preocupação, 158,
160-161, 180, 314-315,
418-420

ÍNDICE 629

Formulário de Automonitoramento da Preocupação-B, 420-421, 442
Formulário de Automonitoramento de Intrusão do Trauma, 551
Formulário de Automonitoramento de Pensamentos Apreensivos, 173
Formulário de Automonitoramento de Sensações Físicas, 171-172
Formulário de Automonitoramento Diário de Ansiedade Social, 365-366, 386
Formulário de Ciclo Vicioso de Pânico, 317-318, 334
Formulário de Exposição à Preocupação, 443
Formulário de Hierarquia de Exposição, 272
Formulário de Identificação de Erros de Pensamento Ansiosos, 77, 314-315, 374-375
Formulário de Interpretações Alternativas, 235
Formulário de Reavaliação do Estado Ansioso, 182
Formulário de Reavaliação do Sintoma, 319-321, 333
Formulário de Registro Situacional, 472-473
Formulário de Teste Empírico da Hipótese, 236, 251-252
Fuga comportamental, 91-93
Fuga controlada *versus* resistência, 247-249
Função executiva, resposta ao medo e, 32-33
Fusão pensamento-ação no TOC, 459-461

G

Gatilhos
  ambientais
    na avaliação de ativação do medo, 144, 146, 145t
    no modelo cognitivo, 52-54
  de preocupação, 420-421
  descrições detalhadas de, 147-148
  interoceptivo (*ver* Gatilhos interoceptivos)
  para transtorno de pânico, 292-293, 294t
  perguntas de entrevista para avaliar, 145t, 146-147
  situacional
    em ataques de pânico, 281-285, 284t
    na fobia social, 352-354, 354t
Gatilhos ambientais; *ver também* Gatilhos
  na avaliação de ativação do medo, 144, 146, 145t
  no modelo cognitivo, 52-54
Gatilhos cognitivos
  na avaliação da ativação de medo, 48-49, 146-147
  perguntas de entrevista para avaliação, 145t
Gatilhos interoceptivos
  cognitivos, 146-147
  foco em, 296-297
  na avaliação de ativação do medo, 144, 145t, 146-147
Gatilhos situacionais
  na fobia social, 352-355, 354t
  nos ataques de pânico, 281-285, 284t
Gênero
  fobia social e, 344-345
  prevalência de trauma e, 496-497
  TAG e, 396-398
  TEPT e, 501-502
  transtornos de ansiedade e, 23-24
Ghandi, Mahatma, 389
Guerra, ansiedade e, 15-16

H

Hayes, Steven, 228-229
Hierarquia da evitação, no TOC, 473-474
Hierarquia de exposição na fobia social, 246t
Hiperexcitabilidade fisiológica
  avaliação de, 151-152, 152t
  na fobia social, 359-360
  no TEPT, 492, 493t, 511-512
  avaliações negativas de, 512-513
  no transtorno de estresse agudo, 495t
  nos ataques de pânico, 281-282, 295t
Hipersensibilidade
  estímulo, 18-19
  interoceptiva (*ver* hipersensibilidade interoceptiva)
Hipersensibilidade a estímulo, 18-19

Hipersensibilidade interoceptiva, e transtorno de pânico, 298-302
  avaliação de, 313-314
Hiperventilação, exercício de, para transtorno de pânico, 318-319, 320t, 324-325
Hipótese de dissociação, para transtorno de pânico, 307-309
Homófonos, apresentação auditiva de, para avaliar interpretações de ameaça tendenciosas, 94-96
Hormônio adrenocorticotrófico, 33-34
Hormônio liberador de corticotropina, 33-34
Hughes, Howard, 446

I

Imagens de ameaça, 45-46
Imaginação para determinar primeiros pensamentos apreensivos, 150-152
Imobilidade
  em resposta a ameaça, 43-44, 90-92
  tônica, 153-154
Imobilidade tônica, 153-154
Impotência aumentada, 47t, 46-49
Incerteza, intolerância à; *ver* Intolerância à incerteza
Índice de Sensibilidade à Ansiedade, 113-114
  esquema de vulnerabilidade e, 124-125, 301-
  na avaliação do transtorno de pânico, 314-315
Indivíduo como contexto, definição, 229-230
Indivíduo, processamento negativo do, na fobia social, 352-359
Indução de preocupação, procedimento para, 429-431
Informação de segurança, processamento inibitório de, 47t, 48-50
  terapia cognitiva e, 49-50
Informação de trauma, efeito de interferência do Stroop para, 516-517
Inibição involuntária na fobia social, 338-340, 368-370

Inoculação da incerteza no TAG, 435-437
Inquietação, avaliação errônea exagerada e esquema orientado à ameaça associados com, 152t
Insônia, TAG e, 402-403
Intenção paradoxal
como estratégia de "bloqueio", 258-259
durante intervenções de exposição, 249-251
Interpretação catastrófica errônea, no transtorno de pânico
apoio empírico para, 303-306
avaliação de, 313-315
críticas de, 305-307
reestruturação cognitiva de, 319-321
Interpretação da ameaça exagerada, 296-297
Interpretação da ameaça tendenciosa, 94-97
induzida, pesquisa sobre, 126-129
Interpretações alternativas
nas intervenções cognitivas, 216-217
no TOC, 476t, 480
nos transtornos de ansiedade, 218t
Intervenção metacognitiva, procedimento para, 224-227
Intervenções cognitivas, 187-238; ver também terapia cognitiva dos transtornos específicos
estratégias no desenvolvimento, 223-231
consciência plena, aceitação e compromisso na, 227-231
intervenção metacognitiva, 224-227
reprocessamento em imaginação e escrita expressiva, 226-228
técnica de treinamento atencional, 223-225
estratégias para, 196-223
automonitoramento e identificação de pensamentos ansiosos, 203-207
educando o paciente, 196-204
geração de explicações alternativas, 216-217

identificação de erros de pensamento, 215-216
reestruturação cognitiva, 206-216
teste empírico da hipótese, 217-223
formulários para, 232-238
ilustrações de caso, 187-188
modificando avaliações e crenças tendenciosas de ameaça, vulnerabilidade, segurança, 190-193
desvio do foco de ameaça, 189
fortalecimento da eficácia pessoal, 194-196
normalização de medo e ansiedade, 193-194
objetivos de, 188-197
abordagem adaptativa à segurança, 196-197
foco em avaliações e crenças, 189-191
resumo de referência rápida de, 237-238
Intervenções comportamentais, 239-276
automonitoramento de, 241-242
formulários para, 272-276
importância de, 239-243
intervenções de exposição, 242-256
diretrizes gerais para, imaginárias, 251-255
propósito de, 243t
sensações corporais, 254-251
situacional (in vivo), 250-252
(ver também Exposições in vivo)
perspectiva cognitiva sobre, 240-243
prescrição para, 241-242
prevenção da resposta em, 255-263
com estratégias de "bloqueio", 258-259
com respostas de enfrentamento alternativas, 259-260
por apresentação da justificativa lógica, 256-258
por contestação de cognições problemáticas, 259-260
por identificação de enfrentamento/ neutralização maladaptativos, 256-257

por preparação do paciente para ansiedade aumentada, 257-259
resumo de referência rápida para, 276
resumo e conclusões, 270-271
treinamento do relaxamento nas, 262-271
com relaxamento aplicado, 268-271
com relaxamento muscular progressivo, 263-270
com retreinamento da respiração, 270-271
Intervenções de exposição, 242-256; ver também Exposições in vivo
atenção versus distração, 247-248
avaliação pós-exposição de, 251-252
colaboração e controle orientado ao paciente em, 248-249
dentro das sessões versus entre sessões, 244-245
diretrizes para, 243-251
frequência e duração de, 246-248
fuga controlada versus resistência, 247-249
gradual versus intensa, 245-246
imaginária, 242-244
implicações terapêuticas de, 242-243
in vivo (ver Exposições in vivo)
intensiva, concentrada, para transtorno de pânico, 246-247
interna, 242-244
inundação/abrupta, em intervenções imaginárias versus in vivo, 252-254
manejo da ansiedade durante, 247-248
ocorrendo naturalmente versus terapêutica, 243-244, 245t
propósito de, 243t
recomendações para aumentar a efetividade de, 247-248
sinais de segurança e exposição assistida pelo parceiro em, 248-250
situacional, 242-244
tipos de, 242-244
Intervenções, cognitivas; ver intervenções Cognitivas

ÍNDICE 631

Intolerância à incerteza
no TAG, 403-404, 404t,
407-410, 435-437
no TOC, 460-465, 474-476,
478-479
Introversão e vulnerabilidade à
ansiedade, 111
Intrusões de pensamento
traumático no TEPT,
511-512
Intrusões de pensamento; *ver
também* Pensamentos
intrusivos
no TEPT
avaliações negativas de,
512-513
interpretações de, 529-530
relacionado a trauma,
511-512, 517-519, 531
no TOC, 464-466
Inventário de Ansiedade de Beck,
138-140
Inventário de Ansiedade
Traço-Estado, 140-141
Inventário de Cognições Pós-
-Traumáticas, 515-516,
524-527
Inventário de Depressão de
Beck-II, 142-143
Inventário de Fobia Social e
Ansiedade, 363-364
Inventário de Interpretação de
Intrusões, 464-465
Inventário de Mobilidade e
Hierarquia de Exposição,
314-315
Inventário de Mobilidade para
Agorafobia, 310-311
Inventário de Padua – Revisão
da Universidade do
Estado de Washington,
471-472
Inventário de Padua, 470-472
Inventário de Pensamentos
Ansiosos, 411-412
para TAG, 416-417
Inventário de Supressão do Urso
Branco, 104-106
Inventário Obsessivo-Compulsivo,
470-471
Inventário Obsessivo-Compulsivo
de Clark-Beck, 469-471
Inventário Obsessivo-Compulsivo
de Maudsley, 471-472
Inventário Obsessivo-Compulsivo
de Vancouver, 471-472

J

Jacobson, Edmund, 263-264, 266

K

Kabat-Zinn, Jon, 228-229

L

LeDoux, via dual de, 30-32, 31f
no módulo do medo, 37-38
Liberação de interferência
proativa para avaliar
estimativa da ameaça
automática, 79-80
Lista de Verificação de Cognições,
140-141
Lista de Verificação de Respostas
Cognitivas à Ansiedade,
162-163, 181, 314-315,
369-370, 422-423
Lista de Verificação de Respostas
Comportamentais à
Ansiedade, 178-179,
314-315, 369-370
Lista de Verificação de Sensações
Físicas Estendida,
174-175
Lista de Verificação do TEPT,
524-525

M

*Managing social anxiety: a
cognitive-behavioral
therapy approach*, 372-
373
Manejo da ansiedade; *ver
também* terapia cognitiva
para transtornos
específicos
durante intervenções de
exposição, 249-251
Manejo da preocupação
desvio do conteúdo para
fatores subjacentes no,
426-427
expressão de preocupação
repetida no, no TAG,
431-433
foco de atenção no momento
presente no, 437-438
indução de preocupação
e descatastrofização no,
429-432
processamento de sinais de
segurança no, 432-434
Manuais de tratamento de
autoajuda, lista
selecionada de, 232
*Manual Diagnóstico e Estatístico
de Transtornos Mentais
(DSM-IV-TR)*; *ver também*
Transtornos específicos

classificação de ansiedade em,
19-21
*Mastery of your anxiety and
worry*, 199-200
McLaughlin, Mignon, 15
McLuhan, Marshall, 135
Mediação cognitiva, na
manutenção da
ansiedade, 36-37
Medicamentos para ansiedade,
16
Meditação com consciência
plena, 228-229
Meditação, consciência plena,
228-229
Medo
definição do, na educação do
paciente, 197-198
normalização, 193-194
valor adaptativo do, 198-199
Memória
ansiosa
na fobia social, 361-362
reprocessamento de,
226-228
autobiográfica
elaboração da ameaça e,
98-99
TEPT e, 505-506
declarativa, resposta ao medo
e, 32-33
implícita (*ver* Viés de memória
implícita; Tarefas de
memória implícita)
medo, intervenções de
exposição e, 242-243
recuperação falha de, no TEPT,
510-512, 517-519
trabalho (*ver* memória de
Trabalho)
traumática, 45-46
no TEPT, 528-529
viés automático na, 44-46
Memória autobiográfica
elaboração da ameaça e, 98-99
TEPT e, 505-506
Memória de trabalho
representação do trauma na,
510-511
resposta ao medo e, 32-33
Memória declarativa, resposta ao
medo e, 32-33
Memórias de medo, intervenções
de exposição e, 242-243
Metacognição
de preocupação no TAG,
403-405, 404t, 408-410
definição, 224-225

Metapreocupação no TAG,
84-85-85-86, 404-405,
411-413, 421-423
Metas pessoais
e preocupação no TAG, 411
TAG e, 418-421
Metas pessoais
e preocupação no TAG, 411
TAG e, 418-421
Minimização como erro de
processamento, 57
Miopia, definição e exemplos, 176
Mobilização, em resposta à
ameaça, 90-92
Modelagem do terapeuta,
261-262
Modelo cognitivo de ansiedade,
42-66, 43f
avaliação do recurso de
enfrentamento no, 58-59
descrição de, 52-61
erros de processamento
cognitivos no, 57
modo de pensamento
construtivo no, 59-60
pensamentos automáticos
relacionados à ameaça
no, 57-58
princípios centrais de, 46-53,
47t
processamento automático e
estratégico no, 44-47, 44t
respostas inibitórias defensivas
no, 57
resumo e conclusão, 107-108
sensibilidade à ansiedade e,
115-116
situação clínica, 67-108
ativação do modo primitivo
de ameaça na, 54-56, 55t
busca por sinais de
segurança na, 58-59
de avaliações de ameaça
exageradas, 76-81
de cognições de ameaça
específicas ao transtorno
elevadas, 87-91
de elaboração de ameaça
facilitada, 94-100
de elaboração de segurança
inibida, 99-101
de erros cognitivos
tendenciosos à
ameaça, 80-84
de estratégias
compensatórias cognitivas
prejudiciais, 100-108
de estratégias defensivas
ineficazes, 90-94

de interpretação negativa de
ansiedade, 83-88
de processamento de
segurança atencional
diminuído, 73-77
de viés de ameaça
atencional, 67-74
excitabilidade autonômica
aumentada, 56-57
hipóteses de, 63-65, 64t-65t
iniciação de preocupação na,
59-61
modo de orientação e, 54-55
reavaliação da ameaça na,
60-61
resumo e conclusão, 63-66
visão geral de, 42-47
vulnerabilidade aumentada
na, 42-45
situações, eventos e estímulos
ativadores, 52-54, 53t
Modelo de vulnerabilidade
cognitiva da ansiedade,
118-130, 121f
crenças duradouras
relacionadas à ameaça
e, 123-130
e senso aumentado de
vulnerabilidade pessoal,
120-123
Modelos de diátese-estresse,
vulnerabilidade e, 117-119
Modificação do viés cognitivo,
126-128
Modo construtivo, ativação do,
157-158, 159t
Modo de orientação
de situação/estímulo, 54-55
na ansiedade normal *versus*
anormal, 62t
Modo primitivo de ameaça,
ativação do, 45-46
Módulo do medo, 36-38
definição e características,
36-38
Morbidade/mortalidade médica
aumentada com
transtorno de pânico,
287-290
Mortalidade, taxa aumentada de,
com transtorno de pânico,
287-290
Mowrer, teoria dos dois fatores
de, 34-36, 35f
Mudança comportamental
dirigida, características
da, 260-263, 262t
Mudança comportamental
dirigida, características
de, 260-263, 262t

N

Narrativa da Recordação do
trauma, 531
Narrativa do Trauma na terapia
de TEPT, 541-542
Náusea, avaliação errônea e
esquema orientado à
ameaça associado com,
152t
Neurobiologia da ansiedade,
30-32, 40-41
Neurose de ansiedade, limitações
do termo, 19-21
Neuroticismo
definição, 111
e vulnerabilidade à ansiedade,
111
Neutralização
de respostas de
enfrentamento, 256-257
no TOC, 465-467
formas de, 460-462

O

Observação comportamental na
avaliação de resposta ao
medo, 143-144
Obsessões
características de, 472t
emoções associadas com,
472-474
versus avaliações, 477-478
11/9, TEPT e, 15-16
Öst, Lars-Göran, 268270

P

Palavras de ameaça específicas
ao transtorno, 70
Palpitações cardíacas, avaliação
errônea exagerada e
esquema orientado a
ameaça associados com,
152t
Pânico
ansiedade *versus*, 282-283
fobia social e, 338-339
Passagens de texto
ambíguas para avaliar
interpretações da ameaça
tendenciosas, 95-96
Pensamento
construtivo/reflexivo
prejudicado, 49-50
modo construtivo, 59-60
tudo-ou-nada, definição e
exemplos, 176
Pensamento de modo
construtivo, 59-60
ansiedade normal e, 61-63

ÍNDICE **633**

Pensamento tudo-ou-nada, definição e exemplos, 176
Pensamento/raciocínio, prejudicado, 47t
Pensamentos
Ansioso (*ver* Pensamentos Ansiosos)
Automático (*ver* Pensamentos automáticos)
Automático relacionado à ameaça, 57-58
Intrusivos (*ver* Pensamentos intrusivos)
Pensamentos ansiosos
falta de especificidade para, 88-90
identificação de, em intervenções cognitivas, 203-207
Pensamentos automáticos relacionados à ameaça, 57-58
Pensamentos automáticos, 87-88; *ver também* Pensamentos intrusivos, avaliação de ameaça
iniciais, na ativação de esquema, 148-149
nos transtornos de ansiedade específicos, 57-58
Pensamentos intrusivos; *ver também* Intrusões de pensamento
no TAG, 400, 402-403, 406-408
no TEPT relacionado a trauma, 518-520
no TOC, 454-455, 458, 455f, 459-463
normalizando a experiência de, 476-477
Pensamentos relacionados à ameaça, automáticos, 57-58; *ver também* Pensamentos automáticos
Pequeno Hans, estudo de caso de Freud de, teoria dos dois fatores e, 34-36, 35f
Perfeccionismo no TOC, 460-461, 462-465
Perguntas de entrevista; *ver* Entrevista, perguntas de
Perigo; *ver também* Ameaça; Avaliação de Ameaça; Elaboração de ameaça
percepções de, 44-45
resposta de alarme a, 43-44
Personalidade
TAG e, 399-400
TOC e, 451-453

vulnerabilidade à ansiedade e, 111-118, 129-130
Personalidade, transtorno obsessivo-compulsivo, 451-452
Perspectiva de diátese-estresse no modelo cognitivo, 52-53
Práticas de parentalidade, vulnerabilidade à ansiedade e, 119-120
Prejuízo funcional no TEPT, 492, 493t, 502-504
Preocupação com a preocupação no TAG, 84-86
Preocupação, 45-46, 101-104; *ver também* transtorno de ansiedade generalizada
ansiedade normal e, 63-65
avaliação negativa da, 405-406
como "incontrolável", 413-414
crenças disfuncionais e, 125-127
definição, 59-60, 394-396
escalas cognitivas de, 416-417
escalas de, 416
excessiva, 101-103
papel da, 160-161
viés de interpretação da ameaça e, 103-104
explorando desvantagens da, 212-214
função da, 395-397
iniciação de, 59-61
na reavaliação de ameaça e vulnerabilidade, 405-406
natureza da, 394-309
no TAG, 400, 402, 407-410
avaliações metacognitivas da, 420-423
conteúdo primário da, 418-420
e perda da segurança percebida, 414-416
metacognição da, 403-405, 404t, 408-410
supressão de pensamento contraindicada para, 413-414
nos critérios do DSM-IV para TAG, 393-394
patológica
causas de, 426-427
efeitos negativos de, 102-103
evitação e solução de problema e, 102-104
no TAG, 411-413
produtiva *versus* improdutiva, 426-429, 427t

vigilância de ameaça e, 92-94
Prescrições de tarefa de casa, *in vivo*, 262-263; *ver também* Exposições *in vivo*
Prevenção de resposta, 255-263
autoiniciada, questões clínicas sobre, 159t
desenvolvimento, 256-263
estratégias de "bloqueio" na, 258-259
justificativa lógica para, 256-258
no TOC, 476t, 480-481
preparando o paciente para ansiedade aumentada na, 257-259
Primazia cognitiva, 47t, 51-52
Primeiros pensamentos/imagens apreensivos
avaliação de, 148-152
métodos para acessar, 149-151
Processamento automático, 44-47, 44t
na avaliação de ameaça, 50-51
Processamento de informação, definição, 43-45
Processamento de segurança atencional diminuído, situação clínica de, 73-77
Processamento de segurança, atencional inibido, situação clínica de, 73-77
Processamento elaborativo do presente
no TEPT, 512-514
no tratamento de TAG, 436-438
Processamento estratégico, 44-47, 44t
na avaliação de ameaça, 50-51
Processo autoperpetuador, 47t, 50-52
Processos elaborativos secundários, 58
no transtorno de pânico, 297-299
Programa de Entrevista de Transtornos de Ansiedade-IV
para fobia social, 362-363, 365-366
para TAG, 416
para TEPT, 521-522
para TOC, 468-469
para transtorno de pânico, 309-310
Programa de Pesquisa de Ansiedade de Harvard-Brown, 398-399
Putnam, John B., Jr., 187

Q

Questionário de Cognições Agorafóbicas, 303-304, 309-311
Questionário de Cognições Catastróficas, 301-302
Questionário de Controle do Pensamento para TAG, 416-417
Questionário de Crença de Pânico, 301-302
Questionário de Crenças Metacognitivas, 463-464
Questionário de Crenças Obsessivas, 124-125, 463-464
Questionário de Esferas de Preocupação, 416
Questionário de Estilo Iminente Maladaptativo, 82-83
Questionário de Fixação Atencional, 100-101
Questionário de Interpretação de Sensações Corporais, 303-305
Questionário de Interpretações de Responsabilidade, 463-464
Questionário de Intrusões Cognitivas, 411-412
Questionário de Metacognição para TAG, 416-417
Questionário de Pânico e Fobia de Albany, 310-312
Questionário de Preocupação do Estado da Pensilvânia, 124-126, 141-142, 416
Questionário de Sensações Corporais, 298-300, 310-311
Questionário de Transtorno de Ansiedade Generalizada-IV, 416-416

R

Raciocínio
emocional, definição e exemplos, 176
emocional/*ex-consequentia* na interpretação negativa de ansiedade, 83-85
Raciocínio emocional
definição e exemplos, 176
na interpretação negativa de ansiedade, 83-85
Raciocínio *ex-consequentia* na interpretação negativa de ansiedade, 83-85

"Reação Comum à Agressão", folheto, 534-535
Reafirmação, busca de, 153-154
Reavaliação
ameaça (*ver* Reavaliação da ameaça)
capacidade de, no transtorno de pânico, 315-316
perda da capacidade para, 296-298
secundária (*ver* Reavaliação secundária)
sintoma, formulário para, 333
vulnerabilidade, questões clínicas sobre, 159t
Reavaliação da ameaça, 60-61, 164-165
na ansiedade normal *versus* anormal, 62t
preocupação na, 405-406
Reavaliação do sintoma no transtorno de pânico, 323-324
Reavaliação secundária
avaliação da capacidade de enfrentamento na, 154-156
de estado de ansiedade, 94-108
na avaliação e formulação de caso, 154-165
Recaída, prevenção
no TOC, 476t, 482-483
no transtorno de pânico, 324-325
Recordação do trauma, 45-46
exposição em imaginação, no TEPT, 540-542
Rede de apoio como estratégia de "bloqueio", 258-259
Reestruturação cognitiva
com análise de custo-benefício, 211-214
com busca de evidências, 207-212
de ansiedade antecipatória, 373-375, 377, 374t
de crenças de intolerância à incerteza no TAG, 435-437
de crenças metacognitivas sobre preocupação, 434-435
de interpretação catastrófica errônea, no transtorno de pânico, 319-321
descatastrofização na, 213-216
durante intervenções de exposição, 249-250

focalizada no transtorno, no TEPT, 543-544
focalizada no trauma no TEPT, 536-540
geração de explicações alternativas na, 216-217
identificação de erros cognitivos na, 215-216
na fobia social, 373-375, 377, 374t, 376t-377t, 377-380
na terapia do TOC, 476t, 478-480
nas intervenções cognitivas, 206-216
no TEPT, 534t
teste empírico da hipótese na, 217-223
Refocalização atencional situacional, procedimento para, 223-225
Regiões corticais de ordem superior, resposta ao medo e, 39-41
Registro de Estratégias de Controle Associadas com Obsessões Primárias, 488-489
Registro de pensamento, 203-205
Registro de Prática de Exposição, 273
Registro de Prevenção de Resposta, 259-262, 274
Registro Diário de Obsessões Primárias, 472-473, 487
Reinterpretação de segurança no transtorno de pânico, 323-324
Relaxamento aplicado, 268-271
protocolo de tratamento para, 269t
Relaxamento muscular progressivo, 263-264, 266, 265t, 266-268
abreviado, 267-270
justificativa lógica e instruções, 264, 266-268
protocolo dos 10 grupos musculares para, 265t
registro semanal de, 275
Reprocessamento em imaginação, 226-228
Responsabilidade no TOC, senso aumentado de, 459-460, 462-465, 474-476, 478
Resposta ao medo
ansiedade e, 16-22
base neurobiológica de, 30-32
cognição disfuncional e, 17-18

ÍNDICE 635

como avaliação cognitiva, 16-17

definição, 16-18

diretrizes para o Terapeuta para, 16-21

falta de especificidade da ativação da amígdala e, 39-40

funcionamento prejudicado e, 17-19

hipersensibilidade a estímulo e, 18-19

imediata (*ver também* Ativação do modo de ameaça)

formulação de caso para, 142-154, 164-168

hipóteses concernentes a, 67-81

metas de tratamento para, 167-168

reavaliação secundária de, 167-168

memória de trabalho/ declarativa e, 32-33

na teoria do condicionamento clássico, 34-35

normal *versus* anormal, 17-21

papel da amígdala na, 30-33

processamento cognitivo consciente na, 32-33

processos cognitivos conscientes na alteração da, 38-40

regiões corticais de ordem superior e, 39-41

versus ansiedade, 16-18

Via dual de LeDoux de, 30-32, 31f

visão não cognitiva de, 37-39

Resposta de "luta-ou-fuga", 198-199

Resposta de relaxamento, questões clínicas sobre, 159t

Respostas compulsivas, 153-154

Respostas defensivas, avaliação de, 153-154

Respostas inibitórias defensivas, 57

imediatas, avaliação de, 153-154

Respostas inibitórias defensivas, 57

Respostas reflexas fisiológicas defensivas, 153-154

Retreinamento da respiração, 270-271

no transtorno de pânico, 324-325, 327

protocolo para, 326t-327t

situação atual do, 325, 327

Risco

tratando intolerância de, no TAG, 435-437

versus vulnerabilidade, 110

Rochefoucault, François de la, 335

Roteiro imaginário do medo, 253-255

Roteiros de segurança, no tratamento de TAG, 422-424

Ruminação

definição, 513

na fobia social, 361-362

no TAG, 411-413

no TEPT, 513, 519-521

S

Saramago, José, 279

SCID-IV; *ver* Entrevista Clínica Estruturada para o DSM-I/ NP; Entrevista Clínica Estruturada para o DSM-IV

Segurança

abordagem adaptativa a, 196-197

processamento atencional diminuído de, situação clínica de, 73-77

no modelo cognitivo de ansiedade, 64t-65t

TAG como busca malsucedida por, 414-415

Sensações corporais nos transtornos de pânico

hipervigilância de, 281-282, 300-301

interpretações catastróficas errôneas de, 296-299

Sensibilidade à ansiedade, 111-116

efeitos do tratamento na, 114-115

especificidade diagnóstica de, 113-115

estudos prospectivos de, 114-115

modelo cognitivo e, 115-116

validação experimental de, 113-114

validação psicométrica de, 113

Serotonina, ansiedade e, 32-34

Shyness and social anxiety workbook, The, 372-373

Sinais de segurança

ansiedade normal e, 61-63

busca por, 58-59

Sinais de segurança

eliminação de, durante intervenções de exposição, 248-250

processamento aumentado de, na baixa ansiedade, 75-77, 76f

processamento reduzido de, na alta ansiedade, 74-76, 76f

uso ineficaz de, no TAG, 405-407

Síndrome do afeto negativo, 29-32

Sintomas dissociativos

no TEPT, 493t

no transtorno de estresse agudo, 494, 495t

Sistema autônomo

percepção de perigo e, 43-44

resposta de, 28-30

Sistema de avaliação da ameaça, ativação de,77-78

Sistema de redução da ansiedade, 59-60

Sistema hipocampal, resposta ao medo e, 32-33

Sistema nervoso parassimpático nos transtornos de ansiedade, 27-29

Sistema nervoso simpático nos transtornos de ansiedade, 27-29

Sistema serotonérgico, ansiedade e, 32-34

Sistemas de neurotransmissor, papel na ansiedade, 32-34

Situação provocadora de ansiedade, naturalística; *ver também* Exposições *in vivo*

acompanhando o paciente em, 151-152

Situações ativadoras

modo de orientação de, 54-55

no modelo cognitivo, 52-54, 53t

Sociotropia

ameaças a, 53t

definição, 52-54

determinando interesses vitais individuais na, 53-54

TEPT e, 507-508

terapia cognitiva e, 53-54

Supressão da emoção, 104-108

Supressão de pensamento, 104-107

636 ÍNDICE

efeitos negativos de, 105-107
no TEPT, 513, 519-521, 532
no TOC, 465-467
falha percebida de, 466-468
no transtorno de estresse
agudo, 520-521
prevalência de, 104-106

T

TAG; *ver* Transtorno de
ansiedade generalizada
Tarefa de codificação
autorreferente para
avaliar viés de memória
explícita, 97-98
Tarefa de *dot probe* visual, 70-72
Tarefa de Stroop emocional para
avaliar viés atencional na
ansiedade, 67-71, 74f
Tarefa de Stroop emocional,
para avaliação de viés
atencional na ansiedade,
67-71, 74f
Tarefas de decisão lexical,
para avaliar memória
implícita, 78-79
Tarefas de identificação de
estímulo para avaliar
viés de ameaça
atencional, 72-73
Tarefas de identificação de
estímulo pré-ativado para
avaliar viés de memória
implícita, 78-80
Tarefas de memória implícita,
para avaliar estimativas
de ameaça automáticas,
77-78
Tarefas de vida, e preocupação
no TAG, 411
Técnica de treinamento
atencional, procedimento
para, 223-225
Tentativas de suicídio, pânico e,
287-289
Teoria cognitiva, pesquisa de
ansiedade e, 13
Teoria de hipervigilância da
ansiedade, 119-120
Teoria do condicionamento
clássico, 34-36
Teoria dos dois fatores de
Mowrer, 34-36, 35f
Teorias comportamentais, 34-38
módulo do medo, 36-38
teorias de condicionamento,
34-37
Teorias condicionantes, 34-37
TEPT; *Ver* Transtorno de Estresse
Pós-Traumático

Terapeuta, modelando
comportamentos do,
261-262
Terapia cognitiva baseada
na consciência plena,
227-231
Terapia cognitiva da ansiedade,
133
avaliação e formulação de caso
na, 135-177; *ver também*
Avaliação e formulação
de caso
Terapia cognitiva para
transtornos específicos,
277; *ver também*
transtornos específicos
Terapia de aceitação e
compromisso, 228-230
Terrorismo
ansiedade e, 15-16
trauma devido a, 500-501
Testando Avaliações Ansiosas:
Formulário de Busca de
Evidências, 374-375
Teste de Associação Implícita
para avaliar estimativa
de ameaça automática,
79-81
Teste de Autoafirmação de
Interação Social, 364-365
Teste empírico da hipótese,
217-223
formulário para, 236
passos no, 219-223
Teste empírico da hipótese,
217-223; *ver também*
Intervenções
comportamentais
passos no, 219-223
Timidez *versus* fobia social,
340-342, 341t
TOC; *Ver* Transtorno
obsessivo-compulsivo
Tontura, avaliação errônea
exagerada e esquema
orientado à ameaça
associados com, 152t
Transtorno da personalidade
evitativa
critérios diagnósticos do
DSM-IV-TR para, 344t
fobia social e, 342-344
Transtorno da personalidade
obsessivo-compulsiva,
451-452
Transtorno de ansiedade
generalizada; *ver*
também Preocupação
análise de custo-benefício no
tratamento de, 398-399

aspectos centrais do DSM-IV
de, 20-21
ativação de esquemas no,
402-405, 404t
avaliação cognitiva e
formulação de caso para
conceitualização de caso na,
417-425, 417-418f
diagnóstico e escala de
sintoma na, 416-417
avaliação do Stroop emocional
de, 67-68
capacidade de solucionar
problemas e, 414-416
com fobia social, 346-347
como busca de segurança
malsucedida, 414-415
como enigma diagnóstico,
391-394
comorbidade de, 398-399
com depressão, 392-394
com TEPT, 503-505
contestando vulnerabilidade
percebida no, 195-196
crenças disfuncionais e, 125-127
critérios diagnósticos do
DSM-IV para, 390-391,
391t, 393-394
curso e prejuízo,
desesperança no, 87-89
epidemiologia e aspectos
clínicos, 396-400
esquemas no, 423-425
estimativas de probabilidade
da ameaça, gravidade,
vulnerabilidade e
segurança no, 192t
fatores genéticos no, 29-30
foco da interpretação de
ansiedade negativa no,
85t
foco na ameaça no, 189
gênero/etnia e, 396-398
ilustração de caso de, 389-391
início e diferenças de idade no,
397-398
interpretações catastróficas,
resultado desejado e
interpretação alternativa,
218t
intervenção metacognitiva
para, 224-225
modelo cognitivo de, 400-407,
401f
esquemas caracterizando,
402-405, 404t
fase de processamento
automático de, 402-406
fase de processamento
elaborativo de, 405-407

ÍNDICE 637

fase evocativa de, 400,
402-403
situação clínica de, 406-416
viés de ameaça atencional e,
404-405
viés de interpretação de
ameaça e, 404-406
pensamentos automáticos no,
88t
personalidade e eventos de
vida e, 399-400
preocupação com a
preocupação no, 84-86
preocupação e, 101-102,
394-397
prevalência de, 396-397
primeiros pensamentos/
imagens apreensivos e,
148-149
questões de limite no, 393-394
relaxamento aplicado no
tratamento de, 269-270
reprocessamento em
imaginação no
tratamento de, 226-228
roteiro do medo em
imaginação no
tratamento de, 253-255
terapia cognitiva de, 389-445
avaliação e formulação de
caso na, 416-425
componentes de, 425t
considerações diagnósticas
na, 390-394
descrição de, 424-439
diferenciando preocupação
produtiva *versus*
improdutiva na,
427-429, 427t
eficácia da, 438-441
expressão de preocupação
repetida na, 431-433
fase de educação da, 424-427
formulários para, 442-445
indução de preocupação e
descatastrofização na,
429-432
inoculação de risco e
incerteza na, 435-437
metas para, 425t
processamento de sinal de
segurança na, 432-434
processo elaborativo do
presente na, 436-438
reestruturação cognitiva de
crenças metacognitivas
na, 434-435
reestruturação cognitiva na,
428-430
resumo e conclusão, 440-441

treinamento de solução de
problema construtivo na,
436-437
treinamento do relaxamento
na, 437-439
terapia de aceitação e
compromisso para,
229-231
viés de memória implícita no,
78-80
Transtorno de estresse agudo; *ver
também* Transtorno de
estresse pós-traumático
critérios e controvérsia, 494,
495t
supressão de pensamento no,
520-521
viés de memória no, 517-519
Transtorno de estresse pós-
traumático
aspectos centrais do DSM-IV
de, 20-21
atenuação da emoção em, 546
autoestima baixa e, 122-123
avaliação cognitiva e
formulação de caso no,
521-532
conceitualização de caso no,
525-532, 526t
crenças e avaliações de
trauma e, 528-530
crenças e interpretações de
intrusões e, 529-530
entrevista diagnóstica e
escalas de sintoma no,
521-525
escalas de cognição no,
524-527
evitação e busca de
segurança e, 530
natureza do trauma e, 526t,
527-529
perfil de estratégias de
enfrentamento e, 530
recordação do trauma e,
528-529
suposições/crenças
pré-trauma e, 525-528,
526t
avaliação do Stroop emocional
de, 67-68
busca de segurança
automática e, 93-94
busca de segurança e evitação
na, 514
controle cognitivo e esforços
de supressão no, 513
crenças sobre, 510-511,
510t, 515-517,
529-530, 532

critérios diagnósticos do
DSM-IV para, 492,
493t, 494
Declaração de Impacto na,
536-539
eficácia de, 546-549
epidemiologia e aspectos
clínicos e, 496-505
estimativas de probabilidade
da ameaça, gravidade,
vulnerabilidade e
segurança no, 192t
Narrativa do Trauma na,
541-542
exposição em imaginação na,
540-542,
exposições em imaginação na,
534t
exposições *in vivo* na, 534t, 544
fase de educação de, 533-537,
534t
fatores de risco pós-trauma
para, 498-500
fatores de vulnerabilidade
pré-trauma para, 498-500
foco na interpretação negativa
de ansiedade na, 85t
formulários para, 551-552
fuga/evitação comportamental
e, 91-93
gênero e etnia e, 501-502
ilustração de caso de, 490-492,
511-512, 530-532,
537-540, 542-545
início e diferenças de idade no,
501-503
interpretação negativa da
ansiedade na, 86-87
interpretações catastróficas,
resultado desejado e
interpretação alternativa,
218t
justificativa lógica para, 535-536
manutenção do sofrimento
na, 514
metas e objetivos da, 532-534,
533t
modelo cognitivo de, 505-506,
506f
manutenção do sofrimento
no, 514
nível etiológico de, 505-508
processamento automático
no, 507-512, 60-61f
processamento elaborativo
no, 512-514
situação clínica de, 514-522
modificando estratégias de
evitação e controle na,
534t

ÍNDICE

pensamentos automáticos no, 87-88, 88t
preocupação e, 101-102
prevalência de, 496-498
primeiros pensamentos/ imagens apreensivos e, 148-149
processamento elaborativo do presente em, 512-514
qualidade de vida e prejuízo funcional e, 502-504
recuperação de memória errônea na, 510-512
reestruturação cognitiva focalizada no trauma na, 536-540
regulação da emoção em, 534t
reprocessamento em imaginação no tratamento de, 226-228
resumo e conclusão, 548-550
taxas populacionais e ocupacionais de, 499-501
terapia cognitiva de, 490-552
  cognição e modificações no controle em, 544-546
  comorbidade com fobia social, 346-347
  comorbidade com, 503-505
  considerações diagnósticas, 492-496
  controvérsia em, 495-496
  transtorno de estresse agudo em, 495t, 494-496
  curso de, 499-502
  descrição de, 532-546
  folheto "Reações Comuns a Agressão" em, 534-535
  probabilidade condicional de, 500-502
  reestruturação cognitiva focalizada no transtorno em, 543-544
  reestruturação cognitiva, 534t
  viés de ameaça atencional no, 511-512
vulnerabilidade e, 497-500
Transtorno de pânico
amplificação interoceptiva no, 299t, 306-308
aspectos centrais do DSM-IV de, 20-21
ativação esquemática de, 293, 295, 295t
avaliação cognitiva e formulação de caso no, 309-317
  conceitualização de caso, 311-317

diagnóstico e escalas de sintoma para, 309-312, 312t
  elementos fundamentais de, 312t
avaliação do Stroop emocional de, 67-68
busca de segurança automática e, 93-94
busca de segurança no, 299t, 308-310
características descritivas, 290-292
comorbidade de
  com agorafobia, 291-292
  com fobia social, 346-347
  com TAG, 399
dissociação no, 299t, 307-
epidemiologia de, 290-292
estimativas de probabilidade da ameaça, gravidade, vulnerabilidade e segurança no, 192t
estratégia de busca de evidência para, 207-212
evitação agorafóbica e, 286-287
exposição à sensação corporal no tratamento de, 254-256
exposição *in vivo* para, 242-243
exposição intensiva concentrada para, 246-247
foco da ameaça no, 189
foco da interpretação de ansiedade negativa no, 85t
fuga/evitação comportamental e, 91-93
gatilhos para, 292-293, 294t
hiperexcitabilidade fisiológica no, 55-56
hipersensibilidade interoceptiva no, 299t, 298-302
ilustrações de caso de, 279-281
intenção paradoxal no tratamento de, 249-251
intensificação do sintoma e defesa no, 296-297
interpretação catastrófica errônea no, 293, 295-297, 299t, 303-307
morbidade e mortalidade médica aumentada e, 287-290
pensamentos automáticos no, 87-88, 88t
perda da capacidade de reavaliação no, 296-298

prevenção da resposta no tratamento de, 256-258
processos elaborativos secundários no, 297-299
reestruturação cognitiva no, 206-207
tentativas de suicídio e, 287-289
teoria cognitiva de, 292-293, 298f, 295-299
  hipóteses centrais de, 298-310, 299t
  situação clínica de, 298-310
TEPT e, 503-505
terapia cognitiva para, 279-334
  análise do Ciclo Vicioso do Pânico na, 334
  ativação de esquema e indução de sintoma na, 318-319, 320t
  componentes fundamentais de, 317t
  considerações diagnósticas e aspectos clínicos, 280-292
  descrição de, 316-317
  Diário Semanal do Pânico e Ansiedade Aguda para, 332
  educação do paciente na, 317-318
  eficácia de, 328-330
  experimentos de teste empírico da hipótese na, 321-322
  exposição *in vivo* gradual na, 322-323
  Formulário de Reavaliação de Sintoma para, 333
  prevenção de recaída na, 324-325
  reestruturação cognitiva na, 319-321
  resumo e conclusão, 331
  retreinamento da respiração na, 324-325, 327, 326t-327t
  tolerância do sintoma e reinterpretação da segurança na, 323-324
  viés de memória explícita e, 97-99
  vulnerabilidade esquemática no, 299t, 301-303
Transtorno obsessivo-compulsivo
aspectos centrais do DSM-IV de, 20-21
aspectos epidemiológicos e clínicos, 450-455
autoestima baixa e, 122-123
avaliação cognitiva e formulação de caso no, 468-476

avaliação de compulsão
orientada ao processo na,
473-476
avaliação de obsessão
orientada ao processo
na, 472-474
conceitualização de caso na,
471-476
diagnóstico e escalas de
sintoma para, 468-472
avaliação do Stroop emocional
de, 67-68
avaliação e formulação de caso
no, 468-476
avaliação de compulsões
orientada ao processo na,
473-476
avaliação de obsessões
orientada ao processo
na, 472-474, 472t
conceitualização de caso na,
471-476
diagnóstico e escalas de
sintoma na, 468-472
hierarquia de evitação na,
473-474
ilustração clínica de, 474-476
comorbidade com fobia social,
346-347
comorbidade com, 452-454
considerações diagnósticas no,
447-451
correlatos de personalidade
com, 451-453
critérios do DSM-IV para,
448-449, 450t
curso e consequências de,
452-453
definições para, 448-449
diferenças de gênero no, 23-24
estimativas de probabilidade
de ameaça, gravidade,
vulnerabilidade e
segurança no, 192t
estrutura de crença do, 124-126
eventos de vida e, 451-452
fatores genéticos no, 29-30
foco na interpretação de
ansiedade negativa
no, 85t
ilustração de caso de, 446-447,
474-476
interpretação negativa de
ansiedade no, 85-87
interpretações catastróficas,
resultado desejado
e interpretação
alternativa, 218t
intervenção metacognitiva
para, 224-225

modelo cognitivo de, 454-462,
455f
erros de processamento
cognitivos no, 458-460
esquemas no, 455, 457-459,
458t
excitabilidade e sofrimento
aumentados no, 459-460
processos automáticos no,
455, 457-459
processos elaborativos
secundários no, 459-462
situação clínica de, 461-469
visão geral de, 454-455, 458,
455f, 456f-457f
organização esquemática de,
72-73f, 73-74
pensamentos automáticos no,
87-88, 88t
preocupação e, 101-102
prevalência de, 450-452
primeiros pensamentos/
imagens apreensivos e,
148-149
respostas inibitórias defensivas
no, 57
subtipos de, 449-451
temas no, 448
terapia cognitiva de, 446-489
componentes da, 476t
descrição da, 475-483
diferenciando avaliações de
obsessões na, 477-483
eficácia da, 482-489
experimentação
comportamental na,
480-482
explicação alternativa na,
480
fase de educação da,
475-477
formulários para, 487-489
papel de crenças centrais e
prevenção de recaída na,
482-483
prevenção de resposta na,
480-481
reestruturação cognitiva na,
478-480
resumo e conclusão, 485-486
utilização e resposta a
tratamento no, 453-455
Transtorno por uso de álcool,
comorbidade com
transtornos de ansiedade,
21-22
Transtornos de ansiedade; *ver*
também transtornos es-
pecíficos
alarmes falsos e, 18-19

aspectos biológicos de, 27-34,
28t
aspectos centrais do DSM-IV
de, 20t
com depressão comórbida,
20-22
com uso de substância
comórbido, 21-22
consequências e resultado, 26-
27
detecção e tratamento
precoces de, 26-27
diferenças culturais nos,
23-25, 25t
diferenças de gênero nos,
23-24
fatores de risco para, 23-24
formas de, 41
ilustração de caso, 135,
164-168 (*ver também*
Transtornos específicos)
interpretações catastróficas,
resultado desejado e
interpretação alternativa,
218t
intervenções comportamentais
para (*ver* Intervenções
comportamentais)
manutenção e curso de, 24-26
na infância e adolescência,
22-23
prevalência de, 22-24
psicofisiologia de, 27-30
sintomas afetivos de, 28t
sintomas cognitivos de, 28t
sintomas comportamentais
de, 28t
sintomas fisiológicos de, 22-23,
28t
Trauma
codificação aumentada
durante, 507-508, 510,
514-515
atitude em relação a,
505-506
crenças e avaliações no,
528-530
natureza do, 526t, 527-529
no TEPT, 492, 493t
definição, 507-508
Treinamento de habituação de
áudio, 254-255
Treinamento de solução de
problema construtivo no
TAG, 436-437
Treinamento de solução de
problemas, construtiva
no TAG, 436-437
Treinamento do relaxamento,
262-271

640 ÍNDICE

com relaxamento aplicado, 268-271, 269t
com relaxamento muscular progressivo abreviado, 267-270
com relaxamento muscular progressivo, 263-264, 265t, 266-268
com retreinamento da respiração, 270-271
controvérsia acerca de, 262-264
durante intervenções de exposição, 249-250
para TAG, 437-438
Twain, Mark, 239

V

Valor da ameaça, atribuição de, 46-48
Vergonha no TEPT, 495-496
Via tálamo-amígdala, 30-32
no módulo do medo, 37-38
Via tálamo-cortical-amígdala, 30-32
Viés de ameaça atencional
ansiedade estado e traço e, 68-69
automaticidade do, Stroop modificado para avaliação do, 68-69, 74f
avaliação da tarefa de identificação do estímulo de, 72-73
avaliação do Stroop emocional de, 67-71, 74f
detecção de *dot probe* de, 70-73
gradiente para, 72-73, 74f
no modelo cognitivo de ansiedade, 64t-65t
no TAG, 404-406, 410-411
no TEPT, 511-512, 516-518

situação clínica de, 67-74
Viés de ameaça atencional no TAG, 404-406, 410-411
Viés de ameaça social na fobia social, 368-369
Viés de memória explícita, elaboração de ameaça e, 96-99
Viés de memória explícita, elaboração de ameaça e, 96-99
Viés de memória implícita, 96-98
tarefas de conclusão de palavra para avaliar, 77-79
tarefas de decisão lexial para avaliar, 78-79
tarefas de identificação de estímulo pré-ativado (*primed*) para avaliar, 78-80
Vigilância aumentada no transtorno de pânico, 296-300
Violência; *ver também* Perigo; Ameaça
ansiedade e, 15-16
Visão em túnel, definição e exemplos, 176
Vulnerabilidade cognitiva; *ver* Vulnerabilidade
Vulnerabilidade psicológica; *ver também* Vulnerabilidade
definição, 115-116
Vulnerabilidade, 47t, 51-53, 109-131
autopercepção negativa e, 118-119
cognitiva (*ver* Vulnerabilidade cognitiva)
controle pessoal diminuído e, 115-118

crenças sobre, no TEPT, 515-517
definição e aspectos fundamentais, 42-43, 110-111, 118-119
detecção de *dot probe* de, 71-72
determinantes biológicos de, 111
esquemas relevantes à ameaça e, 123-124
esquemática no transtorno de pânico, 301-303
eventos de vida precipitantes e, 117-119
fatores de personalidade na, 111-118
ilustrações de caso de, 109-110
interpretação errônea da ameaça e, 118-119
modelo cognitivo de, 118-130, 121f
no TAG, 402-403, 404t, 407-410
no TOC, 467-469
percebida, contestação, 194-196
preocupação na reavaliação de, 405-406
psicológicos, definição, 115-116
reavaliação de, questões clínicas sobre, 159t
resumo e conclusão, 129-131
sensibilidade à ansiedade e, 111-116
senso aumentado de
no modelo cognitivo de ansiedade, 42-43, 64t
situação clínica de, 120-123
TEPT e, 497-500, 507-508
versus risco, 110